安徽省志

Chorography of Anhui Province

农业志

Agriculture

(1986—2008)

安徽省地方志编纂委员会办公室

Compilatory Commission of Anhui Chorography

方志出版社

Publishing House of Local Records

图书在版编目（CIP）数据

安徽省志．农业志：1986—2008/ 安徽省地方志编纂委员会办公室编．— 北京：方志出版社，2018.5
ISBN 978－7－5144－2018－0

Ⅰ．①安…　Ⅱ．①安…　Ⅲ．①安徽省 — 地方志②农业史— 安徽省 — 1986—2008　Ⅳ．① K295.4

中国版本图书馆 CIP 数据核字（2016）第 148045 号

安徽省志·农业志（1986—2008）

编　　者：安徽省地方志编纂委员会办公室
责任编辑：刘　芳

出 版 人：冀祥德
出 版 者：方志出版社
地址　北京市朝阳区潘家园东里 9 号（国家方志馆 4 层）
邮编　100021
网址　http://www.fzph.org
发　　行：方志出版社发行中心
电话（010）67110500
经　　销：各地新华书店
印　　刷：安徽新华印刷股份有限公司

开　　本：889 × 1194　　1/16
印　　张：60
字　　数：1287 千字
版　　次：2018 年 5 月第 1 版　2018 年 5 月第 1 次印刷
印　　数：0001~1500 册

ISBN 978－7－5144－2018－0　　定价：750.00 元

安徽省地方志编纂委员会

曾任安徽省地方志编纂委员会成员

王金山	李　斌	王　信	田唯谦	仲建成	吕振凡
孙亚军	朱文根	吴　行	张武扬	张岳峰	夏邦文
董介林	谢广祥	马新民	王　洵	王宇铭	王守亚
王佛生	王林建	王学银	王宜斌	方志华	邓顺华
叶如强	朱　宁	任兆祥	刘　泉	刘成典	刘志祥
刘战平	江刘伍	江明安	毕美家	孙永吉	李　明
李玉华	李抗美	李迎春	李明阳	李维勇	杨本清
杨绿章	肖桂兰	吴　浩	吴　静	吴韦人	吴世平
吴桂和	余　群	汪华东	汪建国	汪炳瑜	沈　毅
张　永	张少国	张正耀	张华建	陈　平	陈亚萍
陈运才	陈素伟	林　红	罗　宏	罗建国	罗曙生
金　燕	俞凤翔	周　庆	周建春	郑　宏	郎　涛
赵卫弘	胡　冰	施立业	洪治社	洪禹候	秦亚东
聂庆义	聂皖辉	莫　欣	夏育才	徐礼国	徐家声
郭　敏	郭本纯	高　莉	高俊文	高维岭	黄玉明
黄发友	黄红文	黄家华	曹承锋	崔海燕	董　庆
蒋传华	蒋福亮	楚建平	蔡建平	樊　勇	

《安徽省志》总编室

主　　任：郭德成

副 主 任：吴　静　吴良琴

成　　员：（按姓氏笔画为序）

王富宏　计媛媛　史五一　朱海滨　孙　平　苏爱梅

杜中文　李宇涵　杨永成　余祖本　张　军　周小平

胡　利　胡卫星　黄志军　章慧丽

《安徽省志·农业志》审稿组

初　　审：吴良琴　卫功奎

复　　审：吴　静　朱永东

核　　审：郭德成　陶方启

审查验收

安徽省人民政府

《安徽省志·农业志（1986—2008）》
编纂委员会

《安徽省志·农业志（1986—2008）》
主编　副主编

主　　编：刘永春　陈卫东　朱永东

副 主 编：胡桂芳　梁仁枝　卫功奎

《安徽省志·农业志（1986—2008）》
编纂委员会办公室

主　　任：胡桂芳　梁仁枝　卫功奎

副 主 任：赵高翔　陈荣文　赵　霞　汪　攀　张　瑞　汪　彤　郭子超

责任编辑：程中平　张士卿　傅盛智（特约总纂）

编　　辑：（按姓氏笔画为序）

马　燕　王一鸣　王　玉　王胜昔　文克忠　方文红
包文新　吕友保　刘　洁　闫玉玲　闫效祖　汤道明
许　洁　李世国　李化武　杨进华　杨　林　何泽林
汪进斌　陈晓辉　陈晓军　陈　斌　孟祥金　赵熙玲
胡　瑞　胡道林　秦仲华　钱东方　钱国平　徐　超
徐晓斌　徐国余　徐凤云　徐焕斗　陶学军　曹承富
董承武　程世根　程翼云　傅开斌　谢俊龙　熊成国

1998 年 9 月 21 日，中共中央总书记、国家主席、中央军委主席江泽民在五河县屈台村观看村务公开栏

2008 年 1 月 12 日，中共中央总书记、国家主席、中央军委主席胡锦涛在阜南县王家坝镇李郢村郑台孜庄台考察途中，踏雪走进路边麦田察看小麦长势

2001 年 7 月 18 日，中共中央政治局常委、国务院总理朱镕基在安徽视察农村税费改革时，与颍上县五十里铺乡粉坊村村民亲切交谈

2003 年 11 月 16 日，中共中央政治局常委、全国人民代表大会常务委员会委员长吴邦国视察阜南县，与村民亲切交谈

2004 年 1 月 31 日，中共中央政治局常委、国务院总理温家宝视察马鞍山市禽流感防治工作时与村民亲切交谈

2004 年 12 月 18 日，中共中央政治局常委、全国政协主席贾庆林视察无为农业科技园

1997年1月24日，中共中央政治局委员、国务院副总理姜春云率有关部委负责人视察杨敦站复站工程及查桥乡灾民建房点

1997年12月，农业部部长刘江参观安徽省绿色食品展销会

2005 年 5 月 29 日，农业部部长杜青林视察肥东县测土配方施肥化验室

2006 年 5 月，省委书记郭金龙考察明光永言水产集团

1992 年 10 月，省长傅锡寿考察芜湖水产品加工业

2007 年 1 月 30 日，省长王金山、副省长赵树丛接见受省政府表彰的农机大户标兵

1999 年 4 月 15 日，副省长张平在全省绿色食品第二次工作会议上为先进单位颁奖

2005 年 6 月 26 日，江淮分水岭综合治理开发总结表彰暨第五期省直帮扶联络员派遣会议在合肥市召开

2006 年 3 月 9 日，全国人大法工委在长丰县召开《农产品质量安全法（草案）》调研座谈会

2007 年 4 月，全省水稻产业提升行动工作会议在合肥市召开

2003 年 12 月 30 日，安徽省第四届名优农产品绿色食品（上海）展示展销会在上海国际体操中心举办

2005 年 1 月 14 日，安徽省第五届名优农产品绿色食品（上海）展示展销会在上海农展馆举办

2007 年 9 月 25 日，中国安徽名优农产品交易会在合肥市举办

2007 年 9 月 25 日，中国安徽名优农产品交易会合肥市展厅

2007 年 9 月 25 日，中国安徽名优农产品交易会黄山市展厅

2004年8月，凤台县小麦原种场水稻新品种展示区

2007年6月，阜阳市太和县小麦高产攻关示范片

2007年，亳州市涡阳县玉米高产栽培技术示范片

1999年5月,省农委、阜阳市农技人员开展小麦病情调查

2004年7月,巢湖市居巢区机防队员开展水稻病害防治

2006年3月,涡阳县农民正在为小麦追肥

2003 年，肥西县柿树乡廖渡黄鳝网箱养殖基地

2005 年 8 月，淮南市凤台县桂集镇的稻田养鸭示范基地

2005 年 9 月，宣城市立大禽业有限公司科技示范园区养殖场

2005 年 11 月，天长市洋湖渔业养殖的河蟹

2006 年 12 月，庐江县农业科技示范园区地方珍禽保护品种巢湖麻鸭核心群

2006年3月1日，《安徽省农业机械化促进条例》施行，标志着安徽省农业机械化发展进入依法促进新阶段

2006年3月23日，当涂县购机补贴机具发放现场

2006年4月8日，黄山市徽州区农机技术人员在向农民推广山区小型机械

2006年5月15日，凤阳农机中专学校农机大户培训现场

2007年1月30日，全省农村工作会议期间，省政府表彰农机大户标兵

2007年12月20日，长丰县农民喜领国家补贴农业机械

2005 年 6 月 20 日，蒙城县双涧镇农民正在进行夏种作业

2005 年 10 月 12 日，蒙城县双涧镇农民正在进行秋种作业

2006 年 6 月 2 日，肥东县大圩乡农民正在进行机械秸秆打捆作业

2006 年 6 月 5 日，阜南县农民正在用大型联合收割机收割小麦

2008 年 3 月 14 日，省农垦龙亢农场在进行飞机植保作业

2008 年 5 月 21 日，宿州市埇桥区农机跨区机收作业队出征

2005 年 3 月，长丰县兴丰草莓专业合作社邀请青岛农业大学教授为草莓种植户授课

2004 年 11 月，舒城县在舒丰农业科技示范园召开脱毒甘薯现场会

2005 年 7 月，安徽省农科院专家为庐江县同大镇农民讲解葡萄种植技术

2007 年 5 月 16 日，芜湖县农民正在用秧盘为水稻机插育秧

2007 年 5 月 15 日，凤台县农机技术专家在田间向农民学员讲授机插秧育苗技术

2006 年 7 月，宿州市农业科技示范园一角

2007 年 6 月，南陵县大浦现代农业示范区无公害无土栽培蔬菜

2008 年，南陵县大浦现代农业示范区设施农业

2003年，农业部、安徽省农委在金寨县联合开展科技下乡活动

2004年3月，省及宿州市农技人员在小麦田开展土壤墒情监测

2005年4月，在巢湖市居巢区召开全省农业科技入户超级稻示范推广现场会

2005年4月，农业部、安徽省农委在巢湖市居巢区联合开展科技入户活动

2006年春，农业部、安徽省农委在六安市联合开展科技下乡活动

2006年10月，合肥市农技人员进行“测土配方施肥”土样采集

2007 年，由省农业生态环境总站、金寨县种植业局实施的农业部农村清洁工程给金寨县百桥村带来了巨变

2005 年，省农业生态环境总站和巢湖市居巢区农委共同实施的农村清洁工程第一次在农村村庄提出雨污分离工程措施

2008 年，安徽省新农村建设千村百镇示范工程村——广德县东亭乡柳亭村农民休闲活动场所

2008 年，安徽省新农村建设千村百镇示范工程村——淮北市烈山区洪庄村村貌

2008 年，亳州市谯城区杨楼新农村社区建设改善了农民居住条件

2008 年，肥西县三河镇木兰村

2008 年，黄山市黄山区汤口镇山岔村翡翠新村全貌

2007 年 4 月，省农委和宿州市联合建立的小麦新品种展示区

2007 年 9 月，肥东县撮镇镇建华社区万亩莲藕生产基地

2007 年 11 月，肥东县牌坊回族满族乡万亩连片大棚蔬菜生产基地

2008 年 8 月，萧县培育的有机葡萄

2008 年 4 月，黄山市黄山区茶园

2006 年 7 月，淮南市八公山区阳光工程培训班现场

2008 年 11 月，青阳县举办致富带头人创业培训理论学习现场

2007 年，庐江县同大镇农业技术推广服务站

总 凡 例

一、《安徽省志(1986—2005)》以马克思列宁主义、毛泽东思想、邓小平理论、“三个代表”重要思想、科学发展观、习近平新时代中国特色社会主义思想为指导,坚持辩证唯物主义和历史唯物主义的立场、观点和方法,全面、客观、系统地记述1986—2005年间安徽省自然、政治、经济、文化、社会等方面的情况。

二、本志贯彻国务院《地方志工作条例》《安徽省地方志工作条例》,依法修志。

三、本志遵循中国地方志指导小组《地方志书质量规定》,力求存真求实、客观公正、全面系统,寓观点于记述之中。

四、本志各分志名称为《安徽省志·××志(1986—2005)》。

五、本志记述的地域范围为2005年的安徽省行政区域;时间上限为1986年,下限为2005年,少数分志的时限根据情况作适当上溯或下延,特色分志不设时限。

六、本志采用述、记、志、传、图、表、录等体裁,以志为主。各分志一般为篇章节条目体,部分为章节条目体,个别分志根据实际需要采用条目体。

七、入志人物坚持生不立传的原则。除人物志外,各分志坚持以事系人、人随事出的原则,不设人物录、人物简介。

八、本志采用规范书面语体文、记述体。表述力求严谨、朴实、简洁、流畅。语言文字、标点符号、计量单位等使用规范,按国家规定执行。

九、本志资料由各承编单位搜集整理,文中不注明出处。

十、本志采用省统计部门公布的法定数据,没有列入统计范围的,采用业务主管部门的统计数据。

十一、本志所涉组织、机构、法律法规、文件、会议等专有名称,第一次使用时用全称,简称括注于全称之后。各类译名以新华通讯社译文为准。

十二、本志所用地图均以安徽省测绘部门和有关部门绘制或审定的为准。

十三、本志设总凡例,各分志设凡例。

凡 例

一、《安徽省志·农业志》记述 1986—2008 年间安徽省农业发展历史和现状。

二、本志按“横排门类，纵述历史”的原则，采用篇章与节目式结合体。志稿前设概述，主体部分共分 14 篇、75 章，后有附录。

三、本志为续修志书。为突出时代特色、地方特色和行业特色，设农业产业化、农产品质量安全、新农村建设等篇章。有关茶叶部分内容，详见《安徽省志·茶业志》。

四、本志以志、记、述、图（包括照片）、表、录为主要表述形式。一般只记事实不作评述，寓观点于叙事之中。

五、本志图、表排列按所在篇章分别编排顺序。如“表 5-3-2”为第五篇第三章第二表。

六、本志对文字、标点、数字、计量的记述，均按国家规定的统一规范书写。

七、本志资料由省农业委员会委属各单位、省农机局和各市农业部门搜集整理，文中不注明出处。

八、本志采用省统计局公布的法定数据；没有列入省统计局统计范围的，采用相关业务主管部门的统计数据。

九、本志所涉及单位名称，在第一次出现时用全称，以后用规范化简称。

目　　录

附录

Main Contents

概　述

安徽省位于华东腹地，跨长江、淮河、新安江三大流域，东连江苏、浙江，西接湖北、河南，南邻江西，北靠山东。清初属江南省，康熙六年（1667），析江南省为江苏、安徽两省而正式建省，取当时安庆、徽州两府首字得名。安徽因春秋时有古皖国和境内的皖山、皖河而简称“皖”。安徽位于东经114° 54′ ~ 119° 37′ 与北纬29° 41′ ~ 34° 38′ 之间，全省东西宽约450千米，南北长约570千米，全省面积13.96万平方千米，约占全国总面积1.45%，居华东第3位，全国第22位。2008年末总人口6740.8万，辖17个市、105个县（市、区）。耕地面积414.5万公顷，占全省土地总面积29.7%，水面积105万公顷，占全省土地总面积7.5%，其中可养面积48万公顷。农业人口5294.80万人，其中农业从业人数3014.95万人。

安徽省地处暖温带过渡地区，以淮河为分界线，北部属暖温带半湿润季风气候，南部属亚热带湿润季风气候。主要特征是气候温和，日照充足，季风明显，四季分明。全省年平均气温14° C~ 16° C,南北相差2° C左右；年平均日照1800 ~ 2500小时，平均无霜期200 ~ 250天，平均降水量800 ~ 1600毫米。

安徽省灾害性天气主要有：旱涝、台风、寒潮、冰雹、霜冻。安徽省自然灾害中范围最广、危害最大的灾害性天气是旱涝。霜冻是安徽省主要的农业气象灾害之一，早、晚霜冻对农作物的危害很大。

由于自然条件比较好，全省生物资源十分丰富，共有生物资源10917种，其中国家重点保护木本植物30种。农产品种类也比较多，而且主要农产品如粮、棉、油、茶叶、苎麻、糖料、水果、生猪等生产总量居全国前列。2008年，粮食总产量3023.4万吨，居全国第六位，其中小麦、稻谷总产量分别居第四、五位；棉花总产量36.9万吨，居全国第六位；油料总产量228.0万吨，居全国第五位；蔬菜总产量1923.5万吨，居全国第十位；茶叶总产量7.6万吨，居全国第七位；蚕茧总产量3.8万吨，居全国第十位；肉蛋奶总产504.1万吨，居全国第十一位；全省农林牧渔业总产值2200.44亿元（可比价，下同），其中农业产值1111.63亿元、牧业产值682.91亿元、渔业产值207.34亿元。

安徽省不仅是全国6个粮食净调出省之一，也是全国重要的畜禽产品调出省之一。每年调出粮食500多万吨，生猪1000多万头，肉牛47万头，山羊377.9万只，家禽3亿多羽。安徽农产品除总量优势外，质量上也很有特色。安徽名优农产品丰富：祁红、屯绿、黄山毛峰、太平猴魁、六安瓜片、岳西翠兰、霍山黄芽等名茶；砀山酥梨、萧县葡萄、怀远石榴、徽州雪梨、三潭枇杷等名果；滁州贡菊、黄山贡菊、亳州贡菊等名菊；中华绒螯蟹、秋浦花鳜等水产，名特优农产品享誉国内外。

1986年以后，中共安徽省委（以下简称省委）、安徽省人民政府（以下简称省政府）按照党中央在农村的各项方针政策，组织各级政府和各级农业部门，改革农村经济管理体制，调整农村产业结构，发展产业化经营，实施科教兴农战略，加强农业法制建设，有力地促进农业农村经济的发展。农业和农村经济发展取得令人瞩目的成绩，农村经济结构进一步优化，产业化经营水平不断提高，广大农民生活明显改善，农村面貌焕然一新。

一

安徽省是农村改革的发源地。1978年，凤阳县小岗村在全国率先实行家庭联产承包责任制，拉开中国农村改革的序幕。安徽农村改革始终走在全国前列。2000年，安徽省率先以省为单位进行农村税费改革试点。2005年，在全省范围内全面取消农业税，比全国全面取消农业税早1年。2005年初，在18个县开展农村综合改革试点，并于2007年在全省范围内全面推开农村综合改革试点工作。

开展土地承包经营

1986年以后，第一轮农村土地承包工作完成，土地承包关系基本稳定。1993年7月10日，省八届人大常委会四次会议通过《安徽省农业承包合同管理条例》。1993年，第一轮承包期满，安徽省率先开展第二轮土地承包工作（即实行延长农村土地承包期30年不变政策）。1994年12月，在临泉县召开全省农村经济工作会议，部署第二轮农村土地承包工作。到2006年12月底，全省农村土地承包合同书发放率98.5%，农村土地承包经营权证书发放率98.3%，土地承包期延长至30年以上。

1995年，省政府发布《安徽省农业承包合同纠纷仲裁暂行办法》（第63号令），建立农村土地承包合同纠纷仲裁工作制度。2006年、2008年，经农业部同意，安徽省先后两次选择12个县（区）开展农村土地承包纠纷调解仲裁试点工作。

2005年，省政府发布《安徽省实施农村土地承包法办法》，对积极引导农村土地流转列出专门条款。2007年，省政府制定下发《关于做好农村土地承包经营权流转工作意见》，安徽省农业委员会（以下简称省农委）出台《关于进一步规范农村土地承包经营权流转的通知》规范性文件，鼓励农民实施土地流转，支持各类主体发展规模经营，建立生产基地。舒城县、宿州市埇桥区、宣城市宣州区、濉溪县、太和县等县（区）开展农村土地流转和建立土地流转网上交易市场试点。

2008年7月，中央农村工作领导小组办公室、农业部、世界银行等共同发起，联合国粮农组织（FAO）资助，确定在安徽省肥东县石塘镇火龙村龙三、昂北两个村民组开展“中国农村土地登记制度试点”。

家庭承包责任制的确立，使农业农村经济发生“裂变”：农村分工分业步伐加快，一部分农民开始从种植业分离出来，从事家庭副业、多种经营，走上专业生产道路，农业生产逐步向专业化、商品化及社会化转变；农村越来越多的剩余劳动力和资金向商业和服务业转移，冲破农村狭隘的地域范围，大批农民离乡外出务工经商，城乡经济联系进一步密切。

改革农村税费制度

2000年，安徽省全面进行农村税费制度改革，主要内容为“三取消、两调整、一改革”，即取消乡统筹费，取消专门面向农民征收的行政事业性收费和政府性基金、集资，取消屠宰税；调整农业税政策，调整农业特产税政策；改革村提留征收和使用办法，村内公益事业建设实行一事一议筹资，并实行上限控制，人均不得超过15元。2001年，针对部分地方存在计税土地面积不实、计税常产偏高和农业特产税负担不合理等问题，对农业税计税常产实行上限控制，下调部分农业特产税税率，缩小农业特产税征收范围，进一步调整和完善有关税费政策。2002年，继续减低农业特产税税率，开展取消农业特产税试点工作。2003年，全面取消农业特产税，与税费改革前相比，全省共减轻农民农业特产税收负担7亿多元；暂停向农民收缴农业税费改革前历年税费尾欠；全面取消农民劳动积累工和义务工，村内公益事业建设用工实行一事一议筹劳。2004年，全面取消农业税附加，并降低农业税率2.2个百分点；对农村税费改革以后发生的农业税附加尾欠，一律豁免，不得追缴。此项措施共减轻农民负担14亿元；部分县（市、区）和乡（镇）全面免征农业税。2005年起，全省全部免征农业税，共减轻农民农业税负担19.2亿元。

清理整顿涉农收费

重点是减少收费项目、减低收费标准、治理乱收费。2000年，取消涉农收费项目50个。2001年，清理整顿涉农收费项目774个。2003年，取消涉农收费项目11个。对未办理道路运输经营许可证农用车辆不分用途，一律免征营业税、城市维护建设税、车船使用税、个人所得税和教育费附加。2004年起，全省免征农机养路费，每年减轻农业负担2.2亿元，同时实行城乡监理费等4项涉农收费标准。实行中小学义务教育“一费制”收费和免费农村义务教育，农民负担大幅减轻。

实行惠农政策

2003年，安徽省开展以“两开放、一调整”为主要内容的粮食补贴方式改革，即在放开粮食收购价格和粮食购销市场同时，将原来通过国有粮食购销企业按保护价敞开收购余粮间接补贴种粮农民办法，调整为由财政直接补贴种粮农民。当年对农民发放补贴资金27项，总额109亿元，全省农民人均增收210元，户均增收800元。2003年，在肥西县等10个县（市、区）进行新型农村合作医疗试点，2006年增加到30个县（市、区），2007年又增加26个县（市、区）。2008年，全省实行新型农村合作医疗，参加新农合农民补助从人均20元提高到人均80元。

二

1986—1990 年，安徽省农业情况基本处于徘徊状态。政府对农业投入不足，农业生产资料价格大幅上涨，农业的比较效益低、工农产品剪刀差扩大，自然灾害频发，“卖粮难”“打白条”现象出现，农业物质基础相当薄弱，水利设施日趋恶化，一些地方农民生产积极性有所下降。而另一方面，人民消费水平提高和工业发展对农产品的需求越来越大，供求之间的矛盾正在加剧，更使农业面临严峻局面。根据党的十三届五中全会精神，省委、省政府决定，通过三年的治理整顿，大力发展农业产业化经营，推广杂交油菜、水稻旱育稀植、小麦“456”高产攻关等农业科技牵动性项目，实现农业总产值每年增长 3%，粮食总产量突破 2500 万吨，棉花总产量突破 22.5 万吨，使全省农业发展水平明显提高。农村分工分业步伐加快，一部分农民开始从种植业分离出来，从事家庭副业、多种经营，走上专业生产道路，农业生产逐步向专业化、商品化及社会化转变；农村越来越多的剩余劳动力和资金向商业和服务业转移，冲破农村狭隘的地域范围，大批农民离乡外出务工经商，城乡经济联系进一步密切。

1990—1993 年，安徽省按照“一个稳定增长（粮食生产），两个加快发展（乡镇企业、开发性农业）”的战略，坚定不移地调整产业结构。农业逐步打破单一粮食生产结构，走农林牧渔和乡镇企业全面发展的路子，全省形成沿淮淮北粮棉油肉综合开发区、江淮丘陵优质粮油高效经济作物综合开发区、沿江大水面开发区和皖南皖西林特产品开发区等四大开发区域和黄牛饲养加工、水果生产加工、优质米生产加工、茶叶、竹木、经果林、水产养殖、茧丝绸、中药材、旅游农业等十大主导产业，开发性农业呈规模化和产业化趋势。1993 年末，农业总产值中种植业的比重由 1989 年 70.5% 下降到 63.4%，非农业产值占农村社会总产值比重由 42% 上升到 71.5%。乡镇企业通过实施“1235”工程取得明显成效。1993 年，“1235”工程产值 400 亿元，占全省乡镇企业总产值 34.9%。在农业内部，通过农业深度开发，适销对路的“两高一优”农产品比重上升，优质米种植面积 87 万公顷，比 1989 年扩大 33 万公顷，优质茶比重上升 10%，棉花 1 ~ 3 级比重占 80%，主要畜禽优质品种上升 7 个百分点，名特优水产品增长 89.5%。林种结构调整步伐加快，经济林面积扩大 27.9%。

“九五”期间，安徽省提出“按照市场需求配置资源，合理调整粮棉油、经济作物和乡镇企业三者结构”的农村产业结构调整思路：（1）实现粮棉油生产稳定增长。在稳定面积的同时，走精细农业路子，改良品种，主攻单产，提高总产和效益；合理调整农作物品种和种植业结构，最大限度地提高农业生产的集约化水平。（2）发展多种经营，大搞农业综合开发。围绕十大基地，选准主导产业，走规模加特色路子大力发展。畜牧业在提高农作物秸秆利用、推广氨化青贮、良种引进上下功夫。渔业把开发大水面和精养鱼塘抓紧抓好，同时因地制宜发展珍稀水产品，推广工厂化立体养殖。林业结合二次创业，加快林种改造，大力发展经果林，不断提高经济效益。立体农业、观光农业、庭院开发、绿色食品开发等也要大有可为。(3)乡镇企业要围绕放、多、活、高、外“五个字”大上、快上。“放”就是要解放思想;“多”就是多形式、多渠道、多层次、多种经济成分一齐上;“活”就是选择项目要活、选择新产品方向要活、产品销售要活;“高”就是乡镇企业要向名品、精品发展,向高科技、大规模、集团化发展;“外”就是要在外向型上做文章。到“九五”末,安徽省农业结构调整发生了积极变化。养殖业迅速发展,成为农村经济发展重要增长点,产值比重明显提高。2000 年养殖业占农业总产值比重 40.1%,比 1995 年增加 7 个百分点,其中畜牧业产值占 28.4%,增加 2.2 个百分点;渔业产值占 11.6%,增加 4.8 个百分点。种养业内部结构不断优化,优质品比重明显上升。种植业内部,粮食面积减少,经济作物面积扩大, 2000 年全省高档优质米、优质专用小麦、优质双低油菜比重分别占 23.5%、14.5%和 57.1%。

进入 21 世纪,安徽省按照种植业调优、养殖业规模调大、大力发展特色农产品和加快乡镇企业发展的思路,积极实施《安徽省优势农产品区域布局规划(2000–2007 年)》,整合各类社会资源,着力推进优势农产品产业带建设,提升优势农产品整体发展水平,农业结构发生明显变化,第一产业明显加强,二、三产业加快发展,非农产业比重不断上升。2008 年,全省农村一、二、三产业收入比重分别为 39.8 ∶ 42.4 ∶ 17.8;在农业内部,生产结构由种植为主转变为农林牧渔共同发展,全省初步形成以麦、稻、棉、油菜、花生、蔬菜、优质牛羊肉、优质河蟹等十大优势农产品为主的区域规模化产业带,农、林、牧、渔占农业总产值比重分别为 50.9 ∶ 4.9 ∶ 30.8 ∶ 9.4。主要农产品生产实现由结构单一向丰富多样、供给短缺向平衡有余的历史性转变,全省粮食生产相继迈上 1500 万吨、2000 万吨和 2500 万吨台阶,单产水平由 1986 年 3915 千克 / 公顷,提高到 2008 年 4605 千克 / 公顷。油料、棉花及菜、茶、果、桑蚕等农产品生产全面发展,养殖业进入发展最快、效益最好时期。农村城镇化、工业化步伐明显加快,非农就业比重迅速提高,全省常年外出和在当地务工劳动力 1020 万人。

三

1994 年,省委、省政府在霍山县召开全省贸工农一体化经验交流会,省委、省政府主要领导和分管领导到会,并作讲话,对实施开发性农业成效进行总结,对实施贸工农一体化经营提出具体要求,从此在全省拉开农业产业化经营的序幕。1996 年 11 月,省委、省政府在宿州、阜阳、蚌埠三市召开第一次全省农业产业化工作会议,省长回良玉到会并作重要讲话,对实施农业产业化战略进行部署。会上讨论《安徽省关于实施农业产业化战略的决定》(讨论稿),并确定会后修改下发。1997 年,省委、省政府确定“一个核心(增加农民收入),两个大力(调整农村产业结构、推进农业产业化经营)”的农村工作指导思想,出台《安徽省关于实施农业产业化战略的决定》,农业产业化经营步入由农户和企业的自发行为转为自觉推动的新阶段。

1999年9月至2000年6月，全省组织开展“农业产业化跨世纪发展大调研、大讨论”活动，明确提出“适应新阶段，迎接新挑战，以农业产业化作为农业和农村经济工作的抓手，促进农业和农村经济结构战略性调整”。从2001年起全省组织实施农产品流通、品牌和农业产业化3项重点工程，省政府制定《关于组织实施农产品流通、品牌和农业产业化三项工程的意见》，把农业产业化经营摆上牵动全局的战略位置。2003年，省政府出台《安徽省人民政府关于进一步加快发展农业产业化经营的实施意见》，明确“十五”期间农业产业化经营的指导思想和发展目标，确立“培育大市场、扶持大龙头、建设大基地、搞好大服务”的发展思路，确定农业产业化十大主导产业，结合优势农产品区域布局，制定十大主导产业发展规划（2003—2007年）。2005年，省政府决定实施农业产业化“121强龙工程”，针对安徽农业产业化发展的瓶颈，重点突破，集中力量，培育一批“大龙头”，全省培育年营销收入10亿元以上龙头企业10家，年营销收入5亿元以上龙头企业20家，年营销收入1亿元以上龙头企业100家，以带动全省农业产业化整体水平的提高。2006年，省政府出台《安徽省人民政府关于扶持农业产业化龙头企业加快发展的意见》，从财政扶持、税收优惠、金融支持、招商引资和外向发展、技术创新、优化环境等六个方面出台措施，加大力度扶持龙头企业发展。2008年，在全面、超额完成农业产业化“121强龙工程”任务的基础上，省政府出台《安徽省人民政府关于实施农业产业化“532”提升行动的意见》，全面实施农业产业化“532”提升行动。全省农业产业化经营发展势头良好，龙头企业不断发展壮大，产业链条逐步延伸，十大主导产业初具规模，运行机制初步建立。到2008年，全省各类农业产业化经营组织发展到9000多个，实现销售收入1100亿元，建立生产基地400万公顷，带动农户700万户，户均增收1200元，拥有省级龙头企业433家，国家重点龙头企业32家；建立各类农民专业合作组织7251多个，加入合作组织成员125万人（户），带动农户345万户。

四

20世纪80年代，安徽省以国家《1978—1985年全国科学技术发展纲要》为指导，启动农业领域多个重点项目建设，农业科教事业得到快速发展。农业科研、教育形成以大专院校、科研院所为主导，社会力量为补充的新机制，农技推广实现网络化，技术应用实现集成化、集约化，技术服务方式实现专业化，加快全省农业科技进步，提升农业科技含量，为下一步农业科研工作打下坚实基础。

1986—1990年，全省建立健全种子管理机构和以县种子公司为主的经营服务体系，形成以政府控制为主的种业体系。杂交水稻、杂交油菜培育成功推广应用，推进种子商品化发展。20世纪90年代，安徽省两系杂交粳稻研究处于全国领先水平。1992年，安徽省承建第一个原原种扩繁基地建设项目——水稻原原种扩繁基地。1997年，丰乐种业成功上市，成为中国种业第一股。20世纪80年代中期开始，在土壤普查基础上，开展配方施肥试验、示范和推广应用。1996 年,开始进行平衡配套施肥示范推广,全省建立 2 个部级、3 个省级平衡施肥“百县千村”重点示范县,建设示范区 2.3 万公顷。从 2005 年开始推广测土配方施肥，2005— 2008 年,测土配方施肥项目覆盖 95 个县（市、区）,为农民免费开展测土配方施肥服务。截至 2008 年年底,全省累计推广测土配方施肥面积 791.7 万公顷,推广配方肥 250 万吨。

1991 年开始,农地膜覆盖技术应用于育苗（秧）,以及山芋、玉米、棉花、花生、蔬菜、茶叶等作物生产,促进生产方式转变,提高复种指数。

1992 年 2 月,国务院印发《关于积极实行农科教结合,推动农村经济发展的通知》（国发〔1992〕11 号）,在全国推行农科教结合。2006 年 8 月,省农委倡议建立省农科教协作联席会议制度,省科技厅、省农业科学院(以下简称省农科院）、安徽农业大学(以下简称安农大）、合肥工业大学、省农垦集团为联席会议单位,利用各自优势开展农业科技创新研发推广工作,进一步加快农科教结合步伐。

1994 年 8 月 30 日,省八届人大常委会第十二次会议审议通过《安徽省实施〈中华人民共和国农业技术推广法〉办法》,进一步明确各级农业技术推广机构的职责。全省充实加强技术力量,重点建好县级推广机构,把栽培、植保、土肥等推广机构结合起来,实行统一领导,分工协作。2007 年,省政府下发《关于深化改革加强基层农业技术推广体系建设的实施意见》,在全省范围内全面推进乡、镇基层农业技术推广体系的改革和建设，95% 以上的县（市、区）实行“县办县管”管理体制,增强财政保障,完善管理体制,有力地促进农技推广。

1995 年以后,国家加大农民培训工作力度,实施绿色证书、跨世纪青年农民科技培训、新型农民科技培训、阳光工程等培训工程,全省 1000 多所各类职业学校和培训机构参与培训工作。据不完全统计，1989—1998 年,全省农科教结合示范地区共培训农民 3000 多万人次;2000—2008 年,全省通过实施跨世纪青年农民科技培训、新型农民科技培训、阳光工程培训、农民创业培训等项目,累计培训农民 170 多万人次;通过“三下乡”“一事一训”等各级各类培训,年培训农民 1000 多万人次,有效地提高农民素质。

1998 年,全省开展农业科技示范园区建设,初步建立以企业为主体,产、学、研有机结合,“科研、推广、示范”一体化发展的技术创新和技术推广体系;超级稻自 2000 年在安徽省开始应用,建立“主导品种 + 主推技术 + 主体培训”技术服务培训体系,种植面积逐年稳步增加,效益明显。2005 年,开始实施科技入户工程,培养一大批科技示范户,促进农业科技成果转化,提高粮食等主要农产品综合生产能力。

2001 年,农业和农村经济发展进入新阶段,省政府适时制定《安徽省农业科技发展纲要（2001—2010 年）》,为调整农业和农村经济结构提供强有力的技术支撑,为促进农业可持续发展提供全面的技术保障。在硬件建设方面,合肥国家水稻改良中心、国家茶树育种分中心、茶叶生物化学国家重点实验室、国家棉花育种分中心、农业部优势农作物创新中心、安徽省水稻遗传育种重点实验室等陆续建立,加强农业基础研究与应用研究，为农业技术推广提供技术储备。

2008年，全省主要农业县（市、区）普遍建立农技推广中心，乡、镇建立农技服务站和兽医站，形成上下贯通的农技推广服务网络。形成稳固的良（原）种生产基地4.7万公顷，年生产良（原）种23万吨，良种自给率近90%。农作物杂种优势利用及配套栽培技术获得普及性推广，水稻旱育稀植等节本增效技术、农作物脱毒栽培及抗虫棉等技术和农地膜、温室材料等农用新材料得到普遍应用。全省主要粮食作物优质率73.6%，畜禽良种覆盖率91%，水产品名特优比重37.5%；农机总动力4807万千瓦，是1986年的5.2倍；宽带网通达所有乡、镇和大部分行政村，农村年用电量90亿千瓦时，农业科技贡献率49%。

五

安徽农业法制工作围绕中心，服务大局，取得长足发展。尤其是中共党的十一届三中全会以后，随着农村改革的深化和整个国家法制工作的推进，农业法制工作经历一个由逐步重视到较快发展、由主要抓立法到立法和执法并重的过程，农业法制建设取得显著成绩，为安徽省粮食增产、农民增收和农村稳定做出积极贡献。

1986年10月，省委、省政府制定《关于减轻农民负担的若干规定》。1989年1月，省人大常委会出台《安徽省农业技术推广管理办法》，农业生产和管理的部分领域有了法律依据。1993年7月，全国人大常委会通过《中华人民共和国农业法》（以下简称《农业法》），这是中国农业法制建设史上的重要里程碑。以《农业法》为标志，安徽省农业立法步伐也日益加快。《安徽省农业承包合同管理条例》《安徽省农业植物检疫管理办法》《安徽省农作物种子管理条例》《安徽省农村能源建设与管理条例》《安徽省农业生态环境保护条例》等相继颁布实施。到20世纪末，农业发展主要领域法律法规制度逐步健全。

进入21世纪后，安徽省农业发展进入新阶段，市场经济体制不断完善，新问题、新矛盾也不断涌现。为了深入推进依法行政、依法治农，全省农业法制建设步伐大大加快，基本上每年出台一部涉农地方性法规。

1986—2008年期间，安徽省共制定地方性农业法规14件（不含林业、水利）、省政府规章9件（不含林业、水利）。这些法律规章涉及农牧渔各个行业，涉及农产品生产和流通，涉及农村生产力发展和生产关系调整，在稳定农村基本生产经营制度、加强农业资源保护与合理配置、建设现代农业和调整农村社会事务等方面，基本做到有法可依。

安徽省从1998年开始在广德县进行农业综合执法试点。到2008年年底，全省共有试点县13个。农业综合执法试点项目对带动全省农业综合执法工作起到积极作用。至2008年年底，全省初步建立一支执法门类齐全的农业行政执法队伍，共成立综合执法机构84个，其中市级8个、县级76个。

六

农村改革开放以后，随着经济社会不断发展，安徽省农产品供给彻底告别短缺时代，农业生产从单纯追求数量逐步向数量和质量安全并重转变，适应形势的变化，农产品质量安全被摆上重要位置。

1993年，安徽省启动农业行业标准、地方标准制修订工作。1997年，设立农业标准化工作联席会议，形成省农业标准化专职协调机构。2003年，调整省农业标准化专家技术委员会，设立农业、畜牧、渔业、农机、饲料5个专家组，聘请120多名专家，负责省级农业地方标准的立项、评审工作。2004年，省政府办公厅下发《关于进一步加强农业标准化工作的通知》，明确建立一支2000人左右的农业标准化推广队伍，扶持农业标准化示范区建设。2005年，建立农产品质量标准体系。2006年，开发全省农产品质量标准体系数据库，涉农主导产品、龙头企业的7个中国名牌产品、26个国家免检产品、10个国家地理标志产品。2007年，全省完成《稻茬麦栽培技术规程》等93项省级农业地方标准的审批、发布。在省地方标准数据库基础上，农业标准文本实现网上免费查询，该项工作在全国属创新。至2008年年底，全省制定农业地方标准850项，覆盖粮油、果蔬、茶叶、畜禽、水产等初级农产品，其中无公害农产品质量标准达270多项。

2002年，省农委、省财政厅制定《安徽省农产品生产标准化综合示范县管理办法》，组织建设农业标准化综合示范县18个。实行基地规模化、生产标准化、服务社会化、经营产业化。2003年，建立核心示范基地2.67万公顷，辐射带动标准化生产面积13.3万公顷。省政府办公厅先后转发省农委《关于组织实施食品放心工程意见》《关于进一步加强农业标准化工作的通知》，加速农业产前、产中、产后标准化实施进程。2007年，国家标准化委员会审批同意在安徽省建设国家级农业标准化示范区40个，省质量技术监督局规划新建省级农业标准化示范区10个；省农委牵头创建省级农产品标准化基地64个，核心示范区198个，其中出口基地11个，带动创建市级农业标准化基地381个，县级农业标准化基地541个，带动农户75万户；在研究开发《国家农业标准化示范区管理系统》基础上，安徽省开发《省级农业标准化示范区管理系统》，做到两个系统内容相互统一，相互衔接，国家标准化委员会将该管理系统在全国推广。

2002年2月，安徽省机构编制委员会批复同意成立安徽省农产品质量安全检测中心。2003年4月，农业部将安徽省农产品质量安全检测中心列入第四批部级质检中心筹建计划。农业部和安徽省农委先后投入600多万元，对测试中心大楼进行装修改造，完善实验室条件，添置土壤、肥料、农产品质量安全测试仪器设备。2004年，在省土壤肥料测试中心基础上筹建的省农产品质量安全检测中心通过农业部认证，成为部级质检中心。2006年，全省有9个市级检测中心投入使用，其中8个市级中心通过省级计量认证。40个县（市、区）开展县级农产品质量安全检测站建设，12个县（市、区）

质检站建成并投入使用。2007年，全省17个市重点农产品批发（农贸）市场全部纳入农业部门监测范围。2008年，全省形成农产品质量检测体系框架。省级农产品质量安全综合检测中心通过部级“双认证”，被农业部确定为无公害农产品和绿色食品授权检测机构。农业部农产品质量安全监督检验测试（合肥）中心建成后，带动市、县两级农产品质量安全检测机构建设，池州、淮北、安庆农产品质检机构通过省级“双认证”，承担检测工作，20多个县（市、区）检测站启动建设。全省17个市大型农产品批发市场和主要蔬菜生产基地、规模养殖基地建立238个质量安全快速检测点，36个省级蔬菜基地实行网上直报检测数据。2008年全省例行检测，蔬菜、畜禽产品和水产品生产基地抽检全部合格，17个市大型农产品批发市场蔬菜、畜禽产品、水产品检测合格率99%以上。

2008年年底，全省870个农产品、549个生产基地获得无公害认证和认定，无公害农产品产地总面积3.1万公顷。全省有效使用绿色食品标志企业372家，认证产品总数995个，列全国第7位。全省共有71家企业130个产品通过有机认证，有机食品面积3.33万公顷。

七

20世纪80年代后期，农民增收出现困难，农民负担重的问题逐渐凸显出来。中共中央、国务院审时度势，及时把减轻农民负担提上“三农”工作日程。1986年，中央1号文件提出：为提高农民扩大资金积累的能力，对农民的税收要控制在合理的水平上，并严格禁止乱摊派、乱收费。安徽省根据中央的部署，结合实际采取一系列重大措施，经过十几年的不懈努力，农民负担重的状况发生根本性变化。

针对向农民乱收费、乱罚款和集资摊派等问题造成农民负担日渐加重的情况，国务院于1990年初发出《关于切实减轻农民负担的通知》。1991年12月，国务院又颁布《农民承担费用和劳务管理条例》。1993年，中办、国办印发《关于切实减轻农民负担的紧急通知》。安徽省根据中共中央、国务院有关精神，出台一系列减轻农民负担政策文件，省人大常委会于1996年12月审议通过《安徽省农民负担管理条例》。

1996年，中共中央、国务院作出《关于切实做好减轻农民负担工作的决定》，明确减负治乱13条规定，实行减轻农民负担工作党政主要领导负责制。1997年，省委、省政府发出《关于认真贯彻落实中共中央国务院〈关于切实做好减轻农民负担工作的决定〉的通知》。1998年10月，党的十五届三中全会通过的《关于农业和农村工作若干重大问题的决定》明确提出，合理确定负担，一定三年不变。通过全省各级党委政府的努力，加重农民负担的势头得到一定的遏制，农民负担趋于稳定，但加重农民负担的体制、机制上的弊端并没有消除。因此，安徽省在全国率先进行农村税费改革的探索。1998年在五河县开展农村“费改税”试点，1999年，经财政部批准在来安等4县开展农村税费改革试点工作。

2000—2005年,安徽省出台农村中小学收费、农民建房收费、农村婚姻登记收费、农村计划生育收费、农机监理收费、农业生产性水费、农村用电收费等一系列涉农收费政策,改变过去涉农收费政出多门、项目繁多、管理混乱、负担过重的局面,有效地制止农村“三乱”,规范农村税费政策。2002年11月30日,省九届人大常委会第三十四次会议审议通过《安徽省村内兴办集体公益事业筹资筹劳条例》,规范“一事一议”管理,推进税费政策法制化建设。至2005年,安徽省取消农业税。减轻农民负担工作进入巩固税费改革成果、防止农民负担反弹的新阶段。

八

2005年10月,党的十六届五中全会决定,按照“生产发展、生活宽裕、乡风文明、村容整洁、管理民主”20字方针,建设社会主义新农村。为加强对全省社会主义新农村建设工作的领导,建立推进社会主义新农村建设的工作协调机制,省委于2006年1月成立由30个省直部门组成的安徽省新农村建设工作领导小组,统筹协调、指导推进全省新农村建设工作,并专门设立省新农村建设办公室,从省农委抽调人员集中办公。

2006年6月,安徽省启动实施新农村建设“千村百镇示范工程”。采取自下而上的方式,按照县确定、市审批、省备案的程序,全省择优确定示范镇125个、示范村1135个,作为第一批省级示范村镇。力争用3到5年时间,达到“产业发展形成新格局,农民生活实现新提高,乡风民俗倡导新风尚,乡村面貌呈现新变化,乡村治理健全新机制”的目标。2007—2008年,各地因行政区划调整和实行动态管理,在总数不变的前提下,全省有116个示范村进行了调整。

2006年9月,省新农村建设工作领导小组决定,从2006年起,在省直主要涉农部门建立以实施重点项目为总抓手的重点项目调度制度,整合资金和项目资源,动员各部门力量参与并加快新农村建设,以帮扶推进千村百镇示范工程;对省直单位新农村建设对口联系帮扶工作实行年度考核。

2007年4月,省新农村建设办公室会同省农委、省经济委员会、省国有资产监督管理委员会、省工商业联合会5个单位联合倡导开展“千企联千村,共建新农村”行动,制定印发《安徽省新农村建设千企联千村共建新农村行动方案》。以毛传平、李光敏、赵世来、王庆习等为代表的企业家向全省企业家发出倡议书,倡议充分发挥企业自身优势,积极投身于村企结对共建,帮扶带动农民致富奔小康,为建设社会主义新农村、推进城乡统筹协调发展、实现共同富裕贡献光和热。2007年7月,省社会主义新农村建设工作领导小组公布第一批973家企业与842个村、14个镇的结对名单。

在推进全省新农村建设过程中,省委、省政府按照量力而行、规划先行、积极推行、逐步成型的要求,强化措施,稳步推进。2007年,省政府提出面向农村的“八大工程、十件实事”和在城乡实施12项民生工程。2008年，省政府提出在城乡实施18项民生工程，重视研究解决农村村庄环境治理，全省各地加强领导，加大投入，从规划入手，引导示范村镇立足自身优势，兴产业、强基础、促增收、抓民生、倡新风，形成一大批各具特色先进典型。

至2008年年底，全省农村公路里程13.68万千米，乡、镇公路全部畅通，农村广播综合覆盖率96.3%，电视综合覆盖率95.4%，全省农村基本普及九年义务教育，基本扫除青壮年文盲，新型农村合作医疗试点覆盖100个县，参合农民4524万人，平均参合率93.43%。与此同时，农村养老、失地农民基本生活保障等机制建设及关涉农村民生问题的重大工程项目取得重大进展。随着经济和社会事业发展，全省农民收入快速提高。2008年，农民人均纯收入4202元，比1986年的396.5元，增长10.6倍；全省农村贫困人口由1980年的1200多万人降至2008年年底的292万人。全面完成村村通电话、户户通电工程，发展农村户用沼气56万户，解决340万农村人口安全饮水问题，农民生活条件有了根本变化，农村面貌焕然一新。

第一篇　农业资源与环境

安徽省地处华东腹地，是暖温带与亚热带过渡地带，气候温和，雨量充沛。土地、水、光热风、劳动力、农业物种等资源十分丰富。自古就有两个地带野生动植物资源，孕育大豆、水稻祖先种。

农业气象灾害对农业生产影响最大。农业气象灾害主要是旱、涝、风、雹等灾害，其中淮河流域旱涝灾害具有群发性特点。气象灾害严重程度与当地地形、地貌、水利设施、作物生长季节和经济发达程度有直接关系。随着农业综合开发，水利兴修、中低产田改造、“三荒”资源开发、机耕路等基础设施建设和生产技术推广，农业资源利用、抗灾能力、生产水平不断提高，生产、生态环境进一步改善。

第一章　农业耕地资源

第一节　耕　地

耕地面积

1986—2008 年，安徽省农业常用耕地面积在 4413819 ~ 4084727 公顷之间（表 1-1-1），耕地面积总体呈减少趋势。其中，1986 年实有面积最大，为 4413819 公顷，2003 年实有面积最小，为 4084727 公顷。

耕地结构

耕地中水田面积占 38.96% ~ 45.95%，旱地面积占 54.05% ~ 61.04%。受种植结构调整影响，年度间水田、旱地所占比例有所变化。水田面积逐年增加，旱地面积逐年减少。年末实有水田面积最低年份是 1986 年，为 1719780 公顷，最高年份是 2008 年，为 1904492 公顷；年末实有旱地面积，最低年份是 2008 年，为 2240489 公顷，最高年份是 1986 年，为 2694039 公顷。

耕地变化

随着社会经济发展和农业结构调整的需要，农业常用耕地处于动态变化之中，年度间耕地面积有新增也有减少，总体呈减少趋势。1986—2008 年，农业常用耕地平均每年减少约 11689 公顷。2008 年与 1986 年比，耕地面积减少 268838 公顷。2002 年开始实施退耕还林工作，当年退耕还林面积 30799 公顷。2003 年退耕还林面积最大，达到 100172 公顷，同时还有 3884 公顷改为园地，使本年度耕地面积处于最低状态，年末耕地面积为 4084727 公顷。耕地面积减少中，国家建设用地占有一定比例。1986—2008 年，平均每年占用比例为 34.85%。此外，集体和个人建房以及其他因素造成耕地面积减少也占有一定比例。（表 1-1-1）

1986—2008 年安徽省耕地面积一览表

表 1-1-1　　单位:公顷

年　份	年初实有耕地面积	年内增加(新增)耕地面积	当年(年内)减少耕地面积	年末实有耕地面积				
				合　计	水　田	旱　地	水田所占比例(%)	旱地所占比例(%)
1986	4421910	1349	9440	4413819	1719780	2694039	38.96	61.04
1987	4413819	1500	18403	4396916	1730282	2666634	39.35	60.65
1988	4396916	1594	16755	4382201	1743427	2638774	39.78	60.22
1989	4382201	1973	11184	4372900	1783686	2589214	40.79	59.21
1990	4372900	864	8357	4365497	1848147	2517350	42.34	57.66
1991	4365497	544	12608	4353510	1898383	2455127	43.61	56.39
1992	4353510	1089	20474	4334125	1904920	2429205	43.95	56.05
1993	4334125	1046	17748	4315266	1849363	2465903	42.86	57.14
1994	4315266	2676	15078	4302821	1845059	2457762	42.88	57.12
1995	4302821	1782	13485	4291118	1857616	2433502	43.29	56.71
1996	4291118	3029	13775	4280358	1870721	2409637	43.70	56.30
1997	4280358	2906	22016	4261099	1868596	2392503	43.85	56.15
1998	4261099	4136	13496	4251739	1865744	2385995	43.88	56.12
1999	4251739	2746	12007	4240001	1860476	2379525	43.88	56.12
2000	4240001	4215	14665	4229551	1834333	2395218	43.37	56.63
2001	4229551	4645	14816	4218689	1812347	2406342	42.96	57.04
2002	4218689	8388	47932	4177761	1789023	2388738	42.82	57.18
2003	4177761	16256	143418	4084727	1743455	2341272	42.68	57.32
2004	4084727	44344	46955	4108856	1806722	2302134	43.97	56.03
2005	4108856	16913	28370	4092451	1821499	2270952	44.51	55.49
2006	4092451	18918	18847	4116941	1860513	2256428	45.19	54.81
2007	4116941	29862	18061	4144171	1872242	2271929	45.18	54.82
2008	4144171	21998	25916	4144981	1904492	2240489	45.95	54.05

第二节　园　地

蔬菜

安徽省蔬菜品种丰富,播种面积增长较快。2008 年,播种面积约为 72.20 万公顷,比 1986 年增长约 54.10 万公顷,年平均增长 13%(表 1-1-2)。设施蔬菜快速发展。

安徽省设施蔬菜栽培1980年始于和县，当时用塑料小棚种植蔬菜0.13公顷。至2008年，全省设施蔬菜面积已达15.48万公顷，其中塑料大中小棚面积15.01万公顷，日光温室0.27万公顷，塑料遮阳网、防虫网覆盖面积1300万平方米（折合面积0.18万公顷）。蔬菜生产比较效益高。2008年蔬菜播种面积占全省农作物种植面积8%，产值（250亿元）占到农业产值20%以上，经济效益在所有农作物中名列前茅。

1986—2008年安徽省蔬菜播种面积一览表

表1-1-2 单位：万公顷

年份	1986年	1987年	1988年	1989年	1990年	1991年	1992年	1993年
面积	18.157	20.033	22.311	22.043	22.311	23.115	25.661	31.691
年份	1994年	1995年	1996年	1997年	1998年	1999年	2000年	2001年
面积	35.912	36.381	40.267	42.612	45.158	49.379	54.27	56.749
年份	2002年	2003年	2004年	2005年	2006年	2007年	2008年	
面积	60.3	65.794	65.325	66.799	70.752	73.633	72.226	

茶园

安徽茶叶产区依地势、气候、土壤和茶树生产特点，分为黄山茶区、大别山茶区、江南茶区和江淮茶区4个茶区。黄山茶区是安徽主要产茶区，产量占全省55%以上。2008年，全省茶园面积12.87万公顷，茶叶总产7.6万吨，分别比1985年增长8.5%和76.7%。茶叶是安徽传统出口产品，出口量一直排在全国前列，出口主要茶种有绿茶、红茶、花茶、有机茶、保健茶。绿茶是安徽省茶叶出口主要品类。2008年，安徽茶叶出口数量2.12万吨，金额约3892万美元，出口量全国排位第三，创汇全国排位第五。安徽茶区有茶树地方品种32个，特异茶树单株材料2个，其中认定为国家级茶树良种7个。经过近20年的以名优茶开发生产为主的产品结构调整，安徽省名优茶占全省茶叶总产量比重由1990年6%，调整至2008年32.9%。名优茶产值占全省茶叶产值比重由1990年18%，调整至2008年76.6%。截至2008年年底，全省茶区经无公害、绿色、有机三类认定（证）茶园10.67万公顷，占全省茶园总面积85%左右。全省拥有国家驰名商标1个，国家名牌农产品1个，安徽省著名商标13个，安徽省名牌产品3个，安徽省名牌农产品38个。2008年，安徽省茶叶加工企业7000家，其中省级茶叶龙头企业17家。

果园

2008年，果园面积10.45万公顷，比1986年末增长5.43万公顷，增幅108%（表1-1-3）。全省果园面积变化经历快速发展、徘徊调整和相对稳定三个阶段。1984年以后，水果购销政策放开，各类水果价格大幅上涨。1985年，省委书记李贵鲜提出“安徽农村的第二步改革要以‘两水发家’（水产、水果）”指导思想。1986年，省农牧渔业厅拟定《安徽省“七五”期间水果生产规划》。一系列利好政策和显著经济效益推动水果生产快速发展。1997 年年底，全省水果种植面积 10.23 万公顷，比 1986 年增加 1 倍多。水果生产发展加快，造成贮藏加工能力不足和水果品质下降等原因，1998 年，水果价格大幅度下滑，产品大量积压，个别果园甚至出现撂荒、弃采和砍树等现象。1999 年，水果种植面积下降到 8.22 万公顷，比 1997 年减少 2 万公顷，减幅 20%。2003 年，水果种植面积恢复到 10.05 万公顷。2004 年以后，水果生产发展重点是调整结构、提高品质、发展贮藏加工。市场竞争从以价格竞争为主转变为以产品质量和科技含量为主全方位竞争。水果种植面积相对稳定，维持在 10 ～ 11 万公顷。

1986—2008 年分年度果园面积一览表

表 1-1-3　　单位：万公顷

年份	1986	1987	1988	1989	1990	1991	1992	1993	1994	1995	1996	1997
面积	5.02	6.61	8.11	8.02	7.84	7.31	6.88	7.89	10.40	9.76	10.05	10.23
年份	1998	1999	2000	2001	2002	2003	2004	2005	2006	2007	2008	
面积	8.85	8.22	8.48	9.51	9.38	10.05	10.98	10.42	10.28	10.08	10.45	

桑园

蚕桑生产主要集中在皖南山区、皖西山区，江淮丘陵区、淮北平原也有分布。1986 年，桑园面积 2.13 万公顷。1994—1995 年间，桑园面积达到 8 万公顷，2003 年，下降至 4.33 万公顷。蚕桑大县金寨县 1996 年桑园面积 1.57 万公顷，1998 年减少到 0.90 万公顷。2007—2008 年，受茧丝绸市场影响和桑园布局调整，桑园面积稳定在 5.32 万公顷，其中皖南山区 2.22 万公顷，占 41.73%；皖西山区 2.59 万公顷，占 48.69%；江淮丘陵 0.35 万公顷，占 6.58%；淮北平原 0.16 万公顷，占 3.00%。桑园立地以旱地为主，旱地栽桑占全省桑园 80% 以上。皖南山区、皖西山区以山地、坡地为主，江淮丘陵以岗地、堤坡为主，淮北平原以滩地为主（表 1-1-4）。

1986—2006 年全省桑园区域分布一览表

表 1-1-4　　单位：万公顷

区域＼年份	1986		1996		2006	
	面积	比例（%）	面积	比例（%）	面积	比例（%）
皖南山区	1.066	50.00	2.210	36.83	2.086	41.73
皖西山区	0.800	37.50	2.783	46.39	2.442	48.81
江淮丘陵	0.067	3.13	0.390	6.51	0.326	6.53
淮北平原	0.200	9.37	0.617	10.27	0.146	2.93
全　省	2.133	100.00	6.000	100.00	5.000	100．00

第二章 农业水资源

安徽省区位划分为淮北、江淮和江南三大区域，面积分别占27%、47%、26%。其中流域面积在100平方千米以上河流458条，1000平方千米以上河流66条，3000平方千米以上河流21条，5000平方千米以上河流12条。2008年，水资源总量为651.88亿立方米；地表水资源量为161亿立方米，地下水资源量为178.09亿立方米；入境水量8366.76亿立方米，出境水量8929.83亿立方米；人均水资源量1139.8立方米，公顷均水资源量74.49立方米。

第一节 水 域

安徽省水系划分为淮河、长江和新安江三大流域。淮河流域6.70万平方千米，占47.8%；长江流域6.60万平方千米，占47.6%；新安江流域0.65万平方千米，占4.6%。其中淮河流域人均和公顷均水资源占有量分别为40.6立方米和25.3立方米；长江流域分别为110.5立方米和98.0立方米；新安江流域分别为380.4立方米和504.6立方米。

江河

长江　自西向东贯穿安徽南部，过境流长416千米，平均过境水量9140亿立方米。两岸支流40多条，主要有华阳河、皖河、秋浦河、青弋江、水阳江、滁河等，流域面积660万公顷。

淮河　发源于河南省桐柏山，自西向东贯穿安徽北部，过境流长430千米，平均过境水量142亿立方米。北岸支流多而长，主要有洪河、颍河、西淝河、涡河、茨淮新河、北淝河、浍河、沱河、新汴河、润河、浴河、濉河；南岸支流少而短，主要有史河、淠河、东淝河、池河，汇入洪泽湖，流域面积668万公顷。

新安江　属钱塘江水系，发源于休宁县，流经祁门、休宁、歙县，汇入新安江水库。省境内流长242千米，流域面积26.7万公顷。上游为率水，主要支流有漳水、夹源水、休宁河、丰乐河、练河、阳溪河、昌源河等。河床比降大，水力资源丰富。

湖泊

巢湖　全国五大淡水湖之一。多年平均水位8.37米时，湖面积779平方千米，湖水最大容量54.7亿立方米。跨合肥市、巢湖市和肥东、肥西、庐江等县界，水面最大东西岸相距62.2千米，南北平均宽约12.56千米。汇集柘皋、夏阁、南淝、丰乐、派河，经裕溪河入长江，流域面积1.35万平方千米。

龙感湖、大官湖、泊湖　位于宿松、望江县境，长江北岸。三湖已连成一片，湖面宽阔，相互连接，是调节长江水位的天然水库。湖底高 9.5 ~ 10 米，水深一般在 10 米左右，最深处 27 米。水位 14 米时，湖面积 809 平方千米。

菜子湖　位于桐城、枞阳两县（市）交界处，是白兔湖、嬉子湖、菜子湖的总称。汇集挂东、龙眼、孔城、人形、柏年，经枞阳长河入长江。湖区南北长 23 千米，东西宽 10.5 千米，水位 17 米时，湖面积 242.9 平方千米。

升金湖　位于东至县北部，长江南岸。水位 15 米时，湖面积 131.28 平方千米。

南漪湖　又称南湖。位于宣城市、郎溪县交界处。湖区东西长 19 千米，最大宽度 14 千米，水位 12.5 米时，湖面积 203 平方千米。

瓦埠湖　位于寿县东南部瓦埠镇。汇集瓦埠河、东淝河水入淮河。湖面狭长，南北长 52 千米，东西宽 3 ~ 5 千米。水位 18 米时，湖面积 386 平方千米。

城东湖　位于霍邱县城东。呈不规则长条状，南北长 38.5 千米，东西宽 5 ~ 6 千米，汇汲河入淮河。水位 19 ~ 20 米时，湖面积 104 ~ 127 平方千米。

女山湖　位于明光市北。汇池河入淮河。湖面呈长条形，南北长 24 千米，东西宽 1 ~ 5 千米，水位 14. 5 米时，湖面积 110.2 平方千米。

第二节　地表水

全省地表水由于降水年际间变化大，地区分布不均衡，降水量有自南向北逐渐减少的特点。2008 年，地表水年径流量平均 651.88 亿立方米，人均占有量 1283 立方米，公顷均占有量 61.8 立方米。

淮河流域

年降水量年平均为 653.37 亿立方米，年降水频率为 39.9%。6—9 月为汛期，降水量占全年降水量 60% 以上。地表水年径流量年平均为 207.31 亿立方米，汛期占全年 70%。降水量年际间变化大，枯、丰水年降水比常年高达 2 ~ 4 倍。枯水年每见河川断流，丰水年则沿淮洼地遍处行洪、蓄洪，以至大面积出现涝灾，威胁流域生产安全。

长江流域

年降水量年平均为 826.40 亿立方米，年降水频率为 64.2%。降水集中在 6—9 月，占全年降水量 65% ~ 70%；地表水年径流量 375.32 亿立方米，年内、年际间变化大，均由南向北，由高山向平原递减。山区水资源多，耕地少；丘陵区耕地多，水资源少，蓄水条件差；圩区提引水方便，易遭洪涝灾害。

新安江流域

水资源丰富，年内、年际降水变化较小，年平均降水量 1841.5 毫米，最高达 2700 毫米；年降水频率为 41.4%。地表水年平均径流量为 69.25 亿立方米，降水大都集中在 5—8 月，占全年 55% ~ 65%。

第三节 地下水

安徽省处于多种自然地带过渡带，大部分地区地下水资源丰富，埋藏浅，水质好，宜开采。不同地貌地质特征，地下水资源特性也不同，依据水文地质条件，分为 5 个水文地质区：淮北平原区、江淮丘陵区、大别山区、沿江平原丘陵区、皖南山区。

淮北平原区

面积 40048 平方千米，是地下水最丰富地区。地下水可分为富水区、中等富水区、贫水区 3 类。含水层为松散层和碳酸岩，单井涌水量大于 1000 立方米 / 天。埋深 40 米以内的浅层孔隙潜水分布最广，水质类型为 $HC0_3$-Ca 型水，矿化度小于 1.0g/L，pH 值为 7 ~ 8，地下水位埋藏浅，径流滞缓，蒸发强烈，导致北部黄泛区土壤盐碱化。中、北部广大河间地区地下水氟含量较高，地带性氟病较为普遍；深层孔隙承压水，水质类型为 $HC0_3$ -Ca 型水，矿化度小于 1.0g/L。pH 值为 7.7 ~ 8.4，水质优良，补给条件差，深层地下水具有承压性质。

江淮丘陵区

面积 22538 平方千米，地下水较为丰富。单井涌水量大于 100 立方米 / 天，松散岩类孔隙含水岩组占全区绝大部分。地下水埋深有自坡状平原区向河谷平原区渐浅规律，在波状平原区埋深 2 ~ 10 米，单井涌水量一般小于 20 立方米 / 天，河谷平原地带埋深 0.5 ~ 5 米，单井涌水量为 20 ~ 100 立方米 / 天，地下水为矿化度小于 1.0g/L 的 $HC0_3$.CI-Ca.Na 或 $HC0_3$.CI Na.Ca 型水；下部红层含水性差，地下水位埋深小于 8 立方米，个别大于 10 立方米，单井涌水量小于 20 立方米 / 天，水质类型为低矿化度 $HC0_3$- Na.Ca 型水。

大别山区

面积 14462 平方千米，地下水资源贫乏。北侧及其东南地区，含水层为变质岩、岩浆岩和沿河谷地带松散层，地下水变化大，单井涌水量小于 120 立方米 / 天。北麓为碎石岩裂隙水，山间盆地与河谷平原为松散岩类孔隙水。由于岩石储水性弱，河槽切割深，地下水交替活跃，很快即以泉水形式排出，或补给河川径流，干旱季节用于开发水量有限。该地区温泉资源丰富，中高温、中低温都有，主要有西汤池温泉（舒城）、天堂山温泉（岳西）等，适宜开发利用。本区降雨充沛，但受地形、岩性和地质构造等因素制约，地下水较贫乏，开发利用程度低。由于地形切割强烈，集中降水或强暴雨季节易发生崩塌、滑坡，水土流失严重，地下水交替强烈，地下水经过淋滤淡化后碘含量低，是地方性甲状腺肿病流行区。

沿江平原丘陵区

面积 43179 平方千米，含水层为松散层和碳酸岩，地下水资源丰富。长江沿岸平原地带为地下水资源最丰富地区。青弋江下游河漫滩下部有两层承压水，上层砂砾石层层厚 l0 ～ 20 米，含水层顶板埋深 20 ～ 40 米，底板埋深 40 ～ 59 米，单井涌水量达 l000 ～ 3000 立方米 / 天，地下水位埋深 1.0 ～ 3.8 米。pH 值 7.0 ～ 7.8，矿化度 0.4 ～ 0.6g/l，水质类型为 $HC0_3$–Ca 或 $HC0_3$–Ca. 型，为区域内主要的供水目的层。区内发育有巢湖市泮汤、和县香泉和庐江县汤池等著名温泉。

皖南山区

面积 19645 平方千米，含水层为变质岩、碳酸岩、沿河谷地带松散层，区内雨量充沛，地下水变化大。地下水赋存于岩浆岩、变质岩和碎屑岩的裂隙以及石灰岩岩溶裂隙中，基岩中地下水较贫乏。沿新安江及其一些河流古河床和石灰岩岩溶裂隙中有丰富地下水，能作为城镇和厂矿水源地，但整体开发利用程度低。区域内发育有著名黄山温泉以及丰富矿泉水资源。区内地下水径流排泄条件好，水交替强烈，地下水碘含量低，是地方性甲状腺肿病流行区。

第四节　过境水

长江

流经省境 416 千米，是水资源的主体。2008 年，入境水量 8191.78 亿立方米，出境水量 8524.30 亿立方米，比常年入、出境水量分别减少 591.42 亿立方米、614.30 亿立方米，流量比较稳定。沿江两岸圩区水利设施比较完备，遇旱可以开闸放水进入圩内，提水灌溉农田。驷马山引江抽水站，给滁河流域补给大量水源。

淮河

流经省境 430 千米，由于上游灌溉用水逐年增多，入境水有逐期减少的趋势。2008 年，入境水量 174.98 亿立方米，出境水量 338.82 亿立方米，比常年入、出境水量分别增加 6.68 亿立方米、15.13 亿立方米；正常年份过境径水量为 300 亿立方米，从河南入境水量平均 150 余亿立方米。过境水利用效率不高。

新安江

径流省境 242 千米。2008 年，出境水量 66.71 亿立方米，比常年出境水量减少 1.27 亿立方米。由于流域内雨水充足，河川径流利用量不大，常年不缺水，能用于引水、提水灌溉。

第五节　水资源开发利用

水资源分布

全省水资源分布不平衡。山区水多，人口、耕地少，平原区水少，人口、耕地多。淮河流域水资源短缺，缺水率一般在 20%左右，淮北地区缺水更为严重，缺水率在 20%以上。全省缺水最严重地区在江淮分水岭两侧丘陵岗地，缺水率在 30% 以上。一般地表水利用程度较高，而储量较为丰富的地下水资源利用程度较低。从流域来看，地表水资源利用淮北地区为73%，淮南和江北地区为58%，江南地区和新安江流域分别25%和6%。从开发利用程度看，全省地下水资源利用率为19%，淮北地区为21%。全省供水总量266.36亿立方米，其中地表水为242.38亿立方米，占供水总量91.0%，地下水为23.50亿立方米，占供水总量8.8%，污水回用0.48亿立方米。淮北市、亳州市、宿州市、蚌埠市、阜阳市供水水源中，地下水分别占52.3%、50.2%、59.0%、13.6%、27.8%，其余各市主要是地表水供水水源。

总用水量

全省总用水量为266.36亿立方米，其中农业灌溉用水量（含塘坝）145.16亿立方米，林牧渔畜用水量8.99亿立方米，工业用水量85.40亿立方米，城镇公共用水量3.66亿立方米，居民生活用水量21.52亿立方米，生态环境用水量1.63亿立方米。耗水总量140.76亿立方米，平均耗水率53%。

第三章　光热风资源

第一节　光热资源

太阳辐射量

安徽省太阳能资源丰富，全省光照充足，热量条件好。太阳年辐射总量105～130千卡/平方厘米，有利于多种农作物生长。热量分布地区间差异明显，自南向北逐步增强。淮北北部太阳辐射量最大；淮北南部和江淮丘陵北部太阳辐射量大；江淮丘陵南部和沿江平原地区太阳辐射量居于中等；皖南山区和大别山区太阳辐射量小。太阳辐射分布状况主要是受日照时数长短、日照百分率、云雾、雨日、雨量等因素影响。

日照时数

安徽省年平均日照时数1710～2280小时，具有北多南少、平原丘陵区多和山区少的特点。大致以江淮分水岭为界，此线以北2000小时以上，日照丰富，对小麦和棉花等作物生产有利；以南地区2000小时以下，日照时数少，对粮油作物生长有所影响，而林茶生产相宜。

气　温

年平均气温　全省年平均气温在14.4～16.8℃之间。安徽省累年平均气温砀山县、岳西县为14.4℃全省最低，安庆为16. 8℃全省最高。

积温　全省日平均气温稳定通过0℃的活动积温在5100℃～6100℃之间；日平均稳定通过10℃活动积温为4600℃～5300℃。有北少南多、山区少平原丘陵多特点。淮北积温少，耕作实行以旱粮为主，一年二熟或二年三熟制；沿江积温多，是水稻集中产区，一年二熟、三熟或二年五熟。

地温　地温分布与气温分布一致。夏季地温高，春、秋较低，冬季最低。全省自北向南逐渐上升。地表温度变化大，向下变率渐小。

气温年较差　全省各地均以1月平均气温为最低，7月平均气温为最高，气温年较差北部大于南部。

季候温标　春季开始日期（候平均气温超过10℃），安徽南部及沿江3月16日，江淮丘陵地区与大别山区3月26日，淮北4月1日。夏季开始日期（候平均气温在22℃以上），南北基本一致，在5月21—26日之间，大别山区迟至6月1日。入秋开始日期（候平均气温低于22℃），淮北、大别山区9月11—16日，沿江江南9月26日，江淮之间9月16—21日。入冬开始日期（候平均气温低于10℃）淮北11月11日，江淮之间11月16—21日，沿江江南11月21日，大别山区11月16日。极端最低气温分布规律不明显。淮北大部分地区在-20℃以下，固镇县曾经达到-24.3℃（1969年2月6日），江淮之间北部在-16℃～-20℃左右（滁县、合肥除外）；沿江江南和大别山区岳西、潜山等县均在-12℃～-16℃之间，皖南少数县市（铜陵、休宁、屯溪）在-12℃以上。

无霜期

全省平均初霜期出现在10月下旬。淮北大部和大别山腹地初霜期在10月下旬，沿江与皖南大部地区迟至11月中旬。最早初霜期与平均初霜期相差20天左右。1968年，砀山县最早初霜出现在9月29日，比其平均初霜期10月23日早24天；1955年，皖南屯溪最早初霜出现在10月24日，比其平均初霜期11月19日早26天。全省平均终霜期出现在3月中旬至4月上旬，有南早北迟、平原早山地迟的特点。沿江3月中旬结束，宿松、望江县提早到3月上旬末终霜。淮北大部和大别山腹地迟至4月上旬结束，最晚终霜期比平均终霜期推迟13～25天。终霜期年际间变化很大，终霜期愈迟，往往作物受害愈重。无霜期天数（平均初霜期至平均终霜期），一般在200～250天左右，南多北少，其长短与热量多寡一致。淮北平原区无霜期200～215天；淮河以南无霜期在220～230天，其中沿江宿松、望江等县可达250天，是无霜期最长地区，也是全省热资源最丰富地区。

第二节 风能资源

资源分布

安徽省各地由于地理位置和地形不同，年平均风功能密度有较大差异。全省年平均风功率密度为4.6～155.0瓦/平方米。风功率密度较小的区域主要分布在江淮之间西部以及江南中南部，年平均值不足10.0瓦/平方米；沿淮中部、江淮之间东部及沿江西部的风功率密度超过50.0瓦/平方米，是全省风功能密度相对较大的地区；全省年平均风功率密度最大的是黄山光明顶，平均风功率密度为155瓦/平方米，是安徽风能资源最丰富的地区；其次是沿江西部，位于该区域的宿松、望江年平均值分别为50.9瓦/平方米和57.5瓦/平方米。

有效风速时数

安徽省全年有效风速时数为742～4249小时，区域分布不均衡，全省有两个区域有效风速时数相对较小，分别是金寨、霍山、岳西以及江南中南部，其有效时数不足2000小时。其他大部分地区有效时数均超过2500小时。有效风速时数大于3500小时的区域范围较小，只有寿县、来安以及安庆、桐城及其附近地区达到3500小时。其中寿县、凤台、来安和桐城均超过4000小时，黄山光明顶超过6600小时。

根据黄山光明顶及望江县有效风速分析，黄山19时至次日9时，各时有效风速时数都在平均值以上，占总有效时数 68.9%；9 时至 18 时，各时有效时数在平均值以下，占总有效时数 31.1%，呈现出一峰一谷型。望江县日变化曲线与黄山光明顶正好相反。

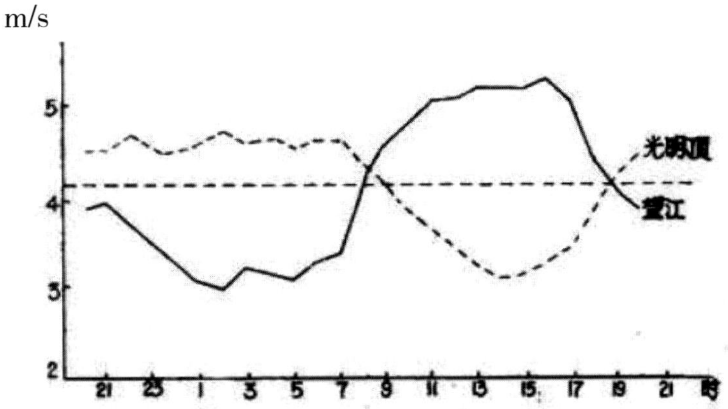

黄山光明顶、望江各时 3~20 米 / 秒小时数百分比日变图

图 1-3-1

第四章　农村劳动力资源

1978 年至 2008 年，安徽省农村劳动力总量增加、产业之间变化大，总量是随着乡村人口增加而增加，从事第一产业农村劳动力呈现前期增加、中期稳定、后期减少的趋势，从事第二、三产业农村劳动力呈现逐年增加的趋势。

第一节　劳动力结构素质

1949—1978 年，农村劳动力主要从事第一产业生产。1978—1990 年，第一产业农村劳动力逐年增加，由 1525 万人增加到 1923 万人，增长 26%。1991—2000 年，第一产业农村劳动力基本稳定，每年在 1900 ~ 2000 万人。2001 年以后，第一产业农村劳动力逐年减少，2000 年 2002 万人，2008 年减少到 1593 万人，减少 20%。1978 年以后，农村劳动力开始向第二、三产业转移，第二、三产业农村劳动力由 1978 年 56 万人增加到 2008 年 1422 万人，增长 24.4 倍。

2008 年，全省农村劳动力 3015 万人。其中从事第一产业劳动力 1593 万人，占 52.8%；从事二、三产业劳动力 1422 万人，占 47.2%。第二、三产业中农村劳动力中，第二产业 782 万人，其中工业 428 万人，建筑业 354 万人；第三产业 694 万人，其中交通运输、仓储及邮政业 104 万人，信息传输、计算机服务及软件业 16 万人，批发和零售业 176 万人，住宿及餐饮业 91 万人，其他行业 307 万人。

2008 年，全省第一产业劳动力 1593 万人，其中男性占 44.3%，女性占 55.7%。按年龄划分，20 岁以下占 3.9%，21—30 岁占 12.7%，31—40 岁占 25.1%，41—50 岁占 20.8%，51 岁以上占 37.5%；按文化程度划分，文盲占 17.9%，小学占 40.4%，初中占 38.9%，高中占 2.6%，大专及以上占 0.2%。

单位：万人

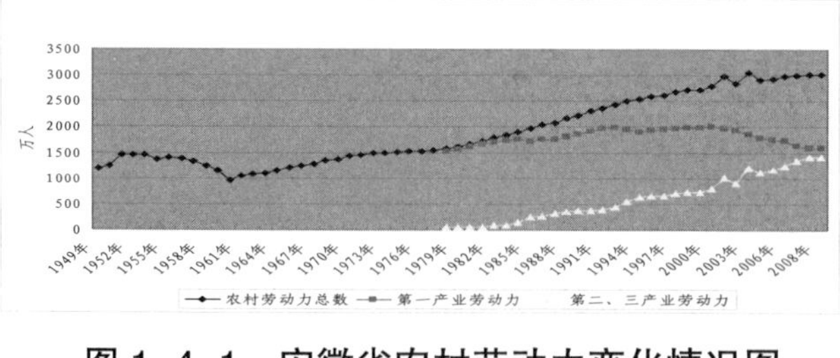

图 1-4-1　安徽省农村劳动力变化情况图

第二节　劳动力资源开发

2004 年以后,全省开展大规模农村劳动力转移培训,重点承担农业部等六部委组织实施农村劳动力转移培训阳光工程。阳光工程由政府公共财政支持,主要在粮食主产区、劳动力主要输出地区、贫困地区和革命老区开展的农村劳动力转移到非农领域就业前的职业技能培训示范项目。按照“政府推动、学校主办、部门监管、农民受益”的原则组织实施。旨在提高农村劳动力素质和就业技能,促进农村劳动力向非农产业和城镇转移,实现稳定就业和增加农民收入,推动城乡经济社会协调发展,加快全面建设小康社会的步伐。2004—2008 年,国家、省、市、县四级财政共投入培训补助资金 3.86 亿,共培训 141 万人,转移农村劳动力 127 万人

2004—2008 年阳光工程培训情况一览表

表 1-4-1

年　度	合　计	2004	2005	2006	2007	2008
任务数(万人)	131	16	25	30	30	30
培训数(万人)	141.09	16.72	27.36	32.04	31.64	33.33
转移数(万人)	126.77	14.86	23.84	28.58	28.98	30.51
转移率(%)	89.85	88.88	87.13	89.20	91.59	91.54
财政投入(万元)	38610	4000	6050	7800	9750	11010
其中:中央财政	18960	1600	2300	3300	5250	6510
省级财政	13100	1600	2500	3000	3000	3000
地方财政	6550	800	1250	1500	1500	1500
实施县数(次)	429	55	91	97	95	91
培训基地数(次)	3100	321	602	679	696	802

阳光工程培训取得显著成效:提高农民转移就业能力。通过开展技能性培训,使培训农民掌握专业技能,有近半数学员达到初级以上职业技能水平,增强农民转移就业能力,促进农村劳务输出方式由体力型向技能型转变,由自发型输出向有组织输出转变。

增加农民工资性收入。2008 年抽样调查,阳光工程转移就业学员月平均收入在 800 元以上,月收入 500 元以下不到 1%, 500 ~ 1500 元占 93%, 1500 元以上占 6%。许多地方出现“外出一人、致富一家”“外出一群、富裕一方”的劳务输出效应。

增加中长期和高技能培训比例。由于采取资金差额补贴做法,加大中长期培训补贴数额,农民越来越青睐选择技术含量高的专业参加培训。2008 年与上年同期相比,计算机应用、驾驶与维修等专业人数有所上升,分别比上年提高 5.0、4.8 个百分点。而

服装缝纫与加工、电子电器等专业人数呈下降趋势，分别下降 9.5、1.4 个百分点。

推动县域经济发展。2008 年，全省阳光工程培训就近就地转移人数占全部转移人数 54%，为当地企业提供充足劳动力，带动招商引资工作开展，吸引许多外地企业迁入本地经营，既降低企业成本，又方便当地农民，促进县域经济发展。

第三节　劳动力转移就业

2008 年年末，全省农业富余劳动力转移就业 1165 万人，其中跨省劳务输出 840 万人，省内转移就业 325 万人。流向主要集中在长三角、珠三角和京津等经济发达地区，其中长三角地区 315 万人、珠三角地区 120 万人、京津地区 90 万人、其他地区 315 万人。行业分布主要有服装加工、餐饮服务、家政服务、机械加工、电子操作、建筑施工、交通运输等。劳务输出净收入 700 亿元。

认真做好农村劳动力转移就业服务工作。全省各地组织开展多种形式的劳务洽谈会、招聘会、对接会，培育劳务中介组织和经纪人队伍，促进农民多渠道、稳定就业。打造劳务品牌，通过打造“徽工、徽匠”品牌，提升形象，吸引生源，扩大规模，占领市场。2007 年，安徽省阳光工程服装缝纫专业已在苏、沪、浙等自然形成“徽工”品牌，深受服装加工企业青睐。2008 年，中央电视台七套专门制作播放《阳光工程伴我行》专题片，对安徽省阳光工程培训 4 个品牌“徽州匠士”“合肥大厨”“长丰缝纫”“宁国农家乐”进行宣报道。引导就地就近转移就业，在抓好用工量大的机械制造、电子电器、焊工、计算机应用、驾驶与维修、服装缝纫与加工、建筑装饰、餐饮旅游服务等行业技能培训的同时，加强农产品加工业、地方特色产业、农村服务业等相关技能培训，扩大就近就地转移规模。2008 年，全省阳光工程培训就近就地转移人数占全部转移人数 54%，其中黄山市、芜湖市、宣城市、池州市、滁州市就地就近转移人数占 80% 以上。

第五章　农业物种资源

第一节　植物物种

安徽省植物资源丰富，种类齐全，有高等维管植物3600余种，多种植物具有高经济价值，是工业、食品、化工、药材重要原料。植物资源按用途分为油脂植物资源、淀粉植物资源、香料植物资源、色素植物资源、饮料植物资源、山野菜植物资源、甜味植物资源、树脂树胶植物资源等。

油脂植物

油菜，全省各地普遍栽培。茎叶用于蔬菜；结长角果，结荚多，种子球形，主要有红、黄、黑等颜色。菜籽油是主要食用油之一，有药用价值。

油茶，分布于皖南山地和皖西大别山地。用于食用、润发、调药、制蜡、制肥皂、机油代用品等。

蓖麻，分布于全省各地。籽实富含油脂和蛋白质，是重要工业原料。全株可入药，有祛湿通络、消肿、拔毒之效。

油桐，分布于皖南各县及大别山区海拔800米以下低山丘陵。根、叶、花、果壳及种子油入药。果壳可制活性油桐皮炭，炭灰可熬制土碱；油桐的老叶切碎捣烂，水浸液可防治地下虫害。

山乌桕，分布于歙县、休宁县、祁门县、广德县等地。种仁含油脂，主要用于制肥皂、蜡烛原料。

胡麻，分布于全省各地。主要用于食品添加剂、化妆品原粉、医药原料等。

榛，分布于皖南山区、大别山区。籽实有补脾胃、益气力、明目健行功效，对消渴、盗汗、夜尿多等肺肾不足病症有益。也用于食用、制作糕点等。

臭椿，分布于皖南山区、大别山区以及滁州市、来安县、凤阳县、明光市、宿州市、萧县等地。主要用于工厂、矿区等绿化。根皮和茎作药用。

棠梨，分布于皖南山区、大别山区以及淮北地区。具有重要开发价值油脂植物资源。果实成熟时有清香气味和味甜。

木瓜，分布于淮北地区宿州市、砀山县、萧县、灵璧县、濉溪县等地。主要用于食用、制肥皂。木材质地坚硬，用于制作家具。

胡桃，皖南和大别山区以及江淮地区均有零星栽培。种仁含油量高，食用或榨油，为强壮剂，治慢性气管炎、哮喘等症；木材坚实，可制枪托等；内果皮及树皮富含单宁；核桃壳可制活性炭。

华东野核桃，分布于皖南山区及大别山区。落叶乔木，果壳厚而坚硬，果仁含油，用于食用和榨油；外果皮用于提制拷胶。

葵花，全省各地广为栽培。适宜于神经衰弱、失眠、蛲虫患者食用；也适合于高血脂、动脉硬化、癌症患者食用。

白檀，全省各地均有分布。木材细密，主要用于家具用材和建筑材料。种子可榨油，供制油漆、肥皂等用；根皮与叶可作农药。

老鼠矢，分布于皖南山区和大别山区，木材用于制作器具，种子含油制作肥皂，树形优美，适宜作绿化树种。

漆树，分布于皖南各县以及皖西、江淮丘陵地区。树干割漆，树花养蜂，果实榨漆，树叶作猪饲料。

花生，全省各地均有栽培。籽实中蛋白质含有人体必需多种氨基酸，营养价值高，直接作为食物或提取食用油。

陆地棉，全省广泛栽培。棉籽油补肝肾，强腰膝，暖胃止痛，止血，催乳。用于月经过多，功能性子宫出血，乳汁缺乏，胃痛，腰膝无力。

玉米，全省各地均有栽培。籽实中不饱和脂肪酸主要是油酸和亚油酸。油脂内富含维生素 E，热稳定性好。

刺楸，分布于皖南黄山、九华山和休宁县等地。树皮有收敛镇痛作用，种子含油量 38%，用于制作肥皂等。木材硬度适中，用于建筑材料。

刺槐，全省各地均有栽培。种子榨油供做肥皂及油漆原料。

香榧，分布于皖南山区和大别山区。是园林绿化树种、背景树种和干果树种。

淀粉植物

安徽省淀粉植物有百种以上，数量多、分布广，主要用于直接食用和工业酿酒、制糖、制酒精、副食品、糨糊等淀粉代用原料。

狗脊蕨，分布于皖南地区、大别山区和芜湖市等地。性微寒，味苦并有小毒。有清热解毒、散瘀止血功能。

银杏，全省各地均有栽培。为优良木材，用于家具建筑、器具及雕刻等。种子营养丰富，含淀粉 67.9%，含糖 6%，多食易中毒；树形优美，对大气污染有一定抗性。

多花黄精，分布于歙县、休宁县、黟县、祁门县、石台县、黄山区、铜陵县、金寨县等地。块状茎作重要黄精入药。

百合，分布于歙县、休宁县、黟县、祁门县、石台县、黄山区、铜陵县、金寨县、凤阳县等地。鳞茎药用，有滋补强壮、润肺止咳、清热利尿、安神等功效，对肺结核及慢性气管炎有滋养和止咳作用，栽培供观赏用。

山药，分布于青阳县、休宁县、泾县、歙县、祁门县、绩溪县、霍山县、六安市、舒城县，定远县、灵璧县、泗县等地。块茎做蔬菜食用，珠芽药用能健脾。

穿龙薯蓣，分布于金寨县、岳西县、宣州区、青阳县、歙县、休宁县、黄山区等地。具有很高药用价值和经济价值。其内含化学成分用于开发降血脂和增强免疫机能药品。

槲栎，分布于全省各地，皖南和江淮地区南部最为常见。种子含淀粉，用于酿酒、制作凉皮、粉条、豆腐、酱油等和榨油。木材坚硬，耐磨力强，用于建筑、家具等。

板栗，分布于淮河流域以南地区，大别山区、皖南广德县、宁国市等地最为常见，皖东来安县、全椒县等县有少量栽培。木材防火性能好，板材适用于房屋修建、舟车、室内装修、木桩、篱柱、铁道枕木等。

茅栗，分布于皖南各县山区和皖西金寨县、霍山县、岳西县、舒城县等县。坚果含淀粉，能生、熟食和酿酒；壳斗和树皮含鞣质，用作丝绸黑色染料；木材坚硬耐用，制作农具和家具；苗用于板栗嫁接砧木。

慈姑，全省各地普遍栽培，或有野生。味甘，微寒。能清热利尿、能淋，化痰止咳，用于肺虚咳嗽痰血辅助治疗。

山里红，分布于全省各地。食用有增强心肌、降低血脂、促进胆固醇转化等功能，对医治冠心病、高血压、动脉硬化等有一定疗效。用山楂核制软膏，能治疗皮肤病。

鹅绒委陵菜，分布于全省各地，富含淀粉，可酿酒；根富含鞣料，能提取栲胶，用于制作收敛剂。全草富含营养物质，用于加工干草及粉质饲料。

地榆，分布于大别山区和皖南山区。凉血止血，清热解毒，消肿敛疮。主治吐血，咯血，疮痈肿痛，湿疹，阴痒，水火烫伤，蛇虫咬伤 。

菱，分布于芜湖、淮南等地。有清暑解热、益气健胃、止消渴、解酒毒、利尿通乳、抗癌等功效。菱角熟食性温，能健脾胃、益中气。

葛藤，分布于全省各地。解表退热，生津，透疹，升阳止泻。用于外感发热头痛、高血压颈项强痛、口渴、消渴、麻疹不透、热痢、泄泻。

何首乌，分布于大别山区。主治血虚头昏目眩，心悸，失眠，肝肾阴虚之腰膝酸软，须发早白，耳鸣，遗精，肠燥便秘，久疟体虚，风疹瘙痒，疮痈，瘰疬，痔疮。

木防己，分布于全省各地。性寒，味苦、辛。祛风止痛，行水清肿，解毒，降血压。用于风湿痹痛、神经痛、肾炎水肿、尿路感染；外治跌打损伤、蛇咬伤。

香料植物

香料植物也称芳香油植物。分为辛温型、麻辣型、浓香型、怪味型、滋补型。

八角，皖南地区有栽培。果、种子、叶富含芳香油，其干燥果实为菜肴烹饪调味料之一，能入药。

桂花，全省各地均有栽培，取香部位为鲜花，香气质量以金桂、银桂为佳，丹桂次之。是庭园、公园优良绿化、香化兼备花木。桂花经蜜饯，用于制作糕点和各种甜食。根能入药祛风湿，散寒。

丁香，全省各地园林多有栽培，为庭园优良观赏花木。花序、叶和嫩茎取香，种子入药,嫩叶能代茶。

伞形科

芹菜,全省各地普遍栽培。种子用于取香做香料工业原料,与薄荷油具有同样重要价值。

当归,多年生草本植物,全省各地药圃有栽培。其根可入药,是最常用的中药之一。当归也可用于卤制品配料中,其主要特点是去腥增香,增加卤制品的药香味。

白芷,全省各地有栽培。味食香料。味辛、香,祛寒除湿,消肿排脓,清头目。

茴香,全省各地均有分布。中医学入药,性温,味辛,归肝、肾、脾、胃经。

薰衣草,全省各地均有栽培。为芳香油植物。

香薷,分布于皖西及皖南山区,味辛,性微温。全草入药,发汗解表,祛暑化湿,利水消肿。

荆芥,全省各地均有分布和栽培。全草可提取荆芥油,药用,入肺肝,疏风邪,清头目。

紫苏,分布于全省各地。味道辛、香。解表散寒,理气和中,消痰定喘,行经活络。可治风寒感冒,发热恶寒,咳嗽气喘, 恶心呕吐,食鱼蟹中毒等症。梗能顺气安胎。

薄荷,分布于全省各地。全草入药,能疏散风热;治感冒头痛、目赤等。植株上部茎、叶、花用于取香。用于提取薄荷脑和薄荷油。幼嫩茎尖用作蔬菜。

藿香,分布于全省各地。取香部位为全草(根部除外)。全草入药,能和中祛暑;治感冒暑湿、胸痞脘闷等症

草果,全省各地有栽培,淮北黄河故道栽培多。味道辛、香。鲜果能食用,也入药。能破瘴疠之气,发脾胃之寒,截疟除痰。

砂仁,分布于歙县、休宁县等地。味道辛、香。果实食用,主要用于烧、卤、煨、煮等荤菜或豆制品。果实药用,能逐寒快气,止呕吐,治胃痛,消滞化痰。

良姜,休宁县、铜陵县有栽培。味道辛、香。食用用于烧、卤、煨等菜肴。药用能除寒,止心腹之疼,散逆治清涎呕吐。

茉莉,全省各地均有栽培。用于观赏、制作花茶和提炼香精,为日化工业及医药工业原料。

紫丁香,全省各地园林中多有栽培。味道辛、香、苦。常用于扣蒸、烧、煨、煮、卤等菜肴。宣中暖胃,益肾壮阳,治呕吐。

玳玳,分布于安徽省南部。取香部位为叶、花、果。主要供观赏;花用于熏茶,幼果、果实、种子、叶均入药。

甜橙,休宁县、宿州市等地有零星栽培。果实品质佳,鲜果皮可提取橙皮油,干果皮药用。种子含油30%。

橘,分布于休宁县。取香部位主要为果实。果皮含有芳香油,生食及作调味原料。

香橼,休宁县、祁门县、黄山区、绩溪县、宣城市、安庆市等地有零星栽培。成熟果实

味辛、苦、酸,性温。果实入药,疏肝理气,化痰。

花椒,分布于歙县、休宁县、黟县、祁门县、石台县、黄山区、铜陵县、金寨县等地。味道辛、麻、香。主要做为食用调味品。入药有散寒燥湿、杀虫之效。

合欢,全省各地广泛种植。取香部位为鲜花。可制作家具、农具、枕木、车厢等用。

甘草,灵璧县、宿州市等地有栽培。主要用于腌腊制品及卤菜。药用能补气润肺,止咳,泻火,止痛。用于治疗气虚乏力,食少便溏,咳嗽气喘,咽喉肿痛,疮疡肿毒,脘腹及四肢痉挛作痛等症。

罗汉松,全省各地栽培。入药用于治呼吸系统、消化系统、循环系统多种疾病,对支气管炎、急慢性咽喉炎、哮喘、高血压、糖尿病等症均有显著疗效。

淡竹,分布于黄山市、祁门县、宣州区等地。味甘,性寒。叶入药用于清热除烦,利尿,对热病烦热,口舌生疮,小便短赤有疗效。

芦苇,分布于全省各地。禾本科草本植物。芦苇根茎味甘,性寒。入药用于清泄肺胃,生津止咳。

白茅,分布于全省各地。禾本科草本植物。白茅根茎味甘,性寒。入药用于凉血止血,清热生津,利尿。

大麦,全省各地均有栽培。为禾本科草本植物。成熟果实经发芽加工入药,味甘,性平。用于消食化积,回乳。

薏苡,分布于全省各地。为禾本科草本植物。薏苡种仁入药,味甘、淡,性凉。用于利水渗湿,清热排脓,益肺健脾。

郁李,分布于大别山区金寨县、霍山县和淮北、江淮丘陵各地。蔷薇科灌木欧李或郁李成熟种子。味辛、苦,性平。用于润肠通便,利水消肿。

杏,全省各地广为栽培。杏仁为乔木山杏、西伯利亚杏、东北杏或苦味杏成熟种子。味苦,性温,有小毒。用于止咳平喘,润肠通便。

木瓜,分布于淮北、江淮地区、皖南地区和大别山区。蔷薇科灌木贴梗海棠成熟果实。味酸,性温。用于除湿利痹,缓急舒筋,消食,治脚气。

山楂,分布于庐江县、来安县、舒城县、六安市等地。乔木或大灌木山楂、山里红或野山楂成熟果实。味酸、甘,性微温。用于消食化积,活血化瘀。

玫瑰,全省各地普遍栽培。取香部位为鲜花。花经蒸馏提取芳香油,用做高级香水及食用香精重要原料。果实含丰富维生素。花蕾入药,治肝,胃气痛。

枣,分布于全省各地。灌木或小乔木枣成熟果实。味甘,性微温。用于补中益气,养血安神,缓和药性。

百合,分布于祁门县、黄山区、铜陵县等地。草本植物百合、细叶百合或卷丹鳞茎。味甘,性微寒。鳞茎含淀粉,能食用,清热,养阴,润肺,宁神。

芡,分布于芜湖市、繁昌县、铜陵市、安庆市、合肥市、巢县、舒城县等地。成熟种仁味甘、湿,性平。用于健脾止泻止带,补肾固精缩尿。

莲，分布于全省各地。叶味苦，性平。药用有清热解暑，升发清阳、止血功效。

睡莲，分布全省各地，有栽培或野生。全草宜做绿肥，其根状茎能食用或药用。根茎入药，用于做强壮剂、收敛剂，用于治疗肾炎病。

红花，全省各地药圃有栽培。草本植物红花筒状花序。味辛，性温。花入药，用于活血祛瘀，治疮疡肿痛，跌扑伤痛，风湿痹痛，月经不调等症。

菊，全省各地均有栽培。头状花序，味甘、苦，性微寒。疏散风热，清肝明目，清热解毒，平降肝阳。

酸枣，分布于皖南地区。种仁味甘，性平。养心安神，收敛止汗，治失眠。

紫罗兰，芜湖市、合肥市、铜陵市等城市庭园有栽培。花供观赏。

莱菔子（萝卜子），全省各地普遍栽培。草本植物萝卜成熟种子。味辛、甘，性平。消食化积，止咳化痰平喘。

马齿苋，分布于全省各地。草本植物马齿苋地上部分。全草供药用，味酸，性寒。清热解毒，治痢，消痈。

金银花，分布于全省各地。花、茎入药，清热解毒，用于治疗外感风热、咽喉肿痛、热毒血痢等。

鱼腥草，分布于皖南地区和江淮之间。全草入药。味辛，性微寒，有特殊香味。清热解毒，排脓，宜生食。

山药，分布于全省各地。草本植物薯蓣块茎。味甘，性平。可补脾养肺，益肾涩精。

晚香玉，合肥市、芜湖市、铜陵市等地常见栽培。花可提取香油，用于制作香料。

香子兰，分布于皖南山区、皖西大别山区、江淮丘陵和宿县地区。根、茎、果实均有药用，有健胃、消炎止痛、止血功效。

香樟，分布于皖南及大别山区南坡。取香部位为根、树干和叶，用于提取樟脑和樟油，为化工、医药生产重要原料。

山鸡椒，分布于皖南山区、大别山区和江淮丘陵地区南部。取香部位为种子，主要利用果与叶提取柠檬醛，为医药和香精等主要原料用。

栀子，分布于皖西大别山区、江淮丘陵和皖南山区。取香部位为鲜花。花药用提芳香油浸膏。果实做黄色染料。

鸢尾花，合肥市、芜湖市、铜陵市等地有栽培。花用于制作香水原料。根茎药用于吐剂、泻剂，治疗眩晕及肿毒。

灵香草，固镇县有栽培或野生。取香部位为叶。叶食用，茎、叶及种子均含芳香油，全株能用作家畜饲料。

白兰花，全省各地均有栽培，多为盆栽，温室越冬。花洁白清香，叶大浓绿，为著名庭园绿化观赏树种。花用于提取香精、熏制花茶。花、根、皮均入药。

白玉兰，皖南、皖西山区广泛分布，全省各地城镇多见栽培。取香部位为鲜花和叶。花含芳香油，用于提取香精、浸膏；木材细致，供细木工等用。

香叶天竺葵，全省各地均有栽培。取香部位为植株上部茎叶和花序。供观赏和提取香精油。

缬草，全省各地药圃、植物园常有栽培。具有镇静和抗焦虑等作用，用于制作香料。

色素植物

色素植物是指能提取天然食用色素植物。天然色素种类很多，根据其化学结构不同，大致可分为四吡咯衍生物、类异戊二烯衍生物、苯并吡喃衍生物和其他天然色素。其他天然色素如甜菜色素、红曲色素、胭脂虫及紫胶虫色素、紫草色素、姜黄色素等。

石松，皖南山区和大别山区常见，常提取蓝色染料。

侧柏，全省各地广泛栽培，树皮含单宁，用于制取棕色、褐色染料。

银杏，全省各地广泛栽培，树皮、落叶提取类黄酮色素，用于制造多种染料。

胡桃，分布于皖南山区、大别山区和江淮丘陵地区，胡桃果皮提取醌类色素，用于染料。

亮叶桦，分布于皖南和大别山区，用于提制黑色染料。

榛，分布于皖南山区和大别山区，壳斗含单宁，用于提制褐色、黑色染料。

落葵，全省各地有栽培，食用蔬菜，根茎、果实用于提取落葵红色素，用于食品工业。

麻栎，全省丘陵地区均有分布，多为人工林，树皮、壳斗含单宁，用于提制褐色、黑色染料。

栓皮栎，分布于皖西大别山区，树皮、壳斗含单宁，用于提制黑色染料。

槲栎，皖南山区和大别山区均有分布，树皮、壳斗含单宁，用于提制褐色、黑色染料。

商陆，全省各地均有野生分布，浆果能提取红色素（甜菜色甘红色素）用于食品、化妆品等工业生产。

菘兰，全省各地零星栽培，药用植物，根、茎、叶用于提取靛蓝素、靛红素用做染料。

甘蓝，全省各地普遍栽培，食用蔬菜，球状体能提取紫红色素，用于食品、医药工业。

棠梨，丘陵地区广泛栽培，木材用于制取红色染料。

地榆，分布于全省各地，花用于提取红色染料。

玫瑰，全省各地广泛栽培，花提取红色素、黄色素，用于食品、化妆品、医药。

草莓，全省各地广泛栽培，果实提取色素，用于食品、医药、化妆品工业。

火棘，蔷薇科火棘属常绿灌木，果实中能提取红色素。

国槐，全省各地普遍栽培，花蕾主成分为槲皮素，用于提取黄色染料。

洋槐，丘陵地区广泛栽培，花用于提取黄色染料。

野苜宿，全省广泛分布，茎、叶、根提取叶黄素，用于食品医药工业。

大豆，全省各地广泛种植，黑豆种皮提取花青素类黑豆皮色素，用于食品工业。

桑树，全省普遍栽培，树皮提取棕褐色素，用于制造染料；果实提取紫红色素，用于食品、医药工业。

红蓼，全省各地均有分布，叶提取红草素、叶绿醌；花提取红色素，用于食品、医药工业。

扁蓄，全省各地均有野生，全草提取黄色和绿色染料。

杠板归，全省各地均有野生，叶制取靛蓝，用于印染、制墨水、油漆和靛蓝衍生物制造。

酸模，全省各地均有野生，叶能提取绿色染料。

荞麦，全省各地均有野生和种植，茎、叶含荞麦色素，用于制取红褐色染料。

地肤，全省各地栽培，种子含皂苷，用于制取染料。

鸡冠花，全省各地常见栽培，花序提取苋菜红素，用于食品、医药工业。

无患子，全省各地均有栽培，花能提取黄色染料。

凤仙花，全省各地广泛栽培，常见观赏花卉，花能提取花青素类蒲公英色素、类黄酮、槲皮素、山柰酚、指甲花醌等，用于食品、化妆品工业。

枣，全省各地普遍栽培，树皮制取染料。

圆叶鼠李，全省山区有野生，茎皮、果实、根能提取绿色染料。

冻绿，全省山区有野生分布，茎皮、果实、叶含绿色素，用于纺织染色。

长叶冻绿，全省山区有野生分布，果实、叶含黄色色素，用作染料。

木槿，全省各地园林广泛栽培，花提取花色素，用于食品、医药工业。

紫花地丁，全省各地均有分布，叶能提取制造青绿色染料。

乌饭树，皖南山区和大别山区有分布，全草提取黑色染料，用于食品、医药工业。

石榴，全省广泛栽培，常见果树，花用于制造红色染料；果皮含单宁，用于制造黑色染料。

君迁子，全省山区有分布，树皮提取灰绿色染料。

圆叶牵牛，全省各地有分布，花和种子提取色素，用于医药和化妆品。

菟丝子，全省各地有分布，全草提取色素，用于医药。

紫草，全省各地有分布，根提取醌类色素紫草红、紫草醌、乙酰紫草醌、异丁酰紫草醌、紫草烷，用于印染、食品医药工业。

丹参，全省山区有分布，全草含丹参酮甲、乙、丙三种结晶性色素，用于医药工业。

紫苏，全省各地均有栽培和野生，茎、叶提取紫色素，用于食品、医药、化妆品、染料。

龙葵，全省各地均有分布，果实含经龙葵苷、皂素，用于制褐色、绿色、蓝色染料。

番茄，全省各地普遍栽培，果实提取类胡萝卜素色素、番茄红素、核黄素，用于食品、医药工业。

辣椒，全省各地普遍栽培，果实提取类胡萝卜素、辣椒红素、辣椒黄素、辣椒玉红素、胡萝卜素，用于食品工业。

枸杞，全省各地均有分布，果实提取枸杞色素，用于医药、食品工业。

地黄，全省山区有零星分布，能提取黄色素，用于医药。

茜草，全省山区有野生分布，根提取醌类色素茜草素、茜草紫杉醇、假茜草紫杉醇，用于染料、食品工业。

栀子，全省各地均有栽培，果含番红花素苷基，能提取黄色染料，用于食品、纺织业。

栝楼，沿江部分县大量种植，果实提取色素，用于食品、医药工业。

南瓜，全省各地普遍栽培，叶能提取叶绿素、胡萝卜素、叶黄素，用于食品、医药、化妆品工业。

红花，庭园或药圃栽培，花提取类黄酮色素、红花红色素、红花黄色素、异红花红色素，用于食品、医药、化妆品、染料工业。

苍耳，全省各地均有分布，全草制绿色染料。

艾蒿，全省各地均有分布，茎、叶制绿色染料。

野艾蒿，全省各地均有分布，茎、叶制绿色染料。

狼把草，全省各地均有分布，全草提取黄色染料。

线叶金鸡菊，全省各地有分布或栽培，花提取类黄酮色素，菊黄素，主要成分为大金鸡菊查尔酮苷、大金鸡查尔酮、大金鸡菊嗅弄、大金鸡菊嗅弄苷，用于食品工业。

荩草，全省各地均有分布，全草提取黄色染料。

玉蜀黍，全省各地均有栽培，果实提取类胡萝卜素、玉米黄素；紫粒玉米果皮、穗轴提取花青素、类色素、紫玉米色素，用于食品工业。

高粱，全省各地均有栽培，外果皮、种皮提取类黄酮色素、高粱色素，用于食品工业。

甜味植物

甜味植物指植物体内富含甜味植物。植物甜味剂具有安全无毒特性，易溶于水，对光、pH 酸碱度、热均能保持稳定。

罗汉果，淮北地区有栽培，甜味成分为罗汉果苷，其中罗汉果苷Ⅴ甜度是蔗糖的 300 倍，罗汉果苷Ⅵ甜度是蔗糖 125 倍。

甘草，灵璧县、宿州市有栽培，甜味物质为甘草酸（甘草甜素），为三萜苷类物质，甜度比蔗糖高 50 倍。甘草末用于食品调味。

甜叶菊，又名甜菊，糖草，甜草，滁州市等 20 多个县区有栽培，多年生草本，干叶中甜菊苷含量为 10%，甜菊苷甜度为蔗糖 150 ~ 300 倍，为双萜苷类化合物。

大蓟，全省各地广泛分布，根部菊糖提取率 12%。

紫苏，全省各地均有栽培和野生，茎叶挥发油中含有 40% ~ 50% 紫苏醛，其甜度为蔗糖 200 倍。

拐枣，野生分布于大别山区，江淮地区有人工栽培，落叶乔木，树干高 10 米多；果梗中含蔗糖、葡萄糖和果糖，蔗糖高达 24%。用于生食或酿酒。

饮料植物

饮料植物指植物根、茎、叶、花、果实等器官中，有一种或多种作为原料加工成饮料植物。饮料植物通常为木本植物，少数为藤本植物和多年生的草本植物。主要饮料植物有：

茶树，皖南、皖西和江淮地区广泛分布，以栽培为主，叶子经加工用于饮用、药用，为世界性保健饮料。

金樱子，分布于皖南地区、大别山区和江淮丘陵地区，常绿蔓性灌木，含丰富糖类（果糖、蔗糖）和柠檬酸、苹果酸、鞣质、维生素 C 等成分。

野山楂，分布于全省各地，落叶灌木，果性微温，味酸甜，有消食健胃，行气散瘀作用，嫩叶能代茶用。

花红，全省各地有栽培，盛产于宣城市、宁国市一带。果性平，味酸甜。有止渴、化滞和涩精作用。

火棘，分布于皖南地区，省内各地庭园栽培广泛，常绿灌木，果性平，味酸甜，有消积、止痢、活血、止血作用。

柔毛水杨梅，分布于皖南山区和大别山区，为多年生草本。全草性平，味辛，甘。能降压，镇痉，止痛，消肿解毒。

刺梨，分布于皖南山区和大别山区，为缫丝花果实，果味酸甜，含大量维生素，是滋补健身营养珍果，叶泡茶可解热。

柿，全省各地广泛栽培，叶含有类单宁物质和大量维生素 C。其叶梢用茶叶加工方法制成“柿叶茶”保健饮料，清香可口，有稳定血压、软化血管和消炎功效，。

大叶冬青，分布于皖南、大别山区，常绿乔木，老叶嫩叶均能药茶两用，制成苦丁茶经济价值高。叶性凉，先苦后甜，能清热解毒。

紫背天葵，分布于淮河以南地区，叶经加工能当凉茶饮用。

栝楼，沿江部分县大量种植，果性寒，味甘。微苦有润肺化痰、润肺止咳作用 .

菊花，全省各地广泛栽培，其中以亳菊、滁菊和贡菊（徽菊）产量高，品质好。具有很高药用价值，有清热解毒、祛风散瘀、平肝明目功效。

野菊，全省各地广泛分布，花序性凉，味苦、辛。有清热解毒、疏肝明目，降血压作用。

石血，全省广泛分布，木质藤本，全株性温、味苦、微涩。有祛风止痛，通经络，利关节功效。

甘草，宿县、灵璧县等地有栽培。根中含有甘草酸和芳香物质，常做饮料和食品原料。有清热解渴、止咳润肺功效。

合欢，全省广泛分布。含羞草科乔木植物。花性平，味甘。有解郁安神功效。

葛藤，全省广泛分布。葡萄科木质藤本。果性平，味甘。有润肺止咳、清热凉血、消食作用。

决明，全省各地有栽培，一年生草本植物，决明子为干燥成熟种子，味苦、甘而性凉，有清肝火、祛风湿、益肾明目等功能。

桂花，全省各地均有栽培。为木樨科常绿乔木。用花当“茶”有化痰、散瘀等功效。

构树，全省广泛分布，落叶乔术，果实性寒，味甘。有补肾、清肝明目、利尿作用。

中华猕猴桃，分布于皖南和大别山区，大型落叶藤本。果性寒，味酸甜。能解热，通淋，止渴。

软枣猕猴桃，果实食用，营养价值很高，含大量维生素 C、淀粉、果胶质等，用于加工果酱、果汁、果脯、罐头、酿酒和制作糕点、糖果等多种食品。

君迁子，分布于皖南和大别山区，省内部分市县有零星分布，乔木，果性凉，味甘、涩，有止渴、除痰、清热解毒、健胃作用。

牛奶子，分布于淮河流域以南地区，灌木，果实可生食，性凉，味酸甜，能清热利湿、止血。

枸杞，全省各地有分布，落叶灌木，果实性平味甘，能滋补肝肾，益精明目。

孩儿参，分布于黄山市、铜陵市、宣城市和大别山区，多年生草本。块根性平，味甘，微苦。能益气健脾，生津润肺，能代人参使用。

草芍药，主要分布黄山和金寨县，毛茛科多年生草本。根性凉，味酸，苦，有活血散瘀、清肝、止痛作用。

山萝花，分布于大别山、江淮丘陵地区和皖南山区，一年生草本。根清凉，能代茶用，全草清热解毒。

江南马先蒿，分布于长江以南地区，多年生草本。根性温，味甘微苦，能补气血，通经络，止咳平喘。

五加，分布于皖南和大别山地区，灌木。根皮性温，味苦、辛，有祛风湿、强筋骨、益气作用。

百蕊草，分布于全省各地，多年生寄生草本。全草性平，味辛、苦，能清热解毒、解暑。

叶下珠，分布于皖南、皖西和江南丘陵地区，一年生草本。全草性凉，味甘、苦。有平肝清热、利水解毒作用。

徐长卿，分布于皖南和大别山地区，多年生草本。全草辛，温，祛风除湿，行气通经。

金银花，分布于全省各地，有清热解毒、清肝明目、凉血消暑、生津止渴、防病抗癌、减肥降脂、降压、提高人体免疫力等功效。

刺葡萄，分布于皖南和大别山部分地区，木质藤木，果实生食，种子榨油。

山葡萄，分布于大别山区，落叶藤本。果实富含蛋白质、碳水化合物、矿物质和多种维生素。生食味酸甜可口，富含浆汁。是酿造葡萄酒原料，所酿酒色深红艳丽，风味品质俱佳。

杨梅，分布于皖南部分山区，常绿乔木。根、树皮、果实入药，有助消化止血等功能。

野百合，分布于长江以南地区，金寨县、凤阳县等地有分布。百合科多年生草本。鳞茎性平，味微苦，含丰富多种营养，能养阴润肺，清心安神。

山野菜植物

山野菜是重要可食性植物资源。主要包括植物根、茎、叶、花、果和菌类等天然食物。山野菜资源种类多、数量大、能再生，无现代工业污染，无化肥、农药残留，大多数有很高营养价值、医疗功效和保健功能。

紫萁，又名微菜，多年生宿根性草本地生蕨类植物，嫩苔为山野菜上品，菜质脆、少纤维，味美爽口，营养丰富。作为高档蔬菜，用于鲜食、腌渍、干制。经济效益为一般蔬菜4~5倍。

蕨菜，凤尾蕨科。广泛分布于全省低山区稀疏针阔混交林。食用部分为幼嫩叶芽。

枸杞，分布于全省各地，落叶灌木植物，嫩叶枸杞头，用于食用或制作枸杞茶。

野豌豆，又名大巢菜，产于全省各地，茎叶柔嫩，营养丰富，适口性好。

南苜蓿，全省各地广泛栽培，一年或多年生草本。全草用做绿肥和饲料；浙江和上海等地常栽培供蔬菜食用。

刺槐，全省各地广泛栽培，花为优良蜜源，能做蔬菜食用。

水芹，全省各地均有分布，多年水生宿根草本植物，嫩茎及叶柄做蔬菜食用，含各种维生素、矿物质。

蕺，亦称“鱼腥草”，分布于皖南和江淮地区，多年生草本植物。嫩茎做蔬菜食用，为消费者常选山野菜。

藜，分布于全省各地，一年生草本植物，茎直立，嫩叶食用。

扫帚菜，全省各地有栽培，一年生草本植物。地肤嫩茎叶，性味苦寒，具有清热解毒、利尿通淋功效。

荠菜，广泛分布于全省各地，一年生或二年生草本植物。嫩茎叶做蔬菜食用，具有很高营养价值和药用价值，有和脾、利水、止血、明目功效。

水田碎米荠，产于合肥市、安庆市等地，多年生草本植物，嫩茎叶作蔬菜食用。

香椿，分布于全省各地，落叶乔木，嫩芽作蔬菜食用，对外感风寒、风湿痹痛、胃痛、痢疾等有治疗作用。是园林绿化优选树种。

栾树，黄山栾树，分布于皖南和江淮丘陵地区，落叶乔木，嫩芽做蔬菜食用。

马齿苋，全省各地均有分布，一年生草本植物。该种为药食两用植物。全草供药用，有清热利湿、解毒消肿、治菌痢、消炎、止渴、利尿作用；能做兽药和农药；嫩茎叶做蔬菜食用。

大蓟，分布于全省各地，一年生草本植物，嫩茎叶做蔬菜食用。

蒲公英，分布于全省各地，多年生草本植物，能做蔬菜食用，有消炎，清热、解素功效。

萱草，又名黄花菜，野生主要分布于皖南山区和大别山区，省内各地有栽培，多年生草本植物，花和花干制品做蔬菜食用。

魔芋，分布于六安市，池州市及黄山市等地，多年生草本植物，块茎用于制作淀粉和食用。

苋菜，全省各地均有分布，一年生草本植物，叶呈卵形或棱形，有绿色或紫红色，叶、茎作蔬菜食用，软滑味浓，有润肠胃清热功效。

蒌蒿，亦称芦蒿，全省各地广泛分布。多年生草本植物。茎叶做蔬菜食用。

马兰，全省各地广泛分布。多年生草本，嫩茎叶做蔬菜食用。

蜂斗菜，皖南和皖西山区有分布，多年生草本植物。根茎做蔬菜食用，。

苦苣菜，全省各地均有分布，多用作饲养幼鹅青饲料，能栽培做蔬菜食用，有降血压作用。

苣荬菜，分布于全省各地，越冬栽培，做早春蔬菜淡季上市，商品价值高。

牛蒡，野生分布全省各地，现已广泛栽培，为营养和保健价值极佳高档蔬菜。有“东洋参”的美誉。

茭白，古称为“菰”。全省各地均有栽培，为食用水生蔬菜。种子称菰米或雕胡，是古代“六谷”（稌、黍、稷、粱、麦、菰）之一。

毛竹，淮河以南地区广泛分布，鲜竹笋及其干制品做蔬菜食用。

车前草，又名车轮菜，分布于全省各地，多年生草本植物。花茎、须根有祛痰、镇咳、平喘等作用。

珍珠菜，分布于皖南山区和大别山区，多年生草本植物，嫩芽做蔬菜食用。

树脂树胶植物

植物树脂树胶在石油开采、食品工业、日化工业等领域有广泛用途，已开发出多种工业用和食品用植物胶产品。

马尾松，分布于江淮丘陵、皖南和皖西山区，树干能采割松脂和提供加工家具用材，叶用于提取芳香油。

枫香，分布于淮河以南地区，落叶乔木，鳞状苞片含有树脂。

漆树，分布于皖南地区、大别山部分地区和江淮丘陵地区，树干能采胶，果实取蜡，籽榨油，木材坚实，为天然涂料、油料和木材兼用树种。

桃，全省各地均有分布，桃仁含油量45%，用于榨取工业用油，桃核硬壳能制活性炭，是多用途工业原料。

田菁，又叫碱青、涝豆，全省各地广泛分布，其种子含有丰富半乳甘露聚糖胶，为多种工业产品原料。

蜀葵，分布于全省各地，根、叶、花和种子入药。

杜仲，分布于皖南地区，淮河以南地区有栽培，杜仲干燥树皮药用，是名贵滋补药材，种子所含脂肪油脂肪酸组成为亚麻酸67.38%、亚油酸9.97%、油酸15.81%、硬脂酸2.15%、棕榈酸4.68%。果实含胶量27%。

第二节　动物物种

安徽省地理、生态、气候条件多样化，动物物种资源十分丰富，经过长期驯养和选育，形成多种具有地方特色、种质特性优良畜禽品种资源。

地方畜禽品种资源

皖南花猪　主要分布：歙县、休宁县、黟县、黄山市屯溪区、祁门县一带，主产区在歙县唐里、休宁蓝田和黟县柯村等地。2008年，纯种公猪20余头，纯种能繁母猪存栏

1500头左右。主要特征特性：肉脂兼用品种。成年公猪高74.0厘米，身长137.5厘米，胸围119.0厘米，体重132.0千克；成年母猪高64.9厘米，身长119.9厘米，胸围112.1厘米，体重95.7千克。繁殖性能：初产仔约11头，经产仔约13头，肥育期日增重356.0克，屠宰率73.50%，瘦肉率34.5%。

皖南黑猪　主要分布：宁国市、绩溪县。2008年，纯种公猪不足20头，母猪3000头左右。主要特征特性：体型中等，结构匀称，头中等大小，公猪耳大，下垂，胸较宽，背腰稍下凹，母猪腹大下垂。额部皱纹纵横，深浅不等，按头型分类主要有“狮子头”“八卦头”两种，6月龄公猪体重26千克、母猪体重32.12千克。初产仔8 ~ 9头，经产仔12头。肥育期日增重244克，屠宰率为70.6%，瘦肉率为32%。

圩猪　主要分布：南陵县、芜湖县、无为县、宣城市宣州区。俗称“大耳猪”“油葫芦”。2008年，纯种公猪约30头、母猪2000头左右。主要特性：圩猪头中等大小，额部皱纹纵横不一，深浅不等，大致呈菱形，额心常有菱形皱结，上生长毛一丛，皱纹浅趋于纵行而嘴筒稍长的俗称“青鱼头”；额纹较深趋于横行，有的发展到面颊及嘴筒的，其嘴筒较短，俗称“狮子头”。圩猪初产平均达9头左右，经产12头左右，生长猪180日龄平均体重40 ~ 50千克，料肉比4.2∶1。70 ~ 100千克增重较快，100千克以上增重缓慢；80 ~ 90千克屠宰胴体瘦肉率42.%左右。

安庆六白猪　主要分布：望江县、太湖县，宿松县、怀宁县有少量分布。2008年，存栏纯种公猪约30头、母猪1500头左右，主要特征特性：肉脂兼用品种。体型中等，体质细致，被毛黑色，头端、尾端及四肢末端均有白色，耳大下垂至嘴角，头轻，嘴筒分为长嘴筒和短嘴筒两类型，腹微下垂。成年公猪体重110千克、母猪体重97千克。经产仔10 ~ 14头。肥育期日增重265克，屠宰率73.3%。

定远猪（淮猪类群）　主要分布：主要产区定远县，长丰县、滁州市、合肥市、淮南市、蚌埠市等也有分布。主要特征特性：肉脂兼用地方猪种。体型较大，耳大下垂，嘴筒长直，背腰平直狭窄，臀部倾斜，成年公猪体重123.3千克、体长128.33厘米、胸围101.33厘米、体高70.33厘米；成年母猪体重102.0千克、体长119.17厘米、103.83厘米、68.17厘米。

皖北猪（淮猪类群）　主要分布：涡阳县和阜阳市颍泉区，阜阳市、淮北市、宿州市等也有零星分布。2008年，存栏纯种公猪不足15头、母猪不足1000头。主要特征特性：肉脂兼用品种。体型大，体躯长，背腰平直，腿臂丰满，头适中，耳大下垂，嘴筒长短中等，额部有纵形皱纹，腹部大而下垂。成年公猪体重149.33千克、母猪体重147.33千克。繁殖率高，初产仔9 ~ 10头，经产仔12头。

霍寿黑猪（淮猪类群）　主要分布：霍山县，霍邱县，寿县，六安市裕安区、金安区，金寨县等。主要特征特性：体型中等偏大，其形“马脸、狮脸、羊眼、大耳、背平臀部大”。成年猪体高73厘米，体长136厘米。繁殖率高，初产仔7 ~ 9头，经产仔12 ~ 14头。

大别山黄牛　主要分布：皖西大别山地区和湖北黄陂、大悟、英山等地。数量：2006年达30万头。主要特性：役肉兼用型，体型中等、行动快捷、四肢强健、蹄质结实，适于小块田和水、旱间作。被毛黄色为主，鼻镜肉红色，黑色或红黑相间，毛色以棕黄、枣红居多，毛细短，平滑光亮，结构紧凑，公牛头方额宽，颈粗而短，母牛头部狭长而清秀，颈较薄长，公牛肩峰明显，垂皮发达，胸深宽；母牛垂皮长，宽鬐甲较低而薄。平均屠宰率52.9%，净肉率40.8%，成年体重公牛455.3千克、母牛314.7千克，最大挽力296.4千克。

皖南黄牛　主要分布：皖南山区和皖浙、皖赣交界山区，泾县、黟县、歙县、绩溪县、旌德县为主产区。2006年，饲养量10万头。主要特性：主要役用，少量群体为役肉兼用。体型分为大、中、小三种类型。被毛较粗糙，毛色以褐色、灰褐。皖南黄牛体型中等，体质结实匀称，体躯短而高，四肢管围较细，瘤峰显现，垂皮发达耐粗饲料，抗病力强。早熟易肥，肉质好，肉用性能好，屠宰率50% ~ 55%，净肉率45%。公牛体重357.33千克，母牛体重248.38千克。

皖北黄牛　主要分布：阜阳市、亳州市、宿州市等淮河以北地区。2006年，饲养量为85.14万头。其中纯种饲养量4.25万头。主要特性：役肉兼用牛。成年公牛体重450 ~ 490千克，母牛体重430 ~ 452千克。屠宰率53% ~ 55%。

东流水牛　主要分布：东至县和沿长江滨湖地区。2008年，饲养量为8000头。其中公牛数量为4200头，母牛数量为4300头。主要特性：役肉兼用牛。体型中等偏大，骨骼粗壮，肌肉发达。前躯硕壮，后躯欠佳。被毛以青灰色为主，蹄大而圆，蹄质坚硬。成年公牛体重为550千克，母牛为500千克。公牛最大挽力340 ~ 440千克，母牛220 ~ 320千克。屠宰率41% ~ 43%，净肉率30%。产奶期9 ~ 10个月，日产奶2千克。繁殖率46%，成活率78%。

江淮水牛　主要分布在安徽省淮河沿岸和长江以北地区，主要中心产区是定远县、凤阳县、全椒县、肥东县、长丰县、怀远县、五河县、淮南市的部分地区，以及六安市、巢湖市、安庆市等地。

安徽白山羊　主要分布：阜阳市、宿州市、六安市、合肥市等地。2006年，存栏量53.20万只。主要特性：肉皮兼用。体型小，体躯结构匀称。公羊体重34千克，母羊体重26千克。母羊4 ~ 5月龄发情配种，1年2胎或2年3胎，每胎平均产羔率为260%，繁殖年限6 ~ 8年。7 ~ 10月龄羯羊体重17.4千克，屠宰率56.63%，净肉率37.32%。板皮面积4197平方厘米。

淮北灰驴　主要分布：淮河以北地区。2006年，饲养量3000匹。主要特性：华北驴种，肉役兼用。体小紧凑，毛色多为灰色。有背线和鹰膀。公驴体高108.5厘米，体长111.4厘米，胸围117.3厘米，管围12.9厘米；母驴体高106.6厘米，体长109.7厘米，胸围117.4厘米，管围12.4厘米。最大挽力公驴138千克，母驴123.2千克。屠宰率43.02%，净肉率30.16%。

皖南三黄鸡（又称宣州鸡）　主要分布：池州市、宣城市等江南丘陵圩畈区。2006年末，商品鸡群体数量600万羽。青阳县皖南三黄鸡保种场存栏种鸡2150羽，3个扩繁场种鸡群10万羽。主要特性：蛋肉兼用品种，成年鸡体重：公鸡1.83千克、母鸡

1.48 ～ 1.59 千克。屠宰率：公鸡半净堂 80.6%、母鸡 79.1%，公鸡全净堂 71.5%、母鸡 68.7%。年产蛋 140 个，蛋重 55 克。公母鸡利用年限 1 ～ 2 年。

天长三黄鸡　主要分布：天长市高邮湖畔半岗半圩地区。2007 年存栏 80 万只。主要特性：肉蛋兼用品种，体形中等。成年公鸡体重 1.962 千克、母鸡 1.71 千克，屠宰率：成年公鸡半净膛 84%、母鸡 85%；公鸡全净膛 76%、母鸡 71%。年产蛋 160 枚，平均蛋重 50 克。公母鸡利用年限 1 ～ 2 年。

淮南麻黄鸡　主要分布：淮河以南丘陵地区。现有种鸡场 6 个，年存栏种鸡 15 万只，民间存栏 780 万只。主要特性：蛋肉兼用鸡种，体型较大，耐粗、抗病力强，未经系统选育，种质不纯。成年公鸡体重 2.06 千克、母鸡 1.89 千克。年产蛋 120 ～ 130 枚，蛋重为 53.6 克，屠宰率：成年公鸡半净膛 86.04%、母鸡 85.56%；公鸡全净膛 76.86%、母鸡 72.01%。

皖北斗鸡　主要分布：阜阳、亳州、淮北、淮南、蚌埠、宿州等市，阜阳市为主产区。2008 年，饲养量 2 万只。主要特性：观赏、肉用鸡种。分四种类型，粗糙疏松型、细致紧凑型、紧凑型、细致型。腿高而粗壮，脖粗而长，胸部宽厚，肌肉丰满。成年公鸡体重 3.71 千克、母鸡 3.05 千克，年产蛋 120 ～ 180 个，蛋重 60 ～ 70 克。

淮北麻鸡（又称宿县麻鸡、符离鸡）　主要分布：宿州市、淮北市。现有种鸡场 2 个，年存栏种鸡 2.5 万只。2006 年，存栏 30 万只。主要特性：蛋肉兼用小型鸡种，个体小，耐粗饲，抗病，觅食力强，产蛋多，肉质好。成年公鸡体重 1.5 千克、母鸡 1.25 千克，年产蛋 180 枚，蛋重 44 克。屠宰率：成年公鸡半净膛 83.5%、母鸡 80.9%，公鸡全净膛 70.9%、母鸡 68.7%。

巢湖麻鸭　主要分布：巢湖市居巢区，庐江、肥西、肥东、舒城、无为、和县、含山等县。2007 年，庐江县饲养纯种巢湖鸭 200 万只，其中种鸭饲养量 12000 只，保种群 1800 只。主要特性：蛋肉兼用。体型中等大小，成年公鸭体重 2.42 千克、母鸭 2.13 千克。屠宰率：半净膛 83%，全净膛 72% 以上。年产蛋 160 ～ 180 枚，蛋重 70 克。公鸭利用年限 1 年，母鸭 2 ～ 3 年。

皖西白鹅　主要分布：皖西地区以及河南省固始县。2007 年，饲养量 800 万只。主要特性：中型肉用鹅种。全身羽毛纯白，羽绒朵大，弹性好，膨松度高，品质好。成年公鹅体重 6.12 千克、母鹅 5.56 千克；屠宰率：公鹅半净膛 78%，全净膛 70%；母鹅半净膛 80%，全净膛 72%。年产蛋 25 枚，蛋重 142.2 克。只鹅产绒 349 克。

雁鹅　主要分布：六安市、宣城市和郎溪县、广德县等地。2007 年，郎溪县雁鹅保种场核心群总数 492 只，其中公鹅 82 只、母鹅 410 只。主要特性：中型肉用鹅种。5 ～ 6 月龄体重可达 5000 克以上。屠宰率：公鹅半净膛 86.1%，全净膛 72.6%；母鹅半净膛 83.8%，全净膛 65.3%。年产蛋 25 ～ 35 枚，蛋重为 150 克。

五华鸡　2009 年新发现。主要分布在繁昌县，为兼用型，体形中等、清秀、匀称。胫、喙和趾均呈青色或浅青色。成年公鸡羽毛深红色或金黄色，镰状尾羽富青铜光泽，少数尾羽直立，平均体重1.6千克左右；母鸡为麻黄羽或浅黄色羽毛，平均体重1.4千克左右，年均产蛋量110枚左右。

黄山黑鸡　2009年新发现。主要分布在黟县和祁门县交界处，主产区黟县柯村。主要特性：兼用型，善觅食，抗病性强，适应性强，耐粗饲，孵化出雏率高。年产蛋150枚左右。

枞阳媒鸭　2009年新发现。主要分布在枞阳县官埠桥镇、枞阳镇、会宫乡、老洲镇、陈瑶湖镇和五河县双忠庙、小圩镇、沱湖乡等地。国家资源志将其列在特种禽类。

皖南中蜂　主要分布：黄山市、宣城市、池州市、潜山县、桐城市、岳西县、宿松县、金寨县、舒城县、霍山县。2006年，饲养量4.3万群。主要特性：适应性强，飞翔迅速，嗅觉灵敏，有效采集时间长，蜂王产卵力强，越冬期短，越冬饲料消耗量少。

培育品种（配套系）

皖江黄鸡配套系　培育单位：安徽华卫禽业育种公司、安徽农业大学（以下简称安农大）动物科技学院、宣城市禽业协会。主要特性：肉用型鸡种。育种素材：快速型江村黄鸡父母代、快速型岭南黄鸡父母代、高产型蛋鸡岭南黄鸡。父母代66周龄产种蛋180枚，提供商品雏鸡150羽；商品代仔鸡黄羽、黄脚、黄喙、黄皮肤，42日龄商品鸡平均体重1.45千克，料重比1.8∶1，成活率97%以上。

皖江麻鸡配套系　培育单位：安徽华卫禽业育种公司、安农大动物科技学院、宣城市禽业协会。主要特性：肉用型鸡种。育种素材：闽中麻鸡父母代，经过4个世代选育，培育。父母代66周龄产种蛋175枚，提供雏鸡145羽；商品代仔鸡麻羽纯度95%，42日龄商品鸡平均体重1千克、料重比2∶1，成活率97%。种鸡群遗传性能稳定。

皖南黄鸡配套系　培育单位：安徽华大生态农业科技有限公司。主要特性：肉用型鸡种。父母代种鸡遗传稳定、体型外貌一致性高、适应性好、抗病力强、饲料消耗少。父母代种鸡66周龄产蛋211枚、高峰期产蛋率86%，种蛋合格率92.6%。商品代肉鸡生长速度快、饲料报酬高、成活率高，49日龄商品鸡平均体重1.5529千克，料重比2.03∶1、成活率94.2%。

皖南青脚鸡配套系　培育单位：安徽华大生态农业科技有限公司。主要特性：该配套系充分发挥父本与母本杂交优势，父母代种鸡具有遗传稳定、体型外貌一致性高、适应性好、抗病力强、蛋传性疾病少、饲料消耗少、产蛋多、高峰期产蛋维持时间长、种蛋合格率高等优点，父母代种鸡66周龄饲养日产蛋210枚、高峰期产蛋率达87%、80%以上产蛋率能够维持12周以上、比同类其他品种全期多生产种蛋21～31枚左右、全期种蛋合格率93.2%，该配套模式降低种鸡生产成本，提高饲养效益；商品代肉鸡具有青脚麻羽、生长速度快、饲料报酬高、均匀度好、成活率高、饲养成本低等特点，56天上市平均活重1.2397千克，饲料转化比2.25∶1，全期成活率98.1%，符合国内青脚肉鸡市场需求。

凤达粉壳乌骨蛋鸡配套系　培育单位：安徽荣达禽业开发有限公司、安农大动物科技学院、宣城市禽业协会。主要特性：蛋用型鸡种。育种素材：东乡绿壳乌骨蛋鸡、黑羽乌骨鸡、贵妃鸡和高产蛋鸡罗曼鸡为父母代，经4个世代选育。LWF系种鸡23周龄产蛋率50%，高峰产蛋率82%，66周龄产种蛋185枚，合格率94.5%；产蛋高峰期日耗料105克。商品代蛋鸡23周龄产蛋率50%，高峰产蛋率88%，66周龄产种蛋230枚，产蛋高峰期日耗料110～115克。商品代鸡料蛋比2 .35：1。产蛋期淘汰率小于8%。

凤达绿壳乌骨蛋鸡配套系　培育单位：安徽荣达禽业开发有限公司、安农大动物科技学院、宣城市禽业协会。主要特性：蛋用型鸡种。育种素材：东乡绿壳乌骨蛋鸡、黑羽乌骨鸡、贵妃鸡和高产蛋鸡罗曼鸡为父母代，经4个世代选育。LWF系种鸡23周龄产蛋率50%，高峰产蛋率80%，66周龄产种蛋180枚，合格率93.3%；产蛋高峰期日耗料100克，商品代蛋鸡23周龄产蛋率50%，高峰产蛋率88%，66周龄产种蛋230枚，产蛋高峰期日耗料110克。商品代鸡料蛋比2.3：1，产蛋期淘汰率小于8%。

乡鸡配套系　培育单位：合肥市正旺畜禽有限责任公司、安农大动物科技学院。主要特性：肉用型鸡种。父母代22周龄高峰产蛋率80%，66周龄产蛋165枚，生产商品鸡苗140只；产蛋高峰期日耗料96克；商品代公鸡70日龄平均体重1～1.1千克、料重比3：1；母鸡成活率95%；主要经济性状和遗传稳定。

“山中鲜”鸡配套系　培育单位：宣城市华栋家禽育种有限责任公司、安农大动物科技学院、宣城市畜牧兽医技术服务中心。主要特性：肉用型鸡种，父母代20周龄产蛋率5%，66周龄产种蛋170枚，提供商品雏鸡145羽；商品代80～85日龄仔公鸡平均体重1.15～1.25千克、料重比3:1，成活率97%；150～160日龄母鸡平均体重1.4～1. 45千克、料重比4:1，成活率95%。种鸡群主要经济性状稳定。

五星黄鸡配套系　培育单位：安徽五星养殖（集团）有限责任公司、广东粤禽育种有限公司、宣城市禽业协会。主要特性：肉用型鸡种。育种素材：石歧杂鸡和Anak鸡，采用连续4世代纯系闭锁选育。配套系父母代68周龄产种蛋165枚，合格率95%，孵化率92.7%，商品代仔鸡49日龄公母鸡平均体重1.685千克、料重比2.2：1，成活率95%。主要经济性状稳定。

富安白鹅配套系　培育单位：合肥富安生物科技有限公司、安农大动物科技学院、无为县畜牧兽医技术服务中心。主要特性：中型鹅种。育种素材：皖西白鹅、四川白鹅、浙东白鹅，经提纯、复壮及配套杂交，形成三元杂交配套系。父母代种鹅年平均产蛋73枚，种蛋受精率89.1%，孵化率90%，成年公鹅体重6.5千克、母鹅5.5千克，成活率95%～97%。商品代鹅60日龄公鹅体重3.71～4.25千克、母鹅3.0～4.0千克，舍饲料重比3.0：1，放牧补饲料重比2.52：1，成活率95%～97%。主要经济性状和遗传稳定。

淮猪02号配套系　培育单位：安徽省农业科学院畜牧兽医研究所、安徽省科鑫养猪育种有限公司、定远县畜牧兽医总站、安徽科技学院。主要特性：育种素材是定远猪。瘦肉型品种。繁殖性能好、肉质优、生长速度快、饲料报酬高、瘦肉率高、抗病力强、抗应激等。其育肥期日增重和料重比均超过定远猪。肌内脂肪含量为2.5%，48小时滴水损失仅为 5.05%。

皖江长毛兔 培育单位:安徽省农业科学院畜牧兽医研究所、安徽省固镇种兔场、安徽颍上县庆宝种兔场。主要特性:育种素材是德系安哥拉兔和新西兰白兔杂交选育。中型粗毛型长毛兔。主体养毛期 62 天, 12 月龄体重:公兔 4.115 千克、母兔 4 千克;单次剪毛量:公兔 276 克、母兔 305 克;11 月龄粗毛率:公兔 16.2%、母兔 17.8%;11 月龄毛纤维平均长度 9.5 厘米,平均细度 45.9μm,断裂强力 24.7cN,断裂伸长率 40.1%;平均胎产仔数 7.21 只。

九州意蜂配套系 培育单位:宣城市九州蜂业有限责任公司、安农大动物科技学院、安徽省畜牧技术推广总站、宣城市畜牧兽医技术服务中心。主要特性:育种素材是安徽本地意蜂,经过系统与定向选育,采用闭锁集团繁育与蜜蜂人工授精技术选育。蜂王日有效产卵量高,蜂蜜高产、蜂王浆高产。"九州 1 号" (Eg1) 属于蜂蜜高产型蜂种,同花期蜂蜜产量高于本地意蜂 (Ea)($P < 0.01$);"九州 2 号" (Eg2) 属于王浆高产型蜂种,同花期王浆产量高于本地意蜂 (Ea)($P < 0.01$);"九州 3 号" (Eg3) 属于蜂蜜、王浆双高产型蜂种,同花期蜂蜜、王浆产量均高于本地意蜂 (Ea)($P < 0.01$)。

地方桑蚕品种资源

天都 × 莲花 培育单位:安农大轻工学院蚕桑系、安徽省农业科学院蚕桑研究所。主要特性:采用中系莲(中 3)、花(中 8)和日系天(日 3)、都(日 8),组配成四元杂交(中 3.8× 日 3.8)春、中晚秋兼用品种。繁育容易,强健好养,丝量多。鉴定成绩:茧层率 24.41%,茧丝长 1.309 千米,解舒率 79.80%,鲜毛茧出丝率 18.40%,纤度 2.840D,净度 97 分。

951×952 培育单位:安农大生命科学院。主要特性:951(中)×952(日)二元杂交夏秋用蚕品种。孵化、眠起、上蔟齐一,五龄期较短,担桑产茧量高,抗逆性强,强健好状。鉴定成绩:茧层率 21.78%,解舒丝长 748 米,解舒率 74.69%,鲜茧出丝率 15.52%,纤度 2.447 D,净度 94.91 分。

皖夏 2 号 培育单位:安徽省农业科学院蚕桑研究所。主要特性:四元杂交夏秋用蚕品种。二化四眠,普通斑,壮蚕体色青白。眠起齐一,体型粗壮,茧形大而匀整。鉴定成绩:万头收茧量 18.522 千克、万头茧层量 4.174 千克、万头产丝量 3.01 千克分别高于对照 5.5%、7.72%、9.02%。五龄担桑产茧量、上车茧率、鲜毛茧出丝率均高于对照,解舒率 83.31%,纤度 2.662D,净度 92.65 分。

九华 × 春早 培育单位:安徽省农业科学院蚕桑研究所、中国农业科学院蚕业研究所。主要特性:四元杂交春、中晚秋兼用种。中系为普斑限性品种,日系为白蚕。眠起齐一,活动范围小,生长发育快,体质强健,饲养容易。蚕体大而结实。营茧速度快,茧形大而匀整。鉴定成绩:万头收茧量 22.01 千克、万头茧层量 5.345 千克、万头产丝量 4.009 千克分别高于对照 4.72%、3.90%、6.48%。上车茧率、鲜毛茧出丝率、茧丝量略高于对照种,解舒率 76.62%,纤度 3.046D,净度 97 分。

黄山 × 平湖　培育单位:安徽省蚕桑服务站、安徽省农业科学院蚕桑研究所。主要特性:四元杂交春用蚕品种。配合力好,杂种优势强,强健好养,孵化、眠起、上簇齐一。食叶旺盛,眠性快,老熟齐涌,茧形大而匀整,茧色洁白。鉴定成绩:万头收茧量 21.46 千克、万头茧层量 5.059 千克、万头产丝量 4.784 千克分别高于对照 10.85%、8.72%、19.62%。除茧层率低于对照外,鲜毛茧出丝率、茧丝长、解舒丝长、茧丝量匀高于对照。解舒率 86.71%,纤度 3.011D, 净度 93.8 分。

皖珠 × 春明　培育单位:安徽省农业科学院蚕桑研究所、安农大生命科学院。主要特性:四元杂交春、秋兼用蚕品种。孵化、眠起、老熟齐一,蚕体粗大,体质强健,茧型大而匀正,茧色洁白,缩皱中等。认定成绩:虫蛹率 96.41%、茧层率 25.53%、万头产茧量 21.40 千克、茧丝长 1.363 千米分别是对照种指数的 100.32%、102.28%、108.80%、110.03%。解舒率 81.19%,净度 94 分,纤度 3.04D。

第三节　微生物

安徽省气候温和,雨量充沛,地形复杂,有多样性小气候条件,微生物种类丰富,主要有细菌、真菌、虫生真菌、斑痣盘菌目真菌等资源。

细菌

鱼腥藻属　属蓝藻目、念珠藻科,水中浮游种类多为单独个体,土壤中种类多为厚胶,形成不定型胶块,池塘湖泊中能大量繁殖,形成“水华”;稻田中能旺盛生长,能与红萍共生并固氮。

念珠藻属　属念珠藻目,有 50 种,陆生种生长在潮湿土表、岩山,或混杂于藓类植物茎叶间和表土下;水生种贴附在水底石块上,或在水生植物中生长;浮游种少。属中发菜、地耳、葛仙米,为传统食品。

螺旋藻属　藻体为单一藻丝,喜高温、高碱,不形成“水华”。钝顶螺旋藻和极大螺旋藻含蛋白质一般为干重 55% ~ 65%,有时高达 70%。人工培养螺旋藻能用做健康食品和养殖饲料。

根瘤菌属　革兰氏阴性杆菌。刺激豆科植物根部形成根瘤,能有效进行根瘤菌与豆科植物共生固氮。除根瘤菌外,中华根瘤菌属、慢生根瘤菌、固氮根瘤菌属和中慢生根瘤菌属都能与植物形成根瘤,共生固氮。

醋酸杆菌属　革兰氏阴性杆菌,能将乙醇氧化成醋酸,是制醋工业菌种。醋酸杆菌多分布在植物花、果实以及葡萄酒、啤酒、苹果汁和果园土壤中。有些菌株能引起苹果、梨腐烂病。有些菌株能合成纤维素,用于食品加工。

葡萄糖酸醋杆菌　革兰氏阴性杆菌。能氧化乙醇产生醋酸,存在于红茶菌等酸性发酵饮料中,与酵母菌混合发酵生产细菌纤维素,用于食品加工。

假单胞菌属　革兰氏阴性杆菌。假单胞菌属能广泛利用有机化合物作为碳源和能源，也是土壤和水中重要细菌，能在有氧情况下分解动植物遗体。少数种是人和动植物的病原菌，许多假单胞菌对植物有致病性，能够引起植物各种斑点病和条斑病。有些菌株是植物根际促生菌株，能用于制造植物生态制剂。多数假单胞菌在工农业生产、污水处理、消除环境污染中起重要作用。

固氮菌属　革兰氏阴性杆菌。固氮菌主要分布在土壤中，细胞内具有特殊防氧保护机制，能在好氧条件下自生固氮。

芽孢杆菌属　革兰氏阳性，菌属中有大量重要工业生产菌种，有些菌种产高活性蛋白酶、淀粉酶，可以用来生产各类酶制剂产品。有些菌种对动物具有帮助消化、促进生长效果，能用于制造人和家畜口服生态制剂，调节消化系统功能。有些菌种是植物根际促生菌株，能用于制造植物生态制剂，改善植物生长状况。

乳酸杆菌属　革兰氏阳性。主要代谢产物是乳酸和乙酸。常见菌种是嗜酸乳酸杆菌，用于制造微生态制剂。有些菌株产生乳酸菌素，能抑制腐败菌类生长，对人畜安全，用来制造食品防腐剂。德氏乳杆菌是制造酸奶重要菌种。

双歧杆菌属　革兰阳性杆菌，最适 pH6.5 ~ 7.0。分解葡萄糖和果糖，产生甲酸、乙酸，多数接触酶阴性。人体正常菌群成员，无致病性，适宜生长温度 37℃ ~ 41℃，能用于制造人微生态制剂，调节肠胃功能。

链霉菌属　革兰阳性，霉菌属内很多菌种能合成生产抗生素。代表种为生产链霉素灰色链霉菌。

常见真菌

酵母菌　一般为单细胞子囊菌，常生长在含糖基质上，也能从土壤、牛奶和动物排泄物中分离到。有些酵母菌能够与昆虫共生，少数种可以寄生，引起人和植物病害。细胞呈卵圆形、圆形或圆柱形。常见酵母菌有酿酒酵母、面包酵母等。用于制造啤酒、葡萄酒、酒精，烤制面包和制取甘油、有机酸、核苷酸、维生素等。采用通气方式培养能获得大量菌体，制成干酵母，其蛋白质含量 50%。

毛霉属　属接合菌，分布在土壤、堆肥中，也常见于蔬菜、水果和各种淀粉性食品上；有分解蛋白质和淀粉能力，用于制造腐乳、豆豉；有些菌种常见于酒曲中，能糖化淀粉；有些菌种能转化甾族化合物和产生有机酸。常见重要菌种有高大毛霉、总状毛霉、鲁氏毛霉等。

根霉属　属接合菌，广泛分布在淀粉质食品上，常造成粮食发霉变质；分解淀粉能力强，代谢过程中能产生淀粉酶和糖化酶，是酿造业中重要生产菌种，存在于酒曲中。有些菌种能转化甾族化合物产生脂肪酶和有机酸，是发酵工业重要菌种。常见有葡枝根霉、米根霉。

赤霉属　属子囊菌，多寄生于植物病菌。玉蜀黍赤霉能引起大麦、小麦及玉米等多种禾本科植物赤霉病；藤仓赤霉是赤霉素产生菌，寄生水稻能引起恶苗病。赤霉素是一种植物生长刺激素，在杂交水稻制种中，用于调节花期，便于授粉制种。

伞菌属　属担子菌，又称蘑菇属，有几十个种。其担子果为蕈子，生于田野和林地中，大部分种能食用，少数有毒。栽培最为广泛种是双孢蘑菇。

侧耳属　属担子菌伞菌目，侧耳又称平菇。是食用、药用真菌；糙皮侧耳、紫孢侧耳、凤尾菇、杏鲍菇等是广泛生产应用菌种，具有重要经济价值。

牛肝菌属　属担子菌，菌盖厚，肉质，柄内实，粗壮，基部膨大。是森林中常出现真菌，能与多种树木根系形成菌根。大多数牛肝菌可食用，少数有毒，有些种能提取抗癌药物。

灵芝属　属担子菌，有分解纤维素、木质素能力。生长于各种阔叶树、针阔混交林腐木之上。有些种类是重要药材，如灵芝、紫芝等。

木耳属　属担子菌，黑木耳是木耳属中常见种。东北以及湖北、浙江、云南都有分布，黑木耳生长于栎、杨、榕、槐等120多种阔叶树腐木上，单生或群生。人工培植以椴木和袋料为主。

曲霉属　属半知菌，自然界广泛分布，是引起多种物质霉腐主要微生物之一。很多种用于制酱、酿酒。现代发酵工业中常用黑曲霉生产葡萄糖氧化酶、糖化酶和蛋白酶等酶制剂。常见菌株有黑曲霉、黄曲霉、烟曲霉、构巢曲霉、寄生曲霉、土曲霉和杂色曲霉等。其中有些是侵害家禽、家畜甚至人体内脏、呼吸器官病菌，如烟曲霉、黄曲霉毒素等。

青霉属　青霉菌落有绒状、絮状、绳状好束状等不同形态。广泛分布在土壤、空气、水果和粮食上，腐烂柑橘皮上极易生长，呈青绿色。能产生青霉素、灰黄霉素等抗生素，也能产生有机酸和用于制造干酪。多种青霉危害水果，有些与动物、人疾病有关。常见重要菌种有黄青霉和点青霉（P.notatum）等，是生产青霉素主要菌种。

木霉属　属半知菌，广泛分布于自然界，存在腐木、种子、有机肥、土壤中。有些种可寄生并危害多孔菌和伞菌等大型真菌，是食用菌栽培致病菌。有些木霉含有纤维素酶。有些木霉能产生绿毛菌素和好黏霉素等抗生素。利用木霉能生产植物生长促进剂，抑制植物病害。

虫生真菌

虫生真菌是一类穿透昆虫体壁，在其体内增殖并引起早期死亡的真菌。省内虫生真菌资源丰富，共发现61种虫生真菌，其中虫霉类9属25种，虫草类3属15种，半知菌类8属21种。

虫霉类

耳霉属：

暗孢耳霉　寄主：桃蚜。分布：合肥市。应用前景：易于培养并在大罐中产生大量休眠孢子，对多种蚜虫均有较高致病力，利用其液体发酵生产休眠孢子，用于植物病虫害防治。

有味耳霉　分离物：枯枝落叶。分布：合肥市、天堂寨自然保护区。

块状耳霉　分离物：枯枝落叶。分布：合肥紫蓬山、牯牛降自然保护区。应用前景：用于生物防治。块状耳霉易形成休眠孢子，能长时间内保持活性，但休眠孢子萌发不同步,难以应用于生产中。

冠耳霉　分离物:枯枝落叶,桃蚜。分布:安徽各地。应用前景:能引起人和马鼻腔瘤,无生物防治应用价值。

牢盖耳霉　分离物:枯枝落叶。分布:天堂寨自然保护区。

近隔接合孢耳霉　分离物:枯枝落叶。分布:天堂寨自然保护区。

异形孢耳霉　分离物:枯枝落叶。分布:天堂寨自然保护区、牯牛降自然保护区。

蛙粪霉属:

蛙生蛙粪霉　分离物:枯枝落叶。分布:安徽各地。

噬虫霉属:

灯蛾噬虫霉　寄主:灯蛾科幼虫,毒蛾科。分布:宣城市、牯牛降自然保护区。应用前景:常引起鳞翅目幼虫流行病,是昆虫种群自然调节重要因子,不易人工培养,无应用可能性。

蝗噬虫霉　寄主:蝗虫。分布:宣城市、含山县。

堪萨斯噬虫霉　寄主:家蝇。分布:郎溪县。

虫霉属:

库蚊虫霉　寄主:蚊子幼虫。分布:合肥市、宣城市。

蝇虫霉　寄主:绿蝇。分布:宣城市。

普朗肯虫霉　寄主:蚜虫。分布:合肥市、淮北市。

虫疫霉属:

摇蚊虫疫霉　寄主:摇蚊。分布:合肥市。

虫瘴霉属:

胶孢虫瘴霉　寄主:毛蠓。分布:宣城市。

虫疠霉:

毛蚊虫疠霉　寄主:毛蚊。分布:岳西县鹞落坪自然保护区、金寨县。

北虫疠霉　寄主:麻蝇。分布:滁州市琅琊山自然保护区。

叶蝉虫疠霉　寄主:叶蝉。分布:宣城市。

飞虱虫疠霉　寄主:褐飞虱。分布:宣城市。

新蚜虫疠霉　寄主:桃蚜及众多蚜虫。分布:安徽各地。应用前景:最常见和最重要蚜虫病原物,常引起各种作物蚜虫流行病。能人工培养,开发利用,用于制造蚜虫杀虫剂。

努利虫疠霉　寄主:桃蚜。分布:宣城市。

虫瘟霉:

安徽虫瘟霉　寄主:桃蚜。分布:合肥市、芜湖市、宣城市。

根虫瘟霉　寄主:桃蚜、叶蝉、褐飞虱、茶尺蠖。分布:合肥市、宣城市、广德县、郎溪县。应用前景:易用 CEMA 培养基分离培养,在发酵罐中生长很快,通过枯存工艺制成干菌丝，能保存1～3个月。能用于真菌杀虫剂生产。

新接霉属：

弗雷生新接霉　寄主：桃蚜。分布：合肥市。

虫草类

虫草属：

布氏虫草　寄主：鞘翅目成虫。分布：霍山县落儿岭烂泥坳王家老屋。

柱形虫草　寄主：土栖蜘蛛。分布：滁州市琅琊山林场。

台湾虫草　寄主：倒伏腐朽木中鞘翅目拟步行虫科幼虫。分布：黄山风景区、牯牛降自然保护区。应用前景：有抗肿瘤药理功能。

古尼虫草小孢变种　寄主：柳蝠蛾幼虫。分布：牯牛降自然保护区、霍山县漫水河等地。应用前景：有镇静、催眠、免疫系统调节作用。

珊瑚虫草　寄主：鳞翅目幼虫。分布：岳西县鹞落坪自然保护区。

蛹虫草　寄主：鳞翅目蛹或幼虫。分布：黄山风景区、霍山县落儿岭、金寨县天堂寨自然保护区、舒城县万佛山自然保护区、岳西县鹞落坪自然保护区。应用前景：《新华本草纲要》："味甘、性平，益肺，补精髓，止血化痰。"《全国中草药汇编》记载："蛹虫草（北虫草）的子实体及虫体也可作为冬虫夏草入药。"

粉被虫草　寄主：膜翅目围蛹；鳞翅目刺蛾茧。分布：黄山风景区、岳西县鹞落坪自然保护区、金寨县天堂寨自然保护区。

元虫草属：

戴氏虫草　寄主：鳞翅目幼虫。分布：霍山县落儿岭、金寨县天堂寨自然保护区。

线虫草属：

细虫草　寄主：鳞翅目茧。分布：岳西县鹞落坪自然保护区。

蝉蛹虫草　寄主：蝉蛹。分布：牯牛降自然保护区、霍山县舞旗河乡老窑湾、舒城县万佛山自然保护区。

丝虫草　寄主：鳞翅目幼虫。分布：牯牛降自然保护区、舒城县万佛山自然保护区。

蚁虫草　寄主：一种或两种膜翅目蚂蚁成虫。分布：牯牛降自然保护区。应用前景：免疫功能调节。

下垂虫草　寄主：半翅目椿象成虫。分布：黄山风景区、霍山县落儿岭、金寨县天堂寨自然保护区、舒城县万佛山自然保护区、岳西县鹞落坪自然保护区。

蜂头虫草　寄主：膜翅目胡蜂成虫。分布：霍山县落儿岭、岳西县鹞落坪自然保护区、舒城县万佛山自然保护区。

沫蝉虫草　寄主：同翅目沫蝉成虫。分布：金寨县天堂寨自然保护区。

半知菌类

虫座孢属：

韦伯虫座孢　寄主：粉虱。分布：宣城市。

刺束梗孢属：

新几内亚刺束梗孢　寄主：蜘蛛。分布：岳西县鹞落坪自然保护区。

长孢刺束梗孢　寄主：蜘蛛。分布：岳西县鹞落坪自然保护区。

白僵菌属：

球孢白僵菌　寄主：鳞翅目、膜翅目、鞘翅目、半翅目、直翅目、同翅目、双翅目。分布：全省各地。应用前景：球孢白僵菌易培养，毒力强，是微生物防治虫害重要材料。大量生产用于防治松毛虫。

布氏白僵菌　寄主：蚂蚁、熊蜂、腮金龟、象甲、螟蛾、叶甲、毒蛾、姬蜂、蝉、螳螂。分布：滁州市琅琊山自然保护区、宣城市。应用前景：用于开发真菌杀虫剂产品，用来防治玉米螟、松毛虫和花生蛴螬。

多形白僵菌　寄主：金龟子。分布：滁州市琅琊山自然保护区、牯牛降自然保护区。

苏格兰白僵菌　寄主：小蠹虫。分布：宣城市。

棒束孢属：

粉棒束孢　寄主：天蛾、茧蜂、刺蛾、螟蛾、枯叶蛾、象甲、步甲、舟蛾、毒蛾、卷叶蛾、缘蝽、隐翅虫。分布：滁州市琅琊山自然保护区、牯牛降自然保护区、岳西县鹞落坪自然保护区、舒城县万佛山自然保护区、宣城市。应用前景：用于生物防治，主要防治马铃薯叶甲、油松毛虫等。

细脚棒束孢　寄主：螟蛾、卷叶蛾。分布：滁州市琅琊山自然保护区、牯牛降自然保护区、岳西县鹞落坪自然保护区、舒城县万佛山、宣城市。

斜链棒束孢　寄主：鳞翅目、蓑蛾、步甲。分布：滁州市琅琊山自然保护区、牯牛降自然保护区、岳西县鹞落坪自然保护区、舒城县万佛山、宣城市。

环链棒束孢　寄主：鳞翅目、螳螂、袋蛾、象甲、松茸毒蛾、刺蛾、小蠹虫、马尾松角胫象、潜蛾、蚂蚁、叶蝉、瓢甲、角蝉、卷叶蛾、螟蛾、叩头甲、树蜂、缘蝽。分布：滁州市琅琊山自然保护区、牯牛降自然保护区、岳西县鹞落坪自然保护区、舒城县万佛山、宣城市。

玫烟色棒束孢　寄主：双翅目、枯叶蛾、瓢甲、刺蛾、鳞翅目、袋蛾。分布：滁州市琅琊山自然保护区、牯牛降自然保护区、岳西县鹞落坪自然保护区、舒城县万佛山、宣城市。应用前景：能用于生物防治。

拟青霉属：

淡紫拟青霉　寄主：松茸毒蛾、马尾松毛虫、蝉。分布：滁州市琅琊山自然保护区、牯牛降自然保护区、宣城市。

球束梗孢属：

丽球束梗孢　寄主：蜘蛛。分布：岳西县鹞落坪自然保护区。

大别山球束梗孢　寄主：蜘蛛。分布：岳西县鹞落坪自然保护区。

野村菌属：

紫色野村菌　寄主：蜘蛛。分布：滁州市琅琊山自然保护区、牯牛降自然保护区。

莱氏野村菌　寄主:灯蛾、夜蛾。分布:岳西县鹞落坪自然保护区、合肥市。

绿僵菌属:

金龟子绿僵菌　寄主:金龟子、钩金针虫、竹节虫。分布:滁州市琅琊山自然保护区、岳西县鹞落坪自然保护区。应用前景:已开发成真菌杀虫剂,有重要生物防治价值。

双型孢绿僵菌　寄主:蝉。分布:滁州市琅琊山自然保护区。

黄绿绿僵菌　寄主:鳞翅目、双翅目、蚂蚁。分布:滁州市琅琊山自然保护区、宣城市。

绿色绿僵菌　寄主:蝉。分布:五河县、合肥市、宣城市。

斑痣盘菌目真菌

斑痣盘菌目隶属于子囊菌门、盘菌亚门锤舌菌纲,多数成员是维管植物病原菌,常造成经济损失。部分种是植物病原物拮抗菌或重寄生菌,能起到以菌治病作用。在已分离出斑痣盘菌次生代谢产物中,除真菌毒素外,还有杀昆虫及线虫、抗细菌、抗病毒和原生生物活性物质,有些种能产生真菌多糖,有增强人体免疫力和抑制肿瘤作用。一些种已成为食品加工、生物制药、农林生物防治与环境监测重要材料。1985 年至今,安徽省已发表斑痣盘菌目 3 科 20 属 102 种,其中包括 1 个新属、65 个新种、6 个新组合以及 1 个中国新纪录科、15 个中国新纪录属和 22 个中国新纪录种。

异盘菌科

多皱异盘菌　分布:黄山风景区。寄生于米心水青冈树皮上，4~7 月成熟。

地锤菌科

红棕地锤菌　分布:黄山风景区。8~9 月在黄山松等针叶林中地上成群生长,与树木共生形成外生菌根。能食用。

斑痣盘菌科

茶小双梭孢盘菌　分布:黄山风景区。寄生于茶树小枝四周,能引起严重的枝（梢）枯病，5 ~ 6 月成熟。

铁杉小双梭孢盘菌　分布:黄山风景区。寄生于南方铁杉针叶上，5 ~ 6 月成熟。

卷丝齿裂菌　分布:黄山风景区。生于映山红活叶或死叶上，5 ~ 6 月成熟。

青冈齿裂菌　分布:黄山风景区。生于青冈落叶上，5 ~ 7 月成熟。

三角形齿裂菌　分布:黄山风景区、黟县。寄生于多种植物活的革质叶片，3 ~ 9 月成熟。

尖齿裂菌　分布:黄山风景区。生于毛果南烛枯叶上，8 ~ 9 月成熟。

异囊齿裂菌　分布:黄山风景区。主要寄生于波罗栎活落叶上，6 ~ 8 月成熟。

黄山齿裂菌　分布:黄山风景区。生于正在腐烂青冈、绵石栎落叶上,8 ~ 9 月成熟。

八角生齿裂菌　分布:黄山风景区。生于披针叶茴香革质叶上，6 ~ 8 月成熟。

小齿裂菌　分布:黄山风景区。寄生于黄山杜鹃活绿色小枝,能引起严重枝枯病，5 ~ 6 月成熟。

显缘齿裂菌　分布:黄山风景区。在马银花、甜槠栲落叶上发生，5 ~ 6 月成熟。

大齿裂菌　分布：黄山风景区。生于正腐烂青冈叶片及叶柄上，9月成熟。

尖丝齿裂菌　分布：黄山风景区。在甜槠栲、石栎、绵石栎落叶层上发生，7 ~ 9月成熟。

多角齿裂菌　分布：黄山风景区、黟县。聚生于豹皮樟、红润楠落叶上，4 ~ 9月成熟。

隐齿裂菌　分布：黄山风景区。在甜槠栲枯叶上发生，6 ~ 7月成熟。

中国齿裂菌　分布：黄山风景区。生于油茶枯死叶上，5 ~ 7月成熟。。

山矾齿裂菌　分布黄山风景区。生于老鼠矢枯叶上，6 ~ 7月成熟。

栎弯壳菌　分布：旌德县、黄山风景区。寄生于短柄枹、黄山栎枝条上，6 ~ 7月成熟。

小环绵盘菌　分布：岳西县。寄生于多种二、三针松枯叶上，5 ~ 8月成熟。

苔草皮下盘菌　分布：黄山风景区。在细梗苔草枯死叶上发生，8 ~ 9月成熟。

刺柏生皮下盘菌　分布：黄山风景区。生于枯死或先端枯死的高上柏针叶上，6 ~ 7月成熟。

山胡椒皮下盘菌　分布：岳西县。生于落地的山胡椒叶片上，7 ~ 8月成熟。

满山红皮下盘菌　分布：黄山风景区。生于满山红落叶上，6 ~ 7月成熟。

悬钩子皮下盘菌　分布：牯牛降自然保护区、金寨县天堂寨自然保护区、清凉峰、黄山风景区、旌德县、岳西县。腐生或罕寄生于多种木本或草本植物的茎、枝、叶及球果上，7 ~ 10月成熟。

野珠兰皮下盘菌　分布：黄山风景区。寄生于野珠兰活茎、枝上，9 ~ 10月成熟。

硬湿皮盘菌　分布：黄山风景区、岳西县。寄生于当年生茶树枝梢四周，导致严重枝（梢）枯病，5 ~ 6月成熟。

贝壳杉散斑壳　分布：黄山风景区、金寨县天堂寨自然保护区。生于多种阔叶树落叶上，6 ~ 9月成熟。

苇散斑壳　分布：黄山风景区。生于斑茅枯死叶中脉及叶鞘上，8 ~ 10月成熟。

南方散斑壳　分布：滁州市、合肥市、黄山风景区。在湿地松、海岸松落叶上发生，5 ~ 6月成熟。

茶生散斑壳　分布：黄山风景区、金寨县天堂寨自然保护区。生于山橿、湖北蔷薇、清风藤枯死茎、枝四周，6 ~ 8月成熟。

雪松散斑壳　分布：合肥市。在雪松落叶上发生，4 ~ 5月成熟。

三尖杉散斑壳　分布：金寨县天堂寨自然保护区。稀疏散生于三尖杉枯落小枝四周，8 ~ 9月成熟。

针叶树散斑壳　分布：来安县、东至县、霍山县、滁州市、黄山风景区。寄生于赤松、湿地松针、马尾松等松叶上，5 ~ 7月成熟。

柃木散斑壳　分布：黄山风景区。生于微毛柃落叶上，6 ~ 7月成熟。

喜马拉雅散斑壳　分布:滁州市。落地松针上发生，6 ~ 9月成熟。

八角生散斑壳　分布:黄山风景区。生于八角、包石栎、木莲、落叶上,5 ~ 6月成熟。

纠丝散斑壳　分布:黄山风景区。生于黄山杜鹃落叶上，8 ~ 9月成熟。

江南散斑壳　分布:池州市、黄山风景区。生于油茶落叶上或活叶枯死部，6 ~ 9月成熟。

刺柏散斑壳　分布:黄山风景区。生于刺柏枯枝针叶上，5 ~ 7月成熟。

库茂恩散斑壳　分布:黄山风景区、金寨县天堂寨自然保护区。寄生于多种松树针叶上,能引起枯梢或落针病，5 ~ 8月成熟。

小散斑壳　分布:黄山风景区、清凉峰、牯牛降自然保护区。生于多种被子植物枯、落叶上，5 ~ 7月成熟。

奇异散斑壳　分布:东至县。寄生于老龄松针落叶上，5 ~ 8月成熟。

厚唇散斑壳　分布:黄山风景区。生于黄山杜鹃落叶上，5 ~ 6月成熟。

佩特拉克散斑壳　分布:滁州市、合肥市。寄生在杉木绿叶先端枯死部及枯球果上，6 ~ 8月成熟。

松针散斑壳　分布:合肥市、滁州市、六安市、岳西县、霍山县、金寨县、黄山风景区、滁州市琅琊山自然保护区、金寨县天堂寨自然保护区。生于落地针叶上,5 ~ 7月成熟。

白皮松散斑壳　分布:合肥市、黄山风景区。寄生于白皮松枯针叶上,4 ~ 7月成熟。

乔松散斑壳　分布:滁州市、合肥市、黄山风景区。寄生于各种松树落叶或仍与枝条相连枯叶上，4 ~ 6月成熟。

红褐散斑壳　分布:黄山风景区。生于黄山杜鹃落叶上，5 ~ 6月成熟。

强壮散斑壳　分布:黄山风景区。生于黄山杜鹃落叶柄部及中脉上，6月成熟。

皖南散斑壳　分布:泾县。寄生于雪松针叶先端枯死病部或落地针叶上，4 ~ 6月成熟。

杨氏散斑壳　分布:黄山风景区。生于青冈落叶上，8月成熟。

岳西散斑壳　分布:岳西县。生于黄山松落地松针叶上,5 ~ 7月成熟。

流苏状丝环盘菌　分布:岳西县。生于双维松的落叶上,4 ~ 6月成熟。

杜鹃新齿裂菌　分布:黄山风景区。生于黄山杜鹃落叶层枯叶上,4 ~ 6月成熟。

毁坏舟皮盘菌　分布:岳西县。寄生于杉木梢头附近针叶及嫩梢上导致严重的梢枯病,5 ~ 6月成熟。

汉德尔舟皮盘菌　分布:合肥市。寄生在杉木球果和针叶上，5 ~ 8月成熟。

槭斑痣盘菌　分布:滁州市琅琊山自然保护区、黄山风景区。寄生于建始槭、婺源槭活叶,能引起严重的漆斑病。次年5 ~ 6月成熟。

喜马斑痣盘菌　分布:黄山风景区、歙县。寄生在香冬青活叶上,能引起严重漆斑病，6 ~ 9月成熟。

忍冬生斑痣盘菌　分布:黟县。寄生在郁香忍冬活叶上,于次年春、夏季在落叶上成熟。

点斑痣盘菌　分布:滁州市琅琊山自然保护区、黄山风景区。寄生在多种槭树活叶上,引起严重的漆斑病,翌年 4 ~ 5 月在落叶上成熟。

岳西斑痣盘菌　分布:岳西县。生于落地马银花叶上,6 ~ 7 月成熟。

中华小鞋孢盘菌　分布:黄山风景区。寄生于黄山松活叶,能引起严重梢枯病,库茂恩散斑壳常伴随着本菌发生,使黄山松病情加重,5 ~ 7 月成熟。

杉木小鞋孢盘菌　分布:合肥市。寄生在杉木针叶上,于 10 ~ 11 月成熟。

黄山小鞋孢盘菌　分布:黄山风景区。寄生于南方铁杉针叶,引起严重的叶枯病,6 月成熟。

环状符氏盘菌　分布:滁州市、金寨县。寄生于槭属植物活叶,次年 3 ~ 4 月在落叶上成熟。

第六章 农业生产环境

第一节 地形地貌

安徽省地貌类型由平原、台地、丘陵、山地四部分组成，其中以平原为主。在地区分布上由四大部分组成：北部淮北及沿淮地区，为华北平原南缘，地面以平原为主，通常称之为淮北平原或淮河中游平原；中部江淮地区，为秦岭—大别山之东端及其余脉，地面自西向东由山地丘陵演替为丘陵台地，通常称之为大别山地和江淮丘陵；中南部沿长江一带，为长江中下游平原一部分，地面亦以平原为主，多丘陵、湖泊镶嵌，江河穿流，通常称之为沿江平原；南部为东南丘陵一部分，地面以丘陵、山地为主。

安徽地貌类型构成情况一览表

表 1-6-1

类 型	平 原	台 地	丘 陵	山 地	备 注
所占全省面积比例（%）	49.9	13.1	14.1	15.3	余 7.6% 为大水面

平原

主要分布：淮北平原或淮河中游平原，包括阜阳、宿州、淮北、淮南、蚌埠等市和六安市北部。面积占全省面积 49.9%，是主要农牧区，也是省内最大的旱作农业区。土质黏重，土壤结构差，部分地区存在次生盐渍化威胁。沿江平原是省内重要粮、棉、油、鱼产区。土壤以水稻土、潮土为主。水田多是以水稻为主的油（麦或肥）—稻—稻，一年三熟制，旱地多是以油菜、棉花为主的一年二熟制，水域面积较大，盛产青、草、鳊等多种鱼类及其他水产品。

台地

主要分布于江淮地区中、东部，皖西山地丘陵最外缘和宣（州）郎（溪）广（德）地区。面积 1.82 万平方千米。主要有剥蚀台地和沉积台地。剥蚀台地主要分布于山地、丘陵的边缘地区，地面基岩埋藏浅，植被以灌、草丛为主。沉积台地主要集中分布于江淮地区中部和宣（州）郎（溪）广（德）部分地区，地面沉积深厚，是除平原以外主要农耕地。

丘陵

主要分布于皖南、皖西山地外缘、沿江平原北侧、皖东地区和淮北平原濉河以北地区。海拔低于400米。地面相对高差不超过200米,地面坡度缓和在25度以下。其中江淮丘陵地区处于省境中部,北界淮河中游平原,南以大白畈—施桥—岗集—黄集—烟陈一线与皖西山地和沿江平原相分。包括六安、合肥、滁州、蚌埠、淮南、巢湖等市部分地区。面积2.40万平方千米。地面以丘陵和台地为主。海拔在100～200米间。区域内森林覆盖率低,降水易流失,常有干旱威胁。是主要农业生产区域。主要种植粮、油和经济作物。水田以水稻为主,旱地以小麦为主,多为一年二熟或一年三熟轮作制,复种指数较高,但发展不平衡。

山地

主要分布于皖南和皖西,地面相对高差大,海拔多在400～1000米之间。以海拔1000米为界,小于1000米者称低山,大于1000米者称中山。山间云雾多,日照少,水凉泉冷。自然景观具有明显垂直分带现象。森林覆盖率高于丘陵地区,为安徽主要林区,是多种珍稀动物和植物保存地。

皖南山地在省境南部,北与沿江平原相接,东南与江苏省、浙江省交界,西南与江西省相邻。包括池州、铜陵、芜湖、宣城等市部分地区和黄山市全部。面积3.12万平方千米。地面以山地丘陵为主。主要有天目山山系、黄山山系、九华山山系。尤以黄山著名,主峰莲花峰海拔1873米。山丘间多为河谷平原与盆地,是林业和农业产品重要产地。最宽河谷平原为青弋江谷地和水阳江谷地。有休宁—屯溪盆地,地面沉积深厚,土地肥沃,农业生产条件优越,园艺发达,盛产柑橘、枇杷等亚热带果木,是省内最重要的林、茶生产基地和全国著名茶区。水田以种植水稻为主,大多数为一年二熟或三熟轮作制,旱地以小麦为主,其次是山芋、玉米、油菜等一年二熟或三熟制。

皖西山地在江淮西部,西与豫、鄂两省相邻,东北与江淮丘陵、台地相接,东南以宿松—太湖—潜山—桐城一线与沿江平原相分。包括六安市和金寨、霍山、舒城、岳西、桐城、潜山、太湖、宿松等县(市)。面积1.46万平方千米。为大别山地主体部分。地面以山地为主,有千米以上高峰多座,山体陡峻,峡谷深切。主峰白马尖海拔1774米。金寨、霍山北部和六安南部一带,以丘陵为主,山间谷地开阔,有大面积台地出现。该区山多田少,是省内仅次于皖南山区的第二大林茶基地,是省内重点产茧区域之一。此外,林特产品丰富,如木耳、香菇、松脂等,天麻、贝母、茯苓等中药材资源丰富,是省内中药材主要产地之一。

第二节　土　壤

安徽省土壤类型和分布具有多样性特点。各类土壤资源面积1040.66万公顷,划分为5个土纲、8个亚纲、13个土类、33个亚类、115个土属和218个土种。

土壤类型

红壤　主要分布于皖南和皖西南山地丘陵区,包括黄山、宣城、铜陵、芜湖、池州、安庆等市，总面积170.73万公顷，占全省土壤资源面积16.41%。

红壤地处亚热带北缘湿润季风气候区，高温多雨，干湿季明显，年平均温度14.5℃～16.6℃，积温为4800℃～5200℃，年降水量1200～1700毫米，年蒸发量1150～1800毫米，干燥度0.6～0.9。年降水量季节分配差异大，冬季温凉干旱，夏季炎热潮湿。自然植被以亚热带常绿阔叶林为主，部分为常绿—落叶阔叶混交林，针阔混交林和灌丛。植物生长期长达250天，利于多种农作物生长。局部地段水土流失严重，低产旱地面积大。

红壤呈酸性，全剖面pH酸碱度4.5～6.0；土壤阳离子交换量低，多在7～15厘摩尔/千克；盐基不饱和，多在30%～70%；土壤交换性酸含量高，多在3～10厘摩尔/千克。养分含量与耕种与否、植被类型、土壤侵蚀程度及母质类型密切相关。花岗岩等岩性风化物发育红壤有机质、全氮含量高，表层分别在35～40克/千克和1.5～2.0克/千克之间。第四纪红色黏土发育低，分别在16～20克/千克和0.8～1.0克/千克之间。红壤旱耕地有机质、全氮因耕作活动影响，有机质、全氮含量低，分别在15～25克/千克和0.9～1.2克/千克。速效磷缺乏，多在5～10毫克/千克之间。速效钾含量低，多在80～100毫克/千克。有效微量元素丰缺不一，硼、锌含量多在临界值以下。

开发利用原则：严禁滥伐森林和毁林开垦，封山育林，保护草灌地，治理水土流失；改造旱地园地，培肥地力；因地制宜，营造用材林、经济林。

黄壤　主要分布于皖南南部西天目山、黄山、牯牛降等中山地区，包括黄山市、宣城市宁国、旌德、绩溪三县和池州市石台县。总面积为11.22万公顷，占全省土壤资源面积1.08%。

黄壤地处海拔700~1100米中山地带，温暖湿润，冬无严寒、夏无酷热、雨量充沛，云雾多，湿度大，干湿季不明显。年平均温度12℃～14℃，积温为4000℃～4500℃，年降水量2000毫米左右，干燥度0.4～0.6，相对湿度80%。植被多为亚热带常绿阔叶林，部分为落叶、常绿阔叶混交林，针阔混交林及灌丛。是皖南山区重要林茶基地。

黄壤呈酸性至强酸性，PH酸碱度4.2～4.5；土壤阳离子交换量中等偏低，表层、心土层阳离子交换量多在10～15厘摩尔/千克之间；盐基饱和度低，小于30%；土壤交换性酸含量高，多在5～10厘摩尔/千克之间。养分含量除磷素、有效硼缺乏外，其他均丰富。表层有机质55～70克/千克之间，全氮含量2.5～3.0克/千克之间，土壤速效钾100～150毫克/千克之间，土壤速效磷小于5毫克/千克，土壤有效硼多在0.30～0.40毫克/千克之间，低于临界值0.5毫克/千克。

开发利用原则：发展杉木、毛竹、栎类为主用材林；适当发展油桐、油茶、香榧、猕猴桃、山核桃等经果林；做好水土保持；发展名茶生产，同时改造老茶园，实施生态技术管理，提升茶叶品质，提高茶叶产量。

黄棕壤　主要分布于江淮、江南东部沿江低山丘陵区，皖西大别山区，皖南山区海拔600～700米以上中山地带也有分布。包括六安、合肥、滁州、巢湖、蚌埠、淮南、芜湖、马鞍山、宣城等市。总面积 53.51 万公顷,占全省土壤资源面积 5.14%。

黄棕壤地处北亚热带地区,年平均温度 14℃ ~ 15℃,积温为 4800℃ ~ 5000℃,无霜期 230 ~ 250 天,年降水量 900 ~ 1200 毫米,降水集中,四季分明。植被类型主要为落叶、常绿阔叶混交林,针阔混交林及灌丛草地。是重要林木基地和茶桑产地。

黄棕壤呈酸性至微酸性, pH 酸碱度 5.0 ~ 6.5;盐基不饱和,饱和度 30% ~ 60%;土壤代换性能中等,阳离子交换量多在 10 ~ 20 厘摩尔 / 千克之间。养分含量因利用方式、地形部位、土壤侵蚀程度差异较大。林地、草地有机质、全氮含量高,表层分别在 25 ~ 75 克 / 千克之间和 1.4 ~ 3.5 克 / 千克之间,旱耕地和水土流失严重地有机质、全氮含量低,分别在 15 ~ 20 克 / 千克之间和 0.8 ~ 1.0 克 / 千克之间。磷素含量缺乏,表层土壤速效磷含量在 10 毫克 / 千克以下;土壤钾素相对丰富,表层土壤速效钾在 80 ~ 150毫克/千克之间。不同微量元素含量丰缺不一,有效锌、硼缺乏,在临界值以下。

开发利用原则:保护现有植被,植树种草;发展茶、桑、果生产;改造现有园地旱地,治理水土流失,提高土壤有机质。

黄褐土　主要分布于江淮丘陵岗地,沿江、沿淮低岗地也有分布。主要包括合肥、六安、巢湖、滁州等市,淮南、蚌埠、宣城、芜湖、阜阳等市也有分布。总面积84.21万公顷,占全省土壤资源面积 8.0%。

黄褐土土体深厚,有效土层在 1 米以上,境内光热水资源丰富,雨热同季,生产潜力大,是主要旱耕地土壤,后备耕地资源丰富。主要种植茶、桑、果、旱杂粮及瓜菜等,一部分为林、草地。

黄褐土多为壤质黏土或黏土,质地粘重、养分缺乏、水利条件差,易受旱灾,耕性差,适耕期短,严重影响农作物生长。土壤呈中性至微酸性, pH 酸碱度在 5.5 ~ 7.5 之间,江淮以南呈微酸性反应,沿淮呈中性反应。土壤交换性能良好,阳离子交换量在 15 ~ 25 厘摩尔 / 千克之间,盐基含量高,饱和度 70%。养分含量低,旱耕地表层有机质和全氮含量分别在 10 ~ 15 克 / 千克和 0.8 ~ 1.0 克 / 千克之间,土壤速效磷在 5 ~ 10 毫克 / 千克之间,速效钾在 70 ~ 100 毫克 / 千克之间,土壤有效锌、有效硼、有效钼含量在临界值以下。

开发利用原则:植树种草,保持水土,发展茶、桑、果和畜牧业;兴修水利,提高抗旱能力;合理轮作,扩种绿肥和豆科作物,用地养地结合;改土培肥,增施有机肥,实行秸秆还田,提高土壤肥力。

棕壤　主要分布于皖西大别山区金寨、岳西、潜山、太湖、霍山、舒城等县中山区和皖南九华山山脉海拔 800 ~ 1000 米山地垂直带,淮北相山等残丘也有少量分布。总面积 10.81 万公顷,占全省土壤资源面积 1.04%。

棕壤分布区多地处高山,低温多湿,年均温 10℃左右,积温 3200℃ ~ 3700℃,年降水量 1600 毫米左右,干燥度小于 0.5。植被主要为落叶阔叶林及针阔混交林,植被生长良好,覆盖度较高,多在 60% ~ 70%。是皖西大别山区和皖南山区重要林木基地。

棕壤地处山体中上部，坡度较大，土体厚度中等偏浅，有机质积聚明显，土壤质地多为砂壤土；多呈酸性反应，pH 酸碱度 5.0 ～ 5.5；盐基不饱和，盐基饱和度多在 40% 以下；土壤代换性能中等，阳离子交换量多在 10 ～ 20 厘摩尔 / 千克之间。有机质、全氮和速效钾表层含量高。有机质在 60 ～ 100 克 / 千克之间，全氮在 3.0 ～ 4.5 克 / 千克之间，速效钾在 80 ～ 200 毫克 / 千克之间。土壤磷素不足，表层土壤速效磷含量多低于 10 毫克 / 千克。

开发利用原则：保护现有植被，保持水土；因地制宜，植树造林，适当发展经济林；实行自然保护区管理，保存、繁殖珍稀树种。

石灰（岩）土 全省各地广泛分布，以黄山、宣城、芜湖、安庆、巢湖、池州、滁州等市分布集中。总面积 36.44 万公顷，占全省土壤资源面积的 3.5%。

石灰（岩）土所处地形多为低山和丘陵，地表均有不同程度溶蚀侵蚀作用。植被多为混交林，由于人为活动影响，原生植被保留很少，主要是散生灌丛草被和稀疏乔木，多以喜钙种属为主。土层多较浅薄，山坡上一般土层厚度 30 ～ 60 厘米，呈斑块状分布于基岩露头之间，坡麓或溶蚀洼地土体厚，可达 70 厘米以上。是重要林果生产基地。

土壤呈中性至微碱性反应，pH 酸碱度多在 7.0 ～ 7.5 之间，部分土体有石灰反应；土壤代换性能良好，表层土壤阳离子交换量多在 20 ～ 50 厘摩尔 / 千克；土壤有机质、全氮含量较高，表层有机质含量多在 30 ～ 50 克 / 千克之间，全氮含量多在 1.5 ～ 3.0 克 / 千克之间；土壤速效磷缺乏，不足 10 毫克 / 千克，速效钾含量中等，在 80 ～ 120 毫克 / 千克之间；土壤有效硼、有效锌、有效铜多低于临界值。

开发利用原则：保护现有林草地，因地制宜发展林果业；改造旱地园地，保持水土，增施有机肥，平衡施用化肥，培肥土壤。

紫色土 除阜阳市、淮北市，省内其他市均有分布。以休（宁）—屯（溪）盆地两侧低山丘陵岗地和泾县、郎溪县、广德县、南陵县等盆地分布最为集中。总面积 18.67 万公顷，占全省土壤资源面积 1.79%。

紫色土所处地形地貌主要为低山丘陵区。植被多为稀疏草灌，山麓土层较厚处有乔木生长，植被覆盖率较低，不超过 50%，水土流失严重，部分地区岗丘中上部或顶部基岩裸露，形成成片馒头状紫色“光秃山”。

紫色土土体多浅薄，土体厚度多在 20 ～ 30 厘米，土壤结构不稳定，抗侵蚀能力弱；pH 酸碱度差异大，石灰性母岩 pH 酸碱度多在 7.5 ～ 8.0 之间，石灰反应明显，中性母岩发育 PH 酸碱度多在 6.5 ～ 7.5 之间，酸性岩发育 pH 酸碱度多在 6.5 以下。有机质和全氮含量较缺乏，分别在 10 ～ 20 克 / 千克之间和 0.8 ～ 1.1 克 / 千克之间，土壤速效磷不足，表层土壤多不超过 10 毫克 / 千克，速效钾含量中等，多在 80 ～ 100 毫克 / 千克之间。有效微量元素含量因 pH 酸碱度差异较大，总体上有效硼、有效锌、有效钼含量较低，多在临界值以下。

开发利用原则：保持水土，改坡地为梯土（田），控制水土流失；开展水利建设，提高抗旱能力;建立特产农林业基地,发挥资源优势;培肥地力,提高土壤生产力;保护林草地,植树造林,恢复生态。

石质土　主要分布于皖南山区、皖西大别山区,江淮丘陵也有少量分布,行政区域上主要包括宣城、黄山、六安、池州、安庆等市。总面积 6.10 万公顷,占全省土壤资源面积 0.59%,石质土主要分布于中低山陡坡以及高丘脊顶地段,分布上限可达海拔 1000 米以上,下限可在海拔数十米,地形陡,坡度大于 25 度。植被稀疏,生长差,覆盖率低于 30%。土体浅薄,有效土体厚度多小于 10 厘米,土体砾石含量高,在 30% ~ 50% 左右,侵蚀严重。土壤呈酸性到微酸性, pH 酸碱度在 4.5 ~ 6.0 之间。土壤代换性能较低,阳离子交换量多在 10 厘摩尔 / 千克左右。有机质、全氮含量中等,分别在 30 克 / 千克和 14 克 / 千克左右。速效磷缺乏,在 3 ~ 5 毫克 / 千克之间。速效钾含量偏低,在 60 ~ 90 毫克 / 千克之间。

开发利用原则:封山育林,保护现有植被;种植速生树种,提高植被覆盖率,保持水土。

粗骨土　主要分布于皖南山区、皖西大别山区和江淮丘陵,主要包括六安、安庆、黄山、宣城、滁州、池州等市。总面积 121.54 万公顷,占全省土壤资源面积 11.68%。

粗骨土所处地形多为山地丘陵陡坡,坡度大于 25 度。植被稀疏,生长差,覆盖率 30 ~ 50%,植被多为次生植被。土体浅薄,有效土体厚度 10 ~ 15 厘米,土体砾石含量高,表层砾石含量大于 20%,砂粒占 30%,粘粒含量不到 15%。土壤质地轻,多为沙土或沙壤土。土壤呈微酸性反应, pH 酸碱度在 5 ~ 7 之间。土壤阳离子交换量低,在 10 厘摩尔 / 千克。土壤有机质、全氮含量中等偏低,分别在 19 克 / 千克和 10 克 / 千克左右。速效磷缺乏,在 5 毫克 / 千克以下。速效钾含量低,在 50 ~ 120 毫克 / 千克之间。

开发利用原则:封山育林,保护现有植被,防止水土流失;因地制宜,植树造林,提高植被覆盖,保持水土;发展经济林木。

潮土　主要分布于淮北中北部黄泛平原,沿淮平原、沿江平原及长江、淮河支流沿岸冲积平原,包括宿州、阜阳、亳州、淮北、蚌埠、安庆、芜湖、铜陵、池州、马鞍山、巢湖等市。总面积 119.01 万公顷,占全省土壤资源面积 11.44%,占全省旱耕地面积 31.09%。

潮土主要为江河冲击沉积物。理化性状与沉积物类型及属性密切相关。由黄河、长江发育潮土,土壤质地分异性强,有砂土、两合土、黏土等不同土壤类型,不含石砾,多含粉砂粒。淮河等河流发育潮土,土体中砂粒多,局部地段含有石砾或底部具有砾石层。潮土水分物理性状良好,作物适种性广,尤其适宜蔬菜、瓜果、棉花等作物生长。

黄河、长江发育潮土,土壤含碳酸钙,石灰反应明显,碳酸钙含量不等,以沙质土为低,黏质土为高。土壤呈碱性反应, pH 酸碱度 7.5 ~ 8.5,阳离子交换量 4 ~ 20 厘摩尔 / 千克。淮河等河流发育潮土,多呈中性或微酸性,土壤不具石灰反应,阳离子交换量低。有机质和全氮含量低,耕层有机质含量 10 克 / 千克,全氮含量 1 克 / 千克,速效磷含量高低不等,多在 10 ~ 20 毫克 / 千克之间,速效钾含量相对丰富,多在 100 毫克 / 千克以上,有效锌缺乏,有效铁、锰含量不足。淮北黄泛区平原地形低洼处受高矿化度地下水影响，土壤含有盐分，呈盐碱化现象，影响农作物生长。

潮土砂、壤、黏土层相间，耕作层厚度平均 15 ~ 20 厘米，农业生产性状差异大。砂质潮土质地轻，保水保肥性能差，养分含量低，供肥能力弱，土壤毛管能力弱，地下水多不能上升，不易土壤返盐，作物生长前期发育好，后期脱肥早衰。黏质潮土质地黏重，土体坚实，保水保肥和持续供肥能力强，耕性和通透能力差，供水排水不良，作物易受旱、涝灾害。作物前期生长不良，后期生长旺。壤质潮土质地与结持度适宜，土壤毛管作用力强，土壤水分物理性状与供水供肥能力强，耕性好，作物生长前后期均衡。

开发利用原则：因地制宜，发展蔬菜、瓜果、棉花等作物；培肥改土，深耕细作，施用有机肥、秸秆还田；实施测土配方施肥，平衡土壤养分；改善水利条件，提高旱涝保收能力。

砂姜黑土　主要分布于淮北平原中南部，包括阜阳、宿州、淮北、淮南、蚌埠五市的大部分县（市、区）。总面积 165.49 万公顷，占全省土壤资源面积 15.91%。占全省旱耕地面积 43.24%。

砂姜黑土主要分布地势平坦低洼，地下水排泄不畅地区。埋藏深度 1 ~ 2 米之间，雨季能上升至 1 米以内。局部洼地能短期积水。粘土矿物组成以蒙脱石为主，含量 50% ~ 60%，耕作层达 40% 以上。蒙脱石胀缩性大，遇水膨胀，遇旱收缩，怕涝又怕旱。地下水为钙 – 镁 – 碳酸氢根型水，矿化度低。

砂姜黑土多呈中性至微碱性反应。土壤耕作层有机质、氮素含量不足，磷素中等，钾素丰。有机质含量 13 ~ 15 克 / 千克，全氮 1 克 / 千克左右，速效磷 8 ~ 15 毫克 / 千克，速效钾 80 ~ 120 毫克 / 千克。有效锌、有效钼、有效硼含量低，在临界值以下。属低产土壤。经过 20 年治理、改良和利用，其生产性状有很大改善。区域内地势平坦，雨热同季，利于农作物生长；土体深厚，易于机械作业，具有综合开发利用规模优势；地下水位浅，水源丰富，水质好，易于开发利用。

开发利用原则：排灌结合，旱涝兼治，开发地下水资源，发展灌溉；调整种植结构，合理轮作；科学施肥，均衡增产；农牧结合，提高土壤有机质，更新土壤腐殖质，抑制土壤胀缩性。

水稻土　除淮北市、宿州市，全省各地广泛分布。主要集中分布在巢湖、芜湖、宣城、池州、铜陵、安庆、合肥、滁州、六安等市。总面积 242.74 万公顷，占全省土壤资源面积 23.32%，占耕地总面积 38.80%。是省内面积最大土壤类型和耕地土壤类型，是重要粮食生产基地，水稻土既有江河湖冲沉积物发育沼泽土、草甸土、潮土，又有黄土、红土堆积物和各类岩性风化物发育红壤、黄褐土、石灰土等土壤。水稻土理化性状与发育程度、母土类型有密切关系。江河湖平原地区水稻土，植稻历史悠久，有效土体厚，水利条件好，土壤质地适中，有机质、全氮、速效磷含量中等，水热气协调，能为水稻生长提供良好环境。丘陵岗地水稻土，有效土体中等，水利设施相对差，不配套，串流漫灌现象严重。有机质、全氮、速效钾、有效硅含量缺乏。山丘区河流沿岸水稻土，有效土体薄，土壤质地轻，土体中下部常出现沙砾层，漏水漏肥，影响作物生长。低洼圩区和山丘沟谷水稻土，排水条件差，发育不良，地下水位高，中下部土体松软，耕作困难。土壤有机质含量高，但矿化弱，有效养分缺乏。水稻土酸碱度适宜，pH 酸碱度 6.5 ~ 7.5。由于持续施用化肥，土壤有酸化趋势。

开发利用原则：实行山、水、田、林、路综合治理，建设土地平整、路渠配套、林网适宜、旱涝保收、高产稳产、节水高效、耕作先进，科技覆盖高标准农田；培肥地力，推广增施有机肥、种植绿肥、秸秆还田、平衡施肥、免耕少耕技术，提高土壤肥力；合理轮作，发展稻—油、稻—麦、稻—稻—油（肥）轮作，提高土地利用率和生产率。

土壤分布

安徽省地处中纬度暖温带与亚热带过渡地区，土壤分布过渡特征明显。既有水平地带性分布规律，又有山地垂直性分布规律，同时还具有多样性区域、中域和微域分布特点。

水平分布　从北向南土壤分布情况：棕壤（潮土、砂姜黑土）—黄棕壤、黄褐土（水稻土、石灰土、紫色土）—红壤、黄壤（水稻土、潮土、石灰土、紫色土、石质土、粗骨土）。淮北平原地处暖温带，地带性土壤为棕壤土类。但淮北平原主要为黄泛冲积物、古黄性沉积物发育，呈非地带性土壤，主要土壤类型为潮土、砂姜黑土、石灰土；江淮丘陵岗地区地处北亚热带，土壤类型为黄棕壤与黄褐土，黄棕壤主要分布于皖东、皖西山区丘陵区，黄褐土主要分布于江淮中部丘陵岗地区；石灰土、紫色土、潮土、水稻土等土类主要分布于江淮西部地区；沿江江南地处北亚热带与中亚热带过渡地带，地带性土壤为红壤和黄壤土。沿江地区主要分布为潮土、水稻土、紫色土、石灰土、粗骨土、石质土等土类。

垂直分布　皖西大别山区地处北亚热带，北部向暖温带过渡，西南部具有中亚热带气候特征。南北两坡基带土壤与建谱土壤类型有别。北坡基带土壤是黄棕壤土类普通黄棕壤亚类，向上依次是黄棕壤土类暗（山地）黄棕壤亚类、棕壤土类酸性棕壤亚类和草甸土类山地草甸土亚类。南坡基带土壤类型为红壤土类黄红壤亚类，向上依次是黄棕壤土类暗（山地）黄棕壤亚类、棕壤土类酸性棕壤亚类和草甸土类山地草甸土亚类。皖南山区地处北亚热带南缘与中亚热带北缘，基带土壤类型为红壤土类。由于九华山、黄山、牯牛降、西天目山、白际山等呈东西向相间分布，土壤类型分布呈现不同建谱类型，同一土壤类型分布因高度也有不同。黄山地处皖南南部中山山地，土壤分布随海拔上升依次为：基带红壤土类黄红壤亚类、黄壤土类普通黄壤亚类、黄棕壤土类暗（山地）黄棕壤亚类、草甸土类山地草甸土亚类；九华山地处皖南中北部中山山地，土壤分布随海拔上升依次为：基带红壤土类黄红壤亚类、黄棕壤土类暗（山地）黄棕壤亚类、棕壤土类酸性棕壤亚类、草甸土类山地草甸土亚类。

第三节　气　候

概况

安徽省位于中国东部，地处亚热带和暖温带过渡地带，四季分明、季风明显。冬季以偏北风为主，寒冷干燥，雨雪少。夏季以偏南风为主，炎热湿润，雨水充沛。冬夏季风转换过渡期间，春季温暖，秋季凉爽。四季分配是冬夏季长，春秋季短。淮北冬长于夏，江南夏长于冬，江淮之间冬夏长短基本相当。

气温

1988—2008年，全省平均气温呈明显上升趋势，平均气温升温率为每10年上升0.56℃。2007年，全省平均气温17.0℃，为有观测资料以来最暖一年。全省各地平均气温，淮北地区16.3℃，江淮之间地区17.3℃，沿江地区17.9℃，江南地区17.3℃。

降水量

1988—2008年，全省平均降水量下降趋势不明显，下降幅度为29毫米/10年。1991年全省平均降水量1629毫米，为有观测资料以来最多一年。全省各地平均降水量（1988—2008年平均值），沿淮淮北862～1018毫米，江淮之间932～1457毫米，沿江江南1082～1800毫米。梅雨季是安徽省降水最为集中季节。一般来说入梅期在6月中旬，出梅在7月上旬末，梅雨期平均25天。梅雨量年际变幅大，降水量对旱涝灾害发生有直接影响。20世纪90年代，沿江江南和江淮梅雨量大，2000年以后，沿江江南持续偏少。江淮及其以南地区年均梅雨量210～350毫米之间，占其年降水量的20%左右。

农业气象灾害

受低纬和中高纬各种天气系统影响，气候复杂多变，暴雨洪涝、干旱、大风、冰雹、龙卷风、低温冷冻害等气象灾害频繁。对农业生产造成不利影响。主要农业气象灾害情况：暴雨洪涝对农业生产造成危害最大，其次为旱灾，台风、雪灾和低温冷害对农业生产影响小。

1996—2008年，气象灾害占自然灾害比例为70%。各类气象灾害造成农作物年受灾面积303.29万公顷（1996—2008年平均值），其中2003年农作物受灾面积达481.604万公顷；各类气象灾害造成年农业经济损失106.64亿元（1996—2008年平均值），其中2003年农业经济损失180.71亿元。

1996—2008年，暴雨洪涝导致农作物年受灾面积120.326万公顷（1996—2008年平均值），其中2003年淮河流域发生严重洪涝灾害，农作物受灾面积达286.326万公顷。暴雨洪涝灾害造成年农业经济损失86.98亿元（1996—2008年平均值），其中1996年农业经济损失达155.78亿元。2007年，淮河流域发生仅次于1954年流域性大洪水，全省因暴雨洪涝造成农作物受灾面积达161.668万公顷。

1996—2008年，干旱导致农作物年受灾面积107.901万公顷（1996—2008年平均值），旱灾造成年农业经济损失26.53亿元（1996—2008年平均值）。1999、2000、2001、2008等年份，也相继发生严重旱灾。

1996—2008年，大风、冰雹和龙卷风等强对流天气造成农作物年受灾面积21.726万公顷（1996—2008年平均值），大风、冰雹和龙卷风等强对流天气造成年农业经济损失7.23亿元（1996—2008年平均值）。其中2002和2004年，强对流天气危害大，对农业生产造成十分严重影响。

1996—2008年，冷冻害和雪灾造成农作物年受灾面积15.8万公顷（1996—2008年平均值）。其中2008年雪灾造成农作物受灾面积79.584万公顷，农业经济损失59.34亿元，为新中国成立以来最严重雪灾。

1996—2008年，台风造成农作物年受灾面积7.378万公顷（1996—2008年平均值），其中2005年台风危害严重，农作物受灾面积47.934万公顷。

第四节　水　体

主要河流水环境质量

安徽省江河水质较差主要是因为氨氮、溶解氧与高锰酸盐指数超标。湖库水质非汛期优于汛期，非汛期营养化程度比汛期稍轻，湖库水质较差的原因主要是总氮、高锰酸盐指数超标。

淮河及其主要支流水质　2008年，淮河干流安徽段11个水质监测断面中，年均水质为Ⅲ类有7个，占63.6%；Ⅳ类有4个，占36.4%，无Ⅴ类和劣Ⅴ类断面。阜阳王家坝入境断面年均水质为Ⅳ类，滁州小柳巷出境断面水质为Ⅲ类。整体水质状况由2007年轻度污染好转为良好。2008年，淮河24条主要支流67个水质监测断面中，水质为Ⅰ—Ⅲ类有16个，占23.9%；Ⅳ—Ⅴ类有26个，占38.8%；劣Ⅴ类有25个（其中18个属于入境支流断面），占37.3%，比2007年下降4.4个百分点。整体水质状况由2007年重度污染好转为中度污染。24条主要支流中，济河、奎河、惠济河污染最重。9条入境支流中，奎河、惠济河、涡河、颍河、泉河、黑茨河为重度污染，东沙河、沱河、洪河为轻度污染。3条出境支流中，史河水质优，新汴河水质轻度污染，濉河水质重度污染。淮河支流主要污染物为氨氮、石油类和生化需氧量。

巢湖及环湖河流水质　2008年，巢湖湖区整体水质状况为中度污染（以化学需氧量单指标评价，巢湖湖区平均水质为轻度污染），营养状态为中度富营养。其中：东半湖轻度污染，轻度富营养；西半湖重度污染，中度富营养。与2007年相比，巢湖东、西半湖以及整体水质状况均无明显变化；全湖营养状态指数略有上升。湖区主要污染物为总磷、总氮。主要环湖河流整体水质状况仍为中度污染。除兆河水质状况由轻度污染好转为良好外，其余河流水质与2007年相比，均无明显变化。环湖河流主要污染指标为石油类、氨氮。

长江及其主要支流水质　2008年，长江干流安徽段20个监测断面中，19个断面水质为Ⅱ类，占95%，1个为Ⅲ类，占5%。整体水质状况保持优良。长江主要支流局部水质轻度污染。15条支流38个断面中，Ⅰ—Ⅲ类断面23个，占60.5%，劣Ⅴ类断面5个，占13.2%。来河水口镇河段水体污染最重。与2007年相比，水阳江水质状况由优良下降为良好，雨山河、慈湖河由中度污染好转为轻度污染，其他支流水质无明显变化。

支流主要污染指标为氨氮、生化需氧量。

新安江及其主要支流水质 2008年，新安江流域干流及支流8个监测断面中，7个断面水质为Ⅱ类，占87.5%，1个为Ⅲ类，占12.5%。整体水质状况保持优良。各支流整体水质状况于2007年相比无明显变化。

主要水库与地下水质

响洪甸、梅山、磨子潭、佛子岭、龙河口、太平湖、城西、董铺等8座主要水库整体水质状况保持优良，各水库平均水质为Ⅱ类或Ⅲ类。与2007年相比，佛子岭水库、龙河口水库平均水质由Ⅲ类好转为Ⅱ类，太平湖水质由Ⅱ类下降为Ⅲ类，其他水库水质无明显变化。2008年，合肥、淮北、阜阳、铜陵、蚌埠、滁州6市开展地下水监测，以监测25眼总井数统计，地下水水质为优良、良好、较好、较差、极差单井数分别占4.0%、44.0%、4.0%、48.0%和0。淮北、滁州、铜陵3市（浅层）地下水水质为良好；合肥、阜阳、蚌埠、铜陵4市深层地下水水质均为较差。部分城市地下水主要超标为总大肠菌群、氨氮和氟化物等。与2007年相比，合肥、淮北、阜阳（市区和所属市、县）、滁州、蚌埠、铜陵6市地下水质量均无变化。

第五节 大 气

1986—2005年大气能见度研究分析结果显示，安徽省城市大气能见度整体偏低，而且呈下降趋势。阜阳、蚌埠、安庆、黄山大气能见度呈下降趋势，合肥大气能见度基本保持不变。同时，上述5个城市“非常好”能见度出现频率均呈下降趋势，其中阜阳、蚌埠、安庆下降幅度大。2002年，巢湖流域因大气污染造成环境经济损失4.3亿元，占当年GDP0.84%。

2002年巢湖流域大气污染对农作物造成经济损失一览表

表1-6-2

作物种类	受污染面积（平方千米）	平均单产（千克/平方千米）	减产幅度（百分比）	平均单价（元/千克）	产量损失（吨）	经济损失（万元）
粮食作物	198.84	556533	5	1.05	5533.1	580.97
油料作物	100.61	183993	5	2.20	925.6	203.63
棉花	20.87	99820	5	13.47	104.2	140.31
蔬菜类	26.83	2574800	5	0.75	3454.1	259.06
麻糖药材类	1.35	3325107	5	0.57	224.5	12.69
合计	348.50				10241.5	1196.66

工业源污染

工业源污染是造成大气污染主要来源。主要包括工业生产废气、废水和运输工具尾气。安徽省环境公报显示，2008 年，全省工业废气排放量为 15749.39 亿标立方米，烟尘排放总量 29.09 万吨，二氧化硫排放量总量 55.57 万吨，工业粉尘排放量 32.24 万吨。在地区分布方面，淮南、滁州、铜陵、安庆、淮北等市大气中二氧化硫、氮氧化物、总悬浮颗粒物浓度较高，酸雨主要在铜陵、黄山、宁国、芜湖等地出现频率较高。调查资料显示，铜陵市 2000—2005 年全市降水 pH 年均值在 4.4—4.68 之间，在酸雨临界值 5.6 以下。年酸雨频率 2003 年最高为 69.4%，2005 年最低为 44.4%。酸雨量占总雨量百分比 2003 年最高为 69.4%，2005 年最低为 44.2%。马鞍山钢铁集团公司二氧化硫气体排放量，1991 年为 2.42 万吨，1997 年增加至 4.8 万吨，

农业源污染

农业是非二氧化碳温室气体主要排放源，主要包括农业碳排放和清除、土壤非二氧化碳排放、动物（包括牲畜肠道甲烷排放、粪便排放）甲烷、氧化亚氮排放。人类活动所释放放出温室气体中，农业生态系统占 1/15 ~ 1/5，主要有二氧化碳、甲烷、一氧化二氮，50% 以上一氧化二氮和氮氧化合物来自土壤硝化和反硝化过程。据 IPCC 第三工作组第四次评估报告，农业排放非二氧化碳温室气体占人为排放非二氧化碳温室气体总量 14%。其中农业排放 84% 一氧化二氮和 47% 甲烷。种植技术落后，不合理施肥和灌溉，加上自然气候多变，导致施入农田中化肥农药和养殖业粪便中的养分随水流失，进入农田或在适宜土壤温度和光照等因素作用下挥发进入空气中，造成面源污染。不同施肥方式、肥料种类，以及施肥量对大气中一氧化二氮和甲烷含量有明显影响。浅施或表施尿素，甲烷排放量增加 19%，而深施尿素，一氧化二氮释放量则降低 40% 左右。化肥比有机肥对一氧化二氮排放量影响更大。保护地耕作中作物气体毒害现象普遍，如亚硝酸气体、一氧化碳、二氧化硫、塑料薄膜等挥发有毒气体致使植物体敏感部位出现中毒症状。未经处理农作物秸秆长期堆放，有 97% 植物碳在分解过程中转化成二氧化碳。

农业生态系统中温室气体释放一览表

表 1-6-3

气　体	来源及途径	每年释放量 / 吨	占全部释放量比例 / 百分比	主要来源
二氧化碳	燃料、土壤和植被	108 ~ 109	30	森林、烧荒
一氧化二氮	土壤、水体、有机物燃烧	约 106	90	土　壤
甲　烷	潮湿的土壤	107 ~ 108	70	稻田、湿草、沼泽

第二篇　粮食作物

生产概况

安徽省地处中国中部粮食主产区，常年粮食总产居全国第6位，年均给国家贡献500万吨商品粮，是国家6个粮食输出省之一，承担保障国家粮食安全重要责任。粮食生产是安徽种植业主体，常年粮食作物播种面积占农作物播种总面积75%。粮食生产以水稻、小麦、玉米、大豆、薯类五大作物为主。水稻、小麦和其他旱杂粮种植面积大体各占粮食种植面积三分之一，粮食总产中，稻谷产量占45%，小麦产量占40%，其他旱粮产量占15%。

1990年，安徽省粮食总产首次突破2500万吨大关，达到2520万吨，单产达到269千克/亩。1991年，由于受洪涝灾害影响，总产降至1749万吨，单产仅196千克/亩。1995年，单产达到302千克/亩，总产达到2652.5万吨。单产首次突破300千克/亩。2000年，单产降至296.0千克/亩。2005年启动小麦高产攻关活动，粮食面积、单产和总产逐年递增。2008年，粮食总产首次突破3000万吨，达到3023.5万吨，比1988年增长30.9%。实现连续5年丰收，连续3年超全省粮食总产历史记录。

粮食生产布局向优势区域集中。水稻产区集中在沿江、沿淮和江淮之间，种植面积占全省90%以上；小麦、玉米产区集中在淮北和沿淮地区，种植面积占全省95%。2008年，全省稻、麦加工能力达到1900万吨以上，粮油类国家级龙头企业12家，占国家级农业产业化龙头企业总数37.5%；粮油类省级产业化龙头企业123家，占全省农业产业化龙头企业总数28%。粮食优势产区由生产基地向产业基地发展，粮食生产、加工、销售衔接更加紧密。2008年，全省净调出省外粮食865万吨，净调出量占粮食总产28.6%，是全国重要粮食调出省之一。在增加总产量同时，推广优质高产品种，改善粮食品种多乱杂格局，提高粮食优质化水平。2008年，全省主要粮食作物优质率达到73.6%，其中小麦优质率71.2%，稻米优质率76.2%。

粮食生产“三大行动”

小麦高产攻关

2005年，安徽农业大学教授胡承霖致信省政府领导，建议组织开展小麦高产攻关活动，依靠科技，主攻单产，提高小麦生产水平。省长王金山、副省长任海深、赵树丛先后作出重要批示，对专家意见给予充分肯定，要求省农委认真研究专家意见，制定攻关活动方案。副省长赵树丛主持召开专家论证会，修改完善攻关方案。省长王金山主持召开专题会议，决定在全省开展高产攻关活动。2005年9月8日，省政府办公厅以皖政办转发省农委《关于开展小麦高产攻关活动的意见》。小麦高产攻关活动自2005年秋种开始，用5年时间，实现全省小麦平均单产新增75千克，总产增加250万吨，小麦优质率达到80%，关键技术推广应用覆盖面大幅度提高，新增经济效益30亿元以上目标。

水稻产业提升行动

2005年5月11日，安徽省委书记郭金龙、副书记王明方和副省长赵树丛先后在《农村要情》第9期《实现粮食增产农民增收的重要途径——湖南优质稻米产业发展的调查》一文作出重要批示。郭金龙批示："我国粮食生产，稻米尤为重要。"王明方批示："加大力度推进此事。"赵树丛批示："我省是稻谷生产的主产区之一，湖南的经验值得我们学习，请农委负责同志阅研。"根据省领导批示精神，为配合农业部粮食综合生产能力增强行动，省农委及时组织有关专家和稻米主产市县进行认真调研，并于2006年1月9日召开全省水稻产业发展专题座谈会，提出实施水稻产业提升行动意见，省政府办公厅以皖政办下发《安徽省人民政府关于实施水稻产业提升行动的意见》。决定从2006年起，连续5年在全省水稻主产区开展以"稳定面积，依靠科技，主攻单产，优化品质，创立品牌，提高效益，全面提升市场竞争力，做大做强水稻产业"为主要内容稻米产业提升行动。全省14个水稻主产市及所属水稻主产县（市、区）组织实施，力争水稻单产提高50千克，总产增加150万吨，稻米质量提高一个档次，培育5～10个有市场竞争力的知名品牌，新增经济效益30亿元以上，实现水稻单产、质量、品牌和效益全面提升。

玉米振兴计划

2008年，安徽省政府分别召开玉米振兴计划专题会议和工作会议，启动实施玉米振兴计划。按照扩大面积、主攻单产、优化结构、提高效益的总体思路，以机播一体化壮苗技术、机收一体化增产技术和田管轻型化栽培技术为支撑，以实施玉米全程机械化示范工程、标准化示范区建设工程和轻型栽培示范推广工程为抓手，强化政策扶持、机制创新、基础建设和行政推广，推进玉米生产加快发展，力争到2015年，玉米播种面积扩大到106.67万公顷，单产达到350千克，总产达到550万吨。

第一章　水　稻

第一节　历史与现状

水稻是安徽省第一大农作物，品种齐全，有早籼稻、中晚籼稻和粳稻。常年水稻种植面积220多万公顷，总产量1600万吨，占全省粮食总产45%，分别居全国第五、第六位。常年稻谷商品率50%，净调出省外150万吨以上。安徽省具有南北气候过渡特点，气候温暖湿润，雨量适中，四季分明，利于水稻生产。其热量资源分布决定水稻生产类型多样性：水稻生长期两季不足一季有余，为双季稻边缘地区。单季稻、双季稻并存，双季早稻、中稻、单季晚稻、双季晚稻四稻齐全，籼稻、粳稻、糯稻品种兼有。淮河以北属北方华北单季稻作带，淮河以南属南方华东、华中的单、双季稻作带。

生产历史

安徽省水稻种植历史悠久。1955年和1957年，在肥东县大城墩和固镇县濠城镇新石器时代遗址中，先后发现炭化稻谷凝块和烧焦稻粒。1985年，在南陵县葛彬葛怀遗址13号土墩中，发现有东、西周晚期稻谷。春秋战国时期，楚国政治家孙叔敖组织人民在寿县兴修大型蓄水灌溉工程——芍陂，后又在芍陂、后人称之为"安丰塘"西南开沟引淠水入陂，称为子午渠，为安徽稻区最早水利工程。秦汉至三国时期（221—581），铁制农具和牛耕方法自北向南逐步推广，并出现早期圩田，推动耕种技术发展。

安徽省自古以来就是中国重点水稻生产和贸易省份，芜湖市曾为中国四大米市之一，享誉中外。但稻作生产发展缓慢，水稻产量一直处于低水平，至1949年，全年稻谷年产量仅有185.8万吨。新中国成立以来，水稻生产有很大发展，特别是十一届三中全会之后，发展速度加快。1988年，全省水稻种植面积为218.42万公顷，双季稻种植面积占全省总面积51.3%。为使水稻单产水平不断提高，全省实行压双扩单，扩大推广杂交水稻（以一季稻为主）。2008年，双季稻种植面积下降为54.78万公顷，仅占水稻种植面积23.7%。（表2-1-1）单产由20世纪80年代300多千克/亩，增加到20世纪90年代末400千克/亩。2003年，开始实施粮食丰产科技工程项目，水稻总产持续增长，单产再次提高。2008年，达到474.5千克/亩，刷新安徽水稻单产最高纪录，超过全国水稻平均单产（438千克/亩）36.5千克/亩。稻米品质改善，优质化率提高，2008年，稻米优质化率65%。

1988— 2008 年安徽省双季稻与一季稻比重变化

表 2–1–1

年份	稻谷面积	早稻		一季稻		晚稻	
	万公顷	面积万公顷	所占比重(%)	面积（万公顷）	所占比重(%)	面积（万公顷）	所占比重(%)
1988	218.42	58.24	26.66	106.28	48.66	53.91	24.68
1989	227.28	56.77	24.98	113.97	50.14	53.91	24.88
1990	231.24	55.70	24.09	121.04	52.34	54.51	23.57
1991	224.96	52.34	23.26	120.84	53.71	51.82	23.03
1992	224.44	49.68	22.14	125.76	56.03	49.00	21.83
1993	216.98	45.56	20.99	122.39	56.40	49.00	21.83
1994	210.84	44.38	21.05	124.04	58.83	42.43	20.12
1995	215.61	43.00	19.94	104.38	48.41	68.50	31.77
1996	223.86	44.46	19.86	122.80	54.86	56.60	25.28
1997	221.22	41.80	18.90	130.40	58.95	49.02	22.16
1998	215.84	39.70	18.39	132.47	61.37	43.60	20.20
1999	214.56	37.24	17.36	136.90	63.81	40.41	18.83
2000	223.68	36.30	16.23	150.88	67.45	36.52	16.32
2001	195.02	31.10	15.94	131.33	67.34	32.60	16.71
2002	204.42	27.62	13.51	147.30	72.06	29.50	14.43
2003	197.24	26.02	13.19	146.18	74.11	25.06	12.70
2004	212.97	28.94	13.59	154.80	72.69	29.24	13.73
2005	214.92	27.41	12.75	155.80	72.49	29.73	13.83
2006	232.39	27.17	12.55	158.44	73.17	29.22	13.49
2007	220.52	27.64	12.53	163.98	74.36	28.92	13.11
2008	231.26	26.60	11.50	176.35	76.25	28.32	12.24

2004 年以后，全省水稻生产进入巩固发展阶段，面积基本稳定在 213.3 万公顷 ~ 226.7 万公顷，平均单产逐年提高至 400 千克 / 亩以上，在全国水稻生产中居于十分重要位置。

2000—2008 年安徽水稻生产情况

表 2-1-2

年 份	面积（万公顷）	占全省粮食面积（%）	单　产（千克 / 亩）	总　产（万吨）	占全省粮食总产 (%)
2000	223.68	36.2	406.0	1221.6	49.4
2001	195.02	33.4	413.5	1174.3	47.0
2002	204.42	33.6	433.0	1327.5	48.0
2003	197.24	32.0	325.7	963.7	43.5
2004	212.97	33.7	404.5	1292.1	47.1
2005	214.92	35.9	388.0	1250.8	48.0
2006	232.39	37.7	402.4	1307.0	47.3
2007	220.52	34.0	410.0	1356.4	46.7
2008	231.26	35.6	474.5	1645.9	44.6

安徽省水稻在全国水稻生产中重要位置

表 2-1-3

年　代	占全国的比重 (%)		在全国的位次	
	面　积	总　产	面　积	总　产
20 世纪 50 年代	6.06 ~ 8.44	4.92 ~ 7.07	5 ~ 6	6 ~ 9
20 世纪 60 年代	5.55 ~ 6.59	4.6 ~ 6.7	8 ~ 9	8 ~ 9
20 世纪 70 年代	6.04 ~ 7.16	5.72 ~ 7.96	8 ~ 9	6 ~ 9
20 世纪 80 年代	6.21 ~ 6.95	5.53 ~ 7.12	9	8 ~ 9
20 世纪 90 年代	6.86 ~ 7.15	5.76 ~ 7.08	5 ~ 9	7 ~ 9
2001—2007 年	6.77 ~ 7.5	6.0 ~ 7.2	5 ~ 8	5 ~ 8

种植分布

根据全省稻作区域地理位置、光热水资源状况、稻田耕作制度、品种类型、生产条件、行政区域等，将水稻种植区划分为 5 个稻区。

长江沿岸双、单季稻兼作区　主要包括宿松、望江、怀宁、潜山、桐城、枞阳、铜陵、无为、当涂、芜湖、郎溪、庐江、舒城、居巢、含山、和县、宣城、广德、南陵、泾县、青阳、贵池、东至等 23 个县（市、区）全部、大部或一部，水稻面积占全省水稻种植面积 35%，是水稻主产区，单产水平高。20 世纪 90 年代至 21 世纪初，受粮食价格低迷及农民外出务工增加等因素的影响，双季稻面积一度下降，后来随着粮食价格上涨，高产优质品种推广和单产提高，早稻直播、双晚抛秧等栽培技术推广和机械化发展，双季稻种植面积有所回升。双季稻品种布局过去以早籼、晚粳为主，2000年以后，随着优质杂交籼稻作为双晚栽培，栽培技术和产量不断提高，南部热量充足地区，后季籼稻品种已占有一定比例。受气候因素影响和品种限制，双季早稻仍种植籼稻，以常规品种为主。单季稻以杂交中籼、迟熟中粳或早熟晚粳为主。

江淮之间丘陵单、双季稻过渡区　主要包括霍邱、寿县、金安、裕安、舒城、庐江、含山、居巢、肥西、肥东、长丰、定远、凤阳、明光、全椒、琅琊、南谯、来安、天长19个县（市、区）的全部和大部，水稻面积占全省水稻种植面积41%，是全省水稻种植面积最大地区。20世纪70年代开始发展双季稻，一度推广到该地区中、北部，由于总体热量资源不足，加上成本高，投入大，20世纪80年代后期恢复到单季稻种植为主，双季稻仅在该地区南部有零星分布，种植面积占该地区水稻种植面积5%。

淮河沿岸及淮北平原单季稻作区　主要包括淮河北岸阜南、颍上、淮南（含凤台、潘集、毛集等）、怀远、五河等市、县中南部和淮河南岸霍邱、寿县、定远、凤阳、明光等县（市）北部。淮河以北平原亚区水稻面积小，仅在阜阳、利辛、宿州、泗县等地沿河地带分布，水稻种植面积占全省水稻种植面积12%。由于水稻比旱作物高产稳产，随着水利条件改善，淮河北岸沿淮各县水稻面积迅速扩大，已经形成稻麦两熟为主生产格局，成为新稻麦商品粮生产基地。

大别山地单、双季稻作区　主要包括金寨、霍山、岳西全境，太湖，潜山、舒城大部及宿松、桐城、六安一部分，水稻种植面积占全省面积4.5%。除南部低海拔山间盆地有少量双季稻外，全区水稻生产以单季稻为主，品种主要为杂交中籼，也有部分优质粳稻。

皖南山地双、单季稻作区　主要包括石台、祁门、休宁、绩溪、旌德、宁国、黟县、歙县、黄山（太平）全境及宣城、广德、南陵、东至、贵池、青阳、泾县等市、县大部或一部，水稻种植面积占全省8%。双季稻早稻为籼稻，晚稻有籼、粳两种类型，单季稻以杂交中籼为主。

生产发展

1988年，安徽省双季早、晚稻播种面积112.14万公顷，占水稻面积51.34%。水稻播种面积扩大到218.42万公顷。1991—2008年，双季稻面积继续下降，水稻种植进入以单季稻为主时期。20世纪90年代，农村大量青壮年劳动力外出务工，水稻生产成本上升，双季稻种植面积继续下降。2000年以后，双季稻面积占比基本稳定在25%～30%，形成以单季稻为主格局。20世纪90年代后期至2002年，粮食价格处于低价位徘徊，影响农民种粮积极性。2003年以后，粮食价格大幅度回升，特别是免除农业税和粮食直补、良种补贴等政策实施，调动农民粮食生产积极性，水稻生产进入新的发展阶段。

品种和品牌

1988—1999年，水稻品种以汕优63、协优78039等三系杂交组合为主，搭配有扬稻4号、扬稻6号等大穗型常规品种，粳稻有80优121等。2000年以后，品种以丰两优1号、新两优6号、两优6326等两系杂交组合为主，粳稻有天协1号、Ⅲ优98等。2000年以后，重点培植青草香、青草湖、南照、金迈、稼仙、康盈、和威、晶湖、银凤、包公、雪枣、双丰、友勇等40多个优质米品牌，获国家级品牌有"康盈""稼仙""青草香""乡里乡亲"等，其中"康盈"牌系列大米被国家评定为免检产品，畅销南京、上海以及海外市场。

第二节　稻田耕作制度

稻田传统耕作制度

安徽传统稻田耕作制度是以避灾和适应自然一季稻种植为主，主要为一年一熟早、中籼或晚籼沤田制度，水稻收割时留30厘米以上高茬，及时翻耕入泥，冬季蓄水沤烂后，用作次年种稻肥料。地势高田块在多雨年份实行水旱两熟，种一季早、中稻，秋种麦类、油菜或者紫云英，或紫云英套种泥豆。品种为传统农家品种，品质优，产量低，高秆易倒伏。

稻田耕作制度改革

"旱改水"　江淮丘陵地区从20世纪60年代起，随着淠史杭大型水利工程建成发挥效益后，有效灌溉面积覆盖60万公顷农田，部分稻田实现自流灌溉，原来种水稻不保收稻田基本达到稳产保收，推动部分旱地进行"旱改水"，扩大水稻种植面积。20世纪70年代后期到80年代，随着水利条件改善，沿淮和其他沿河地区稻改面积扩大，通过选用高产优质杂交组合和品种，采用先进栽培技术，单产水平逐步提高，水稻高产稳产性能得以实现，淮河北岸各沿淮县（市、区）水稻种植面积占耕地面积60%以上。

"单改双"　20世纪50年代后期，沿江和皖南地区开始试种和推广双季连作稻，双季稻面积发展很快。20世纪80年代以后，双季稻面积占比有所减少，保持在50%。江淮中北部地区，由于热量不足，稻田耕作粗放，双季稻产量低且不稳，20世纪80年代后，双季稻面积大幅下降，除江淮南部有少量种植，全区稻田耕作制仍以油（麦）—稻为主。

"沤田改冬种"　冬沤田通过开沟排水，降低地下水位，改种午季作物。实施中耕施肥等措施，改善土壤结构，提高产量和效益。

耕作制度改革效益

提高复种指数　沿江地区和皖南山区通过改造冬沤田，发展双季稻，复种指数由20世纪50年代150%左右提高到2008年200%～220%，江淮丘陵地区通过旱改水和改造冬沤田，发展间套种和水旱轮作，复种指数由140%提高到180%以上，沿淮淮北通过利用冬闲田，发展麦稻连作和间套种，复种指数由120%提高到170%～180%，皖西大别山区通过改造冷浸田，选用熟期适宜品种，推广薄膜育秧等技术，复种指数由140%提高到180%。全省复种指数由140%提高到190%。耕地利用率和光、热、水等自然资源利用率得到大幅度提高。

种植结构渐趋合理　在发展水稻生产同时，调整种植结构，发展经济作物和其他作物。部分稻田由水稻为主改为水稻与经济作物并重，发展多种间套连作方式，除了油—稻—稻，油（麦）—稻以外，推广油菜（小麦）/西（甜）瓜—晚稻、油菜—早稻—番茄、春马铃薯—早稻—晚稻、早稻—白菜—晚稻、番茄—晚稻、席草—晚稻、春玉米—晚稻等稻田耕作制度，带动经济作物发展，提高种植业整体效益。

第三节　技术种类

栽培技术

育秧　1988年以后，水稻栽培技术进步主要经历两个阶段。第一阶段：改密播大板秧田水播水育（或湿育）为稀播合式秧田湿润育壮秧（简称稀播壮秧技术）。该技术自20世纪70年代后期开始推广应用，与杂交水稻推广相伴随，成为20世纪80年代以后安徽省水稻主题育秧方式，20世纪80年代前期占50%，后期至90年代占70%～80%。第二阶段：改水育（或湿育）秧为旱育秧（旱育稀植技术）。该技术自20世纪90年代初在安徽省推广应用。共经历三个阶段：1992—1994年，引进吸收阶段；1995—1997年，消化创新阶段；1998年之后，基本成为安徽省水稻主体生产技术，每年应用面积在106.67万公顷，占全省水稻面积50%。

肥水管理　1988年之前，安徽省水稻施肥只施氮肥或者氮磷肥，不施或少施钾肥，水稻易倒伏，后期病害严重。20世纪90年代以后，逐步改变施肥种类和施用时期。大部分稻田都增施钾肥，并且分基肥和穗肥两次施用；氮肥采用前氮后移施用方法，即基肥和分蘖肥只占70%或更少，30%或以上氮肥作为穗肥施用。水浆管理上，除干旱地区以外，凡有灌溉条件地区，都重视分蘖后期搁田，为主攻大穗打基础。

抛秧栽培　水稻生产已形成多种抛秧育秧技术，如塑料软盘育秧、无盘旱育秧、种子包衣育秧等，使抛秧育秧技术具有广泛适应性。

机插栽培　水稻机械栽插主要采用与机械栽插相配套标准化塑盘育苗技术和露地双膜育苗切块技术。该技术具有设施简单、方便易行、节省投资、降低成本等优点，有助于机插水稻发展。育秧技术要点为：（1）选择地势高、土质疏松肥沃、易排易灌、田面平整、运秧方便田块作秧田；（2）秧田在旋耕耙平后做畦；（3）用过筛细熟土、腐熟有机肥、化学肥料及调酸剂等配制的营养土均匀装入畦面膜上；（4）在秧田管理上，首先，加强水浆管理。其次，合理用肥。做好化控与病虫害防治工作；（5）严格控制秧龄。

直播栽培　根据土壤水分状况以及播种前后灌溉方法，水稻直播分为水直播、湿直播、旱直播和旱种稻4种类型；按播种方式又可分为撒直播、点直播和条直播3种类型；按播种动力可分为手工直播和机械直播等。水稻直播在沿淮地区怀远等县发展很快。

旱种栽培　水稻旱种有旱地直播旱种和旱育旱栽两种基本类型。随着绿旱1号等水稻新品种育成，水稻旱种面积呈增加趋势。水稻旱种具有节水、提高灌溉效率、合理利用土地、扩大稻田面积、省力省工、便于机械化、经济效益高和解决山区或旱作区吃大米难等优点。但肥料利用率低，比水稻同产量多用 15% ~ 20%肥料；用水量比旱作物大；抗稻瘟病、胡麻叶斑病能力弱。推广受到限制。

栽培技术发展

清洁生产技术　无公害稻米生产过程中所使用肥料：包括有机稻米、绿色稻米生产允许使用肥料种类，还包括其他允许使用肥料（符合行业标准规定），禁止使用未经国家或省级农业部门登记化学或生物肥料。施肥技术体系必须按照平衡施肥技术，以优质有机肥为主，有机肥与无机肥比例不得低于1∶1。无公害稻米生产病虫害防治手段实行有机稻米、绿色稻米生产措施，提倡生物防治和使用生物化学农药防治，限量使用高效、低毒、低残留农药，必须避免有机合成农药在水稻生长期内重复使用，安全间隔期要求类似于 A 级绿色稻米生产要求。

绿色栽培　绿色稻米分为 A 级和 AA 级。AA 级生产过程中不使用化学农药、肥料、生长调节剂和其他有害于环境和身体健康物质，按有机生产方式生产，稻米质量符合绿色食品产品标准，并经专门机构认定、许可使用 AA 级绿色食品产品标志大米。A 级生产过程中严格按照绿色生产资料使用准则和生产操作规程要求，限量使用限定化学合成生产资料，产品质量符合绿色食品产品标准，并经专门机构认定、许可使用 A 级绿色食品标志稻米。绿色稻米生产和加工技术规范包括绿色稻米产地环境质量标准 (NY / T91—2000)、绿色稻米生产标准（包括绿色食品生产资料使用准则和绿色食品生产技术操作规程、绿色稻米储藏运输标准和绿色 稻米的其他相关标准）。

有机栽培　水稻有机栽培过程中绝对禁止使用农药、化肥、生长调节剂等人工合成物质。生产产品经独立有机食品认证机构认证后，即为有机水稻（有机米）。根据国家《有机(天然)食品生产和加工技术规范》，水稻有机栽培生产和加工主要技术规范包括：（1）有机水稻生产环境规范，主要指产地环境（大气、灌溉用水、土壤质量等）符合有机农业生产环境标准 (GB3095—82)；（2）有机水稻生产技术规范，主要指有机水稻生产种子、化肥、农药、生长调节剂及管理技术措施等符合有机食品生产中允许、限制和禁止使用物品名录 (GB3095—82)；（3）有机水稻加工技术规范；（4）有机水稻销售技术规范；（5）有机水稻（米）储藏技术规范；（6）有机水稻（米）运输技术规范；（7）有机水稻（米）检测技术规范；（8）有机水稻（米）生产基地转变技术规范。

标准化栽培技术　水稻标准化生产包括：（1）水稻生产环境质量标准；（2）种子质量标准；（3）水稻栽培操作技术规范；（4）农药、化肥及生长调节剂等使用规范；（5）水稻产品质量标准；（6）稻谷加工技术规程；（7）稻米产品的品牌、质量分级及包装标准；⑧稻米贮藏、运输、销售等相关标准。

超高产栽培技术　水稻超高产栽培是以高标准农田建设为基础，以超高产潜力品种（系）利用为前提，充分发挥生产区自然资源优势，综合运用各种栽培措施叠加效应，努力塑造水稻理想株型与群体结构，全面提高水稻群体动态质量，实现超高产目标。国内外学者对水稻超高产栽培途径提出种种构想，安徽省专家在“十一五”期间国家粮食丰产科技工程项目内开展广泛深入研究。

智能化栽培技术　水稻智能化栽培是依靠现代科学理论知识、先进管理观念和信息技术为支撑，以稻作科学、计算机科学、人工智能为基础，运用智能化农业信息技术指导水稻生产全过程。在农业信息技术中，以农业专家系统为代表，通过试验设计，建立水稻生产系统模型，开展模拟试验、产量预测、农艺措施科学决策等工作，用水稻模型专家系统模仿人类推理过程，在计算机上以图像、直观方式向稻作生产者提供各种稻作生产决策咨询服务。该项技术既能保存、传播各类农业信息和农业知识，又可以把分散、局部的单项稻作生产技术综合集成，针对不同土壤、气候和环境条件稻作生产产生的问题，通过智能化信息处理，提出系统性和应变性解决方案，为水稻生产提供科学、高效、便捷服务。

第二章　小　麦

第一节　小麦生产

徘徊滑坡时期

1987年，安徽省小麦单产创历史最高纪录，平均单产241千克。1988—1991年，连续出现各种自然灾害，导致小麦减产。1988年，由于上一年秋种后降温早，加上冬春期间多次强降温与持续干旱，沿淮、淮北大面积小麦遭受冻害死苗，减产严重。1989年，因长期秋旱，沿淮江淮地区种麦前近80天无有效降雨，一些地方采用“三干”播种，种后等雨，结果由于冬前麦苗细弱而且缺苗断垄，造成减产。1990年5月下旬连降大雨，降雨量100毫米以上，造成小麦后期受涝害引起大面积倒伏，千粒重降低30%左右，产量下降。1991年，淮北、沿淮地区自5月21日至6月5日，半个月内连降大雨，降雨量104 ~ 157.7毫米，造成小麦后期倒伏、穗发芽、和收获后麦种霉变，严重减产。由于5—6月降雨量近700毫米，造成多地特大洪涝灾害，灾后由于退水迟，使得秋种受到很大影响。小麦主产区阜阳地区通过大量引进河南省耐迟播、早熟豫麦18春性品种，实施有效田间管理措施才保住产量。1992—1993年，各种灾害性天气发生少，小麦产量有所恢复。

加快发展时期

1993年7月，安徽省农业厅在舒城县召开全省午季粮油生产总结会，正式提出在全省组织实施小麦“四、五、六”攻关活动，并以会议纪要印发全省。从1993年秋种开始，用3~5年时间，使沿江、江淮和淮北三个麦区小麦单产在现有基础上，每亩增产50千克，分别达到200千克、250千克、300千克。小麦平均亩产在1993年228千克基础上增加到275千克以上，总产在1993年713.1万吨基础增加到875万吨。

攻关活动包括两个方面：一方面，大面积攻关。以地、市、县为单位，由当地政府统一组织，从改善生产条件，增加物资、技术投入、普及推广适用增产技术等关键环节入手，大幅度提高小麦单产水平，实现整建制达标。另一方面，小面积高产竞赛。层层建立“万、千、百”攻关示范样板，将现有科技成果综合应用于攻关点，挖掘小麦增产潜力，为大面积攻关提供成功样板和技术经验，带动大面积小麦生产科技进步。1995年，省农业厅将小麦和水稻、油菜、棉花、黄牛系列一起列为牵动性项目实施，省政府为此拨出专款给予扶持，推动小麦“四、五、六”攻关活动更加广泛开展起来。1993—1997年实施期间，尽管遇到秋旱、冬春低温冻害和春季阴雨寡照、收获期连阴雨等多种自然灾害影响，“攻关活动”仍取得显著成效。

1995年，安徽省小麦平均单产首次突破250千克大关，达到253.5千克，比上年提高18.5千克。界首、临泉、灵璧、阜阳四个县（市）大面积单产达到年度攻关目标，受到省政府通报表扬。全省建立高产示范片1169处，面积9.17万公顷，平均亩产400千克，经验收达标40个，面积0.162万公顷，平均亩产435千克。1996年，全省小麦生产创历史最好水平，平均亩产274.5千克，比上年增产21千克，总产增加88.5万吨。阜阳、淮南、马鞍山3个地市，界首、凤台等17个县(市、区)大面积单产达到“四、五、六”攻关目标，达标面积占全省小麦面积48%，受到省政府通报表扬。全省建立攻关示范片2217处，面积17.92万公顷，平均亩产400千克。其中参加省级竞赛71个点，平均亩产431千克。1997年，全省小麦生产再创历史新高，单产实现290千克，总产达到928.7万吨，超额完成小麦“四、五、六”攻关活动原定单产275千克和总产875万吨目标。

下滑徘徊时期

1997年，安徽粮食大丰收，人均粮食450千克，高于全国平均水平12.5%。出现粮食压库、卖粮难、粮价低等现象。为此，安徽和全国一样采取压减种粮面积等措施，进行农村产业结构调整。2003年，全省小麦种植面积只有177.7万公顷。除面积减少，总产降低外，农民种麦积极性不高、防灾意识和生产投入下降、田管放松等因素影响，小麦单产也随之降低。1998年，因小麦赤霉病大发生，减产十分严重。2003年，全省小麦单产已降到246.5千克，总产657万吨，比1997年分别降低15.0%与29.3%。

快速增长时期

2005年4月15日，曾受聘为农业部专家组成员、安徽小麦专家组组长、安农大胡承霖教授给省政府分管农业副省长赵树丛写了一封长达3600字信，反映制约安徽小麦单产提高几个技术问题，并附上“十一五”期间小麦增产250万吨攻关方案，引起省长王金山等省领导高度重视。省长王金山批示：要注重专家建议，改进“三农”工作。副省长任海深批示：建议很好。请省财政厅商省农委提出具体意见。副省长赵树丛批示：胡教授的意见很重要！安徽省要保证粮食总产在250亿公斤以上，要促进结构调整，增加农民收入，就必须在主攻单产上下功夫，在科学种田上做文章，在提高农业综合生产能力上抓投入。请省农委认真组织研究，制定一个方案，认真加以落实，一年一个目标，扎扎实实推进。6月27日，副省长赵树丛主持召开小麦高产攻关专家论证会；8月2日，省长王金山率省直有关部门负责人到安农大，亲自主持召开实施小麦高产攻关项目专题会议，确定增产250万吨小麦攻关目标任务。2005年秋种，小麦攻关活动在全省9个小麦主产市33个县迅速开展起来。

小麦高产攻关具体方案由省农委精心策划，组织实施。通过推广关键技术、抓基础建设和服务能力建设、组织开展试验研究等有效措施，边生产、边研究、边解决问题。在相关部门通力配合下，2006—2008年，安徽小麦生产快速增长，单产水平从2005年低于全国平均水平10千克，提高到2008年比全国平均水平高20千克以上，在全国冬小麦省份中，位次上升到第四位，排在山东、河南、河北省之后。单产和总产增幅均居全国领先地位，为国家粮食安全作出贡献，受到国务院领导和农业部充分肯定。

第二节　品种更新

1998—2008年，安徽小麦品种在经历新中国成立以来四次品种更新后，又进行两次大范围更新，称之为第五次与第六次品种更新。科学试验和生产实践证明，安徽小麦增产来自品种作用占30%～40%。

第五次品种更新

20世纪80年代以后，安徽小麦生产主要推广品种有：博爱74-22、西安8号、宝丰7228、偃师9号、陕农7859、陕农4110、安农1号、2号、百农3217、马场2号、扬麦4号、徐州21-11、博爱7023等。其中阜阳地区推广5个品种（百农3217、偃师9号、马场2号、博爱74-22、徐州21-11）种植面积占小麦总面积70%以上。宿县地区推广6个品种（博爱74-22、宝丰7228、西安8号、马场2号、陕农7859、陕农4110）种植面积占小麦总面积60%以上。江淮麦区主要推广品种宁麦3号、扬麦4号、5号等。全省小麦由过去单产100～150千克提高到200千克。由于1988—1991年连续4年出现灾害性气候，小麦减产严重。1990年冬季多雨，博爱74-22等品种白粉病严重，后期又连降大雨引起倒伏；1991年5月至6月间，小麦主产区15天内降雨量达200多毫米，出现麦穗发芽和麦粒霉烂现象，小麦减产十分严重。全省小麦单产降低到92千克。造成4年减产原因，除灾害性气候因素影响外，还有小麦品种对白粉病、条锈病等病害抗性差，如马场2号品种爆发腥黑穗病，以及良种良法不配套等原因。

1991年夏季特大洪涝灾害后退水延迟，造成沿淮小麦不能适期播种，面积66.67万公顷以上。阜阳地区从河南省引进耐迟播、早熟春性品种豫麦18，耐肥抗倒，灌浆速度快，种子饱满度高，后期熟相好，只要田间管理到位，单产350～400千克，而且面粉品质优于偃师9号、马场2号等品种，很受农民欢迎。该品种从1991年起在全省推广，种植面积逐渐扩大，2002年52万公顷。种植区域主要集中在阜阳地区和沿淮地区中晚茬口、中等肥力田块。

1993年4月，淮北地区发生倒春寒天气，气温处于3℃～5℃范围，濉溪、宿县等地大面积种植西安8号、郑州8329等品种遭受低温冷害影响，出现迟抽穗和抽出空颖白穗现象，减产30%～50%，严重田块70%。同期，由宿县地区农科所培育的皖宿8802半冬性品种在省内小麦区域试验中表现良好，分蘖和抗寒能力强，适应性广，单产400～500千克。1994年该品种通过审定，定名为皖麦19，开始在宿县地区推广，代替博爱74-22、西安8号等品种。1996年，种植面积30万公顷，2004年，推广范围扩大到淮北、沿淮和江淮北部地区，种植面积40万公顷，对自育品种广泛应用于生产起到先锋作用。此间，安徽省自育优质品种皖麦38、皖麦33、皖麦17也在生产上推广应用。江苏扬麦158因丰产适应性优于扬麦4号、扬麦5号，成为江淮稻茬麦区主导品种。

1997年，安徽自育优质品种皖麦38，通过省级评审。1999年，皖麦38在黄淮南片麦区试验中表现良好，通过国家评审。该品种获安徽省科技进步一等奖，2001年获国家科技进步二等奖，先后两次获国家科技补助。皖麦38不仅适应淮北中北部地区种植，在江苏、河南等地也有一定种植面积，单产500～600千克。2000年，在国家粮食局标准质量中心开展优质高产品种测报试点122个小麦品种中，达到国家标准品种。2001年9月，省农委对该品种提出制定品种标准化栽培方案，2002年9月，召开专家论证会通过审定，并由省质量技术监督局发布。2001年，河南郑麦9023春性品种引入安徽省种植，表现良好，推广加快。

第六次品种更新

2000年，安徽小麦春性品种面积逐渐增加，以豫麦18、豫麦18-64、郑麦9023、扬麦158为代表春性品种比例，在2003—2005年占全省小麦面积50%以上。由于春性品种前期发育快，年前或年后出现提早拔节现象，尤其是郑麦9023，对前期高温敏感，主茎出现4～5叶时就开始拔节，遭受冬春低温冻害，减产20%～30%，严重田块减产60%～70%。2005年秋季，小麦高产攻关活动启动，首先对品种布局进行调整，实行半冬性品种为主、春性品种为辅品种布局。对前期温度敏感、发育快的郑麦9023品种不再列入良种补贴范围。对大面积种植半冬性品种豫麦21（周麦9号）、皖麦19和搭配品种温麦4号、温麦6号、新麦9号等，因存在高感纹枯病、结实性差、不抗倒伏、黑胚率高等问题，进行全面更新。经过引种试验、示范，确定主要更新半冬性品种：烟农19、新麦18、泛麦5号、周麦18、矮抗58、邯6172、连麦2号等，安徽省自育品种皖麦50、皖麦52。皖麦38由于后期易早衰，种植区域有局限性，只在涡阳县有一定种植面积。新一轮更新品种中多数属于优质中、强筋麦，与一般中筋麦制粉配制，能改善面粉品质，提高销售价格。据省粮食局统计，小麦高产攻关活动以后，全省小麦品质80%达到国家规定二级标准以上，收购价比国家最低保护价每千克提高0.2～0.3元。

2008年，春性品种占全省小麦种植面积比例已从50%下降到25%。春性品种新一轮更新中，豫麦18、豫麦18-64、扬麦158等品种被偃展4110、扬辐麦2号、扬麦13等品种替换。皖麦33只在天长市有一定种植面积。

第三节　栽培技术

1986年以后，安徽省小麦栽培技术进步和创新除1988—2008年期间两次大范围品种更新外，主要是通过1994—1997年小麦“四、五、六”攻关活动和2006—2008年小麦高产攻关活动，推动栽培技术进步和创新。

小麦“四、五、六”攻关活动（1994—1997）

这一期间主要通过推广、实施选用高产小麦品种，扩大秋种抗旱造墒播种技术应用，实行有机肥与无机肥配合施用，改变大播量耧、撒播为精少量机条播，提高水田稻茬麦与旱地晚茬麦种植技术水平等栽培技术措施，有效解决栽培技术老化和不足，推动小麦生产大面积增产。1996 年，界首市 3 万公顷小麦单产突破 400 千克，跨入全国小麦先进县行列。1997 年，占全省小麦播种面积三分之二的淮北地区平均单产 349.1 千克，阜阳市 84.45 万公顷小麦平均单产 368 千克，有 4 个县突破 400 千克。

选用高产小麦品种

安徽地处南北麦区过渡地带，小麦品种应用广泛，除强冬性品种和强春性品种不宜种植外，弱冬性、半冬性、半冬性偏春性、春性品种均可以正常发育、抽穗成熟。大面积主推品种有皖麦 19、豫麦 21、温麦 4 号、温麦 6 号、豫麦 19、扬麦 158、皖麦 17 还要搭配品种皖麦 18、皖麦 28、陕农 7859、鲁麦 15 和示范品种阜麦 936、涡阳 8779（后定名皖麦 38）。

扩大秋种抗旱造墒播种技术应用

安徽麦区小麦生长发育期间降水量是南多北少，山区多，平原、丘陵少，年际间变化大，年内分配不均，经常出现秋旱现象，影响出苗。农民习惯等雨种麦，往往延误播种适期。而淮北地区地下水，江淮地区河、沟水源都很丰富，利用地下水、河、沟引水灌溉，造墒播种，是确保出全苗的重要技术措施。小麦“四、五、六”攻关期间，通过扩大秋种抗旱造墒播种技术应用，增加小麦一播全苗面积；提高秋末冬初温、光资源利用，培育壮苗越冬，奠定好苗期基础。同时，摈弃小麦播种后遇旱便大水漫灌传统，探索出补充灌溉、适墒出苗（亩增 15 ~ 20 立方米水）技术措施，解决灌后遇雨，造成土壤水分过多种子霉烂问题。

实行有机肥与无机肥配合施用

1985 年，安徽省农业厅土肥处第一次土壤普查中，阜阳、宿县、淮北、淮南、蚌埠五个地、市统计资料表明，高产土壤（有机质含量 1.5%。全氮含量 0.1%，速效磷含量 15ppm，速效钾含量 150ppm）面积占 9.3%；中产土壤（有机质含量 1% ~ 1.5%，全氮含量 0.06% ~ 0.1%，速效磷含量 5ppm ~ 15ppm，速效钾含量 80ppm ~ 150ppm）面积占 69.7%；低产土壤（有机质含量＜ 1.0%，全氮含量＜ 0.05%，速效磷含量＜ 5ppm，速效钾含量＜ 80ppm) 面积占 21.0%。由此可见，安徽小麦主产区土壤大部分属中低产类型，土壤基础肥力不能满足小麦高产需求。在攻关活动中，重点实行有机肥与无机肥配合施用技术，每亩增施农家肥 1500 千克，满足小麦高产对营养元素需求，增加养分和有机质含量，达到培肥土壤，提高土壤供肥水平目标。宿县地区土肥站 20 个定位观察点耕层养分化验结果表明，1994—1997 年间，由于实行有机肥与无机肥配合施用，土壤有机质提高 3.8 ~ 4.3 克 / 千克，碱解氮提高 35 ~ 42 毫克 / 千克，速效磷提高 2.1 ~ 4.8 毫克 / 千克，土壤容重降低 0.18 克 / 立方厘米。在同等养分地力条件下，有机、无机肥配合施用，小麦平均单产 343.7 千克，比对照基础地力产量增加 134.1%，比单施有机肥增加70.3%，比单施化肥增加9.6%。

改变大播量耧播和撒播为精少量机条播

安徽麦区由于地力薄，施肥水平低，地下害虫严重，加上畜力整地播种质量差，过去多采用耧、撒播，小麦出苗率低，受"有钱买种，无钱买苗"传统思想影响，习惯于大播量播种，每亩播种量18～20千克，多达25千克以上。随着麦田地力和施肥、造墒整地质量改善，采用精少量机条播技术播种面积迅速扩大，播种量降低，出苗率提高。采用精少量机条播，保证小麦出苗较均匀，前期能形成一定数量分蘖壮苗，对奠定亩穗数和增加每穗粒数都起到良好作用。

提高水田稻茬麦与旱地晚茬麦种植技术水平

20世纪90年代中期，全省200多万公顷小麦种植面积中，水田稻茬小麦为53.3万公顷，旱地棉花、甘薯等晚茬小麦为33.3万公顷，合计占小麦种植面积40%。这类麦田总体种植水平不高，与同地区其他旱地早茬麦相比，亩产低50～70千克。主要原因：（1）播种晚。一般都在当地适期播种下限后10多天才播种，越冬前生长量不足，单根独苗或仅有1～2个小分蘖；（2）出苗差。稻茬土壤黏重，适耕期短，整地质量差，采取大播量撒播，深籽、丛籽、露籽现象严重。棉花、甘薯等旱地晚茬多土壤失墒，耕种粗放，田间缺苗断垄，疙瘩苗多，有些地方也采用撒播；（3）田管松。稻茬麦分布在沿淮、江淮和沿江江南地区，地势低洼，春夏季雨水多，麦田病虫草渍害发生普遍；江淮以南地区传统上重稻轻麦，加上近年农村劳动力转移，麦田管理放松。淮北麦区农民则认为晚茬麦产量不如早茬麦，对田间管理不重视。提高稻麦茬和旱地晚茬麦产量根本出路在于推广应用机条播和加强田管。20世纪90年代，沿淮和江淮一些地方在稻茬麦田应用免（少）耕机条播技术，并适时做好化学除草与苗期追肥，不仅提早播种期，降低播种量；而且具有出苗齐、早发芽、前期生长足、多穗大穗、产量增加等优点。旱地晚茬麦也采用同样技术，并适当提早拔除棉秸和收获甘薯，应用机耕机播代替人畜力耕地耧播或撒播，加快播种进度，增加基本苗数，配合早春返青后及时追肥田管，做好中后期病虫害防治。

小麦高产攻关活动（2006—2008）

这一期间主要采用扩大半冬性品种、减少春性品种；趁墒适期播种与降低播量相结合，一次性施底肥改为底肥追肥结合施用，施返青肥改为施拔节肥、叶面肥，及时防治病虫草渍害，稻茬麦撒播改为机条播，人工开沟改为机开沟等几项关键性栽培技术，小麦产量得到显著提高。

扩大半冬性品种和减少春性品种

1991年夏季特大洪涝灾害后，一些地方因退水迟，引进迟播早熟春性品种豫麦18，以后逐年扩大，至2000年，豫麦系和扬麦系等春性品种已占全省小麦种植面积50%以上，沿淮部分县（区）豫麦18种植面积甚至占80%～90%。由于春性品种在沿淮、淮北早播种或遇暖冬年份会提早拔节，易受冬春低温冻害。2005年以后，各地晚秋作物（棉花、甘薯等）种植面积缩小，早秋茬作物大豆、玉米、花生、芝麻、杂豆等面积扩大，更适合半冬性小麦品种接茬。小麦高产攻关以后，沿淮、淮北地区通过扩大半冬性品种，减少春性品种种植面积，并采用良种良法配套栽培，平均单产比春性品种提高75～100千克。淮北中北部地区半冬性品种种植面积98%；沿淮地区半冬性品种种植面积70%～80%；沿淮地区半冬性品种种植面积60%～70%；全省春性品种种植面积由原来50%减少到25%。

适期播种与降低播量相结合

淮北、沿淮、江淮三个麦区降水量分别为900毫米、1000毫米、1100毫米，小麦生长季节（9月底至次年6月初）降水量分别为350毫米、380毫米、450毫米，其中六、七、八三个月降水多，占年降水60%以上。由于农村青壮年外出务工劳动力缺乏，农户等雨种麦和受秋旱、砂姜土质、自留种质量等因素影响，采用大播量播种等，均会延误播种适期和影响出苗。通过试验研究与生产实践证明，9—10月份土壤底墒足，在早秋茬作物收获后趁墒种麦，或有降雨后趁墒种麦，就能保证播种后出全苗。半冬性小麦品种在淮北地区10月上中旬适期播种，越冬前有600℃～650℃有效积温，可长出6～7叶，幼穗达二棱初期至二棱期，单株具有2～3个3叶以上大分蘖。只要确保一播全苗条，每亩播量从10千克以上降到8千克，便能促进增穗，增加分蘖穗比重，取得多穗与大穗并举增产效果。

实行底肥和追肥相结合

一次性施底肥是20世纪70—80年代小麦中低产水平下一种主要施肥方式。主要演变过程从以农家肥为主加施少量化肥，到农家肥少量施到不施，到以施化肥为主，这种施肥方式不仅会使小麦苗期旺长，而且肥料经冬季雨雪淋失受损，导致小麦生长中后期脱肥早衰，肥料利用率和小麦产量均大为降低。安农大在20世纪80年代中期提出施拔节肥技术措施，但始终推广不开。原因是农民认为一次性施底肥简单，又不用担心遇春旱难以施肥施用。2006年，实施小麦高产攻关，将20万公顷高产示范田底肥中，留下10千克尿素作为拔节肥施用。2007年，全省小麦施拔节肥面积扩大到133.3万公顷，2008年，施拔节肥面积继续扩大，占全省小麦播种面积70%。根据气象资料分析，淮北地区3月份均有30～40毫米以上降雨，而施拔节肥时间在3月初至4月初倒二叶出现幼穗药隔形成期，见雨施肥时间有保障。施返青肥是在小麦中低产水平下，以施农家肥为主的施肥方式。由于农家肥迟效，冬季麦田生长缓慢，春节前后往往有雨雪天气，农民施用氮素化肥，促进返青生长。而小麦生产进入中高产阶段，尤其是高产攻关田，要保证越冬前增加大分蘖、壮苗，控制春季无效分蘖增生，而施返青肥却促进无效分蘖增生，使群体过大，麦行通风不良，基部茎节生长细长，易发生纹枯病。对适期播种、正常生长越冬壮苗，不施返青肥，改为喷施叶面肥，防止后期早衰，结合防赤霉病、穗蚜虫，增加千粒重。对晚播小弱苗施返青肥，促其加快生长，增加春季分蘖，增大光合群体。

及时防治病虫草渍害

小麦病虫害主要是纹枯病、赤霉病、地下害虫和穗蚜虫，局部地区还有白粉病、麦蜘蛛、吸浆虫等危害。主要通过农药防治。实施小麦高产攻关，各级植物保护部门发挥行业系统麦田病虫发生监测预报作用，提供对症农药，购置机动喷雾机械，组织统一防治，解决一家一户防治难问题，降低农药残留。2006—2008年间，全省小麦均未遭受严重病虫危害，对小麦增产起到重要作用。麦田草害与渍害是稻茬麦地区影响产量突出问题。各级农技部门服务到位，指导农民使用对症药剂，正确喷药方法进行化学除草。对稻茬麦田渍害，主要采取疏通沟渠，解决好田间“三沟”配套，确保降雨量大时田间排水通畅。

稻茬麦推广机条播

稻茬麦种植面积53.3万公顷～66.67万公顷，小麦高产攻关前撒播面积占70%～80%左右。主要原因是水稻土土壤粘重，适耕性差，传统种植方法采取撒播与人工开沟，播种晚，出苗不整齐，杂草多。人工开沟浅，田间“三沟”不配套，春雨渍害严重，产量低，一般亩产250～300千克。天长市、凤台县等地采用稻茬麦播种少（免）耕机条播，人工开沟改为机开沟，保证适期播种，出苗整齐，沟深、沟直、排水良好，产量水平比撒播每亩增加100千克以上，创稻茬麦单产500～550千克高产纪录。小麦高产攻关以后，这项技术措施和经验在稻茬麦种植地区迅速推广。

1987—1993年安徽省小麦面积与产量

表2-2-1

年度	面积（万公顷）	亩产（千克）	增量（千克/亩）	总产（万吨）	增量(万吨)
1987	198.60	241.0	–	717.9	–
1988	201.70	204.0	–37.0	617.2	–0.7
1989	203.40	198.0	–6.0	604.1	–13.1
1990	207.40	183.0	–15.0	569.3	–34.8
1991	206.30	92.0	–91.0	284.7	–284.6
1992	196.50	208.0	116.0	614.0	329.3
1993	208.50	228.0	19.0	713.1	99.1

1994—1997年安徽省小麦面积与产量

表2-2-2

年	面积（万公顷）	单产（千克/亩）	增量（千克/亩）	总产（万吨）	增量(万吨)
1994	201.70	235.0		711.0	
1995	199.30	254.0	19.0	759.3	48.3
1996	205.50	275.0	21.0	847.7	88.4
1997	213.50	290.0	15.0	928.7	81.0

1998—2003 年安徽省小麦面积与产量

表 2-2-3

年	面积（万公顷）	单产（千克 / 亩）	增量（千克 / 亩）	总产（万吨）	增量(万吨)
1998	209.60	190.0		597.4	
1999	205.70	276.5	86.5	853.1	255.7
2000	193.10	244.0	–32.5	706.7	–146.4
2001	174.30	297.0	53.0	776.5	69.8
2002	183.50	265.0	–32.0	729.4	–47.1
2003	177.70	246.5	–19	657.0	–72.4

2004—2008 年安徽省小麦面积与产量

表 2-2-4

年度	面积（万公顷）	单产（千克 / 亩）	增量（千克 / 亩）	总产（万吨）	增量(万吨)
2004	183.90	287.5		793.0	
2005	198.90	270.8	–16.7	807.8	14.8
2006	201.40	302.1	–31.3	966.9	159.1
2007	233.00	318.0	15.9	1111.4	144.5
2008	234.70	331.8	13.8	1168.1	56.7

第三章 旱杂粮

第一节 玉 米

玉米生产

安徽省玉米分布广泛，各地都有种植。有春种、夏种和秋种。1988 年以后，随着生产条件改善和用途改变，以粮食为主夏玉米，占玉米种植总面积 95% 以上，主要分布在沿淮和淮北地区；以鲜食和青贮饲料为主春玉米、秋玉米在全省各地有零星分布，主要在大中城市周围及旅游景区种植。1988 年，播种面积 28.8 万公顷，之后逐年增加，1996 年 61.5 万公顷。此后面积出现波动，2003 年后呈逐年增加态势，2005 年突破 66.67 万公顷。2007 年，全省玉米种植面积 71.04 万公顷，为历史上种植面积最大年份，跨入全国玉米生产大省行列。

在玉米单产增长过程中，年际间有波动，主要受天气影响。1994 年严重干旱和 2003 年水灾，都造成玉米单产大幅度下降。进入 21 世纪，玉米单产年际间波动更大。2002 年，单产创历史最高，365 千克 / 亩，超过全国平均 328 千克 / 亩；仅次于江苏省 400 千克 / 亩，分别比湖北、河南、山东等省每亩高 45 千克、23 千克和 18 千克。2005 年后，由于夏玉米生长前期连年涝渍或开花前后多雨寡照，造成玉米单产波动，下降幅度大，逐步拉开与全国及周边省份距离。1988—2008 年，连续跨越 200 万吨和 300 万吨两个台阶。1993 年，总产 233.96 万吨；2002 年，总产 356.55 万吨，为历史最高年份。

实施玉米振兴计划

2007—2008 年，全球粮食供给发生危机，粮食加工企业原料供应出现困难。安徽丰原集团有限公司建议安徽省要加强玉米生产。省委、省政府决定启动“玉米振兴计划”。2008 年 4 月 15 日，省农委、省财政厅联合印发《玉米振兴计划核心示范区实施方案》。计划从 2008 年起，每年建立 33.33 万公顷“玉米振兴计划”核心示范区，连续实施 5 年。通过高产创建，力争在示范区内建成一批亩产 600 千克以上万亩高产示范片；33.33 万公顷示范区整体亩产水平达到 450 千克以上，力争突破 500 千克。2008 年 4 月 25 日，安徽省玉米振兴计划工作会议在合肥市召开，会议全面部署该计划启动实施工作。省委常委、副省长赵树丛到会讲话。此后，玉米振兴计划在 11 个玉米生产大县全面展开。核心示范区重点推广高产专用品种与合理密植技术，因地制宜增加玉米种植密度，力争亩种植密度达到 4000 株以上；推广测土配方施肥技术；全面推广玉米病虫害综合防治技术;推广免耕机播秸秆覆盖技术,推广适时收获,扩大机收比例。实行“五统一”服务,即:统一技术方案、统一供种、统一配方施肥、统一病虫防治、统一订单销售。

1988—2008年安徽省玉米生产情况

表2-3-1

年份	面积（万公顷）	单产（千克/亩）	总产（万吨）
1988	28.80	241.00	104.11
1989	33.40	273.00	136.77
1990	41.50	236.00	146.91
1991	42.90	257.00	165.38
1992	43.60	269.27	176.10
1993	46.20	337.60	233.96
1994	49.00	177.13	130.19
1995	55.20	328.13	271.69
1996	61.50	286.33	264.14
1997	52.20	298.13	228.97
1998	57.00	264.73	226.35
1999	58.80	241.67	213.15
2000	48.60	300.47	219.04
2001	58.90	316.60	279.72
2002	65.10	365.13	356.55
2003	62.74	276.93	260.62
2004	66.23	322.93	320.82
2005	67.02	263.53	264.93
2006	69.35	286.40	297.93
2007	71.04	234.60	249.99
2008	70.54	271.00	286.72

2005 年安徽玉米分布及所占谷物比重

表 2-3-2

市	谷物总面积（万公顷）	玉米面积（万公顷）	占全省玉米 %	占谷物面积 %
宿州市	52.11	16.51	27.74	31.68
阜阳市	65.19	14.98	25.17	22.98
亳州市	49.30	10.26	17.24	20.81
蚌埠市	36.65	5.02	8.43	14.08
滁州市	56.50	3.42	5.74	6.04
淮北市	14.91	3.09	5.18	20.69
六安市	57.38	1.94	3.25	3.37
合肥市	24.26	1.58	2.65	6.49
黄山市	5.36	0.72	1.2	13.34
安庆市	41.28	0.46	0.77	1.11
淮南市	18.40	0.46	0.76	2.47
宣城市	17.72	0.45	0.75	2.51
巢湖市	29.18	0.32	0.53	1.08
池州市	10.94	0.20	0.33	1.81
芜湖市	11.06	0.08	0.13	0.72
铜陵市	2.21	0.06	0.09	2.47

栽培技术

选用良种　至 2008 年，安徽玉米品种经过 3 次更新。20 世纪 80 年代主要推广烟单、掖单系列单交种。1987—1997 年，掖单 2 号、掖单 13 等品种取代烟单 14 号成为主栽品种，单产比上一次更新增产 34.02%。品种增产因素约占 12%。20 世纪末至 21 世纪初，主要品种为豫玉 22、农大 108、鲁单 981 等大穗型单交种，比上一次更新单产增加 10.31%。2004 年以后，以郑单 958 为代表耐密性品种得到快速推广，但由于玉米在生育期间多为降水多气候年型，涝渍严重，栽培管理措施难以落实到位，玉米单产下降 6.28%。

安徽省玉米品种更新与单产变化

表 2-3-3

年份	代　表　品　种	平均单产（千克 / 亩）	较更新前增产（%）
1987—1997 年	掖单 2 号，丹玉 13，掖单 13 号	266.7	34.02
1998—2003 年	豫玉 22 号，农大 108，鲁单 981	294.2	10.31
2004—2008 年	农大 108，鲁单 981，郑单 958	275.7	−6.28

合理密植　20 世纪 80 年代末至 20 世纪 90 年代，推广半紧凑型和紧凑型玉米品种，种植密度普遍提高，淮北北部地区 3800 ～ 4000 株 / 亩，沿淮及其以南地区 3000 ～ 3500 株 / 亩。1990 年至 21 世纪初，由于推广豫玉 22 等稀植大穗型品种，播种以人工点播为主，也有用畜力或小型拖拉机拉犁窜沟、掩埋、人工撒种者。玉米种植密度下降，部分地区只有 2800 株 / 亩。此后，推广郑单 958 等耐密型玉米品种，广泛使用机械播种，种植密度迅速增加。2008 年，夏玉米种植密度全省平均 4542 株 / 亩。

机械播种　2007 年，在玉米生产大县进行玉米收获机械购置补贴试点。当年，全省玉米机播面积 40 万公顷，机播率 55.7%；2008 年，夏玉米机播面积占播种面积 60% 以上。玉米机播小型拖拉机为板茬直播或免耕直播，秸秆覆盖兼起垄；大型机械多为旋耕施肥播种一体化播种机。阜阳、蚌埠两市沿淮各县为防苗期涝渍，多用大型机械旋耕起垄，玉米植于垄上。

加强管理　20 世纪 80 年代末至 20 世纪 90 年代中期，玉米种植施行精细田间管理。在 3 叶间苗，5 ～ 6 叶定苗。间苗前后和定苗后分别进行一次人工锄草，或播种后用乙草胺等芽前除草剂封闭除草，定苗后进行人工锄草，兼有中耕功效。1999 年以后，玉米间管理趋于轻简化，主要是机播后喷施芽前除草剂封闭除草，或出苗后喷施芽后茎叶除草剂，很少采用人工锄草和中耕。

科学施肥　20 世纪 80 年代起，玉米化肥施用量不断增加，有机肥施用量逐年减少；20 世纪 90 年代后期主要以施用化肥为主，在化肥中又以氮肥为主。20 世纪 90 年代后期开始注意氮磷钾肥配合平衡施肥技术应用。2000 年以前，肥料施用主要是小喇叭口期“攻秆肥”和大喇叭口期“攻穗肥”，也有全部施用一次性基肥 。2005 年以后，推广测土配方施肥技术，氮磷钾复混玉米专用肥得到广泛应用。每亩施用 20 ～ 30 千克复混肥做基肥，大喇叭口期追施 15 ～ 20 千克尿素作“攻穗肥”。

防治病虫害　20 世纪 80 年代末，玉米苗期病虫防治主要采用药剂拌种，随后逐步发展到玉米种子种衣剂包衣综合防治。玉米螟防治主要在大喇叭口期用辛硫磷颗粒剂或克百威颗粒剂灌芯叶。玉米生育后期叶部病害及蚜虫等，主要用抗性品种，不采用化学防治。2000 年以后，玉米粗缩病逐年加重，套种田块及早茬夏玉米常造成严重减产，甚至绝收。防治措施主要是调整播期，使玉米在苗期避开粗缩病介体昆虫灰飞虱羽化迁飞高峰期。

适时收获　1996 年，安徽省承担农业部单行玉米收割机中试工作，启动玉米收获机械化技术试验示范项目，但一直未能推广普及。2007 年，玉米机收面积仅 2.867 万公顷，占玉米种植面积 4.8%。2008 年，玉米收获脱粒一体化联合收割机在生产中开始应用。

种植制度

1987 年，夏玉米种植面积占玉米总面积 90% 以上，20 世纪 90 年代后期，推广春玉米地膜覆盖技术，提早春玉米生育期，避开“卡脖旱”，春玉米面积得到恢复性增加，夏玉米种植面积下降到占玉米总面积 75%。2000 年以后，春玉米面积大幅下降，夏玉米面积增加。夏玉米种植制度，淮河以北地区主要是小麦—夏玉米一年两熟，也有大蒜（土豆、豌豆）—玉米一年两熟；淮河以南地区主要是小麦—玉米、油菜—玉米一年两熟。夏玉米种植方式以玉米单作为主，阜阳、亳州等地部分县（区）有大豆田套种玉米种植方式。鲜食玉米及青贮玉米在大中城市郊区及旅游区有部分种植。鲜食玉米主要为甜玉米和糯玉米，为地膜覆盖春玉米和秋玉米；产品主要就地供应市场或批量销往宁、沪等大城市，或就地加工。青贮玉米主要在奶牛养殖场附近种植，以春播或秋播居多，在青饲料淡季采收。蜡熟期整株收获，主要直接销售给奶牛场作饲料。

第二节　大　豆

安徽地处黄淮海夏大豆主产区最南端，跨黄淮和南方两个大豆主产区。大豆鼓粒期气候比北方湿润，昼夜温差比北方小，是形成大豆蛋白质最佳生态区。

大豆分布

大豆种植分布广泛，全省各地都有种植。淮河以北地区种植最为集中，淮河以南地区明显减少，沿江江南有零星分布。按播种季节划分，淮北地区为早中熟夏大豆区，淮河以南地区为中晚熟夏大豆区，皖南山区为春大豆区。大豆生产以一年多熟制为主：淮北地区以麦、豆轮作为主，能给小麦提供早茬，同时又能培肥地力；淮河以南地区种植形式多样化，以岗地种植大豆或与其他作物间作套种为主；皖南地区水稻面积大，主要通过发展田埂豆扩大大豆种植面积。

淮北地区早中熟夏大豆区　包括淮北地区全部和淮河以南部分县市，常年夏大豆种植面积和产量均占全省 80%，是大豆主产区。该区夏大豆生育期 100 ~ 105 天。无霜期 200 ~ 230 天，常年≧ 10℃活动积温 4400℃ ~ 4800℃，年平均气温 14℃ ~ 16℃，年降雨量 700 ~ 1000 毫米，年日照时数 1800 ~ 2500 小时。大豆品种以种植早、中熟类型为宜。是黄淮海夏大豆区高蛋白、高脂肪大豆高产地区。

淮河以南地区中晚熟夏大豆区　包括沿江和江淮之间大部分县市，常年夏大豆种植面积和产量占全省 16%。该区夏大豆生育期 105 ~ 120 天。无霜期 230 ~ 250

天，常年≧10℃活动积温4900℃～5200℃，年平均气温15℃～17℃，年降雨量900～1600毫米，年日照时数1900～2300小时。大豆品种以种植中、晚熟类型为宜，是南方春、夏大豆区高蛋白大豆产区。该区夏大豆前茬作物多种多样，有小麦、油菜等，还有部分田埂豆。5月下旬、6月上中旬播种，9月下旬收获。土壤有机质缺乏和排灌条件差，对大豆高产有影响。

皖南山区春大豆区　大豆种植为零星分布，面积和产量占全省4%。降雨多、日照时数少，主要种植生育期95～110天。品种以春大豆品种为主。

大豆生产

20世纪80年代，安徽大豆种植面积趋向稳定，保持在73.33万公顷；总产保持在70万吨～90万吨，平均亩产72.8千克。（表2-3-4）1988—1999年，大豆种植面积虽有所下降，但单产和总产均有大提高。1993年、1995—1998年单产都达到100千克以上，1999年，单产创历史最高纪录，达到139.9千克，总产首次突破100万吨。2000年以后，大豆种植面积连年增加。2003年，种植面积85.52万公顷，位居全国第二。2008年，种植面积达到98.84万公顷，总产创历史新高，127.8万吨。由于大豆主产区农村劳动力输出不断增加，直接导致大豆田间管理放松，单产一直处于低水平。据2005—2007年黄淮海地区大豆生产统计分析，安徽大豆平均种植面积93.93万公顷，总产109万吨，均居黄淮海地区第一位。（表2-3-5和表2-3-6）但大豆单产仅为77.3千克，与江苏、山东省相差一倍以上，低于黄淮海地区平均水平。（表2-3-7）2008年，安徽大豆种植面积和总产继续保持全国排名第二。单产86.2千克，全国排名27位，虽有提高，但与周边地区仍有很大差距。（表2-3-8）

耕作制度

夏大豆主要耕作制度有：冬小麦—夏大豆—冬小麦—夏玉米（一年两熟）；冬小麦—夏大豆—冬小麦—夏大豆（一年两熟）；冬小麦—夏大豆—冬小麦—夏芝麻（一年两熟）；冬小麦—夏大豆—冬小麦—夏花生（一年两熟）；冬小麦—夏大豆—冬闲—春棉花（两年三熟）；冬小麦—夏大豆—冬闲—春花生（两年三熟）；冬小麦—夏大豆—冬闲—春甘薯（两年三熟）。夏大豆栽培形式多种多样，单作、间作、套作与混作并存，因地而异。夏大豆主产区主要实行单作，也有部分间作。

增产措施

高蛋白大豆保优　安徽气候条件有利于形成大豆高蛋白性状，属大豆主产区中高蛋白大豆产区。2008年，沿淮淮北有15个主产县被农业部划为高蛋白大豆优势区。

主要栽培技术　种植高蛋白品种。推广种植高蛋白品种主要有：皖豆16号、皖豆28号、皖豆24号、豫豆22、豫豆25、徐豆9号、皖豆23号等。选择有灌溉条件标准农田种植高蛋白大豆要选择土壤肥沃、具有灌溉条件标准化农田，在大豆鼓粒期遇到干旱情况下，能够进行及时灌溉，保持和发挥高蛋白大豆原品种高蛋白性状。

增施磷钾肥　每亩施磷肥25千克，氯化钾7～8千克（或草木灰150～200千克），与有机肥料同时翻入做基肥。在大豆生长后期，喷施1%磷酸二氢钾，有良好增产效果。特别对肥力水平低田块，增产效果明显。

适时早播　淮北地区夏大豆在6月15日前播种，9月25日前后成熟，对保持大豆原品种蛋白质应有含量有利。施用种肥，用微量元素拌种　种肥以腐熟有机肥以及磷钾肥为主，配合少量氮肥，用粪耧播下，将肥料集中在播种沟，利用率高。同时采用微量元素拌种，能有效增产。施用主要是用钼酸铵拌种，按1克钼酸铵配0.5千克水比例，配成水液喷种，边喷边拌，晾干后播种。在缺硼和石灰性土壤上，采用硼砂或硫酸锰拌种，有增产效果。

田间管理　化学除草：每亩用50%乙草安130毫升，加48%广灭灵50毫升，兑水25千克，在大豆播种后立即喷药，对芽前土壤进行处理，有抑制杂草作用。中耕：按浅—深—浅标准，中耕2～3遍，最后一次中耕结合培土。防旱排涝：每隔5～7天灌溉一次，连续2～3次，保花、保荚，提高产量和品质。大豆耐涝性差，淹水后容易造成落花落荚，要注意开沟排涝，防止渍害。治虫：适时治虫。追肥：在大豆开花结荚期，每亩开沟追施尿素10千克，或结合灌溉撒施大豆行间。如果肥料不足，在鼓粒期进行根外追肥。用尿素0.5千克、硫酸钾0.25千克，提取浸出液，加水50千克喷洒于叶片上，阴、晴天下午4时后喷施效果好。遇到降雨，须补喷一次。适时收获：摇动大豆植株出现响声、植株尚有10%叶片时收获最佳。

宽窄行种植技术　大豆高产种植方式。主要栽培技术：（1）宽窄行种植：宽行行距50厘米，窄行行距20厘米。（2）精细播种：墒情适宜时及时播种。（3）及时定苗：出苗后及时查苗、补苗。（4）科学追肥：大豆分枝期至初花期，每亩开沟追施磷酸二铵10～15千克或尿素5～7.5千克，施肥后覆土。（5）防除杂草：大豆播种后、出苗前用高效低残留除草剂进行土壤封闭，出苗后结合间、定苗中耕除草，中后期人工拔除大草。（6）综合防治病虫害：选用高效、低毒、低残留农药防治豆蚜、豆天蛾、豆荚螟、大豆食心虫、大豆孢囊线虫病等病虫害。（7）叶面喷肥：花荚期每亩用磷酸二氢钾200克、硼酸100克加水50千克进行叶面喷施，长势弱田块加入尿素1千克叶面喷施。（8）化学调控：对生长过旺田块，初花期每亩用15%多效唑50克，加水60～70千克进行叶面喷施。

免耕节本增效　1999年以后，在机械化程度提高、农机具改进条件下，大豆种植运用保护性机械耕作、化学除草、覆盖栽培、科学管理等先进技术，形成夏大豆少免耕高产栽培技术体系。大豆少免耕技术减少土壤耕翻，省工、省力、省能源；保墒足墒播种，防止水土流失；提早播种，延长大豆生育期；有利秸秆还田，增加土壤有机质，减少秸秆焚烧污染。比传统耕作技术增产10%，亩增收节支60元，经济和生态效益明显。

主要栽培技术

选种　选用高产、优质、耐除草剂大豆品种。精选种子，保证发芽率，确定适宜播种量。每亩1.5万株，每亩播量需百粒重20克、发芽率正常种子5～6千克。

适期早播 麦收后抢种，6月上中旬为播种适期，宜早不宜晚，墒不足浇水造墒播种。采用适宜播种方式推行机械播种，精量匀播，开沟、施肥、播种、覆土一次完成。行距40厘米，播种深度3 ~ 5厘米。

合理施肥 播种时每亩施磷酸二铵15千克、氯化钾10千克，或施大豆专用复合肥30千克。种子与肥料要分开，肥料深施。在分枝期，结合中耕培土施肥。

杂草控制 播种后出苗前用都尔、乙草胺等化学除草剂封闭土表。出苗后用高效盖草能（禾本科杂草）、虎威（阔叶杂草）等除草剂进行茎叶处理。

病虫防治 做好大豆蚜虫、食心虫、豆荚螟、造桥虫防治工作。

化学调控 高肥力地快要防止大豆倒伏，采用多效唑等化学调控剂在初花期进行调控。低肥力地块要防止后期脱肥早衰，在盛花、鼓粒期叶面喷洒少量尿素、磷酸二氢钾和硼、锌微肥等营养剂。注意及时排灌 大豆花荚期和鼓粒期遇旱要及时浇水。遇涝要及时排水和适时收获。

20世纪50年代—2008年安徽省大豆种植生产情况

表2-3-4

年代/年份	种植面积（万公顷）	单产（千克/亩）	总产（万吨）
20世纪50年代	88.70	43.7	58.1
20世纪60年代	60.00	49.6	44.7
20世纪70年代	66.50	64.9	64.7
20世纪80年代	72.00	72.8	79
1988	57.28	82.0	70.4
1989	59.05	88.0	77.6
1990	52.30	78.0	61.3
1991	31.97	66.0	31.2
1992	42.10	82.0	52.0
1993	52.16	111.2	87.0
1994	51.22	86.1	66.2
1995	44.14	109.1	72.3
1996	39.78	116.6	69.6
1997	51.80	124.5	96.7
1998	49.43	106.7	79.1
1999	718.4	139.9	100.5
2000	68.22	89.4	91.5
2001	67.98	87.7	89.4

续表 2-3-4

年代 / 年份	种植面积（万公顷）	单产（千克 / 亩）	总产（万吨）
2002	74.74	124.3	139.4
2003	85.52	77.9	99.9
2004	88.82	84.5	112.6
2005	91.70	64.6	88.8
2006	96.30	86.6	125.0
2007	93.80	80.7	113.6
2008	98.84	86.2	127.8

2005—2007 年黄淮海大豆种植面积

表 2-3-5　　单位：万公顷

省市区	2005 年	2006 年	2007 年	平均
北京	1.10	1.20	0.88	1.06
天津	2.74	2.14	0.92	1.94
河北	25.50	23.80	18.86	22.72
山西	21.80	22.62	21.22	21.88
江苏	21.48	21.44	22.27	21.73
安徽	91.70	96.30	93.80	93.94
山东	23.88	22.40	16.86	21.04
河南	53.36	51.64	46.88	50.63
陕西	32.12	32.04	18.02	27.40
甘肃	9.42	8.90	9.90	9.41
宁夏	1.88	1.86	0.78	1.51
合计	284.94	284.30	250.38	273.20

2005—2007 年黄淮海大豆总产量

表 2-3-6　　单位：万吨

地区	2005 年	2006 年	2007 年	平均
北京	2.3	2.5	1.5	2.1
天津	3.8	2.6	1.1	2.5
河北	42.4	44.6	36.4	41.1
山西	26.0	27.7	26.6	26.8
江苏	48.7	53.7	56.4	52.9
安徽	88.8	125.0	113.6	109.1

续表 2-3-6

地区	2005 年	2006 年	2007 年	平均
山东	65.1	62.1	40.7	56.0
河南	58.1	64.9	85.0	69.3
陕西	24.5	42.3	24.7	30.5
甘肃	15.0	13.1	15.5	14.5
宁夏	1.1	0	0.6	0.6
合计	375.8	438.5	402.1	405.5

2005—2007 年黄淮海大豆平均产量

表 2-3-7　　单位:千克 / 亩

省市区	2005 年	2006 年	2007 年	平均
北京	140.7	140.1	113.6	131.4
天津	92.5	81.0	79.7	84.4
河北	110.9	124.9	128.7	121.5
山西	79.5	81.7	83.6	81.6
江苏	151.1	167.1	168.8	162.3
安徽	64.6	86.5	80.7	77.3
山东	181.8	184.8	161.0	175.9
河南	72.6	83.8	120.9	92.4
陕西	50.9	88.0	91.4	76.8
宁夏	39.2	45.0	51.3	45.2
甘肃	106.2	98.1	104.4	102.9
平均	92.5	105.8	108.7	104.7

2008 年安徽与邻省大豆生产情况比较

表 2-3-8

省份	面积			总产			单产		
	万公顷	位次		万吨	位次		千克 / 亩	位次	
		邻省	全国		邻省	全国		邻省	全国
安徽	98.84	1	2	127.8	1	2	86.2	8	27
湖北	11.24	6	15	26	5	13	154.2	5	10
江西	10.26	7	16	19.3	8	16	125.5	6	20
河南	48.62	2	4	88.7	2	5	121.7	7	21
山西	20.48	4	8	22.9	6	14	74.4	9	29

续表 2-3-8

省份	面积			总产			单产		
	万公顷	位次		万吨	位次		千克/亩	位次	
		邻省	全国		邻省	全国		邻省	全国
山东	16.71	5	12	40.1	4	10	160	2	5
江苏	23.28	3	6	60.2	3	6	172.5	1	2
浙江	5.44	9	24	13.1	9	24	159.8	3	6
湖南	8.82	8	19	20.9	7	15	158	4	8
全国	912.72			1554.2			113.5		

第三节 甘 薯

甘薯生产

安徽是中国甘薯主产区之一。1988 年以后，全省甘薯生产总体上呈现种植面积逐步下降，单产上升趋势。1988 年，种植面积 63.33 万公顷，2006 年，种植面积减少到 26.67 万公顷（图 2-3-1）。占全国种植面积 6% ~ 7%，排名在四川、河南、重庆、广东后，居全国第五、六位（图 2-3-2）。20 世纪 80 年代，鲜薯总产 1050 万吨 ~ 1310 万吨，2006 年下降到 500 万吨，居全国第五、六位。鲜薯平均单产增加，由每亩 1110 千克提高到 1280 千克，但与周边省份有差距。栽培技术落后，技术到位率低、农民粗放种植、高干率品种面积比重大等是单产低主要原因。甘薯生产以夏薯为主，面积占甘薯种植面积 80%，春薯占 20%。春薯种植主要在淮北地区。春薯种植主要是以获取高淀粉产量、食用品提早供应市场为主，同时为栽种夏薯繁殖种苗。安徽气候条件适宜种植春、夏薯。甘薯干物质含量高，品质好。甘薯品种类型以高干或兼用品种为主，面积占甘薯种植面积 80%，食用型品种占 20%。淮北甘薯种植区淀粉和兼用型品种占 80% 左右，江淮和皖南甘薯种植区淀粉和兼用型品种占 70%。

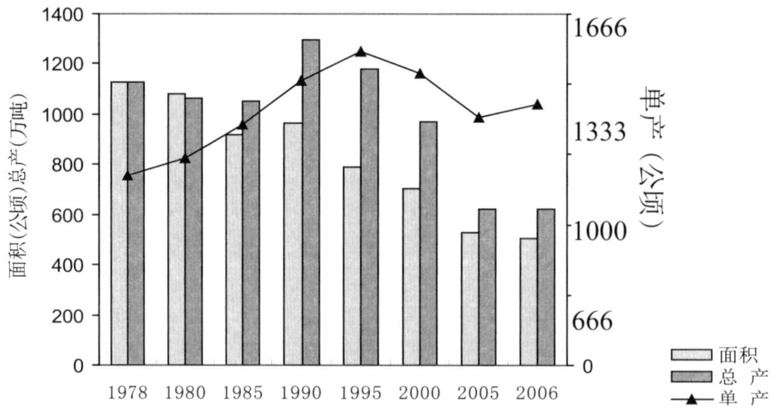

图 2-3-1 安徽历年甘薯种植情况 (1978—2006 年)

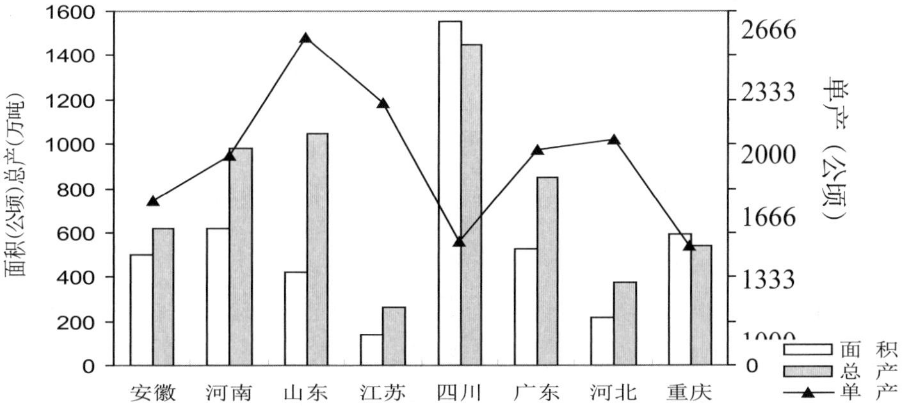

图 2-3-2　安徽与部分主产省份甘薯面积和产量比较（2006 年）

加工销售

种薯繁育销售、甘薯种植、加工销售等方面具有产业优势。泗县大路口、颍上三十铺等乡镇是中国著名甘薯产地。20 世纪 80—90 年代中期，当地夏季作物 90% 以上为甘薯，家家户户种植甘薯和生产淀粉、粉丝、粉渣，甘薯产业占农业总收入 70%。2009 年，泗县被中国特产协会授予“中国山芋之乡”称号。太和县恒进农业发展有限公司、界首市绿源高效农业开发有限公司，年销售种薯 1000~2000 吨；明光市兆星农特产品有限公司拥有 9000 吨特大型甘薯储藏窖，为全国之最。明光、来安等地优质食用甘薯生产和山洞储藏是当地特色产业。20 世纪 80—90 年代，甘薯加工工业处于全国前列。蚌埠柠檬酸厂（安徽丰原集团前身）、蚌埠酒精厂、蚌埠果糖厂等企业在行业内有很大影响，主要生产酒精、柠檬酸、果糖等产品。速冻甘薯产品出口成为特色产业，有加工企业 20 余家，年出口速冻甘薯产品 1.5 万吨 ~ 2 万吨，占全国速冻甘薯产品出口 70%。1988 年以后，甘薯消费结构不断变化。20 世纪 90 年代中期，甘薯用于加工粉丝和工业原料占 50%、饲料用占 25%、鲜食和薯干出口占 25%。现在已改变为淀粉、粉丝等工业原料占 75%、鲜食和加工鲜薯产品占 20%、饲料用占 2% ~ 3%。

产区分布

安徽跨中国两个主要甘薯生态区：淮河以北属北方薯区，淮河以南为长江中下游薯区。主要分三个种植区域：淮北平原种植区、江淮种植区、皖南山区和沿江种植区。淮北平原种植区属北方薯区，江淮种植区、皖南山区和沿江种植区属长江中下游薯区。

淮北平原种植区　包括阜阳、亳州、宿州、淮北、蚌埠等市和淮南市凤台县，是安徽甘薯主产区，甘薯种植面积占全省 65%，产量占全省总产 80%。种植模式以一年两熟为主，与小麦轮作换茬，主要种植夏薯，一年一熟春薯种植面积占 20%；少量与大豆、玉米、芝麻等作物间作套种。

江淮种植区　包括滁州、合肥、安庆、六安、巢湖、芜湖、马鞍山等市以及淮南市大部，甘薯种植面积占全省 25%。种植模式以一年两熟为主，甘薯与小麦或油菜轮作换茬，种植夏薯，少量种植一年一熟春薯；部分地块与大豆、玉米、芝麻等作物间作套种。

皖南山区和沿江种植区　包括宣城、池州、黄山等市，甘薯种植面积占全省10%，主要在旱岗薄地零星种植。部分与烟草等作物套种。

品种演变

20世纪80年代以后，安徽甘薯品种进行过两轮更换。此前，主要种植品种为新大紫、胜利百号、北京553等，由于甘薯根腐病大面积发生，产量和抗病性已不能满足生产需要。1977年，开始引进徐薯18品种，该品种高产、高抗根腐病、适应性广，得以快速推广。到1985年，种植面积33万公顷，占甘薯种植总面积50%，是省内种植面积最大甘薯品种。20世纪90年代，皖薯1号、皖薯197、皖薯3号、皖薯4号、皖薯5号等安徽自育新品种育成和大面积推广。豫薯12、遗字306、鲁薯7号等品种有一定种植面积。2000年以后，皖苏31、商薯19、阜薯24、苏薯8号、济薯18、豫薯13等优质专用新品种大面积种植。甘薯生产向品种专用化方向发展。

淀粉、鲜食等专用型品种种植面积增加，兼用型品种种植面积缩小。主要种植品种：高干或兼用品种有徐薯18、商薯19、皖薯3号、皖苏31、鲁薯7号、阜薯24、胜利百号等；食用和食品加工型品种有苏薯8号、北京553、皖薯5号、西农413、徐34等。紫色品种济薯18、宁紫一号、山川紫、徐紫一号等种植面积少。2007年，高淀粉品种商薯19种植面积快速扩大，呈现取代徐薯18之势。

安徽省自育成审（鉴）定各类型甘薯品种13个：皖薯1号、皖薯197、皖薯3号、皖薯4号、皖薯5号、皖薯6号、皖薯1号、皖薯8号、皖苏31、阜薯24、阜徐薯6号、皖苏61、阜徐薯20。这些品种均应用于生产。

栽培技术

育苗　1986年以后，普遍采用薄膜拱棚冷床、薄膜拱棚温床方式育苗，少量采用大棚火炕或电热温床育苗。采用薄膜拱棚冷床育苗，皖南和江淮薯区分别于2月底、3月初排种育苗，淮北薯区3月上中旬排种；25天出苗，栽插每亩春薯排种60～75千克，有利培育早、足、壮苗。采用薄膜拱棚温床育苗，须挖宽120～140厘米、深50～60厘米苗床，填充压实30～40厘米稻麦等秸秆与猪马粪、尿素混合物，经3～5天，发热后排种。薄膜拱棚温床育苗比薄膜拱棚冷床育苗出苗早3～5天，出苗齐、数量多。还可以在畦面上加覆地膜增加苗床保温性，出苗时及时揭除，能提早出苗3天。甘薯种苗企业、专业户和少数种植大户，采用塑料大棚内加小拱棚方式育苗，规模大、出苗快、便于管理。采用火炕育苗，须建5股回火道火炕，一炉多炕；能控制床温，受天气影响小，排种育苗能提早到2月上、中旬；14天出苗，出苗快、齐、数量多。采用电热温床育苗，育苗排种时，一般用多菌灵500～800倍液浸种或排种后喷淋消毒，防治黑斑病等苗床病害。

栽植　安徽甘薯全部为垄作栽植。20世纪80年代，采用耕牛或小型拖拉机整地起垄，往复2～3次成一垄，垄高低，垄宽50～100厘米不等，70厘米窄小垄占50%，不能发挥甘薯高产潜力。20世纪80年代后期，推广高、大、胖垄等栽培技术，使用专用起垄机等机械作业，大垄比例提高。垄宽0.8～1.0米、垄高0.3～0.4米大垄占70%。

小垄栽培三个薯区都有分布，皖南薯区常见。大垄与小垄相比，保墒性好，有利排水，昼夜温差大，有利于物质积累，产量高，增产 10% ~ 15%。种植密度合理，春薯 3500 株 / 亩，夏薯 4000 株 / 亩。

施肥　1990 年以前，主要在整地前施用有机肥作基肥，对施用化肥不重视，只少量施用速效氮肥、磷肥单一肥料或混合施用，很少施钾肥。1990 年以后，开始重视施用化肥和增施农家肥。施肥方式采取起垄前一次性施入基肥，不施追肥。淮北薯区每亩施用 40 ~ 50 千克三元复合肥，根据品种特性、土壤肥力等情况，有些地块增施部分速区效氮肥、钾肥。在起垄前撒施，也有在起垄时条施包心肥。江淮和皖南薯区施肥量比淮北薯区少，产量也低。

病虫害防治

安徽甘薯病虫害种类多。主要病害有：根腐病、茎线虫病、黑斑病、病毒病、甘薯软腐病、甘薯干腐病；主要虫害有：甘薯天蛾、造桥虫、斜纹夜蛾和地下害虫蛴螬、蟋蟀、地老虎等。甘薯病毒病和黑斑病普遍发生。主要病虫害分布有区域性。淮北薯区主要是根腐病、茎线虫病、黑斑病，病毒病和其他病虫害也有发生。20 世纪 90 年代中期前，根腐病、黑斑病是主要病害，茎线虫病仅在萧县、砀山等北部几县有局部发生。随种薯调运，茎线虫病开始在淮北薯区蔓延，重病产区面积下降。因抗病品种少和防治技术到位率低，茎线虫病是淮北薯区甘薯生产最突出问题。江淮、皖南山区和沿江薯区主要病害是黑斑病、病毒病、甘薯软腐病等，其他病虫害也有发生。1999 年，皖南南部甘薯蔓割病有零星发生。甘薯主要病害出现北病南移、南病北移现象。

1980 年以后，防治病虫害主要采用选用抗病品种、建立无病田生产无病种薯等措施。选用徐薯 18、皖薯 3 号等抗病品种防治根腐病，推广多菌灵等药剂浸种和贮藏窖及苗床消毒、二次高剪苗、高大垄等技术，有效防治甘薯黑斑病发生。1990 年，开始推广甘薯脱毒技术，防治甘薯病毒病。薯种脱毒后增产 20% ~ 40%。推广脱毒甘薯面积快速增加。神农丹、红芋宝、阿维菌素等农药防治甘薯茎线虫兼防地下害虫技术在病区得到广泛使用。2000 年以后，乙草胺等除草剂大田杂草封闭技术在甘薯主产区普遍使用，有效防止甘薯田杂草产生。

贮藏

主要是种薯和鲜食商品薯贮藏。在霜降前 10 月下旬至 11 月初收获后，选择无病、无机械损伤薯块入窖贮藏。皖南气温高，种薯比鲜食商品薯收获和入库期迟。入窖前，用多菌灵或硫磺等药剂对贮藏窖、工具等消毒。种薯贮藏时，基本选择无病夏薯，有品种典型特征特性、中等无病薯块。在种薯入库时使用保鲜剂处理，有一定效果。2008 年，种薯贮藏方式发生改变，70% 薯农不再贮藏种薯，春季育苗时直接从种苗企业或种薯专业户购买种薯自己育苗，或购买种苗。小土窖贮藏甘薯已经淘汰。半地下窖、大屋窖等贮藏技术得到普及，为冬季贮藏甘薯主要形式。2005 年开始，阳光塑料温室大棚窖、山洞窖等大型新式贮藏窖得到应用。

第四节 大 麦

安徽大麦种植主产区集中在淮北地区。沿淮、江淮之间部分地市、沿江地区有少量种植。大麦在淮北地区与棉花、早玉米、花生等轮作，在沿淮、江淮稻麦二熟、三熟制地区与水稻轮作，是最佳晚播早熟腾茬作物。

大麦生产

1988 年以后，小麦面积产量大幅度提高，大麦种植面积逐年减少。小型农机具广泛推广使用，减少对役用大牲畜需求，大麦作为饲料需求量随之降低。2000 年以后，棉花、玉米种植面积增加，要求提早茬口，同时非役用养殖业发展加快，饲料加工业对大麦需求增加，2002—2003 年，种植面积有所回升。2005 年以后，小麦高产攻关活动开展、小麦生产实现全程机械化，加上小麦保护价等粮补措施出台、饲料深加工技术滞后和农村劳动力转移加快等，农民种植大麦积极性减弱。另外，由于大麦是棉花、旱玉米重要接茬作物，而棉花种植面积不稳定，旱玉米粗缩病又逐年加重，种植面积减少，促使大麦种植面积再次下降。

1988—2008 年，由于新品种推广应用，大麦单产水平总体有所提高。（表 2-3-9 表 2-3-10）其中 1991 年严重减产，是遭受罕见特大暴风雨侵袭和穗发芽等所造成。

产区分布

淮河以北地区是大麦主产区，占全省大麦种植面积 50%；江淮之间占 40%；长江以南地区占 10%。长丰、肥东、怀远、五河、定远、凤阳、寿县、蒙城、涡阳、利辛、濉溪、泗县、霍邱等县种植面积大相对集中。（表 2-3-11 表 2-3-12）

品种推广

1980 年，西引 2 号大麦品种开始在安徽种植，为使用时间最长品种之一，种性退化严重。1989—1991 年，安徽省农科院先后引进和鉴定 8640、85V24 等饲料大麦品种，在江淮之间推广种植。1999 年以后，安徽省农科院育成皖 92048、皖 92341、皖 92342 等新饲料大麦品系，在长丰、定远、肥西等地作为搭配品种推广种植。扬饲麦 1 号在安徽有种植。引进品种花 11、花 13 在宿州市、霍邱县等地进行试种推广。

安徽种植啤酒大麦始于 20 世纪 80 年代末期。品种主要有：冈 2，苏啤 1 号，皖大麦 1 号等。其中皖大麦 1 号是安徽省农科院自育成啤酒大麦新品种，原名“80-15”，是二棱啤酒大麦，春性品种，抗寒力强，抗倒伏，千粒重 40 克，壳淡黄，有光泽，籽粒椭圆形，腹径大。2.5 毫米以上籽粒占总粒数 98%，精选率高，无或轻水敏感性，发芽快而整齐，发芽率 95% 以上，无水麦芽蛋白 10.3%，粗细粉浸出率差、糖化时间等麦芽品质指标均达到和超过原国家轻工部颁发一级啤酒大麦标准。抗大麦条纹病和赤霉病，熟期适中，产量稳定。

栽培技术

大麦具有耐瘠、耐寒、耐旱、抗性强、生长期短等优点。安徽大麦种植除作为早茬作物外，主要是利用荒滩、瘠薄地，或旱涝等灾害造成油菜、小麦无法按时播种田块。栽培管理及肥料使用量上远远少于小麦、油菜等主要作物，种植粗放，产量潜力没有充分发挥。主要栽培技术：

适期早播

淮北地区选择半冬性、弱春性品种，10月下旬至11月初播种；沿淮、淮南地区，选择弱春、春性品种，11月上中旬播种。大麦分蘖力较强，播量不宜太大，在土壤墒情适宜条件下，每亩播种量6～8千克。

肥水及田间管理

基肥以施有机肥、化肥相结合，N、P、K肥平衡使用。春季因苗因地，看苗施肥，防止生长过旺造成病虫害加重和倒伏。淮河以北地区易秋旱，要进行中耕划锄保墒，促进分蘖和根系生长。淮河以南地区稻茬田，土质黏重，雨水偏多，要做好沟渠配套，排水降湿，避免渍害。综合防治田间杂草，在冬前或初春选择大麦专用除草剂，喷药时要掌控好麦苗发育期和田间温湿度，避免药害对大麦生长和产量造成影响。

适时收获

饲用大麦收获期为蜡熟末期，此时麦粒干物质积累达到最大值；啤用大麦宜在蜡熟末期至完熟期收获，确保籽粒饱满，皮色正常。过早收获，籽粒灌浆不足，含水量偏高，易霉烂，发芽率降低；过晚收获，易遇阴雨危害，产生穗发芽，降低粒重和品质。

1988—1992年安徽省大麦生产面积与产量

表2-3-9

年	面积（万公顷）	单产（千克/亩）	总产（万吨）	其中啤酒大麦		
				面积（万公顷）	单产（千克/亩）	总产（万吨）
1988	15.67	174	40.88	0	0	0
1989	13.85	175	36.35	0	0	0
1990	12.89	174	33.58	0.47	187	1.32
1991	11.15	103	17.18	0.38	115	0.65
1992	9.16	166	22.86	0.26	186	0.73

1997—2008年安徽省大麦生产面积与产量

表2-3-10

年	面积（万公顷）	单产（千克/亩）	总产（万吨）
1997	7.66	225.9	25.93
1999	6.56	253.97	24.96

续表 2-3-10

年	面积（万公顷）	单产（千克 / 亩）	总产（万吨）
2000	7.20	235.53	25.43
2001	8.08	296.15	35.88
2002	12.04	278.03	50.18
2003	12.33	289.2	53.46
2004	9.60	277.34	39.90
2005	8.30	302.84	38.01
2006	6.93	183.84	19.11
2007	4.73	188.4	13.37
2008	3.02	87.81	3.97

1989—1992年各地市大麦生产面积与产量

表2-3-11

市	1989年				1990年				1991年				1992年			
	大麦		其中：啤酒大麦		大麦		其中：啤酒大麦		大麦		其中：啤酒大麦		大麦		其中：啤酒大麦	
	面积（万公顷	总产（吨）	面积（万公顷）	总产（吨）	面积（万公顷）	总产（吨）	面积（万公顷）	总产（吨）	面积（万公顷）	总产（吨）	面积（万公顷）	总产（吨）	面积（万公顷）	总产（吨）	面积（万公顷）	总产（吨）
合肥	3.29	79118	0.13	3252	3.08	76578	0.09	2447	2.87	37502	0.11	1426	2.16	44380	0.06	1424
芜湖	0.07	929	0.001	17	0.05	879	0	3	0.05	681	0	0	0.04	630	0	0
蚌埠	0.72	18744	0.01	317	0.68	19304	0.001	200	0.52	8637	0.01	173	0.61	13320	0	1
淮南	0.36	8196	0.02	464	0.38	10343	0.08	2163	0.33	3894	0.03	429	0.31	6925	0.01	210
马鞍山	0.13	2310	0.01	46	0.10	1777	0.001	8	0.09	1074	0	1	0.08	1427	0	0
淮北	0.88	32402	0.02	190	0.78	31350	0.01	41	0.79	20163	0.01	92	0.65	24360	0.001	15
铜陵	0.05	496	0.04	343	0.03	415	0.02	244	0.03	210	0.02	55	0.03	335	0.01	183
安庆	0.46	6760	0.04	477	0.41	5977	0.03	433	0.35	4612	0.02	138	0.34	4681	0.01	108
黄山	0.03	163	0	0	0.03	230	0	0	0.03	218	0	0	0.04	249	0	0
滁州	0.99	36412	0	0	0.93	30112	0	0	0.89	10893	0	0	0.62	20680	0	0
阜阳	2.80	87221	0.25	8683	2.58	72919	0.17	5122	2.29	40339	0.17	3465	2.18	65580	0.13	3976
宿州	1.31	40442	0.08	2646	1.27	36262	0.07	1995	0.83	21928	0.03	634	0.55	16794	0.04	1080
巢湖	0.74	17150	0.02	204	0.60	14407	0.01	144	0.55	8014	3.34	9	0.47	10398	0	5
六安	1.59	26767	0.04	588	1.55	29201	0.02	257	1.17	8151	0.01	31	0.81	13683	0.01	175
池州	0.06	549	0	6	0.05	483	0	0	0.05	426	0.001	3	0.04	356	0	3
宣州	0.44	5782	0.01	182	0.38	5508	0.01	104	0.35	4979	5.54	10	0.31	4726	0.01	41

2005—2008 年各地市大麦生产面积与产量

表 2-3-12

市	2005 年		2006 年		2007 年		2008 年	
	面积（万公顷）	产量（吨）	面积（万公顷）	产量（吨）	面积（万公顷）	产量（吨）	面积（万公顷）	产量（吨）
总　计	8.37	380051	6.92	191052	4.73	133736	3.02	39682
合　肥	0.75	28037	0.67	25865	0.53	24324	0.27	12555
芜　湖	0.02	429	0.02	383	0.01	330	0.01	306
蚌　埠	0.78	31993	0.64	29049	0.50	23806	0.17	8022
淮　南	0，40	15826	0.31	13393	0.17	8097	0.08	3226
马鞍山	0.001	17	0.01	63	0.001	9	0.001	10
淮　北	1.71	83654	1.38	75762	0.63	37755	0.48	30246
铜　陵	0	0	0	0	0.01	82	0.01	127
安　庆	0.04	699	0.03	534	0.03	515	0.03	492
黄　山	0.01	65	0.01	34	0.01	21	0.001	16
滁　州	0.87	35328	0.70	30063	0.58	22524	0.28	12535
阜　阳	0.25	10031	0.22	9786	0.14	6439	0.09	4488
宿　州	0.70	32413	0.56	28704	0.45	23557	0.42	21470
巢　湖	0.06	2004	0.07	2067	0.05	1766	0.04	1147
六　安	0.28	9222	0.16	5065	0.04	2338	0.10	4202
亳　州	2.52	129821	2.18	120939	1.67	94100	1.07	64012
池　州	0.01	34	0.01	49	0.01	23	0.01	71
宣　城	0.02	478	0.02	489	0.01	202	0.01	57

第五节　高　粱

高粱具有抗旱、耐涝、耐瘠、耐碱能力，在轮作中有调节茬口和培养地力能力。用途广泛，能做口粮、饲料、酿酒原料和日常生活用品。1978 年以后，小麦、大米已成为主要食粮，高粱利用价值发生转变，主要用于酿酒、制糖工业原料。高粱种植面积逐年减少，1985 年，安徽省种植面积仅有 5.21 万公顷。

高粱生产

1988 年以后，高粱生产经历三个发展阶段。

快速下降阶段　1988—1991 年，年种植面积由 5.21 万公顷锐减到 2.28 万公顷，年均减少 0.73 万公顷。

缓慢减少阶段　1992—1997 年，年种植面积由 2.27 万公顷下降到 0.74 万公顷，年均减少 0.306 万公顷。

波动下降阶段　1998 年开始，种植面积减少至 0.67 万公顷以下，随后面积年度间有所波动，但总体呈继续下降趋势。2008 年，全省种植面积仅有 810 公顷，无连片种植，只在路边、田边有零星种植。1988—2008 年，安徽高粱种植面积由 5.21 万公顷下降至 0.08 万公顷，面积减少 5.13 万公顷，年均下降 0.513 万公顷。平均单产自 1992 年后大幅度提高，2002 年，平均单产达到 220.8 千克，为最高年份。总产逐年下降。1988 年，10.77 万吨，2008 年，下降到 0.23 万吨。（表 2–3–13）

产区分布

主要有三个种植区域：（1）沿淮淮北种植区，包括阜阳、宿州、蚌埠、淮北、淮南等市。适宜春夏两季播种，是安徽高粱种植主产区。以高粱—小麦—黄豆（夏甘薯）二年三熟制为主，兼有高粱—小麦—大豆—小麦—夏甘薯三年五熟制。1988 年，播种面积 4.836 万公顷，占全省高粱播种面积 92.8%，总产量 10.20 万吨，占全省总产量 94.7%。其中阜阳市种植面积和产量分别占全省 58.5% 和 57.4%。1998 年，种植面积下降至 5348 公顷，占全省高粱播种面积 93.1%，产量占 96.6%。（2）江淮种植区，包括六安、滁州、安庆、巢湖等市，以一季夏种为主，小麦—高粱一年二熟轮作或与大豆、甘薯套种。1988 年，种植面积和产量均分别占全省 5.8% 和 4.4%。（3）江南种植区，包括芜湖、宣城、池州等市部分县、市。高粱生产规模小，田边地头或山场、隙地有零星种植。

主要品种为食用高粱类，糖用高粱少。食用高粱类又分为糯高粱和籼高粱。以籼性品种为主，糯高粱少。糯高粱虽品质好，但产量低，种植面积小。杂交高粱为籼性，品质虽不如本地高粱，但产量高。1978 年，第二次高粱品种普查时有 83 个品种。其中种植面积 666.67 公顷以上有 27 个品种。种植面积 66.67 公顷以上有 21 个品种。2002 年，种植面积 66.67 公顷以上仅有 6 个品种，多为杂交品种，其中有 5 个品种集中在阜阳市，为唐杂 1 号 273.33 公顷、抗四 266.67 公顷、晋杂 5 号 126.67 公顷、千斤红 286.67 公顷、新丰 218 号 213.33 公顷。晋杂 1 号 80 公顷在合肥市、淮北市有种植，分别为 6.67 ~ 73.3 公顷。以上 6 个品种合计 0.1287 万公顷，占当年全省种植面积 26.7%。

栽培技术

主要有推广深耕、科学施肥，加强田间管理、科学防治病虫害等技术措施和高产栽培经验。1990 年以后，高粱单产水平大幅度提高，1993 年，亩产首次突破 200 千克大关。主要采取增施基肥、科学追肥科学施肥技术。基肥以农家肥为主，配合施用过磷酸钙、尿素或复合肥，占总施肥量 70% ~ 80%。采取窝施或撒施，移栽前施入。生育期追肥 2 ~ 3 次，主要是提苗肥、拔节肥、孕穗肥。拔节肥在 10 叶期施用，孕穗肥在 13 ~ 14 叶期施用。

全省各地播种期不一。春高粱 3 月下旬至 4 月上旬播种；夏高粱 5 月下旬到 6 月上旬播种。播种量每亩 0.5 ~ 0.75 千克，深度 2 ~ 4 厘米；密度实行宽行窄株，行距

40 ~ 60 厘米，株距 13 ~ 20 厘米。沿江、江南地区有点播、撒播、育苗移栽等方法，田边地角种植常采用育苗带土移栽或阴天随拔随栽，栽后及时浇水，促使秧苗成活。一般中耕除草 3 ~ 4 次，第一次中耕结合间苗、定苗。做到早间苗，匀留苗，留壮苗、拔除病株、杂苗，适时定苗。标准是“间苗要间早，定苗要定少”。春高粱宜稀，农谚云：“会留，留一棵，不会留，留一窝。”夏高粱宜密，农谚云：“麦子丰收顶住斗，高粱丰收夹死狗。”第二次中耕要适当深锄，结合平坑埋肥除草；农谚云：“要吃高粱面，扒出根来看。”要深中耕促使新根下扎，抑制茎叶徒长。第三次中耕，要与培土结合，防止倒伏，抽穗后及时防治穗螟，适期打老叶，通风透光。

1988—2008 年安徽省高粱生产情况

表 2-3-13

年份	面积（万公顷）	单产（千克 / 亩）	总产（万吨）
1988	5.21	138.0	10.77
1989	4.04	138.0	8.35
1990	3.28	153.0	7.52
1991	2.28	131.0	4.46
1992	2.27	140.0	4.76
1993	2.14	210.1	6.72
1994	1.77	159.6	4.23
1995	0.98	206.9	3.04
1996	0.84	196.5	2.46
1997	0.75	204.7	2.28
1998	0.58	206.7	1.78
1999	0.64	196.2	1.88
2000	0.45	205.3	1.41
2001	0.40	155.4	0.92
2002	0.49	220.8	1.59
2003	0.29	100.6	0.43
2004	0.21	165.0	0.51
2005	0.20	189.0	0.55
2006	0.14	190.5	0.40
2007	0.11	166.7	0.26
2008	0.09	189.3	0.23

第六节　杂　豆

安徽杂豆种类繁多，主要包括蚕豆、豌豆、绿豆、小豆、豇豆、芸豆、小扁豆等，是中国杂豆主产区之一。其中蚕豆、豌豆和绿豆、小豆种植面积大，其他豆类为零星种植。杂豆生产过去主要作为救荒作物、接茬作物，随着物质生活水平提高，市场需求日趋旺盛，已成长为重要经济作物。

杂豆生产

1988—2003 年，全省杂豆（主要是绿豆、小豆、蚕豆）生产，除 1991 年（13.56 万公顷）和 2003 年（14.6 万公顷）两个大灾之年因补种绿豆面积增加外，总体呈逐年下降趋势。1988 年，种植面积 13.33 万公顷，1990 年，下降到 8.23 万公顷，此后至 2000 年的 10 年间，在 7.7 万公顷~ 9.73 万公顷范围内波动，2001—2003 年，种植面积持续下滑。2007 年，下降到 3.36 万公顷，种植面积减少 73%。产量呈现为降—升—降趋势。1988 年，总产为 13.7 万吨，1991 年，减少到 9.3 万吨，1997 年，增加到 15.65 万吨，2000 年以后，产量大幅下降，2007 年，减少到 6 万吨。主要产区集中在淮河两岸和淮北等旱作地区。鲜食豌豆生产主要集中在濉溪、萧县等局部地区，常年种植面 1 万公顷，作为蔬菜供应市场。

（图 2-3-3）

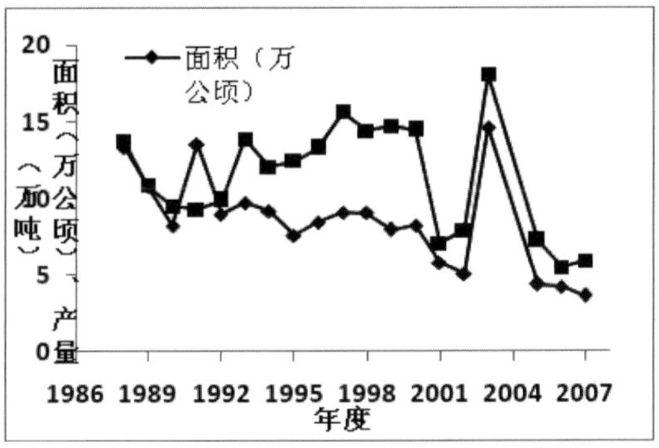

图 2-3-3　1988—2007 年安徽省杂豆生产变化趋势

产区分布

安徽杂豆生产划分为三个产区：沿淮淮北杂豆产区、江淮杂豆产区、皖南杂豆产区。

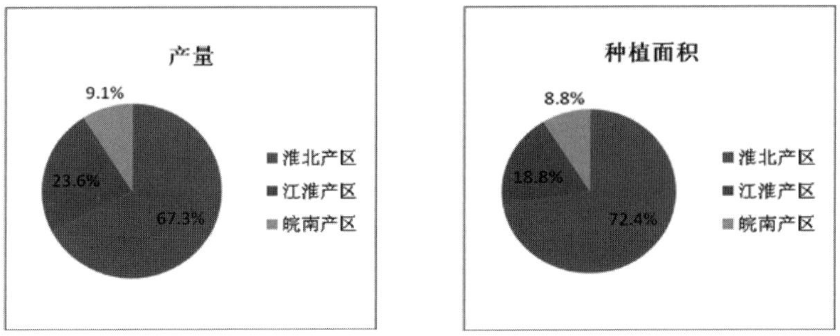

图 2-3-4　1988—2007 年安徽杂豆年均产量和种植面积各产区比例

沿淮淮北杂豆产区　包括淮河以北阜阳市、亳州市、宿州市、淮北市全境，淮河以南蚌埠市、淮南市全境，沿淮合肥市长丰县，六安市霍邱县、寿县，滁州市凤阳县、定远县、明光市，种植面积和产量分别占全省72.4%和67.3%。是安徽杂豆主产区。

1988—2007年，该区域杂豆种植面积呈现持续下滑趋势。1988年，种植面积11.39万公顷，2007年，减少到2.74万公顷。产量呈总体下滑趋势。1988年，总产11万吨，2007年，下降到4.02万吨。

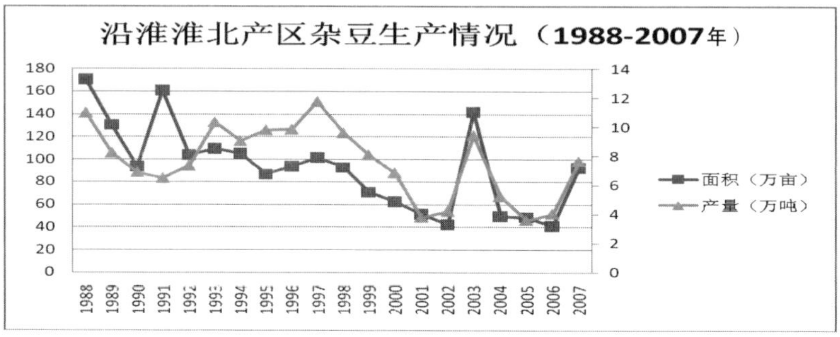

图2-3-5　1988—2007年该区域杂豆种植面积呈现持续下滑趋势

江淮杂豆产区　包括安庆市、巢湖市两市全境，合肥、六安、滁州等市部分县，种植面积和产量分别占全省18.8%和23.6%。

20世纪90年代初，该区域杂豆种植面积保持在1万公顷~1.5万公顷，总产量2万吨。1995年，种植面积开始回升，至2000年，面积达到2.98万公顷，总产量5.98万吨。2005—2007年，种植面积和产量迅速下降。种植面积0.7万公顷，产量1.4万吨。

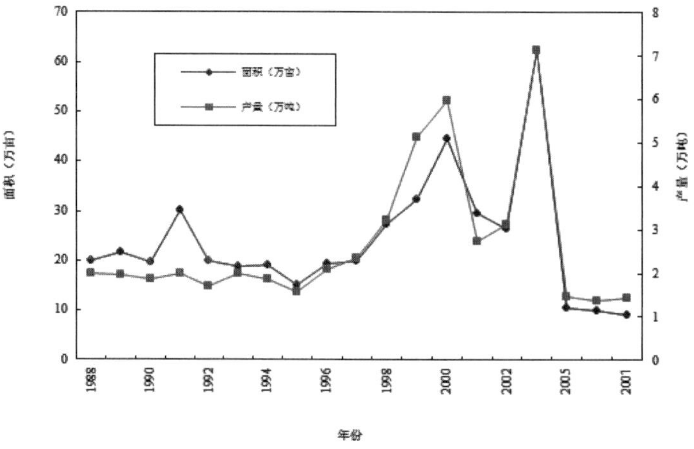

图2-3-6　1988—2007年江淮产区杂豆生产趋势图

皖南杂豆产区　包括马鞍山市、芜湖市、铜陵市、池州市、宣城市、黄山市全境。种植面积和产量占全省10%。

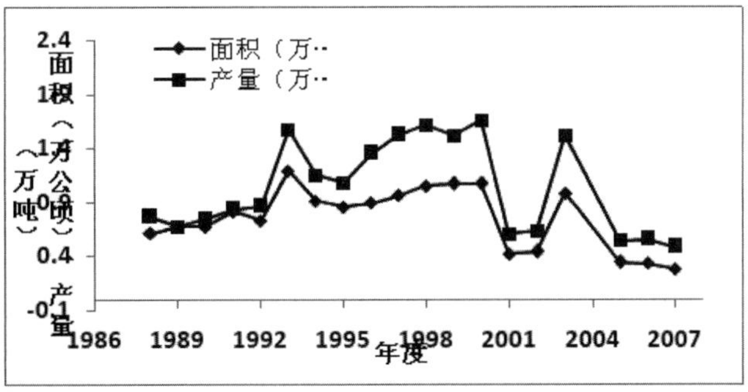

图 2-3-7　1988—2007 年皖南产区杂豆生产趋势图

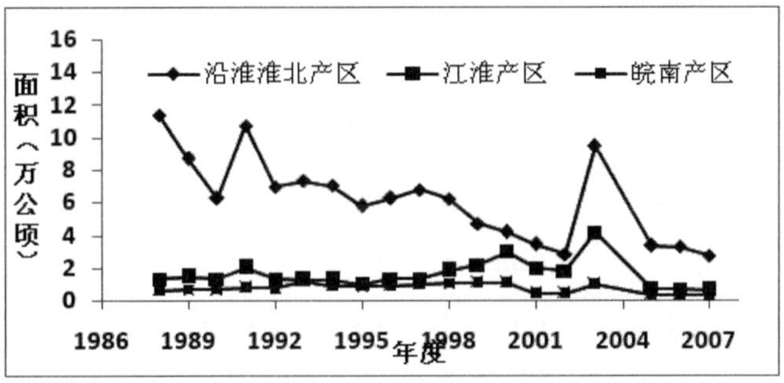

图 2-3-8　1988—2007 年安徽杂豆产区种植面积变化趋势图

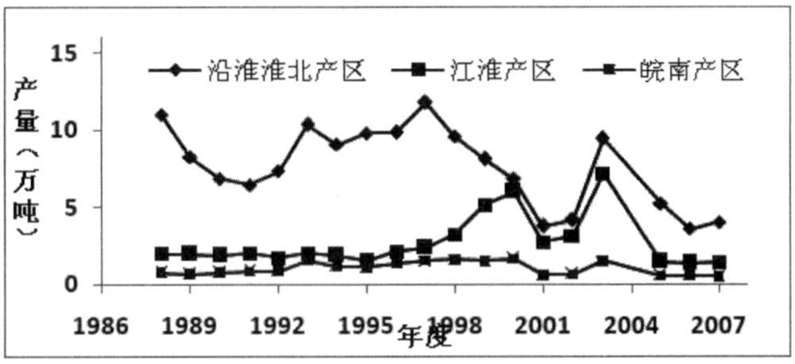

图 2-3-9　1988—2007 年安徽杂豆产区产量变化趋势

杂豆品种

安徽种植杂豆品种主要是地方品种和外地引种。品种混杂退化，引种试验不规范。绿豆生产中，原有优质绿豆品种如中绿 1 号、中绿 2 号、中绿 4 号、明绿 1 号等经过多年种植和农民自留种，严重退化混杂。优质品种如明绿 1 号等品质下降，需提纯复壮。20 世纪 90 年代以后，由于没有稳定良种繁育基地和推广机构，新品种普及率低。如豌豆品种中豌 6 号、中豌 4 号，都是种子经营户从外省直接调种销售。蚕豆品种更是杂乱，缺少有规模正规引种比较试验。2005—2008 年，绿豆平均产量仅 84.4 千克 / 亩，60%

以上种植户产量小于100千克/亩。2005—2008年，豌豆平均产量154.9千克/亩。食用豆单产低，单位面积产量差别大，产量低而不稳。

栽培与管理

杂豆生产主要以分散零星种植为主，多种植于瘠薄边远田头地边、塌陷复耕地、山坡地、沟湾河旁、路边村庄边。绿豆、小豆主要以夏播为主，少数地区与棉花、玉米等作物间作套种。部分城市郊区有以销售青蚕豆荚为主秋播蚕豆种植。蚕豆和豌豆在沿淮淮北地区主要以秋播为主，在房前屋后及幼苗林中种植。杂豆种植技术落后，耕作粗放，品质和产量持续下降。

1988—2007年安徽省杂豆产区种植面积及产量

表2-3-14　　单位：万公顷、万吨

年份	沿淮淮北产区		江淮产区		皖南产区		合计	
	面积	产量	面积	产量	面积	产量	面积	产量
1988	11.39	10.98	1.33	1.98	0.61	0.76	13.33	13.73
1989	8.71	8.24	1.44	1.96	0.67	0.67	10.82	10.87
1990	6.25	6.88	1.31	1.86	0.67	0.75	8.23	9.5
1991	10.74	6.47	2.01	1.99	0.81	0.83	13.56	9.3
1992	6.95	7.33	1.33	1.69	0.73	0.86	9.01	9.89
1993	7.31	10.34	1.25	2	1.19	1.57	9.76	13.9
1994	7.02	9.04	1.27	1.85	0.91	1.15	9.20	12.05
1995	5.79	9.8	1.00	1.58	0.85	1.08	7.63	12.46
1996	6.24	9.84	1.30	2.09	0.89	1.35	8.44	13.28
1997	6.79	11.76	1.33	2.36	0.96	1.52	9.08	15.65
1998	6.19	9.6	1.82	3.21	1.05	1.61	9.06	14.42
1999	4.72	8.1	2.16	5.12	1.07	1.51	7.96	14.72
2000	4.18	6.82	2.98	5.98	1.07	1.65	8.24	14.45
2001	3.43	3.77	1.97	2.72	0.42	0.6	5.82	7.09
2002	2.84	4.19	1.76	3.12	0.44	0.63	5.05	7.94
2003	9.46	9.43	4.16	7.15	0.98	1.51	14.60	18.08
2005	3.32	5.22	0.71	1.46	0.34	0.54	4.37	7.22
2006	3.25	3.59	0.66	1.36	0.33	0.55	4.24	5.5
2007	2.74	4.02	0.61	1.43	0.28	0.48	3.63	5.93
平均	6.17	7.65	1.60	2.68	0.75	1.03	8.53	11.37
比例	72.42%	67.34%	18.77%	23.57%	8.81%	9.09%	—	—

第三篇　经济作物

经济作物在安徽省种植业中占有重要地位。一是种类繁多。主要有棉花、油料、水果、茶叶、蚕桑、蔬菜、中药材等。棉花分布于淮北中北部和沿江圩区，属黄河流域棉区和长江流域棉区，耕作制度以麦—棉和油—棉两熟为主；油料主要是油菜、花生、芝麻三大作物。油菜分布于江淮丘陵和沿江地区，花生分布于淮北地区和江淮丘陵东部，芝麻分布于沿淮淮北地区；茶叶、蚕桑主要分布于皖南山区和大别山区；蔬菜、水果全省广泛分布；中药材主要分布于大别山区、皖南山区、江淮丘陵、沿江地区和淮北平原，其中亳州市是安徽省中药材最大产区。二是名特优产品多。茶叶有祁红、屯绿、黄山毛峰、太平猴魁、六安瓜片等。果蔬有怀远石榴、砀山酥梨、三潭枇杷、太和香椿、涡阳苔干、铜陵生姜等。中药材有白芍、菊花（滁菊、贡菊、亳菊）、丹皮、茯苓等。

1986—2008年，棉花种植面积由20.59万公顷增加到38.14万公顷，总产由16.3万吨增加到36.90万吨，平均每年增加0.94万吨；油料作物种植面积由110.38万公顷降至93.67万公顷，总产由131.6万吨增加到228.1万吨，平均每年增加4.39万吨；蔬菜种植面积由18.05万公顷增加到71.86万公顷，总产由607.83万吨增加到1923.5万吨，平均每年增加59.8万吨；茶园面积由11.61万公顷增加到12.87万公顷，总产由4.7万吨增加到7.6万吨，平均每年增加0.13万吨；水果种植面积由5.02万公顷增加到10.87万公顷，总产由18.4万吨增加到172.2万吨，平均每年增加7.0万吨；桑园面积由2.13万公顷增加到5.3万公顷，蚕茧总产由0.94万吨增加到3.8万吨，平均每年增加0.13万吨。经济作物种植面积占全省农作物播种面积比重1986年为18.53%，2008年提高到26.8%。

第一章 棉 花

第一节 植棉概况

棉花生产

1988年以后，棉花生产发展趋势是：单产和总产上升、面积基本保持稳定（图3-1-1、表3-1-1～表3-1-5）。1988—2008年，全省累计植棉786.72万公顷，年均植棉37.99万公顷，排名在全国4～7位之间；单产为全国平均水平70%～87%，排名5～9位之间；总产占全国总产量6%，排名6～7位。

1990—1999年，全省年平均植棉38.7万公顷，主要分布在江淮棉区、淮北棉区、沿江棉区。其中沿江棉区12.5万公顷，占全省32.3%；年均总产11.72万吨，占全省43.1%；平均单产62.4千克/亩，高于全省133.16%。淮北棉区19.8万公顷，占全省51.2%；年均总产11.49万吨，占全省42.25%；平均单产41.3千克/亩，高于全省82.5%。江淮棉区6.3万公顷，占全省16.5%。1995—1998年，16个优质棉基地县（市）年平均植棉20.3万公顷，占全省49.1%，年均总产16.961万吨，占全省57.4%。棉花生产基本实现区域化、规模化种植。

1998—2008年，三大棉区种植面积、单产、总产均发生显著变化（图3-1-2～图3-1-6）。1999—2003年，三大棉区棉花种植面积呈震荡上升走势。2003年开始，淮北棉区棉花种植面积快速下降，沿江棉区平稳上升。2007年，淮北棉区植棉面积占全省总面积41.3%，沿江棉区植棉面积占全省总面积42.8%。2008年，沿江棉区植棉面积占全省总面积45.8%，淮北棉区植棉面积占全省总面积37.2%。沿江棉区植棉面积超过淮北棉区。江淮棉区植棉面积基本稳定，所占比例在13.1%～15.9%之间。淮北棉区面积下降原因主要是农村劳动力不足、机械化程度低、费工费时、比较效益下降等。

1998—2005年（2003年除外），淮北棉区棉花总产占全省棉花总产45.3%～53.3%，沿江棉区棉花总产占全省棉花总产28.8%～41.9%。从2006年开始，沿江棉区棉花总产占全省棉花总产比重超过淮北棉区，沿江棉区棉花总产占全省棉花总产比重上升至44.0%～49.4%，淮北棉区下降至34.0%～42.3%。2004年以后，沿江棉区棉花平均单产均高于淮北棉区，淮北棉区棉花平均单产高于江淮棉区。

发展阶段

棉花受自然灾害和政策变动等因素影响，生产有起有落。主要经历两个时期。受

1984 年“卖棉难”影响，从 1985 年开始，全省棉花种植面积和总产大幅下降。1986 年，棉花种植面积 20.6 万公顷，总产 16.27 万吨，分别比 1984 年减少 38.3% 和 30.4%。1990 年，总产恢复到 1984 年水平。波动期低产分散棉区种植面积、单产、总产和收购量均大幅下降。沿江高产棉区增长加快。1986—1989 年与 1980—1984 年相比，沿江棉区种植面积基本稳定，总产年平均增长 21%，占全省棉花总产比重 42.1%，提高 6 个百分点；单产 58 千克 / 亩，增长 45%；收购量增长 22.3%，占全省收购量 49%，提高 11 个百分点。推广优质高产棉花品种。1990 年以后，国家和省政府连续出台鼓励植棉政策，提高收购价格。棉花种植面积、单产和总产持续处于高水平，总产稳定在 24 万吨 ~ 30 万吨。1997—1999 年，出现“卖棉难”现象，虽然影响农民种植积极性，但由于科学植棉技术提高，单产仍保持高水平。

2000 年以后，棉花生产稳定，面积占全国植棉面积 8.4%，总产占 5.9%，单产虽增长 25%，但比全国平均水平低 30%。2004—2008 年，全国三大棉区棉花产值和效益波动大，安徽所处长江流域棉区和黄河流域棉区，效益分别为 4695 元 / 公顷和 5625 元 / 公顷；棉花生产成本平均为 17670 元 / 公顷和 17565 元 / 公顷，每千克皮棉生产成本平均为 10.18 元和 9.6 元，呈快速上升趋势。沿江棉区与淮北棉区情况与长江流域棉区和黄河流域棉区基本一致。（表 3–1–6）长江流域棉区和黄河流域棉区，棉花与化肥（尿素）比价为波动大，粮棉比价均有扩大趋势，对粮棉双重产区粮棉协调发展产生不利影响，棉花竞争优势被削弱。（表 3–1–7 ~ 表 3–1–8）

加工能力

2008 年，安徽省具有资格认定棉花加工企业 800 多个，拥有纺锭 328 万枚，气流纺 4.5 万头，布机 2.5 万台，加工能力 80 万吨，年用棉量 31 万吨，年生产纱 42.27 万吨，布 4.92 亿米。纺织企业有华茂、皖维高科、华孚色纺三个上市公司，省级企业技术中心 14 家。全行业有中国名牌 5 个，安徽名牌 14 个。1998—2008 年，布产量占全国布产量 0.69% ~ 2.69%（平均 1.55%），排名在 8~13 位之间；纱产量占全国纱产量 1.99% ~ 4.25%（平均 2.83%），排名在 7~9 位之间。

1988—2008 年安徽省棉花面积和产量统计表

表 3–1–1

年份	面积（万公顷）	单产（千克 / 亩）	总产（万吨）
1988	27.02	50.92	20.63
1989	25.23	44.85	16.97
1990	29.32	53.67	23.60
1991	40.55	44.64	27.15
1992	42.00	41.70	26.27

续表 3-1-1

年份	面积（万公顷）	单产（千克／亩）	总产（万吨）
1993	35.32	49.08	26.00
1994	44.34	38.81	25.81
1995	44.32	45.31	30.12
1996	41.38	43.51	27.00
1997	39.94	50.25	30.10
1998	39.56	48.89	29.01
1999	30.32	52.99	24.10
2000	32.89	57.78	28.50
2001	40.92	60.30	37.01
2002	36.44	64.61	35.30
2003	44.20	44.49	29.50
2004	41.62	62.79	39.20
2005	38.14	54.38	31.10
2006	37.56	65.95	37.10
2007	37.60	66.33	37.40
2008	38.14	62.07	36.90
合计	786.72	–	618.77
平均	37.99	52.54	29.91

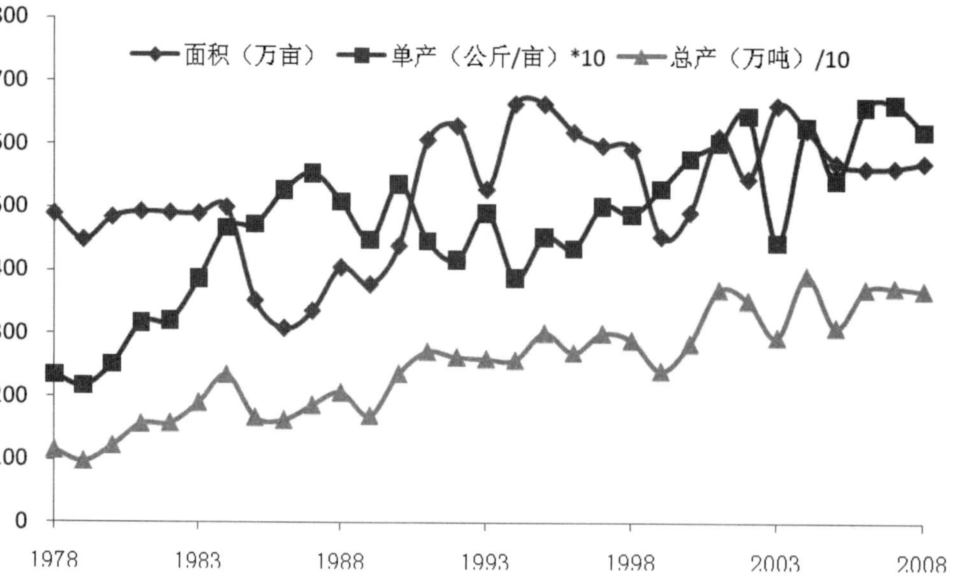

图 3-1-1　安徽省 30 年来棉花种植面积、单产、总产变化

1950—2008 年安徽省棉花面积、单产和总产每 10 年变化和占全国的比重

表 3-1-2

年份	播种面积（万公顷/年）	面积为全国（%）	单产（千克/亩）	单产为全国（%）	总产（千吨/年）	总产为全国（%）
1950 ~ 1959 年	21.74	4.4	10.0	60.9	33	2.5
1960 ~ 1969 年	22.14	4.7	19.1	82.3	70	4.2
1970 ~ 1979 年	32.74	6.7	26.6	87.8	131	5.9
1980 ~ 1989 年	28.34	5.3	42.5	87.2	175	4.4
1990 ~ 1999 年	38.74	7.4	46.9	80.8	269	6.0
2000 ~ 2008 年	39.80	8.4	60.1	70.0	347	5.9

1985—2008 年全国主要产棉省区棉花产量

表 3-1-3　　单位：万吨

地区	1985 年		1990 年		1995 年		2000 年		2005 年		2008 年	
	总量	位次	总量	位次	总量	位次	总量	位次	总量	位次	总量	位次
全国	415		451		477		442		571		749.2	
安徽	16.7	7	23.6	7	30.1	7	27.4	7	32.5	6	36.3	6
湖北	49.2	4	51.7	4	58.6	3	30.4	5	37.5	5	51.3	5
湖南	10.1	8	12.0	8	22.4	8	15.8	8	19.8	8	24.7	8
江苏	47.9	5	46.4	6	56.2	4	31.4	4	32.3	7	32.6	7
江西	6.2	9	5.7	9	11.9	9	6.8	9	8.7	9	11.2	9
河北	62.9	2	57.1	3	37.1	6	30.0	6	57.7	4	73.7	3
山东	106.2	1	97.5	1	47.1	5	59.0	3	84.6	2	104.1	2
河南	54.7	3	67.6	2	77.0	2	70.4	2	67.7	3	65.1	4
新疆	18.8	6	46.9	5	93.5	1	150.0	1	187.4	1	302.6	1

1985—2008 年全国主产棉区棉花播种面积及位次

表 3-1-4　　单位：万公顷

地区	1985 年		1990 年		1995 年		2000 年		2005 年		2008 年	
	播种面积	位次	播种面积	位次	播种面积	位次	播种面积	位次	播种面积	位次	播种面积	位次
全国	514.1		558.8		542.2		404.1		506.2		575.4	
安徽	23.54	7	29.34	7	44.34	7	30.80	4	37.60	6	39.00	6
湖北	46.54	5	45.60	5	50.20	6	31.80	6	39.00	5	54.34	5

续表 3-1-4

地区	1985年		1990年		1995年		2000年		2005年		2008年	
	播种面积	位次	播种面积	位次	播种面积	位次	播种面积	位次	播种面积	位次	播种面积	位次
湖南	10.20	8	11.94	8	18.54	8	14.60	8	15.14	8	18.34	8
江苏	59.20	4	57.20	4	56.40	5	29.54	7	36.80	7	30.00	7
江西	6.60	9	7.00	9	13.20	9	6.94	9	6.40	9	6.74	9
河北	85.00	2	91.14	2	70.00	3	30.74	5	57.40	4	69.00	3
山东	117.0	1	140.9	1	66.60	4	56.94	3	84.60	2	88.80	2
河南	81.40	3	82.34	3	100.0	1	77.94	2	78.20	3	60.60	4
新疆	25.34	6	43.54	6	74.34	2	101.2	1	116.1	1	171.8	1

1985—2008 年全国主要产棉区棉花单产水平及位次

表 3-1-5　　单位：千克 / 亩

地区	1985年		1990年		1995年		2000年		2005年		2008年	
	单产	位次	单产	位次	单产	位次	单产	位次	单产	位次	单产	位次
全国	53.8		810		54.0		72.9		75.3		86.8	
安徽	47.0	8	810	5	54.0	8	59.2	9	57.6	9	62.1	9
湖北	71.0	1	1140	1	76.0	3	63.8	7	64.1	6	63.0	8
湖南	66.0	2	1020	3	68.0	2	72.1	2	87.3	3	90.0	3
江苏	54.0	5	810	5	54.0	4	71.0	3	58.4	7	72.5	5
江西	63.0	3	810	5	54.0	5	65.7	5	91.0	2	111.5	2
河北	50.0	6	630	9	42.0	9	65.1	6	67.1	4	71.2	7
山东	61.0	4	690	8	46.0	7	69.1	4	66.7	5	78.1	4
河南	45.0	9	825	4	55.0	6	60.2	8	57.7	8	71.6	6
新疆	50.0	6	1080	2	72.0	1	95.9	1	107.7	1	117.4	1

2004—2008 年全国三大棉区棉花产值、成本与效益比较

表 3-1-6

项目	年份	全国平均	长江流域棉区	黄河流域棉区	西北内陆棉区
产值（元 / 亩）	2004	1059.5	1097.3	892.8	1286.0
	2005	1303.4	1193.9	1297.0	1627.8
	2006	1325.5	1261.6	1234.2	1558.5
	2007	1491.4	1401.6	1361.5	1785.0
	2008	1150.9	936.6	1067.1	1547.3
	平均	1266.1	1178.2	1170.5	1560.9
总成本（元 / 亩）	2004	702.7	669.8	645.7	880.9
	2005	826.2	752.6	726.4	1088.1
	2006	884.9	796.4	760.7	1184.3
	2007	1005.1	933.8	867.7	1312.2
	2008	1149.0	1083.8	977.3	1481.5
	平均	913.6	847.3	795.6	1189.4
效益（元 / 亩）	2004	356.8	427.5	247.1	405.1
	2005	477.2	441.3	570.6	539.6
	2006	440.6	465.2	473.5	374.2
	2007	486.4	467.8	493.8	472.8
	2008	1.9	–147.2	89.8	65.8
	平均	352.6	330.9	375.0	371.5
每公斤皮棉成本（元 / 千克）	2004	8.03	7.65	8.88	8.02
	2005	9.85	9.57	8.81	9.54
	2006	9.27	8.85	8.73	9.76
	2007	10.93	10.70	10.36	11.26
	2008	12.66	14.14	11.21	12.40
	平均	10.15	10.18	9.60	10.20

2004—2008 年全国三大棉区棉花与尿素比价

表 3-1-7

年	长江流域棉区	黄河流域棉区	西北内陆棉区	平均
2004	5.6	6.0	6.4	6.0
2005	7.0	6.9	6.7	6.9

续表 3-1-7

年	长江流域棉区	黄河流域棉区	西北内陆棉区	平均
2006	6.4	6.2	5.8	6.1
2007	6.9	7.2	7.0	7.0
2008	3.8	3.8	4.7	4.1
平均	5.9	6.0	6.1	6.0

2004—2008 年安徽省棉花与粮食比价

表 3-1-8

年	早稻	中稻	晚稻	小麦	玉米
2004	7.0	6.6	6.5	6.5	9.1
2005	9.7	9.4	7.5	9.3	12.6
2006	8.0	7.3	7.2	7.4	8.6
2007	8.0	7.6	7.6	8.1	8.5
2008	5.4	5.1	4.9	5.7	6.8
平均	7.6	7.2	6.7	7.4	9.1

1998—2008 年安徽省布产量

表 3-1-9

年	安徽布产量及比重			全国布产量（亿米）
	布（亿米）	位次	比重（占全国的 %）	
1998	6.40	10	2.66	241.00
1999	6.72	9	2.69	250.00
2000	7.40	8	2.67	277.00
2001	6.25	12	2.16	290.00
2002	6.36	10	1.97	322.39
2003	6.80	11	1.92	353.52
2004	6.22	10	1.29	482.10
2005	6.66	12	1.37	484.39
2006	8.50	12	1.42	598.55
2007	6.61	13	0.98	675.26
2008	4.92	12	0.69	710.00
平均	6.62		1.55	425.84

1998—2008 年安徽省纱产量

表 3-1-10

年	安徽纱产量及比重			全国纱产量（万吨）
	纱（万吨）	位次	比重（占全国的 %）	
1998	23.05	7	4.25	542.00
1999	24.14	8	4.26	567.00
2000	27.51	8	4.19	657.00
2001	30.51	7	4.01	760.68
2002	32.43	7	3.82	850.00
2003	35.13	8	3.57	983.58
2004	34.80	8	2.69	1291.34
2005	38.31	8	2.64	1450.54
2006	38.49	8	2.21	1742.96
2007	43.21	9	2.09	2068.17
2008	42.27	10	1.99	2123.33
平均	33.62		2.84	1185.15

第二节　棉区布局

安徽地处长江流域和黄河流域两大棉花优势区域。因自然生态条件差异，形成淮北、沿江、江淮丘陵三大自然棉区，适宜植棉面积 53.33 万公顷。

规划布局

从 20 世纪 70 年代开始，安徽省把集中棉田布局作为发展棉花生产重要措施，在棉农口粮供应、粮食征购任务、化肥供应等方面制定支持政策。1980—1999 年，按照国家统一布局，推进优质棉生产基地县（市）建设，棉田向宜棉区集中，宜棉区内向宜棉地集中。先后建立望江县、宿松县、东至县、无为县、枞阳县、宣州市、宿州市埇桥区、灵璧县、泗县、萧县、利辛县、涡阳县、界首市、亳州市（县）、濉溪县、淮北市等 16 个优质棉生产基地。

《安徽省棉花产业化发展规划（2003—2007 年）》将淮北棉区 23 个县（市、区）、沿江棉区 23 县（市、区）规划为安徽省两大棉花优势区域，其中重点建设 16 个优质棉基地。淮北棉花优势区域包括淮河以北阜阳、亳州、淮北、蚌埠、宿州、淮南等市所辖 23 个县（市、区），重点建设固镇、怀远、埇桥、萧县、谯城、太和、灵璧、凤台等 8 个县（市、区）优质棉基地。沿江棉花优势区包括安庆、巢湖、池州、铜陵、芜湖、宣城、马鞍山等市所辖

24个县（市、区），重点建设无为、望江、宿松、繁昌、居巢、宣州、东至、枞阳、贵池等9个县（市、区）优质棉基地。

《安徽省优势农产品区域布局规划（2008—2015年）》对棉花区域布局进行调整。在淮北和沿江地区选择亳州、阜阳、宿州、蚌埠、淮北、安庆、巢湖、宣城、池州、滁州、合肥、铜陵、芜湖等13个市28个重点县（市、区）为棉花优势区。

棉区分布

沿江棉区　地处长江中游，是高产高效棉区。无霜期245～255天，大于等于10℃积温5100℃～5400℃，大于等于20℃积温3600℃～4100℃，年平均气温16.1℃～17.7℃，稳定通过15℃初终日期是4月15日、10月16日至11月24日，秋后降温迟，且缓慢，棉花有效结铃期长达75天。全年日照2000～2200小时，7月中旬以后最佳结铃期内，每日光照长达10小时以上，对结铃和棉纤维成熟十分有利。雨水充沛，年平均降水量1200～1400毫米，春季降水量占全年28%～37%。梅雨季节明显，从6月中旬至7月上旬，有30～40天梅雨季节，降水量占全年57%，易造成涝渍灾害。秋季少雨干旱，7月中旬至8月下旬，降水量仅占全年13%，常出现伏秋旱。境内江河交错，湖泊、水库、塘堰众多，水源充足，一般棉田都能自流或提水灌溉。75%～80%棉田分布在江、河两岸洲圩区，土壤属灰潮土，土层深厚肥沃；20%～25%棉田分布在沿湖丘陵，土壤为下蜀系黄土，土质黏重，土层浅，肥力差。棉田种植制度以油菜、棉花两熟为主，占80%，另外有20%为各种三熟制和两熟制。

淮北棉区　地处黄河流域棉区最南端，自然生态条件优于同类棉区。全年日照2500小时，无霜期200～230天，年平均气温14℃～15℃，大于等于10℃积温4600℃～5000℃，大于等于20℃积温3600℃～3800℃，年平均降水量800～900毫米，降水量不足，但地下水丰富，且水位高，有利于灌溉。

江淮丘陵棉区　地处江淮分水岭地区，自然生态条件介于沿江、淮北棉区之间。光照适宜、热量丰富，年降水量850～1000毫米，年际间变幅大，降水量不足，季节分配不均衡。梅雨期间降水集中且伴随低温，棉花生长中后期易出现伏旱秋旱加冬旱，干旱持续时间长。区域内地形高低不平，地表蓄水能力弱，地下水位低，无大江大河等过境水利用，旱灾为主要自然灾害。

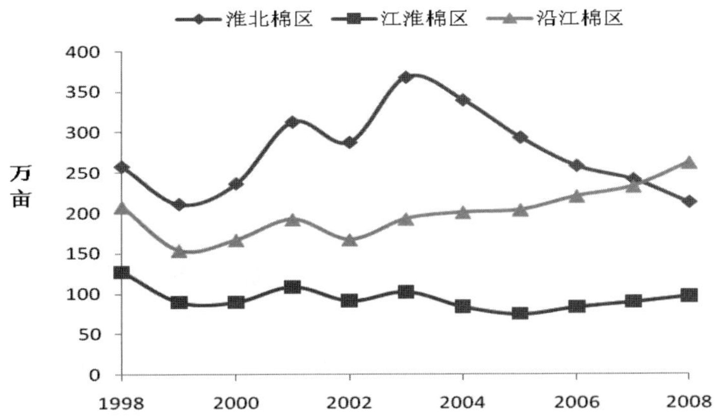

图 3-1-2　安徽省三大棉区 10 年来棉花种植面积变化图

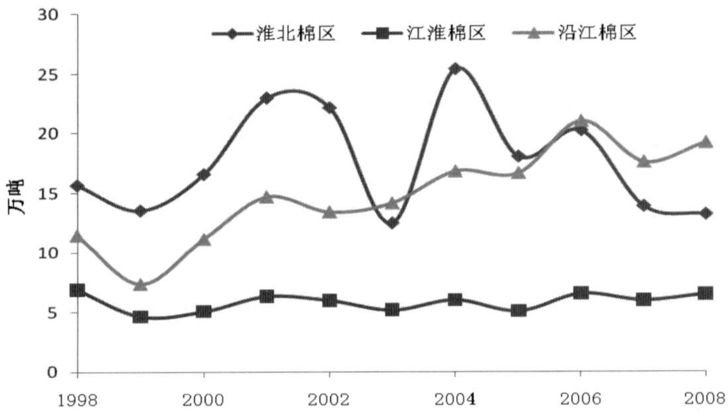

图 3-1-3　安徽省三大棉区 10 年来棉花总产变化图

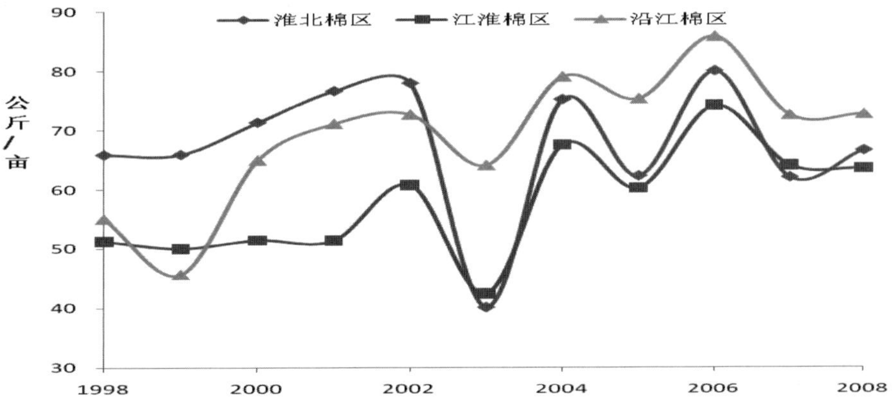

图 3-1-4　安徽省三大棉区 10 年来棉花单产变化图

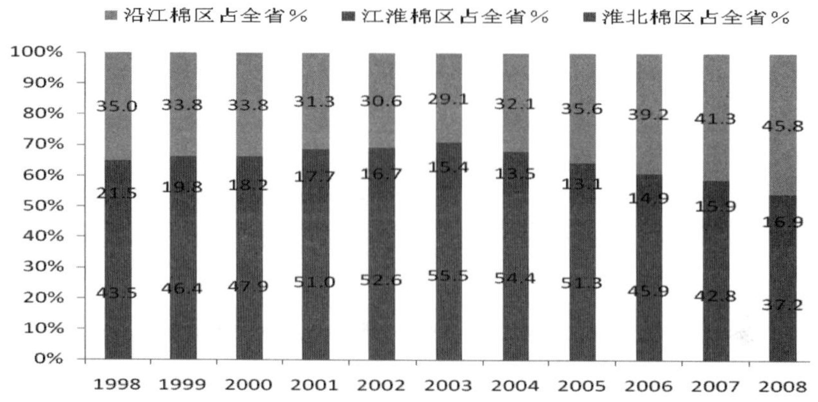

图 3-1-5 安徽省三大棉区棉花种植面积比例

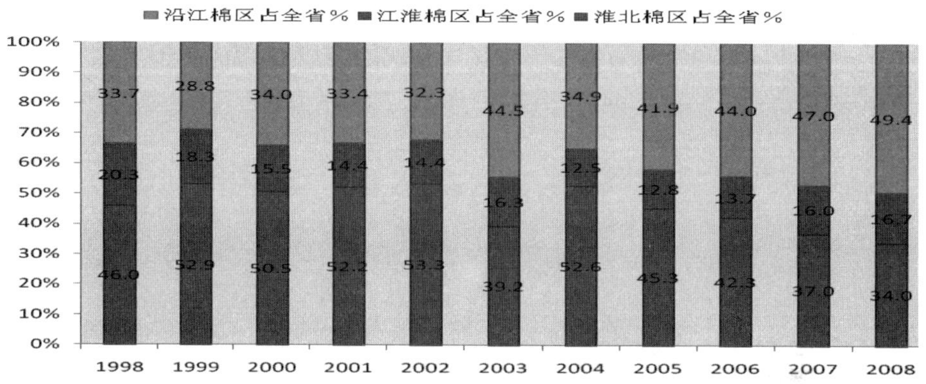

图 3-1-6 安徽省三大棉区棉花总产比例

第三节 棉花品种

从 1985 年开始，安徽省审定和认定的棉花新品种（组合）92 个，国省品种 4 个，2004 年以后，审定品种主要是具有抗虫性能杂交棉品种，其中彩色棉品种 2 个。（表 3-1-11）

自育品种

推广应用面积最大自育棉花品种是皖棉 13 号（皖杂 40）。在安徽、湖南、湖北、江苏等省累计推广 200 多万公顷。其他自育品种有：皖棉 1 号（1987）、皖棉 80-15（1987）、华农 831（1988）、安无 112（1992）、皖棉 7 号（1995）、皖棉 11 号（1998）、皖棉 10 号（2000）、淮杂 2 号和淮杂 3 号（2002）、保铃棉 32B 等（2002）、皖棉 16 号（2002）、九杂四号（2008）等。

停止应用品种

1985—1994 年安徽省审（认）定 16 个品种和 1984—2000 年国家审定 50 个品种于 2008 年停止应用。安徽省审定品种停止应用有：沪棉 479、皖棉 73-10、岱字 16、泗棉2号、徐州514、皖棉1号、皖棉2号（皖棉80–15）、皖棉3号（华农831）、皖棉4号（皖夏棉1号）、冀棉11（邯郸14）、皖棉5号（安无112）、皖棉6号（皖夏棉2号）、徐州553、皖棉7号（华农8407）、皖棉8号（华农44）、荆州8933等16个。国家审定品种停止应用有：豫棉一号、棉花徐州514、黑山棉一号、棉花徐州142、鲁棉一号、沪棉204、中棉10号、棉花鄂沙28、棉花植保86–1、冀棉一号、晋棉5号、中棉12号、中棉14号、泗棉二号、冀棉8号、鲁棉2号、棉花岱红岱、冀棉11号、盐棉48、豫棉4号、鲁棉6号、新海3号、皖夏棉1号、新陆早1号、中棉16、中棉13、中棉17号、鄂荆1号、冀棉17、豫棉9号、中棉19、鄂棉18、鄂棉20、中棉所24、石远321、中棉所27、豫棉12、冀棉21号、鄂抗棉7号、中棉所23、鄂抗棉3号、苏棉12号(原名太193)、川棉239、中棉所38(原名RH–3、中抗杂A)、豫早275、中棉所39(原名中抗杂4号)、豫棉21号(原名豫2067)、苏棉14号(原名徐203)、川棉243、苏棉16号(原名太121)等50个。

1985—2008年安徽省审定及安徽省选育的国审棉花品种

表3–1–11

审定年份	品种个数	品种名称
1985	5	泗棉2号、徐州514、沪棉479（认定）、皖棉73–10（认定）、岱字16（认定）
1986	2	皖棉1号、皖棉2号（皖棉80–15）
1987	1	皖棉3号（华农831）
1989	3	皖棉4号（皖夏棉1号）、冀棉11号
1991	2	皖棉5号（安无112）、皖棉6号（皖夏棉2号）、徐州553（认定）
1992	1	皖棉7号（华农8407）
1994	2	皖棉8号（华农44）、荆州8933
1996	4	通87–1220、荆1246、苏杂16、中437
1997	5	皖棉9号（华农916）、皖棉10号（皖棉4号品系）、皖棉11号（全椒杂9010）、中杂028、皖棉12号（淮821–10）
1998	4	国抗棉1号、中棉所29号、中抗杂1号、皖棉13号（皖杂40）
1999	2	DP32B、DP1560BG
2001	5	皖棉14号(淮无8系)、皖棉15号(望棉18)、苏棉10号、皖棉16号(96–2)、皖棉17号（95091）、泗棉4号(泗阳167)、荆棉3517 、DP410B
2002	4	皖棉18号（淮杂2号）、皖棉19号（九杂四号）、皖棉20号（惠丰一号）
2003	1	皖棉21号（淮杂3号）
2004	7	皖棉22号(F0169F1/丰杂棉169)、皖棉23号(当杂1号F1)、皖棉24号(皖杂3号F1)、皖棉25号（灵杂1号F1）、中棉所48号（中0088 F1）、楚杂180（D180 F1）、南农优3号（南优3号F1）
2005	7	皖棉26号（东杂10号）、皖棉27号（皖杂5号）、皖棉28号（爱杂8号）、皖棉29号（德棉800）、南农9号（南农01–9）、泗杂3号、豫杂0568、九杂四号（国审）

续表 3-1-11

审定年份	品种个数	品种名称
2006	17	岱杂 1 号（DPH37B）、双棉 1 号（杂 3137、华棉 137）、中棉所 53 号（中杂 003）、皖棉 30 号（银丰—88）、皖棉 31 号（全杂 1 号）、宁字棉 R2（MR2）、冀杂 6268、皖棉 32 号（九杂 6 号）、苏杂 118（SM211）、皖棉 33 号（爱杂 9 号）、皖棉 34 号（HH6 号）、皖棉 35 号（农研 1 号）、皖棉 36 号（郑杂 1 号）、国欣棉 1 号（欣杂 1 号）、皖棉 37 号（绿亿棉 7 号、隆安棉 2 号）、皖棉 38 号（淮杂棕，彩色棉）、皖棉 39 号（淮杂绿，彩色棉）
2007	15	金杂 101、灵选 2 号、南农 99—8（南农 8 号）、科腾 1053（宇优棉 1 号）、安屯棉 1 号、安丰 56（国欣棉 2 号）、春杂棉 1 号、川农棉 3 号、金科 6 号、丰裕 8 号、A52、爱棉 1、科杂棉 133（科棉 6 号）、科杂 1 号、泗阳 328、国丰棉 12（GKZ43，绿亿 12，国审）
2008	4	望杂 2 号、荃银 2 号、科杂 2 号、升金棉 20 号、皖杂 8 号（国审）

品种更新

安徽省棉花品种先后进行 4 次大规模、变革性更新。第一次是 20 世纪 50 年代，引种美国岱字棉 15 等优良陆地棉良种，取代低产、绒短亚洲棉（中棉）及退化陆地棉。第二次是 20 世纪 60—70 年代，选用国内自育品种（沪棉 204、沪棉 497、徐州 1818、徐州 514 以及后来的徐州 553、泗棉 2 号、泗棉 3 号等）更换外国品种。第三次是从 20 世纪 90 年代中期开始，选用安徽省自育杂交棉良种，皖棉 13（皖杂 40）、皖棉 11、皖棉 9 号、淮杂 2 号等取代外省品种。第四次是从 20 世纪末开始，先后推广国抗棉 1 号、中棉所 29 号、中抗杂 1 号等国产转基因抗虫棉和 DP32B、DP1560BG、DP410B 等美国转基因抗虫棉，主要解决棉铃虫和红铃虫等灾难性害虫。2004 年，安徽省自育并推广应用具有抗虫性能杂交棉新品种（组合），克服常规抗虫棉苗期长势弱、棉铃小等弱点，提高产量，改善品质。2005—2008 年，省农委推荐棉花主导品种或良种补贴品种 68 个（次），农业部推荐适合安徽种植棉花主导品种 12 个次。

2005—2008 年适合安徽省种植棉花主导品种（良种补贴品种）

表 3-1-12

年份	类型	个数	品种名称	推荐部门
2005	主导品种	5	中棉所 29，皖棉 13（皖杂 40），泗棉 4 号，DP410B，灵杂 1 号	省农委
2006	主导品种	6	九杂 4 号、皖杂 8 号、南农优 3 号、泗棉 4 号、中棉所 29、当杂 1 号	省农委
2007—2008	主导品种	3	皖棉 26 号（东杂 10 号、升金棉 10 号）、皖棉 27 号（皖杂 5 号）、九杂四号	省农委
2007	良种补贴项目中标品种	25	DPH37B（岱杂 1 号）、中棉所 48、中棉所 53（中杂 003）、中棉所 29、皖棉 30 号（银丰 -88）、皖棉 26（升金棉 10 号）、国抗棉 1 号、鄂杂棉 10 号、湘杂棉 8 号、南农 6 号、科棉 3 号、泗杂 3 号、苏杂 3 号、皖棉 24（皖杂 3 号 F1）、皖棉 19、皖棉 25（灵杂 1 号 F1）、灵选 2 号、皖棉 34 号、皖棉 29 号（德棉 800）、南农优 3 号、皖棉 13（皖杂 40F1）、皖棉 23（当杂 1 号 F1）、南农 9 号、皖棉 18（淮杂 2 号）、皖棉 37 号	省农委

续表 3-1-12

年份	类型	个数	品种名称	推荐部门
2008	良种补贴项目中标品种	29	鄂杂棉 11 号、中棉所 53（中杂 003）、皖棉 25（灵杂 1 号 F1）、楚杂 180（D180F1）、南农 6 号（南抗 6 号、GKz23）、冀杂 6268、皖棉 23（当杂 1 号 F1）、皖棉 26（东杂 10 号、升金棉 10 号）、泗杂 3 号、皖棉 27（皖杂 5 号）、皖棉 28（皖杂 8 号）、皖棉 13（皖杂 40）、南农 9 号（南农 01-9,限沿江棉区）、皖棉 31（全杂 1 号）、南农优 3 号（南优 3 号 F1）、皖棉 32（九杂 6 号）、丰裕 8 号、皖棉 30（银丰 -88）、皖棉 24（皖杂 3 号 F1）、鄂杂棉 10 号（太 97d5-1、GKz33）、皖棉 22（丰杂棉 169）、科棉 3 号、皖棉 18（淮杂 2 号）、湘杂棉 8 号（GKz17）、科棉 6 号（科杂棉 133）、中棉所 48（中 0088F1）、皖棉 37（绿亿棉 7 号、隆安棉 2 号）、皖棉 34（HH6 号）、灵选 2 号	省农委
2006	主导品种	4	鲁棉研 28 号、科棉 6 号、邯杂 98-1、豫杂 35	农业部
2007	主导品种	3	鲁棉研 28 号、鄂杂棉 10 号、银棉 2 号	农业部
2008	主导品种	5	鲁棉研 28 号、鄂杂棉 10 号、银棉 2 号、中植棉 2 号、湘杂棉 8 号	农业部

第四节　产业政策

组织机构

20 世纪七八十年代，安徽省、市、县党委、政府先后成立棉花生产领导小组。领导小组组长由党政主要领导或分管农业领导担任，成员包括计划、科技、农业、商业、财政、供销、纺织、农行、物价等有关部门负责人。领导小组主要是制定生产计划、物资供应、收购和奖励政策等。领导小组下设棉花生产办公室，由农业部门负责人兼任办公室主任，成员包括农业、供销、纺织等部门，主要职责：搞好调查研究，了解生产情况和问题，掌握生产进度，提出工作建议，提供决策依据；开展技术指导，建设示范田，组织检查评比，推广先进经验等。1999 年，国家实行棉花流通体制改革，棉花生产领导小组和棉花生产办公室先后撤销、合并，工作由农业主管部门、农技推广机构、棉花行业协会、龙头企业分别承担。此后，无为、望江等产棉大县又相继成立棉花产业发展领导组。

棉花产业

棉花产业是安徽省农业产业化“主导产业”之一。2003—2007 年，实施农业产业化“121 强龙工程”，同时制定《安徽省棉花产业化发展规划（2003 年—2007 年）》。2008 年，开始实施农业产业化“532”提升行动，同时制定《安徽省优势农产品区域布局规划（2008 年—2015 年）》。实施两项规划，推进沿江和淮北两大棉花优势产业带建设，实现棉花生产区域化布局、规模化生产、产业化经营。通过外引内联、重组、兼并、收购、股份合作等形式，培育规模大、起点高、外向型、牵动力强的省级棉花产业龙头企业（组织）25 家。依托全国棉花交易市场安徽工作站，利用现有储备、中转仓储设施，建设区域性棉花交易市场。建设高标准棉田示范区，开展新品种、新技术、新成果展示与示范。1998年12月，国务院颁发《关于深化棉花流通体制改革的决定》（国发〔1998〕42号），省政府随之制定配套政策文件（〔皖政1999〕28号），宣告安徽棉花生产和流通由严格计划经济向社会主义市场经济过渡。

市场管理

2006年10月，经国务院批准，国家发展改革委、国家工商总局、国家质检总局对《棉花收购加工与市场管理暂行办法》进行修订，更名为《棉花加工资格认定和市场管理暂行办法》（2006年第49号令），安徽省制定相应实施细则。新管理办法实施，对搞活棉花流通、规范市场秩序、规模化经营、市场体系和现代物流建设、保证棉花质量起到有效促进作用。通过整顿提高，全省棉花加工企业减少到106家。

良种补贴和保险

2007年开始，中央财政对棉花良种推广实行补贴政策，补贴标准为15元/亩。2007—2008年，无为县、宿松县（含华阳河农场）、蒙城县、东至县、濉溪县、望江县（含皖河农场）、固镇县、灵璧县、宿州市埇桥区等产棉大县共13.33万公顷棉花获良种补贴。2008年，安徽省被确定为政策性农业保险试点省份，棉花为试点品种。每亩保险金额300元，保费为15元/亩，其中财政补贴12元，农户承担3元。2008年，安徽省政策性农业保险累计承保棉花5.067万公顷。

第五节　栽培技术

通过科研成果应用和技术推广，安徽棉花生产科技贡献率不断提升。品种基本实现杂交化，棉种实现包衣化。种植制度优化，棉麦（油）两熟制和多熟制面积占全省植棉面积95%以上。推广调整种植密度和配置方式、棉花育苗移栽、地膜覆盖、化学调控、测土配方施肥、增施有机肥料、钾肥和微肥、综合防治病虫害等技术措施。

种植制度

1986年，安徽省农牧渔业厅农业局提出推广“四改”：改春棉一熟制为午季棉花两熟制；改不完全两熟为完全两熟制；改前茬白菜型油菜、大麦等低产低值品种为甘蓝型油菜、小麦等高产优良品种；改直播套种常规植棉技术为大苗龄接茬移栽连作新技术。同时进行“麦（油）棉两熟双高产综合技术研究与开发”。到1989年，全省两熟（含多熟）比重由1984年45%上升到66.8%。油棉两熟制由过去油套棉，改为油菜遍种，棉花育苗接茬移栽。沿江棉区麦棉两熟制由过去窄麦幅、宽预留行间套种棉方式，改为宽幅麦窄预留行或满幅麦后移栽棉。淮北棉区普遍改为“三一式”为主窄预留行，行间套栽、套种棉花方式。即种植带宽1.0～1.07米，播种3行小麦，麦行20或23厘米，占地40～50厘米，次年在50厘米左右预留行间套种（栽）1行棉花，麦棉相距为20厘米以上，麦收后，棉花为1米等行，每亩密度3300株左右。该方式小麦占地75%～80%，空间利用率90%左右，小麦单产水平接近遍种小麦，基本实现完全两熟制。1999年，全省三熟及三熟以上棉田 7.51 万公顷，占总植棉面积 24.8%。种植制度变化主要是复种指数下降和推广新种植模式。

20 世纪 80 年代末 90 年代初至中期，城郊型棉区向多元组合立体栽培效益型农业方向发展。繁昌县、和县、无为县等地棉菜型高效多熟立体栽培发展很快，主要是利用春秋两季棉行散漏光、热源丰富，冬季套种高效作物蔬菜，出现几十种多元组合立体栽培模式。组合类型有辣椒—棉—菜、马铃薯—棉—菜、番茄—棉—菜、大蒜—棉—菜、梅豆—棉—菜、黄瓜—棉—菜、草葛—棉—菜、更豆—棉—菜、凉薯—棉—菜、西瓜—棉—菜、洋花萝卜—棉—菜等。

技术推广

农业部、安徽省农委先后推介发布多项棉花生产主推技术：棉田节本高效防污栽培技术，棉田全程化控栽培技术，高品质棉栽培配套技术，棉花抗灾技术，棉花化学调控技术，棉业信息与科技服务网络平台（安徽棉网），棉花基质（无土）育苗移栽新技术，盐碱地棉花丰产栽培技术，棉花超高产综合配套技术，杂交棉高产优质节本增效栽培技术，测土配方施肥技术，秸秆还田技术，锌肥施用技术，病虫预报与防治可视化技术，病虫害、鼠害综合防治技术，安全用药技术，化学除草技术等。安徽省农科院等单位研发和推广一批减耗、轻简化、集约化、高效栽培技术和产品。主要包括：麦后短季棉直播、抗虫杂交棉品种、简化育苗移栽（基质育苗裸苗移栽等）、免耕栽培、简化施肥（棉花专用配方缓控释肥）、全程化学调控、简化整枝、化学除草、抗虫棉病虫害综合防治等。

科研成果

1980—2008 年，安徽省在棉花科研上取得一大批成果。

棉花栽培成果：《淮北碱地、砂姜黑土地棉花均衡增产综合栽培技术体系开发研究》（1986）、《安徽省棉花地膜覆盖栽培及其高产优质技术配套研究》（1986）、《淮北砂姜黑土地棉花争优增产栽培技术体系研究》（1986）、《碱地棉花地膜覆盖栽培试验及其配套技术研究》（1986）、《安徽省沿江棉区提高棉田综合经济效益栽培技术体系的研究》（1991）、《江淮丘陵地区棉花节本高效综合栽培技术体系研究。》（2004）、《全国不同生态棉区优质棉高产技术与应用》《棉花叶枝机理及简化栽培技术应用研究》等。

病虫害防治成果：《安徽省沿江棉区棉铃虫发生规律及防治研究》《安徽省沿江棉区棉花害虫综合防治研究》（1987）《安徽省沿江棉区棉虫天敌资源及其初步利用》《棉花高产优质综合配套技术研究》《棉铃虫发生规律、预测预报及综合防治研究》（2002）、《性信息干扰素 (PB-ROPEL、AB-ROPEL) 防治棉红铃虫、棉铃虫技术研究》（2003）《安徽省棉业智能化信息系统》（2004）、《优质多抗杂交棉节本高效生产核心技术研究与系统集成及应用》（2007）等。

行业标准

主持制定农业行业标准 1 项，发布实施安徽省地方标准 30 项。

1987—2008年制定的棉花产业相关的农业行业标准和安徽省地方标准

表3-1-13

年份	标准号	标准名称
1987	皖D/NY30-87	棉花品种 泗棉2号
1987	皖D/NY31-87	棉花品种 徐州514
1996	DB34/T125-1996	棉花品种 皖夏棉1号
1997	DB34/ 133-1997	纤维混合物中麻与棉含量的测定
1997	DB34/T138-1997	棉铃虫测报调查规范
2003	DB34/T124.1-2003	沿江棉花原（良）种常规繁育规程
2003	DB34/T124.2-2003	沿江棉花育苗移栽技术规程
2003	DB34/T124.3-2003	沿江棉花生产技术规程
2003	DB34/T124.4-2003	沿江棉花病虫草害化学防治技术规程
2003	DB34/T315-2003	保铃棉栽培技术规范
2007	DB34/T 688-2007	沿江棉区高品质杂交棉花高产栽培技术规程
2007	DB34/T 689-2007	棉花化学调控技术规范
2008	NY/T 1734-2009	杂交棉人工去雄制种技术操作规程
2008	DB34/T 804-2008	抗虫杂交棉栽培技术规程
2008	DB34/T 805-2008	棉花棉蓟马测报调查规范
2008	DB34/T 864-2008	棉花基质育苗裸苗移栽技术规程
2008	DB34/T 865-2008	杂交棉人工去雄制种质量控制规程
2008	DB34/T 866-2008	转基因抗虫棉生产技术规程

第二章　油　料

第一节　油　菜

油菜生产

1985 年,安徽省油菜种植面积首次达到 66.67 万公顷。1988—2008 年(2007 年除外),全省油菜平均年种植面积 85.7 万公顷,单产 99.6 千克,总产 128.1 万吨。其中1988—1994 年,油菜面积一直稳定在 80 万公顷左右,总产 100 万吨。2000 年以后,油菜种植面积稳定在 93.33 万公顷以上,总产 150 万吨。2006 年以后,油菜种植面积年平均 98.53 万公顷,总产 175 万吨。其中 2004 年全省油菜总产 190.4 万吨,创全省油菜总产量历史最高记录,是 1987 年 1.7 倍;2003 年油菜种植面积 101.45 万公顷,为历史最高年份,是 1978 年 1.1 倍。1996 年以前,全省油菜单产在 100 千克以下徘徊, 1997 年,单产 110.9 千克 / 亩。2009 年,全省油菜平均单产 144.7 千克 / 亩,为全省历史最高水平,是 1987 年单产 1.8 倍。

2005 年以前,油菜种植面积和总产均居全国第二位。2006 年,油菜种植面积位居全国第二,总产位居第三,单产位居第四。2007 年,种植面积、总产均位居全国第三,单产位居第四。2008 年,油菜面积位居全国第四,总产位居第三,单产位居全国第五。2006 年开始,油菜生产出现下滑。2007 年,全省油菜种植面积 61.98 万公顷,下降到1985 年以来最低点,比“十五”期间种植面积平均下降 37.1%、总产平均下降 25.7%。2007 年,国家出台一系列鼓励政策,油菜产业开始恢复和发展。2008 年,全省油菜面积恢复到 66.67 万公顷以上,优质率 92%,商品率 75.1%。

1988—2008 年安徽省油菜生产情况

表 3-2-1　　单位:万公顷、万吨、千克 / 公顷

年份	面积	总产	单产	年份	面积	总产	单产
1988	68.75	50.2	730.5	1999	93.15	152.3	1635
1989	74.03	68.5	925.5	2000	96.47	156.8	1626
1990	77.39	95.4	1233	2001	95.27	178.0	1869
1991	89.71	76.9	858	2002	100.23	152.5	1521

续表 3-2-1

年份	面积	总产	单产	年份	面积	总产	单产
1992	82.78	104.8	1266	2003	101.45	152.9	1507.5
1993	74.88	106.2	1419	2004	100.33	190.4	1897.5
1994	81.99	104.2	1270.5	2005	95.33	182.4	1912.5
1995	99.11	141.6	1428	2006	83.53	165.8	1984.5
1996	85.11	119.0	1398	2007	61.98	129.9	2095.5
1997	83.93	139.7	1663.5	2008	67.04	140.3	2092.5
1998	87.21	82.4	945	—	—	—	—

1988—2008 年安徽省各市油菜生产情况

表 3-2-2　　单位：万公顷、万吨、千克 / 公顷

地区	1988 年		1998 年			2008 年		
	面积	总产	面积	总产	单产	面积	总产	单产
合肥市	6.87	7.56	11.03	10.05	911.1	10.71	24.69	2305.95
安庆市	7.55	3.75	7.96	7.49	941.25	10.26	21.25	2071.05
六安市	9.87	6.78	14.23	10.70	751.8	10.13	18.56	1831.95
巢湖市	12.03	8.33	11.80	13.94	1181.7	9.13	23.29	2550
滁州市	7.27	8.86	9.92	10.82	1090.65	6.42	15.00	2335.95
宣城市	5.26	4.25	7.27	6.51	895.65	4.45	9.58	2152.95
池州市	2.67	1.45	3.89	3.47	893.25	2.97	6.11	2055
芜湖市	2.69	2.47	4.14	4.79	1156.2	2.92	6.97	2382
黄山市	1.64	1.05	2.64	2.14	810.15	2.47	3.25	1318.05
马鞍山市	1.89	2.05	2.44	2.33	952.65	2.09	4.76	2284.95
阜阳市	0.63	0.36	3.76	4.52	1202.4	1.99	4.54	2281.95
宿州市	5.57	0.60	2.76	1.99	721.95	1.13	2.33	2065.05
铜陵市	0.75	0.48	0.85	0.97	1145.85	0.78	1.72	2211
亳州市	0.66	0.52	0.20	0.40	2025.45	0.56	1.32	2371.05
蚌埠市	1.44	1.12	2.61	1.41	541.5	0.55	0.86	1564.95
淮南市	0.58	0.25	0.43	0.40	931.95	0.36	0.81	2217
淮北市	1.36	0.33	1.29	0.47	366.9	0.13	0.23	1798.95
总 计	68.75	50.22	87.21	82.41	–	67.04	140.30	–

种植区域

油菜种植区域以淮河为界，淮河以北地区属黄淮流域冬油菜区，油菜种植面积小且分散，属不适宜发展地区。淮河以南地区属长江流域冬油菜区，包括江淮丘陵地区、沿江地区和皖南山区，油菜种植面积较大，是安徽省油菜集中产区，也是中国双低油菜发展优势地区。主要分布在六安、合肥、滁州、巢湖、安庆、池州、宣城、马鞍山、芜湖、铜陵等市，面积和产量均占全省油菜总面积和产量85%。其中2003年油菜种植面积均在13.33万公顷。2006年，合肥、滁州、六安、巢湖、安庆、宣城等市油菜种植面积均超过6.67万公顷，全省0.667万公顷以上种植大县42个，其中1.33万公顷以上种植大县29个，3.33万公顷以上种植大县6个（肥东、肥西、长丰、寿县、霍邱、无为）。1986年以后，油菜种植面积逐渐向南方集中，北方面积减少，产量下降。1988年，宿州市油菜种植面积5.57万公顷，2008年，种植面积1.13万公顷，减少4.45万公顷，减幅80%。1988年，淮北市油菜种植面积1.36万公顷，2008年，种植面积0.133万公顷，减幅达90%。（表3–2–2）

生产措施

制定政策　1985年，国家粮油收购政策由统购改为合同定购，按原统购价格敞开收购，推动油菜种植面积增加。1988—1990年，每年都对油菜籽价格进行适当调整。1990年，油菜籽收购价格1.40元/千克。2000年以后，油菜籽价格与国际市场现货价格基本持平，比加拿大油菜籽到岸价格低20%。2001年，安徽省油菜籽价格1.60元/千克。2007年10月8日，国务院办公厅下达《关于促进油料生产发展的意见》，制定设立油菜籽良种补贴、对油料生产大县实行奖励、开展油料作物保险试点、扩大机械化示范等一系列政策，对稳定油菜种植面积产生积极影响。2003年开始，安徽在全国率先实行省级油菜良种补贴试点工作，每亩补贴4元，基本上免费供种。2004年，油菜良种补贴扩大到6.67万公顷。2007年，国家正式出台油菜良种补贴实施方案，每亩补贴10元，油菜种植面积迅速恢复。2008年，安徽省油菜籽临时收储价格每千克4.4元，比当时进口油菜籽每吨高600～700元。2003年10月9日，安徽省油菜产业协会在宣城市正式成立。

引进推广良种　1986年，安徽从陕西引进杂交油菜品种“秦油2号”，杂交油菜种植面积逐年扩大。1990年，全省杂交油菜种植面积10.87万公顷，占油菜种植总面积14%；1994年，杂交油菜种植面积占全省油菜种植总面积57%；1999年，安徽省自育杂交油菜新品种“皖油9号”推广面积13.33万公顷。从1993年开始引进推广一批杂交油菜新品种，如华杂3号、华杂4号、油研7号、豫油4号等。1999年，全省优质油菜面积26.67万公顷以上，占全省油菜种植面积30%。仅华杂3号品种种植面积就达到20万公顷。2000年以后，省农作物品种审定委员会从源头把关，明确规定：没有达到优质“双低”标准品种不予参加区域试验和品种审定。对加快推动油菜产业“双低化”进程，扩大优质杂交油菜面积起到促进作用。2008年，全省“双低”油菜种植面积92%以上。

高产攻关　1994年，省政府在全省范围内组织实施油菜“一、二、三”高产攻关。用3～5年时间，力争全省油菜总产突破150万吨，建成一批平均单产超过150千克/亩高产示范县（市）。1995年，实现全省油菜面积、总产双超历史。1996年，在油菜种植面积减少13.33万公顷情况下，总产达到119万吨。1997年，在遭受严重自然灾害情况下，总产达到139.7万吨，为历史第二高产年。1998年3月19日，出现严重雪灾冻害，造成油菜大幅度减产。1999年，油菜总产实现150万吨攻关目标，创全省历史最高纪录。比实施油菜高产攻关前提高45万吨。全椒、天长、含山、繁昌等县（市）油菜单产连续3年稳定在150千克/亩以上。

高产创建活动　2008年，省农委制定《安徽省2008年粮油高产创建活动方案》（皖农农函〔2008〕485号），在肥东、无为、来安、望江等4个县各建立万亩油菜高产创建部级示范区，目标亩产200千克。通过高产创建，示范县油菜总产比前三年平均增长10%。为推进第二轮油菜高产创建活动，省政府办公厅发布《关于加快发展油菜生产的意见》（皖政办〔2008〕49号），提出“力争用5年时间，全省油菜面积恢复到1400万亩，单产达到150公斤，总产达到200万吨以上”。

栽培技术

选用杂交油菜品种　1986年，引进全国第一个杂交油菜品种秦油2号，经过5年推广，杂交油菜逐渐代替常规油菜品种。1993年，开始引进推广华杂3号、华杂4号、油研7号、豫油4号等杂交优质油菜新品种。此后，自育杂交优质油菜皖油14、皖油18、皖油19、皖油25、核优56、皖油28、天禾油6号、杂油719等品种大面积推广，优质油菜面积逐年扩大。1999年，全省杂交优质油菜种植面积占30%以上。主要品种有皖油、华皖油、华协、华油杂、秦优、湘杂油、中油杂、油研、德油、绵油、宁杂、川油、蓉油、沪油等系列。推广面积3.33万公顷以上品种有秦优7号、皖油18、秦优10号、绵油12等，1.33万公顷以上品种有德油8号、蓉油11等；0.667万公顷以上品种有皖油14、中油杂系列和华油杂系列部分品种。沿江地区油菜品种以早熟弱冬性品种为主，如蓉油11、绵油12、德油8号等。江淮丘陵地区以抗寒性强品种为主，如秦优7号、皖油18、华协102等。

育苗移栽　油菜通过苗床培育壮苗、适时移栽，能调解季节矛盾，节约种子，增强油菜抗逆性，提高单产，比直播增产30%左右。1979年，全省油菜育苗移栽面积2万公顷；1987年，育苗移栽面积增加到31.93万公顷；1999年，育苗移栽面积达到53.33万公顷，占全省油菜总面积58%，其中全椒县、天长市等县（市）杂交油菜育苗移栽面积占85%以上。“十五”期间，全省油菜育苗移栽面积占全省总面积70%～80%。由于油菜育苗移栽用工量大，劳动强度高，2006年以后，育苗移栽面积逐年下降，占全省油菜面积不足50%。

秋冬发栽培　油菜秋冬发栽培技术示范与推广是安徽油菜栽培技术创新重要措

施。主要采取早育苗、早移栽、早管理“三早”栽培模式，确保油菜在秋、冬有效生长期内，充分扩增营养体，形成高产架构，达到 200 ～ 250 千克 / 亩指标。1999 年，全省油菜秋冬发栽培技术推广面积达到 80% 以上，其中秋发栽培与冬发栽培各占 50%。一些油菜高产创建示范区，在推广油菜秋冬发栽培技术同时，将育苗移栽改为直播方式，并且大范围采用免耕机械化播种技术。

机械化生产　2000 年，安徽省召开第一次油菜机收现场会，开始推广油菜机械化收获技术。2005 年，在全椒县召开全省油菜联合收获现场会，明确油菜生产机械化技术重点主攻方向，并制定适合不同产区油菜生产机械化技术工艺路线。2005 年，各油菜产区共召开油菜种植、收获、烘干等现场会 50 多次，引导农民购买油菜生产机械 5000 台。2006 年，全省各地又组织更大规模油菜机械化收获现场演示会。2008 年，全省油菜机播面积 1.26 万公顷，机收面积 0.33 万公顷，机耕面积 53.2 万公顷。确定全椒县、巢湖市居巢区为部级油菜生产机械化示范县，来安、宿松、庐江、寿县、广德、芜湖等县为省级油菜生产机械化示范县，并建立油菜生产机械化示范点 61 个。

轻简化栽培　2004—2005 年，安徽推广轻型简化栽培面积 40 万公顷，占全省油菜种植面积 40%。轻型简化栽培技术主要包括免耕直播、板茬移栽、机械化播种和机械化收获等。直播油菜每亩节约用工 3 ～ 6 个，节约人工成本 75 元，节约育苗成本 30 元，每亩节本增效 100 元。其中“油菜免耕直播机开沟配套栽培技术”省工、节本、增效优势明显，推广面积 6.67 万公顷。其关键技术包括：重施基肥、适期早播、机械开沟与抛土覆盖、化学除草和早间、定苗等。水稻产区稻套油栽培是一种新型油菜轻简化栽培方式，即在水稻收割前直接将油菜籽撒播到稻田里，不仅免除育苗、耕作、整地、移栽等工序，而且提早油菜播期，有利直播油菜安全越冬。2006—2007 年，舒城县孔集、舒茶两地试验，亩产 153 千克，每亩节省用工 3 ～ 4 个，节本增效 75 ～ 100 元。

测土配方施肥　2005 年，农业部制定《测土配方施肥春季行动方案》和《测土配方施肥秋季行动方案》。当年安排安徽省测土配方施肥项目县 15 个，面积 40 万公顷。2006 年，新增加 22 个县，实施测土配方施肥面积 120 万公顷。2007 年，又新增加 27 个县。至此，全省共有测土配方施肥项目县 64 个，累计完成测土配方施肥面积 24218 万公顷。2005—2008 年，测土配方施肥项目区亩均节肥 2.23 千克（折纯，下同），共减少不合理用肥 24 万吨，亩节本增效 47.8 元，累计效益 64.94 亿元。未列入测土配方施肥项目县，以科技入户、优粮工程等项目为依托，建立核心示范区，发放施肥建议卡，与企业合作施肥供肥，指导农民科学施肥，推进测土配方施肥工作。2006 年，省财政厅、省农委制定《安徽省测土配方施肥试点补贴资金项目管理细则》，规范安徽省油菜等农作物测土配方施肥项目资金使用。

病虫害综合防治　1981—1991 年，随着油菜种植面积扩大和产量提高，油菜菌核病病害日益加重。菌核病年均发生面积 16.67 万公顷。1991—1998 年，菌核病年均发生面积 40 万公顷。其中 1991 年发生面积 47.9 万公顷，造成油菜籽减产 11 万吨；1998

年发生面积60万公顷，占全省油菜种植面积70%，菌核病发病率40%，局部80%以上，自然损失率67.23%。造成油菜籽减产17万吨，占当年油菜籽减产总量30.7%。菌核病防治要“预防为主，综合防治”，轮作换茬，开好三沟、降低田间湿度，结合药剂防治。盛花期，当叶病株率10%以上，茎病株率1%以下时，开始喷洒菌核净1000～1500倍药液2～3次，能起到防治效果。油菜霜霉病、病毒病和花而不实病在全省油菜产区也有发生。其中病毒病南方重病区流行年份产量损失20%～30%，霜霉病和花而不实病流行年份发病率10%～50%。优质油菜抗虫性和耐病性差，前期要以防治虫害为主，后期要以防治病害为主。

化学除草　油菜田常见杂草有10科31种。主要有看麦娘、日本看麦娘、棒头草、早熟禾、繁缕、牛繁缕、猪殃殃、大巢菜、雀舌草、碎米荠、婆婆纳、稻槎菜、荠菜、卷耳、播娘蒿、遏兰菜、宝盖草、泥胡菜、苍耳、小旋花等。全省油菜田年均杂草发生面积53.33万公顷～66.67万公顷，占油菜种植面积70%，草害造成油菜产量损失10%～15%，严重发生年份损失20%～30%。1998年以后，全省在油菜产区实施油菜田无草害工程，示范推广油菜田化学除草技术。按照不同类型田和杂草群落结构，选用相应化学除草配方进行土壤喷雾或茎叶喷雾。

第二节　芝　麻

芝麻生产

芝麻是安徽省重要油料作物、经济作物和出口产品。1988—2008年，芝麻种植面积年平均为11.04万公顷，年平均总产9.9万吨，平均单产59.5千克/亩，面积和产量位居全国第二，占全国种植面积和产量六分之一。2002—2006年，芝麻种植面积占全省油料作物面积9.22%，总产占全省油料作物产量4.37%，在大宗油料中位居第三，在特种油料中位居第一。（表3-2-3、表3-2-4）2002年，全省芝麻种植面积为16.61万公顷，总产16.92万吨。此后，芝麻种植面积出现大幅下滑。2008年下降到6.77万公顷亩，总产7.3万吨，为1988年以后最低点。

产区分布

安徽地处一年两熟制夏芝麻产区，有淮北平原、江淮丘陵、沿江江南三个芝麻主要生产区域。其中三分之二的芝麻种植面积在阜阳地区和江淮分水岭地区。种植土壤类型主要为淮北平原潮土、砂姜黑土，江淮丘陵黄褐土、黄（棕）壤，皖南和大别山区山黄壤。全省旱地均适合芝麻生长，适生区200万公顷以上。芝麻种植面积2000公顷以上县：临泉、阜南、涡阳、明光、定远、太和、颍上、蒙城、濉溪等县（市）和亳州市谯城区，总面积6.81万公顷，占全省芝麻种植面积61.89%。其中临泉县、阜南县、谯城区、明光市种植面积最大，分别为2.49万公顷、0.907万公顷、0.45万公顷和0.42万公顷。黑芝麻种植面积最大县为宿松县，种植面积为0.17万公顷（表3-2-5）。

淮北平原白芝麻产区　主要分布在阜阳、亳州、宿州、蚌埠、淮北等市，面积分别为5.04万公顷、1.64万公顷、0.59万公顷、0.45万公顷和0.33万公顷，总面积8.05万公顷，占全省芝麻种植面积72.9%。

江淮丘陵芝麻产区　主要分布在滁州、巢湖、六安、合肥等市，面积分别为1.15万公顷、0.29万公顷、0.24万公顷和0.17万公顷，总面积1.85万公顷，占全省芝麻种植面积16.7%。

沿江江南芝麻产区　主要分布在安庆、宣州、池州、黄山等市，面积分别为0.29万公顷、0.27万公顷、0.18万公顷和0.15万公顷，总面积0.9万公顷，占全省芝麻种植面积8.2%。

品种推广

芝麻品种来源分为三类，即自育品种、地方品种和引进外省品种。2005年以前，无自主选育芝麻品种，主要用地方品种（农家种）和外省引进品种。2000年以后，省农科院先后育成芝麻新品种皖杂芝1号、皖杂芝2号、合杂芝1号、合杂芝2号、皖芝1号、皖芝2号、皖芝3号、皖芝4号等，并在主产区示范推广。2005年以后，省非主要农作物品种鉴定登记委员会对安徽境内30个芝麻新品种、地方品种和优良种质进行鉴定，其中安徽自主选育芝麻新品种8个。地方品种主要有阜阳"小籽白"、固镇"固芝1号""宿松霸王鞭"等。外省引进品种主要有豫芝11号、豫芝8号、郑杂芝H03、豫芝4号、中芝11号（航芝1号）、中芝12号、豫芝9号、豫芝10号、中芝9号、中芝10号、丰芝88和冀黑芝1号等。

种植制度

夏芝麻种植面积占95%，春芝麻种植面积占5%。夏芝麻于5月下旬至6月中旬播种，8月下旬至9月中旬收获，以油—粮、油—经为主要轮作方式，前茬为小麦、油菜、蚕豆、豌豆、大蒜、马铃薯、草莓等。春芝麻于4月下旬至5月初播种。与棉花、大豆、甘薯、花生、西瓜等作物间作、套种。芝麻与其他作物轮作方式：小麦—芝麻—小麦—大豆—油菜、大麦—芝麻—小麦—玉米—小麦、蚕豆—芝麻—油菜—棉花—小麦、油菜—芝麻—小麦—红薯—小麦、小麦—芝麻—油菜—花生—小麦。芝麻与其他作物间作套种方式：麦垄套种芝麻，芝麻一般在5月15—25日播种，采用人工开沟播种，麦收后每亩留苗1万～1.2万株。大豆套种芝麻，采用4∶2或3∶3方式，即每6行大豆种2行芝麻或3行大豆种3行芝麻，芝麻株距为18～20厘米。芝麻与甘薯间作套种，2垄甘薯1行芝麻，芝麻种在垄沟内。花生地套种芝麻，采用3∶1或6∶2方式间作。西瓜行间内套种芝麻。芝麻混作，常见混播作物有西瓜、大豆、绿豆、豇豆、棉花、花生。

推广技术

主要推广技术有：油菜茬芝麻全苗播种技术，麦茬芝麻免耕直播技术，芝麻"双保险"播种技术，芝麻机械播种技术，芝麻旱、渍、病、虫、草害防控技术，芝麻测土配方施肥配套技术，芝麻间作套种高产栽培技术，芝麻育苗移栽技术和芝麻化学促控技术等。

科学研究

2001年之前，安徽省主要承担“七五”“八五”国家重点科技攻关课题和国家农业综合开发项目。共征集、筛选出235份芝麻种质资源进入国家长期库；对80余份安徽地方品种进行农艺性状鉴定和保存；参与全国芝麻品种编目；筛选出一批综合性状好地方品种应用于生产。2001年以后，先后承担国家芝麻产业技术体系建设、农业部“948”项目、安徽省重点科研计划、种子工程、科技攻关、农业综合开发项目，研究发掘芝麻隐性核不育两用系0176A、54-8A等，选育出芝麻隐性核不育杂交种“皖杂芝1号”“合杂芝1号”“合杂芝2号”和芝麻常规新品种“皖芝1号”“皖芝2号”和“皖芝3号”等，形成安徽省芝麻高产保优增效栽培技术体系。

加工出口

芝麻加工产品主要有水洗纯白芝麻（脱皮）、水淘芝麻、炒芝麻、小磨麻油、芝麻蛋白粉、芝麻糖、麻酥、麻饼、麻烘糕、白切、芝麻粉、黑芝麻糊、精致芝麻油、黑芝麻提取物、浓缩黑芝麻胶囊等。全省大中型芝麻加工企业，主要分布在阜阳市、临泉县、安庆市、滁州市、巢湖市等地，部分企业开展芝麻产品出口贸易或转口贸易。芝麻及其制品内外贸易最多是阜阳市、滁州市、巢湖市等地，每年出口芝麻及其制品2万吨。重点企业有：安徽伊思顿粮油食品有限公司、安徽阜阳宝鼎粮油有限责任公司、安徽龙溪外贸麻油制造有限公司、含山县昭关鹰皇油脂有限公司、含山县褒禅山油厂等。芝麻是安徽传统出口产品，在全省十大出口农产品中位居前5位，在全国芝麻出口省份中位居第一。2002年，全国芝麻出口9.8万吨，其中安徽出口3.69万吨，创汇2490万美元，占全国芝麻主要出口省份出口创汇额33.36%，芝麻出口全国排名第一。2005年，芝麻出口创汇2658万美元，占全国芝麻出口三分之一 。主要出口国为日本、韩国、澳大利亚和欧美、中东等国。出口品种主要有水洗纯白芝麻、黑芝麻和芝麻油等。

1988—2008年安徽省芝麻生产

表3-2-3

年份	面积（万亩）	单产（千克/亩）	总产（万吨）
1988	185.4	48.0	8.9
1989	183.1	32.2	5.9
1990	157.7	46.3	7.3
1991	131.9	41.7	5.5
1992	149.8	49.4	7.4
1993	141.7	47.9	6.8
1994	130.5	56.7	7.4
1995	133.5	55.4	7.4

续表 3-2-3

年份	面积（万亩）	单产（千克 / 亩）	总产（万吨）
1996	119.0	68.1	8.1
1997	164.1	71.3	11.7
1998	171.2	67.8	11.6
1999	189.9	69.5	13.2
2000	237.7	69.8	16.6
2001	242.1	68.9	16.7
2002	249.1	67.8	16.9
2003	187.0	47.1	8.8
2004	181.9	75.3	13.7
2005	163.5	55.0	9.0
2006	150.2	70.8	10.7
2007	107.4	67.9	7.3
2008	101.6	71.9	7.3
平均	165.6	59.5	9.9

2002—2006 年安徽省芝麻播种面积、总产占全省油料百分比

表 3-2-4

项目	年　度					
	2002	2003	2004	2005	2006	五年平均
芝麻播种面积（万亩）	249.08	187.02	181.88	163.47	150.15	186.32
芝麻总产量（万吨）	16.92	8.83	13.69	8.96	10.69	11.82
芝麻单位面积产量（千克 / 亩）	67.9	47.2	75.3	54.8	70.7	63.4
芝麻总产占油料总产的百分比	5.99%	3.82%	4.57%	3.31%	4.09 %	4.37%
芝麻面积占油料面积的百分比	11.43%	8.83%	8.79%	8.36%	8.67%	9.22%

安徽省芝麻十大生产县面积和总产量

表 3-2-5

县	2002—2006 年			2007 年		2008 年	
	面积（万亩）	产量（万吨）	亩产（千克 / 亩）	面积（万亩）	产量（千克 / 亩）	面积（万亩）	产量（千克 / 亩）
临泉	37.43	1.89	50.5	18.48	34.5	23.46	49.3
阜南	13.63	0.92	67.5	8.08	37.8	7.61	63.9
谯城	8.91	0.59	66.2	4. 60	102.2	2.97	91.1

续表 3-2-5

县	2002—2006 年			2007 年		2008 年	
	面积（万亩）	产量（万吨）	亩产（千克 / 亩）	面积（万亩）	产量（千克 / 亩）	面积（万亩）	产量（千克 / 亩）
涡阳	6.68	0.57	85.3	5.24	83.2	4.96	86.0
太和	6.02	0.41	68.1	4.11	64.8	3.35	64.9
明光	6.32	0.37	58.5	2.86	55.8	3.51	71.6
定远	5.72	0.35	61.2	3.00	43.5	2.33	83.6
蒙城	5.44	0.38	69.9	3.67	52.8	2.65	81.2
颍上	5.22	0.38	72.8	1.86	66.5	2.49	65.9
宿松	2.47	0.21	85.0	1.63	66.5	2.49	113.9
全省	183.9	11.82	64.2	107.3	64.9	101.5	72.3

第三节　花　生

花生生产

1988—2008 年，安徽省花生年均种植面积 19.7 万公顷，年均总产 61.72 万吨，平均单产 198.49 千克。其中，1999—2008 年，年均种植面积 24.5 万公顷，年均总产达到 85.66 万吨，单产 233.73 千克。1998 年，花生单产首次突破 200 千克大关，达到 230.5 千克。2000 年，花生面积 33.4 万公顷，首次迈上 33.33 万公顷台阶。2002 年为花生单产和总产最高年份，分别达到 264 千克和 112.7 万吨。1988—2008 年，花生年均种植面积占油料种植面积 16.83%，年均总产占油料作物总产 30.80%。单产是油菜籽 2 倍，是芝麻 3.33 倍。（表 3-2-6）

产区分布

安徽花生产区集中分布在淮北地区和江淮丘陵地区，沿江江南有少量种植，皖南和皖西山区有零星种植。（表 3-2-7）

淮北地区　包括宿州市、亳州市、淮北市、淮南市、阜阳市和蚌埠市。2005 年，花生种植面积 16.5 万公顷，占全省花生种植面积 69.2%；总产 67.85 万吨，占全省花生总产 79.1%。平均单产 274.03 千克，比全省平均单产高 34.32 千克 / 亩。

江淮丘陵地区　包括滁州市、合肥市、六安市和巢湖市。花生种植面积 6.22 万公顷，占全省花生种植面积 26.1%，总产 16.11 万吨，占全省花生总产 18.8%，平均单产 172.67 千克，比全省平均单产低 48.93 千克 / 亩。

沿江江南地区　包括安庆市、芜湖市、铜陵市、马鞍山市、池州市、宣城市、黄山市。花生种植面积 1.12 万公顷，占全省花生种植面积 4.7%，总产 2.48 万吨，占全省花生总产 2.89%，平均单产 147.62 千克，比全省平均单产低 73.98 千克 / 亩。

花生主产市、县　2005年，花生种植面积20万亩以上有蚌埠市、宿州市、滁州市、亳州市、合肥市。种植面积18.92万公顷，占全省种植面积79.32%，总产74.66万吨，占全省总产94.15%。（表3–2–8）

2005年，花生种植面积0.67万公顷以上县（市、区）有固镇县、灵璧县、五河县、蒙城县、怀远县、泗县、定远县、砀山县、宿州市埇桥区、明光市、萧县、凤阳县、肥东县。种植面积16.73万公顷，占全省种植面积70.1%，总产61.12万吨，占全省花生总产77.07%。平均单产239.71千克，高于全省花生平均亩产18.1千克/亩。其中固镇县种植面积2.97万公顷，平均亩产321.7千克，总产16.7万吨，均排在全省第1位。主产县中单产最低是萧县，单产87.05千克，比固镇县低234.65千克。（表3–2–9）

栽培技术

耕作制度　种植制度主要有春播和夏播2种类型，秋花生少量种植。春花生为2年3熟，主要种植模式有：春花生—小麦—夏玉米、春花生—小麦—夏大豆、春花生—小麦—夏山芋。夏花生为1年2熟。主要模式有：小麦—夏花生、油菜—夏花生、大麦—夏花生、马铃薯—夏花生。春花生占60%以上，产量一般比夏花生高100斤以上。（表3–2–10）花生与其他作物的间作、间套模式有：花生、玉米间作，花生、山芋间作，小麦、棉花、花生一年三熟间套，小麦、西瓜、花生、大白菜一年四熟间套，小麦、大蒜、花生、玉米一年四熟间套等。由于近年来农村劳动力大量转移，花生与其他作物的间套种植越来越少。

品种更新　选育、引进、推广高产优质品种主要有：鲁花8号、鲁花9号、鲁花11号、鲁花14号、豫花7号、豫花14号、粤油553、皖花2号、皖花3号等。2002年，省农业技术推广总站与滁州市农技推广中心开展江淮地区花生新品种比较试验，共引进13个品种，筛选出豫花14、豫花15、远杂9106等产量高、经济性状好、抗逆性强品种。2007年，鲁花8号种植面积3.73万公顷，鲁花9号种植面积2.27万公顷，花育16种植面积1.8万公顷，白沙1016种植面积2.67万公顷。皖花3号是安徽省自育品种，由肥东县农委范育科于1988年开始选配组合。2001年，经省农作物品种委员会审定定名为皖花3号。该品种经农业部食品质量监督检测中心测定，粗蛋白质含量31.53%、油酸含量44.01%、亚油酸含量35.18%，以及磷、锌、硒、铁等微量元素均高于普通品种花生。

地膜覆盖　1982年以后，安徽省开始试验示范花生地膜覆盖栽培技术，种植面积3万公顷，平均亩产276千克，比对照样本增产138.6千克。地膜覆盖栽培技术主要通过良种搭配、配方施肥、合理密植、化学调控等实行综合配套。至2008年，花生地膜覆盖栽培面积14.73万公顷，占全省花生种植面积70%。

垄作栽培　针对淮北和江淮地区土壤耕层浅、有机质含量低、严重缺磷情况，推广应用垄作栽培技术。种植春花生田块，在秋季作物收获后，11月底至12月份，深翻冻垡，耕深25～30厘米，于次年3月中旬至4月上旬旋耕整地、起垄，播种前用生物土壤消毒剂、硫酸铜、五氯硝基苯或代森锌等药剂对土壤进行消毒、整地，达到厢面平整，表土疏松细碎，无杂草根兜。按地膜宽度起垄，垄面呈龟背形，开好排水沟。

轮作换茬　花生喜生茬不喜生土。土层深厚肥沃、前茬非花生壤土或沙壤土适合种植花生。确需重茬，要采取深翻、增施有机肥等措施，改良土壤，减轻病虫危害，维持养分平衡。植稻茬花生能减少防治病虫害用药，提高花生品质。优质花生生产基地，还应查明重金属是否超标，对重金属超标不宜作优质花生生产基地，必须经过一个转换期（3 年）后再作基地。

适期播种　露地直播春花生适宜播种期在 4 月下旬；地膜覆盖花生适宜播种期在 4 月上中旬；夏直播花生在小麦（油菜）收获后抢时播种，最迟不超过 6 月 15 日。

合理密植　大花生每亩 0.8 万 ~ 0.9 万穴，小花生每亩 1.0 万 ~ 1.2 万穴，双仁点播。

配方施肥　花生施肥技术经历从不施肥—施用农家肥—施用磷肥—施用氮磷肥—氮磷钾配方施肥几个阶段。现阶段花生施肥水平，作基肥一次施下有：农家肥 1500 ~ 2000 千克 / 亩，尿素 8 ~ 10 千克 / 亩，过磷酸钙 30 ~ 40 千克 / 亩，氯化钾 10 ~ 15 千克 / 亩。对基肥施用不足间套种花生或纯夏花生田块，在花生始花期前，追施 5 千克 / 亩尿素和 10 千克 / 亩过磷酸钙。微肥作基肥或种肥施用。对偏碱性土壤增加施用硼、锰等微肥，对酸性土壤增加施用钼、硼等微肥。施用硼肥 1 千克 / 亩，锌肥 1 ~ 1.5 千克 / 亩，钼酸铵 15 ~ 20 千克 / 亩。

防治病虫害　花生虫害主要是地下害虫。病害主要有青枯病、茎腐病和根腐病。在播种前用 48% 乐斯本拌细沙顺播种沟撒施，防治地下害虫。用多菌灵拌种防治病害。

化学除草　地膜花生田块，用 50% 乙草胺乳剂进行芽前除草。露地花生田块，用高效盖草能防除。

化学调控　春花生在 7 月中下旬，夏花生在 7 月下旬至 8 月上旬，当植株主茎高 40 厘米时，喷施多效唑、壮饱胺、果宝、超生宝等，控旺防徒长。如后期阴雨天较多，有徒长势头，可再喷一次，效果更佳。禁止使用矮壮素化学调控，避免产生丁酰肼残留。

机械化生产　2001—2002 年，省农机推广总站在固镇县、泗县实施农业部“丰收计划”花生生产机械化项目。重点推广机械耕整地（含适度深耕、深松），机械联合播种、机械起果、机械脱壳技术。实施面积 5.15 万公顷，平均亩产 339.59 千克，比项目区前三年平均亩产增加 18.86 千克，增幅 5.79%，项目辐射推广面积 13.33 万公顷。花生全程机械化项目基本实现整地、播种、铺膜、施肥、收获、脱壳等环节机械化技术的组装配套。

1988—2008 年安徽省度花生生产情况

表 3-2-6

年份	面积（万公顷）	亩产（千克）	总产（万吨）
1988	12.62	145.0	28.75
1989	12.45	145.0	27.05
1990	11.65	150.0	26.20
1991	9.44	102.5	14.50

续表 3-2-6

年份	面积（万公顷）	亩产（千克）	总产（万吨）
1992	11.64	159.5	27.85
1993	15.35	191.5	44.15
1994	17.80	160.0	42.70
1995	18.16	157.0	42.75
1996	16.60	198.0	49.30
1997	18.63	192.0	53.65
1998	23.80	230.5	82.30
1999	27.50	248.5	102.50
2000	33.40	222.0	111.20
2001	20.06	230.0	69.20
2002	28.46	264.0	112.70
2003	37.31	169.0	69.20
2004	25.86	227.5	88.20
2005	23.86	221.6	79.30
2006	21.84	259.2	84.90
2007	17.30	238.2	61.80
2008	19.45	266.91	77.86
平均	19.71	198.95	61.72

2005 年安徽省分区花生生产情况

表 3-2-7

分　区	面积（万公顷）	亩产（千克）	占全省比例%	总产（万吨）	占全省比例%
全省合计	23.86	221.60	—	79.30	—
淮北产区	16.45	274.03	69.2	67.85	79.1
江淮产区	6.22	172.67	26.1	11.11	18.8
沿江江南产区	1.12	147.62	4.7	2.48	2.89

2005 年蚌埠市等 5 市花生生产情况

表 3-2-8

市名	种植面积（万公顷）	占全省比例%	总产（万吨）	占全省比例%
全　省	23.86	—	79.30	—
蚌埠市	6.21	26.02	27.34	31.88
宿州市	6.04	25.29	26.95	31.42

续表 3-2-8

市名	种植面积（万公顷）	占全省比例%	总产（万吨）	占全省比例%
滁州市	3.37	14.11	8.41	9.81
亳州市	1.92	5.05	7.84	9.14
合肥市	1.40	5.84	4.12	4.80
总计	18.94	79.37	74.66	94.15

2005 年 10 万亩以上的生产大县花生种植面积、产量

表 3-2-9

县（市区）排序	种植面积（万公顷）			总产（万吨）			亩产（千克）	位次
	面积	位次	占全省%	总量	位次	占全省%		
全省合计	23.86	—	—	79.3	—	—	221.6	—
13 县合计	16.72	—	70.1	61.12	—	77.07	239.71	—
固镇县	2.97	1	12.44	14.32	1	16.7	321.7	1
灵璧县	2.14	2	8.94	8.03	2	9.36	251.03	2
五河县	1.75	3	7.32	7.06	3	8.23	269.53	6
蒙城县	1.34	4	5.62	5.93	4	6.91	294.88	2
怀远县	1.32	5	5.51	5.59	5	6.25	283.56	5
泗　县	1.10	6	4.61	4.81	6	5.59	291.76	3
定远县	1.06	7	4.42	2.82	8	3.29	178.24	9
砀山县	1.00	8	4.19	1.70	12	1.98	113.2	12
埇桥区	0.98	9	4.08	4.17	7	4.86	285.79	4
明光市	0.90	10	3.75	2.04	9	2.38	152.21	11
萧　县	0.82	11	3.41	1.06	13	1.24	87.05	13
凤阳县	0.72	12	7.99	1.71	11	1.99	159.37	10
肥东县	0.68	13	2.82	1.88	10	2.19	186.46	8

2006—2008 年度安徽省花生种植面积、产量

表 3-2-10

年	面积（万公顷）			亩产（千克）			总产（万吨）
	合 计	春花生	夏花生	平均	春花生	夏花生	
2006	21.84	13.07	8.77	259.3	281.8	226.1	84.95
2007	17.30	9.67	7.67	238.2	261.3	208.8	61.80
2008	19.45	11.87	7.59	266.9	290.4	230.0	77.85

第三章　蔬　菜

第一节　蔬菜生产

发展阶段

从1986年到2008年，安徽省蔬菜产业发展分为三个阶段：⑴1986—1991年。蔬菜种植面积年均增长5.49%。蔬菜产销体制改革深入，农产品产销体系逐步放开。以城市郊区为重点，建设蔬菜生产基地，蔬菜产业呈现生产基地建设和市场流通并重发展态势。1986年，蔬菜播种面积18.05万公顷，总产量607.83万吨。1991年，蔬菜播种面积23万公顷，受当年水灾影响，总产量580万吨，面积增长27.4%，总产量下降。⑵1992—2003年。蔬菜播种面积年均增长18.09%。蔬菜产业进入产业化发展阶段，生产和供应格局发生变化。城市郊区蔬菜基地向外转移，农区相应调整种植结构，设施蔬菜生产加快发展。蔬菜产区集中，生产大县增多，播种面积尤其是设施蔬菜面积快速增加。从过去"市场上有什么吃什么"到"想吃什么市场有什么"。蔬菜产业开始由传统粗放型生产、区域自给性经营、小规模分散型运作向集约化生产、社会化竞争、组建集团转变。1992年，蔬菜播种面积21.91万公顷，2003年，蔬菜播种面积65.49万公顷，总产量1513.5万吨。播种面积比1992年增长198.97%。⑶2004—2008年。蔬菜播种面积年均增长2.6%。蔬菜种植面积逐步稳定。蔬菜生产区域化布局形成：皖北设施蔬菜产业带、沿江大棚菜产业带、皖南和皖西大别山高山蔬菜产业带、皖北西甜瓜产业带。蔬菜加工快速发展，产生一批龙头企业和产业集团。2004年，蔬菜播种面积64.97万公顷，总产量1656.5万吨，产值146.2亿元。2008年，蔬菜播种面积71.86万公顷，总产量1923.5万吨，产值250.3亿元，分别增长10.4%、16.1%、71.2%。2008年，全省蔬菜出口额7610万美元，位居农产品出口第一位。

设施栽培

设施蔬菜栽培始于和县。1980年，和县沈巷镇开始用塑料小棚，种植蔬菜2亩。1983年，城南乡太平行政村刘仕荣、黄耀祖、黄立方、尹仁志、李正飞等5人，学习外地经验后，搭盖塑料大棚，培育早辣椒、早番茄。其中黄耀祖种早辣椒、早番茄2亩，当年收入1万余元。1984年，城南乡政府总结推广种植大棚蔬菜经验，该乡大棚蔬菜面积逐年增加。1985年种植面积96亩，1986年种植面积增加到57.33公顷，1987年种植面积达到133.33公顷，大棚蔬菜收入800万元。到2008年，和县全县设施蔬菜种植面积 2.53 万公顷，产量 70 万吨，产值 7 亿元，为农民人均纯收入增加 960 元。2008 年，全省设施蔬菜面积 15.4 万公顷，其中塑料大中小棚面积 14.93 万公顷，日光温室 0.27 万公顷，塑料遮阳网、防虫网覆盖面积 1800 万平方米（折合面积 0.18 万公顷）。

第二节　栽培技术

蔬菜育苗

安徽省蔬菜育苗，从育苗器具上划分，有营养钵、营养块和穴盘育苗方式；工厂化育苗和无土育苗以使用穴盘育苗方式为主。从育苗模式上划分，有露地育苗、保护地育苗、工厂化育苗和无土育苗。

露地育苗　蔬菜生产常用传统育苗方法，不需保护设备，管理简单，容易操作。春播迟辣椒、迟茄子，夏播黄瓜、豇豆，秋播结球甘蓝、芥菜、白菜类，冬播莴苣、芹菜、洋葱、大葱等，均采用露地育苗方法。

保护地育苗　在气候条件不适宜蔬菜生长时期，创造适宜环境培育适龄壮苗。广泛使用育苗设备有温室、温床、阳畦冷床和塑料拱棚等。

工厂化育苗　是在人工控制环境条件下，利用自然资源，采用科学化、标准化技术措施，运用机械化、自动化手段，使蔬菜幼苗生产达到快速、优质、高效、批量、稳定的育苗方式。在当前蔬菜生产中具有广泛推广价值，是蔬菜育苗发展方向。

无土育苗　在一定的容器内，用培养基质和营养液进行育苗。无土育苗用人工调节或自动控制秧苗所需水、肥、温、光、气等环境条件，培育茄果类、瓜类、豆类及甘蓝类秧苗，出苗快，长势强，生长一致，秧苗健壮，比一般育苗方法提早 40 天，实现蔬菜育苗机械化、工厂化。

栽培方式

间作套作　间作套种形式有高矮间作、采收期不同品种混播、套种等。如四季萝卜与胡萝卜、芥菜与小白菜、菠菜与四季萝卜混播；白菜与菠菜或芹菜等混播；丝瓜棚下撒播芹菜、毛豆；莴笋行间栽白菜、菜豆。

轮作换茬　将同类同科，耕作制度相同蔬菜归为一类，如白菜类、根菜类、茄果类、豆类等，划成轮作区，按年份轮作种植，集中种植在同一个小区。不同类而同科蔬菜不宜互相轮作。不同作物轮作期不一样，如黄瓜、茄子要间隔 4 ~ 5 年，菠菜、韭菜、葱等需间隔 1 年以上。

设施栽培　利用设施和材料，在不适宜蔬菜生长季节，生产新鲜蔬菜栽培方式。设施蔬菜栽培具有能人工控制环境条件、逆境栽培蔬菜特点，能充分利用土地、光照资源。设施蔬菜栽培按结构类型分为中小型拱棚、塑料大棚、连栋大棚、日光温室。使用遮阳网、防虫网等园艺设施。

高山蔬菜栽培　利用高山地区夏秋气候特点，选择海拔 600 米以上、坡度小于 20

度山地，种植各种反季节蔬菜生产技术。安徽省高山蔬菜集中于皖南和大别山区的歙县、宁国、绩溪、岳西、金寨等县，主要品种：高山茭白、辣椒、豇豆、番茄等。2008 年，全省高山蔬菜种植面积 1.67 万公顷。高山蔬菜上市期在 6—9 月份，在填补城市蔬菜供应短缺同时，能有效解决高海拔地区农民脱贫致富问题。

栽培技术

排开播种　排开播种分大排开、小排开和组合不同成熟期品种排开，做到排开播种，分期采收。排开播种技术要选择合适品种，根据不同品种对春化和光周期反应差异确定合适播种期。同时利用各种栽培模式，分期分批播种。如小白菜可隔一周或隔 3 ~ 5 天播种一批。采收时要做到采大留小、删密留疏，分次采收。

施肥　土施是蔬菜根区施肥方法，分干施法和液施法。干施法是将肥料直接撒或埋在作物畦面，使它进入土壤中。液施法是将肥料用水溶稀释后施用，适用于易溶解肥料，配制后即溶即用。

喷肥　在蔬菜生长过程中将低浓度肥料溶液喷洒在植株叶片施肥方法。作物生长后期根系衰老情况下使用效果更好。喷肥对肥料种类有限制，一般为尿素、磷酸二氢钾、硝酸钾、硫酸铵、硫酸钾、过磷酸钙和可溶微肥等。非水溶性化肥、挥发性氨肥不能用作喷施。

第三节　蔬菜加工

加工类型

蔬菜加工类型主要有腌制蔬菜、脱水蔬菜、速冻蔬菜、罐藏蔬菜、蔬菜汁等。

腌制蔬菜　腌制蔬菜是蔬菜加工品大类，对蔬菜常年均衡供应起重要作用。蔬菜腌制在保持传统加工风味特色基础上，引进现代科学技术，通过改进生产工艺，提高品质。

脱水蔬菜　脱水蔬菜是经过人工加热脱去蔬菜中大部分水分制成干菜，入水后能复原，保持原有营养价值。常用干制方法是真空冷冻干燥法。加工产品优质、方便、经济、货架寿命长。脱水蔬菜干燥设备和技术研发推广，使先进加工方法和控制技术应用于蔬菜干制品生产。

速冻蔬菜　是将蔬菜经过洗净、整理处理后，在低于 -18℃温度环境中，经短时间快速冰化，保持原菜色香味和各种有效营养成分。速冻蔬菜解冻后复原性能好，近似于新鲜蔬菜。适宜速冻加工蔬菜种类很多，果菜类有青刀豆、豇豆、豌豆、嫩蚕豆、西红柿、青椒、辣椒、黄瓜、西葫芦、丝瓜、南瓜等；叶菜类有菠菜、芹菜、蒜薹、小白菜、油菜、香菜等；茎菜类有芦笋、莴笋、芋头、冬笋、香椿等；根菜类有胡萝卜、山药等；花菜类有菜花等；食用菌类有双孢菇、香菇、凤菇等。

罐藏蔬菜　是将蔬菜填充、消毒后，储于密闭容器内，能长期保存其营养和口味。

是蔬菜加工标准包装方法，在蔬菜加工中占主导地位。罐藏蔬菜有卫生、便于贮运、携带方便、货架寿命长特点，主要用于季节和区域调节供应。

蔬菜汁　是以新鲜蔬菜为原料，经过榨汁或其他方法制取汁液。蔬菜汁分为原菜汁、混合菜汁和乳酸发酵菜汁 3 种，基本保持鲜菜原有风味和营养价值。蔬菜汁作为原料被广泛应用于食品加工业、生产保健点心和汤菜。混合蔬菜汁饮料十分畅销，主要是番茄、胡萝卜、芹菜等蔬菜原汁，其中番茄原汁占 70% 以上。蔬菜原汁也常与水果原汁混合制成饮料。

其他蔬菜加工品种：蔬菜粉、蔬菜脆片、蔬菜纸等。

第四节　特色蔬菜

涡阳苔干

又称涡阳贡菜。主要产于涡阳县义门镇及周边地区，加工种植历史悠久，是稀有珍贵天然蔬菜食品。涡阳苔干系脱水蔬菜，干制品经水发，有“色泽翠绿，响脆有声，味甘鲜美，营养丰富，爽口提神”特点，以“清新素雅”著称于世。1983 年，开始出口日本、韩国等国家。1986 年，获深圳展销会畅销商品；1988 年，获中国农业博览会金奖；1991 年，被国家农业部、财政部列为“八五”期间全国名、特、优开发项目；1992 年，获香港国际食品博览会特别奖；1995 年，被列为北京第四届世好会“专用贡菜”。同年，涡阳县被农业部命名为“中国苔干（贡菜）之乡”；1999 年，分别获国家级和省级名牌产品；“义门牌”“真源牌”苔干被国家命名为“绿色产品”“免检产品”。

太和香椿

又称香椿头，为香椿树春季枝条上发出嫩芽和半展开幼叶，是名贵蔬菜。富含蛋白质、糖、铁、钙、钾、磷、维生素 C。其中每百克鲜椿含维生素 C 125 毫克。安徽各地均有分布，以太和县栽培最普遍，椿芽质量最好。成年香椿树一年采收两次，第一次在谷雨前 5 ~ 6 天采摘，为头茬椿芽，品质最佳。第二次在谷雨后 5 ~ 7 天采摘，为二茬椿芽，幼树一年采收一次。

安徽乌菜

主产于江淮地区北部和淮河两岸。在白菜类中自成体系，品种繁多。植株暗绿，叶片厚，叶面有泡皱和刺毛，叶柄短而平，外叶塌地生长，心叶内卷。耐严寒，大小株皆能越冬。为中晚熟品种，白露和秋分之间育苗，10 月定植，12 月上市。供应期为冬、春两季，最晚能供应至 5 月上旬。代表品种黄心乌分布最广，以寿县、淮南市、怀远县、合肥市、舒城县等地所产品质最佳。外叶 10 ~ 15 片，紧凑塌地，心叶成熟时 85% 变黄，卷心紧，质嫩，外形美观，单株重 1 千克。主要品种为合肥黑心乌品种，单株重 1.2 千克，成熟时心叶不变色。抽薹期晚，供应期比黄心乌长，与黄心乌搭配种植。肥东临河宝塔乌品种。外观与黄心乌相似，成熟后心叶变黄卷心同时，层层渐高 10 厘米，成圆锥状，顶上有 3 ~ 4 片如豌豆状小叶变成绿色,十分美观,品质柔嫩。合肥柴乌。为晚熟品种,4 月上、中旬抽薹,晚春上市供应,叶柄长,叶片呈长卵圆形,无卷心,是合肥地区晚春供应主要品种之一,比柴乌抽薹稍早还有二乌,3 月下旬抽薹。六安菊花心。植株近似黄心乌,单株重量稍轻,外叶颜色黄。庐江乌菜。叶柄长,又称高脚黄心乌和高脚黑心乌。此外,淮南楼州乌、六安蛤蟆皮、肥西白乌和麻乌、桐城麻叶白菜等,均是优良晚熟品种。

梅桥大青豆

主要分布于蚌埠淮上区梅桥和怀远县五岔、魏庄一带,年种植面积 2000 公顷。上市期为夏末秋初蔬菜淡季,一般亩产鲜荚 800 ~ 1000 千克。2008 年,梅桥大青豆生产基地获省级标准化生产基地称号。同年,获农业部无公害农产品产品认证。该产品籽粒饱满,色泽翠绿、风味独特,畅销合肥、上海、南京、无锡等大中城市。

和县秋延辣椒

栽培始于 20 世纪 90 年代中后期,2000 年以后形成规模种植,成为和县辣椒种植主要模式。全县常年种植规模 0.53 万公顷。7 月中旬播种,8 月上中旬定植,12 月中下旬开始采收,采收期 3 个月。主要在元旦至春节期间择机上市。亩产 2500 千克,产值 6000 ~ 8000 元,最高年份产值达 40000 元 / 亩。主要销往北京、寿光、武汉、长沙、景德镇、九江以及江苏、浙江、上海市场。

铜陵生姜

铜陵地区特产,史料记载为中华白姜代表品种。明朝嘉靖年间已驰名中外。块大肉厚,汁渣少、清香脆嫩,宜于鲜食或作多种方法腌渍食用。以铜陵县天门镇佘家大院产佛手姜为珍品。主要制品有:糖冰姜,将生姜切片,用白糖腌制后晒干而成,其色白肉嫩,嚼之无渣,透明似冰;桂花姜,将生姜嫩头用白糖腌制,并加入适量桂花;糖醋姜,用糖、醋等佐料腌制生姜,为饮茶之佐;盐水姜,用盐水浸生姜,是著名小菜。

第四章 茶 叶

第一节 茶区分布

安徽茶叶产区处于中国茶树适生区域的东北部，分布于长江南北的山区和丘陵地带。亚热带季风气候，茶树生长平稳，尤其是山区，云雾多，昼夜温差大，有利于茶树有效成分的积累，茶叶品质优异。但有些茶园秋季有时干旱，冬季有冻害。全省宜茶条件是山区比丘陵好，南部比北部好，西部比东部好。依地势、气候、土壤和茶树生产特点，分为四个茶区。

安徽省茶区分布

表 3-4-1

茶区名称	主要县市	产茶种类	备注
黄山茶区	歙县、休宁、祁门、黟县、黄山、东至、石台、青阳、宁国等	绿茶、红茶、黑茶	安徽主要产茶区，产量占全省 55% 以上
大别山茶区	六安、金寨、霍山、舒城、桐城、岳西、潜山、安庆等	绿茶、黄茶	–
江南茶区	宣州、广德、郎溪、泾县、南陵、繁昌等	绿茶	–
江淮茶区	巢湖、无为、和县、滁州	绿茶	–

黄山茶区

天柱山带和九华山带之间以黄山带为中心的山区为主和丘陵，这一区域山清水秀，林木成荫，水热条件好，土壤大部分为黄壤、红壤和黄棕壤，茶芽持嫩性好，为安徽茶叶的主要产区。茶园有三种类型，一是山地茶园，海拔 400 ~ 800 米，海拔较高，茶叶品质好；二是丘陵茶园，海拔 100 ~ 400 米，专业单作茶园较多，而茶叶品质稍次于山区；三是洲地茶园，多冲积土，深厚肥沃，小气候好，荫蔽多湿，茶叶品质优异，名优茶有黄山毛峰、祁门红茶、太平猴魁、屯溪绿茶、九华毛峰、休宁松萝、黄山绿牡丹等。

大别山茶区

安徽西部，江淮之间，是古老茶区之一。多高山，有大水库分布于金寨、霍山等县，林木多，生态条件好，为无污染茶区，宜茶条件好，所产名茶六安瓜片、华山银毫、金寨翠眉、霍山黄芽、岳西翠兰、天柱剑毫、舒茶早、舒城小花等。

江南茶区

在长江以南，系黄山向北，天目山向西延伸的余脉丘陵地带，生态条件宜茶，地广坡缓，大片茶园较集中，有秋旱，茶叶品质次于黄山、大别山茶区，所产名茶有涌溪火青、泾县特尖、黄花云尖、敬亭绿雪、天山真香等。

江淮茶区

包括淮河以南、长江以北、大别山以东的丘陵地区，茶园零星分布，茶叶品质尚好，开发的名茶有白云春毫、昭关银须、西涧春雪等。

第二节　茶叶生产与销售

规划引导

2003 年，安徽省把茶产业列为全省农业产业化十大主导产业，制定《安徽省茶叶产业化发展规划（2003—2007）》，明确省供销社为茶叶产业化牵头单位。

2003 年，省政府《关于批转省农委〈安徽省优势农产品区域布局规划（2003—2007 年）〉的通知》（皖政［2003］56 号），确定安徽省茶叶优势区域：重点发展皖南和大别山区的 17 个县（区），其中皖南山区主要布局在黄山市、宣城市、池州市的歙县、休宁县、祁门县、黄山区、黟县、徽州区、泾县、郎溪县、东至县、石台县等 10 个县（区）。大别山区主要布局在六安市、安庆市的金寨县、霍山县、裕安区、金安区、岳西县、太湖县、潜山县等 7 个县（区）。2001 年，上述 17 个县（区）茶叶面积 8.22 万公顷，总产 2.9 万吨，分别占全省的 73.4% 和 60.9%。

2009 年，省农委印发《安徽省优势农产品区域布局规划（2008—2015 年）》的通知（皖农计〔2009〕55 号），明确安徽茶叶优势区域：在皖南和大别山区的黄山、宣城、池州、六安、安庆 5 市选择 22 个重点县（市、区）为核心作为茶叶优势区。皖南茶叶优势区：黄山、宣城、池州市 13 县：歙县、休宁县、祁门县、黄山区、黟县、徽州区、宁国市、泾县、旌德县、绩溪县、东至县、石台县、青阳县；大别山茶叶优势区：六安、安庆市 9 个县，金寨县、霍山县、裕安区、金安区、岳西县、太湖县、潜山县、桐城县（今桐城市）、舒城县。该优势区域茶叶面积 10.33 万公顷，占全省茶叶总面积 83.2%，产量 4.8 万吨，占全省茶叶总产量 68%。

各产茶地结合本地实际，制定并出台相应的茶业发展规划。2005 年 2 月，黄山市政府出台《黄山市茶产业发展规划（2004—2010）》和《关于加快黄山市茶产业发展的若干意见》，成立黄山市茶产业发展领导组，下辖各区县也结合自身情况制定茶产业发展规划，落实好配套资金。黄山市每年拿出 300 万元作为茶产业发展专项资金，重点用于茶树良种工程、龙头企业扶持、加工厂技改贷款贴息、生态茶叶示范基地建设、品牌宣传创建和服务体系建设等方面。黄山市自 2003 年启动茶业富民工程以后，加大政策、资金等扶持力度，以效益为中心，大力发掘资源优势，5 年一大步，茶叶农业总产值从 3.2

亿元上升到2008年8.2亿元，1年上升1亿元，成为省内茶区发展一大亮点。

2008年，省农委会同省政府研究室对全省茶产业进行调研，拟定《关于加快茶产业发展的意见》，2009年3月省政府办公厅印发《关于加快茶产业发展的意见》（皖政办〔2009〕13号）。

营销推广

1986年8月6日，商业部公布全国名茶，安徽省太平猴魁（黄山市产）、齐山名片（金寨县产）、黄山银钩（歙县产）、特级尖茶（泾县产）、黄山毛峰（歙县产）、祁红（祁门县产）名列其中。

1986年，商业部表彰安徽省茶叶公司等单位"七套炒青绿茶（部标）"在商业科学技术工作中取得重大成果，获一等奖。

1987年9月15日，祁门茶厂生产的祁红工夫特级（毫芽），在比利时布鲁塞尔第26届世界优质食品评选会上获金质奖，受到省政府嘉奖。

1987年8月17—19日，安徽省茶业学会在合肥市举行全省名优茶评选会，评选出30种茶为1987年安徽省名茶：白霜雾毫（舒城县农业局）、龙潭翠毫（宁国县农牧渔业局）、金地雀舌（九华山管理处科技办公室）、皖西早花（舒城县农业局）、瑞草魁（郎溪县农牧渔业局、郎溪县人民政府）、贵池翠徽（贵池县农业局）、敬亭绿雪（国营敬亭山茶场）、天华谷尖（太湖县农业局）、天华元峰（九华山管理处科技办公室）、齐山翠眉（金寨县农业局）。

1988年12月20日，省供销合作社联合社公布1988年商办工业设备管理优秀单位名单：贵池茶厂、舒城茶厂、屯溪茶厂、霍山茶厂、宁国茶厂获省社设备管理优秀单位称号。贵池茶厂（1986、1987两年度蝉联优秀单位）、舒城茶厂（1986年获优秀单位，1987年复查合格，保留优秀单位）获商业部设备管理优秀单位称号。贵池茶厂获安徽省设备管理优秀单位称号。

1988年，安徽省茶叶公司组织、屯溪茶厂生产的安徽绿茶"特珍特级41022"和"特珍一级9371"，霍山茶厂生产的安徽绿茶特珍特级，在希腊雅典食品评选会上，双获第二十七届世界优质食品大奖赛银牌奖，受到省政府通令嘉奖。

1989年1月3日，省供销合作社联合社通报表彰获第二十七届世界优质食品评选会银牌奖特珍特级、一级眉茶和1988年商业部优质产品奖单位：安徽省茶叶公司、霍山茶厂和屯溪茶厂。

1989年3月3日，省供销合作社联合社通报获"安徽省中国食品博览会金、银、铜牌奖产品"。金牌产品：祁山牌祁门工夫红茶特级（祁门茶厂）、祁门牌祁门工夫红茶一级（祁门茶厂）、中茶牌特珍特级（屯溪茶厂）、中茶牌特珍一级（屯溪茶厂）、太平猴魁（黄山市黄山区茶叶公司）、齐山名片（金寨县茶叶公司）；银牌奖产品：黄山毛峰（歙县茶叶公司）、顶谷大方（歙县茶叶公司）、太平奎尖（黄山市黄山区茶叶公司）；铜牌产品：涌溪火青（泾县茶叶公司）。

1989 年 12 月 11 日，省供销合作社联合社公布：霍山茶厂获商业部 1988 年度设备管理优秀单位称号。1986 年度、1987 年度商办工业设备管理优秀单位安徽省茶叶公司、贵池茶厂、舒城茶厂复查合格。

1990 年 1 月 12 日，祁门茶厂产迎客松牌祁门工夫红茶一级为 1990 年经贸部优质产品，并获优质产品证书和奖牌。

1990 年 3 月 2 日，省经济委员会公布 1989 年安徽省优质产品：珍眉一级（宣郎广精制茶厂产）、特珍一级（屯溪茶厂产）、雨茶一级（安徽省霍山茶厂产）、雨茶一级（黟县茶厂产）、工夫红茶三级（石台茶厂产）、工夫红茶三级（东至茶厂产）、珠兰烘青一级（歙县茶厂产）、特珍特级（休宁茶厂产）。

1990 年 3 月 6 日，省供销合作社联合社公布获 1999 年商业部优质产品奖名单：黄山市黄山区茶叶公司太平牌太平猴魁特级、金寨县茶叶公司齐云牌齐山名片特级、歙县茶叶公司迎客松牌黄山毛峰特级、霍山县茶叶公司大化坪牌霍山黄芽特级、宣郎广茶叶联营公司宣郎广牌绿霜特级。

1991 年 1 月 12 日，祁门茶厂产迎客松牌祁门工夫红茶一级为 1990 年经贸部优质产品，并获优质产品证书和奖牌。

1997 年 6 月，中国包装技术协会设计委员会华东地区执行委员会（济南）颁发“华东大奖”证书，安徽省茶叶公司设计的祁门红茶系列包装在 1997 年第八届华东装潢设计大奖赛中被评为银奖。

1998 年 6 月 24 日，省农业厅公布安徽省第五届名优茶评比结果：省级名茶为旌德茗魁（旌德县农业局名茶公司麻家茶厂、旌德县名茶开发办公室）、黄山白雪（安徽省农科院茶叶研究所）、兰花瓣（歙县科委科技试验站）、黄山针羽（祁门县茶叶公司）、龙眠春翠（桐城市名茶科技开发总公司）、红香螺（安徽省农科院茶叶研究所）、漪湖绿芽（郎溪县茶场）、华山翠芽（六安市华山名优茶开发中心）、珠梅雪莲（歙县科委科技试验站）、龙溪云峰（桐城市名茶科技开发总公司）、黄山魁（黄山区三口乡人民政府）、珠宝青针（宿松县珠宝茶厂）、巢湖银针（巢湖市农业技术推广中心）、南容一枝春（泾县南容乡人民政府）、苏红九里香（泾县苏红乡人民政府）、红牡丹（歙县科委科技试验站）。省级优质茶为绿茗芯（歙县科委科技试验站）、老屋王尖（东至县马坑乡老屋名茶厂）、天华龙雾（太湖县茶叶开发公司）、罗汉香芽（宿松县珠宝寨茶场）、强身银元茶（歙县科委科技试验站）、黄山云雾（黄山市农业局茶叶站）。

2007 年 8 月，在中国茶叶学会第七届“中茶杯”名优茶评比会上，安徽省参赛的 14 个茶样，岳西县林兰名茶厂林兰芳牌长岭兰芽、安徽省金寨县安态特色农产品有限责任公司安态牌金寨雨毫 2 个茶样获特等奖；安徽一笑堂茶业有限公司一笑堂牌六安瓜片等 11 家单位提供的 11 个茶样获一等奖。

2007 年 9 月，巢湖市茶叶协会选送的“巢湖银尖”牌绿茶，在日本举行的世界绿茶评比中获金奖。“巢湖银尖”在全世界绿茶生产国选送的 270 多家品牌中胜出。

2007 年 9 月，安徽省名牌战略推进委员会议审定通过并公示无异议，决定授予 114 种产品“2007 年安徽名牌产品”称号，颁发安徽名牌产品证书，有效期至 2010 年。其中黄山市新安源有机茶开发有限公司新安源牌有机绿茶、安徽省六安瓜片茶业有限公司徽六牌六安瓜片、泾县绿源汀溪兰香茶业有限公司汀溪兰香牌绿茶、黄山市黟县五溪山茶厂有限公司五溪山牌黄山毛峰、黄山市徽山食用油业有限公司徽山牌茶油 5 个产品获“2007 年安徽名牌产品”称号。

2007 年 10 月，在北京举行的第四届中国国际茶叶博览会上，祁门县祁门香茶业公司选送的“祁香”牌祁门红茶获金奖。

2007 年 11 月，中国品牌研究院公布首批“中国名茶”名单，共 72 个国内茶叶品牌榜上有名。安徽省的金寨、金龙玉珠、新安源、润思、天方 5 个品牌上榜，上榜数仅次于福建、云南、湖南、江西等省。

2007 年，在中国茶叶学会举办的“中茶杯”全国名优茶评比中，岳西县林兰名茶厂的林兰芳牌长岭兰芽获“中茶杯”全国名优茶评比金奖；黄山市黄山区汤口镇景泰隆茶厂的景泰隆牌有机黄山毛峰获“中茶杯”全国名优茶评比银奖。

2008 年 6 月 7 日，国务院批准文化部确定“第二批国家级非物质文化遗产名录”（共计 510 项）和“第一批国家级非物质文化遗产扩展项目名录”（共计 147 项），黄山市黄山区人民政府申报的“太平猴魁制作技艺”入选“第二批国家级非物质文化遗产名录”。

2008 年 8 月，霍山县大化坪镇获“和谐中国—2008 全国百佳特产名镇（茶叶名镇）”称号。评选自 2007 年 10 月开始，由国务院发展研究中心中国城乡发展国际交流协会、国家科学技术部中国科学技术促进发展研究中心、新华通讯社《经济参考》报社、人民日报社网络中心（人民网）等单位面向全国开展征评。征评活动通过文字资料介绍、图片及成果展示等环节，最终由征评活动领导组确定 100 名全国特色专业名镇。

2008 年 9 月，太平猴魁、黄山毛峰、岳西翠兰 3 个名茶，在 2008 年第七届国际名茶评比暨国际茶学研讨会（韩国大会）上获金奖。世界茶联合会邀请各国知名茶叶专家组成评审委员会，按照国际惯例和技术准则，运用密码审评方法评出，具有很强的科学性和权威性。黄山市黄山区参评样茶太平猴魁由新明王老二猴魁茶叶加工基地选送，黄山毛峰由汤口正和堂茶业有限公司选送，岳西翠兰由岳西县茶叶协会选送。

2008 年 10 月，中国茶叶学会“中国名茶之乡”评审专家委员会，根据《中国名茶之乡评选办法》，在对浙江、广东、江西、贵州、重庆、四川、江苏、河南、山东、广西、湖南、湖北、安徽、福建、甘肃、陕西等 16 个省（市）的重点产茶县（乡）的 35 个申报单位材料进行严格的定量与定性评价等多项审查的基础上，确定安徽省黄山市黄山区、徽州区等 14 个单位为全国首届“中国名茶之乡”称号。

宣传展示

1991 年 6 月 9 日，“安徽—上海茶文化研究”联谊活动在上海市举行，200 余人到会，安徽省政协副主席孟亦奇、安徽省总工会副主席高蔚青、安徽农学院林鹤松教授等参加联谊活动。黟县人民政府赠送30多种安徽名茶。

2001年4月24—26日，由省农委和黄山市人民政府主办，休宁县人民政府、黄山市农业委员会、黄山市农业局承办的“2001中国黄山名优茶交易暨有机茶展示会”在休宁县举行，省人大常委会副主任吴天栋到会，瑞士生态市场研究所（IMO）驻中国代表处主任李正方、中国农业科学院茶叶研究所有机茶研究与发展中心主任卢振辉作有机茶发展战略学术报告。会上评出“中国黄山十大名茶”；成交茶叶协议量5272吨、1.0052亿元，其中名优茶交易量1418吨、5851万元，茶机具120万元。

2002年4月18—20日，由省农委和黄山市人民政府主办的第二届中国黄山名优茶、有机茶交易暨茶机展销会在休宁县举行，省政府副省长蒋作君到会。会上评出“百名制茶能手”“百名茶叶经纪人”；成交茶叶协议量6591吨、11.35亿元。

2003年4月18—20日，由黄山市人民政府、省农委和省农业机械管理局主办，中国茶叶研究所和安徽省茶叶行业协会协办，黄山市农业委员会、休宁县人民政府和黄山市农机局承办的“2003中国黄山名优茶有机茶交易会”在休宁县举行，省人大常委会副主任朱维芳出席。会上成交茶叶协议量7579吨、2亿元，茶机具346万元。

2004年4月24—26日，由省农委、省供销合作社联合社、省农业机械管理局和黄山市人民政府联合主办的“2004中国黄山茶叶交易会”在休宁县举行，省人大常委会副主任朱维芳出席。会上成交茶叶协议交易额突破2亿元，茶机具协议交易1040台（套）、386万元。

2005年5月13—15日，由黄山市人民政府与上海农工商（集团）有限公司联合举办的2005年“中国黄山茶叶暨名优农产品交易会”在上海国际体操中心举行。

2006年5月20—21日，由黄山市人民政府与北京市宣武区（今西城区）人民政府、中国茶叶流通协会联合举办的“2006中国黄山茶叶（北京）展示暨旅游推介会”在北京举行。近60家黄山茶企业、农业企业和旅游企业参加推介活动，包括黄山茶叶、食用菌、竹笋、山野菜、旅游工艺品、茶油、茶干等在内的四大类近200种农产品登上交易会展台。

2006年11月9日，由省政府主办，省农委与黄山、六安、安庆市人民政府共同承办，在北京人民大会堂举办名茶、名蟹、名菊推介会，推荐黄山毛峰、六安瓜片和雾里青。省委常委、副省长赵树丛致辞，省农委主任毕美家进行产品推介。参加会议的有中央、国务院政研室，有关部委、北京部分采购商、有关协会和新闻单位代表300人。

2007年3月26—28日，国家主席胡锦涛应俄罗斯总统普京邀请对俄罗斯进行国事访问，出席在俄罗斯举办的“中国年”开幕式并参观展览。胡锦涛向普京赠送了黄山毛峰、太平猴魁、六安瓜片、绿牡丹四种名茶。

2007年6月，省农委党组副书记、副主任张华建任团长，省农委特产处、外事外经处有关人员参加，组织“六百里”“新安源”“徽六”茶叶公司赴俄罗斯参加第五届世界咖啡、茶叶节活动。

茶叶出口

安徽是茶叶出口大省，茶叶是安徽传统出口产品，出口量一直排在全国前列。安徽茶区是世界绝佳和最主要茶叶出口供货基地之一，出口主要茶种有绿茶、红茶、花茶、有机茶、保健茶。绿茶是安徽省茶叶出口主要茶叶品类。

2008年安徽茶叶出口数量约2.13万吨，金额约3891万美元，出口量全国排位第三，创汇全国排位第五。

2001—2008年安徽省茶叶出口数据统计表

表3-4-2

年份	出口数量（吨）	同比增长（%）	出口金额（万美元）	同比增长（%）
2001	14111	7.42	1625	6.14
2002	12114	-14.15	1289	-20.68
2003	16490	36．42	2066	60．28
2004	17391	5.46	2309	11.76
2005	22342	28.47	2980	29.06
2006	20400	-8.59	3329	11.72
2007	21309	4.46	3450	3.63
2008	21266	0.20	3891	12.8

安徽茶叶出口主要市场为亚洲、欧洲、非洲等地区，其中北非、西非、日本等地区和国家是安徽省绿茶主要出口地。近五年，安徽茶叶出口量及出口金额排在前十位的国家和地区有德国、巴基斯坦、土库曼斯坦、加纳、多哥、美国、贝宁、摩洛哥、乌兹别克斯坦、阿尔及利亚。

2005—2008年安徽十大茶叶出口国及出口金额统计表

表3-4-3　　单位:（万美元）

进口国／地区	2005年	2006年	2007年	2008年
德国	179.95	245.69	261.76	311.04
巴基斯坦	39.68	59.46	52.42	118.51
土库曼斯坦	152.73	75.71	86.97	98.82
加纳	278.12	339.6	385.9	281.84
多哥	38.74	44.7	87.07	149.95
美国	213.39	246.31	292.77	332.37

续表 3-4-3

进口国 / 地区	2005 年	2006 年	2007 年	2008 年
贝宁	98.64	15.24	104.74	131.82
摩洛哥	81.02	76.12	416.66	26.8
乌兹别克斯坦	146.42	146.43	356.5	515.95
阿尔及利亚	525.32	561.87	509.58	532.09
总计	1754.01	1811.13	2554.37	2499.19

2005—2008 年安徽十大茶叶出口国及出口量统计表

表 3-4-4　　单位:(吨)

进口国 / 地区	2005	2006 年	2007 年	2008 年
德国	800.75	1155.96	1076.59	1418.75
加纳	1656.6	1656.69	1508.71	1166.1
多哥	200.5	230.98	340.5	612.4
巴基斯坦	568.89	911.08	767.79	1444.96
土库曼斯坦	2732.95	1280.8	1318.79	1241.74
摩洛哥	371.56	433.45	2676.04	884.2
阿尔及利亚	3291.64	2978.22	2241.67	2213.27
美国	1815.42	2230.87	2544.74	2301.08
贝宁	488.36	69.14	682.1	1012
乌兹别克斯坦	2749.03	2132.088	4161.731	4932.686
总计	14675.7	13079.278	17318.661	17227.186

2005 年以后,安徽茶叶主要出口企业约 20 家,排在前 5 位是安徽茶叶进出口公司、歙县薇薇茶业公司、黄山一品有机茶业公司、黄山市松萝茶业开发公司、黄山茶业集团公司,这 5 家公司茶叶出口金额占全省比重 75.1%,出口数量占全省比重 83.36%。(表 3-4-5) 安徽茶叶进出口公司是安徽茶叶进出口龙头企业,其出口量及创汇额占全省比例分别为 60%、49.21%。

2005—2008 年安徽五大茶叶出口公司茶叶出口额统计表

表 3-4-5

经营单位	2005 年	2006 年	2007 年	2008 年
安徽茶叶进出口公司	18421746	21657206	19572060	21154324
歙县薇薇茶业公司	4031622	4353034	3859587	2103292
黄山一品有机茶业公司	1990860	1854266	1778463	1535798
黄山市松萝茶业开发公司	1853637	1375994	3301522	5401178
黄山茶业集团有限公司	1833191	1979376	1690223	1182349

招商引资

《黄山市茶产业发展规划（2004—2010）》实施以后，吸引国际跨国公司——联合利华和上海光明食品集团、上海国际前景广告有限公司、芜湖金顶集团、合肥丰乐种业等众多投资商和国内外大型企业入驻投资兴业。

共同推进

1998 年，安徽省茶叶行业协会成立，协会挂靠安徽茶叶进出口有限公司。安徽茶叶进出口有限公司董事长、总经理李念华为会长，陈文友为秘书长。

2007 年，安徽省有机茶研究会成立，以省农科院为挂靠单位。潘泽义（省农科院副院长）为理事长，费明煦为秘书长。2007 年 12 月 21 日在合肥市召开成立大会。研究会以“服务茶产业，建设新农村”为宗旨，以推动安徽省有机茶生产研究为工作重点。

2008 年，在省委原书记卢荣景倡导下，成立徽茶文化研究会，省政协副主席张学平任会长，桂梅生任秘书长。

弘扬茶文化

黄山市在市委、市政府领导下，从 2001 年起每年举办茶交会，省内在有机茶之乡休宁县开展，省外开到上海和北京等市，全面展示黄山丰富的物产资源和优越茶叶产品以及博大精深的徽州文化与茶文化，提升黄山名茶知名度。

第三节　茶园建设

安徽是产茶大省，2008 年，全省茶园面积 12.87 万公顷，茶叶总产 7.6 万吨，产值 23.52 亿元，分别居全国第 6 位、第 7 位、第 6 位。名优茶产量和产值分别达到 2.5 万吨和 18 亿元。年度本省口岸出口茶叶 2.12 万吨，创汇 3892 万美元，分别为全国第 3 和第 4 位。全省茶园面积中无性系良种茶园 22 万亩，占 11%。

名优茶比重迅速增加

经过近 20 年的以名优茶开发生产为主的产品结构调整，安徽省名优茶占全省茶叶总产量比重由 1990 年 6%，调整到 2008 年 32.9%。名优茶产值占全省茶叶产值比重由 1990 年 18%，调整到 2008 年 76.6%。名优茶已成为安徽省茶叶生产的重心和支柱。

1990—2008 年安徽省名优茶比重情况一览表

表 3-4-6

年份	产量（万吨）	产值（万元）	名优茶产量（万吨）	名优茶产值（万元）	名优茶产量比重（%）	名优茶产值比重（%）
1990	5.36	3.62	0.33	0.64	6	18
2000	4.54	7.96	1.2	5.14	26	65
2001	4.7	9.7	1.5	6.8	32	70
2002	4.83	10.4	1.63	7.54	34	73
2003	5.07	11.47	1.77	7.56	35	66
2004	5.58	12.76	1.88	9.17	34	72
2005	5.96	15.15	2.02	10.2	34	67
2006	6.29	17.92	3.08	12.59	49	70
2007	7.1	21	2.38	15.6	33.5	74
2008	7.6	23.5	2.5	18	32.9	76.6

茶叶生产逐步向优势区集中

经过多年的老茶园改造与发展新茶园，安徽省山区与丘陵的茶叶产量比例，由 20 世纪 50 年代 7 ∶ 3 演变为 70 年代 4 ∶ 6，在一定程度上削弱山区茶叶品质优良的优势。近 20 年，安徽省重点关注黄山、大别山两大山区的茶叶发展，山区与丘陵茶叶产量比例已调整为 8 ∶ 2。

茶叶良种工作开始起步

安徽省繁殖与推广茶树良种工作已经开始起步并取得进展，对 32 个地方茶树品种和 2 个特异单株建立资源保存。“十五”期间，农业部在安徽省投资新建 3 处茶叶良种繁育基地，使安徽省国家级基地达到 4 处。从“九五”期间每年全省几千亩发展到“十五”后期每年数万亩，全省无性系良种茶园面积 1990 年不足万亩，占不到全省茶园面积 1%，2008 年达到 1.47 万公顷，占全省茶园面积 11%。安庆市、黄山市、池州市年发展面积均在万亩以上，并涌现出岳西县、石台县、桐城市、黄山市黄山区、歙县等发展典型县。

无公害、绿色食品和有机茶园比重迅速提高

截至 2008 年年底统计，全省茶区经无公害、绿色、有机三类认定（证）茶园 10.67 万公顷，占全省茶园总面积 85% 左右。

1990—2008 年安徽茶叶生产状况一览表

表 3–4–7

年份	茶园面积（万公顷）	茶叶产量（万吨）	茶叶产值（亿元）	名优茶叶产量（万吨）	名优茶叶产值（亿元）
1990 年	11.87	5.36	3.62	0.34	0.68
1995 年	12.19	4.58	6.6	1.06	3.49
2000 年	10.84	4.54	8.2	1.3	4.9
2008 年	12.86	7.59	25	18	23.8

注重茶叶经济效益，增加名优茶，减少低档茶

1990—2000 年，年产名优茶 4.5 万吨 ~ 5.5 万吨之间，产值逐年提高，茶农收入明显增加；2000 年，名优茶 1.3 万吨，占全省总产量 28.6%，产值 4.9 亿元，占全省总产值 60%；经营体制上普遍推广联产承包责任制；流通领域实行开放，改变 30 年来国营公司独家经营的局面，实行多渠道经营，逐步改革计划经济转向市场经济过渡时期中曾出现茶农卖茶难局面；生产上推广新技术，扩大良种面积，改善生态环境，重视茶园管理。近 50 年安徽茶叶生产总的变化：改造旧茶园，发展新茶园，茶区面貌大有改观。山区与丘陵茶叶数量比例，由 20 世纪 50 年代 7 ∶ 3 演变为 20 世纪 70 年代的 4 ∶ 6，削弱了山区茶叶质量好的优势，近 30 年，将发展重点放在黄山、大别山两大茶区，山区与丘陵茶叶数量比例已调整为 8 ∶ 2，继续保持安徽茶叶品质优良在全国领先地位。增加生产名优茶比例，以外销茶为主的祁红、屯绿、舒绿、芜绿，从 20 世纪 80 年代中期起不断调整茶叶结构，20 年来发展一批名优茶。大宗茶与名优茶比例由 9 ∶ 1，调整为 7 ∶ 3，形成以内销茶为主、内外销兼顾新格局。制茶实现半机械化、机械化。大宗茶及部分名优茶逐步实现半机械化和机械化加工。全省初制茶叶加工厂近万座，拥有各种加工机械 6 万多套（台），乡（镇）初精茶厂 200 多家，总加工量 6 万吨 / 年以上。繁殖推广茶树良种取得进展，对 32 个地方茶树品种和 2 个特异单株材料。全省建良种茶园 2 万公顷，其中无性系茶园 0.4 万公顷以上。

第四节 茶类及加工

主要茶树品种

安徽茶区现有 32 个茶树地方品种，2 个特异茶树单株材料。其中认定为国家级茶树良种有 7 个（无性繁殖 5 个，有性繁育 2 个），即红、绿茶兼用的祁门种（有性），安徽 1 号（无性），安徽 3 号（无性），皖农 95（无性），绿茶良种有黄山种（有性），安徽 7 号（无性），杨树林 781（无性）；选育省级良种 17 个。全省以祁门种、黄山种种植为主，有性良种茶园面积（较集中的）在 2 万公顷以上，其中无性良种茶园 0.4 万公顷以上，已推广的安徽 1 号、3 号，引种福建、浙江一些良种，主要推广舒茶早、乌牛早、龙井 43 以及农抗旱、仙寓早等。年育茶树良种苗亿株以上,除自用外,还供外省需要。

安徽名优茶

毛峰　有黄山毛峰、九华毛峰、黄石毛峰。尤以黄山毛峰品质优异,产于黄山市黄山区、歙县、徽州区,以黄山风景区内品质最好,闻名海内外。

瓜片　产于六安市、金寨县、霍山县等地,主产区位于响洪甸水库周围及独山、毛坦厂一带,金寨县齐头山的质量尤佳,称齐山名片,前身为齐山云雾。

祁红　以祁门县为中心,及其毗邻的东至县、石台县、黟县、池州市贵池区等地。

屯绿　有休宁县、歙县、黟县、祁门县东乡、黄山市屯溪区等,其中新安江上游的山区沿河洲地所产为上品。

太平猴魁　产于黄山市黄山区新明、龙门一带。

涌溪火青　产于泾县。

黄山绿牡丹　产于歙县一带,由茶人汪芳生于1986年创制,以歙县大谷运的品质为上。

华山银毫　产于六安市东河口、毛坦厂一带,1995年华山名优茶开发中心奚德发创制。1997年9月在北京名茶拍卖会上,500克华山银毫以8800元拍卖成功,同年被载入上海大世界吉尼斯纪录。

茶叶加工

"十五"以后,安徽省茶业生产、加工、销售企业发展迅猛,形成以休宁县、郎溪县等地一批企业为代表的出口加工基地企业群,以黄山市徽州区、石台县等地一批企业为代表的内销生产经销企业群,以及遍布全省茶区的各类中小企业,这些新兴市场主体主宰100%的出口茶和60%以上的内销茶加工经销。根据中国茶业流通协会评估结果,2008年,安徽省加工企业7000家,拥有国家驰名商标1个,国家名牌农产品1个,省级茶叶龙头企业17个,安徽省著名商标13个,安徽省名牌产品3个,安徽省名牌农产品38个。世界500强企业英国联合利华公司将其全球茶叶生产加工中心迁入安徽省合肥市。"天方""汪满田""漕溪""新安源""徽六""一笑堂"等品牌茶叶在市场上引起广泛关注。

安徽省茶叶加工企业的大宗茶和部分名优茶,已实现全程半机械和机械化加工。2005年,全国第一条自动化、智能化炒青绿茶初制加工生产线在休宁县荣山茶场诞生。2008年年底,全省拥有茶叶机械11.1万台套,其中拥有自动化、智能化炒青绿茶和高档名优茶初精制加工生产线近10条,经QS认证企业223家。2008年9月18日,黄山市松萝有机茶叶开发有限公司举行万吨绿茶清洁化生产加工基地开工奠基仪式。

2008年,省农业产业化工作指导委员会公布农业产业化17家茶叶企业为省级龙头企业(组织)名单:安徽茶叶进出口有限公司、安徽省六安瓜片茶业股份有限公司、芜湖杉杉茶叶有限公司、安徽省红新制茶有限责任公司、安徽中徽茶业专业合作社、安徽国润茶业有限公司、安徽天方茶业(集团)有限公司、安徽天品堂生态农业有限公司、黄山谢裕大茶业股份有限公司、黄山市汪满田茶业有限公司、黄山茶业集团有限公司、黄山松萝有机茶叶开发有限公司、黄山市新安源有机茶开发有限公司、休宁县荣山茶厂、黄山六百里猴魁茶业有限公司、黄山市皇绿有机茶业有限公司、安徽省绿魁茶业有限公司。

至2008年年底，六安瓜片、霍山黄芽、太平猴魁获国家地理标识。

第五章　蚕　桑

安徽省气候、土壤宜蚕宜桑，自古就有植桑养蚕之业。现为全国蚕茧主产省之一，桑园面积和蚕茧产量均居全国第7位。

第一节　蚕区分布

蚕区发展

1986年，安徽省有67个县（市、区）栽桑养蚕。随着产业结构调整，蚕桑生产趋于集中，皖南山区、皖西大别山区为蚕桑主产区，包括歙县、黟县、休宁、绩溪、泾县、广德、旌德、宣城市宣州区、青阳、池州市贵池区、金寨、霍山、六安市金安区和裕安区、岳西、潜山、太湖、舒城等县（区）；江淮丘陵区、淮北平原为蚕桑恢复发展区，包括肥西、颍上、蒙城、灵璧、泗县等县。

蚕桑生产

2006年，安徽省桑园面积5万公顷，养蚕89万盒，蚕茧生产量35809吨。蚕桑生产主要集中在宣城、六安、安庆、黄山、池州、合肥等6市33县(区)，桑园面积、农村养蚕、蚕茧产量分别占全省96.86%、97.59%、97.70%。其中宣城、六安、安庆、黄山4市分别占全省20%。

1986—2008年，岳西、潜山、霍山、肥西、金安、裕安、宣州等县（区）蚕茧年产量增长超过10倍，歙县、绩溪、黟县、青阳、泾县、旌德、广德等县蚕茧年产量增长1～5倍。2006年，全省15个鲜茧产量500吨以上县（区），总产量比1986年翻两番。

2006年全省蚕茧主产市分布一览表

表3-5-1

市别	蚕茧		桑园		蚕种	
	产量（吨）	占全省（%）	面积（万公顷）	占全省（%）	饲养量（万盒）	占全省（%）
宣城市	7854	21.93	0.93	18.67	19.07	21.46
六安市	7683	21.46	1.36	27.23	20.10	22.62
安庆市	7482	20.89	1.00	19.99	18.53	20.85

续表 3-5-1

市别	蚕茧		桑园		蚕种	
	产量（吨）	占全省（%）	面积（万公顷）	占全省（%）	饲养量（万盒）	占全省（%）
黄山市	7017	19.60	0.79	15.78	16.83	18.94
池州市	3291	9.19	0.46	9.14	7.75	8.72
合肥市	1628	4.55	0.30	6.06	4.44	5.00
其他	854	2.38	0.16	3.13	2.14	2.41
全省	35809	100.00	5.00	100.00	88.86	100.00

资料来源：安徽省蚕桑服务站

1986—2006 年 15 个蚕茧主产县（区）蚕茧产量统计表

表 3-5-2

县（区）	蚕茧产量（吨）			2006 年为 1986 年比例（%）
	1986 年	1996 年	2006 年	
歙县	1764	1453.6	3743	212.19
岳西	223	565	3586	1608.07
泾县	595	1183	3075	516.81
青阳	961	1534.5	3070	319.46
金寨	1814	4200	3025	166.76
潜山	228.6	678	3020	1321.08
黟县	371	969	2405	648.25
霍山	110	960	2043	1857.27
绩溪	1139	1375	1910	167.69
肥西	67.2	486	1628	2422.62
裕安	62.9	1100	1311	3998.41
金安			1204	
广德	271	321	1090	402.21
宣州	54.5	350	932.5	1711.01
旌德	149	311.3	646	433.56
小计	7810.2	15486.4	32688.5	418.54

1986—2008 年间，寿县、霍邱、泗县、灵璧、蒙城、天长、宁国、徽州、黄山等市、县(市、区)，由于市场、价格、工业发展等原因，蚕桑生产逐年萎缩，基本退出蚕桑生产。金寨县在 1975—1995 年曾经是安徽蚕桑生产第一县，桑园面积 1.33 万公顷，1995 年蚕茧产

量6377吨，蚕种场、丝绸加工企业配套齐全。1997年以后蚕桑生产开始萎缩，2006年蚕茧产量下降至3025吨，全省排位退至第五位。

基地建设

1982年，安徽省委、省政府作出《关于发展蚕桑生产的决定》（1982年7号文），蚕桑生产进入快速发展期。2003年，省政府发布《关于进一步加快发展农业产业化发展规划》（皖政〔2003〕52号），将茧丝绸产业列为全省农业产业化十大主导农业产业之一。2007年，省政府办公厅下达《关于加快我省茧丝绸产业发展的意见》（皖政办〔2007〕71号），对茧丝绸产业实行统筹规划，提升茧丝绸产业地位。2004年，省农委开展优质茧基地建设试点。2005年，省农委印发《省级蚕茧基地建设实施意见》（皖农蚕函〔2005〕136号），制定基地建设标准，并采取以奖代补方式，对蚕茧基地建设中成绩突出县（区）进行表彰和资金扶持。

"东桑西移"工程

2006年开始，商务部实施"东桑西移"系统工程。工程主要以调整茧丝绸行业和区域结构为主要内容，建立国家级优质蚕茧生产基地，形成全国9大新兴蚕茧出口产区。基础建设标准为：桑园面积不低于667公顷，养蚕大棚150个，小蚕共育室50个，应用推广150万片方格蔟，与基地配套改造蚕种场。2006—2007年，歙县、黟县、绩溪县、泾县、广德县、青阳县、阜阳市、金寨县、霍山县、六安市金安区、岳西县、潜山县、黄山市等13个市、县（区）成为"东桑西移"工程实施市、县（区），每个市、县（区）获扶持资金200万元。同时，对全省10个蚕种场进行配套改造。

第二节　桑园建设

1986年，安徽省桑园总面积2.13万公顷，1995年8万公顷，养蚕户35万户，户均桑园0.12公顷，每公顷桑产茧930千克。1996—1999年，蚕茧收购价格逐年下跌，至1999年，全省桑园总面积减少至3.93万公顷。2000年后，桑园面积逐年恢复。2006—2008年，桑园面积稳定在5万公顷～5.3万公顷。

1986—2008年全省桑园统计表

表3-5-3

年份	桑园（万公顷）	年份	桑园（万公顷）	年份	桑园（万公顷）
1986	2.13	1994	8.00	2002	4.35
1987	2.18	1995	8.00	2003	4.33
1988	2.08	1996	6.00	2004	4.53
1989	2.53	1997	5.53	2005	4.64

续表 3-5-3

年份	桑园（万公顷）	年份	桑园（万公顷）	年份	桑园（万公顷）
1990	3.47	1998	4.53	2006	5.00
1991	4.63	1999	3.99	2007	5.59
1992	6.54	2000	3.93	2008	5.30
1993	7.50	2001	3.89		

品种和育苗

主要桑树品种为湖桑 32 号、湖桑 199 号、湖桑 197 号、湖桑 7 号、育 71-1，杂交桑塘 10× 伦 109 和实生桑丰驰也有种植。1995 年，新引进农桑 12、农桑 14 等品种。安徽省自育品种华明桑、7707、红星五号、皖桑 1 号、皖桑 2 号等有少量栽植。

1988 年，全省春、夏播桑苗 1389 公顷，其中六安地区 847 公顷、宣城地区 83 公顷、宿县地区 106 公顷、阜阳地区 143 公顷。1988—1993 年，全省年均生产实生桑苗 1560 公顷，嫁接出圃桑苗 1.87 亿株。培育桑苗除用于本地栽植外，还销往山东、河南、湖北等省。培苗方法有嫁接培苗、压条、绿枝插仟、硬枝扦插等技术。宣城市、潜山县、青阳县、岳西县、南陵县等市、县利用生根粉进行扦插培育桑苗。

栽植密度

每 0.067 公顷栽桑 800 ~ 1000 株，行株距为 100 厘米 ×66 厘米或 133 厘米 ×50 厘米，中低干拳式养成。低干密植桑园每 0.067 公顷栽桑 1000 ~ 1500 株，行株距为 100 厘米×45 厘米或 133 厘米×33 厘米。对老桑园按照“千株桑，万根条，百斤茧”要求，进行补缺、加密、增拳、增条等技术措施更新改造。建立新桑园主要推广嫁接体栽植、杂交桑塘 10× 伦 109 和丰驰桑实生直栽快速建园方法。

桑园管理

1986年，全省开始实施每公顷桑产茧15吨技术示范片工作。主要是通过改良土壤，选用优良品种，适当密植，提高施肥水平等技术措施，增加桑叶产量和质量。2004 年，省农委启动优质蚕茧基地建设试点，扩大亩桑产茧 100 千克示范片，相继出现岳西县来榜、潜山县槎水、黟县叶村、泾县陈村等高产典型。桑树病虫害主要有桑瘿蚊、桑尺蠖、桑蓟马、桑蟥、桑螟、野蚕、红蜘蛛、桑叶蝉、桑毛虫、桑蛀虫、桑天牛、桑象虫、根瘤线虫病、桑萎缩病等，危害最重是桑瘿蚊和桑萎缩病。1986—1995 年，桑瘿蚊暴发。1990 年 3 月，省蚕桑服务站在歙县举办全省桑瘿蚊测报和联防工作技术培训班，设立青阳、灵璧、岳西、歙县桑瘿蚊测报点，监测桑瘿蚊发生动态，发布虫情预报，组织联防联治，有效控制虫情。1998—2003 年，桑树萎缩病发生，省蚕桑服务站组织泗县、休宁、歙县、金寨等县采取桑苗检疫、挖除病株、换地栽植、控制媒介昆虫（菱纹叶蝉）等措施，病害得到有效控制。1986—2008 年，桑园以家庭经营为主，养蚕户实行生态种植，开展综合利用。

六安、岳西、宣城等地养蚕户在幼龄桑园或新桑园中种植瓜菜、饲养肉鸡，利用蚕沙、桑枝、鸡粪种植食用菌和沤制沼气。

第三节　蚕茧生产

产茧量、饲养量

1985 年，全省蚕茧产量 8950 吨，首次超过 1918 年蚕茧产量（有史料可查最高年份，产量 8535 吨）。1986—2008 年，全省桑蚕饲养发种量、产茧量呈曲线增长态势（表 3-5-4）。其中 1995 年蚕茧产量 42500 吨，为历史最高年份。1986—1996 年，全省从事蚕桑生产乡（镇）、村数基本保持平衡，养蚕农户 30 ~ 35 万户。1986 年，全省有 34 个乡镇年产茧量超过 50 吨。其中金寨县竹畈乡，青阳县西华乡、庙前乡，歙县霞坑乡，绩溪县临溪乡年产茧量超过 100 吨。1995 年开始，全省进行蚕桑生产布局调整，生产区域适当集中。1997 年，岳西县来榜镇、温泉镇，潜山县槎水镇，肥西县聚新乡，霍山县黑石渡乡、桃源河乡，六安市金安区三十铺镇、裕安区新安镇年产茧量均超过 250 吨。2006 年，歙县霞坑、北岸、杞梓里、岔口，黟县碧阳、西递、宏村，泾县桃花潭，绩溪县临溪、浩寨，青阳县西华，岳西县来榜、温泉，潜山县黄檗、槎水、官庄、塔畈，金寨县南溪、燕子河、长岭，霍山县黑石渡、漫水河、诸佛庵 23 个乡（镇）年产茧量超过 250 吨。岳西县田头乡柳畈村老屋村民组种植桑园 80 亩，2006 年养蚕 288 盒，产茧 12.4 吨，产值 34.4 万元。平均亩桑养蚕种 3.6 盒，产茧 155 千克，产值 4300 元。

1986—2008 年全省养蚕发种、蚕茧产量、蚕茧价格统计表

表 3-5-4

年份	发种量（万盒）	产茧量（吨）	茧价（元 / 千克）	年份	发种量（万盒）	产茧量（吨）	茧价（元 / 千克）
1986	35.60	9771	3.94	1998	75.31	24774	14.06
1987	36.45	10856	5.44	1999	67.03	22460	12.84
1988	42.76	12829	12.28	2000	68.49	24320	18.86
1989	53.91	14919	10.06	2001	76.53	28400	15.84
1990	64.51	18438	10.00	2002	73.25	26000	10.48
1991	84.97	23699	10.04	2003	64.85	26099	13.56
1992	100.29	28862	8.90	2004	75.25	29656	15.60
1993	110.10	33200	10.34	2005	79.00	31265	19.40
1994	131.00	41400	18.58	2006	88.86	35809	25.00
1995	142.30	42500	12.36	2007	95.52	38695	16.40

续表 3-5-4

年份	发种量（万盒）	产茧量（吨）	茧价（元/千克）	年份	发种量（万盒）	产茧量（吨）	茧价（元/千克）
1996	75.34	24000	11.70	2008	91.78	38000	15.60
1997	72.77	24189	17.04				

养蚕布局

从 20 世纪 80 年代中期后进行养蚕布局调整，夏秋蚕饲养量逐步超过春蚕。1995 年，全省春蚕饲养量占全年发种量 47.2%，夏蚕占全年发种量 3.5%，秋蚕占全年发种量 49.3%。2000 年以后，养蚕基本布局为：皖南山区发种量春蚕占 46%，夏蚕占 9% ~ 12%，中秋蚕占 24%，晚秋蚕占 18% ~ 21%。皖西蚕区发种量春蚕占 48%，夏蚕占 5% ~ 7%，中秋蚕占 36% ~ 39%，晚秋蚕占 7% ~ 10%。蚕品种选择：春蚕、晚秋蚕饲养多丝量春用品种，夏蚕、中秋蚕主要选用抗逆性强夏秋用品种或春秋兼用品种。一些桑园条件好、养蚕水平高的蚕区选用饲养多丝量春用品种。

养蚕设施

蚕室　从 1980 年开始，养蚕实行家庭承包经营，饲养规模变小，蚕室多为住房或生产兼用房。1998 年后，蚕茧主产区出现个人办蚕场，兴建简易专用蚕室，或钢架、竹木结构塑料大棚养蚕。2006—2007 年，“东桑西移”工程实施区金寨、霍山、潜山、绩溪、黟县、广德等县建造一批砖木结构专用小蚕室及塑料大棚。

蚕具　主要用竹木梯形蚕架，形制为两个扁方木着地，上下横木相连，左右各有缺刻 10 个上下，以长竹竿将蚕架相连，并用麻绳结扎牢固，中插蚕匾。皖南山区部分养蚕农户用三角蚕架。随着省力化养蚕技术推广，全省养小蚕多用长方形蚕匾或蚕框，大蚕用蚕台。

加温设备　小型养蚕农户用炭火盆或煤炉加温，小蚕共育室及规模较大的养蚕农户用地火龙加温，蚕种场用电热丝、电热风及空调加温。

养蚕技术

蚕种催青技术　推广二段简化催青法。1987 年，省蚕桑服务站在合肥蚕种场举办二段简化催青培训班，潜山、岳西、肥西、南陵等 10 多个县派员参加学习。20 世纪 80 年代至 90 年代初，省农业厅每年从蚕桑改进费中拨出资金，支持蚕桑重点县兴建蚕种催青室，改进催青设备。2000 年以后，青阳、黟县、霍山、岳西等县利用农业产业化、茧丝绸发展风险资金，兴建高密度电气化加温补湿计算机控制温湿度标准化蚕种催青室。

小蚕饲养技术　推广小蚕共育方法。主要形式有联户共育、共室不共蚕、商品化共育。1987 年，全省小蚕共育率 60% 以上，岳西县、潜山县、金寨县小蚕共育率 90%。2005 年，岳西等县实行小蚕共育点准入制度，达不到要求共育户，不得从事小蚕共育。

大蚕饲育方法　主要有蚕匾育、蚕台育和养地蚕。20 世纪 80 年代以后，蚕台育成为安徽省大蚕饲育主要方法。1989 年,省蚕服务站印发桑蚕饲育新标准。1991 年,安徽省标准计量局发布实施《桑蚕饲育技术操作规程》。1995 年,六安市金安区、肥西县等地开始推广室外大棚养蚕。2005 年,肥西县有养蚕大棚 1000 个。

蔟具使用　1980—1999 年,全省开始示范推广纸板方格蔟和简易方格蔟。2000 年以后,方格蔟技术日趋成熟,推广面逐步扩大。2003 年,黄山市纸板方格蔟推广成果获安徽省科学技术三等奖。肥西县推广方格蔟技术,创庐州牌优质蚕茧品牌。

蚕病防治和消毒

蚕病防治　主要有脓病、软化病、败血病、猝倒病、僵病、微粒子病等。蚕病防治以防为主,“防重于治,彻底消毒”。防治药剂主要有福尔马林、甲醛石灰浆、防僵灵、防病一号、蚕座净、毒消散、氯霉素、红霉素、克蚕菌胶囊等。

蚕体蚕座消毒　消毒药剂主要有石灰粉、消特灵、防病 1 号、优氯净、蚕座净、漂白粉等。1995 年,省蚕桑服务站引进“消特灵”消毒剂 1 吨,在六安市、安庆市进行示范,后推广应用。黟县等地蚕户为减少漂白粉等消毒剂对蚕室蚕具腐蚀,用表面活性剂新洁而灭消毒,蚕室密闭条件好再用优氯净烟熏消毒。1990—1996 年,各主产蚕区配备乡村蚕桑技术员,建立消毒防病服务队,利用机动喷雾器帮助蚕农进行养蚕前消毒防病。青阳、黟县、潜山、岳西等县实行种药配套。

副产品利用

1987 年,黟县蚕种场利用夏伐桑枝条做主基质栽培香菇,生物学效率 92.5%。20 世纪 90 年代中期,安农大徐静斐教授主持《蚕桑副产品综合利用研究》,先后研制出丝素蛋白粉、丝素蛋白凝胶、丝素膜(固相酶载体)。2007—2008 年,潜山、歙县、桐城、颍上等县利用桑枝在养蚕大棚生产食用菌,比椴木栽培产量提高数倍。2000 年,省农科院蚕桑研究所研制出桑葚营养馒头、桑汁果冻、桑汁蛋糕、桑茶等系列产品,2003 年,颗粒桑叶红茶加工方法获得专利。

蚕药生产

1987 年,国务院发布《兽药管理条例》,规定蚕药生产必须由生产企业所在地县以上农牧行政管理机关审核同意,报经省农业厅核准,发给“兽药生产许可证”。经省农业厅核准,六安金安蚕药厂、岳西蚕药厂、青阳木镇蚕药厂、广德皖东南蚕药厂、潜山塔畈蚕药厂、歙县深渡蚕药厂先后建成投产。批准生产蚕药品种 20 多种类,包括漂白粉、福尔马林、硫黄、赛力散石灰浆、西力生防僵粉、消毒净(漂粉精)、全杀威(复合三氯异氰尿酸粉)、熏毒威、毒消散、甲醛溶液(福尔马林)、蚕病净、蚕康威、抗菌剂 402、小蚕防病 1 号、大蚕防病 1 号、敌蚕病、蚕座净、蚕福安、优氯净防僵粉、蚕用氯霉素溶液、克氯素溶液、诺氟沙星复合剂 - 蚕菌清、蚕用诺氟沙星溶液、灭蚕蝇乳油、保幼激素、蜕皮激素等。20 世纪 90 年代后期开始,蚕药厂逐年减少,至 2005 年,全省仅存广德皖东南蚕药厂 1 家。

第四节　蚕种繁育

品种与制种

1986—2008年,安徽省蚕品种繁育推广主要呈现新老品种交替格局。1980—1985年,主要品种有华合 × 东肥、华苏 × 肥苏、苏3·秋3× 苏4;1986—1989年,新增加浙蕾 × 春晓、菁松 × 皓月等品种,但繁育系数低,生产量少。从1990年开始,原蚕饲育区制种快速发展,蚕品种呈多样化。主要品种有华苏 × 肥苏、菁松 × 皓月、浙蕾 × 春晓、春蕾 × 镇珠、苏3·秋3× 苏4。其中华苏 × 肥苏是安徽省选育品种,蚕体质强健,繁育系数高,至2008年,累计生产量461.30万盒。2000—2008年,主要推广品种有菁松 × 皓月、黄山 × 平湖、九华 × 春早、871×872、873×874、苏菊 × 明虎、新杭 × 科明、517×518。1986年,全省蚕种生产量47.13万盒。1987—1994年,生产量逐渐增加,1995年生产量120万盒,为历史最高年份。1999年生产量下降至56.63万盒。2000—2008年,全省蚕种生产量保持在60万盒~ 65万盒。

1986—2008年安徽省蚕种产量统计表

表3-5-5

年份	制种数量（万盒）	年份	制种数量（万盒）	年份	制种数量（万盒）
1986	47.13	1994	94.39	2002	59.88
1987	39.39	1995	120.00	2003	61.76
1988	41.74	1996	83.60	2004	65.00
1989	57.89	1997	66.24	2005	64.30
1990	76.25	1998	81.00	2006	65.00
1991	84.88	1999	56.63	2007	65.00
1992	98.16	2000	66.00	2008	60.00
1993	84.80	2001	73.00		

繁育技术

采用国家行业规定三级繁育四级制种形式,繁育原原母种、原原种、原种和一代杂交种。20世纪80年代,一代杂交种生产制种形式全部改为散卵装盒,原种生产以28蛾圈制种,母种和原原种以14蛾圈制种。全省蚕种场开始推广种茧三回育一班制省力化技术。实行原蚕饲育区生产蚕种。在国营蚕种场附近乡村开辟原蚕饲育区,扩大蚕种生产。当时每增加1万张蚕种生产能力,国营蚕种场需投资30万元,原蚕饲育区制种,只需投资2万元。1986年,全省原蚕饲育制种19.55万盒,占总生产量41.47%，2006年上升至86.67%。

1990年，绩溪、合肥蚕种冷库对蚕种浸酸设备进行技术改造，由手工浸酸改为电动多笼控制浸酸，扩大浸酸场地，新设通风设备，改善蚕种浸酸工作条件。新建金寨、黄山蚕种冷库高标准自动化浸酸设施投入运营。1998年后，越年蚕种冷藏由春用种单式冷藏，夏与早秋用种复式冷藏全部改为复式冷藏。蚕种人工越夏全部采用散卵保护，越年种产卵转成固有色后，经洗落、漂净和消毒处理，有效保护蚕种卵质，节省蚕种保护空间，提高孵化率。

质量检验检疫

冬季入库蚕种质量抽检内容包括良卵数、良卵率、孵化率以及包装质量，抽样量占入库批次总量三分之二，生产环节质量检验由蚕种场技术人员进行。1990年之前，家蚕母蛾微粒子病检验由生产单位自检，沿用传统手工磨蛾方式，采用固定百分比抽样方法检验。1990年，省蚕桑站从华南农业大学购进两台半自动单管磨蛾机，采用母蛾集团抽样方法及判断合格标准，在部分蚕种场开展蚕种母蛾微粒子病集团检验试点工作。1991年夏季，皖南蚕区暴发微粒子病。安徽省桑蚕微粒子病防治领导小组成立，全面贯彻执行农业部《家蚕微粒子病防治技术要点（草案）》。1991年秋季，省农业厅蚕桑服务站开展全省蚕种母蛾微粒子病统检工作，配置专用检验检疫设备和场地。1994年，蚕种成品卵微粒子病抽样检疫工作开始。2004年，母蛾检验由单管磨蛾改为四管集团磨蛾检验。1992—2008年，全省未再大面积发生家蚕微粒子病情况。

生产单位与设施

1987年，安徽省有蚕种场7个，原蚕制种点1个（原徽州地区歙县鸿飞村）和蚕种冷库2座；国有蚕种场职工705人，土地面积313.67公顷，其中桑园面积212.53公顷，房屋建筑总面积60419平方米。年生产能力：原种1.3万张，一代杂交种50万盒（张）。蚕种冷库建筑面积1500平方米，冷藏能力100万盒（张）。2002年，全省蚕种生产单位14个，在职职工602人，技术干部189人；固定资产3155.5万元；土地面积223.03公顷，其中桑园面积143.36公顷；蚕室生产用房64859平方米。蚕种冷库4座。1987年，金寨蚕种场（现为金寨蚕种一场）建成。1991年，省计划委员会（计农字〔1991〕755号文）批复歙县蚕种场项目，总投资额500万元。建设规模：桑园33.33公顷，年生产桑蚕一代杂交种5万盒（张），原蚕饲育区制种5万盒（张）。1992年，省计划委员会（计农字〔1992〕021号文）批复安庆市太湖蚕种场项目，总投资600万元，建设规模：桑园40公顷，年生产桑蚕一代杂交种6万盒（张）。1995年，省农业厅（农蚕字〔95〕第169号文）批复建立霍山县蚕种场。1996年，省农业厅（农蚕字〔96〕第004号文）批复建立泾县蚕种场。1990年，金寨蚕种场扩分为第一、第二、第三、第四、第五、第六蚕种场。1990—1994年，新建投产金寨县蚕种冷库，1993年新建投产黄山市蚕种冷库。2002年11月，绩溪县蚕种场破产拍卖，由绩溪县正泰农业发展有限公司收购，更名为绩溪县正泰蚕种总场。2003年12月，青阳县政府批准《青阳蚕种场改制方案》，新成立青阳县九华蚕业制种有限责任公司。2005年9月，合肥桑蚕原种场经安徽省机构编制委员会（以下简称省编委）批准，划转到安徽省农业经济干部学院，不再从事蚕种生产。2000—2005年期间，阜阳蚕种场、泾县蚕种场、金寨第三、第五、第六蚕种场、亳州蚕种场、太湖蚕种场先后停产、并转。2008年，全省蚕种生产单位10家，蚕种冷库2座。

第五节　管理和服务

管理机构

1983年12月，经省编委批复，安徽省农牧渔业厅合肥桑蚕原种场与农业局蚕桑服务站合并，成立安徽省蚕桑服务站，处级建制，隶属省农牧渔业厅（后改为安徽省农业厅，现为安徽省农业委员会）。1997年，省编委批复，安徽省蚕桑服务站增挂“安徽省蚕种质量检验站”牌子，主要职责是承担全省蚕种质量检验、检疫工作。市、县蚕桑管理机构设在市、县农技推广中心，隶属同级农委。青阳、黟县、金寨、霍山、六安市金安、六安市裕安等县（区）专设蚕桑办、茧丝办，隶属县政府管理。2005年，全省有市、县级蚕桑技术服务机构33个，乡（镇）蚕业服务站241个，蚕桑专业技术推广人员714人，县以下基层蚕桑技术辅导员506人。蚕茧主产区技术推广服务体系基本健全。

蚕种管理

1992年以前，蚕种生产和经营由省蚕桑主管部门统一管理。包括生产计划下达、品种安排、蚕种配发、质量监管等。实行统一计划，统一生产，统一价格，统一配发，划区供应，余缺调剂。每年由各县向省农业厅蚕桑站报用种计划，省农业厅根据生产需要下达年度蚕种生产任务，由蚕种冷库统一配发、结算。1993年以后，实行“统一计划、统一质检、产销见面、以销定产、合同订种、余缺调剂”管理办法，省内蚕种供应由省农业厅根据生产需要，下达蚕种生产指导性计划，用种单位可以自由选择供种单位，选择品种，直接签订购种合同。蚕种场则根据用种合同和市场需求安排生产。1978年以前，蚕种以不变价供销，蚕种价格稳定。1979—1999年，蚕种价格按蚕种与农产品比价、兼顾生产单位和用户利益原则作了10次调整。1986年，蚕种出场价3～5.5元/盒，1989年，蚕种出场价11～15.5元/盒。1991—1992年，蚕种出场价13.7元/盒。1994年，蚕种装盒量由每盒24000粒增加到25000粒，出场价17～20元/盒。1995年，蚕种出场价28～31元/盒。1997年、1999年，省物价局和省农业厅两次联合发文，调整蚕种价格。1997年，蚕种出场价30元/盒，销售价比出场价提高10%～15%；1999年，蚕种出场价28元/盒（上下浮动10%），销售价上浮10%～15%。2000年以后，蚕种价格改为市场指导价格，不再列入物价定价管理。

法制建设

1982年，安徽省农业厅制定《安徽省蚕种繁育检验办法》。1988年，省农牧渔业厅印发《蚕种生产经营管理的意见》《蚕种冷库管理等各项规定》。1992年7月，省政府发布《安徽省蚕种管理办法》（34号令）。1993年，省农牧渔业厅制定《安徽省桑蚕种“三证一照”管理办法》。1997年，农业部发布《蚕种管理暂行办法》（〔97〕第22号部长令）。1998—1999年，省农业厅制定《安徽省蚕种管理暂行办法实施细则》《安徽省蚕种冷库管理办法》。

1999年12月15日，安徽省第九届人大常委会第十三次会议通过并发布《安徽省蚕种管理条例》，是继四川省之后全国第二个同类地方法规。2004年6月26日，省第十届人大常委会第十次会议审议《关于修改〈安徽省蚕种管理条例〉的决定》，对《安徽省蚕种管理条例》中个别条款进行修正。2006年6月29日，省第十届人大常委会第二十四次会议审议《关于修改〈安徽省蚕种管理条例〉的决定》，对《安徽省蚕种管理条例》中个别条款进行修正。2008年8月22日，省第十一届人大常委会第四次会议对《安徽省蚕种管理条例》作进一步修订。

2001年，国务院办公厅下发《转发国家经贸委关于深化蚕茧流通体制改革意见的通知》（国发办〔2001〕44号）。2001年，省农委制定《安徽省蚕种生产、经营资格认定细则》，对全省所有蚕种生产及经营单位重新审核。经过审核，有14个单位取得蚕种生产资格证，38个单位取得蚕种经营资格证。2002年，省农委下发《安徽省对从外省调入蚕种检验检疫的通知》。规定对需要从外省调入蚕种单位必须向省蚕桑站提交申请，经同意后送样检疫，检疫合格后方可调入。2004年，省政府《关于公布行政许可实施主体的决定》（安徽省人民政府令第173号）规定，省蚕种质量检验站为法律、法规授权行使行政许可权组织。2005年，省政府公布省农委予以保留行政许可项目58项，涉及蚕种5项。规定蚕种生产许可、蚕种经营许可、新蚕品种审定许可实施主体是省农委，蚕种质量合格证、省外调进蚕种质量检疫实施主体和受理单位是省蚕种质量检验站，业务进入省政务中心办理。2005年，省农委制定《安徽省蚕种生产和经营许可证管理办法》《安徽省蚕品种审定管理办法》，依法对全省蚕种生产、经营单位进行审核。2006年，省政府对行政许可项目清理，继续保留蚕种生产许可、蚕种经营许可、新蚕品种审定、蚕种质量合格证4项许可。2005—2008年，经省农委审批发放蚕种生产许可证12个，蚕种经营许可证27个。

1998年，安徽省农业厅依法委托省蚕桑站行使农业行政执法职能，对全省蚕种管理人员进行统一培训、考试、发证，实行持证上岗。1999年，省茧丝办、省农业厅、省工商局、省技术监督局联合组织蚕种执法检查组，对全省蚕种经营市场进行执法检查。共查处违规经营蚕种1.8万盒，就地销毁不合格蚕种1.1万盒。2005—2008年，蚕种市场管理纳入全省农资市场专项整治工作范围，每年均制定《安徽省蚕种市场专项整治方案》，蚕种市场管理长期化、规范化、制度化。

标准制定

1991年，安徽省第一个蚕桑地方标准《桑蚕种繁育质量》发布实施。1998年，该标准重新修订，新增一代杂交种成品卵微粒子病检验等内容，并注重与部颁行业标准衔接。1991年，制定《桑蚕饲育技术操作规程》《桑树嫁接苗》。1995年，制定《桑苗繁育技术操作规程》。2000—2008年，全省共发布实施蚕业地方标准13项。

1991—2008年安徽省蚕桑地方标准一览表

表3-5-6

发布实施年	标准编号	标准名称	备　注
1991	DB34/056-91	桑蚕种繁育质量	
1991	DB34/055-91	桑蚕饲育技术操作规程	
1991	DB34/057-91	桑树嫁接苗	
1995	DB34/111-95	桑苗繁育技术操作规程	
1998	DB34/T056-1998	桑蚕种繁育质量	新修订
2005	DB34/T560-2005	桑蚕三级原种生产技术操作规程	
2005	DB34/T561-2005	桑蚕一代杂交种生产技术操作规程	
2005	DB34/T562-2005	桑蚕纸板方格蔟上蔟技术操作规程	
2007	DB34/T668-2007	桑蚕小蚕共育技术操作规程	
2007	DB34/T669-2007	桑蚕种茧育桑树栽培技术规程	
2007	DB34/T670-2007	色素添食法桑蚕彩色茧生产技术操作规程	
2008	DB34/T79-2008	桑蚕种催青技术操作规程	
2008	DB34/T79-2008	大棚养蚕技术操作规程	

品种审定

1982年3月，安徽省桑蚕品种审定委员会在合肥市成立。审定委员会由省农牧渔业厅蚕桑站、安徽农学院蚕桑系、省农科院蚕桑研究所、省科委、省丝绸公司、合肥桑蚕原种场、绩溪蚕种场和金寨县、黟县、青阳县农牧渔业局等单位组成，并设立蚕品种鉴定点4个。1984—2007年，共审定合格蚕品种13对，其中春用品种8对、夏秋品种5对。认定桑树品种6个。

1984—2007年安徽省审定认定合格蚕品种一览表

表3-5-7

年　份	品种名称	品种类别	育种单位
1984	新九三 ×7412	夏秋用	安徽省农业科学院蚕桑研究所
1985	华·苏 × 肥·苏	春秋兼用	安徽省绩溪蚕种场 安徽省农牧渔业厅
1991	薪安 × 皖·乐	春用	安徽省农业科学院蚕桑研究所
1992	若玉 ×826	夏秋用	安徽省农业科学院蚕桑研究所
1995	莲·花 × 天·都	春用	安徽农业大学蚕桑系 安徽省农业科学院蚕桑研究所 安徽省蚕桑服务站

续表 3-5-7

年　份	品种名称	品种类别	育种单位
1996	皖 5× 皖 6	春用	安徽农业大学蚕桑系 安徽省农业科学院蚕桑研究所
1996	九·华 × 春·早	春秋兼用	安徽省农业科学院蚕桑研究所 中国农业科学院蚕业研究所
2002	皖夏二号	夏秋用	安徽省农业科学院蚕桑研究所
2002	黄·山 × 平·湖	春秋兼用	安徽省蚕桑服务站 安徽省农业科学院蚕桑研究所
2004	991×992	春用	安徽省农业科学院蚕桑研究所
2005	517×518	夏秋用	安徽省农业科学院蚕桑研究所 安徽省蚕桑服务站
2005	951×952	夏秋用	安徽农业大学生命科学学院
2007	皖珠 × 春明	春用	安徽省农业科学院蚕桑研究所 安徽农业大学生命科学学院

1988—2005 年安徽省认定桑树品种一览表

表 3-5-8

年　份	品种名称	育种单位
1988	华明桑	安徽省农业科学院蚕桑研究所
1988	7707	安徽省农业科学院蚕桑研究所
1990	李枝桑	泾县农牧渔业局
1990	新大叶瓣	泾县农牧渔业局
2005	皖桑一号	安徽省农业科学院蚕桑研究所
2005	皖桑二号	安徽省农业科学院蚕桑研究所

专业合作组织

1986 年，潜山县蚕桑技术协会成立。至 2005 年，全省有蚕业合作经济组织 16 个，主要以协会形式在民政部门登记。2006 年，省蚕桑站引导、指导 10 家蚕种生产单位，成立安徽省蚕种协会。2006 年，全省成立各类蚕业合作组织 45 个。其中实行生产、加工、销售一条龙 22 个，从事蚕业信息技术服务 19 个，从事加工或销售 4 个。2008 年，全省蚕业合作组织增加至 91 个，其中专业合作社 47 个、协会 35 个、其他形式 9 个。参加蚕业合作组织农户 11829 户，带动蚕农 16.4 万人，占全省养蚕户 50%以上。2007 年，六安市金安区椿树镇草庙蚕业专业合作社、太湖县嘉丝利蚕业农民专业合作社被授予省级示范合作社。

信息化建设

2006 年，安徽省蚕桑服务站建立开通“安徽蚕业信息网”。2008 年，信息网年均访问量 3.7 万人次，信息保有量 2380 多条，基本实现信息资源共享，资料、数据快速传递，行业公告及时发布。蚕区主产县做到蚕业信息员每人一台电脑，全省行业信息服务网络初步形成。

第六章 水 果

第一节 水果种植

生产发展

1986年以后，安徽省水果生产经历快速发展、徘徊调整、稳定提升三个阶段。1986—1997年为快速发展阶段。1986年，省农牧渔业厅拟定《安徽省“七五”期间水果生产规划》。利好政策和显著经济效益推动水果生产迅速发展。1997年，全省水果种植面积10.232万公顷、产量74.36万吨，面积和产量比1986分别增长1倍和3倍。1997年，水果大县砀山县农民人均收入1944元，其中有1000元来自水果。1998—2002年为徘徊调整阶段。1998年，水果价格大幅下滑，产品大量积压，个别果园甚至出现撂荒、弃采和砍树现象。水果市场变化主要是水果生产发展过快、加工贮藏能力弱、技术措施不到位、产品质量下降等。1999年，全省水果种植面积减少至8.222万公顷，比1997年减少2万公顷。2003年，水果种植面积恢复至10.05万公顷。水果单产逐年提高，2002年，水果平均单产18531千克/公顷，比1997年增加1.55倍。2003—2008年为稳定提升阶段。2003年，省政府将水果产业列为农业产业化十大主导产业之一。按照省政府《关于进一步加快发展农业产业化经营的实施意见》（皖政〔2003〕52号），省财政厅牵头，联合省农委、省农科院等单位制定《安徽省水果产业化发展规划（2003—2007年）》。提出主产区水果鲜销、加工、贮藏各占三分之一目标。2008年，省财政安排2000万元现代农业发展资金，支持水果产业发展。这一时期，全省水果种植面积稳定在10万公顷～11万公顷，总产和单产不断提升。2007年，水果总产量207万吨，占当年全国总产量1.97%；平均单产20520千克/公顷，比全国平均单产高2.04倍。水果加工企业、专业合作组织快速发展，加工贮藏能力增强，产业化水平提升。2006年，宿州市有各类水果专业合作组织91个，2007年增加至153个，2008年增加至246个。2008年，宿州市18家省、市级水果产业龙头企业（其中省级9家）年营销总收入14.94亿元，上缴税金2105.4万元。该市建立各类水果生产基地4.53万公顷，其中通过无公害、GAP和绿色食品认证基地1万公顷以上。2002年，砀山县被认定为“全国无公害农产品（水果）生产示范基地县达标单位”。无公害砀山酥梨质量技术标准于2004年通过国家审定。

区域分布

安徽省兼有多种落叶果树和部分亚热带常绿果树，是多种果树起源中心之一。2002年，全省共有果树（包括野生种及育种材料）56种，主要是梨、桃、葡萄、苹果、枇杷、杏、李、柿、枣、石榴、板栗、柑、桔、猕猴桃、樱桃、核桃、山核桃等。

产区分布　北部为苹果次适宜区南缘，南部为柑桔、枇杷等常绿果树北缘。分为三个生产区域。

淮北水果区　以酥梨、桃、苹果、葡萄为主，鲜食与加工兼顾。

江淮水果区　以桃、梨、葡萄为主，兼有多种果树品种。

江南水果区　以柑橘、枇杷、梨为主。

产品分布

2008年，全省水果种植面积10.87万公顷，总产量172万吨。其中宿州、淮北两市水果种植面积占全省60.5%，产量占68.3%。（表3-6-1）

2008年主要水果种植情况：

梨种植面积3.95万公顷，产量62.89万吨。主要分布地区：砀山县、萧县、灵璧县、宿州市埇桥区、宣城市宣州区、黄山市黄山区、芜湖县、五河县、固镇县。

苹果种植面积1.71万公顷，产量30.49万吨，主要分布地区：砀山县，萧县，灵璧县，淮北市烈山区、杜集区，阜阳市颍州区、亳州市谯城区。

柑橘种植面积0.25万公顷，产量2.16万吨，主要分布地区：安庆市郊区、太湖县、宿松县、潜山县、枞阳县、望江县、歙县、祁门县。

葡萄种植面积0.63万公顷，产量18.20万吨，主要分布地区：庐江县，无为县，巢湖市居巢区，萧县，宿州市埇桥区，肥西县，芜湖县，淮北市杜集区、烈山区，歙县，来安县，凤阳县。

第二节　栽培技术

1998年以前，主推水果高产栽培技术。1998年以后，主推水果优质丰产栽培技术，2000年以后，主推无公害栽培技术。2008年，全省有无公害水果品牌26个。

无公害栽培　无公害水果产品产地环境、生产过程、产品质量必须符合无公害农产品标准和规范，经认证合格予以颁发证书，并允许使用无公害农产品标志。无公害栽培园地应选在背风向阳、生态环境良好、远离污染源区域。空气、土壤、灌溉水必须符合国家《空气环境质量标准》《土壤环境质量标准》《农田灌溉水质量标准》要求。

病虫害防治　“以防为主，综合防治”。主要措施：改善果园生态环境，加强栽培管理，优先选用农业和物理防治技术，开展生物防治；科学使用化学防治技术，选用高效生物制剂和低毒化学农药，提倡使用生物源农药和矿物源农药。改进施药技术，降低农药用量，以减少污染和残留。禁止使用剧毒、高毒、高残留农药，有“三致”（致畸、致癌、致突变）作用和无“三证”（农药登记证、生产许可证、生产批号）农药。

施肥　以测土配方施肥为主、以施底肥为主、以施有机肥为主化肥为辅、以土壤中养分平衡、以农家肥腐熟无公害等为原则，坚持施用经农业管理部门登记商品有机肥、微生物肥、化肥、叶面肥。限量使用尿素、碳酸氢铵、硫酸铵、磷、钾、硼、钼、锌等化肥及微肥。禁止使用未经无害化处理城市垃圾或含有重金属、橡胶和有害物质垃圾，禁止使用含氯复合肥、硝态氮肥和未腐熟人粪尿，禁止使用未登记肥料产品。

果实套袋　提倡使用果实套袋技术，减少防治病虫害农药使用，避免果实与农药接触，降低果实中农药残留，改善果品外观品质。主要技术：果实定果后，对幼果进行套袋。套袋前要喷1次杀虫杀菌剂，套袋后每隔10天随机解袋检查1次，采收前1个月放风除袋。果实生长后期，结合喷药喷肥加喷200倍高效增糖灵等增糖增质剂2~3次，提高套袋果可溶性固形物含量。配套技术：增大果个，端正果形，提高果形指数，增加着色（铺反光膜、摘叶、转果等），提高果实光洁度（套袋），提高果实贮藏性（喷施钙肥），改善果品风味（喷施增质剂）等。

设施栽培　安徽省果树设施栽培兴起于20世纪80年代末90年代初。2008年，砀山县、萧县等地用温室大棚避寒栽培油桃、葡萄、杏、樱桃等，面积533.33公顷，每亩产值1万元以上；长丰县、巢湖市居巢区等地用温室大棚避寒栽培草莓，面积0.67万公顷，每亩产值6000元；沿江江南等地用大棚避雨栽培葡萄，面积133.33公顷，每亩产值5000元以上。北方温室大棚避寒栽培能使水果提前上市20天以上，如草莓能提前到12月底上市。沿江江南避雨栽培葡萄技术，减少用药次数及用药量50%以上，第一批葡萄在4月上中旬成熟上市，比露天栽培延长采果期20天。树种和品种主要选择需冷量（需寒度）低、早熟、品质优、季节差价大树种和品种，以提高品质、增加产量、增强适应性。栽培管理关键技术是在不同时期，控制、调节好棚内温度、湿度、光照、二氧化碳等，并做好病虫害防治。设施主要有简易竹木结构和钢棚结构大棚。简易竹木结构每亩投资3000元，使用期2~3年，钢棚结构每亩投资6000 ~ 8000元，使用期10年以上。

第三节　特色果品

砀山酥梨

砀山酥梨主要分布在砀山县境内黄河故道两岸30千米区域内，西起官庄坝镇，东至唐寨镇。以果大核小、黄亮型美、皮薄多汁、酥脆甘甜而驰名中外。1993年，获泰国国际博览会“龙马金奖”。1995年，通过中国绿色食品发展中心鉴定，获绿色食品标志。2000年12月，主产地砀山县被农业部确定为无公害农产品生产示范基地县。2004年，砀山县酥梨种植面积2.65万公顷，产量73.1万吨。2006年，国家质检总局批准砀山酥梨实施地理标志产品保护。

砀山酥梨系白梨和砂梨杂交品种，特性属白梨系统。果实近圆形，具棱沟，顶端稍宽,平均单果重 250 克,大果能达 1 千克以上。果皮为绿黄色,贮藏后为黄色;果点小而密;果心小,果肉白色,肉质稍粗,酥脆,汁多,味浓甜,有石细胞,可食部分多,每百克可溶性固形物 11% ~ 14%,可溶性糖 7.35%,可滴定酸 0.10%,维生素 C 2.21 毫克。

砀山酥梨树势强,萌芽率为 82%,一般剪口下多抽生 2 个长枝。定植后 3 ~ 4 年开始结果。以短果枝结果为主,腋花芽结果能力强,其中短果枝占 65%,腋花芽占 20%,中果枝占 7%,长果枝占 8%。人工栽培整形为自然圆头型,易成花;当年枝可形成腋花芽,果苔副梢当年可形成顶花芽,连续结果能力强,易丰产,单株产量可达 0.5 吨以上,经济寿命能达 100 年以上。生理成熟期为 9 月中旬至 11 月。对土壤气候条件要求不严,耐瘠薄,抗寒力、抗病力中等。栽培要点:①须配置授粉树或进行人工辅助授粉。以黄梨(马蹄黄、鹅黄、鸡爪黄)为主要授粉树,鸭梨也能互为授粉。②注意土、肥、水管理。③注意防治黑星病、臭木椿象、果锈等病虫害。

怀远石榴

怀远县是中国四大石榴产区之一。主产区位于荆、涂二山山麓及茨淮新河堤坝。怀远石榴栽培历史悠久,其珍品玉石籽、玛瑙籽等品种在历史上曾为贡品进贡皇宫。作为名优特产品,多次参加全国农业展览,深受好评。怀远石榴适应性强,在零星隙地、沙滩、丘陵、庭院、四旁均宜栽植。花期长,春、夏皆可观赏,为怀远县城花。1990 年北京亚运会,怀远石榴为主要绿化树种之一。1993 年,国家农业部用怀远石榴绿化“云谷山庄”。怀远县现有石榴面积 0.13 万公顷,年总产量 5000 吨左右。 怀远石榴果皮呈红色,黄白相间,同现红晕和青翠光泽,十分奇观。主要品种有玉石籽、玛瑙籽、红玛瑙、大笨子、二笨子、青皮、粉皮、红葫芦、美人蕉等。2000 年以后,培育出“皖榴一号”“皖榴二号”“皖榴三号”等新品种,石榴品种增加到 20 个。

怀远石榴果大、皮薄、粒大、核软、汁多、味甜、可食率高。每百克果汁含糖量为 15% ~ 17%,平均含酸量为 0.55%,含维生素 C 11 毫克,百粒重 45 ~ 71 克,可食率 55% ~ 73%,单果重平均 250 克,最大果重达 800 克。不仅供鲜食,还用于加工果汁、果酒。1986 年,怀远县研制出怀远石榴酒,获国家专利,并获多项国优部优金奖。1998 年,怀远双龙石榴酒公司生产石榴酒在国际食品博展会上获得金奖。

怀远石榴 3 月中下旬发芽, 4 月中旬现蕾, 5 月初开花, 6 月底至 7 月初花期基本结束, 9 月中旬至 10 月上旬果实成熟, 9—10 月间采摘鲜果, 11 月中旬落叶。栽培要点:冬前榴园要深翻施肥,以施有机肥为主,配以磷肥,少用化肥。冬季修剪时,去枯、病、虫害、陡长、重叠、交叉等枝,稳定树型,均衡树势。春夏季节,抹芽打顶控制营养生长,同时进行中耕锄草,防虫喷药。

三潭枇杷

三潭枇杷主产于歙县境内新安江沿岸的漳潭、绵潭和瀹潭三个自然村,故名。种植分布在深渡、坑口、南源口、武阳、小川 5 个乡(镇)范围内 62 个村,种植面积 866.67 公顷,为中国五大枇杷产区之一。栽培历史悠久,宋代《新安志》已有记载,距今 800 余年,是安徽传统名、特、优农产品。2001 年，歙县被农业部授予“中国枇杷之乡”称号。三潭枇杷主要品种有红砂和白砂两类，共 20 多个栽培品种。如大红袍、光荣花、朝宝、长柄扁合、短柄扁合、白花、黄袍、皖白、塘栖、黄花等。主栽品种为大红袍、光荣花。

三潭枇杷产地位于新安江库区上游，依山傍水，云雾缭绕，雨量充沛，冬暖夏凉，自然环境得天独厚，孕育出其独特品质。果形大，色泽美观，肉厚，味甜，清香可口，柔嫩多汁。每百克果肉含蛋白质 0.4 克，脂肪 0.1 克，碳水化合物 7 克，粗纤维 0.8 克，钙 22 毫克，磷 32 毫克，铁 0.3 毫克，胡萝卜素 132 毫克，维生素 C3 毫克，果肉中所含维生素 B17 有防癌功效。果实不仅是鲜食佳品，还能加工成罐头、果膏、果露、果酱等，有滋补、止咳化痰、润肺、健胃、清热等功效。其叶是中成药枇杷露主要原料，其花是优质冬季蜜源，果核富含淀粉，能用于制酒和提取工业淀粉。

三潭枇杷是亚热带常绿小乔木，对土壤、地势、光照等条件要求不严，年降雨量平均在 1000 毫米以上，平均温度 15℃以上，冬季最低温度不低于 -5℃，幼果期温度不低于 -3℃区域适宜经济栽培。以土层深厚、排水良好、富含有机质砂质壤土或略带黏性砾质土为宜。喜湿润，喜阳耐阴。嫁接苗 3 ~ 4 年挂果，10 年后进入盛果期。每年抽梢 3 ~ 4 次，春梢 2—5 月抽生。夏梢 5—8 月抽生，秋梢 8—10 月抽生，冬梢 11 月以后抽生。花期长，每年 10 月至次年 2 月开花。栽培要点：①土壤每年秋季或春季浅翻松土 1 次。幼树施肥应薄肥勤施，成年树在采果前后、开花前、春梢抽发前、果实膨大前各施 1 次肥。梅雨季节前要做好排水工作。②整形以主干疏散分层形或开心形矮冠整枝为主，主要在 2—3 月和 5—6 月进行两次轻修剪。③主要病害为叶斑病、斜纹夜蛾、舟形毛虫等。④疏花在 12 月上旬，疏果在 3 月中旬至 4 月上旬，最后 1 次疏果后喷药套袋。⑤主要采用延迟开花时期、地面覆盖培土、束叶花穗套袋、熏烟防霜、摇雪、喷保温剂等措施。

第四节 贮藏与加工

水果贮藏

水果贮藏设施主要建在砀山县。20 世纪 80 年代中期到 90 年代中期，由于砀山酥梨种植面积和产量快速增加，半地下式通风窖高峰时达到 4 万多个，现仍存有 3 万多个。半地下式通风窖主要为砖混结构，一般建在地势较高处，深度 2 ~ 2.8 米，一端留门，另一端建有通风孔，每个窖贮藏量数千公斤至上万公斤不等。20 世纪 90 年代中期以后，砀山县调整梨品种结构，引进一些日韩梨品种。这些品种在自然条件下贮藏保鲜期短。2004 年和 2005 年，砀山县共新建中微型冷藏库、气调库 70 多座，其中微型 60 余座、中型 10 余座，增加冷藏能力 1.5 万吨。2007 年，又新建 3 座年贮藏能力 3000 吨气调库。2008 年，砀山县半地下式通风窖贮藏能力 30 万吨；机械贮藏能力 2.5 万吨，其中气调库贮藏能力 1 万吨。

水果加工

水果加工企业主要集中在宿州市。2003年以前，水果加工企业只有砀山县冠隆饮品有限公司、萧县红双喜葡萄酒厂等19家小型乡镇企业从事水果深加工，消耗各类水果1.8万吨，生产各类水果罐头1.1万吨。2003—2008年，先后有安徽丰原集团（现为中粮集团）、浙江黄岩科技罐头厂、兴达罐头工业有限公司、砀山县倍佳福食品有限公司、砀山欣诚食品有限公司、湖南熙可食品（安徽）有限公司、砀山隆华食品有限公司、砀山海升果业有限公司、北京汇源集团（砀山）水果饮料公司等多家公司在砀山县投资兴建果汁、罐头、葡萄酒生产线。砀山县原有水果加工企业，经过体制改革和技术改造成为规模企业，形成1.5万吨生产能力。萧县先后有古井双喜集团、萧县园艺总场、安徽纳瓦拉酒业等12家企业投资葡萄酒生产加工，年加工葡萄6万吨，产葡萄酒4万吨。2008年，砀山酥源果蔬合作社、科技食品、欣诚食品、海升食品、熙可食品、隆泰果业、唐寨水果专业合作社等7个企业和合作组织，出口水果及其加工产品5.06万吨，创汇4486.8万美元，累计全年营销收入6.49亿元。

2008年安徽省水果生产分县统计

表3-6-1　　单位：公顷、吨

省、市、县（区）	水果		苹果		柑橘		梨		葡萄	
	面积	产量	面积	产量	面积	产量	面积	产量	面积	产量
安徽省	108695	1722488	17123	304886	2496	21636	39475	628895	6276	182009
合肥市	1799	77873	4	125	1	67	172	6930	442	14162
瑶海区	7	35	0	0	0	0	0	0	0	0
庐阳区	18	86	0	0	0	0	0	0	10	47
蜀山区	0	0	0	0	0	0	0	0	0	0
包河区	69	5895	0	0	0	0	0	61	64	4935
长丰县	397	13800	4	120	1	67	30	1395	41	1630
肥东县	470.4	18911	0	5	0	0	30	1529	37	1018
肥西县	832	39121	0	0	0	0	112	3945	290	6532
芜湖市	5230	14795	78	140	75	508	503	871	700	3276
马塘区	54	1654	0	0	0	0	2	12	38	1314
鸠江区	6	108	0	0	0	0	1	29	37	9
芜湖县	1116	6911	12	83	0	0	295	508	116	1545
繁昌县	3950	3761	63	39	75	8	175	72	504	382
南陵县	103	1816	3	18	0	0	30	250	5	25
蚌埠市	3303	56531	37	1123	0	0	1336	30831	258	2600

续表 3-6-1

省、市、县（区）	水果		苹果		柑橘		梨		葡萄	
	面积	产量	面积	产量	面积	产量	面积	产量	面积	产量
龙子湖区	235	2425	6	2	0	0	5	40	47	508
蚌山区	55	392	5	30	0	0	15	70	1	23
禹会区	105	1120	15	5	0	0	7	150	29	130
淮上区	31	549	5	100	0	0	17	213	2	35
怀远县	1400	17676	14	201	0	0	62	911	74	928
五河县	891	21181	3	782	0	0	779	18010	13	228
固镇县	520	12920	3	3	0	0	428	11427	62	608
淮南市	1428	27827	0	0	0	0	267	6779	187	3368
大通区	257	10230	0	0	0	0	53	2480	61	1650
田家庵区	156	3255	0	0	0	0	4	58	11	200
谢家集区	50	1316	0	0	0	0	6	77	18	150
八公山区	211	1960	0	0	0	0	33	330	21	205
潘集区	47	2806	0	0	0	0	4	96	13	367
凤台县	688	7962	0	0	0	0	162	3689	60	763
毛集区	19	298	0	0	0	0	5	49	3	33
马鞍山市	819	10164	41	100	33	200	73	961	116	1084
市辖区	126	1588	0	64	0	0	0	41	79	814
向山区	0	0	0	0	0	0	0	0	0	0
当涂县	693	8576	41	36	33	200	75	920	37	270
淮北市	4893	86336	944	22922	0	0	571	15810	1065	16440
杜集区	1533	31541	354	5234	0	0	319	8226	676	15143
相山区	457	9304	76	1677	0	0	29	1523	35	1038
烈山区	2788	43525	458	14916	0	0	205	5865	333	0
濉溪县	115	1966	56	1095	0	0	18	196	21	259
铜陵市	378	734	0	0	54	86	4	59	82	1913
市辖区	54	2263	0	0	0	0	0	0	9	136
市郊区	115	1561	0	0	0	5	1	12	49	1398
铜陵县	209	1116	0	0	54	81	3	47	24	379
安庆市	5376	27399	19	70	1302	6995	638	5550	138	393
市郊区	364	12215	7	30	112	1971	172	4452	2	58

续表 3-6-1

省、市、县（区）	水果		苹果		柑橘		梨		葡萄	
	面积	产量	面积	产量	面积	产量	面积	产量	面积	产量
怀宁县	1714	2583	0	0	78	762	76	97	64	84
枞阳县	354	455	0	4	134	225	39	37	46	71
潜山县	532	1537	0	0	137	503	17	84	3	2
太湖县	717	2037	11	35	360	1481	118	161	2	3
宿松县	675	5895	0	0	320	1750	10	195	8	110
望江县	429	181	0	0	132	52	161	60	5	3
岳西县	358	735	1	1	11	36	25	94	4	4
桐城市	233	1718	0	0	18	203	20	370	4	58
黄山市	5313	44457	0	0	888	12757	772	6514	234	2742
屯溪区	366	1758	0	0	57	225	65	388	11	104
黄山区	694	4483	0	0	34	82	363	2741	21	32
徽州区	403	691	0	0	68	58	15	13	2	1
歙县	2818	32078	0	0	587	11874	186	2365	186	2503
休宁县	346	1619	0	0	7	58	67	661	2	2
黟县	257	2293	0	0	6	21	3	23	5	24
祁门县	429	1535	0	0	129	439	73	323	7	76
滁州市	3597	50305	77	468	0	0	335	5570	627	9949
琅琊区	185	512	2	2	0	0	26	40	23	40
南谯区	606	2816	1	11	0	0	38	317	25	200
来安县	623	5621	33	231	0	0	52	531	282	2616
全椒县	162	4563	0	0	0	0	18	477	27	322
定远县	551	9135	10	60	0	0	54	1431	57	1056
凤阳县	723	21476	14	79	0	0	102	2046	159	5466
天长市	17	533	1	4	0	0	14	416	0	0
明光市	730	5649	16	81	0	0	31	312	54	249
阜阳市	3155	63958	694	6924	0	0	562	16326	334	6602
颍州区	571	1286	459	449	0	0	31	182	59	217
颍东区	128	4557	2	27	0	0	24	315	57	392
颍泉区	230	4339	10	45	0	0	4	90	14	420
临泉县	850	23081	80	3528	0	0	263	8214	40	1559

续表 3-6-1

省、市、县（区）	水果		苹果		柑橘		梨		葡萄	
	面积	产量	面积	产量	面积	产量	面积	产量	面积	产量
太和县	350	4972	23	150	0	0	35	130	55	1580
阜南县	199	12720	28	1602	0	0	71	4438	13	1019
颍上县	297	4148	42	657	0	0	71	2051	28	236
界首市	530	8855	50	466	0	0	63	906	68	1179
宿州市	60866	1089888	14875	265046	0	0	31562	500095	780	97207
埇桥区	4255	39898	232	5257	0	0	397	6116	133	691
砀山县	49370	736933	12400	190993	0	0	28350	388472	0	0
萧县	6133	246745	1676	39209	0	0	2413	74263	615	95402
灵璧县	1108	66312	567	29587	0	0	402	31244	32	1114
泗县	0	0	0	0	0	0	0	0	0	0
巢湖市	3357	62204	70	79	48	184	621	8755	874	15954
居巢区	8620	14953	1	18	0	0	33	359	147	3230
庐江县	1217.2	13107	61	16	22	25	316	2905	411	7901
无为县	678	20185	0	0	26	159	207	3687	213	2245
含山县	476	12652	0	0	0	0	60	1639	82	2090
和县	122	1307	8	45	0	0	5	165	21	488
六安市	1731	35556	25	110	0	1	438	12772	120	1899
金安区	341	3937	4	25	0	1	61	711	11	142
裕安区	148	4894	13	62	0	0	41	860		264
寿县	387	14204	1	9	0	0	206	6924	20	897
霍邱县	167	5873	5	13	0	0	27	3047	40	397
舒城县	373	4899	0	0	0	0	67	836	46	156
金寨县	60	763	0	0	0	0	15	190	0	16
霍山县	192.1	214	2	1	0	0	12	3	0	0
叶集区	63	772	0	0	0	0	9	201	3	27
亳州市	1561	41747	252	7761	0	0	233	5910	222	3035
谯城区	806	19794	157	5529	0	0	46	836	120	428
涡阳县	228	9304	58	1287	0	0	30	576	50	1124
蒙城县	408	8590	20	826	0	0	135	3937	32	581
利辛县	119	4059	17	119	0	0	22	561	20	902

续表 3-6-1

省、市、县（区）	水果		苹果		柑橘		梨		葡萄	
	面积	产量	面积	产量	面积	产量	面积	产量	面积	产量
池州市	1155	5078	6	8	88	733	165	701	17	175
贵池区	449	1871	0	4	30	273	95	260	6	134
东至县	299	1535	2	1	53	271	45	296	2	23
石台县	223	803	0	0	2	2	13	50	0	2
青阳县	181	841	4	3	3	186	11	86	9	15
宣城市	4734	27636	1	10	7	105	1223	4461	80	1210
宣州区	2716	14669	1	10	4	71	1028	3423	33	621
郎溪县	44	1218	0	0	1	15	4	71	11	159
广德县	320	3612	0	0	0	0	28	285	0	221
泾县	227	2259	0	0	2	14	34	246	12	85
绩溪县	550	1204	0	0	0	5	10	59	0	71
旌德县	305	1231	0	0	0	0	50	130	5	8
宁国市	572	3443	0	0	0	0	69	247	19	45

第七章　中药材

第一节　区域分布

安徽省中药材储藏量居华东之首，全国第六。全省有药材资源3578种，其中植物药2904种、动物药526种、矿物药92种、其他类56种。全国列出34种珍稀名贵中药材中，安徽省有16种，另外还有一些特有的动、植物名贵品种。

安徽省有五大中药材区域：大别山区、皖南山区、江淮丘陵、沿江地区和淮北平原。

大别山区

大别山区为野生药材产区，储藏量主要分布在安庆市、六安市，其中安庆市占全省19%。主要植物药有茯苓、天麻、栝楼、灵芝、银杏、苍术、皖贝母、辛夷、厚朴等；安庆市已成为全国生产茯苓、天麻、瓜蒌子、天花粉等知名地区；六安市药材种植面积1766.67公顷，主要品种为天麻、茯苓、白术、灵芝、人参等。六安市发挥大别山区药材资源优势，抓住重点特色药材基地建设，已经基本形成1766.67公顷的天麻、茯苓、杜仲、厚朴、灵芝、霍山石斛等重点药材种植基地，引种西洋参、白术、玄参、生地等品种并建立种植生产基地。

皖南山区

皖南山区为野生药材产区，储藏量主要分布在宣城市、黄山市、池州市，其中宣城市占全省26%。主要植物药有太子参、宁前胡、白术、吴茱萸、覆盆子等；动物药有麝香、龟板、蕲蛇、牛黄、乌梢蛇、金钱白花蛇、鳖甲、珍珠、穿山甲、水獭肝、灵猫香等；矿物药有玛瑙、琥珀、龙骨等。黄山市药材种植面积1333.33公顷，在野生药材采集的同时，因地制宜地发展种植、养殖半夏、祁术、山茱萸、菊花、茯苓、灵芝、蕲蛇等药材，改变单纯采集野生药材习惯，保护自然资源，给中药材的开发利用开辟更广泛的途径。池州市山茱萸、野葫芦、杜仲、山栀种植面积666.6公顷以上。

江淮丘陵

江淮丘陵和沿江地区为常用药区，主要包括滁州市、巢湖市和六安市部分地区。在全国500味常用中药中，所占种数85%。主要中药材有夏枯草、南沙参、丹参、五加皮等。滁州市滁菊种植面积666.6公顷以上。甜叶菊种植1.33万公顷，主要分布在嘉山县（现明光市），该地区种植历史悠久，是全省甜叶菊主产区和全国主要的种苗基地。

沿江地区

主要包括铜陵市、芜湖市和安庆市部分地区。铜陵市已建立 200 公顷凤丹 GAP 种植示范基地，制定出适合凤丹种植的 SOP（操作规程），并建立中试规范的凤丹综合利用与精深加工的研发生产基地。

淮北平原

淮北平原是中药材种植区。其中亳州市为省内最大中药材产区，中药材种植面积 5.33 万公顷，占全省种植面积 80%，占全国种植面积 10%。主要大宗药材有白芍、白术、薄荷、牡丹皮、丹参、桔梗、板蓝根、菊花等 36 个品种。其中白芍为主要品种，种植区域主要集中在沿涡河一带。

第二节　中药材生产

产业规划

安徽省将大力发展中医药列入省政府工作报告（2008、2009），将现代中药高新技术产业基地建设列入省"861"行动计划。为实施"861"行动计划，在省政府确定的亳州、六安、黄山等市基础上，安庆、池州、铜陵、宣城等市也积极开展中药材产业化工作，各地结合本地实际，重点发展地产特色名优中药材，已经形成以亳州、阜阳为重点的皖北家种中药材种植生产区域；以六安、安庆为重点的皖西大别山特色中药材生产区域；以黄山、宣城、池州为重点的皖南山区特色中药材生产区域等。建立一批产量较为稳定的药材生产基地，主要有歙县、滁州市、亳州市的菊花基地；岳西县、金寨县、潜山县的茯苓基地；亳州市、涡阳县的白芍基地；阜阳地区的板蓝根、桔梗基地；铜陵市、南陵县的丹皮基地；石台县、歙县的山茱萸基地；舒城县、霍山县的贝母基地；东至县、石台县的山栀基地；宁国市前胡、白术基地；宣城市宣木瓜、太子参基地。亳白芍、亳花粉、亳菊花作为安徽道地药材，对全国有很大影响。茯苓、天麻，瓜蒌、天花粉、灵芝、前胡、板蓝根、丹皮、木瓜、菊花等一批品种已发展成为中国闻名的生产种植区域。

1999 年，安徽省开始中药现代化科技产业基地建设。按照合理布局、重点建设原则，有效集成各方面优势，形成一批优质中药材生产基地。如薄荷、白术、灵芝、人参、霍山石斛、滁菊、亳菊、凤丹、宣木瓜等基地。

2002 年，亳州市药业发展局牵头组织有关部门对全市野生和家种药材品种分布、储藏量、年采收量进行普查统计，基本掌握野生和家种药材资源状况；并有重点地对蒲公英、蛇床子、芦根、丝瓜络、苍耳子、葶苈子、野菊花、杜仲、益母草、白茅草、车前子、马鞭草、莲连草、白芍、槐花、何首乌、草决明、女贞子、桑叶、苏子等 20 种野生和家种药材建立质量档案。2003 年，中药产业被列为安徽省农业产业化十大主导产业。先后制定《现代中药产业"十五"发展规划》《安徽省中药材产业化发展规划（2003—2007 年）》《安徽省中药现代化发展纲要（2004—2010 年）》等。多部门协作，共同推动中药材生产、科研发展。省科技厅组织开展中药种质资源、种植、产地加工、新药研究开发、药物安全性、现代中药生产工艺等方面综合研究；省发展和改革委员会通过建设工程研究中心，实施产业技术开发、科技成果转化等项目，支持中药产业发展；省经济委员会利用企业技术创新、挖潜改造等专项资金，支持中药企业提升竞争力；省食品药品监督管理局推动中药材产业化、规范化；省农委开展中药材无公害生产、标准化示范、良种繁育等技术试验、示范、推广；省卫生厅制定《关于加快中医药现代化发展的实施方案》，明确全省各级卫生及中医行政管理部门具体职责和目标任务；省财政厅设立中药现代化专项资金，支持中药现代化研究。据不完全统计，2005 年，全省中药材种植面积约 5.84 万公顷，年产 10 万余吨。亳州中药材种植面积 3.33 万公顷左右。拥有中药材种植专业村 800 多个，8 个中药材规模种植大基地，区域化种植面积 2.67 万公顷，规范化种植基地近 2.67 万公顷。主要集中在谯东镇、十九里镇、十八里镇。品种主要有白芍、白术、牡丹、白芷、桔梗、菊花、丹参、玄参、夏枯球、留兰香、花粉、板蓝根、知母、薄荷、防风、药豌豆、红花、黄芪、大青根、芦巴子、孜然、元胡、积母、贝母、射干、仓术、黄连、杜仲、川乌、草决明、蒲公英。承担的国家科技部白芍等 8 个品种的中药材 GAP 示范研究课题通过国家验收。

六安市已经基本形成 0.177 万公顷的天麻、茯苓、杜仲、厚朴、灵芝、霍山石斛等重点药材种植基地，引种西洋参、白术、玄参、生地等品种并建立种植生产基地；黄山市药材种植面积 0.133 万公顷，在野生药材采集的同时，因地制宜地发展种植、养殖半夏、祁术、山茱萸、菊花、茯苓、灵芝、蕲蛇等药材；安庆市茯苓、天麻、瓜蒌子、天花粉等已成为中国闻名的生产地；池州市的山茱萸、野葫芦、杜仲、山栀，滁州市的滁菊种植面积都已达到万亩以上；铜陵市建立 200 公顷凤丹 GAP 种植示范基地，制定出适合凤丹种植的 SOP（操作规程），建立中试规范的凤丹综合利用与精深加工的研发生产基地。

生产体系

安徽省中药产业已初步建立中药材生产体系、中药研究开发体系、中药制药开发生产体系、中药现代化科技产业保障服务体系、中药与现代化科技产业市场和信息服务网络，基本形成以中成药生产为龙头，带动中药材种植、加工、药品辅料生产及相关产品发展现代化科技产业体系。“国家火炬计划—亳州中药特色产业基地”建设、“861”行动计划—现代中药高新技术产业基地建设等重点项目推进，将加快形成一批现代中药高新技术产业群体。2005 年，亳州市现代中药高新技术产业基地被确定为安徽省六大高新技术产业基地之一。

创特色品牌

一批地道特色中药材创出品牌。黄山贡菊申请并获原产地保护；铜陵市丹皮注册“相思”牌商标，制定凤丹质量标准，成功申报“凤丹”国家地理标志保护产品；石台县获林业部“中国山茱萸之乡”称号，注册“七井山”牌中药材商标；宁国市注册“宁前胡”商标，申请原产地保护。霍山石斛工厂化生产、组织培育石斛苗和现代化栽培技术等已经得到发改委批准立项，已经实现现代化人工栽培霍山石斛；滁州市已研制开发出“金玉”牌保健、药用、茶用及深加工四大系列12个品种的产品，2006年获安徽省十大农产品和中国名牌农产品称号。

规范种植

中药材规范化种植取得突破。阜阳板蓝根科技开发公司万亩板蓝根种植基地通过国家GAP认证；亳广药业种植基地10个品种先后通过农产品GAP认证；海鑫药业、雷允上（亳州）饮片厂种植基地通过农产品GAP认证；德昌药业种植基地通过农产品有机认证；广药集团和记黄埔中药科技有限公司板蓝根中药材GAP种植基地选址亳州，申请认证。安徽沪谯饮片厂等企业启动中药材GAP基地建设。亳州市菊花、白芍、丹参、桔梗，宁国市前胡，黄山市菊花，石台县山茱萸等一批品种正在开展GAP认证前期工作。

行业组织

1992—2008年，以省药材公司、市级药材采购供应站、县级药材公司、乡（镇）药材收购销售点和药材门市部为主渠道经营格局逐步健全。各地建立一批中药材行业协会，以加强中药材产业管理、流通和协调作用。安徽牡丹皮协会组织大型经贸与文化结合的药用牡丹交流会。六安市在重点县区设有中药材生产办公室，重点乡（镇）成立有中药材协会或服务公司；绩溪县成立徽山中药材种植合作社和天目山中药材合作社，宁国市成立中药材合作社。黄山市、宣城市成立一批中药材合作社，推广生物技术和新型育种、栽培技术，提供市场信息，形成良好的信息和技术支持系统。池州、安庆等市群众性中药材专业组织也十分活跃。初步形成集种苗供应、技术指导、防虫治病、加工运销为一体的服务网络。

据不完全统计，全省有35万农户从事药材种（养）植，约10万农户脱贫致富，10万农户解决温饱接近小康。

1999年起，安徽省建立中药现代化科技产业基地。通过建设基地，有效集成各方面优势。按照合理布局、重点建设的原则，一批优质地道药材生产基地基本形成，如薄荷、白术、灵芝、人参、霍山石斛、滁菊、亳菊、凤丹、宣木瓜等基地。

安徽省科技厅通过各类科技计划，积极开展中药种质资源、种植、产地加工、新药研究开发、药物安全性、现代中药生产工艺等方面的综合研究，从不同层面支持中药产业发展关键技术的研究开发。省发改委通过建设工程研究中心，实施产业技术开发、科技成果转化等专项，支持中药产业发展。安徽省经济和信息化委员会（后简称“省经信委”）利用企业技术创新专项、企业挖潜改造专项等，支持中药企业提升竞争力。省食品药品监督管理局积极推动中药材产业化、规范化。省农委开展中药材无公害生产、标准化示范、良种繁育等技术试验与示范推广，把中药材基地建设列入一村一品省级专业示范村（乡镇）认定的重要内容。省卫生厅制定《关于加快中医药现代化发展的实施方案》，确定全省各级卫生及中医行政管理部门的具体职责和目标任务。省财政厅提供中药现代化专项资金，支持中药现代化研究。安徽省各主管部门通力协作，形成共同支持中医药事业发展的良好局面。

安徽省中药产业初步建立起中药材生产体系、中药研究开发体系、中药制药开发生产体系、中药现代化科技产业保障服务体系、中药与现代化科技产业市场和信息服务网络，基本形成以中成药生产为龙头，带动中药材种植、加工、药品辅料生产及相关产品发展的中药现代化科技产业发展体系。“国家火炬计划亳州中药特色产业基地”的建设，“861”行动计划——现代中药高新技术产业基地建设的推进，将加快形成一批现代中药高新技术产业群体。

第三节 加工销售

安徽省商品药材有3000余种。四大著名中药材为白芍、菊花（滁菊、贡菊、亳菊）、丹皮、茯苓。常用大宗药材300余种，年产量100吨以上有20余种。其中板蓝根年产量4300吨、桔梗年产量3700吨、白芍年产量3400吨、牡丹皮年产量2200吨、丹参年产量1300吨、白术年产量1200吨。2005年，全省中药材种植面积5.84万公顷，年产量10万吨。全省有35万农户从事药材种、养业。

中药材加工

安徽省中药工业企业多、门类齐全，中药产业初具雏形。全省共有中药工业企业100余家。1991年7月始建的亳州白云山制药有限公司、1994年5月成立的亳州世纪国药有限公司、1995年成立的亳州市药材总公司和安徽九方制药有限公司、1998年组建的安徽华佗国药厂、2002年10月成立的皖北药业公司、2004年2月6日开业的北京同仁堂（亳州）饮片有限责任公司等一批国内外知名的中药生产加工企业。中药饮片生产企业23家，生产产品有20余个剂型、400多种中成药，其中国家新药22个，国家中药保护品种50个；安徽精方药业的枇杷止咳冲剂、胶囊获安徽省名牌产品，安徽精方药业的风湿骨痛胶囊、安徽高山药业的香药胃安胶囊均列为国家中药保护品种。合肥神鹿集团、富硒康、金蟾、精方、三益等企业拥有一批知名的品牌品种外，还有一批具有较大市场潜力的品种，如脑力静、小儿奇应丸、六神丸、喉宝、银杏茶、六味地黄口服液、断血流、显臣粉刺净等。另外，一些产量较大的产品发展势头良好，如恒制咳喘系列、枇杷止咳系列、华蟾素系列、消渴灵胶囊、利胆片、温胃舒、养胃舒等。

中药提取物产业正在兴起，华佗国药、九方制药两大企业加大科技研发力度，引进中药材水提、醇提生产线，年处理中药材能力可达万吨；安徽济人药业公司投资3800万元兴建安徽省规模最大的中药材提取线；中成药制造业总体素质提高，保健品行业具备一定基础，中药科技创新能力进一步增加。安徽省中药产业具备崛起的条件和基础。

中药材销售

在中药材专业市场上，已经初步形成整个亳州市和阜阳市的界首、太和及河南省周边地区的中药材种植、加工、贸易、储运的产业经济带。

1983—1986年，亳州市先后投资6000万元兴建占地4.06万平方米的中药材大世界、天都药厦、第二中药材专业市场、亳州市中药材专业市场（药材大世界），建成玻璃钢护顶棚 5200 平方米，钢筋水泥结构营业大楼 7100 平方米，建成人民东路、谯陵中路、和平西路、汤陵路等 4 条药材专业街，占地面积 20 万平方米。1987 年扩建东关中药材市场 2 处，大棚覆盖面积 2109 平方米；新建谯陵路封闭式药材专业市场 2300 平方米，汤陵路封闭式专业市场 5122 平方米。1991 年 9 月，在药材大世界又新建占地 5384 平方米的交易大厅，厅内安装闭路电视监控、大型彩色显示屏和红外线防盗防火等现代化设施，信息传递采取电脑传真。

1985 年始，亳州市（含亳县、县级亳州市）开始举办中国（亳州）中药材交易大会，继而举办国际（亳州）中医药博览会。市交易中心上市中药材品种 2500 多种，产于亳州的中药材 400 多种，主要有白芍、桔梗、板蓝根、丹皮、紫苑、菊花、赤白花、蒺藜、半夏、枸杞、地骨皮、葛根、金银花、桑白皮、益母草、地黄、昌三七、红花、黄芪、白术、白茅根、荆芥、三七等，经营辐射全国和日本、韩国及东南亚各国。

1992 年以后，安徽省健全以国营为主渠道的省药材公司、各地市药材采购供应站、各县级药材公司、乡（镇）药材收购销售门点及遍及全省各地的药材门市部的格局，加上个体药材商的介入，已经形成中药材产、购、销、调、存网络经营，国营、个体两种体制进行优势互补，形成一种过渡时期的特有经济形式。

1994 年 4 月，亳州市政府和广东珠海华侨置业发展公司合资兴建中国（亳州）中药材交易中心，一期工程于 1995 年 9 月建成并投入使用。

1995 年 1 月 12 日，国家主席江泽民为亳州市题词“华佗故里，药材之乡”。

2002 年年底，经与北京“同仁堂”集团商定，自 2003 年始，每年农历正月十六由北京“同仁堂”为中国（亳州）中药材交易中心开市，并由北京“同仁堂”出资在交易中心兴建开市钟鼓亭，使中断百年的“同仁堂不到不开市”的传统得以在亳州市延续和传承。

2005 年，亳州市现代中药高新技术产业基地被确定为安徽省六大高新技术产业基地之一。亳州药材市场成为中国规模最大的中药材集散地，有摊位 3000 余个，每天上市药材近 5000 吨，年成交额近 100 亿元，占全省中药材销售量 80% 以上，销售品种 90% 以上，市场辐射的大市场龙头效应已初步显现。

第八章 烟 草

第一节 烤烟种植

沿革

20世纪初，烤烟引入安徽凤阳种植并获得成功，成为中国烤烟引种最早的地区之一。民国26年（1937），安徽烤烟产量1.13万吨，成为中国三大烤烟产区之一。受价格及政策等因素影响，全省烤烟生产经历几起几落，最低年份的1950年仅种植烤烟0.31万公顷，总产量0.12万吨，最高年份的1982年种植烤烟6.16万公顷，总产量11.01万吨。

1987年，安徽省政府下发《关于进一步发展烟叶生产的报告》（皖政［1987］6号）后，全省烟叶生产积极性高涨。1992年，全省种植烤烟5.86万公顷，产量8.70万吨，进入高峰期。1993年后，烤烟生产再度滑坡。1994年，全省种植烤烟1.79万公顷，进入低谷。1997年，全省烤烟超计划种植与收购，种植面积2.29万公顷，产量5.65万吨，烤烟生产陷入被动局面。2000年，全省种植烤烟1.39万公顷，比国家计划减少0.46万公顷，全省烤烟生产受灾严重，收购烤烟0.77万吨，下滑到历史最低谷。

2002年起，安徽省烤烟生产形势好转，皖南烟区在恢复中稳步发展，全省调减皖北烟区种植面积，取消皖东烟区种植计划。2004年年底，安徽皖南烟叶有限责任公司成立，把宣城、芜湖、黄山三市的烟叶工作，从商业企业分离出来，组建跨地区的股份制专业公司。2005年，在东至县开辟新烟区。2007年后，全省烤烟生产以“做精做强，做成精品”为战略目标，按照现代烟草农业生产模式，以特色优质烟叶开发为重点，推广漂浮育苗和密集烘烤等技术，推动全省烤烟生产水平不断提高，烤烟收购量稳定在1.50万吨以上。安徽省1988—2008年烤烟播种面积、单产、总产见表3-8-1。

品种

20世纪80年代中期，安徽省烟草公司开始加强烤烟新品种的引进和推广工作，20世纪90年代初期，全省基本确定皖北烟区以NC89为主，中烟90为辅；皖南、皖西烟区以NC89为主，G80为辅；皖东烟区以NC89为主的品种格局。全省建立良种繁育基地和区域试验点，统一繁殖、统一供种。

20世纪90年代中期，随着卷烟工业企业对原料需求的变化，安徽省烤烟品种布局发生较大变化，在原有种植品种基础上，引进和试种一些新品种。1996—1997年，主要种植品种有 NC89、中烟 90,试种品种有 K326、K346 等。1998—2000 年,主要种植品种有 NC89、云烟 85,试种品种有 K326、云烟 87 等。2001—2003 年,主要种植品种有云烟 85、云烟 87、K326,试种品种有龙江 911、翠碧一号等。2004—2005 年,主要种植品种有云烟 85、云烟 87 等。2006—2008 年,主要种植品种有云烟 87、云烟 97、龙江 911、中烟 100 等。种植品种及面积见表 3-8-2。

栽培

种植制度　皖北烟区:以烤烟为主的种植模式为“烤烟—小麦—大豆(棉花、芝麻、玉米)—小麦—山芋(芝麻、棉花)—烤烟”。一般采用 4 年两头种烟。皖南烟区:烤烟种植以水稻、玉米、油菜为主进行轮作,通过引导,烟稻轮作模式逐渐普及。旱地主要轮作方式:山芋—烤烟—冬闲;水田主要轮作方式:烤烟—双晚稻—烤烟。

育苗方式　1989—1997 年,全省烤烟生产均为纸筒育苗。1998—2000 年,为纸筒育苗和托盘育苗并存阶段。2001 年起,全省加大托盘育苗推广力度,2002—2004 年,托盘育苗方式全面推广应用。2003 年,皖南烟区引进推广漂浮育苗。2004 年,全省推广漂浮育苗 686.67 公顷。2008 年,全省漂浮育苗面积 0.59 万公顷,占 62.71%,托盘育苗面积 0.35 万公顷,占 37.29%。2008 年,皖南烟区开展湿润育苗试验。

施肥　1996 年前,全省烤烟生产中很少使用烟草专用肥,主要是氮磷钾复混肥。1996 年,全省推广使用烟草专用肥,并对配方进行调整。2000—2002 年,硝酸钾作为追肥在烤烟种植上得到推广,开始进入烟草专用肥配方,使烟草专用肥中硝态氮比例达 40% 左右。2005 年,皖南烟区烟草专用肥配方调整为氮 : 磷 : 钾 10 : 15 : 25,皖北烟区配方调整为氮 : 磷 : 钾 8 : 8 : 21。2000 年,全省开展植烟土壤普查,进行测土配方施肥。2006 年,全省推广烤烟平衡施肥技术。

移栽　皖南烟区:2005 年前,移栽期在 4 月上旬至中旬。2005—2006 年,在 3 月底至 4 月上旬。2007—2008 年,调整为 3 月下旬。移栽密度为行距 1.2 米,株距 45 ~ 50 厘米,每亩种植 1100 ~ 1200 株左右。皖西烟区:1996—2001 年,移栽期为 4 月中旬;2002—2006 年,移栽期为 4 月上旬;2007—2008 年,移栽期为 3 月下旬至 4 月初。皖东烟区:1996—2002 年,移栽期为 4 月中旬。皖北烟区:由于面积分布较广,移栽期差异较大,大部分在 4 月中下旬。皖西、皖东和皖北烟区移栽密度为公顷种植 18000 株左右。

地膜覆盖栽培　1990 年后,全省烤烟产区地膜覆盖面积逐年扩大。2000 年,地膜覆盖栽培率 100%。地膜覆盖栽培分为膜下移栽和覆膜待栽两种。皖南烟区基本以膜上烟移栽为主,膜下烟移栽比例保持在 20% 左右。皖北烟区以膜下烟移栽为主。

田间管理　中耕培土:池州烟区采取揭膜培土模式。皖南其他烟区采取不揭膜栽培模式,配套采用高垄深栽技术。其他烟区大部分烟田采用揭膜培土方式,并进行中耕除草。排灌:烟田灌溉方式主要有沟灌、浇灌、喷灌、滴灌等,以沟灌和浇灌为主。皖南烟区雨水充沛,主要采取沟灌方式。为保证烟田排灌,大力兴建塘坝、沟渠等烟水配套工程。打顶抹杈:1990 年前,仅采用手工方式打顶抹杈,1990 年后,化学药剂抑芽逐步取代手工方式。2008 年，皖南烟区已实现 95% 以上烟田化学抑芽，皖北烟区主要以手工抹杈为主，化学抑芽占 20%。

病虫害防治

发生危害　安徽省是烟草病虫害发生普遍和危害较重的省份之一。据 1989—1991 年全省烟草侵染性病害调查结果，全省烟草侵染性病害有 32 种，其中真菌病害 15 种、细菌病害 5 种、病毒病害 8 种、线虫病害 3 种、寄生性种子植物 1 种。对烟叶生产威胁较大的病害主要有烟草病毒病、烟草青枯病、烟草黑胫病等。据 1993—1995 年全省烟田昆虫调查结果，全省烟田昆虫及昆虫天敌 320 余种，其中为害烟草的昆虫及有害动物 93 种，烟草害虫天敌 108 种。烟田发生较重的害虫主要有烟蚜、烟青虫等。

测报网络　1997 年，"安徽省烟草病虫害预测预报综合防治网"建成运行，隶属安徽省烟草公司，属"全国烟草病虫害预测预报及综合防治网"二级机构，以安徽省农科院烟草研究所为工作主体。2008 年，全省测报网络设 1 个省测报站和 6 个三级测报站，7 个中心测报点，21 个防治指导站，专职人员 11 人，兼职人员 28 人，主要开展烟草病虫害预测预报、发生规律及防治方法研究，病虫害综合防治指导等。1997—2008 年，省测报站共发布《安徽烟草病虫信息》111 期。

综合防治　省测报站每年制订《安徽烟区烟草病虫害综合防治技术方案》，指导全省开展烟草病虫害综合防治工作。2006 年，在宣城市开展烟草病虫害统防统治工作试点。2007 年起，逐年扩大统防统治面积，制订具体措施，进行组织保障，严格按照中国烟叶公司发布的《烟草农药使用推荐意见》要求，开展统防统治工作。

调制

采收　1999 年前，安徽省烤烟采收流行"下部叶过熟采收，上部叶采生"。1999 年开始，随着国际型优质烟开发和部分替代进口烟叶开发等项目成果的推广应用，烟农逐渐接受"多熟多采，少熟少采，不熟不采"原则，开展烟叶成熟采烤，即下部叶适时早采、中部叶成熟采收、上部叶完全成熟采收、顶部叶 4 ～ 6 片充分成熟一次性采收的成熟度采收技术。

烤房　20 世纪 80 年代后期，120 ～ 200 杆的小型砖墙烤房逐步取代 400 ～ 600 杆等大中型土墙烤房。1995 年，全省推广建造和改建标准化烤房群。1999 年，全省开展烤房热风循环改造。为适应适度规模种植要求，2001 年，安徽省烟草公司组织人员赴吉林省考察半堆积烤房后，因地制宜进行改进创新，改进后的半堆积式烤房，称为"密集烤房"。2002—2005 年，对密集烤房的建造结构和烘烤工艺进行改进和完善，形成 AH 系列密集烤房建造技术规范和烘烤工艺。2002—2004 年累计推广密集烤房 2375 座。2005 年后，全省加大密集烤房的推广应用。2008 年开始推广密集烤房群建设。

烘烤工艺　20 世纪 80 年代中期，全省开始推广"优质烟七步烘烤法"。1992 年，为简化烘烤工艺，开始推广"三段式"烘烤工艺，该工艺特点是，以提高烟叶香气量为中心，达到将烟叶烤香的目的。1999 年，推广热风循环烤房后，烟叶烘烤工艺进行调整，主要是降低变黄温度，减少干湿球温差，适当控制干筋期温度。1999年，颁布《安徽省烤烟烤房标准》（DB34/T192-1999）和《安徽省烤烟烘烤技术规程》（DB34/T193-1999）。2005—2008年，根据三段式烘烤原理，借鉴吉林省烘烤技术，结合安徽实际，确定密集烤房烘烤工艺。

第二节　烤烟产区

安徽省烤烟产区分属黄淮烟区和长江中下游烟区，分为皖东、皖北、皖南、皖西等4个烟区。

皖东烟区

皖东烟区为中国种植烤烟较早的三大产区之一，已有90多年历史，主要包括滁州市凤阳、定远、明光3县（市）。1988年，皖东烟区被国家烟草专卖局确定为烟叶出口基地。1990年，获国家烟草专卖局颁发的"金叶奖"和省政府颁发的"金杯奖"。20世纪90年代以后，由于受烟粮比价不合理以及自然灾害等因素影响，烤烟生产连年滑坡，全区由1992年0.73万公顷，降到2001年0.048万公顷。2002年，安徽省烟草公司取消皖东烤烟种植计划。

皖北烟区

皖北烟区主要包括亳州、阜阳、宿州和蚌埠等地（市），是20世纪50年代至90年代发展起来的主产烟区，在20世纪80年代成为安徽最大烟区，年产量10万吨。1997—2008年，由于受严重超种超收及市场供求关系变化的影响，种植面积逐年减少。2008年，全区种植0.3万公顷，收购烤烟0.37万吨。

皖南烟区

皖南烟区是20世纪80年代发展的新烟区，主要包括宣城、芜湖、黄山和池州等地（市）。受政府利好政策等影响，以宣城市为中心的皖南烤烟生产从1988年开始出现转机，全年种植面积533.33公顷，为1987年的4倍。1992年，全区烤烟生产进入高峰期，种植面积1.37万公顷。1993年后，烤烟生产严重滑坡，1995年仅种植烤烟120公顷。2000年，安徽省烟草公司实施"北烟南移"战略，皖南烟区开始持续发展。2005年在池州市东至县开辟新烟区，并逐渐扩展到全市。2008年，皖南烟区烤烟种植面积0.49万公顷，收购1.15万吨，占全省76%，成为全省规模最大、质量最优的烤烟产区。

皖西烟区

皖西烟区分布在六安市境内，包括金安、裕安、金寨、舒城、霍山、霍邱等区（县），与皖南烟区生态条件类似。20世纪80年代后期，该区烤烟种植逐渐发展，1992年种植烤烟0.21万公顷，创历史最好水平。随后受多种因素影响，烤烟种植面积大幅减少。1996年，仅种植烤烟40公顷。1997—2008年，烤烟种植面积在100～533.33公顷之间徘徊。

第三节 晾晒烟种植

明万历年间（1573—1619），安徽境内即开始种植晾晒烟，并迅速向各地传播。晾晒烟以其品质优良而饮誉省内外，尤以桐城“黄梅烟”、宿松“晒黄烟”及凤阳生产的“皮丝烟”最为著名。清光绪年间（1871—1908），安徽烟叶及烟丝就大量出口。全省南自黄山，北至亳州、太和，东起滁州、凤阳，西抵六安、宿松，均种植过晾晒烟。

20世纪70年代至90年代，安徽省先后在蒙城县引进试种过四川糊毛晒烟，歙县及宿松县从广东引进试种过巴西晒烟，东至县和宿松县从湖北建始引进试种过白肋烟，嘉山县（今明光市）、凤阳县及歙县引进试种过香料烟。1987—1995年，歙县试种香料烟，主要品种为“沙姆逊”，收购0.03万吨。1987—1990年，宿松县试种白肋烟，主要品种为“建白80”，收购0.03万吨。1988—1991年，歙县试种白肋烟，主要品种为“KY14”，收购0.01万吨。1982—1994年，临泉县试种马里兰烟，品种主要是“马里兰609”，收购0.25万吨。

1993年，宿松县、歙县、枞阳县、桐城县（今桐城市）、绩溪县的晒黄烟，郎溪县的晒红烟，临泉县的马里兰烟被国家烟草专卖局列为名晾晒烟。

2001年起，因香料烟供大于求，用途单一，加之工业企业产品结构调整，工业企业停止采购歙县香料烟、晒黄烟。香料烟生产停顿，晒黄烟维持自产自销状态。

1988—2008年安徽省烤烟生产情况统计表

表3-8-1

年份	面积（万公顷）	单产（千克/亩）	总产（万吨）
1988	4.06	148.09	9.01
1989	4.72	96.18	6.80
1990	4.30	116.28	7.50
1991	4.64	76.72	5.34
1992	5.86	98.98	8.70
1993	2.12	122.30	3.80
1994	1.80	115.20	3.10
1995	2.00	147.00	4.26
1996	2.14	138.36	4.44
1997	2.30	164.24	5.65
1998	1.61	92.91	2.24
1999	1.65	100.00	2.47

续表 3-8-1

年份	面积（万公顷）	单产（千克 / 亩）	总产（万吨）
2000	1.39	36.93	0.77
2001	1.17	80.80	1.41
2002	0.88	102.60	1.34
2003	0.78	99.05	1.15
2004	0.78	102.59	1.19
2005	0.77	89.88	1.03
2006	0.84	129.37	1.63
2007	0.78	137.58	1.60
2008	0.81	124.79	1.50

1996—2008 年安徽省烤烟主栽品种情况统计表

表 3-8-2　　单位:公顷

品种 / 年份	龙江 911	NC89	K326	云烟 85	云烟 87	中烟 90	云烟 97	中烟 98	9717	中烟 100
1996	–	23620	1026.7	–	–	2260.0	–	–	–	–
1997	–	29320	2900.0	–	–	1400.0	–	–	–	–
1998	–	13333	460.0	866.67	–	566.67	–	–	–	–
1999	–	7220	1106.7	4486.7	–	480.0	–	–	–	–
2000	–	3300	1060.0	7166.7	466.67	333.3	–	266.67	–	–
2001	–	3913.3	440.0	6453.3	380.00	–	–	306.67	–	–
2002	–	1013.3	860.0	5366.7	1100.0	–	–	200.00	–	200.0
2003	33.34	906.67	66.67	3166.7	3460.0	–	–	93.34	–	66.67
2004	33.34	386.67	–	3146.7	4853.3	–	–	200.00	–	133.3
2005	6.67	86.67	–	1980.0	4520.0	–	233.30	6.67	–	6.67
2006	13.34	–	–	2120.0	3533.3	–	666.67	–	–	333.3
2007	18.00	–	–	860.0	3200.0	–	1493.3	–	200.0	–
2008	13.34	–	–	133.34	4653.3	–	400.00	–	1333.3	–

第四篇　畜牧业

1985年，安徽省委、省政府印发《关于加速发展畜牧业的决定》，开始打破畜产品独家经营局面，城乡各类肉、禽、蛋等畜产品专业市场兴起、交易活跃。20世纪90年代初期到90年代中期，全省畜牧业发展进入全面快速发展时期，基本实现畜产品供求平衡，奠定畜牧业作为农业支柱产业地位。1997年3月12日，省政府印发《关于实施畜牧业进位工程的通知》（皖政〔1997〕14号），组织全省在"九五"期间实施"畜牧业进位工程"。安徽省畜牧业进入发展最快的时期，畜牧业对农业农村经济发展和农民增收贡献更为突出，成为农业、农村经济主导产业的强劲势头，实现畜产品产量的数量增长和在全国位次由第12位前进到第8位。2002年10月26日，省政府办公厅转发省农委《关于实施畜牧业富民计划意见的通知》（皖政办〔2002〕82号），部署全省在"十五"期间实施畜牧业富民计划，推动畜牧业生产逐步由数量增长型向质量效益型转变，畜牧科技得到广泛推广和应用，优质畜产品生产快速发展，畜牧业生产规模、质量和效益全面提升。"十一五"期间，安徽省畜牧业进入发展方式转变时期。以构建现代畜牧业、促进畜牧业平稳健康发展为主要目标，创新工作机制，使畜牧业产业化、标准化、规模化发展，又上了一个新台阶。加大扶持畜牧业发展政策力度，增强畜牧业宏观调控手段。畜牧业产业化水平大幅提升。2003年，安徽省制定实施《安徽省畜牧产业化发展规划（2003—2007年）》。按照贸工农、产供销一体化经营方式，着力推进畜禽深加工工程、粮食蛋类转化工程、基地建设工程、龙头企业资本整合工程等四大产业工程，用工业的理念发展壮大畜牧业产业化龙头企业，进一步完善利益分配机制，建立一体化的大畜牧产业经营体系。

第一章 畜牧业生产

第一节 畜禽养殖

猪

安徽省为中国十个生猪主产省之一，也是传统生猪调出区。1986年，全省出栏生猪934.4万头，猪肉产量71万吨，占肉类总产量75.69%。2008年，全省生猪存栏1432.4万头，出栏生猪2527.4万头，猪肉产量217.4万吨。与1986年相比，生猪出栏头数增长1.7倍，猪肉产量增长2.06倍。生猪存栏和猪肉产量分别占全国总量4.2%和5%。2008年，全省有年出栏万头以上猪场64个，出栏千头以上猪场1957个，规模化养猪比例45%。

安徽省养猪生产水平变化一览表

表4-1-1

年 份	存栏量/万头	出栏量/万头	猪肉产量/万吨	平均胴体重/(千克/头)
1986	1223.53	934.4	71	76
1995	1565.6	1674.6	136.71	81.64
2008	1432.4	2527.4	217.4	86.02

肉牛

安徽省是中国肉牛优势主产区域和中原农区肉牛生产大省，牛肉产量在全省肉类生产中排在猪肉、禽肉之后，位列第三位。20世纪80—90年代，肉牛养殖数量大幅增长。1995年，全省黄牛养殖量高达569.3万头，比1986年增长0.84倍。2000年以后，肉牛养殖数量逐年下降。至2007年年底，全省牛存栏量143万头，比1995年下降79.61%。但是，随着全国性犊牛短缺的加剧，2007年开始，肉牛养殖效益向好，农户养牛积极性提高，肉牛养殖数量下降局面开始扭转，主产区肉牛饲养量止跌回升。2008年，全省肉牛出栏117.6万头，比2007年增长0.26%，存栏144.5万头，增长1.05%。

从20世纪70年代后期开始，皖北地区推广黄牛品种改良，引进西门塔尔、夏洛来、利木赞等国外品种，与皖北黄牛、鲁西黄牛、南阳牛、秦川牛等进行杂交利用。90年代以后，又引进南德温斯、安格斯等专用肉牛品种。皖北地区饲养母牛，西门塔尔或夏洛来等杂交改良牛占80%以上，以西门塔尔杂交二、三代母牛为主。皖南山区主要饲养品种是大别山黄牛、皖南黄牛和引进品种杂交后代。皖北地区散养农户饲养黄牛，个体养殖出栏体重 400 千克，规模育肥场养殖出栏体重 500 千克以上。皖南山区、大别山区农户饲养黄牛出栏体重 300 千克。

奶牛

安徽省地处南北气候交汇地带，受气候、饮食习惯等因素影响，奶牛业发展历来处于落后状态，1986 年，全省奶牛存栏 1.1 万头，2006 年，全省奶牛仅存栏 4 万多头，鲜奶产量 12.8 万吨，养殖区域基本上集中在大中城市郊区，作为城市居民菜篮子基地建设的一项内容，发展较为缓慢。2007 年，省政府审时度势，出台《关于加快奶牛业发展的意见》，主要对从省外、国外购进、迁入的奶牛，新建扩建的规模奶牛场给予一定财政补贴，安徽省奶业发展迎来新的转折。截至 2008 年年底，安徽省奶牛存栏量 7.1 万头，鲜奶产量 19.16 万吨。较 2006 年奶牛数量增长 77.5%，鲜奶产量增长 49.69%。全省除安庆市、池州市、铜陵市外，13 个市均有奶牛养殖。其中合肥市奶牛存栏量接近 4 万头，马鞍山、淮南、蚌埠等市存栏近万头。安徽省奶牛群体与奶业大省相比还有不小差距，但是安徽省奶业创造了增速全国第一、规模化养殖比重全国第一、奶牛养殖上市公司全国唯一、性控冻精推广面全国第一的好成绩。

羊

安徽省是中国农区养羊大省之一。1986 年，全省羊存栏量 258.91 万只。2008 年，全省羊存栏量 560.3 万只，占全国羊存栏总量 2%。1986 年，羊肉产量 1.94 万吨。2008 年，羊肉产量增加到 13.4 万吨，增长 5.91 倍，占全国羊肉总产量 3.52%。20 世纪 80 年代以前，主要饲养黄淮山羊（安徽白山羊），体型小、产肉性能不高，占羊饲养总量 95% 以上。80 年代以后，养羊业生产方向转为以提供羊肉为主，通过引进外来品种，开展提高羊产肉性能品种改良工作。先后引进萨能奶山羊、马头山羊、南江黄羊等国内主要优秀山羊品种，对本地山羊进行改良。其中萨能奶山羊改良效果好，其杂交羊生产性能提高 10% ~ 20%。1997 年，引进波尔山羊用于改良本地山羊。全省杂交改良型山羊占饲养总量 80% 以上，纯种黄淮山羊占 15%，其他山羊品种占 5%。1986 年，全省山羊存栏 238.9 万只，绵羊存栏 20 万只，2008 年，全省山羊存栏 557.25 万只，绵羊存栏 3.03 万只，涌现出 1 个国家级和一批省、市级龙头企业。国家级龙头企业临泉县山羊集团公司已成为集山羊饲养、交易、加工和肉制品销售为一体的大型农产品深加工企业，成为国家级农业产业化龙头企业，“四海”“瓦南村”牌羊肉系列产品销往 10 多个省市。公司带动所在的临泉县瓦店镇农户从事山羊饲养、交易和加工 10 多万户，公司开办的交易市场山羊日上市量 5000 多只。临泉县、萧县等养羊大县还定期举办山羊文化美食节、伏羊文化节和斗羊比赛，形成独特的羊文化，增强山羊产业影响力，促进当地经济社会文化发展。

禽

安徽省历史上就是中国水禽和禽蛋集散地。1986 年，全省存栏家禽 11737.01 万只，禽蛋产量27.14万吨，禽肉产量16.69万吨。进入20世纪80年代以后，随着养禽业商品化、集约化发展，江河湖泊散养放养方式发生根本性变化。通过引进国内外优良品种，饲养规模不断扩大，出现一批养殖专业户、小区和现代化养禽场以及家禽养殖基地。2008年，全省出栏家禽58794.5万只，年末家禽存栏21489.5万只。禽肉产量94.1万吨，禽蛋产量112.1万吨。家禽产值221亿元，其中肉禽产值为128亿元（按当年价格计算）。家禽养殖结构中，鸡占家禽饲养量60% ~ 65%，鸭占家禽饲养量20% ~ 25%，鹅占家禽饲养量10% ~ 15%。鸡饲养量中，专用型蛋鸡占30%，专用型肉鸡占55%，兼用型鸡占15%。禽类饲养引进品种主要有艾维因肉鸡、罗曼蛋鸡、海兰蛋鸡、樱桃谷鸭等。

蜂

安徽省是中国养蜂大省、蜂产品生产和出口大省，气候温和，雨量适中，养蜂资源丰富，历史悠久，发展养蜂具有得天独厚的条件。1978年，安徽省养蜂总共只有6万~8万群，年收购蜂蜜在1500吨左右，出口600 ~ 800吨。改革开放以后，安徽省养蜂业有了长足的发展，全省涌现出大批养蜂专业户，蜂群数量、蜂蜜产量、出口量都有大幅度的增长，1986年，全省饲养蜜蜂20万群、生产蜂蜜7500吨、外贸出口6000吨。据全省调查统计，2008年，全省有蜜蜂46万群，其中西方蜂种（绝大多数为意蜂）42万群，中华蜜蜂4万群；养蜂逾10万群的市有黄山市、宣城市和安庆市；养蜂万群以上的县有黄山市徽州区、歙县、休宁县、绩溪县、宣城市宣州区、旌德县、宁国市、泾县、巢湖市居巢区、庐江县、临泉县、阜南县、来安县、滁州市南谯区、芜湖县、舒城县、桐城市、枞阳县、宿松县等。全省全年生产蜂蜜1.8万吨；出口蜂蜜1.3万吨。

兔

安徽省是中国养兔大省之一，1986年，全省兔出栏287.34万只，年末存栏661.77万只，2008年，全省兔出栏258.7万只，年末存栏224.7万只，全年饲养量483.4万只。安徽省养兔历史悠久，颍上县、阜南县、利辛县等皖北地区素有养兔的习惯，20世纪80年代，长毛兔养殖成为当地老百姓脱贫致富的主导产业，颍上谢桥的兔毛交易市场闻名全国，是国内最大的兔毛交易市场之一。随着兔产品市场需求的变化，安徽省兔养殖品种不断增加，獭兔、肉兔养殖规模发展迅速，养殖区域渐渐扩大到皖南等地区。安徽省在长毛兔品种培育方面成绩突出，20世纪80年代就开始粗毛兔的育种工作，成功培育中国第一个国家级粗毛型长毛兔新品种——皖系长毛兔，在该品种的培育过程中，曾获国家发明三等奖、安徽省科学技术进步一等奖、二等奖等。

2008年，全省肉类总产量343.9万吨，其中猪肉、牛羊肉、禽肉比例由1995年136.71 ∶ 29.07 ∶ 30.6调整为217.4 ∶ 30.5 ∶ 94.1。畜禽产业结构和生产布局趋于合理。

第二节　生产布局和品种资源保护

生产布局

猪肉生产　主要分布在淮北和江淮地区，包括亳州、阜阳、宿州、蚌埠、淮北、合肥、六安、滁州 8 个市、23 个重点县，是中部地区生猪生产优势区。

牛羊肉生产　主要分布在淮北地区，包括亳州、阜阳、宿州、蚌埠、淮北、淮南 6 个市、20 个重点县，为中原地区肉牛生产优势区，养殖优势明显，被列入国家优势产业区。

禽肉生产　主要分布在江淮和沿江地区，包括安庆、巢湖、宣城、合肥、六安、滁州、马鞍山 7 个市、21 个重点县。

资源管理机构设置

2002 年，省畜禽遗传资源管理委员会成立，下设品种审定委员会。2007 年 7 月，省家畜品种改良站更名，设立安徽省畜禽遗传资源保护中心，隶属省农委，正处级全额事业单位。该机构集种畜禽繁育、生产、推广、新技术培训为一体，主导产品是冻精、蛋种鸡、肉种鸡、种山羊、种猪等，是全国省级唯一设立专业保护畜禽遗传资源事业单位。1984—1987 年、2006—2009 年，分别开展两次大规模畜禽资源调查工作。

规划、标准制定

1986—1987 年，组织起草《安徽省地方家畜家禽蜜蜂品种标准》，1988 年 1 月 1 日，经省标准计量局发布实施（皖 D/XM01-19-87）。随后，对巢湖麻鸭、皖南三黄鸡等部分品种资源标准进行修订。2003 年，省农委畜牧局制定《安徽地方畜禽品种资源保护规划》（2003—2010 年），公布省级地方重点保护品种目录（11 个）。

地方品种资源

2008 年年底，全省地方畜禽品种资源有 6 大类 20 个；培育品种、配套系有 13 个。

牛　皖南黄牛、大别山黄牛、东流水牛。

羊　安徽白山羊。

驴　淮北灰驴。

猪　皖南花猪、皖南黑猪、安庆六白猪、圩猪、定远猪、皖北猪。

家禽　皖西白鹅、雁鹅、巢湖麻鸭、淮北麻鸡、淮南麻黄鸡、皖南三黄鸡、天长三黄鸡、皖北斗鸡。

蜜蜂　皖南中蜂。

皖西白鹅、雁鹅、黄淮海黑猪（定远猪和皖北猪）、安庆六白猪和中华蜜蜂（皖南中蜂）等 5 个品种资源 2006 年被列入国家级畜禽遗传资源保护名录。大别山黄牛（岳西县大别山黄牛保种场）、东流水牛（东至县东流水牛保种场）、淮南猪（即定远猪，定远县种猪场）、皖南花猪（歙县、休宁县种猪场）、圩猪（南陵县种猪场）、安庆六白猪（安庆六白猪保种场）、皖南三黄鸡（青阳县皖南三黄鸡保种场）、淮南麻黄鸡（淮南市农科所淮南麻黄鸡保种场）、皖西白鹅（安徽省皖西白鹅保种场）、雁鹅（郎溪县种鹅场）、皖南中蜂（黄山市皖南中蜂保种场）等11个品种分别建立保种场。

培育品种、配套系

家禽　皖江黄鸡配套系、皖江麻鸡配套系、乡鸡配套系、凤达绿壳乌骨蛋鸡配套系、凤达粉壳乌骨蛋鸡配套系、山中鲜鸡配套系、五星黄鸡配套系、富安白鹅配套系。

蜜蜂　意蜂九州1号配套系、意蜂九州2号配套系、意蜂九州3号配套系。

猪　淮猪02号配套系。

兔　皖江长毛兔品种。

以上培育品种（配套系），2006年经省畜禽品种审定委员会审定通过，并颁发“畜禽新品种（配套系）证书”。

引进品种

牛　荷斯坦奶牛、西门塔尔、夏洛来、利木赞。

猪　大约克、长白、杜洛克、五元杂交配套系（PIC）。

羊　南非波尔山羊。

家禽　罗曼褐壳蛋鸡、海兰褐壳蛋鸡、依莎褐壳蛋鸡、艾维因肉鸡、樱桃谷肉鸭。

第三节　良种繁育体系

2002年，安徽省政府出台《安徽省种畜禽管理实施办法》，明确种猪、种禽等种畜禽场建设验收办法、技术标准。成立安徽省家畜禽遗传资源管理委员会，开展品种审定、技术研究、性能测定、仲裁等工作。2004年，畜禽遗传资源保护中心制定《安徽省畜牧业良种繁育体系规划》，明确提出良繁体系建设目标和方向。2008年，制定《安徽省畜禽良种工程建设规划（2009—2015年）》，计划投资项目874个，总投资9.68亿元。主要建设畜禽良种繁育体系，新（扩）建种畜禽场、扩繁场；畜禽地方品种资源保护利用体系；种畜禽质量检测监测体系；畜禽良种和技术服务推广体系等内容。

2005年，农业部启动畜牧良种补贴试点工作。安徽省2007年起列入生猪良补省份，2008年起列入奶牛良补省份。具体如下：(1）生猪良种补贴项目。2007年，农业部、财政部在全国首批实施生猪良种补贴项目的200县中安排安徽省8个项目县的35万头能繁母猪，进行补贴，资金700万元。2008年，安徽省继续实施国家生猪良种补贴项目，项目县8个，任务量35万头能繁母猪，补贴资金1400万元。①补贴范围。在存栏母猪2万头以上的、生猪人工授精技术服务网络健全，生猪人工授精普及率在30%以上的霍邱、定远、长丰、濉溪、临泉、灵璧、利辛、太湖8个县实施良种猪精液补贴。②补贴对象。项目区内使用良种猪精液实施人工授精的母猪养殖者，包括散养户和规模养殖场(户)。项目用种公猪以适宜安徽省推广的引进品种大白猪、长白猪、杜洛克猪为主，兼顾淮猪、皖南花猪等安徽省地方品种和培育品种。③补贴标准及资金。按每头能繁母猪年繁殖2胎,每胎配种使用2份精液,每份精液补贴10元测算,每头能繁母猪年补贴40元。2007年按一胎补贴的,补贴资金700万元;2008年按二胎补贴的,补贴资金计1400万元。(2)奶牛良种补贴项目。2008年,安徽省被列入国家畜牧良补项目奶牛补贴实施省份,分配指标为3.7万头能繁母牛,经费合计111万元。①补贴范围。全省当年存栏的3.7万头奶牛能繁母牛,按照统计数据分配给各市指标。②补贴对象。项目区内实施人工授精的能繁母牛养殖者,包括散养户和规模养殖场(户)。项目品种为荷斯坦奶牛。③补贴标准及资金。按每头能繁母牛年繁殖1胎,每胎配种使用2份精液,每份精液补贴15元测算,每头能繁母牛年补贴30元。合计补贴资金111万元。

2005年,省畜牧技术推广站在滁州市建成安徽省生猪生产性能测定中心,年测定能力300头。2008年,省畜禽遗传资源保护中心与安农大共建安徽地方畜禽遗传资源保护与生物育种实验室,获得省科技厅批准挂牌,成为全省畜牧兽医行业唯一省级重点实验室。同时,全省建立健全一批畜禽品种人工授精站点。其中县以上改良站点40多个,乡村级改良站点2000多个,有人工授精技术员2500人。与农业部牛冷冻精液质量检验检测中心(南京)、国家生猪生产性能能测定中心(武汉)合作,对基层冻精质量检测人员实行集中培训与分类指导,实现持证上岗。

2008年,全省获得种畜禽生产经营许可证父母代以上种畜禽场550家,形成祖代场—父母代场—商品代场繁育体系框架。全省年种畜禽供应能力达到二元母猪180万头、父母代以上种禽1000万套、肉牛精液20万支、奶牛精液100万支。年推广出栏良种猪2600万头、肉牛120万头、肉羊1000万只、家禽6亿只。畜禽良种普及率89%。

第四节　畜产品加工

1986年以后,原国营食品系统投资兴建的17个肉类联合加工厂,由于消费市场发生变化,加上管理、技术、设备落后,基本处于关停状态。期间,阜阳地区牛、羊生产形成优势区域,兴建一批大中型畜产品加工企业,如阜阳金种子集团、涡阳玉美食品公司、阜阳飞龙皮革公司等。全省推广活拔鹅毛技术和鹅鸭宰后干拔技术,推动鹅、鸭绒产量增加、质量提高,农民养殖积极性高涨,在六安地区形成闻名全国羽绒批发交易市场,年交易额超过1亿元。1991年,蒙城县投资100万元,建立中国第一家大型黄牛专业市场。固镇县、萧县、泾县、巢湖市等县(市)各自引进一套肉鸡屠宰加工设备,灵璧县引进一套肉牛屠宰加工设备。按照产业化要求,建立从良种供应、饲料加工、屠宰、加工、冷藏、经销一条龙经营体系,成为当时规模最大畜产品加工项目。

牛羊加工

1996年,随着皖北地区养牛业发展,总投资40亿元阜阳黄牛系列开发项目开始实施,黄牛系列产品加工企业迅速发展到200多家。如蒙城五洲、恒盛、牛王、涡阳玉美集团、骨化集团、阜南南阳制革、利辛宏发、灵璧荷金来等一批肉牛加工企业。加工产品从牛肉到牛骨、牛血、牛皮、生化制药等，基本实现系列化开发利用。年加工黄牛总量30万头，实现产值20亿元。全省年屠宰加工山羊400万头。临泉山羊集团年屠宰加工能力4000吨，产值1亿元，其“四海”牌小包装羊肉产品占上海市场份额六分之一。

肉禽加工

2000年，农垦正阳关农场肉鸡集团、广德和威肉鸡集团、合肥正大公司、宿州符离集烧鸡公司等引进规模较大的肉鸡屠宰加工生产线，全省年屠宰加工肉鸡能力2000万只以上。由于这些企业设备优良、技术先进，因而加工的系列产品在满足国内市场需求的同时，较大部分的精深加工品出口日本、韩国和中东，发展势头强劲。以郎溪华地禽业、怀远四旺集团、宁国太阳禽业、和县香泉湖公司等为代表的肉鸭加工企业运用传统工艺制作白条鸭、盐水鸭、酱鸭、板鸭、熏鸭等，年加工总量约在2000万只左右。但设备大多简陋、技术一般。肉鹅方面，上规模的加工企业仅有六安白鹅冷冻加工厂一家。年屠宰加工能力200万只，其分割加工的鹅肉系列产品畅销国内外。

牛奶加工

全省大型乳品加工企业有合肥、蚌埠、滁州、六安、安庆和淮南乳品公司，年加工能力10万吨，主要产品是奶粉。

羽绒加工

全省常年鹅、鸭绒产量5000吨。重点加工企业有合肥京华，芜湖天鹅，桐城鸿润，六安安华、顺河等。六安市、巢湖市等地有乡（镇）羽绒加工企业50多家，年加工能力超过万吨。

产业优势

2002年，全省畜牧业总产值392亿元（当年价），占农业总产值30%。全省畜产品加工业产值与畜牧业产值之比约为0.45 ∶ 1。畜产品省内、省外、国际市场销售比例分别为50%、47%和3%。2008年，畜产品加工业产值与畜牧业产值达到0.5 ∶ 1。家禽加工企业屠宰能力达到3亿只，奶业企业年加工鲜奶能力100万吨，是长三角地区的重要生产基地。

龙头企业

2004年，畜牧业有3家企业（淮南益益乳业公司、宁国太阳禽业公司、临泉山羊集团）被认定为国家级农业产业化龙头企业。商务部发布中国机械化屠宰加工优势企业报告显示，2004年度，安徽有中国机械化屠宰加工优势企业7家，占全国4%。全国屠宰与肉食加工行业销售额1亿元以上企业中，安徽有3家。2004年，中国畜产品加工业发展年会在合肥市召开。2008年，全省畜牧业有国家级农业产业化龙头企业9家，省级农业产业化龙头企业105家，农村畜牧专业合作经济组织1000多家，各类畜牧经纪人1万多名，年运销畜产品占生产总量30%左右。

第二章　饲料饲草

第一节　饲草资源

天然草原恢复和建设

2004年，农业部批复安徽省岳西、潜山、祁门、旌德、歙县等县实施天然草原恢复和建设项目，项目总投资3000万元。主要建设围栏1.23万公顷，改良草场1.07万公顷，人工种草0.39万公顷，建棚圈1.755万平方米，建设县级草原监理站。至2006年年底，项目建设共完成改良草场1.08万公顷，完成计划任务101%，人工种草0.38万公顷，完成计划任务98.5%，围栏1.23万公顷，完成计划任务100.3%，建棚圈17850平方米，完成计划任务101.71%，建成5个县级草原监理站。改良后草地牧草产量由每亩520千克提高到1020千克，可用鲜草产量由每亩158千克提高到520千克，鲜草可用效率由30%提高到50%；人工种草区牧草产量每亩3500千克，可用鲜草产量每亩3150千克，鲜草可用效率为90%。涌现出一批种草养畜典型。项目区天然草地植被盖度由项目建设前平均45%提高到建设后平均88%。

各项目县建设任务完成一览表

表4-2-1

	改良草场（公顷）			人工种草（公顷）			围栏建设（公顷）			棚圈建设（万平方米）		
	完成数	计划数	完成比例	完成数	计划数	完成比例	完成数	计划数	完成比例	完成数	计划数	完成比例
歙县	1981.4	3	99.07%	642.1	1	96.31%	2492.7	3.8	98.39%	–	无	–
岳西	3009.7	4.5	100.3%	676.0	1	101.4%	2653.0	4	99.5%	–	无	–
旌德	1668.6	2.5	100.1%	1336.1	2	100.2%	1641.0	2.4	102.5%	0.5	0.5	100%
祁门	1666.7	2.5	100%	216.7	0.3	108.3%	3466.7	5.2	100%	1	1	100%
潜山	2480.0	3.55	104.8%	1153.3	1.5	115.3%	2053.3	3	102.7%	0.285	0.255	111.8%
合计	19806.0	16.05	101%	3087.5	5.8	98.5%	12306.7	18.4	100.3%	1.785	1.755	101.7%

牧草种子基地建设

2002年，农业部投资270万元，建设“安徽省牧草种子基地项目”。项目由省畜牧技术推广总站承建。2005年6月，“安徽省牧草种子基地项目”建成并通过验收，为安徽省第一个标准化草种生产加工基地。基地建成年加工草种能力2000吨生产线1条，加工厂房135平方米，质检综合楼、培训室和库房370平方米，安装1吨/小时草种加工精选设备。2003—2006年，基地共加工草种219.4吨（其中黑麦草213吨、皖草2号6.5吨），推广人工种草1.33万公顷。2004年，农业部又投资280万元，建设"安徽省滁州市牧草种子生产基地项目"，项目由滁州市畜牧兽医站承建。建设基地生产面积100公顷，新增草种生产能力150吨，新增种子加工能力300吨。2007年年底，项目建设完成。

安徽省牧草种子基地建设项目主要指标完成情况一览表

表4-2-2

项目	单位	计划数	实际完成数	完成比例%
1、形成基地面积	公顷	200	0.3008	100.3
2、形成围栏面积	公顷	133.34	0.2	100
3、新增草种生产能力	万千克	28	30	107
4、新增种子加工能力	万千克	50	200	400
5、新增种子储备能力	万千克	50	50	100
6、新增利税	万元	144	73.5	51.1
7、新增固定资产	万元	360	264.84	73.6
8、总投资	万元	386.15（中央150）	264.84	68.58

安徽省滁州市牧草种子生产基地项目主要指标完成情况一览表

表4-2-3

项目	单位	计划数	实际完成数	完成比例%
1、形成基地面积	公顷	100	100.3	100.3
2、形成围栏面积	公顷	100	100	100
3、新增草种生产能力	万千克	15	15	100
4、新增种子加工能力	万千克	30	30	100
5、新增种子储备能力	万千克	30	10	200
6、新增固定资产	万元	253	213.8	84.5
7、总投资	万元	280（中央140）	224.69	80.02

南方草山草坡综合开发

1998年，根据国家计委《关于下达1998年南方草山草坡综合开发示范工程投资的通知》（国家计农经〔199〕1882号），休宁县被列为南方草山草坡综合开发示范县，项目总投资900万元。其中国家安排预算内非经营性资金300万元，项目市县自筹

600万元。主要实施草地、冻精贮运站、疫病防治站、牧业加工厂等生产设施建设。休宁县海阳镇、秀阳乡、兰渡乡、渭桥乡、齐云山镇等乡（镇）实施草地建设项目。共建设人工草场666.67公顷，改良草场0.13万公顷。配套建设围栏、机耕路和相关设备等草地服务设施。1998年，休宁县种草面积达到0.2万公顷，发展种草养畜专业村10个。

种草养畜区域布局

“七五”以后，安徽省通过实施国家草地改良、种草基地等项目，全省初步形成草地畜牧业区域布局：以草山草坡改良为主皖西南生态经济区；以退耕还林为依托江淮地区林草结合示范区；以种草养畜为主淮北地区规模种植区和以城市为中心的草坪绿化区。2006年，全省牧草种植面积9.39万公顷，草食家畜牛羊肉产量56万吨、牛奶产量18万吨，分别是1990年4倍和7倍。

安徽省十五期间草业建设和投资情况一览表

表4-2-4

	累计种草保留面积（万公顷）				种子生产		建设投资（万元）			
								其中		
	总面积	人工种草	改良	飞播	草种田（公顷）	种子产量（吨）	总投资	省级	地县级	群众自筹
2001	3.60	2.80	0.13	0.67	23.33	0.01	1060	60	200	800
2002	5.47	4.67	0.13	0.67	66.67	0.2	1820	120	500	1200
2003	6.80	6.00	0.13	0.67	66.67	0.1	1960	60	800	1100
2004	6.63	6.13	0.28	0.67	73.33	7	5319	136	343	4840
2005	8.93	7.00	1.26	0.67	133.33	20	6250	150	940	5160
2006	9.39	7.47	1.26	0.67	133.33	20	5630	150	540	4940

第二节　饲料原料与饲料添加剂

主要饲料原料

安徽省饲料原料资源丰富。全省年饲料原料总用量1400万吨，其中各类蛋白质原料用量300万吨。安徽省所产玉米饲料原料基本能满足饲料生产需要，但豆粕等植物类蛋白饲料原料和鱼粉等动物类蛋白饲料原料资源缺乏。2008年，全省玉米总产量达到286.7万吨，主要分布在淮北、亳州、宿州、蚌埠、阜阳、滁州、六安等市。菜籽总产量140.3万吨，主要分布在合肥、六安、滁州、巢湖、安庆等市和皖南地区。小麦总产量116.8万吨，主要分布在淮北、亳州、宿州、蚌埠、淮南、滁州、合肥等市和宣城、安庆等市部分地区。全省豆类总产量134.4万吨，主要分布在淮北地区，滁州、六安、宣城、安庆等市。安徽省产豆类产品主要用于食品加工，豆粕产量低，饲料中植物蛋白主要依靠从省外购买。

其他饲料原料

秸秆　实施国家秸秆养畜示范项目以后，利用农作物秸秆养畜步伐加快，2005年，全省青贮秸秆982万吨、氨化秸秆320.5万吨，秸秆处理利用率24.8%。

酒糟　全省白酒产酒糟21.8万吨、啤酒产酒糟104.25万吨。安徽丰原生化每年生产DDGS等产品160万吨。风干酒糟和DDGS中含粗蛋白20%～25%，富含磷、B族维生素。

此外，利用柠檬酸残留物生产玉米蛋白粉，利用松针粉、羽毛粉、血粉等加工动植物蛋白原料，缓解蛋白饲料资源不足。

饲料添加剂

饲料添加剂品种丰富，资源利用充分。全省已完全具备生产赖氨酸、酸化剂、维生素C、包膜维生素C、磷酸氢钙、微生态制剂等能力。安徽丰原集团年产赖氨酸2万吨，利用明胶残余物生产磷酸氢钙4000吨，在国内处于领先水平。2007年初，合肥迈克罗生物工程有限公司研制"地顶孢霉培养物"（商品名称为"虫草欣康"），被批准为新饲料添加剂。填补国内同类产品空白，也是安徽省第一个获得农业部批准新饲料添加剂。

第三节　饲料工业

饲料工业发展

安徽省饲料工业起步晚，发展初期没有形成与畜牧业发展相适应生产体系。2000年以后，全省推进饲料工业化生产，各项生产指标不断增长。2008年，全省工业饲料总产量237.9万吨、占全国饲料总产量1.75%。其中配合饲料209.7万吨、浓缩饲料23.3万吨，预混合饲料4.98万吨。饲料产品结构由单一饲料品种向多元化、功能化发展。饲料企业向集团化、规模化发展，出现恒大、正大、正虹、华康等一大批大型集团化饲料企业。技术进步步伐加快，虫草、发酵豆粕、发酵啤酒糟、油脂、血浆蛋白、益生菌、光合细菌、松针粉、酵母硒、中草药提取物等新产品开发，填补省内饲料产品空白。2007年，肥东县通过招商引资，先后引进通威股份有限公司合肥分公司、安徽新希望饲料有限公司、安徽省大北农农牧科技有限公司等多家企业落户产业园区，形成产业群。共投资1.06亿元，建成六条生产线，年饲料综合生产能力70万吨。对入园企业，肥东县政府给予税收政策优惠：增值税"一免一减半"（新办企业减免当年的增值税，第二年减半征收增值税），所得税"两免三减半"（新办企业第一年至第二年免征企业所得税，第三至第五年减半征收企业所得税）。通威股份有限公司合肥分公司开业半年时间内，实现销售收入近7000万元。通过政策扶持，全省基本建立包括饲料加工、饲料原料、饲料添加剂、饲料机械工业和饲料管理、科研、教育、质量监督检测一体化饲料工业体系。

技术机构

1998 年，经省质量技术监督局批准，“安徽省饲料工业标准化技术委员会”成立。该委员会由行业主管单位、科研院所、行业协会等单位技术人员组成，主要开展全省饲料工业企业标准审查工作。截至 2008 年年底，共审定标准 905 个，饲料标签 3600 个。其中 2007 年审查和定新产品饲料标准 15 个。饲用油脂、饲用复合酶制剂、饲料级肠泰素、饲用大蒜素、饲用甜味剂、饲用防霉剂、饲用香味剂、膨化羽毛粉蛋白饲料、膨化血粉蛋白饲料等新产品标准审定，标志安徽省饲料标准化工作处于全国领先水平。同年，省饲料工业标准化技术委员会获“全国饲料工业标准化先进集体”称号。2000 年，经国家劳动与社会保障部批准，安徽省饲料工业协会承办农业行业职业技能鉴定站（农业 265 号站）。鉴定站拥有国家级持证考评员 18 名，高级考评员 3 名，质量督导员 3 名，系统数据管理软件录入员 2 名。

技术标准

1998 年以后，安徽省饲料工业标准化技术委员会相继出台一系列技术标准。1998 年，出台《饲料药物添加剂使用审查办法》。1999 年，出台《常用饲料产品分类命名、饲喂阶段划分和浓缩饲料标注内容的意见》。2000 年，出台《常用饲料产品水分、粗灰分、粗纤维的限制意见》。2000 年 6 月 1 日，正式实施 GB/T 10648-1999《饲料标签》，在全省开展饲料标签统一认可工作。2002 年，全面归纳常用产品配合饲料、浓缩饲料、预混合饲料企业标准技术要求，形成常用饲料产品企业标准编制模板。2003 年，发布《饲料产品企业标准编制规范》《常用饲料产品成分基本标准内容》《常用饲料产品营养成分变幅推荐值》《饲料药物添加剂使用指南》《饲料中抗氧化剂、防腐剂防霉剂使用规则》《饲料用棉籽饼粕、菜籽饼粕使用规范》等 6 个标准。2004 年，发布实施 DB34/T405-2004《饲料产品企业标准编制规范》、DB34/T403-2004《常用饲料产品成分基本标注内容》、DB34/T404-2004《饲料中抗氧化剂、防腐防霉剂使用规则》、DB34/T406-2004《饲料药物添加剂使用指南》4 个安徽省地方标准，其中《常用饲料产品成分基本标注内容》立项为国家标准。2008 年 10 月，《饲料产品企业标准营养指标指示指南》通过第七次全国饲料工业标准化技术委员会审查，正式定为中华人民共和国国家标准。

第四节　行业管理和质量安全

1987 年，安徽省政府批准（皖发〔1987〕111 号文件），同意成立安徽省饲料工业办公室，与省饲料公司合署办公。1996 年，安徽省饲料工业办公室归口于安徽省农业厅管理，与省农业厅畜牧局合署办公。

法制建设

1998 年，经安徽省政府第三次常务会议通过，于 1998 年 7 月 1 日起施行《安徽省饲料管理办法》，成为全国为数不多的拥有管理办法的省份之一。1999年5月29日，国务院颁布《饲料和饲料添加剂管理条例》（第266号令）。为贯彻执行国务院令，制定《安徽省实施〈饲料和饲料添加剂管理条例〉办法》。2004年，组织起草《安徽省饲料生产企业资格审查证明管理办法》《安徽省饲料经营企业备案登记管理办法》，并于2005年正式发布实施。同年，省农委下发《安徽省农业行业饲料和畜产品中瘦肉精等违禁药品事件应急预案（试行）》。

行政审批

根据《中华人民共和国行政许可法》和相关法律法规的要求，为规范行业行政审批，对审批的项目名称、许可依据、申报材料、办理程序、承诺期限等进行具体细化，为申请人提供服务。同时按照行政许可的要求，严格把关，规范审批，按时、保质、公开办理每一件行政审批，得到省政务中心的肯定。

宣传教育

分期分批举办饲料执法培训班，编印文件汇编，邀请有关法律专家授课，对饲料生产厂家和经营户进行《饲料和饲料添加剂管理条例》《饲料标签标准》《行政诉讼法》《行政处罚办法》《行政复议法》等法律法规宣传教育和培训。对饲料行业出现无序竞争、不法赊销等危害行业健康发展行为，省饲料办（协会）及时提出整顿行风、取缔不法赊销倡议。在建设省兽药饲料监察所同时，推进市级兽药饲料检测机构建设。建成阜阳市兽药饲料监察所，安庆、芜湖、淮北三市兽药饲料检测机构正在建设中。

质量安全

专项监测　制定《安徽省"瘦肉精"等违禁药品专项整治工作方案》《安徽省饲料质量监测计划》。每年针对监管环节重点，开展专项整治。组织兽药饲料执法人员，在全省范围内开展假冒伪劣饲料产品打假行动，同时开展饲料市场督查。通过专项监测，杜绝养殖投入品环节违法行为。特别是元旦、春节等重要节假日期间，对饲料等投入品质量安全实行重点监测，确保畜产品质量安全。

专项整治　开展打击"瘦肉精"专项活动。凡是在农业部、外省市及本省各种检测中，生猪检测"瘦肉精"呈阳性，按照"五不放过"原则（"瘦肉精"来源去向不查清不放过；涉及单位、责任人不查清不放过；发生"瘦肉精"事件原因不查清不放过；对有关人员未得到应有处理不放过；今后防范措施不落实不放过）追查到底，结果报农业部。开展专项整治"苏丹红"行动。针对部分省份曾出现"红心鸭蛋"事件，立即发出紧急通知，开展禽蛋产品质量安全检查，对发现问题地区，立即派督查组赴现场调查、取样、检测、处置。

第三章　兽　药

第一节　兽药生产

1986—2008年，安徽省兽药行业伴随着畜牧业的迅猛发展，经历20世纪80年代起步、20世纪90年代扩张、21世纪初GMP质量标准规范的三大发展阶段，兽药生产企业从原始发展、扩张、兼并、精减到企业重组，呈现生产规模不断扩大、品种结构逐步优化、产品质量明显提高、兽药生产供给充足繁荣的景象，初步形成兽药监管、科研生产、营销使用三大体系，有效支撑畜牧业快速健康发展，为科学高效防控动物疫病奠定坚实基础。

市场兴起阶段

20世纪80年代，伴随中国改革开放和畜牧业发展，用于治疗动物疫病、促进畜牧业生产的兽药需求急增。全国兽药生产企业数量稀少，不得不使用部分人用药品替代兽用药品，因人用药品需求紧张等原因，兽药市场供不应求，兽药生产成为社会投资的利好行业。1986年年底，全省兽药生产企业19家，整个兽药行业处于刚刚起步阶段，企业年产值5000多万元，兽药生产企业产品质量抽检合格率80%以上。

逐步规范阶段

20世纪90年代初畜牧业发展迅猛，兽药需求量猛增，兽药生产企业产品供不应求，企业经济效益相对其他行业较好，到2002年年底，全省兽药生产企业数量最高峰达到117家，企业年产值3亿多元，兽药生产经营行为不断规范，生产企业产品质量抽检合格率90%以上。2002年，农业部在全国开始组织实施《兽药生产质量管理规范》（GMP），安徽省兽药生产企业积极响应，学习GMP有关知识和规定，谋划建设兽药GMP标准企业。期间，合肥、阜阳、宿州三大兽药批发市场自发形成，成为全省兽药批发零售集散地，三大市场销售情况成为全省兽药供求市场及产品质量状况的晴雨表。

依法管理阶段

随着兽药行业的兴起与不断发展，兽药生产经营逐步进入规范化、制度化管理轨道。以2002年农业部修订出台新的GMP等规范性文件为标志，进入全面实行GMP管理新阶段。2002年初至2005年12月底，在全省范围内强制实施兽药生产GMP管理和认证制度，淘汰和关停不符合GMP要求的生产企业，生产企业数量得到精减，全省共关停不合格兽药生产企业91家，其中26家兽药生产企业通过农业部GMP验收，取得兽药 GMP 合格证书，企业整体素质、管理水平、经济效益都有很大提高。截至 2008 年底，全省在册 GMP 兽药生产企业 32 家，年产值 5 亿多元，生产企业产品质量抽检合格率 98% 以上。

第二节 兽药经营

规范经营行为

安徽省各地以强化市场监督检查、查处违法经营行为为重点，切实加强对生产、经营和使用环节监管。开展业务培训：合肥市、阜阳市、六安市等地定期举办相关业务及法规知识培训班，至 2008 年年底，累计培训人员 27 万多人次，邀请行业专家授课，不断提高执法人员和兽药生产经营人员法制意识及管理水平。开展业务指导：各地针对兽药生产、经营过程中存在的问题及困难，积极开展相应指导，帮助科学建立健全企业管理制度和进货销售记录，阻止假劣兽药进入市场。进行监督抽检：在日常监管执法的同时，进一步加大市场抽检力度，累计抽检兽药产品 2.6 万多个批次，及时了解产品质量情况，跟踪发现查处假劣兽药。

开展专项整治

按照农业部统一部署和要求，每年下发专门通知，制定具体的兽药市场专项整治打假方案，实行集中专项整治与经常性执法检查相结合、依法加强监管与企业自律相结合，不断创新兽药管理工作机制。抓住制售假劣的行为特点确定重点地区、重点环节，以查处大案要案为突破口，广泛向社会和业内宣传，推进兽药市场整顿工作向纵深方向深入；公开、公告辖区打假电话及联系人员，鼓励社会各界举报制售假劣兽药行为，拓宽案件发现和曝光渠道，做到“有案必查，查必到底”；密切加强与公安、检察、工商、质检等部门的通力合作，加大联合打假整治力度。1997 年以后，先后集中开展 20 多次较大规模的专项整治，开展以防控重大动物疫病专用疫苗为主的兽用生物制品专项治理活动，以清查收缴农业部通报的假劣兽药为主的专项查处活动，以查处生产经营和使用人用抗病毒药物、氯霉素、孔雀石绿等为主的违禁药物肃清活动，以兽药残留超标抽样监测为主的畜产品质量安全检查活动。合肥市、阜阳市等地切实加大对兽药集中批发市场的监管力度，联合有关部门捣毁查处造假窝点 9 个，切断假劣兽药的供货渠道，有力打击兽药违法违规行为，进一步规范兽药市场经营秩序。1986—2008 年，各地共出动执法人员 6.3 万多人次，拉网式执法检查兽药经营单位，依法立案查处兽药违法违规案件 2139 起，没收假劣兽药货值 2000 多万元，处以罚款 1100 多万元。

兽用生物制品管理

重点抓好兽用生物制品管理，确保禽流感等重大动物疫病疫苗质量。兽用生物制品是最重要防疫物资之一，其质量优劣直接关系到重大动物疫病防控成败。每年各地兽药主管部门对辖区内农业科研教学单位、兽医诊疗机构、规模养殖场户等进行拉网式执法检查，查处非法制售使用禽流感等重大动物疫病疫苗行为，特别是假借新药中试、科学研究等名义非法制售使用疫苗；发现违法违规采购、供应、使用生物制品的，查清供货来源、经营渠道、使用对象；因假劣疫苗造成疫情发生、蔓延或造成较大损失的，实行责任追究制，依法追究当事人的责任外，还要追究兽药管理部门和相关人员的责任。

第三节　兽药管理

产前审批

兽药生产实行产前许可，兽药行政审批制度不断健全，由原来的零散审批向集中审批过渡、由简单的资料查验审批向现场技术条件验收过渡、由审批经办人直接受理行政审批事项向省政务中心集中受理转办转变。1986年至2002年年底，兽药生产许可由省级审批，2002年开始由农业部负责全国兽药生产许可审批，核发兽药生产许可证和兽药产品生产批准文号，省级主管负责生产企业的日常监管。

市场准入

1986年以后，农业部先后对相关政策及规定进行调整和修改，2002年下发专门文件规定，从2002年6月30日起至2005年12月31日，对全省所有在册兽药生产企业强制实行GMP认证，到期不能通过GMP认证的企业一律关停。安徽省积极组织企业参观学习，开展集中授课、技能培训和实地指导，提高企业实施GMP能力，对不能按时通过农业部GMP认证企业强制关停退出市场，依法吊销兽药生产资格。截至2005年12月31日，全省在册87家兽药生产企业，有22家企业通过农业部GMP认证，未能通过GMP认证65家企业，被依法吊销兽药生产资格，强制关停，退出市场。

有效控制危害

随着畜牧业迅猛发展，违规使用兽药等引起的禁用兽药和兽药残留问题日益突出，1999年，开始按照农业部关于禁用兽药和兽药残留制度等有关规定，及时制定公布禁用兽药名称、动物产品兽药残留最高限制标准及相关惩罚制度，并按照规定程序吊销部分兽药生产企业的禁用兽药批准文号。全省各地积极加强宣传，打击非法制售违禁兽药行为，依法查处违规案件，确保动物用药安全高效。至2008年年底，全省共抽检兽药残留样品1.2万多个批次，及时了解动物产品质量情况，跟踪查处兽药残留不合格单位，全省各地立案查处兽药残留违规案件2187起，销毁不合格畜禽产品19万多吨，处以罚款1760多万元。

第四章 疫病防控与畜产品安全

第一节 禽畜疫病

1986年以后，由于使用抗生素不当、集约化饲养程度提高、自然环境破坏等因素影响，畜禽传染病种类不断翻新，新病毒、新亚型病毒层出不穷，混合感染病例增多，疫病诊断和防控难度加大。全省发生主要畜禽疫病有5大类：

传染病

人畜共患传染病　包括狂犬病、口蹄疫、日本乙型脑炎、伪狂犬病、流行性出血热、炭疽、破伤风、大肠杆菌病、沙门氏杆菌病、巴氏杆菌病、布氏杆菌病（以下简称布病）、结核病、波氏杆菌感染、钩端螺旋体病、衣原体病及Q热等。

马属传染病　包括马传染性贫血（以下简称马传贫）、马流行性感冒、马鼻疽等。

反刍畜传染病　包括牛流行热、蓝舌病、牛病毒性腹泻（黏膜病）、恶性卡他热、水牛热、牛白血病、牛传染性鼻气管炎、副结核病、牛肺疫、放线菌病等。

猪传染病　包括猪瘟、猪传染性胃肠炎、猪丹毒、猪链球菌病、猪李氏杆菌病、猪传染性胸膜肺炎、猪霉形体肺炎等。

家禽传染病　包括鸡新城疫、马立克氏病、鸡白血病、传染性支气管炎、传染性喉气管炎、传染性法氏囊病、传染性脑脊髓炎、高致病性禽流感、减蛋综合征、鸡包涵体肝炎、鸭瘟、鸭病毒性肝炎、小鹅瘟、禽葡萄球菌病、鸡传染性鼻炎、鸭鹅空肠弯曲菌带菌、鸡毒霉形体感染及曲霉菌病等。

小动物传染病　包括兔病毒性出血症、兔传染性粘液性肠炎、犬瘟热、犬传染性出血性肠炎、猫泛白细胞减少症等。

寄生虫病

原虫病　包括梨形虫病、伊氏锥虫病、泰氏锥虫病、鸡住白细胞原虫病、鸡组织滴虫病、球虫病、猪弓形体病等。

吸虫病　包括血吸虫病、肝片吸虫病、同盘吸虫病、华支睾吸虫病、日本棘隙吸虫病等。

其他寄生虫病　包括猪囊尾蚴病、猪类圆线虫病、犊牛新蛔虫病、猪旋毛虫病、螨病等。

中毒性疾病

包括水牛慢性氟中毒、亚硝酸盐中毒、氟乙酰胺中毒、有机磷中毒、黄牛五氯酚钠中毒、雏鹅呋喃唑酮中毒、水牛蟾酥中毒、黄牛尿素氨化麦秸中毒、酒糟中毒、黑斑病甘薯中毒、水牛霉稻草中毒、猪赤霉菌 F–2 毒素中毒、梅花鹿霉豆饼粉中毒、鸭肉毒梭菌 C 型毒素中毒、闹羊花中毒、鹅花生芽中毒、栎树叶中毒、绵羊山矾中毒、猪食死亡河蟹中毒等。

代谢病

包括钙磷代谢紊乱、缺硒症、缺镁症、维生素 A 缺乏、雏鸡维生素 E 缺乏、鸡痛风及猪卟啉病等。

病因不明病

包括黄牛血痢症、猪瘫痪症等。

第二节　重大动物疫病防控

1994 年、1999 年、2007 年，全省先后消灭牛肺疫、马鼻疽、马传染性贫血等 3 种动物疫病，并有效控制血吸虫病、布鲁氏菌病、鼻疽、炭疽、气肿疽、猪瘟、鸡新城疫、螨病、羊鼻蝇蚴、牛皮蝇蚴、猪囊虫病等 40 余种动物疫病流行。20 世纪 80 年代，全省每年各类动物免疫数 5000 万头（只）次。2008 年，全省各类动物免疫数增加到 7 亿头（只）次。重大动物疫病防控坚持“科学防疫、综合防治、突出重点、分级负责”原则，严格执行技术规范，做好疫情处置工作。主要动物疫病采取以免疫预防为主综合防治措施。

高致病性禽流感

安徽省境内山区、丘陵、水网范围大，地理环境特殊，家禽养殖数量多、饲养方式落后，加上有两条全球候鸟迁徙路线经过，属于禽流感疫情高风险区。1994 年 11 月，滁州市琅琊区报告一起疑似禽流感病情，省兽医站派员剖检病鸡，实验结果为阴性。1995 年上半年，省兽医站按农业部部署，对省内 18 个种鸡场血样用琼脂扩散法进行抽查，受检种鸡 1560 只，阳性只数为零。

2004 年疫情　1 月 30 日，广德县杨滩乡暴发禽流感，确诊家禽 3700 只；马鞍山市雨山区向山镇暴发禽流感，感染家禽 21900 只，死亡 21900 只。2 月 3 日，阜阳市颍州区魏庄村暴发禽流感，感染家禽 380 只，死亡 11 只；界首市顾集镇王南湖村暴发禽流感，感染家禽 2700 只，死亡 2300 只，方圆 3 千米范围内扑杀家禽 400 只。6 月 28 日，巢湖市居巢区暴发禽流感，感染家禽 8160 只，死亡 1520 只，方圆 3 千米范围内扑杀家禽 6640 只。发生高致病性禽流感疫情后，全省及时启动应急预案，建立应急机制。省、市、县三级政府立即成立防治高致病性禽流感应急指挥部。省防治高致病性禽流感应急指挥部指挥长由副省长赵树丛担任，指挥部办公室设在省农委。省指挥部专家组由 40 名专业技术人员组成，各市、县（市、区）应急专家分队成员有 408 名，实行 24 小时待命。2 月 18 日，省政府发出《关于做好高致病性禽流感防治和稳定发展禽业生产的通知》。2 月 24 日，省防治高致病性禽流感指挥部办公室发出通知，在全省 4520 个较大规模养禽企业建立防治高致病性禽流感工作机制。省指挥部 16 个成员单位分市包干，省、市、县、乡分级负责，对口联系，责

任到人。对所有家禽进行强制免疫，要求免疫密度达到100%，存栏家禽有效免疫抗体合格率达到70%以上。省指挥部印发《致全省家禽饲养农户的一封信》《高致病性禽流感防疫知识挂图》《高致病性禽流感疫情管理技术规范》《高致病性禽流感防治政策法律问答》等宣传材料，同时举办专家讲座20多期。省兽医部门按农业部《高致病性禽流感疫情处置技术规范》要求，采取得力措施，开展疫情处置：及时报告家禽异常死亡情况，及时进行疫情诊断，及时将病料送国家禽流感参考实验室确诊；立即组织对疫点严格封锁、扑杀、消毒，同时开展流行病学调查；疫情确诊后2小时以内，划定疫点、疫区和受威胁区，12小时内落实对疫区封锁各项措施，在出入疫区交通路口设立临时动物检疫消毒站，实行24小时值班，禁止易感活禽及其产品运出，并对出入人员、车辆、有关物品进行消毒；扑杀疫区内所有禽类，并进行无害化处理；对受威胁区所有易感家禽进行紧急强制免疫，关闭疫区周围10千米范围所有禽类及其产品交易市场。

2005年疫情　10月20日，天长市便益乡梁营村暴发禽流感H5亚型，发现疑似病禽2100只，确诊550只，死亡550只，焚烧深埋44736只，14万只家禽接种H5N2疫苗。11月6日，淮南市田家庵区曹庵镇范圩村发生家禽死亡，死亡家禽800只。11月10日，省兽医站初步诊断为疑似高致病性禽流感。11月14日，经国家禽流感参考实验室确诊，疫情为H5N1亚型高致病性禽流感。当地政府立即在疫点周围3千米范围内扑杀家禽126185只。疫情发生后，全省各级政府立即响应，成立防控指挥部，制定应急预案，认真落实加强领导、密切配合，依靠科学、依法防控，群防群控、果断处置、预防为主、综合防控等措施，及时扑灭疫情。11月14日之后，全省未再发生家禽高致病性禽流感疫情。

口蹄疫

属牛、羊、猪和骆驼等偶蹄兽急性、热性、高度接触性传染病，以口腔黏膜和鼻、蹄、乳头等皮肤形成水疱和烂斑为特征。病原为口蹄疫病毒，感染途径主要通过消化道，也有通过鼻黏膜、眼结膜、乳头、损伤皮肤等感染，潜伏期2~7天，个案病例长达21天。人通过上述途径也能被感染。

1985年10月，望江县华阳乡北固镇4户联办猪场，购进25头猪中有携带口蹄疫病毒病猪，除死亡16头，其余58头猪全部扑杀处理。1990年11月阜南县农民从武汉市购回猪油及碎肉、1991年1月阜阳市从湖北省仙桃市购买22头猪进入当地市场、临泉县从河南省潢川县购买病猪2头、霍邱县从河南省固始县购买病猪1头，均带入O型口蹄疫病毒。对口蹄疫病畜，按“早、快、严、小”原则，采取就地扑杀、严格消毒、妥善处理、不留后患等措施。接到疑似疫情后，地方兽医部门立即采样送检，经省动物疫病诊断中心确诊后，立即扑杀、封锁、消毒，同时开展疫源调查，防止疫情扩散，密切监视疫情动态。1987—1990年，全省分别用O型抗原抽查和VIA抗原监测各种易感家畜7383头，均为阴性。2001年，省防治口蹄疫指挥部与各市防治口蹄疫指挥部签订责任状，批准《防治口蹄疫暴发应急方案》，增加防治口蹄疫专项经费，要求对口蹄疫实行强制免疫，免疫率100%，免疫档案建档率和免疫标识挂标率100%；对集中免疫时不宜注苗及补栏家畜及时进行补免，做到“县不漏乡、乡不漏村、村不漏户、户不漏畜、畜不漏针”。2006 年 1 月 16 日，江苏徐州发生亚洲 I 型口蹄疫疫情。省畜牧局立即采取紧急措施，在与徐州接壤皖北地区，设立 23 个检查站，通过免疫、检疫、监督、监测、强化免疫等五项措施，重点监测从疫区进入活家畜及其制品，实行 24 小时查证验物。同时，对全省存栏奶牛进行疫情抽检。

高致病性猪蓝耳病

猪蓝耳病又称猪繁殖与呼吸综合征（PRRS），由动脉炎病毒科中猪繁殖与呼吸综合征病毒引起。以繁殖障碍、呼吸困难、耳朵蓝紫、并发其他传染病为主要特征。临床症状表现为母猪发热、厌食、流产或死胎、木乃伊胎，仔猪常出现呼吸道系统症状和高死亡率。1987 年，该病首次在美国报道，20 世纪 90 年代中期传入中国。2007 年 4 月，农业部正式将其确定为“高致病性猪蓝耳病”。

2007 年，省内猪高致病性蓝耳病有零星发生，省兽医站及时派出技术人员，现场调查发病情况，并综合流行病学调查和试验室监测结果，及时提出防控对策，有效控制疫病传播和扩散。9 月 21 日，在全国猪蓝耳病防控工作会议上，安徽省作典型发言，介绍猪蓝耳病防控经验。2008 年后，省动物疫控中心选择省内 40 家规模养殖场，对 4 种常用猪蓝耳病疫苗进行使用情况调查。在部分地区采集 14 个猪蓝耳病免疫猪场和 13 个非猪蓝耳病免疫猪场不同猪群血清样品 743 份，开展血清学调查及分子流行学调查。

猪瘟

猪瘟，俗称“烂肠瘟”，是一种具有高度传染性疫病。临床表现：急性症状呈败血性变化，实质器官出血、坏死和梗死；慢性症状呈纤维素性坏死性肠炎，后期常有副伤寒及巴氏杆菌病继发。该疫病在自然条件下只感染猪，不同年龄、性别、品种猪和野猪都易受感染，一年四季均可发病。病猪是主要传染源，病猪排泄物和分泌物，病死猪和脏器及尸体、急宰病猪血、肉、内脏、废水、废料污染饲料，饮水都能散播病毒。传播媒介主要通过接触，经消化道感染。患病和受弱毒株感染母猪也能经胎盘垂直感染胎儿，产生弱仔猪、死胎、木乃伊胎等。全省实行猪瘟全面免疫，要求规模化养殖场免疫密度达到 100%，免疫合格率达到 70% 以上；农村散养猪免疫密度达到 90% 以上。2006 年，全省采集监测猪瘟血清样品 4300 份。2007 年 1—11 月份，全省检测猪瘟样品 3921 份。2008 年 5—6 月、11—12 月，共检测猪瘟血清样品 6244 份。

鸡新城疫

全省实行鸡新城疫全面免疫。要求规模化养殖场免疫密度达到 100%，免疫合格率达到 70% 以上；农村散养鸡免疫密度达到 90% 以上。1987—1990 年，采用血凝抑制试验，对全省 21 个养殖单位开展鸡新城疫调查，共检测鸡 2072 只，其中阳性 1092 只，阳性率为 52.7%。2000 年，鸡新城疫在全省一定范围内发生。2003 年 10 月，阜阳、亳州、淮北、蚌埠、六安、马鞍山、芜湖、铜陵、宣城、合肥等 10 个市、26 个县（市、区）发生疫情，发病鸡 24050 只，死亡 12102 只。2007 年 1—11 月份，全省检测鸡新城疫样品 7434 份，抗体合格率 90.19%。2008 年 5—6 月、11—12 月，共检测鸡新城疫样品 7934 份。

狂犬病

狂犬病在省内呈现零星散发状态。发病动物除犬外，还有与犬密切接触的牛、猪。疫情报告县、市均位于沿淮、淮北地区，与卫生部门通报人患狂犬病发病区域、发病年份基本吻合。1988 年，省政府制定《安徽省犬类管理办法》。2000 年以后，省畜牧局每年组织 30 万头份兽用狂犬病疫苗免疫供应。2003 年 9 月，省卫生厅、公安厅、农委、药品监督管理局联合下发《关于加强狂犬病预防控制工作的紧急通知》。2003 年底，全省有三分之一市、县、区对狂犬病免疫实施免疫证制度。2000 年—2003 年 6 月，全省共有 16 个县有疫情，发病犬 397 只，死亡 389 只。其中有 3 个县发生牛狂犬病，发病牛 3 头，死亡 3 头。2003 年以后，狂犬病发生呈上升趋势。2003—2007 年，全省累计发生狂犬病 3311 只（头），其中犬 3249 只，其他动物 62 只。主要表现为散发，发病动物呈多样化，未形成大规模流行。农村地区犬发病率略高于城市。2006 年，全年共免疫犬 29 万只。2007 年，全省共免疫犬 111 万只。2008 年 5—6 月、11—12 月，共检测犬狂犬病样品 277 份。

2003—2007 年安徽省狂犬病流行情况统计表

表 4-4-1

年份	犬饲养数量				免疫数量		
	城市犬		农村犬	流浪犬	城市犬		农村犬
	注册	未注册			注册	未注册	
2003	29778	265127	3085694	47576	27225	152801	594597
2004	35989	289871	3286396	38887	26450	168085	765243
2005	40065	316893	3601544	54422	638441	167983	792996
2006	48254	312019	3956175	55084	45634	162745	797812
2007	56338	295321	4111804	50796	54976	142860	848427
合计	210424	1479231	18041613	246765	792726	794474	2799075

年份	疫情发生情况								疫情处置
	发病县数	发病村数	发病数量			死亡数			扑杀数量
			城市犬	农村犬	其他动物	城市犬	农村犬	其他动物	
2003	15	200	32	530	21	53	513	2	34559
2004	20	154	31	557	6	51	556	1	2445
2005	19	170	40	587	10	60	581	3	4134
2006	20	175	53	600	14	70	535	2	7206
2007	17	159	56	763	11	69	746	4	1762
合计	91	858	212	3037	62	303	2931	12	50106

布鲁氏菌病

1987—2007 年，全省无布鲁氏菌病临床发病病例。在开展病情监测过程中，安庆、六安、巢湖等市零星检出布鲁氏菌病阳性牲畜，经复检排除。对布氏杆菌病防治，不实施免疫防治，主要采取大规模检疫、淘汰阳性畜、净化畜群等控制措施，阳性率一直很低。同时，组织开展监测工作，每年向疫区各市、县（市、区）动物防疫监督机构下达监测任务，重点监测奶牛、种畜和其他家畜。

牛结核病

对结核病主要采取监测、扑杀、牛群净化等防控措施。同时，每年开展流行病学调查和检测，对检测出阳性畜施行淘汰、扑杀处理。1999 年，省兽医工作站制定《安徽省奶牛结核病、布氏杆菌病普查实施方案》。全省各级动物防疫监督机构每年开展奶牛结核病，布氏杆菌病普查，对检出阳性畜全部扑杀淘汰。2002 年，制定《2001—2005 年安徽省奶牛结核病防治规划》，要求各地动物防疫监督机构每年对辖区域内奶牛进行检疫，实行注册登记制度。对检出阳性畜全部扑杀淘汰。牛结核病已多年未发现病畜，只在检疫净化时检出部分阳性畜。2001 年，合肥市检出阳性奶牛 2 头，芜湖市检出阳性牛 1 头，滁州市检出阳性牛 21 头，淮北市检出阳性牛 13 头，安庆市检出阳性牛 57 头。2003 年，对牛结核病的监测范围扩大到种用牛。全省 17 个市共检疫牛 19853 头，其中奶牛 19499 头，部分检疫种牛及役种兼用牛。共检出阳性牛 53 头，阳性率 0.27%，可疑阳性牛 74 头。2005 年，全省共检疫奶牛 21697 头，占奶牛存栏量 86.77%。共检出阳性奶牛 137 头，可疑阳性牛 100 头。2008 年，制定《安徽省布病和结核菌病防治规划（2009—2015）》。2008 年 8—9 月，开展牛结核病防控情况调查和监测工作，对全省奶牛进行逐头检测，

已消灭疫病

牛肺疫　1994 年，经农业部验收批准，安徽省牛肺疫病达到消灭标准。

马鼻疽　安徽省是马鼻疽老疫区，疫情范围涉及阜阳、宿州、亳州、蚌埠、淮北、淮南 6 个市、22 个县（市、区）。1990 年，最后一匹患马鼻疽阳性畜被扑杀，此后，再未发现临床病畜和阳性畜。1997 年，组织马鼻疽防治效果考核验收，对 13 个县、市 2.85 万匹马属进行动物鼻疽菌素点眼检疫，未发现病畜。1999 年，通过农业部考核验收，马鼻疽病达到消灭标准。2002 年，制定《2001—2005 年安徽省马鼻疽防治规划》，要求阜阳市、亳州市、淮北市、宿州市、蚌埠市对辖区内马属动物继续进行马鼻疽监测。其间，每年从阜阳市抽检 100 匹、亳州市抽检 100 匹、淮北市抽检 50 匹、宿州市抽检 100 匹、蚌埠市抽检 50 匹马属动物进行检疫。1999—2003 年，全省没有发现临床病畜和阳性畜。2008 年，按农业部要求，制定《消灭马鼻疽效果监测方案》，对原马鼻疽疫区实施监测。疫区监测马属动物 1502 匹（头），临床监测马属动物 5479 匹（头），均为阴性。

马传染性贫血　安徽省是马传染性贫血病老疫区，疫情范围涉及阜阳、宿州、亳州、蚌埠、淮北 5 个市、21 个县（市、区）。1989 年，最后一匹病畜被扑杀后，全省再未发现

临床病例。1996 年，通过农业部专家组考核验收，全省达到部颁马传染性贫血病稳定控制区标准。此后，全省继续开展疫情临床监测工作，同时，抽样采集马属动物血清进行琼脂扩散试验。1996 年以后，全省没有发现临床病畜及阳性畜。2003—2007 年，组织专家组对 6 个原疫区市马传染性贫血病防治效果进行考核，未发现病畜和可疑病畜。所抽取 100 份马属动物血清进行实验室检测，全部为阴性。2007 年，通过农业部考核验收，全省达到马传染性贫血病消灭标准。

第三节　动物疫病预防

制度沿革

1985 年开始，安徽省推行畜禽疾病防治承包责任制，有 69 个县、市，1929 个乡，331 万户实行畜禽防疫承包。承包猪 570 万头，大牲畜 132 万头，禽 4321 万只，畜禽发病率和死亡率开始下降。1993 年，全省畜禽防疫承包率 60% 以上，畜禽疫病死亡率明显降低。承包方式主要有：包防疫、包治疗；包防疫、包治疗、死亡包扶持；有些地方在此基础上增加包配种。1995 年，《安徽省家畜家禽防疫办法》出台。从 1996 年开始，围绕发展畜牧业生产，降低畜禽发病率和死亡率，以防治牲畜口蹄疫、家畜血吸虫病为重点，全面推行防检并重、监管结合畜禽防疫双轨目标责任制，并列入各级政府议事日程。1997—1998 年，全省 60% 以上县、市开展以猪禽防疫为主各种形式双轨目标责任制，畜禽防疫密度提高，主要疫病得到有效控制。1997 年，全省猪禽死亡率分别为 7% 和 14%，低于全国平均水平。

2001 年，安徽省政府明确提出，动物防疫工作实行责任制，各级政府主要领导为第一责任人，分管领导承负领导责任，农牧部门为主管部门，实行一级对一级负责。农牧、财政、工商、公安、交通、监察、民政等部门密切配合，各负其责。2002 年，全省大部分市、县、乡政府，业务部门，政府和业务部门之间，均已签订动物防疫目标管理责任状。

2004 年，高致病性禽流感发生，人畜共患传染病防治被提到前所未有高度。2005 年，省农委、省卫生厅联合建立人畜共患传染病防治合作机制。从 2005 年 9 月 1 日起，实行重大动物疫情旬报告制度。2007 年，实行省级重大动物疫病防控工作定点联系制度，全省以市为单位，分成 6 个片区，确定专人负责联系。2008 年，制定《安徽省重大动物疫病防控工作考核办法》，按照“属地管理、政府负责”原则，将政府和有关部门防控责任纳入省级统一考核，实行防控工作责任制和责任追究制。

体制改革

2002 年 4 月份，安徽省农委印发《安徽省基层动物防疫管理体制改革试点方案》，按照“统一防检，放开治疗，强化监督，规范服务”原则，在寿县、固镇、灵璧、界首、广德 5 个县（市）开展基层动物防疫体制改革试点。试点主要内容包括：改革乡（镇）动物防疫组织的管理模式。在乡（镇）设立动物检疫分站，具体实施辖区内动物的检疫、监督,协调做好动物免疫注射及其监督工作。改革基层动物防检、诊疗人员的管理模式。按实际饲养量或每 800~1000 个农户招聘一名乡村动物防疫员,对动物诊疗人员进行清理整顿,执行“动物诊疗许可证”制度,严格从业资格管理,实行防治分开。改革动物防疫方式和防疫经费收取办法。实行防疫服务合同化,防疫收费市场化。强化监督管理,实行防检结合、以监促检、以检促防。试点工作取得良好效果。通过制度创新,理顺乡(镇)动物防疫管理体制,建立起一支技术素质好、责任心强、比较稳定的动物防疫队伍。畜禽免疫密度、免疫质量提高,畜禽发病率、死亡率大幅下降。5 个试点县畜禽免疫密度平均提高 30.08%,死亡率下降 2.22%。试点单位普遍制定《防疫员工作职责》《动物产地检疫员工作职责》《兽用生物制品管理办法》等一整套规章制度。以乡(镇)为单位,全部建立免疫台账、完善防疫登记、规范免疫管理。

2003 年 3 月 19 日,安徽省政府办公厅下发《关于加强基层动物防疫管理工作的意见》,继续推进基层动物防疫管理体制改革。阜阳、滁州、合肥等 13 个市级政府先后出台实施方案,庐江等 29 个县(市、区)政府制定实施方案并组织实施。11 月 10 日,在临泉县召开全省动物防疫体制改革现场会。

2005 年 5 月,安徽省编办下发《关于加强全省基层动物防疫体系建设的通知》,明确县级动物检疫监督机构、乡(镇)动物防疫机构设置、人员配备和职能,并对村级防疫员职责作出具体规定。7 月,省农委与省财政厅联合下发开展村级防疫员改革试点文件,在全省选择 10 个县(市、区)进行试点,对村防疫员实行定额补贴,每人每年 3600 元。省财政安排专项经费 200 万元,市、县按 1 ∶ 1 配套经费。

2006 年 8 月,省政府出台《关于推进兽医管理体制改革的实施意见》。改革总体思路:整合县级、精干市级、加强县级,重点充实基层防疫队伍。2008 年,按照全省兽医体制改革总体要求,省、市、县(市、区)全部成立动物防控机构。其中省级 1 个,工作人员 17 人;市级 17 个,工作人员 102 人;县(市、区)105 个,工作人员 1165 人。省、市、县(市、区)工作人员中 76% 为专业技术人员。

疫情调查

1987—1990 年间,安徽省开展动物疫病普查。全省共检验活畜 197.57 万头、活禽 499.55 万只、蜂 12410 箱;检验各类白肉 141.71 万头、禽肉 12.6 万只。各类防疫组织 6.1 万人(次)参加疫情普查,共检查生猪 1863.9 万头次、牛 200 万头次、羊 100 万只次;使用各类消毒药品 68 吨,消毒面积 372 万平方米。2002 年,省农委派人赴六安、宣城、合肥、淮北、巢湖等地,对当地猪、羊病开展疫情调查。2003 年,全省开展马传染性贫血、马鼻疽、布鲁氏菌病、结核病、炭疽、狂犬病等重点动物疫病调查,直接检测血清 1156 份。

疫情报告

2000 年,安徽省农委下发《动物疫情报告管理办法》,要求各地上报动物疫情月报、年报。由各市、县测报站,按规定时间、内容向全国畜牧兽医总站、省兽医工作站上报监测结果。2002 年,实行每半年对各市动物疫情进行一次通报。10 月 25 日,省兽医工作站在合肥市举办全省动物防疫网络化管理培训班，全省120多人参加培训。从2004年开始，全省各疫情测报站利用网上传输《动物疫病流行病学调查表》《动物疫病实验室监测表》。2005年，制定动物疫情报告考核办法，全省动物疫情网络报告基本做到规范上报，100%传输。2008年，建立疫情报告、监测、处置制度和市、县、乡、村四级疫情报告网络。全省常规动物疫情实现网络报送，其中规模养猪场报送数量和质量位列全国第四。

疫情监测

1995—1998年，农业部和安徽省共同投资建设全椒县、颍上县、涡阳县、望江县4个动物疫情测报站。1998年7月1日，全椒、颍上测报站开展监测工作。1999年1月1日涡阳站、望江站开展监测工作。2001年，全椒县、望江县、池州市贵池区、六安市裕安区、宣城市宣州区、颍上县、涡阳县、歙县等8个国家级动物疫情测报站通过省级考核验收。阜阳市、宣城市2个省级投资禽流感监测中心开始建设。2002年，全省8个国家级动物疫情测报站共检测样品12707份。新建阜阳、六安、淮南、宣城、巢湖5个禽病检测室。2003年，全省17个市和8个国家级疫情测报站对猪瘟、鸡新城疫、布鲁氏菌病、结核病等进行监测，共检测样品17432份。2006年，全省17个市、9个国家级疫情测报站、5个省级禽病检测室，共采集监测禽流感血清样品25129份、咽喉（泄殖腔）棉拭子50388份，口蹄疫血清样品5800份，猪瘟血清样品4300份。2008年5—6月、11—12月，省动物疫控中心开展两次重大动物疫病集中监测，采样范围涵盖全省16个市154县（市、区），监测对象包括禽流感、口蹄疫、高致病性猪蓝耳病、猪瘟、新城疫、犬狂犬病等，共检测样品10.6万份。

免疫程序

1999年，安徽省推广防疫双轨目标责任制和各种形式技术承包。当年实现猪瘟免疫率95%以上，死亡率3%以下；鸡新城疫免疫率90%以上，死亡率12%以下。2000年，全省坚持预防为主、综合防治的方针，突出地方立法、重点病防治、产地检疫、体系建设和无规定动物疫病区项目建设五个重点。坚持计划免疫和群众自防相结合，以推动动物防疫双轨目标责任制和各种形式的技术承包。全年猪瘟免疫密度为95%，死亡率在3%以下；鸡新城疫免疫密度90%，死亡率在15%以下。2002年，省农委出台《安徽省动物免疫标识制度管理办法》，实行动物免疫标识制度。各县（市、区）政府发布通告，推行耳标制度。各级畜牧部门通过向养殖户发放明白纸、当面讲解等形式宣传耳标制度。同时，实行疫苗、耳标、免疫证配套发放，提高挂标率。12月份，在《安徽日报》《现代农村报》发布免疫标识制度公告4次，在安徽电视台、安徽人民广播电台进行重点宣传，并在太湖县召开全省推行免疫标识制度现场会。至12月底，全省累计佩戴猪耳标4100万套、牛耳标573.63万套、羊耳标1170万套。2003年1月1日，全省全面实施动物免疫制度，实行春、秋季集中免疫。对存栏畜禽实施高致病性禽流感、牲畜口蹄疫免疫，进行免疫抗体监测，同时进行补免工作及猪瘟、鸡新城疫等疫病预防工作。2007年下半年，在全省推行使用牲畜二维码耳标。至2008年上半年，全省已使用二维码耳标

1200 万枚。2008 年，选择肥东、肥西等 11 个县（市、区），开展动物标识及疫病可追溯体系建设试点工作。此后，在全省开展动物标识及疫病可追溯体系建设工作。2008 年，确定高致病性禽流感、口蹄疫、猪瘟、高致病性猪蓝耳病为重大动物疫病主要防控对象，实行免疫密度、免疫抗体合格率、免疫证明发放率、免疫档案建档率、家畜二维码耳标佩带率五个 100% 工作目标。制定《重大动物疫病和常规动物疫病免疫程序指导意见》《消毒灭源指导意见》，指导规模畜禽场（户）实行程序免疫，散场畜禽实行春、秋两次集中免疫和月月补防免疫程序，确保存栏畜禽常年处于有效免疫状态。

1985—1997 年安徽省发放疫苗简表一览表（不完全）

表 4-4-2

年份	猪瘟	猪丹毒	猪肺疫	仔猪副伤寒	炭疽	鸡新城Ⅰ系	鸡新城Ⅱ系	禽霍乱	禽痘	鸭瘟	鸡瘟	鸡马立克	小鹅瘟	兔瘟	法氏囊病	狂犬病
	万头次	万头次	万头次	万头次	万头次	亿只次	亿只次	万只次	万只次	万只次	万只次	万只次	万只次	万只次	万只次	万头次
1985	1725	1012		196	17.9	0.7573		93.5	200	31.7						
1988	1800	200	4	100	20	1.6	0.7	900		65	100	50	40	60		10
1989	1830	60	28	32	5	1.02	0.5523	480	26	31		29	55	130		
1990	共 1.8 亿头剂															
1995	1820					3.1		31000							16300	
1996	2697					2.9										
1997	2697.07					1.9432										

备注：1986、1987、1991—1994 年因资料不全未统计

2002—2008 年安徽省发放疫苗简表一览表（不完全）

表 4-4-3

年份	猪瘟	仔猪副伤寒	鸡新城Ⅰ系	鸡新城Ⅱ系	鸡新城Ⅳ系	羊痘	猪瘟、猪丹毒、猪肺疫三联苗	禽霍乱	禽流感	口蹄疫	猪蓝耳病	狂犬病	法氏囊病
	万头次	万头次	亿只次	亿只次	亿只次	万只次	万头次	万只次	万毫升	万毫升	万毫升	万头次	万只次
2002	2380		2.08					210	150				
2003	2585		2.19			520	38	170					
2005	1950	90	1.75		0.37	60	200					15	
2006	200		2	0.2			250					40	1400
2007	2300		2.5	0.2			300						1400
2008	3818								2106	8622	6456		

备注：2004 年因资料不全未统计

无规定动物疫病区建设

1998 年 4 月，全国实施无规定动物疫病区项目建设。安徽省向农业部报送《安徽省动物保护工程规划》《安徽省无规定动物疫病区项目建议书》。初步规划在阜阳市、亳州市、宿县地区、淮北市、蚌埠市、淮南市、滁州市、六安地区、巢湖地区、合肥市等 10 个地市所辖 34 个县（市、区）建立无规定动物疫病区。1999 年，国家计委下达《关于安徽省无规定动物疫病区建设项目可行性研究报告的批复》，确定在省级和 7 个市（地）、33 个县（市、区）建设无规定疫病区，项目总投资 4040 万元。2000 年，制定《安徽省无规定疫病区项目建设管理办法》，规范全省无规定疫病区项目建设。2001 年，全省无规定动物疫病区项目省级仪器设备招标采购完成。2002 年 3 月，省农委印发《安徽省无规定动物疫病区项目验收标准》，对 7 个市级及部分县级项目单位进行验收。2003 年，无规定动物疫病区项目 33 个县级试验室建成，其中有 22 个开展检验工作。

第四节　动物血吸虫病防治

流行概况

安徽省是血吸虫病流行严重“湖区五省”之一。省内流行区湖沼水网纵横、丘陵连绵，地形和自然环境十分复杂。疫区主要分布在长江两岸、皖南山区、皖东高邮湖地区 9 个市、41 个县（市、区）、4 个省属农场，受威胁人口 600 万人，受威胁家畜 20 多万头。新中国成立初期，全省有血吸虫病流行县 36 个，531 个乡（镇）有钉螺分布，有螺面积 9.9 万公顷。曾有 40 多万人患病，1000 多万人受到血吸虫病威胁，感染率 20% ~ 30%。部分地区居民感染率高达 80% 以上。（表 4–4–4）

防治工作

防治工作从 1950 年开始，主要经历四个阶段。

1950—1955 年，*为疫情调查摸底阶段*。通过调查疫情，确定疫区，建立各级防治机构，开展以管粪、管水和查治病人、病畜为主防治工作。

1956—1981 年，*为群防群治阶段*。制定全省防治规划；开展全社会血防宣传教育工作；组织、协调有关部门，发动疫区群众，结合农田水利基本建设工程，改造钉螺孳生地。开展大规模群众性查灭螺运动，大查大治，控制血吸虫病流行。其间，省农业厅成立家畜防治机构、培训人员，安排专项血防经费，为此后家畜血防、动物血防、农业血防打下良好基础。从 1979 年开始，查治血吸虫病实行“两改”：在重疫区普查治疗阳性牛，改为对耕牛进行普治，定期抽查考核效果；在轻疫区单纯查治血吸虫，改为结合普查血吸虫同时查治其他寄生虫。同时，注重技术改进。如不断改进粪孵查病方法，从沉淀法，改为尼龙兜淘洗法、顶管法、直孵棉析法。

1982—1989 年，*为分类防治阶段*。1982 年开始，由于实行财政包干，血防经费不能到位，全省只有部分县市中部分乡（镇）开展查治病工作，防治工作基本处于半停滞状态，疫情发生严重。1988年，被撤销的省地方病防治领导小组及其办公室重新恢复，全省家畜血防工作开始正常开展。

1990年以后，为农业血防综合治理阶段。1989年，党中央、国务院发出“全民齐动员，再次送瘟神”号召，省政府下发《关于进一步加强血吸虫病防治工作的决定》。1991年，恢复成立安徽省动物血吸虫病防治站，并配备专职人员。1992年，成立安徽省农业血防领导小组，负责全省农业血防工作。重点疫区市、县相继成立农业血防机构，并确定专人从事血防工作。全省血防工作人员2000多人。省农业厅、省财政厅联合下发《关于进一步落实家畜血防查治经费的通知》，要求疫区各级财政按原经费基数落实到位，省财政每年新增防治经费20万元，同时实行奖补政策。利用世行贷款项目，实施农业综合治理。以人、畜同步治疗和易感地带药物灭螺为主，辅以人群健康教育等综合防治措施，项目实施取得良好效果。1998年，疫区人群平均感染率、耕牛平均感染率比1991年分别下降69.27%、42.65%。“八五”末期，慢性病人、病牛分别减少14.1万例、1.35万头。年发生急性感染数减少1091例。消灭钉螺面积0.39万公顷。疫区有5个县（区）达到传播阻断标准，3个县达到疫情控制标准。“十五”期间，《安徽省血吸虫病防治条例》颁布实施，血防工作走上法制化、规范化管理轨道。2004年以后，农业血防工作实施以控制传染源和环境改造为主综合防制策略。（表4–4–5）

防治成效　2008年，省内疫区有14个县（市、区）达到传播阻断标准，13个县（市、区）、3个省属农场达到传播控制标准。14个县（市、区）、1个省属农场尚未控制疫情。全省现有钉螺面积2.83万公顷，其中湖沼型面积2.6万公顷，占89.5%。每年有5万～6万人、4000多头耕牛受感染。2007年，家畜阳性率为2.16%。

1970—2007 年安徽省血吸虫病查治情况统计表

表 4-4-4

年　份	疫区耕牛存栏数（头）	耕牛检查数（头）	感染率（%）	扩大化疗数（头）
1970	281588	117980	15.6	12286
1971	282723	117051	14	12982
1972	295596	136345	12.5	12458
1973	257706	186481	12.7	17880
1974	254204	217766	10.5	18978
1975	279171	242857	7.5	16095
1976	248168	218384	7.6	13018
1977	266756	254303	4.4	8818
1978	272371	234328	3.8	7588
1979	250482	124146	3.1	47499
1980	244259	63300	2.8	83142
1981	246185	49280	1.7	41330
1982	238589	29528	3.7	17214
1983	244168	18662	2.7	7254
1984	238894	18238	4.2	1982
1985	201557	8623	1.2	2139
1986	259606	17986	2.2	1793
1987	270115	15809	5.5	1529
1988	277099	6439	13.5	1756
1989	272132	23018	8.45	1844
1990	270160	95292	9.98	4831
1991	266383	130633	8.1	11586
1992	259500	128049	6.2	18902
1993	249639	88946	4.53	25785
1994	239497	93662	4.36	24833
1995	276370	76388	4.35	25042
1996	273246	80972	5.19	22978
1997	271691	77439	4.92	30903
1998	258131	64253	5.46	26574

续表 4–4–4

年　份	疫区耕牛存栏数（头）	耕牛检查数（头）	感染率（%）	扩大化疗数（头）
1999	265623	74881	4.78	27038
2000	274523	74943	4.69	16654
2001	321092	73189	4.9	16431
2002	296979	52538	5.5	13907
2003	271338	69293	3.32	15864
2004	252491	65142	3.99	16940
2005	184756	67136	3.61	23768
2006	157193	61530	3.48	21567
2007	140322	58800	2.16	21900
合计	9710303	3533610		693088

安徽省血吸虫病农业综合治理项目实施情况统计表

表 4–4–5

年份	县数	项目县名	建设主要内容	总投资（万元）		
				合计	中央	地方
1992	1	东至	填旧沟 700 米，挖洪沟 800 米，挖鱼池 100 亩，建鸡舍 1000 平方米	60	20	40
1993	2	宿松、皖河农场	挖鱼塘 575 亩，建鸭舍 1000 平方米，建沼气池 50 立方米	75	25	50
1994	3	广德、枞阳、贵池区	挖鱼塘 615 亩，建鸭舍 2800 平方米	135	45	90
1995	4	桐城、郎溪、和县、望江	挖鱼池 1100 亩，建鸭舍 3300 平方米	180	60	120
1997	3	南陵、无为青阳	挖鱼池 700 亩，建鸭舍、猪舍 4400 平方米	135	45	90
1998	2	怀宁、泾县	挖鱼池 500 亩，建鸭舍、猪舍 2300 平方米	60	30	30
1999	2	当涂、宣州	挖鱼池 420 亩，水改旱 200 亩，沟渠硬化 1000 米	90	35	55
2000	1	繁昌	挖鱼池 800 亩，种草 1000 亩，建沼气池 100 个	45	15	30
2002	1	太湖	种草 2000 亩，水改旱 2000 亩	60	20	40
2003	2	无为、和县	种草 5000 亩，挖鱼池 1000 亩，建棚舍 11000 平方米，建沼气池 1000 个	160	80	80
2004	2	黄山、石台	挖鱼池 600 亩，水改旱 2000 亩	120	40	80
合计	23			1120	415	705

第五节 动物疫病防控体系

体制改革

1996年，安徽省开展乡（镇）畜牧兽医站定性、定编、定员和人财物“三权”回收工作。经县级编委批准，共建立乡镇畜牧兽医站1948个，其中综合站199个，全部为全民事业单位。事业经费列入县级财政预算，全额供给。核定专项事业编制1万名。全省在编畜牧兽医人员6453人，经农牧、人事部门考试、考核，从原集体所有制兽医人员中择优聘用技术干部4682人。管理体制实行“条块”结合，双重领导，“三权”划归县农牧主管部门管理。至1998年年末，省、市、县（市、区）共建立畜牧兽医技术服务中心19个。其中中央与地方共同投资3个、地方投资16个。

2006年，安徽省兽医管理体制改革，建立安徽省畜牧兽医局（高配副厅级），内设畜牧处、兽医处、综合处三个处室，省农委所属省动物卫生监督所、省动物疫病预防与控制中心、省畜牧技术推广总站、省畜禽遗传资源保护中心、省兽药饲料监察所5个正处级事业单位。省、市、县三级分别设置动物疫病预防与控制中心，归口同级畜牧兽医行政管理部门管理。乡（镇）政府设立动物疫控办公室，人员、经费归乡（镇）政府管理。乡（镇）根据畜牧业生产情况，设立村级防疫员。2008年，省财政安排村级防疫员补贴资金1758万元。通过实行资格准入、竞争上岗、目标考核等制度，共选聘村级动物防疫员16201名，全部持证上岗，初步构建省、市、县、乡、村动物防疫体系。

2008年上半年，省农委启动省级兽医体制改革，撤销原兽医工作站，设立省动物疫病预防与控制中心和省动物卫生监督所。省动物疫病预防与控制中心主要职能：负责全省实施动物疫病监测、预警、预报、实验室诊断，承担动物流行病学调查、疫情报告编制并上报；提出重大动物疫病防控技术方案并组织实施；承担动物疫病预防技术指导、技术培训、科普宣传；开展动物血吸虫病防治工作。中心内设办公室（体系建设科）、防控应急科、动物疫病监测室（动物疫病诊断中心）、血吸虫病防控科、信息管理科、安全监测科、防疫保障科等7个科室。

法规建设

1988年，根据国务院《家畜家禽防疫条例》、农牧渔业部《家畜家禽防疫条例实施细则》，省农业厅制定《安徽省家畜家禽防疫条例实施办法》。1991年，省农业厅制定《安徽省乡、镇畜牧兽医站管理办法》，原《安徽省农村人民公社（区）畜牧兽医站管理试行办法》同时废止。1995年2月18日，省农业厅发布《安徽省家畜家禽防疫办法》。2001年11月，省人大常委会第26次会议审议通过《安徽省〈动物防疫法〉实施办法》，对政府行为、检疫权归属、动物产品范围、报检制度、免疫标识制度和“动物防疫合格证”“动物诊疗许可证”管理等方面明确规定。2002年，省农委印发《安徽省动物防疫合格证管理办法》《安徽省动物免疫标识制度》等5个配套管理办法。全省建立以

《动物防疫法》《安徽省〈动物防疫法〉实施办法》为主干、各项规章制度配套法规体系。2004年，省农业厅制定《安徽省高致病性禽流感防治经费管理暂行办法》。2005年8月，安徽省出台《安徽省突发重大动物疫情应急预案》。同年10月，出台《安徽省血吸虫病突发疫情应急处理预案》。

实验室建设

1999年以后，依托动物防疫国债项目建设，开展市、县两级兽医实验室建设。2007年，全省30个基层动物防疫基础设施建设项目县（区）各建设20平米无菌室1间。至2008年，全省17个市、105个县（市、区）、349个乡（镇），改扩建实验室或业务用房43732平方米，购买仪器设备41683台（套），建设高、低温冷库1500立方米。市、县两级兽医实验室面积均达到200平方米，均配备酶标仪、离心机等仪器设备70台(套)。市、县兽医实验室有诊断人员500人以上，其中兽医专科以上学历人员占95%，部分县还有研究生学历专业实验室人员。省级兽医实验室总体达到二级生物安全水平，设置P2实验室、分子生物学实验室等功能室13间，配备荧光PCR、梯度PCR、PCR、分子杂交仪等仪器设备303台套。技术人员全部为大学本科以上学历，其中研究生以上学历8人。严格兽医实验室技术人员资格准入制度。实施兽医实验室人员资格证书制度，实行持证上岗。2007年，省兽医工作站下发专门文件，部署全省兽医实验室信息网络管理工作。当年5月，省兽医工作站举办兽医实验室诊断技术培训班。2008年，省级兽医实验室计量认证工作启动。省动物疫控中心负责本级实验室生物安全，以及对各级实验室安全监管工作。按照《病原微生物实验室生物安全管理条例》，严格管理涉及生物安全病料、菌毒种，定期检查生物安全规定执行情况，严防病原微生物被盗、被抢、丢失、泄漏事故发生。要求各级兽医实验室制定和实行岗位责任制、管理培训制度、仪器使用维护制度、实验记录制度、档案管理制度、生物安全管理制度、样品药品试剂保存使用和菌毒种管理制度。2008年开始，在全省范围内开展省级重点兽医实验室认定工作。对市、县实验室的硬件、软件条件和工作实绩等进行考核、认定，符合省级重点兽医实验室条件，统一加挂安徽省省级重点实验室标识，并在项目建设、任务安排、技术人员培训等方面予以重点支持。

基础设施项目

至2008年，安徽省已实施105个县级、808乡（镇）动物防疫站基础设施建设项目，中央财政共投资1.4亿元。申报2008年度兽医站建设项目，已获农业部批复，项目总投资4885万元。申报2009年县级动物防疫基础设施建设项目，已获农业部批准，在24个县实施项目建设。2008年6月，省动物疫病预防与控制中心项目获农业部正式批复同意，项目总投资3766万元，建设面积7394.4平方米。

防疫人员培训

2002年4月，开展全省动物免疫技术培训。6—7月，与安农大合作，举办动物疫病监测技术培训班。全省12个动物疫情测报站、7个市级、33个县级无规定动物疫病区项目单位技术人员70多人参加培训，对经考试合格，发放《安徽省动物疫情测报员》上岗证书和胸卡，实行挂牌上岗。8月，举办动物疫病防治与食品安全专家论坛，全国有20个省（市）共180多人参加会议。实施《安徽省〈动物防疫法〉实施办法》以后，全省共举办动物防疫法律法规和防检疫技术培训班89批，陪训人员6100多人次。2008年，制定《安徽省村级防疫员培训方案》，规定全省村级防疫员培训两年为一个周期，每年每个村级防疫员培训2次，每次培训4天，培训内容为法律政策、专业知识、安全防护及免疫技能。

第六节　畜产品安全

1984年，安徽省开始推行各种形式的畜病防治技术承包责任制，畜禽发病率和死亡率大大下降。

1988年，通过综合防治，猪、禽死亡率分别由上年的6.3%和21%下降到5.1%和19%。各级检疫部门加强畜禽和畜禽产品的检疫工作。全省1840个集镇中1499个开展市场检疫，设立运输检查站170处。

1989年，各种形式的畜禽疫病防治承包责任制已在全省推广普及，参加防疫承包的农户435万户，承包生猪740.77万头、大牲畜137.38万头、家禽5909万只。逐步扩大对畜禽产地、屠宰、市场、运输等方面的检疫。全省2478个乡（镇）开展产地检疫，共检活畜46万头，检出病牛95头、病猪8500头。在屠宰环节检疫105.5万头(只)，检出有病害的3938头(只)，其中牛羊123头（只）、猪275头、禽3540只。市场检疫，对2438个活畜市场共检活畜405万头(只)，检出病牛210头、羊95只、猪9300头、禽1.6万只。对2643个肉类市场检疫346.3万头(只)，检出有病害的牛羊382头(只)、猪6540头、禽7560只。运输检疫活畜427.36万头(只)、肉类5993吨。

1990年，参加防疫承包的农户533.4万户，承包生猪912.7万头、大牲畜137.4万头、家禽7543万只。全省使用各类疫苗1.8亿头剂，防疫密度95%以上。生猪死亡率由上年的4.9%降为4.2%，其他畜禽死亡率也普遍降低。全省设检疫点2643个，占集贸市场的88.5%；活畜市场检疫点2438个，占86.9%。全年共检疫畜禽2400多万头(只)，肉类产品20多万吨，查处违章案例2700多起。

1994年，积极推广生猪"定点屠宰、到点检疫"，检疫工作已扩展到产地、屠宰、运输、市场等各个环节。全省已成立兽医卫生监督机构42个，检疫各种畜禽1860万头(只)，各类畜产品30万吨，销毁病害肉10.2吨。

1996年，全面推广生猪"定点屠宰、到点检疫"。

2001年1月，省农委组织为期一个月的全省"强化检疫监督，打击病害肉专项行动"，期间，先后检查农贸市场6833个(次)，上市肉类12238吨，查获病害肉6363千克、病死牲畜121头、病禽648只，处理违法案件83起。

2002年6月，省兽医工作站组织防疫执法人员，对合肥市的华联、合家福、世纪联华等大型超市肉品质量进行专项监督检查，并进行新闻曝光。一些市、县也结合法制宣传月或节日畜产品安全管理等开展执法活动。

2002年，省政府批准设立24个公路动物防疫监督检查站，全年检查运输动物及动物产品车辆15.7万辆（次），检查牲畜930.1万头、家禽796.6万只、动物产品17.9万吨，立案查处违法案件12起。检查饲料生产、经营单位及个体户2690个，查获违法饲料产品5.2万千克，货值12多万元，立案查处42起。加强饲料市场督查，检查17个市及其所属34个县（市、区）400个兽药饲料经营单位及销售点。开展"瘦肉精"等违禁药品专项整治活动，抽检饲料、动物饮用水和生猪尿样液样品1800余批次，查出含有"瘦肉精"1例，检出含有"安定"类违禁药品的养殖场10余个，分别予以处罚。全省20个大型饲料企业联合向社会承诺，不在饲料中添加使用任何违禁药品，并公布举报电话。

2003年，省畜牧局于春季派出4个组、秋季派出5个组分赴17个市督查。全省出动宣传车500多台次，发放宣传资料2万余册，悬挂宣传横幅4360条，查处饲料案件350起，查获劣质饲料产品230吨。全年检测饲料及动物饮水、尿样、内脏等1140批次，其中饲料和动物性产品450批次、饮水50批次、生猪尿样258批次、动物内脏382批次。饲料样品合格率98%，不合格饲料样品主要为铜指标超量；动物性饲料合格率54.6%，不合格原因主要为砂分和铬指标超标；"瘦肉精"检出率0.3%，主要在生猪尿样及肝脏中。针对农村兽药市场出现的监管弱区，监管重点从城镇专业市场转向城镇及乡村兽药市场同时监控，对非法兽药追根究源，查处到位。把对违禁兽药及标签说明书的管理纳入"安徽省畜产品安全行动计划""全省兽药质量监督抽检计划"和"全省动物性产品中兽药残留监控计划"等，围绕"放心肉工程""绿色食品工程"等建设，加强查处力度。全年完成动物性产品中兽药残留检测168批，其中检测氯霉素54批、呋喃唑酮54批、二甲硝咪唑／甲硝咪唑60批。

2004年，为加强畜产品安全，省人大常委会、省政府制发一系列规章制度，各地严厉查处"瘦肉精"等违禁使用兽药及添加剂等违法行为，开展全省兽药饲料种畜禽市场督查，加强违禁药物和药物残留检测。加强饲料质量监测，协助农业部对全省饲料质量进行3次监测，其中饲料质量安全监测抽检"瘦肉精"等违禁药品150批次，饲料产品抽检100批次，动物源性饲料抽检20批次。在滁州市进行的"瘦肉精"拉网检测中，检测生猪尿样809批次，检出"瘦肉精"1批，检出率0.12%。在执行全国大中城市食品安全行动计划中，抽检猪肝、猪尿、猪肉样品400批次；在第四次例行检测中，抽检猪肝、猪尿样品80个，检出"瘦肉精"6批，检出率7.5%。

2004年，安徽省颁布实施全国第一部畜产品质量安全管理方面的地方法规《安徽省畜产品质量安全管理条例》。全省畜产品质量安全步入法制化规范化轨道。合肥市制定发布《关于严禁宾馆、饭店、大专院校等集体伙食单位采购未经检疫或检疫不合格动物及动物产品的通知》，开展"卫检1–10号行动"，查处136起案件。阜阳市开展"肉品安全专项整治月”活动，查处案件36起，销毁病害肉2.753吨，现场查处违法案例36起，行政拘留2人。蚌埠市进行拉网式检查，查处病害肉6.72吨，处理违法案例138起，其中移交司法机关处理1人。开展畜产品“瘦肉精”专项监测，抽检猪尿样品850个批次，检测结果全部阴性。

根据国务院办公厅《关于整顿和规范活禽经营市场秩序加强高致病性禽流感防控工作的通知》要求，2006年12月25日，省农委联合省卫生厅、省建设厅、省商务厅、省工商局联合下发《关于整顿和规范活禽经营市场秩序加强高致病性禽流感防控工作的通知》（皖农牧〔2006〕371号），严格活禽市场准入，在17个省辖城市率先实行凭检疫证明和禽类标识上市销售活禽及禽类产品，对不合格产品实行退市制度。

2007年，全省动物卫生监督执法工作中查处违反《动物防疫法》案件共计798件，其中县级现场处罚580件，罚款7.46万元；立案处罚218件，结案数200件，罚款18.9万元；申请法院强制执行2件。检出病害生猪0.5615万头、牛羊0.1962万头（只）和禽2.9563万只。在公路、铁路动物防疫监督检查站共检查运输动物及产品的车13.2459万辆，检查运输生猪536.9981万头、牛8.8074万头、羊60.5152万只、家禽7100.1360万只、动物产品及副产品26.9944万吨。检查发现各类违反动物防疫法规运输的车共计4258辆，占监督检查数3.1%，动物及产品无检疫证情况相对较严重，其次为证物不符，无免疫标识等。在对违法行为进行处罚的同时，对不合格的动物及产品进行处理，其中处理4000余辆车动物及产品，补检、重补生猪19.675万头，重（补）检牛0.5993万头、羊1.4897万只、禽类56.5156万只。全省共对425.9725万头（只）染疫动物进行无害化处理，其中深埋24.5914万头（只），化制5.0788万头等，无害化处理率100%。

2008年，全省各级动物卫生监督机构监督检查各类规模养殖企业2283个、仓储场所477个、加工场所746个，屠宰检疫生猪695.9928万头、牛羊48.78万头（只）、禽11950.754万只；检出病害生猪2.8596万头、牛羊0.0024万头（只）和禽13.224万只，进行无害化处理；全省23个公路动物卫生监督检查站及铁路动物防疫监督检查站共检查运输动物及产品的车辆99288辆，检查运输生猪296.3417万头、牛9.30万头、羊15万只、家禽5143万只、动物产品及副产品9.38万吨。2008年北京奥运会期间，全省供京动物和动物产品未发生一起质量安全事件。

第七节　动物卫生监督

体系建设

1994年3月26日，安徽省编委以皖编事字〔1994〕13号文批准成立安徽省兽医卫生监督所，与省动物检疫所一个机构两块牌子。1996年9月11日，省编委以皖编〔1996〕32号文撤销安徽省动物检疫所，有关职能划归安徽省兽医工作站，同时，组建安徽省畜牧技术推广站，并加挂安徽省兽医卫生监督所牌子。

2005年，国务院《关于推进兽医管理体制改革的若干意见》（国发〔2005〕15号）下发后，省政府于2006年8月下发《关于推进兽医管理体制改革的实施意见》，整合现有动物防疫、检疫、监督等各类机构及其行政执法职能，组建省、市、县动物卫生监督机构，机构名称统一为“动物卫生监督所”，财政全额拨款事业单位。其职能是负责动物防疫、检疫与动物产品安全监管的行政执法工作。各市、县（市、区）相继成立动物卫生监督所。截至2008年年底，省级设立安徽省动物卫生监督所，为检疫监督合设，编制15人；市级动物卫生监督机构18个，编制208人。其中检疫监督合设的17个（合肥市为检疫监督分设），全额补贴的16个，自收自支的2个（合肥市动物疫病预防与控制中心和宿州市动物卫生监督所）。100个县（市、区）设立动物卫生监督机构（全省105个县、市、区），编制1326人，67个具备独立法人资格。41个县级设立动物卫生监督派出机构，编制236人。经省政府批准设立公路动物卫生监督检查站23个，动物产地检疫报检点2451个。

1998年，《中华人民共和国动物防疫法》（后简称《动物防疫法》）颁布实施，《动物防疫法》第三十一条规定，动物防疫监督机构设动物检疫员具体实施动物、动物产品检疫。安徽省根据实际工作需要，除动物防疫员外，还在全省动物防疫监督机构设立动物防疫监督员，依法对辖区内从事动物防疫活动的单位和个人进行监督检查。对于“两员”（动物检疫员、动物防疫监督员）的管理，制定《安徽省动物检疫员管理办法》《安徽省动物防疫监督员管理办法》和《关于申报动物检疫员和动物防疫监督员有关问题的通知》（皖农牧医〔2003〕26号），对检疫员队伍进行严格资格条件，实行总量控制。截至2008年年底，全省累计共确认检疫员4300名、监督员502名。

法制建设

2001年7月5日，安徽省农委制定下发《安徽省动物检疫员管理办法》《安徽省动物产地检疫管理办法》《安徽省动物防疫档案管理办法》等18个规章制度。2008年，安徽省动物卫生监督所制定下发《安徽省引进种用动物检疫监督管理规定（试行）》和《安徽省外销畜禽养殖屠宰加工企业推荐备案暂行规定》，对引进的种畜禽、申请备案供沪企业按有关要求进行审核、推荐。

全省各级动物卫生监督机构对所辖屠宰场（点）实行派驻检疫员制度，屠宰检疫队伍按工作需要配置并确保人员数量与实际屠宰量相匹配。驻场检疫员严格按照《安徽省定点屠宰场（厂、点）动物屠宰检疫操作规范（试行）》和有关操作规程规范实施宰前、宰后检疫，严把“四关”，即“入场关”“待宰关”“同步检疫关”和“宰后处理关”。据统计，2008年年底，全省有屠宰场（点）2117个，其中生猪屠宰场（点）1672个、牛羊屠宰场（点）135个、禽类屠宰场（点）310个，由动物卫生监督机构负责驻点检疫的2099个。

流通监管

2003年以后，安徽省不断加强流通环节监管力度。省农委加强公路动物防疫监督检查站管理，印发《安徽省公路动物防疫监督检查站管理办法》，全省统一设置站房、标牌，统一公布设站依据和收费标准，统一上岗人员培训。省农委严格关键环节的动物卫生监督工作，特别是在2008年全国动物卫生监督执法规范年活动和第29届北京奥运会期间，先后下发《关于开展全省畜产品质量安全监管专项行动的通知》和《关于加强全省兽医实验室生物安全管理工作的通知》，全省集中采取八大行动，加强动物疫病防控和畜产品安全监管。

20世纪80年代中后期，安徽省只有动物检疫工作，而动物卫生执法监督概念不清晰，相关工作开展不到位。1996年9月，安徽省兽医工作站承担动物防疫监督的防、检、监职能。1998年以后，《动物防疫法》颁布实施，动物防疫执法工作越来越受到重视，安徽省先后组织多次专项动物卫生监督执法活动，严厉查处多起动物卫生违法案件。2008年，全省动物卫生监督执法工作中查处违反《动物防疫法》案件共计769件。

对外交流

2005年2月27日至3月19日，省农委组织赴美动物疫情预警预报培训考察团。在境外培训期间，培训团除在密西根州立大学畜牧系、兽医学院听取有关专家教授讲课外，还参观考察密西根州农业厅动物处、食品和奶制品处、国家食品安全和毒理研究中心、密歇根州兽医学会、密歇根州动物疫病诊断研究中心实验室、密歇根州立大学兽医学院附属动物医院、农业技术推广站的农产品展示中心、一个养猪场和一个肉牛养殖场等。

中国高致病性禽流感及人禽流感大流行防控能力建设项目是中国政府与世界银行合作的第一个禽/人禽流感防控项目，项目区包括辽宁、安徽两省的部分县（市）。为学习借鉴国外先进的禽流感防控经验，2007年11月28日至12月9日，省农委畜牧局派出兽医技术人员与农业部学习考察团一行，分别对美国、加拿大两国的禽流感防控政策和禽产品安全控制体系进行考察。先后与美国农业部动植物检验局(APHIS)、美国国家进出口中心、美国马里兰大学兽医院，加拿大食品检验局（CFIA）、大温哥华区兽医管理中心等政府部门和院校的官员、学者就高致病性禽流感防控的政策、预警预报、应急反应以及无害化处理等进行沟通交流，并参观美国国家动物疫病应急反应中心和动物疫病诊断实验室。

第五篇　渔　　业

安徽省兼跨长江、淮河、新安江三大流域，水域类型多样，水生生物丰富，渔业水域105.4万公顷，是内陆水产大省。1986—2008年，在“以养为主”的发展方针指导下，全省水产养殖业实现持续快速发展，水产品总产量从20.7万吨增加到199.3万吨，年均增长9.76%，其中水产养殖产量从16万吨增加到161.7万吨，年均增长10.1%（表5-1-1）。渔业在不同发展阶段对保障水产品市场供给、增加农民收入、促进农村经济发展等方面发挥出积极作用。

第一章 渔业生产

第一节 水产品市场化改革

1985年3月11日，中共中央、国务院发出《关于放宽政策、加速发展水产业的指示》，这是新中国成立后第一个指导水产工作的全面性、纲领性文件，提出“以养殖为主，养殖、捕捞、加工并重，因地制宜，各有侧重”的方针，要求像重视耕地一样重视水域的开发利用。明确养殖生产可以承包到户和放开价格、实行市场调节等重大政策，有力地推动水产养殖业快速发展。

1986年6月，《安徽渔业区划》编撰出版。1986年11月9日，省委书记李贵鲜提出“安徽农村下一步致富，可先从水产、水果‘两水’发家”，对全省连片精养鱼塘基地建设起到积极推动作用。巢湖地区通过群众投工、引用外资、银行贷款、水利经费等渠道，在巢湖市亚父乡、庐江县杨柳乡、含山县黄墩乡、无为县三官殿渔场等地建成15处连片基地渔场，总面积779公顷。1986年，全省水产品产量20.7万吨。

1987年，当涂县水产品总产量达到10175吨，成为全省第一个水产万吨县。

1988年8月25日，安徽省委、省政府发布《关于大力发展开发性农业的决定》，明确指出：水面承包期一般应在5年至10年；开发荒水承包期还可更长一些；承包和租赁都要签订合同，明确承包者和发包者的责、权、利，并经公证机关公证。

1993年，安徽省水产品产量36.4万吨，其中养殖产量27.4万吨，占总产量75.1%。

1994年2月，安徽省政府下发《关于组织实施安徽省渔业致富工程的决定》。

2008年年底，安徽省委在贯彻《中共中央关于推进农村改革发展若干重大问题的决定》的实施意见中明确提出，实施水产跨越工程。这些激励政策和重大措施有力促进全省渔业持续健康发展，水产品产量、渔业经济稳步增长，现代渔业内涵迅速拓展，休闲、旅游、观赏渔业势头良好，渔业产业化经营和生态健康养殖渔业发展迅速。寿县、枞阳县、宿松县等10个水产大县水产品产量637646吨，占全省32%（表5-1-1）。

2008年，全省共有国家、省、市级农业产业化水产龙头企业77家，其中国家级1家、省级23家，年加工水产品9万吨，带动40多万农户从事相关产业；有省级以上健康养殖示范场52个，其中部级25个。全省18万公顷湖泊、4万公顷池塘养蟹基本上实现生态健康养殖。

第二节　渔业三大工程

渔业致富工程

1994 年 2 月，安徽省政府下发《关于组织实施安徽省渔业致富工程的决定》，提出“加大改革力度，动员社会力量发展水产业；加强渔业基础建设，增强发展后劲；领先科技进步，实施科教兴渔；增加渔业投入，扶持渔业开发；强化渔业执法，保护水产资源和渔业生态环境；提高认识，切实加强对水产业的领导”渔业发展方针和措施，安徽渔业进入高速发展时期。1994—2000 年，水产品总产量从 50.1 万吨增加到 159.8 万吨，年均增长 21.2%。其中养殖产量 128.1 万吨，占总产量 80.2%。1994 年，全省河蟹产量 8901 吨，是 1993 年 2.47 倍，居全国第一位。枞阳县开展“蓝色革命”，大力发展水产养殖业，1995 年，该县水产品产量 3.1 万吨，渔业产值 2.5 亿元，占农业总产值 30%。宿松县提出建设“水上宿松”发展战略，依托水面优势，发展渔业经济。1994 年，该县湖泊鱼蟹混养面积 4.13 万公顷，水产品产量 1.6 万吨，总产值 2.1 亿元，水产入库税金 1000 万元，占全县财政总收入 25%。1996 年，全省及农村人均渔业收入 118 元，比 1995 年净增 38 元。2000 年，全省渔业总产值 141 亿元，占农业总产值 12%；农民人均渔业收入 170 元，其中 45 个水产大县农民人均渔业收入 255 元。

渔业富民行动

2006 年，安徽省农委印发《安徽省渔业富民行动实施意见的通知》。旨在“十一五”期间通过实施渔业富民行动，提高水产养殖规模化、集约化、标准化、组织化水平，进一步推进渔业产业化进程，加快发展现代渔业，促进渔民增收。2006 年 12 月 17 日，省农委在巢湖市召开全省渔业富民行动推进会，结合国内外市场水产品需求，提出要抓住鮰鱼、小龙虾、河蟹三大品种，切实抓好鮰鱼进水库的网箱养殖、小龙虾进稻田的稻虾连作和河蟹进湖泊的生态养殖（又称“三进工程”），同时，要在苗种繁育、标准化生产基地和水产品加工三个环节重点突破，实现渔业增产、安徽优质水产品的市场份额增加和农民增收。2006—2008 年间，实施“三进工程”作为渔业富民行动的重要抓手，在全省掀起高潮，三个主导品种的产业化发展取得长足进步。

水产跨越工程

2006 年，安徽省农委与省政府发展研究中心联合开展为期半年的安徽省现代渔业发展战略研究，年底邀请省内外有关单位的经济、农业、水产、食品工程等行业知名专家，对《加快安徽渔业发展战略研究报告》（后简称《研究报告》）进行专题研讨论证。专家认为，安徽是中国淡水渔业大省，渔业已成为扩大农村劳动力就业、增加农民收入、推动农业结构调整和新农村建设的重要支柱产业，发展潜力巨大。《研究报告》准确把握、深入分析安徽渔业发展现状，系统深入地研究安徽渔业发展历程，详细剖析存在的主要问题，客观分析面临的机遇与挑战，提出振兴安徽渔业发展的指导思想、主要目标、发展思路，并从战略高度提出区域布局与发展重点、重大工程及保障措施，为安徽省加快现代渔业发展提供十分有力可行的决策参考依据。2008年年底，省农委提出“实施水产跨越工程”的新构想，得到省委、省政府的肯定，在省委贯彻《中共中央关于推进农村改革发展若干重大问题的决定》的实施意见中明确提出：推进水产跨越工程，扶持水产大县，提升水产品加工水平；推广生态化养殖模式，推进健康养殖业发展；强化水生生物资源养护，加大增殖放流力度。

第三节　渔业支持保护政策

2002年，安徽省首次实施以长江春季禁渔期管理、大水面人工增殖放流资源养护制度、渔业机动渔船柴油补贴、禁渔期渔民基本生活保障等惠渔政策。对渔业支持保护力度明显加大。自2008年起，省财政预算内每年追加300万元扶持水产良种体系建设，安排400万元专项支持渔业产业化发展。渔业资源养护工作稳步推进。连续7年实施长江春季禁渔，连续4年在全省120多处、35万公顷的渔业水域实行禁渔期、禁渔区制度，重点水域水生生物得到有效保护。连续3年在沿江安庆段湖区实施“灌江纳苗”，使14个大型天然湖泊恢复江湖的季节性联系，总面积12万公顷。2004—2008年，省农委组织向长江、淮河、新安江流域放流经济鱼类苗种4.5亿尾，其中向长江投放胭脂鱼苗37.81万尾。依法养殖全面推进。养殖证制度步入良性发展轨道。全省已有72个县（市、区）级、1个市级人民政府和2个市级跨界湖泊出台《养殖水域滩涂规划》，占所辖县（区）78.2%。核发养殖证8600本、核发养殖水域滩涂面积26万公顷。特别是高塘湖、瓦埠湖（2.1万公顷）两个跨市水域养殖水域滩涂规划，历经数年，已经省政府同意，省农委批准实施。全省颁发水产苗种生产许可证300本，县级以上苗种生产企业均持证生产。2006年开始，国家实施渔业燃油补贴政策。省财政厅、省农委分别下发《关于拨付成品油价格改革财政补贴资金的通知》《关于下发全省渔业机动渔船燃油补助费的通知》，当年下拨渔业燃油补贴1151万元。至2008年，共发放机动渔船燃油补贴9752.3万元。2007年，省农委组织开展沿江专业渔民生产生活和渔业资源保护情况专题调研，全面了解长江渔业资源和专业渔民生活情况，基本建立全省专业渔民数据库。

1986—2008 年安徽省水产品产量与养殖面积

表 5-1-1

年份	水产品总产量	其中:水产养殖产量	养殖面积						围栏养殖面积	网箱养殖面积	渔业产值	其中:养殖
			合计	池塘	湖泊	水库	河沟	其他				
	吨	吨	公顷	公顷	公顷	公顷	公顷	公顷	公顷	公顷	万元	万元
1986	207417	155984	364040	160113	76120	76127	51680					
1987	240688	181434	369953	168513	77473	76033	47933					
1988	265963	195049	371280	164333	80747	76213	49987					
1989	281842	202353	371633	159487	82100	76813	52800	433				
1990	291044	211961	369673	158407	82667	77320	50773	507				
1991	316104	197931	374320	155460	87627	77507	52400	1327				
1992	304265	216446	364133	155640	89700	68593	48973	1227				
1993	364151	273476	406553	164560	113727	72000	54707	1560			256203	
1994	500723	402804	459967	179780	143740	73187	57233	6027			464738	
1995	751997	631235	496800	190767	173407	62860	62613	7153			796575	
1996	1107043	916103	530193	203373	179180	70893	67160	9587			1161383	
1997	1352111	1133976	526600	209622	160837	70634	72191	13316			1313436	
1998	1462025	1206310	536741	215029	164151	72397	72515	12649			1376520	
1999	1538627	1240000	543732	217978	168971	74717	72920	9146			1375018	
2000	1598002	1281106	549262	227932	168404	68966	72434	11526			1408871	
2001	1599418	1266742	551425	220356	170300	71354	69967	19448			1342284	
2002	1633857	1305754	566888	219704	177773	74327	71527	23557			1431436	
2003	1652612	1247996	574660	214787	197073	73561	74197	15042	149418	488	1413212	982908
2004	1713259	1355700	589133	224192	193279	79083	75975	16604	144800	555	1549129	1156263
2005	1775721	1396965	598010	229299	194328	84472	72022	17869	151716	595	1718139	1310079
2006	1565179	1269837	428244	119574	226866	69093	9750	2961	154447	886	1825648	1413340
2007	1664533	1352788	435524	122070	229070	70200	10405	3779	125713	1277	2021988	1541114
2008	1722849	1412736	475212	151122	208471	72950	34640	8029	138533	1307	2296174	1772421

注:2006 年全国第二次农业普查,渔业统计数据进行了一次全面调减,安徽省调减 30 万吨。

2008 年安徽省重点渔业市（县）基本情况表

表 5-1-2

县（市、区）	总人口（人）	渔业总产值（万元）	水产品产量（吨）	其中		内陆养殖面积（公顷）
				养殖（吨）	捕捞（吨）	
寿　县	1346936	101608	81220	59120	22100	24400
枞阳县	965167	197045	72266	65766	6500	21874
宿松县	814323	164956	71160	64680	6480	53667
霍邱县	1758276	53771	70000	49837	20163	15119
明光市	648352	138464	68112	58000	10112	16341
当涂县	648886	158142	65115	57876	7239	12963
无为县	1413196	107329	55066	45842	9224	13888
望江县	615249	104331	54996	45307	9689	23000
天长市	624042	103799	51200	45100	6100	11484
宣州市	846209	75646	48511	38415	10096	12583

注：①以产量取前 10 位；②数据采集于 2008 年渔业统计年报；③人口数（2007 年末数）采集于省统计局年报。

第二章　渔业环境

安徽省渔业水域105.4万公顷，其中池塘23.5万公顷、湖泊35万公顷、水库11.5万公顷、河沟35.4万公顷。全省鱼类134种，水生维管束植物120多种、底栖动物60种。主要经济鱼类有青鱼、草鱼、鲢鱼、鳙鱼、鳜鱼、鲤鱼、鲫鱼、鳊鱼、鲂鱼、鲴鱼等50余种。外来物种有斑点叉尾鮰、克氏螯虾、罗氏沼虾、南美白对虾、淡水白鲳、革胡子鲶、加州鲈等10多种。

第一节　河流水系

安徽省主要河流分属淮河、长江、钱塘江水系。总面积1394万公顷，其中淮河水系668万公顷（包括废黄河4.7万公顷、复兴河1.63万公顷），长江水系660万公顷，新安江水系26.7万公顷。

淮河安徽段431千米。淮河两岸支流众多，左岸有洪河、谷河、润河、颍河、西淝河、茨河、涡河、漴潼河、濉河等，一般源远流长，具平原河道特征；右岸有史河、沣河、汲河、淠河、东淝河、窑河、小溪河、池河、白塔河等，均源于江淮分水岭北侧，流程较短，具山区河道特征。

长江安徽段416千米。一级支流有22条，其中集水面积超过10万公顷的有12条，分布在江南、江北的河流相等，各占一半。左岸主要支流有华阳河、皖河、枞阳河、裕溪河、得胜河等。右岸主要支流有属鄱阳湖水系的南宁河、龙泉河。

新安江发源于休宁县六股尖，以率水为正源，从源头起流经祁门、屯溪、歙县、至皖、浙省界街口，注入新安江水库，出库后注入钱塘江。新安江安徽境内长240千米，流域面积占新安江全流域面积50%以上。左岸主要支流有横江、练江、锦溪、昌源、大洲源等；右岸主要支流有小源河、新岭水、兰水、汊河水、珮琅河、桂溪、贤源河、街源河等。

长江、淮河、新安江流域共有一级支流63条，二级支流143条。流域面积在1万公顷以上的河流有418条，10万公顷以上的河流有71条，30万公顷以上的河流有21条，50万公顷以上的河流有12条。

根据《安徽省环境状况公报》，2008年，安徽渔业水质从南到北呈现递减趋势，新安江、长江干流总体水质保持优，巢湖、淮河主要支流水质均为中度污染。

第二节 湖泊水库

淮河流域有湖泊30余个，总面积12.6万公顷。左岸有天河湖、四方湖、沱湖、天井湖、八里湖等，右岸有城西湖、城东湖、瓦埠湖、高塘湖、女山湖、七里湖等。长江流域有湖泊60余个，总面积33万公顷。其中巢湖是全国五大淡水湖之一，为安徽省第一大湖。左岸有龙感湖、黄大湖、武昌湖、菜子湖、陈瑶湖、破罡湖、白荡湖、枫沙湖、黄陂湖等，右岸有升金湖、石臼湖、南漪湖等。全省水库4873座，总库容195.5亿立方米，其中大型13座、中型104座、小型4756座。

长江流域湖泊

龙感湖　属华阳河水系，跨安徽宿松县与湖北黄梅县，湖底高程12.77米，水位14米时，湖面积4.2万公顷，其中安徽省境内面积2.66万公顷。入湖主要河流，湖北省境有古角河，安徽省境有二郎河。出水口经上长河与黄大湖相通，经下长河入泊湖分别由杨湾闸、华阳闸注入长江。龙湖、感湖合称为龙感湖。龙湖位于宿松县千岭镇、佐坝乡之间，感湖跨安徽宿松县、湖北黄梅县。龙感湖水生植物30多种，挺水植物7种，菰、芦苇、莲、香蒲、荆三棱、毛轴莎草、长芒稗；沉水植物8种，苦草、马来眼子菜、多鱼藻、菹草、黑藻、聚草、水车前、黄花狸藻；漂浮植物3种，槐叶苹、满江红、水鳖；浮叶植物3种以上，荇菜、芡实及菱属多个种类混生；湿生植物有水稻、荸荠等。1993年6月，安徽省鹏程珍珠养殖经营公司王吉鹏在7000公顷龙感湖水域，围栏2万余米，投放扣蟹1000万只；1994年，河蟹销售收入4000万元，获利2000万元，上交地方财政328万元，周边渔民也从捕捞生产中创收300余万元。2003年，王吉鹏结束感湖开发。

黄大湖　属华阳河水系，位于宿松县境，黄湖与大官湖合称黄大湖，湖底高程10.0～10.5米，水位14米时，黄湖面积1.19万公顷、大官湖面积1.76万公顷。下仓镇—新港口黄湖坝是黄湖与大官湖的分界线：东为黄湖，西为大官湖。黄大湖西北经上长河与龙感湖相接，东南绕下仓埠经下长河与泊湖相通。自1992年开始，连年大规模养蟹，水生植物群落逐渐发生变化，河蟹喜食的马来眼子菜、轮叶黑藻、苦草等面积逐年减小，而河蟹拒食的菱、莲、芡实等不断蔓延，蒿禾群落向湖心延伸，底栖动物显著减少，部分水域出现沼泽化。1999年，杨林闸封闭，切断长江幼鱼顺水进入黄湖的通道，黄湖南半湖交换周期延长，水质明显下降。黄湖渔业村渔民以捕捞为主，1987年，有专业渔民780人，“连家渔船”140只，在湖中设有簖屏7万余米。1992年，黄湖有专业渔民1100人。1992年5月，宿松县黄湖水产开发公司在黄湖11667公顷水面，投幼蟹620千克，当年捕成蟹13.3吨；1993年，投幼蟹11.5吨，捕成蟹27吨；1994年，投扣蟹700万只，捕成蟹200吨，实现销售收入3850万元，创利税2850万元，其中入库税金630万元。2004年6月，在宿松县黄湖水产开发公司改制的基础上，由上市公司、国家级农业产业化龙头企业湖南洞庭水殖股份有限公司与上海泓鑫置业有限公司共同出资重组安徽黄湖渔业有限公司。公司注册资金3000万元,总资产近7000万元。2005年,公司被评为安徽省农业产业化龙头企业。公司注重资源修复和合理保护,投入资金和人力清除野菱和蒿禾,水产品产量逐年提升。2005年,黄湖公司水产品产量4830吨, 2006年上升到6350吨。2008年,农业部批准建立黄湖中华绒螯蟹国家级水产种质资源保护区。

泊湖 泊湖属华阳河水系,地跨太湖县、宿松县、望江县。湖底高程9.5米,最低养殖水位线12.5米,水位14米时,面积2.38万公顷,蓄水量6.9亿立方米。泊湖西北纳凉亭河、荆桥河之水,上游经下长河与与黄大湖相连,下游经华阳、杨湾闸入江。环湖3县分布10个乡(镇)、46个行政村,有5个专业渔民村。1991年,宿松县程集区在泊湖西角稍拦养蟹1000公顷,投幼蟹600千克,捕成蟹1.7吨。2000年,泊湖水域共有养殖企业30家,经营水面1万公顷,从业人数6000余人。正常年景,泊湖水产品总产量1万吨。泊湖鱼类:1973年55种、1981年53种、2007年46种。据有关调查资料:2007年,泊湖底栖动物有淡水壳菜、丽蚌等12种;水生植物36种,覆盖率60%,其中挺水植物、浮水植物覆盖率20%。2008年,农业部批准建立泊湖秀丽白虾青虾国家级水产种质资源保护区。

武昌湖 属皖河流域,位于望江县境,湖底高程9.5米,湖位11米时,面积8660公顷。入湖河流主要有雅滩河、茅家池、太慈河。出流在赛口分为两支,一支由幸福河经皖河闸注入皖河,一支经新漳河于漳河闸下泄,分别注入长江。武昌湖水草丰富,适于养殖河蟹。2005年,武昌湖利用53公顷围网暂养大规格河蟹40吨,实行均衡上市,暂养成活率98%以上。2006年,武昌湖开发围网蟹、鳜生态养殖387公顷,围网区河蟹产量每公顷450千克、鳜鱼180千克。2008年,农业部批准建立武昌湖中华鳖黄鳝国家级水产种质资源保护区。

石塘湖、破罡湖 位于安庆市宜秀区广济圩,南界长江大堤,北依大龙山,总面积3667公顷,其中破罡湖水面2333公顷、石塘湖水面1333公顷,为人工控制的水库型湖泊,出水口有梅林西闸、新河口闸。石塘湖为草型湖泊,有水生植物21科43属56种,其中沉水植物15种,浮叶植物7种、漂浮植物7种、挺水和湿生植物27种。水生植物优势种群呈年份交替:有的年份苦草为优势种,覆盖率50%,有的年份聚草为优势种,覆盖率70%。岸边及浅水区域分布芦、荻、莲、芡、菱。2008年,农业部批准建立破罡湖黄颡鱼国家级水产种质资源保护区。

菜子湖 属菜子湖水系,跨枞阳县、桐城市境,分为白兔湖、嬉子湖、菜子湖3个湖区,湖底高程8米,水位10.63米,水面1.8万公顷。上游入湖河流有大沙河、挂车河、龙眠河、孔城河等,出口经枞阳闸注入长江。据朱文忠、周立志调查:2007—2008年记录到菜子湖鱼类计8目18科69种。菜子湖天然捕捞量每年约300万千克。

白荡湖 属菜子湖水系,位于枞阳县境,湖底高程8.5米,正常面积3000公顷。见有底栖动物15种、水生植物23种、鱼类39种。1992年,枞阳县水产局向白荡湖投放巢湖水域银鱼受精卵,当年捕捞银鱼5吨。1999年,白荡湖渔业公司捕捞河蟹100吨、

商品鱼750吨，产值1300多万元，利税300万元。2008年，省农委批准建立白荡湖翘嘴红鲌省级种质资源保护区。

黄陂湖　属巢湖水系，位于庐江县境，水位8.5米，面积2300公顷。水源来自西侧县大河、黄泥河、瓦洋河，出水经塘串河入巢湖。自兆河疏通后，黄陂湖水既可直接入巢湖，又可经西河入长江，成为水来成湖、水去成滩的沼泽地。1993年冬开始，沿湖乡（镇）白湖镇、沙溪乡、缺口镇、庐城镇和部分村在湖内筑堤围湖建渔场，总面积1900公顷，其中白湖镇渔场面积最大，达到800公顷。至2008年，黄陂湖已是庐江重要水产养殖基地，年均水产品产量在1000吨以上。黄陂湖大闸蟹更是远销港台地区。

巢湖　中国第五大淡水湖，跨巢湖市和合肥市的2区3县（即巢湖市居巢区、庐江县、合肥市包河区、肥东县、肥西县）。长61.7千米，最大宽20.8千米，平均宽12.47千米，面积76955公顷。常水位8.37米，最大水深3.77米，平均水深2.69米。入湖主要河流有杭埠河、白石天河、丰乐河、上派河、南淝河、店埠河、柘皋河、兆河等。巢湖水出巢湖闸经裕溪河于裕溪闸入长江。

巢湖有底栖动物55种、水生植物54种。巢湖闸、裕溪闸阻隔，鱼类洄游通道不畅，巢湖鱼类减少。据有关调查资料:1980年巢湖有鱼类94种。2002—2004年，中国科学院水生生物研究所过龙根等采集鱼类标本54种。水生植物面积3330公顷，其中沉水植物面积约占40%。

1986年始，巢湖设禁渔区10处，总面积8000公顷，范围包括巢湖主体水域及有水草的浅滩，各通湖河流的河口；孤山、马尾河口、南淝河口、东口门四处水域属繁殖保护区，为常年禁渔区。姥山以东为巢湖水生生物自然保护区，面积为3.33万公顷，实行半年封湖禁渔期。

巢湖每年开展增殖放流，投放以鲢、鳙为主的鱼种。（表5-2-1）2008年，巢湖水产品捕捞总量17454吨，是1986年的3.2倍，年均增长11%。（表5-2-2）2008年巢湖渔业总产值23044.6万元。

2008年，巢湖入湖捕捞生产船只3484艘，总吨位48456吨、96916千瓦；其中大型船舶1350艘、45107吨、79380千瓦；小型船舶2134艘、3349吨、17536千瓦。入湖捕捞生产劳动力9572人，人均年产值15508.36元，较上年增加12%。

据1999—2004年《中国环境状况公报》，巢湖水体呈中度富营养状况，水质东半湖为Ⅲ~Ⅳ类、西半湖为Ⅴ至劣Ⅴ类。过多的氮、磷等营养性物存在于水体，造成蓝藻类的微胞藻和铜绿藻的异常繁殖，每年夏季形成黄绿色“水华”（俗称“湖靛”）覆盖于湖面，迎风岸水域藻类聚集厚度达10~20厘米。

1986—2002年，设安徽省巢湖渔业管理委员会办事处、安徽省巢湖开发公司。2003年4月27日，成立安徽省巢湖渔业管理委员会、安徽省巢湖渔业管理委员会办事处。2006年10月，农业部批复同意“安徽巢湖水生野生动植物自然保护区建设项目”。核心区位于马尾河口，面积1.2万公顷；缓冲区、实验区面积2.2万公顷。

1991—2008 年巢湖鱼、蟹苗种投放量

表 5-2-1

年份	鲢鱼			鳙鱼			其他				总计	
	重量（吨）	尾数（万尾）	重量(%)	重量（吨）	尾数（万尾）	重量(%)	重量（吨）	尾数（万尾）	重量(%)	其中	重量（吨）	尾数（万尾）
1991	7.22	47.06	63.4	1.99	5.98	17.5	2.18	17.35	19.1	草鱼 0.57 吨、7.35 万尾，鲂鱼 1.47 吨、9.38 万尾，青鱼 0.06 吨、0.25 万尾，鲤鱼 0.09 吨、0.37 万尾	11.39	70.38
1992	8.67	27.37	56.5	5.779	34.67	37.7	0.9	5.39	5.85	草鱼 0.30 吨、1.8 万尾，鳊鱼 0.60 吨、3.59 万尾	15.35	67.43
1993	18.11	13.63	77.5	2.27	13.63	9.72	5.26	33.28	12.8	草鳊 2.55 吨、15.30 万尾，幼蟹 0.43 吨。	23.36	46.91
1994										鲢鳙 0.49 吨、2.93 万尾、重量占 29.5 %，草鳊 0.35 吨、2.10 万尾，鲤鲫 0.82 吨、6.52 万尾	1.66	11.55
1999	15.69	41.3	70	6.73	17.7	30					22.41	59
2000	24.09	80.83	75.6	7.26	43.55	22.8	0.5	3	1.57	草、鳊、鲤、鲫 0.50 吨、0.30 万尾。	31.85	127.4
2001	40.56	185	83.4	7.1	42.59	14.6	1	6	2.06	草鳊鲤鲫 1.00 吨、6.00 万尾。	48.66	233.6
2002	44.84	125.3	65.4	23.7	46.34	34.6				草鱼、团头鲂	68.54	171.6
2003	73.02	233.7	62.5	38.91	108.9	33.3	4.98	13.11	4.26	青鱼 0.55 吨、2.96 万尾，银鲫 1.03 吨、1.65 万尾，团头鲂 3.40 吨，8.49 万尾	116.91	355.7
2004	64.16	205.3	63.8	19.99	55.98	19.9	16.42	19376	16.3	青鱼 0.12 吨、0.66 万尾，团头鲂 3.10 吨、7.74 万尾，鲤鱼 1.93 吨、1.93 亿尾，夏花 9.48 吨、94.80 万尾，鳜鱼 1.80 吨、17.96 万尾	100.58	19637
2005	30.22	116.3	83.4	0.96	2.68	2.65	5.08	36.5	14	青 3.37 吨、11 万尾，鲤鱼 0.09 吨、9.4 万尾，鳜鱼 1.61 吨、16.1 万尾。	36.25	155.5
2006	45.3	145	84.1	4.59	12.95	8.53	3.95	677.3	7.34	青鱼 1.67 吨、90018 尾，鲤鱼 0.65 吨、652 万尾，鳜鱼 1.63 吨、16.3 万尾	53.84	835.2
2007	48.6	145.8	81.6	5.11	10.22	8.58	5.87	1018	9.85	青鱼 3.87 吨、7.73 万尾，鲤鱼 1.00 吨、1000 万尾，鳜鱼 1.00 吨、10 万尾	59.58	1174
2008	28.82	68.45	72.1	7.53	22.6	18.8	3.64	12.1	9.09	青鱼 3.33 吨、10 万尾，鲤鱼 0.10 吨、1032 万尾，幼蟹 0.20 吨、2 万只。	39.98	1135

1985—2008 年巢湖捕捞产量

表 5-2-2　　　　单位：吨

年度＼类别	总产量	青虾	白虾	毛鱼	杂大鱼	银鱼	面鱼	名特鳗、蟹、鳜	贝类
1985	4700	410		2970	1040	275			
1986	5500	650		3650	875	310		15	
1987	5687	813.5		3513	1042.5	311		7	
1988	6250	835		3788	1163	458		6	
1989	6541	804		4202	1023	415.7	91.3	5	
1990	5787	738		3728	845	416	60		
1991	6132	628		3893	1321	242	48		
1992	6403	902		3871	1044	287	49		250
1993	6465	1081		3983	844	289	15	3	250
1994	6748	1320		4140	845	220	20	3	200
1995	7032	380	920	4319	1019	169	20	5	200
1996	7510	398	941	4541	1120	179	25	6	300
1997	7807	430	1008.4	4737.5	1204.1	186	35	6	200
1998	8133.9	635	969.4	4938.5	1150	250	35	6	150
1999	8293	635	860	4920	1320	320	30	8	200
2000	8947	629	1025	5031	1341	433	30	8	450
2001	9786	650	1032	5430	1450	484	32	8	700
2002	11486	851.5	1279.5	5998	2246	380	20	11	700
2003	12253	966	1296	6298	2541	418	20	14	700
2004	12951.4	1048.4	1327	6613	2704	420	20	19	800
2005	13112.6	1053.3	1372.2	6679.2	2701.9	420	18	16	850
2006	15636	1100	1400	8992	2710	400	18	16	1000
2007	16430	1170	1480	9540	2890	360	10	30	950
2008	17475	1245	1568	10118	3070	420	12	42	1000

升金湖　升金湖位于池州市境内，跨贵池区、东至县，长 20.5 千米，最大宽 7.5 千米，平均宽 3.83 千米，面积 7848 公顷。常水位 11 米，最大水深 3.5 米，平均水深 1.26 米。升金湖分为：上湖，又称大青湖，面积 3214 公顷；中湖，面积 3764 公顷；下湖，面积 870 公顷。主要入湖河流为黄金河、秋浦后河，由北部黄湓闸流入长江。据调查，升金湖有水生维管束植物 24 种、鱼类 19 科 61 种。

沿湖涉及 9 个乡（镇）、43 个自然村、4 万人口，5 个渔业队（其中东至县 4 个，池州市贵池区 1 个），专业渔民 250 户左右，渔业人口 1100 人。1986 年，原安庆行署设立升金湖渔政监督管理站。1995 年始，原池州行署将升金湖区分为三段开发，其中上湖由东至县开发、中湖由行署渔业主管部门开发、下湖由贵池市开发。

南漪湖　南漪湖跨宣城市宣州区和郎溪县，长 26 千米，最大宽 8.4 千米，平均宽 5.7 千米，面积 1.484 万公顷。常水位 9.38 米，最大水深 3.25 米，平均水深 2.25 米。入湖主要河流为湖东北部的郎川河及郎川新河，出水由北山河注入水阳江。

2002 年，有鱼类 69 种、水生植物 38 种，细果野菱居多，马来眼子菜次之，底栖动物 22 种，优势种有梨形环棱螺、铜锈环棱螺、中华沼螺、河蚬等。湖区专业渔民 3700 余人。2008 年，水产品捕捞产量 1200 吨，其中河蟹 50 吨。

石臼湖　石臼湖跨苏、皖两省，水位 12 米时，湖泊面积 2.13 万公顷，其中当涂县境内面积 1.06 万公顷。最大水深 6~8 米，平均深度 1.7~2.4 米，水位随长江水位波动。据安徽水利志编辑室 2009 年《安徽河湖概览》:20 世纪 90 年代末，当水位 12 米时，湖面积比 20 世纪 50 年代减少 6065 公顷。石臼湖露滩面积大，水生植物繁茂。2008 年，水产品天然捕捞量为 7577 吨。

淮河流域湖泊

八里河　地处颍上县境内，位于淮河和颍河流域交汇处，水面 3700 公顷，年产量 1000 吨左右，以鲢鳙鱼为主。

焦岗湖　焦岗湖古称焦水、椒湖，位于凤台县西南，东临寿县，西界颍上县，面积 4000 公顷。盛产鱼、虾、螺、蚌以及芦苇、蒲草。1988 年，焦岗湖渔场围湖滩 153 公顷，开挖精养鱼塘发展养殖。1986—1990 年，焦岗湖渔场在大湖投放幼蟹 9906.5 千克，蟹苗 94.4 千克，大片鱼种 1.3 万千克，到 1990 年年底共产成蟹 51.2 吨、成鱼 800 吨。1990 年 8 月，凤台县成立焦岗湖开发管理处。2008 年，农业部批准建立焦岗湖芡实国家级水产种质资源保护区。

沱湖　位于五河县，常水位 14 米，湖底高程 11 米，正常蓄水位 13.8 米，相应面积 4914 公顷。1986 年 8 月调查，沱湖有水草 18 种，以微齿眼子菜为优势种，全湖水草覆盖率 90%。到 2000 年以后，沱湖的敞水区已无水草分布。1987 年，投放人工半咸水孵化蟹苗 156.2 千克，1988 年，捕捞成蟹 84 吨。2008 年，沱湖围拦网、网箱、精养池塘养殖总产达到 1.5 万吨。

瓦埠湖　瓦埠湖跨六安市寿县及淮南市田家庵区、谢家集区，其中寿县境内湖面占 65%。湖盆长形，呈树枝状，多湖汊，消落区大，湖中有练卫岗、唐家岗、葛岗等岛屿，属河迹洼地湖。长 37.3 千米，最大宽 11.56 千米，平均宽 4.37 千米，面积 2.22 万公顷。常水位 19 米。沿岸涉及 16 个乡（镇）、147 个村、25 万人口。湖区有 2 个渔业专业村，专业渔民 1200 户、3220 人，副业渔民 2440 人。年捕捞产量在 700~800 吨，其中湖鲚约占 50%。瓦埠湖底栖生物 13 种，生物量每平方米 112.8 克，其中河蚬占 90%；水生植

物52种，常见种有芦、荻、菱、芡、莲藕等，主要植被类型有荻苇，湿地1000公顷。

高塘湖　高塘湖地处淮南市大通区，与滁州市凤阳县、定远县交界，常水位17.5米，面积5000公顷，天然捕捞量1000吨左右。湖区水草丛生，每公顷516.75千克；底栖动物每平方米131.7个，以腹足类为主，寡毛类次之。

女山湖　女山湖位于明光市境内，长40千米、最大宽度4千米，常水位13.5米，水面1万公顷。沿湖有河流6条，以池河最长。池河源出定远县西北大金山东麓，流经女山湖，过女山湖水利枢纽，纳七里河来水，于洪山头注入淮河。据调查，1980—1981年女山湖鱼类有16科69种，1991—1993年有16科59种。水生植物：1981年有17科31种，1992年有21科41种，覆盖面积为3670公顷，占全湖面积36.7%，其中分布最广的是河蟹喜食的苦草、轮叶黑藻、菹草、金鱼藻等植物群丛，其覆盖面积为2170公顷，占全湖水生植物总面积的59.6%。据安徽农业大学祖国掌研究员资料：1993年，渔民在高嘴、荷花水域围拦网养蟹，放养幼蟹70.5万只、仔蟹36.1万只；1994年，放养幼蟹258.3万只、仔蟹30.3万只。1993年、1994年捕捞河蟹250吨，仔蟹年均回捕率25.75%、幼蟹回捕率47.85%。进入21世纪以后，当地农民致富带头人、全国人大代表、省劳动模范钱永言带领沿湖专业渔民组建专业合作社和水产公司，共同开发女山湖，实施围拦网养殖和人工增养殖，取得成功。

城东湖　城东湖位于霍邱县境内，为南北狭长形浅水湖泊，南北长近40千米，东西宽约4~6千米，岸线长110千米。面积10200公顷，常水位18.8米，平均水深2.2米，深处4.1米。城东湖源多流广，湖区来水面积2.17万公顷，主要进出水口有汲河、城东湖闸等。出水经城东湖闸注入淮河。湖周边无工业污染和较大的居民生活聚居区，水质优良。2008年7月，霍邱县水产协会调查：水生维管束植物19种，优势种类为芡实、菱、莲藕和茨藻等，其次是轮叶黑藻和苦草。城东湖底栖动物有水丝蚓、螺类、河蚌、河蚬类。主要以水丝蚓和螺类为主，平均生物量4.74g/m^2；水生植物19种，生物量2453g/m^2；鱼类38种，有12科32属。城东湖周边有9个乡（镇）、23万人口，湖区有1个渔业专业村。霍邱县城东湖水产开发有限公司负责城东湖的渔业开发，2008年湖区水产品总量6000吨。

城西湖　位于霍邱县境内，北靠淮河，东及东南隔沣东干渠与城东湖相望。湖区常年水位19.0米，水面面积1.13万公顷。1966年围垦后，湖内面积缩小了3/4。国务院于1987年7月13日正式下达关于城西湖退耕还湖的批复，1.1万公顷的军垦湖区全部还湖。1987年8月28日，霍邱县城西湖正式退耕还湖。当年，4000公顷城西湖共投放大规格草鱼种35吨，年底捕成鱼117吨。2004年，城西湖水面5200公顷，投放鱼种110万尾、85吨，投放幼蟹800万只。当年捕获水产品800吨，其中蟹30吨、虾20吨，鲢鳙等鱼类750吨。2008年，城西湖水面6666公顷，水产品总产量1500吨。

花园湖　花园湖跨凤阳、明光、五河三县，凤阳县约占四分之三。面积3400公顷，常水位13.5米，水深1.2~1.5米，水草覆盖率75%。沿湖7个乡，其中1个渔业乡，专业渔民 2000 人。1986 年,嘉山县(今明光市)渔民何继昌投资 1.3 万元,设置围网 0.5736 公顷,投放鱼种 457.4 千克,当年产鱼 6.46 吨,净收入 6000 元,捕天然鱼虾收入 3000 元,年总收入 9000 元。1987 年,全湖 110 户专业渔民在该湖南梢子、北梢子、西梢子三个湖汊里,共设置养鱼围网 65 处、26 公顷,设置鱼种网箱 49 只、1 公顷。网围、网拦和网箱养鱼发展迅速,周边农民受益。

高邮湖　高邮湖跨江苏、安徽两省,总面积 6.2 万公顷,安徽境天长市面积 1.13 万公顷,围拦网养殖面积 2330 公顷,鱼、蟹养殖产量每公顷 300 千克。天长市政府严格控制高邮湖围拦网养殖面积,保留的公共水域作为繁殖保护区和渔民季节捕捞场所,天然捕捞量 125~130 吨。高邮湖畔的界牌、秦楠等 7 个乡(镇),通过多种形式兴办水产养殖基地,形成长达 34 千米的“水产走廊”,享誉省内外。

天河湖　位于怀远县,常水位 18.6 米,面积 1410 公顷,其中池塘 177 公顷、渔民数 180 人。1984 年,天河由怀远县划归蚌埠市天河乡。1992 年,秦集乡和天河乡合并为秦集乡, 1996 年升级为秦集镇。2008 年,水产品产量为 3200 吨。

水库

梅山水库　位于金寨县梅山镇上游的史河,水面 3333 公顷,年水产品产量 3000 吨。

响洪甸水库　位于金寨县,是淮河支流淠河西源,水面 5000 公顷,年水产品产量 4500 吨左右。1986 年,黄畈乡政府贷款 4.8 万元,组织库区 6 户农民在水库设置网箱 31 只,规格 28 平方米,主养鲤鱼。1986 年 11 月,进箱鱼种 3.48 吨;1987 年 12 月,产鲤鱼成鱼 12.5 吨、鲤鱼种 4.65 吨、罗非鱼 0.266 吨,总产 17.41 吨,产值 69198.66 元,盈利 24198.56 元,户均 4033.09 元。

佛子岭水库　位于霍山县,是淠河东源,面积 1200 公顷。鱼类 9 科 39 种、甲壳类 3 种、爬行类 2 种,其中鲤科鱼类 27 中,占 69%,鳅科、鮠科、鮨科、鰕鯱鱼科各 2 种。1986 年,国营佛子岭水库渔场产鱼 320 吨。1995 年,霍山县渔业部门向佛子岭水库投放大银鱼受精卵 6500 万粒, 1997 年底捕银鱼 3 吨。1999 年后,在不投放鱼种情况下,年均捕捞量在 500 吨左右。

磨子潭水库　位于霍山县淠河支流东淠河上,是佛子岭水库的上库,正常水面 466 公顷。1988 年,国营磨子潭渔场产量 90 吨。2002 年后,在不投放鱼种情况下,年均捕捞量在 200 吨左右。

白莲崖水库　位于霍山县东淠河西支漫水河上,是佛子岭水库的上库。拦河坝位于大化坪镇白莲岩大桥上游 3 千米处,坝址处两岸悬崖峭壁,左岸山体接近山头处有一悬崖名白莲崖,水库名称即由此而来。正常蓄水位 208 米,相应水域面积 720 公顷,库容 2.01 亿立方米。2007 年 7 月,漫水河鱼类 5 科 25 种,属佛子岭水库鱼类区系。

花凉亭水库　现称花亭湖,位于太湖县,属皖河水系,面积 6667 公顷, 1987 年,投放大鱼种 800 万尾,捕捞鲜鱼 1100 吨。花亭湖渔业公司经营水面 3300 公顷, 2005 年以后,每年投放鲢、鳙鱼种 150 吨,捕捞产量 650 ~ 700 吨。

龙河口水库　现称万佛湖，位于舒城县，面积4533公顷，沿湖7个乡（镇）。1996年前，鱼类年产量34吨，近于荒芜。1998—2008年，万佛湖渔业总公司每年投放大规格鱼种250吨，其中鲢鱼30%、鳙鱼70%，年捕捞产量2000～2500吨。

董铺水库、大房郢水库　董铺水库位于合肥市西北郊，巢湖支流南淝河上。正常蓄水位28米、相应水面面积1576公顷。大房郢水库位于合肥市北郊，南淝河支流四里河上。2001年开工兴建，2004年建成蓄水，正常蓄水位28米、相应水面面积1450公顷。董铺、大房郢水库主要功能为防洪及城市供水，不投饵施肥，各自天然产量均为20吨左右。

港口湾水库　现称青龙湖，位于宁国市境内。2001年建成蓄水，水面2667公顷，2006年以前，在不投放鱼种的情况下，年鱼类捕捞量不足100吨。随着渔业主管部门科学组织投放鲢鳙等鱼种，2008年捕捞水产品产量已近千吨。

太平湖　原陈村水库。位于黄山市黄山区（原徽州行署太平县），库容28.25亿立方米，面积8860公顷。水源来自黄山清溪河、麻川河、汪村河、溪河、秧溪河和永丰河，出水由泾县陈村水电站经青弋江入长江。太平湖鱼类43种。1988年，鱼产量1620吨，2008年7500吨。1996年，黄山区水产局向太平湖移殖银鱼，2001年，捕捞银鱼400吨。1987—1990年，国家计委、农牧渔业部水产总局立项投资950万元，用于太平湖增养殖及其配套、捕捞队扩建、科研和水产品加工等基础设施建设。

黄栗树水库　位于全椒县石沛镇境内，常水面积1680公顷，年产鱼100～150吨。

沙河集水库　位于滁州市清流河支流大沙河上游，水面860公顷，年产鱼150吨。

新安江水库　新安江跨皖、浙两省，1961年新安江水库建成后，形成一座大型水库新安江水库——千岛湖。其上游贯穿歙县，全长72千米，其中深水区0.13万公顷。自1982年开始，歙县渔场捕捞队职工以及沿库农民，利用网箱培育鱼种，养殖成鱼。1986年库边38户农民、歙县渔场6名职工，设成鱼网箱100只箱、0.3092公顷，当年收鱼9.599吨。

第三节　池塘河沟与采煤沉陷区

池塘

1986年，安徽省辖8市建设连片精养鱼塘1737公顷，占全省连片鱼塘49.5%。1996年，全省连片专业鱼塘达到7万公顷，贵池、寿县等地的精养池塘单产达到每公顷15吨。2008年，全省池塘养殖面积15.1万公顷，生产水产品76.8万吨。

长江支流

安徽省境内长江一级支流有22条，江南、江北分布各半。江北有华阳河、皖河、枞阳河、裕溪河、巢湖水系、滁河、罗昌河、横埠河、姥下河、得胜河、石跋河；江南有黄湓河、秋浦河、大通河、漳河、青弋江、水阳江、尧渡河、白洋河、九华河、顺安河、黄浒河。

淮河支流

淮河支流众多,流域面积大于10万公顷的一级支流有21条,左岸有洪汝河、润河、沙颍河、西淝河、茨河、涡河、漴潼河、濉河及安河等9条;右岸有浉河、竹竿河、潢河、白露河、史河、沣河、汲河、淠河、东淝河、窑河、池河、白塔河等12条。

新安江支流

新安江在安徽境内流域面积占新安江全流域面积50%以上,主要支流有率水、横江、练江、锦溪、昌源、大洲源、太平源、小洲源、街源、蟾溪、榆村河、汉水、新岭水、兰水、桂溪、珮琅河、贤源河等。

采煤沉陷区

2005年,安徽省沿淮和皖北地区淮南、淮北、皖北、新集矿业集团采煤沉陷区域3.41万公顷。其中凤台县有塌陷区870公顷。颍上县谢桥、陈桥、汤店、古城已形成三大采煤沉陷区350公顷。1987年,淮北市采煤沉陷区水产品产量为1664吨。自1987年起,淮北市政府投资兴建2个水产研究所、2个罗非鱼繁殖场、4个镇办鱼苗场,引进20多个优良品种,开展网箱养鱼。进入21世纪,城市郊区众多沉陷区水面开发为休闲垂钓基地。1989年,淮南市结合黄淮海综合开发项目利用煤矿沉陷区开挖连片池塘47公顷。2008年,宿州市有采煤沉陷区6700公顷。萧县龙城镇利用沉陷区改造精养鱼塘333公顷,养殖名优水产品。芦岭沉陷区发展生态农业、旅游观光业,养殖水面1330公顷,年创收1000多万元。2008年,淮南市有采煤沉陷区1.372万公顷,占全市总面积5.3%,最大下沉22米多。2008年,淮西湖复垦后洼地全部改造成精养鱼塘,发展水产。

第三章 捕 捞

第一节 渔区渔场

淮河水系渔区

包括洪山头、王家坝、南照集、润河集、庙台集、正阳关、峡山口、荆山口、蚌埠闸上、闸下、临淮关及五河县公路桥。淮河两岸的一级支流交汇处，多是天然渔场，其中以寿县正阳关捕捞量最大。淮河渔获量取决于水量和水质。枯水年份，产量极低。丰水年份，蚌埠闸泄洪，“四大家鱼”（草鱼、青鱼、鲢鱼、鳙鱼）产卵场主要分布在正阳关、黑龙潭、峡山口、蚌埠闸下至老铁路桥河段。2002 年 6 月，淮河水位上涨，水质好转，淮南渔民每条船每天在淮河码头附近水域能捕获 15 千克银鱼。

故黄河在砀山县、萧县境内，水面 1330 公顷，其中砀山县境内故黄河 46.4 千米。上游官庄坝水库，属河道型水库，水深 2 ～ 5 米，碧波荡漾。下游高寨湖，湖澈见底。故黄河以北属南四湖水系，以南属淮河水系，鱼类以定居性鱼类为主，有 6 目 6 科 34 种。2008 年故黄河鱼产量 2000 吨，其中砀山县 840 吨。其黄河鲤体型匀称、线条美观、颜色鲜艳、肉质鲜美，深受故黄河两岸人民喜爱。其水生植物以菖蒲、芦、荻为主。

长江水系渔区

长江安徽段水面 10 万公顷，宽度 2 ～ 10 千米。长江沙洲罗列，自西向东有宿松县江洲、东至县天星洲、怀宁县官洲、枞阳县凤凰洲、无为县黑沙洲、和县陈桥洲、当涂县泰兴洲等 40 多个。受江流和水位影响，洲头、洲尾及主航道一侧多是天然渔场。长江捕捞产量逐年下降，渔获物个体小型化、低龄化趋势明显，部分鱼类资源枯竭。

1986 年，皖境长江捕捞量为 21382 吨，占全省天然捕捞量 42%。其中刀鱼 110 吨，鲥鱼 1.0365 吨，分别为 1973 年、1974 年 24% 和 0.8%。据安农大万全副教授调查：1994 年，无为渔民最后一次捕捞鲥鱼 1 尾，规格 1400 克。2005 年，皖境长江刀鱼产量 15 吨，船头交货价：规格 150 克、每千克 3000 元左右，规格 300 克每千克 5000 元。东至县东流菊江渔业队 20 户专业渔民，使用传统渔具长江捕捞平均产量、收益：2003 年 310 千克、12700 元；2004 年 275 千克、11200 元；2005 年 250 千克、11000 元；2006 年 225 千克、9500 元，捕捞产量和收入逐年递减。

新安江水系渔区

主要有深渡、街口、新溪口、小川、正口等生产水面。妹滩水电工程蓄水扩大坝上河道渔业水域。在其上游休宁等县利用山区流水养鱼，独具特色。在与浙江交界的歙县深渡镇以下水域，自21世纪开始网箱养殖稳步发展。

第二节　渔具渔法

安徽省渔具隶属于网渔具部的可归结为：刺网类、围网类、拖网类、地拉网类、张网类、敷网类、插网类、掩网类和抄网类；隶属于钓渔具部的可归结为：空钓类、饵钓类和卡钓类；隶属于箔筌渔具部的有：簖箔类、笼篆类以及其他什渔具等近百种。网具、索具的原材料由传统的棉麻丝制品改为化学合成材料，渔具也逐步以电力、机械动力为主。

网渔具类

刺网　主要有定置刺网、流刺网。捕鱼原理为鱼鳍缠网而捕获。流刺网在湖区白天横风下网，沉浮网为夜间设置。

围网　属大型渔具，网衣和网索构成囊形，包围圈面积根据网具长度确定。用两只船拉住网的两端，把鱼群围住，逐渐缩小包围圈，最后抽紧网下端的绳索。主要用于湖区围捕毛鱼。

拖网　包括轻拖网、银鱼拖网、蟹拖网和虾拖网。虾拖网：虾拖网渔法是拖捕贴底虾类的渔具，渔民用小船或尖头盆拖网作业。

拖拉网　是围拖结合网具，在岸边拖曳、起网，常见为有囊大拉网、河沟拖网。

此外还有挨网、驼网、星子网、龙头网、豪网、麻网、扒网等，渔获物为虾和小型底栖鱼。鱼苗张捕使用绠网，网具规格和装置方法不同，有大绠网、小绠网之别。

箔筌渔具类

簖　俗称“迷魂阵”，是破坏渔业资源的有害渔具。簖由路屏和“扒头”组成，内设艋艘鱼蟹能进不能出。湖泊捕捞成本低，与围拦网结合可用于鱼类防逃。通过调整网目、将簖的网袋串联网箱，可捕大留小。

笼篆　属这类渔具的有虾笼、鳝笼，形状不一，原理相似。通常以诱捕对象命名，如黄鳝笼、虾笼、蟹笼等。

钩钓渔具类

空钓　在长江，主要以捕青鱼、草鱼、鲢鱼、鳙鱼、鲶鱼等大型鱼类为主。滚钓的主纲长度50~100米，每15厘米1只钩。傍晚设置，翌日排钩，易伤害淡水豚类、鲟类等珍稀水生生物。

钩业　有拖钩、挂钩、划钩、绷钩、小钩等。还有四季垂钓用的小鱼钩。

饵钓　以钓饵和渔获对象不同，有鳜鱼钓、黑鱼钓、鮰鱼钓等。钓饵通常为活体幼鱼，以钓钩住饵料鱼背部，让鱼在水面挣扎，发出水响，激起浪花，吸引肉食性鱼类吞食而捕获。

卡钓　以3年生毛竹中段枝条的第1个节，俗称卡丕，削成两端尖中间宽、长7~10

厘米的卡钓，每盆以1000只卡，卡距1.5米。作业前将卡尖插于半熟的麦粒，外套芦苇管或麦秸管套住，鱼儿取食卡后，鱼鳃被卡。芦苇卡俗称大卡，专捕大规格的鲤、鲫鱼，麦秸卡俗称小卡，所捕鱼获相对较小。

赶拦刺张联合作业法

“赶、拦、刺、张”系多种渔具协同作业：“赶”，船边挂空油桶敲，船舷绑毛竹筒，敲击发声，晃动船身，驱赶鱼群；“拦”，以多船只同时缓慢前移，不让鱼群外逃；“刺”，以三层刺网、漂浮网流动捕鱼；“张”，以定置张网配套集鱼袋，静等鱼群鱼贯而入。作业要点是赶得动、拦得住、刺网灵活取鱼，赶拦交替，聚而网之。

第四章 养 殖

1986—2008年，安徽省水产养殖面积由36.4万公顷增加到47.5万公顷，淡水养殖面积仅次于湖北与江苏，居全国第三位；养殖水产品产量由15.6万吨增加到141.2万吨，居全国第四位。全省建设精养鱼池11.3万公顷，发展网箱养鱼867公顷，围栏网15.3万公顷，养殖总水面47.5万公顷。2000年以后，全面实施养殖证和水产苗种生产许可证制度，依法兴渔，生态健康养殖技术得到全面推广，建设13万公顷标准化生态健康养殖基地；河蟹、鳜鱼、黄鳝、黄颡、青虾、小龙虾、泥鳅等30多个市场畅销品种，年养殖面积20万公顷，产量60万吨，其中河蟹、龙虾、鮰鱼、黄鳝养殖产量均居全国前列。

第一节 苗种生产

1986年，长江天然鱼苗张捕量有10亿尾，全省38个国营渔场人工繁殖鱼苗总量为86.3亿尾、培育鱼种28.1亿尾，基本摆脱靠天然张捕鱼苗局面，生产的主要品种为青鱼、草鱼、鲢鱼、鳙鱼、鲤鱼、鲫鱼、鳊鱼等。至2008年，先后在水产养殖重点区域的沿江、沿淮等地建设巢湖三珍水产良种场、铜陵县水产良种场、淮南市窑河渔场等17个省级水产良种场和1个国家级安徽永言河蟹原种场；与之相配套的有100多家市、县级苗种场，全省形成年产约240亿尾、30多个品种规模的苗种生产体系。（表5-4-1）

水产苗种生产许可 1998年1月，经省政府同意，《安徽省水产种苗管理暂行规定》颁布实施，有效加强水产种苗选育、生产和销售管理，保证种苗质量。对省、市、县级水产苗种场，以及部分生产规范个体小型水产苗种生产户颁发水产苗种生产许可证。1994年12月，农业部渔业局批准建立国家级芜湖“四大家鱼”原种场。1998年3月，省政府水产局印发《安徽省水产原、良种场资格验收暂行办法》，同年，安徽省水产原、良种审定委员会成立。2004年，省农委下发《关于印发〈安徽省水产苗种生产许可证实施意见〉的通知》，加强对水产原、良种场建设和监督管理。2008年，全省颁发水产苗种生产许可证300余本。

中华绒螯蟹人工繁殖 中华绒螯蟹是中国珍贵的水产品，20世纪70年代前，安徽省河蟹人工养殖、增殖均依赖捕捞天然苗，但天然苗数量远不能满足生产需要。1981年，赵乃刚试验成功人工半咸水工厂化育苗技术，促进全国河蟹增殖养殖业大发展。1984年该项技术成果获国家发明一等奖和农牧渔业部技术进步一等奖。1985年，该项技术在日内瓦第十四届国际发明与新技术博览会上获金奖。“河蟹繁殖的人工半咸水配方及其工业化育苗工艺”被评选为安徽省最具影响力的十项科技成果之一。1988—2000年,安庆市通过本地繁殖与沿海繁殖相结合的办法,共育蟹苗2195.3千克。1996年,全省投产16个河蟹育苗场,共生产蟹苗561千克（其中安庆市256千克）,1997年共生产856.5千克（其中安庆市513千克）。2002年,安徽省境内的河蟹人工半咸水育苗场全部停产,滁州市、巢湖市、安庆市、马鞍山市等地在沿海利用天然海水土池繁殖蟹苗,以降低成本。2004年,全省已建立幼蟹培育基地0.7万公顷,产幼蟹20多亿只,除满足本省需要外,还销往外省。2003年,宣城市宣州区池塘培育天然海水人繁蟹苗,面积1300公顷,培育扣蟹2亿只,获利4000余万元。

1986—2008年安徽省鱼苗鱼种产量

表5-4-1

年份	鱼苗（亿尾）	鱼种（万尾）
1986	97.83	281000
1987	95.95	302800
1988	96.59	343900
1989	100.24	40503
1990	91.37	41050
1991	97.18	38022
1992	96.48	50010
1993	103.78	53496
1994	106.73	65929
1995	119.59	112780
1996	124.44	148289
1997	138.76	166753
1998	149.35	174199
1999	142.24	172488
2000	149.65	199283
2001	151.05	188567
2002	151.32	194989
2003	164.20	178501
2004	166.24	189538
2005	183.64	209156
2006	218.77	219467

续表 5-4-1

年份	鱼苗（亿尾）	鱼种（万尾）
2007	244.47	228225
2008	242.53	236592

第二节　成鱼养殖

1986 年，全省养殖面积 36.4 万公顷，养殖产量 15.6 万吨。2008 年，全省养殖面积 47.5 万公顷，养殖产量 141.3 万吨，其中鱼类 120 万吨、虾 11 万吨、河蟹 7.1 万吨、龟鳖类 0.8 万吨、珍珠 400 吨。

池塘养殖

1986 年，国家水产总局投资在皖兴建商品鱼基地，开挖精养鱼塘 1730 公顷，分布在凤台县、霍邱县、寿县、五河县、凤阳县、当涂县、六安县（今六安市）、明光市、天长市、和县、无为县、芜湖县等 12 个县。国家水产养殖总公司、省水产局联合投资，在长丰县、颍上县、望江县、枞阳县、安庆市宜秀区、池州市贵池区、东至县等县（区）建设 8 个联营渔场，每场建有精养鱼塘 60~200 公顷，配套鱼苗繁殖、苗种培育基地。1986 年，全省池塘养殖面积 16 万公顷，生产水产品 9.8 万吨。其中专业鱼塘 2.13 万公顷，生产水产品 2.2 万吨。国家商品鱼基地在克服严重自然灾害情况下，仍生产水产品 1500 吨，基本完成国家下达水产品特需供货计划。

“2814 项目”　1987—1990 年，联合国粮食计划署援建“2814 项目”在肥东县、肥西县实施，建成连片专业鱼塘 660 公顷。1990 年，合肥市“2814 项目”投产，当年投放鱼种 340 吨，生产商品鱼 1.6 万吨。1995 年，全省新增连片专业鱼塘 1.53 万公顷，累计面积 5.2 万公顷。至 2008 年，连片专业鱼塘 10 万多公顷，其中 6~30 公顷有 1932 处，30~60 公顷有 328 处，60~650 公顷有 310 处，650 公顷以上有 5 处。

池塘养蟹　1987 年池塘养蟹面积 465 公顷，2000 年 2.5 万公顷，2008 年 4 万公顷。池塘养蟹经历从巅峰到低谷，从盲目到理性发展的过程。自 2001 年始，以当涂县为代表的河蟹主产地，针对养殖水域环境恶化，水草、螺蚌等水生动物资源遭到严重破坏，效益低下等情况，各地深入开展调查研究，外出考察学习，邀请上海水产大学知名专家王武教授来皖指导，形成以“种草、移螺、活水、稀放、配养”的生物修复技术为核心的河蟹生态养殖模式，并广泛推广应用。河蟹品质和规格大幅提高，150 克以上大规格优质蟹比例由不足 5% 增加到 35% 以上；养殖效益逐年增加，河蟹养殖亩均利润由不足 500 元提高到 1500 多元，高的达到 3000 多元。2006 年，农业部渔业局在马鞍山市召开全国内陆地区水产健康养殖现场会，充分肯定当涂县水产健康生态养殖的成功经验，并被业内誉为“当涂模式”。

湖泊养殖

利用围拦网将天然湖泊分割成多个养殖单元，养殖者根据养殖对象灵活确定投饵方式。草型湖泊养殖品种以河蟹为主，搭配鲢、鳙、鲤、鲫、鳊等。1986—1990年，由省水产局主持，中国水产科学院淡水渔业研究中心、省农科院水产研究所和滁州地区水产技术推广中心共同承担，在花园湖开展渔业开发技术研究。探索在保持湖泊水域环境良性循环前提下，“三网”（网箱、围网、拦网）精养与大水面增养殖有机结合的湖泊渔业开发利用模式，全湖水产品产量从1986年每公顷177.5千克，提高到1989年的460.5千克。此项研究成果奠定安徽省湖泊渔业利用的基础。全省湖泊围拦网养殖面积和产量逐年增加：1986年养殖面积7.6万公顷，2005年养殖面积19.4万公顷、产量为27.26万吨；2008年养殖面积20.8万公顷、产量33.7万吨。

水库养殖

主要有两种：增养殖和网箱养殖。

增养殖。以投放苗种、划定禁渔期为主要手段，投放主要品种是花白鲢、银鱼（卵）。这种利用方式具有投资少、效益好特点，是水库渔业主要方式。

网箱养殖。以吃食性鱼类为主要养殖对象（草鱼、斑点叉尾鮰等），网箱规格大小不等。1986年，全省水库渔业利用面积7.6万公顷，生产水产品1.3万吨；2004年全省水库利用面积7.2万公顷、生产水产品7.2万吨；2008年全省水库利用面积7.3万公顷、生产水产品13.6万吨。

河沟养殖

淮北平原河网密布，是安徽省河沟养鱼主要地区。1980—1985年，省水产局曾向省农行担保发放养鱼贷款1000万元，支持农民承包河道养鱼，但因洪灾频繁贷款未能回收。网箱养鱼提高水体利用率，具有避灾能力，在洪灾暴发前可以采取紧急避让措施，减少损失。阜阳地区有河道3.1万公顷。1987年，涡阳县网箱养鱼产量100吨，1989年，发展到7301箱，产量2000吨。2008年，全省河沟养殖面积3.5万公顷，产量7.1万吨。

第三节 稻田及特色养殖

稻田养殖

稻田养殖可分为稻田套养、轮养鱼蟹等水产品。1986年初，省水产局、安徽科技报社印发《稻田养鱼》6万份发放全省，由省书画院杜雪松绘画，徐焕斗、王建勋、杨仁德注释。1986年6月，省水产局、省农学会在六安县（今六安市）召开全省第四次稻田养鱼现场会，参观六安县（今六安市）双桥乡、霍山县落儿岭乡牌坊畈村稻田养鱼现场。省农学会主办的《安徽农学通报》1986年2期（总第2期）编印“全省稻田养鱼经验专辑”。1987年，凤台县稻田养鱼2267公顷，占全县水稻种植面积8.3%，其中稻田育鱼种2124公顷，产大鱼种300吨，每公顷产量141千克；稻田养成鱼140公顷，产成鱼

150 吨,每公顷 1071 千克。1987 年 10 月 16 日,副省长汪涉云批示:“省水产局:在沿淮稻区县要大力推广凤台县稻田养鱼经验,这也是农村致富的一条好办法。”1999 年 5 月,省水产局在庐江县召开全省稻田养殖经验交流会。巢湖地区每年财政拿 100 万元支持稻田养殖。2001 年 2 月,省农委印发《关于加快发展稻田养殖的意见》。1995 年,全省稻田养殖 1 万公顷,2000 年发展到 4.3 万公顷,2008 年发展到 4.6 万公顷。养殖品种有鱼、蟹、虾、鳝、泥鳅、牛蛙等。

地热养殖

庐江县汤池温泉流量大、温度高,每天出水量 3650 吨,温度 63℃。1986 年冬,庐江县科委利用温泉为罗非鱼越冬保种,在 100 平方米的温泉池内饲养 2 万尾罗非鱼,成活率 100%。1988 年,省水产技术推广站与和县香泉乡共同投资 20 万元,建设热带鱼养殖场。

工厂温流水养殖

1986 年,合肥市郊区水产良种场利用合肥电厂温水进行露天塘口越冬保种,成活率 80%,销售越冬罗非鱼种 688 万尾。2000 年,该场进行仔幼蟹培育,并引进巴西鲷、彩虹鲷等热带鱼类繁育、保种,获得成功。1990 年,总投资 500 万元的淮南市平圩水产良种场建成投产。该场利用平圩电厂热水资源,设计能力每年可产各类鱼苗 4833 万尾,产成鱼 300 吨,年产值 400 万元。工程由三部分组成,引水涵 1200 多米,每秒钟热水流量为 5 立方米;温流水鱼池 145 个、精养鱼塘 20 公顷。

观赏鱼养殖

1993 年,阜阳地区兴建一所占地 9338 平方米的观赏鱼养殖场。该场引进和增殖狮子头、珍珠、龙眼等观赏鱼 6 大系列 31 个品种,年产成鱼 60 万尾。产品远销北京、上海、西安等 10 多个省市。2000 年以后,淮北市、宿州市、合肥市以及舒城县等地观赏鱼养殖加快发展。

河蚌育珠

1986 年,安徽省珍珠产量 19.1 吨,1987 年 51 吨,其中无为县 26.1 吨,占全省珍珠总产量 51%;该县 7.29 万育珠农户,占全县总农户 27%。1986 年,贵池县(今池州市贵池区)铜山乡对村前房后小塘,实行猪—鱼—珠混养,吊养珍珠蚌 62 万只,剖蚌 40 万只。2001 年 4 月,池州市贵池区成立贵池珍珠行业协会,开展育殊水面资源调查,制定珍珠产业发展规划;外联市场,内联珠农,发挥桥梁纽带作用;规范技能培训和劳务输出;引进推广包括日本池碟蚌、定型珠等一批新品种新技术。2001 年,大型无核珠、定型珠、有核珠等优质珍珠养殖面积 0.2 万公顷,外出插蚌人员 1.5 万人,年劳务收入超亿元。2008 年,全省珍珠养殖产量 400 吨,居全国第四位。

小龙虾养殖

淡水小龙虾学名克氏原螯虾。其养殖方式有池塘精养、稻虾连作、虾鳜轮养、虾鱼混养、林虾兼作、茭白套养等多种模式。2008 年,全省小龙虾养殖 4.7 万公顷,产量 10

万吨。其中合肥市龙虾养殖面积6600公顷，产量4.1万吨，3万多农民从事小龙虾养殖、捕捞、收购和运输，龙虾经济总量达到20亿元；东至县大联圩农业开发公司建有小龙虾苗种繁育基地40公顷、育苗1000万尾，小龙虾亲本从长江和升金湖中选取；全椒县赤镇龙虾经济合作社有社员245人（户），2008年，会员单位稻田养虾面积430公顷，小龙虾产量585吨。2008年，全省小龙虾养殖面积60万亩，养殖产量10万吨。

甲鱼、龟类养殖

20世纪90年代初，全国掀起甲鱼养殖热潮，1992年每千克价格200元，1995年更是达到每千克500元。1994年，贵池市水产良种场建造1200平方米厂房和64个甲鱼池，当年繁殖幼甲鱼1.5万只。1996年，东至县七里湖粮站投资120万元，兴建工厂化甲鱼养殖场，养殖甲鱼3万只。2000年，蚌埠市水产研究所繁殖稚甲鱼1.5万只。2001年怀远县有大小甲鱼养殖场（户）近百家，养殖规模120多万只。到20世纪90年代末，甲鱼产业出现严重衰退，特别是温室甲鱼，由于品质差、病害重、品种问题突出等，更是走到尽头。2004年以后，随着温室养幼鳖、常温池塘养商品鳖“两步法”养殖技术普及应用，甲鱼养殖得以恢复并逐渐形成规模。2008年，蚌埠市甲鱼养殖总量400万只，养殖规模在10万只以上的大户有30多家，从业人数超过2000人，总产量2000吨，是全省最大的甲鱼养殖基地。2006年，南陵县有贤生态龟鳖养殖有限公司开展龟鳖养殖，2008年成为省级农业产业化龙头企业，为全省最大龟鳖产加销一体化骨干企业。企业核心生产基地34公顷，温室大棚2万平方米，养殖品种有“中华草龟”“台湾草龟”、七彩龟（巴西龟）、大鳄龟、小鳄龟、黄喉拟水龟、黄缘盒龟、中华鳖、角鳖、珍珠鳖、日本鳖、泰国湾鳄等20多个品种。

鳗鲡养殖

1995年，阜阳市、巢湖市、芜湖市、六安市等地与福建、浙江人合资，3年时间，共建成鳗鱼养殖场24家，设计年总产成鳗5000吨，投资总额21.5亿元，其中三分之一由当地投资或担保贷款。由于来安徽省投资养鳗多为福建、浙江个体商贩，采取提高设施造价、以欧洲鳗苗冒充日本苗等做法虚报投资成本，增加地方贷款，见机套现抽资，加之养殖技术不过关、成本大、市场价格波动，亏损严重。至20世纪90年代末，或厂垮人跑，或资不抵贷，基本全部倒闭。唯有霍山县以此为基点，坚持发展，鳗鱼养殖逐步由亏转盈、发展壮大。2008年，全县已发展到5家规模养殖企业，养殖面积133.33公顷，其中精养池13.33公顷，土池120公顷，年产活鳗1660吨，创产值1亿元，利润3000万元。通过招商引资，建设烤鳗加工厂，实现自营出口。该县华海鳗业在2008年成为省级农业产业化龙头企业。

黄鳝养殖

20世纪90年代，部分稻作区养殖户为打季节性价格差，实施黄鳝暂养模式转化而来。一般是5月份收购幼鳝，网箱养殖，10月份上市。此后，望江县、怀宁县、东至县、六安市、庐江县、肥西县、阜南县、滁州市等地发展起来，主要以池塘小网箱养殖方式为主。2006 年，六安市裕安区网箱养鳝面积达到 330 公顷，其中丁集镇 130 公顷，规模养殖 300 多户。2008 年，怀宁县发展网箱养鳝 4.1 万只、31 公顷，养殖大户 155 户，产量 895 吨，产值 3580 万元。2008 年，全省黄鳝养殖产量 2.7 万吨。黄鳝苗种主要来源于野生捕获。六安市裕安区在 2003—2006 年开展黄鳝人工繁殖技术研究。2004—2008 年间，安农大祖国掌研究员在霍邱县水门塘良种场进行黄鳝人工繁殖研究，获得小批量人繁鳝苗。

第五章 渔业二、三产业

第一节 水产品加工与渔业品牌

水产品加工

至2008年,安徽省共有水产加工企业92家,其中规模以上加工企业47家,年水产品加工能力11.6万吨,加工水产品总量8.5万吨,用于加工的水产品近10万吨。

1987年,全省建成投产小型冷库23座,结冻量133.6吨/日,冷藏量3115.5吨/日,制冰69.9吨/日。各地市县水产公司水产品加工的品种有冻虾仁、银鱼、鳝片、黑鱼片等。1987年,全省共加工冷冻不包装水产品约600吨。1995年,寿县投资1亿元兴建县水产公司冷冻加工厂、正阳水产冷冻加工厂以及2座水产批发市场。2000年,合肥市引进芬兰政府贷款280万美元,新建现代化水产品加工厂一座;2001年,明光市永言水产（集团）有限公司投资2000万元,新上水产品加工线一条;2002年,安徽富煌集团投资6000万元创建巢湖三珍水产公司,征地15公顷,新建6000平方米无菌水产品加工车间、4条生产线、2000吨冷藏库。1993年,全省水产加工品总量6785吨,其中冷冻水产品413吨、干制品236吨、腌熏制品3吨、罐制品5吨、鱼糜及鱼糜制品10吨、其他水产加工品种1081吨。

渔业品牌

至2008年,安徽省被认定为安徽省名牌农产品水产品牌达到20多个。全省建成无公害、绿色和有机水产品养殖基地15.33万公顷,认证无公害水产品204个、绿色水产品80个,认定有机水产品基地8个。

1997年,宿松黄湖水产开发公司黄湖牌大闸蟹被认定为安徽省名牌农产品，2002年,舒城县龙河口水库水产养殖总公司万佛湖牌鳙鱼头、淮南市窑河渔场窑河牌大闸蟹等4个产品被认定为安徽省名牌农产品，2001年,在北京国际农业博览会上，“白荡湖”大闸蟹、“秋浦花鳜”“巢湖银鱼”等10个水产品牌被认定为名牌产品。2003年,各地围绕品牌战略,建立示范区,实施标准化养殖,全年新增无公害农产品产地认定4处、面积2万公顷,认证无公害水产品35个。全省累计认证绿色水产品6个、无公害水产品74个。2004年,舒城县龙河口水库水产养殖总公司万佛湖牌活鱼、虾被省工商局认定为安徽省著名商标。至2008年,全省有枞阳县白荡湖水产养殖有限公司、明光市永言水产（集团）有限公司等11家企业的11件商标被认定为安徽省著名商标。2006

年,舒城县万佛湖渔业总公司万佛湖牌有机鱼(鳙鱼头)获安徽省名牌产品称号, 2007年,安徽富煌巢湖三珍有限公司“巢三珍”牌鮰鱼片获安徽省名牌产品称号。2007年6月20日,中国渔业协会授予合肥市“中国淡水龙虾之都”称号。2008年,明光市永言水产(集团)有限公司“女山湖”牌大闸蟹被认定为中国名牌农产品。

第二节　渔需物资生产

至2008年,安徽省渔用机具网绳制造业产值18827.3万元,渔用饲料、药物生产产值分别为56406万元和30903.5万元。

1986年,滁县地区引进日本资金设备、安庆地区引进德国技术设备兴建万吨水产颗粒饲料厂。进入21世纪,通威水产饲料入驻肥东县,天邦水产饲料入驻和县,加上本省华仁水产饲料成为安徽最大的三大常规水产饲料生产供应企业。华亿农牧科技有限公司在合肥市包河工业园新建年产2万吨特种水产饲料加工厂,开启安徽自主生产特种高档水产饲料先河。1986年,巢湖市槐林镇渔网产量1000万条,产值4000万元,成为全国性的渔网专业市场。至2008年,槐林镇形成渔网原材料产、供、销一体化的渔网产业群。全镇共有渔网加工和与渔网产业相关企业472家,从业人员1.38万人,拥有各类渔网织机1100台套,锦纶综丝生产线400余条,年产锦纶综丝3万吨,成品渔网2.8万吨。全镇渔网出口企业26家, 13家拥有进出口自营权,产品不仅畅销全国,还远销俄罗斯、韩国和东南亚、南非等30多个国家和地区,年出口交货值2.6亿元,其中自营出口为2600万美元。1993年,六安市成立“中港”合资安徽金龙网具有限公司,投资198万美元,进口日本、泰国等先进结网机,产品销往浙江、江西等省。2000年,庐江县石头镇150多户渔网专业户,围绕渔网生产、销售和服务等安置剩余劳动力5500多人,在广东省湛江市、汕头市等地建起7个销售点,全镇渔网产业总产值5800余万元,利税过千万元。2008年,界首市招商引资,规划建设现代新型特色产业园——渔具产业园。计划总投资13亿元,分两期完成。界首市渔具产业不仅有充足的原料,而且已有宏飞钓具、锦泉渔具、福斯特钓具等全国知名的企业和30多家产业链条合作加盟的加工户,其中两家骨干企业多年自主经营进出口业务。该市渔具产品九成以上出口美国、澳大利亚、日本、韩国等国家和地区,产品倍受欢迎。

第三节　水产品流通出口

水产品流通

1987年2月,经安徽省体改委批准省水产局将省水产公司、中国水产联合总公司安徽供销站、省水产养殖公司、省渔需物资供应站合并,成立安徽水产联合开发总公司。1988年6月,省水产局与省科委、省粮油进出口公司合作组建“河蟹技术开发联合公司”。

2008年，全省渔业流通和服务业产值621982.5万元，其中水产流通495165万元、水产(仓储)运输21754.8万元。全省城镇居民年人均水产品消费量：1990年8.04千克、1995年9.67千克、2000年13千克、2005年12.02千克、2008年11.5千克；全省农村家庭人均年消费水产品：1990年1.5千克、1995年2.81千克、2000年3.5千克、2005年5千克、2008年5.48千克。

水产品批发市场　全省各地城镇农贸市场基本都设有水产品交易场所。合肥市、芜湖市、安庆市、蚌埠市是全省4大渔市，以合肥市周谷堆水产品批发市场规模为最大。1987年，8大联营渔场为市场提供鲜鱼350吨。1988年省辖9市组织1230吨水产品供应“中秋”“国庆”节日市场。其中合肥市水产公司调进海水鱼100吨、郊区生产单位500吨活鱼上市。

1991年，无为县高沟珍珠市场的规模居全国珍珠市场第三位，有固定摊位50多个，交易棚13间，上市的各种等级、规格的珍珠首饰，五光十色，绚丽璀璨。高沟珍珠市场辐射面达江苏、浙江、广东、上海等9个省（市）及沿江12个县，从事珍珠贩运的人员500多人，1990年成交额1000万元。仅珍珠一项，全乡人均增加收入90元。

2008年9月，位于安庆市东部新城区的长青农副产品批发市场正式投入使用。该市场以水产品和蔬菜交易为主，当年入驻水产品批发商160多户，年水产品交易额4亿元，成为皖江（长江安徽段，下同）上游规模最大的水产品批发集散地。

2008年，当涂县塘南镇塘南水产品批发市场开业。市场规划占地4公顷，一期投资1000多万元，总建筑面积4万平方米，兴建市场门面房2.2万平方米，办公房4000平方米，交易大棚3000平方米。该批发市场以优质河蟹、鳜鱼、青虾为主，兼营常规鱼和各类冰冻水产品批发，成为皖江下游规模最大的水产品批发集散地。

2008年，蚌埠城南农副产品交易有限公司交易鲜活水产品13万吨，交易额突破10亿元。成为安徽省皖北地区最大的水产品批发交易集散中心。主要销往苏北、豫南、鲁西以及皖北周边地区等方圆200千米左右的范围。

水产品展示展销　天长市河蟹流通服务产业发展迅速，从蟹苗繁育、幼蟹培育、成蟹养殖到商品蟹销售系列配套。1999年，建立各类水产销售中介组织214家，在上海、宁波、杭州、绍兴等地开设销售窗口和办事处，创立“高邮湖大闸蟹”的注册商标，全市水产品产销两旺。

2003年，巢湖市在上海举办“三珍”水产节暨第二届水产品交易会；安庆市举办第三届黄梅戏艺术节，开展安庆、上海、江苏等地水产品贸易对接活动；滁州市举办螃蟹菊花节，展示“女山湖”牌大闸蟹、滁州鲫等名优水产品；马鞍山市在上海举办“石臼湖”金秋螃蟹展示交易会，并在沪西铜川水产品市场设立当涂水产专卖店。

2002年以后，合肥市连续8年举办以龙虾为主题的节庆活动。2005年，“合肥龙虾节”跻身“中国节庆50强”。合肥市宁国路、芜湖路、四湾、巢湖南路已形成“龙虾街”。

2008 年，合肥市经营龙虾的大小餐馆 4000 多家，每天龙虾消费量 600 吨，年消费近 10 万吨。全市龙虾产业经济总值 20 亿元。

水产品出口

1986 年，巢湖首次出口试销大银鱼 17.49 吨。1988 年，巢湖银鱼产量 250 吨，1989 年 507 吨。银鱼出口创汇率高，福建、广东、浙江、江苏和本省的客商争相抢购银鱼，鱼价飞涨，大银鱼价格由每千克 4 元上升到每千克 32 元。

1987 年，全省河蟹产量 1662 吨，产量和出口量分别占全国的三分之一和二分之一。

1992 年，经省编委批准，省水产局成立安徽省水产对外联络中心，负责开展渔业对外经贸。同时成立安徽省水产新技术研究所。

1995 年，寿县水产总公司加工、出口水产品 1.2 万吨，创汇 300 多万美元。1996 年，五河沱湖水产品批发市场的中华绒螯蟹上市量 100 吨，出口新加坡、东南亚等 20 多个国家及中国港澳地区。2000 年以后，休宁县黑螺加工厂每年收购黑螺 200 吨（部分从祁门县收购），加工黑螺肉（商标名“蜗螺”）年出口韩国 45 吨左右。2003 年，明光市永言水产（集团）有限公司的养殖基地 2.6 万公顷，年产河蟹 450 吨，“女山湖”牌大闸蟹获安徽省名牌产品和自营出口权，销往日本和中国香港、台湾地区。2005 年，当涂县贤进渔业发展有限公司“牧牛湖”牌大闸蟹开始自营出口，销往日本、韩国和中国香港、澳门等国家和地区，年均出口量 50 吨左右。

2006 年，安徽省出口水产品 3600 吨，出口额 2600 万美元，位居内陆省份第四位。至 2008 年，受鮰鱼出口美国受阻等影响，当年出口水产品 1379 万美元。

2008 年，农业部公布《出口水产品优势养殖区域发展规划（2008—2015）》，安徽省河蟹、斑点叉尾鮰、鳗鲡 3 个品种列入长江流域出口水产品优势养殖区。

第四节　休闲渔业

1996 年，安徽省水产局《安徽渔业统计资料》年报首次记载休闲渔业，全省休闲渔业发展步入快车道，各地立足水资源和特色水产品优势，建立休闲渔业基地，拓展渔业经济新领域。如颍上县八里河世界公园、铜陵水产度假游乐村、安庆石塘湖渔场、合肥郊区休闲垂钓等。2003 年，全省渔业统计三产指标中首次单列休闲渔业，当年产值为 0.6 亿元，2004 年 1.5 亿元，2006 年 3.63 亿元，2008 年达到 7 亿元。

按休闲渔业经营情况划分，主要有：生产经营型、观光游览型、休闲垂钓型和娱乐观赏型等 4 种类型。2008 年 9 月，经县级推荐、市级渔业主管部门审核，省渔业协会组织专家评审，确定肥东县长临渔场等 60 家单位为首批“安徽省休闲渔业示范基地”（有效期 2 年）。示范基地建设对全省休闲渔业规范管理和服务指导，推进有序、健康、持续发展起到积极作用。据统计，2006 年全省从事休闲渔业的企业共有 3550 个。其中以垂钓为主业的 2574 个，面积 2.4 万公顷；以餐饮为主业的 439 个，观赏鱼企业 93 个，综合类企业 444 个。2008 年，全省从事休闲渔业单位（场）有 4000 多个，其中以垂钓为主业的有 3000 多个，面积 2.67 万公顷，以餐饮为主业的 1000 多个，观赏鱼企业 120 多个，综合类企业 500 多个。

第六章 管理机构与渔政渔港监督

第一节 省级管理机构

1978 年 8 月，安徽省革命委员会决定：将省农林局水产站与省商业局水产公司合并，成立安徽省水产局，正厅级建制，隶属财贸口，编制 45 人。

1983 年 5 月，安徽省农牧渔业厅成立。同年 7 月，经省编委批复，在省农牧渔业厅内设水产局。同年 9 月，水产局升格为副厅级机构，更名为安徽省人民政府水产局，隶属省农牧渔业厅。1992 年 7 月 6 日，省编委批复省农经委、省农牧渔业厅：根据省政府负责同志批示精神，经研究，同意安徽省人民政府水产局由省农牧渔业厅划归省农经委领导，原级别、编制不变。2000 年 5 月，安徽省农业委员会成立，内设渔业局（省渔政局），正处级，行政编制 8 人。

历任省级水产行政管理机构主要领导名单

表 5-6-1

机构名称	局长	任职时间
安徽省水产局	邓志修（主持工作）	1978.7—1979.3
安徽省水产局	陈力生	1979.4—1982.8
安徽省水产局	李济德	1982.9—1983.9
安徽省农牧渔业厅水产局	李秀芳（女）	1983.10—1985.2
安徽省人民政府水产局	赵乃刚	1985.3—1997.10
安徽省人民政府水产局	王文有	1997.10—2000.3
安徽省农业委员会渔业局	王俊修（女）	2000.10—2006.12
安徽省农业委员会渔业局	刘国友	2007.1—

第二节 渔政及巢湖渔业管理机构

渔政机构

1986 年，安徽省人民政府水产局内设渔政处。1987 年，全省建有 46 个渔政站（科），38 个江河湖库管委会，23 个水上公安局、派出所，有专职渔政人员 683 人。

1998 年，全省县级以上渔政监督管理机构 98 个，在编渔政管理人员 826 人，有各类渔政船（艇）63 艘。

2006 年，全省渔政执法单位 122 个，执法人员 1360 名。其中，全额拨款单位 96 个，占总数 80%。公务员和参公管理人员 327 人，占总数 24%。拥有渔业执法船(艇)68 艘、车辆 33 部。

2008 年，全省 17 个省辖市、105 个县（市、区）建有县级以上渔政局（处、科、站）98 个、渔船渔港管理站 42 个，拥有渔业执法船艇 85 艘，渔业执车辆 21 部，基本形成覆盖全省的集渔政、渔监、船检"三位一体"的渔业行政执法管理体系。全省渔业执法机构中，全额拨款、差额（定额）拨款和自收自支约各占三分之一。公务员或参照公务员制度管理约 100 人，主要有省渔政渔港监督管理局、省渔船检验局、淮南市渔政处和巢湖渔业管理局。

巢湖渔业管理机构

巢湖为中国五大淡水湖之一，1979 年，省政府决定成立"安徽省巢湖管理委员会"，下设办事处，又称安徽省巢湖开发公司，正县级建制，直属省政府水产局管理。负责对巢湖渔业生产，包括管理、养殖、捕捞、收购和分配实行统一领导和管理，沿湖各县、市和公社、大队、生产队按照湖岸线逐级划定管理段，包干负责。同年 9 月，省编委批准在安徽省巢湖管理委员会办事处下设巢湖水上公安局，隶属巢湖行署公安局领导。

1985 年 5 月，根据省政府批转省经委、省体改办《关于省直属企业下放意见的报告》精神，省政府水产局将安徽省巢湖开发公司（安徽省巢湖管理委员会办事处）下放给巢湖行署。同年 8 月，省农牧渔业厅、巢湖行署共同形成《巢湖开发公司下放交接会议纪要》，办事处行政管理职能和范围未作改变。

1998 年，省政府办公厅《关于成立安徽省巢湖管理委员会的通知》，明确由分管副省长担任主任，省直有关部门负责人和巢湖市、合肥市政府分管副市长任委员。原办事机构职能和隶属关系不变。

2003 年巢湖市编委下文，设置安徽省巢湖渔业管理局，挂安徽省巢湖渔业管理委员会办公室牌子，正县级建制，为巢湖市人民政府直属事业单位和安徽省巢湖渔业管理委员会的日常办事机构。办公地址仍然定在巢湖市居巢区中庙镇。

2008 年，巢湖渔业管理局设有办公室、渔政科（渔监、渔检科）、行政装备科、渔业科（水科所）4 个科室，下属 7 个渔政站，1 个渔政执法大队，核定编制 83 名，实有在编在岗人员 67 人。有渔政船 5 艘、快艇 6 艘、渔政执法车 10 部。

第三节　渔政管理和渔港建设

渔政管理

1989 年，安徽省人大常委会颁布《安徽省实施〈渔业法〉办法》，此后，分别于

1996年、2002年、2004年进行三次修正。《安徽省实施〈渔业法〉办法》第七条对大中型水域开展水产养殖作出特别规定，为全省养殖水域滩涂有序规范利用奠定法律基础。2006年，省政府印发《安徽省实施〈中国水生生物资源养护行动纲要〉方案》，强化依法管理，把保护水生生物资源与转变渔业发展方式、优化渔业经济结构结合起来，建立水生生物资源养护管理体系，确定资源养护的中远期目标。2005年，根据农业部开展渔业文明执法窗口单位创建活动统一部署，全省各地渔政部门围绕“建一流队伍，创一流业绩，树一流形象”的目标，精心组织，狠抓落实。至2008年，全省创建淮南市渔政处、安庆泊湖渔政站和宁国市渔政站3家农业部渔业文明执法窗口单位。

渔政执法

1987年起，对入江上溯的鲥鱼亲体、长江亲蟹禁捕3年。当年，农牧渔业部东海区渔政局批准安徽江段捕蟹船只100艘，亲蟹捕捞限额20吨，用于人工繁殖。同年，全省大型湖库设立禁渔区40余处、约2万公顷。

1996年，全省查处电、毒、炸鱼等渔事案件2466起，处罚4042人，移交公安机关处理32人，罚没款53.5万元，赔偿损失48.8万元，没收违规渔具6662件，渔获物折款17.2万元，没收电捕器3304台（套），查处电捕船338艘，摧毁制造电捕器和销售点164处，没收炸药4.43多吨、雷管1734支，查获贩卖大鲵3条、鹰嘴龟9只。

1999年，全省共查处320余起渔事案件，罚没款25万余元，资源赔偿费63万元，没收非法渔具万余条、渔获物10吨，拘留320人，刑事处罚21人。

2002年开始，每年秋冬季全省统一部署开展打击非法捕捞作业专项整治行动。

2005—2008年，全省共查获违禁捕捞船只2373艘，查处电鱼案2460起，查获电捕器3244台套，行政处罚2533人次，刑事处罚14人，没收捕捞渔获物18吨，罚款总额228万元。

渔港建设

1991年2月，安徽省渔船渔港监督管理处成立，同时加挂安徽省渔船检验处牌子，为省水产局直属事业单位，核定事业编制12名。从1999年起，开展渔港认定、确权工作。对渔船长期停靠自然港口或停泊区划定水上和陆上港区范围，确定渔港名称。全省共登记在册的各类渔港（或停靠点）93个，包括重点渔港37个、小型渔港56个。其中由县级以上人民政府确认渔港42处，并经农业部批准正式对外公布为专业渔港。这些渔港主要分布在长江、淮河、新安江及大中型湖泊、水库。

2002年，农业部开始对内陆重点渔港加强基础设施建设。先后投资1000余万元，建设巢湖中庙渔港和长江安庆渔港；蚌埠、芜湖、合肥义城渔港也先后上报农业部待批建设。

第七章 渔民渔船

第一节 渔 民

1986年，安徽省沿江地区有53个渔业专业乡、村，专业渔民6808户，其中外省专业渔民420户。2008年，全省有专业捕捞渔民31127户，人口116560人，农业户口渔民63428人，非农业户口渔民52712人。其中“连家船”专业渔民15285户，人口59255人，占捕捞渔民总数51%。专业渔民主要集中在长江、淮河流域以及巢湖、南漪湖、泊湖、瓦埠湖、沱湖等大型湖泊。在长江、淮河水域生产的渔民，有各自固定作业江（河）段，领取捕捞许可证，并在指定时间、区域内使用专用渔具、渔法作业，停泊地点在渔港或夹江、河口。捕捞鲜鱼一般在岸边出售或交由中间商销售。2006—2008年3年间，全省共发放渔业机动船舶燃油补贴9752.3万元，对于减轻渔民生产生活负担、改善生活，促进渔区社会稳定发挥重要作用。按渔业统计口径，2006—2008年3年间渔民年人均收入分别为5572元、6979元和7271元。

2002年，安徽省渔船检验处编印《安徽省渔船船员培训教材》，填补中国内陆省份渔船船员培训教材的空白，并于同年11月29日在巢湖市中庙镇举办第一期渔业机动船舶船员培训班，开始全省专业渔民培训船员考试发证工作。至2008年，全省共计培训专业渔民13000人次。

第二节 渔 船

1992年，经省政府批准，安徽省水产局发布《安徽省渔业船舶安全管理暂行办法》（后简称《办法》）。1997年，省政府第99号令对《办法》进行修正。《办法》规定：凡在安徽省境内水域航行、停泊、作业的渔业船舶，必须持有“内陆水域渔业船舶证书”“内陆水域渔业船舶登记证书”，船员必须持证上岗。

渔船数量

1999年，安徽省有渔业船舶4.6万艘、专业渔民20万人、副业渔民30余万人。

2001年4月至2002年9月，省农委首次在全省范围内开展渔业船舶普查，共普查渔船29403艘，总吨位146606吨，总功率128463千瓦，资产总值15192万元。其中机动渔船12272艘，占渔船总数41.7%，总吨位99655吨，功率总和128462千瓦，资产总值10259万元。非机动渔船17131艘，占渔船总数58.3%，总吨位46950吨，资产总值4932万元。专业渔船22318艘，总吨位132818吨，功率总和115263千瓦，资产总值13596万元。兼业渔船7085艘，总吨位13787吨，功率总和13199千瓦，资产总值1595万元。

2008年，全省有渔船55216艘，总吨位390304吨，总功率388935千瓦，其中机动渔船29116艘，非机动渔船26100艘。渔船以个人所有为主，平均单船吨位为7吨，平均单船功率为13.4千瓦。专业渔船占渔船总数75.9%；木质渔船占渔船总数55.7%。

渔船分布

安徽省渔船主要分布在长江、淮河、新安江及沿江沿淮湖泊、水库，其中长江流域占58%，在淮河流域占36.6%，在新安江流域占5.4%，巢湖湖区渔船占4%。

渔船安全生产

2002年12月，省农委在全省渔业重点水域设立100名渔业安全员，建立全省渔业安全生产监管网络。2003年5月至2004年5月，安徽省首次在巢湖渔业水域全面打捞沉船，共计打捞沉船50余艘，有效解决渔船在捕捞生产过程中发生碰撞沉船等安全隐患。2005年4月，全省开展为期2年低质量渔业船舶专项整治工作，共取缔7处造船厂（点），取缔“三无”渔船353艘，清理渔船600多艘，检查渔船13600多艘次，受理渔业船舶检验3971多艘。同时，对全省渔业执法船28艘、执法快艇39艘进行统一检验。2006年9月6日，省农委在巢湖水域首次进行渔业船舶水上安全突发事件应急救助演习，重点是加强对渔业行政执法队伍水上救助技能培训，加大渔业生产突发安全事件救助宣传力度，增强水上抢险救助能力、完善救助体系等。

渔业互助保险

互助保险，是一种对某种风险具有同一保障要求的个人或团体，采取合作互助的组织形式，满足所有成员对保险保障需求的保险形式。为建立渔业风险保障机制，保证渔民在自然灾害和意外事故后的灾后自救，经中国渔船船东互保协会批准，1995年，成立中国渔船船东互保协会安徽省办事处；1996年，成立巢湖中庙分理处等14个渔业互保办事机构。由于种种原因，只有巢湖中庙分理处一直开展渔业互保工作，但承保的险种也只有渔民人身平安险一个险种。至2006年，巢湖中庙分理处承保人身保险由1996年的1480人发展到4700人，互保面由1996年的40%扩大到80%。10年间累计赔付会员死亡20起、伤残200多起，赔付金额58.76万元。2007年，中国渔船船东互保协会安徽省办事处更名为中国渔业互保协会安徽省办事处，将原从事的渔民人身和渔船财产互助共济业务扩展至包括水产养殖、渔港码头、渔业设施在内的全行业互助保险。

2008年10月1日，安徽省率先在全国内陆省份全面开展渔业互保工作。在各地渔业主管部门的领导下，依托渔政、船检、港监机构平台，对主机总功率4.4千瓦及以上的内河渔船、渔民人身意外、渔政执法船（艇）业务、渔业系统行政、执法及科研人员开展互助保险业务。当年收取保费130多万元，提供风险保障3亿多元，居内陆省份第一位。当年发生理赔案件61起，总赔付22万元。

第三节　渔船检验

机构沿革

1991年7月30日，安徽省渔船检验处成立，在安徽省渔船渔港监督管理处增挂牌子，副处级建制，事业单位性质，自收自支。2003年6月9日，经省编办批准，核定安徽省渔船检验处为全额拨款事业单位，编制8人，副处级建制。当年11月28日，安徽省渔船检验处通过农业部渔船检验局机构认可。2004年6月25日，省编办批准，安徽省渔船检验处参照国家公务员法管理，核定编制8人，其中领导职位数为1正1副。2004年7月，安徽省渔船检验处通过农业部渔船检验局考核，取得渔船船用产品检验和发证资格。

渔船检验

2008年，全省实检渔船40228艘，总吨位413305吨，总功率377549.10千瓦，渔船受检率73%。1991—1996年，分别和辽宁、山东、江苏、上海等地渔船检验机构联合检验在安徽省建造的沿海渔船100余艘，2002—2008年，安徽省渔船检验处独立完成安徽省16艘新建渔政船建造检验。

产品检验

1998年，安徽省联合江苏省渔船检验局开展渔船船用产品检验工作，由江苏省渔船检验局发放船用产品证书。2004年，安徽省渔船检验处获农业部渔船检验局产品检验授权，对申报的渔船船用产品直接检验发证。受理省内渔船船用产品生产企业12家，检验产品种类包含柴油机、空冷器、油水冷却器、活塞销、活塞环、控制屏、重油加热器和舾装件等。

渔业船舶生产企业

1995年开始对省内设计和建造渔船的企业进行设计和建造认可。至2008年，全省共有蚌埠神舟有限公司、合肥船舶修造厂、枞阳船厂等7家造船企业取得相应设计和建造资质。

验船人员培训

2004年11月29日至12月5日，安徽省渔船检验处在黄山市首次举办国家级渔业船舶检验人员培训班，全省有共从事渔船检验工作人员88人参加培训，并通过考试，分别取得助理验船师和验船员资格。此次培训提高渔船检验队伍专业素质、解决渔船验船人员严重不足问题起到重要作用。

2006年5月，农业部举行全国渔业船舶专业技术资格考试，并在合肥市开设考场。安徽省有20人通过资格考试，取得相应的船员任职技术职称。

2007年7月，农业部渔船检验局举办渔业船舶检验大专班，安徽省4名技术人员参加培训并取得中级职称。当年 9 月 5 日,芜湖市、滁州市、淮南市、蚌埠市、宣城市、铜陵市等 6 个市级船检机构通过农业部渔船检验局机构认可。

第八章　渔业资源增殖保护

第一节　禁渔管理与增殖放流

禁渔管理

2000年,安徽省渔政渔港监督管理局在全省部署开展禁渔工作,全省实行禁渔面积31万公顷。2002年,按农业部统一部署,安徽省首次实施长江流域春季禁渔制度。自4月1日12时到6月30日12时为长江流域春季禁渔期。按照农业部《关于实行长江禁渔期制度的通知》,省政府办公厅下发《关于组织实施我省长江春季禁渔工作的通知》,长江安徽段及巢湖等106处28.7万公顷的通江河流、大中型湖泊实施春季同步禁渔。2005年,对长江及122处32万公顷大水面实施同步禁渔。2006年,继续实施长江、巢湖等109处、33万公顷大水面同步禁渔。2002—2008年,全省长江禁渔期间共组织检查行动700次,查处违规捕捞船只940艘、电捕器558台（套）、毒鱼案26件,取缔迷魂阵10万米、深水张网2533部,行政处罚1100人（次）,罚款65万元。

增殖放流

2003年,安徽省农委渔业局在长江芜湖段增殖放流"四大家鱼"原种2吨,在巢湖、安庆市泊湖分别投放"四大家鱼"鱼种400万尾和1400万尾。2005年,省农委先后组织有关市(县)在无为县和芜湖市分别放流国家二级保护动物胭脂鱼苗1.5万尾和"四大家鱼"鱼种4.88吨。2006年,全年人工增殖放流苗种1亿尾。同年6月28日,省农委、巢湖市政府、芜湖市政府共同组织主题为"珍爱水生生物,保护长江生态"长江鱼类增殖放流活动,共向长江投放胭脂鱼苗5.75万尾、"四大家鱼"鱼种2.19万尾（5.39吨）。

2004—2008年,全省共投入资金4495万元,在各大江河湖泊放流"四大家鱼"、鲤、鲫、鳊、鳜、长吻鮠、江黄颡、翘嘴红鲌、蟹等经济鱼类苗种4.5亿尾,放流国家二级保护水生动物胭脂鱼37.81万尾。

第二节　水生生物资源保护

1986年,安庆地区、铜陵市、宣城地区、巢湖地区、当涂县等地,由于购进外省带蚌病幼蚌和成蚌,造成育珠蚌大量死亡,蚌病蔓延,一些地方高价收购和滥捕河蚌。省水产局及时发出通知,要求各地严格按照《安徽省水产资源繁殖保护实施细则》规定,执行三角帆蚌、褶纹冠蚌二至三冬龄以上采捕标准,严禁滥捕幼蚌。不准购买外省市幼蚌和成蚌。

1989 年,《安徽省实施〈渔业法〉办法》通过省人大常委会审议,颁布实施。《安徽省渔业资源增值保护费征收管理暂行规定》经省长办公会议通过,颁布施行。

1990 年,全省各地加强鳗鱼苗资源管理;省水产局在合肥市公安局刑警队和驻合钢刑警队的配合下,查处福建省莆田市一违法贩卖鳗鱼苗团伙 8 人。

1994 年,省水产局批准黄山市在休宁县流口镇建立大鲵人工养殖研究所,开展大鲵人工驯养繁殖研究。

1998 年 4 月,安徽省水产局出台《安徽省鲟鱼保护措施》。同年,省水产局编制规划 5 个渔业自然保护区。分别是黄山流口大鲵自然保护区、东至黄泥湖瘤丽蚌自然保护区、铜陵江豚自然保护区、寿县正阳关和淮南峡山口淮河长吻鮠自然保护区。

2007 年 10 月 1 日下午,芜湖渔民朱开宏等人在弋矶山附近水域误捕一只超大中华鲟,经渔政人员测量,体长 3.5 米,体重约 0.5 吨。随后经市渔政、技术人员现场察看,确认该中华鲟没有受伤,随即放生。

2005—2008 年,安庆市与世界自然基金会合作,在辖区湖泊连续 4 年实施灌江纳苗,使 14 个大型天然湖泊恢复江湖季节性联系,总面积 11.6 万多公顷。

2008 年,全省已有 72 个县(市、区)级、1 个市级人民政府和 2 个市级跨界湖泊出台《养殖水域滩涂规划》,占所辖县(市、区)78.2%。发放养殖证 8600 本,核发养殖水域滩涂面积 26 万公顷,占应核发面积 52%。建立有无为长江胭脂鱼、安庆长江江豚保护区、黄山大鲵以及巢湖水生野生动植物资源保护区。2008 年,省农委首次在具有较高经济价值和遗传育种价值的水产种质资源主要繁育区域建立 9 处省级水产种质资源保护区,根据农业部 1130 号公告,其中 5 处批准为国家级水产种质资源保护区。

安徽省省级以上水产种质资源保护区名录(截至 2008 年年底)

表 5-8-1　　单位:公顷

序号	保护区名称	所在地	保护区面积	主要保护对象	级别	建立时间	批准文件
1	白荡湖翘嘴红鲌省级水产种质资源保护区	安徽省枞阳县	2000	翘嘴红鲌	省级	2008 年 9 月 26 日	安徽省农业委员会皖农渔〔2008〕242 号
2	黄湖中华绒螯蟹省级水产种质资源保护区	安徽省宿松县	6667	中华绒螯蟹	省级	2008 年 9 月 26 日	安徽省农业委员会皖农渔〔2008〕242 号
3	旌德县平胸龟省级水产种质资源保护区	安徽省旌德县	176.46	平胸龟	省级	2008 年 9 月 26 日	安徽省农业委员会皖农渔〔2008〕242 号

续表 5-8-1

序号	保护区名称	所在地	保护区面积	主要保护对象	级别	建立时间	批准文件
4	淮河蚌埠段四大家鱼长春鳊省级水产种质资源保护区	安徽省蚌埠市	120	青鱼、草鱼、鲢鱼、鳙鱼、长春鳊	省级	2008年9月26日	安徽省农业委员会皖农渔〔2008〕242号
5	泊湖秀丽白虾青虾国家级水产种质资源保护区	安徽省望江县、太湖县	4350	秀丽白虾、青虾	国家级	2008年12月22日	农业部公告第1130号
6	长江安庆江段长吻鮠大口鲶鳜鱼国家级水产种质资源保护区	安徽省安庆市	8000	大口鲶、长吻鮠、鳜	国家级	2008年12月22日	农业部公告第1130号
7	武昌湖中华鳖黄鳝国家级水产种质资源保护区	安徽省望江县	5250	中华鳖、黄鳝	国家级	2008年12月22日	农业部公告第1130号
8	破罡湖黄颡鱼国家级水产种质资源保护区	安徽省安庆市宜秀区	3667	黄颡鱼	国家级	2008年12月22日	农业部公告第1130号
9	焦岗湖芡实国家级水产种质资源保护区	安徽省淮南市毛集实验区	1000	以芡实为主的水生生物资源（包括野菱、莲藕、芦苇等）	国家级	2008年12月22日	农业部公告第1130号

第九章 渔业科技教育

第一节 渔业科研

安徽省农业科学院水产研究所

1955年创建于合肥,是安徽省农业科学院14个专业研究所之一。位于合肥市森林公园建设区域内、省农科院内北部,占地面积10公顷,为安徽省唯一省级水产科研机构,下设水产养殖、品种资源、渔业新技术、渔业环境4个专业研究室。科学实验和办公用房建筑面积近3000平方米,试验塘口4.33公顷,水源塘1公顷,高密度苗种培育池200立方米,钢架塑料温棚300平方米,有10多个产研合作试验、示范基地。该所人员编制60人,在职职工43人,其中正高职称3人、副高职称10人,博士3人,硕士11人,安徽省学术和技术带头人2人、后备人选2人,享受省政府特殊津贴2人。承担国家、省、市各级各类科研、开发项目100多项。有农业部“女山湖渔业生态工程研究”“培养特异性浮游生物进行草鱼疾病免疫保护的研究”等重点项目;科技部“青虾良种选育与高效技术中试示范”等成果转化资金项目;省科技厅“提高异育银鲫制种养殖技术研究与推广应用”“草鱼、鳖主要疫病的免疫途径及综合防治技术研究”“河蟹颤抖病快速诊断及综合防治技术研究”“斑点叉尾鮰重要疫病防治关键技术研究与示范”等科技攻关项目,“池养河蟹生态环境的研究”“中华绒螯蟹幼蟹对不同脂类的营养需求与代谢研究”等自然科学基金项目,省科技厅“克氏原螯虾良种选育与产业化关键技术开发”重大科技专项;省农委“淡水养殖新品种的引种驯化与繁育推广”“斑点叉尾鮰引种及鱼苗繁殖和培育技术研究”等渔业致富工程项目;省人事厅“免疫草鱼苗种生产技术”“鱼用生物饵料高密度生产技术”等引智成果推广项目;合肥市“克氏原螯虾人工繁育与高效养殖技术研究与示范”公开招标项目等。在省级以上学术刊物发表学术论文近200篇,出版编著18部,制定省级地方标准30项。获各类成果37项,省部级奖励25项,其中“花园湖渔业开发技术”获农业部科技进步二等奖,“青虾良种选育与高效技术中试示范”获安徽省科学技术二等奖。

滁县地区水产研究所

成立于1978年,地处滁州市城西水库上游螃蟹岛,与琅琊山隔水相望,全所占地53.33公顷。多年来,在河蟹人工半咸水育苗、梅鱼和滁州鲫鱼品种选育等方面进行大量技术研究和示范推广工作。

安徽省长江水生动物保护研究中心

2006年，由无为县小老海长江特种水产有限公司与安徽省水产技术推广总站共同筹建，经省科技厅、省民政厅批准注册成立。中心聘请国内知名专家、教授为研究人员，搭建科技平台，以加强长江水生生物资源保护为宗旨，重点开展长江安徽段名贵、珍稀水生动物资源保护、开发利用技术研究。

第二节 渔业教育

全省高等院校、水产专科学校水产类专业设置主要为淡水渔业专业。教学内容为淡水生物学、淡水鱼类及其他水生经济动物养殖学基本理论和专业技术，教学目标是培养从事内陆水域苗种培育、成鱼养殖、疾病防治、天然水域资源增殖、淡水捕捞等方面生产、开发、管理、研究工作人才。

安徽大学生物系动物专业（淡水养殖专业）

1981— 1988年，每年招生50名，学制4年。

安徽农学院牧医系（现为安徽农业大学动物科技学院）

1985年开始设置“淡水渔业”专业（专科）。1994年，经省教委批准，设立“水产养殖学”专业并升为本科，同年成立水产系。1985—1993年，“淡水渔业”专业每年招收专科生30人；1994—1998年每年招收“淡水养殖学”专业本科生30人；1999年开始扩大招生，达到57人。2000—2008年分别招生82人、68人、38人、60人、32人、31人、35人、30人和40人。至2008年，安农大合计毕业淡水渔业（专科）专业毕业生270人；水产养殖学（本科）专业毕业生683人。1997—2010年，安农大动物科技学院在“动物遗传育种与繁殖”硕士点培养“鱼类遗传育种与繁殖”硕士研究生，毕业3人，在读5人。

安徽水产学校（现为安徽生物工程学校）

1985年12月筹建，位于合肥市庐阳区农科南路，校园面积2万平方米，建筑面积21000平方米。1986年招生40名，从池州农校转入1984级、1985级淡水养殖班。1987年第一届毕业生42人。1991年9月，省教委教计字〔1991〕第38号文件批复：经研究并报省人民政府批准，同意正式成立安徽水产学校。学校隶属省水产局领导，规模640人，开设淡水养殖、淡水捕捞、水产品加工等专业，学制4年，面向全省招收初中毕业生。1993年增设渔政管理专业，2个班、计60人。1995年，省编委皖编事字〔1995〕第38号文件批复，安徽水产学校为县级建制，列入全额预算事业单位管理序列，核定编制80名（领导职数4名：校长1名、副校长3名，专职教师56名，管理人员10名，工勤人员10名；核定职责：负责为全省中专学历的水产专业技术人才和水产系统的职工岗位培训工作）。2003年4月，经省教育厅教秘计〔2003〕122号文件批准，“安徽水产学校”更名为“安徽生物工程学校”。2008年，学校共有教职工75人，其中教师60人（水产专业教师16人）。在校学生525人，其中水产专业3个专业、学生44人。学校设水化实验室、观赏鱼实验室、动物解剖实验室、鱼类标本室、机电实验室、电工实验室、图书馆。

1984—2008年，安徽水产学校共计招收水产养殖、渔政管理、渔业环保等专业学生2061名。1997年，与上海水产大学合作，设立合肥函授站。至2008年，学校共毕业淡水养殖专业本科、专科生521人。2007年，承担省农委于上海海洋大学联合开设"农业推广硕士班"教学任务。承担农业部特种行业（渔业）职业技能鉴定工作。设13个工种，至2008年，共鉴定1386人。

第三节　技术推广

推广体系

1986年7月，经省编委批准成立安徽省水产技术推广总站，全额拨款事业单位，编制15人。主要职能：承担全省水产技术推广、水产养殖病害防控、渔业环境监测、污染事故调查与评估等。1996年6月，省编委批准成立安徽省鱼病防治中心和安徽省渔业环境监测中心。1998年，省水产技术推广总站与省鱼病防治中心、省渔业环境监测中心（经皖编办〔1996〕54号文批复成立）合署办公，实行人员、资产统一管理、资源共享。拥有办公及实验室1000多平方米，固定资产总额近2500万元。

1987年8月统计，全省有29个地、市、县建立水产推广机构，在编人员152名，农民渔业技术员709名，省、地（市）、县三级技术推广体系初步形成。2000年，全省水产技术推广机构编制3985人，技术推广人员2240人。独立设水产站547个，其中乡（镇）设站474个。2008年，全省有水产技术推广站647个，其中省级1个，市级17个，县级85个，区域10个，乡镇534个。独立设站159个。编制1458人，实有人员1391人。其中技术人员1139人。

技术资质

2000年，省渔业环境监测中心获农业部渔业污染事故调查鉴定乙级资格认定。自2004年起，对巢湖主要经济鱼类产卵索饵场生态环境进行监测，完成安徽水产养殖业污染源普查排污系数测算项目，并获农业部渔业生态环境监测中心优秀成果三等奖。2006年，省渔业环境监测中心通过省级实验室资质认证，检测参数为110多项，包括水质、水产品、饲料、底泥等。2004—2010年，对巢湖主要经济鱼类产卵索饵场进行生态环境监测；自2006年起，每年承担农业部和省农委下达的各类水产品质量安全抽检样品1000多个。渔业水域污染事故调查、鉴定与评估10余起，涉及渔业水域污染面积平均在7000多公顷，直接经济损失1600多万元。

推广工作

1986—2008年，省水产技术推广总站组织全省系统承担全省水产新品种、新技术、新材料的引进和推广工作，主要推广小体积高密度网箱养殖、池塘 80 ： 20 养殖、河蟹人工增养殖、稻田生态养殖、养殖水体生态修复、稻虾连作、蟹鳜混养、网箱养鳝、微生态制剂应用、病害综合防治等项先进实用技术。引进、推广新品种 40 多个，其中河蟹、青虾、鳜鱼、黄颡鱼、泥鳅、黄鳝、小龙虾等已在名优品种养殖中优势显现，初步形成区域化布局、规模化生产。1988—1993 年，省水产技术推广总站在和县香泉乡兴办实体，利用地热水越冬保种尼罗罗非鱼、吉富罗非鱼、淡水白鲳等热带品种，推动全省热带鱼类养殖技术示范和推广。1992—1996 年，省水产技术推广总站与合肥市水产技术推广中心站联合在肥东县长临渔场兴办试验场，引进高背型银鲫、彭泽鲫、梁子湖原种团头鲂、云斑鮰、斑点叉尾鮰等品种进行示范试验。1992—2002 年，省水产技术推广总站创办安徽渔药厂，拥有“渔丰”牌鱼药商标和 11 个产品批号。

1994 年，省政府《关于组织实施安徽省渔业致富工程的决定》提出：在全省范围内实施“111”水产科技示范工程，即动员全省各级水产技术推广部门广大科技人员和渔（农）民，用 4 年时间，建成 100 个水产科技示范乡（镇），1000 个水产科技示范村，10000 个水产科技示范带头人。2000 年起，针对水产养殖业发展的新要求，围绕渔业中心工作，拓展水产技术推广的公益性职能，在渔业科技成果转化、主导品种和主导（推）技术推广、养殖病害测报与防治以及水生动物防疫、环境监测及污染事故调查鉴定等方面做了大量技术推广与服务工作。2003 年，省水产技术推广总站在全省推广“稻虾连作”“稻虾轮作”等到稻田生态养殖模式，编辑《龙虾养殖实用技术》《无公害水产品养殖册》1 万多册印发全省。2006 年起，大力推广生态修复等健康养殖技术，利用“种草、投螺、稀放、配水”等关键技术，保证养殖水体生态系统能量转化和物质循环的基本平衡，实现经济效益和生态效益双丰收。2007 年，省水产技术推广总站筛选编辑《安徽省主导品种和主推技术》作为“十一五”期间水产养殖技术推广重点。

养殖疫病防治

1987 年起，根据安徽省水产养殖中草、鲫鱼患烂腮、肠炎、出血病危害性大，大力推广草鱼出血病细胞灭活疫苗防治技术，注射有效率 90% 以上，在水产养殖生产病害中显现良好效果。自 2000 年起，逐步建立起省、市、县、点四级养殖病害测报网络。全省共建成监测点 135 个，测报面积 1.6 万公顷，常年对 10 多个养殖品种的 20 多种病害进行有效监测。2007 年起，开展水生动物重大疫病（SVC）的监控和地方性水产养殖品种流行病调研，掌握全省水产养殖疫病分布和流行情况。2008 年，开展“走进渔村、关爱渔民、关心渔业”为主题的水产养殖规范用药指导活动。

推广科技成果

1986 年以后，各级水产技术推广站与水产科研院校密切合作，在技术推广的同时，开展科技攻关研究，促进成果转化。

1986—2008年安徽省渔业科技成果奖励汇总表

表5-9-1

序号	成果名称	主要完成单位	主要完成人	授予单位	奖励年份	奖励级别
1	网箱养草成鱼的研究	金寨县畜牧水产局 响洪甸水库渔业公司	徐敬道、杨德和、陈正龙、刘道生、江新中、郑国用等	省政府	1986	省科技进步四等奖
2	巢湖渔业资源增殖研究	安徽省巢湖开发公司 安徽大学安徽省环境保护研究所安徽师范大学 安徽农学院	吴先成、姚闻卿、胡菊英、叶诗鸣、谈奇坤、卢心固等	省政府	1987	省科技进步四等奖
3	中低产地区池塘养鱼高产技术扩大试验	安徽省农科院水产所 蚌埠郊区水产局	周婉华、胡贤江、汪留全、丁凤琴、周举、纵封侠等	省政府	1988	省科技进步三等奖
4	网拦库湾养殖商品鱼高产研究	安徽省农科院水产所 金寨县响洪甸水库渔业公司	祖国掌、李安全、陈劲、管远亮、蒋业林、陈宇等	省政府	1988	省科技进步四等奖
5	河蟹人工养殖的技术开发	滁州市水产所	赵乃刚、包祥生、胡敬斌等	省政府	1988	省星火一等奖
6	河道网箱养鱼	涡阳县农牧渔业局水产站	孙以乐、万全等	省政府	1988	省星火一等奖
7	河蟹人工养殖技术开发	五河县沱湖渔业开发公司	潘尚仁、赵文广、朱世观、沈汝英、张玉楼等	省政府	1988	省星火一等奖
8	鱼、畜、加链式体系配套工程	当涂县薛津水产养殖场	宴长发等	省政府	1988	省星火一等奖
9	金寨县网箱养鲤及种饵配套技术	金寨县水产站 安徽省水产技术推广总站	徐敬道、杨德和、徐良旭、方维海等	农业部	1989	农牧渔业丰收奖三等奖
10	出口编织渔网用镀锌钢丝	马鞍山市钢丝绳厂	许家骏、孙兴龙、赵振华、金以元、林建伟等	省政府	1989	省科技进步四等奖
11	响洪甸水库渔业利用研究	安徽省农科院水产所 金寨县畜牧水产局 金寨县响洪甸水库渔业公司	祖国掌、徐敬道、郑国用、龚家仁、宋在田、李安全等	省政府	1989	省科技进步四等奖
12	提高异育银鲫制种养殖技术研究及其应用推广	安徽省农科院水产所 滁州市水产局	陶乃舒、黄发新、万全等	省政府	1989	省科技进步四等奖
13	金寨县网箱养鲤及种饵配套技术	金寨县水产站 安徽省水产技术推广总站	徐敬道、杨德和、徐良旭、方维海等	农业部	1989	农牧渔业丰收奖三等奖

续表 5-9-1

序号	成果名称	主要完成单位	主要完成人	授予单位	奖励年份	奖励级别
14	多功能大跨度拦鱼网工程的设计与应用	上海水产大学 黄山市黄山区水产局	徐森林、余邦涵、裴满意等	省政府	1990	省科技进步三等奖
15	人工半咸水河蟹工厂化育苗技术开发	凤台河蟹人工繁殖厂 凤台县畜牧水产局 凤台县科委	朱文亮、杨文明、程保政、沙道安、牛传林、王克尧等	省政府	1990	省星火三等奖
16	东寺港水库精养成鱼的研究	安徽省水利综合经营总站 安徽省农科院水产所 滁县地区水利局 来安县水利局	徐克仁、祖国掌、宋在田、毕重艺、徐锦龙、闻根荣等	省政府	1990	省科技进步四等奖
17	塌陷区连片池塘成鱼精养亩产500公斤模式推广	淮北市水产站 淮北市青龙山水产养殖技术研究所	袁昌太、陶卓、陈彰明、张裕宏、李文勇、张晓华等	省政府	1990	省星火四等奖
18	安徽省河蟹人工增养殖系列技术	安徽省水产技术推广总站	章吉祥等	农业部	1990	农牧渔业丰收奖三等奖
19	涡阳等八县（市）网箱养草、鳊鱼高产综合技术	涡阳县水产站 安徽省水产技术推广总站	孙庆仪等	农业部	1990	农牧渔业丰收奖二等奖
20	花园湖渔业开发技术	安徽省水产局 中国水科院淡水渔业研究中心安徽省农科院水产所滁县地区水产技术推广中心站嘉山县水产局安徽省花园湖湖管会	严小梅、沈菊人、黄发新、魏克隆、陈文海、郑国用、刘恩生、刘彦圣、周汉书、李海洋等	农业部	1991	部科技进步二等奖
21	太平湖水库渔业生态及合理开发研究	中科院水生生物研究所 黄山市黄山区太平湖水库管理委员会	夏宜铮、朱志荣、黄奕成、梁彦岭、况其军、胡传林等	省政府	1991	省科技进步三等奖
22	草鱼病免疫苗应用技术	巢湖地区水产技术推广站	吕泽斌、李景平、苏绍春、伍昌俊、赵诗海等	省政府	1991	省科技进步三等奖
23	太平湖水库观音寺库湾养鱼梯级开发研究	黄山市黄山区水产局	裴满意、彭庆龙、方文亮、吕国庆等	省政府	1991	省科技进步四等奖
24	河蟹全人工养殖系列饵料研究	安徽省水产局 滁州市水产科研所 安徽省粮油科研所 安徽省农机研究所	赵乃刚、包祥生、郭其宏、郑云、刘大磊、陈萍、吕月樵、张吉鸿等	省政府	1992	省科技进步二等奖
25	湖泊河蟹增养殖技术系列开发研究	滁县地区水产技术推广中心凤阳县水产局 嘉山到水产技术推广站	黄发新、李公行、刘彦圣、汪东冬、耿士岭等	省政府	1992	省科技进步四等奖
26	CH805型184—198KW钢质海洋渔轮	安徽省巢湖船厂	张旭、赵添福、方道玉、许新玉、吴昌水、赵吉庆等	省政府	1992	省科技进步三等奖
27	淮北市烈山煤矿塌陷区畜禽、水产综合开发利用	安徽省农科院畜牧兽医所淮北市水产站	吴本立、蒋业林、郑玉林、刘庆年、袁昌泰等	省政府	1993	省科技进步四等奖

续表 5-9-1

序号	成果名称	主要完成单位	主要完成人	授予单位	奖励年份	奖励级别
28	安庆市“四低”“四荒”资源调查及成果汇编	安庆市水产站	姚国华等	农业部	1994	省科技进步三等奖
29	革胡子鲶养殖技术的系列研究及其推广应用	安徽省农科院水产所	汪留全等	省政府	1994	省科技进步四等奖
30	淡水白鲳人工繁殖及鱼种培育试验研究	合肥市郊区水产良种场合肥市郊区畜牧科技知识水产局合肥市郊区科委	杨其才、刘书龙、程晋祷、王传保、胡光智等	省政府	1994	省科技进步四等奖
31	河蟹养殖系列开发技术	望江县武昌湖渔场	刘雨阳、何沛仁、徐凯、陈东南、吴敌、舒洁春、周结华、吴杰等	省政府	1995	省科技进步二等奖
32	加州鲈池塘养殖技术结构的研究	安徽省农科院水产所定远县解放水库鱼场	汪留全、赵从钧、沈新玉、祖国掌、罗世松等	省政府	1995	省科技进步四等奖
33	利用淮河水系锂鱼为父本繁殖异育银鲫的生物学及生产性试验研究	安徽省农科院水产所安徽省水产技术推广站	蒋雪英、戚少燕、魏泽能、王永杰、侯冠军等	省政府	1996	科技进步四等奖
34	焦岗湖大水面围网养鱼（蟹）技术开发	颍上县焦岗湖实业开发总公司	叶广友、张勇、张超、王林新、马绍先、马建国等	省政府	1997	省科技进步三等奖
35	罗氏沼虾工厂化繁育技术	蚌埠市水产研究所	姜晓天、康和平、刘焕民、杨斌、张少君、丁建群等	省政府	1997	省科技进步三等奖
36	安徽虾类及底栖动物研究	安徽师范大学生物系	谈奇坤、董秀英、席贻龙等	省政府	1997	省科技进步三等奖
37	女山湖渔业生态工程研究	安徽省农科院水产所	祖国掌、李海洋、陈宇、管远亮、侯冠军等	省政府	1997	省科技进步四等奖
38	塑料大棚控温养鳖技术推广和改进	阜阳市水产管理站	李学栋、黄建华、李学清、王世军、张开字等	省政府	1997	省科技进步四等奖
39	鳖性别分化导向及提高产卵量技术的研究	徽州师范专科学校屯溪曹胤祥养殖实业公司	蒋立和、叶永恒、曹胤祥、王世强、陶卫平等	省政府	1997	省科技进步四等奖
40	太湖县方洲“水库群”渔业研究	安庆市水利局省水利厅水管处太湖县水利局太湖县方洲、刘羊水库管理所	陈寿平、肖承宏、王思海、沈世康、徐建平、郑克谦等	省政府	1998	省科技进步三等奖
41	淡水池塘 80 ： 20 养鱼模式高产高效技术	安徽省水产技术推广总站六安市水产技术推广中心站	吴多生、申德林、奚业文、董星宇等	农业部	1999	农牧渔业丰收奖三等奖

续表 5-9-1

序号	成果名称	主要完成单位	主要完成人	授予单位	奖励年份	奖励级别
42	黄鳝人工繁殖及工厂化无土流水养殖	东至县东鳝实业公司 安徽省水产技术推广总站 东至县科委	王震东、蒋雪英、姜之西宏、张福寿、金宗广等	省政府	1999	省科技进步四等奖
43	草鱼、鳖主要疫病的免疫途径及综合防治技术研究	安徽省农科院水产研究所、安徽农业大学	戚少燕、祖国掌、余为一、陈宇、江河、李槿年等	省政府	2001	省科技进步三等奖
44	稻田养殖水产名特优品种技术	安徽省水产技术推广总站 滁州市水产技术推广中心站	徐广友、申德林、奚业文、董星宇等	农业部	2001	农牧渔业丰收奖三等奖
45	淡水池塘蟹鳜混养技术	滁州市水产技术推广中心站	徐广友、马明发、凌武海、张来平、王开洋、吴德友等	省政府	2002	科技进步三等奖
46	河蟹规模化生态养殖技术研究及产业化开发	巢湖市水产技术推广中心 安徽益水渔业科技有限公司	赖年悦、江河、沈保平、孙永善、吕修春、刘映彬等	省政府	2005	科技进步三等奖
47	青虾良种选育与高效技术开发	安徽省农科院水产研究所	丁凤琴、何吉祥、宋光同、汪翔、李海洋、方新华、管远亮、崔凯等	省政府	2005	科技进步二等奖
48	瓦氏黄颡鱼养殖技术与产业化研究	淮南市窑河渔场 上海水产大学 淮南市水产技术推广站	王武、张宏刚、周家根、马旭洲、刘利平、詹可和、潘晓宏、程保政等	省政府	2006	省科技进步二等奖
49	规模集约化池塘网箱养殖黄鳝技术研究	安徽省农科水产研究所 巢湖市水产技术推广中心 庐江县水产站 庐江县兴业特种渔业有限公司	江河、赖年悦、夏俊华、胡王、侯冠军、郑仁山、吴成甫等	省政府	2007	科技进步三等奖
50	克氏原螯虾人工繁育与高产养殖技术研究与示范	安徽省农科院水产研究所	丁凤琴、宋光同、何吉祥、汪翔、李海洋、江河、崔凯、王万兵等	省政府	2007	省科技进步三等奖
51	泊湖生物资源快速修复与渔业利用技术研究	安庆市泊湖全美蟹业有限责任公司 安徽农业大学 上海水产大学	程必胜、祖国掌、成永旭、陈文银、刘全美、陈瑞琴等	省政府	2007	省科技进步三等奖
52	长江胭脂鱼人工驯养繁育及资源保护放流研究	安徽省长江水生动物保护研究中心、安徽农业大学、无为县小老海长江特种水产有限公司、巢湖市水产技术推广中心	万全、赖年悦、沈保平、刘映彬、庄永龙、李飞、王旭、陈忠翠等	省政府	2008	省科技进步二等奖

第六篇　农业机械化

1986—2008年,安徽省农业机械化主要实现“三个转变”:即管理主体从国家、集体向农民、合作组织转变;农机装备从单领域向多领域、小型向大中型、低科技含量向高科技含量转变;服务对象从单一土地耕整向种植业、农副产品加工业、畜牧水产养殖业、农田基本建设转变。

1987年7月,国务院提出要“因地制宜,有选择地发展农业机械化”。同年11月,省政府下达《关于进一步加强农业机械化工作的通知》,重新确立安徽省农机化发展思路,并成立安徽省农机化工作领导小组。1987年6月,安徽省农机化技术推广服务总站成立。其间,各级农机部门确定以促进农民勤劳致富、增加农民经济收入为目标的农机化发展思路,相继采取一系列改革措施。通过转变行政职能,重点抓好农机技术服务体系建设、农机化试点和农机适用技术示范推广等工作,逐步建立县、区、乡农机化服务网络,积极向农机使用者提供全面服务,推动效益型农机化的发展。这一时期,政府对农机化的资金投入大为减少或基本停止,农机化发展的动力主要来自于农户自身生产的需要,农民投资主体地位更加巩固。此后以赢利为目的跨区域农机作业服务初露端倪。10年间,全省农业机械大量增加,农田机械化作业水平快速提高。1995年,农机总动力比1986年增加一倍,拖拉机与配套农具配套比上升为1 ∶ 15,耕种收综合机械化水平近30%。全省农机专业户12万户。

1997年年初,省政府发出《关于加快发展农业机械化的通知》。1997年,《安徽省农业机械安全监督管理办法》《安徽省农业机械管理条例》颁布,安徽省农机化走上依法管理道路。农机化发展战略进一步调整,水稻生产机械化和农特产品机械化被列入发展重点。市场对农机资源配置作用增强,农机跨区作业引发农机服务方式发生重大变化。1995年,安徽省联合收割机不足1000台, 2000年达到1万台, 2007年达到6.8万台。1995年安徽省小麦机收水平仅为40%, 2000年达到56%, 2007年达到96%。跨区机收小麦的成功实践,启动了农机社会化服务市场的强力引擎。

2004年1月,中央1号文件将农机购置补贴项目列为全国“两减免三补贴”支农惠农政策。同年6月,中国第一部农机化法律《农业机械化促进法》颁布施行。当年,安徽省率先提出“对拖拉机等农用机械免征养路费”。2006年3月,新修订的《安徽省农业机械化促进条例》施行。2008年,安徽省农业生产耕种收综合机械化水平达到53.1%,超过全国平均水平8个百分点。拖拉机及配套农具总量名列全国第二。安徽省用于农田作业的大中型拖拉机达到 9 万台，较 1986 年增长 4 倍；联合收割机 7.8 万台，增长 143 倍；水稻插秧机、玉米联合收割机、油菜联合收获机、小麦旋耕施肥播种机、粮食烘干机以及粮、油、棉、茶等农副产品加工作业机械等从无到有，从少到多。农村居民家庭平均每户生产型固定资产中农机份额占 50%。全省机耕、机播、机收面积分别为 399.27 万公顷、298.8 万公顷和 452.27 万公顷，分别位居全国第七、第六、第五。农机作业领域由粮食作物向经济作物，由大田农业向设施农业，由种植业向养殖业、农产品加工业、运销业等全面发展，由农业的产中环节向产前、产后不断延伸。小麦生产基本实现全程机械化，水稻生产突破机插（播）环节，实现机耕、机收、机植保基础上的主要环节机械化，玉米、油菜和农特产品生产机械化加快突破。

与之相适应，安徽省农机大户和社会化服务组织快速发展，至 2008 年年底，全省各类农机服务组织、农机大户总数 325.68 万个，农机从业人员接近 380 万。其中农机资产 20 万元～50 万元的农机大户 7432 户，50 万元以上 912 户。登记注册农机专业合作社 230 个，经营性农机作业服务公司 64 个，各级农机协会 124 个。全省农机化作业总收入 260 亿元。农机行业逐步形成为一个集研发、生产、销售、推广、服务经营为一体的大产业，成为安徽省农村与社会经济发展的重要支撑力量。

第一章　农业机械

第一节　农用动力机械

农业机械总动力

2008年,安徽省农业机械总动力4807.46万千瓦,列全国第四位,比1986年增加4.2倍,年平均增长7.8%。从1986年到2008年间,呈现稳步持续增长态势,并在1987年和1998年增长均超过13%,形成两个小高峰;即使在增长较低的1992年和2003年,增速也超过5%。

柴油发动机动力

2008年,安徽省农机柴油发动机动力4120.34万千瓦,比1986年增加6倍多,年平均增长9.37%,远远超过农业机械总动力的增长速度。柴油发动机动力占农业机械总动力的比重,也由1986年62.6%上升为2008年85.7%。在增长最快的1987年和1998年,增长速度均超过16%,比农业机械总动力最高增长速度高3个百分点。2008年,全省拖拉机动力2154.09万千瓦,占农业机械总动力比重44.8%,占柴油发动机动力比重52.3%。

2008年,安徽省共有大中型拖拉机(14.7千瓦及以上)9.03万台,比1986年增加4倍多,年平均增长8.32%;小型拖拉机(2.2千瓦以上,14.7千瓦以下)230.53万台,比1986年增加6倍多,年平均增长9.71%。与小型拖拉机持续发展相比,大中型拖拉机发展比较曲折和复杂,经历了大起大落的过程。1978年农村土地实行家庭联产承包制后,大中型拖拉机受到地块狭小的限制,加上自然报废因素,自1986年到1996年连续10年下降,从1986年1.56万台下降到1996年0.90万台。1997年起开始回升,到2008年的11年间稳定发展,2008年,大中型拖拉机比1996年最低谷时增加9倍多,年平均增长21.22%。2008年,安徽省拖拉机数量在全国位次为第2位,其中大中型拖拉机数量位居第11位,小型拖拉机位居第2位。

汽油发动机动力

除农用载重汽车外,主要用于小型农业机械,如水稻插秧机、机动喷雾(粉)机和茶叶采摘机等。2008年,全省农机汽油发动机动力83.71万千瓦,比1986年增长19%,年平均增长0.79%。

电动机动力

主要用于收获后处理机械、农产品初加工机械和农用排灌机械。2008 年，全省农机电动机动力 603.41 万千瓦，比 1986 年增加 1 倍多，年平均增长 3.71%。

其他机械动力

主要包括风力机和水轮机。风力机是将风能转变为机械能的动力机械，水轮机是将水流的动能和势能转换成机械能的动力机械。由于地理和自然条件的限制，这类机械在安徽省数量非常小，2008 年，全省其他机械动力仅为 38 千瓦，可忽略不计。

1986—2008 年安徽省农用动力机械动力功率及拖拉机数量统计表

表 6-1-1

年份	农业机械总动力	柴油机动力	汽油机动力	电动机动力	拖拉机		大中型拖拉机		小型拖拉机	
	万千瓦	万千瓦	万千瓦	万千瓦	台	千瓦	台	千瓦	台	千瓦
1986	917.22	574.55	70.46	271.03	315743	3109438	15554	551880	300189	2557558
1987	1036.43	667.38	79.59	288.10	392580	3755722	15121	539080	377459	3216642
1988	1148.24	753.31	83.15	310.90	454289	4258748	14951	537111	439338	3721637
1989	1224.50	821.82	82.35	319.19	516080	4724586	14423	521806	501657	4202780
1990	1307.32	897.86	78.72	329.81	580740	5183692	13729	501292	567011	4682400
1991	1380.22	960.45	84.00	334.90	627966	5507061	12867	472652	615099	5034409
1992	1452.07	1016.02	91.78	343.77	666071	5786083	11890	442786	654181	5343297
1993	1552.17	1109.22	88.25	354.07	722518	6207563	11254	420965	711264	5786598
1994	1683.56	1211.70	96.94	374.57	799325	6725966	10380	388860	788945	6337106
1995	1835.98	1341.62	100.49	393.36	890818	7401608	9622	363130	881196	7038478
1996	2016.95	1496.56	106.24	413.81	1014367	8320886	8959	339954	1005408	7980932
1997	2239.62	1692.01	109.99	437.16	1185038	9558975	9439	360430	1175599	9198545
1998	2546.58	1970.64	113.37	462.06	1411349	11239997	9579	366313	1401770	10873684
1999	2766.17	2189.68	111.79	464.33	1558178	12504980	12102	448790	1546076	12056190
2000	2975.87	2364.98	111.41	498.95	1672302	13487330	14536	509931	1657766	12977399
2001	3164.98	2560.18	102.07	502.54	1772883	14406302	16495	569641	1756388	13836661
2002	3372.11	2749.49	99.85	523.26	1888631	15533712	17492	607621	1871139	14926091
2003	3544.66	2925.80	95.14	523.62	1945662	16068480	20694	682562	1924968	15385918
2004	3784.44	3156.15	89.31	538.92	2042686	17036851	26022	889818	2016664	16147033
2005	3983.83	3347.02	83.09	553.67	2115866	17889887	36036	1199291	2079830	16690596
2006	4239.93	3587.05	82.92	569.93	2212198	18921775	47674	1573202	2164524	17348573
2007	4535.30	3871.79	78.87	584.63	2302270	20079148	66670	2252530	2235600	17826618
2008	4807.46	4120.34	83.71	603.41	2395506	21540862	90225	3117068	2305281	18423794

第二节　田间作业机械

田间作业机械主要为种植业机械,主要包括在农田进行作业的各种农业机械。田间作业机械大部分自身不带动力,靠拖拉机输出动力或通过牵引进行农田作业,所以拖拉机配套比(即拖拉机与配套农具的比值)是衡量农业机械化程度的一项主要指标。1986年,全省拖拉机配套比为1∶0.90,其中大中型拖拉机配套比为1∶0.87,小型拖拉机配套比为1∶0.90;2008年,拖拉机配套比上升为1∶2.25,其中大中型拖拉机配套比为1∶1.69,小型拖拉机为1∶2.27。2008年,全省有大中型配套农具15.27万部,比1986年增加10倍多,年平均增长11.67%;小型配套农具有524.1万部,比1986年增加18倍多,年平均增长14.42%。无论是大中型拖拉机配套农具,还是小型配套农具的增长速度,均远远超过拖拉机的增长速度。

土壤耕作机械

用以对土壤进行翻耕、松碎或深松、碎土的机械,包括机式犁、机引耙、旋耕机、深松机、耕整机,以及在温室内进行作业的田园管理机等。2008年,全省机引犁213.27万台,比1986年增加11倍多,年平均增长10.65%;旋耕机50.58万台,比1986年增加9倍多,年平均增长6.97%。

种植施肥机械

按照种植对象和工艺过程的不同,可分为播种机、栽种机和秧苗栽植机3大类,包括播种机、免耕播种机、精少量播种机、水稻插秧机、水稻直播机、水稻浅载机等。2008年,全省播种机36.36万台,比1986年增加25倍多,年平均增长153.51%;水稻插秧机3618台,比1986年增加20倍多,年平均增长58.63%。

1986—2008年安徽省田间作业机械统计表(一)

表6-1-2

年份	大中型配套农具	小型配套农具	机引犁	旋耕机	播种机	水稻插秧机
	台	台	台	台	台	台
1986	13472	270519	183073	63481	2353	64
1987	12630	343816	234611	67616	2335	12
1988	12859	413913	276847	71042	3377	7
1989	13183	537001	352068	83100	6021	7
1990	12317	653256	409414	95932	11066	23
1991	12193	781000	466783	105879	25047	37
1992	12165	857934	500892	114442	29529	31

续表 6-1-2

年份	大中型配套农具	小型配套农具	机引犁	旋耕机	播种机	水稻插秧机
	台	台	台	台	台	台
1993	12515	952333	548856	121792	46905	30
1994	12346	1107923	615708	140256	55998	32
1995	12365	1319229	717085	147633	70015	32
1996	11519	1654014	846243	191924	92670	25
1997	13625	2126111	1037575	219320	127770	63
1998	15535	2684137	1279120	265428	171342	73
1999	19772	3068846	1395710	296891	215697	96
2000	27993	3519187	1506773	315272	248581	54
2001	38585	3716655	1624627	342315	273145	58
2002	36366	4099282	1769111	375359	280993	82
2003	43081	4259831	1836601	374998	292840	114
2004	55053	4832086	1847136	404781	306984	272
2005	78377	4897094	2010833	416231	334103	592
2006	103881	5130858	2099933	436347	346844	1014
2007	126356	5191930	2115396	438696	355797	1924
2008	152681	5241037	2132700	505769	363552	3816

收获机械

用于收取各种农作物或农产品的各类机械。不同农作物的收获方式和所用的机械不尽相同，包括联合收获机、割晒机、秸秆粉碎还田机以及各种单项农作物收获机械，如棉花采摘机、油菜籽收获机等。2008 年，全省联合收获机 7.77 万台，比 1986 年增加 144 倍，年平均增长 25.39%；割晒机 13.69 万台，比 1986 年增加 19 倍多，年平均增长 14.74%，瞎晒机在 2001 年达到顶峰，数量 24.37 万台，后来由于联合收获机的大量增加，瞎晒机使用率日趋下降，数量也逐步减少；秸秆粉碎还田机为 20 世纪 90 年代出现的新型农业机械，2008 年 9916 台，比 1990 年增加 107 倍多，年平均增长 29.77%。

农用排灌机械

用于农业生产灌溉、排水作业的机械，包括水泵、水轮泵、喷灌设备、微灌设备、滴灌设备、渗灌设备等，前两项统称为农用水泵，后四项统称为节水灌溉机械（注：本志中所列农用排灌机械不包括国有排灌站）。2008 年，全省共有农用排灌动力机械 146.67 万台，比 1986 年增加近 4 倍，年平均增长速度 7.52%；农用排灌机械动力 628.07 万千瓦，比 1986 年增加近 1.5 倍，年平均增长 4.22%；其中 2008 年农用水泵 167.35 万台，比 1986

续表 6-1-3

年份	联合收获机	割晒机	秸秆粉碎还田机	排灌动力机械		农用水泵	节水灌溉机械	机动喷雾（粉）机
	台	台	台	万台	万千瓦	台	套	台
2006	60850	182695	10296	143.37	592.01	1593460	177689	220078
2007	67728	163018	10518	148.25	622.28	1628489	180094	245229
2008	77745	136869	9916	146.67	628.07	1673476	180196	265776

第三节　加工与运输机械

农产品加工机械包括粮食加工机械、油料加工机械、棉花加工机械、麻类剥制机械、茶叶初制和精制机械、果蔬加工机械和制淀粉设备等。为实现各工序之间的连续作业和操作自动化，进入 21 世纪后，将多种工序结合在一起的综合加工机械开始出现，在沿江粮食主产区发展较好，并有逐步取代单项粮食加工机械的趋势。（表 6-1-4）

农产品初加工动力机械

主要为农产品初加工提供动力，包括柴油机、电动力等。2008 年，全省农产品初加工动力机械 39.04 万台，比 1986 年增加近 1 倍，年平均增长 3.12%；动力 313.09 万千瓦，比 1986 年增加近 1 倍，年平均增长 2.84%，略低于台数的增长速度。

粮食加工机械

对小麦、水稻、玉米、豆类和薯类等粮食作物进行初加工，包括碾米机、磨面机和淀粉加工机械。2008 年，全省粮食加工机械 21.88 万台，比 1986 年增加 35%，年平均增长 1.38%，

油料加工机械

对油菜籽、花生、芝麻等油料进行初加工，主要是榨油机。安徽省是中国重要的油菜产地，所产油菜籽数量多、质量优、出油率高。2008 年，全省有油料加工机械 3.54 万台，比 1986 年增加近 1 倍，年平均增长速度 3.63%。

棉花加工机械

对采摘后的棉花进行清选、轧花、清花（籽）、脱绒、弹花等初加工。2008 年全省有棉花加工机械 3.45 万台，比 1986 年增加 1 倍多，年平均增长 3.63%。

茶叶加工机械

对茶叶进行杀青、揉捻、炒（烘）干、筛选等初加工。2008 年全省有茶叶加工机械 12.79 万台，比 1986 年增加 2 倍多，年平均增长 5.49%。

农业运输机械

农业运输机械运送的物料种类繁多，性状各异。如作物秸秆、草捆、青贮饲料等重量轻、体积大，而水泥、沙石等建筑物料则重量大、体积小，农药、氨水等物料需散装、袋

续表 6-1-4

年份	农产品初加工动力机械		粮食加工机械	油料加工机械	棉花加工机械	茶叶加工机械	农用载重汽车		农用运输车	
	万台	万千瓦	台	台	台	台	辆	千瓦	台	千瓦
2003	34.32	281.53	209526	37207	19642	106753	–	–	553015	5682678
2004	35.08	291.72	213214	37868	21180	108128	–	–	593900	6437198
2005	35.99	294.88	225025	38709	22286	108122	–	–	607355	6629898
2006	37.26	300.59	217588	40112	22894	111130	–	–	639122	6943391
2007	38.24	307.89	214176	41618	24002	119711	–	–	656451	7405388
2008	39.04	313.09	218838	35365	34532	127943	–	–	677989	7116763

注：1. △为当年无该项统计数据；

2. –表示自2000年起，农机部门不再对农用载重汽车单独统计。

第四节　农业机械化

种植业机械化水平

2008年，安徽省机耕面积399.27万公顷，比1986年增加近2倍，年平均增长4.84%，占总耕地面积比重（即机耕水平）96.33%，比1986年31.89%的机耕水平增加64个百分点，全省已经基本实现耕整地机械化。机播面积298.83万公顷，比1986年增加50倍多，年平均增长19.66%，占农作物总播种面积的比重（即机播水平）33.32%，比1986年0.71%的机播水平提高33个百分点。机收面积452.27万公顷，比1986年增加28倍多，年平均增长16.57%，占农作物总播种面积比重（即机收水平）50.43%，比1986年1.90%的机收水平提高48个百分点。

1986—2008年安徽省农业机械化程度统计表（一）

表 6-1-5

年份	机耕面积	占总耕地面积	机播面积	占总播种面积	其中：小麦	水稻	玉米	机收面积	占总播种面积
	万公顷	%	万公顷	%	万公顷	万公顷	万公顷	万公顷	%
1986	141.00	31.89	5.76	0.71	3.49	0.33	0.047	15.51	1.90
1987	153.40	34.82	5.46	0.65	3.81	0.61	0.043	20.71	2.47
1988	166.56	37.93	9.38	1.15	7.67	0.35	0.046	30.01	3.67
1989	177.12	40.48	15.21	1.85	12.92	0.73	0.019	30.85	3.74
1990	194.58	44.57	35.56	4.28	33.13	0.35	0.188	46.67	5.61
1991	216.06	49.66	74.64	9.11	72.31	0.18	0.027	33.70	4.11

续表 6-1-5

年份	机耕面积	占总耕地面积	机播面积	占总播种面积	其中：小麦	水稻	玉米	机收面积	占总播种面积
	万公顷	%	万公顷	%	万公顷	万公顷	万公顷	万公顷	%
1992	237.20	54.71	96.16	11.79	92.46	0.37	0.380	70.02	8.59
1993	257.51	59.60	111.81	13.53	107.37	0.42	0.857	83.71	10.13
1994	296.61	62.62	138.75	16.79	133.95	0.18	1.96	118.15	14.30
1995	276.97	64.55	146.31	17.51	130.22	0.85	9.33	129.95	15.55
1996	301.66	70.51	163.86	19.60	140.02	0.30	11.94	142.21	17.01
1997	327.71	76.83	172.22	20.29	149.49	0.95	11.81	170.89	20.13
1998	342.41	80.53	209.90	24.51	162.92	3.40	19.75	194.22	22.68
1999	353.16	83.31	199.93	23.30	154.20	3.26	24.23	234.52	27.33
2000	360.09	85.14	199.55	23.71	144.66	3.56	24.27	242.51	28.81
2001	360.16	85.37	205.82	24.99	149.53	2.90	25.63	246.90	29.98
2002	361.67	86.57	207.78	24.72	151.53	3.23	22.54	261.38	31.10
2003	359.22	87.94	212.71	25.25	148.80	2.59	24.00	269.12	31.95
2004	370.23	90.11	225.41	26.11	160.75	3.49	21.94	300.87	34.85
2005	377.52	92.25	232.93	26.61	162.13	4.43	25.58	332.65	37.99
2006	387.52	94.13	251.88	28.66	170.75	3.93	32.97	366.97	42.09
2007	396.17	95.60	278.24	31.43	181.63	4.91	39.95	418.19	47.23
2008	399.27	96.33	298.83	33.32	195.87	8.58	43.18	452.27	50.43

安徽省是中国重要的粮食产区，长江、淮河横贯省境，将全省划分为淮北平原、江淮丘陵和皖南山区3大自然区域。淮北平原以种植小麦、玉米为主，江淮丘陵以种植水稻为主，皖南山区以发展经济作物为主。

复杂的生产环境造就安徽农业机械化发展的多样性，在种植业机械化上表现尤为明显。淮北平原为中国小麦主产区之一，地势平坦，适宜农业机械作业，农业机械化水平在全省居领先地位。2008年，全省小麦机播面积195.868万公顷，占小麦播种面积比重83.47%，比1986年增加55倍多，年平均增长20.09%；小麦机收面积231.606万公顷，占小麦播种面积比重98.78%，比1986年增加15倍多，年平均增长13.53%。玉米机播面积43.175万公顷，占玉米播种面积比重61.23%，比1986年增加900多倍，年平均增长36.36%；由于玉米联合收获机属新型农业机械，安徽省在20世纪末才开始推广应用，2008年，全省玉米机收面积6.413万公顷，占玉米播种面积比重9.09%，比2000年增加10倍，年平均增长34.95%。江淮丘陵地区以种植水稻为主，地块相对较小，大中型农业机械作业有一定难度。2008年，全省水稻机械种植面积8.584万公顷，占水稻播种面积比重3.87%，其中包含水稻机插、水稻机直播、水稻机浅栽等作业项目，比1986年增加25倍多，年平均增长16.01%；水稻机收面积181.868万公顷，占水稻种植面积比重81.96%，比1986年增加175倍，年平均增长26.50%。

农田排灌机械化水平

安徽省地处华东腹地，长江、淮河横贯省境，沿江和沿淮支流、湖泊众多，巢湖又是中国第五大淡水湖，历史上洪涝灾害频繁，农用排灌机械发展较快。在1950年中央人民政府政务院颁发《关于治理淮河的决定》和1951年毛泽东主席发出“一定要把淮河修好”的号召后，安徽省排灌机械化水平稳步发展，成为全省最早实现农业机械化的项目，农业机械抗御自然灾害的能力也得到充分体现。2008年，全省机电灌溉面积282.695万公顷，比1986年增加1倍多，年平均增长3.35%。排灌机械作业水平长期维持高水平，1991年淮河特大洪涝灾害和1998年、1999年长江连续发生流域性大洪水，在抗洪抢险和生产自救活动中，农用排灌机械都发挥重要作用。

植物保护机械化水平

随着全省农业机械化水平的提升，植保机械化也取得长足发展，植保机械数量增加，性能不断改善，高校植保机械化技术得到推广应用，作业面积不断扩大。2008年，全省机械植保面积324.77万公顷，比1986年增加1.5倍，年平均增长4.26%。

农产品初加工机械化水平

安徽省农产品初加工机械化发展比较早，机械化程度也比较高，特别是粮食初加工，在1986年就已经基本实现机械化，而且随着粮食综合加工机械逐年增加，粮食加工已经向精加工转化。2008年，全省机械初加工农产品2522.17万吨，比1986年增加63%，年平均增长2.25%。农产品初加工也由家家户户自己加工向企业规模加工转化。

农业运输机械化水平

农业运输机械化水平是农业机械化水平的重要组成部分，2008年，全省农业运输机械动力约占农机总动力的四分之一，农业机械运输收入超过农机经营总收入40%。20世纪90年代，安徽省农村运输彻底摆脱人畜力运输方式，运输速度和运输效率成倍提高，基本实现机械化。2008年，全省农业运输总量111.74亿吨千米，比1986年增加59%，年平均增长11.71%。

农机经营效益

按服务项目分为农机化作业收入（包括田间作业收入、农产品初加工作业收入、农机运输收入）和农机维修收入、农机经销收入等。农机经营总收入反映农业机械产出情况，是衡量农业机械效率的重要指标。2008年，全省农机经营总收入259.89亿元，比1986年增加10倍多，年平均增长11.71%，位列全国第三。农机经营收入持续增加，充分说明农业机械作为先进生产力在农村经济发展中所发挥的积极作用。

1986—2008 年安徽省农业机械化程度统计表（二）

表 6-1-6

年份	小麦机收面积	水稻机收面积	玉米机收面积	机电灌溉面积	机械植保面积	机械初加工农产品	农机运输作业量	农机经营总收入
	万公顷	万公顷	万公顷	万公顷	万公顷	万吨	亿吨千米	亿元
1986	14.22	1.03		136.91	129.60	1545.24	70.15	22.73
1987	18.81	1.78		132.71	121.76	2469.88	62.98	31.17
1988	27.49	1.99		172.87	138.25	2779.07	51.98	35.06
1989	28.42	2.17		182.31	147.36	2122.30	48.36	38.36
1990	43.79	2.67		184.40	164.68	2250.91	49.40	40.42
1991	29.48	4.11		234.14	178.68	2038.50	45.09	41.02
1992	65.70	3.86		230.94	198.21	2140.00	47.26	40.44
1993	79.04	4.52		226.47	223.70	2395.75	51.82	46.11
1994	111.26	5.98		268.19	256.29	2504.01	56.55	54.57
1995	120.31	8.79		223.82	260.98	2637.55	60.91	64.45
1996	125.84	12.48		261.59	278.74	2631.46	65.21	74.51
1997	138.87	31.78		293.16	333.97	3333.49	102.18	83.95
1998	134.68	51.88		315.83	371.47	2705.22	76.65	99.63
1999	166.67	59.09		316.79	391.62	2792.26	76.92	106.37
2000	162.98	68.23	0.58	314.71	286.45	2389.01	98.30	114.80
2001	157.27	81.67	0.35	330.55	251.16	2744.70	86.65	121.95
2002	160.79	89.97	0.31	317.70	257.63	2476.88	93.86	129.56
2003	159.01	92.64	0.56	240.25	266.99	2406.38	97.33	134.69
2004	165.35	117.94	1.05	262.54	268.49	2661.75	103.88	147.12
2005	182.18	133.19	1.28	252.44	280.10	2483.26	117.62	156.10
2006	192.30	151.71	1.67	280.14	289.76	2536.98	116.44	200.67
2007	211.05	172.47	2.87	270.68	298.53	2605.75	110.35	225.52
2008	231.81	181.87	6.41	282.66	324.77	2522.17	111.74	259.89

第二章　农机管理

第一节　管理机构

省级农机管理机构

1959 年 12 月，安徽省农业机械厅成立以后，历经多次撤并。1975 年 8 月，安徽省革命委员会农业机械管理局成立，内设农机管理处、农机修造处、计划财务处、科技办公室（后改为科技处）。1978 年，更名为安徽省农业机械管理局，为一级厅局，内设机构不变。1983 年 7 月机构改革时，安徽省农业机械管理局和省农机公司合并，成立隶属于安徽省农牧渔业厅的农业机械管理局，内设农机管理处、农机经销处，级别由正厅级降为处级。1983 年年底，又升为副厅级。1985 年 3 月，经省政府同意，将安徽省农牧渔业厅农业机械管理局更名为安徽省人民政府农业机械管理局（副厅级），编制 54 名。同时撤销经销处，恢复省农机公司，内设政秘处、综合处、农机管理处，均为副处级。农机局分党组设立纪律检查组。1990 年 7 年，内设机构调整为科技处、农机管理处、综合处、办公室、人事教育处。

1996 年 7 月，省政府办公厅印发安徽省农业机械管理局职能配置、内设机构和人员编制方案（皖政办〔1996〕51 号），明确安徽省农业机械管理局（以下简称省农机局）为副厅级事业单位，归口省农业厅管理。省政府授权省农机局对全省农机行业暂行使行政管理职能。内设办公室、计划财务处、农机管理处、科技教育处、外经处、人事处 6 个处室和机关党委，事业编制 50 名。1996 年 8 月，省纪律检查委员会《关于省农机局党组纪检组、内设监察室配备领导职务的意见》（皖纪干〔1996〕80 号），批准省农机局设立党组纪检组，内设监察室，实行合署办公，一个机构、二块牌子。1997 年 3 月，经省政府批准，同意省农机局依照国家公务员制度管理。2007 年 7 月，报请省政府批准，省农机局列入参照公务员管理。2012 年 2 月，经省编委批准，外经处改为产业发展处。

省农机管理机构所属单位

安徽省农机安全监理总站　1990 年 10 月 6 日，省编委批准成立“安徽省农机安全监理总站”，属正县级差额预算事业单位。

安徽省农业机械技术推广总站　1986 年 11 月，省编委批准成立“安徽省农机化技术服务推广总站”，副县级事业单位，自收自支，隶属省农机局。1991 年 6 月，改为差额预算管理形式。1996 年 9 月，列入全额预算。1995 年 2 月，更名为安徽省农业机械

技术推广总站。

安徽省农业机械试验鉴定站（安徽省农业机械化研究所）　1976年2月，省编委批准成立安徽省农业机械试验鉴定站，正县级，全额拨款事业单位，编制45名。1982年7月，经省编委批准将合肥市农机化研究所划归省农机局领导，与省农业机械试验鉴定站合并为一个机构，1984年2月，省编委批准同意省农机试验鉴定站与合肥市农机化研究所一套机构，两块牌子。1996年9月，由全额预算向差额预算事业单位过渡，过渡期至1997年年底。

安徽电气工程学校　1956年7月，经省计委批准成立安徽省农业机械化学校，正县级，全额拨款事业单位，事业编制206名。后改为合肥农业机械化学校，1999年7月更名为安徽省农业机械化学校，2002年9月更名为安徽电气工程学校。

安徽机电工程学校　1961年8月，省委农村工作部批准成立安徽省凤阳农业机械化学校，正县级，全额拨款事业单位，事业编制101名。2003年7月，安徽省凤阳农业机械化学校更名为安徽机电工程学校。

安徽省阜阳农机技工学校　1978年，省革命委员会（批复）革秘〔1978〕40号《关于同意成立安徽省阜阳农机修理技工学校、收回滁县地区农业机械化学校的批复》。以后更名为“安徽省阜阳农机技工学校”。1981—1986年，学校属省地双重管理，以省农机局管理为主，人事由阜阳地区代管。1986—2002年被省政府收回，隶属省农机局管理。正县级，全额拨款事业单位，事业编制99名。1996年9月，由全额预算向自收自支事业单位过渡，过渡期3年（1995年至1997年年底）。2002年4月，根据省政府（皖政办〔2002〕22号文件），安徽省阜阳农机技工学校下放阜阳市管理。2008年，阜阳市政府决定在阜阳农机技工学校基础上筹建阜阳技师学院。

安徽省农业机械公司（含蚌埠农机分公司）　1995年11月，安徽省农业机械公司更名为“安徽省农业机械总公司”。2005年12月，安徽省农业机械总公司改制。

安徽省农机物资材料公司　2003年7月，安徽省农机物资材料公司改制。

安徽省农业机械管理局机关服务中心　1997年11月成立，经省编委同意成立安徽省农业机械管理局机关服务中心，自收自支事业单位，不定机构级别，编制5名。

市、县农机管理机构

安徽省地（市）、县农业机械管理机构的设置，始于1954年。当年各地（市）、县相继成立农林科，内设1人分管或兼管新式农具和小型农业机械的推广、使用、管理等工作。20世纪70年代起，各地农业机械管理局相继成立。至1976年，全省共有8个地区成立农机管理局，7个市有农机管理机构，35个县成立农机管理局。1983年机构改革时，地（市）、县农机管理局改为农机管理站，仅有繁昌县保留农机管理局。当时，全省有县以上农机管理机构90个。1989年，全省县以上农机管理机构99个（其中已恢复农机局的51个），职工总数1635人。此后历经多次机构撤并、升降，以及区划调整，至2008年，全省17个省辖市，均设有农机管理机构。其中阜阳、宿州、滁州3个市为一级事业局（正处级），亳州、淮南、蚌埠、合肥、六安、巢湖、安庆、芜湖、宣城、池州、黄山等11个市为副处级事业局，淮北、铜陵、马鞍山3个市为正科级事业站。全省四分之三的农业县（市、区）农机管理部门为正科级，约四分之一为副科级。市、县（市、区）农机推广、监理、培训机构基本健全。全省农机化系统机构人员共有7499名。

第二节　用油管理

根据农牧渔业部、商业部《关于农用柴油分配供应管理办法》，从1984年开始，国家对农用柴油实行戴帽下达（在各省的总指标之内，列出其中“农用柴油”指标），专项专用，由农机部门负责分配，商业部门负责供应。当年下达安徽省农用柴油计划指标13.2万吨，并一直保持不变至1993年。同时根据农业生产受灾情况，临时增拨抗灾救灾和重要农时专项柴油指标。

1986年，因国家平价柴油资源减少，柴油指标相应调减并补给平价汽油。调减后，安徽省柴油计划128568吨，调减补足汽油计划3432吨。由于农业机械数量越来越多，农用柴油计划指标保持不变，给分配和管理带来一定难度。1986年，省农机局向省政府报送《关于进一步加强农用柴油管理工作意见的报告》，提出继续坚持原供油范围和分配原则，及时下达计划，不误农时；可从农用柴油计划指标中拿出一部分作为代耕（抽水）用油；农机管理部门都要配备油料专管或兼管人员并对其加强培训；积极稳妥地搞好农机油料直供点建设；农机、石油、供销部门加强配合；做好节油工作；争取地方政府重视等7项措施，加强农用柴油计划的分配和管理工作。为简化农用救灾柴油分配办法，自1986年10月1日起，安徽省给各地（市）下达救灾油计划指标时，将下文改为计划分配通知单，仍由农机部门主办，加盖省农机局和省石油公司公章。1987年，开始实行粮油挂钩的分配方法，按国务院规定，每50千克合同定购贸易粮拨付柴油1.5千克。1989年，安徽省扣减年度计划农用柴油指标17%，给农业生产造成严重影响，1990年，国家又分配安徽省专项资金30万元，分20万元和10万元两次投放，重点补助农田机械化作业用油。

进入20世纪90年代，由于国家原油交货不足，造成部分计划落空，同时平、议价柴油价差越来越大，导致农用柴油供应趋紧。1991年，省农机局印发《关于进一步强化农用柴油管理工作的意见》，提出强化管理，确保重点；掌握灾情，搞好救灾；加强廉政建设，严格审批制度；积极努力，管住用好挂钩油；巩固提高，积极稳妥地加强农机供油点（站）建设等5条措施，加强农用柴油管理，堵塞漏洞，使有限的农用柴油在抗灾救灾、促进农业增产增收中发挥更大作用。为理顺县以下农用柴油供应渠道，方便农民，各地农机部门加强农机供油点建设。至1993年年底，全省农机系统拥有储油中心6座，储油量1万多吨，农机加油站1040个，一次性储油3万多吨，年供油能力30万吨。固定资产投入5亿多元，从业人员近万人。

1986—1994 年，各级农机部门把农用柴油的计划分配、管理作为促进农机管理的一项重要工作，始终坚持“保证重点，统筹兼顾，综合平衡”的分配原则，优先考虑农业用油，兼顾其他方面用油。严格实行“机、田、油”挂钩的办法，促进农机务农。1994 年，国家对石油、成品油流通体制进行改革，取消价格双轨制，统一市场价格，农用柴油供应实行市场化，国家不再安排平价农用柴油指标。根据各省农业受灾情况，在农业生产救灾资金中临时增拨农用柴油补贴，按每吨 120 元折算成资金下达，直至 2004 年。2005 年，国家取消救灾农用柴油补贴，纳入农业生产救灾资金。2005—2008 年，国际油价剧烈波动，国家多次调整成品油价格，并落实相应补贴措施，成品油涨价后对种粮农民按既定补贴机制由中央财政给予补贴，纳入农业综合直补，通过一卡通直接发放。

第三节　安全监理

农机安全监理机构

1970 年后，省、地（市）、县农机部门开始设立农机监理机构，配备安全监理人员。1983 年，省农机局成立农机安全监理科，12 个地（市）成立农机监理所（站），71 个县（市）成立农机监理站（所）。1989 年年底，全省共有 98 个监理机构（其中省级 1 个、地级 16 个、县级 81 个），专职监理人员 651 名。

1991 年 7 月，安徽省农机安全监理总站正式挂牌。至 2008 年，全省省、市、县三级农机监理机构逐步建立健全，其中省级 1 个、地（市）级 17 个、县级 89 个，并向基层延伸，在一批乡、镇建立监理分支机构或设立监理巡回中队。有县级以上监理人员 1762 名。

农机安全监理队伍建设

多年来，省农机安全监理系统不断加强职业道德、职业纪律和业务技能等方面的教育与培训。2000 年前后，省农机安全监理总站与安农大联合先后举办 4 期“农机监理专业证书班”，系统培训监理骨干近 400 人。举办数十次以“职业道德教育、法律知识、业务技能和现代管理知识”为主要内容的农机监理员业务培训班，受训农机监理员 9000 多人次，其中 3120 人（含乡镇监理员）取得农机监理行政执法资格，546 人取得农机检验员资格，375 人取得农机考试员资格。各级农机监理部门经常开展监理人员“业务技能大比武”、法规知识竞赛等活动，造就一支思想正、业务精、作风硬、纪律明的高素质执法队伍。

农机安全监理工作

1986 年，安徽省逐步扩大农机监理工作范围，开始对农用固定动力机械及其配套机具进行检验，对操作手进行考核、发证。开展农机安全宣传教育和路检、路查工作。加强农机培训，实行“先培训后入户，不培训不入户”。严格按照《监理规章》办事，狠抓年检、年审。加强技术监督，开展小型拖拉机技术状态检测活动。

1987 年，全国交通管理体制发生重大改革。按照《国务院关于改革道路交通管理体制的通知》规定，凡上道路行驶的专门从事运输和既从事农田作业又从事运输的拖拉机及其驾驶员可委托农机部门负责管理。据此，公安部、农牧渔业部联合下文予以贯彻。1988年3月9日，国务院发布《中华人民共和国道路交通管理条例》，对上道路行驶的专门从事运输和既从事农田作业又从事运输的拖拉机安全技术检验、驾驶员考核、核发全国统一的道路行驶牌证等工作，公安机关可以委托农业（农机）部门负责，并有权进行监督检查。省农机局开始与省公安厅就上道路的农用拖拉机委托工作进行协商。

1990年12月，省公安厅、省农业厅联合下发《关于农用拖拉机道路交通管理问题的通知》，确定上道路拖拉机委托管理的问题。1991年8月，省农机安全监理总站与省交警总队联合下发《关于换发农用拖拉机道路行驶牌证的通知》，明确由农机监理部门换发全国统一的上道路拖拉机"八六"式牌证，委托工作全面实施，农机监理工作迈出坚定的第一步。

1993年7月，省政府颁布《安徽省农业机械安全管理及事故处理办法》。在此基础上，先后出台《安徽省农机事故处理程序的规定》《安徽省农机安全管理处罚程序的规定》和《安徽省拖拉机驾驶员考试办法》等配套规定，农机安全管理的法规规章框架基本建成，全省农机安全管理初步进入"以法管机"新阶段。

1996年6月，为加强农机监理装备建设，省农机安全监理总站制定《安徽省农机监理技术装备配备标准》，率先在全国开展"十佳农机监理站"和"十佳农机监理员"达标评比活动，一直延续至今。1997年2月3日，《安徽省农业机械安全监督管理办法》以省政府79号令发布。随后，省农机局制定发布《安徽省农业机械安全监督管理办法实施细则》和《安徽省农业机械安全操作规程》。

1997年，安徽省调整农机安全监理工作重心，开展农田拖拉机的牌证换发工作。当年换发牌证13.56万副。按照农业部、公安部、交通部、机械部、国家计委、中国石油化工总公司《关于做好今年联合收割机跨区收获小麦工作的通知》（农机发〔1997〕1号），1998年5月1日起，安徽省开始联合收割机牌证的启用换发工作。1999年3月，省农机安全监理总站与省公安厅协商解决全省农机监理专用车辆配备警灯、警报器的问题，并制定《安徽省农机监理专用车警示灯具使用管理规定》，提高农机安全监理工作快速反应能力，增强工作的威慑力。此后，又制定《安徽省农机监理业务档案管理办法》，规范法律文书、档案以及各种表格80余种。1999年10月，培训档案管理人员120余人。

1999年11月，针对拖拉机变型运输机日益发展的强劲势头，省农机安全监理总站下发《关于加强变型运输机安全管理工作的通知》，制定拖拉机变型运输机安全技术检验的标准，开始对拖拉机变型运输机实施目录管理。2002年1月18日，省政府办公厅下发《关于切实加强农机安全生产工作的通知》（皖政办〔2002〕3号），要求各级农机监理部门认真落实农业部《关于加强农机安全监理工作的通知》精神，重点加强对拖拉机、联合收割机、农用运输车的牌证管理，做好农用运输机械牌证换发工作。

2005年3月,《道路交通安全法》实施后,根据省农委、省公安厅《关于加强三轮汽车、低速载货汽车、上道路行驶拖拉机及其驾驶人道路交通管理工作的通知》,农机监理部门不再办理三轮汽车、低速载货汽车业务。2005年9月,省农机局下发贯彻农业部两个"规范具体名称"实施意见,自2005年10月1日起在全省全面实施农业部两个"工作规范",启用换发农业部农业行业标准牌证以及各种标记、印章、表格。2008年4月1日,安徽省开始贯彻实施《联合收割机及驾驶人安全监理规定》(农业部72号令),换发全国统一的新式联合收割机号牌和证件。

在内部规章制度建设方面,先后制定出台《安徽省各级农机监理机构主要职责》《安徽省农机监理人员工作职责》《安徽省农机监理员管理办法》《安徽省农机检验员管理办法》《安徽省农机考试员管理办法》《安徽省农业机械档案管理办法》和《农机监理安全生产例会制度》《安徽省重、特大农机事故应急处理预案》等一批规范性管理规定,用制度来规范全省农机监理人员的执法行为,确保文明执法、公正执法。

农机安全监理装备建设

1998年,安徽省农机监理系统在全国率先开展以创"优美的工作环境、优良的技术装备、优异的工作实绩、优秀的执法队伍"为主题的"四优"农机监理站达标评比活动,并设立重奖。各级农机监理部门纷纷加大资金投入,改善办公环境和条件,推广农机监理办证大厅建设;提高装备水平,做好监理车辆的更新换代,改善农机检测手段,提高农机检验的科技含量。至2008年,全省建成"四优监理站"一级站1个、二级站9个、三级站36个。

2005年,省农机安全监理总站投入30万元开发安徽省农机监理网络办证系统,当年10月投入使用。同时,加强全省网络硬件的配置指导工作以及软件的修复完善工作。2008年,投入20万元更新服务器并开发联合收割机及驾驶人业务管理应用软件,同年4月1日起正式运行。至2008年,全省实现省、市、县三级微机联网,实现网上办证、网上审批、网上报送监理信息,大大提升农机监理的科学化信息化水平。

安全生产责任制

1998年开始,每年年初,省、地(市)、县(市、区)三级农机监理部门层层签订目标责任书,有条件的县(县、区)还将目标责任书签订到监理站各个中队乃至驾驶员,明确目标责任,严格目标管理。在全省形成以安全管理目标为轴线、安全目标责任人为纵线的农机安全管理网络,推进全省农机安全监理各项工作措施的落实和各项指标任务的完成。

1998—2008年安徽省农机事故情况统计表

表6-2-1

年份	1998	1999	2000	2001	2002	2003	2004	2005	2006	2007	2008
事故起数	505	483	558	536	564	419	109	16	17	37	28
死亡人数	114	107	84	67	72	46	24	2	4	16	5
重伤人数	190	252	178	127	149	122	26	9	9	14	7
直接经济损失（万元）	55.3	60.0	91.4	47.3	47.2	56.8	23.6	2.81	5.24	21.5	3.7

第四节　维修管理

1985年，依据农牧渔业部、国家工商行政管理局颁布的《全国农村机械维修点管理办法》，省农牧渔业厅、省工商行政管理局联合制定颁布《安徽省农村机械维修点管理办法实施细则》（以下简称《细则》）。《细则》规定：凡申请从事农村机械维修为主业的国营、集体（合作）、个体经营单位，都必须经当地农机管理部门签署意见，县农机主管部门考核发给技术合格证书、工商行政管理部门颁发营业执照后，方可营业；农村机械维修点等级暂定三级；农村机械维修点的维修工人，必须经县农机主管部门按照农牧渔业部颁发的《农机修理工技术等级标准》进行培训、考核，合格后发给技术合格证；农村机械维修点应按国家和省政府的规定交纳税金，从事个体经营的，还要向工商行政管理部门交纳个体工商业管理费，农机管理部门对维修点开展有偿技术服务，可适当收取技术服务费。

1987年，安徽省出台《农机维修网点审定和考核工作意见》，并全面实施。1998年，依据国家经贸委、国家技术监督局、国家工商行政管理局、国内贸易部、机械工业部联合制定颁布的《农业机械产品修理、更换、退货责任规定》，《安徽省农业机械管理条例》对农机维修行业作出规定：农机维修企业和个人应当配备相应的维修设备和监测仪器，持有县以上农机管理部门核发的全省统一的《农机维修技术合格证》和工商管理部门核发的营业执照，方可从事维修活动。农机维修人员必须通过县以上农机管理部门组织的技术等级考核，并取得农机维修技术等级证书，方可上岗维修。农机维修企业和个人应当依照国家和省有关农机维修标准开展维修业务，对维修质量负责，并规定保修期。出现维修质量问题的，在保修期内应当负责返修，给用户造成损失的，应当负责赔偿。

2001年，依据农业部《农机修理工实行就业准入制度实施方案》，安徽省制定《安徽省农机行业职业技能鉴定实施细则》和《安徽省农机维修工人职业资格证书转换审核办法》，在全省部署开展农机行业职业技能鉴定工作。省财政厅、省物价局联合下发《关于核定农机经营维修技术合格证工本费收费标准的通知》，规定每个《农机维修技术合格证》收取工本费30元。

2004 年，国家实施农机购置补贴政策，大中型、高性能农机具迅速发展。安徽省在购机补贴招标选型工作中，把售后服务作为农机产品销售的重要条件，促使生产、销售单位提供及时便捷的农机维修服务，确保“三夏”“三秋”和春耕农机化生产。

2006 年，农业部《农业机械维修管理规定》和《安徽省农业机械化促进条例》颁布实施，对农机维修资质、维修质量、监督检查和处罚作出明确规定。省农委、省工商行政管理局联合下发《关于认真贯彻落实〈农业机械维修管理规定〉的通知》。全省换发新版《农机维修技术合格证》2600 份。

2007 年，农业部农机化司在安徽省召开全国农机维修工作会议。安徽农机维修工作情况在会上介绍交流。当年，全省换发新版《农机维修技术合格证》3400 份。2008 年，安徽省在潜山县举办农机维修管理信息系统软件培训班，农机维修信息统计实行网上直报，《农机维修技术合格证》实行网上申报、打印、查询。当年换发新版《农机维修技术合格证》2000 份。

1985—2008 年安徽省农机维修厂、点和年末人数统计表

表 6-2-2

年份	维修厂、点数（个）	从业人员数（人）
1985	3786（县修理厂 27）	17559（技术员 1321）
1986	4814（县修理厂 50）	23935（技术员 810）
1987	5636（县修造厂 41）	21494（技术员 988）
1988	6049（县修造厂 40）	21765（技术员 1095）
1989	6192（县修造厂 42）	20920（技术员 1666）
1990	6150（县修造厂 +42）	17219（技术员 2305）
1991	6916（县修造厂 29）	19107（技术员 1895）
1992	6741（县修造厂 15）	20366（技术员 2008）
1993	8249（县修造厂 10）	22222（技术员 2738）
1994	8749（县修造厂 11）	23298（技术员 2746）
1995	8422（县修造厂 9）	22987（技术员 2895）
1996	10189（县修造厂 9）	23766（技术员 3385）
1997	11761（县修造厂 3）	25251（技术员 3519）
1998	13184	27551（技术员 3838）
1999	13626	29056（技术员 4824）
2000	13349（一级点 50）	28511（持证 12502）
2001	14023（一级点 52）	27176（持证 13064）
2002	14236（一级点 19）	28033（持证 14409）

续表 6-2-2

年份	维修厂、点数（个）	从业人员数（人）
2003	13870（一级点 17）	27684（持证 13735）
2004	13726（一级点 45）	27379（科技 2135）
2005	13804（一级点 18）	26807（科技 2581）
2006	13804（一级点 38）	26807（科技 2581）
2007	12378（一级点 19）	25693（科技 1838）
2008	12122（一级点 30）	25063

第五节　法制建设

1996 年 12 月 30 日，《安徽省农业机械安全监督管理办法》（以下简称《办法》）以省政府 79 号令发布实施。《办法》规定：县级以上人民政府农业机械主管部门及其所属的农业机械安全监督管理机构负责本行政区域内的农业机械安全监督管理工作；乡（镇）农业机械管理机构在县级人民政府农业机械主管部门领导和农机监理机构指导下承担本乡（镇）的农业机械安全监督管理工作；农机监理人员执行公务，应当着装整齐，佩带执法标志，出示执法证件。

1997 年 12 月 19 日，《安徽省农业机械管理条例》经省第八届人大常委会第三十五次会议通过，1998 年 2 月 1 日起施行。《安徽省农业机械管理条例》规定：本条例适用于在本省行政区域内从事农机生产、经营、使用、维修、鉴定、推广、监理和教育培训等活动的单位和个人；县级以上地方人民政府农业机械主管部门主管本行政区域内农机管理工作。乡（镇）农机管理服务机构负责本乡（镇）的农机管理工作。

1997 年，根据《安徽省行政执法人员资格认证和行政执法证件发放管理办法》规定，省农机局下发《关于开展全省农机系统行政执法人员资格认证工作的通知》，部署各地农机部门做好本地行政执法人员的摸底统计上报工作，规定农机行政执法人员条件。2006 年，省法制办、省农机局联合培训认证农机行政执法人员 190 人，2008 年培训认证 216 人，2009 年培训认证 630 人。

2006 年，《安徽省农业机械管理条例》经省第十届人大常委会第二十一次会议修订，修订后的《安徽省农业机械化促进条例》（以下简称《条例》）自 2006 年 3 月 1 日起施行。新条例适应安徽省农业和农村经济发展新形势的要求，在全面贯彻《中华人民共和国农业机械化促进法》基础上，立足“促进”，强化“管理”。《条例》对新阶段农机质量保障、技术推广与教育培训、社会化服务与扶持措施、安全监督管理和法律责任等予以明确。《条例》规定，县级以上人民政府农业机械行政主管部门负责本行政区域内农业机械化促进与农业机械管理工作。县级人民政府农业机械行政主管部门应当引导和扶持乡（镇）建立农业机械服务组织，做好乡（镇）的农业机械推广和服务工作。

县级以上人民政府农业机械行政主管部门所属的农业机械安全监督管理机构具体负责实施本行政区域内农业机械安全监督管理工作。

第六节　农机服务

基层公益性服务

1986—2008年,乡（镇）农机管理机构历经多次改革。1991年以前,安徽省在原拖拉机站的基础上,经过不断充实完善,在各乡（镇）建立一批集管理、服务、经营为一体的乡（镇）农机管理服务站。至1991年年底,全省乡（镇）农机管理服务站2237个,其中具备三位一体功能888个。1992年开始,全省范围内实行撤区并乡,将乡（镇）农机站的“三权”（人权、财权、物权）下放乡（镇）管理,农机部门负责业务指导。这期间大量专业技术人员和积累的资产流失,管理服务能力受到极大削弱。至1994年年底,全省乡（镇）农机管理服务站减少671个,三位一体站只有496个。1993年起,国家相继出台《中华人民共和国农业法》和《中华人民共和国农业技术推广法》,省人大常委会审议通过《贯彻〈中华人民共和国农业技术推广法〉实施细则》,明确规定对乡（镇）农业社会化服务组织实行“条块结合,双重领导,以条为主”的管理体制。根据这一原则,1995年起,各地开始对乡（镇）农机站实行“三权”回收,开展“三定”（定性、定编、定员）工作,改变基层农机管理服务“网破、线断、人散”的状况。至1996年,基本完成乡（镇）农机站“三权”回收和“三定”工作,随后转入人员招聘和经费落实。至1997年,全省建立县级农机化服务中心50个,乡（镇）农机管理服务站1665个。

1999年,省技术监督局颁布施行《安徽省乡镇农机管理服务站建设规范》地方标准。省农机局先后制定《乡镇农机管理服务站财务制度》《乡镇农机管理服务站管理办法》《百佳乡镇农机管理服务站评比办法》等,推动乡（镇）农机管理服务组织建设不断发展。2000年,在乡（镇）事业单位机构改革中,安徽省对乡（镇）为农服务的事业单位实行“条块结合、一般以块为主”的管理体制。乡（镇）农机管理站“三权”再次下放,全省近60%的乡（镇）农机管理服务站被撤销,职能并入乡（镇）农业综合服务站,人员大幅减少,专业技术人员大量流失。2006年8月,国务院出台《关于深化改革加强基层农业技术推广体系建设的意见》,明确基层农业技术推广体系改革的指导思想、基本原则和总体目标。据此,安徽省出台《关于深化改革加强基层农业技术推广体系建设的实施意见》,加快基层农技推广体系改革和“三权”回收步伐。宁国市、和县、庐江县、青阳县等首批农村综合改革试点县（市）,乡（镇）农机管理机构采取按区域设立农业机械管理站,人、财、物“三权”一并上划,人员、业务经费由县级农机主管部门统一管理的方式,并核定人员编制。

随着改革的深入,国家开始加大对基层农业技术推广体系建设投入。2007年,怀远县被确定为第三批全国基层农技推广运行机制创新试点县,是全国农机行业唯一一个试点县。至2008年年底，安徽省77个主要农业县（市、区）中，基本完成改革任务有25个，占32.5%。分别是合肥市的肥西县，亳州市的蒙城县、涡阳县、利辛县，淮北市的濉溪县，宿州市的萧县、砀山县，蚌埠市的怀远县，阜阳市的太和县、颍上县、界首市，滁州市的定远县、凤阳县、来安县、全椒县、天长市，巢湖市的庐江县、和县，宣城市的旌德县、宁国市，池州市的石台县、青阳县，安庆市的望江县，黄山市的休宁县、徽州区。六安、淮南、马鞍山、芜湖、铜陵等5市各县（市、区）都没有完成改革。在完成改革任务25个县（市、区）中，“三权”回收的有21个，占84%，“三权”仍在乡（镇）的4个，占16%。其中设置乡（镇）农机管理站的1个，占4%，“三权”在县；设置农业综合服务站的14个，占56%，其中“三权”在县的10个、在乡（镇）的4个；设置农机中心站的10个，占40%，“三权”都在县。在未完成改革任务52个县（市、区）中，已经制定改革方案但尚未实施到位的有35个，占67%，改革方案正在制定中的有17个，占33%；乡（镇）农机管理机构在管理体制上，“三权”在县的有13个，占25%，“三权”在乡（镇）的39个，占75%；在机构设置上，设置乡（镇）农机管理站的有10个县（市、区），占19.2%，其中“三权”在县的有3个县（市、区），“三权”在乡（镇）的有7个县（市、区）；隶属于农业综合服务站的有35个县（市、区），占67.3%，其中“三权”在县的有3个县（市、区），“三权”在乡（镇）的有32个县（市、区）；设置农机中心站的有7个县（市、区），占13.5%，“三权”都在县。

全省设置独立的县级农机推广机构71个，其中全额事业单位59个，占83.1%；差额9个，占12.7%；自收自支3个，占4.2%。

农机跨区作业

在农机社会化服务发展过程中，跨区作业发挥着巨大的推动作用。农机跨区作业最初是利用小麦成熟的时间差，组织收割机开展跨行政区域的机收作业服务。安徽省于1996年首次组织“百万农机会战三夏”活动，秋季开展“百万农机会战三秋”活动，皖南水稻产区开始“引机入皖”收割水稻的尝试。1997年，正式提出组织“引机入皖，皖机出征，百万农机会战三夏”“百万农机会战三秋”和“百万农机修水利”三大战役。其中尤以“引机入皖，皖机出征，百万农机会战三夏”为代表，成为安徽农机化的品牌和代名词。

1996—2005年，是安徽省农机跨区作业快速发展时期。这期间跨区作业主要由各级农机管理部门进行组织和管理，包括考察作业市场、组织调度机具、发布作业信息等，农机跨区作业市场得到培育和完善。当时，购买收割机跨区作业成为农民增收致富的一条重要渠道，甚至城市下岗工人、待业青年也投身农机服务。芜湖县化肥厂下岗职工李定山1996年、1997年每年购买一台收割机从事跨区机收服务。1996—2005年的10年间，全省联合收割机从1440台增加到48739台，年均增长328%。2005年，安徽省小麦大面积收获从5月28日开始，至6月8日基本收获完毕，仅用12天时间。机收水平达到92.3%。一般县域内3天、市域内5天左右即可全面完成。

农机跨区作业得到各级政府的高度重视和有关部门的密切配合。1997年,经省农机局、省公安厅、省交通厅、省物价局、省机械局、省农垦总公司、省石油总公司等7厅(局、公司)联合成立跨区机收小麦、水稻工作领导小组,负责全省跨区机收的组织、协调和领导工作。参加跨区机收工作的各地(市)、县也都成立相应的组织,各部门在政府的统一领导下,通力协作,共同做好农机跨区机收工作。

1996年,农业部开始统一印制《联合收割机跨区作业证》,机械具备合法有效的号牌、行驶证,年度检验在有效期内,机手有合法有效和符合准驾要求的驾驶证,有明确作业地点和作业任务的,可以到所在地县级农机部门免费申领"跨区作业证",一机一证,年度内有效,凭证享受收费公路、桥梁免费通行政策。2004年优惠政策扩大到插秧机,"跨区作业证"改为"联合收割机插秧机跨区作业证"。

2005年以后,小麦跨区机收作业市场逐步形成并不断完善,收割机数量趋于饱和。2006年农业部发布小麦收割机预警信号,并从2007年开始暂停小麦联合收割机购置补贴。2005年,安徽省提出农机跨区作业的"三个转变",即跨区作业由主要依靠行政推动向依靠市场机制作用的转变;由依靠农机部门组织为主向依靠农机协会、农机中介服务组织和农机经纪人转变;由依靠传统的服务手段向依靠现代化、信息化的服务手段转变。农机管理部门逐步淡出跨区作业的具体组织工作,转向服务、引导、稳定和维护跨区作业市场秩序。各地农机部门于跨区作业期间,在主要路口设立农机跨区作业接待服务站,为过往机手提供生产、生活服务。2003年起,安徽省各级农机部门向社会公布农机跨区作业热线服务电话,承诺"有困难、找农机",省农机局印制《跨区作业信息手册》,随"跨区作业证"免费发放给机手。2005年,省农机局与"安徽农网"合作开通手机短信平台,在跨区作业期间免费向全省农机手及时提供气象、供求、服务热线、安全警示等短信服务。

农机服务组织

1986年,安徽省民办机械化的主体地位进一步确立和巩固,农民购买农业机械不仅仅局限于自有自用,一部分农机户开始走农机服务路子。伴随着农机跨区作业的快速发展,安徽省农机社会化服务组织不断发展壮大。其主要组织形式有5类。

农机大户、农机服务专业户　是农机作业服务的主体,分布在广阔农村,拥有一种或多种农业机械,或单独、与其他农机户联合,为周边农户提供代耕、代种、代收服务,解决有机户无活干、无机户有机用的问题,充分发挥农机使用效率和效益。伴随着农机化的发展,这一群体不断发展壮大。2008年,全省农机服务专业户数量从1986年的55400户增加到270413户,增长近4倍。(表6-2-2)

农机作业服务公司　数量不多,但产权明晰,机制灵活,作业服务的规模大、效益好,对农机服务组织的发展起到很大的示范和带动作用。2002年,肥西县农机大户严德敏创办安徽省首家民办农机作业服务公司"肥西县德敏农机作业服务公司",2008年,公司资产总值200多万元,拥有各类农业机械60多台套,每年完成机械化耕整地作

业333.33公顷、收割800公顷、机插秧66.67公顷、维修农业机械500多台次。2008年，全省农机作业服务组织6144个，人数近3.8万人。

农机中介服务组织、农机经纪人　他们有的本身就是农机户，有的虽然自己没有机械，但在有机户与无机户之间牵线搭桥，从中收取一定的服务费，这在农机跨区作业中最为突出，其组织和服务多具临时性和松散性。2001年，省物价局发布《关于跨区机收作业中介服务收费标准的函》（以下简称《收费标准》）（皖价服〔2001〕101号），明确组织跨区收割的农机部门或中介服务机构可从作业费中收取不超过5%的中介服务费。2002年，省农机局制定并发布《安徽省农机跨区作业中介机构管理暂行办法》（以下简称《暂行办法》），对跨区作业中介机构实行机构准入和登记管理。2004年《中华人民共和国行政许可法》施行，上述《暂行办法》和《收费标准》废止。2008年，全省有农机中介服务组织276个，从业人员7600余人。

各类农机协会　社团组织，在民政部门登记，依法取得社团法人资格，是农机管理与服务的平台。有省、市、县、村四级农机协会，其中市、县农机协会主要由农机管理部门牵头成立，农机手参加农机协会参与农机管理。安徽省成立较早、影响较大的是东至县农机使用者协会，1994年成立，至2008年发展会员4000多人，协会组织会员开展跨区作业，宣传和落实涉农、惠农政策，提供技术、信息咨询和维权服务。村农机协会主要由农机大户或村干部发起成立，把本村机手组织起来，解决一家一户办不了、办不好的事。在基层农机管理服务机构被撤销、合并，行业管理组织网破、线断、人散的情况下，各级农机协会承担农业机械和农机人员组织、管理、服务的功能，在农机化发展中发挥重要作用。2006年12月，安徽省农机协会成立。

农机专业合作社　2006年开始，安徽省把培育扶持农机社会化服务组织作为农机化管理工作的重要内容纳入议事日程，2006年9—11月，省农机局与安徽现代农村报社（现《安徽日报》农村版）联办、山东高密春雨机械有限公司协办并冠名的“春雨杯”农机大户与农机合作组织征文活动。12月，在合肥市召开全省农机社会化服务工作会议。经各市推荐，选择20个登记注册的服务组织，每个给予1万元扶持资金。对农机大户和农机服务组织，在享受购机补贴时不受排名和数量的限制。2007年7月1日，《农民专业合作社法》颁布实施，农机专业合作社作为农民专业合作社的重要组成部分，得到快速发展，成为农机社会化服务的主要组织形式，当年全省新增登记注册的农机专业合作社48个。至2008年年底，全省登记注册的农机专业合作社230个。

为鼓励农机专业合作社发展，2007年，省农机局安排专项资金136万元，扶持17个服务组织；2008年，安排专项资金152万元，扶持19个服务组织。2006—2008年，每年由省农委、省财政厅、省农机局联合表彰5名农机大户标兵，各奖励1台大中型拖拉机，在全省农村工作会议期间由省领导颁奖。

2006—2008 年度安徽省农机大户标兵

表 6-2-2

年　度	姓　名	家庭地址
2006	严德敏	肥西县严店乡
	王化东	宿州市埇桥区夹沟镇
	苏　宏	宣城市宣州区孙埠镇
	方文喜	安庆市宜秀区白泽湖乡
	朱传友	霍邱县城西湖乡
2007	黄春杰	蒙城县双涧镇
	董　松	阜阳市颍东区冉庙乡
	陈鸿斌	庐江县白湖镇
	储茂德	来安县张山乡
	纪明发	池州市贵池区乌沙镇
2008	赵新耿	濉溪县刘桥镇
	赵东法	怀远县荆芡乡
	李新合	凤台县顾桥镇
	陶功臣	当涂县新临开发农场
	余　午	繁昌县孙村镇

第三章 农机鉴定和质量监督

第一节 产品鉴定

农机产品试验鉴定

农业机械推广鉴定是指农业机械试验鉴定机构通过科学试验、检测和考核，对农业机械的适用性、安全性和可靠性等进行全面考核，作出技术评价，评定是否适于推广的活动。推广鉴定包括部级推广鉴定和省级推广鉴定。

1983 年开始，全国实施农业机械推广许可证制度，其目的是在农机推广环节，把住质量关，有选择地推广农业机械，避免农民盲目购买使用质量不符合要求的农机而造成财产损失和人身伤害，维护农民利益。农业机械推广许可证制度的主要依据最早是农业部、机械工业部等制定的有关规章和政策规定，后来随着国家农业法制建设的不断加强，也使农机推广鉴定的法律依据得到充实和提高。

安徽是农业大省也是农机使用大省。全省农机保有量居全国前列。安徽省农机生产企业数量在 1995 年以前已达到 100 多家，多数为小型农机产品。1995—2003 年，由于经营管理不善，再加上未能及时进行结构调整等原因，农机生产企业数量锐减至 10 多家。2004 年以后，特别是《农业机械化促进法》颁布实施以后，农机购置补贴政策的落实，安徽省农机生产企业数量快速回升，至 2008 年达 70 多家。大量农业机械投入到农业生产领域，增强农业生产的物质基础和农业的抗灾减灾的能力，同时减轻农民的劳动强度，提高农业生产效率和效益。农机推广鉴定工作也发生很大变化，“农机推广许可证”改为“农机推广鉴定证”，证书有效期由 5 年改为 4 年。省级以上农机主管部门对通过农机鉴定的产品证书和标志的使用情况进行监督。

安徽省农机试验鉴定站

始建于 1976 年 3 月，正县级建制，人员编制 35 人，全额预算，隶属省农机局。1984 年 2 月，安徽省农机化研究所并入该站，编制 50 人，全额预算。1996 年 9 月，省编委（皖编字〔1996〕28 号文）确定该站由全额预算转为差额预算，编制减至 45 人。2008 年，在职职工 40 人，其中具有高级职称的 8 人、中级职称的 12 人、初级职称的 9 人；固定资产总值 1080 万元，检验仪器设备 242 台（套），检验场所面积 3720 平方米，设有内燃机试验室、农机综合检测室、水泵试验室、冷启动试验室、硬度试验室、探伤室、动平衡试验室、材料强度试验室、金相试验室、农机零配件检测室、茶叶机械试验室等，具有 80 多个农机产品认证资格和30多个农机产品的审查认可资格。

1984年2月，安徽省标准计量局授权，安徽省农机产品质量监督检验一站在省农机试验鉴定站挂牌成立。2002年3月，省消费者协会农机产品质量投诉站在省农机试验鉴定站挂牌。2005年8月，农业部排灌机械质量监督检验测试中心在省农机试验鉴定站建成，24个排灌产品通过国家计量认证和农业部审查认可。2008年8月，省农机试验鉴定站获得收获机械、水稻、插秧机械部级能力认定。

安徽省农机试验鉴定站的主要职能和工作有8个方面：负责全省农机新技术、新产品的试验、鉴定，承担农机产品质量检验、测试和农机化科研工作；承担农业机械适用性、安全性和可靠性检测并作出技术评价，为农民和农业生产经营组织选购先进适用农业机械提供信息；为公布国家和省级人民政府支持推广的先进适用农业机械产品目录的产品进行先进性、适用性、安全性和可靠性鉴定；为省、部级年度农机购置补贴产品的选型提供技术依据；负责对在用的特定种类农业机械产品的适用性、安全性、可靠性和售后服务状况进行跟踪调查，并公布调查结果；负责受理农业机械使用者的质量投诉，提高结案率，切实维护农机使用者、生产者和销售者的合法权益；承担省政府实施的“农机富民工程”项目中相关农业机械的技术试验；负责在农机产品的生产领域和流通领域中进行质量监督，保优打假，创造良好的市场环境。

1986—2008年，省农机试验鉴定站累计完成各种鉴定1580项（其中16项部级鉴定），质量监督检验1100多项。

第二节　产品质量监督检验

农机产品质量监督检验

农机产品质量监督检验的种类分为：产品质量年度统一检验、产品质量定期抽检、产品质量仲裁检验、产品质量委托检验、产品质量市场检验等。安徽省农机产品质量监督检验工作始于1984年，当年由省质量技术监督局下达手扶拖拉机监督检验3个项目，分别是安徽拖拉机厂、农机三厂和全椒拖拉机厂生产的手扶拖拉机。

农机产品质量调查与跟踪

农机产品质量调查和跟踪是国家对农业机械质量进行监督的重要方式，是一项政府职能又是一项技术活动，是并列于监督抽查、市场抽查、行业统检、市场打假等质量监督职能的农机质量监督措施与新模式。

2006年5—8月，根据农业部《农机产品质量调查办法》，省农机试验鉴定站对全省125台联合收割机、39台大中型拖拉机、12台插秧机计176台购机补贴产品的质量、适应性情况进行跟踪和调查。结果表明，通过省、部级推广鉴定的农机产品，大部分质量合格，但其适应性情况有所不同。个别情况是：收割机主要问题是配套动力不够、发动机散热效果较差、油缸开裂、粮箱漏粮等；大中型拖拉机的主要问题是液压提升时间过长、压力不稳、抖动较普遍、轮胎磨损期短；插秧机的问题是油箱注量不够、配套的秧盘规格不符合标准；售后服务方面，存在“三包”期内乱收费、“三包”不及时等问题。

2007年8—11月，农业部农机试验鉴定总站带领安徽省农机试验鉴定站和小型轮式拖拉机保有量超过20万台的其他8省（区）农机试验鉴定站，对各所在省小型拖拉机质量安全进行全面普查，主要了解小拖使用中的安全防护情况、能耗情况和相关经济指标。结果显示，安徽省阜阳、淮北、宿州、滁州、蚌埠、淮南、六安等地小拖还有一定需求，但在农田作业方面受到大中拖的冲击，在运输作业方面受到变型拖拉机、低速载货汽车的冲击，主要作业形式面临重新评价和定位。

2008年8—11月，结合全国食品安全检查，农业部农机试验鉴定总站在安徽、四川、云南、福建、浙江、江西、江苏等省开展全国茶叶机械质量安全普查。安徽省跟踪调查的区域为黄山市、宣城市、岳西县、霍山县茶叶生产地区和茶机生产企业。除个别机型的茶叶铜含量略偏高以外，其余参数均属正常。

农机产品质量投诉受理与处理

2002—2008年，安徽省农机产品质量投诉站共受理投诉案件141件，处理138件，结案率98%。

计量认证和审查认可

安徽省农机试验鉴定站从2004年开始接受省质量技术监督局的计量认证，2009年8月26日接受复评审，其认证产品由2004年的48项扩大到60项。省农机产品质量监督一站于1984年受省标准计量局的授权委托，计量认证和授权16项。1988年、1993年、1998年、2004年、2009年已经有5次复评审，其中扩项评审进行2次，其计量认证的项目数、内容与省农机鉴定站相同。其授权的项目数为49项，内容与认证相同。

农业部排灌机械质量监督检验测试中心设立在省农机试验鉴定站，2005年8月，审通过国家计量认证、农业部审查认可24项。

第四章　科技与教育

第一节　科研成果

长江中下游地区实行农业机械化方案研究

1984 年 12 月，农牧渔业部（〔84〕农（机）第 45 号文件）正式确定由安徽省农机局牵头，组织长江中下游湘、鄂、赣、苏、浙、皖、沪等 7 省市农机管理部门，成立联合课题组，研究和拟定长江中下游地区实行农机化的方案。1985 年 2 月 14 日，农业部农机化局（〔85〕农机（科）字第 28 号文件）决定将此项工作列入 1985 年农机化重点科研项目。1985 年 4 月，以安徽省农机局和农业部南京农机化研究所为正副组长单位的联合课题组成立，召开首次协调会议，提出计划任务书，报经农业部农机化局批准后，全面开展本课题的各项研究工作。

长江中下游地区农机化方案的研究和拟定，打破省级行政区界的限制，带有明显的区域经济的特点。课题在研究过程中强调自然资源和社会经济条件的结合。在区划基础上，按照自然资源特点、社会经济条件和农村经济发展趋势，将全区划分为 3 个不同类型区，力求用一种新方式对全区进行分类指导。农机化方案的研究实质上是农机化的战略研究与发展预测相结合的一项宏观设计，农机化发展战略是整个方案的核心。为使全区的农机化发展战略有一个坚实的基础和可靠的依据，课题组对全区农业发展战略和发展预测进行研究，并通过分析，将本区范围内各县农业发展战略目标的预测数据归纳为全区 1990 年和 2000 年的农业发展战略目标。同时，还注意研究本区农村经济的发展趋势、农机经营形式和规模的发展动向，以及农机化技术进步、更新的实际可能性，制定本区农机化发展战略，在此基础上指导全区的机械选项和机具配备的估算。

长江中下游地区实行农业机械化的方案主要包括：区域概况、本区域农业发展战略、本区域农业机械化发展战略、机械化项目与机械品种的选择、全区 1990 年和 2000 年农机具需求数量及机械化程度估算、本方案的实施条件和效益分析、实施方案的政策和措施等。区域性农机化方案的研究是一项新的探索，研究成果为国家制定农机化发展的方针政策，为有关部门编制规划、指导农机化工作，以及为农机工业的产品发展方向和布局提供一定的依据。

安徽省城市郊区农业机械化研究

安徽省城郊农业经济，在解决满足城市人民生活必需的肉、奶、禽、蛋、鱼、蔬菜、瓜果、花卉和副食品供应，调整农业产业结构，改变劳动力在一、二、三产业布局和提高农业生产力等方面，都向城郊农业机械化提出愈来愈多的新要求，亦为农机化的发展创造资金、技术、人才与信息等有利条件。省农机局制编《安徽省城市郊区农业机械化的研究》计划任务书，于1987年春报省农业区划办公室批准立项，全面开展本课题的研究工作。《安徽省城市郊区农业机械化的研究》主要包括：城市郊区农业及农业机械化概况、城郊农业机械化发展战略、城郊农机化发展项目及机具品种选择、城郊农机化发展分析及实施条件与效益估算、城郊农机化发展的主要措施与改革建议等。

《安徽省城市郊区农机化的研究》是在城郊经济主要是城郊农业经济的宏观范畴中进行，对于省及有关市近年来在城郊社会经济发展战略、发展规划等方面的宏观研究报告，对于市郊县的农业区划、农机化综合区划、对于全国在本区域有关实行农业机械化方案所取得的最新研究成果都高度重视和注意应用。为了便于对城郊农机化发展进行分类指导，该课题还在上述新成果的基础上，按照城郊自然资源特点、社会经济条件和市带县发展过程中的实际情况，划分两个类型区既近郊区和远郊区。

课题研究始终以批准的计划任务书为依据，采取典型调查和面上综合分析相结合，定性分析与定量预测相结合；研究城郊农业发展战略与农机化发展战略相结合，以城郊农业发展战略作为基础，把城郊农机化发展战略作为课题研究的关键和核心，力求在研究方法上突破农机化区划研究模式，使更具自己的研究特色。

区域性的城郊农机化研究，在安徽省属首次，填补安徽省农机化区划研究的空白。该课题研究为省、市领导机关制定城郊农机化发展战略和方针政策，市及郊县编制长远规划和指导城郊农机化工作，以及省、市发展农机工业产品和布局提供一定的依据。同时可为新建立的市带县区域中研究农机化发展提供决策参考。

农业机械化科研成果

1986—2008年，安徽省农机化科技成果（不含农机工业、农垦及基层农机化科技推广成果）获奖情况如下：

1986年，《安徽省农机化综合区划》获农牧渔业部农牧渔业科技进步三等奖。

1987年，《长江中下游农机化方案的研究》获农牧渔业部农牧渔业科技进步二等奖。

1987年，《农机检测节能技术》获农牧渔业部农牧渔业科技进步二等奖。

1987年，《金属清洗剂推广》获农牧渔业部农牧渔业科技进步二等奖。

1988年，《农机检测节能技术》获国家科委国家科技进步奖。

1990年8月，《怀远等五县（市）小麦增产机械化技术》获农业部农牧渔业科技进步三等奖。

1988年11月，《安徽沿江地区实行农机化方案的研究》获安徽省农牧渔业厅农牧渔业科学技术进步二等奖。

1991年11月，《灵璧等四县小麦中低产田综合机械化技术开发》《萧、砀等三县棉花中低产田增产机械化技术》获安徽省农牧渔业厅农牧业丰收奖。

1992 年 9 月,《固镇等五县小麦实用机械化综合增产技术》获农业部全国农牧渔业科技进步二等奖。

1992 年 11 月,《引擎磨损剂在农机维修中的应用》获安徽省农牧渔业厅农牧渔业科学技术进步二等奖。

1993 年 9 月,《宣州、广德、怀远三县（市）水稻农机农艺结合增产增收技术》获农业部全国农牧渔业科技进步二等奖,《五河县小麦丰产系列机械化技术》获三等奖。

1993 年 10 月,《凤台等沿淮四县市小麦机械化播种技术》获安徽省农牧渔业厅农牧业丰收奖二等奖。

1993 年 12 月,《小麦免少耕条播机械化技术》获安徽省科学技术进步奖四等奖。

1994 年,《蚌埠等市县大豆中低产田增长配套机械化技术》获安徽省农业厅农牧业丰收奖三等奖。

1995 年 8 月,《凤台等五县稻麦连作农机农艺结合增产增收技术》获农业部全国农牧渔业丰收奖二等奖,《南陵庐江两县优质稻谷高产高效机械化技术》获三等奖。

1996 年 8 月,《舒城、当涂两县优质粮棉油（水稻）高产高效机械生产技术》获农业部全国农牧渔业丰收奖二等奖。

1997 年 11 月,《蒙城等两县优质粮棉（玉米）作物机械化增产增效技术》获农业部全国农牧渔业丰收奖一等奖,《濉溪、杜集优质小麦高产高效机械化技术》获三等奖。

1998 年 12 月,安徽省农机技术推广总站参与编写的《农机化适用技术推广手册》获农业部科学技术进步奖二等奖。

1999 年 11 月,《巢湖等三县（市）主要作物（水稻）节本增效综合增产机械化技术》获农业部全国农牧渔业丰收奖二等奖。

2001 年 10 月,《固镇等三县（区）节水旱作农业工程增产技术》获农业部全国农牧渔业丰收奖三等奖。

2002 年 9 月,《和县、东至县高速水田耕整机械化及水稻植保机械化技术》获农业部全国农牧渔业丰收奖三等奖。

2003 年 9 月,《固镇、泗县两县花生生产机械化技术》获农业部全国农牧渔业丰收奖一等奖。

2004 年 11 月,《优质水稻生产主要环节农机农艺结合技术研究》获安徽省科学技术奖三等奖。

2007 年 8 月,《农机致富百问百答》获农业部神农中华农业科技奖奖励委员会中华农业科技奖。

2007 年 12 月,安徽省农机技术推广总站主持编写的《国家粮食丰产科技工程》获安徽省科技厅先进课题组。

第二节 技术推广

省级农机技术推广机构

1986年11月，省编委批准成立“安徽省农机化技术服务推广总站”，副处级事业单位，自收自支，编制20人，隶属省农机局。1990年4月增编至25人，1991年6月改为差额预算管理形式。初设政办科、技术推广科、经营开发科，1989年10月，增设综合计划科。1991年7月，调整科室设置为办公室、技术推广科、技术开发科、技术服务部；撤销政办科和综合计划科。1995年2月，更名为“安徽省农业机械技术推广总站”。1996年9月，根据省编委《关于印发安徽省农业机械管理局直属事业单位分类管理实施方案的通知》（皖编〔1996〕第28号），核准安徽省农机化技术服务推广总站为副县级建制，列入全额预算事业单位管理序列，事业编制23名。1998年3月，增设财务科。1999年3月，成立“安徽省农机化技术推广培训中心”，内设机构、科级建制，同时撤销原内设的技术服务部。2003年3月，技术开发科更名为培训信息科。1993年3月8日，“安徽省隆基贸易公司”经省农机局批准成立，隶属省农机推广总站，全民所有制企业，科级建制，独立核算，自负盈亏。1999年5月，更名为“安徽省金桥农机技术服务公司”。

市、县级推广机构

1986年12月，农牧渔业部、财政部、科技部联合下发《关于县级农机化研究所改为农机化技术推广服务站的通知》。1987年起，安徽省县级农机化研究所相继更名为县级农机化技术推广服务站。同期，省政府办公厅转发省农机局《关于进一步加强基层农机化管理服务组织建设的意见》，省、地（市）、县可以根据实际情况建立农机化技术服务推广站（中心）。至2008年，全省县级以上（含县级）农机推广机构共86个（省级1个、地市级7个、县级78个）。共有人员811人，其中科技人员512人。

农机节能技术

1987年10月，安徽省农机局在广德县召开全省农机维修节能新技术应用推广交流会。总结交流全省各地推广使用农机维修综合节能技术，对今后新技术推广工作提出要求。1987—1990年，实施农业部下达的“引擎磨损整修剂在农机维修中的应用”项目，先后在12102台小型拖拉机上应用引擎磨损整修剂，获1992年安徽省农牧渔业科技进步二等奖。1993—1995年，省农机局组织在全省实施“低温启动液在农用动力机械上的应用”项目。2006—2008年，省农机推广总站在全省开展“农机节油新技术推广”，推广生物型无污染节能产品优油TSP-C型燃油增效剂。7个示范县共建立158个示范点，推广优油TSP-C型燃油增效剂6500余盒（77800支）。

小麦生产机械化

从1987年开始，在小麦主产区重点推广小麦机播和机收技术。1989年9月27日，安徽省政府在天长县召开安徽省适用农机具推广示范现场会。这是1978年以后，首次召开全省性的高规格农机化技术推广现场会。会上，副省长汪涉云作题为《大力推广适用农机具，开创我省农机化新局面》的讲话。从此，现场演示会成为安徽省开展新技术新机具推广的有效手段。

1990 年 6 月 3 日，安徽省农机局在涡阳县召开全省小麦收获机械化技术推广现场会。1991 年夏季，安徽省遭受历史罕见洪涝灾害，秋种小麦种子缺口在 4 万吨。为解决这一难题，省政府要求在全省大力推广小麦播种机械化技术，实施面积 53.33 万公顷，亩节种 5 千克。10 月，全省秋种机械化技术推广现场会在灵璧县召开。当年全省实际完成小麦机播面积 72.33 万公顷，仅省种一项节约成本 1.2 亿元，并为来年小麦丰收奠定基础。1993 年 10 月，省政府在濉溪县召开全省秋种机播现场会，对促进安徽小麦种植质量的提高起着较大的推动作用。1995 年，小麦主产区机播和机收技术基本普及。全省播种机总量 2.5 万部，机播面积突破 133.33 万公顷。1998 年 10 月 12—13 日，针对稻茬麦种植困难，省农机局在寿县召开安徽省江淮地区秋种机械化生产现场会，按稻茬麦种植农艺要求，进行几种机械化栽培工艺路线演示。

2007 年 4 月，为配合小麦高产攻关攻坚行动，安徽省农机局下发《关于进一步提高小麦机械化播种质量的通知》。2008 年 10 月，省农委和省农机局联合在蒙城、凤台分片召开全省小麦机械化播种现场会。各地农业、农机部门密切配合，加快小麦生产机械化的转型升级，加大大功率拖拉机和高效节能的复式作业机械的推广力度，扩大“两深一精”小麦高产技术的应用范围，推行保护性耕作方式。2003 年 1 月 24 日，安徽省地方标准《小麦生产机械化作业规范》（DB34/T 317-2003）发布实施。农机部门通过试验、示范，不断完善农机、农艺结合的小麦高产攻关农机化技术措施，形成科学合理的技术操作规范和机具配套方案，为小麦高产攻关提供保障。

1996 年起，推广实施小麦联合收获技术。2008 年，全省联合收割机 6.58 万台，机收小麦 209.47 万公顷，机收率 95.2%。

水稻生产机械化

为解决水田耕整地难题，1988 年起，安徽省农机推广总站从湖南耒阳引进水田耕整机，在沿江、江南地区开展水田耕整地机械化技术推广。1990 年，安徽南陵县机械厂开始批量生产“神牛”牌水田耕整机。1992 年 5 月 28 日，安徽省南方水田耕作机械化技术推广现场会在无为县召开，副省长汪涉云到会并作讲话。至 1995 年，全省累计推广水田耕整机 2 万台（套）。

为探索工厂化育秧和机械插秧在安徽省的应用条件和适应性，1988—1990 年，“水稻工厂化育秧与机插技术试验示范”项目在怀远县实施，引进延吉生产的水稻插秧机。但受当时农村自然、经济条件的限制，无法进行大面积推广。1998 年，“中央财政支持农业科技成果应用示范”项目在芜湖县实施。项目投资 120 万元，在芜湖县埭南乡建立温室大棚，实行工厂化育秧，示范推广水稻育插秧机械化技术。在开展示范 4 年后，因运行成本过高，难以形成商品供秧市场而停止运营，转向推广低成本的大田规格化育秧。

1996年初，安徽省把水稻生产机械化和农林土特产品加工机械化提到重要位置，水稻生产机械化发展开始提速。在确立全椒县为省级水稻机械化试验示范基地的基础上，选择具有区域特色的15个县（市）开展水稻机械化试验示范。这时，机械化联合收获开始成为水稻生产的热点，受到稻区农民和政府的重视。全省有日本“洋马”联合收割机10台、国产水稻收获机械近2000台，水稻机收面积12万多公顷。

为扩大机械化育插秧技术的宣传，1997年7月，全省水稻生产机械化技术推广现场会在舒城县召开。现场演示水稻种子处理—育秧—耕整地—机械栽植（机插秧，机抛秧，机直播）—机械植保—机械收获（分段收获，联合收获）—秸秆还田—稻谷干燥—稻米加工等产前、产中、产后全程机械化作业。1999年春季，省农机推广总站与省电视台合作拍摄的《工厂化育秧机械化技术》在华东6省（市）电视台播出。2000年9月16日，省农机局在合肥市郊区大圩乡召开水稻联合收获及秸秆还田技术推广现场会，邀请省人大、省政协、省直有关部门负责人参加。

2002年5月9日，安徽地方标准《水稻生产机械化技术规范》（DB34/T 244-2002）系列标准发布实施，包括：水田耕整地机械化、稻种破胸催芽机械化、工厂化育秧机械化、栽植机械化、植保机械化、灌溉机械化、收获机械化7个部分。2002年7月，省农机局在南陵县召开水稻生产全过程机械化现场会。2003年3月，全省联合收割机推广交流会在合肥市召开，同年7月在南陵县召开国产半喂入联合收割机及秸秆处理技术演示会，对半喂入联合收割机推广及国产化起到推动作用。2008年，全省半喂入联合收割机发展到7061台。

2003年起，安徽省水稻机插秧技术开始新一轮的推广。4月，全省首期水稻插秧机械化技术培训班在芜湖县举办。8月，农业部在南陵县举办农机大户培训班及农机化新技术培训教材的审定。2005年3月31日至4月1日，全省机插秧实用技术师资培训班在芜湖县举办。

2006年起机插秧技术应用进入快速发展阶段。安徽省开始实施“水稻育插秧机械化技术示范项目”。至2008年，先后建立25个水稻育插秧机械化示范县，485个示范点，其中部级示范县10个，有力地辐射带动全局的发展。

2006年3月21—26日，省农机推广总站在天长、凤台分片举办两期全省水稻育插秧机械化技术骨干培训班。同时，省农机局组织由基层技术骨干组成的安徽省水稻机插秧讲师团赴各地开展巡回培训和技术指导。6月1日，全省水稻生产机械化现场会在肥西县丰乐镇召开。2007年6月5日，全省水稻育插秧机械化技术推广现场会在巢湖市居巢区召开。2008年4月，省农机推广总站组织编写的《水稻机插秧适用技术问答》一书，由安徽科学技术出版社出版发行。2008年4月22—24日，农业部长江中下游稻区水稻机插秧技术培训班在合肥市举办。

2007年，安徽省在中央补贴30%的基础上，省财政再安排300万元专项资金用于插秧机补贴和示范推广，插秧机补贴率不低于50%，实行随买随补，确保农民购机需求。

机插秧技术推广也得到地方政府的重视,有的采取激励举措,在中央和省两级补贴基础上对购买插秧机者再给予一定的资金补贴。插秧机数量增长连年翻番,实现跨越式发展。2006 年,全省插秧机数量 900 台, 2007 年增至 1900 台, 2008 年达到 3816 台。机插秧面积随之不断扩大,从 2006 年 0.667 万公顷,到 2007 年 4 万公顷,再到 2008 年 8.4 万公顷。

玉米收获机械化

玉米是安徽省第三大粮食作物。为大力发展玉米生产机械化, 2007 年开始,省农机局从玉米生产难度最大、影响最突出的机收环节入手,集中力量建设一批技术培训和示范基地,实施项目带动,逐步扩大玉米收获机械补贴的实施范围。2007 年,省财政拿出 100 万元在 9 个玉米生产大县进行玉米收获机械购置补贴试点。同年 9 月 20 日,全省玉米收获机械化技术研讨演示会在固镇县召开,标志着安徽省玉米收获机械化技术的推广工作正式启动。2008 年,省农机局加大补贴力度,在国家购机补贴资金向玉米收获机械倾斜的同时,另行安排 550 万元资金对玉米生产重点县农民购置玉米收获机械进行专项补贴,要求每县补贴玉米收获机械不少于 30 台。此外,还将在 33.33 万公顷玉米生产核心示范区的基础上,建立玉米生产机械化示范区,加强农机农艺结合,放大示范推广效应。全省 31 个农机装备项目县也同时启动玉米收获机械购置补贴工作。玉米机收市场呈现出加速发展态势,玉米联合收割机总量 500 台,比 2007 年增加两倍以上。全省玉米联合收割机由 2006 年的 138 台增加到 1024 台,玉米机收面积由 1.67 万公顷增加到 6.413 万公顷,机收率 8.4%。

粮食烘干机械化

粮食生产的稳定发展,为烘干技术的应用带来机遇。1991 年,烘干机械化试验示范开始起步,省农机推广总站在全省建干燥试点 11 处,引进小型试验机型 9 种,对小麦、水稻、油菜籽及烟叶、药材、苔菜多种经济作物进行干燥试验。1992 年 1 月,省政府拨款 300 万元用于大型粮食烘干设备试点,其中农机 280 万元,在怀远县建立“安徽粮食处理中心”。设备试运行后,因日处理量大,不符合当时农业生产实际,设备一直闲置,直到报废。2001—2002 年,繁昌、青阳两县实施农业部“粮食产地烘干机械化技术”项目,推广低温循环式谷物烘干机。此后,省农机部门先后引进推广“三久”“金子”等品牌烘干机械,沿江、沿淮地区的一些粮食原种场、农场、种粮大户和粮食储运企业,也实行粮食及种子的收获、烘干和贮存的不落地清洁生产,取得较好的效益。2008 年 4 月 26—27 日,省农机推广总站在枞阳县举办全省农产品干燥机械化技术研讨培训班,120 余人参加培训。2008 年,全省谷物烘干机 1053 台,批处理粮食能力万吨以上。

农林土特产品加工机械化

1996 年开始,安徽省农机局为解决“农机上山”问题,决定以机制名优茶为突破口,加快发展农林土特产品加工机械化。3 月 14 日,省农机局在黄山市徽州区召开全省名优茶加工机械化技术推广现场会,重点推广小型成套名优茶加工机械化技术。随着中国加入 WTO，茶叶标准化品质控制严格和茶叶市场竞争激烈，小型作坊式名优茶加工机械逐渐被连续滚筒杀青机、连续理条机、链板式连续烘干机等茶叶加工连续化机械设备所取代，茶叶加工向清洁化、自动化、规模化方向发展。2003 年 4 月 9 日，安徽省地方标准《毛峰茶机械化加工技术规程》（DB34/T 323-2003）发布实施。同年 9 月，省农机局在黄山市黄山区召开山区农业机械化发展研讨会。2007 年 3 月，省农机局在黄山市徽州区举办全省山特产品生产与加工机械化技术展示会。通过展示宣传，进一步拓宽山区农机化发展思路，为山区农民增收致富开辟更多途径。

随着茶叶加工机械、茶园管理机械、茶叶保鲜库等进入中央财政农机购置补贴目录，茶叶机械在山区进一步普及应用，仅黄山市 2007 年就新增茶机械 7800 台套，茶园生产机械 2300 台，切实提高茶叶综合生产能力。茶叶生产机械化的普及，不仅降低生产成本，还推进清洁化生产，提高茶叶品质，有力地促进农民增收。至 2008 年，全省茶叶加工机械 12.79 万台，机械加工茶叶量 15.91 万吨。

与此同时，歙县、宁国等地积极推广经果林植保、山核桃脱脯、菊花烘干等特色农产品生产与加工机械，受到政府重视和农民欢迎。

油菜生产机械化

机械化水平的低下一直是制约安徽省油菜生产发展的重要因素之一。为解决油菜机械化收获问题，2000 年，省农机推广总站制定《安徽省油菜机械化收获试验大纲》，此后两年间，在巢湖市居巢区进行油菜机收试验，对油菜联合收获、分段收获两种工艺模式进行探索。宣城、马鞍山、黄山、滁州、合肥、巢湖等市有关县按照试验大纲也相继进行油菜机收试验。初期选择推广的油菜收获机型主要为稻麦油兼用型全喂入履带自走式联合收割机。随着技术的改进，油菜联合收割机性能逐渐完善，机型趋于成熟。

2003 年，安徽省农机局立项在宣城、滁州、马鞍山、合肥、巢湖、六安、安庆等市开展"油菜播种机械化技术"项目，试验示范油菜整地机直播、免耕机直播、机开沟覆盖免耕直播 3 种油菜播种技术，以宣城市为代表的油菜机开沟覆盖免耕直播技术和以滁州市为代表的油菜浅旋耕机直播技术取得明显成效。同年，省农机推广总站分别从陕西宝鸡和浙江宁波引进两种油菜排种器专利，与蚌埠淮丰农机有限公司合作开发两种小拖配套的油菜播种机。2004 年 6 月，宣城市"油菜机开沟覆盖免耕直播技术研究与推广"通过安徽省科技成果鉴定。2005 年 5 月，省农机局在繁昌县召开全省油菜生产机械化技术推广研讨会。

2007 年 1 月，安徽省地方标准《油菜机械化播种作业技术规范》（DB34/T 667-2007）发布实施。安徽省承担农业部"宣州区油菜生产机械化技术试验示范"项目开始启动，建立核心示范区 333.33 公顷。这一时期，省农机推广总站和相关单位在高速公路沿线的蒙城县、肥东县、合肥市包河区等县（区）重点实施国家科技支撑计划——农田循环高效生产模式关键技术研究与集成示范项目，开展油菜秸秆全量还田对比试验、油菜收获机械关键数据搜集、油菜机直播实验等课题研究，取得重要突破。

2008年秋种起,安徽省农业、农机部门联手在油菜主产区开展高产创建活动,强化油菜生产关键技术的推广应用。以机械化轻简栽培和提高油菜机收水平为方向,加强农机农艺配套研究,加快试验示范步伐。全省确定3个部级示范县和6个省级示范县,建立61个油菜生产机械化示范点,以油菜机械化播种和收获为突破,开展油菜生产耕整地、播种、收获、烘干全程机械化示范。在种植环节,重点推广浅旋耕机条播配套技术,适度发展免耕撒播机开沟栽培技术;在收获环节,重点推广联合收割技术,以帮助农民种植油菜降低劳动强度,减少劳动投入,提高经济效益,实现节本增效同步,努力促进油菜平衡增产。当年9月,省农机局下发《关于推进安徽省油菜生产机械化工作的指导意见》和《安徽省油菜生产机械化技术试验示范项目实施方案》,提出全省油菜生产机械化发展思路、近期目标和主要措施。省农机、农艺专家和部分市县农机部门专家就如何推进油菜生产机械化技术进行专题研究。为落实油菜生产扶持政策,农机部门加大油菜直播、开沟、联合收获、秸秆还田等机械的补贴力度,农民和农机服务组织购买上述机械可享受不少于30%的购机补贴。2008年9月28日,省农委、省农机局联合在全椒县召开全省油菜种植机械化技术推广现场会,多方位促进油菜生产农机农艺技术的进一步融合。

2008年,全省油菜收割机684台,油菜开沟机26890台,油菜直播机598台。全省油菜种植面积79.07万公顷,机播1.26万公顷,机收0.82万公顷。

科技示范(项目)

丰收计划　1988—2002年,实施农业部农牧渔业"丰收计划"农机化项目共18项,示范推广小麦、水稻、棉花、花生等主要农作物增产增收农机化技术,实施规模40万公顷。

新技术推广　1990—1992年,实施国家新技术推广项目——"小麦丰产系列机械化技术"(1990—1991年,五河县),合理推广应用深耕、深松、机械播种、植保、收获等机械化技术;"凤台等沿淮4县市小麦机械化播种技术"(1991—1992年,凤台县、颍上县、寿县、淮南市),针对1991年沿淮地区受淹后土壤板结肥力下降、种子缺口大问题,以机械化技术措施进行生产自救。

科技兴农　1996—1998年,实施农业部"科技兴农"计划——"稻麦连作节种机械化技术"(1996—1997年,凤台县)和"玉米节种生产机械化技术》(1997—1998年,泗县、濉溪县)。

节本增效　1994年9月28日,省政府在萧县召开全省农机化节本增效技术推广现场会。1995—1996年,全省沿淮淮北实施"农机化节本增效工程"项目,推广应用精少量播种、化肥深施、节水灌溉、机械高效植保、联合收获等农机化技术。1995年11月,省农机推广站组织在合肥市举办节本增效农业工程技术培训班。

雨养农业　1995—1996年,省农机局针对土壤板结、耕作层变浅、农作物抗灾能力弱等问题,在蒙城县、濉溪县实施以土壤深松技术为核心的"机械化雨养农业工程"项目。因当时安徽省缺乏大型动力机械和政策资金的支持，土壤深松技术没能得到大面积的推广应用。

示范场建设　为探索技术推广新模式，建立长久稳定的试验示范基地。2003—2004年，南陵县承担实施农业部“水稻生产机械化技术示范场”项目；2005—2006年，岳西县承担实施农业部“茶叶生产机械化技术示范场”项目。为推广应用农机新技术新机具起到示范作用，但因土地长期承包权及示范场运营机制的建立难等问题，示范场项目没能达到建立长期的试验示范基地的目的。

科技攻关　2001—2003年，安徽省“十五”科技攻关项目——“优质水稻关键生产环节农机农艺结合的研究”在芜湖县、南陵县、当涂县、桐城市、怀远县实施，项目获2004年度安徽省科技进步三等奖。2006—2008年，安徽省“十一五”科技攻关项目——“小麦生产“两深一精”等机械化最佳效果的互适性因素技术研究”在固镇县、凤台县等12个县市实施。

粮丰工程　2006—2010年，安徽省“十一五”粮食丰产科技工程项目——“江淮中部（安徽）稻麦丰产高效技术集成研究与示范”在天长市、蒙城县开展“安徽稻麦生产农艺农机双适应的关键技术研究（课题）”。

科技支撑计划　2007—2010年，国家“十一五”科技支撑计划——“江淮平原区秸秆还田循环利用技术集成研究与示范（课题）”在蒙城县、肥东县、合肥市包河区进行“农机节能降耗秸秆还田循环利用技术集成与示范”实验研究。

推广先进人物

1993年9月，安徽省农业机械技术推广总站张健美被评为农业部农业机械化系统科技先进工作者，获农业部表彰。1997年，宿州市第一农机推广站张化运首次获得中华农业科教奖神内基金农技推广奖，1998年和2002年，蒙城县农机推广站黄西安和泗县农机推广站刘惠也先后获此殊荣。1999年，泗县农机推广站刘惠、芜湖县农机推广站夏俊斌、怀远县农机推广站许乃伦和舒城县五显农机站张德发、涡阳县陈大乡农机站张从云、东至县东流镇农机中心站卢龙杰、滁州市南谯区三官集乡农机站曹强获全国农业技术推广先进工作者表彰。2005年，天长市农机推广站徐有山、凤台县农机推广站高尚勤、怀远县农机推广站许乃伦获全国千人农业科技推广奖。宿州市推广站张化运、省农机推广站张克武、濉溪县农机推广站任启芬、蒙城县农机推广站张明杰获功勋人物提名。

农机推广联合体

1996年2月，安徽省农机推广联合体正式成立，首届会员单位16个。联合体由省农机推广总站牵头，主要会员为具有一定推广服务能力的市、县农机推广站，后吸收部分农机生产企业参加。在新机具推广上，联合体发挥团体优势，与企业共同开拓安徽市场。2001年，北汽福田农业装备公司授予“安徽农机推广联合体市场开拓奖”。随着农机销售市场的逐步完善和形势发展，安徽农机推广联合体2006年停止运行。

第三节　教育培训

中等职业教育

1986—2005年,安徽省共有农机中等职业技术学校4所。分别为:合肥农业机械化学校、凤阳农业机械化学校、阜阳农机技工学校和六安农业机械化学校。合肥农业机械化学校为省农机局直属学校,六安农业机械化学校业务管理归省农机局,其余的管理归属本地。这些学校为农村、农业培养大批农业机械化方面的中等技术人才,在农机管理、农机培训、农机监理、农机推广等方面发挥重要作用。

1986年,在省教委和省计委支持下,六安农业机械化学校首先进行自费统招改革,对统一招收的学生收取部分费用,弥补办学经费不足。1988年,为解决基层农机技术人员下不去、留不住的问题,省农机局依据教育部等8部委文件精神,在六安、凤阳两所学校进行自费不包分配招生。1993年起,农机中等职业学校的专业设置、招生性质都发生很大变革。专业设置从农机专业扩展到机电、会计、计算机、村镇建设等,招生性质有统招、自费统招、委培、定向培养等。至1996年,中专学校取消统招、自费统招、委培、定向培养等,改为并轨招生,均收取部分学费,但学生毕业仍由国家统一分配。

1999年以前,中等职业技术学校按照省教委下达的招生计划进行招生,毕业生就业基本在农机系统,学校集中主要精力抓好教学质量。省农机局每年组织4所学校进行教学管理、学生管理、后勤管理和精神文明建设等方面的总结交流,促进学校持续稳定发展。

1999年,全国高等院校开始大量扩招,受多种因素影响, 2000年开始,中等职业教育学校招生出现严重滑坡,农业类中等职业学校更是生源稀少,出现招生困难的现象。当年,合肥农业机械化学校仅招收学生170人,凤阳招收83人,六安招收150人。

2001年7月10日,六安农业机械化学校和六安农校合并,建立六安职业技术学院。同年,阜阳农机技工学校划归阜阳市劳动局管理。2002年9月,合肥农业机械化学校更名为安徽电气工程学校;2003年7月,凤阳农业机械化学校更名为安徽机电工程学校;凤阳农业机械化学校、合肥农业机械化学校分别从2000年、2001年开始停招农机化专业学生。至2006年,两所中专学校均没有涉农专业。

农机化技术培训

农业机械化技术培训是面向农民开展的短期实用技术培训,依靠市、县农机化技术学校来完成。1986年,全省有5地、4市、67个县建立农机培训基地,共有农机校76所。1986—1988年,农机技术培训重点是抓培训质量。1986年2月,农业部农机化局下达《拖拉机驾驶员及农民农机技术员培训教学计划、教学大纲》,省农机局及时进行转发。7月,为参加农业部农机化局举办的县级农机校教师观摩教学研讨班,省农机局在合肥农机校(现安徽电气工程学校)组织进行观摩教学评定,评选一批教学好的教师参加全国农机化教育培训教学观摩，会上研究确定黄宏（蒙城县农机化学校）、薛洪昌（凤阳县农机化学校）两人参加全国农机教育观摩教学评选工作。

1986年11月，省农机局在灵璧县农机校召开全省农机校培训工作先进学校与先进教师评定工作会议，初步评选出省级先进农机校6所、先进教师10名。确定黄宏参选全国先进老师。1987年1月，由有关农机培训专家组成的省农机局复查组，对会上评选的先进农机校逐一进行复查。经评选和复查，确定亳县、灵璧县、休宁县、桐城县（今桐城市）、宁国县（今宁国市）农机校为全省先进农机校。

1987年，全省下达农机培训任务3万人次，任务分配原则是淮北、沿淮县（区）550～666人/县，江淮之间县（区）450～500人/县，沿江圩区县（区）300～350人/县，山区县（区）约200人/县。同年3月，拟定印制全省农机培训统一考试题、答案、评分标准等。首先在肥西县农机校进行试点，对参加培训的100多名农机手进行考试，而后在全省进行抽考，对有1～4个县的地、市每年抽考1个县，有5～7个县的地、市每年抽考2个县，有7个以县的地市抽考3个县。此项工作的开展，很大程度上促进全省农机培训质量的提高。5月，制定出安徽省农机培训教学大纲与教学计划，7月，根据农业部教学大纲中教学计划要求的内容与时间，编写补充教材。1988年起，对农机培训的抽考由各县自行组织，抽考完毕后将抽考情况与结果上报省农机局。

1988年秋，省农机局在黄山市岩寺召开全省农机培训工作会议，这是自省农机局1975年成立以后召开的第二次全省农机培训工作会议。会议明确县级农机化技术学校今后一个时期的工作重点是保生存、求发展、上水平、上等级。此后，各地农机培训学校改变办学方式和内容，在保证农机化技术培训的前提下，实行多层次、多渠道、多专业办学，多渠道创收，以弥补办学经费不足。加强内部教学管理，积极探索推行校长负责制与教师聘任制，实行工资与绩效挂钩，取得一定效果。但因时机不成熟，没有坚持下去。1989年10月，为提高农机系统职工队伍的素质，省农机局委托安徽工学院开办成人高等教育专业证书班，分设农业机械化、农机经营与管理专业，当年共招收学员150人。1992年，华东6省1市设立农机成人教育研讨制，商定每年召开1次农机成人教育研讨会，交流农机成人教育情况，这项活动延续至今。

1993—1998年，农机成人教育进入低潮调整阶段。随着平价柴油的取消，农机培训依靠平价柴油做支撑的优势消失，培训计划由过去的指令性变为指导性，农机培训工作社会化初见端倪，使农机成人教育一时难以适应，出现“四个缩减”，即：教育培训项目缩减、培训人数缩减、培训效益缩减和师资队伍缩减。全省农机校出现生源少、培训难的状况，有些学校常年不开展培训，培训工作开始走下坡路。在这一阶段，除一小部分学校自办或和其他学校联合举办中专班，暂时还有生源外，大多数农机校生源严重不足，教学设备得不到及时维护，损坏严重。由于部分学校常年不开展培训，出现少数学校被占、被撤的现象，与农机化的快速发展形成强烈的反差。

1997年12月28日，农业部在全国开展为期两年的“组织送科教下乡，开展千万农机手培训活动”。安徽省制定“万名三师出征上阵，培训百万农民机手”培训活动实施方案，并成立领导小组。此次活动，全省共培训农机人员45万人，其中新技术培训20万人；组织农机科教人员下乡8000多人次，召开各类现场演示会280余次，参加人数9万人次，开展科技咨询2.5万人次，印发科教资料50多万份。农机系统广大科教人员受到了教育，农民掌握了农机适用技术，促进农机化新技术、新机具推广应用，使农机科技真正到村入户，充分发挥农业机械的作用。

1999—2005年，是农机培训改革阶段。1999年3月，安徽省农机局召开全省农机管理工作会议，把农机培训作为重要内容，全省市、县农机校校长和培训班主任参加会议。会议提出，农机培训必须紧紧围绕农村经济发展需要，加大改革力度，适应农村实用技术人才多元化、多样化的要求，走多形式、多内容、多层次、多规格、多渠道办学的路子。一是立足农机培训，打破行业界线，因地制宜开展多种类培训；二是加强与社会各部门合作，走各种形式的联合办学之路；三是长短结合，提高办学层次，满足社会需要；四是利用优势，开展社会化服务，壮大自己，发展自己。此后，全省农机成人教育出现百花齐放局面。各地农机校除开展农机化技术培训外，还积极创造条件，举办职业技术教育、成人中专班、学业证书班、职业初（高）中班以及小学、幼儿园，有的还办起校办企业，一批具有办学特色、取得良好经济和社会效益的学校脱颖而出。在此期间，全省农机校积极参与农业职教年、农业科技年、新技术推广、阳光工程培训等活动，为农村劳动力转移就业作出积极贡献。

2004年，国家农机购置补贴政策实施，给农机化技术培训带来新的机遇。各地农机校除正常培训外，还对购机农民进行跟踪服务。

“四有”农机校

1986年2月，安徽省农机局向省教育厅、工资改革办公室申请，将地、市、县农机校教师工资纳入各类成人教育学校工资制度改革具体实施方案。1989年3月10日，省农机局和省教育委员会下发《关于审定地、市、县农机校的通知》，对学校机构级别、领导班子、办学规模、师生比例、教学设施、办学经费提出要求。凡审定合格的学校，必须更名为“农业机械化技术学校”，纳入成人教育渠道，教师调资按国发〔1987〕102号文件规定办理，教师工资待遇按中等学校待遇执行。通知极大地调动农机校教师的积极性，对稳定农机系统教师队伍起到很好的促进作用。按照要求，安徽省农机局开始对全省农机化技术学校进行“四有”（有独立、配套的培训基地；有一支素质好、数量足的师资队伍；有适合教学需要、比较现代化的教学设备；有办公经费，财务独立）审定验收工作。为做好这项工作，省农机局拟定“四有”学校验收标准，并计划于1989年评选出“四有”学校40个。按照学校申报、地市复查、省局组织验收程序评审。

1989年11月，省农机局分3组对25所申报学校进行评审验收，12月完成第一批，有22所学校［亳州市、阜阳县、涡阳县、泗县、灵璧县、宿县地区、凤台县、寿县、凤阳县、天长县（今天长市）、来安县、滁州市、滁县地区、巢湖市、庐江县、桐城县（今桐城市）、太湖县、池州地区、宁国县（今宁国市）、绩溪县、休宁县、黄山市］符合标准，获得省级证书、牌匾。以后每2～3年复查一次。省农机局在通报验收情况的同时，提出从未达到和尚未申报省级“四有”学校的，应急起直追，尽快进入省级“四有”学校行列。1990年起，非“四有学校”不再评为省级培训先进单位，不能单独办高层次培训班（如中专教学点、5级以上修理工培训等），培训收费只能执行标准下限。此决定促进“四有”学校的发展。1992年起，此项工作转入正常，成熟一个评选一个，其验收工作也改由各地、市负责，验收后报省农机局批准。

截至2005年年底，全省共有农机校79所，其中“四有”学校50所，共有教职工793人，各种教练机具935台套，总培训规模5400人。作为农机教育培训主要阵地，各地学校认真贯彻执行党的教育方针，主动适应农业生产和农村经济形势，对农机教育培训进行改革，推动农机教育培训的发展，办学规模、质量、效益都有很大提高，为农机化事业培养大量实用人才。20年间，全省培训农民320万人次。

拖拉机驾驶培训管理

2004年8月，农业部41号令《拖拉机驾驶培训管理办法》颁布，标志着农机化技术培训中的拖拉机驾驶培训实行社会化。2004年11月15日，农业部印发《大中型拖拉机驾驶员培训教学计划、教学大纲》《小型拖拉机驾驶员培训教学计划、教学大纲》《联合收割机驾驶员培训教学计划、教学大纲》。省农机局先后召开3次座谈会，讨论贯彻《拖拉机驾驶培训管理办法》。

《拖拉机驾驶培训管理办法》要求拖拉机驾驶培训资质实行行政许可。省农机局根据办法规定，结合实际制定《安徽省拖拉机驾驶培训学校（班）审批管理规定》《安徽省拖拉机驾驶培训学校（班）资质条件》《安徽省拖拉机驾驶培训教学从业人员考核管理办法》，并建立拖拉机驾驶培训学校评审专家库。经过培训考试，认定拖拉机驾驶培训教员588名。

2004年9月1日，《拖拉机驾驶培训管理办法》施行。至2005年7月，全省只有极少数农机化技术学校申请拖拉机驾驶培训资质，大部分农机化技术学校顾虑重重，不愿申报，使拖拉机驾驶培训处于停滞状态。2005年7月5日，省农机局召开拖拉机驾驶培训学校申报工作中有关问题座谈会，部分市、县10位农机培训工作专家参加。会议认真分析拖拉机驾驶培训学校申报工作中有关问题，统一认识。会后，省农机局发出《依法申报，抓紧完善，从长谋划，规范发展》简报，鼓励各农机化技术学校（班）申报。至2005年年底，全省共审批拖拉机驾驶培训学校69所，其中有3所是社会力量办学，8所是农机推广站办学，其余都是农机化技术学校办学，农机化技术学校成为拖拉机驾驶培训学校申办主体。拖拉机驾驶培训社会化后，每年培训拖拉机驾驶员3万人左右。

第五章　政策扶持与对外交流

第一节　政府投入

1986年以后,随着民办农业机械化热潮持续高涨,各级政府逐步加大对农业机械化投入力度。按照投入资金来源,中央财政对安徽省农业机械化发展投入主要有以下三个方面。

农业部、财政部新机具新技术示范推广项目

主要有怀远县粮食机械化烘干项目、青阳县繁昌县粮食产地烘干机械化技术示范项目、泗县农机产业化服务中心项目、灵璧县农业节本增效示范工程示范区项目、天长市优质水稻生产机械化示范项目、肥西凤台等11个县水稻育插秧机械化示范推广和巢湖市居巢区油菜生产机械化示范推广项目等,共计投入739万元。肥西县水稻育插秧机械化技术区域服务中心项目120.17万元、怀远县基层农机化技术推广运行机制创新试点县项目30万元。此外,安徽省财政通过新机具新技术示范推广、"农机富民工程"和农机专业合作组织建设等投入各地资金4740万元。

国家发改委、农业部基本建设项目中对农业机械化基本建设的投入

主要有桐城市水稻生产机械化示范项目、阜阳市颍州区旱作农业示范基地建设项目和颍泉区节水农业示范基地建设项目等,共计投入420万元。安徽省农机化技术推广培训中心建设项目80万元(自筹资金260万元),安徽省农机化信息中心建设项目20万元。省发改委投入省农机试验鉴定站"农业部排灌机械检测中心"项目200万元,省农机局所属安徽电气工程学校教学楼危房拆建投入资金160万元。

农机购置补贴

从2004年起,国家对农民和直接从事农业生产的农机服务组织购置农业机械实行补贴政策。至2008年,国家总计投入安徽省农机购置补贴资金4.4099亿元。其中财政部、农业部分配农机购置补贴资金3.3174亿元,省财政投入3400万元;国家发改委、农业部向安徽省31个主要产粮县投入农业基本建设项目"优质粮食产业工程现代农机装备推进项目"建设资金7525万元(主要亦用于农民购置农业机械的补贴)。直接带动农民和农机专业合作组织、农机大户、种粮大户等购置农业机械投入20.4154亿元,其他投入316.65万元,共计补贴购置各类先进适用农业机械99461台。

第二节 对外交流

随着改革开放的深入，安徽省农机化国际合作与交流工作也在国内外大环境的影响下发展起来，经历从无到有，不断发展的过程。1996 年 7 月 24 日，省农机局设立外经处。其职责为：负责全省农机行业的国际科技交流、经济合作及外资利用工作；编制农机行业利用外资规划和年度项目计划并组织实施；负责指导全省农机行业对外经济技术交流与合作。外经处设立后，安徽省农机工作对外交往与合作日益扩大，合作对象主要为西方发达国家，合作形式由农机化培训、考察和交流逐步发展到开展农机化项目建设等，农机化国际合作与交流内容亦不断深化。

外资引进

安徽省农机系统利用外资工作起步于“八五”后期，在外资引进、国外无偿援助、优惠贷款、外商直接投资等方面做了大量准备工作。进入“九五”以后，思想进一步解放，观念进一步更新，工作力度进一步加大，利用外资工作取得突破性进展。

蒙城县利用韩国政府贷款十省（市区）农业综合开发项目

1996 年 3 月，农业部以农计函〔1996〕24 号《关于申请转用韩国政府贷款建设农业综合开发项目的函》，同意蒙城县农机服务公司承担实施利用韩国政府贷款十省（市区）农业综合开发项目——安徽子项目，利用韩国政府贷款购置工程机械、农业机械等，通过农机化作业服务，改造中低产田。1996 年 4 月，国家计委以计外资〔1996〕702 号文，批准农业部农业综合开发项目利用韩国政府贷款 2000 万美元，1996 年 6 月，国家计委以计外资〔1996〕1046 号《关于利用第三批韩国政府贷款备选项目安排意见函》，正式批准农业部利用韩国政府贷款 2000 万美元，1996 年 7 月，对外经济贸易部以外经贸贷综字〔1996〕108 号文复函农业部同意十省（市区）农业综合开发项目利用韩国政府贷款 2000 万美元。1998 年 10 月，进口设备全部到达天津新港。蒙城县利用韩国政府贷款十省（市区）农业综合开发项目，贷款总额 16.9 亿韩元，约折合人民币 1198 万元，购置挖掘机 8 台、装载机 1 台、半喂入联合收割机 51 台、技术服务车 1 辆及部分配件，全部设备于 1998 年 12 月全部到位，2005 年实施完毕。蒙城县建立韩贷项目还贷准备金，韩贷项目所有资金全部进入还贷准备金，由县财政逐年拨付韩贷项目还本息（费）。为了应对外汇风险，同时还开展掉期业务。

安徽省利用韩国政府贷款建设水稻机械化示范项目

安徽省利用韩国政府贷款建设水稻机械化示范项目是由农业部外经中心牵头的 4 省（湖南、湖北、云南、安徽）水稻机械化打捆项目，项目自 1999 年 5 月开始启动，2002 年正式立项（省发改委计外资〔2002〕804 号《关于安徽省利用韩国政府贷款建设水稻机械化示范区项目可行性研究报告批复》），2005 年 7 月在安徽省率先实施。安徽省利用韩国政府贷款 650 万美元，项目由地方农机部门申报、当地政府同意、财政部门提供担保，经过省发改委、省财政厅、省农机局共同研究确定在宣城市宣州区、泾县、南陵、芜湖、桐城、舒城、霍邱、凤台、五河、宿州、滁州市南谯区 11 个市、县（市、区）组织实施，省财政按一类项目承贷。2004 年 12 月，安徽省项目单独组织国际招标，2005 年 2 月开标，项目共计采购设备 402 台（套），其中在韩国采购东洋株式会社生产半喂入联合收割机 118 台、三星物产生产的沃尔沃挖掘机 35 台，在国内采购浙江柳林机械公司生产的全喂入收割机 198 台、江苏无锡金子农机（中国）有限公司生产的粮食烘干机 4 台、江苏东洋机械公司生产的插秧机 43 台、中国第一拖拉机有限公司生产的推土机 4 台。2005 年 3 月签订合同，至 7 月进口和国产机具全部分拨运达各项目市、县（市、区）。根据项目进口设备监管要求和农业项目特点，经请示合肥海关同意（合关税〔2005〕163 号），以委托管理方式使用设备，可以开展跨区作业。各项目县（市、区）按照各地政府和海关的相关要求，制定具体的项目实施方案，将机具落实到用户，并签订委托经营管理协议，项目由当地财政部门统一还贷。

国际交流

安徽省农机化国际交流与合作紧紧围绕农机化发展需要，服务工作大局，在加强外资“引进来”的同时，积极实施“走出去”战略，强力推动双边技术交流、业务培训等，努力构建安徽省农机科技对外开放和交流的重要窗口和平台。据统计，“九五”以后，安徽省共派遣 8 个团组赴美洲、欧洲、东南亚、中东地区及日本、韩国，与当地政府组织、农机生产企业、科研院所和农机行业组织进行多层次、全方位的学习和交流，通过农机化国际交流与合作，不仅扩大影响，也了解国际先进农机化技术水平与管理经验，为加强安徽省农机化管理系统自身建设创造有利条件，对于提高安徽省农机管理创新能力和管理水平发挥巨大作用，取得显著成绩。

第七篇　农业产业化经营

1988年，安徽省委、省政府作出“一个稳定增长（粮食生产），两个加快发展（乡镇企业、开发性农业）”决定，开发性农业呈现规模化和产业化发展趋势，农户与企业在家庭承包经营的基础上，走“公司+农户”的产业化经营路子。1994年，省委、省政府在霍山县召开全省贸工农一体化经验交流会，拉开发展农业产业化经营的序幕。

1997年，安徽省委、省政府出台《安徽省关于实施农业产业化战略的决定》，组织实施农业产业化“8152”工程。2003年，省委、省政府调整发展思路，提出“培育大市场、扶持大龙头、建设大基地、搞好大服务”工作思路，确立农业产业化十大主导产业。同时，结合优势农产品区域布局，制定十大主导产业发展规划。按照“一个产业、一个行业协会、一批龙头企业、一片（或几片）生产基地、一个配套政策、一套工作班子”要求，明确十大主导产业牵头责任单位。2005—2007年，组织实施农业产业化“121强龙工程”；2008年开始，组织实施农业产业化“532”提升行动。省委、省政府和省直有关部门先后出台《关于安徽省农业产业化“121”强龙工程的实施意见》《关于实施农业产业化“532”提升行动的意见》《安徽省农业产业产业化“532”提升行动发展规划》《关于扶持农业产业化龙头企业加快发展的意见》《关于促进经济平稳较快增长的若干意见》《关于进一步推动个体私营等非公有制经济又好又快发展的意见》《关于进一步加强对小企业、个体工商户和农户金融服务的意见》《关于发挥地方税收职能，推进农业产业化“532”提升行动的实施意见》等一系列政策文件。

第一章 发展历程

第一节 发展阶段

安徽省农业产业化经营的发展总体和全国发展水平同步，从时间上划分大致经历三个阶段。

起步发展阶段

20世纪80年代至90年代中期。1988年，安徽省委、省政府作出“一个稳定增长（粮食生产），两个加快发展（乡镇企业、开发性农业）”的决定，农业逐步打破单一粮食生产结构，走上农林牧渔和乡镇企业全面发展的路子，全省形成沿淮淮北粮棉油肉综合开发区、江淮丘陵优质粮油高效经济作物综合开发区、沿江大水面开发区和皖南皖西林特产品开发区等四大开发区域和黄牛饲养加工，水果生产加工，优质米生产加工，茶叶、竹木、经果林，水产养殖，茧丝绸，土特产品，中药材，旅游农业等十大主导产业，开发性农业呈规模化和产业化趋势，广大农户与企业在家庭承包经营的基础上，走“公司＋农户”的产业化经营路子。1991年，省委、省政府1号文件将社会化服务体系建设纳入农村经济发展的重要内容，使农科教结合、贸工农一体化、产供销一条龙的社会化服务组织和体系建设得到长足发展，农业的产前、产中、产后服务得到明显加强。

稳步推进阶段

20世纪90年代中期至90年代末。1994年，安徽省委、省政府在霍山县召开全省贸工农一体化经验交流会，省委、省政府主要领导和分管领导到会，并作讲话。会议对实施开发性农业成效进行认真总结，并对实施贸工农一体化经营提出具体要求，从此在全省拉开农业产业化经营的序幕。1996年11月，省委、省政府在宿州、阜阳、蚌埠三市召开第一次全省农业产业化工作会议，省长回良玉到会并作讲话，对实施农业产业化战略进行部署，会上讨论《安徽省关于实施农业产业化战略的决定》（讨论稿），并确定会后修改下发。1997年，省委、省政府确定“一个核心（增加农民收入），两个大力（调整农村产业结构、推进农业产业化经营）”的农村工作指导思想，以皖发〔1997〕3号文件出台《安徽省关于实施农业产业化战略的决定》。1997年7月，经省政府同意，省政府办公厅转发省农村经济办公室（以下简称省农经办）《关于安徽省农业产业化“8152”工程的实施意见》，在全省培育发展优质水果、畜牧、中药材、优质米和油、水产品、茧丝绸、蔬菜、林特产品等8大主导产业，抓10个农业产业化试点县（市、区），培育壮大 50 家省级龙头企业、争创 20 个在国内外市场具有一定竞争实力名牌农产品。农业产业化经营步入由农户和企业的自发行为转为自觉推动的新阶段。

快速发展阶段

20 世纪末至 2008 年。安徽省委、省政府针对农业和农村经济进入新阶段出现的新情况、新问题，及时调整发展思路，农业产业化进入全面、快速发展阶段。1999 年 9 月至 2000 年 6 月在全省组织开展“农业产业化跨世纪发展大调研、大讨论活动”，明确提出“适应新阶段，迎接新挑战，以农业产业化作为农业和农村经济工作的抓手，促进农业和农村经济结构战略性调整”。从 2001 年起在全省组织实施农产品流通、品牌和农业产业化三项重点工程，省政府制定《关于组织实施农产品流通、品牌和农业产业化三项工程的意见》（皖政〔2001〕53 号）文件，把农业产业化经营摆上牵动全局的战略位置，有力地促进农业和农村经济的发展。2001 年，由省农委牵头，组织省计委、经贸委、外经贸厅、财政厅、地税局、国税局、中行合肥支行、科技厅、中国证监会合肥特派办等 10 个部门，联合出台《安徽省关于扶持农业产业化重点龙头企业的意见》政策性文件，省政府皖政〔2001〕56 号文件批转各地实施。省财政每年安排农业产业化专项资金，重点扶持龙头企业。2003 年，省政府出台《安徽省人民政府关于进一步加快发展农业产业化经营的实施意见》（皖政〔2003〕52 号），明确“十五”期间农业产业化经营的指导思想和发展目标，确立“培育大市场、扶持大龙头、建设大基地、搞好大服务”的发展思路，确定农业产业化十大主导产业，结合优势农产品区域布局，制定十大主导产业发展规划（2003—2007）。2005 年，省政府决定实施农业产业化“121 强龙工程”，针对安徽农业产业化发展的瓶颈，重点突破，集中力量，培育一批“大龙头”，全省培育 10 家年营销收入 10 亿元以上的龙头企业，20 家年营销收入 5 亿元以上的龙头企业，100 家年营销收入 1 亿元以上的龙头企业，以带动全省农业产业化整体水平的提高。2006 年，省政府又出台《安徽省人民政府关于扶持农业产业化龙头企业加快发展的意见》（皖政〔2006〕96 号），从财政扶持、税收优惠、金融支持、招商引资和外向发展、技术创新、优化环境等六个方面出台措施，加大力度扶持龙头企业发展。2008 年，在全面、超额完成农业产业化“121 强龙工程”任务的基础上，省政府出台《安徽省人民政府关于实施农业产业化“532”提升行动的意见》（皖政〔2008〕46 号），从 2008 年开始，省政府决定在全省组织实施农业产业化“532”提升行动，至 2012 年，实现全省农产品加工产值 3000 亿元，农业产业化为全省农民户均增收 2000 元。2008 年 4 月，省政府在宁国市召开全省农业产业化工作会议，对实施“532”提升行动进行全面部署。省政府办公厅印发《安徽省农业产业产业化“532”提升行动发展规划》，省农业产业化工作指导委员会办公室将“532”提升行动的目标任务分解到各市、各产业，将农产品加工产值完成情况列入各市、十大主导产业牵头单位推进农业产业化工作考核内容。

第二节 工程实施

“8152”工程

1997年7月，经安徽省政府同意，省政府办公厅转发省农经办《关于安徽省农业产业化“8152”工程的实施意见》，在全省培育发展优质水果、畜牧、中药材、优质米和油、水产品、茧丝绸、蔬菜、林特产品等8大主导产业，抓10个农业产业化试点县（市、区），培育壮大50家省级龙头企业、争创20个在国内外市场具有一定竞争实力名牌农产品。

主要成效 从1997年至2002年，经过6年的不懈努力，农业产业化“8152”工程对加快推进安徽省农业产业化进程发挥了重要作用，取得明显成效。2002年，全省水果、蔬菜、优质米和油、畜牧、中药材、茧丝绸、水产品、林特产品等8大主导产业初具规模，8大主导产业的系列产值占农业总产值比重60%以上，比1997年增长20个百分点。2002年，全省农业产业化龙头组织发展到3300个，实现销售收入400亿元（不含专业批发市场年交易额），利税66亿元。分别比1997年增长65%（2000个）、90%（210亿元）、112%（31亿元）。龙头组织与农户通过合同契约、股份分红、利润返还等形式，逐步形成多种形式的利益分配方式。2002年，全省龙头组织与农户之间有合同关系的占68.5%、按利润返还给农户的占13.5%。各地涌现出龙头企业带农户、市场带农户、专业协会带农户、经营实体带农户、农村能人带农户等经营形式，实现产、供、销的有机结合。参与农业产业化经营有国有企业、国家经济技术部门、乡镇企业、农民合作经济组织、供销合作社、能人大户和中外合资、私营企业等。这种多形式、多层次的参与，形成整体推动农业产业化发展合力。2002年，全省龙头企业与农户结成紧密型和半紧密型生产基地建立生产基地196.67万公顷，带动农户520万户，户均增收910元，分别比1997年增长64%、73%、40%。

2002年，安徽省共建农业产业化科技示范园155个，仅省级23个农业科技示范园辐射面积就达36万公顷。农村产业结构由第一产业逐步向第二、三产业延伸，农村产业结构得到调整和优化。全省加工型龙头企业由1997年的809个发展到2002年的1726个、销售收入由1997年的146亿元增加到2002年的333亿元、吸纳农村剩余劳动力由1997年的不足40万人增加到2002年的100万人；全省流通服务型的龙头中介组织由1997年的767个发展到2002年的927个。

主要做法 “8152”工程在实施过程中，本着“试验示范、分类指导、扶优扶强、重点突破”的原则，对农业产业化生产基地、龙头企业、市场三大要素和经营管理、利益分配、宏观指导三大机制进行有益探索。主要做法是“五个坚持”：坚持适应市场需求与发挥资源优势相结合，扩大开发名优特拳头产品，形成具有地方区域特色的支柱产业。全省已形成皖南皖西特色农业和生态农业、淮北和沿江地区规模种养业、江淮之间高效农业等跨区域、专业化和社会化程度较高的产业带和区域特色经济。坚持试验示

范、扶优扶强、重点突破,整体推进农业产业化的发展。按照“市场牵龙头,龙头创品牌、建基地,基地连农户”的产业化经营发展思路,实行重点突破。1997年全省年营销收入上亿元的龙头企业有42家,5亿元以上的一个没有,2002年,全省上亿元的龙头企业100家,其中超5亿元的有5家。截至2002年年底,经省政府认定的安徽名牌农产品146个,比1997年增加5.6倍;通过建立健全农产品批发市场,实施农网入乡工程,建立健全农村信息服务网络,在省外建立农产品销售窗口,举办各种农产品展示展销会等多种方式,拓宽农产品流通渠道。2002年,在上海农业企业(主要搞营销)近800家,其中注册资金超过100万元以上的有400多家。全省共建设农业产业化示范县10个。坚持千家万户与龙头企业一起上,实行规模化生产和专业化经营相结合。充分发挥农户与龙头企业的积极性和创造性,在政策、技术、服务上给予积极支持和引导,帮助龙头企业与农户建立合理的利益分配机制。坚持不断创新,因地制宜、不拘一格地推进农业产业化经营。坚持政策引导和扶持,积极创造有利于农业产业化发展的外部环境。2001年,由省农委牵头,组织省计委、经贸委、外经贸厅、财政厅、地税局、国税局、中行合肥支行、科技厅、中国证监会合肥特派办等10个部门,联合出台《安徽省关于扶持农业产业化重点龙头企业的意见》政策性文件,省政府皖政〔2001〕56号文件批转各地实施。省财政每年安排约1500万元农业产业化专项资金,重点扶持龙头企业。各市及相关县也相继出台有关扶持农业产业化经营的政策,部分市、县财政还安排部分专项扶持资金,有力地促进农业产业化的发展。

“121强龙工程”

2005—2007年,在安徽省组织实施农业产业化“121强龙工程”,即:全省培育10个年销售收入超10亿元的龙头企业,20个年销售收入超5亿元的龙头企业,100个年销售收入超亿元的龙头企业。

主要成效　2007年,安徽省各类农业产业化经营组织发展到5000多家,国家重点龙头企业20家,省级龙头企业313家。全省年销售收入超亿元的龙头企业150家、超5亿元的40家、超10亿元的15家。全省水果、畜牧、优质粮、优质油、水产、茶叶、蔬菜、棉花、中药材、茧丝绸等农业产业化十大主导产业初具规模,十大主导产业产值占农业总产值比重80%以上。各类龙头组织建立生产基地346.67万公顷,全省初步形成皖南皖西的特色农业和生态农业、淮北和沿江地区的规模种养、江淮之间的高效农业等。如黄河故道优质水果生产与加工产业带、沿淮淮北优质小麦生产与加工产业带、皖南皖西优质茶叶等特色农产品生产与加工产业带、沿江及皖南地区优质水稻生产与加工产业带、亳州—阜阳中药材生产与加工产业带、马鞍山—巢湖—合肥奶牛养殖与加工产业带等,一方面,传统产业如优质小麦、水稻等品种、品质和产量不断增长,另一方面,新的产业如奶牛等正成为农民收入新的增长点。全省农民专业合作组织发展到5000多个,全省龙头企业带动农户690万户,农业产业化经营为全省农民户均增收1000元。省级以上龙头企业中,招商引资、工商资本进入的占33%;民营企业占90%。此外,雨润、蒙牛、伊利、新锦丰、海升、中粮、中纺、汇源、宝迪、三鹿、温氏、光明乳业、新希望、千喜鹤、裴顿等一批国内外知名大企业、大集团落户安徽，成为省内相关产业排头兵。2002年，全省农产品加工产值过千万元的龙头企业775家，至2007年已达到1887家，5年间增加1100多家。2007年，全省农产品加工业产值1468.2亿元，略高于全省工业增长速度。

主要做法　以国家级和省级龙头企业为基础，围绕十大主导产业，培育一批产业关联度大、技术装备水平高、具有较强竞争力的年销售收入超亿元的龙头企业。重点培育安徽和威集团、安徽大平工贸集团、安徽鸿润集团、安徽新锦丰集团、安徽金润米业等一批年销售收入5亿元以上的龙头企业。选择一批发展潜力大、成长性好、产品科技含量高、机制活、年销售收入在5000万元以上中小龙头企业，在资金、政策等方面予以扶持，促其上规模、上档次、上水平。以实施省委、省政府提出“东向发展”战略为核心，加强与长三角地区农业产业化交流与合作。通过改善投资经济环境条件，吸引发达地区农业产业化经营“旗舰”型龙头企业入驻。加强对龙头企业家培训，每年集中安排1~2次培训活动，培养企业家学习和创新能力。督促和帮助企业建立现代企业管理制度，协调财政、税务、审计、银行、技术监督等相关部门督促和帮助企业建立财务管理、生产管理、技术管理、资本管理、人才管理等各种现代企业管理制度。每年组织有关龙头企业到省外发达地区参观考察，引导和鼓励龙头企业引进技术、引进人才，提高企业的经营管理水平。鼓励和支持农民、龙头企业按照“民办、民管、民营、民受益”要求，建立各种专业合作社、专业协会以及其他形式的合作与联合。重点组建和规范十大主导产业省级行业协会。组织实施“金融服务三农安徽行动计划”“农业政策性贷款合作协议”，增加对农业产业化龙头企业的信贷资金投入。鼓励各类工商资本进入农业，努力构建政府投入启动、信贷投入助推、企业和农户投入为主、社会广泛参与的多元化投资格局。培育和发展一批大型流通性企业集团和流通组织。通过组织实施“皖优农产品进超市工程”，引导龙头企业着眼于开拓大市场，实现大流通。通过农产品收购、加工、包装、储藏、运输及现货批发、拍卖、直销、配送、进出口贸易等多种手段，实现产地市场与销地市场对接，农户小生产与社会化大生产对接，国内市场与国外市场对接。探索和建立有利于农业生产、加工和流通一体化管理的农业行政管理体制，形成执行政策、投资、环境三个合力。

“532”提升行动

进展情况　2008年，安徽省政府决定在全省组织实施农业产业化“532”提升行动。“532”提升行动实施以后，进展顺利，成效明显。至2008年年底，全省农业产业化经营组织9000个，比2003年增加5100个，各类龙头企业5034个，比2003年增加2652个。国家级龙头企业32家，比2003年增加19个；年销售收入超亿元龙头企业301家，超10亿元25家，分别比2003年增加245家和22家。全省农产品加工总产值1995.4亿元，是2003年3.9倍，占农村三次产业44％，提高23个百分点，农产品生产、加工、销售紧密相连并向精深加工延伸。产业化经营正由散状经营向集群园区聚集，已涌现肥东食品工业园、宣城禽业、萧县面粉、砀山水果、淮北肉食品以及一批粮食产业园区等规模较大的产业集群。全省1109家龙头企业和合作组织的9816种农产品进入超市，年销售额278亿元，分别比2003年增加751家、7508种、250亿元；全省在沪苏浙地区注册农产品贸易公司、设立农产品直销窗口876个，年销售额340.75亿元。特别是在遭受金融危机影响和农产品出口受阻情况下，全省农产品加工产品产销率仍达97.3%。

2008年，全省农民专业合作组织发展到7251个，成员数和带动农户数占全省总农户30%以上，全省“龙头企业+合作经济组织+农户”联结形式32%。安徽和威、宁国五星、太阳禽业等一批龙头企业通过订合同、保护价收购、加工和流通利润二次返还、吸收农户参股、建立风险基金等与养殖户结成利益共同体。龙头企业建设各类生产基地413.33万公顷。全省龙头企业带动农户700万户，户均增收1200元。龙头企业常年及季节性用工人数140万人。

主要做法 2008年4月，安徽省政府在宁国市召开全省农业产业化工作会议，对实施“532”提升行动进行全面部署。省政府印发《关于实施农业产业化“532”提升行动的意见》，省政府办公厅印发《安徽省农业产业产业化“532”提升行动发展规划》，省农业产业化工作指导委员会办公室将“532”提升行动的目标任务分解到各市、各产业，将农产品加工产值完成情况列入各市、十大主导产业牵头单位推进农业产业化工作考核内容。十大主导产业牵头单位和15个市均出台贯彻意见或发展规划。省产业化办公室在淮北市召开招商引资工作会议，明确提出招商引资工作目标、任务和要求，重点做好大企业、大项目引进工作，争取引进外资额每年保持20%以上的增长速度。利用北京、上海等农交会等平台，大力开展招商引资活动。在北京农交会期间，全省签订农业招商引资和农产品贸易项目244个，总金额5.39亿元；在第九届上海交易会期间，签订农业招商引资和农产品贸易项目104个，总金额129.5亿元。2008年，省财政新增安排农业产业化专项资金500万元，全年安排农业产业化专项资金6000多万元。加强银企合作，组织龙头企业参加银企对接月活动，省农委与省农业发展银行联合出台《安徽省农业产业化龙头企业诚信客户评选办法》，表彰50家农业产业化诚信龙头企业。举办龙头企业培训班，安排证券、企业上市、农业保险、融资等9个专题讲座，帮助龙头企业提高素质。举办第九届安徽名优农产品、绿色食品（上海）交易会，组织龙头企业参加中国国际农产品交易会、中博会、徽商大会。从省财政专项资金中安排100万元，启动20家龙头企业、5家合作社与麦咨达农业信息有限公司对接，集中培训、指导企业产品包装上市，有6家龙头企业经麦咨达培训合格后产品上市。

十大主导产业牵头部门、有关金融部门和市、县（区），结合各自职能，支持龙头企业发展。省发改委从完善规划、支持重点龙头企业、落实生猪生产扶持政策、发展农民专业合作社、推进畜禽养殖方式转变、推进动物防疫体制改革等方面开展落实“532”提升行动。省财政厅在砀山县召开全省水果产业化工作会议，确定水果产业目标任务，提出具体实施意见和工作措施。省商务厅争取2007年度“东桑西移”工程建设资金

1400万元，组织3家缫丝企业成功申报国家茧丝绸发展风险基金150万元。省药监局在科研开发、品种注册、上项目、扩大生产规模、咨询论证、验收发证、GMP认证等方面提供快捷方便服务，扶持中药材龙头企业发展。省地税局出台《关于发挥地方税收职能，推进农业产业化“532”提升行动的实施意见》，为“532”提升行动营造税收环境。省农业综合开发局安排重点产业化经营项目25个，总投资21682万元。省粮食局启动实施“518”工程，开展“园区建设攻坚年”活动，争取产业园区内29个项目进入省“861”行动计划。省供销社联合省农垦集团、省商业协会举办中国（安徽）第三届茶产业博览会，与中国棉花协会、全国棉花交易市场和巢湖市政府联合举办“2008中国·巢湖棉花产业论坛”，为茶叶、棉花龙头企业开拓市场、招商引资搭建平台。省农业发展银行共投放龙头企业贷款25.7亿元，同比增加2.99亿元，支持企业320家，同比增加14家，支持范围涉及粮棉油加工及农、林、牧业等诸多领域。省农业发展银行农业产业化经营贷款余额19.2亿元，新发放贷款12.9亿元，与76户省级以上龙头企业建立信贷关系，贷款余额16.3亿元。安徽农村信用社联合社积极推广农户联保贷款，支持“公司+农户”“农民专业合作社+农户”“协会+养殖户”等贷款担保模式，全系统支农贷款861.26亿元，比年初增加141.99亿元。省信用担保集团有限公司为52户龙头企业提供67560万元贷款担保。合肥市财政支持农业产业化龙头企业发展资金3000万元；阜阳市财政每年列支1000万元用于实施农业产业化提升行动；宣城市编制《宣城市家禽产业集群五年发展规划》，提出打造全国家禽强市；巢湖市实行30家重点企业月报和季调度制度；安庆、宣城等市政府将农业产业化、农产品加工业发展情况列为对县、市、区的年度考核指标。

第二章　组织形式

改革开放以后，全省农业产业化组织持续快速发展。农业产业化组织主要有龙头企业、合作经济组织和市场等3种类型。2008年，全省农业产业化组织总数9126个，按利益联结方式划分，合同关系4483个，占49%；按产业类型划分，种植业3494个，其次是畜牧业2699个、林特产业1171个、水产业及其他1762个；按组织类型划分，龙头企业带动型5043个，占55%；产业化组织效益：龙头企业销售收入1135.58亿元、净利润60.79亿元、创汇15.79亿美元、上缴税金45.67亿美元；对龙头企业扶持：银行贷款198.07亿元、财政扶持资金10.05亿元、税收减免税（不包括出口退税）15.89亿元，其中增值税13.03亿元、所得税1.96亿元。

1998—2008年安徽省农业产业化组织发展情况

表7-2-1

年份	组织数量（个）						带动农户（户）	种植业生产基地（万亩）	从业人数（人）
	总数	其中							
		种植业	畜牧业	水产业	林特产业	其他			
1998	2100	1280	413	138	171	98	3809475	2988	808432
1999	2278	1307	420	149	176	226	3897042	3049	828700
2000	3254	1643	545	244	465	357	5212200	3866	879800
2001	3452	1713	594	268	476	401	5326776	4059	998706
2002	3919	1814	935	330	504	336	5590340	4457	1076754
2003	3957	1809	948	307	515	378	5707290	4608	1174821
2004	4112	1823	1025	315	527	422	5802640	4684	1315563
2005	4189	1830	1242	324	609	184	6037485	4594	1572409
2006	4569	1879	1486	389	624	191	6107542	4625	1743517
2007	5800	2279	1713	495	765	548	6900000	5200	1919925
2008	9126	3494	2699	793	1171	969	7214804	6280	2687895

第一节　龙头企业型

1997年，安徽省委、省政府《关于实施农业产业化战略的决定》提出，集中力量，大力发展龙头企业，在经营形式上，可采取合同契约、联产、联营、股份合作等多种形式，使龙头企业与广大农户之间结成风险共担、利益共享的经济利益共同体；省政府办公厅转发省农村经济办公室《关于安徽省农业产业化“8152”工程实施意见》，提出培育壮大50个年销售收入超亿元的省级龙头企业，组建10个年销售收入超5亿元的“龙型”企业集团，建立有产销合同的生产基地166.67万公顷，带动500万农户从事一体化生产经营，并与龙头企业结成利益共同体，农民人均来自龙头企业的收入超过500元。

1998年，安徽省农业产业化工作指导委员会印发《安徽省农业产业化龙头企业考核评审细则（试行）》，规定加工型企业申报省级龙头企业在带动农户方面的基本条件是带农户2000户以上，与农户之间至少具有合同契约关系，为农户提供系列服务。

2001年，安徽省政府《关于组织实施农产品流通、品牌和农业产业化三项工程的通知》提出，鼓励产销联合，推行并规范产销合同制。积极鼓励和提倡龙头企业通过建立风险基金、最低保护价收购、利润返还等多种形式与农户建立比较稳定、紧密的利益联结机制。在有条件的地方，积极探索农民用土地使用权、产品、资金、技术等要素入股，采取股份制和股份合作制等多种形式，与龙头企业形成紧密性的利益共同体。

2003年，安徽省政府《关于进一步加快发展农业产业化经营的实施意见》提出，鼓励龙头企业通过合同订单、建立风险基金、保护价收购、吸收基地农户参股等形式，保护农民利益，提高农民收益。引导农民在自愿的前提下，发展股份制和股份合作制经营，加强龙头企业、基地、农户等利益主体的有机联系，逐步形成目标一致、风险共担、利益均沾、合力参与市场竞争的经济利益共同体，提高主导产业的一体化经营水平。

安徽五星养殖（集团）有限责任公司

创办于1986年，是国家级农业产业化重点龙头企业。该公司依托“公司＋农户”的产业模式，带动广大农户走上致富之路。一方面，以公司资产为农户养鸡提供担保贷款，解决农民发展生产的资金问题，10年来累计为农民担保贷款4.2亿元；另一方面，宣传发动农户参加保险，用保险来规避农民养殖风险，防范农民因灾返贫；再就是制定帮扶农民制度，公司为此设立“农户服务中心”，推行“三三六”制度，即免费咨询、免费培训、免费担保，上门协助建鸡舍、上门技术服务、上门调运成鸡，保证苗鸡质量、保证饲料质量、保证药品质量、保证按时调运成鸡、保证按时财务结算、保证正常饲养下平均每只鸡纯利不低于0.8元，为农民养鸡提供全程化保姆式服务。以合同、合作的形式带动近20万农民从事养殖业及种植业，三黄鸡年饲养量6000万只，为农民年增收超过5000万元。

安徽益益乳业有限公司

省级农业产业化龙头企业，多年来坚持“公司＋基地＋农户”发展模式，在推进农业产业化、促进农民增收等方面作出重要贡献。公司累计投入近1亿元扶持资金，以合同、合作等形式带动周边57100多户农民养奶牛、种牧草，农户奶牛饲养量0.81万头，奶农年平均纯收入超过1万元（其中专业大户超过20万元），基地牧草和饲粮两用型作物种植面积1.08万公顷，当地农民年收入70%以上来源于奶业产业化经营。主要做法：扶持个体奶牛饲养业发展。实施奶牛扩群工程，对周边乡（镇）养牛农户免费提供技术指导和培训，统一收购鲜奶，统一公共设施，采取按保护价和优质优价、量多加价的办法收购鲜奶。发展优质牧草等饲料作物。一方面，利用公司自有土地种植紫花苜蓿、冬牧－70黑麦等优质牧草，另一方面，通过与农户签订协议，推广种植优质牧草，为农户提供牧草草种和免费技术服务，按保护价敞开收购农户牧草和饲粮两用型作物。

黄山谢裕大茶业股份有限公司

安徽省农业产业化龙头企业、全国茶行业百强企业，前身是创建于1993年的黄山市徽州漕溪茶厂。公司品牌“谢正安”是中华老字号品牌，主导产品漕溪牌、谢正安牌黄山毛峰茶是地理标志保护产品、安徽省名牌产品、安徽省名牌农产品。公司坚持“公司＋专业合作社＋基地＋农户”的发展模式，投入风险扶持资金800万元，在黄山毛峰核心区及周边黄山区、歙县等地建设有机茶基地0.43万公顷，带动基地农户2.1万多户，当地农民新增收入90%以上来源于茶业产业化经营。主要做法：成立合作社。公司于2007年发起成立谢裕大有机茶产销专业合作社，注册资金100万元，2008年年底，会员4280户，资产2100万元。合作社为茶农提供技术服务，指导茶农按有机茶生产规程进行生产，在供种、农药使用、施肥、技术管理和鲜叶收购上实行“五统一”。完善与茶农的利益联结机制。公司与茶农共建有机茶生产基地，聘请安农大专家对合作社技术员、社员进行技术指导和培训，向合作社社员免费发放有机肥和生物农药，按高于市场价20%的价格收购鲜叶，年底按销售额5%～10%的比例实行二次返利。截至2008年年底，公司累计培训管理和科技人员240人次、茶农10余万人次，发放技术资料5万多份，免费发放有机肥1600余吨、生物农药4800余件，向社员返利近200万元。建立风险补偿金。合作社每年从公司利润中提取10%建立风险基金，对茶农、公司在特殊情况下发生的严重损失给予补偿，风险基金使用由社员大会决定。

歙县连大生态农业科技有限公司

1987年创建，集生猪养殖、饲料加工、猕猴桃种植、大型沼气、科普观光长廊于一体的现代生态农业科技企业。公司通过滚动式发展，拥有年出栏4万头生猪的标准化猪舍60幢、年产2万吨的饲料加工厂1座、猕猴桃生态园666.67公顷和大型沼气发电站2座，2008年实现产值9050万元。公司依托“公司＋合作社＋农户”的产业化经营模式，通过合作社为农户提供统一供种、统一供饲、统一防疫、统一培训、统一销售等“五统一”服务。截至2008年年底，累计投入8000多万元扶持资金，以合同、合作等形式带动周边30多个乡（镇）1.5万多户农民饲养生猪和种植玉米，农民生猪饲养量40万头；与农户签订玉米长期收购合同，年均收购玉米2000多吨，当地农民50%以上收入来源于生猪养殖和玉米种植产业化经营。

1998—2008年安徽省龙头企业带动型组织发展情况

表7-2-2

年份	龙头企业带动型组织数量（个）			销售收入（亿元）	带动农户（户）	从业人数（人）
	总数	其中				
		销售收入1亿元龙头企业	销售收入500万元以上龙头企业			
1998	809	46	542	2806437	2666633	643315
1999	1213	54	583	3014293	2973082	681287
2000	1703	85	604	3326900	3648540	704634
2001	1987	94	687	3607872	3812637	743263
2002	2185	100	733	3910100	3913238	792682
2003	2193	107	789	4281930	3995103	811269
2004	2260	114	902	4308315	4061848	856430
2005	2302	126	1124	4681400	4226240	894256
2006	2514	127	1325	6432800	4275279	959725
2007	2877	158	1530	8426518	4830000	971214
2008	5034	301	3142	11375799	5050363	1359754

第二节 合作经济组织型

发展历程

安徽省农民专业合作组织从20世纪80年代起步，20世纪90年代进行试点探索。

1982年，天长县（今天长市）界牌镇17户农民联合创办农业大包干后安徽省第一个农民合作组织——水产研究会。

1994年，农业部将安徽省列为全国专业农协试点项目的3个省份之一，经省政府批准，确定砀山、怀宁、休宁3县作为试点县。试点过程中，省政府发布《安徽省专业农协试点方案》，省农经委制定《专业农协组建程序》等配套文件。经过试点，各地形成依托产业、龙头企业、社会化服务组织、专业大户、经济技术部门（如供销社、科协、信用社、农技站等）办协会的多元化格局。1999年7月至2000年年底，扩大农协试点工作。省政府办公厅转发省农经办《关于扩大农民专业协会试点工作实施意见》提出，在继续抓好砀山、怀宁、休宁3个原有试点县工作基础上，再选择亳州、涡阳、蒙城、金寨、枞阳、定远、和县、芜湖、祁门等县（市）作为扩大农协试点县（市）。2001年，省政府《关于组织实施农产品流通、品牌和农业产业化三项工程的通知》提出，积极发展专业农协，在完善砀山、怀宁、休宁3个全国专业农协试点县的基础上，加大12个省级专业农协试点县的试点工作力度，使各试点县的专业农协等中介服务组织在规模、数量和功能上每年均有新的发展。

1998年，省农业产业化工作指导委员会印发《安徽省农业产业化龙头企业考核评审细则（试行）》，规定中介服务组织（包括经济合作组织）申报省级龙头企业的基本条件是加入组织人数1500人以上，能为农户提供产前、产中、产后等系列服务。2003年，省政府《关于进一步加快发展农业产业化经营的实施意见》提出，培育和发展农产品行业协会和农民专业合作经济组织，鼓励和支持农户、龙头企业、供销社以及其他各类经营实体兴办农民专业合作经济组织、农产品行业协会等民间组织，逐步形成综合性服务和专业性服务相结合，政府、集体服务组织和民间服务组织相结合的农业产业化服务体系。

规范引导

2005年，安徽省委办公厅、省政府办公厅发布《关于加快发展农村专业合作组织的意见》。

2006年，经安徽省编委批准，省农委增设合作经济指导处，负责农村合作经济组织建设指导和服务工作，是全国省级农业系统首家成立的对农民专业合作组织指导服务的专门机构。合作经济指导处主要职责是：研究提出农村合作经济组织发展的法规、政策和规划建设，协调指导和扶持农村合作经济组织发展的有关工作。省农委联合省科协、省供销合作社及省内12家有影响的农村合作经济组织共同发起成立全国首家省级农村合作经济组织联合会。安徽省农委组织召开全省发展农村合作经济组织暨“一村一品”推进会，副省长赵树丛到会讲话，要求加快全省农民专业合作组织发展步伐。9月，《农民日报》第4版整版刊登《安徽奋力推进合作经济组织和“一村一品”快速健康发展》专题，对安徽省农民专业合作组织发展进行报道。2007年，发布《安徽省“十一五”农村合作经济组织发展规划》。

2006年10月31日，《中华人民共和国农民专业合作社法》（以下简称《农民专业合作社法》）由第十届全国人民代表大会常务委员会第二十四次会议通过，并于2007年7月1日起施行，标志着农民专业合作组织建设发展进入法治轨道。2007年，省农委开始起草《安徽省实施〈中华人民共和国农民专业合作社法〉办法》。2010年4月23日，省第十一届人大常委会第十八次会议审议通过《安徽省实施〈中华人民共和国农民专业合作社法〉办法》，同年10月1日起施行。

2007年，建立由省农委、省财政厅、省工商局等12个省直单位参加的促进农民专业合作组织发展联席会议制度。省直促进农民专业合作组织发展联席会议由省农委牵头，通报农民专业合作组织发展情况，研究解决农民专业合作社发展相关问题，省农委、省财政厅、省工商局、省林业厅、省民间组织管理局、省扶贫办、省科协、省妇联、团省委、省供销社、省农村信用联社等成员单位相关负责人参加。

2008年，在认真总结各地示范经验的基础上，选择31个不同类型的农民专业合作组织，对其经验和做法进行提炼加工，整理汇编成《农民专业合作组织典型经验汇编》。举办皖台农业合作组织发展论坛。

教育培训工程

2006年，安徽省农委编写《农民专业合作组织知识问答》和《农民专业合作社法知识问答》等培训资料。召开全省农业系统学习宣传和贯彻《农民专业合作社法》工作会议。在全省范围内开展《农民专业合作社法》宣传周活动，12月在肥东县建华农民专业合作社举行宣传周启动仪式。组织全省农民专业合作组织100多位法定代表人和省市县农民专业合作组织指导机构负责人开展为期3天的学习宣传合作社法研讨班，邀请全国有关专家解读《农民专业合作社法》，深入学习和领会合作社法基本原则和基本要求。省委宣传部等有关部门和省农委分别举办“三下乡”和农业科技入户春季行动活动，把宣传《农民专业合作社法》作为一项重要内容，组织人员现场发放宣传资料，接受咨询。2007年6月，省委常委、副省长赵树丛在《安徽日报》发表学习宣传和贯彻实施《农民专业合作社法》文章。

2007年，按照《农民专业合作社法》培训方案，对全省市、县（区）农委（畜牧水产局）农民专业合作组织主管领导以及合作指导机构负责人（辅导员）进行首批培训。重点培训承担国家示范试点实施项目的农民专业合作组织负责人和省财政扶持的农民专业合作组织负责人。举办全省农委系统分管主任、经管科（站）长、业务指导骨干（共260人）《农民专业合作社法》及相关知识培训班，重点培训法律知识、章程知识、工商登记、农产品质量安全等知识。2008年11月，省农委举办农民专业合作社“阳光工程”培训班，本次培训是将农民专业合作社纳入“阳光工程”实施范围后的首次省级培训，500人参加培训。

2008年11月，安徽省利用世行贷款承担农业科技项目农业信息服务技术体系建设与示范子项目经世行和国家农发办批准，正式实施，并举办该项目首期信息员培训。

示范创建工程

2006年，安徽省被农业部确定为全国农民专业合作经济组织建设试点省，省政府办公厅转发省农委《关于加强农民专业合作经济组织试点省建设的意见》提出，在全省实施“农民专业合作经济组织示范创建工程”。2007年，省农委建立委属单位联系农民专业合作组织制度。省农委每个行政、事业单位、市县农委负责人和每个科室对口联系帮扶一个农民专业合作组织。2006—2008年，评选表彰省级示范农民专业合作组织250家。2008年9月，全国人大常委会副委员长韩启德率全国人大常委会执法检查组到安徽省检查指导工作，对安徽省贯彻实施《农民专业合作社法》和农民专业合作组织发展取得的成效，给予充分肯定和高度评价。

信息化建设工程

2008年,安徽省农委合作经济指导处开展“依靠科技提升农业的组织化程度和价值取向”的省级软科学课题研究,探索研究农民专业合作社信息化建设问题。6月,“畜牧业养殖协同管理信息平台”应用试点现场会在宣城市召开,安徽省农民专业合作社信息化建设试点工作正式启动。省农委与安徽安泰克国际技术转移有限公司合作,共同开展“依靠科技提升农业组织化程度和价值取向——畜牧养殖协同管理信息服务平台应用”课题研究,被省科技厅批准为2008年年度软科学研究计划项目,同时在宣城新科、广德和肥西紫蓬3家规模养猪合作社进行试点,取得初步成效,降低养殖生产经营成本,提高管理水平,实现产品质量可追溯,提高畜牧业生产、疫病防控管理和畜牧产品交易功能。2008年,在全国率先建立省级农民专业合作社网站——安徽农民专业合作社网。

信用合作

2007年,安徽省农委对太湖县小池镇银山村农民资金互助社情况进行专题调研。当时,全省以资金互助为合作形式成立合作组织的仅4家。从中找到制约本省农民专业合作组织快速发展的“瓶颈”并如何解决这个“瓶颈”问题的答案。即:“瓶颈”——资金短缺,发展后劲不足;解决方法——重点扶持、规范完善、总结提高、示范带动。省农委合作经济指导处向农业部申请开展“安徽农村内生金融生成发展问题探讨”软科学课题研究,为推进农民专业合作社开展信用合作提供理论支撑。

2008年,安徽省农村信用联社、省农委联合下发《关于加强信贷支持促进农民专业合作社发展的指导意见》。

安徽宣城新科养猪合作社

宣城新科养猪合作社从一个小养殖场起步,至2007年,资产总额2000万元,拥有股东20个、成员215个。全社饲养种公猪50头、种母猪3500头,年出栏肉猪6万头以上,年总收入6000多万元。合作社下辖1个市级龙头企业——宣城新科猪场、一个饲料加工厂,注册“麻姑山”牌商标。2005年,被授予安徽省农村经济合作组织示范单位。

合作社投资100万元,建立年出栏2000头二元母猪的种猪场,给成员提供健康优质的苗猪,也为合作社的新技术推广、试验、研发提供基地。合作社坚持走产加销一体化路子,兴建年产6000吨饲料厂,在定点屠宰场争取到年屠宰加工1万头猪的配额,在宣城市中心菜市场设立“麻姑山”品牌猪肉直销点。合作社加强配套服务,设立兽药疫苗经营门市部,在全市主要乡(镇)设立合作社服务点,形成集种猪生产、饲料兽药经营、技术服务、信息服务、屠宰加工、直销的综合服务体系,合作社的凝聚力、向心力和带动力不断增强,成员由以本地养猪户为主,逐步覆盖到绩溪、宁国、泾县等县(市)。

合作社对成员公开承诺:对成员不以赢利为目的,社员可享受饲料补贴。合作社帮助成员销售生猪,不获取任何利润,成员只需支付定点屠宰摊位租金。合作社对内免费提供技术服务,上门服务只收取车费,所有相关药品按进价供应。所有成员按统一标准生产,均可免费使用合作社的注册商标。实行产品直销专营,帮助成员及时以较高的价格销售生猪。

为解决资金难题，合作社主动与信用社加强联系、沟通和协调，以良好的信誉，与信用社建立长期合作关系，以风险担保基金和合作社成员联保的方式，2007年，为33名养猪大户成员贷款300万元，扩大生产规模约15000头。信用社还给予低于市场利率20%的优惠。

合作社规范运作，激发养猪户的积极性。2005年，在四川猪链球菌爆发以及2006上半年生猪价格暴跌的情况下，新科合作社生猪饲养量不仅没有下降，反而增长30%。通过合作社的技术服务，成员饲养的猪无疫情、生长快、成本低、销售好，增强抵御市场风险的能力。2006年，新科养猪合作社又较好地应对本行业市场和疾病的挑战，共生产成品饲料4500吨，预混料350吨，全年出栏生猪6.7万头，实现年产值6000万元，成员返利104万元，合作社实现利润19万元。

重点推进标准化养殖小区建设，以15个年出栏千头生猪规模的小区为核心，以33个大户为示范，在合作社带动下，吸引1000多农户加入，形成年出栏10万头的养殖规模。

霍邱县乐民优质稻米开发合作社

霍邱县乐民优质稻米开发合作社成立于2007年4月，由龙头企业、村干部、种粮大户、农资经营户和粮食收购加工专业户等6人牵头发起，注册资金21万元，首批成员67人。2008年，全镇19个村分别成立优质稻米开发分社，入社农民670人。

搞好服务，增强凝聚力。合作社围绕提高水稻品质，实现规模种植、优质优价等问题，召开成员代表大会，形成共识，落实订单生产。2007年春，结合全县水稻产业提升行动，合作社牵头组织乐民米业公司与农户签订0.67万公顷优质稻生产订单，订单主推丰两优1号、川香优2号、新两优6号、无协6号等优质品种，把全镇以往种植的138个水稻品种清理减少至4个。岔路镇优质稻种植90%以上，基本实现“一村一品”。订单辐射到周边的宋店、长集、三流等乡（镇）。仅增产一项，0.67万公顷订单增收2000万元，种粮农户人均增收280元。

开展培训，提高种植水平。合作社通过试验示范基地，向农户示范种植技术，发挥基地示范带动作用。合作社在东湾农场建立33.33公顷优质稻生产示范基地，同时在各村选定一位种粮大户作为示范点，各示范点有专业农技人员负责指导示范生产。技术人员深入田间进行现场指导农户规范种植、田间管理、病虫害防治。合作社从农委请来专家深入到各村进行培训，主要培训水稻育秧、科学施肥、田管、病虫害防治等专业技术，集中培训38场次，受培训农民2万人次，印发技术资料和明白纸1.8万余份，有效地提高农民的种植水平，为水稻增产打下坚实基础。

打造品牌，增强市场竞争力。合作社把质量安全关口前移，主动把质量标准及相应的技术规范引入农户，带动农户进行标准化生产；对加工、包装、运输、销售和卫生防疫等环节进行严格的标准化管理。“乐民优质稻米”申报无公害食品和ISO900认证。

培植载体，提升服务功能。合作社为提高自身服务功能，除依托乐民米业公司外，还组建1个粮食收购加工企业、1个农技指导站、6个农资供应网点、28个机耕小分队、32个植保小分队和购置60台（套）联合收割机。

建立党组织，以党建促发展。2007年9月，乐民优质稻米开发合作社党支部成立，支部9名党员，涉及企业、种粮大户及农经、农技干部等。基层党组织的建立，加强了合作社政治思想工作，使成员的综合素质得到提高，加速新型农民的培养，探索一条以党的建设促进合作社健康发展的新途径。

1998—2007年安徽省合作经济组织带动型农业产业化组织发展情况一览表

表7-2-3

年份	组织数量（个）	销售收入（万元）	从业人数（人）
1998	493		
2000	513	323400	
2002	1082	724900	
2003	1107	736500	200958
2004	1111	755421	202525
2005	1180	894154	210491
2006	4588	1756841	961153
2007	5379	2164168	1283065

2008年安徽省农民专业合作组织发展情况统计表（一）

表7-2-4

年份	组织数（个）	成员数（个）	注册登记批准备案情况（个）		创办主体					
			工商部门	民政部门	农民	村干部	龙头企业	供销社	农技部门	科研单位
2008	7178	818292	3760	1994	4390	1197	590	120	457	93

2008年安徽省农民专业合作组织发展情况统计表（二）

年份	种植业（个）	养殖业（个）	特色农产品（个）	其他类型（个）	信息化建设情况		
					已建立网站（个）	专职信息员（人）	兼职信息员（人）
2008	2034	2681	1618	845			

2008年安徽省农民专业合作组织发展情况统计表（三）

年份	农产品质量认证（个）						产品商标注册（个）	地理标志认证（个）
	合计	其中						
		无公害	绿色	有机	部名牌	省名牌		
2008	1029	493	295	69	51	121	809	

2008年安徽省农民专业合作组织发展情况统计表（四）

年份	示范合作组织（个）			法人代表有关情况（人）							建立党组织（个）
	合计	其中		全国劳模	省劳模	全国人大代表	省人大代表	全国政协委员	省政协委员	女性法人代表	
		部级	省级								
2008	1133	19	182	12	69					164	115

第三节　批发市场型

批发市场农业产业化组织起步于20世纪80年代，经过多年发展，已逐步形成以现货、现金交易为主，批零兼营，功能由产品集散、辅助流通向价格决定、质量监控方向扩展的运行格局。2003年，全省农产品批发市场418家，其中产地批发市场275个，销地批发市场83个，农业部定点批发市场18个，农民70%以上的农产品是通过市场实现商品价值。2008年，农业部定点批发市场26个。1998年，省农业产业化工作指导委员会印发《安徽省农业产业化龙头企业考核评审细则（试行）》，规定申报省级龙头企业的批发市场年交易额在1亿元以上，建设投资规模在1000万元以上，带动农户2000户以上。

2001年，安徽省政府《关于组织实施农产品流通、品牌和农业产业化三项工程的通知》提出，以开拓市场为核心，以建立健全农产品批发市场、生产要素市场以及市场信息体系、流通体系和流通服务保障体系为主要内容，组织实施农产品流通工程，以流通促生产、促调整、促提高，努力提高安徽省农产品及其加工品在国内外市场的占有率。

2003年，安徽省政府《关于进一步加快发展农业产业化经营的实施意见》提出，建立健全以生产要素市场、农产品专业批发市场为重点的各种类型、不同层次的市场体系。本着大中小市场结合，产地销地市场结合，网上交易、会展经济、合同销售、代理、连锁、配送等营销方式相结合的原则，加快农产品市场体系建设。重点建设亳州中药材交易中心、亳州蔬菜批发市场、蒙城柳林黄牛批发市场、临泉山羊交易市场、颍上南照粮食批发市场、砀山皖北水果批发市场、霍山黄芽茶叶批发市场、六安白鹅及羽绒批发交易市场、淮南夏集大米批发市场、蚌埠王庄花生批发市场、合肥周谷堆农产品批发市场、和县蔬菜批发市场、繁昌娥桥茶叶批发市场、芜湖米市、池州水产品批发市场、芜湖水产品批发市场、巢湖水产品批发市场、宣州家禽批发市场、黄山茶叶批发市场等一批农产品专业批发市场。

合肥周谷堆农产品批发市场

合肥百大集团周谷堆农产品批发市场坐落于合肥市东南边的一环与二环之间，自1992年12月建成开业以后，先后经过5期工程的滚动发展建设，市场规模由最初的占地0.67公顷发展为18.67公顷，并从单一的水果交易发展成为集蔬菜、水果、水产品、畜禽肉类、粮油、禽蛋、干果、调味品等交易为一体的综合型农产品批发市场，在十几年的发展历程中，周谷堆市场逐步探索出现代农产品批发市场发展之路，实现经营模式创新和企业管理提升，并形成一整套的管理和服务的措施和方法，推动场内各项交易业务的蓬勃发展，成交量、成交额逐年增加。

快速发展的周谷堆市场也荣膺一顶顶桂冠：先后被合肥市政府、安徽省政府列为带动农业产业化发展的十强龙头企业，是商务部重点联系商品市场、农业部定点农产品市场，同时被全国“三绿工程”办公室选定为首批绿色市场创建示范单位。2006 年，被省商务厅审定为首批省级绿色批发市场。2007 年，被商务部列入“双百市场工程”大型农产品批发市场试点企业。2008 年，被全国城市农贸中心联合会列入全国农产品批发行业综合竞争力十强之列。

阜阳农产品中心批发市场

2003 年投入运营，为农业部定点批发市场、商务部信息采集市场。占地 10 公顷，交易棚厅 5 万平方米，主要经营蔬菜、水果、粮油、水产等 4 大类农产品，有经销商和贸易公司 433 家，从业人员 4 万人，辐射阜阳、亳州、六安、淮南、蚌埠、宿州和河南信阳、驻马店、周口等 9 市 24 县，年交易额 18 亿元。已经规划 70 公顷土地再建一个现代化农产品批发市场。该市场在促进农产品流通、加快农业结构调整、帮助农民增收等方面发挥重要作用。带动农户 1.5 万户，销售当地蔬菜瓜果的金额 6.3 亿元。主要做法：引导当地农民调整农产品生产结构，不定期走访本市县、区蔬菜、瓜果基地，了解农户种植情况，向农户通报农产品价格等市场信息，引导农户根据市场需求决定种植的农产品品种和数量，在促进大棚种植方面成效比较显著，草莓、蒜黄、黄瓜、番茄、辣椒等冬季反季节蔬果本地自给比例由以前不到 10% 增加到现在的 30% 以上；提高当地农产品知名度，建网站，设固定特色摊位，重点推介当地无公害产品、绿色产品、有机农产品和特色农产品，通过市场推介，当地半截楼西瓜、卞家坡南瓜、河水大青茄子、赵集辣椒等在阜阳及周边地区已有很高知名度；增强农民农产品质量安全意识，不定期对印有绿色农产品、有机农产品、无公害农产品字样包装物进行检查，对入市农产品每个批次都进行检验检测，严禁有害物质残留超标农产品进入市场销售；提高当地农民创业技能，至 2008 年，共举办农民创业培训班 18 期、学员近 3000 人，安排经销大户介绍从农民到农产品经纪人、再到农产品经销商创业经验。

1998—2008 年安徽省市场带动型农业产业化组织发展情况

表 7-2-5

年份	市场带动型组织数量（个）		市场交易额（万元）	市场从业人数（人）
	总数	其中：交易额 5000 万元以上的市场		
1998	375	54	2904132	903452

续表 7-2-5

1999	378	58	2988157	964235
2000	381	63	3057170	997852
2001	448	68	3145859	1049582
2002	533	74	3249300	1132833
2003	525	78	3614218	128421
2004	560	90	3828842	134349
2005	582	108	4106287	141425
2006	601	121	3942669	159725
2007	756	146	5551162	146007
2008	1058	204	7494069	204410

第三章　生产基地

第一节　发展情况

1997年，安徽省委、省政府《关于实施农业产业化决定》（皖发〔1997〕3号）提出，“合理布局，建立规模化生产基地。各地要根据区域优势，坚持因地制宜、合理布局、突出特色、规模连片、相对集中的原则，建立各种类型的农业商品生产基地”。同年，省政府办公厅转发省农经办《关于安徽省农业产业化“8152”工程的实施意见的通知》（皖政办〔1997〕38号），提出到“九五”期末，建立有产销合同的生产基地166.67万公顷，带动500万农户从事一体化生产经营，并与龙头企业结成利益共同体，农民人均来自龙头企业的收入超过500元。2003年，省政府下发《关于进一步加快发展农业产业化经营的实施意见》，提出基地建设，要按照“优势产品区域化、大宗产品优质化、基地建设标准化”原则。重点围绕主导产业，以龙头企业为主体，搞好区域发展规划。淮北地区重点建设畜牧、蔬菜、水果、棉花、中药材生产基地；皖南、皖西重点建设林特产品、蚕茧生产基地；沿江、沿淮地区重点建设水产品、蔬菜、棉花、家禽养殖生产基地；江淮之间重点发展优质粮油生产基地。大力发展特色农业、生态农业，建设一批无公害农产品和绿色、有机食品生产、加工和出口基地。2008年，省政府《关于实施农业产业化“532”提升行动的意见》（皖政〔2008〕46号）提出，“建立高标准的农产品生产和加工基地。以十大主导产业为基础，按照优化布局、改善品质的要求，重点发展一批农产品优势产区和优势产业带，培育农产品加工业集群。”“各地也要选择若干优势产业作为主导产业，围绕市场搞加工，围绕加工建基地，突出特色，扩大规模，提高档次，形成‘特色＋规模＋档次’的经营格局”。省政府办公厅《关于印发安徽省农业产业化“532”提升行动发展规划的通知》（皖政办〔2008〕19号）提出，“大力推进标准化、品牌化建设。把基地建设和标准化、品牌化建设及优势农产品产业带布局结合起来，强化龙头企业标准意识、品牌意识，引导龙头企业走标准化、品牌化的路子，培育形成满足不同层次加工企业需求的农产品生产集中区和优势产业带”。

从2008年开始，安徽省重点发展优质小麦、水稻、玉米、油菜、饲草、奶牛、生猪、家禽、肉牛、水产、茶叶、蔬菜、茧丝绸、水果、棉花、中药材、炒货、林特产品等生产和加工基地。经过10多年发展，农业产业化基地建设，规模不断扩大。（表7-3-1）2000年，种植基地257.73万公顷，牲畜饲养量3125万头，禽类饲养量48201万只，养殖水面面积

32.4 万公顷。至 2008 年，种植基地发展到 418.67 万公顷，牲畜饲养量 6100 万头，禽类饲养量 82000 万只，养殖水面面积 60.87 万公顷。

安徽省农业产业化基地建设情况表

表 7-3-1

生产基地	单位	2000	2002	2003	2004	2005	2006	2007	2008
种植面积	万公顷	257.73	297.13	307.20	312.27	306.27	308.33	346.67	418.67
牲畜饲养量	万头	3125	3750	3867	3910	4248	4895	5857	6100
禽类饲养量	万只	48201	65506	72608	74556	92756	101698	131487	82000
养殖水面面积	万公顷	32.40	34.27	34.47	36.00	37.00	42.73	43.47	60.87

第二节　种植、养殖业

种植、养殖业是安徽省农业产业化的主导产业。1997 年，省委、省政府《关于实施农业产业化战略的决定》（皖发〔1997〕3 号〕中将优质粮、优质油、优质黄牛等列为 8 大主导产业之一。同年，省农业产业化指导委员会下发《关于印发〈安徽省农业产业化“九五”规划纲要〉的通知》（皖农产字〔1997〕007 号），安徽省农业产业化“九五”规划纲要中提出八大主导产业基地建设目标。其中黄牛产业：全省黄牛存栏量由 1996 年的 600 万头发展到 800 万头，年出栏肉牛 300 万头。优质粮油产业：江淮地区优质粮油比重由 1996 年的 25% 和 20% 提高到 50% 和 40% 以上，合肥、芜湖两市粮油加工能力分别达到 45 万吨和 15 万吨，直接带动 28 万农户、140 万人，人均年收入增加 600 元。水产产业：沿江地区水产品产量由 1996 年的 56 万吨发展到 100 万吨，渔业产值由 1996 年的 32 亿元发展到 53 亿元，精养鱼池由 3.6 万公顷发展到 6 万公顷。

2004 年，安徽省政府办公厅《关于印发农业产业化十大主导产业发展规划（2003—2007 年）的通知》（皖政办〔2004〕13 号），明确优质粮、优质油、畜产品等为十大主导产业之一。提出发展目标：畜产品到 2007 年，肉蛋奶总产量 600 万吨，年递增 5.2%；优质粮生产面积到 2007 年，优质水稻 66.67 万公顷，优质专用小麦 66.67 万公顷。产量：水稻 400 万吨，小麦 300 万吨。优质粮实施订单收购、产业化经营，订单收购量：水稻 320 万吨，小麦 240 万吨；优质油料生产面积到 2007 年 100 万公顷，其中“双低”油菜 80 万公顷，比 2002 年优质率提高 10%，达到 90%；优质花生 20 万公顷。优质油料实行订单收购、产业化经营；蔬菜产业到 2007 年全省蔬菜面积 113.33 万公顷，蔬菜产品实现无公害化，培育商品菜“品牌”40 个；建设六大专业批发市场。实现年增商品菜交易量 80 万吨，年配送量 40 万吨，至 2007 年，商品菜交易量 900 万吨，交易额突破 100 亿元，配送量 200 万吨；水产业到 2007 年建立 8 个省级地方名优水产品出口基地，以河蟹生产及出口为龙头的创汇渔业走在全国前列；培育 6 个省级水产龙头企业，其中 4 个亿元以上龙头企业;水产品加工率由1%提高到5%;带动农(渔)户由15万户增加到25万户,来自主导产业收入由936元增加到1250元。

2000年,农业产业化种植业基地有257.73万公顷,2008年发展到418.67万公顷,增长1.62倍。在种植业基地建设中,重点组织示范实施国家、行业和地方农业标准,主要包括:农作物种子、种苗标准;农作物优质高产高效栽培技术标准(规程);农产品采收、质量分级、卫生等标准;引导农产品加工企业实行标准化管理,组织示范实施农产品加工、储运、保鲜、冷藏等有关标准,提高农产品附加值。同时,基地建立或依托农业质量检测监测机构,开展农业质量检测监测工作;逐步完善农产品、农用生产资料监督检测制度;有组织、有计划地对基地内农产品生产、经营和管理人员进行标准化培训,增强标准化意识和质量意识,提高示范基地标准化水平和质量管理水平。

宁国市指导农民投资建基地。对连片新发展规模以上的山核桃林和毛竹、苗木花卉、农业设施栽培和畜禽标准化养殖小区等予以相应的产业化奖励。引导龙头企业建基地,延伸产业链条,反哺建设生产基地。宁国詹氏天然食品有限公司培育山核桃近万亩,宁国莹辉实业有限责任公司开发山核桃和中药材200公顷。全市有各类经济林7.33万公顷,初步形成东部早笋、天目山脉山核桃、中部板栗、西部毛竹及名优茶和沿河元竹长廊等基地。引导企业参与农业社会化服务体系建设,注重与农户结成风险共担、利益共享经济利益共同体。如恩龙集团以田山入股形式,吸收入股农户4000多户,每户每年增收5000余元,带动全市3万多农户进行苗木种植。桐城市采用绿色食品、有机食品、无公害产品标准和相关的国家标准、地方标准组织实施农产品的标准化生产,建成2.1万公顷的全国绿色食品原料(水稻)标准化生产基地、0.2万公顷绿色(有机)茶、0.53万公顷优质棉花等标准化基地。基地建设中,积极引导耕地有序流转,向种养大户集中。在粮食产业中已形成3.33公顷以上种粮大户200多个,66.67公顷以上种粮大户12个;蚕桑产业中已形成3.33公顷以上种桑养蚕大户150个。

2000年,全省牲畜饲养量为3125万头,2008年,发展到6100万头,增长95%;2000年,禽类饲养量为48201万只,2008年,发展到82000万只,增长70%倍;2000年,养殖水面面积为32.4万公顷,2008年,发展到60.87万公顷,增长88%倍。各地农业产业化养殖基地建设纳入地方农业区域发展规划,按照适度规模和集约化发展要求,建设重点为生产区域内相关的防疫设施、环境保护设施和饲养新技术应用设施。做到高标准、高质量,合理布局,强化防疫设施,优化种养结合生态功能,并符合相关养殖技术和环境保护标准规定。

各地在养殖基地建设中,注重培育和发展农产品行业协会和农民专业合作组织。霍山县已发展主导产业行业协会8个、各类农民专业合作组织99个,其中农民专业合作社36个,共有会员(社员)24395人。农翔养鸡合作社采取"五统一"原则(即统一采购鸡苗、统一养殖管理、统一技术服务、统一采购和使用药品饲料、统一市场销售)带动135户散养户发展规模养殖,2008年出栏鸡240万只,养殖户户均增收2万元以上。桐城市积极探索“公司＋合作社＋农户”的有效链接机制。2006年年初，第一家合作社——桐城市鸿润水禽养殖合作社挂牌成立。通过规范运作，合作社成员已达到200多个，成员鹅鸭养殖量40多万只。2008年，成立长安蛋业合作社。合作社有效解决千家万户小生产直接面对大市场的困难，实现公司和农户“双赢”。

第三节　特色产业

特色产业主要有茶叶、茧丝绸、中药材、水果、林特产业（如坚果、茶籽油、竹、柳、藤、木制品加工）等。1997年，安徽省委、省政府《关于实施农业产业化战略的决定》中将优质水果、中药材、林特产品、茧丝绸列为农业产业化八大主导产业之一。同年，省农业产业化指导委员会下发《关于印发〈安徽省农业产业化“九五”规划纲要〉的通知》（皖农产字〔1997〕007号），安徽省农业产业化“九五”规划纲要中提出八大主导产业基地建设目标。其中水果产业：黄河过道水果由1996年的6.67万公顷发展到8万公顷，总产量由1996年的40万吨增加60万吨。中药材产业：在皖南、皖西山区和以亳州市为中心的皖北平原建立中药材规模化生产基地1.33万公顷，中药材收购品种由1996年的350种增加到500种，中药材年收购总量5万吨。中药材加工产值达到20亿元，规模化的中药材生产基地1.33万公顷，亩均增收400元，带动20万药材种植户。林特产品产业：在皖南、皖西分别新建4.13万公顷用材林和8.53万公顷经济林，用材林和经济林基地面积分别达到48.47万公顷和36.13万公顷。茧丝绸产业：桑园面积由1996年的6万公顷发展到10万公顷。

2004年，安徽省政府办公厅《关于印发农业产业化十大主导产业发展规划（2003—2007）的通知》（皖政办〔2004〕13号），明确水果、茶叶、中药材、茧丝绸等为十大主导产业之一。提出发展目标为：果树总面积12万公顷，水果生产进一步向优势区域集中；产量252万吨，优质果率提高到70%以上，水果产值40亿元；贮藏能力提高到30%以上，其中普通冷藏和气调贮藏占贮藏总量的20%以上；对出口和超市销售的果品初步形成冷链系统；商品化处理能力提高到50%；果品出口量增加到10万吨；果品加工能力60万吨，带动农户27万户，农民人均来自水果产业的年收入由925元增加到1270元；茶产业到2007年末，全省茶园面积稳定在11.33万公顷左右，产茶5万吨，实现产值10亿元。以重点产茶区为重点，建成一批规范化的无公害茶、绿色茶和有机茶生产示范基地，无公害茶园面积发展到8万公顷，年产无公害茶叶4万吨，带动农户超过35万户。有机茶面积和生产能力分别达到0.33万公顷和1700吨。茶农来自茶叶的人均收入由年均950元增加到1250元；中药材产业围绕亳州中药材市场，按照国家GAP的要求，稳步发展中药材种植，形成规范化种植面积5.33万公顷；六安、黄山等地山区以地产优质中药材的GAP示范种植为基础，逐步扩大种植规模，形成1万公顷特色中药材种植基地，建立信息和产品流通渠道，使之成为国内主要特色地产中药材种植基地。全省中药材基地规模达到6.3万公顷以上；茧丝绸产业到2007年，全省桑园面积6万公顷，蚕种产量130万盒，蚕茧产量4.5万吨，厂丝年产量6000吨，丝织品产量5000万米，较2002年分别增长36%、81%、76.5%、83%和52%，年均增长分别为6.4%、12%、11.2%、12.6%和8.7%.。

2008年，安徽全省果园面积14.67万公顷，总产量275万吨；茶叶茶园面积10.67万公顷，年产茶叶6万吨；中药材种植基地面积6.67万公顷；桑园基地面积约5.33万公顷。受自然生态和气候等条件影响，区域特征明显，产业发展具有明显区位优势和竞争优势。如中药材产业，安徽省中药材蕴藏量居华东之首，全国第六。全省有中药材资源3578种，其中植物药2904种、动物药526种、矿物药92种、其他类56种。全国列出的34种珍稀名贵中药材中，安徽有16种。另外还有一些特有的动、植物名贵品种。安徽省大别山区、皖南山区、江淮丘陵、沿江地区和淮北平原是五大中药材区域，中药材年成交额和出口量约占全国的四分之一，全国闻名的“中华药都”亳州市中药材交易中心，是国内规模最大、设施较好、档次较高的中药材交易中心。

在特色产业基地建设中，重点建立区域特色优势农产品产业带，充分发挥龙头企业及农民专业合作组织作用，引导和帮助农户不断提高生产技术，扩大生产规模，形成“一村一品”“一乡一业”，以及更大范围内专业生产区域。亳州市龙头企业通过合同订单等方式，2008年，带动农户23.6万户，户均农业产业化经营增收1609元。该市以中药现代化建设为抓手，推行药材种植GAP规范化，药材加工GMP标准化、药材经营GSP流程化，推动谯城药业成为区域经济最大的亮点，全区药材栽培面积3.53万公顷，中医药生产企业38家，其中36家通过GMP认证，全年中药材饮片产量19万吨，形成“全国饮片数亳州，三分天下有其一”的格局。白芍、桔梗、板兰根、菊花、牡丹等8个品种的中药材规范化种植课题全部通过国家验收。砀山县的水果生产基地建设，形成新的分工协作体系，农户搞种植，水果协会搞服务，安徽砀山海升果业有限责任公司、熙可食品（安徽）有限公司等一大批龙头企业负责生产、加工和销售，既加强果园基地建设和开发，又提高水果商品率。安徽京九丝绸股份有限公司、安徽源牌实业（集团）有限责任公司，积极探索和实践“公司+基地+农户”的经营模式，把蚕桑生产基地作为企业的“第一车间”，视蚕农为企业员工，对基地农户进行科技辅导、技术培训，大力推广新技术，引进新品种。蚕农购桑苗时，企业给予蚕农差价补贴，做到企业与蚕农结成利益共同体。茧丝绸行情低迷时，企业以保护价收购蚕茧；效益看好时，不仅优质优价收购蚕茧，而且实行二次返利，让蚕农得到最大实惠，提高蚕农积极性和致富能力，促进当地蚕桑业基地建设。安徽庆发集团建有柳编基地0.33万公顷，加上群众种的全县达到0.67万公顷。企业通过“公司+农户”的模式，企业提供标准，群众在家编好后企业收购。企业将大别山的竹子、葛藤、三叉枝、席草等“农”字型资源，全部变为创新元素。从单一的柳编，发展到柳、竹、草、藤及其混编18个系列、2万多个品种。产品获国家质量体系认证证书，并被国家指定为全国行业生产标准。庆发集团在省内外建立分厂30多家，生产点60多个，产品销往世界30多个国家和地区。涡阳县是“中国苔干（贡菜）之乡”，建有生产基地0.53万公顷，“义门牌”和“真源牌”苔干相继被国家命名为“绿色产品”，并先后获省和国家级名牌产品称号，成为涡阳县农产品对外出口的第一品牌。安徽天方茶业（集团）有限公司在基层乡（镇）建立10个原料加工场，基地已发展到0.2万公顷，其中有333.33公顷通过国家环保总局有机食品发展中心认证。新建茶树新品种开发和茶叶良种良法示范基地66.67公顷。通过基地建设，开展农业产业化经营，解决农民卖茶难的问题，同时增加农民收入，推动茶业结构调整。

第四章 龙头企业

第一节 企业概况

1997年,安徽省加工型龙头企业809个,2002年发展到1726个,销售收入由1997年146亿元增加到2002年333亿元。1997年,吸纳农村剩余劳动力不足40万人,2002年增加到100万人;全省流通服务型的龙头中介组织由1997年767个发展到2002年927个。全省龙头企业与农户合作建立生产基地196.67万公顷,带动农户520万户,户均增收910元,分别比1997年增长64%、73%、40%。

1997年,安徽省年营销收入上亿元龙头企业有42家,5亿元以上一个没有。2002年,全省上亿元龙头企业100家,其中超5亿元有5家;至2002年年底,经省政府认定安徽名牌农产品146个,比1997年增加5.6倍。2002年,在上海农业企业(主要搞营销)有800家,其中注册资金100万元以上有400多家。

2002年,安徽省水果、蔬菜、优质米和油、畜牧、中药材、茧丝绸、水产品、林特产品等八大主导产业系列产值占农业总产值的比重60%以上,比1997年增长20个百分点。全省农业产业化龙头组织3300个,实现销售收入400亿元(不含专业批发市场年交易额),利税66亿元。分别比1997年增长65%(2000个)、90%(210亿元)、112%(31亿元)。全省共建农业产业化科技示范园155个,其中省级23个农业科技示范园辐射面积36万公顷。

2008年年底,安徽省农业产业化经营组织9000个,比2003年增加5100个;龙头企业5034个,比2003年增加2652个;年销售收入超亿元的龙头企业301家,超10亿元的25家,比2003年增加245家、22家。2008年,全省1109家龙头企业和合作组织的9816种农产品进入超市,年销售额278亿元,分别比2003年增加751家、7508种、250亿元;全省在沪苏浙地区注册农产品贸易公司、设立农产品直销窗口876个,年销售额340.75亿元。

2008年,安徽省农产品加工总产值1995.4亿元,是2003年的3.9倍,占农村三次产业的44 %,提高23个百分点,形成肥东食品工业园、宣城禽业、萧县面粉、砀山水果、淮北肉食品等产业园区。

2008年,安徽省农民专业合作组织7251个,成员数和带动农户数占全省总农户的30%。全省龙头企业建设各类生产基地413.33万公顷,带动农户700万户、全省农户户均增收1200元；龙头企业常年及季节性用工人数140万人。

1997年，安徽省委、省政府出台《安徽省关于实施农业产业化战略的决定》，组织实施农业产业化“8152”工程。安徽省开始省级农业产业化龙头企业认定工作，组建农业产业化龙头企业排头兵队伍，充分发挥示范、带动、辐射效应，大力推进全省农业产业化进程。1997—2008年，安徽省遵循“优胜劣汰”的原则，对省级以上龙头企业进行动态管理，每两年重新认定一次。省级以上龙头企业数量从最初的37家发展到2008年的433家。

2008年安徽省省级以上龙头企业情况一览表

表7-4-1

企业总数（个）	固定资产（万元）	销售收入（万元）	净利润（万元）	上缴税金（万元）	创汇（万美元）	带动农户数（户）	带动异地农户的企业数（个）
433	3043578	8076817	486328	342492	122197.49	4978214	274

安徽省农业化组织基本情况一览表

表7-4-2

项　目	单　位	数　量
一、产业化组织总数	个	9126
（一）按利益联结方式划分	个	9126
1. 合同关系	个	4483
其中：订单关系	个	3779
年履约订单成交额	万元	1296364
年订单总额	万元	2040440
2. 合作方式（按利润返还）	个	1527
3. 股份合作方式（按股分红）	个	827
4. 其他	个	2289
（二）按组织类型划分	个	9126
1. 龙头企业带动型	个	5034
其中：销售收入1亿元以上的龙头企业	个	301
销售收入500万元以上的龙头企业	个	3142
2. 中介组织带动型	个	2416
其中：专业合作经济组织带动	个	1548
（规模以上的专业合作经济组织）	个	479
3. 专业市场带动型	个	1058

续表 7-4-2

项　目	单　位	数　量
其中：交易额 5000 万元以上的专业市场	个	204
4. 其他	个	618
其中:农村经纪人	个	321
专业大户	个	245
二、产业类型	个	9126
1. 种植业	个	3494
(1)粮棉油	个	1612
(2)蔬菜	个	1054
(3)水果	个	281
(4)其他	个	547
2. 畜牧业	个	2699
(1)肉	个	1834
(2)奶	个	299
(3)其他	个	566
3. 水产业	个	793
4. 林特产业	个	1171
5. 其他	个	969
三、产业化组织规模	—	—
1. 固定资产总值	万元	4248341
其中：龙头企业	万元	3537440
2. 带动农户数	户	7214804
其中：订单带动农户数	户	4326317
3. 生产基地	—	—
其中：种植面积	万公顷	418.6
牲畜饲养量	万头	6100
禽类饲养量	万羽	82000
养殖水面面积	万公顷	60.8
四、产业化组织效益	—	—
(一)龙头企业	—	—
1. 销售收入	万元	11375799
2. 净利润	万元	607911

续表 7-4-2

项　目	单　位	数　量
3. 创汇	万美元	157849
4. 上缴税金	万元	456656
（二）中介组织	—	—
销售收入	万元	2921627
（三）专业市场	—	—
1. 交易额	万元	7494069
2. 净利润	万元	231050
3. 上缴税金	万元	214813
（四）农户从事产业化经营增加收入	万元	1812500
五、对龙头企业扶持	—	—
1. 银行贷款	万元	1980690
2. 财政扶持资金	万元	100449
3. 税收减免额（不包括出口退税）	万元	158911
其中：增值税	万元	130249
所得税	万元	19564
六、其他	—	—
1. 产业化组织从业人数	人	2687895
其中：龙头企业从业人数	人	1359784
中介组织从业人数	人	640557
（专业合作经济组织从业人数）	人	527971
专业市场从业人数	人	204410
其他组织从业人数	人	350168
（农村经纪人从业人数）	人	129635
（专业大户从业人数）	人	107993
2. 利用外资龙头企业数	个	464
3. 利用外资额度	万美元	135519
4. 省级以上重点龙头企业数	个	433

安徽省农业化龙头企业基本情况一览表

表 7-4-3

指标	单位	数量
龙头企业数量	个	5034
# 建有省级以上研发中心的龙头企业数量	个	80
# 质检机构通过计量认证的龙头企业数量	个	1116
# 通过 ISO9000、HACCP、GAP、GMP 等质量体系认证的龙头企业数量	个	1128
# 获得省以上名牌产品或著名（驰名）商标的龙头企业数量	个	507
# 获得“三品”认证的龙头企业数量	个	910
获得“三品”认证的产品数量	个	1707
获得“三品”认证的基地规模	—	
# 种植面积	万公顷	346.6
# 牲畜饲养量	万头	5545
# 禽类饲养量	万只	24940
# 养殖水面面积	万公顷	21.9
获得出口备案的基地规模	—	
# 种植面积	万公顷	112.3
# 牲畜饲养量	万头	15
# 禽类饲养量	万只	758
# 养殖水面面积	万公顷	2.2
主要农产品原料采购值	万元	9021589
# 主要农产品原料从基地采购值	万元	5540320
企业当年对农产品原料基地投入总额	万元	589900.1
# 基础设施建设投入	万元	262401
# 农民培训投入	万元	30282
# 生产资料垫付	万元	136940
# 其他投入	万元	71961
企业带动基地农户增收总额	万元	1486250
# 按合同价收购比按市场价收购向农民多支付的差价金额	万元	520188
# 实行合作制、股份合作制经营向农民返还或分配的利润金额	万元	297250
# 采取土地租赁经营支付给农民的土地租金金额	万元	178350
# 吸收农民务工支付给农民的工资福利报酬金额	万元	371563
# 其他方式带动农民增收金额	万元	118899

第二节　产业企业分布

产业分布

2008年，省级以上龙头企业中，国家级32家，省级401家。分属于11个产业，其中粮食产业110家、油料产业13家、畜牧产业105家、水产产业21家、蔬菜产业40家、棉花产业25家、茶叶产业17家、水果产业12家、茧丝绸产业15家、中药材产业13家、其他产业62家。全省17个市分布情况如下：

合肥市　粮食产业8家，油料产业1家，畜牧产业13家，水产产业1家，蔬菜产业6家，棉花产业2家，茶叶产业1家，水果产业1家，茧丝绸产业1家，其他产业11家。

淮北市　粮食产业3家，畜牧产业5家，蔬菜产业1家，其他产业3家。

亳州市　粮食产业7家，畜牧产业5家，蔬菜产业3家，棉花产业2家，中药材产业10家。

宿州市　粮食产业10家，畜牧产业6家，棉花产业3家，水果产业10家。

蚌埠市　粮食产业11家，畜牧产业5家，水产产业1家，棉花产业2家，水果产业1家，其他产业1家。

阜阳市　粮食产业8家，畜牧产业5家，蔬菜产业3家，棉花产业1家，茧丝绸产业1家，中药材产业2家，其他产业1家。

淮南市　粮食产业6家，畜牧产业3家，水产产业2家，棉花产业1家，其他产业3家。

滁州市　粮食产业15家，油料产业1家，畜牧产业4家，水产产业1家，蔬菜产业3家，其他产业2家。

六安市　粮食产业7家，油料产业2家，畜牧产业11家，水产产业2家，蔬菜产业2家，棉花产业2家，茶叶产业1家，茧丝绸产业4家，中药材产业1家，其他产业5家。

马鞍山市　粮食产业1家，畜牧产业4家，水产产业2家，蔬菜产业2家，其他产业2家。

芜湖市　粮食产业5家，畜牧产业6家，水产产业1家，蔬菜产业2家，茶叶产业1家，其他产业4家。

宣城市　粮食产业5家，油料产业1家，畜牧产业11家，水产产业1家，蔬菜产业3家，茶叶产业2家，茧丝绸产业5家，其他产业18家。

巢湖市　粮食产业11家，油料产业4家，畜牧产业5家，水产产业3家，蔬菜产业5家，棉花产业3家，茶叶产业1家。

铜陵市　粮食产业1家，畜牧产业5家，水产产业1家，蔬菜产业2家，其他产业2家。

池州市　油料产业2家，畜牧产业2家，水产产业1家，蔬菜产业4家，棉花产业2

家,茶叶产业3家,茧丝绸产业1家,其他产业3家。

安庆市　粮食产业13家,油料产业1家,畜牧产业11家,水产产业5家,蔬菜产业3家,棉花产业7家,茧丝绸产业1家,其他产业3家。

黄山市　油料产业1家,畜牧产业4家,蔬菜产业1家,茶叶产业8家,茧丝绸产业2家,其他产业4家。

企业分布

2008年,省级以上龙头企业分布情况:合肥市:34家;淮北市:12家;亳州市:27家;宿州市:29家;蚌埠市:20家;阜阳市:21家;淮南市:15家;滁州市:25家;六安市:37家;马鞍山市:11家;芜湖市:19家;宣城市:46家;巢湖市:29家;铜陵市:10家;池州市:18家;安庆市:40家;黄山市:20家;省直:20家。

第三节　企业认定

省级龙头企业名录

省级龙头企业认定:1997—2008年,共认定省级龙头企业6批。其中1997年第一批认定32家、第二批重新认定50家;2001年第三批重新认定74家;2003年第四批重新认定120家;2005年和2006年第五批重新认定313家;2008年第六批重新认定433家。

1997年认定企业名录　黄山市食用菌集团公司、九华山茶业集团公司——贵池茶厂、芜湖县金田集团有限公司、繁昌县三山蔬菜批发市场管理委员会、合肥市大米公司、丰乐种业股份有限公司、绩溪丝业有限公司、滁州市华萃食品有限公司、定远县淮阳油脂化工集团、淮南乳品公司、凤台县焦岗湖渔业总公司、铜陵县水产开发总公司、农业部安徽固镇良种肉鸡示范场、达裕实业总公司、涡阳县牛羊肉加工厂、蒙城牛王皮业服饰有限公司、利达食品肉类有限责任公司、九方制药有限责任公司、亳州中药材交易中心管理委员会、冠隆实业总公司、萧县红双喜葡萄酒罐头集团公司、砀山县水果协会、杭淮集团、华丰肉禽联营公司、江坝油脂化工总厂、寿县板桥草席总厂、安丰油脂厂、霍山外贸加工厂、桐城市霞珍羽绒集团、枞阳县水产冷冻加工厂、宿松县黄湖水产开发公司、江南养殖工贸（集团）有限公司。

1997年重新认定企业名录　寿县板桥草席总厂、安徽芜湖东源集团有限公司、黄山山华集团、安徽省广德县和威农业开发有限责任公司、安丰油脂集团、九华茶业集团、芜湖县金田集团有限公司、芜湖市金鸡肠衣集团有限责任公司、望江棉花种业集团公司、芜湖市正宇畜产品集团有限公司、宿松县黄湖水产开发公司、枞阳县水产冷冻加工厂、黄山金竹人造板厂、安庆天工集团天工木业有限责任公司、潜山县竹业开发有限公司、江坝油脂化工总厂、桐城市霞珍羽绒集团、安徽省郎溪县华地禽业有限责任公司、丰乐种业股份有限公司、皖陵珍稀动物养殖有限责任公司、安庆华帆集团有限公司、马鞍山市黄池食品（集团）公司、绩溪丝业有限公司、国营淮南乳品公司、华丰肉禽联营公司、杭淮集团、安徽省庆发湖工艺品有限公司、安徽裕龙饲料有限责任公司、凤台县焦岗湖渔业总公司、舒城县天龙工艺有限责任公司、涡阳县牛羊肉加工厂、安徽冠隆实业总公司、安徽太阳禽业有限公司、安徽双墩食品股份有限公司、利辛县利达食品肉类有限责任公司、江南养殖工贸（集团）有限公司、凤阳日月食品有限公司、农业部安徽固镇良种肉鸡示范场、蒙城牛王皮业服饰有限公司、合肥市大米公司、定远县淮阳油脂化工集团、萧县红双喜葡萄酒罐头集团公司、富恒面粉有限责任公司、霍山外贸加工厂、安徽达裕实业总公司、安徽新长江集团投资有限公司、中国（亳州）中药材交易中心、亳州蔬菜批发交易市场、繁昌县三山蔬菜批发市场、砀山县水果协会。

2001年重新认定企业名录　合肥丰乐种业股份有限公司、安徽丰原生物化学股份有限公司、安徽金牛实业股份有限公司、安徽华茂纺织股份有限公司、黄山山华集团总公司、安徽省庆发湖工艺品有限公司、安徽芜湖东源集团有限公司、芜湖金田集团有限公司、安徽霞珍集团、安徽丰大集团股份有限公司、安徽和威集团、合肥周谷堆农产品批发市场股份有限公司、合肥奶业集团有限公司、合肥市大米公司、安徽杭淮集团、淮北市棉花产业化集团、安徽省蒙城棉麻纺织（集团）总公司、安徽省涡阳县义门苔干公司、安徽井中集团总公司、亳州蔬菜批发市场、中国（亳州）中药材交易中心管理委员会、安徽砀山果业集团、安徽省砀山县水果协会、宿州市第一棉麻公司第一轧花厂、灵璧县银鹰良种棉加工有限公司、固镇县棉麻公司、安徽富恒面粉有限责任公司、安徽福润肉类加工有限公司、安徽临泉山羊（集团）有限公司、安徽兴达保健食品有限公司、毛集社会发展综合实验区焦岗湖渔业总公司、滁州市华萃食品有限公司、全椒县西王农工商有限责任公司、安徽省凤阳县健民实业有限公司、安徽华康粮油食品集团、舒城县天龙工艺有限责任公司、安徽板桥草席集团、寿州华祥食品有限公司、安徽源牌实业（集团）有限责任公司、六安瓜片名茶开发公司、马鞍山市江南养殖工贸（集团）有限公司、马鞍山市黄池食品（集团）公司、金马集团水产品营销协会、庐江县金坝芹芽开发有限公司、安徽省和县皖江蔬菜副食品批发交易市场、含山县牧业有限责任公司、安徽省江坝油脂华工总厂、安徽省峨桥茶市管理委员会、安徽省芜湖市正宇畜产品集团有限公司、中国芜湖米市、华大集团家禽育种有限公司、安徽太阳禽业有限公司、安徽绩溪丝业有限公司、安徽省宁国山里仁食品有限责任公司、中国宣纸集团公司、安徽皖陵珍稀动物养殖有限责任公司、安徽天方茶业（集团）有限公司、安徽省茶叶公司贵池茶厂、池州九华冷冻食品有限责任公司、望江县白云棉业集团、安徽全力绿色农特产科技开发有限公司、安徽华林人造板有限公司、桐城市鸿润集团有限公司、黄山金竹人造板厂、黄山华盛丝绸集团、安徽省宣郎广茶业总公司、安徽省国营淮南乳品公司、安徽省粮食集团公司、安徽省种子总公司、安徽省正达肉鸡有限公司、安徽省粮油食品进出口(集团)公司、安徽省丝绸股份有限公司、芜湖市金鸡肠衣集团有限责任公司、安徽天裕米业股份有限公司。

2003年重新认定企业名录　安徽和威农业开发股份有限公司、安徽霞珍集团、桐城市鸿润集团公司、芜湖金田集团有限公司、安徽芜湖东源集团有限公司、安徽丰原生物化学股份有限公司、含山县华阳牧业有限责任公司、合肥丰乐种业股份有限公司、安徽丰大股份有限公司、安徽省福润肉类加工有限公司、黄山山华集团总公司、安徽省庆发湖工艺品有限公司、安徽省粮油食品进出口（集团）公司、广德县家乐米业有限公司、安徽省稼仙米业集团有限公司、安徽省桐城青草香米业集团有限公司、巢湖市巢南粮油贸易有限责任公司、安徽省万乐米业公司、安徽省凯源粮贸有限公司、安徽淮北天宏集团实业有限公司、安徽富恒面粉有限责任公司、亳州市天达饲料集团、天裕米业股份有限公司、安徽雁湖面粉有限公司、安徽帅旺食品有限公司、安徽省粮食集团有限责任公司、安徽省郎溪县古南丰酒业有限公司、枞阳县大地食品有限责任公司、安徽省日月农业发展（集团）有限公司、安徽安粮国际发展股份有限公司、安徽省东方面粉厂、郎溪县昌发油脂有限责任公司、蚌埠市花园油脂有限责任公司、安徽省江坝油脂化工总厂、安徽省临泉迎仙水洗芝麻厂、华康油脂集团、马鞍山市黄池食品(集团)公司、安徽省池州九华冷冻食品有限责任公司、淮南白蓝企业集团有限公司、安徽和县皖江蔬菜副食品批发交易市场、庐江县金坝芹芽开发有限公司、合肥周谷堆农产品批发市场股份有限公司、滁州市华萃食品有限公司、安徽小岗村农工贸有限公司、安徽砀园果业集团、砀山县水果协会、安徽兴达保健食品有限公司、安徽省义门苔干有限公司、亳州蔬菜批发市场、亳州市兴邦科技开发有限公司、寿州华祥食品有限公司、铜陵华鹏姜制品有限责任公司、安徽露仙调味食品有限公司、合肥华泰集团公司、合肥顶绿食品有限公司、安徽省无为县华康食品有限公司、安徽省芜湖市正宇畜产品集团有限公司、芜湖元丰集团有限公司、固镇县种羊场、安徽白帝乳业有限公司、长丰县长风畜禽养殖有限公司、安徽省皖陵珍稀养殖有限责任公司、上海市食品(集团)公司申滁肉类联合加工厂、安徽省泗县龙牧猪业(集团)公司、安徽金牛实业股份有限公司、安徽省临泉山羊集团公司、蒙城县东升食品有限公司、淮南益益乳业有限公司、芜湖市金鸡肠衣集团有限责任公司、六安天业集团投资有限公司、安徽太阳禽业有限公司、安徽华大集团家禽育种有限公司、安徽五星养殖(集团)有限责任公司、合肥市正旺畜禽有限责任公司、安徽杭淮集团、安徽省正达肉鸡有限公司、安徽省怀宁县禽蛋开发公司、安徽省绩溪五蜂园蜂业有限公司、宣城市华龙乳业商品奶牛发展有限公司、安徽井中集团总公司、安徽济人药业有限公司、安徽井泉企业集团、安徽绩溪丝业有限公司、望江县雷花棉业有限责任公司、安徽省天鹅纺织制品(集团)有限公司、固镇县棉花生产合作社、凤台县棉花行业协会、含山县益和棉业有限责任公司、安徽省润禾棉业有限责任公司（更名）、安徽省宿州市第一轧花厂、黄山华盛丝绸集团、安徽源牌集团、金寨三利丝绸有限公司、安徽省丝绸股份有限公司、安徽省宁国山里仁食品有限责任公司、中国宣纸集团公司、宁国市恩龙生态发展有限公司、安徽省旌德麻业有限公司、安徽省峨桥茶叶批发市场、安徽天方茶业（集团）有限公司、安徽省茶叶公司贵池茶厂、安徽省阜南县柳编工艺品协会、黄山毛峰茶业集团有限公司、安徽茶叶进出口有限公司、六安瓜片茶业股份有限公司、寿县板桥草席集团、霍邱华安达公司、东至县官港茶叶香菇市场开发有限责任公司、安徽华林人造板有限公司、黄山金竹人造板厂、黄山市阊林木业有限责任公司、安徽省怀远县纯王种业有限责任公司、巢湖市春友种子公司、安徽省大地种业集团、安徽省丰华农科股份有限公司、安徽天禾农业科技股份有限公司、安徽省宿松县黄湖水产开发公司、当涂县水产协会、淮南市焦岗湖水产旅游开发有限公司、明光市永言水产（集团）有限公司。

2005年和2006年重新认定企业名录　安徽家乐米业有限公司、安徽省锦丰企业投资集团有限公司、合肥金润米业有限公司、华龙面业集团天长食品有限公司、安徽省凯源粮贸有限公司、凤阳县凤宝粮油食品有限公司、滁州金恒油脂工业有限公司、安徽绿一粮油集团；安徽良夫面粉集团、安徽占元面粉集团、安徽省桐城青草香米业集团有限公司、安徽省联河米业有限公司、枞阳县浮渡山米业集团、安徽大别山科技开发有限公司、安徽友勇米业有限公司、安徽省东方面粉厂、安徽皖王面粉集团有限公司、郎溪县昌发油脂有限责任公司、安徽凯利粮油食品有限公司、铜陵市皖星粮油有限责任公司、安徽淮北天宏集团实业有限公司、濉溪县鲁王制粉有限责任公司、凤台县米王粮贸有限责任公司、安徽省宏宇粮贸集团有限公司、安徽顾桥面粉（集团）有限公司、安徽槐祥工贸集团有限公司、安徽省万乐米业有限公司、安徽和县华安粮油有限公司、安徽双福粮油工贸集团有限公司、安徽省光明粮油工业有限公司、安徽富恒面粉有限公司、临泉县隆茂粮油实业公司、池州市美思佳油脂有限公司、桐城市乐健食品有限公司、安徽帅旺食品有限公司、安徽喜洋洋食品有限公司、芜湖源生食品有限公司、安徽省粮食集团有限责任公司、安徽雁湖面粉有限公司、上海食品（集团）公司申滁肉类联合加工厂、蒙城东升食品有限公司、安徽天达饲料集团、蒙城五洲食业有限公司、安徽恒盛实业有限公司、安徽省怀宁县禽蛋开发公司、安徽华园乳业有限责任公司、泗县龙牧猪业集团、宿州龙翔种猪场、安徽省荷金来肉牛集团有限公司、安徽五星养殖（集团）公司、绩溪五蜂园蜂业公司、宣城市华卫禽业育种有限公司、安徽安泰农业开发有限责任公司、安徽省长友禽业有限公司、安徽华大集团家禽育种有限公司、合肥市正旺畜禽有限责任公司、长丰县长风畜禽养殖有限公司、安徽华亿农牧科技发展有限公司、安徽鸿汇食品有限公司、蚌埠市宏业肉类联合加工有限责任公司、怀远县金淮河食品有限责任公司、固镇县种羊场、芜湖元丰集团有限公司、芜湖正宇集团有限公司、芜湖卫岗乳品有限公司、芜湖市华源禽业有限公司、安徽省皖陵珍稀动物养殖有限责任公司、淮北市杭淮绿苑养殖有限责任公司、安徽金牛实业股份有限公司、阜阳市海利食品有限公司、安徽雨润集团、蒙牛乳业（马鞍山）有限公司、安徽省徽商集团食品有限公司、安徽井泉企业集团、安徽井中集团、安徽沪谯中药饮片厂、太和县鹏宇中药材有限公司、安徽省金华萃食品有限公司、亳州蔬菜批发市场、安徽华祥食品有限公司、合肥顶绿食品有限公司、芜湖九发食品工业有限公司、淮北市华奥科技有限责任公司、和县皖江蔬菜副食品批发交易市场、铜陵市金长江食品高新技术有限责任公司、淮南白蓝企业集团有限公司、安徽露仙调味食品有限公司、庐江县金坝芹芽开发有限公司、安徽省无为县华康食品有限公司、马鞍山黄池食品公司、池州九华冷冻食品有限责任公司、安徽绩溪龙川丝业有限公司、黄山华盛丝绸集团、青阳县飞达制丝有限责任公司、安徽省丝绸股份有限公司、桐城市双龙丝绸股份有限公司、安徽源牌实业（集团）有限责任公司、金寨县三利丝绸有限责任公司、明光市永言水产（集团）有限公司、安徽黄湖渔业有限公司、望江县武昌湖生态渔业有限公司、安庆龙江水产（集团）有限公司、淮南市焦岗湖水产旅游开发公司、安徽富煌巢湖三珍有限公司、当涂县水产协会、贵池区秋浦渔业有限公司、安徽省六安瓜片茶业股份有限公司、黄山市歙县汪满田茶场、黄山市新安源有机茶开发有限公司、黄山市松萝有机茶叶开发有限公司、安徽天方茶业集团、安徽国润茶叶有限责任公司、东至县官港茶叶香菇市场开发有限责任公司、安徽茶叶进出口有限公司、安徽宣郎广精茶有限责任公司、安徽省棉麻有限责任公司、安徽省旌德麻业有限公司、亳州豫皖纺织有限责任公司、安徽省润禾棉业有限公司、宿州市良种棉轧花厂、合肥银山棉麻股份有限公司、含山县益和棉业有限责任公司、凤台县棉花行业协会、固镇县棉麻公司、安徽大宏纺织有限责任公司、安徽省天鹅纺织制品（集团）有限公司、安徽天馨工艺制品集团有限公司、砀山县水果协会、宿州科技食品有限公司、安徽华安达工艺品有限公司、安徽龙华集团、宁国市恩龙生态有限公司、安徽省宁国山里仁食品有限责任公司、安徽省宁国市詹氏天然食品有限公司、安徽亚普竹业有限公司、安徽省宁国健宁实业有限公司、黄山市闻林木业有限责任公司、黄山金竹人造板厂、阜南柳编工艺品协会、安徽小岗村农工贸有限公司、安徽省枞阳县大地食品有限责任公司、安徽板桥草席集团、安徽天业集团投资有限公司、安徽省郎溪县古南丰酒业有限公司、中国宣纸集团公司、合肥周谷堆农产品批发市场股份有限公司、安徽真心食品股份有限公司、合肥老马食品有限公司、安徽小刘食品股份有限公司、怀远县纯王种业有限责任公司、铜陵市八宝食品有限责任公司、安徽省大地种业集团、巢湖市春友种子公司、马鞍山市安民农副产品贸易有限公司、安徽天禾农业科技股份有限公司、滁州市第一优质米厂、安徽省兴元米业有限公司、安徽波涛粮油发展有限公司、定远县鸿翔米业有限公司、安徽省凤阳县盛源农业发展有限公司、蚌埠市兄弟食品厂、淮南市八公山豆腐行业商会（淮南市八公山豆制品厂）、淮南佳益米业有限公司、安徽恒通伟业商贸（集团）有限公司、安徽三农产业投资集团有限公司、安徽天裕米业股份有限公司、和县金城米业有限责任公司、安徽象牙米业有限公司、安徽省海神黄酒有限公司、肥西县谷丰粮油贸易有限责任公司、安徽燕之坊食品有限公司、安徽顶大食品有限公司、阜阳快乐面粉有限公司、阜阳宝鼎粮油有限责任公司、安徽家和兴食品有限公司、安徽瑞福祥食品有限公司、淮北市鲁南面粉有限公司、萧县银海粉业食品有限公司、安徽千禾食品工业有限公司、安徽步强饲料公司、宣城市宣丰酿造有限公司、安徽三兄弟薯业有限公司、安徽省天河食品有限责任公司、潜山县渡民米业有限公司、宿松县京味食品有限公司、安徽友源食品有限公司、安徽省小天鹅食品有限公司、安庆市朱氏食品有限公司、安徽省青草湖酒业有限公司、铜陵市普济圩金迈米业有限责任公司、滁州天润油脂工贸有限公司、黄山市徽山食用油业有限公司、安徽龙溪外贸麻油制造有限公司、安徽省华银茶油有限公司、安徽省寿县远翔油脂有限公司、广德新龙粮食油脂公司、当涂县甜润米业有限公司、滁州市志成畜牧业有限公司、安徽达诺乳业有限公司、安徽省凤阳县红山种养植开发有限公司、蚌埠市卫食园食品有限公司、怀远县禹王养殖有限公司；蚌埠市和平乳业有限责任公司；淮南市田家庵区禽业协会；黄山强英鸭业有限公司；安徽省魏氏禽业有限责任公司；青阳县皖南土鸡产业化协会；铜陵正强禽业有限责任公司；铜陵县铜大禽业有限责任公司、六安市海洋羽毛有限公司、安徽省舒城县玉河羽绒有限公司、六安宝祥禽业科技有限责任公司、安徽一隆羽绒有限公司、安徽省皖西羽绒厂、和县香泉湖禽业发展有限责任公司、安徽鸿羽羽绒制品有限公司、巢湖市超飞乳品有限公司、合肥伊利乳业有限责任公司、合肥市益农养殖公司、合肥森淼工贸集团、合肥立华畜禽有限公司、太和县旺兴畜禽有限责任公司、安徽曦强相山乳业有限公司、濉溪县养猪协会、灵璧兴程鸭业有限责任公司、马鞍山蒙牛现代牧场有限公司、马鞍山市安康菌业有限公司、安徽精英种畜有限公司、芜湖蜂联有限公司、芜湖市东海禽业有限责任公司、裴顿食品（安徽）有限公司、东部肥牛开发股份有限公司、怀宁县三官实业有限公司、安徽省家国牧业生态养殖有限责任公司、安徽玉润禽蛋食品有限公司、安徽绿雨农业有限责任公司、石台县山园食品有限公司、合肥金绿食品有限责任公司、合肥徽之皇食品集团有限公司、安徽义门苔干有限公司、蒙城县双孢蘑菇协会、芜湖新欣食品实业有限公司、宁国市双丰农特产贸易公司、安徽省京洲食品有限公司、六安市星星轻纺制品有限公司、安徽省振华棉业有限公司、恒生纺织实业发展（安徽）有限公司、安徽省望江县中棉种业有限公司、安庆华茂纺织股份有限公司、安徽华阳河棉花加工贸易有限公司、安徽白云棉业股份有限公司、黄山市徽州漕溪茶厂、黄山茶业集团有限公司、休宁县荣山茶厂、安徽省红新制茶有限公司、黄山诚鑫丝业有限公司、安徽京九丝绸有限公司、安徽航佳丝绸集团、安徽宏祥丝绸织造有限公司、宏宝集团（金寨）丝绸有限公司、安徽省泾县鑫源茧丝绸有限公司、淮南市窑河渔场、舒城县万佛湖渔业总公司、枞阳县白荡湖水产养殖有限责任公司、金寨立方制药有限公司、安徽省浩生中药饮片有限公司、北京同仁堂（亳州）饮片有限责任公司、亳州千草药业饮片厂、涡阳县源和堂中药饮片有限责任公司、安徽明珍堂养生品有限公司、宁国莹辉实业有限公司、亳州市京皖中药饮片厂、安徽亚强天然产物制品有限公司、安徽省成果石榴酒有限公司、安徽同泰食品有限公司、砀山隆泰果业有限公司、砀山兴达罐业食品有限公司、砀山欣诚食品有限公司、砀山倍佳福食品有限公司、萧县园艺总场、黄山双雄竹木制品有限公司、池州市鸿亮竹业有限公司、芜湖市众森实业（集团）有限公司、安徽省博亚竹木制品有限公司、安徽顺达农林发展股份有限公司、皖南大鹏天然产物有限公司、安徽宏宇竹制品有限公司、铜陵华源麻业有限公司、安徽隆平高科种业有限公司、芜湖市傻子瓜子有限总公司、宣城市乐方食品有限公司、旌德黄山灵芝基地绿化生态产业有限公司、安徽皖垦种业有限公司。

2008年重新认定企业名录　安徽丰大股份有限公司、安徽丰原生物化学股份有限公司、安徽安粮国际发展股份有限公司、中纺粮油蚌埠油脂有限公司、芜湖金田集团有限责任公司、芜湖东源新农村开发股份有限公司、安徽省稼仙米业集团有限公司、安徽槐祥工贸集团有限公司、合肥金润米业有限公司、安徽皖王面粉集团有限公司、安徽新锦丰企业投资集团有限公司、肥西县谷丰粮油贸易有限责任公司、安徽凯利粮油食品有限公司、安徽燕之坊食品有限公司、淮北天宏集团实业有限公司、濉溪县鲁王制粉有限责任公司、淮北市鲁南面粉有限责任公司、安徽正大源饲料集团有限公司、安徽良夫集团、安徽瑞福祥食品有限公司、安徽占元集团、安徽井中集团、安徽珠东面粉集团、安徽正宇面粉有限公司、萧县银海粉业食品有限公司、安徽省东方面粉有限责任公司、安徽千禾食品工业有限公司、安徽金鸽面业集团有限公司、安徽虹光企业投资集团有限公司、安徽荣华粮贸有限公司、宿州市华宇面粉有限公司、安徽康美达面业有限责任公司、蚌埠市兄弟粮油食品科技有限公司、安徽成祥面粉有限责任公司、五河县易禾米业有限责任公司、五河县双丰面粉有限公司、安徽省怀远县鑫泰粮油有限公司、安徽省天麒面粉有限公司、安徽中海粮油发展有限公司、安徽省金禾面粉有限公司、安徽金种子酒业股份有限公司、安徽顶大食品有限公司、安徽阜阳宝鼎粮油有限责任公司、安徽家和兴食品有限公司、阜阳快乐面粉有限公司、安徽省六本食品有限责任公司、阜阳海泉粮油工业有限公司、安徽猛牛食品有限公司、安徽颐桥面粉（集团）有限公司、凤台县米王粮贸有限责任公司、淮南佳益米业有限公司、安徽省宏宇粮贸集团有限责任公司、安徽恒通伟业商贸（集团）有限公司、淮南海丰面粉有限公司、安徽省凯源粮贸有限公司、凤阳县凤宝粮油食品有限公司、安徽绿一粮油集团、滁州市第一优质米厂、安徽省兴元米业有限公司、安徽波涛粮油发展有限公司、定远县鸿翔米业有限公司、安徽省九州粮贸有限责任公司、天长市康盈米业有限公司、定远县振华米业有限责任公司、天长市天鑫粮油贸易有限责任公司、来安县碧绿春食品有限公司、安徽省恒进粮油工贸有限公司、安徽省凤阳县盛源农业发展有限公司、安徽三农产业投资集团有限公司、安徽友勇米业有限公司、安徽帅旺食品有限公司、安徽天裕米业股份有限公司、六安天业集团投资有限公司、安徽汇佳生物科技有限公司、六安市茂源面制品有限公司、当涂县甜润米业有限公司、和县金城米业有限责任公司、安徽象牙米业有限公司、安徽双福粮油工贸集团有限公司、安徽万乐米业有限公司、安徽海神黄酒集团有限公司、安徽永安米业购销有限公司、安徽省富硒香生物食品集团有限公司、安徽四海食品有限公司、芜湖源生食品有限责任公司、繁昌县金丰粮油有限公司、芜湖市秦氏糖业有限公司、宣城市宣丰酿造有限责任公司、安徽省古南丰酒业有限公司、安徽家乐米业有限公司、安徽省广德新龙粮食油脂有限公司、绩溪县板桥绿色农产品开发有限公司、安徽省枞阳县大地食品有限责任公司、枞阳县浮渡山米业集团、潜山县渡民米业有限公司、安徽省联河米业有限公司、安徽德琳环保发展（集团）有限公司、安徽省顺兴米业有限责任公司、安徽乐健绿色食品有限公司、安徽友源食品有限公司、宿松县京味食品有限公司、安徽省天河食品有限责任公司、安徽省桐城青草香米业集团有限公司、安徽省粮食集团有限责任公司、安徽雁湖面粉有限公司、安徽省青草湖酒业有限公司、铜陵市普济圩金迈米业有限公司、安徽省白湖农工商集团有限公司、安徽粮食批发交易市场有限公司、安徽倮倮米业有限公司、安徽福润肉类加工有限公司、安徽临泉山羊集团、安徽益益乳业有限公司、安徽和威集团、安徽太阳禽业有限公司、安徽鸿润(集团)股份有限公司、安徽霞珍集团、安徽华卫集团禽业有限公司、安徽五星养殖（集团）有限责任公司、肥西老母鸡农牧有限公司、合肥伊利乳业有限责任公司、安徽鸿汇食品（集团）有限公司、合肥立华畜禽有限公司、安徽长风农牧科技有限公司、安徽华亿农牧科技发展有限公司、合肥森淼（集团）肉禽食品有限公司、合肥市益农养殖有限公司、安徽新安良种猪有限责任公司、安徽九牛牧业集团有限公司、淮北市杭淮绿苑养殖有限责任公司、安徽曦强相山乳业有限公司、濉溪县养猪协会、淮北六和勤强食品有限公司、安徽宝迪肉类食品有限公司、安徽东升食品有限公司、安徽天达（饲料）集团、安徽恒盛实业有限公司、蒙城宏健食品有限公司、涡阳县万头猪厂、安徽省瀚森荷金来肉牛集团有限公司、宿州市飞龙实业有限公司龙翔养殖场、宿州市兴程鸭业有限责任公司、泗县龙牧猪业有限责任公司、安徽省步强饲料有限公司、砀山县兴达良种猪养殖有限公司、安徽省怀远县金淮河食品有限公司、怀远县禹王养殖有限公司、蚌埠市宏业肉类联合加工有限责任公司、蚌埠市和平乳业有限公司、蚌埠市卫食园食品有限公司、太和县旺兴畜禽业有限公司、阜阳海利食品有限公司、阜阳市金阳农林科技有限责任公司、淮南市田家庵区禽业协会、淮南市兴扬食品有限公司、滁州市申龙食品有限公司、滁州市志成畜牧业有限公司、安徽达诺乳业有限公司、安徽省全椒未来饲料有限责任公司、六安市海洋羽毛有限公司、安徽一隆羽绒有限公司、安徽省舒城县玉河羽绒有限公司、安徽省皖西羽绒厂、六安宝祥禽业科技有限责任公司、安徽新华畜牧科技有限公司、安徽夏星食品有限公司、舒城县华强羽绒有限公司、安徽三祥羽毛有限公司、安徽浩缘朋制衣有限公司、安徽华园乳业有限责任公司、蒙牛乳业（马鞍山）有限公司、安徽精英种畜有限公司、现代牧业（集团）股份有限公司、马鞍山雨润食品有限公司、安徽香泉湖禽业有限公司、安徽省巢湖市超飞乳品有限公司、安徽鸿羽羽绒制品有限公司、和县苏绿源养殖有限公司、安徽紫微工贸集团有限公司、芜湖蜂联食品有限责任公司、芜湖元丰集团有限公司、芜湖卫岗乳业有限公司、芜湖正宇集团有限公司、芜湖市东海禽业有限责任公司、芜湖华源禽业（集团）有限公司、安徽华大生态农业科技有限公司、安徽省长友禽业有限公司、安徽安泰农业开发有限责任公司、裴顿食品（安徽）有限公司、安徽省绩溪五蜂园蜂业有限公司、宣城市立大禽业有限公司、安徽荣达禽业开发有限公司、铜陵县铜大禽业有限责任公司、铜陵正强禽业有限责任公司、安徽省皖陵珍稀动物养殖有限责任公司、铜陵联发畜牧有限责任公司、安徽四洋养殖有限责任公司、安徽省魏氏禽业有限责任公司、青阳县皖南土鸡产业化协会、安徽玉润禽蛋食品有限公司、东部肥牛开发股份有限公司、安徽省家国牧业生态养殖有限责任公司、安徽省怀宁县尚寅禽业开发有限责任公司、怀宁县三官实业有限公司、太湖县兴牧有限公司、安庆市绿油油禽蛋食品有限公司、安徽金梦源纺织制品有限公司、安徽省宏建生态养殖有限公司、黄山强英鸭业有限公司、黄山德青源种禽有限公司、黄山市同乐生态农业有限公司、黄山市养生源蜂业有限公司、安徽雨润食品集团有限公司、安徽省徽商集团食品有限公司、安徽省安禽禽业有限公司、安徽大平工贸（集团）有限公司、安徽燕庄油脂有限责任公司、滁州金恒油脂工业有限公司、安徽省华银茶油有限公司、安徽大别山科技开发有限公司、安徽省光明粮油工业有限公司、安徽华安食品有限公司、含山县昭关鹰皇油脂有限公司、安徽绿健生物科技有限公司、池州市美思佳油脂有限公司、安徽龙溪外贸麻油制造有限公司、安徽海锦棉业油脂有限公司、黄山市徽山食用油业有限公司、黄山山华集团、马鞍山市黄池食品（集团）有限公司、合肥顶绿食品股份有限公司、合肥金绿食品有限责任公司、合肥徽之皇食品集团有限公司、安徽人人福豆业有限公司、安徽朝晖农林发展有限公司、安徽东宝食品有限公司、淮北市华奥科技有限责任公司、蒙城双孢蘑菇协会、亳州市农产品有限责任公司、安徽省义门苔干公司、阜阳爱立丰食品有限公司、太和县东方现代农业有限公司、安徽阜阳鹿鹿食品有限公司、安徽省金华萃食品有限公司、安徽小岗村农工贸有限公司、安徽小岗村食品有限公司、安徽华祥食品有限公司、安徽新荣久农业科技有限公司、马鞍山市安康菌业有限公司、安徽和县皖江蔬菜副食品批发交易市场、安徽露仙调味食品有限公司、安徽省庐江三叶精制菜有限公司、巢湖亚父农副产品批发交易有限责任公司、安徽省和县济洪蔬菜种植有限公司、芜湖新欣食品实业有限公司、芜湖三惠食品有限公司、安徽三兄弟薯业有限责任公司、安徽绩溪山里佬绿色食品开发有限公司、郎溪县建桥食品加工有限公司、铜陵市金长江食品高新技术有限责任公司、铜陵市八宝食品有限责任公司、池州市九华冷冻食品有限责任公司、石台县山园食品有限公司、池州市华丽农业科技开发有限公司、青阳县大九华绿色食品有限责任公司、安庆市金隆工贸有限公司、太湖县新方竹粉丝有限责任公司、安徽省京洲食品有限公司、明光市永言水产（集团）有限公司、肥东县长临渔场、怀远县渔业科技发展有限责任公司、淮南市窑河渔场、淮南市焦岗湖水产旅游开发有限公司、舒城县万佛湖渔业总公司、安徽华海鳗业有限公司、当涂县水产协会、当涂县贤进渔业发展有限公司、安徽富煌三珍食品集团有限公司、安徽惠民实业有限责任公司、安徽同鑫水产食品有限公司、芜湖有贤生态龟鳖养殖有限公司、安徽华瑞农业发展有限公司、铜陵县水产开发总公司、池州市秋浦特种水产开发有限公司、安徽黄湖渔业有限公司、望江县武昌湖生态渔业有限公司、枞阳县白荡湖水产养殖有限责任公司、安庆市皖宜季牛水产养殖有限责任公司、安庆市泊湖全美蟹业有限责任公司、安徽同泰食品有限公司、安徽宿州科技食品有限公司、砀山欣诚食品有限公司、安徽省砀山兴达罐业食品有限公司、安徽省萧县园艺总场、安徽省砀山倍佳福食品有限公司、砀山隆泰果业有限公司、砀山县酥源果蔬农民专业合作社、安徽砀山海升果业有限责任公司、（宿州）熙可食品（安徽）有限公司、宿州市砀山县唐寨水果专业合作社、安徽省成果酒石榴酿造有限公司、安徽省茶叶进出口有限公司、安徽省六安瓜片茶业股份有限公司、芜湖杉杉茶叶有限公司、安徽省红新制茶有限责任公司、安徽中徽茶业专业合作社、安徽国润茶业有限公司、安徽天方茶业（集团）有限公司、安徽天品堂生态农业有限公司、黄山谢裕大茶业股份有限公司、黄山市汪满田茶业有限公司、黄山茶业集团有限公司、黄山松萝有机茶叶开发有限公司、黄山市新安源有机茶开发有限公司、休宁县荣山茶厂、黄山六百里猴魁茶业有限公司、黄山市皂绿有机茶业有限公司、安徽省绿魁茶业有限公司、合肥市银山棉麻股份有限公司、亳州豫皖纺织有限公司、安徽振富纺织有限责任公司、安徽省润禾棉业有限责任公司、宿州市宿禾棉业有限公司、泗县南虹棉业有限公司；安徽天源棉花有限责任公司、安徽大宏纺织有限公司、界首市三宝线业有限责任公司、淮南市振淮蓬帆有限公司、安徽星星轻纺（集团）有限公司、安徽盛华纺织有限责任公司、安徽省含山振华棉业有限公司、安徽省含山县益和棉业有限责任公司、恒生纺织实业发展（安徽）有限公司、池州市秋江棉业有限公司、东至良种棉业有限责任公司、安徽白云棉业股份有限公司、安徽华茂纺织股份有限公司、望江县润华纺织有限责任公司、安庆市江花棉业有限责任公司、安庆市清怡针纺织品有限责任公司、安徽省棉麻有限责任公司、安徽省皖垦棉业有限公司、安庆市皖农贸易有限责任公司、安徽源牌实业（集团）有限责任公司、安徽京九丝绸有限公司、宏宝集团（金寨）丝绸有限公司、安徽三利丝绸集团有限公司、安徽金寨金燕桑茧丝绸有限公司、安徽宏祥丝绸织造有限公司、安徽泾县鑫源茧丝绸有限公司、安徽绩溪龙川丝业有限公司、安徽航佳丝绸集团、安徽绩溪县花神丝绸有限公司、青阳县飞达制丝有限公司、桐城市双龙丝绸有限责任公司、黄山华盛集团有限公司、黄山市诚鑫丝业有限公司、安徽天彩丝绸有限公司、安徽济人药业有限责任公司、北京同仁堂（亳州）饮片公司、安徽沪谯中药饮片厂、涡阳源和堂中药饮片公司、亳州千草药业饮片厂、亳州市京皖中药饮片厂、安徽德昌药业饮片公司、安徽协和成药业饮片公司、安徽海鑫药业饮片公司、安徽井泉企业集团、太和县鹏宇中药材有限公司、太和县利民中药材有限责任公司、安徽省浩生中药饮片有限公司、合肥丰乐种业股份有限公司、合肥华泰集团股份有限公司、安徽庆发柳编集团有限公司、安徽隆平高科种业有限公司、合肥周谷堆农产品批发市场股份有限公司、安徽真心食品有限公司、安徽小刘食品股份有限公司、合肥市百年食品有限责任公司、安徽青松食品有限公司、安徽荃银高科种业股份有限公司、安徽大地种业集团、濉溪县中瑞农副产品有限公司、安徽亚强生物工程股份有限公司、安徽省怀远县纯王种业有限责任公司、阜南县柳编工艺品协会、凤台县茨淮新河八一林牧场、淮南市安成鑫海批发大市场、凤台县种子公司、安徽省凤阳县绿源实业有限公司、安徽省凤阳县红山种养植开发有限公司、安徽华安达工艺品有限公司、安徽省寿县板桥草制工艺品有限公司、安徽龙华竹业有限公司、安徽省金寨县大别山生态农产品开发有限公司、马鞍山市安民农副产品贸易有限公司、马鞍山神农种业有限责任公司、芜湖市众森实业（集团）有限公司、芜湖市傻子瓜子有限总公司、三鹿（集团）食品有限公司、芜湖清水花木有限责任公司、宣城市乐方食品有限公司、安徽博亚竹木制品有限公司、安徽宏宇竹木制品有限公司、广德县顺达竹业有限公司、安徽省宁国山里仁食品有限责任公司、安徽恩龙林业集团有限公司、安徽詹氏食品有限公司、安徽省健宁实业有限公司、宁国市双丰农特产贸易有限公司、安徽省宁国莹辉实业有限责任公司、安徽明珍堂养生品有限公司、中国宣纸集团公司、皖南大鹏天然产物有限公司、安徽省华龙麻业有限公司、安徽亚普竹业有限公司、安徽黄山云乐灵芝有限公司、安徽锦中工贸有限公司、安徽森泰集团、铜陵华源麻业有限公司、铜陵市华方麻纺织有限责任公司、官港茶叶香菇市场开发有限责任公司、池州市鸿亮竹业有限公司、安徽省青阳秋田木业有限公司、安徽天馨工艺制品集团有限公司、安徽天鹅纺织制品（集团）公司、黄山市闻林木业有限公司、黄山金竹人造板厂、黄山双雄竹木制品有限公司、黄山惠达食品集团有限公司、安徽天禾农业科技股份有限公司、安徽皖垦种业有限公司、安徽辉隆农资集团。

国家级龙头企业名录

国家级龙头企业认定：2000 年至 2008 年，认定国家级龙头企业 4 批、计 32 家。

2000 年认定企业名录　黄山山华集团、芜湖金田集团有限公司、安徽芜湖东源集团有限公司、合肥丰乐种业股份有限公司、安徽霞珍集团、安徽省庆发湖工艺品有限公司。

2002 年认定企业名录　安徽和威集团、安徽丰大集团、桐城市鸿润集团有限公司、安徽丰原生物化学股份有限公司、安徽省福润肉类加工有限公司、含山县华阳牧业有限责任公司、安徽省粮油食品进出口（集团）公司。

2004 年认定企业名录　安徽益益乳业有限公司、安徽太阳禽业有限公司、安徽省临泉山羊集团公司、合肥华泰集团、蚌埠市花园油脂有限责任公司、安徽济人药业有限公司、安徽省稼仙米业集团有限公司。

2008 年认定企业名录　安徽新锦丰企业投资集团有限公司、安徽皖王面粉集团有限公司、合肥金润米业有限公司、安徽槐祥工贸集团有限公司、安徽五星养殖（集团）有限责任公司、安徽茶叶进出口有限公司、明光市永言水产（集团）有限公司、安徽源牌实业（集团）有限责任公司、马鞍山市黄池食品（集团）有限公司、北京同仁堂（亳州）饮片公司、安徽华卫集团禽业有限公司、安徽天馨工艺制品集团有限公司。

第四节　扶持政策

1997 年开始，安徽省财政每年安排的开发性农业 1000 万元资金改为农业产业化专项资金（其中 100 万元林业贴息由省财政补足）；1997 年，省财政再安排 1000 万元（预算增加 400 万元，收回再贷周转金 600 万元），用于支持农业产业化专项资金滚动周转使用，由省农村经济办公室会商省财政厅制定使用办法，并要求各级金融和财政部门都要有计划地安排一部分专项资金，用于扶持龙头企业建设。

在资金投向、计划审批、工商登记、征用土地、聘用人才、物资供应、产品购销等方面实行优先、优惠。对与农户签订长期稳定的产销合同，形成利益共同体的龙头企业，凡年营销收入2000万元、利润200万元的，不论何种所有制成份，都可享受国有主渠道同等待遇，直接参与除国家控制以外的大宗农副产品收购和加工。对于为农业生产的产前、产中、产后提供技术服务的组织（包括农业专业协会、专业合作社等），取得的劳务收入暂免征所得税。

1997年，《安徽省农业产业化“九五”规划纲要》提出，到“九五”末，在八大主导产业中，农业产业化的龙头企业由现在的100家发展到169家，形成覆盖全省的“龙头”企业群体，其中省级骨干龙头企业达到50家；组建10~20个、年营销收入5亿元以上的省级“龙型”企业集团。各级金融和财政部门都要有计划地安排专项贷款和资金，扶持龙头企业建设。对农业产业化项目，各地在资金投向、计划审批、工商登记、征占土地、聘用人才、物资供应、产品购销等方面实行优先优惠。

1998年，安徽省政府批转省农经办《关于组建农业产业化省级龙头企业集团实施意见的通知》明确提出：对组建农业产业化省级龙头企业集团，可以按照省政府批转省经贸委、省计委、省体改委《关于组建和发展省级重点企业集团实施意见的通知》，享受其中优惠政策。同时实行配套政策措施：各相关部门、地市应打破行业、地区、所有制界限，积极配合，把省级龙头企业集团作为本行业、本地区的重点扶持对象，在土地出让地价、工商登记等方面给予优惠。各级政府和有关部门对5个龙头企业集团在资金扶持上要重点倾斜。积极引导、集聚社会资金及利用外资，采取注入资本金、贴息等方法，扶持5个龙头企业集团发展。农行等金融机构要大力组织资金，积极增加流动资金贷款，重点予以支持。着力营造龙头企业集团发展的良好外部环境。各级政府要对省级龙头企业集团实行挂牌保护，坚决制止乱收费、乱摊派、乱集资，切实减轻企业负担，保护企业的合法权益。社会各方面要支持龙头企业集团的发展，形成合力。盘活集团内存量资产，开辟融资新渠道。凡龙头企业集团符合国家有关规定条件的，经批准可以发行企业债券，加快企业技术改造步伐；也可以申报发行股票直接融资。已上市的企业要根据企业发展需要，通过配股、投资入股、控股、资产划转、兼并和收购中小企业等方式，推进集团资本扩张，促进经营规模不断壮大。企业集团还可以按国家经贸委有关文件规定，报经中国人民银行批准，组建企业财务公司，进行企业内部融资。对“拨改贷”资金转为国家资本金问题，可按国家有关文件规定执行。

2001年，安徽省农村工作领导小组印发《安徽省农业产业化“十五”规划纲要》，“十五”期间，全省将择优扶持一批主营产品优势明显、成长性好、出口创汇潜力大、有较强的科技创新和可持续发展能力的重点龙头企业，继续加大计划、财政、金融等扶持力度，促其规模尽快扩大，产品质量不断进步，市场份额明显提高，以期在较短的时间内培植成引导农业和农村经济结构调整的骨干力量，形成能够参与国内外经济大循环，更具竞争力的企业集团。鼓励支持多层次、多成份、多形式地发展龙头企业，积极引导大中型工商企业和城乡个私企业进入农业领域，担当龙头。在重点龙头企业的发展上，着力加快现代企业制度建设，借鉴国内外投融资经验，实行股票上市、发行企业债券等，充分利用资本市场融资；抓住中国即将加入世贸组织和国家实行积极的财政政策等发展机遇，切实加大招商引资和智力成果的引进力度，嫁接和改造传统产业，把重点龙头企业建成大规模、高起点、外向型、具有较强牵动力的“龙型产业集团”。

2001 年，安徽省政府下发《关于组织实施农产品流通、品牌和农业产业化三项工程的通知》，提出对农业产业化省级龙头企业 50 强实行分类指导，优先扶持 10 个左右重点龙头企业。采取兼并、收购、合并等形式，实行强强联合、强弱联合，抓好种业、奶业、粮油业、禽业等省级农业产业化龙头企业集团。积极推介条件成熟的龙头企业发行债券和股票，扶持一批省级龙头企业跨入“国家队”。从 2001 年起，省财政在保证每年原安排农业产业化、畜牧业进位工程和渔业致富工程等专项资金的基础上，逐年增加资金，集中用于农业三项工程建设，重点搞好优质名牌农产品基地建设、农产品质量标准、监测体系建设、农产品品牌宣传；扶持龙头企业开发关键技术和新产品，增强其开拓市场的能力；培训农村运销队伍；奖励实施农业三项工程的有功人员。省经贸委要对农业三项工程中批发、交易市场建设以及农业产业化龙头企业的技术创新、技术改造项目给予支持；省外经贸厅要加大对农业产业化重点出口创汇龙头企业开拓国际市场的扶持力度，对龙头企业直接利用外资给予政策指导，积极协助税务部门做好农产品的出口退税工作，支持龙头企业申报外贸进出口权；省工商局要积极支持和帮助农业产业化龙头企业改制，并做好企业登记、商标注册和合同监管等工作；省税务部门要积极贯彻国家对农业企业的各项税收政策，保证落实到位；省企业上市指导委员会要积极主动地帮助符合国家有关政策规定的龙头企业发行股票。

2001 年，安徽省国家税务局转发国家税务总局《关于明确农业产业化国家重点龙头企业所得税征免问题的通知》。

2002 年，安徽省财政厅、省国家税务局联合转发财政部、国家税务总局《关于提高农产品进项税抵扣率的通知》，明确从 2002 年 1 月 1 日起，增值税一般纳税人购进农业生产者销售的免税农业产品的进项税额扣除率由 10% 提高到 13%。

2005 年，安徽省农委和中国农业银行安徽省分行联合下发《关于印发〈安徽省农业产业化招商引资优惠政策〉的通知》。

2006 年，安徽省农委《关于印发安徽省“十一五”农业产业化发展规划的通知》，提出在政策和项目扶持上，以全省十大主导产业行业排头兵为重点，继续加大政策扶持力度。以项目为支撑，集中省财政农业产业化专项资金，突出扶持大的农产品精深加工项目，促进龙头企业迅速扩大规模，提高产品档次和市场份额。在招商引资上，采取走出去、请进来的办法，利用长三角地区产业梯度转移和资本对外扩张的机遇，吸引长三角地区的大龙头来安徽省建基地、办加工或与安徽省龙头企业进行嫁接；组织招商小分队到福建、香港、台湾地区和日本、韩国等招商引资。在融资上，积极做好龙头企业与农行、农发行的对接工作，组织实施“金融服务三农安徽行动计划”“农业政策性贷款合作协议”。农业产业化项目资金安排与省农行、农发行贷款紧密结合，按照“你贷款、我贴息，你投资、我扶持”的原则，为龙头企业搭建融资平台，使财政资金发挥“放大效应”；在龙头企业管理上，按照动态管理、促进发展的原则，对省级龙头企业进行调整，每 1~2 年吸收一批招商引资企业、工商资本进入农业的企业以及带动板块特色经济发展的企业加入省级龙头企业，增添龙头企业发展的动力，增强省级龙头企业的实力。

2008 年，安徽省政府《关于实施农业产业化“532”提升行动的意见》提出：着力培育一批骨干龙头企业。对有望达到 50 亿元、100 亿元的龙头企业，建立“一企一策”的政企联系制度，促其迅速成长为全国同行业的排头兵企业；对有望达到 5 亿元、10 亿元的龙头企业，进一步研究制定企业原料基地建设、检验检测设备购置、农户培训、品牌提升、科技创新等方面的扶持政策。协调财政、税务、工商、审计、质监等部门，帮助企业建立财务、生产、技术和人才管理等制度，引导龙头企业尽快建立完善法人治理结构。鼓励龙头企业盘活存量资本，开展跨区域、跨行业、跨所有制联合、兼并和收购。

第五章　农业品牌

1997年,安徽省首次评定22个安徽名牌农产品,是全国最早开展农业品牌化工作的省份之一，1997—2007年,共评定9批安徽名牌农产品及扩牌产品。

第一节　发展历程

安徽农产品历史上已形成一些名、优、稀、特农产品,主要有:铜陵生姜、符离集烧鸡、三潭枇杷、巢湖银鱼、怀远石榴、舒城贡席、太平猴魁、六安瓜片、屯溪绿茶、祁门红茶、黄山石耳、义门苔干、亳州白芍、固镇花生、临泉生姜、大别山茯苓、芜湖牡丹、宣州宣木瓜、无为板鸭、霍山黄芽、采石矶茶干、滁州贡菊、砀山酥梨、宁国笋干、霍邱柳编、水东蜜枣、萧县葡萄、长丰草莓、太和香椿、明光绿豆、阜阳皮丝、蒙城牛肉、霍山石斛、宁国山核桃、桐城水芹、休宁松萝、胡玉美蚕豆酱、合肥麻饼烘糕、马鞍山丝绵画、八公山豆腐、清水荸荠、芜湖瓜子、黄山绿牡丹茶、泾县酱菜、涌溪火青、休宁虎皮毛豆腐等。20世纪80年代以后,通过大规模农业综合开发和不断提高加工档次,又形成一批新的优质、名牌农产品。但无论是名牌数量还是规模,都与所拥有农业资源不相称。主要名、优、稀、特农产品仍停留在“样品”“贡品”阶段。

1996年,“中国种业第一股”合肥丰乐种业股份有限公司申报安徽名牌产品,因农产品特殊性受到评审专家质疑,认为合肥丰乐种业股份有限公司申报的“西瓜种子”系农产品,标准化水平与工业产品相比较低,质量不易把握,对是否包括在安徽名牌产品涵盖范围不好界定。合肥丰乐种业股份有限公司请求安徽省农村经济办公室（简称省农经办）给予支持,省农经办随即出函说明情况,并争取省领导给予关注。省长回良玉非常重视,亲自批示,促使“丰乐”牌西瓜种子当年被评为“安徽名牌产品”。

1996年12月,安徽省政府批转省农经办《关于发展名牌农产品意见的通知》提出,为加快由农业大省向农业强省跨越,实现跨世纪的赶超目标,在推进农村经济市场化的过程中,必须大力发展名牌农产品,以名牌特色产品拓展国内、国际市场,更多地增加农民收入,发展安徽名牌农产品势在必行。争创名牌,扩大安徽优质农产品的批量,上规模、上档次,是加快推进农业产业化的需要,是发挥安徽资源优势的需要,也是适应未来抢占21世纪市场制高点的需要。全省根据发展情况,每年或两年审定20个左右“安徽名牌”农产品,力争在三五年内,形成一批在国内、国际市场上具有一定实力和影响的名牌农产品。名牌农产品评定，要坚持企业、生产单位自愿申报、专家评定、效益考核、公平公开的原则，要特别注意消费者的反映和市场的评价，以市场评价、专家评审、效益考核为主要评价指标。具体名牌标准和评审办法由省农业产业化工作指导委员会办公室会同有关部门制定。“安徽名牌”农产品不搞终身制，有效期为3年。

1997年，省政府《关于公布首批安徽名牌农产品的通知》（皖政秘〔1997〕185号）文件公布首批22个安徽名牌农产品。

1998年，省政府《关于公布’98安徽名牌农产品、’98安徽特色农产品和’97安徽名牌农产品扩牌产品的通知》（皖政秘〔1998〕218号）文件公布21个安徽名牌农产品、8个安徽特色农产品和5个安徽名牌农产品扩牌产品。

2000年，省政府《关于公布2000安徽名牌农产品、’97安徽名牌农产品重新认定产品和’98安徽名牌农产品扩牌产品的通知》（皖政秘〔2000〕196号）文件公布25个安徽名牌农产品、16个安徽名牌农产品重新认定产品和7个安徽名牌农产品扩牌产品。

2002年，省政府《关于公布2002年安徽名牌农产品的通知》（皖政秘〔2002〕145号）文件公布98个安徽名牌农产品。

2004年，省政府《关于公布2004年安徽名牌农产品的通知》（皖政秘〔2004〕120号）文件公布148个安徽名牌农产品。

2005年，省政府《关于公布2005年安徽名牌农产品的通知》（皖政秘〔2005〕165号）文件公布83个安徽名牌农产品。

2006年，《关于公布2006年安徽名牌农产品的通知》（皖农产〔2006〕3号）文件公布147个安徽名牌农产品。

2007年，《关于公布2007年安徽名牌农产品的通知》（皖农产〔2007〕3号）文件公布128个安徽名牌农产品。

2007年6月21日，省农业产业化工作指导委员会正式取消皖毛毛牌徽派香粽“安徽名牌农产品”称号。6月16日，省质监局执法人员在检查中查获合肥皖毛毛速冻食品有限公司生产的不合格粽子2吨多。皖毛毛速冻食品有限公司将往年没有销售出的粽子重新包装后打上新的生产日期销售。鉴于皖毛毛速冻食品有限公司不顾产品质量，严重损害消费者身体健康的行为，已经丧失作为名牌产品的资格。根据省政府授权，经省农业产业化工作指导委员会研究，决定取消合肥皖毛毛速冻食品有限公司生产的皖毛毛牌徽派香粽“安徽名牌农产品”称号。

第二节　名牌评审

领导机构

安徽省农产品名牌创建工作由省农业产业化工作指导委员会统一领导，下设办公室,会同有关部门负责全省名牌农产品的规划、实施、评审、监督管理和宣传工作。各市农业主管部门牵头负责组织本市的农产品创名牌活动,包括名牌农产品的规划、组织领导和申报工作。

发展规划

1997年,农业产业化“8152工程”实施意见中明确指出,“九五”期间,“根据发展情况,每年或两年审定20个左右‘安徽名牌’农产品,力争在3~5年内,形成一批在国内、国际市场上具有一定实力和影响的名牌农产品”,根据八大主导产业,省农业产业化工作指导委员会会同有关部门编制八大系列名牌农产品发展规划,分步组织实施。各地也根据资源条件和工艺水平,确立一批主导产品、拳头产品,选准主攻对象,编制发展规划,开展争创名牌农产品活动。在“九五”以后,针对农业名牌战略推进的实际情况,不断调整发展规划,指导名牌战略的实施。“十一五”期间,安徽省加大力度实施农产品名牌战略,继续做好安徽名牌农产品认定工作,加强对品牌的评选和管理,力争“十一五”末安徽名牌农产品达到500个以上。

品牌评定

依照名牌农产品标准,对符合条件的农产品,由各市农业主管部门会同有关单位进行初审、筛选,统一向省农业产业化工作指导委员会办公室申报。评审过程严格按照“公平、公正、公开”原则,组织工作中遵循无偿、自愿的原则,规范程序,明确资格条件和要求,努力提高名牌农产品评选认定的公信力和权威性。对现有品牌进行整合,切实解决“多、乱、杂、弱、小、散”的现状,通过评选认定,推出一批影响大、效益好、辐射带动强的名牌农产品。

品牌宣传

对认定的名牌农产品,各地通过展示、展销等活动,利用电视、广播、报纸、网络等媒体,推介品牌,宣传品牌,扩大名牌农产品知名度。“十一五”期间,在大力宣传名优农产品上采取一系列措施,利用各种交易会、博览会、经济技术交流等展示、展销活动,全方位推介和宣传安徽名牌农产品,开展农产品品牌整合活动,在整合过程中加大对六安瓜片、黄山毛峰、砀山酥梨、黄山贡菊等产品宣传,使安徽名牌农产品在不同程度上得到提升。

品牌扶持

各级农业主管部门主动加强与相关部门之间的沟通与协调,积极争取发改(计划)、财政、科技、工商、税务、质检等部门的理解和支持,充分争取和利用各种社会力量,尽快形成“政府推动、企业主动、市场拉动”的良性互动格局,共同促进农业品牌化发展。全省各地相继出台扶持政策,支持企业申报安徽名牌农产品,合肥市、阜阳市、淮北市、淮南市、芜湖市和宁国市、繁昌县、寿县、南陵县、广德县、绩溪县等市、县出台文件对被评委安徽名牌农产品的企业给予奖励和资金补助,合肥市对每个安徽名牌农产品补助10万元。

主要成效

1997—2007年，全省共评审认定8批安徽名牌农产品，名牌农产品个数从最初的22个增加到358个，名牌农产品市场销售额增长几十倍。全省通过无公害农产品、绿色食品和有机食品认证的农产品1010个，培育中国名牌产品13个（农业类）、中国名牌农产品9个，安徽省名牌农产品358个，通过ISO质量管理体系和HACCP认证的龙头企业200多家。特别是一些农产品出口企业，按照国际标准、国外先进标准以及出口目标国的标准组织农产品生产、加工，提升产品质量档次，在国际市场上赢得一定份额。

第三节　品牌分布

名牌农产品年度评定分类

安徽名牌农产品从1997年开始评定，到2007年共评定8期，按十大主导产业分类情况统计结果如下表。

1997—2007年安徽名牌农产品年度评定分类统计表

表7-5-1　　单位：个

分类＼年份	1997	1998	2000	2002	2004	2005	2006	2007
合计	22	26	48	98	148	83	153	122
粮食	5	6	14	13	31	13	33	27
油料	1	1	2	6	6	3	9	6
畜禽	2	6	8	20	27	16	23	22
蔬菜	3	1	9	13	22	11	14	21
水果	3	0	3	0	5	1	2	5
茶叶	4	1	1	11	10	11	17	9
棉花	0	1	0	1	4	1	1	3
茧丝绸	0	1	0	2	0	2	1	0
中药材	0	1	0	0	0	0	2	0
水产	1	1	2	4	10	4	9	4
其他	3	7	9	28	33	21	42	25

名牌农产品分年度统计

安徽名牌农产品有效期为3年，根据每年在有效期内的名牌农产品分产业统计如表。

1997—2007 年安徽名牌农产品分年度统计表

表 7-5-2　　单位:个

分类＼年份	1997	1998	1999	2000	2001	2002	2003	2004	2005	2006	2007
合计	15	48	48	74	48	146	98	246	231	378	358
粮食	5	11	11	20	14	27	13	44	44	77	73
油料	1	2	2	3	2	8	6	12	9	18	18
畜禽	2	8	8	14	8	28	20	47	43	66	61
蔬菜	3	4	4	10	9	22	13	35	33	47	46
水果	3	3	3	3	3	3	0	5	6	8	8
茶叶	4	5	5	2	1	12	11	21	21	38	37
棉花	0	1	1	1	0	1	1	5	5	6	5
茧丝绸	0	1	1	1	0	2	2	2	2	3	3
中药材	0	1	1	1	0	0	0	0	0	2	2
水产	1	2	2	3	2	6	4	14	14	23	17
其他	3	10	10	16	9	37	28	61	54	96	88

第六章　农业会展

第一节　农产品交易会

安徽农业会展工作起步于20世纪90年代。1997年，省政府决定举办安徽名优农产品展示展销会。同年12月，安徽名优农产品展示展销会在合肥长江批发市场举办。

安徽名优农产品、绿色食品（上海）展示展销会

2000年10月29日至11月1日，第一届安徽名优农产品、绿色食品（上海）展示展销会在上海市举办。展示展销会主要内容：安徽名优农产品、绿色食品展示展销、农业招商引资、项目洽谈、名牌农产品新闻发布会。主办单位：安徽省人民政府、中华人民共和国农业部；承办单位：安徽省农业委员会、省政府驻上海办事处；协办单位：上海市政府协作办、上海市农业委员会、上海市商业委员会、上海市长宁区人民政府。举办地点：上海国际体操中心；展会规模：总面积6000平方米。重大活动：新闻发布会、开幕式、展示展销、大型招商项目发布会、皖沪等省市企业家恳谈会、安徽名优农产品在上海超市上架、批发市场进场等促销活动、馆日活动。

第二届安徽名优农产品、绿色食品（上海）展示展销会：举办时间：2002年1月18—22日，举办地点：上海国际体操中心，主办单位：安徽省人民政府。

第三届安徽名优农产品、绿色食品（上海）展示展销会：举办时间：2002年12月30日至2003年1月3日，举办地点：上海国际体操中心，主办单位：安徽省人民政府。

第四届安徽名优农产品、绿色食品（上海）展示展销会：举办时间：2003年12月30日至2004年1月3日，举办地点：上海国际体操中心，主办单位：安徽省人民政府。

第五届安徽名优农产品、绿色食品（上海）展示展销会：举办时间：2005年1月14—17日，举办地点：上海国际农展中心，主办单位：安徽省人民政府。

第六届安徽名优农产品、绿色食品（上海）展示展销会：举办时间：2005年12月30日至2006年1月3日，举办地点：上海国际农展中心，主办单位：安徽省人民政府。

第七届安徽名优农产品、绿色食品（上海）展示展销会：举办时间：2006年12月31日至2007年1月3日，举办地点：上海国际农展中心，主办单位：安徽省人民政府。

第八届安徽名优农产品、绿色食品（上海）展示展销会：举办时间：2007年12月31日至2008年1月2日，举办地点：上海国际农展中心，主办单位：安徽省人民政府。

第九届安徽名优农产品、绿色食品（上海）展示展销会：举办时间：2008年12月

31日至2009年1月3日,举办地点:上海国际农展中心,主办单位:安徽省人民政府。

2007年中国·安徽名优农产品交易会

2007年9月25—26日,2007年中国·安徽名优农产品交易会在合肥市安徽国际会展中心举办。大会主题:展示新成就、建设新农村、促进新发展、实现新跨越。主办单位:安徽省人民政府;承办单位:安徽省农业委员会、合肥市人民政府;协办单位:安徽省旅游局、安徽省农村经济组织联合会、安徽国际会展中心。展会规模:展出总面积约24000平方米,其中室内规模19000平方米,设置展示区、交易区,室外规模5000平方米。重大活动:新闻发布会、开幕式、龙头企业高峰论坛、农业招商引资项目推介及签约仪式、中国果蔬加工与现代农业发展高层论坛、馆日活动。交易会期间,农业招商引资和贸易合作取得重大突破,总金额突破百亿。其中签订农业招商合作项目109个,总投资81.28亿元;签订贸易合同数百项,金额21.27亿元。

第二节　会展平台

品牌展示

农业会展产品包括粮食、食用油、粮油制品、肉禽食品、蛋奶制品、水产品、瓜果、蔬菜加工品、山珍山货、茶叶、名烟、名酒、中药材、花卉产品、以农产品为原料的生活用品及工艺产品(珍珠、丝绸、柳编、竹编、草席、竹席、棉花画、泥塑、文化用品等)等16大类。通过现场演示新产品、新机械、新技术、新工艺,让观摩者直接感受到现代农业科技。通过多层次展示,众多新产品参展,彰显农业发展进展和成果。

市场开拓

农业会展上,参展商为卖而参展,参观者、采购商为买而参观,均有备而来。参展商在有限的时间内最广泛地接触买主;观众、购买商可以在有限的空间里最广泛地了解产品;参展商抓住机会开展推销、洽谈工作,直至成交;买卖双方可以完成介绍产品、了解产品、交流信息、建立联系、签约成交等买卖流通过程,展会真正成为市场开拓平台。农业展会期间,通过采购商专场、企业家恳谈会、超市上架及批发市场进场及各分团举办的馆日活动等开拓国内外市场。

招商引资

大力支持国内外农业产业化龙头企业和工商资本,重点围绕农业综合开发、农副产品加工、储藏、包装、运销,拿出一批好项目、创办一批好企业。同时,大力宣传安徽省及各市出台的农业招商引资优惠政策,通过大型招商项目发布会等吸引投资。

交流合作

通过研讨会、高层论坛、项目推介暨签约仪式、政策说明会、现场对接和洽谈等形式,加强与国内外的交流与合作,不断获取信息,吸收和引进国内外资金、技术和管理经验,把握未来市场发展动向,提升农业的市场竞争力。

2000—2008年安徽名优农产品、绿色食品展示展销会情况一览表

表7-6-1

展会名称	举办时间	举办地点	现场销售额（万元）	投资项目（个）	金额（亿元）	贸易订单（份）	金额（亿元）
第一届安徽名优农产品绿色食品展示展销会	2000年10月29日—11月1日	上海国际体操中心	1524.2	371	48.2	—	44.7
第二届安徽名优农产品绿色食品展示展销会	2002年1月18—22日	上海国际体操中心	1990.2	69	5.72	—	0.81
第三届安徽名优农产品绿色食品展示展销会	2002年12月30日—2003年1月3日	上海国际体操中心	1296.5	79	11.3	—	1.56
第四届安徽名优农产品绿色食品展示展销会	2003年12月30日—2004年1月3日	上海国际体操中心	1467.4	91	29.1	—	2.48
第五届安徽名优农产品绿色食品交易会	2005年1月14—17日	上海国际农展中心	1265.2	14	9.7	—	36.2
第六届安徽名优农产品绿色食品交易会	2005年12月30日—2006年1月3日	上海国际农展中心	1317	55	14.3	48	10.5
第七届安徽名优农产品绿色食品交易会	2006年12月31日—2007年1月3日	上海国际农展中心	1543.5	24	24.7	70	18.3
第八届安徽名优农产品绿色食品交易会	2007年12月31日—2008年1月2日	上海国际农展中心	1512	42	27.1	65	15.9
第九届安徽名优农产品绿色食品交易会	2008年12月31日—2009年1月2日	上海国际农展中心	1620	27	90.1	15	18.4

第八篇　农产品质量安全

改革开放以后，中国农产品实现总量基本平衡、丰年有余的历史性转变，农产品供给告别短缺时代。1992年，国务院作出发展高产优质高效农业的决定，农业发展开始进入数量安全与质量安全并重的新阶段，农产品质量安全工作开始起步。2001年年底，中国正式加入WTO后，发达国家开始提高进口农产品质量安全标准，中国农产品出口受阻，农产品质量安全和农业标准化工作开始提上议事日程。21世纪初，国内农产品质量安全问题频现，农产品质量安全工作引起重视，进入依法监管、全面监管的轨道。

第一章 农业标准化

第一节 地方标准制定

组织领导

1993年，安徽省启动农业行业标准、地方标准制修订工作。经省技术监督局批准，省农牧渔业厅成立安徽省农业标准化技术委员会。该委员会是全省农业标准化专业技术组织，归口管理全省农业标准化技术工作，主要任务：贯彻执行国家有关农业标准化工作的方针政策，并提出实施意见；制订农业标准化体系表，提出制订标准项目规划及年度计划建议；协助主管部门组织协调或承担地方标准的制修订及科研任务；审查农业地方标准草案，定期复审已发布的农业地方标准并提出处理意见。

1997年，省政府建立农业标准化工作联席会议制度，形成安徽省农业标准化专职协调机构。

2003年，省农业标准化专家技术委员会换届并调整，首次设立农业、畜牧、渔业、农机、饲料5个专家组，聘请120多名行业专家，并完善章程，规范机制，主要负责审核农业标准发展规划和年度计划，评审农业地方标准，进行技术指导等工作。2007年，省农业标准化专家技术委员会再次调整人员组成。

标准制定修订

2005年，安徽省制定省级农业地方标准398项，市、县级农业地方标准450项，建立农产品质量标准体系。

2006年，安徽省制定修订513项省级农业地方标准，开发全省农产品质量标准体系数据库，涉农主导产品、龙头企业的7个中国名牌产品、26个国家免检产品、10个国家地理标志产品，推动安徽省农产品出口。同年，省农委会同省质监局下发《关于建立安徽省农业标准体系的意见》，全面指导全省农业标准体系建设工作。

2007年，安徽省完成《稻茬麦栽培技术规程》等93项省级农业地方标准的审批、发布。农业标准化数据库建设和信息平台建设工作开始起步，通过网络等形式能够及时查询有关标准信息，农业标准文本实现网上免费查询，此项工作在全国属首创。

2001—2008年，安徽省每年制定修订农业地方标准100多。截至2008年年底，安徽省共制定省级农业地方标准850项，覆盖粮油、果蔬、茶叶、畜禽、水产等初级农产品，初步形成安徽省农业标准体系，基本满足全省农业发展的实际需要，还将制定的

2003—2008 年省级农业地方标准按种植业、畜牧业、渔业和蔬菜类汇编成册，免费发放到各市、县农委和有关单位，指导农业生产。

第二节　农业标准实施

推广应用

2004 年 9 月，安徽省政府办公厅印发《关于进一步做好农业标准化工作的通知》，提出要以市场为导向，以提高农产品质量安全水平为核心，以国际和国家质量标准为导向，加快建立健全具有安徽特色的农业标准体系，加大农业标准推广应用力度，促进农业增效、农民增收和农村经济的快速发展。

各级农业部门承担推进农业标准化主体职责，加强标准技术培训和指导、服务，充分发挥主力军作用。怀远、无为等县采取统一规划、统一供种、统一播种、统一标准、统一指导、统一用药的“六统一”办法，落实标准化关键生产技术。天长市在标准服务管理上总结推广品种优质化、基地区域化、标准系列化、生产订单化、产品无害化、投入品清洁化、服务网络化、投资多元化、工作制度化“九化”服务模式，推行按标生产、规范操作。

示范创建

2002 年 11 月，安徽省农委、省财政厅制定《安徽省农产品生产标准化综合示范县管理办法》，2002—2005 年，组织建设 18 个省级农业标准化综合示范县，实行基地规模化、生产标准化、服务社会化、经营产业化，共建各类农业标准化核心示范区（片）250 多个，辐射带动标准化种植 71.33 万公顷、畜禽养殖 9200 万头（只）、水产养殖 6 万公顷。通过示范建设，18 个综合示范县广大农民标准化生产意识普遍增强，示范县标准化应用水平显著提高，主要农产品标准化覆盖率均在 70%以上。无为、颍上、天长、南陵、郎溪等县（市）大宗粮食作物生产标准化覆盖率 80%以上，铜陵县生姜、丹皮和滁州市南谯区中药材标准化覆盖率均在 90%以上。

2006 年 1 月，安徽省农委、省质监局制定《安徽省安全优质农产品标准化生产基地建设管理办法》，2006—2008 年，共创建两批 130 个省级农产品标准化生产基地，以优势、特色和出口农产品为重点，以农产品生产企业、农民专业合作经济组织、行业协会和农技推广机构等为主体，坚持政府推动、市场引导、龙头企业带动、农民实施的方针，加速农业产前、产中、产后标准化实施进程。通过示范创建，促进生产基地投入品使用安全化、管理制度化、产品标识化、产地准出化，生产技术标准入户率、标准转化应用率和宣传培训率 100%，农产品质量安全产地检测合格率 98%以上，农户年均增收 3000 ~ 5000 元。

2006—2007 年安徽省省级农业标准化生产基地名单（73 个）

表 8-1-1

序号	基地名称	监管责任单位
种植业（44 个）		
1	南陵县双孢菇标准化生产基地	南陵县食用菌办公室
2	芜湖县优质水稻标准化生产基地	芜湖县农委
3	芜湖市三山区蔬菜标准化生产基地	芜湖市三山区农委
4	谯城区优质蔬菜标准化生产基地	谯城区农委
5	蒙城县甘蓝标准化生产基地	蒙城县菜办
6	宿州梓泉无公害蔬菜标准化生产基地	宿州梓泉农科有限公司
7	埇桥区无籽西瓜标准化生产基地	宿州无籽西瓜协会
8	砀山县黄桃标准化生产基地	砀山县水果协会砀山县
9	萧县孙圩子胡萝卜标准化生产基地	萧县农业技术推广中心
10	阜南县蔬菜标准化生产基地	阜南县农委
11	颍上县优质稻米标准化生产基地	颍上县颍光特优米开发有限公司
12	南谯区滁菊标准化生产基地	南谯区农委
13	来安县优质油菜标准化生产基地	来安县农业技术推广中心
14	明光市明绿标准化生产基地	明光市农委
15	凤台县无公害蔬菜标准化生产基地	凤台县无公害蔬菜协会
16	毛集区优质稻米标准化生产基地	毛集实验区农发局
17	凤台县米王优质糯稻标准化生产基地	凤台县米王粮贸有限公司
18	太湖县茶叶标准化生产基地	太湖县茶叶开发公司
19	望江县油菜标准化生产基地	望江县农技推广中心
20	广德县水稻标准化生产基地	广德县农委
21	旌德县茶叶标准化生产基地	旌德县农技推广中心
22	太和李兴桔梗标准化生产基地	太和县鹏宇中药材有限公司
23	涡阳县皖麦 38 标准化生产基地	亳州市农科所
24	贵池区有机茶标准化生产基地	贵池区农委
25	东至县茶叶标准化生产基地	东至茶树良种繁殖场
26	石台山茱萸标准化生产基地	石台县农委
27	石台绿色食品茶叶原料标准化生产基地	石台县茶叶局
28	徽州区无公害蔬菜标准化生产基地	黄山市徽州区菜办

续表 8-1-1

序号	基地名称	监管责任单位
29	徽州区黄山毛峰标准化生产基地	徽州区农委
30	黄山区太平猴魁生产标准化基地	黄山区茶叶局
31	无为县蔬菜标准化生产基地	安徽露仙调味食品有限公司
32	含山县油菜标准化生产基地	安徽大平工贸（集团）有限公司
33	和县无公害蔬菜标准化生产基地	和县蔬菜技术服务指导站
34	庐江县稻米标准化生产基地	庐江县农技推广站
35	居巢区无公害水稻标准化生产基地	安徽槐祥工贸集团有限公司
36	铜陵和平生姜标准化生产基地	铜陵市和平姜业有限公司
37	长丰县富硒水稻标准化生产基地	安徽星潮富硒科技科技开发有限公司
38	肥西皖中花生标准化生产基地	肥西县农委
39	寿县优质稻米标准化生产基地	寿县名优农产品开发协会
40	裕安区六安瓜片标准化生产基地	裕安区农委
41	舒城舒丰绿色蔬菜标准化生产基地	舒城县舒丰现代农业科技发展有限公司
42	固镇县优质花生标准化生产基地	固镇县花生研究所
43	淮北烈山塔仙石榴标准化生产基地	淮北市烈山区果蔬产业协会
44	濉溪县超级黑糯玉米标准化生产基地	濉溪县农科所
畜牧业（18 个）		
1	马鞍山现代牧业奶牛标准化养殖基地	马鞍山市现代牧业股份有限公司
2	宣州区家禽标准养殖基地	宣州区农委
3	蚌埠八大集生猪标准化养殖基地	蚌埠市八大集种猪场
4	怀远禹王三元杂交猪标准化养殖基地	怀远县禹王养殖有限公司
5	舒城优质禽标准化养殖基地	舒城县畜牧水产局
6	庐江县无公害肉鸡养殖基地	庐江畜牧兽医站
7	埇桥区生猪标准化养殖基地	埇桥区养猪产业化协会
8	合肥立华雪山草鸡标准化养殖基地	合肥立华畜禽有限公司
9	枞阳媒鸭标准化养殖基地	枞阳县畜禽良种场
10	太湖县肉鸡标准化养殖基地	太湖县农委
11	桐城蛋鸭标准化养殖基地	桐城市畜牧局
12	铜陵正强优质三黄鸡标准化养殖基地	铜陵正强禽业有限公司
13	铜陵铜大优质鸭标准化养殖基地	铜陵县铜大禽业有限公司
14	铜陵市华宝禽业三黄鸡标准化养殖基地	铜陵市华宝禽业有限公司

续表 8-1-1

序号	基地名称	监管责任单位
15	颍东区正午生猪标准化养殖基地	颍东区正午镇农业综合服务站
16	裕安区宝祥禽业家禽标准化养殖基地	六安宝祥禽业科技有限公司
17	黄山强英樱桃谷鸭标准化养殖基地	黄山强英鸭业有限公司
18	黟县优质蚕茧标准化生产基地	黟县农委
渔业（11 个）		
1	滁州市斑点叉尾鮰网箱养殖基地	滁州市农委渔业局
2	贵池区秋浦花鳜标准化养殖基地	贵池区农委
3	宁国市南美白对虾标准化养殖基地	安徽省华瑞农业发展有限公司
4	当涂县牧牛湖河蟹出口标准化生产基地	当涂县贤进渔业发展有限公司
5	当涂县双潭湖水产品标准化生产基地	当涂县双潭湖养殖有限公司
6	安庆市泊湖全美河蟹标准化生产基地	安庆市泊湖全美蟹业有限公司
7	颍州区三十里河水产标准化养殖基地	颍州区水产管理站
8	芜湖县优质青虾标准化生产基地	芜湖县农委、芜湖县水产站
9	霍邱城东湖水产品标准化生产基地	霍邱县城东湖开发有限责任公司
10	淮南蔡城塘水产品标准化生产基地	淮南市蔡城塘联营渔场
11	淮南市窑河鮠科鱼类标准化生产基地	淮南市窑河渔场

第二批安徽省省级农产品标准化生产基地名单（57 个）

表 8-1-2

序号	基地名称	监管责任单位
1	颍上县经纬小麦标准化生产基地	颍上县经纬循环农业有限公司
2	颍上县焦岗湖水产养殖基地	颍上县焦岗湖实业开发总公司
3	颍泉区泉颍双孢菇标准化生产基地	颍泉区泉颍双孢菇协会
4	灵璧县荷金来优质肉牛标准化生产基地	灵璧县荷金来肉牛养殖专业合作社
5	埇桥区莴苣标准化生产基地	宿州种苗研究所
6	萧县银海优质小麦基地	安徽银海粮油食品集团有限公司
7	亳州市康楼蛋鸡标准化养殖基地	亳州市康楼禽业有限公司
8	利辛县祥隆黄淮白山羊标准化养殖基地	安徽祥隆农牧开发有限公司
9	涡阳县苔干标准化生产基地	涡阳县苔干生产办公室
10	亳州市天利达生猪标准化养殖基地	亳州天利达良种猪有限公司
11	裕安区丁集黄鳝网箱养殖标准化基地	裕安区水产局
12	霍山县蚕桑标准化生产基地	霍山县茧丝绸办公室

续表 8-1-2

序号	基地名称	监管责任单位
13	金寨县茶叶标准化生产基地	金寨县农委
14	寿县安风塘水产标准化养殖示范基地	寿县天源水产养殖有限责任公司
15	全椒县优质水稻标准化生产基地	全椒县农业技术推广中心
16	来安县优质水稻标准化生产基地	来安县农技推广中心
17	马鞍山绿农蔬菜标准化生产基地	马鞍山市绿农农业科技发展有限公司
18	淮南潘集区优质水稻标准化生产基地	淮南佳益米业有限公司
19	淮南市施家湖河蟹标准化养殖基地	淮南市施家湖水产养殖中心
20	宣城市南漪湖河蟹标准化养殖基地	宣城市南漪湖管理处
21	宣州区樱桃谷鸭标准化养殖基地	宣城市立大禽业有限公司
22	宣州区河蟹标准化养殖基地	宣州区水产局
23	广德生猪标准化养殖基地	广德县生猪产销专业合作社
24	绩溪县板桥优质水稻标准化生产基地	绩溪县板桥优质稻种植专业合作社
25	广德县荣达蛋鸡标准化养殖基地	安徽荣达禽业开发有限公司
26	蚌埠市梅桥大青豆标准化生产基地	蚌埠市梅桥大青豆协会
27	怀远县荆芡水稻标准化生产基地	怀远县恒发粮油贸易公司
28	怀远县孔津湖泥鳅生态养殖标准化基地	怀远县孔津湖农业开发有限公司
29	濉溪县同兴大蒜标准化生产基地	安徽省同兴食品有限公司
30	淮北市烈山绿意蔬菜标准化生产基地	淮北市绿意农业有限公司
31	无为县永安优质水稻标准化生产基地	安徽永安米业购销有限公司
32	和县香泉湖优质肉鸭标准化养殖基地	安徽香泉湖禽业有限公司
33	无为泉塘河蟹养殖基地	无为县水产办
34	巢湖市富硒香水稻标准化生产基地	安徽省富硒香生物食品集团有限公司
35	庐江县黄陂湖河蟹标准化养殖基地	庐江县水产办
36	肥西县铭传大葱标准化生产基地	肥西县铭传乡大葱协会
37	肥东县丰宝平菇标准化生产基地	肥东县丰宝种养殖有限公司
38	肥东县长临水产品标准化养殖基地	肥东县长临渔场
39	长丰县长风生猪标准化养殖基地	安徽长风农牧科技有限公司
40	合肥市鸿汇出口蜂蜜标准化养蜂基地	安徽鸿汇食品（集团）有限公司
41	黟县五溪山有机茶标准化生产基地	黟县五溪山茶厂有限公司
42	徽州区养生源蜂产品标准化生产基地	黄山市养生源蜂业有限公司
43	歙县同乐肉猪标准化养殖基地	黄山市同乐生态农业有限公司

续表 8-1-2

序号	基地名称	监管责任单位
44	安庆市永强禽业标准化养殖基地	安徽永强禽业有限责任公司
45	安庆市枞阳白荡湖渔业标准化养殖基地	枞阳县白荡湖水产养殖公司
46	太湖县优质水稻标准化生产基地	太湖县农委
47	桐城市嬉子湖渔业标准化生产基地	桐城市水产技术推广服务中心
48	怀宁县优质水稻标准化生产基地	怀宁县农委
49	安庆破罡湖水产标准化生态养殖基地	安庆季牛水产养殖有限责任公司
50	池州市东至黄泥湖水产（草鱼）养殖基地	东至县黄泥湖渔场
51	青阳皖南土鸡标准化养殖基地	青阳县皖南土鸡产业化协会
52	池州市安池出口红茶标准化生产基地	池州市安池茶叶有限公司
53	石台县高山蔬菜标准化生产基地	石台县农委
54	铜陵县老观圩蔬菜标准化生产基地	铜陵县菜办
55	繁昌县优质水稻标准化生产基地	繁昌县农委
56	繁昌县河蟹标准化养殖基地	繁昌县水产站
57	南陵县水稻标准化生产基地	南陵县农技推广中心

第二章　农产品监测体系

根据中共中央、国务院的要求，结合当时农业农村经济发展实际，农业部于2003年4月制定《农业部关于加强农产品质量安全检验检测体系建设意见》，提出用5年左右时间，在全国建立起一套由部、省、县三级组成、布局合理、职能明确、专业齐全、运行高效、与国际接轨的农产品质量安全检验检测体系。2005年4月，省农委印发《关于加强农产品质量安全检验检测体系建设的意见》，提出从2005年开始，力争用3年左右的时间，建立起以省级农产品质量安全检验检测综合中心为龙头，以市级农产品质量安全检验检测中心和县级农产品质量安全检验检测综合站为骨干，以农业龙头企业、生产基地、市场检测室（点）为基础，层次结构和区域布局合理、职能完善、管理规范、服务覆盖全省各地，满足农产品、产地环境和农业投入品质量安全监管需要的农产品质量安全检验检测体系。在整合省土壤肥料质量测试中心、省农药质量检定所、省蚕种质量检验站、省兽药饲料检验监察中心、省渔业环境监测中心、省农业生态环境保护监测总站的基础上，建设安徽省农产品质量安全检验检测综合中心，下设种植业产品质量安全检验检测分中心、畜产品质量安全检验检测分中心和水产品质量安全检验检测分中心。规划在全省17个省辖市建设市级农产品质量安全检验检测中心，80个农业县（市、区）建设农产品质量安全检验检测站，规划在各类生产基地、批发市场和超市、龙头企业和出口创汇企业建设300个左右农产品质量安全检测室（点）。全省农产品质量安全检验检测体系建设和检测工作正式拉开序幕。

第一节　检测体系

安徽省土壤肥料测试中心于1983年兴建，1986年投入使用，1989年通过农业部验收，1990年通过省级计量认证，并分别于1995年、2000年通过复核认证。根据农产品质量安全监管形势需要，2001年年底，省农委决定在省土壤肥料测试中心的基础上筹建安徽省农产品质量安全检验检测中心。2002年2月，省编委批复同意在省土壤肥料测试中心的基础上增挂安徽省农产品质量安全检测中心，实行一个机构、两块牌子。2003年4月，农业部将安徽省农产品质量安全检测中心列入第四批部级质检中心筹建计划，同年，省农委筹资646万元用于原省土壤肥料测试中心大楼改造，添置相关检验检测设备。2004年3月，该中心通过国家计量认证和农业部审查认可。2005年，农业部批准农业部农产品质量安全监督检验测试中心（合肥）立项，2006年，农业部下达农业部农产品质量安全监督检验测试中心（合肥）投资计划，项目总投资2840万元，其中中央投资1900万元，地方配套940万元。省农委决定在安徽省农产品质量安全检测中心的基础上组建农业部农产品质量安全监督检验测试中心（合肥），两个中心实行两块牌子、一套人马的管理体制，建设地址位于合肥市滨湖新区。2007年1月18日，农业部总经济师、市场与经济信息司司长张玉香参加农业部农产品质量安全监督检验测试中心（合肥）奠基仪式。省农委成立农业部农产品质量安全监督检验测试中心（合肥）和安徽省农产品质量安全检测中心组建工作领导小组，省农委主任毕美家担任组长，分管领导为副组长，委属相关单位负责人为成员。2008年年底，农业部农产品质量安全监督检验测试中心（合肥）建设工程基本完成。

安徽省农产品质量安全检测中心建成后，2004年至2006年连续3年通过农业部组织的每年两次农残测试能力考核和国家化肥质量监督检验能力验证。2005年，开始承担农业部蔬菜例行检测任务，从2005年开始承担安徽省蔬菜农残例行检测任务，同时，被中国绿色食品发展中心、农业部农产品质量安全中心授权为绿色食品和无公害食品检测单位，检测范围涵盖粮油、蔬菜、水果、茶叶、食用菌、土壤、肥料等10大类型30个产品、186个参数。

根据《全国农产品质量安全监督检验检测体系建设规划（2006—2010年）》要求，省农委于2007年6月编制《安徽省农产品质量安全监督检验检测体系建设规划（2006—2010年）》，标志着全省农产品质量安全检验检测体系建设正式启动。2007年，国家发改委、农业部在全国启动农产品质量安全检验检测体系建设项目试点，阜阳市颍州区农产品质量安全检验检测站列入试点项目，项目总投资400万元，其中中央投资267万元，地方配套133万元。2008年，国家发改委、农业部正式启动第一期农产品质量安全检测体系建设规划，长丰县、枞阳县、黄山市黄山区、天长市、颍上县、砀山县、庐江县、六安市金安区、涡阳县、宣城市宣州区等10个县（市、区）列入全国农产品质量安全检验检测体系建设第一批项目计划，项目总投资3500万元，其中中央投资2535万元，地方配套965万元。安徽省农业大县（区）陆续被列入国家农产品质量安全检测体系投资计划、第二期省辖市规划建设计划。至2008年年底，全省农产品质量安全检测体系框架基本形成。

按照农产品质量安全检验检测机构认证要求，芜湖市农产品质量安全检测中心、池州市农产品质量检测站、安庆市农产品质量安全检测中心和淮北市农产品质量安全监测中心相继通过国家计量认证。

第二节　检验检测

农业部自 2001 年组织实施无公害食品行动计划，对全国部分城市蔬菜中农药残留、畜产品中“瘦肉精”污染和水产品中氯霉素污染开展例行监测工作，安徽省合肥市作为省会城市列入监测范围。

2005 年，按照国务院《关于进一步加强食品安全的决定》和农业部《无公害食品行动计划》要求，省农委建立农产品质量安全例行监测制度，开展农产品质量安全例行监测工作。省农委将蔬菜、畜产品和水产品列入例行检测计划，同时蔬菜、畜牧、水产品等行业主管处室在全省主要农产品生产基地建立快速检测点，先后在蔬菜主产区建立 140 个蔬菜农残直报点，在畜牧养殖基地和屠宰场建立 1 万个“瘦肉精”快速检测点。在宿州、巢湖、铜陵、滁州、宣城、亳州等 6 个市开展蔬菜质量安全例行监测，检测蔬菜样品 315 个，检测参数 13 个；在六安、芜湖、安庆、蚌埠、淮南、阜阳、淮北、黄山等 8 个市开展畜产品质量安全例行监测，检测畜产品样品 280 个，检测参数 2 个；在合肥、池州、马鞍山等 3 个市开展水产品质量安全例行检测，检测水产品样品 449 个，检测参数 1 个。2006 年，全省蔬菜质量安全例行检测范围扩大到 17 个省辖市，水产品检测参数增加到 2 个。2007 年，畜、水产品质量安全例行检测范围扩大到 10 个省辖市，畜禽产品检测参数增加到 3 个。2008 年，畜、水产品检测范围扩大到全省 17 个省辖市。2005—2008 年，全省农产品质量安全例行监测，累计检测蔬菜样品 2465 个、畜禽产品 2115 个、水产品 2274 个，平均合格率均保持在 95%以上。

2008 年起，已建成的市县检测中心、站陆续开展检测工作，池州、芜湖、淮北、安庆等 4 个市农产品质检机构通过省级双认证并正常开展检测工作，20 多个县级检测站建设已初具规模。全省 17 个省辖市大型农产品批发市场和主要蔬菜生产基地、规模养殖基地建立 238 个快速检测点，36 个省级蔬菜基地实行网上直报检测数据。

第三章 农产品认证

第一节 无公害农产品

2001年，农业部启动“无公害食品行动计划”。2002年4月29日，农业部、国家质量监督检验检疫总局联合发布第12号令，共八章四十二条，对在中华人民共和国境内从事无公害农产品生产、产地认定、产品认证和监督管理等活动作出明确法律规范。无公害农产品是指产地环境、生产过程和产品质量符合国家有关标准和规范要求，经认证合格获得认证证书并使用无公害农产品标志的未经加工或者初加工品的食用农产品，具体的执行《无公害食品标准目录》。

发展历程

1999年，省人大常委会颁布《安徽省农业生态环境保护条例》。

2000年，省农委成立安徽省无公害农产品领导小组，将省无公害农产品领导小组办公室（对外挂牌“安徽省无公害农产品办公室”）设在省农业生态环境总站（皖农环函〔2000〕45号）。

2004年，完善运行机制，实现地方认证向全国认证转换。

2005年，拓展政策空间，全面加快发展。

2006年，创新机制，实施一体化认证。

2007年，全面加快发展进程，依法实施标志管理。

2008年，实施便携式复查换证，前移工作重心。

2008年年底，全省共有870个农产品、549个生产基地获无公害认证和认定，无公害农产品产地总面积3.1万公顷。

队伍建设

2006年，全省先后培养无公害农产品产地检查员400多人。

2008年，根据农业部农产品质量安全中心《关于印发〈无公害农产品检查员管理办法〉和〈无公害农产品检查员注册准则〉的通知》（农质安发〔2008〕5号）要求，全省开展无公害农产品检查员注册信息登记工作，向农业部农产品质量安全中心推荐汤天明等118人次进行检查员注册，其中种植业52人次、畜牧业37人次、渔业29人次。

监督管理

省农委完善无公害农产品产地认定与产品认证的限时办理制度、周报制度、无公害农产品产地认定与产品认证申请书复审制度，明确市、县承办机构职责。开展以农残、兽残为重点的专项检查和整治活动，督促获证企业使用无公害农产品标识，强化标识管理，杜绝标识滥用。

科研成果

2000年，安徽省制定《安徽省无公害农产品管理办法》（皖农环〔2000〕234号），《无公害农产品生产技术规范》（DB34/T208—2000），《无公害农产品质量安全标准》（DB34/207—2000）。

2002年，"安徽无公害农产品开发技术"项目获农业部农牧渔业丰收计划奖二等奖。

2006年，"无公害稻米应用与开发"项目获农业部农牧渔业丰收计划奖三等奖。

表彰奖励

2006年，省农业生态环境总站获全国无公害农产品工作先进集体，汤天明、何晓红等人获先进个人。

第二节　绿色食品

绿色食品是指遵循可持续发展原则，按照特定生产方式生产，经专门机构认定，许可使用绿色食品标志商标的无污染的安全、优质营养类食品。

产业发展

1990年5月15日，农业部在北京召开全国绿色食品工作会议，正式推出中国绿色食品发展理念和产业措施。1990年9月，为迎接第十一届北京亚运会，农业部在北京举办"中国绿色食品宣传展销会"。安徽省农垦事业管理局组织推荐淮南乳品厂"益益"牌全脂甜奶粉，砀山果园场"翡翠"牌砀山酥梨，砀山葡萄酒厂"古黄"牌全汁红、白葡萄酒等产品参加宣展，标志着安徽省绿色食品产业开发起步。

1995年，安徽省农垦事业管理局国营十字铺茶场"十字"牌保鲜绿茶、怀远县"白莲坡"牌贡米、涡阳县"真源"牌苔干、"王忠民"牌黄牛肉药膳成为安徽省第一批绿色食品认证企业。

1995年年底，安徽省10家企业14个产品获绿色食品认证。

1996年，绿色食品标志经国家工商行政管理总局核准注册（商标公告总字第322期、323期），是中国首例质量证明商标。

1998年年底，安徽省获绿色食品标志使用权企业由1996年14个增加到33个，绿色食品产品数由14个增加到44个，绿色食品生产总量由2.6万吨发展到9万余吨，产值由1745万元增加到4亿元，绿色食品企业利润由129万元增加到3000万元，绿色食品产品数量在全国位次由第20位上升到第15位。

2004年，安徽省共有85家企业114个产品获绿色食品标志使用权。产品数位居全国第21位。

2008年，安徽省有效使用绿色食品标志企业372家，认证产品总数995个，其中粮油类产品55%、茶叶15%、水产品15%、畜蛋奶7%、其他8%。绿色食品产量495.6万吨，年产值142亿元，产地环境监测面积110.03万公顷，绿色食品发展居全国第7位，绿色食品产业初步形成。

1998—2008年安徽省当年有效使用绿色食品标志产品数量统计表

表8-3-1

年份	1998	1999	2000	2001	2002	2003	2004	2005	2006	2007	2008
数量	44	67	71	80	90	95	114	273	488	750	995
位次	15	12	11	14	14	13	21	12	10	7	7

2008年安徽省各市当年有效使用绿色食品标志产品数量统计表

表8-3-2

市别	数量	市别	数量	市别	数量
合肥市	68	宿州市	27	亳州市	26
淮北市	27	阜阳市	48	淮南市	47
蚌埠市	33	滁州市	105	巢湖市	68
六安市	97	安庆市	100	马鞍山市	40
芜湖市	95	铜陵市	9	池州市	32
宣城市	124	黄山市	27	其他	22

组织领导

1995年11月，省政府办公厅皖政办秘〔1995〕163号批准成立安徽省绿色食品领导小组，领导小组办公室设在省农垦总公司，办公室主任由陈洪真兼任。

1996年3月，省长回良玉在新华社第615期《动态清样》中批示："绿色食品事业是具有广阔前景的事业，是人类生存发展和社会进步的客观需要，是当今人类提高生活质量和保护生态环境的必然追求，也是个有良好经济效益正在兴起的新兴产业。我省有发展绿色食品的丰富资源和诸多条件，应站在战略的高度，面向未来，解放思想，加大工作力度，抓好典型，搞好发展。"

1996年12月23日，省政府副秘书长张锋生主持召开省绿色食品领导小组第一次会议。省绿色食品领导小组成员单位负责人参加会议。会议听取省绿色食品领导小组副组长、省农垦中公司副总经理陈洪真作的《我省绿色食品开发情况和九七年工作打算》的汇报。研究具体事宜：

（一）进一步修改完善《安徽省"九五"绿色食品发展规划》（讨论稿）；

（二）在适当时候召开一次绿色食品新闻发布会，并请省领导为报刊撰写加快发展绿色食品的文章，加大绿色食品宣传力度；

（三）建议省编委考虑解决省绿色食品办公室必要编制；各地（市）要成立相应的绿色食品领导小组和办公室，办公室设在农业管理部门，工作量少的地方要明确专人管理这项工作；省绿色食品办公室可聘请专家组成兼职专家顾问组；

（四）省财政将在“九五”期间的前3年，每年拨给省绿色食品办公室事业补贴费15万元。

1999年4月，省政府调整省绿色食品领导小组组成人员，省政府副省长张平任组长，省政府副秘书长张锋生、省农业厅厅长郑之宽、省农垦事业管理局副局长李卓民任副组长。领导小组办公室设在省农垦总公司，办公室主任由李卓民兼任。

1999年4月14日，安徽省绿色食品领导小组第二次会议在合肥市召开，省政府副秘书长、省绿色食品领导小组副组长张锋生主持。省绿色食品领导小组成员单位负责人参加会议。会议研究主要具体事宜：

（一）为保证绿色食品办公室工作正常开展，请省财政从2000年起3年内继续给予一定经费补助；

（二）同意成立省绿色食品专家顾问组，协助领导小组开展调研、咨询活动，顾问组人员名单由省绿色食品办公室推荐，报经省绿色食品领导小组同意后正式聘用；

（三）同意在适当时候以省绿色食品领导小组名义召开全省绿色食品第二次工作会议。

1999年8月27—28日，省绿色食品领导小组召开全省第二次绿色食品工作会议。省绿色食品领导小组成员单位，省绿色食品专家顾问组成员，省直有关单位负责人，新闻单位记者，各市地、部分县绿色食品领导小组、办公室负责人及绿色食品生产企业代表140余人参加会议。省政府副省长张平、省人大常委会副主任季昆森分别作讲话。中国绿色食品发展中心副主任丁翔文、科技处处长罗斌应邀参加会议并讲话。省政府副秘书长张锋生作《提高认识、面向未来，努力开创我省绿色食品工作新局面》工作报告。张平向滁州市绿办等3个管理先进单位、淮南乳品厂等6个先进生产单位颁发荣誉证书。省政府办公厅副主任章贻义作会议总结。

2006年2月，省政协九届四次会议召开，省长王金山在省民革副主委李志远作的《加速绿色产业开发，推进安徽农业跨越发展》提案报告上批示：“绿色食品是农产品通向国内外市场的通行证，绿色食品产业是我省农业的增长点。民以食为天，食以安为先，事关国计民生，不容忽视。必须高度关注，充分重视，切实抓好。”省委副书记王明方也在该提案报告上批示：“加速发展绿色食品产业乃时代之紧迫呼唤，发展之重大潜力，抓此机遇亦为安徽农业发展之广阔前景，请省农委高度重视，加紧谋划，以系统性举措推进之。”

2008年4月，全国绿色食品工作座谈会在合肥市召开，全国各省、市、自治区绿色食品办公室主任100余人参加会议，农业部市场与经济信息司副司长徐肖君，安徽省委副秘书长刘奇，省农委副主任张华建、副巡视员陈文浩到会讲话。省农委主任毕美家会见中国绿色食品发挥中心主任马爱国一行。

政策支持

1997 年 5 月，省绿色食品领导小组发布《关于批转绿色食品"九五"发展规划的通知》（皖绿领〔1997〕第 08 号），部署各行署、各市、县（市、区）人民政府及省直有关部门、省属各国有农场，开展绿色食品"九五"产业发展工作。

1999 年，淮南、滁州、宣城、池州、黄山、六安等部分市、地及全椒、庐江等部分县制定《绿色食品发展规划》及扶持政策，淮南市政府为支持企业开发绿色食品，对于获得绿色食品认证每个产品奖励 3 万元，全椒县政府奖励 3 万元，庐江县政府奖励 8000 元。

2004 年 6—7 月，省政协人资环委组成专题调研组，在副主席占秋萍率领下，先后赴安庆、宣城、滁州 3 市，就安徽省绿色食品开发工作情况进行调研。

2004 年 10 月，省政协办公厅皖协办字〔2004〕74 号文向省政府办公厅专题报送《关于我省绿色食品开发情况的调研报告》。

2004 年 11 月，省政府办公厅印发《关于进一步加快绿色食品产业发展意见》（皖政办〔2004〕82 号），明确绿色食品产业发展指导思想、目标、任务和措施。

2005 年，省政府将绿色食品发展指标列入各市政府"食品放心工程"年度考核目标体系，实施绿色食品开发工作目标考核。

2005 年 3 月，省农委下发《关于切实加强绿色食品管理工作的通知》（皖农办〔2005〕69 号），提出完善制度建设，加快绿色食品体系队伍建设要求。

2006 年 2 月，省政协九届四次会议上，省民革副主委李志远作《加速绿色产业开发，推进安徽农业跨越发展》〔0131〕号提案报告，省政协副主席秦德文领衔督办。

2006 年 8 月，省农委主任毕美家主持召开绿色食品发展专题会议，会议学习省领导关于加快安徽省绿色食品产业发展批示精神，研究进一步加快全省绿色食品产业发展政策措施。

2006 年 11 月，省农委下发《安徽省"十一五"绿色食品产业发展规划》（皖农计〔2006〕293 号），制定一系列发展绿色食品扶持政策和措施。在省级名特优新品牌农产品评审、产业化龙头企业评定、农产品（粮食、畜牧、水产等）10 强县评比中，把绿色食品作为重要条件之一；在"一村一品示范工程""农产品进超市""畜牧、水产富民行动""农村合作组织示范工程"等项目立项，把发展绿色食品作为立项重要依据；农产品商品基地、农业出口创汇基地、农业综合开发、生态农业示范区、优势农产品产业带、农业标准化示范区等工程建设中，把发展绿色食品纳入建设内容。有关部门要进一步支持绿色食品产业发展，对绿色食品生产企业给予税收优惠；对与农户签订绿色食品产销合同并保证收购的企业，在贷款方面给予扶持；对从事绿色食品科研、生产企业享受环保产业和高科技产业同等待遇。

2006 年，安徽省 60% 市、一半以上县（市、区）实施绿色食品产业资金支持政策。

2007 年起，省财政每年安排专项奖补资金 220 万元支持县（市、区）创建全国绿色食品原料标准化生产基地。

管理机构

1990 年，安徽绿色食品工作机构设在省农垦总公司，具体承担绿色食品开发、管理工作。

1993 年 1 月，农业部〔1992〕农（绿）函字第 2 号《关于委托管理绿色食品标志问题的批复》，同意安徽省农垦总公司成立安徽省绿色食品办公室，与安徽省农垦总公司农业处合署办公。

1994 年，省编办批准成立安徽省农科院绿色食品工程研究所。

1998 年，省编办皖编办〔1998〕76 号文批准省绿色食品办公室全额预算事业编制 10 名。

1999 年 5 月 14 日，省绿色食品领导小组皖绿领字〔1999〕第 03 号《关于聘用陈洪真等八位同志为省绿色食品专家顾问组成员的通知》，聘用人员如下：陈洪真（原省农垦事业管理局副局长、高级农艺师）、宛晓春（安农大副校长、教授）、周云霞（省技术监督局副局长、高级工程师）、姚自鸣（绿色食品研究所副所长、副研究员）、吴大合（原省人大农经委委员、高级工程师）、李瑞林（原省农业厅总农艺师、高级畜牧师）、王克祥（省林业厅科教处处长、高级工程师）、李亮幼（省轻工厅副处长、高级工程师）。

2001 年，安徽省政府机构改革，省绿色食品办公室成建制从省农垦事业管理局划转省农委，为省农委直属正处事业单位。

2007 年 4 月，省编办皖编办〔2007〕71 号文批准，安徽省绿色食品办公室更名为“安徽省绿色食品管理办公室”。

2008 年 1 月，省政府批准将省绿色食品管理办公室列入参照公务员法管理事业单位。

2008 年，安徽省 17 个市均设立绿色食品办公室，105 个县（市、区）中 96 个县（市、区）设立工作机构，安徽省绿色食品管理工作体系形成。

人员培训

1996 年 3 月，省绿色食品领导小组办公室张和元、李世国，滁州市农科教办公室李梦元参加农业部绿色食品管理办公室首批绿色食品检查员培训班，通过考试并获国家绿色食品检查员资质

2005 年 5 月 17—19 日，省绿色食品办公室在合肥市举办第一次全省绿色食品检查员、监管员培训班。农业部绿色食品管理办公室领导及专家现场授课。各市、县（区、市）农委绿色食品专管人员、省直有关单位业务管理人员、部分绿色食品生产企业管理人员 150 余人参加培训。

2007 年 2 月，省农委召开全省农业工作座谈会，会议将“开展绿色食品生产、加工培训辅导活动，对原料基地种植户开展绿色食品种植规程指导工作”列入为农民办好

20件实事之一。

2008年10月23—25日，省绿色食品管理办公室在合肥市举办第二次全省绿色食品检查员、监管员培训班。农业部绿色食品管理办公室领导及专家现场授课。各市、县（区、市）农委绿色食品专管人员、省直有关单位业务管理人员、部分绿色食品生产企业管理人员200余人参加培训。

2008年，安徽省共有国家绿色食品检查员65名，国家绿色食品标志监管员175名。

基地建设

2005年9月，省农委皖农办绿函〔2005〕22号《转发关于创建全国绿色食品标准化生产基地的意见的通知》，启动“全国绿色食品（原料）标准化生产基地”创建申报工作。

2006年，舒城县（水稻）、怀远县（小麦）等14个县（市、区）申报创建全国绿色食品（原料）标准化基地，其中舒城县、怀远县、凤台县、太和县、桐城市、滁州市南谯区、石台县、郎溪县、萧县、泾县、固镇县、南陵县、亳州市谯城区等13个县（区）通过农业部组织的创建验收，成为安徽省第一批全国绿色食品（原料）标准化生产基地县，基地面积20.87万公顷，产量111.6万吨，带动农户76.8万户，主要原料为水稻、小麦、油菜、花生、茶叶等区域优势农产品和地方特色农产品。

2007年，全椒县（油菜）、宁国市（山核桃）、淮南市潘集区（小麦）创建全国绿色食品（原料）标准化生产基地获农业部颁证授牌。

2008年，怀宁县（水稻）、歙县（茶叶）、六安市金安区（水稻）、霍山县（茶叶）、和县（水稻）、霍邱县（水稻）、阜阳市颍东区（小麦）、濉溪县（小麦）、庐江县（水稻）等10个县（区）创建全国绿色食品（原料）标准化生产基地获农业部颁证授牌。

2008年，安徽省获农业部绿色食品管理办公室颁证授牌的全国绿色食品标准化（原料）生产基地26个，164个乡（镇）、140万农户、近百家农业产业化龙头企业参与基地建设，基地建设面积38.76万公顷。

全国绿色食品标准化生产基地建设一览表

表8-3-3

建设基地名称	建设单位	基地面积（万公顷）	授牌时间
全国绿色食品原料（水稻）标准化生产基地	舒城县人民政府	2.00	2007年
全国绿色食品原料（小麦）标准化生产基地	萧县人民政府	2.00	2007年
全国绿色食品原料（花生）标准化生产基地	固镇县人民政府	3.00	2007年
全国绿色食品原料（茶叶）标准化生产基地	石台县人民政府	0.73	2007年
全国绿色食品原料（小麦）标准化生产基地	太和县人民政府	2.67	2007年
全国绿色食品原料（糯稻）标准化生产基地	凤台县人民政府	1.00	2007年

续表 8-3-3

建设基地名称	建设单位	基地面积（万公顷）	授牌时间
全国绿色食品原料（水稻）标准化生产基地	桐城市人民政府	2.11	2007 年
全国绿色食品原料（小麦）标准化生产基地	怀远县人民政府	1.33	2007 年
全国绿色食品原料（小麦）标准化生产基地	谯城区人民政府	2.00	2007 年
全国绿色食品原料（水稻）标准化生产基地	南陵县人民政府	1.33	2007 年
全国绿色食品原料（茶叶）标准化生产基地	泾县人民政府	0.69	2007 年
全国绿色食品原料（水稻）标准化生产基地	南谯区人民政府	1.01	2007 年
全国绿色食品原料（油菜）标准化生产基地	郎溪县人民政府	1.00	2007 年
全国绿色食品原料（油菜）标准化生产基地	全椒县人民政府	1.33	2007 年
全国绿色食品原料（山核桃）标准化生产基地	宁国市人民政府	2.00	2007 年
全国绿色食品原料（小麦）标准化生产基地	潘集区人民政府	1.00	2007 年
全国绿色食品原料（水稻）标准化生产基地	广德县人民政府	0.67	2008 年
全国绿色食品原料（水稻）标准化生产基地	怀宁人民政府	1.33	2008 年
全国绿色食品原料（茶叶）标准化生产基地	歙县人民政府	0.83	2008 年
全国绿色食品原料（水稻）标准化生产基地	金安区人民政府	1.97	2008 年
全国绿色食品原料（茶叶）标准化生产基地	霍山县人民政府	0.67	2008 年
全国绿色食品原料（水稻）标准化生产基地	和县人民政府	1.00	2008 年
全国绿色食品原料（水稻）标准化生产基地	霍邱县人民政府	2.00	2008 年
全国绿色食品原料（小麦）标准化生产基地	颍东区人民政府	1.73	2008 年
全国绿色食品原料（小麦）标准化生产基地	濉溪县人民政府	2.00	2008 年
全国绿色食品原料（早稻）标准化生产基地	庐江县人民政府	1.35	2008 年
合计	—	38.76	—

监测体系

1996 年，经农业部绿色食品办公室同意，省绿色食品办公室皖绿办字〔1996〕06 号文批复，省地质实验研究所为全省绿色食品环境监测定点单位。成为全省第一家承担绿色食品环境监测任务单位。

2002 年，经农业部绿色食品管理办公室批准，六安市环境监测中心站获绿色食品环境监测资质。

2004 年，省农产品质量监测检验中心获安徽省第一家绿色食品产品定点检测资质。

2006 年 5 月，国家农业标准化与监测中心（安徽）获绿色食品产品定点检测资质。

产业监管

安徽省绿色食品监督管理工作围绕“证后产品质量管理和标志使用管理”两大主

要任务，实施绿色食品企业年度检查、绿色食品质量抽检、绿色食品标志市场监察。

2005年，省绿色食品办公室制定并组织实施《安徽省绿色食品企业年度检查工作规范实施细则暂行办法》。2005—2008年，安徽省绿色食品企业年检合格率稳定在95%以上。

按照《绿色食品产品质量年度抽检工作管理办法》及其补充规定，省绿色食品管理办公室积极配合产品监测机构开展绿色食品质量抽检工作，2000—2007年以企业抽检为主，2007年后以市场抽检为主，企业抽样为辅，安徽省绿色食品产品质量合格率一直稳定在98%以上。

根据农业部绿色食品管理办公室《绿色食品标志市场监察实施办法（试行）》要求，自2007年开始，每年5月、11月省绿色食品管理办公室组织开展绿色食品标志使用的市场监察行动，每次检查在当地大中城市选取5~10个有代表性的超市、便利店、专卖店、批发市场、农贸市场等作为监察点，对监察点所售标称绿色食品的产品实施采样监察。监察工作主要任务是规范绿色食品标志及产品编号使用，查处假冒绿色食品行为，为绿色食品产品质量年度监督检验提供样品。

宣传展示

1990年9月，省农垦事业管理局推出3家企业6个绿色食品产品参加农业部在北京亚运会特需产品供应区举办的绿色食品宣传展销会。

1994年1月，省绿色食品办公室组织全省10家企业26个产品参加中国绿色食品94上海宣传展销会。

1997年5月，省绿色食品办公室组织全省2家企业4个产品参加香港绿色食品宣展会。

1997年12月，省绿色食品办公室组织全省18家企业24个产品参加97广州全国绿色食品展销会，获优秀展位奖，签订意向性销售合同7900万元，名列全国第三。

1997年9月，省绿色食品领导小组在合肥市召开安徽省绿色食品新闻发布会，出席会议的有省暨合肥市新闻单位记者，省绿色食品领导小组成员、省有关委办厅局负责人、部分地市绿色食品办公室负责人、绿色食品生产企业负责人120多人，会议由省政府新闻办公室主任周学智主持，省绿色食品领导小组副组长陈洪真发表新闻，省政府副秘书长、省绿色食品领导小组副组长张锋生讲话。

1997年12月，省绿色食品办公室在合肥长江批发市场举办安徽省绿色食品展销会，农业部部长刘江、省委书记卢荣景、省长回良玉、省人大常委会主任孟富林及中央办公厅有关负责人、“全国农业厅局长会议”代表参观展销会。

1995—2008年间，省绿色食品管理办公室组织安徽省160余家企业绿色食品先后参加天津、广州、昆明、福州、上海举办的7届全国绿色食品展销会。

科研成果

2000年，省农垦集团有限公司完成的“茶叶（水果）绿色食品研究”项目获安徽省科技成果鉴定、安徽省农村科技进步二等奖。

2003 年,省绿色食品办公室完成的“安全优质高效艾草食品生产与加工技术研究”项目获安徽省科技成果鉴定、安徽省科学技术进步三等奖。

2008 年,省绿色食品管理办公室组织起草《安徽省绿色食品原料（水稻）标准化生产基地管理准则》《安徽省绿色食品原料（小麦）标准化生产基地管理准则》《安徽省绿色食品原料（茶叶）标准化生产基地管理准则》,经审定由省质量技术监督局作为安徽省地方标准（DB/T910.1—2009、DB/T910.2—2009 、DB/T910.3—2009）发布实施。

表彰奖励

1999 年,省绿色食品领导小组对全省绿色食品工作实施表彰,滁州市、淮南市、全椒县获管理先进单位,淮南乳品厂等 6 家绿色食品生产企业获先进生产单位称号。

2000 年,农业部绿色食品管理办公室对全国绿色食品工作实施评比表彰,安徽省绿色食品办公室获全国绿色食品工作先进集体,张和元、李世国获全国绿色食品工作先进个人称号。

2005 年 10 月 17 日,省绿色食品办公室皖农绿字〔2005〕26 号文制订《安徽省绿色食品工作考核评比办法》。

2005 年,省农委对安徽省绿色食品工作实施评比表彰,滁州市获先进集体一等奖;六安市、安庆市获先进集体二等奖;宣城市、马鞍山市、淮南市获先进集体三等奖;舒城县、宁国市、滁州市南谯区、繁昌县获省绿色食品先进县称号。

第三节　有机食品

有机食品起源于 20 世纪 40 年代,于 80 年代后期进入中国。经过 20 多年发展,有机食品概念及产品已逐步得到全社会认可,规模迅速扩大,产品逐渐增多,发展态势良好。

产品开发

1990 年,荷兰有机认证机构 SKAL 在国家环境保护局科研人员配合下,对位于浙江省和安徽省的 2 个茶园和 2 家茶叶加工厂实施有机认证检查。这不仅是安徽首列有机产品认证,也是中国大陆农场和加工厂第一次获得有机食品认证。

20 世纪 90 年代,先后有杭州万泰认证中心（WIT）、杭州中农质量认证中心、南京国环有机产品认证中心等认证机构对安徽省茶叶、山核桃、苔干等特色农产品实施有机食品认证。

2003 年,黄山光明茶厂生产的“千秋泉”牌系列黄山毛峰茶叶 7 个产品,通过农业部中绿华厦有机食品认证中心认证。

据不完全统计，2008 年,安徽省共有 71 家企业 130 个产品通过国内外 16 家有机认证机构认证,产品总量 1.8 万吨,产地监测面积 3.33 万公顷。主要认证机构有广东中鉴认证有限责任公司、北京五洲恒通认证有限公司、杭州万泰认证有限公司，杭州中农质量认证中心、北京五岳华夏管理技术中心、北京中绿华夏有机食品认证中心等，其中，北京中绿华夏有机食品认证中心认证9家企业、32个产品，产品种类分别为粮油、蔬菜、水果、茶叶、水产品、坚果等特色农产品。（表8–3–4）

政策支持

2004—2008年，安徽省委在每年贯彻中共中央一号文件意见中，均明确提出要支持发展有机食品。省农委在特色农产品项目建设、农产品质量安全基地建设、名优农产品评审、农业产业化龙头企业评比等项目立项中，都将有机食品列入评分内容之一。

2004—2008年，各地普遍出台支持发展有机食品奖励政策。合肥、淮北、阜阳、淮南、滁州、巢湖、六安、宣城、池州、黄山等市及涡阳、蒙城、全椒、庐江、无为、宣城市宣州区、宁国等40多个县（市、区）制定具体扶持补贴标准。合肥市对企业申报有机食品所支出费用由政府统一奖补；淮南市奖励每一个有机食品企业5万元；淮北市3万元；涡阳县、全椒县政府奖励5万元；蒙城县奖励3万元、庐江县、宣城市宣州区政府奖励1万元、宁国市对开发有机山核桃企业奖励1.5万元。

工作机构

1990年1月起，多个国际认证机构进入中国成立办事处，并开展对安徽省特色农产品有机认证。

1994年，中国第一家认证机构南京国环认证中心（OFDC）在南京市成立，其后又有多家认证机构成立，其中较大规模的包括中绿华夏有机食品认证中心（COFCC）、方圆标志认证集团有限公司、杭州万泰认证中心（WIT）、杭州中农质量认证中心、南京国环有机产品认证中心等，并相继对安徽省的茶叶、水稻等产品开展有机认证。

2002年，国家认证认可监督管理委员会批准成立中绿华夏有机食品认证中心（COFCC），2003年，中国绿色食品发展中心《关于中绿华夏有机食品认证中心设立有机分中心的通知》（〔2003〕中绿字第85号）批准，中绿华夏有机食品认证中心在安徽省绿色食品办公室设立分支工作机构。

2003年，省绿色食品办公室何秀岚、李世国参加中绿华夏有机食品认证中心举办的全国首批中绿华夏有机食品认证中心有机食品检查员培训班，通过国家认证认可监督管理委员会组织考试并获国家有机食品检查员资质，

2004年，国家认证认可监督管理委员会批准成立安徽天园有机产品认证有限公司（TYOC），南京国环有机产品认证中心安徽分中心（OFDC）。

2005年，国家认证认可监督管理委员会批准成立安徽中兴产品认证有限公司。

监督管理

按照“引导、规范、培育、监督”职责定位，政府有关部门实施对有机食品行业监管。

2003年，《中华人民共和国认证认可条例》（国务院令390号）中规定：“认证机构及其认证人员对认证结果负责。”

2005 年，中国第一版有机食品国家标准 GB/T19630 发布，同时发布中国国家有机食品标志。

2007 年，省编办皖编办〔2007〕71 号文批准安徽省绿色食品办公室更名为安徽省绿色食品管理办公室。负责绿色食品、无公害农产品、有机食品和经国家认证农产品的质量监督管理工作。

2008 年，省绿色食品管理办公室开展对全省有机食品认证监管工作。主要工作：开展有机食品认证工作机构暨产品年度报表及统计工作；开展对部分认证机构产品抽检；开展有机农业工作调研等。

展示展销

2004 年，省绿色食品办公室派员参加日本东京国际有机食品博览会。

2007 年，省绿色食品办公室组织黄山光明茶业有限公司、枞阳大地食品有限公司的 10 个有机食品参加中国绿色食品发展中心与纽伦堡会展服务有限公司在上海举办的 2007 年首届中国国际有机食品博览会。

2008 年，省绿色食品管理办公室组织黄山光明茶业有限公司、枞阳大地食品有限公司等 4 家企业参加 2008 年第二届（上海）中国国际有机食品博览会。

2008 年安徽省有机农产品一览表

表 8-3-4

序号	生产企业名称	产品名称	认证机构名称
1	安徽省绿源茶业有限公司	桃	杭州中农质量认证
2	南陵县国清实业有限公司	双孢蘑菇	北京五洲恒通认证有限公司
3	南陵县池家湖水产养殖有限公司	河蟹、甲鱼、青虾	北京五洲恒通认证有限公司
4	芜湖市宏顺粮油有限公司	葛粉、糯米粉	北京五洲恒通认证有限公司
5	宿州市化东农业科技开发公司	夹沟香稻米	万泰认证有限公司
6	安徽景氏农业贸易有限公司	蔬菜	万泰认证有限公司
7	安徽思何集团	何首乌 3 个产品	南京国环有机产品认证中心
8	隗店生态农业协会	何首乌	南京国环有机产品认证中心
9	合肥市振国有机农业科技公司	辣椒等 6 个产品	中绿华夏有机食品认证中心
10	省金大地农业发展公司	富硒米	安徽中兴产品认证有限公司
11	经纬循环农业有限公司	西红柿 3 个产品	北京五洲恒通认证有限公司
12	滁州市鲁氏工贸有限公司	鲢鱼水产品 7 个	中绿华夏有机食品认证中心
13	滁州市施集茶场	绿茶 4 个产品	中绿华夏有机食品认证中心
14	九华山旅游实业公司佛茶公司	九华佛茶	安徽中兴产品认证公司
15	宿松县乡园禽业贸易有限公司	皮蛋、咸蛋、鸡蛋	北京五洲恒通认证有限公司

续表 8-3-4

序号	生产企业名称	产品名称	认证机构名称
16	宿松县鑫鑫粮食开发有限公司	大米	北京五洲恒通认证有限公司
17	泾县绿源汀溪兰香茶叶公司	有机绿茶	皖天园有机食品认证中心
18	泾县翡翠有机茶公司	有机绿茶	欧盟经济委员会
19	安徽绩溪五蜂园蜂业公司	鲜蜂蜜	南京国环有机产品认证中心
20	安徽国营敬亭山茶场	有机绿茶	中茶所有机茶研究发展中心
21	绩溪山里佬食品公司	燕笋干、山核桃	皖天园有机食品认证中心
22	宁国明珍堂养生品有限公司	鲜竹笋、绿茶	国家环保局有机食品中心
23	绩溪金舟悦然农产品合作社	有机绿茶	皖天园有机食品认证中心
24	绩溪皖灵农工贸有限公司	野笋、蕨菜	皖天园有机食品认证中心
25	广德东亭乡颂祥茶场	有机绿茶	杭州万泰有机认证公司
26	广德五合圣封茶叶合作社	有机绿茶	杭州万泰有机认证公司
27	郎溪白阳岗瑞草魁茶场	有机绿茶	中绿华夏有机认证中心
28	广德花鼓国强茶场	有机绿茶	皖天园有机食品认证中心
29	泾县九洲茶业合作社	绿茶、乌龙茶	皖天园有机食品认证中心
30	广德箐箐生态食品有限公司	白茶等 3 个产品	安徽中兴产品认证有限公司
31	广德县金龙山葛粉厂	野生葛根粉	杭州万泰有机认证公司
32	宁国天思农特产品合作社	有机绿茶	杭州万泰有机认证公司
33	宁国凯瑞生物食品有限公司	山楂饮料	杭州万泰有机认证公司
34	广德县绿野农副产品开发公司	山野菜	杭州万泰有机认证公司
35	绩溪板桥绿色农产品开发公司	瓜蒌籽、山核桃	皖天园有机食品认证中心
36	绩溪枫林野生食品有限公司	山核桃	皖天园有机食品认证中心
37	广德县笋山竹笋产销合作社	竹荪	杭州万泰有机认证公司
38	广德县阳峰茶场	绿茶等 3 个产品、	杭州万泰有机认证公司
39	安徽鸿翔禽业有限公司	鸽子	杭州万泰有机认证公司
40	安徽詹氏食品有限公司	山核桃 3 个产品	杭州万泰有机认证公司
41	六安市裕安区红石埂茶厂	六安瓜片	安徽中兴产品论证公司
42	安徽新世界绿洲茶油有限公司	茶油	安徽中兴产品认证公司
43	宁国徽之园食品公司	山核桃 3 个产品	杭州万泰有机认证公司
44	霍山县出口土特产品开发公司	野生葛粉	安徽中兴产品认证公司
45	安徽霍山绿力生态产品公司	霍山黄芽茶	安徽中兴产品认证公司
46	宁国阳茗茶叶合作社	龙井、乌龙茶	杭州万泰有机认证公司

续表 8-3-4

序号	生产企业名称	产品名称	认证机构名称
47	宁国乡味源农产品开发公司	笋干、脱水笋	杭州万泰有机认证公司
48	旌德县辉煌粮油有限公司	大米	北京五洲恒通认证有限公司
49	华山名优茶开发中心	茶叶等 4 个产品	安徽中兴产品认证公司
50	霍山县振兴米厂	杂交米	安徽中兴产品认证公司
51	安徽野岭饮料食品有限公司	山泉水 2 个产品	安徽中兴产品认证公司
52	霍山县跃飞天然食品有限公司	野生葛粉	安徽中兴产品认证公司
53	霍山县乌米尖礼智黄芽精制厂	霍山黄芽茶	安徽中兴产品认证公司
54	安徽黄何生化葛业有限公司	野生葛粉、葛根片	安徽中兴产品认证公司
55	安徽霍山鸟语生态农业公司	茶油	安徽中兴产品认证公司
56	安徽霍山县雨佳有机茶公司	霍山黄芽茶	安徽中兴产品认证公司
57	省霍山县六万寨茶叶精制厂	霍山黄芽茶	安徽中兴产品认证公司
58	霍山县出口土特产品开发公司	黑木耳、香菇	安徽中兴产品认证公司
59	霍山县单龙寺香草毫尖茶协会	茶叶	安徽中兴产品认证公司
60	安徽义门苔干公司	苔干	瑞士生态市场研究所（IMO）
61	安徽省霍山县亨大茶叶公司	霍山黄芽茶	安徽中兴产品认证公司
62	霍邱黄大水产有限公司	青虾、银鱼	中绿华夏认证公司
63	庐江县水产养殖场	绒螯蟹 2 个产品	北京五洲恒通认证有限公司
64	安徽德昌药业饮片有限公司	中药材饮片	瑞士生态市场研究所（IMO）
65	庐江县柯坦有机茶厂	茶叶	杭州中农质量认证中心
66	省富硒香生物食品集团公司	富硒香牌大米	中绿华夏有机食品认证中心
67	淮北市佳宝菜篮子科技公司	黑 红 芋	中绿华夏有机食品认证中心
68	芜湖良金优质稻米专业合作社	大米、油菜	北京爱科赛尔认证中心公司
69	安徽省绿源茶业有限公司	绿茶等 6 个产品	杭州中农质量认证
70	黄山市徽州光明茶厂	绿茶 6 个产品	中绿华夏有机认证中心
71	安徽大地食品有限公司	荞麦糊 3 个产品	中绿华夏有机认证中心

第四章 农产品质量安全监管

1993年,随着农业标准化推进,积极探索农产品质量安全管理有关工作。从2003年开始,安徽省组织实施食品放心工程,正式拉开安徽省农产品质量安全工作序幕,先后制定出台一系列政策、文件和措施,建立组织机构和监管制度。在经历起步探索、稳步发展之后,2006年《农产品质量安全法》颁布施行,全省农产品质量安全工作进入依法推动、依法监管、全面推进的新阶段。

第一节 监管体系

领导机构

为了切实加强农产品质量安全管理工作的领导和协调,大力推进全省农产品质量安全保障体系建设,提高农产品质量水平和市场竞争力,促进农业农村经济持续健康发展,省政府于2002年11月建立省农产品质量安全管理工作联席会议制度,副省长田维谦为召集人,联席会议办公室设在省农委,成员单位有农委、计委、质监局、卫生厅、工商局、环保局等14个省直单位。为进一步统筹协调全省农产品质量安全管理和标准化工作,经省政府同意,2004年7月将省农产品质量安全管理工作联席会议和省农业标准化工作联席会议合并调整为省农产品质量安全管理及农业标准化工作联席会议,副省长赵树丛为召集人,联席会议办公室设在省农委,成员单位增加省食药监局、水利厅、供销社等,共计18个省直单位。

2001年1月,省农委成立安徽省农产品质量安全工作领导小组,组长为党组书记、主任王立祝,组员为委属有关单位负责人,领导小组办公室设在市场信息处。领导小组主要职责:提出农业标准、农产品质量安全管理方面的法律法规议案;研究制定农业标准、农产品质量安全管理意见;制定农业标准、农产品质量安全管理工作目标、规划、计划和具体措施;协调省内农业标准、农产品质量安全管理有关重要事项;督促检查有关农业标准执行、农产品质量安全管理工作规划、计划落实情况等。鉴于人事变动,分别于2003年2月、2006年6月分别对领导小组成员进行调整,领导小组职责、领导小组办公室成员及成员单位职责不变。

监管机构

新组建安徽省农业委员会,划入省农垦总公司承担的绿色食品质量认证、监督管理职能,负责农业各产业的产品和绿色食品、无公害农产品质量工作及质量认证。省农委于2000年8月成立市场信息处,编制7人,农产品质量安全监管方面的职责为组织指导农业投入品的质量检验,协调农业生产资料市场体系建设;参与拟定农业各产业的地方技术标准及产品质量标准;指导农业各产业产品和绿色食品、无公害农产品的质量监督、认证工作。截至2008年年底,全省17个市和所有农业县区农业部门相继成立农产品质量安全综合协调机构,明确归口管理职能科室,在农业系统内部充实人员力量,各行业间强化合作,形成统一领导、分工负责的管理体制和责任明确、运转高效、行动统一的工作体制。

第二节　监管工作

工作部署

为适应中国加入WTO后的新形势和安徽省农业发展新阶段的新要求,贯彻落实国家"无公害食品行动计划",加快发展优质安全农产品生产,促进农业增效、农民增收,省政府于2002年9月召开全省农产品质量安全管理和农业标准化工作会议。会议提出,力争用3~5年基本实现食用农产品的无公害生产与消费,质量卫生安全指标达到国家和地区的中等以上水平,全面提升全省农产品质量安全水平,确保城乡居民食品消费安全。会议特别指出,要实行农产品质量安全行政首长负责制;当前,要把发展无公害农产品作为农产品质量安全管理工作的主攻方向。

2004年7月,省政府召开全省农产品质量安全管理暨农业标准化工作会议,专门部署推进安徽省农产品质量安全管理和农业标准化工作,提出以实现食用农产品无公害化生产和消费为目标,加强农产品质量安全保障体系建设,建立健全农业标准体系、检验检测体系和农业认证体系,加快发展无公害农产品、绿色食品和有机食品,全面提升安徽省农产品质量安全水平。

监管措施

食品放心工程　2003年6月,省政府办公厅转发省农委《关于组织实施食品放心工程意见》,要求以"无公害食品行动计划"为指导,突出食用农产品生产与经营等关键环节,切实加强质量安全管理。提出用3~5年时间建立健全食品质量安全保障体系和全程控制机制,初步实现蔬菜、瓜果、牛奶、畜产品及水产品生产标准化,生产质量安全水平达到国家规定标准;基本建立省市县及产地、批发市场质量检测体系,建立食用农产品生产基地认可制度、农业投入品监管制度、生产经营追溯承诺制度和市场准入制度;严格执行国家无公害农产品和绿色食品、有机食品认证,加强执法监督,努力提高食品质量安全水平。

专项整治　2007年8—12月,按照省政府和农业部的统一部署,省农委作为农产品质量安全专项整治牵头单位,紧紧围绕农产品专项整治"四个目标、三项重点、六项任务”和“12 个 100%”目标任务，组织开展专项整治行动。经过 4 个月的努力，17 个省辖市农产品批发（农贸）市场全部纳入农业部门监测范围，主要农产品生产基地、规模种植养殖场、农业标准化示范区（场）使用违禁农药兽药和饲料添加剂问题基本解决，蔬菜、畜禽、水产品农药兽药残留超标率及检出率明显下降，甲胺磷等 5 种高毒农药生产、销售和使用等行为得到有效遏制。通过专项整治行动，健全完善服务、管理、监督、处罚、应急五位一体的工作机制，蔬菜、畜禽产品、水产品等主要农产品质量安全抽检合格率分别比专项整治前提高 3.5、1、0.5 个百分点，全省农产品质量安全水平明显提高。

助奥行动　2008 年 5—9 月底，省农委组织实施“保质量、保安全、助奥运”——农产品质量安全保障行动，对供奥食品生产企业滁州怡阳食品公司施集大林黄瓜种植基地进行驻地监管和定点监测，落实生产基地的定责任人、定监管人、定投入品来源、定生产措施、定管理规范和有标准、有检测、有标识、有组织，加大对农药等投入品生产、经营和使用环节的监管力度。奥运期间，省市农业部门出动监管人员 200 人次，开展产地检测 6 次，培训供奥基地农民 300 人次，供应企业鲜活农产品 120 吨，全部达到标准，未出现质量安全事故和农资案件，确保供奥农产品质量一流。

第三节　法规制度

法规制定

2006 年 4 月 29 日，中国第一部农产品质量安全管理专门法律《中华人民共和国农产品质量安全法》正式颁布，标志着安徽省农产品质量安全工作进入依法监管的新阶段。加快农产品质量安全地方立法进程，根据省人大常委会 2008 年立法计划，省农委负责起草并向省政府报送《安徽省农产品质量安全条例》（草案）。2008 年 12 月 4 日，省政府第 22 次常务会议讨论通过《安徽省农产品质量安全条例》（草案），2008 年 12 月 18 日，省十一届人大常委会第六次会议进行第一次审议。后再经两次审议，2009 年 6 月 20 日，省十一届人大常委会第十二次会议正式通过，《安徽省农产品质量安全条例》自 12 月 1 日起施行。

市场准入制度

依据农产品质量安全有关法律法规，按照“先易后难、先常规后特殊、先大宗后特别、先示范后推广”的原则，至 2008 年年底，初步建立局部区域部分品种市场准入制度。2005 年 10 月 20 日，合肥市在全省率先实行畜产品市场准入制度，对外地调入生猪、肉牛等畜产品凭动物检疫合格证明、免疫标识证明和运载工具消毒证明到当地动物防疫监督机构申报查验，经查验合格后方可销售。

应急管理制度

2007 年 1 月，省农委成立省农产品质量安全事件应急工作组，健全应急工作机制。

2007 年 2 月，省农委印发安徽省重大食品安全事故应急预案农业部门操作手册。根据农产品质量安全事故的范围、性质和危害程度，重大农产品质量安全事故分为四级，实行分级管理，分级响应，要求对重大农产品质量安全事故要作出快速反应，及时启动应急预案，严格控制事态发展，有效开展应急处置工作，做好善后处理及整改督查等。

信息发布制度

2008 年 12 月，省农委出台农产品质量安全信息发布制度（试行），确定信息发布应遵循加强领导、明确责任，把握时机、及时主动，准确全面、客观公正，严格程序、注重效果的原则，发布内容包括监管工作信息、应急事件信息和科学安全消费信息，对发布方式、发布程序等作出相关规定。

第五章 农业投入品监管

1978年改革开放后，中国农资经营权不再以供销系统为主，开始逐步放开。经营主体多，经营规模小，农资市场出现多乱杂现象，农资质量参差不齐。加强农资监管，维护农资市场秩序成为保障农业生产安全，维护农民利益的一项重要工作。进入20世纪90年代，农产品质量安全开始提上重要议事日程，农业投入品监管成为农业行政管理的一项重要任务，严格规范农业投入品的管理和使用十分必要。

第一节 农资监管

组织部署

2000年前，农业投入品由省农牧渔业厅相关职能处室分头负责农业投入品的质量监测、鉴定和监督管理。2000年机构改革后，省农委成立政策法规处协调农业行政执法监督检查；市场信息处负责组织指导农业投入品的质量检验。2004年5月21日，省农委成立农资打假护农专项治理工作协调小组，省农委党组副书记、副主任张华建任组长，有关处、室、站、所负责人为成员。办公室设在市场信息处，市场信息处处长刘国友兼任办公室主任，法规处处长彭学平任副主任，从相关单位抽调5人集中办公，并相应成立种子、农药、肥料、兽药及饲料、农机具五个专项整治小组，明确分品种监管责任。2008年机构改革后，成立质量安全监管处负责协调农业投入品监管工作。

为加强对农资打假护农专项治理工作的领导，强化协调与监督，2004年4月25日，省政府召开专题会议，决定在全省集中开展生活生产资料市场专项整治行动。4月28日，省政府召开全省生活生产资料市场专项整治电视电话会议，专题部署清查、整顿和净化生活生产资料市场。7月6日，省农委向省政府办公厅行文《关于开展农资违法违规案件督办的请示》，经省政府领导同意后，省农委会同省公安厅、省工商局、省质量技术监督局对宿州市埇桥区营利等人涉嫌销售劣质肥料案、淮南市王其友销售毒鼠强案、怀远县五岔集士杰门市部销售假农药案等16个农资违法违规案件进行联合查处。

2007年7月5日，省农委、省公安厅联合转发农业部、公安部《关于在农资打假中做好涉嫌犯罪案件移送工作的意见的通知》，进一步明确农资案件的移送标准、办理程序，并建立信息通报、案件会商、联合行动、案件督办等制度。

专项治理

2002年前,随着农资市场的放开,不少单位、个体户开始涉足这一领域。一些违法者见农资生产销售有利可图,制假售假行为猖獗,农资质量不稳定,假劣农资坑农事件时有发生。为维护广大农民的合法权益,严厉打击制售假冒伪劣农资的坑农害农行为,农业部等国家有关部门联合开展一系列专项整治工作。

农资打假　2005年以后,根据农业部统一部署,安徽省每年都印发农资专项整治工作方案、农资打假专项治理行动通知等文件,并组织相关职能部门开展农资市场的督查检查,强化农资市场管理。2007年9月26日,省农委转发农业部办公厅《关于开展农业投入品专项治理行动保障农产品质量安全的通知》,进一步强调规范投入品生产经营行为,从源头上保障农产品质量安全,要求在农产品质量安全专项整治期间,集中组织开展农业投入品专项治理行动:强调进一步清理整顿农业投入品生产经营主体,组织开展农业投入品市场大检查,加大案件查处和惩治力度,广泛开展农业投入品质量抽检,强化农业投入品科学使用的指导,切实做好投诉举报和信息服务。要求确保专项治理行动取得预期成效,保障秋冬种农业生产顺利进行,保障农产品质量安全。

毒鼠强专项整治　2002年9月14日,南京发生特大毒鼠强中毒事件,同年12月13日,农业部等国家有关部门联合在北京市召开加强剧毒杀鼠剂和高毒农药监管工作全国电视电话会议,就进一步部署对违禁剧毒杀鼠剂和高毒农药的监督管理工作,进行具体部署。2003年7月10日,国务院办公厅印发《关于深入开展毒鼠强专项整治工作的通知》(国办发〔2003〕63号),同年7月23日,农业部等11部门为贯彻落实国办发〔2003〕63号通知精神,及时印发《关于贯彻落实〈国务院办公厅关于深入开展毒鼠强专项整治工作的通知〉的通知》(农发〔2003〕13号),省农委等10部门在全省各地迅速开展毒鼠强专项整治工作,取得明显成效。省农委成立全省毒鼠强专项整治工作小组,进一步加强毒鼠强专项整治工作,针对本省少数地方毒鼠强投毒案件和中毒事件仍有发生的实际,重点加强毒鼠强的清理、收缴工作,截至2005年3月,全省共收缴毒鼠强等非法杀鼠剂476.5千克,对数十名制售毒鼠强的犯罪嫌疑人,依法予以严惩。2005年7月,阜阳市发生一起毒鼠强中毒事件,省长王金山、副省长赵树丛等领导作出重要批示,省农委及时组织查处。2006年1月6日,省农委转发农业部《关于进一步加强毒鼠强整治工作确保春节安全的紧急通知》。全省各地对毒鼠强进行全面的清查清缴工作,从源头消除毒鼠强的危害。

高毒农药专项整治　2006年4月,农业部、国家发改委、国家工商总局、国家质检总局联合发布第632号公告,自2007年1月1日起,全面禁止在国内销售和使用甲胺磷等5种高毒有机磷农药。2007年1月9日,国家发改委、农业部、国家工商总局、国家质检总局、国家环保总局、国家安监总局联合发布1号公告,决定从公告发布之日起在国内全面停止甲胺磷等5种高毒农药的生产、流通、使用,已签订出口合同的相关企业可继续生产至2008年12月31日。全省各地按照公告于2007年至2008年共收缴

13.42 吨高毒农药并组织集中销毁。

第二节 长效机制

农资联销经营

农资经营放开、市场化后，农资产品经营方式，对保障农资产品质量，维护农资市场秩序、保障农业生产安全关系重大，2004 年 9 月，经省政府同意，省农委召开全省农资联销经营工作座谈会，会议总结安徽徽商农家福农资公司、安徽辉隆集团开展联销经营经验，推广无为县、肥西县、蒙城县、庐江县等地开展农资经营技物结合模式，研究加快农资联销经营的 8 条政策意见，坚持推行“三统一”，即开展农资联销经营，实行集中采购、统一配送、保证从原头杜绝假冒伪劣；实行联销经营，有效整合分散的农资经营资源，物流渠道明确，便于市场监管，保证农资经营服务质量。例如，辉隆集团抓货源基地建设，代农民把好质量关，承诺“辉隆无假货、件件都放心”；徽商农家福构建多层次质量控制体系，确保商品质量，效果明显。统一采购、集团采购，降低采购成本，减少中间流通环节，降低流通成本。据农家福测算，农民购买农家福农资商品每亩可节约成本 20~40 元。

农资联销经营在服务上下功夫，综合经营，组合供应，配送服务，送货上门。其中最主要的是技物配套服务。农资使用具有很强的技术性，在农村青壮有文化农民大量外出务工、农民种田技术水平普遍下降情况下，技物配套服务尤为迫切。在农民因对新品种播期播量掌握不当造成的减产、化肥偏施滥施引发的后果、农药错误使用产生药害比较严重的情况下，推行农资联销经营企业依托连锁网络实行技物结合，开展技术服务，受到农民欢迎。无为县通过技物配套服务，带动全县 15% 以上农户增收，户均增收 150 元以上。据徽商农家福和辉隆集团统计，全省农资连锁经营已覆盖 50 多个县市，发展连锁经营店 1 万多家，建立县级农资连锁配送分销中心 20 多个，2003 年实现商品连锁营销额 15.4 亿元。农家福、辉隆、天禾等农资连锁经营品牌等得到越来越多的农民认可。农家福被农业部列为全国第一批农资联销经营工作联系点，此后，徽商农家福、辉隆集团和天禾科技被农业部列为 2004 年农资连锁经营重点企业。

至 2004 年，全省从事农资经营的各类农技推广服务组织 1 万多个，这些服务组织在“既开方子、又卖药”等方面积累丰富的经验和做法，建立了一支自上而下的既懂农技推广、又懂农资经营的服务队伍，形成具有一定优势的资源。2004 年 12 月 2 日，省政府办公厅转发省农委《关于加快发展农资连锁经营意见的通知》（皖政办〔2004〕99 号），全省各地加快发展农资连锁经营步伐。截至 2006 年 12 月，辉隆集团、徽商农家福和天禾科技等企业在全省共新建农资直营店 147 家、加盟店 2223 家。

放心农资下乡进村活动

为增强广大农户识假辨假和科学使用农资知识，营造打假护农保春耕的良好社会氛围，2005 年安徽省举办第一届放心农资下乡进村活动宣传周活动，全省每年 2—3 月份组织委属有关单位农资整治负责人、农资专家、企业界代表，流通系统代表、新闻媒体代表、农民代表等举办“全省放心农资下乡进村宣传周”活动。2006—2008 年，安徽省分别在宿州市、桐城市等地举行启动仪式。活动周期间，现场组织：组织放心农资企业展销，设立专家咨询，讲解识假辨假常识，展示农资打假成果。开通热线：为方便群众投诉举报，2006 年 6 月 16 日，开通农资打假“12316”投诉举报热线。宣传报道：宣传周期间全省各地组织电视、广播、网络、报刊等媒体开展宣传报道，务求活动有关信息家喻户晓，人人皆知。组织培训：活动周期间全省各地农业部门组织农业技术人员培训、新型农民培训、执法专门培训和专家授课等形式的培训活动，提高广大农民群众和农资经营者知法守法用法的意识和甄别真假农资能力。聘任农资市场监督员：2006 年 8 月 30 日，省农委和省消费者协会联合印发《关于聘任农资市场社会监督员的通知》（皖农市函〔2006〕425 号），全省共聘任农资市场社会监督员 102 名，公布举报电话，畅通社会监督渠道，强化农资市场监管。

信用体系建设

2006 年，全省评选安徽辉隆农资集团有限公司等 20 家企业为诚信企业、评选安徽辉隆农资集团有限公司等 10 家企业为农资流通销售 10 强企业、评选司尔特牌系列复合（混）肥等 18 个产品为受欢迎农资产品。

2006 年度安徽农资经营诚信企业、流通销售十强企业、受欢迎农资产品名单

诚信企业　安徽辉隆农资集团有限公司、安徽良夫集团三农服务有限公司、安徽省宁国司尔特化肥有限公司、安徽天禾农业科技股份有限公司、安徽辉隆集团瑞美福农化有限公司、安徽中远英特尔有限公司、桐城市双港供销合作社、安庆市氮肥厂、安徽文胜肥业有限责任公司、马鞍山市农业生产资料有限公司、安庆市青园机械有限公司、黄山新安农业生产资料有限公司、安徽宇顺种业开发有限公司、安庆市南丰农资有限责任公司、霍邱县瑞隆农资有限责任公司、安徽无为县红庙农资有限责任公司、宣城市龙腾农资有限公司、亳州市占元三农科技服务有限公司、安徽省阜南县种子公司、安徽省舒城县化肥经营有限责任公司。

十强企业　安徽辉隆农资集团有限公司、安徽省宁国司尔特化肥有限公司、安徽省裕安集团复合肥原料有限公司、安徽省青园工贸集团、安徽辉隆集团瑞美福农化有限公司、黄山新安农业生产资料有限公司、安徽徽皇肥业集团有限公司、安徽良夫集团三农服务有限公司、安徽天禾农业科技股份有限公司、当涂县中润农资有限责任公司。

受欢迎农资产品　司尔特牌系列复合（混）肥（安徽省宁国司尔特化肥有限公司）、辉隆牌系列复合（混）肥（安徽辉隆农资集团有限公司美丰牌尿素）、六国牌磷酸二铵复合肥（四川美丰农资化工有限责任公司）、铜陵县东方农业生产资料、天协 1 号杂交稻种（安徽天禾农业科技股份有限公司）、东平湖牌尿素（山东瑞星化工有限公司）、辉隆牌 BB 肥（安徽辉隆集团阜阳肥业有限公司）、淀峰牌复合肥（上海青浦清达复合肥有限公司）、思丰牌复合肥（太仓汇丰化学肥料有限公司）、烟农19小麦种子（安徽良夫集团三农服务有限公司）、天叶牌复混肥（安徽天叶肥料有限公司）、振风牌复混肥料（安庆市氮肥厂）、九华山牌蚕种（青阳九华蚕业制种有限责任公司）、双环牌复合肥（安庆石化复合肥厂）、稽康牌复混肥料（蒙城县农业生产资料公司）、朝农牌10%草甘膦水剂（安徽宁国朝农化工有限责任公司）、西洋牌复合肥（蒙城县供销社综合经营公司）、禾耐斯牌农药（中化国际（控股）股份有限公司）。

第九篇　农业科技教育

1986—2008年，安徽省农业科技教育投入逐步增加，教育、科研、推广条件改善，农业科技创新、农技推广和人才培养显著成效，对农业生产方式转变、农业结构调整优化及农业发展、农民增收起到支撑和促进作用。

第一章 农业科技创新与推广

第一节 农业科技创新

种植业

1986—1990年，安徽省建立健全种子管理机构和以县种子公司为主的经营服务体系，形成以政府控制为主的种业体系。杂交水稻、杂交油菜培育成功，推广应用，推进种子商品化发展。高产高效栽培技术创新应用，取得良好效果。植物保护防治药剂主要以沙蚕毒素、有机磷及生物农药井冈霉素等杀菌剂为主。1991年开始，农地膜覆盖技术应用于育苗（秧），以及山芋、玉米、棉花、花生、蔬菜、茶叶等作物生产，促进生产方式转变，提高复种指数。以种子工程建设为重点，推进种子产业化发展。1992年，安徽省承建第一个原原种扩繁基地建设项目——水稻原原种扩繁基地。1997年，丰乐种业成功上市，成为中国种业第一股。植物保护以化防为主，但农药结构发生重大变革，有机磷农药控害作用减退，杂环类农药上升，形成新（杂环类）、老（有机磷、菊酯类）并存格局。

安徽省在世界上首先将离子束注入技术引进农作物育种领域，先后育出一批水稻、小麦新品种和甘薯、玉米新品系，同时在棉花、烟草诱变育种上也获得一批新品系。三系杂交稻协青早A的选育和应用，确立安徽在全国水稻杂交优势利用中的地位；20世纪90年代，安徽省的两系杂交粳稻研究处于全国领先水平。据统计，全省每年育成高产优质新品种和稳定品系100多份，育种水平和效率显著提高。《中华人民共和国种子法》实施以后，全省共审定品种136个，批准引种35个。良种生产推广步伐加快，成就显著。全省已形成稳固的良（原）种生产基地4.67万公顷，年生产良（原）种23万吨，良种自给率近90%。2008年，农作物良种覆盖率96%，全省主要农作物品种实现2～3次大规模更新换代，推动主要农作物单产不断提高：粮食亩产1949年63.3千克、1984年215.6千克、2008年307.2千克；棉花亩产1949年7.1千克、1984年46.7千克、2008年64.5千克；油料亩产1949年33.9千克1984年86.8千克、2008年162.3千克。

20世纪80年代中期开始，在土壤普查基础上，开展配方施肥试验、示范和推广应用。1996年，开始进行平衡配套施肥示范推广，全省建立2个部级、3个省级平衡施肥“百县千村”重点示范县，建设1.53万公顷示范区。2005—2008年，测土配方施肥项目覆盖95个县（市、区），为农民免费开展测土配方施肥服务。据统计，全省91个项目县累计推广测土配方施肥面积 791.67 万公顷，推广配方肥 250 万吨，应用面积 413.47 万公顷。全省测土配方施肥项目区亩均节肥 2.23 千克（折纯，下同），共减少不合理用肥 24 万吨；亩节本增效 47.8 元，累计效益 64.94 亿元。20 世纪 80—90 年代，因地制宜改造中低产田，年治理 13.33 万公顷，使中低产田占比由 20 世纪 90 年代前的 85%，下降到 74%，耕地生产能力显著提高。

全省农业生产由传统种植向现代农业栽培转变，推广旱育稀植、地膜覆盖、模式化栽培、轻简栽培等技术，累计推广 6666.67 万公顷次，增产粮食 4000 万吨；累计推广地膜覆盖栽培、高产保优栽培、高产优质高效栽培等经济作物栽培技术 2533.33 万公顷次，增收 180 多亿元。

基本查清小麦条锈病、稻瘟病、稻飞虱、棉铃虫等 30 多种重大病虫害发生流行规律、迁飞规律，中短期预测预报准确率 70% 以上。2008 年年底，全省农作物主要病虫防治亩次占发生亩次的比例提高到 110%；防治方式由一家一户防治向专业化统防统治发展，2008 年，专业化防治面积 66.67 万公顷，占稻麦种植面积 15%；防治用药主要有植物源农药、生物农药、有机磷农药和杂环类农药。据统计，1986—2008 年，年均防控农业有害生物 1460 万公顷次，挽回粮食损失 265 万吨，为改革开放前年均 6.66 倍和 12.37 倍，挽回经济作物棉花、油料及果蔬产量相当于前 30 年 10 倍以上。

畜牧业

1994 年 3 月 26 日，成立安徽省兽医卫生监督所，与省动物检疫所一个机构、两块牌子。1996 年 9 月 11 日，省编委撤销省动物检疫所，有关职能划归省兽医工作站，组建省畜牧技术推广站，加挂省兽医卫生监督所牌子。2006 年，根据《安徽省人民政府关于推进兽医管理体制改革的实施意见》（皖发〔2006〕56 号），组建省、市、县动物卫生监督机构，机构名称统一为“动物卫生监督所”，为财政全额拨款事业单位。良种科技创取得新成就：全省列入品种志的地方猪种有定远猪、寿霍黑猪、皖北猪、皖南花猪、皖南黑猪、六白猪、圩猪等优良地方品种。2002 年，全省确定一批省级重点种猪场和 55 个二元母猪定点繁殖场为三元杂交瘦肉猪生产基地，每年投入百万元用于本省畜禽品种的保护，先后引进国长白、大约克、杜洛克等国外良种猪，形成多种机制并存的繁育体系，即原种—祖代—1 父母代种猪和商品猪场。

20 世纪 70 年代后期开始，在皖北地区大力推广黄牛改良，引进西门塔尔、夏洛来、利木赞等品种，与皖北黄牛、鲁西黄牛、南阳牛、秦川牛等杂交利用。20 世纪 90 年代以后，开始引进南德温斯、安格斯等专用肉牛品种以提高产肉性能，皖北地区 80% 以上的母牛，都是西杂或夏杂等杂交改良牛，西杂二、三代母牛非常普遍。皖西、皖南山区主要的饲养品种是当地的大别山黄牛和皖南黄牛等，以及与引进品种杂交的后代，生产性能大幅提高。

20 世纪 80 年代前，黄淮山羊（安徽白山羊）占全省养羊总量 95% 以上。20 世纪 90 年代，全省养羊业生产方向转为以提供羊肉为主，通过引进外来品种，广泛开展以提高羊产肉性能为主的品种改良工作。先后引进萨能奶山羊、马头山羊、南江黄羊等国内主要优秀山羊品种，对本地山羊进行改良。其中以萨能奶山羊改良效果较好，其杂交羊生产性能提高10%甚至20%以上。1997年，安徽省开始引进南非波尔山羊，用于改良本地山羊，使本地山羊生长性能提高近50%。

在国家科技部科技成果转化基金项目“（皖Ⅲ系）粗毛兔及其高效配套技术的试验与示范”支撑下，省内兔毛主产区对皖江长毛兔进行试验示范，鉴定其高产性、优质性、能繁性、适应性、耐粗饲性，为该品种的大面积推广奠定一定的基础。在颍上县、界首市、寿县、绩溪县等地建立稳定的示范推广基地。1988年，培育出“皖系长毛兔”获省科技进步二等奖；1992年，培育出“皖系粗毛型长毛兔”，获省科技进步一等奖、国家发明三等奖。1993年，研究出配套的养兔技术，并获多项成果奖。1989年，在兔毛主产区颍上县建立谢桥镇兔毛交易市场，影响全国，吸引大批国内外客商，交易量可观。固镇种兔场（国家级重点场）连续几次出口近千只种兔到朝鲜、南非等国家。养兔生产除选用良种外，还推广如下技术：改散养为笼养，使用全价料、颗粒料，人工授精，母仔分笼，拔毛，兔毛初加工等。

安徽省地方家禽资源丰富，主要有皖南三黄鸡、天长三黄鸡、淮南麻黄鸡、淮北麻鸡、五华鸡、黄山黑鸡、枞阳媒鸭、巢湖麻鸭、皖西白鹅、雁鹅等，为培育畜禽新品种提供优良的品种资源；引进品种有艾维因肉鸡、红宝肉鸡、罗曼蛋鸡、海兰蛋鸡、樱桃谷鸭等。先后培育江淮1号麻黄鸡配套系、皖江黄鸡配套系、皖江麻鸡配套系、富安白鹅配套系、乡鸡配套系、凤达绿壳乌骨蛋鸡配套系、凤达粉壳乌骨蛋鸡配套系、山中鲜鸡配套系、五星黄鸡配套系等省级新品种（配套系），获畜禽新品种（配套系）证书。2009年，农业部批准“皖南黄鸡”“皖南青脚鸡”“皖江黄鸡”和“皖江麻鸡”4个畜禽新品种（配套系）为国家级畜禽新品种（配套系），标志着安徽省畜牧业自主创新、自主知识产权取得重大突破。

良种繁育　1979年，建立安徽省家畜品种改良站（2006年更名为安徽省畜禽遗传资源保护中心）。1979年，省家畜品种改良站建立种公牛站，生产冷冻精液，开展黄牛改良，推广牛的人工授精技术；1987年，建成祖代蛋种鸡场，引进德国罗曼褐壳祖代蛋鸡；1992年，新建省肉种鸡场，推广艾拔益加肉鸡（AA肉鸡）及艾维茵肉种鸡；1996年，承担农业部“日本和牛胚胎移植”项目，建立“日本和牛”繁育和推广基地；1997年，引进法国设备生产细管冻精；1998年，引进南非波尔山羊，建成波尔山羊纯繁场；1999年，与安农大合作培育配套系—江淮Ⅰ号麻黄鸡；2000年，与澳大利亚NHK国际育种公司合作，建立波尔山羊胚胎移植中心；2001年，利用国债资金兴建安徽省原种猪场，从美国一次性引进SPF杜洛克种猪100头，通过繁育、推广，作为生猪三元杂交生产的终端父本，提高胴体重和瘦肉率；2002年，祖代蛋鸡场扩建，可存栏种鸡2万套，繁育、试验、推广罗曼褐壳父母代、商品代蛋种鸡；2003年，利用世界银行贷款项目，扩建种公牛站，可存栏种公牛60多头，增加水牛、奶牛、乳肉兼用型新品种，开展南方水牛杂交改良，开辟新奶源。同时，建设"优质肉牛繁育及杂交利用技术示范推广基地"，主要是开发利用"日本和牛"世界级优质资源。

新饲料　2007年，安徽省农委协助申报的合肥迈克罗生物工程有限公司研制的"地顶孢霉培养物"（商品名称为"虫草欣康"），被批准为新饲料添加剂。此产品系安徽省首个获农业部批准的新饲料添加剂，填补中国同类饲料产品的空白，对发展安全优质畜产品、推动科技兴饲、改善养殖环境具有重要意义。一些饲料生产企业加大饲料开发力度，生产出虫草、发酵豆粕、发酵啤酒糟、油脂、血浆蛋白、益生菌、光合细菌、松针粉、酵母硒、中草药提取物等10多种安徽省空白产品。

饲养管理　1986年以后，安徽科技学院动物科学学院开展动物营养与饲料方面的研究成果有：以本省凹凸棒石粉、沸石粉、麦饭石粉和沼液的饲料化利用为目标，优化畜禽全价饲料、浓缩饲料的配制技术；棉、菜籽粕中有毒有害物质去毒方法和综合配套应用技术；畜禽饲料中酶制剂的适宜添加量和配套应用技术；绿色饲料添加剂（主要集中于中草药及其提取物、姜黄素、大蒜素、壳聚糖、异黄酮类化合物、茶多酚、多糖类物质、酸化剂、微生态制剂、谷氨酰胺、蜂花粉）的应用效果及系列化配方应用技术；畜产品品质改良预混剂的开发和配套应用技术；维生素C、氯化钾、碳酸氢钠防止蛋鸡热应激的应用技术；微量元素硼、钼的中毒原因、发生机理、病理变化及硼、钼中毒的防治技术；乌骨鸡日粮配制技术。

渔业

1973年，赵乃刚和滁县地区水产技术人员在滁县乌衣渔场进行"河蟹人工半咸水育苗"研究，1975年育成大眼幼体1956只，1977年通过省级小试鉴定。1978年列入国家重点科研项目，乌衣河蟹育苗组迁入城西水库上游的"螃蟹岛"，建立中试基地，成立滁县水产试验场，1983年更名为滁州市（县级）水产研究所，有职工42人，其中科技人员10名；水面33.33公顷，有配水系统1200平方米、育苗厂房400平方米。赵乃刚主持发明的"河蟹繁殖的人工半咸水及其工业化育苗工艺"，1983年获安徽省科技成果特等奖、农牧渔业部技术改进一等奖，1984年国家发明一等奖。1986年4月，获日内瓦第14届国际发明与新技术展览会金牌奖。1986年6月，获布鲁塞尔第35届尤里卡世界发明博览会金牌奖。长江口天然蟹苗资源的衰竭显示赵乃刚发明成果的重要。这项发明促进安徽河蟹养殖业的发展。据《滁州市水产志》记载："1980—1988年，共繁育蟹苗496.22公斤，年均55.13公斤；1989—1994年，因人工配制海水育蟹苗成本高，效益差而停产（当时人工配制海水繁育100公斤蟹苗，成本16万元，收入10万元，净亏6万元）；1995—1996年，恢复繁育蟹苗，两年繁苗158公斤。"

据《安庆市渔业志（1978—2000）》记载："（二十世纪）八十年代，本市河蟹种苗不能自行解决，主要依靠上海、江苏、山东沿海各地提供，生产不能保证，随着河蟹育苗专家赵乃刚研究员河蟹人工育苗技术的成功，本市各地积极兴办河蟹育苗场；1988年望江武昌湖、郊区破罡湖两地率先建成河蟹育苗场后，宿松城关、怀宁麻塘湖、桐城挂镇、枞阳白荡湖等地又陆续兴建多个河蟹育苗场；从1988年至2000年12年间，全市共育蟹苗2195.3公斤，价值2000多万元，大大缓解了河蟹种苗需要；成蟹产量由1988年144吨上升至2000年1593吨。”“1994年本市两场人繁蟹苗230公斤，其中望江武昌湖蟹苗场产苗128公斤，郊区破罡湖蟹苗场产苗102公斤，共创产值161万元，利税100多万元，技术水平、经济效益都处在全省领先水平。”1986—2001年，望江县武昌湖河蟹良种场自运用赵乃刚主持发明的“河蟹繁殖的人工半咸水及其工业化育苗工艺”繁育蟹苗1.5吨、生产成蟹23.74吨。

1986—2001年望江县武昌湖河蟹良种场人繁蟹苗价格（元/千克）

表9-1-1

年份	1986	1987	1988	1989	1990	1991	1992	1993	1994	1995	1996	1997	1998	1999	2000	2001	合计
蟹苗	2.1	31.6	38.5	41.4	30	40	104	102	130	255	170	210	105	93	86	64	1502.6
蟹苗价格	600	1000	1000	800	1000	600	1100	2000	4000	4000	10000	10000	8000	6000	4000	2000	/

农业机械

1986年11月，经省编委批准成立安徽省农机化技术服务推广总站；1995年2月，更名为安徽省农业机械技术推广总站；1987—2007年，获部省级科技进步一、二、三等奖27个。

农机化“两深一精”（即土壤深松、化肥深施和小麦精少量播种）技术的应用促进小麦高产。2008年10月，省农委、省农机局在蒙城、凤台分片召开全省小麦机械化播种现场会，加快小麦生产机械化的转型升级，加大大功率拖拉机和高效节能复式作业机械的推广力度，扩大“两深一精”小麦高产技术的应用范围；2004—2008年，全省水稻插秧机保有量增加：2003年114台、2008年3816台；2003年，机插秧面积0.67万公顷，2008年为5.67万公顷。

1991年，安徽省开始烘干机械化试验示范点11处，引进小型试验机型9种，对小麦、水稻、油菜籽及烟叶、药材、苔菜等多种经济作物进行干燥试验。2007年，省财政拿出100万元在9个玉米生产大县进行玉米收获机械购置补贴试点。2008年，全省谷物烘干机1053台，玉米联合收割机1024台。2004年6月，宣城市“油菜机开沟覆盖免耕直播技术研究与推广”通过安徽省科技成果鉴定。2007年1月，安徽省地方标准《油菜机械化播种作业技术规范》（DB34/T 667-2007）发布实施。蒙城县、肥东县、合肥市包河区等县（区）重点实施国家科技支撑计划——农田循环高效生产模式关键技术研究与集成示范项目，开展油菜秸秆全量还田对比试验、油菜收获机械关键数据搜集、油菜机直播实验等课题研究，取得重要突破。

2008年秋种期间，省农业、农机部门确定3个部级示范县和6个省级示范县，建立61个油菜生产机械化示范点，以油菜机械化播种和收获为突破，开展油菜生产耕整地、播种、收获、烘干全程机械化示范；全省油菜收割机684台，油菜开沟机26890台，油菜直播机 598 台；全省油菜机播 1.26 万公顷、机收 0.82 万公顷，分别占油菜面积 1.59%、1.03%。

安徽农业大学

发展历程（1986—2008 年）

安徽农学院阶段（1986—1995 年）

1987 年 7 月 6 日，金寨大专班举行首届 76 名毕业生毕业典礼，标志着学校“大别山道路”进入规模化人才培养阶段。12 月 2 日，学校举行安徽省贫困县区、乡管理干部第一期培训班开学典礼。

1993 年 3 月 26 日至 4 月 4 日，第 21 届日内瓦国际发明博览会在瑞士召开，植保系钱浚于 3 月 22 日赴瑞士执行参展任务，其发明的“降解膜”技术获国际发明金奖。9 月 4 日，左震东、陈多璞申请的“坚持教学、科研、推广三结合的实践”项目获普通高校国家级优秀教学成果奖二等奖。9 月 29 日，根据国家教委教高〔1993〕13 号文件要求，对照《普通高等学校本科专业目录》，学校对本科专业进行清理。清理以后设立：农学、园艺、畜牧、兽医、农业经济管理、林学、经济林、园林、植物保护、蚕学、茶学、农业机械化、土壤与农业化学共 13 个本科专业。

1994 年 8 月 24 日，学校党委决定，从 1994 级新生开始全面试行学分制。

安徽农业大学阶段（1995—2008 年）

1995 年 3 月 27 日，国家教育委员会审批同意：安徽农学院更名为安徽农业大学。4 月 10 日，省政府以皖政秘〔1995〕62 号文发出通知，根据国家教委教计〔1995〕61 号文精神，同意安徽农学院更名为安徽农业大学，更名后现行管理体制不变。4 月 19 日，全国人大常委会副委员长布赫来校视察，并以《深化教学改革为农村经济发展服务——对安徽农业大学的调查》为题，对学校办学经验进行总结。新华社《新华每日电讯》《光明日报》先后刊登这篇调查文章。4 月 27 日，经国家科委研究，同意在合肥高新技术产业开发区调整建立农业科技园。该园依托安农大，规划面积 300 公顷，是合肥高新技术产业开发区的组成部分，享受国家有关高新技术产业开发区和高校企业的优惠政策，由合肥高新技术产业开发区实行统一规划、统一管理。

1996 年 4 月 16 日，中共中央政治局委员、国务院副总理李岚清来安农大视察。6 月 26 日，经国务院学位委员会办公室批准，同意安农大开展在职人员以研究生毕业同等学力申请硕士学位工作。

1998 年 1 月 1 日，国家自然基金评选结果揭晓，安农大林英任教授申请的“中国真菌志斑痣盘菌科卷研编”作为重大项目子课题予以立项。6 月 23 日，国务院学位委员会批准学校为博士学位授予单位，茶学被新增为博士授权学科，实现安徽这个农业大省拥有农学博士培养点零的突破。

1999 年 6 月 14 日，安徽省“大别山道路”采访团一行 20 余人启程奔赴大别山区，就安农大科技扶贫、科教兴农事迹作实地考察采访。11 月 30 日，农业部《关于下达第二轮农业部重点学科的通知》称：安农大“茶学”通过评审，被列入该部新上重点学科。

2000年12月28日，安农大木材科学与技术经国务院学位委员会批准为博士学位授权学科、专业。

2001年1月12日，安农大宛晓春教授被国家人事部记一等功奖励。2月20日，国务院学位委员会批准安农大作物遗传育种学科、专业为博士学位授权点。

2003年1月6日，国家科技部批准安农大“安徽省茶叶生物化学与生物技术重点实验室”为省部共建国家重点实验室。11月4日，经人事部、全国博士后管委会研究决定，学校园艺学（茶学）学科博士后科研流动站正式设立，这是安农大首个获准设立的博士后科研流动站。11月30日—12月5日，教育部普通高校本科教学工作水平评估专家组12人，对安农大进行实地考察。

2004年1月18日，安农大举办的独立学院——安徽农业大学经济技术学院获教育部审批确认。

2005年8月2日，省长王金山、副省长赵树丛到安农大就实施小麦高产攻关项目开展专题调研，与校领导、专家共绘小麦增产250万吨的美好蓝图。

2006年5月8日19时50分，安徽省首例克隆波尔山羊在安农大动物科技学院诞生，标志着安农大在动物克隆这一世界尖端的生物工程技术方面已居于世界前沿水平。5月12日，根据教育部和国家林业局关于重点学科建设的有关精神，经专家委员会评审，安农大“木材科学与技术点”被评为国家林业局重点学科点。6月28日，安农大党委被中央组织部和安徽省委分别授予“全国先进基层党组织”和“全省先进基层党组织”称号。11月22日，以茶与食品科技学院宛晓春教授为课程负责人的“茶业生物化学”课程获2006年度国家精品课程。12月30日，安农大申报的农业部小麦区域创新研究中心、农业部小麦原种繁育基地获准建设。

2007年4月15日，安农大与合肥庐阳科教发展有限公司签署《合作办学协议书》。根据协议，双方合作按民办机制和独立办学模式举办本科层次二级学院——安徽农业大学经济技术学院。5月30日，在中国国民党革命委员会安徽省第十一次代表大会上，夏涛副校长当选为民革安徽省第十一届委员会主任委员。7月2日，江昌俊教授主编的《茶树育种学》入选教育部2007年度普通教育精品教材。9月4日，经人事部、全国博士后管委会批准，安农大木材科学与技术学科点被批准新设“林业工程”博士后流动站，这是安农大继茶学学科点获“园艺学”博士后流动站后取得的新突破。10月12日，真菌生物技术教育部工程研究中心获准教育部立项建设。11月11日，茶学学科被教育部批准为国家重点（培育）学科。

2008年1月12—13日，由中国高等教育学会主办的第二届全国优秀高等教育研究机构评选结果揭晓，安农大教育科学研究所入选。安徽省仅有3所高校获此荣誉。1月15日，安农大国家现代农业产业技术体系取得优异表现，宛晓春、李尚庆、朱立武、余林生分别担任茶叶（加工化学）、茶叶（加工机械）、梨、蜂等产业岗位科学家。9月28日，由宛晓春教授带头申报的“茶学学科教学团队”被教育部、财政部评为2008年国家级教学团队。10月20日,庆祝建校80周年庆典大会在校田径运动场隆重举行。省直有关部门领导,部分市、县(区)领导、省内外兄弟院校领导,全国各地校友代表,社会各界朋友,学校现任党政领导以及离退休老领导和1万多名师生参加庆典大会。

安徽省农业科学院

发展历程

安徽省农业科学院前身是20世纪50年代初建立的皖北区农事试验总场,后更名为皖北农业试验场;1953年,与皖南农业试验场合并,成立安徽省农业试验场,后更名为安徽省农业试验总站;1958年12月,省委决定,将安徽省农业试验总站更名为安徽省农业科学研究所;1960年10月,省委决定,将安徽省农业科学研究所更名为安徽省农业科学院,与安徽农学院合并,隶属省政府;1962年4月,经省委批准,安徽省农业科学院与安徽省农学院分离,各自成为独立机构。

取得成就

1960—2009年,省农科院共取得各类科技成果1411项次,其中鉴定成果337项、登记成果269项、审定(认定)品种252个、获植物新品种权36个,授权专利38项(发明专利34项、实用新型专利4项),获各级政府奖励科技成果484项,获全国科技大会奖1项,中华农业科教奖农业科研奖1项、安徽省特殊贡献奖1项。其中国家级奖励二等奖(3项):2007年,甘蓝型油菜隐性上位互作核不育三系选育及制种方法,获国家发明奖二等奖;2003年,棉花杂交种选育的理论、技术及其在育种中的应用,获国家科技进步二等奖(合作);2003年,黄淮海平原持续高效农业综合技术研究与示范,获国家科技进步二等奖(合作)。三等奖(2项):1993年,皖系粗毛型长毛兔新品系,获国家发明三等奖;1992年,中籼稻新品种“皖稻27(E164)”的选育与推广,获国家星火三等奖。

省农科院积极围绕服务“三农”重点工作任务,立足科技与人才优势,积极投入安徽省小麦高产攻关、水稻产业提升和玉米振兴计划等粮食三大行动,为全省农业增产、增效和农民增收做出积极贡献, 2008年,省政府授予省农科院“2008年度小麦高产攻关活动先进单位”称号。2001年,获安徽省“三下乡”活动先进集体。重点承担岳西、阜南两县扶贫任务, 1996年,获省政府颁发的“‘八·五’科技扶贫先进集体”称号。

1950—2009年,省农科院共计接待来自美国、英国、法国等40余个国家和地区的来访团组308个535人次。派出353个团组463人次的科技人员赴新加坡、美国、英国等60余个国家进行培训交流与合作研究。

重大活动及标志性事件

1986年2月,作物研究所“低芥酸油菜新品种‘410’选育”研究成果获安徽省首届科技进步奖一等奖。

1986年3月,联合国粮食计划署石爱德到省农科院访问,陪同人员有联合国粮食计划署驻华代表处王炳忠、省水产局局长赵乃刚等。

1987 年 5 月，成立安徽省农业科学院水稻研究所。

1989 年 5 月，省农科院批准设立“蒙城马店试验站”。

1990 年 12 月，科研综合楼竣工，并投入使用。

1992 年 9 月，省编委批复，同意将“安徽省农业科学院蒙城豆类研究所”更名为“安徽省农业科学院豆类研究所”。

1994 年 11 月，省编委批复，同意将“安徽省农业科学院实验技术服务中心”更名为“安徽省农业科学院绿色食品工程研究所”。

1995 年 7 月，经省编委审核、省政府批准，成立“安徽省农业科学院原子能农业应用研究所”。

1996 年 2 月，省委书记卢荣景、省长回良玉到省农科院视察。

1997 年，杨剑波入选国家级“新世纪百千万人才工程”人选。

2000 年 12 月，省委、省政府授予省农科院“安徽省人才工作先进单位”称号。

2004 年，省农科院推荐的英国洛桑作物研究所首席专家休·麦卡特尼教授获 2004 年国家“友谊奖”。

2007 年，农业部科技发展中心公布，水稻研究所在农业部“十五”期间全国农业科研机构科研开发综合实力评估中，位居 1077 个农业科研单位中第 46 位。

2007 年，省农科院购买长丰岗集镇金岗村土地 73 公顷。

2008 年 3 月，杨剑波当选第十一届全国人大代表。

2008 年 4 月，“安徽省农业科学院农业科技创新中心”工程开工建设，建筑面积 13948 平方米，总投资 4369.2 万元。

2008 年 11 月，经省编办批复，省农科院绿色食品工程研究所更名为“安徽省农业科学院农产品加工研究所”，省农科院原子能农业应用研究所更名为“安徽省农业科学院农业工程研究所”。

2008 年，省政府授予省农科院“2008 年度小麦高产攻关活动先进单位”称号。

第二节　农业科技推广

种植业

双低油菜　1986—1987 年，以单低（低芥酸）优质油菜为主，双低油菜少量种植，在淮河以北油菜新区推广第一个低芥酸优质油菜新品种“皖油 410”，1985 年通过省级品种审定，1986 年通过河南省品种审定，是中国第一个跨省审定推广的优质油菜新品种，在安徽省阜阳、河南信阳等地区大面积推广，1986 年，获安徽省首届科技进步一等奖，并被确定为国家级重大科技成果。1988—1993 年，优质油菜生产出现较大滑坡，期间安徽省育成双低甘蓝型油菜品种“698 — 141”。1994—1997 年，以中双 4 号、华油杂3号为代表的双低油菜品种在产量方面已接近中油821，1997年达到10万公顷。期间安徽省育成双低甘蓝型油菜品种皖油10号、双低白菜型油菜品种皖油11号，皖油11号也是中国第一个双低白菜型油菜品种。

1998—2003年，安徽省双低油菜快速发展。1998年20万公顷，1999年30万公顷，双低油菜普及率30%，2003年，双低油菜普及率70%。期间安徽省自育双低杂交油菜品种7个，双低常规油菜品种1个。2008年，全省双低率90%以上。2004年，皖油14双低杂交油菜新品种获安徽省科学技术一等奖。

植物组织培养与脱毒技术　20世纪90年代起，阜阳农科所、黄山市科技站、池州农业技术推广中心、淮南市农科所、长丰县农技推广中心等分别开展甘薯、菊花、草莓等种苗组培快繁。组织培养技术作为现代农业的重要技术在全省广泛推广应用，先后获省科技进步奖多项：1982年，“应用花药培养育成粳稻新品种晚粳76”获安徽省农业科学院三等奖；1986年，“玉米雌雄幼穗组织再生植株及体细胞无性系研究”获安徽省科学技术进步三等奖；1992年，“体细胞变异育种方法的研究及辣椒、水稻两个新品种”获安徽省科学技术进步三等奖；1997年，“体细胞无性系变异选育耐热乌菜”获安徽省科学技术进步三等奖；1999年，“甘薯脱毒及脱毒苗快繁技术研究”获安徽省科技进步三等奖；2000年，“甘薯茎尖脱毒及快繁技术研究”获安徽省科学技术进步三等奖；2002年，“马铃薯脱毒微型薯种薯的生产及推广应用”获安徽省科技进步二等奖；“霍山石斛种苗、天麻种麻脱毒快繁和工厂化繁育技术的研究”项目获安徽省科学技术进步三等奖等。

超级稻推广　2000年，安徽省推广超级稻，全省育成Ⅲ优98是唯一推荐南方粳型杂交稻品种，新两优6号和丰两优4号是推荐9个籼型两系杂交稻品种中的2个。2005—2008年全省累计推广超级稻202.27万公顷，2008年，全省推广超级稻59.07万公顷，占水稻种植面积四分之一以上，比2005年增加17.33万公顷。2008年推广20多个超级稻品种中，推广3.33万公顷以上的有7个品种，其中安徽省育成的新两优6号和丰两优4号推广面积均在6.67万公顷以上。2008年全省超级稻平均亩产557千克，亩增56.1千克，增产稻谷48.6万吨，增值9亿元，项目区农民人均增收55元左右。

农业转基因生物安全管理　2003年，成立安徽省农业转基因生物安全管理领导小组，制定《安徽省农业转基因生物安全评价管理办法》，全省农业转基因生物安全管理员200多人。

畜牧兽医

家畜饲养管理技术推广　猪：20世纪80年代开始对“商品瘦肉猪生产配套技术”展开系列研究，提高养殖效率；90年代，在黄山市推广生猪生产综合配套技术，制定无公害集约化规模养殖配套技术，常年配种繁殖、产仔、育肥，均衡生产。2004年，省农科院畜牧所研制“猪场生产管理系统”，对猪场各种信息记录实现电脑化操作。牛：2010年，安徽省瀚森荷金来肉牛集团有限公司、凤阳大明牛业开展全混日粮（TMR技术）

应用,使用青贮、酒糟、秸秆加工技术、碳酸氢钠酸碱平衡剂添加技术,使肉牛养殖效益提高 20%。兔:1992 年,全省存栏长毛兔 1100 万只（含少量的肉兔、獭兔）,其中皖系长毛兔品种占存栏量 40% 以上、60% 是德系长毛兔、中系长毛兔及其杂交种。2004 年,全省兔总存栏 800 万只,其中獭兔占 30%。2006 年,经省农委批准,皖系长毛兔新品种更名为“皖江长毛兔”,单只兔毛年产量 1200 克以上,推广 10 余个省市 300 万余只。

家禽饲养技术推广　1986—1988 年,六安、宣城、广德、郎溪等地推广雁鹅人工孵化技术、雁鹅蛋及鸡蛋器械孵化技术;1987 年,滁州、安庆、芜湖等地推广栅上、网上养鸭技术;1986—1996 年,全省推广机械化、工厂化养鸡技术;1986—1990 年,推广雏鸡孵化技术、种鸡笼养、平养技术、机械化养鸡场通风技术及湿帘降温技术;1988—1994 年,六安市推广养鹅夜饲技术;1990—1996 年,六安市、巢湖市推广种草养鹅技术;1987—1991 年,长丰县进行大棚蔬菜、蘑菇、养鸡综合养殖技术示范推广; 1986—1990 年,推广全价配合料养鹅技术。1988 年 7 月,蒙城县推广鸡舍负压纵向通风、湿帘降温技术,解决夏季养鸡高温防暑问题。

饲料饲草技术推广　1995 年,全国秸秆养牛示范县技术推广大会在阜阳市召开,国务委员、国务院办公厅主任陈俊生到会讲话,掀起安徽省秸秆养牛高潮,玉米青贮技术成为常规技术。2000— 2008 年,省农科院畜牧所用微贮麦秸替代 25% 的青贮玉米、稻草微贮育肥试验;阜阳市畜牧技术推广站开展肉牛麦秸微贮技术饲养研究、蚌埠市蚂蚁山奶牛场用膨化稻草替代三分之一的麦草饲喂奶牛。

疫病防治技术推广　1988—1989 年,省农科院畜牧兽医研究所从巢湖地区的养鸭场分离出鸭病毒性肝炎病毒 2 株,经鉴定均为血清 I 型;1990 年培育出鸭病毒性肝炎 A66 弱毒株,用其制成的弱毒苗对雏鸭有良好的安全性和保护力,接种后产生抗体快,控制鸭病毒性肝炎病在安徽省及周边邻省爆发流行,获 1991 年度省科技进步三等奖。2006 年 5 月,郎溪县、广德县、宣城市宣州区等地发生猪高热病、8 月底疫情传遍全省养猪区域。2007 年 6 月初,该病再度发生。2007 年,农业部将该病认定为猪高致病性蓝耳病,并很快生产出预防猪高致病性蓝耳病灭活疫苗,用于该病预防。

农村能源技术推广　1989 年,在全省推广沼液浸种技术;1991—1996 年,在肥东县、亳州市、庐江县、岳西县、滁州市、阜南县、青阳县和六安县（现六安市）等组织推广农村能源综合建设技术,即在一个县的范围内,统一规划开发农村沼气、太阳能、微水能、风能等可再生能源利用技术,节约常规能源,开展生产节能等各项工作。农村户用沼气推广“猪—沼—粮”“猪—沼—菜”“猪—沼—果”等综合利用技术;1992 年,省农村能源办公室与省畜牧局在南陵县召开畜牧场兴办沼气工程经验交流会,在全省推广畜牧场沼气工程技术;1997 年,在全省推广城镇有机污水沼气净化工程技术,要求每个地、市、县都要兴建城镇有机污水沼气净化池示范工程;1998 年,省农村能源领导小组确定在淮北市郊区、阜南县、东至县兴建 3 处秸秆气化集中供气示范工程。随后,铜陵市郊区大通秸秆气化站、芜湖市三山区联群村（原为繁昌县三山镇小洲村）秸秆气化集中供气站相继建成，在全省组织推广农作物秸秆气化集中供气技术；2006年，省农委在淮南市毛集区召开全省秸秆利用现场会，推广秸秆固化成型技术及秸秆压块的使用，推广农作物秸秆能源化利用技术。

渔业

1986年1月，省水产局、安徽科技报社制作“稻田养鱼”彩色宣传画，印刷6万份，免费发放全省。1987年编印《安徽水产科普与信息》科普资料15.5万份。1988年，全省29个地、市、县建立水产技术推广站，共有在编人员152名、农民渔技员709名。2008年，全省水产技术推广机构787个、编制人数1623人、技术人员1265人，技术职称：高级59人、中级427人、初级741人。省水产技术推广站站长蒋雪英、省农科院水产研究所养殖室主任丁凤琴分别获1998年、2008年省政府特殊津贴。

池州市白沙湖渔场职工钱叶舟于1988年开始负责繁殖鳜鱼，年繁殖量1000万尾。1998年，钱叶舟投资200万元创办民营池州市清溪特种水产养殖研究所，当年建设环道池1组、3000立方米，繁殖翘嘴鳜鱼苗300万尾；2008年，建有环道池6组、3万立方米，繁殖“秋浦”牌秋浦花鳜6000万尾，销往苏、鲁、赣及东北地区。

农业机械化

小麦机械化播种　1991年，全省机播小麦72.33万公顷，亩节种5千克，节约成本1.2亿元。2008年，全省播种机36.35万部，小麦机播水平82%。

小麦机械化联合收获　1995年，全省割晒机和机动收割机保有量9.2万台。1996年起，农机部门组织跨区作业，激发农民购置联合收割机的积极性。2004年以后，国家实施购机补贴政策，农民购买联合收割机逐年增加，割晒机逐年下降。2008年，全省联合收割机7.77万台，机收小麦231.8万公顷，机收水平96.6%。割晒机保有量2002年37.6万台，2008年13.7万台。

水稻机械化耕整地　1990年，安徽南陵县机械厂批量生产“神牛”牌水田耕整机。1992年5月28日，安徽省南方水田耕作机械化技术推广现场会在无为县召开，副省长汪涉云到会。1995年，全省累计推广水田耕整机2万台（套），全省水田机械化耕整水平近20%。2008年，水田机械化耕整水平97.56%。

水稻机械化收割　1996年，东至县七里湖镇顺风口村农民袁由理、王文江购买一台日本“洋马”联合收割机，收割133.33公顷水稻。1997年，全省联合收割机3000多台，水稻机收面积31.78万公顷。2008年，全省稻麦联合收割机76721台，水稻机收水平80.2%。

丰收计划

1987年3月，农牧渔业部和财政部共同制定和组织实施“丰收计划”。“丰收计划”是以提高经济效益为中心，把国内外现有科研成果和先进技术综合应用到大面积、大范围生产中去，以达到稳产、高产、低消耗、高效益的目的。实施项目范围包括种植业、畜牧业、水产业和农机等各业的先进实用科研成果和先进技术的推广。凡是可以使农牧渔业生产增加产值，改进品质，提高劳动效益，减少消耗，降低成本，减轻劳动强度，提高资源利用和有利于环境保护，以及提高经济效益、社会效益、生态效益并能在大范围应用的科研成果和先进技术，均可列入“丰收计划”。

截至1999年，安徽省承担农牧渔业“丰收计划”项目近200项，年推广先进适用技术1733.33万公顷次以上，重点推广优良新品种及综合配套技术、水稻旱育稀植及抛秧、薯类及水果脱毒栽培、优质稻麦、双低油菜、抗虫棉、保护地栽培、秸秆快速腐熟利用、精量播种、种子包衣、农作物病虫害综合防治、生物防治、优质牛羊及配套饲养技术、三元杂交猪、种草养畜禽、网箱养殖、稻田养殖、农机节本增效等。“丰收计划”实施效果明显，1999年，全省良种覆盖率93%；水稻旱育稀植近133.33万公顷，占全省水稻面积的三分之二；优质米133.33万公顷、优质麦13.33万公顷、优质油菜26.67万公顷；农地膜覆盖推广120万公顷，居全国第3位；甘薯脱毒推广38万公顷，占全省甘薯面积80%以上；全省猪、牛、羊、禽良种普及率分别为90%、80%、60%、90%以上；名特优水产品产量占总产20%以上。

星火计划

1985年，国家科委召开第一次全国“星火计划”工作会议，确定目标宗旨、指导原则和组织管理办法，宣布在全国范围内正式实施“星火计划”。1986年，“星火计划”写入中央1号文件，对推动各地依靠科技振兴农村经济起到决定性作用。“星火计划”的宗旨是把先进适用技术成果向广大农村推广，指导农民依靠科技振兴农业，发展农村经济，引导乡镇企业依靠科技进步稳步健康发展。

安徽省科委于1986年正式启动实施国家和省级“星火计划”项目，围绕种养业、农副产品加工业和农林土特产种植加工、资源综合利用等领域。至2008年末，共安排“星火计划”项目2840项，投入22.48亿元（其中政府引导投入1.32亿元、银行贷款11.2亿元、企业自筹9.6亿元），支持1210个农村乡镇企业和农业组织，推广2530项先进适用技术成果，开发1160个新产品，建立950个示范基地。20年来，累计新增产值210.8亿元、新增利税22.3亿元、节创汇2.12亿美元、培训农村各类技术和乡土人才293.2万人次。

第三节 农科教结合

1988年，省委书记卢荣景在休宁县调研，肯定溪口镇办职业高中推动经济发展的经验：“大力发展职业高中，实现农科教多位一体，学校培养的人才有了用武之地，科技、教育有了用场，也得到实惠，这是一举三得，值得推广。这项工作我是看准了，看准的事我要不失时机地抓下去。”

1989年3月，安徽省农科教统筹协调领导小组正式成立（皖政办函〔1989〕19号），领导小组下设办公室，挂靠省教委。1989—1994年，省政府重点抓黄山、滁州两个农科教试验区、11个试点县和102个试点乡（镇）、112个农科教致富示范村。至1995年，省、地（市）、县各级领导建立联系点520个。1995年，省政府启动“2111示范工程”：全省重点抓好黄山、滁州两个地级市、10个示范县、100个示范乡镇和1000个示范村，带动全省农科教结合上规模、上层次、上水平。1999年，黄山市被列为12个全国农科教结合示范区（地市级）之一、教育部定点示范区；滁州市被列为教育部全国农村教育综合改革联系区；有5个市、21个县跨入省级农科教结合示范区行列、150个乡（镇）被命名为省级农科教结合示范乡（镇），全省有休宁县、宁国市、阜阳市颍州区、铜陵县4个县（市、区）和31个村被列入“全国科教兴村计划试点单位”。1999年9月，农业部、教育部、中国科协在阜阳市颍州区召开全国第五次科教兴村计划试点经验交流暨研讨会，安徽省科教兴村计划纳入农科教统筹的做法被誉为全国五种科教兴村模式之一。2000年，安徽省列入“全国农科教结合百千万示范工程”的县有6个（休宁县、歙县、阜阳市颍州区、濉溪县、凤台县、芜湖县），示范乡（镇）81个、示范村165个。

1989年10月，中共中央政治局常委宋平、国务院副总理李岚清和全国人大常委会副委员长孙起孟先后到安徽视察农科教结合情况。宋平指出：“我们一定要走科技兴农的路子，使农业、科技、教育三者结合，既可挖掘农业潜力，又可造就人才，提高劳动者素质。”孙起孟指出：“农科教合一，也为两个文明一起抓的方针，提供了很值得重视的有益经验。”李岚清指出：“安徽首创的农科教结合这个经验很好，要在全国加快推广。”

1990年5月7—11日，农业部、林业部、国家科委、国家教委和中国农业银行等部（委、行）在滁县召开部分省市农科教结合座谈会，充分肯定安徽经验。1992年1月11日，全国农科教结合座谈会上国务委员陈俊生说：“安徽的同志说得好，实行农科教结合，体现了农业发展靠科技、科技进步靠人才、人才培养靠教育这样一种现代农业发展的内在规律。”1990年，安徽组建安徽省农科教讲师团。1996年，有省、市、县、乡讲师团，共有成员3万人。各级讲师团由农科教办公室统筹调度，承担实用技术评选、科技推广和重点科技项目的承包。

1994年6月，安徽省委、省政府决定把农科教结合由点上实验转到面上推广，实行整体推动，农科教统筹协调领导小组成员单位扩大到省直23个部门。1994年，设立“安徽省科教兴农奖”。1995年，经省政府批准，开展省级农科教工作考评，考评结果排序公布，对得分前5名的市和前10名的县给予表彰和奖励。1996年，省委、省政府1号文件要求“加大农科教统筹结合力度，做到机构、人员、经费三落实”。全省16个地市和80多个县（市、区）成立农科教统筹协调领导组织和办事机构，工作经费得到保证。1996年，依托安农大成立省农科教指导与服务中心，至2000年，省农科教中心建立农科教音像制作室和教材库、人才库、信息库，开通农技咨询热线电话，全省17个市和60多个县、500多个乡（镇）设立农科教中心。

2000年，省政府机构改革，省农科教统筹协调领导小组办公室的挂靠单位由省教育厅转挂靠省农委，农民培训、科技推广经费大幅增加。2008年，省农委牵头建立由省有关单位参加的农科教协作联席会议制度，成员单位有省农委、省科技厅、省农科院、安农大、省农垦集团、合肥工业大学、安徽大学等 7 个单位。

据不完全统计，1989—1998 年，全省农科教结合示范地区共培训农民 3000 多万人次，推广应用科技成果和实用技术 2300 多项次，产生直接经济效益 230 亿元。1990—2008 年，全省通过实施绿色证书培训、跨世纪青年农民科技培训工程、农村劳动力转移培训阳光工程、新型农民科技培训工程等项目，培训新型农民 257.51 万人。1997—2008 年，每年通过送科技下乡、远程培训农民 1500 万人次。

全省农科教结合取得的研究成果：1986 年，国家教委、中国陶行知研究会在黄山市建立“陶行知教育思想和教育改革实验区”，编印出版《安徽农科教结合理论研究与实践》《农科教结合之路》；1999 年，省农科教办公室参与编写的《中国农科教结合的理论与实践》出版发行；2003 年，省农科教办公室组织开展全省科教兴农及农科教结合调研活动，获奖报告汇编形成《科教兴农对策探讨》。

第二章　农业职业教育与培训

第一节　高等职业教育

院校撤并

2000年8月，安徽省芜湖农业学校整建制并入芜湖职业技术学院，撤销原安徽省芜湖农业学校的建制，徐建平任院长。

2001年6月，宿州农业学校撤销，单独升格为宿州职业技术学院，王心建任院长。

2001年6月，六安农业学校与六安农机校、六安第一职高、六安财校合并成立六安职业技术学院，宋新国任院长。

2002年，池州农业学校撤销，与池州师范学校、职业教育中心合并成立池州职业技术学院，章顺来任院长。

2002年，巢湖卫生学校、巢湖农业学校（省土地管理学校）、巢湖财校合并成立巢湖职业技术学院。

2003年，安庆农业学校撤销，与原安庆师范学院东一区、安庆师范学院东二区、安庆市财贸学校合并成立安庆市职业技术学院，余祖文任院长。（表9-2-1、表9-2-2）

招生和毕业生

2000—2008年，经过升格后的4所职业技术学院（宿州、芜湖、池州、六安）统计，累计招收高职学生36707人，其中每年招生人数分别为1497人、2827人、3048人、3032人、4301人、5352人、5377人、6077人、6713人，分别占招生总数4.08%、7.7%、8.30%、8.26%、11.72%、14.58%、14.59%、16.56%、18.29%。2001—2008年，宿州、芜湖、池州、安庆、六安等5所高等职业技术学院高职毕业生累计20948人，其中农业专业5691人，非农专业15257人，分别占毕业生总数27.17%和72.83%。在5691名涉农专业毕业生中，其中农学专业890人、植保专业565人、果树专业278人、园艺专业677人、蔬菜专业45人、畜牧专业662人、兽医专业391人、农业会计953人、其他农业专业1230人，分别占涉农专业毕业生总数15.64%、9.93%、4.88%、11.90%、0.79%、11.63%、6.87%、16.75%、21.61%。（表9-2-3、表9-2-4）

2008 年安徽省高等职业学院和中等农业学校简明情况一览表

表 9-2-1

学校名称	校址	主管部门	建校时间	基本学制	现设专业	学校占地面积（亩）	校舍总面积（平方米）	现有职工		在校学生总数	备注
								职工总数	其中教师		
宿州职业技术学院	宿州市宿符路206国道西侧	宿州市政府	1950 年 2 月	3 年		579.3	103434	311	220	6029	由原宿县农业学校升格
芜湖职业技术学院	安徽省芜湖市银湖北路 62 号	芜湖市政府	1983 年 10 月	3 年	44	1247	340130	657	477	11502	合并建院
池州职业技术学院（园林系、生物技术系）	池州市建设西路389 号	池州市政府	2002 年	3 年	5	607	21620	36	21	509	合并建院
安庆职业技术学院	开发区	安庆市政府	2003 年 6 月	3 年	6	744	16000	317	185	7497	合并建院
六安市职业技术学院	六安市北二十铺	六安市政府	2001 年 6 月	3 年	32	1500	218285	320	235	8490	合并建院
巢湖职业技术学院阜阳农校	颍泉区欧阳修路351 号	阜阳市农委	1951 年	3 年	7	160	53350	125	58	1699	
安徽省黄山茶业学校	黄山市屯溪区高枧街10 号	黄山市农委	1918 年	3 年	6	108	20340	77	56	706	
安徽生物工程学校	合肥市农科南路 48 号	安徽省农委	1986 年 12 月	3 年	6	30	19321	62	42	1527	
安徽电气工程学校	合肥市长江西路539 号	安徽省农机管理局	1956 年 7 月	3 年	12	157.8	56834.33	159	80	4446	
安徽机电工程学校	安徽省凤阳县长春路 5 号	安徽省农机管理局	1963 年	3 年	6	84	32968.9	88	54	2800	

2008 年安徽省高等职业技术学院涉农专业在校学生情况统计表

表 9-2-2　　单位：人

校　名	毕业生数	招生数	三年制在校生				其他学制
			小计	一年级	二年级	三年级	
宿州职业技术学院	1476	2321	6029	2321	2067	1641	
芜湖职业技术学院	3254	4028	11502	4028	3973	3501	
池州职业技术学院院（园林系、生物技术系）	242	214	509	214	124	171	
安庆职业技术学院	850	2900	5900	2900	1800	1200	
六安职业技术学院	100	150	350	150	100	100	含五年制高职
巢湖职业技术学院	1978	2293	6497	2293	2300	1904	
合　计	5922	9613	24290	9613	8064	6613	0

2000—2008 年安徽省高等职业技术学院涉农专业招生统计表

表 9-2-3　　单位：人

学校＼年份	2000	2001	2002	2003	2004	2005	2006	2007	2008	合计
宿州职业技术学院	—	758	406	554	651	1216	1657	1931	2321	9494
芜湖职业技术学院	1497	1619	2207	2203	3333	3794	3560	3975	4028	24719
池州职业技术学院（园林系、生物技术系）	—	—	135	75	117	242	40	71	214	894
六安职业技术学院	—	450	300	200	200	100	100	100	150	1600
累计	1497	2827	3048	3032	4301	5352	5357	6077	6713	36707

2001—2008年安徽省高等职业技术学院涉农专业毕业生统计表

表 9-2-4　　单位：人

学校	年度	合计	农学	植保	果树	园艺	蔬菜	茶叶	蚕桑	畜牧	兽医	农业会计	其他农业专业	其他非农专业
宿州、芜湖、池州、安庆、六安职业技术学院	2001	2272	330	132	0	36	0	0	0	50	93	150	456	1025
	2002	2265	315	125	0	82	45	0	0	66	78	236	279	1039
	2003	1830	75	61	0	78	0	0	0	0	85	81	90	1360
	2004	2204	101	133	32	0	0	0	0	171	34	105	72	1556
	2005	1532	8	27	30	83	0	0	0	60	22	93	23	1186
	2006	2641	17	0	18	114	0	0	0	99	18	73	142	2160
	2007	3896	3	0	16	61	0	0	0	71	10	78	22	3635
	2008	4308	41	87	182	223	0	0	0	145	51	137	146	3296
累计		20948	890	565	278	677	45	0	0	662	391	953	1230	15257

第二节　中等职业教育

中等职业学校

1996年，国家取消毕业生分配制度，中等职业学校生源减少，省农业厅直属的8所农业中专学校（宿州农校、芜湖农校、池州农校、安庆农校、六安农校、巢湖农校、阜阳农校、黄山茶校），有5所农校与其他院校合并，升格成立高等职业技术学院，有1所农校独立升格为职业技术学院（宿州农校）。2003年，全省农业中专有阜阳农校、黄山茶校、水产学校、安徽省电气工程学校、安徽省机电工程学校。

宿县地区农业学校建于1950年2月，1999年6月更名为安徽省宿州农业学校（后简称宿州农校）。1998年，宿州农校招生850人，毕业生510人，在校生2038人；2000年，有教师104人，2008年，宿州农校有教师220人。2001年6月，宿州农业学校升格为宿州职业技术学院。

芜湖农业学校建于1952年，由芜湖市中级农业技术学校改名而来，1969年，学校迁移当涂县。1977年11月，恢复芜湖农业学校，1978年更名为安徽省芜湖农业学校（后简称芜湖农校）。曾开设农学（二年制）、蔬菜（二年制）、牧医（三年制）等专业。1977年招生数为500人，毕业生275人，在校生1108人。2000年学校教职工121人。2000年8月，芜湖农校并入芜湖职业技术学院。

池州农业学校（后简称池州农校）建于1948年，位于东至县大渡口。开设农学、牧医、园艺等专业。2001年招生数为172人、毕业生399人，在校生有642人。2002年，池州农校与池州师范学校、职业教育中心合并成立池州职业技术学院。

安庆农业学校（后简称安庆农校）建于1977年，位于安庆市华中西路，开设农学、植保、财会等专业。2000年有教师72人。2002年招生数为200人，在校生有700人。2003年安庆农校撤销，与原安庆师范学院东一区、安庆师范学院东二区、安庆市财贸学校合并成立安庆市职业技术学院。

六安农业学校（后简称六安农校）建于1958年，开设农学、畜牧兽医、农村能源等专业。2000年招生数为570人，毕业生470人，在校生1670人（含五年制高职），教师120人。2001年6月，六安农校与六安农机校、六安第一职高、六安财校联合成立六安职业技术学院。（表9-2-6）

安徽省阜阳农业学校（后简称阜阳农校）建于1951年，校园占地160亩，建筑面积53350平方米。2008年，在校学生2560人，教职工总数125人。

安徽省屯溪茶业学校建于1918年，前身是“省立第一茶务讲习所”，1953年，改名为安徽省屯溪茶业学校，位于黄山市屯溪区，占地108亩，2008年有教职工90人，其中专任教师53人，教师中高级讲师10人，讲师11人，助理讲师21人，设茶叶、农学、蚕桑、园艺、企业管理、会统、多经专业。1998年8月，安徽省屯溪茶业学校更名为安徽省黄山茶业学校（后简称黄山茶校）。

安徽水产学校建于1986年，位于合肥市农科南路48号，占地30亩，开设淡水养殖、淡水捕捞、水产品加工等专业，学制三年，面向全省招收初中毕业生。2008年，在校学生1588人、函授生53人，教职工62人，其中教师42人。

安徽合肥农业机械化学校（后简称合肥农机校）建于1956年，1999年7月更名为安徽省农业机械化学校（后简称省农机校），校园面积157.8亩，2002年4月，更名为安徽省电气工程学校，国家级重点学校。2008年，有教职工159人，其中教师80人，在校生4446多名，开设汽车制造与维修、机电技术应用、电子技术应用、数控技术应用、现代文秘、财务会计、计算机网络技术等12个专业。

安徽机电工程学校，原名安徽省凤阳农业机械化学校（后简称凤阳农机校），隶属省农业机械管理局。建于1961年，2003年更名为安徽机电工程学校，校园面积84亩。2008年，教职工88人，其中教师54人，在校生2800人。（见表9-2-7）

中等职业教育管理

1986年，安徽省8所农、茶校实行省和地（市）两级业务主管部门管理，所在地（市）主管人事、经费、党团、工会，省厅主管发展规划、基建投资、招生、毕业生分配计划和教学工作。

2001年以后，全省农业中专管理体制调整，黄山茶校、阜阳农校调整前隶属于省农业厅和阜阳行署双重领导，之后隶属于所辖市人民政府，并由本地（市）农委行政代管，业务上接受省农委技术指导。黄山茶校内部实行校长负责下的全员民主聘任管理体制。

1985年12月23日，省教育厅教计字（〔85〕115号）文批准省水产局在合肥筹建安徽水产学校。1986年4月22日，省农科院、省水产局根据省长王郁昭关于“成立水产学校是好事，应当支持，学校同水科所在一起，学校给编制，研究所内设推广员，可以实行科研、教学、推广三部分力量轮换制”的批示精神，作出《关于联合建立“安徽水产科研、教学、推广中心”的决定》（农科水字〔86〕045号、渔生字〔86〕070号）。2003年3月，省教育厅报经省政府批准安徽水产学校更名为安徽生物工程学校。

1986—2005年，全省共有农机中等职业技术学校4所，即省农机校（合肥农机校）、凤阳农机校、六安农业机械化学校（后简称六安农机校）、阜阳农机技工学校（简称阜阳农机校）。省农机校、凤阳农机校、阜阳农机校为省农机局直属学校，六安农机校业务管理在省局，其他管理属地方。2001年7月10日，六安农机校和六安农校合并，建立六安职业技术学院；2003年，阜阳农机技工学校划归阜阳市劳动局。

2000年，省10所中专学校教师累计901人，其中宿州农校教师104人、芜湖农校121人、池州农校43人、安庆农校72人、六安农校120人、阜阳农校66人、黄山茶校87人、水产学校58人、省农机校180人、凤阳农机校50人。1997—1999年，在校生合计14558人，其中宿州农校2147人、芜湖农校1350人、池州农校1099人、安庆农校1040人、六安农校1613人、阜阳农校1998人、黄山茶校1059人、水产学校655、省农机校1424人、

凤阳农机校 970 人。（表 9-2-7）

2000 年，省 10 所中等农业学校 901 人师资中，高级讲师 118 人、讲师 327 人，助讲及以下 294 人，分别占总人数 13.1%、36.29%、32.63%；学历构成：研究生以上 10 人、本科生 533 人、大专及以下 351 人，分别占总人数 1.11%、59.16%、38.96%（表 9-2-7）。

2000 年，省 10 所中等农业学校教学用房合计总面积 89592.9 平方米，其中教室 47254 平方米、实验室 19487 平方米、图书阅览室 12308 平方米、教研办公室 7440 平方米，分别占总面积 52.74%、21.75%、13.74%、8.3%；生活用房合计总面积 142004 平方米，其中学生宿舍 60605 平方米、学生食堂 14403 平方米、教工宿舍 41301 平方米、教工食堂 1620 平方米、浴室 1790 平方米，分别占生活用房总面积 42.68%、10.145%、29.08%、1.14%、1.26%、15.76%。（表 9-2-8）

2008 年，阜阳农校、黄山茶校、水产学校、省农机校、凤阳农机校等 5 所中专学校统计师资为 444 人，其中副教授 100 人、讲师 119 人、助讲及以下 116 人，分别占总人数 22.52%、26.8%、26.1%；学历构成为：研究生以上 9 人、本科生 210 人、大专及以下 127 人，分别占总人数 2.03%、47.3%、28.6%。（表 9-2-7）

2008 年，经阜阳农校、黄山茶校、安徽生物工程学校、安徽电气工程学校、安徽机电工程学校等 5 所中等学校统计，5 所学校教学用房共计 7.24 万平方米，其中教室 4.51 万平方米、实验室 1.81 万平方米、图书阅览室 0.35 万平方米、教研办公室 0.245 万平方米，分别占总面积 62.31%、24.95%、4.83%、3.38%；生活用房合计总面积 8.32 万平方米，其中学生宿舍 4.29 万平方米、学生食堂 0.87 万平方米、教工宿舍 2.60 万平方米、教工食堂 1220 平方米、浴室 1032 平方米，分别占生活用房总面积 51.62%、10.43%、31.29%、1.47%、1.24%。其他用房合计 1.05 万平方米。（表 9-2-9）

招生和毕业生　经宿州农校、芜湖农校、池州农校、安庆农校、六安农校、阜阳农校、黄山茶校、水产学校、合肥农机校、凤阳农机校、六安农机校等 11 所中专学校统计，1987 年至 2000 年 14 年间，11 所中专学校招生人数累计 38658 人，其中每年分别招收 1175 人、1213 人、1800 人、1300 人、1410 人、2000 人、2466 人、2610 人、3262 人、3518 人、4253 人、4969 人、5336 人、3346 人；分别占招生总数 3.12%、2.74%、3.89%、3.18%、3.72%、5.61%、5.44%、6.78%、8.19%、8.74%、10.66%、11.51%、13.29%、13.13%。（表 9-2-10）

经阜阳农校、黄山茶校、安徽生物工程学校、安徽电气工程学校、安徽机电工程学校等 5 所中专学校统计，从 2001 年至 2008 年 8 年间，5 所中专学校招生人数累计 19870 人，其中每年为 712 人、864 人、1600 人、1804 人、2706 人、3808 人、3756 人、4620 人，每年招生数分别占招生总人数 3.58%、4.35%、8.05%、9.08%、13.62%、19.16%、18.9%、22.25%；5 所中专学校毕业生人数累计 14607 人，其中每年为 1941 人、2011 人、785 人、785 人、950 人、1952 人、2730 人、3453 人，每年毕业生数分别占毕业生总数 13.29%、13.77%、5.37%、5.37%、6.5%、13.36%、18.69%、23.64%。（表 9-2-11）

2000年，黄山茶校与安徽农业大学联合办学，招收园林、茶叶、食品专业高等职业学生，共247人。

据宿州农校、芜湖农校、池州农校、安庆农校、六安农校、阜阳农校、黄山茶校、合肥农机校、凤阳农机校等9所中专学校统计，1987年至2008年（不含升格后的高职），各专业累计毕业生39644人，其中农业专业28988人，非农业专业10656人，分别占毕业生总数73.12%、36.76%。在28988名农业中专毕业生中，各专业毕业生合计分别为：农学专业4906、植保专业1052人、果树专业426人、园艺专业2133人、蔬菜专业740人、茶叶专业1323人、蚕桑专业1114人、畜牧专业1334人、兽医专业1127人、农业会计专业2487人、其他农业专业12346人，分别占农业专业毕业生总数16.92%、3.63%、1.47%、7.36%、2.55%、4.56%、3.84%、4.60%、3.89%、8.58%、42.59%。（表9–2–12）

1985年，根据农牧渔业部、教育部《关于农业中专招收不包分配班纳入国家计划通知规定》规定，不包分配班由省农牧渔业厅单独招生考试，择优录取，毕业时考试合格者，承认学历，发毕业文凭。当年，阜阳农校试行招收畜牧兽医不包分配班40人。1986年，芜湖农校面向芜湖市3县（芜湖县、繁昌县、南陵县）和郊区及青阳县招收畜牧兽医不包分配中专班41人。1987年，宿县农校与灵璧县人民政府协商，签订协议，采取县校共管形式，招收不包分配农业综合班40人。1988年，六安农机校、凤阳农机校招收自费生，不包分配。1996年，中专学校取消统招、自费统招、委培、定向等，改为并轨招生，全部收取部分学费，学生毕业仍由国家统一分配。1995年之前，农机化专业招收四年制学生，统招统分。1996年招生并轨以后，各专业均招收三年制学生，不包分配。2003年，农业中专学校开始春秋两季招生。

2000年，中等职业教育学校招生严重滑坡，农业类中等职业学校更是生源稀少，招生困难。宿州农校招收393人、池州农校60人、安庆农校164人、阜阳农校198人、黄山茶校91人、安徽省生物工程学校102人、合肥农机校招收188人，凤阳农机校招收83人，六安农机校招收150人。

1986年，屯溪茶业学校改招自费园艺统分中专班。1988年，增办农业会计职业中专班。1989年，增办委培不包分配多经中专班，乡镇企业管理中专班。1990年增办多种经营技工班。1993年增办食品科学中专班。1995年，安农大成人教育学院，在茶校设立大专函授教学点，招收农业推广、园林、旅游管理、茶学、蚕学、园艺6个专业函授学员，截至2006年共有毕业生182人。

1986年，水产学校开设淡水养殖、淡水捕捞、水产品加工等专业，学制四年，面向全省招收初中毕业生。1985年，第一届学生由池州农校水产专业班整建制转移合肥，学制四年。1988年、1989年分别毕业40名水产专业学生（1988年增招收代培生30余名）。1993年增设渔政管理专业，2个班、计60人。1997—2008年，承办农业部特种行业职业技能鉴定站，设13个工种，共鉴定1386人。2008年，学校办学规模1800人（包括联办），其中淡水养殖专业5人，至2008年，共毕业水产专业毕业生2031名。

安徽电气工程学校于2001年停招农机化专业，安徽机电工程学校于2000年停招农机化专业。至2006年，两所中专学校均没有涉农专业。

安徽省中等农业学校在校学生情况统计表（升格前一年）

表9-2-6　　单位：人

校　名	毕业生数	招生数	三年制在校生				其他学制
			小计	一年级	二年级	三年级	
宿州农业学校	510	850	2038	850	698	490	—
安徽省芜湖农业学校	257	500	1180	427	323	430	—
池州农业学校	399	172	642	172	100	370	—
安庆农业学校		200	700	200	200	300	—
六安农业学校	470	570	1670	570	630	470	含五年制高职
合　计	1636	2292	6230	2219	1951	2060	—

2000 年、2008 年安徽省中等农业学校教师情况统计表

表 9-2-7　　　　单位：人

校　名	2000年							2008年							
	总人数	其中教师职称构成			其中学历构成			总人数	其中教师职称构成				其中学历构成		
		高讲	讲师	助讲及以下	大专及以下	本科	研究生及以上		教授	副教授	讲师	助讲及以下	大专及以下	本科	研究生及以上
宿州职业技术学院	104	13	46	45	36	68		220		41	92	87	2	182	36
芜湖职业技术学院	121	16	36	28	51	70	0	657	4	133	254	266	11	368	278
池州职业技术学院（园林系、生物技术系）	43	4	21	18	10	33		21		8	10	3	2	10	9
安庆农业学校	72	16	26	30	9	63		210	1	35	80	50	44	161	15
六安职业技术学院	120	15	60	45	25	85	10	260	1	43	110	106	30	175	15
阜阳农校	66	26	25	15	16	50		58		26	22	10	5		
安徽省黄山茶业学校	87	14	35	28	57	30		77		24	25	11	36	40	1
安徽水产学校	58	6	21	24	13	38		62		11	22	16	14	39	
安徽电气工程学校（省农机校）	180	7	31	38	108	72		159		20	32	28	55	96	8
安徽机电工程学校（凤阳农机校）	50	1	26	23	26	24		88		19	18	51	17	35	
合　计	901	118	327	294	351	533	10	1812	6	360	665	628	216	1106	362

2000年安徽省中等农业学校校舍统计表

表9-2-8　　单位：平方米

校名	教学用房					生活用房							其它用房		
	合计	教室	实验室	图书阅览室	教研组办公室	合计	学生宿舍	学生食堂	教工宿舍	教工食堂	浴室	其它	合计	办公室	其他
宿州职业技术学院	12770	7640	2450	1700	980	30325	11220	2350	1775		950	14030	4989	704	4285
芜湖职业技术学院	5642	4150	892	356	244	13843	5084	1181	3709		200	3669	4978	504	4474
池州职业技术学院（园林系、生物技术系）	5500	3000	1500	800	200	10320	3500	1200	5500		120		5800	1800	4000
安庆农业学校	9690	4790	1000	1500	2400	5617	3748	1620	249				5078	1992	3086
六安职业技术学院	15190	5792	3350	5222	1000	14480	6080	3000	4000	400	/	1000	1637	1337	300
阜阳农业学校	10333	4953	3300	1680	400	21625	10964	1486	8182	993			2360	2360	
安徽省黄山茶业学校	8689	3343	3240	540	1566	13843	5451	937	5138	227	220	1870	2458	2066	392
安徽生物工程学校	6920	5900	600	300	120	11721	7500	1500	2400		200	121	680	580	100
安徽电气工程学校（省农机校）	8582.9	6756.4	1236.5	60	530	15740	3057.5	929	10068			1686	2905	2905.3	
安徽机电工程学校（凤阳农机校）	6276	930	1918	150		4490	4000	200	280		100		300	300	
总　计	89592.9	47254	19487	12308	7440	142004	60605	14403	41301	1620	1790	22376	31185	14548	16637

2008 年安徽省中等农业学校校舍统计表

表 9-2-9　　单位：平方米

校　名	教学用房					生活用房							其他用房		
	合计	教室	实验室	图书阅览室	教研组办公室	合计	学生宿舍	学生食堂	教工宿舍（产权属学校）	教工食堂	浴室	其他	合计	办公室	其他
阜阳农校	28063	22683	3300	1680	400	25825	14314	2336	8182	993			2360	2360	
安徽省黄山茶业学校	8689	3343	3240	540	1566	9193	5451	937	688	227	220	1870	2458	2066	392
安徽生物工程学校	6920	5900	600	300	120	9441	7500	1500	120		200	121	680	580	100
安徽电气工程学校（省农机校）	22437.9	12248	9000	829.5	360	29725	11659	800	16753.4		512		4672	4086.5	585.16
安徽机电工程学校（凤阳农机校）	6276	930	1918	150		8974	4000	3100	280		100		300	300	
总　计	72385.9	45104	18058	3499.5	2446	83158	42924	8673	26023.4	1220	1032	1991	10470	9392.5	1077.2

1987—2000 年安徽省中等农业学校招生及毕业生统计表

表 9-2-10　　单位：人

学　校	年份	1987	1988	1989	1990	1991	1992	1993	1994	1995	1996	1997	1998	1999	2000	合计
宿州农业学校	招生数	235	200	232	276	160	291	234	480	531	579	609	721	817	393	5758
安徽省芜湖农业学校	招生数	80	80	76	80	120	280	310	240	240	400	450	400	500	1497	4753
池州农业学校	招生数	81	80	120	105	110	120	147	200	274	290	330	399	370	60	2686
安庆农业学校	招生数	120	120	160	80	240	200	240	280	280	280	320	320	400	164	3204
六安农业学校	招生数	122	79	208	108	130	255	181	185	349	237	470	513	630	570	4037

续表 9-2-10

学　校	年份	1987	1988	1989	1990	1991	1992	1993	1994	1995	1996	1997	1998	1999	2000	合计
阜阳农业学校	招生数	131	81	318	86	160	206	428	273	257	300	400	656	942	198	4436
黄山茶业学校	招生数								239	287	259	342	398	319	91	1935
安徽生物工程学校	招生数	176	154	132	141	126	131	171	163	162	143	198	234	223	102	2256
安徽电气工程学校省农机校）	招生数	120	96	234	125	167	176	282	180	392	411	496	521	407	188	3795
安徽机电工程学校（凤阳农机校）	招生数	40	140	220	150	80	210	250	170	200	329	290	370	310	83	2842
六安农业机械学校	招生数	70	183	100	149	117	131	223	200	290	290	348	437	418		2956
合　计	招生数	1175	1213	1800	1300	1410	2000	2466	2610	3262	3518	4253	4969	5336	3346	38658
	毕业生数	868	1258	1243	1370	1265	1989	1460	1736	2236	2604	2517	3193	3484	3838	29061

2001—2008 年安徽省中等农业学校招生及毕业生统计表

表 9-2-11　　单位:人

学　校	年份	2001	2002	2003	2004	2005	2006	2007	2008	合 计
阜阳农校	招生数	140	133	74	85	111	170	135	1394	2242
	毕业生数	656	942	198	140	133	74	85	111	2339
黄山茶业学校	招生数	85	22	33	23	34	342	208	204	951
	毕业生数	334	299	41	49	25	58	272	278	1356
安徽生物工程学校	招生数	118	98	127	140	113	409	718	400	2123
	毕业生数	118	98	127	140	113	409	718	400	2123
安徽电气工程学校省农机校）	招生数	252	225	911	1140	1355	1836	1590	1557	8866
	毕业生数	463	362	336	339	293	956	1239	1571	5559

续表 9-2-11

单位：人

学校	年份	2001	2002	2003	2004	2005	2006	2007	2008	合计
安徽机电工程学校（凤阳农机校）	招生数	117	386	455	416	1093	1051	1105	1065	5688
	毕业生数	370	310	83	117	386	455	416	1093	3230
合计	招生数	712	864	1600	1804	2706	3808	3756	4620	19870
	毕业生数	1941	2011	785	785	950	1952	2730	3453	14607

1987—2008 年安徽省中等农业学校毕业生统计表

表 9-2-12

单位：人

年度	合计	农学	植保	果树	园艺	蔬菜	茶叶	蚕桑	畜牧	兽医	农业会计	其他农业专业	其他非农专业
1987	751	279	79	39	0	40	0	0	81	41	40	152	0
1988	984	319	80	40	0	31	0	0	78	81	123	232	0
1989	1127	286	40	40	0	39	0	0	80	40	162	386	54
1990	867	334	77	84	0	40	0	0	58	41	0	193	40
1991	1070	306	40	40	40	40	0	0	80	80	168	222	54
1992	1851	333	78	0	120	79	40	90	80	120	120	555	236
1993	1234	309	40	33	117	81	80	0	0	102	40	367	65
1994	1478	246	75	39	80	79	80	124	80	41	122	385	127
1995	2038	278	40	24	78	81	91	229	80	0	68	807	262
1996	2731	208	40	48	168	70	205	238	0	72	294	1013	375
1997	2574	338	80	39	157	40	215	164	38	185	315	594	409
1998	3242	383	80	0	293	40	218	161	37	0	452	952	626

续表 9-2-12

单位:人

年度	合计	农学	植保	果树	园艺	蔬菜	茶叶	蚕桑	畜牧	兽医	农业会计	其他农业专业	其他非农专业
1999	3606	428	160	0	331	80	207	75	39	178	386	1103	619
2000	3701	425	91	0	283	0	101	31	50	87	162	1179	1292
2001	1886	182	0	0	217	0	32	0	50	33	35	755	582
2002	1797	212	0	0	172	0	33	2	146	25	0	767	440
2003	658	36	0	0	17	0	5	0	72	1	0	217	310
2004	645	3	24	0	14	0	0	0	91	0	0	117	396
2005	837	0	3	0	9	0	5	0	74	0	0	386	360
2006	1541	1	3	0	16	0	11	0	43	0	0	455	1012
2007	1989	0	10	0	9	0	0	0	39	0	0	416	1515
2008	3037	0	12	0	12	0	0	0	38	0	0	1093	1882
累 计	39644	4906	1052	426	2133	740	1323	1114	1334	1127	2487	12346	10656

第三节　农民培训

1991年,安徽省启动农民技术资格证书（绿色证书）试点工作,试点县有阜南等7个县;1995年,全省近30个县开展绿色证书培训工作,培训学员7000多人。1996年,省农业厅通报表彰阜阳行署农牧渔业局等10个单位和潘虹等20个先进个人。

截至2008年,全省有89个县91万多农民参加绿色证书培训,63万人获绿色证书。

2000年,启动实施跨世纪青年农民科技培训工程,无为县、金寨县、潜山县、亳州市、界首市、濉溪县、肥东县、歙县等8个县（市）,列为全国第二批跨世纪青年农民培训工程试点县。2000—2005年,安徽省共有65个县实施跨世纪青年农民培训项目,共培训农民13.8万人;中央和省财政投入约2120万元。

2000—2005年安徽省跨世纪青年农民科技培训工程情况统计表

表9-2-13

名称＼年度		2000年	2001年	2002年	2003年	2004年	2005年	合计
培训人数（人）		24000	18000	21000	30000	23000	22000	138000
财政投入（万元）	小计	320	250	270	400	440	440	2120
	中央财政	160	120	130	200	240	220	1070
	省级财政	160	130	140	200	200	220	1050
实施县数（个）		8	12	13	10	11	11	65

2003年,农业部启动全国农村富余劳动力转移培训试点工作,阜南县、繁昌县、霍山县、桐城市、铜陵市郊区等5个县（市、区）被列入全国试点县,培训项目有机械制造、电子电器、焊工类、计算机应用、驾驶与维修、服装缝纫和加工、建筑装饰、餐饮旅游服务、社区服务、家政保健服务和商业营销等。2004—2008年,全省97个县（市、区）实施,国家、省、市、县四级财政共投入3.86亿补助资金,共有141.09万农民接受培训,实现转移126.77万人。

2004年4月,安徽省农委、省财政厅、省劳动和社会保障厅、省教育厅、省科技厅、省建设厅下发《关于组织实施农村劳动力转移培训阳光工程的通知》（皖农科〔2004〕72号）,由55个县（市、区）的321个培训基地承担;国家、省、市、县四级财政共投入4000万元补助资金,培训16.72万人,转移14.86万人,转移率88.88%。至2008年,全省阳光工程累计培训141.9万人,转移126.77万人,转移率89.85%。阳光工程的实施发挥了安徽省劳务输出的群集效应,打造出一批具有地方特色的劳务品牌,中央电视台7套摄制4集电视片《阳光工程伴我行》:《徽州匠士》《合肥大厨》《长丰缝纫》和《宁国农家乐》。

2004—2008 年安徽省阳光工程情况统计表

表 9-2-14

年度	合计	2004	2005	2006	2007	2008
任务数(万人)	131	16	25	30	30	30
培训数(万人)	141.09	16.72	27.36	32.04	31.64	33.33
转移数(万人)	126.77	14.86	23.84	28.58	28.98	30.51
转移率(%)	89.85	88.88	87.13	89.2	91.59	91.54
财政投入(万元)	38610	4000	6050	7800	9750	11010
实施县数(个)	—	55	91	97	95	91
培训基地数(个)	—	321	602	679	696	802

2006 年,农业部、财政部启动新型农民科技培训工程项目,全省 13 个县 430 个村被列入全国新型农民科技培训项目县、项目村。至 2008 年,全省共培训师资 6000 人次、培训农民 12.62 万人。

2006—2008 年安徽省新型农民科技培训工程情况统计表

表 9-2-15

年度		合计	2006	2007	2008
培训人数(万人)		12.62	2.32	3.84	6.46
财政投入(万元)	合计	4170	610	1160	2400
	中央财政	3390	430	860	2100
	省财政	780	180	300	300
实施县数(个)	合计	92	15	35	42
	部级	69	13	26	30
	省级	23	2	9	12
实施村数(个)	合计	3155	580	960	1615
	部级	2790	430	860	1500
	省级	365	150	100	115
培训机构数		315	66	103	146

第四节 农业专业技术人才和农村实用人才

农业专业技术人才

安徽省农业专业技术人才队伍包括:农业技术推广研究员、高级农艺(畜牧、兽医)师、高级农机（水产）工程师；农艺（畜牧、兽医）师、农机（水产）工程师;助理农艺（畜牧、兽医）师、助理农机（水产）工程师;农艺（畜牧、兽医）技术员、农机（水产）技术员。2008 年，全省有各类农业专业技术人才 26299 人。其中农业技术推广研究员 193 人，高级农艺（畜牧、兽医）师、高级农艺（水产）工程师 2170 人;农艺（畜牧、兽医）师、农机（水产）工程师 8152 人;助理农艺（畜牧、兽医）师、助理农艺（水产）工程师等 15784 人。

农村实用人才

2005 年 1—4 月，按农业部统一安排，省委组织部、省农委抽调 260 多名调查员，按 10% 比例，对全省农村实用人才进行抽样调查。调查样本共涉及肥西县、蚌埠市龙子湖区、凤台县、太和县、含山县、芜湖县、宣城市宣州区、桐城市、祁门县等 9 个县（市、区）、134 个乡（镇）、208 个村，共调查 900 多户，召开 300 多场座谈会。调查数据表明，全省有农村实用人才 259027 名，占农村总人口 0.56%，占农村劳动力总数 0.19%。其中“生产型人才”（包括种植、养殖、捕捞、加工能手）占人才总数 46.19%;“经营型人才”（包括企业经营人才、农村经济人、农民专业合作经济组织带头人）占人才总数 36.53%;“技术和社会服务型人才”（包括技能带动型人才、文体艺术类人才）占人才总数 17.28%。2008 年 10 月，省农委对 2005 年抽样调查 9 个样本县（市、区）进行跟踪回访，对有关数据进行再次统计分析表明，全省有农村实用人才 518054 名，占农村总人口 1%，占农村劳动力总数 1.65%。其中“生产型人才”“经营型人才”“技术和社会服务型人才”分别占人才总数 46%、38%、16%。2005 年 9 月，省委办公厅、省政府办公厅下发《关于加强农村实用人才队伍建设的意见》（皖办发〔2005〕21 号）文件，推动农村实用人才队伍建设。

第五节　农业广播电视学校

1981 年，省政府批准成立安徽省农业广播电视学校（后简称省农广校）。2008 年，全省有省校 1 所、市分校 15 所、县（市、区）级分校 76 所、乡（镇）教学班和部分行政村教学点 1000 余个。其主要职能为开展农业职业教育和农民科技培训，服务于全省农业和农村经济发展。1986—2008 年，招收中专学员 110983 名。（表 9-2-16）2004—2008 年开展阳光工程转移培训 214137 名，开展各项农民技术培训 106476 名、农业职业技能鉴定 2090 名。（表 9-2-17）

1986—1995 年，省农广校实行 2.5 年制成人中专教育，设置农学、农业推广、农经管理、现代农业、畜牧兽医、养殖、水产、林学、会计统计与审计、现代乡村综合管理、农村电气化、农田水利、企业经营管理、农村计划生育、机电、高效农业、果树、蔬菜生产技术、农户家庭经营、市场营销、农产品加工、农业机械维修等涉农专业 40 余个。落实广播电视、声像教学、面授辅导和实践教学环节，办学质量稳步提高。

1996 年，省编委《关于印发安徽省农村经济办公室直属事业单位分类管理实施方案的通知》(皖编事〔1996〕1 号),明确省农广校职责为“负责全省农业成人中等专业教育和初等农业教育工作”。《国务院办公厅转发农业部国家教委等单位关于进一步办好农业广播电视学校意见的通知》(国办发〔1997〕44 号)和省政府办公厅《关于进一步办好农业广播电视学校的通知》(皖政办〔1997〕20 号)文件印发后,省政府批准成立省农业广播电视学校领导小组,加强对省农广校工作的领导,招生规模不断扩大。1997—2000 年,省农广校年均招生达万人,在校生 3 万人左右。据统计,截至 2008 年年底,省农广校学员转为农技推广人员 9180 人,成为科技示范户 42820 人,成为乡镇企业职工 36740 人。2000—2008 年,与安农大、安徽科技学院、安徽行政学院合作办学,年均招录学员 3000 人。2006 年省编委批复,同意省农广校增挂“安徽省农民科技教育培训中心”牌子(皖编办〔2006〕11 号)。拓展“承担全省农民科技教育培训工作,参与与实施绿色证书、农村远程教育培训和农业实用技术培训等”工作职能。2006 年,全省农广校有 7 所分校配备专用“农业科技入户直通车”,17 所分校安装“远程教育卫星终端接收站”,64 所分校经当地编办批准加挂“农民科技教育培训中心”牌子。全省校舍面积 45895 平方米,教学示范基地 240.73 公顷,千元以上教学设备 791 台套,图书 18220 千册,固定资产 3840.62 万元。全省农广校教职工在编 467 人(其中副高级技术职称 58 人、中级技术职称 151 人、初级技术职称 113 人),兼职教师 1113 人(其中正高技术职称 17 人、副高级技术职称 309 人、中级技术职称 621 人、初级技术职称 127 人)。

1987—2008 年安徽省中专招生统计

表 9-2-16

年度	1987	1988	1989	1990	1991	1992	1993	1994	1995	1996	1997
招生人数	3216	3920	13349	—	3156	5489	3282	3662	4610	10056	15412
年度	1998	1999	2000	2001	2002	2003	2004	2005	2006	2007	2008
招生人数	16200	10700	6669	1815	1620	1469	484	1368	819	2237	1448

2004—2008 年安徽省农民培训及技能鉴定统计

表 9-2-17

年度	阳光工程转移培训	农民技术培训	职业技能鉴定
2004	35432	18303	361
2005	48534	10414	579
2006	42787	7446	175
2007	54112	32295	472
2008	33272	38018	503
合计	214137	106476	2090

第六节 农民体育活动

安徽省农民体育协会

1987 年 7 月，省政府批准成立安徽省农民体育协会（政函〔1987〕62 号），办事机构设在省农委科教处，组成人员：省政府分管省长为名誉主席，省农委主任为主席，省委办公厅、省政府办公厅、省财政厅、省体育局等成员单位负责人为副主席，省农委科教处负责人兼任秘书长，主持日常工作。协会接受省农委、省体育局的领导和业务指导，每 5 年换届一次。省政府分管农业副省长汪涉云、赵树丛、余欣荣等先后兼任省农民体育协会名誉主席。

主要赛事活动

1988—2007 年，全省共举办五届全省农民运动会（表 9-2-18）、组织承办全国赛事活动 3 次（表 9-2-19）、参加全国赛事活动 6 次（表 9-2-20）。1994—2010 年，组织参加全国农民象棋、拔河、健身秧歌、龙舟、跳绳等单项赛事活动。

1988—2007 年安徽省综合性农民运动会

表 9-2-18

年份	届数	地点	设项	农民运动员（人）
1988	一	宣城市	田径、象棋、武术、自行车载重等 4 大项	300 多
1995	二	六安市	田径、武术、象棋、乒乓球、中国式摔跤、自行车载重、民兵军事三项等 7 个大项	500 多
1999	三	阜阳市	田径、武术、中国式摔跤、自行车载重、民兵军事三项、乒乓球、毽球、中国象棋等 8 个大项	700 多
2003	四	合肥市	田径、武术、中国式摔跤、自行车载重、民兵军事三项、毽球、中国象棋、游泳、龙舟等 9 个大项	900 多
2007	五	芜湖市	田径、武术、游泳、毽球、中国象棋、中国式摔跤、健身秧歌、自行车载重、钓鱼、风筝、龙舟、乒乓球、传统项目等 13 个大项	1100 多

开展表彰活动及其他活动

1988—2007 年，省农委、省体育局、省农民体协联合表彰六届共 383 个省级“千万农民健身活动”先进乡（镇），其中有 68 个“千万农民健身活动”先进乡（镇）获农业部、国家体育总局、中国农民体育协会三家联合授予的“亿万农民健身活动”先进乡（镇）称号。

此外，省农民体协每两年举办一次体协干部培训班，每年举办 1 ～ 2 项单项农民健身活动。

经费保障

省财政每年拨付 10 万元作为省农民体协工作经费，举办全省农运会和参加全国农运会经费单独申报。

1992—2008 年安徽省承办全国农民运动会赛事活动

表 9-2-19

时间	地点	项目名称	获奖称号
1992	铜陵市	全国第二届农运会摔跤项目预赛	—
1996	舒城县	全国第三届农运会摔跤项目预赛	—
2008	黄山区	第六届全国农民运动会乒乓球项目预赛（南片）	第六届全国农民运动会最佳赛区

1988—2008 年安徽省参加全国农民运动会赛事活动

表 9-2-20

时间	届数	地点	代表团团长	安徽代表团获奖称号
1988	一	北京市	周曰礼	摔跤项目中夺得 1 块铜牌
1992	二	湖北省孝感市	张锋生	摔跤和武术项目中夺得 1 金 1 铜
1996	三	上海市	张锋生	武术和摔跤项目获金牌，游泳、摔跤、武术项目获银牌
2000	四	四川省绵阳市	—	夺得 3 金 1 银 5 铜，金牌是武术项目 1 块、摔跤项目 2 块
2004	五	江西省宜春市	赵树丛	夺得 4 金 5 银 10 铜。夺取的金牌分别是武术项目的女子枪术、男子剑术 和中国摔跤 100 公斤以上级、中国摔跤搏克；银牌分别是中国摔跤 100 公斤级、钓鱼手鲫尾数、武术女子棍术、男子长拳、男子枪术；铜牌分别是风筝软体类、田径 10000 米、50 公斤 30 公里、50 公斤 40 公里、武术男子剑术、男子枪术、女子南拳、女子剑术、女子对练、女子枪术。
2008	六	福建省泉州市	赵树丛	夺得 6 金 5 银 11 铜。夺取的金牌分别是武术男子单器械、男子软器械、摔跤 62 公斤级、象棋女子团体、风筝龙串类大型、风筝硬板串类大型；银牌分别是武术男子传统拳术第六类、男子传统拳术第一类、摔跤 100 公斤级、自行车男子 65 公斤 30 公里公路个人赛、游泳女子 100 米定点打捞物资；铜牌分别是武术男子双器械、摔跤 57 公斤级、龙舟男子 250 米直道竞速、自行车男子 65 公斤 20 公里公路个人赛、乒乓球男子单打、象棋女子个人、钓鱼抛竿钓混合鱼单尾重量赛、游泳女子 4×100 米火炬接力、风筝硬翅类中型、风筝软翅串类大型、风筝软翅串类中型。

第十篇　农业社会化服务

农业社会化服务是围绕农业产前、产中、产后服务的功能定位，为农民和农业生产者提供农业生产的全过程综合配套服务。农业社会化服务体系是以公共服务机构为依托、合作经济组织为基础、龙头企业为骨干、其他社会力量为补充的组织形式，具有公益性服务和经营性服务相结合、专项服务和综合性服务相协调的特征。随着现代农业发展，安徽省已初步建立起覆盖全省市县乡（镇）农技推广、动植物疫病防控、农产品质量安全监管三位一体公共服务体系，农业公益性服务能力不断提升，通过培育农业社会化、市场化的服务主体，合作经济组织快速发展，专业化、信息化服务能力不断深入，覆盖全程、综合配套、便捷高效的农业社会化服务体系支撑现代农业发展的作用越来越大。

第一章 公益性服务

党的十一届三中全会以后，随着家庭联产承包责任制普遍推行，农村改革不断深化，农村经济发展出现许多一家一户办不了也办不好的事。1991年1月15日，安徽省委、省政府印发《关于加强农业社会化服务体系建设的决定》，安徽省率先在全国开展农业社会化服务体系建设工作。1991年10月28日，国务院《关于加强农业社会化服务体系建设的通知》，对加强农业社会化服务体系建设进行系统概括。在农村土地承包经营的新形势下，各地农业生产分散经营过程中纷纷呈现出以乡村集体或合作经济组织为基础，以专业化经济技术部门为依托，以农民自办服务为补充，多种经济成分、多渠道、多形式、多层次的服务体系，主要包括5个方面：(1)村级经济组织开展的以统一机耕、排灌、植保、收割、运输等为主要内容的服务；(2)乡级农技推广机构和气象服务网等提供的以良种供应、技术推广、气象信息和科学管理为重点的服务；(3)供销合作社和商业、物资、金融等部门开展的以供应生产生活资料，收购、加工、运销、出口产品，以及筹资、保险为重点的服务；(4)科研、教育单位深入农村、开展技术咨询指导、人员培训、集团承包为重点的服务；(5)农民专业技术协会、专业合作社和专业户开展的专项服务。这5个方面构成农业社会化服务体系的雏形，国务院对安徽的做法给予充分肯定和支持。此后逐步演变为以农技推广公益性和经营性服务为主要区分的服务体系，构成适应现代农业发展的社会化服务体系。

第一节 发展历程

1979年，全椒县作为农林部在全国29个县试办县级农业技术推广中心，安徽省开始以县为重点的农业技术推广体系建设。1982年中央1号文件提出："要恢复和健全各级农业技术推广机构，充实加强技术力量。重点办好县一级推广机构，逐步把技术推广、植保、土肥等农业技术结合起来，实行统一领导，分工协作，使各项技术能够综合应用于生产。"该文件的出台，为安徽省县级农技推广体系建设指明方向。1983年9月，省农牧渔业厅《关于认真贯彻农牧渔业部颁发的〈农业技术推广工作条例〉的通知》，进一步明确安徽省农业技术推广工作的职能、基本框架。1988年，国务院办公厅转发《关于研究全国农业工作会议提出的几个问题会议纪要的通知》指出：建议1988年给每个乡（镇）农业技术服务组织增加一个事业编制，由县以上农业和劳动人事部门严格掌握，择优录用；其经费从经营服务收入中支出，不足部分请地方各级人民政府根据地方财力可能增加农业事业费解决。1989年1月22日，省政府以第1号令发布施行《安徽省农业技术推广管理办法》。1989年，《安徽省人民政府关于依靠科技进步振兴我省农业若干问题的决定》要求：稳定和壮大农村科技队伍，进一步发挥科技人员的作用。要保证农村科技人员有更多的时间从事本职工作，一般不抽调他们搞与专业无关的行政工作。要按照国家有关规定，尽快落实乡（镇）农业技术服务机构的事业编制。从1990年起，开始实行国家计划内的大中专农业（林业、水利）院校毕业生带指标、带经费到乡级农业（林业、水利）技术推广服务机构工作。1989年6月16日，省农牧渔业厅党组根据"1号令"决定成立安徽省农业技术推广总站，负责全省农技推广体系建设。这标志着安徽省现代农技推广体系建设进入崭新时期。

第二节　体系建设

政策制定

1979年4月21日，安徽省革命委员会印发《关于农业科学技术干部使用和待遇问题的规定（试行草案）》；1979年10月，省财政局、省农业局下发关于农业技术人员下乡搞技术推广工作实行生活补贴的联合通知；1982年，省劳动局、省农业厅下发关于农业科技干部劳动防护用品发放标准的联合通知；1983年4月，省委、省政府批转省科委、省农委、省委组织部、省财政局、省人事局等单位《关于进一步解决农业科技人员使用和待遇问题的报告》；省农委、省劳动局、省财政局、省粮食局、省公安局、省商业局关于贯彻省革委会〔1979〕43号文件有关问题的规定；1983年，省委批转省人事局关于改进科技干部使用和管理工作若干问题的意见；省政府办公厅转发劳动人事部、农牧渔业部、林业部、财政部《对贯彻执行"关于加强农业第一线科技队伍的报告"中几个问题的说明》；省政府《关于深化科技体制改革的若干规定》明确指出"分配到区、乡（镇）、村工作的大中专毕业生，到职即享受定级工资待遇"等。一系列文件、政策的制定下发，各地党政部门认真贯彻执行，为安徽省农业技术推广工作的开展和农技推广体系建设，提供政策改革保障。全省基层农技推广人员有3510人，享受5年浮动一级工资的待遇（不影响工资调整），每人每月还增加下乡补助费12～15元，解决1014人夫妻两地分居的实际困难。

1987年，农牧渔业部印发《关于建设县农业技术推广中心的若干规定》的通知，对县级农业技术推广中心的机构、职能、人员编制、建设规模、试验示范基地等标准都作出详尽要求。中央列出专项投资支持县级农业技术推广中心建设。省农牧渔业厅根据农牧渔业部指示精神，采取中央与地方联合投资，利用对商品粮基地县等项目的投资，拨出专款帮助基层农技推广机构进行建设。此项建设使安徽省90%以上的地（市）和县级农业技术推广中心受益，对安徽省地（市）、县两级农技推广机构的稳定与发展起到至关重要的作用，也为安徽省农业技术推广体系框架的构建与稳定奠定良好的基础。截至1987年年底，除省、地、市、县均设推广机构外，还建区（片）农技站565个，乡（镇）农技站2221个，占3410个行政乡（镇）总数65.1%；没有设立乡（镇）农技站的，配备专职农技员1388个；配备科技副村长13020个，建立科技示范户81668户。全省基本形成上下相通、左右相连的农技推广网络，为服务千家万户，提高农业科技水平，加快农业生产发展发挥重要作用。

农技推广队伍建设

1992年，省委《关于依靠科技进步推动经济发展的若干问题的决定》规定："稳定和壮大农村科技队伍。对在乡村从事技术推广工作的专业技术人员，实行基层岗位津贴。各县（市）可在每年2%的工资晋级指标中划出一块，专项用于奖励在农技推广等方面作出显著贡献的科技人员。要切实关心解决县以下农技人员子女升学、就业等问题。"1995年，省编委、省财政厅《关于印发〈安徽省事业单位机构分类和财政供给范围的界定意见〉的通知》将各级农业技术推广机构列入全额预算事业单位。1996年，省委、省政府《关于1996年农业和农村工作的意见》进一步明确"在今年的县（市）、乡（镇）机构改革中，农技推广系统机构不能减，人员要充实，实行条块结合、双重领导、以条为主的管理体制"。1999年，省政府办公厅转发《国务院办公厅转发关于稳定农业技术推广体系的意见》，进一步明确在机构改革中农业技术推广体系要保持"机构不乱，人员不散，网络不断，经费不减"。省农业厅会同省有关部门对文件的落实情况进行多次检查。该文件为在机构改革中稳定农技推广体系发挥重要作用。

农技推广体系改革

2000年，为配合在全省全面推进农村税费改革、减轻农民负担工作，省委下发第15号、16号文件，规定乡（镇）事业单位机构合并、人员精简、三权下放。文件下发后，各地纷纷把农口设在乡（镇）的农技推广机构合并为农业综合服务中心，其"人权、财权、物权"下放到乡（镇）管理。一些地方在具体操作中盲目减机构、减人员、减经费，全省乡（镇）农技推广机构精简60%、人员编制减少40%以上，基层农技推广工作明显削弱。2002年，中央2号文件提出"继续推进农业科技推广体系改革，逐步建立起分别承担经营性服务和公益性职能的农业技术推广体系"，为全省农业技术推广体系深化改革提供政策依据。2003年，根据农业部农经发〔2003〕5号文件精神，安徽省在郎溪县开展创新试点，开展以运行机制创新为主要内容的区域农技站建设试点，被农业部候补为全国12个试点县之一，2005年又被农业部列为第一批基层农技推广运行机制创新试点县。郎溪县开创"村级农技服务体系"建设模式受到农业部充分肯定，被称为"郎溪模式"。全省共有郎溪县、凤台县、蒙城县、岳西县、怀远县、凤阳县、桐城市5批7县（市）列为农业部运行机制创新试点县，为安徽省深化基层农技推广体系改革和建设起到良好的示范带动作用。

2004—2008年，连续5个中央1号文件对农技推广改革和发展提出具体要求。特别是2006年,国务院出台《关于深化改革加强基层农业技术推广体系建设的意见》(国发〔2006〕30号文件),对加强基层农技推广体系建设作出全面部署。2007年,《安徽省人民政府关于深化改革加强基层农业技术推广体系建设的实施意见》对全省基层农技推广机构改革和建设作出全面部署和要求,省农委牵头开展贯彻落实工作。截至2008年年底,全省主要农业县均出台实施意见。2007和2008年,省委进一步提出"继续加强基层农业技术推广体系建设,健全公益性职能经费保障机制,改善推广条件,提高人员素质""切实加强公益性农业技术推广服务,对国家政策规定必须确保的各项公益性服务,要抓紧健全相关机构和队伍,确保必要经费。通过3至5年的建设,力争使基层公益性农技推广机构具备必要的办公场所、仪器设备和试验示范基地"。

第三节　管理体制

1991年,国务院59号文件规定:"为了鼓励大中专毕业生到农村第一线服务,决定把乡级技术推广机构定为国家在基层的事业单位,其编制员额和所需经费,由各省、自治区、直辖市根据需要和财力自行解决。"1992年,农业部、人事部《关于颁发〈乡镇农业技术推广机构人员编制标准(试行)〉的通知》和《关于乡镇农业技术推广机构定编后补充人员有关问题的通知》,为稳定和充实乡(镇)农技推广队伍提供政策依据。1996年,中央2号文件提出:"各级政府都要增加农业技术推广的经费,并对乡(镇)农业技术推广的定性、定员、定编和经费保障等情况进行一次全面检查,切实按国家有关规定在今年内落实。"根据这些文件要求, 1993年,省编委、省农业厅下发《关于颁发〈安徽省乡镇农业技术推广站人员编制(试行)〉的通知》,1994年,省编委下发《关于下达全省乡镇农业技术推广站事业编制的通知》,核定全省乡(镇)农业技术推广站专项事业编制11000名。1995年,省编办、省人事厅、省农村经济办公室、省农业厅、省林业厅转发农业部、人事部《关于乡镇农业技术推广机构定编后补充人员有关问题的通知》的通知。为贯彻落实上述一系列文件精神,由省农业厅牵头开展全省"三定"和"三权"回收工作。至1997上半年,全省基本完成"三定"和"三权"回收工作,并通过农业部验收。据统计,全省1911个乡(镇)农业技术推广站,在编人员9554人,其中专业人员8219人。乡(镇)站都是事业单位,财政供给经费。管理体制上有15个县(市、区)是以乡(镇)管理为主,其余各县(市、区)都是"以条为主"的管理体制。

1993年7月,《中华人民共和国农业技术推广法》颁布实施,该部法律的出台对中国农技推广事业的发展具有里程碑意义,标志着中国农技推广事业发展逐步步入法制化轨道。1994年,省人大常委会审议通过《安徽省实施〈中华人民共和国农业技术推广法〉办法》,并以第17号公告正式颁布实施,明确安徽省农技推广工作的原则、规范、保障机制等,特别是明确规定乡(镇)农技推广机构实行"双重管理、以条为主"

的管理体制，在全国起到示范带动作用。1994，省政府下发关于转发省农业厅关于贯彻落实《安徽省实施〈中华人民共和国农业技术推广法〉办法》意见的通知，各地（市）、县结合当地实际，制定贯彻意见。各级人大常委会和政府多次组织检查贯彻落实情况。

2000年开始，安徽省在全国率先开展农村税费改革以及乡（镇）机构全面改革。乡（镇）机构改革是以将乡（镇）农业技术推广机构综合设置和精减人员为主要内容的改革，实行"三权"下放乡（镇）管理，全省基层农技推广体系受到较大影响。据统计，税费改革后共有乡（镇）级农技推广机构1806个综合站，农业各专业在编人员7788人，其中专业技术人员6640人。每个综合站种植业专业人员1～2人，最多的有4人。管理体制上，84%的乡（镇）综合站由乡（镇）管理，16%的由县管理。经费上，90%以上为财政全额拨款。

2007年，省政府下发《关于深化改革加强基层农业技术推广体系建设的实施意见》，在全省范围内全面开展基层农业技术推广体系改革。截至2008年年底，全省83个县（市、区）出台改革方案，50%以上的县（市、区）按照改革方案落实到位。出台改革方案的83个县（市、区），有80个实行"县办县管"的管理体制，编制人员、机构基本上保持原来的水平。

第四节　机制创新

2004年，安徽省农技推广工作以围绕粮食生产和农民增收为核心，一手抓农技体系建设和管理创新，一手抓农业各项技术推广，全省基层农技体系平稳渡过3年过渡期。全省1840个乡（镇）农业站有机构3191个、编制19653个。在管理体制上，80%以上的综合站实行"以块为主"的管理体制，其余部分仍实行"以条为主"管理；在经费保障上，90%以上的乡（镇）综合站实行财政全额拨款。随着农业生产和农村经济进一步发展，安徽省农技推广工作面临着一些突出问题：基层农技推广体系职能移位、力量不足、设施简陋、经费匮乏、人员素质较低等。针对这种局面，省农委一方面积极组织力量加强调研，研究对策，提出建议；另一方面动员各级农业部门主动寻找自身存在的问题，寻求发展之策。经过几年的实践和探索，全省农技推广体系朝着机构健全、队伍稳定、功能增强，服务多元化与市场化、产业化、区域化农业发展相适应的方向发展。

县乡村一体化机构创新

安徽省税费改革以后，基层农技推广体系受到一定程度冲击，机构、人员发生明显变化。在乡（镇）机构改革时，一部分县（市）继续保留原撤区并乡时一直保留的原区站，如泾县、肥东县、南陵县等县；另外一部分县（市）按照统一要求进行调整，把原有的区站按照区域布局保留部分站作为由县直管的区域中心站，其余区站则下划到乡（镇）管理，如芜湖县和凤阳县。第二种类型有利于机构改革，且对农技推广工作产生负面影响较小。为降低创新成本和工作阻力，安徽省根据农业部、中央编办、科技部、财政部农经发〔2003〕5号文以及2004年中央1号文件精神，在基层体系创新中，一方面对已保留区站的县（市）进行支持和指导，使他们按照新形势需要完善中心站各项职能，提升服务质量，充分发挥公益性职能作用，同时积极发挥他们对周边县（市）的示范和辐射作用。另一方面，把创新的重点和突破口放在乡（镇）农技站“三权”下放的地方和体制完善上。

安徽省在郎溪县开展基层农技推广体系改革的试点工作，制定《郎溪县农技推广体系改革试点方案》，确立以县、区域、村3级公益性服务体系为主体，以农业技术服务专业协会为补充的改革目标。省农技推广总站给予郎溪县近30万元经费支持，帮助完善新建站的服务手段。新建后的5个区域站正式运行并开始发挥作用。郎溪县农技推广体制创新初步解决以下几个问题：通过构建功能分明的社会化服务体系，实现公益性职能和经营性职能的分离，以逐步精简财政供给，保留骨干人员；通过配套设立区域中心站，解决县级农技中心的工作断层问题；通过完善村级服务网络，解决农技推广“最后一公里”问题；通过对人员管理机制进行配套改革，激发农技人员的积极性和主动性；通过组建专业协会和农技推广协会，充分发挥社会化服务体系在农技推广中的作用。

行业运行管理创新

职业技能培训和鉴定　为了提高种植业行业技术服务和经营服务人员的整体素质，更好地树立以农为本的服务理念，安徽省农业部门紧紧抓住就业准入这个切入点，与省劳动、人事、工商等部门联合下发《关于在农业行业推行就业准入制度的意见》，对农业部确定为首批农业就业准入的工种，落实就业准入政策，推动职业资格证书制度的施行。一方面，抓好农资经营人员持证上岗工作。按照国办发〔1999〕60号文和劳动部（劳部发〔1995〕459号）文件要求，对从事农资经营者，实行就业准入制。在36个县开展43期农资营销员职业技能培训和鉴定，8000多人通过资格认证。对净化安徽省农资市场，打击经销假冒伪劣农业生产资料行为，保护农民利益起到重要作用。另一方面，推行在职人员持证上岗制度。按照《安徽省农业科技发展纲要（2001—2010年）》要求，在乡（镇）农技推广机构中推行持证上岗制度，推动农业行业职业资格证书制度的全面施行。全省共有2000多名在职农技人员得到系统化培训并通过“农技推广员”资格认证。

农技人员管理新机制　针对乡（镇）农技推广体系中自身存在的问题，经过反复调查研究，下发《关于加强安徽省基层农技推广管理工作的通知》，就基层农技体系的人员、资产和业务三方面管理工作提出明确要求。各地农业主管部门和农技推广机构按照文件要求结合当地实际制定相应的管理办法，采取各种措施加强对农技推广机构和农技人员的管理。宣城市政府专门下发《关于进一步加强我市基层农业技术推广工作的意见》，市农委专门制定《农技推广体系机制创新、服务创新工作考评办法》对全市农技推广人员的推广工作提出具体考核办法和指标。

农技推广服务方式创新

农业科技示范场 农业科技示范场建设是一种以基层农技推广机构为依托、以科技示范为核心的新兴农业科技服务实体，其立足点是解决农民在发展生产中“种什么、怎么种”的实际问题。安徽省采取抓点示范、加大投入等一系列措施大力发展农业科技示范场建设。提出把示范场建成“农技推广体系改革和创新基地”，明确要求“示范场项目建设必须与农技推广体系改革和创新结合起来”，把“不重视基层农技推广体系的县不予申报立项”作为一条原则贯彻在项目申报、检查和验收的过程中。同时把示范场建设管理工作作为农技推广体系创新和改革的重要内容，把示范场和体系管理工作紧密结合在一起，把示范场项目作为扶持体系创新工作的重要手段。安徽省基层农技推广体系在改革中不断出现许多创新典型，特别是郎溪县基层农技推广机构改革，与乡（镇）农业科技示范场项目建设有着极大的互动作用。截至2008年，农业部批准安徽省建设57个农业科技示范场，总投资2294万元，其中中央财政资金975万元。基层农技推广机构以科技示范场为载体，通过做给农民看，引导农民干的方法，探索市场经济条件下加快农技推广新途径。

专家联系大户、农技人员包村联户服务 省农委率先在全省建立省级专家联系种养大户制度，通过专家联系指导，帮助大户应用先进生产技术，提高生产水平。各地也都相继建立不同形式的联系制度。如太湖县实行县级农技专家每人直接联系一个种植规模33公顷以上的种植大户，乡（镇）农技推广服务人员每人联系1～2个村和10个科技示范户，县种植业管理局和各乡（镇）农技站均为全县联系户建立规范的档案和工作日志。每年将每个技术干部联系户名单和服务成效向社会公示，接受社会监督。专家联系大户和乡（镇）农技人员包村联户服务模式的建立，进一步拉近农技人员与农民的距离，提高服务针对性，各类大户和示范户已成为农业新技术推广应用的“二传手”。

示范带动服务 通过建立农业科技示范园区（场、基地）、示范片、示范户三级示范网络，做给农民看，带着农民干，实现农技推广方式由传统的说教式向高效的示范式、引导式等新模式转变。多年来，安徽省各地通过政府投资、企业投资、其他组织投资等，建设一大批农业科技示范基地（园区、场），引进展示许多新品种、新材料和新技术。集成配套一系列高产高效技术，有力促进新技术的推广应用。不同层次示范基地、乡（镇）示范片、村级示范户多级示范网络的建立，成为解决农村千家万户生产与大面积农业技术示范难的矛盾、农业新技术示范与展示、农技人员和农民培训的重要基地和农情信息的重要采集点。

农技服务大厅与村级服务点服务 长期以来，全省农技服务门点面向农民开展咨询服务、现场培训和配套服务已成为一种乐于为广大农民接受的服务方式。为适应农技改革和发展新变化，不少地方整合内部技术资源，在乡（镇）建立农技服务大厅和村级服务点，乡（镇）农技服务大厅统一配备电脑、IPTV农业网络电视、农技信息电子显示屏、测土配方施肥专家查询系统、农业图书资料等服务设施，完善农技服务大厅现场技术咨

询、农业信息查询、现场培训、农业投入品供应一体化服务功能。同时，按标准建设村级服务点，每个村级服务点有技术人员定期坐班咨询，有服务场所，有固定技术宣传栏，有电视播放设备，有规范的技术服务记录和经营记录，有标明服务内容、服务责任、服务承诺的标牌，有与之配套的农资超市，进一步规范服务点服务行为，提升服务水平。

信息进村入户服务　为保证农技信息传播即时、方便和高效，不少地方农业部门主动与电信、移动公司合作，建立手机、电话和电子显示为传播方式的农技信息服务模式。利用电话以及农技信息咨询与专家在线咨询服务平台，为农民直接播送农技信息，接受农民电话查询和咨询。通过分类搜集各类种植户手机号码，定期编制各类即时农技信息，建立农技信息库和手机短信互动平台，分类免费发送给农户和供广大农民查询。建立 LED 电子显示屏覆盖到乡（镇）、村，通过屏幕每天不间断播送农情信息，不仅大幅度提高农技信息服务覆盖面，也大大提高农技服务效率。这一新型服务模式让农民坐在家里就可以收到农技部门免费送来的技术信息，农民感到农技人员每时每刻都在身边，了解农技信息及时、方便、快捷。

“农技 + 农民专业合作经济组织 + 农民”合作推广在农民专业合作经济组织迅速发展的同时，农技推广部门紧紧抓住机遇，积极探索“农技 + 农民专业合作经济组织 + 农民”合作推广模式，一方面积极帮助种养大户、农业龙头企业、种植能人等创立专业协会和合作社；另一方面通过推荐安排相关专业技术人员担任有关专业协会（合作社）秘书长或技术顾问，与各类协会和专业合作社建立长期稳定合作关系。充分利用这一外联市场、内联广大农民的服务平台，指导或组织协会（合作社）开展交流、业务培训和农技推广服务。通过技术服务，有力推动各类协会与合作社的发展壮大，同时有力推动农业新技术的普及推广。天长市平安稻业专业合作社于 2001 年由平安镇农技站牵头，天长市康盈米业有限公司和部分农户参加成立，合作社以“开源节流增效、携手合作共赢”为宗旨，以农技服务为龙头、以广大农民为主体、以龙头企业为支撑、以主导产业为基础，实现优质稻米的产业化经营，达到三方共赢的局面。经过 7 年的发展，在合作社不断壮大的同时，农民收入持续增长，农技服务队伍不断壮大，龙头企业实力不断增强。

农技农资连锁配套服务　这种模式实行农技农资联合和技物结合，不仅为农资、农情信息充分全面交流搭建新的服务平台，延伸服务领域，提升农技推广服务到位率。也为先进技术引进和物化创造便利条件，提高技术到位率，一定程度上解决农技推广“最后一公里”问题。望江县农技推广部门与安庆宇顺农资营销公司联合，在全县实行农技农资连锁服务，将病虫气候土肥等专业情报发布到所有网点，并开通“1600121”农业专家咨询热线和投诉电话，免费发放各种资料和农业科普书籍。通过连锁配套服务，培育科技示范户，加快新品种等新技术的推广，以往一个新品种推广历时 2 年以上才能普及，现在基本上一个生产季节即为广大农民所知，技术推广速度提高 4 倍；农民能在关键时候得到关键的技术指导。

推广机构职能创新

1988 年，国务院办公厅转发《关于研究全国农业工作会议提出的几个问题会议纪要的通知》明确提出“关于基层农业技术服务组织开展服务经营问题。对农村乡镇农业、畜牧兽医、农机、经营管理、水产技术服务站，允许实行有偿服务，开展综合经营”。1988 年，省政府制发《关于全民所有制事业单位实行承包责任制的若干规定（试行）》。1992 年，农业部《关于印发〈乡镇农业技术推广站管理办法（试行）〉的通知》明确提出各级农技推广机构要本着“立足推广搞经营，搞好经营促推广的原则”，将农技推广机构开展经营活动列为农技推广工作的重要职能，也就是通称的“两驾马车”并驾齐驱。1992 年，省委《关于加快发展第三产业的试行意见》明确提出改革单纯依靠行政手段的推广方法，实行技物结合、技术承包等无偿或低偿服务，将推广人员和农民双方的权、责、利关系更紧密地联系起来。同年，为了贯彻落实省委文件精神和要求，省农行、省财政厅、省农牧渔业厅联合下发《关于对农业科技服务体系试点项目发放贴息贷款的通知》，向全省 100 个乡（镇）农技站，发放 500 万元贷款，省财政部分贴息，大力扶持乡（镇）农技站兴办经济实体，开展经营活动。1995 年，省农业厅印发《关于印发〈安徽省乡镇农业技术推广站管理暂行办法〉的通知》，进一步明确农技推广机构经营工作的重要作用。省农业厅于 1997 年在全省表彰 100 个农业产业化先进农技站，这标志着基层农技推广体系的职能由无偿技术推广拓展到有偿技术服务，初步探索出适应当时农业生产和农村经济发展需要的运行机制与方式方法。同时，也为全省基层农业技术推广体系的不稳定和多次变革留下隐患。

服务体系多元化创新

安徽省出台一系列文件政策，引导和扶持多元化的农业科技服务体系建设，主要有 4 种方式：农技部门牵头领办、能人大户带头兴办、农民群众自愿联合、各类工商企业创办，其中以农业技术推广部门牵头领办的居多，而且规范、影响较大。全省各级农技推广机构按照“民办、民管、民受益”原则，积极鼓励、支持和引导农技组织、龙头企业、贩销大户牵头兴办各种形式的专业技术协会，对已建立的专业协会积极给予指导，做好服务。利用各种形式每年定期或不定期地对乡（镇）农技人员和农民技术员进行技术培训，为大批的农村致富带头人脱颖而出营造良好的外部环境。全省不少县组建植保专业服务队、农机服务队（公司）、专业协会，直接为农民开展各类专业技术服务，深受农民欢迎。2009 年，全省在 22 个县（市、区）建立水稻病虫害专业化防治示范区，实施面积 46.67 万公顷；在 15 个县（市、区）建立小麦病虫害专业化防治示范区，实施面积 33.33 万公顷。池州市先后建立仙人掌、棉花、茶叶、中药材、蔬菜等专业协会或合作社 30 多个，定期开展交流活动，信息上互相沟通，技术互相补充，营销互相联通。

第二章　专业化服务

第一节　专业化服务组织

1986年，安徽省民办机械化的主体地位进一步确立和巩固，农业机械的发展方式也悄然发生变化，农民购买农业机械不仅仅局限于自有自用，一部分农机户开始走农机服务的路子，农机服务专业户应运而生。同时，面对土地经营规模变小、农机分散经营的新形势，各地因势利导，从提高农机的组织化程度入手，积极探索与家庭经营为基础、统分结合的双层经营体制相适应的农机专业化、社会化服务路子，特别是以小麦跨区机收作业为代表的农机社会化服务逐步兴起。1985年，全面推行畜禽疾病防治承包责任制，全省有69个县（市）、1929个乡、331万户实行防病承包，共承包猪570万头、大家畜132万头、禽4321万只，畜禽发病率和死亡率大大下降。1985年，全省共组织防疫人员85000多人次，预防注射猪瘟疫苗1725万多只（次）、猪丹毒疫苗1012万只（次）、仔猪副伤寒疫苗196万只、牲畜炭疽疫苗17.9万多只、鸡新城疫苗7573万多只、禽霍乱疫苗93.5万只、禽痘疫苗200万只、鸭瘟疫苗31.7万只。1985年，全省已配有检疫人员1836人，在1995个集市开展检疫工作，共检活畜200多万头、活禽408.9万只、蜜蜂15万多箱、猪80多万头；检出病猪5456头、病牛679头、病羊349只、病禽1.1万多只、病马570多匹。

20世纪90年代，中国北方棉区棉铃虫大爆发，为了加大棉铃虫防治工作力度，1995年开始，全国农业技术推广服务中心利用农业部发展棉花生产专项资金5000多万元，在全国13个重点产棉省的250多个棉花生产大县，开展统防统治。安徽省抓住机遇，以蒙城县、泗县、宿州市埇桥区、怀远县、宿松县、枞阳县、望江县、无为县、宣城市宣州区等9个县（区）为基点，辐射带动全省实施“棉花重大病虫害无害化治理技术研究及其大面积推广应用”项目，大力推行棉花病虫害统防统治。

第二节　专业化服务组织类型

农机服务组织

农机大户、农机服务专业户　他们是农机作业服务组织的主体，分布在广阔农村，拥有一种或多种农业机械，单独或与其他农机户联合，为周边农户提供代耕、代种、代

收服务，实现有机户有活干、无机户有机用，大大提高农业机械使用效率和效益。伴随着农机化发展，这一群体不断发展壮大。1986—2008 年，全省农机服务专业户数量从 55400 户增加到 270413 户，年均增长 7.84%。

农机作业服务公司　这类组织数量不多，但产权明晰，机制灵活，作业服务规模大、效益好，对农机服务组织的发展起到很大的示范和带动作用。2002 年，肥西县农机大户严德敏创办安徽省首家民办农机作业服务公司——肥西县德敏农机作业服务公司，2008 年公司资产总值 200 多万元，拥有各类农业机械 60 多台套，每年完成机械化耕整地作业 333.33 公顷，收割 800 公顷，机插秧 66 多公顷，维修农业机械 500 多台次。至 2008 年年底，全省经营性农机作业服务公司 64 个。

农机中介服务组织、农机经纪人　他们有的本身就是农机户，有的虽然自己没有机械，但在有机户与无机户之间牵线搭桥，从中收取一定的服务费，这在农机跨区作业中最为突出，其组织和服务多具临时性和松散性。2001 年，省物价局发布《关于跨区机收作业中介服务收费标准的函》，明确组织跨区收割的农机部门或中介服务机构可从作业费中收取不超过 5% 的中介服务费。2002 年，省农机局制定并发布《安徽省农机跨区作业中介机构管理暂行办法》，对跨区作业中介机构实行机构准入和登记管理。2004 年，《中华人民共和国行政许可法》施行，上述暂行办法和收费标准废止。

农机协会　作为社团组织，在民政部门登记注册，依法取得社团法人资格。分省、市、县、村 4 级，其中市、县农机协会主要由农机管理部门牵头成立，将农机手组织起来参与农机管理，协会成为农机管理与服务平台。安徽省成立较早、影响较大的东至县农机使用者协会，成立于 1994 年，至 2008 年发展会员 4000 多人。协会组织会员开展跨区作业，宣传和落实涉农、惠农政策，提供技术、信息咨询和维权服务。村农机协会主要由农机大户或村干部发起成立，把本村机手组织起来，解决一家一户办不了、办不好的事。在基层农机管理服务机构被撤销、合并，行业管理网破、线断、人散的情况下，各级农机协会承担农业机械和农机人员的组织、管理、服务等功能，在农机化发展中发挥重要作用。2006 年 12 月，安徽省农机协会成立。2008 年，全省在民政部门登记注册的各级农机协会 124 个。

农机专业合作社　2007 年 7 月 1 日，《中华人民共和国农民专业合作社法》颁布实施，农机专业合作社作为农民专业合作社的重要组成部分，得到快速发展，成为农机社会化服务的主要组织形式。当年全省新增登记注册的农机专业合作社 48 个。至 2008 年年底，全省登记注册的农机专业合作社 230 个。

植保服务组织

代防代治型　专业机防队根据农民防治需求，提供喷雾机械、作业机手并实施防治作业，防治药剂、时间、病虫由农户提供（少数地区机防队提供防治药剂）。机防队根据防治面积、次数收取代治费（水稻每亩每次为 5 ~ 10 元；小麦每亩每次为 4 ~ 6 元）。这种方式与农户关系松散，责任纠纷少，是专业化防治病虫害的主要形式。

全程承包防治型　机防队与农民签订病虫防治合约，明确应达到的防效指标，农户一次性交纳防治承包费用，水稻每亩每年为50 ～ 70元，小麦每亩每年为20 ～ 35元。防治决策由机防队自主掌握实施。

集体统筹防治型　由农户自购农药，村委会组织机防队统一防治，组织机械、防治安排、人工、燃油费用等均由村集体统一支付。

蚕桑服务组织

消毒防病服务队　20世纪90年代，主产蚕区配备乡村蚕桑技术员，建立消毒防病服务队，利用机动喷雾器帮助蚕农进行养蚕前的消毒防病。青阳、黟县、潜山、岳西等县实行种药配套。

蚕桑专业合作组织　蚕业合作经济组织建设起步较迟，但建设速度快，2005年之前，有16个蚕业合作经济组织，多以协会形式在民政部门登记。较早的潜山县蚕桑技术协会成立于1986年。2006年，在省蚕桑站引导下，全省10家蚕种生产单位，成立安徽省蚕种协会，为蚕种行业搭建平台，通过加强行业自律，统一蚕种价格，控制装盒卵量，抑制恶性竞争，提高抗御市场风险能力。2008年，全省蚕业合作组织91个，其中专业合作社47个、协会35个、其他形式的9个；参加蚕业合作组织农户11829户，带动蚕农16.4万户，占全省养蚕户50%。2007年，六安市金安区椿树镇草庙蚕业专业合作社、太湖县嘉丝利蚕业农民专业合作社被授予省级示范合作社。

蚕业信息网建设　2006年，省蚕桑服务站创新服务方式，建立开通“安徽蚕业信息网”，信息员由省、市、县行业管理人员兼任。至2008年，信息网年均访问量3.7万人次，信息保有量2380多条，初步实现信息资源共享，资料、数据快速传递，行业公告及时发布，信息面拓宽、信息量增加、信息时效提高。蚕区主产县做到蚕业信息员人手一台电脑，全省性行业信息服务网络初步形成。

第三节　农村经纪人

农村经纪人是随着农业生产发展、农产品商品化程度大幅度提高应运而生的农产品销售、服务的专门人员或经济组织，主要由工商管理部门管理。安徽省工商部门和各级农业主管部门在大力培育发展流通型、营销型农副产品经纪人的同时，鼓励、引导发展农业生产资料经纪人和农业科技、信息、劳动力等生产要素经纪人，并完善其类型；此外，以农村经纪人协会自律组织为依托，完善市、县（市、区）、乡（镇）三级农村经纪组织网络，逐步形成以农村经纪人协会为骨干，特色专业、行业协（分）会为基础，经纪大户为龙头，覆盖全省的农村经纪人行业组织网络。2006年，安徽省出台促进农村经纪业发展实施意见，在放宽农村经纪业准入领域、降低准入门槛、放宽注册条件、实施品牌战略、发挥行业协会作用、进一步推广“市场＋经纪人＋农户”经营模式等方面作出具体规定。

1996年以后，安徽省产业化核心龙头企业不断壮大、增多，出现加工企业带动型、营销组织带动型、专业批发市场带动型和大型良种生产企业带动型等各种产加销紧密结合的产业化典型。市场体系不断完善，产品流通日益活跃，各类产销协会、个体贩运、农村营销组织、专业批发交易市场不断发展。对外开放成效显著，各类畜牧业招商引资、展示、交易活动活跃频繁。2003年，加快流通经纪人组织建设，评选省级农村致富带头人；省级设置畜牧经纪人专项扶持经费，培育、壮大畜牧经纪人队伍；组织大型规模化猪场和养猪大县经纪人赴广州考察，开拓华南生猪市场。全省有流通组织、经纪人2万多个（人），宣城市、蚌埠市、宿州市、芜湖市和池州市等市组建以组织流通为主要职能的市级（民营）行业协会。

第三章　合作服务

农村普遍实行家庭联产承包责任制后,农民获得生产资料使用支配权和生产经营自主权,发展生产和脱贫致富的积极性空前高涨,粮食生产连年丰收;为适应农产品市场需求的变化,农业生产结构突破单纯粮食生产的单一经营格局,开始形成粮食与多种经营并存的新局面;一批农村能人和专业户掌握生产技术和善于经营而率先致富,在他们的影响和带动下,安徽省农村开始出现以合作服务为主要作用的各类专业协会,涵盖生产服务等多种服务类型。2007 年,《中华人民共和国农民专业合作社法》施行后,安徽省以农民专业合作社为主要形式的各类合作服务快速发展。

第一节　合作服务发展

1982 年 7 月,天长县(现天长市)界牌镇 17 户农民在镇科协支持下,联合办起水产研究会,是安徽省第一家专业技术服务协会。这个时期,中国农业生产处于恢复和发展起步阶段,农业专业化、商品化、社会化程度还较低,绝大多数地区农业生产经营活动都是由各个农户独立完成,农户重新联合的要求还不迫切,政府支持措施也较少。这一阶段,新型农民专业合作组织数量少,合作范围小,合作内容以技术合作和交流为主。由于多属自发形成,组织的稳定性不强,管理也不规范,成员的权利和义务不明确,流动性大,基本上处于自生自灭的状态。

随着农产品购销体制的改革和市场经济体制的确立,进入 20 世纪 90 年代后,越来越多的农产品实行市场调节,农业生产领域涌现出一批新兴产业,农业专业化、商品化、社会化程度明显提高,在这种市场经济条件下,依靠一家一户的分散经营活动,必然会遇到技术、物资、资金、供销、储藏、加工、运输、信息、决策等方面的困难,农民对于技术和产前、产中、产后服务的需求也越来越迫切,农民的市场意识和合作意识开始增强。同时,新型农民专业合作组织的发展也引起国家有关部门重视。1987 年,《国务院办公厅转发中国科协有关农村专业技术协会的报告》指出,专业协会是一种新型的具有中国特色的、专业化的技术服务组织,应当加以鼓励和扶持。1990 年,国家科委拟订农业技术经济服务合作协会示范章程。1993 年,国务院明确农业部作为指导和扶持农民专业合作与联合组织的行政主管部门。同年,农业部选择陕西、山西、安徽 3 省开展专业协会试点。1994 年,农业部和国家科委联合下发《关于加强对农民专业协会指导和扶持工作的通知》。政策导向作用和科协、农业等部门大力推动，使农民专业协会在农村迅速发展起来。至20世纪90年代末，安徽省各类新型农民专业合作组织发展到500多个。这一时期，新型农民专业合作组织数量不断增长，组织规模不断扩大，合作形式不断创新，服务内容不断丰富。

进入21世纪后，安徽省农民专业合作组织发展逐步加快，至2006年年底，以农民专业协会为主要形式的各类农民专业合作组织发展到4500多个。2007年7月1日，《中华人民共和国农民专业合作社法》正式施行后，以农民专业合作社为主要形式的各类农民专业合作组织快速发展，至2010年4月底已发展到13000个。农民专业合作组织得以快速发展，首先是广大农民群众对合作生产经营意义的认识不断提高，合作意识不断增强，参与合作和创办合作组织的热情日益高涨。其次，各级农业及相关部门采取多种形式，广泛深入宣传法律政策、宣传合作意义、合作知识和合作典型，为农民专业合作组织发展营造良好的舆论和社会氛围。第三，政府高度重视和支持，起到重要推动作用。2004年，省委办公厅、省政府办公厅发布《关于加快发展农村专业合作组织的意见》，提出一系列扶持政策。第四，强化指导和服务。2006年，省农委增设合作经济指导处，成立全国首家省级农村合作经济组织联合会，明确市县农经部门为指导服务机构。通过抓示范引导、推进规范化建设、建立联系帮扶制度、开展培训、项目资金扶持等措施，促进农民专业合作组织快速发展。

第二节 合作服务类型

生产环节服务

为成员统一提供品种，成员种养的品种由合作社统一安排、提供；统一采购农业生产资料，成员从事种养业生产，所需肥料、农药、畜禽疫病防治药品等生产资料由合作社统一采购，并按采购价出售给成员，既节约成员自购成本，也保证质量；统一技术指导，农产品生产过程中的技术指导由合作社统一提供。这类服务的合作组织约占10%。

加工环节服务

合作组织将成员交售的农产品进行初（深）加工、统一品牌（商标）包装、储藏等，通过加工增加产品附加值，发挥品牌效应，提高产品价格。这类服务的合作组织约占15% ~ 20%。

销售服务

对成员的产品，合作社统一组织销售；通过网络服务平台，推介合作社产品，开展网上营销；依托经纪人推销合作社产品；开展“农超对接”“农企对接”“农市对接”；组织产品参加展示展销活动。这类服务的合作组织约占60%。

资金互助

有的合作组织在内部开展信用合作、股份合作，兴办资金互助社；有的合作社为成员提供贷款担保、抵押，帮助成员解决生产资金不足问题。这类服务的合作组织约占10%。

组织培训服务

主要对成员进行国家相关法律、政策和内部管理、生产技术、产品质量标准等培训。每个合作组织平均一年培训 2 ～ 3 次。

维权服务

维护合作组织及其成员的合法权益，是农民专业合作组织的一项重要职能，统一组织销售成员的产品，其质量标准、价格，由合作社出面与加工企业、经销商谈判签订购销合同。合作组织统一采购的生产资料出现质量问题，由合作组织与商家交涉、索赔，甚至通过法律途径维护其合法权益。

第三节　农民专业合作社

农民专业合作社是在农村家庭承包经营的基础上，同类农产品的生产经营者或者同类农业生产经营服务的提供者、利用者，自愿联合、民主管理的互助性经济组织。农民专业合作社是新型的市场主体，经工商行政管理部门登记设立。

2007 年 7 月 1 日，《中华人民共和国农民专业合作社法》施行以后，安徽省农民专业合作社迅猛发展。至 2010 年年底，全省依法在工商行政管理部门登记的农民专业合作社已发展到 1.7 万多个，入社农户近 200 万户。合作领域由以种养业为主，逐步向生产经营服务领域拓展，土地流转、资金互助、农机作业、农技服务等新型农民专业合作社开始在一些地方涌现。创办主体由以农村能人（大户）为主，逐步向村组干部、农业企业、农技推广、基层供销社等相关部门和组织多主体创办发展。服务内容由以技术服务和成员间的代耕代种代收为主，逐步向产前、产中、产后农业生产全程服务转变。《中华人民共和国农民专业合作社法》施行几年后，至 2008 年年底，通过大力推进规范化建设，全省 40% 以上农民专业合作社达到或基本达到组织机构健全、章程制度完善、内部管理民主、带动能力较强、成员增收较明显的规范化建设要求。通过开展农民专业合作社示范社建设行动，培育了一批省、市、县级示范合作社，为推动全省农民专业合作社发展发挥较好的示范引导作用。通过实施农民专业合作社信息化建设工程，提高合作社应用网络信息服务平台开拓市场的能力和水平。通过开展培训，提高合作社经营管理人员的科学民主管理水平和成员的综合素质。全省有三分之一从事种养业的农民专业合作社，制定生产技术规程，有 1488 个农产品拥有商标注册，165 个农产品获得地理标志认定，1795 个农产品获得无公害、绿色、有机“三品”认证，216 个农产品获得省部级名优产品；促进土地流转。全省耕地流转有 40% 通过农民专业合作社；促进农民增收。2008 年，通过对 40 个县（市、区）抽样调查，加入合作社的成员户一般比当地同类型非成员户增收 22.1%。当年农业部从全国抽样调查的数字显示，增收幅度为

20%；促进农村劳动力转移。农民专业合作社对入社成员提供生产全过程服务，节省农村劳动力向非农产业转移，使得外出人员安心务工经商，消除后顾之忧。通过财政扶持和金融支持，促进农民专业合作社的发展。通过地方立法，完善法律体系，《安徽省实施〈中华人民共和国农民专业合作社法〉办法》将于2010年10月1日起施行。

第四章 信息化服务

第一节 农业信息化建设

安徽作为全国7个农村信息化示范建设试点省之一，是农业信息技术研究应用最早的省份之一。经过多年努力，全省以安徽先锋网、安徽星火网、安徽农网、安徽农业信息网四大门户网站为基础，初步搭建一个跨部门、跨地区、跨行业、多层次、分布式的省级农村综合信息服务平台。为适应安徽省市场化改革和社会信息化发展的大趋势，农业信息化建设逐步由传统模式向适应市场经济发展转变。从农业发展阶段和信息技术农业应用划分，安徽省农业农村信息化建设大体经历三个阶段：

起步阶段（1949—1986）

20世纪70年代以后，信息技术开始进入安徽省农业领域，标志着安徽省农业信息化进入起步阶段。20世纪80年代初期，安徽省开始使用计算机，一些大专院校和科研机构开始逐步利用计算机技术在农业领域的运用，20世纪80年代中期，开始重视和推进计算机技术在农业科研和农村统计工作中的应用。

发育阶段（1987—1999）

20世纪80年代末，计算机和网络技术在农业领域逐步推开，标志着安徽省农业信息化进入发育阶段。1996年，中国农业信息网建成开通后，安徽省农业部门和部分农业基点调查县配备计算机，实现统计数据的计算机处理。1996年，安徽省参加第一次全国农业信息工作会议，标志着安徽省农业信息化开始进入政府推进、有序发展的新时期。

快速发展阶段（2000年以后）

2000年以后，互联网技术、数字化技术等高新技术在农业领域广泛应用和注重农业信息服务，标志着安徽省农业信息化进入快速发展阶段。2000年，安徽省实施“信息入乡”工程，省农委成立市场信息处，进一步规范农业信息化建设的制度和行政职能。2003年，“安徽农业信息网”网站群建立并投入使用，电子政务取得突破性进展。2004年，省农委和信息产业厅共同成立安徽省农业信息化工作领导小组，将农业信息化列入“数字安徽”建设五大重点建设工程之一。2006年《安徽省农业信息化“十一五”规划》，全面部署农业和农村信息化建设的发展思路。“三电合一”工程、“农村信息化示范”工程、“千村百镇”农业信息化试点、“农技110”“信息进村入户到企”“12316

农村公益服务热线”等重大项目的建设，成为安徽省全面快速推进农业信息化建设的重要支撑。

同时，信息服务的行业应用得到加强，GIS（地理信息系统）在农业上的应用主要是建立土壤空间数据库和矢量数据库，对安徽省精准测土配方施肥提供有力的技术支撑，分别建立测土配方施肥数据库和专家施肥系统、数字化制图及空间数据库和精准施肥研究与应用，建立精准施肥专家系统。

2006年，农业信息预警项目实施，安徽省继续完善建设覆盖全省的农业信息服务工作队伍，达到为“三农”服务，更好地拓宽农民获取农业信息的渠道，解决信息服务“最后一公里”问题，为全省农民收入的持续增长打下基础。

省农委网络中心机房经过几个月的试运行，改造后的150平方米标准化机房的农业信息网络及农业系统网站群运行速度明显提高，各地信息发布明显加快，社会各界访问量大幅度增加，网络功能作用进一步扩大，稳定性、安全性得到有效提高。同时，严格按照公安部和保密委规定，加强上网行为规范管理，对各地农业系统网站提出明确的责任要求，按照效能建设要求，对一些不当网站，特别是上班期间，不允许使用的诸如股票、游戏、聊天等网站进行屏蔽，进化网络环境。

农委系统视频会议一期工程顺利完成，通过此系统已召开各类会议10多次，各地普遍反映良好，语音清楚，画面清晰，双向传递速度及时，会议效果较好，节省来往时间，降低人力、物力成本，提高效能建设水平。

第二节　农业信息化建设成果

遵循“政府主导，社会参与，完善机制，实现共赢，服务农民”的基本原则，农业信息化建设发生巨大变化，信息服务已成为农业部门一项重要职责，同时，积极引导推进信息服务社会化，农业信息化建设已经取得明显的阶段性成效。

涉农网站

安徽农业信息网是全省农委系统核心网站，是省农委面向社会的官方网站和农业信息进村入户到企网站，上与农业部中国农业信息网对应，横向联系各省农业信息网和省农委各职能部门，纵向延伸到17个市、105个县（市、区）和广大的乡（镇）、村以及相关涉农企业、专业合作社、种养大户，实行全省农业信息三级平台、四级发布的网站管理模式，实现农业新闻、工作动态、政策科技宣传和农产品产销发布全省统一联播。至2008年年底，全省三级农业部门依托网站群平台建设各类站点189个，建立部门专业子站29个，90%的乡（镇）建立农业信息服务站，30%的村建有信息服务点，90%以上的龙头企业和农产品与农资批发市场建有网络终端，农业信息服务网络正在向合作组织和种养大户延伸，全省农业信息服务网络已初具规模。

农情信息调度系统

省农委建成融农情、灾情、行情等信息的收集、传递、加工和发布于一体的省级农情调度管理平台，实现部、省、市三级联网，培训市级农情信息员。农情调度系统的使用，有效提高农情信息工作的效率和质量。同时，在关键农时，省农委利用农业信息网和移动短信功能及时发布农情动态，指导农业生产。

全省农业视频会议系统

为提高农业部门工作效率，提高农业电子政务水平，省农委农业系统建设2个省级主会场、20个市级分会场、63个县级分会场的全省视频会议系统。召开各种会议近百次，参会人员2万多人次，会议收视效果良好。同时向市县二级延伸扩大农业部卫星视频会议收视范围，扩展农业会议网上直播功能，形成全省较完整的视频会议工作系统。

农业部“三电合一”农业信息服务试点建设

安徽省开展“三电合一”农业信息服务试点有阜阳市、滁州市、宿州市等3市和宣城市宣州区、肥西县等17个县（区、场）。省农委高度重视“三电合一”试点项目建设工作，从组织上加强领导，进行系统规划，合理建设，加强管理，项目建设进展较为顺利，建成以电话语音系统为核心，结合计算机网络、广播电视媒体等多渠道的“三电合一”信息采集、整理、发布系统，为农民群众提供多方面的农业信息服务，收到良好的社会效果和经济效果。推广“三电合一”试点经验，在全省范围内，加大乡（镇）农业信息服务站和村信息服务点建设，实现信息进村入户到企。

“千村百镇”农业信息化试点

按照省政府农村信息化发展规划，力争在3～5年内在全省新农村“千村百镇”开展农业信息化试点示范建设，每个示范点要求达到“五个一”建设标准，即“一间办公室、一台电脑及辅助设备、一根宽带线、一个专兼职信息员、一套信息服务制度”。这项工作实施后，省农委会同省经信委，重点选择40个镇、300个村、20多个农民专业合作组织开展农业信息化示范试点工作。

提升服务决策能力

安徽省各级农业部门紧紧围绕“三农”工作重点，加强重要农业信息的收集、整理和报送，加强月度和季度形势分析，为领导决策服务提供科学依据。所报政务和农情信息，大部分被农业部、省委、省政府采用，或被中央办公厅、国务院办公厅转载。在关键农时季节和抗击农业自然灾害、防控重大动物疫病期间，做到灾情、疫情、生产进度一日一报，关键时期一日两报。及时编发专题性《送阅材料》，为领导决策提供第一手资料，受到农业部和省领导的充分肯定。各级农业部门针对“三农”工作中的热点问题，加强分析性信息的报送，及时为政府宏观决策提供依据，同时注重发挥信息和宣传在应对农业突发性事件中的作用。

多种发展模式与体制机制

安徽省在实施农业部“三电合一”农村综合信息服务平台建设项目、金农工程、农村信息化示范工程外，相关涉农部门采取多种形式实施新农村建设“千村百镇”试点工程、农村党员干部远程教育工程、村村通电话工程、农村中小学远程教育工程。电信、移动运营商、IT 企业等开展农业信息综合服务平台试点工程、“农信通”“信息田园”“语音系统”建设等工程，初步形成政府搭台、企业唱戏，公益性服务和商业化服务相结合的新型体制和机制。

第十一篇　农业基础建设

第一章　种子工程

第一节　种子管理

机构沿革

中华人民共和国成立前,安徽省未设立专门的种子工作机构。中华人民共和国成立后,种子工作除有省农林科学院,地区、县农业科学研究所和省、地、县良（原）种场等担负种子科研、繁育新品种、繁殖良种,以及县、区、乡农业技术推广站负责推广良种外,在各级农业部门内还设立种子管理和良种经营机构,属于行政机构;之后,改设种子公司,属于事业单位。为便利工作,采取一个机构两块牌子,对外称种子公司,担负经营业务,对内称种子局（处）站,负责行政管理。

安徽省种子管理机构变迁情况:1953 年,省农林厅设安徽省种子管理所，1954 年,更名为安徽省种子管理局，1956 年,省农业厅设立种子处。1978 年,省农林局设立省种子公司,与种子处一个机构两块牌子。1982 年,撤销省农业厅种子处,成立省种子管理站,与省种子公司一体化运行。1996 年,省种子管理站更名为省种子管理总站（省种子公司更名为省种子总公司）。2006 年,省政府转发国务院国办发〔2006〕40 号文,对全省国有种子公司脱钩作出部署、种子管理体系建设作出安排。2007 年,省编办、省财政厅、省农委联合下发《关于做好全省种子管理体制改革中种子管理机构调整工作的通知》(皖编办〔2007〕161 号文),调整种子管理机构名称、职责、预算、编制,同年,省编办批复撤销省种子管理总站加挂省种子总公司的牌子。截至 2008 年年底,全省 17 个市、71 个县建立种子管理站,形成种子管理体系。

依法管理

1997 年 6 月,安徽省第八届人大常委会第三十一次会议审议通过《安徽省农作物种子管理条例》,全省施行《安徽省种子管理执法文书》《安徽省农作物种子标签标准》,“种子标准检验室”认证制度。2002 年 5 月 24 日,省第九届人大常委会第三十次会议修改《安徽省农作物种子管理条例》，2002 年 6 月,省农委颁布《安徽省主要农作物品种审定办法》，2002 年 11 月 ,省农委和省工商管理局印发《安徽省农作物种子广告审查办法》,2008 年 3 月,省农委制定《安徽省主要农作物品种试验管理办法》。2001—2004 年,全省通过种子培训考试考核并核准持证执法人员 450 人。1983—2005 年,省农作物品种审定委员会审（认）定各类农作物品种 477 个、核发种子生产许可证

960个、种子经营许可证1280个。2005年年底，全省审定农作物品种136个、批准引种35个、核发种子生产许可证960个、种子经营许可证1280个。2000—2005年，全省规范种子生产和经营行为，每年春秋两季，省农委组织全省种子市场监督检查，查处各类种子案件2560个，涉案种子数量2.86万吨，挽回经济损失3亿元，种子市场抽检覆盖面75%，田间检验覆盖面90%。

案件查处

无证经营、违法经营、假冒伪劣、以次充好禁而不绝；农作物品种未审先引、未审先推现象时有发生。2004年，安徽省发生种子案件1223起，其中省政府领导交办、农业部督办的重大种子案件8件：宿松县假冒“湘杂棉3号”案、太湖县“南优3号”棉种案、丰乐种业稻种案等。省农委查处的假冒“中棉29”案，案件涉及4个省，其中安徽省10个县（区）涉案种子60吨，农民直接损失千万元。

省种子协会

2001年10月，安徽省种子协会（后简称省种子协会）成立。2004年，民政部授予安徽省种子协会“全国先进民间组织”称号。2003年10月，中国种子协会、全国农业技术推广服务中心与省农牧渔业厅联合在合肥市举办首届全国种子信息交流暨产品交易会，省种子协会具体承办，2万人参展参会，中国工程院院士戴景瑞作农作物育种战略研究报告，亚太种子协会秘书长辛德胡介绍亚太各国种子产业政策和贸易情况，同时开展学术交流、信息发布、产品交易活动。省种子协会于2004年、2005年、2006年连续举办三届“中国·合肥种子信息交流暨产品交易会”，每年吸引300多家大中型种子企业和科研教学单位参展；2004年、2005年，组织全省59家和100家大中型种子企业向社会承诺不制售假劣种子。2003年、2004年、2006年组织会员赴泰国、韩国、新加坡参加亚太中资年会，交流种业管理经验、掌握种业发展动态；建立防伪系统，为产品贴上防伪标识，提高企业产品的信誉度和附加值，2005年防伪种子10万吨。2003年，省种子协会成立“安徽省种业法律援助中心”。据统计，2003—2005年，援助中心协调纠纷30余起，代理涉种案件8起，其中庭外调解6起，出庭应诉2起，结案率和满意100%。2004年1月，经省农委同意，出台《安徽省非主要农作物品种鉴定登记办法》，截至2005年，共有31个西瓜、3个甜瓜、9个芝麻、4个花生、8个蔬菜、1个中药材等品种通过鉴定并进行登记，保护了品种的合法性与信誉度。

第二节　种子产业

种子工程建设

1996—2005年，国家和安徽省通过实施种子工程，建设种子项目45个，共投资30728万元（包括国家基本建设投资和世界银行贷款），其中国家基本建设投资18999万元（中央投资12847万元、地方配套6152万元）、世行贷款种子商业化项目11729万元（世行贷款 704.6 万美元，其余为地方配套），用于粮食、棉花、油料作物的良种引育、生产繁育、加工包装、推广销售和种子管理等基础设施。截至 2005 年年底，共完成投资 2.9 亿元，其中中央财政资金 12834 万元，地方财政配套及建设单位自筹 10640 万元，世行贷款 5526 万元；建设野生大豆原生境保护点 3 个、农作物改良中心 3 个（水稻、茶树和棉花各 1 个）、国家级区试站 5 个、国家级农作物原种场 1 个、主要农作物良种繁育基地 16 个（小麦 4 个、水稻和大豆各 2 个、茶树 3 个、甘薯脱毒、果苗、蔬菜、油菜和棉花各 1 个）、农作物种子质量检测中心 6 个（1 个部级中心、5 个分中心）、国家农作物种子储备库 1 个、农作物新品种推广示范类基地 1 个、世行贷款种子商业化项目 9 个。通过种子工程建设，良种覆盖率由 1979 年的 36% 提高到 2005 年的 93.5%.

农作物改良中心类项目 2 个　总投资 1526 万元（中央投资 963 万元、地方配套 563 万元），主要建设内容为土建工程 5123 平方米、田间工程建设 58 公顷和购置仪器设备 168 台（套）等。

合肥国家水稻改良中心　总投资 526 万元（中央投资 263 万元、地方配套 263 万元），建设期限为 2000—2002 年，省农科院水稻研究所承建：土建工程 1523 平方米、田间工程建设 18 公顷和购置仪器设备 53 台（套）等。

安徽省茶树育种分中心　总投资 1000 万元（中央投资 700 万元、地方配套 300 万元），建设期限为 2002—2003 年，省农科院茶叶研究所承建：土建工程 3600 平方米、田间工程建设 40 公顷和购置仪器设备 115 台（套）等。

农作物种子质量监督检测中心及区试站类项目 6 个　总投资 1120 万元（中央投资 560 万元、地方配套 560 万元），建设内容为土建工程 354 平方米、田间工程建设 33.33 公顷和购置仪器设备 42 台（套）等。

安徽省部级种子质量监督检测中心　总投资 620 万元（中央投资 310 万元、地方配套 310 万元），1997—1998 年由省种子管理总站承建：土建工程 1940 平方米和购置仪器设备 2 套（种子检验仪器设备和空调设备各 1 套）等。

国家农作物品种区试站（合肥）　总投资 100 万元（中央投资 50 万元、地方配套 50 万元），建设期限为 1998—1999 年，省种子管理总站承建：土建工程 400 平方米和田间工程建设 6.67 公顷等。

国家农作物品种区试站（铜陵）　总投资 100 万元（中央投资 50 万元、地方配套 50 万元），1998—1999 年由铜陵县种子管理站承建：土建工程 300 平方米、田间工程建设 6.67 公顷和购置仪器设备 10 台（套）等。

国家农作物品种区试站（黄山）　总投资 100 万元（中央投资 50 万元、地方配套 50 万元），1998—1999 年黄山市种子管理站承建：土建工程 300 平方米、田间工程建设 6.67 公顷和购置仪器设备 10 台（套）等。

国家农作物品种区试站（芜湖）　总投资 100 万元（中央投资 50 万元、地方配套 50 万元），建设期限为 2000 年，芜湖市种子管理站承建：土建工程 300 平方米、田间工程建设 6.67 公顷购置和仪器设备 10 台（套）等。

国家农作物品种区试站（淮北） 总投资 100 万元（中央投资 50 万元、地方配套 50 万元），2000 年由淮北市种子管理站承建：土建工程 300 平方米、田间工程建设 6.67 公顷和购置仪器设备 10 台（套）等。

安徽省国家救灾备荒种子储备库 投资 1000 万元（中央投资 500 万元、地方配套 500 万元），建设期限为 1997—1999 年，由省种子管理总站承建，土建工程 4000 平方米。

农作物良种繁育基地类项目 7 个 总投资 5432 万元（中央投资 3296 万元、地方配套 2136 万元），包括土建工程 19071 平方米、田间工程 304.33 公顷和购置仪器设备 398 台（套）等。

安徽省茶树良种繁育场 总投资 272 万元（中央投资 136 万元、地方配套 136 万元），建设期限为 1997—1998 年，由东至茶树良种繁殖示范场承建：土建工程 1100 平方米、田间工程建设 43 公顷和购置仪器设备 43 台（套）等。

安徽省优质果苗繁育场 总投资 920 万元（中央投资 460 万元、地方配套 460 万元），2001—2002 年，建设单位为宿州市种苗研究所，主要建设内容为土建工程 1250 平方米、田间工程建设 23.33 公顷和购置仪器设备 78 台（套）等。

安徽省优质小麦皖麦 38 种子生产基地 总投资 1000 万元（中央投资 500 万元、地方配套 500 万元），建设期限为 2001—2002 年，建设单位为涡阳县农业委员会，主要建设内容为土建工程 6176 平方米、田间工程建设 143.33 公顷 2 和购置仪器设备 44 台（套）等。

安徽省水稻良种繁育基地 总投资 1000 万元（中央投资 700 万元、地方配套 300 万元），建设期限为 2002—2003 年，建设单位为省种子总公司，土建工程 4700 平方米、田间工程建设 13.33 公顷和购置仪器设备 102 台（套）等。

安徽省黄山茶树良种繁育基地 总投资 670 万元（中央投资 450 万元、地方配套 220 万元），建设期限为 2003—2004 年，建设单位为黄山市农技推广中心，土建工程 950 平方米、田间工程建设 60 公顷和购置仪器设备 68 台（套）等。

安徽省芜湖蔬菜良种繁育基地 总投资 750 万元（中央投资 500 万元、地方配套 250 万元），建设期限为 2003—2004 年，建设单位为芜湖市种子管理站，土建工程 2400 平方米、田间工程建设 13.33 公顷和购置仪器设备 38 台（套）等。

安徽省双低油菜良种繁育基地 总投资 820 万元（中央投资 550 万元、地方配套 270 万元），建设期限为 2003—2004 年，建设单位为芜湖市种子管理站，土建工程 2495 平方米、田间工程建设 8 公顷和购置仪器设备 25 台（套）等。

安徽省野生大豆种质资源淮河流域下游原位保护区 计划总投资 250 万元（中央投资 200 万元、地方配套 50 万元），建设期限为 2002—2003 年，建设单位为省农科院作物研究所，土建工程 520 平方米、田间工程建设 5 公顷和购置仪器设备 18 台等。

安徽省甘薯脱毒中心 计划总投资 580 万元（中央投资 290 万元、地方配套 290

万元），建设期限为1997—1998年，建设单位为安徽省宿州市紫芦湖良种繁殖场，主要建设内容为土建工程2300平方米、田间工程建设6.67公顷和购置仪器设备61台等。

种子产业发展

1992年6月，全国种子总站在合肥市召开全国种子站长和种子专家顾问组会议，总结合肥市种子公司实行科研、生产、经营、推广一体化的经验，提出“建设中国特色社会主义现代化种子产业”。1995年12月，省种子管理站（省种子公司）在全国率先组建安徽种业集团，得到省委、省人大常委会、省政府肯定。1997年，合肥市种子公司在深圳证券交易所成功上市，成为中国种业第一股（丰乐种业）。1998年9月24日，江泽民、温家宝等党和国家领导人视察合肥市丰乐种业股份有限公司，提出“大力培育推广优良品种为振兴我国农业作出贡献”。

1998年7月，省种子总公司与美国岱字棉公司、孟山都公司合资设立安徽安岱棉种技术有限公司。1999年，向安徽省供应转基因抗虫棉种。四川国豪种业、北京德农种业、湖南隆平高科相继在安徽省设立公司、分公司。截至2005年年底，全省注册种子企业2万家，其中注册资本3000万元以上8家、500万元以上218家、100万元1054家；销售种子40万吨，种子商品率2005年95%，较1996年提高40个百分点。

截至2008年，全省良（原）种生产基地9.6万公顷，年生产良（原）种45.6万吨，其中小麦繁殖6.47万公顷，产种34万吨；杂交水稻制种面积0.27万公顷，产种7000吨，常规水稻繁殖0.87万公顷，产种5.2万吨；油菜生产面积666.67公顷，产种1000吨；棉花生产面积1000公顷，产种900吨；大豆生产面积1.87万公顷，产种5.5万吨。全省杂交种子供种率98%以上，常规种子供种率70%以上，良种覆盖率96.8%，良种自给率95%，棉花、瓜类、油菜种子供大于求，销往省外；全省有148条种子加工流水线，加工单机1260台，年加工能力24万吨；建设种子仓库16万平方米，救灾备荒种子储备库3000平方米，一次可贮种16万吨，可以满足全省种子生产加工和贮藏要求。全省有公立科研育种机构26个，其中省级3个、市级13个、县级10个；有企业科研育种机构5个，隶属农业部发证种子企业。

第二章　耕地质量建设

第一节　土壤调查

1979—1989年，安徽省第二次土壤普查共普查各类土壤面积1035.5万公顷，挖掘土壤剖面204179个，化验土壤剖面样品26226个，农化样132550个，取得土壤化验数据共150余万个，编绘各级土壤普查成果图件12961幅，编写地（市）、县《土壤志》90部，《土种志》16部，调查报告908份，专题调查报告691份。编著出版《安徽土壤》《安徽土种志》，编绘出版1∶50万安徽省土壤图、安徽省土地利用现状图、安徽省土壤改良利用分区图、安徽省土壤有机质含量分布图等各类养分图。直接参加第二次土壤普查人数11.4万人，其中科技人员9262人。1990年，通过全国土壤普查办公室验收。1990年，获省科技进步一等奖。普查结果：全省土壤资源总面积1035.5万公顷，其中耕地土壤面积617.0万公顷。耕地土壤中，水稻田241.53万公顷，旱地374.73万公顷。根据土壤性态特征，全省土壤分为5个土纲、8个亚纲、13个土类、33个亚类、115个土属、218个土种。（表11-2-1）

第二次土壤普查全省共投入专项经费975.5万元，其中国家下拨经费545.5万元，省财政拨款430万元。按照专款专用的原则，分期分批下达到省农牧渔业厅，由厅计划财务处和土壤肥料处根据第二次土壤普查经费使用规定和工作实际需要，分配到地（市）县。土壤普查经费主要用于土壤外业调查、分析化验、资料整理、化验室建造、购置仪器等。

1988年安徽省第二次土壤普查土壤分类系统表

表11-2-1

土纲	亚纲	土类	亚类	土属	土种
铁铝土	湿热铁铝土	红壤	黄红壤	硅铁质黄红壤	祁山红泥土
					罗田（厚）红泥土
					大洪岭夹砾红泥土
					青龙耕种红泥土
				硅铝质黄红壤	四合红土
					涛城（耕种）红土

续表 11-2-1

土纲	亚纲	土类	亚类	土属	土种
铁铝土	湿热铁铝土	红壤	黄红壤	硅质黄红壤	岩前红泥土
				铁质黄红壤	渔亭乌红土
			棕红壤	棕红土	金坝棕红土
					十字焦斑棕红土
					周桥网纹棕红土
					敬亭（耕种）棕红土
			红壤性土	硅铁质红壤性土	祥云砾质红泥土
				硅铝质红壤性土	赤岭砾质红泥土
				酸性红黏土	杨柳焦斑红黏土
					山北网纹红黏土
	湿暖淋浴土	黄壤	黄壤	硅铁质黄壤	里塔暗黄泥土
				硅铝质黄壤	慈光阁暗黄土
			黄壤性土	硅铁质黄壤性土	富里砾质暗黄泥土
				硅铝质黄壤性土	下湖家砾质暗黄土
淋溶土	湿暖淋溶土	黄棕壤	黄棕壤	硅铁质黄棕壤	青山黄泥土
					独山（厚）黄泥土
					诸佛庵（耕种）黄泥土
				硅铝质黄棕壤	谢家岭黄土
					项岭（厚）黄土
					菖蒲（耕种）黄土
				硅质黄棕壤	顺河黄沙土
					严桥（厚）黄沙土
				铁质黄棕壤	双峰鸡粪土
					官山（耕种）鸡粪土
				红棕土	牛阜棕红棕土
			暗黄棕壤	硅铁质暗黄棕壤	仙遇岭暗黄棕土
				硅铝质暗黄棕壤	天台暗黄棕土
				硅质暗黄棕壤	板桥暗黄沙泥土
			黄棕壤性土	硅铁质黄棕壤性土	单龙寺砾质黄泥土
				硅铝质黄棕壤性土	查湾砾质黄土
				硅质黄棕壤性土	冶山砾质黄沙土
				铁质黄棕壤性土	官山砾质鸡粪土
		黄褐土	粘盘黄褐土	马肝土	龙山马肝土
					李岗马肝土
					平桥僵马肝土

续表 11-2-1

土纲	亚纲	土类	亚类	土属	土种
淋溶土	湿温淋溶土	黄褐土	粘盘黄褐土	马肝土	张洼菜园马肝土
				黄白土	苏桥黄白土
					中星菜园黄白土
					夏岗白土
				潮马肝土	吴郢（锈斑）马肝土
					后楼（锈斑）黄白土
					代安（锈斑）黄马肝土
					大梁（锈斑）坡黄白土
				复泥潮马肝土	杨桥（锈斑）泥马肝土
					支湖（锈斑）淤马肝土
		棕壤	酸性棕壤	硅铁质暗棕土	铁冲暗棕土
				硅铝质暗棕土	黄羊暗棕土
					驼岭砾质暗棕土
初育土	石质初育土	石灰（岩）土	红色石灰土	山红土	三里山红土
			黑色石灰土	黑碎石土	金川黑碎石土
			棕色石灰土	鸡肝土	七里鸡肝土
					山门（薄）鸡肝土
					华阳砾质鸡肝土
		紫色土	酸性紫色土	酸性紫砂土	渭桥酸性猪血砂
				酸性紫泥土	隆阜酸性猪血泥
			中性紫色土	紫砂土	西山中性猪血砂
				紫泥土	下阜中性猪血泥
			石灰性紫色土	石灰性紫砂土	槐园石灰性猪血砂
				石灰性紫泥土	缺树坞石灰性猪血泥
		石质土	酸性石质土	酸性岩砾质土	山斗砾质土
				硅质岩砾质土	姚亩砾质土
				泥页岩砾质土	下湖莲砾质土
		粗骨土	酸性粗骨土	硅铝质沙砾土	下浒沙砾土
					石印碳沙砾土
				硅质沙砾土	岗集沙砾土
				硅铁质沙砾土	西阳沙砾土
			中性粗骨土	铁质沙砾土	斑竹园沙砾土
半水成土	暗半水成土	山地草甸土	山地草甸土	山地草甸土	清凉峰山地草甸土
		砂姜黑土	砂姜黑土	黑姜土	黑姜土
					油黑姜土

续表 11-2-1

土纲	亚纲	土类	亚类	土属	土种
半水成土	暗半水成土	砂姜黑土	砂姜黑土	黑姜土	瘦黑姜土
				黄姜土	黄姜土
					瘦黄姜土
				白姜土	白姜土
					姜白淌土
				淤黑姜土	薄淤黑姜土
					厚淤黑姜土
					覆两合黑姜土
				泥黑姜土	覆泥黑姜土
			碱化砂姜黑土	碱黑姜土	轻碱化黑姜土
					重碱化黑姜土
	淡半水成土	潮土	（黄）潮土	砂土	砂土
				面砂土	面砂土
					淤心面砂土
					淤身面砂土
					间层面砂土
				两合土	两合土
					砂身两合土
					砂心两合土
					淤心两合土
					淤身两合土
					间层两合土
				淤土	淤土
					漏风淤土
					砂心淤土
					砂身淤土
					两合心淤土
					间层淤土
				潮泥土	潮泥土
			灰潮土	麻砂土	麻砂土
				砂泥土	砂泥土
					砂心砂泥土
					沙砾身砂泥土
					粘身砂泥土

续表 11-2-1

土纲	亚纲	土类	亚类	土属	土种
半水成土	淡半水成土	潮土	灰潮土	砂泥土	菜园砂泥土
				泥骨土	泥骨土
					菜园泥骨土
				石灰性砂土	石灰性砂土
					壤心石灰性砂土
					粘身石灰性砂土
				石灰性砂泥土	石灰性砂泥土
					砂心石灰性砂泥土
					砂身石灰性砂泥土
					粘身石灰性砂泥土
					菜园石灰性砂泥土
				石灰性泥土	石灰性泥土
					砂心石灰性泥土
			湿潮土	湿砂泥土	湿砂泥土
					砂心湿砂泥土
				湿泥骨土	湿泥骨土
				石灰性湿砂泥土	石灰性湿砂泥土
			盐化潮土	盐潮土	轻盐面砂土
			碱化潮土	碱潮土	轻碱面砂土
					中碱淤土
					重碱面砂土
人为土	水稻土	水稻土	淹育水稻土	浅泥质田	浅泥质田
				浅砂泥田	浅砂泥田
				浅棕红泥田	浅棕红泥田
				浅马肝田	浅马肝田
			渗育水稻土	渗泥质田	渗泥质田
				渗砂泥田	渗砂泥田
				渗紫砂泥田	渗紫砂泥田
				渗暗泥田	渗暗泥田
			渗育水稻土	渗潮砂泥田	渗潮砂泥田
				渗棕红泥田	渗棕红泥田
				渗马肝（黄土）田	渗马肝（黄土）田
			潴育水稻土	泥质田	泥质田
					表潜泥质田
					碳质泥田

续表 11-2-1

土纲	亚纲	土类	亚类	土属	土种
人为土	水稻土	水稻土	潴育水稻土	砂泥田	砂泥田
					表潜砂泥田
				紫泥田	紫砂泥田
					紫泥田
				石灰性紫泥田	石灰性紫泥田
				石灰泥田	石灰泥田
				潮砂泥田	潮砂土田
					潮砂泥田
					鳝血潮砂泥田
					砂心潮砂泥田
					砂身潮砂泥田
					粘身潮砂泥田
					表潜潮砂泥田
					矿毒潮砂泥田
					潮泥骨田
					表潜潮泥骨田
				湖泥田	湖泥田
					湖砂泥田
					表潜湖泥田
				石灰性砂泥田	石灰性砂土田
					石灰性砂泥田
					砂心石灰性砂泥田
					表潜石灰性砂泥田
					石灰性泥骨田
				棕红泥田	棕红泥田
					表潜棕红泥田
				马肝田	马肝田
					鳝血马肝田
				马肝田	表潜马肝田
				黄白土田	黄白土田
					鳝血黄白土田
					表潜黄白土田
				黑姜土田	黑粒土田
				复石灰泥田	复石灰泥质田
					复石灰砂泥田

续表 11-2-1

土纲	亚纲	土类	亚类	土属	土种
人为土	水稻土	水稻土	潴育水稻土	复石灰泥田	复石灰潮（砂）泥田
					复石灰棕红泥田
					复石灰马肝田
			潜育水稻土	青泥田	强青泥田
					青泥田
				青砂泥田	强青砂泥田
					青砂泥田
				青紫泥田	青紫泥田
				青石灰泥田	青石灰泥田
				青棕红泥田	青棕红泥田
				青马肝田	强青马肝田
					青马肝田
				青湖泥田	青湖泥田
					腐泥心青湖泥田
				青潮砂泥田	强青潮砂泥田
					青潮砂田
					青潮砂砾田
					青潮砂泥田
					青泥骨田
				青丝泥田	强青丝泥田
					青丝泥田
					腐泥心青丝泥田
				陷泥田	陷泥田
				烂泥田	烂泥田
			脱潜水稻土	脱青潮砂泥田	脱青潮砂泥田
					脱青潮泥骨田
				脱青石灰性泥骨田	脱青石灰性泥骨田
				脱青湖泥田	脱青湖泥田
				脱青马肝田	脱青马肝田
			漂洗水稻土	淀板田	淀板田
				澄白土田	澄白土田
					白土心田
					白土田
				香灰土田	香灰土田

第二节　地力建设

土壤改良

据统计，1987年,安徽省耕地面积有360余万公顷，“六五”期间改良低产土壤66.67万公顷。安徽省分淮北平原砂姜黑土综合治理片,江淮丘陵岗地区粘盘黄褐土(马肝土、澄白土)改良片,沿江潜育水稻土治理片,皖南低山丘陵区红壤改良片,皖南山区、皖西大别山冷烂田改良片。1988年,土壤改良工作纳入农业综合开发项目,由省财政厅具体负责实施。

有机农业试点

1996年,安徽省农业厅印发《关于在全省开展“提高地力年活动”的通知》(农土字〔95〕第386号),要求各级农业部门大力改造中低产农田、增加有机肥投入、推广科学施肥技术、建立地力等级评价制度。1996—2000年,省农业厅在涡阳县青町镇、蒙城县坛城镇、凤台县焦岗乡分别建立666.67公顷有机农业示范区:分别完成农业基本情况调查、土壤肥力调查取样、化验分析、建立土壤资料档案;高温堆肥积制与有机肥施用、推广测土配方施肥、化肥深施、秸秆还田、布置田间试验;5年内,有机质含量为主要标志的土壤肥力提高和改善,每公顷粮食综合生产能力提高1500千克。

地力监测

1996年,根据全国农技推广服务中心要求,安徽省土壤肥料总站在涡阳县、蒙城县、巢湖市、桐城市建立4个地力监测点,其中涡阳县、蒙城县为砂姜黑土,巢湖市、桐城市为水稻土。1997年,在宿县地区、无为县、明光市、六安市、枞阳县增设5个地力监测点,其中宿县地区、无为县为潮土,明光市、六安市为黄褐土,枞阳县为水稻土。各监测点按照农业部《土壤监测规程》开展监测工作。宿县地区点由于各种原因没有续建,1998年,增加阜阳市监测点,土壤类型为潮土。通过1998—2007年10年对9个国家级监测点(其中水稻土3个,潮土、砂姜黑土、黄褐土各2个)的监测结果分析,安徽省主要耕地耕层土壤pH酸碱度平均在6.7～7.1之间,年度间变化不大，2007年与10年前比较略有下降;土壤有机质含量平均在14.0～18.2g/kg之间,全氮含量平均在1.17～1.23g/kg之间,两者与10年前比较均略有提高;土壤有效磷平均14～22.9mg/kg之间,其含量随年度间作物、施肥数量、施肥品种不同呈动态变化,总体呈上升趋势;土壤速效钾平均在90～117.1mg/kg之间,其含量年度间变化幅度不大;耕层土壤部分微量元素含量有所下降,普遍缺乏的是有效硼、有效钼和有效锌。通过监测还表明,气候等自然条件尤其是灾害对土壤养分影响也比较大。分析认为,安徽省耕地土壤肥力处于中等水平,基本保持稳定态势。

标准粮田建设

2004年,安徽省农委开始向国家发改委和农业部申报优质粮食产业工程标准粮田建设项目，获批项目安排如下：2005年，涡阳、濉溪、怀远3个县，每县建设面积2666.67公顷，共计建设面积8000公顷。2006年，霍邱、泗县、定远3个县，每县建设面积2666.67公顷，共计建设面积8000公顷。2008年标准粮田建设项目，共计建设面积46666.67公顷。其中长丰县、肥西县、凤台县、天长市各1333.33公顷；固镇县、五河县各1333.33公顷，来安县1000公顷；蒙城县、亳州市谯城区、肥东县、临泉县、萧县、寿县、宣城市宣州区各1333.33公顷，全椒县1000公顷；阜南县、凤阳县、明光市、颍上县各1333.33公顷；泗县、庐江县各1000公顷，灵璧县、宿州市埇桥区、太和县、临泉县、阜南县、颍上县、濉溪县、怀远县、亳州市谯城区、涡阳县、蒙城县、利辛县、寿县、霍邱县、定远县各1333.33公顷。

第三章　肥　料

第一节　有机肥料

有机肥料资源

据 2003 年有机肥专项调查统计，安徽省各类有机肥源（除塘泥、河泥、生活垃圾、土杂肥、田野杂草外）约 2 亿吨，其中通过直接还田、堆沤还田、过腹还田或工厂化加工等途径用作农作物肥料的约 1.2 亿吨，占有机肥资源总量的 60%，平均 1 公顷资源量 30 吨左右；其余 0.8 亿吨，一部分用于外贸出口（如饼肥），一部分用于造纸和农村能源（如秸秆），其他部分待开发。据 1991 年有机肥料调查资料，安徽省有机肥料共分七大类、11 个亚类、55 个种。

安徽省有机肥肥料类型表

表 11-3-1

类别	亚类	品种
粪尿类	人粪尿	人尿、人粪、人粪尿（含混合物）
	畜粪尿	牛粪、牛尿、猪粪、猪尿、驴马（骡）粪、驴马（骡）尿、羊粪、兔粪
	禽粪	鸡粪、鸭粪、鹅粪
	蚕沙	蚕沙
堆沤肥类	堆沤肥	沤肥、堆肥（土粪）、高温堆肥 猪厩肥、羊厩肥、驴马（骡）厩肥、羊厩肥、兔厩肥、
	沼气肥、厩肥	沼气肥
绿肥类	冬绿肥	紫云英、毛苕子、蚕豆
	夏绿肥	田箐、柽麻、箭舌豌豆、大荚箭舌豌豆、中绿一号、小葵花籽
	水生绿肥	红萍、绿萍、细绿萍、水浮莲、水花生、水葫芦
	多年生绿肥	紫穗槐、草木樨
	野生绿肥	豆科杂草、菊科杂草、十字花科杂草、苋科杂草、木本科植物
秸秆类	—	麦秸、粳稻草、籼稻草、杂交稻草、、棉花秸、油菜秸、玉米秸、高粱秸、豆秸、花生秸、
饼肥类	—	棉籽饼、油菜饼、豆饼、茶子饼
土杂肥类	—	泥肥、骨粉、灰肥、肥土、屠宰废弃物、城镇垃圾
泥炭及污水、废渣	—	泥炭、城镇污水、工业废水、工业废渣

人畜粪尿　2005年，全省农村人口5100万人，产生的人粪尿相当于氮素32.23万吨、磷素16.12万吨、钾素吨12.09万吨；年末全省牛存栏数364.35万头，一年可提供氮素13.85万吨、磷素1.93万吨、钾素17.34万吨；年末全省生猪存栏数1737.41万头，一年可提供氮素12.34万吨、磷素4.0万吨、钾素8.34万吨。上述人畜粪尿养分总量118余万吨。如果70%能得到利用，就接近于2005年化肥施用总纯量的三分之一。

堆肥　据全省有机肥调查资料，20世纪80年代初期，全省每年堆肥施用量约在7500万吨左右，其中淮北占70%，江淮地区约占20%，皖南山区和大别山区约占10%。随着农村劳动力向城市转移，这种积肥方式渐少。

厩肥　阜阳市养牛业比较发达，牛厩肥数量最多，占全省三分之一以上。据有机肥调查时分析化验：安徽省厩肥平均含粗有机物24.8%、全氮0.45%、全磷0.18%、全钾0.89%。每吨厩肥平均含氮素9.0千克、五氧化二磷3.6千克、氧化钾17.89千克。氧化钾含量较高，是厩肥一大特点，在缺钾地区应推广施用厩肥。

绿肥　淮河以南主要品种为紫云英（红花草），安庆地区一些旱地则有苕子（兰花草）种植，面积不大；各地还有零星种植的蚕豆、豌豆、泥豆、大荚箭舌豌豆等粮豆兼用绿肥。淮北地区，绿肥种类主要有：毛叶苕子、田菁、苜蓿、柽麻、草木樨等。野生绿肥种类是山区的一些乔、灌木柔嫩植物，湖区的水草等。全省可利用的野生绿肥约500余种，据分析（以干基计）：含氮量在3%左右的有苦楝树、刺槐、木樨花、臭椿、野葛、紫穗槐、黄荆条等；含氮量在2%以上的有榆树、胡枝子等。这些野生绿肥是农民“割山青”“打秧草”的重要肥源。

秸秆　据2005年统计，全省农作物播种面积866.67万公顷，全年产秸秆资源总量4000余万吨，其中粮食作物秸秆约2605万吨，占秸秆资源总量65%左右；油料作物、经济作物及其他作物秸秆约1395万吨，占35%。秸秆还田面积逐年增加，综合利用率提高。20世纪90年代初期，全省秸秆还田面积193万公顷，秸秆还田量121.26万吨，只占资源总量5%；1999年，全省秸秆还田面积233万公顷，还田总量2000余万吨，占秸秆资源总量50%左右，其中直接还田800余万吨，过腹还田1200余万吨；另有用作工业原料和用作燃料的秸秆量900余万吨。全省秸秆资源利用量总计2900余万吨，占资源总量73%。

饼肥　1994年统计，全省年产菜籽饼约35万吨，用作肥料约8.5万吨。棉籽饼主要分布在沿江、江淮和淮北地区，全年产量约19万吨，用作肥料约5万吨。饼肥多用作饲料。

沼气肥　一个农户建一口8立方米沼气池，年产沼气350立方米左右，可提供有机肥料约20吨。2005年，全省农村沼气用户总数40余万户，年产沼气肥800余万吨。

沤肥与泥肥　20世纪90年代初期，全省常年沤肥使用量约450万吨，以沿江和皖南山区数量较多，约占60%，淮北平原较少，约占10%～15%。泥肥主要是在沿江圩区捞取沟河泥运至田间作为肥料。在淮北平原和江淮丘陵地区结合兴修水利挖取沟塘泥作肥料使用。这两种肥料均费工费时，现很少使用。

有机肥使用量

有机肥料比重下降。据20世纪80年代统计，全省有机肥施用面积占农作物播种面积80% ~ 85%，有机肥养分投入量占总养分投入量75%左右，有机肥与无机肥比例为3 ∶ 1。至2003年，有机肥投入量不足总养分投入量的40%，有机肥与无机肥比例不到2 ∶ 3。

有机肥结构变化。全省绿肥面积：1986年31.13万公顷、2005年11.91万公顷。（表11-3-2）1988年，全省农家肥料中人畜粪占80%，到21世纪初人畜粪已很少利用。

农作物秸秆利用率提高。全省秸秆还田面积占农作物播种面积比例：1987年133.33万公顷，占21.7%；2000年260万公顷，占30%；2005年356.89万公顷，占40.76%，比2000年增加10个百分点。

1986—2008年安徽省绿肥种植面积情况表

表11-3-2

年份	绿肥面积（万公顷）	其中：夏绿肥（万公顷）	绿肥面积占水田面积（%）
1986	31.13	1.34	18.10
1987	31.11	1.07	15.58
1988	26.29	0.62	15.08
1989	28.03	0.66	15.71
1990	28.06	0.61	15.18
1991	26.48	0.45	13.95
1992	24.23	0.67	12.72
1993	24.54	–	13.27
1994	29.70	–	16.10
1995	24.16	–	13.00
1996	22.70	–	12.14
1997	23.01	–	12.31
1998	21.47	–	11.51
1999	22.20	–	11.93
2000	21.32	–	11.62
2001	19.87	–	10.96
2002	18.63	–	10.41
2003	15.09	–	8.65
2004	13.31	–	7.20
2005	11.91	–	6.54
2006	11.05	–	5.94
2007	11.01	–	5.88
2008	8.88	–	4.68

有机肥开发利用

1987年1月，安徽省委、省政府批转省农业厅《关于我省发展有机肥料的报告》，要求全省各地认真抓好农家肥的积制和使用工作，千方百计鼓励农民多施有机肥料，增加对土地投入，搞好地力建设，夺取农业大丰收。1988年，省政府办公厅以政办48号文发出《关于重视使用有机肥料的通知》。1997年，省政府办公厅以皖办政19号文发出《关于加强有机肥料开发利用工作的通知》，明确指出："到本世纪末，全省每公顷耕地年施用有机肥37500千克以上，秸秆还田量达到3000千克左右。"

积肥造肥　据1986年统计，淮北地区全年积制土杂肥每公顷近30立方米，淮河以南地区每公顷750担左右。据有机肥调查资料，20世纪90年代初期，全省每年积造有机肥料约7500余万吨，其中淮北占70%、江淮地区约占20%、皖南山区和大别山区约占10%。1996年，全省积制高温堆沤肥9137万方，其中淮北占60%、江淮占26%、沿江占8%、皖南占6%。2000年，全省施用有机肥料1.2亿吨。

有机肥资源调查　1986—1989年，省农业厅开展大别山区和皖南山区野生绿肥资源调查，有利用价值的野生绿肥共500多种。其中六安市野生绿肥面积18万公顷，一年从空气中固定或从非耕地土壤中富集氮素约1.9万吨，相当于8740吨尿素的含氮量；山区县利用野生绿肥的面积约3.33万公顷，占利用有机肥资源面积70%以上。1990—1996年，省农业厅开展全省有机肥资源调查，编写《安徽有机肥料》（16万字）、《安徽有机肥料手册》（8万字）和《安徽省有机肥料资源现状分布图》，获省科技进步二等奖。

绿肥丰收计划　1988年，省农业厅在南陵县、宿松县、宣城市宣州区、桐城市、潜山县和郎溪县等县（市、区）实施绿肥（紫云英）丰收计划项目，面积1万公顷。1990年，增加庐江县，种植面积2万公顷，每公顷鲜草产量30吨左右，增产30%。根据农业部安排，1988年，安徽省在南陵县建立紫云英种子繁殖基地，面积3333.33公顷，生产种子2950吨；郎溪县、广德县、宣城市宣州区等县（区）繁殖"闽紫1号"良种500多公顷，生产良种400吨；1989年，安徽省引进早熟蚕豆、印度豇豆、菲律宾绿豆和中绿一号等经济绿肥在宿松、太湖、潜山3县进行试验、示范和推广，面积644.47公顷，生产种子577.6吨，为发展绿肥提供品种资源。

有机农业试点　1996年，省农业厅在蒙城县、涡阳县和凤台县建立有机农业试点，3年完成试验项目10多项，示范面积2000多公顷，取得预期效果：凤台县焦岗乡666.67公顷有机农业示范区经过一年的试点，水稻产量每公顷8.055吨，比全县平均产量增加7.4%；涡阳县青町镇示范区1997年小麦平均每公顷产量5.58吨，比1996年增加20.4%；蒙城县坛城镇示范区小麦秸秆氨化率达到45%，玉米秸、红芋秧青贮率达到50%和60%，以养殖黄牛业为主的畜牧业较试点前有较大的发展。

秸秆综合利用　1998年，省农业厅在泾县、涡阳县召开南北两片秸秆还田现场会。至2003年，全省建立试验示范点1283个，举办秸秆利用培训班1000余次，培训技术骨干百万人次，召开现场会500余次。2000年，全省秸秆年还田面积约260万公顷（次），平均每公顷还田量 3 吨，其中直接还田量 800 余万吨，占秸秆资源总量 20%，加上过腹还田 1200 余万吨，合计 2000 余万吨，占秸秆资源总量 50% 左右。2003 年，全省秸秆还田面积 300 万公顷（次），其中直接还田量 900 余万吨、堆沤还田量 500 余万吨、过腹还田 1200 余万吨，合计还田量 2600 余万吨，占秸秆资源总量 60%。

“沃土工程”　2002 年，国家和省、市、县四级共同投资 600 多万元，在宣城市、临泉县两地建立核心示范区 3733 公顷，辐射区 5.75 万公顷。经过 5 年实施，整个工程效益增收 3323.2 万元。

有机肥产业化　2002 年，全省大中型养猪场 61 个，养禽场 58 个，规模化专业养牛户养牛 513.12 万头。1996 年，全省规模化养殖场数量占养殖场总数 10%，2000 年占 20%。2003 年以后，全省规模化养殖场数量占养殖场总数增加 25%，2008 年达到 45%。2008 年，全省有机肥产业化通过农业部登记的微生物肥产品 1 个，通过省农委临时登记的有机无机复合肥产品 6 个；年生产各种商品有机肥、有机无机复合肥 10 多万吨，年处理各种畜禽粪便等有机物料约 40 万吨～50 万吨。2001 年，省土壤肥料总站与各地的优质西瓜、优质蔬菜、特产梨生产基地联合，开发系列配套有机无机复混肥，实行“测—配—产—供—施—服务”一条龙，取得明显的经济和社会效益。

2004—2008 年安徽省规模化养殖场数量增加情况统计

表 11-3-3

年份	生猪养殖场（户）数	奶牛肉牛养殖场（户）数	家禽养殖场（户）数	备注
2004	38290	2371	45323	缺肉牛统计数
2005	5151101	750040	4265356	缺肉牛统计数
2006	3543209	720328	1839874	
2007	3990379	703636	2198689	
2008	3208646	511609	1905151	

有机肥利用

农作物秸秆还田　“七五”期间，宿县连续 3 年定点试验，每公顷施麦秸 1500 ~ 4500 千克，土壤有机质提高 0.08 ~ 0.13 个百分点，增产小麦 5.4% ~ 10%。1989 年，全省秸秆还田面积在 166.67 万公顷，每公顷还田量 3 吨；1990 年 180 万公顷，1995 年 233.33 万公顷。宣城地区秸秆还田量占秸秆总量 50%；皖南山区早稻草还田量 90%。2000—2002 年，省土壤肥料总站承担农业部“秸秆还田及利用技术”丰收计划项目，组织萧县、砀山县、蒙城县和泾县 4 个项目县，对 49 个乡（镇）112 个行政村 12.42 万公顷耕地，采取快速腐熟、覆盖、深埋、翻压等方法，实行秸秆还田；项目区 2 年累计新增粮食 6.05266 万吨、油料 0.3395 万吨、皮棉 0.1356 万吨，蔬菜、水果合计 10.29911 万吨，新增总产值 1.46907 亿元，节省生产费用 1678.56 万元，新增纯收益 1.628644 亿元，平均每

公顷新增纯收益1311.3元。该项目获农业部农牧渔业丰收奖二等奖。

高温堆肥 1988年，萧县夏季积造肥料300万立方米，平均每公顷30立方米，备足秋种基肥。1998年，霍邱县夏季积肥1050万立方米，每公顷82.5立方米。20世纪90年代以后，全省各地推广速腐菌剂、催腐剂等高温堆肥快速腐熟技术，缩短秸秆腐熟时间，提高秸秆堆肥质量。快速生物腐熟剂，含有多种高效有益微生物、酶类及无机添加剂，属高温型菌种类群。据统计，1999年，全省秸秆速腐堆肥应用面积13万公顷。

小麦机械化秸秆还田 机械化秸秆还田面积：1999年27万公顷、2002年48.14万公顷、2003年59.12万公顷、2004年68.85万公顷、2005年87.61万公顷。

稻草覆盖还田 安徽省常年水稻栽插面积200万公顷左右，全省推广稻草覆盖还田技术，主要用于秋种油菜、小麦田和坡耕旱地，以及茶、桑、果、笋等行间或棵间。每年覆盖面积500～600公顷，还田量2250～3000千克/公顷。稻草覆盖还田具有抗旱保墒、防寒保温、抑制杂草、提高土壤肥力，小麦、油菜增产8%～10%。

田头窖腐熟还田 将河塘泥、秸秆、绿肥、野草、落叶、厩肥、垃圾等有机物混合在一起，放入挖好的田头坑内并加人畜粪尿和水沤制而成，简便易行，省工省时，可操作性强。据各地试验，实施“田头窖”腐熟还田技术，每公顷耕地每年可增产粮食375千克，连续3年实施秸秆腐熟还田，可增加土壤有机质0.2～0.4个百分点。

秸秆垫圈堆沤腐熟还田 利用水稻、小麦、油菜、玉米等农作物秸秆，通过垫圈、堆制形成厩肥还田，不需要另外增加调节秸秆腐熟碳氮比的化肥投入，可增产3～5个百分点。此法适宜油—稻（稻）、麦—稻（稻）、蔬菜等种植区域。水网地区，每棚养鸭产生的垫圈肥价格约300元。2007年，绩溪县推广秸秆垫圈、堆沤还田、腐熟还田和畦沟埋草耕作等技术，全县午季作物秸秆还田率81%，水稻秸秆还田率95%以上。

第二节　化学肥料

使用情况

1987年，安徽省17个厂家生产混配复混肥，年产量4.5万吨。1998年，国务院国发〔1998〕39号《关于进一步加快化肥流通体制改革的通知》下发以后，肥料经营全面放开，国家实行的专项奖励化肥和专项试验用肥分配政策停止，外省和国外肥料产品进入安徽省肥料市场。据有关统计，1998年全省有各类肥料生产企业400余家，生产肥料品种1500多个，外省流入肥料品种500多个。全省肥料市场每年约有2000多个产品，年化肥使用量200多万吨（折纯），折合实物量达600万吨～700万吨。

品种、数量

1986年，安徽省化肥使用品种，氮肥以碳酸氢铵为主，其次是硫酸铵、硝酸铵、尿素和少量氯化铵；磷肥主要是过磷酸钙和钙镁磷肥；钾肥则主要是氯化钾、硫酸钾和磷酸二氢钾；复合肥开始是二元复合肥，如磷酸二铵、磷酸一铵等，以后又增加含氮磷钾的三元复合肥和大量养分比例不同的复混（掺混）肥；还有微肥，如硼砂、硫酸锌、硫酸锰、硫酸铜、硫酸亚铁、钼酸铵以及硅肥、硫肥、钙肥、镁肥等。1986 年，全省化肥施用总量（折纯，下同）115.02 万吨，每公顷耕地施用量 261 千克；1995 年，全省化肥使用总量 203.28 万吨，每公顷耕地施用量 473.7 千克；2005 年，全省化肥使用总量 285.67 万吨，每公顷耕地使用量 698.1 千克。20 年间，化肥施用总量增加近 1.5 倍，每公顷耕地使用量增加 1.67 倍（表 11–3–4）。化肥使用量增加，粮食产量相应变化。1986 年，全省粮食总产 2371.9 万吨、单产 3.915 吨/公顷；1995 年，全省粮食总产 2767.47 万吨，单产 4.728 吨/公顷。据 2003 年调查，全省化肥投入占农业生产总成本 45%，占化肥、农药、种子 3 项投入 70%。过量使用化肥，增加农业成本，造成土壤板结，不利于农作物增产。2008 年，安徽省每公顷化肥施用量 742.95 千克。1986—2008 年，安徽省耕地面积、播种面积和粮食产量变化。（表 11–3–5）

1986—2008 年安徽省化肥施用量（折纯）统计表

表 11–3–4

年份	总用量（万吨）	其中（单位:万吨）				每公顷耕地面积施用量（千克）	每公顷播种面积施用量（千克）
		氮（N）	磷（P）	钾（K）	复合肥		
1986	115.02	74.08	26.85	2.77	11.32	261.00	141.00
1987	120.24	77.16	28.57	2.95	11.56	273.45	143.55
1988	126.61	81.14	28.92	3.88	12.67	288.90	154.95
1989	137.21	88.66	30.37	3.97	14.21	313.80	166.50
1990	144.54	90.40	31.95	5.12	17.08	331.05	173.85
1991	144.29	87.14	31.78	6.56	18.80	331.50	176.10
1992	156.02	90.59	31.97	8.52	24.95	360.00	191.25
1993	178.15	98.49	37.50	10.67	31.49	406.5	215.55
1994	189.86	104.75	35.54	12.13	37.44	441.30	229.80
1995	203.28	105.91	39.30	12.77	44.07	473.70	243.30
1996	249.61	142.48	40.52	16.80	48.74	582.75	298.50
1997	240.63	121.58	43.32	20.24	55.50	564.75	283.50
1998	253.80	122.92	43.71	22.80	64.37	597.00	296.40
1999	255.70	120.97	44.61	24.69	65.43	604.50	303.75
2000	253.15	118.39	42.58	24.87	67.30	596.70	295.05
2001	280.74	126.93	48.52	27.95	77.34	665.40	340.80
2002	270.32	118.86	42.45	28.56	80.46	647.10	321.60
2003	281.28	120.19	46.76	28.03	86.30	688.65	333.90

续表 11-3-4

年份	总用量（万吨）	其中（单位:万吨）				每公顷耕地面积施用量（千克）	每公顷播种面积施用量（千克）
		氮（N）	磷（P）	钾（K）	复合肥		
2004	277.56	110.88	40.52	29.45	96.71	675.45	321.60
2005	285.67	111.08	38.92	30.66	105.01	698.10	326.25
2006	294.29	111.69	39.43	30.74	112.43	714.75	334.35
2007	305.02	111.45	36.97	32.91	123.69	736.05	340.95
2008	307.37	111.84	36.72	31.61	127.2	742.95	342.75

1986—2008 年安徽省耕地面积、化肥用量和粮食产量统计表

表 11-3-5

年份	耕地面积（万公顷）	化肥用量（折纯、万吨）	粮食总产（万吨）	粮食单产（千克 / 公顷）
1986	441.39	115.02	2371.90	3915.00
1987	439.69	120.24	2428.66	3945.00
1988	439.20	126.61	2310.33	3750.00
1989	437.30	137.21	2424.67	3915.00
1990	436.55	144.54	2520.13	4035.00
1991	435.35	144.29	1749.15	2940.00
1992	433.41	156.02	2341.92	3990.00
1993	438.19	178.15	2661.58	4408.05
1994	430.28	189.86	2450.07	4167.00
1995	429.11	203.28	2767.47	4728.00
1996	428.36	249.61	2940.26	4888.05
1997	426.11	240.63	2850.00	4726.05
1998	425.17	253.80	2697.50	4501.95
1999	422.95	255.70	2771.20	4669.05
2000	424.25	253.15	2472.01	4441.5
2001	421.87	280.74	2539.47	4792.95
2002	417.78	270.32	2761.35	5061.00
2003	408.47	281.28	2209.15	4087.05
2004	410.89	277.56	2743.00	4789.80
2005	409.25	285.67	2605.31	4350.90
2006	411.76	294.29	2860.75	4637.85

续表 11-3-5

年份	耕地面积（万公顷）	化肥用量（折纯、万吨）	粮食总产（万吨）	粮食单产（千克/公顷）
2007	414.42	305.02	2901.40	4479.00
2008	413.73	307.37	3023.35	4608.00

结构变化

三要素的变化 1986 年，三要素养分比例为 1 ∶ 0.39 ∶ 0.08，磷肥和钾肥养分不足；1995 年，三要素养分比例为 1 ∶ 0.45 ∶ 0.23，磷肥和钾肥养分的比例有所提高，钾素不足；2005 年，三要素养分比例为 1 ∶ 0.51 ∶ 0.45，与前 10 年相比趋于合理，较理想值 1 ∶ 0.5 ∶ 0.5 仍有差距。

1986—2008 年安徽省氮、磷、钾肥施用比例（含复合肥）

表 11-3-6

年份	氮	磷	钾
1986	1	0.39	0.08
1987	1	0.40	0.08
1988	1	0.39	0.09
1989	1	0.38	0.09
1990	1	0.39	0.11
1991	1	0.41	0.14
1992	1	0.41	0.17
1993	1	0.44	0.19
1994	1	0.41	0.21
1995	1	0.45	0.23
1996	1	0.36	0.21
1997	1	0.44	0.28
1998	1	0.45	0.31
1999	1	0.47	0.33
2000	1	0.46	0.34
2001	1	0.49	0.35
2002	1	0.48	0.38
2003	1	0.51	0.38
2004	1	0.51	0.43
2005	1	0.51	0.45
2006	1	0.52	0.46

续表 11-3-6

年份	氮	磷	钾
2007	1	0.51	0.49
2008	1	0.51	0.48

单质化肥、复合肥　1987 年，全省尿素施用量 73.73 万吨，占当年化肥实物量 12.4%；20 世纪 90 年代以后，二元素、三元素复合型化肥增多，改变单质型化肥局面。2005 年，全省施用复合肥总量 125.7 万余吨，占当年化肥实物量 26.48%。

低浓度、高浓度化肥　1987 年，全省碳酸氢铵施用量 248.36 万吨，占氮肥总量 72.8%。据 2003 年对农户使用化肥品种的调查，复合肥使用比例最高，占 34%，尿素次之，占 28%。（表 12-3-7）2005 年，全省碳酸氢铵施用量 91.58 万吨，占当年氮肥使用总量 31.11%。

2003 年安徽省农户使用化肥品种调查表

表 11-3-7

化肥品种	所占比例（%）
复合肥	34
尿素	28
过磷酸钙	24
碳铵	9

复合肥　1986 年，全省复合肥施用量 11.32 万吨，占化肥总用量 9.84%；1995 年，复合肥用量 44.07 万吨；2005 年，复合肥用量 105.01 万吨，比 1996 年增加一倍多，占化肥总用量 36.76%，比 1995 年增加 15 个百分点。

1986—2008 年安徽省化肥、复合肥使用量统计

表 11-3-8　（单位：万吨，养分折纯）

年份	化肥使用总量	复合肥施用量	复合肥占化肥总量（%）
1986	115.02	11.32	9.84
1987	120.24	11.56	9.61
1988	126.61	12.67	10.04
1989	137.21	14.21	10.36
1990	144.54	17.08	11.82
1991	144.29	18.80	13.03

续表 11-3-8　（单位：万吨，养分折纯）

年份	化肥使用总量	复合肥施用量	复合肥占化肥总量（%）
1992	156.02	24.95	15.99
1993	178.15	31.49	17.68
1994	189.86	37.44	19.72
1995	203.28	44.07	21.58
1996	249.61	48.74	19.53
1997	240.63	55.50	23.06
1998	253.80	64.37	25.36
1999	255.70	65.43	25.59
2000	253.15	67.30	26.59
2001	280.74	77.34	27.55
2002	270.32	80.46	29.76
2003	281.28	86.30	30.68
2004	277.56	96.71	34.84
2005	285.67	105.01	36.76
2006	294.29	112.43	38.20
2007	305.02	123.69	40.55
2008	307.37	127.20	41.38

氮肥比重　氮肥使用量占化肥总量的比：1986 年 64.41%、1996 年 57.08%、2005 年 38.88%。这表明，科学施肥水平提高，单质氮肥向复混（合）肥方向发展。

微肥　1986—1987 年，全省共推广应用微肥面积 76.4 万公顷，其中施锌肥面积 40.2 万公顷，水稻施锌增产 8% ~ 12%，小麦施锌肥增产 5% ~ 10%；施硼肥 3.98 万公顷，棉花增产 6.5%，油菜增产 8% ~ 13%；施钼肥 0.68 万公顷，大豆增产 10%。至 2008 年，全省推广使用微肥面积 1000 万公顷（次），农作物增产幅度为 7% ~ 15%。

第三节　科学施肥

平衡施肥

1986 年，农业部将各地采用的配方施肥技术归纳为 3 大类 6 种基本方法，提出《配方施肥技术工作要点》，被列为国家"七五"期间保证农业生产稳定发展，全面推广的技术措施。1996 年，平衡施肥技术被农业部列为"九五"十大重点推广技术之一。平衡配套施肥是配方施肥的深化，包括土壤测试、肥料田间试验、施肥推荐、肥料的配制及施肥方法等一整套科学施肥技术，可以减少肥料浪费、环境污染、提高农产品质量。1996年，省农业厅在滁州市南谯区、明光市、天长市和安庆市宿松县开展平衡配套施肥试验示范试点，包括项目区的自然条件、种植结构、土壤养分、施肥水平、管理模式、产量状况，建立平衡施肥试验示范数据库，得出不同地区、多种作物的施肥模型，使施肥定量化、精准化。2000年，在巢湖市承担农业部平衡施肥"百县千村"重点示范县建设项目，提高化肥利用率5%～10%，增产率8%～10%，亩增收35～40元。2000年，全省各类农作物配方施肥面积270万公顷（次），化肥深施22万公顷（次），微肥应用面积100万公顷（次）。省土壤肥料总站对全省1985—1995年的336个肥料田间试验结果分析表明，合理施肥平均每千克化肥养分可增产小麦6.2～12.6千克，稻谷6.6～21.0千克，棉花（皮棉）1.8～2.4千克，油菜籽4.9～9.0千克，玉米9.0～10.5千克。

测土配方施肥

2005—2008年，农业部、财政部下达安徽省91个测土配方施肥补贴资金项目县（其中2005年巩固项目县15个，2006年续建项目县22个，2007年续建项目县27个，2008年新建项目县27个），中央财政补贴资金14525万元，有力支撑小麦高产攻关、水稻产业提升行动和玉米振兴计划；全省累计推广测土配方施肥面积791.67万公顷、配方肥250万吨、应用面积413.47万公顷。全省测土配方施肥项目区每公顷平均节肥33.45千克（折纯，下同），共减少用肥24万吨；每公顷节本717元，累计效益64.94亿元。主要做法是：

分类指导　省农委选派50名专家，在全省确定50个百亩以上种粮大户，进行结对指导服务，调动种粮大户积极性。宣城市宣州区为种田大户建立服务档案，实行主推品种公告到户、测土配方施肥单到户、病虫害防治指导到户、技术培训到户、一对一联系指导到户等"五个到户"，为大户开展个性化测土配方施肥服务。太湖县积极推进"六到三建"的个性化服务，"六到"即：测土到点（GPS定位点）、指导到田、培训到人、发卡（配方卡）到手、张贴（挂图）到墙、回访到户、送肥到站；"三建"即：农事记载建簿、收支明细建账、指导服务建卡。

示范带动　2008年，全省建立测土配方施肥核心示范区200万公顷，覆盖全省179个部级高产创建万公顷示范片，其中小麦核心示范区80万公顷，每万公顷高产示范片900个；油菜核心示范区13万公顷，每万公顷高产示范片450个。望江县土壤肥料站与15户50公顷以上水稻种植大户签订测土配方施肥示范合作协议，免费为种植大户提供测土、拟定配方等技术服务，并给予种植大户一定的配方肥料奖励。

培训技术　全省各项目县举办培训班29497场次，培训农民706万人次，发放培训资料1772万份。2008年秋种期间，明光市土壤肥料站组织13名专家，成立农业技术培训讲师团，分13个小组进行巡回办班培训，采取现场技术讲座和技术咨询相结合的办法，技术培训到田间地头，一张桌子一把椅子现场培训和讲解，边聊边讲，一问一答，形式灵活多样。省农委建立省测土配方施肥数据管理中心，为推进测土配方施肥工作提供技术保障。省土壤肥料总站与安农大联合开发测土配方施肥专家决策系统触摸屏和短信测土配方施肥专家施肥系统，农民可以通过点击触摸屏、发送短信免费查询自己家的土壤养分和施肥配方等信息。

创新机制　全省实行“三统三定”运行模式：统一测土，统一配方，统一制卡；定点配肥，定向供肥，定人服务。长丰县成立县测土配方施肥专业合作社，集测土、配方、加工、营销、信息服务和技术指导为一体，吸纳成员 75 人，其中种植大户 61 人，占 80% 以上。怀宁县土壤肥料站实行统一供种、统一测土、统一配方、统一供肥、统一病虫防治、统一栽培管理、统一收购等“七统”措施，促进测土配方施肥技术推广应用。

宣传造势　据统计，中央及省级新闻媒体宣传报道安徽省测土配方施肥新闻 400 多条（篇）。2008 年，灵璧县农委主任参与编导泗州戏《麦收逸事》《共同谱写新篇章》，巡回演出 30 多场次，宣传测土配方的好处，演出现场设立农技服务咨询台，发放测土配方施肥建议卡等资料 6 万多份。

第四节　肥料登记管理

法律依据

1987 年，国家经济委员会、化工部、商业部、国家物价局、国家工商局、农牧渔业部联合制发《关于加强市场管理，坚决制止和取缔生产、经销假劣化肥的暂行规定》（经重〔1987〕695 号）。

1989 年，农业部发布《中华人民共和国农业部关于肥料、土壤调理剂及植物生长调节剂检验登记的暂行规定》[〔1989〕农（农）字第 38 号]，为规范肥料的生产、推广、使用和宣传行为，打击假劣肥料产品，保护合法生产企业和农民利益发挥积极作用。

1993 年颁布的《中华人民共和国农业法》第三十四条第二款规定：“农药、兽药、化肥、种子、农业机械、农用薄膜和其他农业生产资料的生产者、销售者应当对其生产、销售的产品的质量负责，禁止以次充好以假充真、以不合格的产品冒充合格合品。”

1993 年颁布的《中华人民共和国农业技术推广法》第十九条规定：“向农业劳动者推广的农业技术，必须在推广地区经过试验证明具有先进性和适用性。”第二十条第二款规定：“任何组织和个人不得强制农业劳动者应用农业技术，强制农业劳动者应用农业技术，给农业劳动者造成损失的，应当承担民事赔偿责任，直接负责的主管人员和其他直接责任人员可以由其所在单位或者上级机关给予行政处分。”

1993 年 11 月 16 日，农业部和国家工商行政管理局联合下发《关于进一步加强肥料、农药、种子市场管理的通知》（工商市字〔1993〕第 373 号），第五条规定：“未经登记和经检验不合格的肥料、农药，一律不得在市场上销售。”第六条规定：“对经销未经登记和公告的肥料品种的，由省级以上农业行政部门或工商行政管理机关予以通报批评，并由工商行政管理机关依法进行封存，责令追回、没收产品及非法所得，罚款，直至吊销营业执照。”第八条规定：“凡生产、销售的肥料，必须有产品质量合格证，必须标明各种主要有效成分含量、产品登记证号、质量保证期和使用说明书。出厂的肥料产品的包装物标明的量必须与实物相符，不得采用代名词或相当成分。”

1994 年 8 月 18 日，国务院发布《中华人民共和国基本农田保护条例》，第二十八条规定：“向基本农田保护区提供肥料和作为肥料的城市垃圾污泥的，必须符合国家有关标准。”

1998 年 8 月 1 日，省人大常委会颁布《安徽农业生态环境保护条例》，第十二条第二款规定：“禁止生产、销售和使用未经国家或省登记的化肥、微生物肥料和植物生长调节剂。”第二十二条第二款规定：“向农业生产者提供肥料或者经过处理用作肥料的城市垃圾、污泥必须符合国家有关的质量标准和污染物控制标准，不符合标准的不得使用。”

2000 年 6 月 23 日，农业部部长令（第 32 号）发布《肥料登记管理办法》，第五条规定：“实行肥料产品登记管理制度，未经登记的肥料产品不得进口、生产、销售和使用，不得进行广告宣传。”

2002 年 12 月 28 日，第九届全国人大常委会第三十一次会议修订的《中华人民共和国农业法》第二十五条第一款规定：“农药、兽药、饲料和饲料添加剂、肥料、种子、农业机械等可能危害人畜安全的农业生产资料的生产经营，依照相关法律、行政法规的规定实行登记或者许可制度。”第七十六条规定：“农业生产资料使用者因生产资料质量问题遭受损失的，出售该生产资料的经营者应当予以赔偿，赔偿额包括购货价款、有关费用和可得利益损失。”

2006 年 4 月 29 日，第十届全国人大常委会第二十一次会议审议通过《中华人民共和国农产品质量安全法》，第十九条规定：“农产品生产者应当合理使用化肥、农药、兽药、农用薄膜等化工产品，防止对农产品产地造成污染。”第二十一条第一款规定：“对可能影响农产品质量安全的农药、兽药、饲料和饲料添加剂、肥料、兽医器械，依照有关法律、行政法规的规定实行许可制度。”

肥料登记管理规章

1994 年 10 月，安徽省农业厅、省工商局联合印发《关于对肥料、土壤调理剂、植物生长调节剂实行检验登记制度的通知》；1996 年 5 月，省农业厅印发《安徽省复混肥、配方肥、分装肥登记实施细则》；2001 年 8 月，省农委制定《安徽省肥料登记管理实施细则》《安徽省肥料登记资料要求》，公开肥料登记作为行政审批项目，进入省政务中心，将肥料登记的项目名称、法律依据、申请条件、材料要求、审批程序、收费依据和标准、承诺时限、注意事项，编印成审批项目手册，免费发放给申请肥料登记企业。2002 年 1 月，成立安徽省肥料登记评审委员会，由省农委、安农大、省农科院的专家组成专家评委会，办公室设在省土壤肥料总站。

程序

登记范围　按照农业部《肥料登记管理办法》赋予的审批权限，开展复混肥、掺混肥、有机肥和有机无机复混肥等产品的登记。

登记程序　企业申报登记材料前的肥效试验、质量控制和质量管理考核，由市级土壤肥料站承担。申请登记产品的材料，由省政务中心按《肥料登记资料要求》和《行政许可法》规定统一受理；批准登记的产品登记证和不予审批的书面复函，也统一由省政务中心在规定的时限内交给申请者。

登记审批　省土壤肥料总站负责肥料登记申请材料的初步审查，符合条件的报省农委复核审批。不符合审批条件的，给出书面意见，由省农委领导签字后退回申请人。

市场管理　管理范围为农业部和省级登记的肥料产品。管理内容主要是产品是否登记，是否越权登记；已登记产品的标识和质量是否符合相关标准和登记证规定要求；是否假冒、转让、超期使用登记证等，对肥料违法大要案和举报案件的处理。农业投入品市场监管工作，由省农委市场处牵头负责，管理工作由省土壤肥料总站承担。

经费　从 2005 年起，安徽省财政每年预算安排 20 万元，用于肥料登记管理工作。

成效　安徽省肥料市场的质量合格率变化：1998 年不足 50%、2008 年 80% 以上。标识合格率变化：1998 年不足 50%、2008 年 75% 以上。1998 年，全省各类肥料生产企业不足 150 家、2008 年 280 家以上。

第四章 植物保护

第一节 病虫草鼠

安徽省农业耕作制度、种植方式、种植业结构调整，引发农作物病虫种群的变化。1986年，全省农作物病虫草鼠害发生面积981.46万公顷次，损失粮食产量23万吨；2008年，全省农作物病虫草鼠害发生面积2085.55万公顷次，损失粮食产量140多万吨。此间，病虫种群发生演变呈现以下特点：一是稻纹枯病、稻螟虫、小麦纹枯病、小麦蚜虫、棉叶螨、油菜菌核病、玉米螟等为主的常发性病虫发生面积大。二是稻飞虱、稻纵卷叶螟为害大。20世纪70年代稻飞虱3个大发生年，年均发生面积77.6万公顷次；90年代2个大发生年，年均发生面积218.3万公顷次；2005—2007年，稻飞虱3个大发生年，年均发生面积292.82万公顷次。稻纵卷叶螟发生面积扩大。三是次要病虫害加重。2005年以后稻曲病连年大面积流行，常年发生面积66.66万公顷以上，重发年份田间病穗率10%左右。2007年，全省水稻条纹叶枯病发生面积26.66万公顷。四是病虫抗药性增强。2007年，和县、黄山市等地测定稻飞虱对吡虫啉乳油、可湿性粉剂抗性分别达到270.5倍和208.3倍。二化螟对三唑磷、氟虫腈抗性分别为4.8倍和6.5倍。五是检疫性病虫入侵。1992年以后，新传入的检疫性病虫有腐烂茎线虫，水稻细条病、假高粱、美洲斑潜蝇、苹果棉蚜、稻水象甲、蔗扁蛾、番茄溃疡病、大豆疫病等，威胁农业生产安全。

水稻病虫

稻飞虱　1991年、1997年、2005—2007年稻飞虱在安徽省大暴发，发生面积212万～336.13万公顷次；1987—1989年、1995—1996年、1998—1999年、2003年、2008年偏重发生，发生面积99.13万～133.27万公顷次；其他年份中等以下程度发生，发生面积43.8万～89.67万公顷次。1991年发生面积213.33万公顷次，以白背飞虱为主，约占三分之二左右，早稻及早栽双晚苗期受害严重，损失稻谷近14万吨。1997年，稻飞虱暴发成灾，发生面积212万公顷次，褐飞虱占72.6%，五（3）代、六（4）代重叠发生，暴发危害面积100万公顷次，占一季稻面积80%左右，巢湖、芜湖、马鞍山、合肥、滁州、六安等稻区危害最重，其次是安庆、池州等稻区，全省损失稻谷约102万吨。2005—2007年，稻飞虱连续3年大暴发，均以褐飞虱为主，发生面积分别占67%、63%和54%。其中2005年发生面积232.33万公顷次，五（3）代全省大部单季稻偏重发生，局部大发生，六（4）代中迟熟单季稻大发生，七（5）代在迟熟单季稻和双季稻区大发生。2006年，全省发生面积366.13万公顷次，2007年，五（3）代发生面积280万公顷次，四（2）代在江淮南部及其以南稻区偏重发生；五（3）代、六（4）代全省大部分稻区大发生；七（5）代全省大部分稻区中等至偏重发生，局部大发生。

稻纵卷叶螟　2003年、2007—2008年大发生，发生面积219.2万～283.4万公顷次；1989年、1991年、2004—2006年偏重发生，发生面积106.67万～169.6万公顷次；其他年份中等以下发生，发生面积21.87万～81.47万公顷次。2003年四（2）代在皖南、沿江和江淮部分稻区偏重发生，局部大发生，五（3）代全省大部分稻区大发生，发生120万公顷，全省发生面积为219.2万公顷次。2007年，四（2）代在江淮中南部及其以南稻区大发生；五（3）代全省大部稻区大发生；六(4)代在沿江部分稻区、沿淮中部稻区、江淮局部稻区大发生，全省发生面积281.46万公顷次。2008年，五（3）代全省大部分稻区偏重至大发生；六(4)代在迟熟单季稻和双季晚稻上偏重发生，面积283.4万公顷次。

二化螟　随着杂交水稻在安徽省推广种植，二化螟发生分布区域逐年扩大，1992—1996年一直呈上升趋势，1996年后保持在偏重以上发生，仅2002—2003年中等发生。1996年二化螟一代全省大发生，发生113.33万公顷次，损失稻谷11万吨。1999年，二化螟一代全省偏重至大发生，二化螟二代在沿江双季稻为主的一季稻上偏重发生，江淮大部稻区中等发生，发生面积131.33万公顷次。主要特点是越冬死亡率低，一般在2.6%～6.8%，冬后有效虫源基数高，平均每亩1000～2000头，高的3600～6420头。2004年，全省大部分稻区二化螟一代偏重发生，江淮、皖南及沿江的部分稻区大发生；二化螟二代全省中等至偏重发生；三代二化螟在江淮及其以南稻区的双季晚稻、迟熟单季晚稻上中等至偏重发生，全年发生面积141.93万公顷次。2005年，一代二化螟全省偏重发生，江淮南部、西部及皖南局部大发生；二代二化螟在以双季稻为主稻区的单季稻上偏重发生；三代二化螟在沿江和江淮部分的四稻混栽区的双季晚稻和迟熟单季稻上偏重发生，全省发生面积116.66万公顷次。2004年和2005年，全省平均冬后亩残虫量分别为4319.6头和3192头，残留虫量大。

三化螟　1986—2000年，随着双季稻产区压双扩单后混栽面积增大和杀螟药剂防效下降，三化螟发生程度逐年加重，发生面积从1991年173万亩次扩展到2000年1278万亩次，增加6.4倍。2000年以后，采用三唑磷防治水稻螟虫，防效很好，加之超级杂交稻和两系杂交稻进一步推广，三化螟发生逐年下降，至2008年，发生面积6.66万公顷次左右，为2000年7.8%。

纹枯病　是安徽省水稻常发性病害。1987年，病害发生面积78.38万公顷，随着氮肥使用量增加和水稻密植程度的提高，发生面积逐年增加：1997年91.21万公顷，减产稻谷8.12万吨；2004—2008年114.67～200万公顷，年均损失稻谷11万吨。

稻瘟病　皖南、皖西山区和沿江稻区流行频率高，为害损失大。1993年，稻瘟病在安庆、池州等地发生较重，全省发生30.66万公顷，损失稻谷14万吨。其他年份发生面积在6.66万～13.33万公顷。2003—2008年，该病年均发生面积在20万公顷以上，山区、老病区和部分感病品种上达偏重发生，在两系杂交稻上发病加重。

白叶枯病　1989年，全省发生面积39.26万公顷，巢湖市、六安市、合肥市最重，自然损失约26万吨。1990年，白叶枯病在双季晚稻上发生较重，为害超过一季稻。1991年，白叶枯中等发生，发生面积27.13万公顷，损失稻谷5万吨。1996年，全省发生面积20.66万公顷，长丰县、霍邱县、天长市部分田块损失近3成。1992年以后，由于病害主要流行区大力推广种子处理和秧苗期施药防治措施，发生程度轻。2001年以后，全省发生面积均为3.33万公顷以下。

条纹叶枯病　2004年，皖东部分稻区发生面积3.33万公顷。随着江淮之间及其以南地区小麦种植面积扩大，灰飞虱越冬虫源地增加，发生程度逐年加重，发生面积逐年增加：2007年、2008年，沿淮、江淮部分稻区的单季粳稻、糯稻感病品种，沿江、江淮局部早稻上偏重发生，发生面积分别为26.66万公顷和33.33万公顷。2007年7月上中旬调查，条纹叶枯病病丛率一般为8%～40%；病株率一般为0.5%～2.5%，高的达4.9%～6.9%。2008年6月下旬，发病田块条纹叶枯病病丛率一般为1.8%～4.75%，高的11.29%；病株率一般为0.3%～1.5%，高的4.06%。

稻曲病　1989年，在皖西、皖南稻区发生严重，之后发生较为平稳，2003年以后呈加重趋势，2003—2004年达到中等发生程度，发生面积分别为34.66万公顷和53.33万公顷。2005年，单季稻稻曲病发生严重，尤其是单季晚稻为害更重，病穗率一般为3%～10%，高的50%以上，全省发生面积约66.66万公顷。2006—2007年发生面积近66.66万公顷。2008年，全省偏重发生，部分单季粳稻、糯稻大发生，病穗率一般为5.2%～8.7%，高的10%～30%，全省发生面积突破66.66万公顷。

小麦病虫

地下害虫　1986年、1987年，全省地下害虫发生面积分别为97.93万公顷、72.46万公顷。随着淮北主产麦区播种时小麦种子处理面积扩大，地下害虫发生程度逐年下降，1991—2008年，常年发生面积33.33万—46.66万公顷。

吸浆虫　主要分布沿淮、淮北及淮南部分沿河、滨湖地带。1986年、1987年连续两年暴发，发生面积分别达到92.33万公顷、87.93万公顷。经连年防治，为害面积下降，至1996年发生面积压缩到109万亩。2000—2008年发生面积在13.33万～26.66万公顷，局部地区造成小面积为害：2003年，阜阳市、阜阳市颍东区、颍上县、怀远县、凤台县等地平均虫穗率分别为50.9%、32.9%、73.6%、85.7%、39.1%；平均百穗虫量分别为288头、755头、2000头、2010头、176头；平均损失率阜阳为2.25%，颍东为4.93%，颍上高达17.1%；2008年和2009年成虫发生盛期，宿州市埇桥区、阜南县、太和县、阜阳市颍东区等地网捕显示，百复网成虫量达到1687～4867头，达到中等以上程度发生，局部大发生。

小麦蚜虫　1986—1990年,以麦二叉蚜和麦长管蚜为主,年发生面积16万~35.33万公顷,主要在小麦苗期为害,对小麦产量影响不大。1990—1996年,发生面积由27.8万公顷增至82万公顷:淮北小麦主产区5月中旬百穗蚜量为1000~2000头,最高2万头,小麦受害产量损失较大;2000年4月下旬,小麦穗期蚜虫大发生,发生面积分别为110万公顷,小麦产量损失11.3万吨;2004年发生面积78.4万公顷,萧县、泗县、阜南县、凤台县、五河县等地平均有蚜株率67.2%~85%,平均百株蚜量1000~5000头,凤台县最高百株蚜量达4万头以上。2008年,全省发生面积122.86万公顷,造成产量损失约36.4万吨。

麦蜘蛛　主要分布在沿淮麦区,1999年,全省发生面积60多万公顷,宿州市、淮南市、蚌埠市和六安地区偏重发生,每市尺(33厘米)行长有螨3000~6000头。2006年,全省发生面积48.26万公顷,沿淮及淮北部分地区偏重发生,局部地区田间出现"黄塘"现象。2008年,沿淮麦区中等以上发生程度,凤阳县、长丰县等地达大发生程度,全省发生面积70万公顷,造成小麦产量损失3.94万吨。其他年份发生面积在26.66~40万公顷。

黏虫　1992年以后,随着中国南方虫源迁出地小麦种植面积缩小,安徽省虫源数量降低、发生程度减轻,主要分布在沿淮区,常年发生面积35万~100万亩。

赤霉病　1986—2008年,赤霉病曾4次大流行。1989年,全省发生面积42.66万公顷,小麦减产8.37万吨(霍邱县发生63.3万亩,平均病穗率39.9%,病指19.7;马鞍山市发生1.41万公顷,占播种面积80.9%,平均病穗率21.3%;凤阳县小溪河吴拐村因病减产6成)。1990年,全省发生面积66.66万公顷,减产小麦12万吨。1998年,赤霉病在沿淮淮北流行,病穗率一般为3%~80%,全省发生面积84.13万公顷,造成小麦损失22万吨。2003年,全省发生赤霉病116万公顷,损失小麦60万吨,为历年之最。其他年份发生面积在13.33万~40万公顷。

纹枯病　1987年以后,从沿淮、沿江麦区不断向淮北主产麦区扩展。1991年、1995年,全省纹枯病发生面积分别为65.33万公顷和66.66万公顷,1997年,发生103万公顷,损失小麦13.12万吨;1998年,全省偏重至大流行,发生面积140.2万公顷,造成小麦损失25万多吨。1999—2008年,该病年发生面积73.33万~113.3万公顷。

白粉病　1989年,全省发生面积67.86万公顷,减产14.7万吨。凤台县于3月11日始见,4月中旬发病高峰期病叶率60%左右,重病田100%;怀远县8.66万公顷小麦普遍发生白粉病,特别严重田块有2.66万公顷。1990年,全省大流行,发生面积89.52万公顷,病株率一般为60%~80%,高的100%,严重者麦叶枯死或剑叶、穗部发病,全省小麦减产25万多吨。。1991年,白粉病持续重发,全省大流行,受灾面积98.58万公顷,造成小麦减产15万吨。

1992年以后,安徽省小麦白粉病发生趋于平稳,年发生面积23.33万~36.66万公顷。2003年,白粉病在沿淮局部稻茬麦和皖北萧县偏重发生,发生面积27.33万公顷。

2007 年，全省发生面积 46.66 万公顷，造成小麦减产 1.69 万吨。

锈病　1986—1997 年，小麦锈病发生面积 7.73 万公顷。1998 年以后，年均发生面积 17.53 万公顷。其中 1998 年、2006 年发生面积分别为 31.8 万公顷、30.2 万公顷。

2003 年，条锈病始见病期早、发生范围广、发病程度重，全省发生面积 6.66 万公顷：阜阳市、阜阳市颍东区、颍上县、淮南市、寿县、霍邱县等地 4 月 2—16 日始见病叶，发生范围扩展到 5 市 18 个县（市、区）；5 月 12 日阜阳市平均病株率 52.7%，最高 100%；平均病叶率 4.7%，最高 100%；平均病指 8.31，最高 16.9。

麦类黑粉病　1986 年，涡阳、利辛、蒙城、阜阳、濉溪等县发生面积约 2 万公顷，其中涡阳县病穗率在 30% 以上的病田面积有 0.13 万公顷，因病减产小麦 3000 吨；1989 年，麦类黑粉病（黑穗、秆黑粉为主）蔓延，全省发生面积近 33.33 万公顷，损失小麦 6.6 万吨：淮北市发生面积 7.33 万公顷，占种植面积 80%；宿县地区平均病穗率 0.15%，最高 8.22%；秆黑粉平均病株率 5.66%，最高 62.5%。1990 年，黑穗(粉)病发生 35.34 万公顷，其中秆黑粉在阜阳地区发生 13.33 万公顷，太和、界首、涡阳、临泉、亳州、利辛等县（市）一般病株率在 20% 左右，严重的 70% 以上。1996 年以后，主产麦区推行药剂拌种技术，麦类黑粉病得到有效控制，2008 年零星发生。

小麦梭条花叶病毒病　1998 年，滁州市发生面积 1.95 万公顷，南谯区、来安县、天长市发病较重，发生程度 4.6 级。其中南谯区 1.28 万公顷小麦全部发病，主茎死亡面积 0.8 万公顷，一般主茎死亡率 22% ~ 35%，重的 77.5%，最高 98%，绝收翻耕面积 0.066 万公顷。此后发生较重的年份有 2003 年、2005 年、2007 年，全省发生面积分别为 2.34 万公顷、3.74 万公顷、3.58 万公顷。

小麦叶枯病　1998 年，宿县地区（宿州市）发生 19.74 万公顷，一般病叶率 40% ~ 60%，高的 90% 以上，以徐州 24、徐州 25、豫麦 21、周麦 8679、皖麦 19、皖麦 38 等品种发病较重。1999 年，全省发生面积 27.75 万公顷。

棉花病虫

安徽省棉花种植面积 40 万公顷，棉花病虫害以棉铃虫、红铃虫、棉蚜、棉叶螨、苗期病害等为主。

棉铃虫　1986—1991 年，年均发生面积在 9.53 万 ~ 25 万公顷。1992—1998 年暴发，全省年均发生面积 85.6 万公顷次：1992 年，全省发生面积 73.33 万公顷次，沿淮二、三代重发，沿江四、五代重发，损失皮棉 2.83 万吨；1993—1995 年，年均发生面积 94.66 万公顷，年均损失皮棉 1.81 万吨（其中 1994 年损失皮棉 3.08 万吨）。1996 年，棉铃虫发生 75 万公顷次，各代发生区域不一，淮北东部棉区二代百株卵量 616 粒；三代除萧县、砀山县外，大部棉区均为轻发；四代全省南北棉区均达中等至偏重发生；五代在沿江棉区大发生，宿松县棉田平均百株落卵 670 粒，华阳河农场百株有卵 2000 ~ 3000 粒。1997 年，全省发生面积 80 多万公顷次，沿江棉区二至五代逐代加重。1998 年，棉铃虫沿江棉区四、五代达大发生程度。随着抗虫棉的推广，棉区棉铃虫发生程度下降。

2003—2008 年,年均发生面积 29.66 万公顷次,较轻。

棉红铃虫　发生区域在沿江棉区,江淮及淮北棉区。1986—1997 年发生较重,常年发生面积在 13.33 万 ~ 18 万公顷,其中 1993 年发生面积 17.8 万公顷。20 世纪 90 年代,各地防治棉铃虫的同时,兼治红铃虫, 1998 年,全省发生面积 10.2 万公顷,约占当年植棉面积 27%。之后由于推广抗虫棉,红铃虫发生面积进一步下降, 2002—2007 年,年均发生面积在 3.33 万公顷次以下, 2008 年锐减至 0.95 万公顷。

棉蚜　1987 年以后,连续多年单一使用菊酯类农药,棉蚜产生抗药性,为害程度上升, 1995 年,全省发生面积 38.73 万公顷。套作棉的推广,保护棉田天敌 ,“养益控害”效力增强,棉蚜为害面积逐年下降: 1997—2008 年,年均发生面积 25.53 万公顷,发生程度轻。

棉叶螨　1986—1991 年,全省发生面积在 10 万 ~ 15.33 万公顷次。套作棉增多越冬和早春寄主作物、棉叶螨产生抗药性,为害程度加重, 1994—1995 年,年均发生面积 28.26 万公顷次,占植棉面积 65%。随着抗虫棉种植面积扩大又呈上升发展趋势, 2004 年,全省发生面积上升到 36.66 万公顷次。随着哒螨灵、阿维菌素、炔螨特等高效杀螨剂推广应用,棉叶螨发生为害得到有效控制, 2007—2008 年,发生面积均在 26.66 万公顷次以下。

棉盲蝽　原属棉花次要害虫。抗虫棉控制棉铃虫和红铃虫,棉盲蝽天敌减少,种群数量剧增:1998 年,沿江棉区发生面积 6.53 万公顷;2008 年 33.33 万公顷,年造成棉花损失 2500 吨。

棉花苗病　1991—1995 年,年均发生面积约 15.66 万公顷,占植棉面积 40%。1986—1991 年、1996—2008 年,年均发生面积约 8.53 万公顷(2005—2008 年下降明显,发生面积不到 6.66 万公顷)。1998 年、 2002 年、 2003 年发生较重,发生面积分别达到 13.66 万公顷、 9.53 万公顷和 9.86 万公顷。

棉花其他病虫　2002 年,混合偏重发生斜纹夜蛾、甜菜夜蛾,发生面积 30 万公顷。2006 年、 2007 年,斜纹夜蛾年偏重发生,发生面积分别为 26.66 万公顷、 33.33 万公顷次。2004 年,棉花红叶茎枯病发生普遍。2005 年、 2006 年,棉蓟马在沿江棉区偏重发生,发生面积分别为 20 万公顷、 26.66 万公顷。2007 年,烟粉虱偏重发生,发生面积 30 万公顷,前轻后重,发生高峰 9 月下旬—10 月中旬。2007 年,棉花枯、黄萎病中等至偏重发生,发生面积 33.33 万公顷次。

油料作物病虫

油菜病虫以菌核病为主,其他有油菜蚜虫、霜霉病、病毒病等;花生病虫以蛴螬为主。

油菜菌核病　全省发生面积:1986 年 24.66 万公顷、 1998 年 54.66 万公顷、 2000 年 42 万公顷、 2003 年 72 万公顷。1987 年、 1989—1991 年、 1998—1999 年、 2002—2003 年为大发生年份,其中 1991 年、 1998 年、 2003 年造成油菜籽损失均约 10 万吨。

油菜其他病虫　1989 年,黄山市发生蚜虫和病毒病,万余亩油菜绝收。1995 年,全省病毒病发生面积0.33万公顷。1999年，油菜蚜虫偏重发生，发生面积57.13万公顷；病毒病在部分地区偏重发生，滁州市南谯区、肥东县病株率为18%～25%。2000年，全省油菜蚜虫发生面积46.2万公顷。2004年秋，全省油菜蚜虫发生面积80.56万公顷，大田有蚜株率67%～100%，百株有虫3000～5000头，高的万头以上。全省紧急防控87.06万公顷次，占发生面积108.1%。

花生蛴螬　1997年，全省发生面积4.53万公顷。退耕还林多种植杨树。花生蛴螬伴随杨树群落而扩展。2000年，全省发生面积20.06万公顷，其中五河县每亩有虫2.5万～4万头。2001年，全省发生面积23.33万公顷：固镇县人工捕捉金龟子100多吨；肥东县花生田每亩有卵一般有2万多粒，虫口高的田地每亩有蛴螬5万头；蚌埠市花生田平均每平方米有蛴螬30～40头，最高107头。

玉米病虫

玉米螟的发生"一代重、二代轻、三代偏重"，呈上升趋势：1995年、2000年发生面积分别为36万公顷、38.33万公顷，产量损失分别为7万吨、5.03万吨。2004年和2008年发生面积分别为51.46万公顷、52.73万公顷，产量损失分别为2.60吨、3.39万吨，相对较轻。1988年，玉米小斑病发生1.2万公顷，逐年加重，2008年18.13万公顷。1996年，宿县地区玉米蚜虫发生较重。2005年，宿州市玉米褐斑病发生面积近6.66万公顷。2005年以后，玉米粗缩病在皖东、淮北东北部呈逐年加重趋势。2008年，全省发生面积4万公顷以上，宿州市病株率一般为15%～20%，个别90%以上，有的翻耕毁种。

杂粮其他害虫

1986—1998年，大豆食心虫发生面积从31.06万公顷下降到4.86万公顷，虫食率从30%以上下降到10%以下；2003—2008年，发生面积从5.26万公顷上升到13.06万公顷。

1986年，全省大豆蚜大发生，百株蚜量2～3万头，高的达4～5万头，未治田块大豆叶子卷缩、变黄发白，甚至枯死。绿豆田百株蚜量1～2万头，植株生长受抑。同年，蟋蟀全省大发生，阜阳田块每有虫40～50头/平方米，高的120～180头/平方米；亳县、泗县、灵璧县等地块15头/平方米，高的40～100头/平方米，全省发生面积85.9万公顷。

1988年，怀远大河湾、马城出现高密度斜纹夜蛾，马鞍山市郊斜纹夜蛾暴发，百株虫量1500头。1991年，江淮及沿江局部地区斜纹夜蛾暴发。1992年，甜菜夜蛾、斜纹夜蛾在沿淮局部如淮南市暴发成灾，一般百株虫量700～800头，高的1500头。1999—2000年，甜菜夜蛾、斜纹夜蛾重发，玉米、蔬菜、棉花、山芋、大豆等作物虫口数量大。

1992年，大豆卷叶螟在沿淮、淮北发生面积20万公顷，宿县地区百株有虫100～150头。

1994年，甘薯天蛾发生面积23.33万公顷，阜阳地区1.33多万公顷山芋叶片被吃光。2001年，甘薯茎线虫在淮北地区发病面积0.36万公顷，发病田块减产30%～50%。

2002 年，甘薯茎线虫在颍上、太和、涡阳等县发生严重，其中颍上县耿棚、十八里、三十铺、六十里铺、盛堂、建颍、红星等乡（镇）61 个行政村的春植甘薯普遍发病，约有 0.2 万公顷产量损失 80%，不少田块绝收。全省发生面积 0.6 万公顷，鲜薯产量损失 7.5 万吨，经济损失 3800 多万元。

2001 年，B 型烟粉虱在濉溪县发生面积 2.4 万公顷，五里郑农场、钟楼、濉溪镇、百善镇等地早春温室里的四季豆，每叶有虱 50 ~ 250 头，发生重的叶片背面或豆角上布满成、若虫，豆角被害后成银白色；室外的春大豆每叶有虫 50 ~ 200 头，煤污病发生十分严重，6 月下旬春大豆全部死亡，绝收面积 0.8 万公顷。

果树、茶叶病虫

1991 年，砀山县梨黑星病病果率 30%，部分园区病果率 50% 以上。2001 年，梨黑星病在砀山县 19 个乡（镇）发生面积 1.1 万公顷，占种植面积三分之一，平均病株率达 72%，病果率 32%，直接损失梨果近 25 万吨。2008 年，砀山县梨炭疽病暴发，受害面积 3.33 万公顷，其中酥梨 2.33 万公顷；90% 的果园病果率 60% 以上，约 50% 的果园病果率 100%，经济损失 7 亿元。

1986 年，茶毛虫在皖南茶区发生，其中，歙县虫口数量高，面积大，发生面积 1.04 万公顷，占茶园面积 59.09%。1989 年，茶小绿叶蝉在皖南茶区发生面积 4.33 万公顷，占茶园面积 70%，百叶有虫 20 ~ 78 头；1991 年，茶小绿叶蝉在皖南山区再次偏重发生，受灾面积 2.53 万公顷。1994 年，茶黑毒蛾在皖南茶区局部重发，部分树梢嫩叶被吃光。

1986—2008 年安徽省农作物病虫害发生与实际损失统计表

表 11-4-1

年份	发生面积（万公顷次）	实际损失（吨）			
		粮食	棉花	油料	其它
1986	981.46	231189	3215	18607	–
1987	810	621713	32575	18624	–
1988	927.48	468046	9862	7752	101158
1989	1095.55	890531	9530	54130	66076
1990	1014.89	931218	9207	42087	35737
1991	1232.34	691445	7223	115372	54463
1992	981.44	358984	34060	26201	34354
1993	1036.97	474026	20535	28075	70681
1994	1111.40	348569	38827	51682	64407
1995	1163.96	538058	17428	54851	56639
1996	1205.50	620620	16809	47921	84131
1997	1257.10	1586132	19353	37843	77550

续表 11-4-1

年份	发生面积（万公顷次）	实际损失（吨）			
		粮食	棉花	油料	其它
1998	1338.99	856287	32650	184525	93255
1999	1491.19	614693	8997	74033	140250
2000	1253.75	540833	17228	108961	310666
2001	1156.19	540274	21358	92934	362305
2002	1532.98	726048	11363	124293	5215797
2003	1653.40	1510912	10535	158693.	411111
2004	1409.14	686791	10621	68705	365886
2005	1445.40	869917	10189	84586	200495
2006	1695.20	969211	10182	68340	359713
2007	1763.63	1111159	7687	51906	383616
2008	2085.55	1409901	17553	66503	1008120

蔬菜病虫

安徽省蔬菜种植面积由1986年8万公顷，增长到2008年83.33万公顷，西瓜种植面积由1986年1万公顷，增长到2008年12万公顷。常年发生的主要病害有瓜类枯萎病、黄瓜霜霉病、白菜霜霉病、番茄疫病、瓜类炭疽病、青枯病、立枯病、白菜病毒病和番茄病毒病等，2008年，发生面积16.73万公顷次。主要虫害有小菜蛾、甜菜夜蛾、斜纹夜蛾、菜青虫、烟粉虱、蚜虫、螨虫、蓟马等，2008年，发生面积43.8万公顷次。

瓜类枯萎病　是指瓜类蔬菜发生的枯萎病，这是安徽省瓜类蔬菜生产的重要障碍。由于长年重茬栽培，导致土壤内菌量逐年累积，发病面积逐年增加，从1986年几万亩次到2000年发生4万公顷次，2008年，发生面积2.8万公顷次。

十字花科病害　一是霜霉病，随着蔬菜面积扩大逐年加重，2008年，发生面积3万公顷次。二是软腐病，主要是白菜软腐病，2008年，发生面积1.6万公顷次。

茄果类疫病　主要是指番茄疫病和辣椒疫病。2008年，发生面积0.86万公顷次。

炭疽病　主要是指黄瓜炭疽病和辣椒炭疽病等，发生面积约1.33万公顷次。

菜蚜　主要是指各类蔬菜发生的蚜虫。菜蚜一直是安徽省蔬菜作物发生的主要害虫，发生面积约在14万公顷次。

菜青虫　作为蔬菜的常发害虫，随着蔬菜面积扩大，发生面积随之扩大，安徽省发生面积约19万公顷次。

小菜蛾　小菜蛾发生面积约5万公顷次，是蔬菜生产上的主要害虫。

美洲斑潜蝇　美洲斑潜蝇是1998年以后新上升的害虫，2008年，发生面积1.6万公顷次。

夜蛾害虫　主要是指斜纹夜蛾、甜菜夜蛾,逐步成为蔬菜主要害虫，2008 年,发生面积 3 万公顷次。

粉虱　主要是指白粉虱和烟粉虱,属新上升的害虫，2008 年,发生面积 3.46 万公顷次。

东亚飞蝗

是安徽省历史上的一大害虫。1994 年,淮南市第三代蝗虫第三代生活史完成率 50% 以上。1995 年,黄淮地区持续干旱,濉溪县蔡新镇化家湖蝗蝻密度每平方米一般为 1000 ~ 2000 头 / 平方米,高的万头以上;全省发生面积 18 万公顷,创全省 20 世纪 60 年代以来的新纪录。据 2008 年资料,全省现有蝗区面积 9.42 万公顷,涉及阜南县、颍上县、霍邱县、寿县、凤台县、淮南市郊、怀远县、固镇县、凤阳县、五河县、明光市、灵璧县、泗县、宿州市埇桥区、濉溪县以及天长市,共 16 个县(市、区)、197 个乡(镇)。(表 11-4-2)

安徽省现有蝗区分为河泛蝗区、滨湖蝗区和内涝蝗区 3 种生态类型,各生态类型发生面积分别约为 5.87 万公顷、1.85 万公顷和 1.7 万公顷。全省现有蝗区数目 87 个,其中较大的蝗区如淮河分洪道、唐垛湖、城东湖、荆山湖、姜家湖、高邮湖等,主要分布在阜南县、颍上县、霍邱县、怀远县、天长市等县(市)。按全国蝗区分级标准现有一类蝗区(重点蝗区)面积 2.99 万公顷,蝗区数目 18 个,分布于 8 个县 39 个乡(镇);二类蝗区(一般蝗区)面积 4.91 万公顷,蝗区数目 38 个,分布于 16 个县 91 个乡(镇);三类蝗区(偶发或零星蝗区)面积 1.51 万公顷,蝗区数目 31 个,分布于 12 个县 61 个乡(镇)。(表 11-4-3)

1986—2008 年安徽省飞蝗发生情况统计表

表 11-4-2

年份	发生面积(万公顷次)			发生程度(局部)
	合计	夏蝗	秋蝗	
1986	5.01	2.91	2.10	1(秋 4)
1987	5.93	3.42	2.15	1(夏 5)
1988	8.48	4.77	3.70	5(2)
1989	9.46	5.04	4.41	5(2)
1990	9.17	5.17	3.99	3(4、1)
1991	4.15	3.22	0.92	1(3、2)
1992	9.59	4.17	5.39	3(2、4)
1993	10.13	5.61	4.51	1
1994	17.84	7.46	10.37	4 ~ 5
1995	18.36	9.08	9.27	5 ~ 4

续表 11-4-2

年份	发生面积（万公顷次）			发生程度（局部）
	合计	夏蝗	秋蝗	
1996	13.77	8.70	5.07	3
1997	15.48	8.11	7.36	3
1998	13.11	7.74	5.37	2 ~ 3
1999	15.19	8.59	7.36	2 ~ 3
2000	15.59	8.59	7.00	2 ~ 3
2001	17.86	8.20	9.65	3 ~ 4
2002	12.31	7.76	4.55	3 ~ 4（1）
2003	10.91	8.37	2.54	1 ~ 2
2004	14.75	8.73	6.02	1 ~ 2
2005	11.23	6.88	4.34	1 ~ 2
2006	11.94	6.65	5.29	1
2007	11.80	6.49	5.30	1
2008	9.38	5.47	3.90	1

安徽省东亚飞蝗发生区与分布

表 11-4-3

县（市）	分布范围（乡、镇）		
	一类蝗区	二类蝗区	三类蝗区
阜南	中岗、黄岗、张寨、部台	曹集、苗集、王偃、王家坝、洪河桥、老观、方集、地城	方集、地城、部台、洪河集、黄岗、张寨、曹集、方集、老观、王家坝、浩河桥
颍上	王岗、垂岗、赛涧、半岗、关屯	润河、南照、鲁口、黄坝	—
霍邱	孟集、潘集、三流、岔路、新店、城关、姜家湖	城西湖、邵岗、高塘、周集、临水、范桥、朱港、安丰、堰口、窑口、开荒	城西湖、宋店、邵岗、河口、白莲、新店、潘集
寿县	八公乡、九龙乡、双桥、涧沟、丰庄	建设、迎河、张李	建设、安丰
凤台	焦岗、毛集、刘集、毛集、焦岗、李冲	大山、李冲、城北	—
淮南市郊	上窑、洛河	钱庙乡、杨村、刘集	安成、舜耕、高皇
怀远	孝仪、马城、姚山	祁集	双沟、古城、魏庄
固镇	—	常坟	曹老集
凤阳	—	任桥、仲兴	红星、凤阳山、曹集、官塘、临淮关
明光	—	黄湾	桥头、城西

续表 11-4-3

县（市）	分布范围（乡、镇）		
	一类蝗区	二类蝗区	三类蝗区
五河	小圩、城关、双庙、武桥、沫口、临社、大新、曹顾庄	司巷、头铺、安淮	—
天长	—	万寿、界牌、芦龙	—
灵璧	—	朝阳、渔沟	黄湾、类庄、长集、灵西、虞姬、向阳、浍沟、冯庙
埇桥	—	大店、芦岭	支河、朱仙庄、灰古、蒿沟、苗安、大店
泗县	—	瓦韩、大路口、灯及、草庙、城关	灯及、天路口、屏西、徐贺、小梁、草庙
濉溪	—	—	新蔡、祁集、临涣、王沟、祁集、百善、马桥、新蔡

农田草害

1986—1987 年，安徽省农业厅组织农田杂草普查，参加调查 3010 人次，涉及 70 个县（市）、2092 个乡（镇）、6912 个村；调查取点 54564 个，面积 108.48 万公顷，包括水稻、小麦、棉花、油菜、大豆、花生、甘薯、玉米、蔬菜等 10 多种作物。制造杂草标本 12975 件。调查结果：全省共有农田杂草 55 种，隶属 87 个科，其中多年生杂草 268 种，越年生杂草 85 种，一年生杂草 202 种；稗草、看麦娘、猪殃殃、大巢菜、牛毛毡、莎草、香附子、马唐、狗尾草、牛繁缕为 10 大恶性杂草。1998—2001 年，对小麦、油菜田草情动态展开第二次调查。

1986—2008 年安徽省农田草害发生面积及实际损失统计表

表 11-4-4

年份	发生面积（万公顷次）	实际损失（吨）
1986	291.17	456003
1987	320.67	168549
1988	330.66	99848
1989	297.30	161560
1990	357.21	114458
1991	370.96	330606
1992	323.12	223460
1993	367.22	187825
1994	412.61	170727
1995	422.97	232512

续表 11-4-4

年份	发生面积（万公顷次）	实际损失（吨）
1996	470.32	361703
1997	464.14	309546
1998	464.92	301254
1999	469.04	253163
2000	420.29	254775
2001	453.70	285826
2002	441.54	218889
2003	459.28	206839
2004	539.56	256251
2005	527.27	242110
2006	485.13	257247
2007	479.24	318632
2008	585.06	35428

农田鼠害

1986 年，安徽省农田害鼠发生面积 119.06 万公顷，粮食损失 18 万吨。1987 年，发生面积 50.73 万公顷。1988—1996 年，农田害鼠逐年加重：1993 年 10 月，全省 9 个地市县平均鼠密度为 24.36%，怀远县 13 个乡（镇）鼠密度 35.39%，大豆田高达 53%，受害株率 30% ~ 100%，严重田块每亩损失大豆 81 千克，全县鼠害发生面积 5.86 万公顷，损失粮食 2 万余吨；宿州市汴河、杨庄、苗安等乡（镇）鼠密度 54% ~ 84%，平均密度 64%，一般豆荚被食率 30% ~ 50%，严重地块吃光，花生、甘薯、玉米等作物受害，全市损失粮食 1.5 万吨。1994 年，全省因鼠害造成粮食损失 19.42 万吨，1996 年，发生面积 146.4 万公顷。1997—2008 年，农田害鼠下降，发生较为平稳，常年发生面积 73.6 万~ 92 万公顷。大规模农田灭鼠工作的开展，农田害鼠密度由 2003 年 6.3%下降到 2008 年 1.8%；农户害鼠密度高，年均发生密度 3.4% ~ 5.4%，平均密度 4.15%。

1986—2008 年安徽省农田鼠害发生及粮食实际损失统计表

表 11-4-5

年份	发生面积（万公顷）	粮食实际损失（吨）
1986	119.03	181397
1987	50.73	41808
1988	64.05	63894

续表 11-4-5

年份	发生面积(万公顷)	粮食实际损失(吨)
1989	65.45	95930
1990	81.85	66960
1991	117.47	156407
1992	94.02	101124
1993	119.09	165585
1994	137.58	194186
1995	143.62	185738
1996	146.42	167288
1997	127.77	128790
1998	113.36	121410
1999	117.30	133082
2000	89.71	102686
2001	86.88	76152
2002	73.57	73034
2003	81.40	74148
2004	110.49	75862
2005	80.54	70484
2006	98.48	59300
2007	90.27	51285
2008	89.16	69758

第二节　病虫草鼠害防治

工作部署

1986 年以后,农作物病虫害防治面积不断扩大,防治成效显著。2008 年,全省主要农作物病虫防治面积 2431.77 万公顷次,挽回损失粮食 472.12 万吨、棉花 6.39 万吨、油料 12.07 万吨;与 1986 年相比,全省防治面积增加 2.53 倍,挽回粮食增加 3.52 倍,挽回棉花增加 2.06 倍,挽回油料增加 9.68 倍。(表 11-4-6)

2004 年起,安徽省农委每年组织有关专家,研究制定全省主要农作物重大病虫防治预案,要求各市县农委因地制宜,科学防控。2006 年,稻飞虱对水稻生产构成重大威胁,省委书记郭金龙、省长王金山、省委副书记王明方、副省长赵树丛分别对抓好水稻重大病虫害防治工作作出批示;省政府紧急召开全省水稻重大病虫防治工作电视电话会议，全面动员和紧急部署防控工作，下拨稻飞虱防治专项经费400万元；全省实施以稻飞虱为重点的水稻重大病虫防治面积1026.66万公顷次，挽回损失稻谷约330万吨。2007年，下拨稻飞虱防治专项经费1000万元，全省开展以"两迁"害虫为主的水稻病虫防治面积1260万公顷次，挽回稻谷损失近420万吨。省农委编著《罕见的虫情成功的防治（2006年）》和《2007年安徽省水稻"两迁"害虫防治工作纪实》2部资鉴专集。

1988—2004年，安徽省植保总站承担联合国粮农组织（FAO）国家间水稻IPM项目、FAO-EU亚洲棉花IPM项目实施任务。期间，1995年、1999年、2001年、2002年、2003年安徽省分别在巢湖、霍山、东至、贵池、望江5地，举办中国农民田间学校高级辅导员培训班，共培训农民田间学校高级辅导员150人。在全省12个县（市、区）共办农民田间学校627所，共培训农民18371人，受训农民实施IPM示范面积0.67万公顷次，辐射带动农民107892人，辐射面积4.54万公顷次。项目的实施不仅带来巨大经济效益，而且培养一大批农民科技带头人，为农民技术培训提供宝贵的经验。2002年9月8—14日，安徽省成功承办FAO-EU亚洲棉花IPM项目指导委员会国际会议。来自欧盟总部、FAO总部、FAO亚太办公室的高层官员和6个FAO-EU棉花IPM项目成员国及4个观察国的国务秘书和农业部高级官员参加会议。来自马来西亚、美国、英国、德国、菲律宾、加拿大、丹麦、孟加拉国、印度、意大利、巴基斯坦、越南、泰国、柬埔寨等15国33位外宾和国内代表共计80多人会聚池州，省政府批准以二级警卫接待。大会成立接待班子，由省政府副秘书长王首萌为总指挥。与会代表进行3天室内会议，参观东至县大渡口镇新丰村FFS（农民田间学校）、贵池区驻驾村TOF（高级辅导员培训班）和九华山风景区，会议受到15国30多位外籍与会官员和有关方面的高度评价。FAO总部全球IPM负责人Mr. Peter E. kemmore博士题词："安徽省东至县农民田间学校为全世界100多个国家数百万农民树立了光辉典范。"

1986—2008年安徽省农作物病虫防治面积及挽回损失统计表

表11-4-6

年份	防治面积（万公顷次）	挽回损失（吨）		
		粮食	棉花	油料
1986	688.41	1043477	20928	11252
1987	658.99	1778914	21467	19250
1988	895.49	1182672	20630	12795
1989	754.12	1474611	24549	29528
1990	750.90	1075873	28022	37119
1991	1030.04	1717697	28151	46300
1992	840.58	725586	71878	31434
1993	931.08	844186	92280	35042

续表 11-4-6

年份	防治面积（万公顷次）	挽回损失（吨）		
		粮食	棉花	油料
1994	1192.23	1010980	131014	39617
1995	1241.37	1547089	130096	72668
1996	1321.07	2236414	90539	110502
1997	1491.72	3696450	100174	103816
1998	1521.50	3095634	70723	190820
1999	1622.86	2429793	40438	184199
2000	1463.04	1247912	39730	194523
2001	1330.00	1788847	51908	143644
2002	1983.29	1991945	55400	155267
2003	1501.60	3500854	37193	155345
2004	1297.10	2663882	38802	112911
2005	1837.62	3246335	30524	168503
2006	2039.01	4503622	30107	136721
2007	2138.73	5456315	32418	95153
2008	2431.76	4721220	63931	120690

统防统治

1995 年，全国农业技术推广服务中心利用农业部发展棉花生产专项资金 5000 多万元，在全国 13 个重点产棉省的 250 多个棉花生产大县，开展统防统治。安徽省蒙城县、泗县、宿州市埇桥区、怀远县、宿松县、枞阳县、望江县、无为县、宣城市宣州区等 9 个县（区）参与实施“棉花重大病虫害无害化治理技术研究及其大面积推广应用”项目，推行棉花病虫害统防统治。2006—2007 年，安徽省先后整合 800 万元资金，招标购置 12000 台机动施药器械无偿发放到全省各市、县；2008 年，省财政安排 2000 万元重大病虫专业化防治经费；省农机局将机动喷雾器纳入农机补贴；合肥市对一次性购买 5 台以上机动喷雾器，每台补贴 30%；凤台县政府从 2008 年起每年拿出 100 万元，用于病虫专业化防治工作。2008 年，全省实现稻麦重大病虫害专业化防治面积 66.66 万公顷，占稻麦病虫防治总面积 15.0%。

统防统治类型

2006 年，安徽省组建各种形式的病虫专业防治队 7000 多个，专业队成员 5.6 万多人。统防统治经营主体有以下 4 种类型：

专业合作社　这种类型的专业化防治依据统一的章程和条款，在专业机防队基础上成立植保专业合作社或协会，登记注册：肥西县严店乡植保专业合作社有机动喷雾器械200台，机手150名；2006—2008年，机防服务面积533.33公顷，临时代防代治1000公顷，承担全乡水稻病虫害防治面积50%。2006年4月，长丰县杨庙镇豸铺村杨兆群登记注册，成立机防队，有机动喷雾器207台，聘用机手226名，2006—2008年，机防服务面积每年1.33万公顷次，服务范围辐射至寿县、淮南市郊。

代防代治　主要是农药经营户和村级临时性专防组织。全省有农药经营户808个，村级临时性专防组织2012个。农药经营户通过自购农药喷雾器械成立机防队，为农户提供农药销售服务。宁国市钟西镇狮桥村钟德生，自购喷雾器械，聘用机手为购药户提供病虫防治配套服务，每年机防服务面积约666.66公顷次。村级临时性专防组织与农户建立关系松散联系，开展经营服务，责任纠纷少，是病虫害专业化防治的主要形式。

农技人员领办　乡（镇）农技人员牵头组织，服务于小麦、水稻、玉米高产创建示范片。凤台县杨村乡店集村，村集体组织防治队，统一购买农药，支付部分防治费用，开展病虫害统防统治，其营运主体为村委会。寿县成立县专防中心、乡专防大队、村专防队，服务于高产示范片及大片大户。南陵县三里兴农优质稻种植合作社和弋江种植农民专业合作社，既开展病虫害防治服务，同时开展其他农事服务。这种方式能较好地使植保技术与防治实施结合统一起来，充分发挥植保技术优势，但需要国家及乡村级集体经济做支撑。主要在各地的高产创建示范片上实施。

种田大户领办　主要形式是种田大户为了搞好规模经营，利用自身经济优势，利用政府无偿支持的防治药械和自己添置的药械，在县乡植保技术人员指导下，开展病虫害专业化防治，主要为自家的规模种植服务，有时也为周边农户提供应急防治服务。这种方式规模效益较好，这是种田大户今后若干年内农作物病虫害防治的主要方式。

推广新技术

重大病虫综合防控技术　1986—1990年，安徽省实施《安徽省水稻主害生物优化控害技术研究与应用》项目，提出“抓两头（秧田期、抽穗期）放中间（分蘖期）”，“治小田、保大田”的化学防治指导思想；组建“安徽省一季稻及双季稻病虫草综合防治规范化技术模式”，累计推广水稻病虫综合防治面积512万公顷次，平均每亩增收稻谷41.50千克，纯经济效益17.60亿元。

1986—1987年，安徽省继续承担国家经委和农牧渔业部安排的“黄淮地区夏大豆病虫综合防治技术开发利用”项目。改单项技术使用为配套技术合理组装，改单一病虫单项技术机械叠加防治为多病虫总体防治。3年实行大豆病虫综合防治面积共32.26万公顷次，比非综合防治区每亩增产20.96千克，增产率25.23%。

1993—1995年，全省开展棉铃虫“综防统治”，化学防治面积670万公顷次，植物生长调节剂“化控”面积180万公顷次，杨柳把、高压汞灯物理防治面积66.66万公顷次，生物防治32.66万公顷次，共挽回皮棉24.45万吨，实现国务院提出“用3年左右的时间基本控制棉铃虫大发生”的目标。

1996—2000年，省植保总站、安农大植保学院、省农科院植保所承担省科委“九五”

攻关项目“水稻二化螟、稻白叶枯病灾变规律、预测预报和防治新技术研究”，获安徽省科学技术进步二等奖。

1996—2005 年，实施农业部“棉花重大病虫优化控害”“发展棉花生产专项资金棉花病虫无害化统防统治技术开发”项目，通过统一供应新型农药、药械，分级签订技术合同等措施落实综合防治任务，累计推广 170 万公顷次。推广小麦播种期及生长中后期主要病虫总体防治技术：苗期重点推广以粉锈宁＋甲基异硫磷＋增产菌为主的“三拌”处理麦种，防治地下害虫、黑穗病，延缓小麦白粉病、纹枯病发生程度；中后期以赤霉病、蚜虫等为主要防治对象推行药、肥混合“一喷三防”（防病虫和干热风）。以上两项技术常年推广应用面积各 130 万公顷次。（表 11-4-7）

多功能自然生态调控　1996 年，全省蝗区实施“生态控蝗”，通过农业结构调整、造林绿化、改造植被、“上粮下渔”发展水产养殖、机耕精耕细作等生态调控手段，确保蝗虫“不扩散、不起飞、不成灾”。2003 年，省植保总站出版《安徽飞蝗治理》，系统总结安徽省根治蝗虫的科学措施。

2000—2008 年，BT 转基因抗虫棉常年种植面积 40 万公顷，占棉花播种面积 95%，控制棉铃虫危害的发生。

天敌保护　20 世纪 80 年代初，全省有害生物天敌 518 种，稻纵卷叶螟天敌常年保护利用面积约 50 万公顷。发挥作物自身补偿能力，推迟大田用药期限，培植天敌控害种群，大力推广一季稻大田移栽后 30 天内、棉田 7 月 20 日之前不施化学农药，采取放宽化学防治指标，限制、禁止使用杀伤天敌农药等措施保护农田生态，常年推广应用面积 130 万公顷。

20 世纪 90 年代以后，安徽省重点推广棉花害虫“阶段防治”技术。苗期强化农业措施，严格控制化学农药使用，保护利用天敌，以害养益，以益控害；花蕾期充分利用棉株生理补偿能力，放宽化学防治指标；花铃期以化学防治为主，实施科学用药，保铃护花。

2005 年，沿江、沿淮稻区多个县（市、区）稻田养鸭 20 万公顷。稻鸭共作，田间杂草密度随着共作年数的增加而有所降低，稻田中前期稻飞虱、稻纵卷叶螟等害虫得到有效控制，稻田减少用药 1 ～ 2 次，稳定稻田生态作用显著。

生物物理诱控　推广昆虫信息素、高效能频振灯、色板诱杀技术、防虫网和银灰膜避害等为主的诱杀控害技术。2003 年以后，频振式太阳能杀虫灯在各类作物上推广应用 1 万多台。

生物农药与化学农药协调应用技术　岗霉素、BT、阿维菌素、病毒 A、核多角体病毒、白僵菌、微孢子虫等生物制剂使用比例逐步提高，使用面积逐步扩大，常年全省生物农药应用面积 346.66 万公顷次，为 1978 年的 10 倍。增产菌开发应用作为农业部“丰收计划”的重点推广项目，1986 年，安徽省开始引进试验示范。1988—1989 年，在甘薯、大豆、油菜、蔬菜、小麦等多种作物上推广应用增产菌面积 80 万公顷。

储粮期有害生物防治　1988—1991 年，安徽省组织实施农户推广磷化铝、磷化钙防治贮粮害虫新技术。全省有505.24万户进行贮粮害虫防治，共处理粮食493.14万吨，挽回粮食损失31.52万吨。1999年，省农业厅向省政府呈报《关于示范推广农户安全储粮引智成果的请示》，成立由省领导任组长，省农业厅、省人事厅、省科委、省粮食厅、省农经办等单位负责人任成员的安徽省农户安全储粮协调领导小组，加强对推广农户安全储粮技术的组织领导。1999—2000年，安徽省组织实施国家外专局引智项目，全省建设农户储粮技术示范标准仓库近6000个。据风台县调查，农户圈席储粮年损失11%，而水泥砖仓粮食年损失率仅为1.5%。

1998—2006年安徽省植保站科技成果获奖情况统计表

表11-4-7

年份	项目名称	省站主持或参与	获奖等级
1998	棉铃虫综合防治技术大面积面积推广应用	参与	部2等
	蝗虫综合治理技术研究	参与	部1等
1999	安徽省稻飞虱灾变规律与防控技术应用与研究	主持	省4等
2000	几种作物植株成份与昆虫发育的关系	参与	省3等
	白叶枯病二化螟灾变规律预测预报防治技术研究	主持	省2等
	两种瓢虫类天敌与蚜虫之间关系研究	参与	省3等
2001	棉铃虫发生规律预测预报及综合防治研究	参与	省3等
	12.5%恶草酮除草剂的中试开发	参与	省2等
2002	美洲斑潜蝇检疫与防治技术研究	主持	省3等
2003	小主麦主要病害流行规律预测预报综防技术研究	参与	省3等
	小麦、油菜无草害工程技术研究与大面积推广应用	主持	部2等
2004	棉花重大病虫害无害化治理技术研究与推广应用	主持	部2等
	棉花病虫害大区防治示范技术推广应用	参与	部3等
2005	安徽省农区灭鼠技术推广应用	主持	部2等
2006	苹果梨葡萄主要病虫害调查测报方法研究与应用	主持	省3等

蔬菜病虫防治

1986年至20世纪90年代初，蔬菜病虫防治主要开展以下几项有影响活动。

一是继续参加农业部“长江中下游地区无公害蔬菜病虫防治协作”项目。根据该区域生境，研究制定一整套蔬菜病虫害防治技术规程，为提升全省蔬菜病虫害防治技术水平，发挥重要作用，该项研究1987曾获农业部科技进步三等奖，安徽省为主要完成单位之一。

二是参加农抗120蔬菜病害防治协作。针对蔬菜病害逐年加重的难题，1989—1993年，由中国农科院植保所牵头，在全国开展国家科技成果“农抗120防治蔬菜病害”重点推广计划项目协作，安徽省为协作组主要成员。通过数年的试验示范推广，确认农抗120在蔬菜病害防治中的重要地位，是解决当时条件下蔬菜枯萎病防治不可少或缺的重要技术。1994年，获国家科委表彰。随着蔬菜种植面积逐年增加，蔬菜主发病虫有了新的变化，防治技术有了新的进步。

蝗虫防治

安徽省认真贯彻“改治并举，根除蝗害”的治蝗策略，将改造蝗虫适生环境与兴修水利、人工造林等农田基本建设工程结合，大力推行蝗虫可持续治理技术。在蝗虫防治上主要采取“四个结合”防治原则，即防治飞蝗与防治土蝗相结合，重点挑治与普遍防治相结合，群众防治与专业队防治相结合，应急化学防治与生态控制、生物防治相结合。20世纪80年代，全省推广东方红-18型、泰山-18型机动迷雾喷粉机、超低量喷雾治蝗：每亩喷施25%马拉硫磷油剂100毫升，治蝗效果分别达到97.6%和98.5%，一机4人1小时能防治10公顷。20世纪90年代以后，安徽省蝗虫防治全面停止六六六、林丹等有机氯农药的使用，推广辛硫磷、敌马乳油、氰戊·辛硫磷等高效低毒低残留农药，提高治蝗效果，减少环境污染。

安徽省坚持“狠治夏蝗，控制秋蝗”的防治策略，确保“飞蝗不起飞成灾，土蝗不扩散为害”。药剂治蝗所采取的方法：一是武装（带药）侦查，即蝗情侦察员在出土盛期调查蝗蝻时或在防治后发现小片漏治地块自带药、械，边查边治，随时发现随时消灭，及时对较高密度的蝗蝻进行点片挑治。二是在常发蝗区麦收前发现有较高密度的蝗群于蝗蝻3龄盛期前组织多人带药、械进行“封锁式施药”，控制蝗蝻从发生基地向农田扩散。三是在麦收后蝗蝻3龄盛发期前对达到防治指标（0.5头/平方米）的荒地和农田组织大面积统一防治。四是对重点蝗区和特殊地段防治后蝗蝻密度仍然超过防治标准的区域应进行再次防治，补治扫残。2001—2004年，全省开展生态控蝗面积8.6万公顷次，其中开挖鱼塘0.95万公顷次，植被改造6.17万公顷次，植树造林1.45万公顷次。

1986—2008年安徽省东亚飞蝗防治情况统计表

表11-4-8

年份	防治面积（万公顷次）	挽回粮食损失（吨）
1986	1.54	1212
1987	0.94	756
1988	2.38	1725
1989	1.25	618
1990	2.09	4029
1991	0.96	1451
1992	3.57	7539
1993	3.17	13803
1994	12.62	19553

续表 11-4-8

年份	防治面积（万公顷次）	挽回粮食损失（吨）
1995	11.53	24462
1996	7.21	7411
1997	7.68	17745
1998	10.01	19656
1999	6.35	14937
2000	10.72	11913
2001	11.87	14008
2002	7.53	8975
2003	6.30	7521
2004	11.99	8583
2005	9.19	10803
2006	9.14	9828
2007	6.58	7701
2008	7.98	8870.90

农田灭鼠

1986 年，安徽省开展春秋季农区灭鼠工作，各地筹集灭鼠资金 127.9 万元，室内外投放毒饵 5000 多吨，农田灭鼠 35.37 万公顷。其中和县投放毒饵 500 吨，室外投放 7.04 万公顷，占农田面积 92%，室内投饵 13.5 万户，占农户数 94%，害鼠密度室外和室内分别下降到 0.98% 和 2.68%；宁国县灭鼠后监测，全县 37 个乡（镇）害鼠密度均处于防治指标以下。2003—2008 年，全省设立 7 个县级灭鼠示范区，其中 5 个为国家级（4 个统一灭鼠示范区，1 个竹筒毒饵站示范区），制定不同农区害鼠监测和预报技术规范、实施以溴敌隆、敌鼠钠盐等高效安全抗凝血杀鼠剂、竹筒毒饵站、鼠夹、粘鼠板、鼠笼、TBS 等综合技术。期间，年防治面积近 55.33 万公顷，计投放毒饵站 900 万个次，投放杀鼠剂毒饵近 1930 吨。全省农区害鼠防治效果一般在 80%，示范区防治效果 87% 以上。

1986—2008 年安徽省农田害鼠防治面积及挽回损失统计表

表 11-4-9

年份	防治面积（万公顷）	挽回粮食损失（吨）
1986	35.37	57283
1987	27.88	49041
1988	33.31	48680
1989	26.92	67717

续表 11-4-9

年份	防治面积(万公顷)	挽回粮食损失(吨)
1990	25.91	35088
1991	56.99	119089
1992	32.02	46054
1993	40.36	139445
1994	53.64	156248
1995	49.58	132798
1996	41.83	183561
1997	40.65	140239
1998	64.10	90681
1999	54.32	122054
2000	52.65	74633
2001	49.21	71656
2002	40.10	58749.51
2003	42.00	67632.00
2004	57.74	100798.60
2005	47.36	97665.24
2006	61.32	66950.08
2007	63.25	67490.90
2008	59.28	157728.25

农田草害防除

1986—1993 年，安徽省参加长江中下游 7 省市农田化学除草协作组，普查全省农田杂草，查明全省农田杂草 555 种，编制《安徽省农田杂草名录》，全省建立化学除草示范点 2377 个，筛选一批适合安徽省不同作物应用的除草剂品种，全省化学除草面积 57 ~ 206.32 万公顷次，年均化学除草面积 122.38 万公顷次。至 1997 年，实现化学除草由单一防除禾本科草为主向禾本科、阔叶杂草并除的转变，施药方法由单一苗后茎叶处理向播后苗前土壤处理、“一杀一封”、苗后茎叶处理等多种方法转变，全省年化学除草面积 227.40 ~ 307.10 万公顷次，年均化学除草面积 285.12 万公顷次。

1998— 2008 年，省植保总站组织实施“小麦、油菜田无草害工程技术研究及其大面积推广应用”项目，提出“从生态学、经济学的观点出发，运用各种有效措施，把杂草危害程度控制在Ⅰ级以下，达到安全、高效、增产、增收之目的”的理念；确立“草情草相是依据、农业措施是基础、化学防除是关键、人工防除相辅佐”的技术路线；开发小麦、油菜田杂草综合治理配套技术体系。全省化学除草面积 338.25 ~ 417.07 万公顷次，年均化学除草面积 395.14 万公顷次。

2002—2008 年，安徽省根据农田杂草草相变化，开发和推广安全、高效、对环境友好的药剂，由点到面扩散辐射杂草治理新技术。全省化学除草面积 408.32 ~ 597.08 万公顷次，年均化学除草面积 479.26 万公顷次。

1986—2008 年安徽省农田草害防治面积及挽回损失统计表

表 11-4-10

年份	防治面积（万公顷次）	挽回损失（吨）
1986	57.00	74233
1987	81.55	415464
1988	97.39	153596
1989	111.39	234985
1990	132.39	229422
1991	128.29	428314
1992	164.70	311911
1993	206.32	345040
1994	227.40	465873
1995	297.73	622623
1996	308.25	8261725
1997	307.10	913141
1998	416.57	940668
1999	408.66	949812
2000	338.25	861998
2001	417.07	813581
2002	408.33	905035
2003	425.00	823686
2004	499.63	1136922
2005	477.39	1028728
2006	476.24	1111053
2007	471.14	1500127
2008	597.08	1929443

第三节　病虫预测预报

病虫测报体系

1989 年,安徽省对水稻、棉花、旱粮、油料、蔬菜、茶叶、果树等作物 62 种(类)病虫、天敌按系统测报、一般观测和大田监测 3 类,将任务统一分配到各级病虫测报站,形成全省农作物病虫测报整体网络。2004 年,重新确定全省农作物主要病虫测报任务基点 52 个及系统测报对象 32 种(类)。其中水稻病虫监测基点 36 个、小麦 30 个、棉花、玉米、油菜各 15 个、蔬菜 6 个、果树 3 个、茶叶 4 个、草莓、西瓜、荸荠、中药材等 6 个。省植保总站从市、县级植保站聘任 191 名省级农作物病虫测报员,在重大病虫发生前,邀请全省重大病虫测报和防治专家技术组人员和教学、科研及省气象台有关专家,结合病虫发生实况、作物栽培情况、气候因素等综合分析,预测病虫发生趋势,提高中、长期预报准确率。截至 2008 年年底,全省 17 个市、80 个县(市、区)建有植物保护站,共有专业测报技术人员 432 人、500 多个乡(镇)病虫测报基点。

病虫测报

1986 年,安徽省制定 47 种病虫预测模式、报表 300 多种,出版《中国茶树病虫预测预报办法》。1993 年,全省执行 15 种主要病虫《测报调查规范》国家标准、省棉铃虫和稻螟虫测报调查标准。1994 年,编写并出版《农作物病虫预测预报办法与技术》,介绍安徽省 35 种(类)病虫的系统测报办法、简易测报办法和病虫测报田间抽样技术、安徽省农作物主要病虫发生危害程度指标及计算方法等。1996 年,全省实施省地方标准《主要农作物病虫草鼠害统计分析规范》;2005 年,制定稻、棉、水果、蔬菜等 20 多种病虫测报调查省地方标准。2004—2008 年(续),组织全省 97 个植保站开展“农作物病虫测报业务考核”,提高农作物病虫预测预报水平。

技术进步

1986 年,运用电子计算机进行农作物病虫中长期预报。1988 年,与南京农学院协作开展《稻纵卷叶螟迁飞模型研究》,与安徽农学院开展《水稻纹枯病预测模型研究》。

1998 年,全省各地、市、县级植保站配备传真机,省植保总站与省政府、农业部实现计算机联网。1999 年,实施农作物重大病虫害监测预警可视化预报技术项目,使用河南佳多自动虫情测报灯。2004 年,有关农作物病虫发生信息上传渠道由电话和传真向电子邮件转变。2005 年,全省各县(市、区)植保站配齐自动虫情测报灯,减轻基层虫情测报劳动强度,提高测报准确性。2004—2005 年,通过政府采购中心统一购置病虫电视预报编辑系统、照相机、摄像机、电脑等设备,供制作病虫电视预报节目用。2006 年开始,逐步全面应用“中国农作物有害生物监控信息系统”,实现病虫信息的网上传输。同时通过农业信息网、手机短信、电话语音播报信息系统等平台,常年发出农作物重大病虫发生和防治技术信息数百万条,对解决农业科技传播“最后一公里”问题起到非常重要的作用。

2007 年，省农委将“大力开展农作物病虫可视化预报工作”作为全省农业 20 件实事之一，省植保总站与省气象科研所联合制作农作物重大病虫害电视预报专题片，预报产品在安徽卫视频道黄金时段天气预报栏目插播，节目收视率 10% 以上，有效扩大病虫预报产品覆盖面。各县（市、区）植保站均能独立采集预报素材，自主制作病虫预报视频节目，全省常年制作病虫电视预报 600 余期。2008 年，省植保总站与安农大联合开发“全省农作物病虫监测预警信息系统”，初步实现昂回升农作物病虫监测调查数据信息化管理和智能化预测。

技术培训

2002 年、2003 年，举办全省计算机测报软件应用培训班，讲授病虫数据整理及分析、DPS 数据处理系统在测报上的应用等课程。2005 年、2006 年，举办全省农作物病虫电视预报节目制作技术培训班，培训电视节目内容采集摄影技术、电视预报节目编辑制作软件应用技术。2006 年，召开全省植保学术技术研讨会，收集论文 56 篇，在《安徽农学通报》发表。2007 年、2008 年，举办稻飞虱种类鉴定和“两迁”害虫（稻飞虱、稻纵卷叶螟）解剖技术培训班，特邀南京农业大学两位教授授课。2008 年，省植保总站组织开展全省农作物病虫测报业务技术观摩活动，分别在萧县、庐江县和繁昌县举办；举办佳多智能型虫情测报灯使用及维护技术培训班，全省各县植保站均员参训。2003—2008 年，省植保总站每年举办 1 ~ 2 期农区鼠害监测与防治技术培训班，内容包括农区害鼠监测技术、毒饵散投技术、竹筒毒饵站灭鼠技术和 TBS 灭鼠技术等。

第四节　植物检疫

植物检疫体系

1956 年 8 月，建立省植物检疫机构。1995 年，省编委批准成立安徽省植物检疫所，正县级建制，编制 10 人，与省植物保护总站合并办公，主要负责全省植物检疫和农业部授权范围内的境外引种审批和疫情监测工作。1998 年，农业部批准安徽省省级植物检疫实验室建设项目，2000 年建成。2000—2001 年安徽省建成 TCK 疫情监测和处理中心，重点承担安徽省检疫性有害生物疫情普查、监测和疫情处理任务。合肥市、蚌埠市、马鞍山市也相继建成植物检疫实验室，提高全省检疫手段和检疫水平。各市、县植保站负责本辖区的植物检疫工作。2008 年，全省市级植物检疫机构 17 个，县级植物检疫机构 79 个，有独立法人资格的植物检疫机构 78 个；专职检疫员 506 名，兼职植物检疫员近千名。1997 年 3 月，省政府颁布《安徽省农业植物检疫管理办法》；2000 年，省财政厅、省物价局印发《关于核定境外引种疫情监测收费标准的函》；2001 年，省农委制发《安徽省省间调运植物检疫管理办法》等。

有害生物种类

1995年，农业部发布全国农业植物检疫对象名单32种。2005年，农业部重新修订全国农业植物检疫性有害生物名单43种。2000年，省农委补充农业植物检疫性有害生物名单15种：小麦腥黑穗病、小麦全蚀病、桑萎缩病、玉米干腐病、玉米细菌性枯萎病、甘薯瘟病、马铃薯环腐病、苹果黑星病、猕猴桃溃疡病、花生根结线虫病、南美斑潜蝇、谷象、灰豆象、蔗扁蛾、梨圆蚧。2006年，省农委修订农业植物检疫性有害生物名单16种：谷象、灰豆象、黑刺粉虱、南美斑潜蝇、梨圆蚧、小麦腥黑穗病、小麦全蚀病、桑萎缩病、玉米干腐病、玉米细菌性枯萎病、甘薯瘟病、马铃薯环腐病、猕猴桃溃疡病、花生根结线虫病、小麦胞囊线虫、黄顶菊。

疫情分布

1986年，为贯彻《植物检疫条例》，全省开展毒麦、小麦腥黑穗病、棉花枯、黄萎病、红麻炭疽病、水稻细菌性条斑病、水稻干尖线虫、柑橘溃疡病等14种检疫性有害生物调查，投入2.3万人次，调查面积5.69万公顷。通过调查澄清水稻细菌性条斑病、苹果蠹蛾、葡萄根瘤蚜等检疫性有害生物在安徽尚未发生，豚草在和县、宣城市、广德县、郎溪县等地发生；摸清毒麦、小麦腥黑穗病、棉花枯萎病、棉花黄萎病、稻粒黑粉病、红麻炭疽病、柑橘溃疡病、花生根结线虫等检疫性有害生物的分布范围和危害程度。

1987年，全省开展11种作物、18种检疫性有害生物和危险性病虫杂草调查。棉花枯萎病、黄萎病发展迅速，发病面积2.4万公顷；毒麦、小麦腥黑穗病发生呈下降趋势。水稻粒黑粉病、柑橘溃疡病、红麻炭疽病、豚草分布范围扩大。

1988年，省政府召开植物检疫联席会议，副省长汪涉云到会，强调检疫工作重要性；10月中旬，全省以棉枯、黄萎病等9种检疫性有害生物为主开展疫情普查，调查面积31.26万公顷，开展防治4.97万公顷。

1992年9月，省农业厅在东至县、太湖县发现水稻细菌性条斑病疫情。1993年，潜山县、明光市、休宁县、黄山市屯溪区相继发生水稻细菌性条斑病，发病面积0.13万公顷。

1995年，美洲斑潜蝇在合肥、铜陵、芜湖、宿州等市发生。危害豇豆、四季豆、丝瓜、黄瓜等蔬菜作物。1997年5月，水稻细菌性条斑病扩散到凤阳、石台、寿县、青阳、歙县、黟县、祁门等18个县，美洲斑潜蝇全省有39个县（市）发生危害。

1998年，安徽省农业厅发布《安徽省农业植物检疫性有害生物疫情分布资料》。水稻细菌性条斑病全省发生19个县，面积1.33万公顷；棉花黄萎病发生15个县；美洲斑潜蝇在全省13个市40多个县都有发生；假高粱在宣州市、淮南市零星发生；毒麦、菟丝子在全省大多市、县都有发生。省内发生补充检疫性有害生物的有小麦腥黑穗病、豚草、桑树萎缩病、甘薯茎线虫、花生根结线虫。

1999年，安徽省开展以水稻细菌性条斑病、美洲斑潜蝇、苹果棉蚜为主的疫情普查工作，全省普查面积30万公顷；美洲斑潜蝇发生面积5.33万公顷，水稻细菌性条斑病发生面积0.86万公顷，苹果棉蚜发生面积0.32万公顷，甘薯茎线虫在涡阳县、颍上县发生面积615.33公顷。

2000—2003年，根据农业部部署，在安徽省范围内开展农业植物检疫性有害生物及重大病虫杂草大普查，全省组织普查人员57700多人次，普查面积67.2万公顷；涉及水稻、小麦、大豆、蔬菜、药材、花卉等153种作物、200余种有害生物；全省查到农业部列出的278种普查重点对象名单中的66种；查清检疫性有害生物发生、分布到乡（镇）的资料。

2001年，桐城市发生稻水象甲疫情，全市有1个镇10个行政村发生危害，发生面积162公顷。

2002年，根据全国农技推广中心部署，安徽牵头负责全国生姜有害生物疫情和小麦不孕病疫情调查。对梨树有害生物进行专项调查，调查梨树面积2万公顷次。同年8—10月，全省对豚草、假高粱、紫茎泽兰等恶性杂草及有毒有害植物进行专项调查。在芜湖、宿州、合肥、安庆、阜阳等地的发财树、巴西木上发现蔗扁蛾疫情，危害仅限在花卉大棚内，未扩展到大田危害。稻水象甲相继在铜陵县、舒城县发生，全省发生面积663公顷。通过有害有毒植物专项调查，全省大部分市、县发现豚草，淮南市发现假高粱，未发现紫茎泽兰、小麦不孕病和鳞球茎茎线虫。

2003年，淮南市发现番茄溃疡病疫情，发生面积15公顷；2003年，稻水象甲发生面积778.66公顷；全省水稻细菌性条斑病有近30个县发生，发生面积0.66万公顷。

2004年，在怀远县、蒙城县发现大豆疫病疫情，每县有1个镇1个行政村发生危害，均为零星发生，发生面积13.33公顷。2005年3月，省农委制定《安徽省红火蚁疫情防控应急预案》，开展红火蚁、葡萄根瘤蚜疫情专项普查，全省共普查面积5.8万公顷次，未发现疫情。

2005年，安徽省有12名专职检疫员被农业部评为全国农业植物有害生物普查工作先进个人。六安市植保植检站、歙县植保植检站被农业部评为全国农业植物有害生物普查工作先进集体。

2006年，安徽省稻水象甲发生面积0.166万公顷，分布在桐城市、舒城县、铜陵县3县（市）；水稻细条病全省22个县有发生，发生面积0.44万公顷；苹果棉蚜分布在萧县、砀山两县果区30个乡（镇），发生面积0.13万公顷；大豆疫病零星发生。

2007年，安徽省农委发布全省检疫性有害生物疫情：稻水象甲在桐城市、舒城县、铜陵县和庐江县4个县（市）发生，全省发生面积0.2万公顷；水稻细菌性条斑病全省发生面积0.926万公顷；大豆疫病发生面积20公顷。

2008年，全省开展红火蚁、梨枯梢病、稻水象甲、大豆疫病、小麦一号病普查近13.33万公顷次，采集送检疑似大豆疫病样品179个：未发现红火蚁和梨枯梢病，大豆疫病发生20公顷，稻水象甲发生0.25万公顷；全省开展柑橘大实蝇、柑橘小实蝇疫情调查，全省调查柑橘面积0.46万公顷亩次，在合肥市、宿松县、太湖县发现柑橘小实蝇疫情，发生面积13.3公顷；全省开展检疫性有害生物普查33.33万公顷次，发生检疫性有害生物主要有稻水象甲、苹果棉蚜、蔗扁蛾、柑橘小实蝇、水稻细菌性条斑病菌、大豆疫病、棉花黄萎病、腐烂茎线虫、豚草属、菟丝子属、毒麦等10多种，发生面积3.18万公顷次。

产地检疫

1987年，安徽省建立小麦、水稻、棉花、甘薯、玉米、大豆、苹果、桑等8种作物无检疫性有害生物种苗繁殖基地面积8.53万公顷，繁育健康良种87295吨，苗木11249万株。1995年，省植保总站制订《桑树苗木产地检疫规程》，由省技术监督局发布。2001年，全省范围内对农作物种子检疫证明编号实行统一格式、统一管理，规范产地检疫和调运检疫。2006年，全省实行各地方产地编号报省植保总站备案制度。2007年，省植保总站与种子管理机构联合，统一全省产地检疫合格证格式和编号，实行定期上报制度：种子产前有“无检疫对象种苗繁育基地证明”文本，产中有植物检疫编号申请表、种子苗木产地检疫合格证，产后有《植物检疫编号通知书》；对每个种苗繁育单位建立全套档案，一户一档，统一管理、网络化管理。

1986—2008年安徽省实施种子（苗）产地检疫统计表

表11-4-11

年份	产地检疫面积（万公顷）	按规程生产面积（万公顷）	生产合格种子（吨）	生产合格种苗（万株）
1986	2.13	2.29	43100	639.0
1987	4.43	4.43	86712	9062.6
1988	23.98	1.60	523165	102990.0
1989	6.12	4.14	33846	10328.0
1990	4.40	10.95	51210	18406.4
1991	3,67	2.80	1017	9251.0
1992	4.83	6.75	145477	6943.1
1993	7.39	2.63	31743	3452.3
1994	4.01	9.94	75297	8251.6
1995	3.63	5.02	52965	5148.0
1996	4.62	5.02	72243	733.4
1997	5.47	5.47	83760	3571.3
1998	6.21	7.02	91531	2683.5
1999	7.15	7.68	93673	4739.4
2000	8.48	9.62	67419	5204.5
2001	8.82	4.07	55216	5840.0
2002	8.08	6.49	100703	7769.0
2003	10.08	25.04	59458	918.0
2004	9.47	4.53	79578	813.1

续表 11-4-11

年份	产地检疫面积（万公顷）	按规程生产面积（万公顷）	生产合格种子（吨）	生产合格种苗（万株）
2005	6.84	2.85	38755	1325.0
2006	5.70	4.25	232431	717.1
2007	4.53	3.35	197794	686.1
2008	12.79	4.01	356247	39700.0

调运检疫

1995 年、2001 年，省农委、省交通厅、省邮政局、上海铁路局蚌埠铁路分局、上海铁路局南京铁路分局、民航安徽省管理局两次下发《关于加强农业植物及植物产品调运检疫工作的通知》。1988 年 10 月，省植保总站对各县（市）植物检疫机构授权签发省间调运检疫证书，开展省间调运检疫。2001 年，省政府办公厅发布《转发省农委、交通厅〈关于开辟农产品运销绿色通道意见〉的通知》，全省开展农产品调运"绿色通道"活动。各级检疫机构对调运的农产品要根据产地检疫或植物调运操作规程进行严格检疫，搞好服务，做到随到随检，不乱收费。对检疫合格的农产品，立即签证放行，确保"绿色通道"的顺利实施。2002 年，省农委发布《安徽省省间调运植物检疫管理办法》，对各市、县植物检疫机构的省间调运工作情况进行检查和评定。经省植物检疫机构检查和考核，对全省符合安徽省省间调运植物检疫授权条件的 72 个市、县级植物检疫机构，作为第一批受省植物检疫机构授权的单位，执行省间植物调运检疫，每两年进行一次审核。2005 年，省农委下发《关于公布安徽省第二批省间调运植物检疫授权单位的通知》。

境外引种审批

境外引种审批是受农业部授权，省级植物检疫机构在授权限量内对境外引进种子（苗）进行检疫审批，引进数量超过授权限量的，省级植物检疫机构进行初审，报农业部审批。种子（苗）引进后，是初次引进的，引进单位必须在植物检疫的要求下，严格隔离试种，种植期间，省级植物检疫机构会同种植地植物检疫机构做好疫情监测工作。2000 年 4 月，省物价局、省财政厅联合下发《关于核定境外引种疫情监测费收费标准的函》，对安徽省境外引种疫情监测费收取作出明确规定。

1986—2008 年 安徽省境外引种审批情况统计表

表 11-4-12

年份	批次（次）	种子数量（千克）	种苗数量（株）	主要品种名称	主要来自国家和地区
1986	23	3835.6	48830	油菜、郁金香、小昌兰、大豆	法国、荷兰、日本
1987	8	9179.8	0	油菜、郁金香、小昌兰、大豆	法国、荷兰、日本
1988	11	56.7	2347	油菜、郁金香、小昌兰、大豆	法国、荷兰、日本

续表 11-4-12

年份	批次（次）	种子数量（千克）	种苗数量（株）	主要品种名称	主要来自国家和地区
1989	2	5005	5379	油菜、郁金香、小昌兰、大豆	法国、荷兰、日本
1990	1	1.6	2481	油菜、郁金香、小昌兰、大豆	法国、荷兰、日本
1991	7	473.6	56	油菜、郁金香、小昌兰、大豆	法国、荷兰、日本
1992	48	4222	1595000	西瓜、南瓜、萝卜、甜叶菊、菠菜、四季豆、豌豆、番茄、黄瓜、玉米、牛蒡、胡萝卜	朝鲜、日本、美国
1993	11	1000	30	甘薯、葡萄、红小豆、胡萝卜、青刀豆	日本
1994	15	6940	110	甘薯、薄荷、葡萄、南瓜、蚕豆、葫芦、蒜	日本、美国
1995	55	3199	1250	甘薯、西瓜、苹果、胡萝卜、菜豆、水稻、甜椒、黄瓜、黑豆、郁金香、荷兰豆、甜瓜、水仙、风信子、小麦、	美国、日本、菲律宾、荷兰、加拿大
1996	14	822	779560	南瓜、百合花、西瓜、生姜、菜豆、胡萝卜、郁金香、水仙	日本、新西兰、荷兰
1997	44	14308	543100	李、杏、葡萄、山莓、樱桃、南瓜、椴树、迎春、郁金香、草种、水稻、葱、胡萝卜、风信子、水仙、棉种	荷兰、日本、澳大利亚、美国
1998	19	5055	5227	甘薯、槭树、南瓜、水稻、山药、兰花、茶树、甜玉米、苜蓿、胡萝卜、番茄、青椒	日本、菲律宾、美国、荷兰、澳大利亚
1999	19	7380	20	魔芋、水稻、南瓜、红椒、秋葵、棉种、山药、玉米、胡萝卜	日本、澳大利亚
2000	15	1264	3000	番茄、辣椒、秋葵、南瓜、棉种、水稻、甘薯、刀豆、西瓜、胡萝卜	美国、日本、法国
2001	19	10452	10190	兰花、甘薯、南瓜、水稻、芥蓝、芹菜、茴香、菜豆、苋菜、郁金香、风信子、鸢尾	秘鲁、日本、西班牙、中国台湾地区
2002	21	2100	0	黄瓜、柚子、苋菜、油白菜、莴苣、大豆、豌豆、葱、南瓜、水稻	日本、中国台湾地区
2003	26	1100	800	水稻、马蹄莲、玉米、甘蓝、白菜、菠菜、花菜、莴苣	美洲、日本、伊朗、
2004	3	72	0	水稻、玉米	孟加拉、菲律宾
2005	12	3	5330	蔬菜、花卉、果树苗	日本、菲律宾、西班牙
2006	3	131	0	水稻、牛蒡	日本、菲律宾
2007	5	486	0	当归、水稻、芥菜、牛蒡、番茄	日本、美国、以色列
2008	1	10.5	0	水稻	菲律宾

检疫性有害生物防除

1988 年，安徽省以棉枯、黄萎病等 9 种检疫性有害生物为主开展疫情普查，调查面积 31.26 万公顷，开展防治 4.97 万公顷；宣城市拔除毒麦 0.86 万公顷；六安市开展豚草防控。1999 年，开展美洲斑潜蝇发生规律和检疫控制技术研究，防治美洲斑潜蝇 18.66 万公顷；防治棉花黄萎病 0.91 万公顷、水稻细菌性条斑病 4.52 万公顷、苹果棉蚜 0.32

万公顷；防治甘薯茎线虫666.6公顷次。2000年，防治棉花黄萎病0.66万公顷；防治美洲斑潜蝇20万公顷、水稻细菌性条斑病2.83万公顷、苹果棉蚜0.34万公顷。2003年，通过对稻水象甲的有效防治，发生程度比往年轻。砀山县、萧县使用药剂防治苹果棉蚜，将苹果树换栽梨树，控制苹果棉蚜的发生程度；阜阳市采取农业防治和药剂防治相结合，对种薯进行处理，重病田进行轮作换茬，轮作面积0.15万公顷；颍上县政府拿出18万元用于甘薯茎线虫的统防统治；开展豚草人工拔除和药剂防治。2006年，颍上县发生小麦腥黑穗病5.36万公顷，集中烧毁处理。2007年，采取“治成虫、控幼虫、治早稻、保晚稻”的措施防治水稻象甲虫，全省防治面积0.39万公顷次。2007年，水稻细菌性条斑病在全省发生严重，防治面积1.23万公顷次。2008年，省植保总站在怀远、庐江两县分别召开大豆疫病、稻水象甲防控现场会，全省大豆疫病、稻水象甲防控面积0.37万公顷次。水稻细条病发生地区适时开展水稻种子消毒处理，化学防治面积3.46万公顷次。

第五节　农药及安全使用

20世纪90年代，由于农药制造工艺的精深发展，农药有效成分含量大幅提高，全省使用农药商品数量出现明显下降。但是，随着农业有害生物不断加重发展，防治面积不断扩大，农田用药水平则呈逐步上升趋势，每亩平均使用的农药有效含量（即折纯100%，下同）在“七五”期间（1986—1990年）为96.27克，“八五”“九五”“十五”期间，平均每亩农药使用量分别为108.38克、142.36克、156.71克，2008年，平均每亩农药使用量则达到201.9克，为“七五”期间平均用量的2.097倍。

农药及施药技术

大力推广高效低毒低残留农药和农药新剂型，推进生物农药与化学农药协调应用，如悬浮剂、微乳剂、水乳剂、水分散粒剂、水溶剂等农药新剂型；井冈霉素、BT、阿维菌素、病毒A、核多角体病毒、白僵菌、微孢子虫等生物制剂使用比例逐步提高，使用面积逐步扩大；另外，还推广应用有机硅助剂，减少化学农药使用量，提高农药有效利用率。

全省农药生产厂家80多个，不能满足本省需求。全省农业有害生物防治所用农药主要靠外省调剂。进口农药以除草剂、杀菌剂和少量杀虫剂为主，品种有：吡氟禾草灵（高效盖草能）、草除灵（骠马）、百草枯（克无踪）、草甘膦（农达）、异恶草酮（广灭灵）、炔草酯（麦极）、氟草烟（使它隆）、双氟磺草胺（麦喜）、五氟磺草胺（稻杰）、丙草胺（扫氟特）、氰氟草酯（千金）、苯醚·丙环唑（爱苗）、噻呋酰胺（满穗）、毒死蜱（乐斯本）、氯虫苯甲酰胺（康宽）、茚虫威、噻虫嗪（阿克泰）、氟虫双酰胺、噻嗪酮、有机硅助剂等，这些品种技术含量较高，防治效果较好，较受农民欢迎。而用量较大的农药仍然是以常规品种为主，如草甘膦、二氯喹啉酸、丁草胺、乙草胺、苄磺隆、杀虫单、高效氯氰、噻嗪酮（扑虱灵）、吡蚜酮、阿维菌素、吡虫啉、克百威、杀虫双、多菌灵、代森锰锌、甲基硫菌灵、井冈霉素、三环唑等。

2008年,全省拥有机动植保机械20多万台、手动机械400多万台。各类型机动喷雾机（器）社会保有量22.47万台。

1987—2008年安徽省农药使用量及药械社会保有量统计

表11-4-13

年代	农药（有效含量100%吨）						药械（台）	
	合计	杀虫剂	杀菌剂	除草剂	杀鼠剂	其他	手动	机动
1987	5553.35	4889.33	334.7	322.63	3.68	3.01	2245868	18050
1988	5314.49	4133.81	682.88	494.95	2.85	—	2687758	21705
1989	8178.28	4927.54	830.9	414.41	5.43	—	2571648	27388
1990	5411.55	4066.49	771.62	1645.88	8.32	43.02	2824183	41451
1991	7469.76	5178.75	1419.79	508.03	7.59	—	3563854	46703
1992	6089.16	4047	1298.72	518.74	4.794	52.09	3509751	50307
1993	5963.63	3937.4	1300.02	577.2	1.98	131.26	3666820	50457
1994	7457.22	5022.49	1419.79	673.48	6.75	284.19	3362743	57923
1995	8429.54	5744	1783.15	626.85	7.02	233.96	3520350	52672
1996	9056.89	6056.56	1882.26	815.19	7.72	268.67	2959376	59070
1997	9903.23	6282	2306	1024	6.23	299	3426943	66409
1998	11650.35	6196.67	1519	1451	2.5	388	4999965	111699
1999	8615.04	6379.42	1432.07	1401.67	2.56	399.29	6599791	129077
2000	7038.23	4161.24	1201.37	1103.48	2.01	570.13	3770853	75282
2001	7058.34	4144.34	1267.72	1399.01	13.37	663.9	5238814	417707
2002	8668.51	5114.17	1202.4	2535.65	10.85	916.56	7081816	130030
2003	12417.6	6479.95	2270	1725.8	15	1047	3978023	775789
2004	13594.33	8600.76	2065.49	1246.92	68.86	1046.72	3971865	83966
2005	9140.02	5955.36	1073.43	1332.37	68.63	653.3	4088500	205090
2006	10144.42	6550.06	1319.25	1332.37	30.07	154.38	4015599	212353
2007	10208.6	6470.91	1194.8	1829.06	90.41	565.74	4294816	313431
2008	13123.3	7941.56	2052.13	2774.37	13.42	199.11	4973477	223245

安全使用农药

执行国务院、农业部有关安全使用农药法律、法规。1983年,国务院作出停止生产“666”“DDT”高残留农药的决定。安徽省先后引进10多种农药新品种在全省开展新农药试验示范、推广，1987年,基本实现“666”“DDT”的取代工作。1999年,省政府办公厅《安徽政办通报》要求“逐渐全面禁用甲胺磷等剧毒农药，稻田内禁止使用菊酯类及其复配制剂农药，限制使用三唑磷”，以有效保护农田有益生物和水生生物。2000年3月，省农业厅发出《关于禁止经营使用绿磺隆、甲磺隆、胺苯磺隆的通知》（皖农植〔2000〕53号），要求从当年7月1日起在全省境内禁止经营和使用甲磺隆、绿磺隆、胺苯磺隆及其复配制剂的除草剂。2002年9月28日，省农委印发《关于进一步加强农药安全使用和管理工作的通知》。2005年12月，省农委发出《关于做好“锐劲特”安全使用工作的通知》，避免不当使用对虾、蟹、蜂造成危害。根据国家农业部、发改委、工商总局和国家质检局4部委（局）第632号公告，2007年1月1日起，全省全面禁止甲胺磷、对硫磷、甲基对硫磷、久效磷、磷胺5种高毒有机磷农药在农业上使用。2007年，全省完成5种高毒有机磷农药的取代任务。2005—2008年，安徽省参与全国农技推广中心主持的水稻、棉花、蔬菜、茶叶等作物的主要害虫防治用药的田间配套使用技术研究和高毒替代品大区示范，并举办省级农民田间学校培训班18期。筛选出防治水稻二化螟、白背飞虱、褐飞虱、稻纵卷叶螟的替代用药品种，如甲氨基阿维菌素、丁烯氟虫腈、噻嗪酮、烯啶虫胺、丁硫克百威、吡蚜酮、氯虫苯甲酰胺等；防治棉盲蝽象、棉蚜的替代用药品种，如啶虫脒、喹硫磷、乙酰甲安磷、毒死蜱、吡蚜酮等；防治蔬菜田烟粉虱、甜菜夜蛾的替代用药品种，如吡虫啉、联苯菊酯、氟铃脲、甲氨基阿维菌素等；防治茶小绿叶蝉的替代用药品种，如氯氟氰菊酯、噻虫嗪等。通过培训把替代的农药品种及其使用技术传达到农户，提高农民安全、科学用药水平，避免因高毒农药禁用而影响病虫害防治的现象发生。

改进化学防治喷药技术。1987年，全省改造手动低容量喷雾器49万余架；不断加大机动低容量、超低容量机动药械喷雾技术推广力度，各类型机动喷雾器社会保有量1980年2489台，2008年22.47万台。

开展农药安全使用技术宣传培训，提高安全用药水平。2004年1月，省农委印发《关于认真做好高毒农药禁用和替代工作的通知》，提出禁用农药的替代品种及其使用技术；省植保总站编写出版《无公害农产品适用农药安全使用问答》《高毒有机磷农药替代品种安全使用问答》《水稻病虫草鼠害安全用药问答》等安全用药技术丛书，开展安全、高效、低毒、低残留取代农药的试验示范推广，提高安全用药水平。2008年，全省农药生产性中毒人数、死亡人数大幅度下降，高毒农药使用量比常年减少95%以上，新型农药占全部农药用量91.5%，百丛蜘蛛等天敌种群量分别比常年增加21.2%～42.6%。

禁止生产、销售和使用的农药名单（23种）

六六六、滴滴涕、毒杀芬、二溴氯丙烷、杀虫脒、二溴乙烷、艾氏剂、狄氏剂、汞制剂、砷类、铅类、敌枯双、氟乙酰胺、甘氟、毒鼠强、氟乙酸钠、毒鼠硅、甲胺磷、甲基对硫磷、对硫磷、久效磷、磷胺。

蔬菜、果树、茶叶、中草药材等作物限制使用农药名单（19种）

禁止甲拌磷、甲基异柳磷、特丁硫磷、甲基硫环磷、治螟磷、内吸磷、克百威、涕灭威、灭线磷、硫环磷、蝇毒磷、地虫硫磷、氯唑磷、苯线磷在蔬菜、果树、茶叶、中草药材上使用。禁止氧乐果在甘蓝上使用。禁止三氯杀螨醇和氰戊菊酯在茶树上使用,禁止丁酰肼（比久）在花生上使用。禁止特丁硫磷在甘蔗上使用。除在玉米等部分旱田种子包衣剂外使用,禁止氟虫腈在其他方面的使用。

有害生物抗药性监测及治理

1991 年,安徽省作为全国植保新技术开发应用研究协作项目参加单位之一,启动有害生物抗药性监测与治理技术工作。10 多年来,连续不断地在全省布点,运用多种监测方法,开展棉蚜、棉铃虫、棉叶螨、红铃虫、二化螟、灰飞虱、褐飞虱、稻纵卷叶螟、菜青虫、菜蚜、小菜蛾、山楂红蜘蛛、小麦赤霉病、小麦白粉病对农药的抗性动态监测,根据抗性成因和抗性现状分析,进行抗性风险评估,开展抗性治理,适时指导及调整用药,为合理使用农药提供科学依据。测定结果显示:安徽省大部分地区的二化螟对杀虫单都达到中、低抗水平;对三唑磷抗性基本为低抗,部分地区达中高抗甚至极高抗水平(2008 年庐江的二化螟对三唑磷的抗性倍数达到 517.7 倍),且有逐年上升趋势;对锐劲特和阿维菌素基本处于敏感阶段,近两年抗性有所上升。褐飞虱（2005 年开始进行抗性监测）,监测结果显示对吡虫啉达到极高抗水平（抗性倍数 100 ~ 400 多倍）;对噻嗪酮为中、低抗水平;对毒死蜱基本为敏感下降,部分地区达到中低抗水平,且有上升趋势;对异丙威达中抗水平;对氟虫腈抗性近几年有急速上升趋势（2009 年 10 月 1 日开始禁用）;对吡蚜酮敏感。2008 年,对灰飞虱的抗性测定结果显示:对毒死蜱达到低抗至中抗水平,对吡蚜酮、噻虫嗪、烯啶虫胺均为敏感。

进入 21 世纪以后,由于转 BT 基因抗虫棉的大面积推广,棉铃虫发生量偏低,防治棉铃虫用药量及用药次数相对减少,棉铃虫对多种杀虫剂的抗性缓慢下降。而棉田棉蚜、棉盲蝽、棉叶螨等其他害虫逐年上升,吡虫啉、啶虫脒的用药量和用药次数相应提高,其抗性水平在不断上升,给抗性治理工作提出新的课题。

第六节　农药管理

法规与制度建设

1999 年 12 月 29 日,省政府第 122 号令发布《安徽省农药管理办法》。2000 年 5 月,省农委发布《安徽省农药经营资格证发放管理办法》,截至 2001 年年底,全省共计审查、核准发放《农药经营资格证》1.4 万余份。2002 年 1 月 11 日,省政府令第 139 号取消《安徽省农药管理办法》中关于“农药经营资格审查”的规定。2002 年 3 月 12 日,根据国务院《农药管理条例》的修订情况,省政府发布第 143 号令修订《安徽省农药管理办法》。2002 年 4 月,安徽省制定实施三项药效试验管理制度,即“农药登记药效试验单位（站）及试验人员”管理制度、试验资料的归档管理制度和试验样品管理制度,确保农药田间登记药效试验的科学性、公正性和登记试验资料、样品管理的科学性、安全性。2001年10月，农药登记资料初审与农药广告审批进入省政务中心受理大厅，实行政务公开制度。

农药监管体系建设

1992年，安徽省编委批准，安徽省农药检定所于正式对外挂牌（1982年建所），挂靠省植保总站，为正处级全额拨款事业单位，隶属于省农委。2001年4月，省农委下发皖农法〔2001〕55号文件，明确省农药检定所在农药监督管理工作的5项职能：农药登记试验（药效、残留、毒性、环境）、临时登记、正式登记、分装登记资料初审；农药广告审查；农药经营单位经营条件审查；农药监督检查；农药违法案件行政处罚。截至2002年1月，全省共有16个市、60个县、15个县级区设立农药行政执法机构，占全部市、县（区）95.8%，全省持有农业行政执法证的农药执法人员500余人。

农药登记管理

2000年3月，安徽省举办农药登记人员培训班，全省57个农药生产企业技术负责人100余人参加培训。2000年6月、2001年4月，省农委组织实施含杀虫双等10个农药有效成分临时登记超过有效期限的清理工作。2005年3月至2008年10月，根据农业部第379号公告规定和农业部农药检定所工作安排，安徽省承担组织实施杀虫双、溴氰菊酯、甲基异柳磷、烯唑醇、代森铵、三唑醇、哒嗪硫磷、麦草畏、硫环磷、伏杀硫磷共10个农药有效成分临时登记超过有限期限的清理工作。

农药残留管理

2000年7—9月，安徽省农药检定所在合肥市部分菜市场抽检蔬菜25批次29个品种，共计500个样品，开展残留速测检验，农药残留超标75个样品，平均超标率15%，单批次最大超标率40%。2001年9月，对合肥、安庆等6个省直辖市的蔬菜市场和生产基地的叶菜类品种进行有机磷和氨基甲酸酯类农药残毒速测，抽查蔬菜41批次46个品种1000个样品，平均不合格率8%，单批次不合格率最大值35%。2002年，合肥、蚌埠、淮北、宿州和滁州等市农委完成2171批次蔬菜样品的农药残留速测工作，其中呈阳性的有262批次，平均阳性率12.1%。同年还与安农大农药残留检测中心合作，完成60个蔬菜样本、20个水果样本和20个茶叶样本的农药残留检测，检测结果：蔬菜样本合格率88.3%；水果、茶叶样品全部合格。2004年，检测无公害农产品228个，其中蔬菜样品125个，叶菜类蔬菜中检出甲胺磷等5种高毒有机磷农药，残留超标率9.2%。水果（苹果、梨）样品24个，残留超标率20.8%。茶叶样品79个，其中40个秋茶样品残留超标率17.5%。

毒鼠强专项整治

2002年9月，安徽省农委牵头，安徽省工商、公安、安监、技术监督、环保、卫生等部门联合发起毒鼠强（包括氟乙酰胺等剧毒鼠药）专项整治活动，经过各部门2年多的协作，侦破制售毒鼠强案件，查实并捣毁非法生产毒鼠强窝点11处，收缴生产设备13套，安全收缴并销毁毒鼠强2.593吨；建立健全杀鼠剂营销网络，全省共计核准经营点

2317个。2003年11月，收缴的毒鼠强等剧毒杀鼠剂，经报国家环境保护总局批准，安徽省财政安排25万元专项处置经费，在安徽省铜陵海螺水泥有限公司水泥回转窑内进行集中安全销毁：2006年7月，安全销毁2.1多吨；12月，对甲胺磷等5种禁用高毒有机磷及其废弃物，共计销毁7.5989吨。

农药生产及农药市场执法检查

2000年5月，安徽省开展查处非法农药生产窝点"安徽龙华化工有限公司"专项行动。经查实，该公司生产的农药产品全部纯属无"三证"或假冒产品，伪造农药分装登记证，产品销往安徽、江苏、四川、山西等省。在这次专项行动中，各地农药行政执法部门共计立案31起，暂扣、没收假劣农药产品24吨，罚没款27万余元。2008年3月，组织阜阳、淮南和蚌埠三市农委对小麦田杀菌剂、除草剂和杀虫剂抽样检测26个样品，检测结果合格产品22个，不合格产品4个(假药1个)，合格率84.6%。2008年9月上旬，对市场上销售的66种水稻病虫防治用药进行抽检，没有发现非法添加禁用有机磷农药的现象。(表11-4-14)

2001年3—5月，安徽省组织开展全省性农资市场"打假"整治联合执法行动，各地共检查各类农药8147个品种次，其中查出标签内容严重不合格的农药1859个品种次，占总数22.1%；无证或"三证"不全的农药453个品种次，占总数5.4%；国家禁用农药6个品种次，质量检验不合格的15个品种次。没收违禁、假劣农药5.1吨，罚没款达51万余元。

2001年4—5月，安徽省对宿州市、和县、肥西县、长丰县5个市、县农药市场中流通量较大的杀菌剂代森锰锌和腐霉利进行质量抽检，共抽检杀菌剂21批次，涉及9个农药生产企业，经检测，有15批次产品合格，抽检合格率71.4%。

2001年7月，安徽省针对卫生杀虫剂市场的开展专项大检查，共检查563个经营单位，检查卫生杀虫剂1782品种次(至少涉及117个卫生杀虫剂品种)，其中合格的有1331品种次，占74.7%；无农药登记证的有255品种次，占14.3%；标签严重不合格的有196品种次，占11.0%。

2001—2002年，安徽省依法开展对省内45个农药生产企业库存的农药标签进行专项检查，共抽查标签176个，合格率32%，责令有关企业销毁严重不合格标签计9.8万余张，价值7万多元，回收标签严重不合格产品78吨。

2002年9—10月，全省共出动农业执法人员4000余人次，开展高毒农药与杀鼠剂市场的专项检查。检查乡(镇)982个，检查农贸市场1164个，取缔非法农药摊点283个，捣毁非法杀鼠剂加工窝点5处，收缴禁用和标签严重不合格鼠药0.8583吨，暂扣标签不合格高毒农药125吨。

2003年2—3月，开展小麦田除草剂10%苯磺隆WP的专项检查，全省共计抽检样品30批次，经检测，合格样品25个，合格率83.3%。

2005年6—7月，组织全省各市农委农业行政执法单位开展农药标签市际互查，全省共计抽查2000多个标签，合格率70%。

农药电子标签数据库建设

2006—2007年，全省审核并上报816个农药产品的纸质和电子版标签，建成省级农药标签电子档案库。截至2008年7月底，完成770个已登记农药产品标签的电子化制作和审批工作，建成省农药电子标签数据库。

1997—2008年安徽省农药管理情况统计

表11-4-14

项目 年份	农药检测		标签检查		农药登记药效试验（个）	登记资料初审（份）
	样品数量	合格率（%）	检查数量（万个）	合格率（%）		
1997	152	59.9	/	/	81	45
1998	58	65.6	0.6	65.5	70	46
1999	148	73.2	3.8	73.2	110	161
2000	47	72.3	7.0	21.0	162	68
2001	254	65.4	5.4	27.0	136	108
2002	145	73.3	10.4	30.1	205	97
2003	92	58.2	4.3	43.1	252	72
2004	186	62.4	3.5	71.5	227	80
2005	125	65.6	3.8	69.7	150	67
2006	128	72.6	3.1	76.6	217	65
2007	155	83.0	3.8	74.5	377	91
2008	323	80.5	3.5	80.0	308	580

第七节　植保工程项目

1986—2000年，国家投资建设病虫测报区域站，投资额度15 ~ 25万元，解决病虫测报调查基本设备、办公用房，26个承担农业部农作物病虫害系统监测点的县（区）得到投资。2001—2008年，农业部下达建设安徽植保工程项目共43个，投资额1.26亿元，加上地方配套资金，总投资近1.5亿元，建成蝗虫地面应急防治站9个、农作物病虫预警与控制区域站32个，包括办公试验用房、病虫预测预报观察圃，病虫观测、检疫检验、农药分析等高精仪器，交通、通信系统，自动化数字办公系统，病虫电视预报编辑系统，植保基础设施。

2001—2008 年安徽省植保基础设施建设情况

表 11-4-15

	蝗虫地面应急防治站	国家优质粮工程项目（农业有害生物预警与控制区域站）	国家植保工程项目（农业有害生物预警与控制区域站）	合计
淮北市	—	濉溪（2006）	—	1
宿州市	泗县（2002）、灵璧（2003）	萧县（2006）、埇桥（2006）	砀山（2008）	5
阜阳市	—	颍上（2004）；阜南、太和（2005）临泉（2008）	—	4
亳州市	—	蒙城（2004），涡阳、利辛 、谯城（2006）	—	4
蚌埠市	五河（2001）、怀远（2002）	固镇（2004）、	—	3
滁州市	明光（2002）、凤阳（2003）	天长（2005）、来安、全椒（2006）、定远（2008）	南谯（2008）	7
淮南市	凤台（2001）	—	—	1
合肥市	—	肥西（2004）、长丰（2005）	肥东（2004）	3
六安市	霍丘（2002）、寿县（2003）	金安（2006）	—	3
巢湖市	—	庐江（2005）	和县（2007）	2
安庆市	—	望江（2008）	枞阳（2006）	2
芜湖市	—	—	芜湖（2004）、繁昌（2008）	2
池州市	—	—	贵池（2007）	1
宣城市	—	宣州（2004）	—	1
黄山市	—	—	歙县（2005）徽州（2008）	2
省直	—	省植保、药检站（所）（2004）	—	2
合计	9	24	10	43

项目投资效益

安徽省进行区域病虫监测站、蝗虫地面应急防治站和农作物有害生物预警与控制区域站建设，改善工作条件、检测手段，提高重大灾害性病虫预报准确性，提高防治效果：9 个蝗虫地面应急防治站所属地域每年挽回损失粮食 8.6 万吨、棉花 1400 吨、其他农产品 5.7 万吨。凤台县蝗虫地面应急防治站，在当地农业生产中，采用多种形式，帮助外出务工户、病虫防治困难户大力开展重大病虫专业防治工作。2003 年，防治突发稻纵卷叶螟 0.53 万公顷；2004 年，防治小麦纹枯病、赤霉病、蚜虫、稻飞虱、稻纵卷叶螟、水稻纹枯病等重大病虫 1.33 万公顷；2005 年，防治小麦赤霉病、稻飞虱、稻纵卷叶螟等重大病虫 1.53 万公顷。2005 年 5 月 28 日，农业部部长杜青林在省长王金山、副省长赵树丛等陪同下，视察凤台县蝗虫地面应急防治站，对凤台县蝗虫地面应急防治站建设及应急防治队帮助当地农民解决重大病虫防治问题所作出的成就给予充分肯定与称赞。霍邱县蝗虫地面应急防治站利用项目配备的机动喷雾机械，除确保控制蝗虫危害外，在10个乡（镇）成立植保协会，开展重大病虫应急防治2万多公顷，为霍邱县成为全国十大粮食生产先进县作出贡献。

通过实施蝗虫地面应急防治站和农作物有害生物预警与控制区域站项目，改善工作条件，重大病虫年度有效控制面积增加250.66万公顷次，项目站实施区农作物重大病虫害危害损失率均控制在5%以内。怀远县、泗县、灵璧县、颍上县、蒙城县、凤台县、长丰县、芜湖县、宣城市宣州区、五河县、肥东县、肥西县、寿县、霍邱县等地利用项目资金，改善病虫信息发布条件，通过自制病虫发生与防治技术可视光盘，实施病虫可视化预报，及时准确地把病虫信息及防治意见传达到农户。通过项目实施，情报到位率提高15%，比以往提早3～5天将病虫发生与防治技术信息传到农户手中，为防治工作争取了主动，提高病虫监测能力。如宿松县、阜阳市、凤台县、颍上县、怀远县、长丰县、宣城市宣州区等病虫监测站通过项目实施，大大提高病虫监测能力，加快同上级业务主管单位、县内及周边地区病虫信息的沟通。初步统计，“十五”期间重大病虫预报准确率均在95%以上，重大病虫监测覆盖面积增加近133.33万公顷，为政府决策提供科学依据，广大农户得以及时开展有效防治。

2003年，安徽省TCK疫情监测和处理中心项目投入使用，完成农业部部署的有害生物普查任务，对全省17个地市98个县（市、区）主要农作物进行普查，对部分标本进行鉴定，开展TCK疫情监测、检疫性有害生物发生规律和防治技术研究，有效控制危险性病虫为害。安徽省农药残留与质量监测中心每年牵头组织全省各地开展农残检测3000多个样品，开展农药质量监测200多个品种，开展农产品农残分析250多个样品，为安徽省农产品农残检测和农药质量监测发挥重要作用。

第八节　植保公共事务职能

1986年，安徽省政府发出政办50号文件，推动植保部门有偿服务较快发展。当年全省农药销量5785.67吨，占全省农药使用量19.15%。1990年，省政府发出17号文件，1992年，国务院发出60号文件，允许农技植保部门经营推广农药新品种。1998年，为稳步做好“技物结合”服务，由省植保总站牵头，以安徽省植保服务有限公司为核心企业；省植保总站直属公司、部为紧密层；安徽、江苏、浙江、山东、上海等省、市的24家农药、农药械大型生产企业，安徽省植保系统31家企事业单位为半紧密层共同组建安徽省植保集团，总部位于合肥市。集团拥有资本2000万元，核心企业拥有高级科研、开发和管理人才30多人。当年，安徽省植保系统农药经营服务量增幅居全国前列。全省22名植保技术人员受部、司先进表彰。

2000年11月，第十六届全国植保信息交流暨农药械交易会在合肥市成功举办，大会正式代表2300多人，参会总人数3万人以上。2001年，全省植保系统“技物结合”有偿服务规模达新水平，全省30%的市、县（市、区）植保技术服务公司的农药经营量占全省当年农药市场60%以上。出现和县、宣城市、广德县、宁国市、宿松县、桐城市、寿县、肥东县、凤台县、颍上县、怀远县、固镇县、宿州市埇桥区等超千万元的经营实体，这些经营实体农药经营量占当地市场70%以上，推进新农药市场大面积快速应用。

2002—2008年，国家对植保工作强化公益性建设，加大对植保公益事业投资，植保工作的重要意义不仅在保产，更高层面的重要意义是如何让人民吃到安全的食物，已经成为植保工作义不容辞的重要责任与使命。植保系统“技物结合”有偿服务逐年弱化，至2006年，安徽植保集团运营终结。2008年1月，省植保总站被国家人事部批准为全员参公事业单位，安徽植保事业从此走上新的发展里程。

第五章　农业防灾减灾

第一节　重大灾情和防灾减灾体系

重大灾情

安徽省地处南北气候过渡带，南北冷暖气流交汇频繁，洪涝、干旱、风雹、高温热害、低温冻害、冰雪灾害等气象灾害发生频繁，对农业生产产生严重影响。1986年以后，全省平均每年农作物受灾面积266.66万公顷以上，自然灾害特别严重的年份有1991年、2003年、2007年、2008年。

1991年，安徽省是全国遭受洪涝灾害最严重的省份，洪涝灾害造成直接经济损失275亿元，占全国洪涝灾害损失总值35.3%。安徽省的洪涝灾害持续时间长，从3月份即开始出现，一直到7月中旬。在这期间，全省共上报6次灾情，是全国上报洪涝灾情次数最多的省。全省农作物受灾面积510.8万公顷，其中成灾463.5万公顷。

2003年6月下旬，安徽省淮河流域出现持续性集中强降水，发生自1991年以后的最大洪水，其雨量创下50年来同期最高水平，日降雨量与1991年相当，为近50年最大值。淮河流域出现50年最大险情，沿淮9个行蓄洪区相继行蓄洪。据统计，全省洪涝灾害受灾人口2805.57万人，其中成灾2066.36万人；农作物受灾面积241.6万公顷，其中成灾174.6，绝收68.46万公顷，洪涝灾害直接经济损失172.12亿元，其中农业损失139.3亿元。

2007年7月上中旬，安徽省多次出现强降雨，淮河流域发生1954年以来流域性大洪水，沿淮淮北地区出现严重内涝，皖南和皖西部分县（区）山洪灾害突发。全省农作物受灾面积148.66万公顷，其中绝收54.06万公顷。全省因灾直接经济损失120亿元，其中农业直接经济损失69亿元。

2008年1月份，发生历史罕见的低温雨雪冰冻灾害，持续时间长，影响范围广，危害程度重，为中华人民共和国成立以后所罕见，给农业生产带来重大损失。这次受灾主要集中于大别山区、江淮地区和沿江江南。据民政部门统计，全省农作物受灾面积68.93万公顷，农业直接经济损失54.4亿元。据农业部门统计，全省种植业损失27亿元，其中蔬菜受灾面积12.2万公顷，成灾10.4万公顷，绝收2.53万公顷，倒塌大棚0.98万公顷、日光温室228.66公顷，冻死菜苗9.4亿株，蔬菜育苗损失三分之一；油菜受灾面积43.33万公顷，成灾13.33万公顷；茶园受灾面积5万公顷，种苗受灾39.9公顷；水果受灾面积1.66万公顷，主要是柑橘、枇杷和露地葡萄。全省畜牧业损失12.1亿元，倒塌畜禽棚舍821.6万平方米，死亡生猪6.53万头、肉牛2178头、奶牛441头、羊2.5万只、家禽746.4万只、苗禽1208.7万只。全省渔业损失2.59亿元，受灾面积5.4万公顷，其中鱼种塘0.55万公顷，蟹种塘0.38万公顷，精养鱼塘3.13万公顷，死亡鱼种695吨、亲鱼2.1万组、商品鱼1.1万吨。

防灾减灾体系

省农委成立农业防灾减灾领导小组，负责协调、指导全省农业重大自然灾害突发事件的处置和灾后恢复工作。领导小组下设办公室，挂靠省农委办公室，负责处理领导小组日常事务。一旦灾害发生，省农委农业防灾减灾领导小组紧急运转，并成立专家技术指导组、信息宣传组、物资保障组。专家技术指导组负责灾情分析，研究提出抗灾措施，开展技术指导与服务。信息宣传组负责灾情收集汇总上报，协调新闻媒体开展救灾宣传工作。物资保障组负责救灾物资的调运和救灾资金的保障等。2008年安徽省发生历史罕见雪灾，省农委制定农业抗雪防冻救灾手册，包括小麦、油菜、蔬菜、畜牧业、渔业、水果、茶叶抗雪防冻救灾预案。

第二节　救灾资金和物资保障

2008年，中央财政下拨安徽省农业抗雪救灾补助资金2.93亿元，支持安徽省农业灾后恢复重建工作。这是中华人民共和国成立以后，中央财政拨付安徽省农业生产救灾资金最多的一次。省里安排农业抗雪救灾资金2000万元。资金主要用于购买灾后恢复农业生产所需的种子、种苗、种畜禽、种鱼及油菜追肥、农膜、饲料、消毒治疗药品、非强制性免疫疫苗等生产资料和修复蔬菜大棚、养殖棚（舍）等生产设施。

从1990年开始，省农委每年承担国家救灾备荒种子任务2000吨。若农业部当年未调用安徽省储备种子，将按照下一年度种子储备计划推陈储新，实行定期更换。2006年，农业部安排安徽省农委承担国家救灾备荒种子储备任务2000吨。其中安排储备杂交稻种子1250吨、常规稻种子300吨、杂豆种子300吨、蔬菜种子150吨。具体落实在安徽天禾农业科技股份有限公司和芜湖市、黄山市、宣城市种子公司4个单位承储。2007年，安徽省承担国家救灾备荒种子储备任务2000吨，其中杂交稻1500吨、常规水稻150吨、杂豆种子200吨、蔬菜种子150吨。2008年，安徽省承担国家救灾备荒种子储备任务2200吨，比上年增加200吨。其中安排储备杂交稻种子1500吨、常规稻种子300吨、杂豆种子200吨，蔬菜种子200吨。具体落实在安徽天禾农业科技股份有限公司及枞阳县、宣城市种子公司和黄山市黄山区种子站4个单位承储。

第六章　农村能源

第一节　农村沼气建设

组织实施

1986年1月9日，副省长、省农村能源领导小组组长孟富林主持召开省农村能源领导小组会议，审议“七五”期间全省农村能源建设计划。1986年9月，舒城县获农业部项目经费100万元。

1988年3月2—5日，安徽省政府农村能源领导小组在舒城县召开全省农村能源工作会暨表彰会。参会的有省政府农村能源领导小组成员，各地、市分管农村能源工作的市长、专员，农经委主任，区划办主任，农村能源办主任，1983年以后承担国家沼气建设重点县，省柴节煤试点县，市农能办主任，省政府办公厅、省农经委、省计委、省农牧渔业厅、水利厅、农行、建设厅、中国科学技术大学、合肥工业大学、安徽农学院、林科院、新华社安徽分社、安徽日报社、安徽科技报社、中国农民报社、安徽科技信息报社、省电视台等120多名代表到会。会议参观舒城县東庄能源村、朱欧平以能源为纽带的生态农业示范户、县能源服务公司等，表彰六安行署农能办等34个农村能源建设成绩突出的先进单位，颁发奖牌、奖状、奖金。省农村能源办主任王则武作题为《深化改革，积极开拓，扎扎实实把我省农村能源事业推向前进》的工作报告，省委副书记孟富林、副省长汪涉云、省农经委主任周曰礼作讲话。

1988年7月29—30日，农业部添加沼液喂猪试验评议会在阜南县召开。农业部能环局、国家计委资源节约和综合利用司、省农能办、阜阳地区、阜南县等有关领导和专家参加会议。阜南县农民沈从军试用沼液拌饲料喂猪，取得效果。农业部能环局安排“添加沼液喂猪试验项目”，通过对比试验表明，猪增加食量，嗜睡，皮光毛润，增重较快，可提前出栏。评议会上，领导和专家基本肯定试验结果，并对沼液的质量要求（即发酵正常的沼气池出料间的沼液）、应根据猪的大小添加合适的沼液量以及饲喂适合期等技术问题，进行研讨和规范。1988年7月31日至8月4日，农业部能环局副局长屠嘉琪一行考察舒城县综合试点工作，听取省农能办的工作汇报，并就沼液喂猪的机理、技术规范项目及发展产业问题进行座谈、研究。在合肥期间，副省长汪涉云会见屠嘉琪一行，并就安徽省农村能源工作交换意见。舒城县承担的农村能源综合建设项目顺利完成并通过验收，名列全国12个试点县之榜首，1990年受到农业部的表彰。

1988 年 8 月 17 日，省委副书记孟富林、副省长汪涉云在省政府主持召开农村能源工作座谈对话会。19 个地、市、县农能办主任、省政府有关部门负责人、有关新闻单位参加会议。参会人员就全省农村能源建设形势、对振兴安徽经济的作用，农村能源工作范围的扩大及存在的突出问题等进行座谈。

1989 年 7 月 19—21 日，全省沼液浸种（种子处理）技术经验交流会在肥东县召开。肥东县梁园乡罗岗能源村水稻沼液浸种对比试验田试验证明，用沼液浸种有以下几方面的优点：种子发芽率 90%以上，比其他方法浸种高；苗期表现为早、全、齐、壮，秧苗根系发达，白根、新根多；秧苗抗逆性强、病虫少，成苗率高；栽插后易扎根，返青快、长势旺。

1990 年 10 月 2 日，省委书记卢荣景、副书记杨永良在合肥市委书记陈光琳等陪同下到肥东县八斗区考察农村能源工作，卢荣景在考察中强调："综合开发利用农村能源，是发展现代化农业的诸多环节上的一个重要环节，要通过综合开发利用农村能源，促进农业经济的发展，从而进一步提高建设社会主义新农村的整体水平。只要广大干部真正为群众办实事，让群众得到实惠，群众就会真心拥护和支持我们，各项工作就不难开展。"

1990 年 10 月，界首市市委宾馆公厕沼气净化工程建成使用。该工程发酵总容积 30 立方米，日处理污水量 10 吨，日产沼气 12.6 立方，可以解决城市居民 3 ～ 4 户生活用能。

1990 年 10 月 20—22 日，在金寨县召开全省首次微水电现场会。全省建成微水电站 60 余处。

1991 年，国家计委、财政部、农业部、林业部、能源部共同研究决定在"八五"期间联合组织开展 100 个农村能源综合建设县工作，连同有关省地方安排的 21 个，总共列入国家计划的农村能源综合建设县 121 个，安排安徽省 8 个：肥东县、亳州市、庐江县、岳西县、滁州市、阜南县、青阳县和六安县（今六安市）（其中阜南、青阳、六安 3 县为省级农村能源综合建设县），共争取农业部项目经费 100 万元，省级补助经费 220 万元。省委副书记孟富林在省政府农村能源领导小组第十四期《送阅材料》上批示："'七五'期间舒城综合试点搞得卓有成效。希望新批准的肥东等 8 县（市）也能像舒城一样，以促进全省农村能源建设进一步向广度和深度发展。"

1992 年 6 月 18—19 日，省畜牧局与省农村能源办公室在南陵县联合召开畜牧场（站）兴办沼气工程经验交流会。省农经委副主任许正林，省农牧渔业厅总农艺师、畜牧局局长李瑞林等到会并讲话。参加会议的有 16 个地、市及 25 个县（市）畜牧场（站）、农村能源办负责人，以及省直有关部门负责人共 120 余人。会议着重总结交流南陵、繁昌等县农牧场兴办沼气工程的经验，提出加快推广步伐的对策与措施。

1992 年 8 月 18 日，省农村能源办公室组织编制安徽省地方标准《灶用节能水箱》（DB34/T065 — 92），省技术监督局以皖技监标字〔1992〕第 139 号文发布，1992 年 9 月 1 日起执行。

1993 年初，省农村能源办公室评选望江、长丰、桐城、萧县、天长、霍邱、肥西、宣州 8

县（市）为1992年省沼气重点建设县项目先进县。

1994年4月8日,农业部能环司在肥东县召开全国农村能源综合建设县项目工作会议。1995年年底,承担农村能源综合建设县项目完成并通过验收,肥东县被评为“八五”全国农村能源综合建设先进县。

1996年3月20日,省政府农村能源领导小组召开第八次会议,推出“九五”期间在全省实施“840工程”,即“九五”期间,在组织实施桐城市、宁国市、濉溪县、合肥郊区、阜阳市颍州区、天长市、含山县、祁门县等8个农村能源综合建设县项目（其中天长、含山、祁门3县（市）为省级农村能源综合建设县,共争取农业部项目经费100万元,省级项目经费220万元）的同时,分两批实施40个省级农村能源建设重点项目县（简称“840工程”）。

1997年,省农村能源领导小组下发《关于大力推广城镇有机污水沼气净化工程技术的通知》。肥东县农能办在县政府招待所建设一处120立方米的有机污水沼气净化工程、在县城沿河公园建一座沼气公厕;宣州市食品公司屠宰场兴建一座120立方米的屠宰污水沼气净化工程;舒城县春秋乡养猪场兴建50立方米的粪便污水沼气净化工程;宁国农业发展有限公司养猪场兴建一座300立方米的大型沼气净化工程。霍山县、泾县、歙县、潜山县、太湖县、岳西县等6个贫困县开展以沼气为纽带的“农村庭院资源的开发及相关技术应用”技术扶贫项目,在20个乡（镇）50个行政村实施8250户,户均增收200多元。沿江江南的血吸虫病重流行区,发展农村户用沼气,加强人畜粪便的管理与处理,切断病源传播途径。

1998年3月18日,省政府农村能源领导小组召开第九次会议,会议要求力争《安徽省农村能源管理条例》尽早出台;抓紧抓好“840工程”,带动全省农村能源迈上新台阶;加大对《关于大力推广城镇有机污水沼气净化工程技术的通知》文件的落实,推进城镇有机污水沼气净化工程技术,每个地、市、县都要兴建城镇有机污水沼气净化池示范工程。

1998年4月14—15日,全省农村能源工作会议在安庆市召开。各地市农村能源办主任及安庆市、池州地区部分县农村能源办主任参加会议。会议对在1997年度工作考评获优秀的单位颁发奖状。获奖单位为:安庆市、阜阳市、滁州市、巢湖地区、宁国市、桐城市、阜阳市颍州区、合肥市郊区、濉溪县、天长市、含山县、祁门县、宿州市、固镇县、阜南县、利辛县、颍上县、肥东县、全椒县、舒城县、霍邱县、怀宁县、太湖县、枞阳县、东至县、宣州市、芜湖县、泾县。

1998年7月,省农村能源办公室会同省建设厅共同制定《安徽省农村能源环境工程施工企业资质等级标准》,省政府农村能源领导小组与省建设厅联合下发《关于对农村能源环境工程施工企业实行资质审查发证的通知》,将该标准下发各行署、市农村能源领导小组、建委、农村能源办并开始实施。文件还规定,凡是在安徽省范围内承建农村能源环境工程施工项目的企业,必须具有相应资质等级证书。

1998年8月15日，《安徽省农村能源建设与管理条例》经省九届人大常委会第五次会议通过，自1998年10月1日起实施。8月18日，农业部科教司发来贺信，对条例的出台表示祝贺。9月3日，《人民民主报》刊出《依法加快开发农村能源步伐——省人大常委会副主任季昆森就〈安徽省农村能源建设与管理条例〉的制定实施答记者问》。10月1日，省农村经济办公室、省农村能源领导小组办公室会同有关单位在合肥市举办街头宣传咨询活动。

1998年11月28—29日，全省首期农村能源行政执法人员资格认证培训班在合肥市举办。参训人员为各地、市、县农村能源办负责人等98人。

1998年，全省8个综合建设县100多个子项目和40个重点项目县200多个子项目，按合同和项目责任书要求，完成年度计划任务；合肥市、蚌埠市、阜阳市、淮北市建成阳光温室；阜阳市颍州区宁小能源生态村20户居民楼配套兴建沼气池，安装一台真空管太阳能热水器；种子酒总厂二期工程新建沼气发电项目，装机容量为640千瓦，日发电9000多千瓦时，解决本厂部分生产用电问题；太湖县将发展农村户用沼气建设及其综合利用作为深山库区脱贫致富措施，一年内在库区兴建300多口沼气池，建成万池县；桐城市在城区内兴建2处生活污水沼气净化工程；和县师范学校建成公厕与生活污水沼气净化工程；1998年，和县农能办与县环保局联合发文，加大污水净化装置推广力度，成立能源环保工程公司，负责污水净化装置的设计、施工，在香泉板鸭厂和县幼儿师范各建成一处120立方米沼气净化装置。1998年起，对“七五”“八五”期间实施的11个农村能源综合建设县各选择1～2新项目或老项目巩固建设，每县补助3000元，实施3年。

2000年5月20日，乌干达外交国务部长穆班达一行3人考察肥东县农村能源建设。穆班达一行先后来到店埠镇农能建设典型示范户童立银的猪—沼—果（葡萄）立体生态园、梁园镇邓岗能源生态示范村、居民生活区太阳能热水器与住宅建筑一体化同步安装的使用现场。

户用沼气

2000年，全省累计有户用沼气池12万口，年产沼气近3000万立方米；农村能源产品（主要是太阳能热水器及其生产专用设备、沼气和秸秆气炉具及输配件、秸秆气化机组设备等）生产企业78家，就业1700人，固定资产5000多万元，年产值7000多万元，利税900万元；经营服务企业101家，就业职工1000多人，固定资产3000多万元，营业额9000多万元，利税655万元。

2002年，全省累计有户用沼气池15万口，年产沼气总量4500多万立方米。建秸秆气化集中供气示范工程13处，供气2000多户。阜阳市颍州区宁小能源生态村104户农民兴建103口沼气池，实行“猪—沼—粮、菜、瓜、果”的综合利用模式，人均收入由700元上升到2400元。濉溪县周口村、定远县松树王村、桐城市向前村、肥东县罗岗村、巢湖市居巢区夏阁镇小洼村、庐江县白湖镇泉水村、六安市裕安区江家店镇林寨村等建成沼气能源生态村和生态家园示范村。霍山县利用荷兰国援助资金，在金鸡岭山区发展农村户用沼气，建设生态家园示范村，600多户增加太阳能热水器输水管道室内设置的试点项目，用户高兴。东至县农村户建池3000多口，开展“猪—沼—果、菜”综合利用。太湖县在山区、库区，建立农用沼气示范点，推广“猪—沼—果、菜、粮”综合利用模式。

2006年5月25日，省农委在休宁县召开全省生态家园示范村建设现场会。与会代表参观黄山众望工贸有限公司大型沼气工程项目和休宁县川湖村（沼气国债项目村）、盐铺村（生态家园示范村）。2006年，省级12个生态家园建设示范县、示范村为：六安市裕安区江家店镇林寨村、霍山县衡山镇永康村、巢湖市居巢区夏阁镇小洼村、庐江县白湖镇泉水村、肥东县八斗镇中胡村、合肥市包河区大圩乡圩西村、濉溪县百善镇张庄村、天长市釜山镇漂牌村、石台县横渡镇石桥步村、休宁县海阳镇盐铺村、芜湖县湾址镇鲁村、阜南县田集镇孙寨村张小庄自然村。10月25日，省农村能源技术推广总站下发《关于进一步落实生态家园示范村项目建设的通知》，对示范村兴建生活污水沼气净化处理工程和太阳能路灯项目，提出具体要求。

2008年，世界银行贷款生态家园富民工程项目启动。安徽省有18个项目县（市、区）、9.28万农户承担项目建设任务，主要分布在沿江地区、皖南山区、大别山区和江淮丘陵部分地区，分别是合肥市肥东县，铜陵市铜陵县，池州市贵池区、青阳县，滁州市全椒县、天长市，安庆市宜秀区、太湖县、怀宁县，六安市霍山县、霍邱县、寿县，宣城市广德县、宁国市、泾县、绩溪县，黄山市黄山区、黟县。项目主要内容是应用“猪—沼—粮（稻）”“猪—沼—菜”“猪—沼—果”“猪—沼—茶”生态农业技术模式，结合改厨、改厕、改圈等，加强一体化生态农业建设，改善农村生态环境、公共卫生环境和农业生产条件，形成农户家庭和生态村庄内部的资源、能源和物流的良性循环，达到家居环境优美、庭院（园）经济高效、农民生活富裕、村容村貌整洁、乡风民俗文明。

农村沼气国债项目

2003年，国家加大对农村沼气建设投入力度，将农村沼气建设列入国债投资项目，中央财政拿出10亿元国债资金扶持农村沼气建设。安徽省濉溪县、砀山县、阜南县、固镇县、凤台县、芜湖县、桐城市、潜山县、蒙城县、天长市、定远县、青阳县、宣城市宣州区、寿县、黟县、涡阳县、石台县、含山县、长丰县、金寨县、庐江县、阜阳市颍东区、颍上县、望江县、霍邱县、舒城县、太湖县、东至县、休宁县、郎溪县、怀宁县、歙县、宁国市、界首市、六安市裕安区、灵璧县、宿州市埇桥区、凤阳县、和县、当涂县等40个县（市、区）申报获准承担农村户用沼气建设国债项目（以下简称沼气国债项目），建设内容为完成“一池三改”（即建设一口8立方米沼气池，同步改厨、改厕、改圈）建设任务计7.445万户，每户补助800元，共争取中央投资5956万元。

2004年4月底，完成农业部下达的2002年农业基本建设农村能源项目，有9个县（市、区）承担项目建设任务，共新增沼气用户10500户。全省农村能源系统推荐进入全国表彰的有1个先进单位和4个先进个人：太湖县农村能源办公室为全国农村能源建设先进单位；池州市贵池区农村能源办主任蒋尚云、寿县农村能源办主任石秀铭为全国农村能源建设先进个人；宿州市埇桥区西二铺乡大周村魏辉为优秀农民技术员。

2004年，中央财政继续安排国债资金10亿元用于农村沼气建设。安徽省石台县、宿州市埇桥区、歙县、凤阳县、宣城市宣州区、桐城市、望江县、太湖县、霍山县、宿松县、潜山县、萧县、黟县、阜阳市颍东区、寿县、岳西县、无为县、濉溪县、金寨县、黄山市黄山区、固镇县、砀山县、定远县、青阳县、怀宁县、肥东县、霍邱县、天长市、太和县、休宁县、灵璧县、东至县、宁国市、界首市、池州市贵池区、绩溪县、庐江县等37个县（市、区）承担农村沼气建设国债项目，建设任务为"一池三改"户用沼气61429户，中央国债投资4914.32万元。

2005年5月23—25日，省农村能源办公室在潜山县举办全省沼气输配系统安装技术培训班。各市农能办主任和2004年沼气建设国债项目县（市、区）技术人员参加培训。培训内容：建池技术和管道安装技术及其规范和质量标准；户用沼气输配系统安装技术；灶具、灯具、调控器使用维修知识，现场分组安装学习。

2005年，安徽省六安市金安区、金寨县、利辛县、池州市贵池区、石台县、郎溪县、潜山县、太湖县、望江县、祁门县、黟县、歙县、岳西县、黄山市黄山区、黄山市徽州区、安庆市郊区、凤台县、明光市、临泉县、铜陵县、肥西县、定远县、南陵县、庐江县、巢湖市居巢区、阜南县、旌德县、青阳县、灵璧县、含山县、淮南市毛集实验区、东至县、泗县、淮北市烈山区、绩溪县、滁州市南谯区、泾县等37个县（市、区）承担农村沼气建设国债项目，建设内容为"一池三改"户用沼气6.25万户，中央国债投资5000万元。

2006年，中央财政安排国债资金20亿元用于沼气建设。安徽省天长市、祁门县、休宁县、歙县、桐城市、岳西县、潜山县、长丰县、肥西县、当涂县、定远县、淮南市大通区、凤台县、石台县、淮南市潘集区、明光市、萧县、池州市贵池区、郎溪县、宿松县、宁国市、繁昌县、广德县、怀宁县、太湖县、蒙城县、黟县、和县、霍山县、望江县、阜阳市颍东区、濉溪县、霍邱县、六安市裕安区、阜阳市颍泉区、安庆市宜秀区、含山县、庐江县、阜阳市颍州区、亳州市谯城区、枞阳县、金寨县、青阳县、全椒县、五河县、铜陵县、绩溪县、阜南县、泾县、淮北市烈山区、南陵县、安庆市迎江区、东至县等53个县（市、区）承担农村沼气建设国债项目，建设内容为"一池三改"户用沼气123794户，争取中央国债投资9903.52万元。

2007年4月5日，省农委根据安徽省农村沼气国债项目建设情况和国家对项目建设新要求，对2004年下发的《安徽省农村沼气建设国债项目验收办法》进行修改，省农委以《关于印发〈安徽省农村沼气建设国债项目验收办法〉的通知》下发至各项目县及所在市农委。2007年，中央财政安排国债资金25亿元用于农村沼气建设。安徽省泗县，休宁县，芜湖县，黄山市屯溪区、黄山区，临泉县，无为县，固镇县，旌德县，萧县，宣城市宣州区，定远县，芜湖市鸠江区，长丰县，石台县，岳西县，淮北市相山区、杜集区，宁国市，砀山县，池州市贵池区，灵璧县，当涂县，濉溪县，巢湖市居巢区，宿州市埇桥区，寿县，亳州市谯城区，泾县，六安市金安区、裕安区，黟县，芜湖市弋江区、三山区，铜陵市郊区，颍上县，宿松县，郎溪县，安庆市大观区、宜秀区，怀远县，望江县，东至县，阜南县，阜阳市颍泉区、颍州区、颍东区，庐江县，桐城市，怀宁县，天长市，广德县，界首市，滁州市南谯区，枞阳县，潜山县，太湖县，霍邱县，舒城县，霍山县，含山县，利辛县，太和县，青阳县，来安县等共 65 个县（市、区）承担农村沼气建设国债项目，建设内容为“一池三改”户用沼气 108245 户，中央国债投资 8659.6 万元；20 个县承担农村沼气乡村服务网点建设项目 177 个，中央投资 269.9 万元，共争取中央投资 8929.5 万元。

2008 年 6 月 3 日，省有关领导到阜南县王家坝镇刘郢庄台视察沼气建设工作。在村民汪勤家，省有关领导在仔细询问沼气建设与使用情况后指出：“沼气、太阳能是清洁能源，对于提高农民生活质量，改善农村生态环境、提高卫生水平意义重大，要把沼气这一公益性事业发展好，使更多农民受益。”

2008 年，安徽省肥东县，泗县，无为县，濉溪县，砀山县，芜湖市鸠江区，繁昌县，淮南市潘集区，太和县，黄山市黄山区、徽州区，休宁县，旌德县，泾县，宁国市，绩溪县、蒙城县、灵璧县、宿州市埇桥区，固镇县，岳西县，枞阳县，怀宁县，安庆市迎江区，五河县，望江县，宿松县，潜山县，桐城市，祁门县，来安县，全椒县，阜阳市颍州区、颍东区、颍泉区，含山县，阜南县，临泉县，颍上县，庐江县，界首市，六安市金安区，寿县，舒城县，霍邱县，亳州市谯城区，利辛县，池州市贵池区，东至县，郎溪县，广德县等 51 个县（市、区）承担农村沼气建设国债项目，建设内容为“一池三改”户用沼气 81603 户，中央国债投资 7210 万元；34 个县（市、区）承担农村沼气乡村服务网点建设项目 260 个，中央投资 495 万元；30 个县（市、区）承担养殖小区沼气工程试点项目 35 个，供气 1700 户，中央投资 168 万元；56 个县（市、区）承担联户沼气试点项目 74 个，供气 545 户，中央投资 57 万元。其中秸秆型联户沼气试点 39 个、供气 195 户，分布在 29 个县（市、区）；畜禽粪便型联户沼气试点 35 个、供气 350 户，分布在 27 个县（市、区）。

2003—2008 年，共争取承担农村沼气建设国债项目“一池三改”户用沼气建设 512021 户（表 11-6-1），联户沼气项目 119 个，养殖小区沼气工程项目 90 个，乡村沼气服务网点建设项目 2347 个，合计争取中央补助资金 4.1643 亿元。从 2008 年起，省财政安排沼气国债项目建设配套资金 5000 多万元。1987—2008 年安徽省农村户用沼气建池情况见表 11-6-2。

2003—2008 年安徽省承担沼气国债项目情况统计表

表 11-6-1

年份	争取任务数（万户）	中央补助资金（万元）	省级补助资金（万元）	承担项目县数（个）
2003	7.4450	5956	0	40
2004	6.1429	4914.32	0	37

续表 11-6-1

年份	争取任务数（万户）	中央补助资金（万元）	省级补助资金（万元）	承担项目县数（个）
2005	6.2500	5000	0	37
2006	12.3794	9903.52	0	53
2007	10.8245	8659.6	0	65
2008	8.1603	7210	5222.59	51
合计	51.2021	41643.44	5222.59	

1987—2008 年安徽省农村户用沼气建池情况统计表

表 11-6-2

年份	当年建池数（万户）	年末累计建池数（万户）	年份	当年建池数（万户）	年末累计建池数（万户）
1987	0.3964	6.0405	1998	0.4565	15.5460
1988	0.5637	6.6040	1999	0.6587	16.2000
1989	0.5990	7.2030	2000	0.9536	17.1500
1990	0.9517	8.1547	2001	2.0998	19.2500
1991	2.5200	10.6800	2002	3.3438	22.0200
1992	1.2000	11.8600	2003	4.7405	26.7417
1993	0.4962	12.3562	2004	5.1557	32.9501
1994	0.8600	13.1600	2005	6.7409	38.3563
1995	0.6000	13.7600	2006	6.0297	37.6451
1996	0.6680	14.4280	2007	12.6334	49.2069
1997	0.6620	15.0900	2008	7.9512	56.4317

大中型沼气工程　1986 年，安庆市酒厂兴建 300 立方米厌氧发酵罐，沼气用于烧锅炉、烧茶炉、食堂做饭炒菜和职工家庭使用。1986 年，阜阳县酒厂建成一座大型沼气工程，两座地上发酵罐总容积 1200 立方米，高温发酵，日处理糟液 160 多吨，运转正常，效果良好。凤阳县农能办副主任王文福受省农能办委托到四川省宜宾市参观学习沼气公厕建造技术，回来后在凤阳县城建成全省第一座沼气公厕。1987 年，滁州市、嘉山县（今明光市）、六安地区、青阳县等地、市、县农能办也相继试建沼气公厕和沼气化粪池。合肥市陆续在逍遥津公园旁、包河公园内、稻香楼宾馆前建成 3 座沼气公厕，1988 年，南陵县示范农场养殖场建成池容为 200 立方米的沼气工程，集中处理畜禽粪便污水、为职工生活集中供沼气，并与发展生态农业相结合。1993 年 10 月，在六安市（原六安县）小华山奶牛场建成 125 立方米中型沼气工程，经 4 个月试运转后，投入正常运行。小华山奶牛场沼气工程由六安地区黄淮海项目办和农村能源办配合，利用黄淮海项目资金，

引进上海沼气工程的先进技术而建成，整个工程由125立方米上流式厌氧消化罐以及储气罐和预处理池等组成，总投资12万元，设计产气量60立方米/日，水力滞留期15天，日处理牛粪2吨。

"九五"期间，阜阳市黄牛改良中心兴建沼气工程处理牛粪污水，建成一座100立方米地上式厌氧发酵罐和20立方米储气柜，配套建设沉淀池、预处理池以及沼气脱硫、脱水装置、沼渣沼液后处理装置等，总投资30万元。工程竣工后运行良好，所产沼气集中输送供职工炊事用。"九五"期末，淮北市烈山区洪庄村养猪场建成一座300立方米沼气工程，处理猪粪，集中供气，取得较好效果。至2008年，全省累计建设沼气工程512处，其中大型工程17处、中型工程171处、小型工程324处。

重点项目

2003年，全省争取农业部大中型沼气工程项目1处（淮北市烈山区顺发良种猪场沼气工程），农业部补助资金40万元。据统计，截至2003年年底，全省畜禽存栏数为：牛373万头、猪874万头、羊1031万头、家禽25118万只，列全国第七位。其中较大规模的集约化养殖场108个，每年产生粪污量6900万吨，而安徽省在集约化畜禽养殖场建造并正常运行的100立方米以上的沼气工程仅有19处，总池容2500立方米，年处理粪污能力只有1.2万吨左右。农村面源污染严重，绝大多数养殖场周围臭气熏天，良田无法耕种，水面无法养鱼，成为瘟疫和疾病滋生传播的温床。

2005年，全省争取国家发改委和农业部大中型沼气工程国债项目3处（芜湖县芜湖元丰集团有限公司、黄山市徽州区黄山众望工贸有限公司外三元猪场、绩溪县登峰农业有限公司猪场等沼气工程项目），中央补助资金580万元，每处补助180万到200万元不等。2005年12月，省农村能源技术推广总站《关于印发〈安徽省农村生活污水净化技术要点〉的通知》下发全省各地，指导各市、县（市、区）农村能源办根据当地实际情况积极开展农村生活污水处理试点示范工作。

2006年，全省争取国家发改委和农业部大中型沼气工程国债项目4处（池州市贵池区德胜畜牧业有限公司、铜陵市示范养殖场、怀宁县三官实业有限公司、蚌埠市和平乳业有限公司等沼气工程），中央补助资金350万元，每处补助90万元到140万元不等。

2008年，全省争取国家发改委和农业部大中型沼气工程国债项目共13处（马鞍山市现代牧业股份有限公司、合肥鑫华养殖有限公司、淮北市相山区安徽曦强相山乳业有限公司、桐城市嬉子湖水产养殖股份有限公司、铜陵四洋养殖有限责任公司、黄山市歙县连大畜禽良种养殖场、滁州天一牧业有限公司、临泉县二喜黄牛养殖有限公司养殖场、宿州市龙翔养殖场、庐江县种畜场、和县苏绿源养殖有限公司、霍邱县宋店综合养殖场、安徽安泰农业开发有限责任公司规模养殖场等沼气工程），中央补助资金1380万元。每处补助60万元到150万元不等。

2003—2008年，安徽省共争取国家发改委和农业部大中型沼气工程项目21处。

2003—2008 年安徽省争取国家大中型沼气工程项目统计表

表 11-6-3

年份	争取任务数（处）	中央补助资金（万元）	省级补助资金（万元）
2003	1	40	0
2005	3	580	0
2006	4	350	0
2008	13	1380	195
合计	21	2350	195

技术管理

2006 年 6 月 27 日，省农村能源技术推广总站下发《关于印发〈安徽省大中型畜禽养殖场沼气工程建设与管理要点〉的通知》，以指导全省大中型沼气工程建设工作。2007 年 1 月 12 日，由省农村能源技术推广总站主持编制的安徽省地方标准《畜禽养殖场沼气工程建设与管理》（DB34/T654–2007）经省质量技术监督局发布实施。

第二节　秸秆综合利用

省柴节煤灶

1983 年，全省有 5 批 36 个县（市、区）先后承担全国改灶节柴试点县任务，42 个县（市、区）改灶节柴工作达国家验收标准。1989 年，阜阳、宿县两地区推广普及省柴灶获农业部农村能源农业环保优秀成果一等奖，安徽省获三等奖。1991 年，省农能办组织制定安徽省农村能源第一个地方标准《民用省柴灶》（DB34/T043–90），于 12 月 30 日发布实施，该标准 1992 年获省科技进步四等奖。至 1998 年年底，全省累计新建改建省柴节煤炉 1200 万户，占总农户 95% 以上，炉灶热效率由改灶前的 10% ~ 15%，提高到 20% ~ 30%，节约柴草 50%。

秸秆压块

1990 年 4 月，由中国科学院生态研究中心、西北农业大学和安徽省及阜阳地区农村能源办公室共同承担的“生物质秸秆固体燃料”研究项目，经过两年研究和试验，取得进展，改进、完成 5 台成型机样机，并陆续运抵各试验点。4 月 26—28 日，国家秸秆成型燃料课题组在安徽省农村能源办公室召开课题组工作会议，对该项技术的推广前景进行技术经济论证。4 月 12 日，其中一台样机在阜阳地区开机试产，从所取测试数据看，产出速率为 80 千克 / 小时以上，度电产出率为 10 千克 / 千瓦时，达到国外同类机型水平。对此，阜阳地区已研制出 10 余种配套炉具，并对添加剂、引燃剂做深入研究。本次会议商定将课题研制成果——“秸秆成型机”和配套生产的“生物煤炉灶”继续在阜阳地区进行试验示范。阜阳地区在阜南县三塔区大塘乡选定 62 户农家进行试验示范。5 月 25 日，装机试产成功，在当地影响很大，不少外地农民专程前往参观。针对试验中“秸秆成型机”存在能耗高、机械磨损快以及酶化技术等问题组织进一步技术攻关。

2005 年 7 月 13 日，省政府参事陈进在第 23 期《政府参事建议》上发表《加快秸秆固化成型技术的研发和应用试点工作——解决秸秆综合利用和焚烧污染问题的新途径》的文章提出：秸秆固化成型技术的研发和应用，是解决秸秆综合利用和焚烧污染问题的有效途径，是建设节约型社会的一项重要举措，建议切实加强组织领导，加大宣传力度；今明两年（指 2005 年、2006 年），全省先安排 5 个试验示范点，省财政可借鉴河南等省的做法，给予补助。7 月 21 日，省长王金山在该文上批示：“请柏泉同志阅研，这是农产品加工转化，实现经济的一个环节，是防止浪费、减少污染的一个途径，是建设节约型社会的一个举措，应当重视起来。可请科技厅逐步推广，早日见效！”为落实省政府领导对秸秆固化项目的批示精神，省财政 2006 年安排秸秆固化技术推广补助经费 50 万元，并列入财政预算，由省农村能源总站在全省安排试验示范项目。

2005 年 8 月，省农村能源技术推广总站在合肥市、亳州市分别开展利用秸秆固化成型燃料替代燃煤用于烧锅炉和烤烟叶的生产试验。试验结果表明，秸秆固化成型燃料可在普通反烧式低压锅炉上替代燃煤应用，烟尘少、效果好；而在一般直燃式低压锅炉上燃烧烟尘过大。使用秸秆固化燃料烤烟，每千克干烟可降低燃料成本 0.25 元，一炕干烟 350 千克可节约燃料费 88 元，所烤制烟叶质量提高。

2006 年 7 月 18 日，省农委在淮南市毛集区召开全省各市农村能源办公室主任工作会暨秸秆利用现场会。会议组织参观毛集区秸秆固化成型加工及利用、稻壳发电、沼气发电、风力发电等示范点现场。会前，副省长赵树丛、省农委副主任刘永春考察毛集区秸秆固化成型、稻壳发电、沼气发电项目。2007 年初，在省烟草专卖局支持下，在亳州市建立以烤烟生产为主的秸秆固化成型燃料试验示范基地。2007 年，六安市裕安区皖西绍伦可再生能源开发公司从北京引进 SH- Ⅳ型秸秆生物质制棒机等设备，自建炭窑 3 门，至 2007 年 8 月，已生产销售秸秆生物质机制木炭 700 吨，每吨售价 4000 元。

2008 年，争取农业部秸秆固化成型燃料示范项目 1 处，项目由毛集实验区农村能源办公室负责组织实施，总投资 178 万元，其中中央投资 148 万元，主要建设内容为建安工程和仪器设备购置，建设期 1 年（2008 年 7 月至 2009 年 7 月），建设地点在焦岗乡万岗村。

2008 年，安徽省在淮南、亳州、六安等地建设秸秆压块示范点 4 处。

秸秆气化集中供气

1990 年 11 月 5 日，临泉县农村能源办公室受国家计委委托在县扶贫家具厂进行 600 型生物质气化节能炉应用试验取得成功，并通过国家计委、北京怀柔县（今怀柔区）水厂机械厂以及安徽省、市农村能源办公室领导的现场测试和检查验收。600 型气化节能炉通过气化燃料对木材进行烘干，代替传统的土炕烘干方式，安全卫生。600型气化节能炉是由农业部机械研究所研制，国家计委委托临泉县农村能源办公室进行应用试验的科研项目。

1998年3月，省农村能源领导小组确定在淮北市郊区、阜南县、东至县兴建3处秸秆气化集中供气示范工程。12月26日，全省首家秸秆气化集中供气工程（设计供气400户）在淮北市杜集区吴双楼村建成，并一次点火成功投入使用。随后，淮北市相山区丁楼村秸秆气化站（设计供气400户）、阜南县三塔镇陈庄村秸秆气化站（设计供气200户）分别于1999年1月12日和1999年5月1日建成，均一次点火成功。此后，东至县杨桥乡安全村建成以棉秆为原料的秸秆气化站（设计供气200户），并投入使用。1999年9月22日，濉溪县南坪镇设计供气850户的较大型秸秆气化站建成投入运行，并举行点火仪式。2000年5月，大通秸秆气化站建成。该气化站位于铜陵市郊区大通镇新区，占地0.24公顷，由铜陵市金雁养殖有限公司承建，并负责运营。该站建成后经过两次扩建，工程总投资300万元，其中秸秆气化机组25万元，储气柜材料及制作费70万元，管网及安装费130万元，燃气表、燃气灶30万元，土建费45万元。资金来源为国家20万元，省30万元，市32万元，建设单位自筹180万元，开户费38万元。合肥天焱绿色能源开发有限公司生产的TY-360型气化机组一套，250立方米全钢气柜和200立方米半地下式气柜各一座，供气管网4000米，储气柜到最远用户距离700米，供气能力1500户，实际用户1056户。气化站用稻壳、锯木屑、油菜秸秆、松树毛做原料，原料收购方式为当地农民和专业收购部门送到气化站，原料价格平均为300元/吨。

2001年6月，由省农能技术推广总站帮助考察选址并指导规划设计、芜湖恒久再生能源有限公司承建并承包运营的芜湖市三山区联群村（原为繁昌县三山镇小州村）秸秆气化集中供气站开始动工建设，并得到国家发改委项目资金支持，至2003年11月一期、二期工程全部竣工投入运行，并通过省发改委组织的竣工验收。该站安装山东天力能源公司研制生产的400Nm3/h气化机组一台及净化系统一套，建成600立方米储气柜一座，总投资260多万元，其中国家补助资金30多万元。实际开户700多户，运行一直良好。该机组处理一千克秸秆，可产2立方米秸秆气，热值4200～5800千焦（约1000～1200千卡），焦油含量小于30毫克/立方米，1小时可处理200千克秸秆，产出400立方米秸秆气。一般农户（3～5口人）一天炊事生活用气4～6立方米，用气费用1元左右，一个月30多元，比烧液化石油气节省费用三分之二还多。为了提高燃气热值，满足农户炊事需求，气站经试验研究，采取掺混液化石油气4%的技术措施，使热值提高到8360千焦（2000千卡）以上，深受村民欢迎。村民高兴地说：我们也和城里人一样，烧上了管道“煤气”，方便经济又舒心。

2001年12月，铜陵县胥坝秸秆气化工程在铜陵县胥坝乡旭光村开工建设，2002年8月建成运行，工程投资100万元，其中秸秆气化机组13万元、贮气柜材料及制作费27万元、管网及安装费30万元、土建费30万元。资金来源为国家项目资金20万元，业主自筹80万元。气化站占地面积3000平方米，储气柜到最远供气户距离1千米；气站主要使用的气化原料为农作物秸秆；秸秆气化机组为TY-360型；气站生产能力为180千克秸秆/小时，产气量360立方米秸秆气/小时，秸秆燃气热值：4598千焦/立方米，焦油和灰尘含量8～11毫克/立方米，气化率为2立方米秸秆气/千克秸秆，贮气柜容积500立方米；设计供气规模800户，实际供气325户。

2008年，全省建设并保有秸秆气化集中供气站11处。

第三节　可再生能源开发利用

2005年2月28日，中华人民共和国第十届全国人大常委会第十四次会议审议通过《中华人民共和国可再生能源法》，2006年1月1日实施。可再生能源的开发利用步入有法可依、依法办事的法制化发展轨道。

太阳能利用

1976年8月，阜阳县在阜阳三十铺机械厂建成“太阳能木料炕房”，炕出的木料，内外干燥均匀，成品不走形、不裂缝，花钱少，效果好。1977年，太和县木材公司研制的“太阳能干燥室”获1977年省科技成果奖。1983年，中国科学技术大学为肥西县木材公司设计建造一座太阳能木材烘干房。1985年，桐城县（今桐城市）酱品厂太阳能楼建成，利用太阳能设施制酱，一年节约标准煤400吨，节电2000度以上，不仅使酱品的卫生指标提高，而且还缩短晒酱周期5个月。

1978年8月，合肥市饮食服务公司青年理发厅在楼顶上安装3米×7米的管板式太阳能热水器两个，采光面积为42平方米，每日可供50℃～60℃的热水5吨，可供500人理发用水。1986年，省军区干部休养所安装7台家用热水器。同年，中国科学技术大学学生澡堂由13系自行研制安装一座大型太阳能热水系统。

1989年，临泉县邮电部门投资6万多元，安装太阳能光伏电池130片，计1374瓦，布点12处，全县邮电支局采用太阳能光伏电池做补充电源。

1993年，阜阳市中原旅社建成集热面50平方米太阳能热利用工程。该工程采用角钢金属框架、进口美国吸热集热板、恒温自控仪等设备，太阳能集热板共25块，每块存水0.06立方米，总存水1.5立方米，总投资4.8万元。同年，阜阳市酿造厂建成200平方米太阳能晒酱房，3个月可出成品，每年可出酱4次。省农能科研所和所属烽火能源器材厂帮助合肥市供电局招待所设计建成100平方米太阳能热水系统工程，10吨储热水箱配有电加热装置，可全年全天候使用。

2002年，省建设厅立项，省农村能源技术推广总站承担，研究编制《住宅建筑——太阳热水系统一体化设计、安装与验收标准》（DB34/T253-2002），由省技术监督局颁布，2002年12月1日实施。至“十一五”期末，合肥市政府规定，凡是新建7层楼以下（含7层）的住宅小区，必须一体化配套安装太阳能热水器，同步设计，同步施工。1987—

2008 年,全省累计推广安装太阳能热水器 307.53 万平方米。

1987—2008 年全省推广安装太阳能热水器情况统计表

表 11-6-4

年份	本年新增（万平方米）	年末累计（万平方米）	年份	本年新增（万平方米）	年末累计（万平方米）
1987	0.0645	1.5200	1998	8.9087	26.9675
1988	0.0359	1.5880	1999	11.0000	38.2300
1989	0.0550	1.6230	2000	14.9923	50.3729
1990	0.2469	1.8699	2001	28.8019	77.7339
1991	0.3000	2.1400	2002	16.5800	79.1200
1992	0.5612	2.7000	2003	48.9400	126.0700
1993	1.0600	3.7600	2004	29.2000	151.7500
1994	1.4000	5.1200	2005	25.5100	172.8700
1995	5.4000	11.5200	2006	57.7200	224.5000
1996	3.5800	15.0500	2007	45.7400	262.1400
1997	2.8000	17.9408	2008	56.8400	307.5300

风能利用

大别山和皖南山区年有效风速（3 ~ 20 米 / 秒）可利用时数约为 4500 ~ 6800 小时,风能密度为 150 ~ 389 瓦 / 平方米。全省大多数地区的年有效风速可利用时数 3000 小时、风能密度为 65 ~ 80 瓦 / 平方米。其中沿淮、淮北及江淮、江南的东部,风能资源略好,风能密度为 70 ~ 110 瓦 / 平方米,年有效风速可利用时数约 3300 小时左右。1984 年,阜阳地区农村能源办公室从北京、南京引进一批小型风力发电机,功率在 50 ~ 120 瓦左右:安装 1 台小型风力发电机,可满足 1 户人家的生活照明用电、电视用电。1986 年,阜南县苗集小学安装 1 台 120 瓦风力发电机,解决教师夜晚批改学生作业和看电视用电问题;金寨县马鬃岭林场万家棚作业区安装一台 200 瓦的风力发电机,3 个风轮叶片,直径 1.8 米,安装高度为距地面 4 米,风轮叶片用玻璃钢材料制造,可 24 小时为作业区电瓶充电。长江、淮河等内河,巢湖、女山湖、沱湖、黄大湖、升金湖等湖泊连家渔船在船逢上安装风力发电机,可以像岸上居民一样收看电视节目、使用电饭锅、吹风机、收录机、充电器。据统计, 2008 年全省累计安装小型风力发电机 863 台,总装机容量 158.6 千瓦。

第四节 农村能源管理

机构设置

1988年5月14日，省编委和省科学技术委员会联合发文《关于省农村能源科研所单独建制的批复》，同意农村能源科研所与能源服务站分开单独设立，能源服务站改名为省农村能源技术推广站。二者均为县级事业单位，各定事业编制15名，原定30名事业编制收留。1988年9月21日，省编委发文（皖编字〔1989〕第02号），同意增加事业编制5名，合计定事业编制20名。1996年1月10日，省编委（皖编事〔1996〕1号）明确：安徽省农村能源科学研究所和安徽省农村能源技术推广站合并，重新组建安徽省农村能源技术推广总站，核定事业编制34名。2000年，安徽省行政机构改革，省农经办与省农业厅合并成立安徽省农业委员会，内设农村能源办公室，正县级单位，定行政编3名，省农村能源技术推广总站隶属省农委，全额拨款事业性质、编制、级别和内设机构不变。2007年10月24日，省编委同意安徽省农村能源技术推广总站更名为安徽省农村能源总站，不再挂安徽省农村能源技术推广培训中心牌子。该站更名后，其他机构编制事项维持不变。2008年9月4日，省人事厅（皖人办发〔2008〕98号）：经报请省政府2008年第十二次省政府常务会议批准，同意省农委所属的省农村能源总站列入参照公务员法管理。

农村能源建设与管理条例

1998年8月15日，省第九届人大常委会第五次会议审议通过《安徽省农村能源建设与管理条例》。2004年6月26日，省第十届人大常委会第十次会议重新审议《安徽省农村能源建设与管理条例》（以下简称《条例》）。2006年6月29日，省第十届人民代表大会常务委员会第二十四次会议，根据行政许可项目和非行政许可审批项目全面清理的需要，对《条例》作如下修改：删除第二十二条"农村能源新产品正式投入生产前，必须按国家有关规定进行鉴定，未经鉴定或者经鉴定不合格的，不得投入生产"；第三十四条修改为："违反本条例第二十条、第二十三条、第二十四条规定的，由农村能源主管部门配合技术监督、工商行政管理等部门，依照《中华人民共和国产品质量法》《中华人民共和国消费者权益保护法》等有关法律、法规的规定处罚。"

职业技能鉴定

1998年2月4日，农业部转发劳动部《关于同意成立农业行业第二批特有工种职业技能鉴定站的批复》，批准安徽省成立安徽省农村能源职业技能鉴定站（农业—063）。鉴定站接受农业部行业指导站和省行政主管部门的领导、指导，开展本行业特有工种的职业技能鉴定的各项业务。省农村能源职业技能鉴定站鉴定设立办公室、培训部、鉴定部和发行部，有兼职人员8人，聘用高、中级考评员7人，督导员3人，考评员和督导员皆获得农业部职鉴部门相应资格。

2000年10月28—31日，培训、鉴定初级太阳能利用工29人；2001年11月26—30

日培训、鉴定中级沼气生产工 60 人；2002 年 6 月、9 月和 12 月，在六安市裕安区、池州市贵池区、石台县和界首市举办沼气生产工技能培训与鉴定班，共培训鉴定初级工 18 人、中级工 189 人。2004 年，省农村能源职业技能鉴定站被农业部评为全国优秀鉴定站，朱涛被评为优秀站长。2006 年，陶学军、施骏二被农业部评为全国农村能源职业技能鉴定先进工作者。2003—2008 年，农村能源职业技能鉴定站累计培训鉴定沼气生产工 7024 人，其中中级工 2213 人、高级工 74 人；累计培训鉴定太阳能利用工 249 人，其中中级工 29 人。全省 70 多个县（市、区），每个县（市、区）持证沼气技工都在 50 人以上，多的 200 多人。

2001—2008 年安徽省沼气生产工鉴定情况统计表

表 11-6-5

年份	2001-2002	2003	2004	2005	2006	2007	2008
年末累计（人）	801	5481	5748	5979	6344	6767	7024
当年鉴定（人）	801	4680	267	231	365	423	257

2001—2008 年安徽省太阳能利用工技能鉴定情况统计表

表 11-6-6

年份	2001	2003	2004	2005	2006	2007	2008
当年鉴定（人）	29	46	48	42	0	84	0
年末累计（人）	29	75	123	165	165	249	249

资质管理　1999 年，省建设厅、省农经委联合印发《安徽省农村能源环境工程施工资质等级标准》，对农村能源环境工程施工企业实行资质管理、资质申报及年检工作。全省 18 家企业通过审定获得资质，其中安庆市第三建筑安装工程公司为二级资质；宁国市第一建安公司等 11 家企业为三级资质；固镇县能源公司等 6 家企业为暂定三级资质。1999 年 8 月 3—8 日，全省第一期农能环境工程技术高级培训班在宁国市举办，16 个市、地农能办主任或骨干技术员、全省首批 18 家获得农能环境工程施工资质的企业技术负责人等共 55 人（其中 48 名学员）参加培训。此后，省农村能源行业协会与省市政工程协会受省农委和省建设厅的委托，每年开展一次农能环境工程施工企业资质申报和年检工作。2008 年 6 月，对全省农村能源环境工程施工企业资质进行监督检查，共有 29 家企业通过监督检查评为合格，其中 8 家企业资质升级；另外有 8 家新申报企业通过评审，获得相应的资质。

行政许可　1999 年 5 月 20 日，省政府农村能源领导小组办公室下发《关于印发〈安徽省农村能源产品生产准产证发放实施细则〉的通知》，明确指出：在安徽省行政区域内农村能源产品生产企业，不论其隶属关系、企业性质如何，均须向所在地农村能源办公室提出申请，填写申请书，经市、地农村能源主管部门签署意见后报省农村能源产品生产准产证办公室。省农村能源办公室组织联合审查组，对企业的生产和质量保证体系进行检查，企业当年生产的产品须有产品质量监督检验所出具检测合格报告，并将审查合格的企业上报省工业产品生产许可证办公室，经审核后发放生产准产证，并统一公布。农村能源产品生产准产证有效期为3年。

1998年11月28—29日，省农村能源办公室举办第一期全省农村能源行政执法人员资格认证培训班。参训的98人经考试、考核合格，报省法制局审批，取得安徽省农村能源行政执法资格。

1999年4月12—13日，全省第二期农村能源行政执法培训班，参训的138人，通过考试、考核合格，经省法制局审批，取得安徽省农村能源行政执法资格。

2002年7月，省农村能源技术推广总站会同省技术监督局、省产品质量监督检验所、合肥市农村能源办公室，对合肥市太阳能热水器市场进行历时3天的首次执法大检查：48家生产经营企业，其中生产企业11家，经营企业37家，未办准产证企业2家，未办经营许可证企业10家。对未办证的12家企业，限期补办准产证或经营许可证。

2005年11月8日，省农村能源技术推广总站、合肥市农委法规处、合肥市农村能源技术推广站联合检查合肥市太阳热水器市场，共检查产品52个，对省内6家未办证生产企业责令限期办证。

2008年年底，全省已办理农村能源产品生产经营许可证的企业共有68家，已办理农村能源利用工程技术方案审核的企业27家（27项）。

行业协会 1992年12月4日，省民政厅批准成立安徽省农村能源行业协会。协会宗旨是宣传、贯彻、执行有关可再生能源的法律、法规、产业政策，维护会员单位的合法权益，反映企业的愿望和要求，为发展安徽省可再生能源产业和推进能源、生态、环境建设事业服务。

1998年，全省评选出合肥烽火能源器材厂、固镇神龙能源总公司、合肥郊区管道液化气公司、枞阳县太阳能设备厂、舒城县能源总公司、天长市能源公司、宿县地区能源总公司、宁国市能源公司、阜阳市液化气供应站、枞阳县节能变压器厂、安徽方园经济技术开发公司、滁州市太阳能设备厂等12家企业作为省农能系统重点、定点企业。

2000年11月4—7日，省农村能源行业协会与合肥市农村能源办公室联合在合肥市逍遥津商城广场举办“2000年农村能源产品展示会”，本省有准产证的农村能源产品生产企业以及来自全国各地的共63家农村能源企业100多个产品参加展示。至2007年，共举办五届。

2000—2007 年安徽省农村能源产品展示会情况一览表

表 11-6-7

时间	地点	参展企业（个）	参展产品（类、个）
2000 年 11 月 4—7 日	合肥逍遥津商城广场	63	太阳能热水器及配件及沼气炉具等
2002 年 5 月 10—12 日	合肥市政府广场	40	太阳能热水器及配件及沼气炉具等
2003 年 4 月 12—14 日	合肥市百盛广场	30	太阳能热水器及配件及沼气炉具等
2004 年 5 月 14—16 日	合肥市百盛广场	40	太阳能热水器及配件及沼气炉具等
2007 年 11 月 16—18 日	安徽省红三环体育馆	60	太阳能热水器及配件及沼气炉具等

2004 年 6 月，省农村能源行业协会向省名牌产品战略推进委员会推荐 4 个太阳能热水器产品，参加“安徽名牌产品”评选，经评审，合肥日源太阳能热水器有限公司生产的“日源”牌和芜湖机电实业有限责任公司生产的“双翼”牌两个太阳能热水器产品获 2004 年“安徽名牌产品”称号。

2006 年 8 月，随着业务范围的拓展和事业发展的需要，同时应协会会员的要求，经省农委同意、省民政厅社团管理局批准，安徽省农村能源行业协会更名为安徽省可再生能源协会。安徽省农村能源行业协会理事会任职情况见表。

安徽省农村能源行业协会理事会情况一览表

表 11-6-8

时间	届数	理事会会长	秘书长
1992 年 12 月 21—22 日	1	万文平	葛余成
1998 年 12 月 24 日	2	朱　涛	李安生
2005 年 5 月 30 日	3	秦大东	左明军

典型介绍

肥东县八斗镇中胡能源示范村　肥东县中胡自然村位于江淮分水岭岭脊，是以种养业为主的经济发展滞后的农业村。从 2001 年开始，结合该村整体搬迁、规划建设，将其列为能源生态建设示范村。通过连续几年建设，32 户人家户户实现“七个一”，即每户一幢小康居所、一个养殖圈、一口沼气池、一口小水井、一台太阳能热水器、一个卫生厕所、一亩以上高效经济作物田，形成以沼气池为纽带的猪—沼—瓜（果、甘蔗）等生态农业生产模式，使土壤肥力提高，作物产量增加、农产品品质优良、销路畅，每户年节本增收均在千元以上。2005 年 5 月 29 日，农业部部长杜青林在省、市、县领导王金山、赵树丛、张骏、郭万清、江洪、余永松及省、市农委领导韩柏泉、张华建、戴昭运等陪同下，考察中胡能源生态示范村。

第七章　江淮分水岭综合治理开发

第一节　历史沿革

江淮分水岭地区指安徽省长江以北、淮河以南之间中部隆起的狭长地带。这一地区地处省会合肥市周围，土地总面积4.5万平方千米，耕地面积129.9万公顷，农业人口1596万，分别占全省32.2%、31.3%和30.6%。由于分水岭地区地理环境特殊，农田水利等基础设施建设落后，常年缺水易旱。大旱年份，人畜饮用水极为困难，农民的基本生产、生活条件很差。1997年10月，为尽快改变这一地区的面貌，省委、省政府制定《关于加快江淮分水岭易旱地区综合治理开发的意见》和《江淮分水岭易旱地区综合治理开发规划纲要》；2008年，省委办公厅、省政府办公厅出台《进一步推进江淮分水岭易旱地区综合治理开发的意见》，省政府办公厅出台《江淮分水岭易旱地区综合治理开发2008—2012年规划纲要》，省江淮分水岭综合治理开发领导小组办公室印发《江淮分水岭地区综合治理开发种草养畜业实施意见》。截至2008年年底，该区域涉及合肥市、滁州市、六安市、淮南市等4个市所辖的长丰县、肥东县、肥西县、金安区、裕安区、寿县、凤阳县、定远县、明光市、全椒县、来安县、南谯区、田家庵区、大通区等14个县（市、区），100个乡（镇）（见附件1）被列入省级重点综合治理开发范围。14个县（市、区）国土面积2.49万平方千米，耕地面积77.25万公顷，乡村人口842万，分别占全省的17.3%、18.5%和15.3%。其中100个省级重点治理县（镇）国土面积1.4万平方千米，耕地面积56.7万公顷，乡村人口432万。从1997年到2008年年底，省委、省政府不断加大综合治理开发力度。省政府每年安排专项资金3500万元，用于分水岭易旱地区综合治理开发。同时建立联络帮扶制度，从省直112个部门抽调联络员派驻县、乡，实施联络帮扶工作。

附件1：

江淮分水岭100个省级重点治理乡（镇）名单

长丰县：水湖镇、左店乡、朱巷镇、杜集乡、造甲乡、下塘镇、双墩镇、岗集镇、吴山镇、陶楼乡、杨庙镇、义井乡、庄墓镇、罗塘乡。

肥东县：包公镇、陈集乡、杨店乡、牌坊乡、撮镇镇、石塘镇、桥头集、众兴乡、梁园镇、古城镇、马湖乡、白龙镇、元疃镇、响导乡、八斗镇、张集乡。

肥西县：高刘镇、官亭镇、山南镇、花岗镇、小庙镇、柿树岗乡、高店乡、铭传乡、紫蓬镇。

金安区：木厂镇、东桥镇、张店镇、横塘岗乡、施桥镇、孙岗镇、先生店乡、翁墩乡、中店乡、毛坦厂镇、东河口镇、双河镇、椿树镇、三十铺镇、望城街道。

裕安区：罗集乡、徐集乡、青山乡、石板冲乡、江店镇、分路口镇、狮子岗乡、城南镇。

寿　县：三觉镇、茶庵镇、炎刘镇、安丰镇、小甸镇、双庙集镇、刘岗镇。

凤阳县：红心镇、武店镇、殷涧镇、小溪河镇、总铺镇。

定远县：连江镇、二龙乡、仓镇、张桥镇、蒋集镇、桑涧镇、吴圩镇、界牌集镇、定城镇。

明光市：三界镇、自来桥镇、明南街道办事处、张八岭镇、石坝镇。

全椒县：西王镇、大墅镇、石沛镇、马厂镇。

来安县：半塔镇、张山乡、杨郢乡。

南谯区：章广镇、施集镇、大柳镇。

田家庵区：三和乡。

大通区：孔店乡。

第二节　思路和措施

组织领导

省政府于2004年成立省江淮分水岭综合治理开发工作领导小组，由19个省直单位组成，下设江淮分水岭治理开发工作办公室。领导小组每年召开专门会议，省委、省政府负责人参加，专题研究部署江淮分水岭综合治理开发工作。相关市、县高度重视，把分水岭开发作为“一把手”工程，成立领导小组，设立江淮分水岭治理开发工作办公室，制定发展措施，编制治理开发规划，协调推进工作，认真落实省政府分水岭治理开发的各项目标和任务。

综合治理开发思路

省委、省政府提出江淮分水岭综合治理开发坚持以兴水治旱为重点，科学规划、分步实施。紧紧抓住主要矛盾，不断将治理开发的思路丰富和完善，赋予其新的内涵，逐步形成“把水留住，把树种上，把路修通，把结构调优，促农民增收”（“四把工程”）的工作思路。随着治理开发工作的深入，新一轮规划以新农村建设为目标，与时俱进，把“四把工程”提升为大力实施生产发展、生活改善、生态文明的治理开发思路。

示范引导

江淮分水岭地区面积大，治理开发任务重，省委、省政府采取突出重点、抓点示范、稳步推进的办法，取得较好的治理开发成效。1997年，把农民人均收入水平最低的岭脊地区7个县（市、区）、40个乡（镇）确定为首批重点乡（镇），省政府集中人力、财力给予重点支持，在取得经验和成效的基础上稳步推进。分水岭综合治理开发范围逐步扩大到14个重点县（市、区）的100个重点乡（镇）。在全面实施“把水留住”工程的基础上，集中有限资金，建设示范区，实现“治理一片，见效一片，示范一片，受益一方群众”的目标。

财政投入

1998年起，省财政每年安排1000万元分水岭治理开发专项资金，2001年增加到3500万元。财政专项资金的投入，发挥了投入少、效果好、办大事的作用。同时带动社会投资，充分调动市、县以及广大群众投资江淮分水岭综合治理开发的积极性。

机制体制

按照“四把一促”的总体部署，各地积极探索经营模式和管理方式的创新，分别以股份投入、联合承包经营、大户承包开发、引进外资开发等多种形式谋求发展。逐步摸索出“谁投资、谁经营、谁受益”的运行机制；新机制以“包”字为核心，把投入、经营、利益紧紧连在一起，新的机制体制激活社会各方面的投资热情，为江淮分水岭综合治理开发增加新的活力和动力。

对口帮扶

从1997年10月至2008年年底，安徽省从省直和中央驻皖112个单位先后抽派6批联络员（联络组长）共700多名干部下派到县、乡（镇）驻点帮扶，建立联络帮扶制度，不改面貌，不脱钩。其中省委、省人大、省政府、省政协、省纪检委办公厅等省直单位选派65名处级干部下派到县（市、区）挂任副县（市、区）长，其他省直和中央驻皖单位选派科级干部到乡（镇）挂任副乡（镇）长，协助地方政府帮扶江淮分水岭综合治理开发工作。联络帮扶制度，充分发挥省直帮扶单位的优势，集中人力、财力和物力组织对口帮扶，坚持帮扶制度不动摇，真帮、真扶，对江淮分水岭综合治理开发起到重要的推动作用。因对口帮扶成绩突出，省江淮分水岭综合治理开发领导小组以及省委组织部、省人事厅、省农委三家联合表彰74个先进单位，139名先进个人，其中记“二等功”129人。中国电子科技集团公司第十六研究所选派的杜志茂到寿县李山乡（现合并到小甸镇），因长期战斗在生产一线，积劳成疾，殉职在工作岗位上，2005年被追记为“二等功”，省委组织部、省委宣传部、省人事厅、省农委联合下文《关于开展向杜志茂同志学习活动的决定》。

规范管理

对专项资金的使用，按照《江淮分水岭综合治理开发项目管理办法》，加强督察，严格管理。各级分水岭综合开发工作办公室把当好政府参谋、管好专项资金、服务联络帮扶、抓好基础工作作为工作重点，并在实践中不断探索，建成各项管理制度，逐步形成管理的科学化、规范化、制度化。

宣传推动

每年组织中央、省新闻媒体针对综合治理开发工作进行采访报道。尤其是2007年，开展治理开发10周年总结表彰时，收集并整理开发成就图片2000多张，印制画册近1000份，同时加强信息报送和网路宣传，着重宣传各地综合治理开发的成效、经验、做法以及在治理开发中涌现的先进人物事迹，推动综合治理开发的深入开展。

第三节　综合治理开发成效

1997 年以后，江淮分水岭易旱地区综合治理开发坚持“把水留住、把树种上、把路修通、把结构调优、促农民增收”的总体思路，突出“以人为本”，从解决群众生产生活最关键、最迫切的问题入手，着力改善区域水利、生态、交通等基础设施条件，加快农业结构调整步伐，取得明显成效，农村生产生活条件不断改善，农民收入显著增加。

实施“把水留住”工程。以治水为重点，库、塘、坝、井并举，坚持“留天水、拦雨水、抽井水、省用水”，努力实现“把水留住”的目标。至 2008 年年底，全区建设淠史杭、驷马山和女山湖灌区续建配套与节水改造、中小型水库除险加固、提水泵站改造等一批重点水利项目，新挖和修整库、塘 26738 口，建设小型集中供水工程 235 处，新增蓄水能力 13.6 亿立方米，新增有效灌溉面积近 15 万公顷，解决农村饮水安全人口 93.8 万人。

开展“把树种上”工程。抓住国家实施退耕还林工程的政策机遇，不断加大林业投入，全面推进基地造林、村庄集镇绿化、绿色长廊和农田林网建设，“把树种上”工程取得重大进展，初步形成以绿色长廊为骨架，以城镇村庄为实体的“点、线（带）、面”融为一体的生态防护林体系，生态环境明显改善。全区累计新增森林面积 9.41 万公顷，森林覆盖率由 1997 年的 14.1% 提高到 2008 年年底的 22.5%。

启动“把路修通”工程。结合国家农村公路项目建设，多方筹资、整合投入、精心组织、科学施工，集中力量实施“把路修通”工程。10 多年来，全区新改建县乡村公路 6059.9 千米，修建村村、村组道路 6524.9 千米。

推进“把结构调优”工程。因地制宜，努力变对抗性农业为适应性农业，大力发展旱作节水农业、高效经济作物和养殖业，重点建设棚室蔬菜、长丰草莓、明光甜业菊、肥西苗木花卉、“双低”油菜、低油花生、特色畜禽等一批优势农产品基地，农业结构进一步优化升级，全区农林牧渔业产值比由 1997 年的 57.4 ∶ 2.0 ∶ 31.6 ∶ 9.0 调整到 2008 年底的 49.4 ∶ 3.9 ∶ 35.9 ∶ 10.8。

2008 年年底，重点治理区 100 个乡（镇）农民人均纯收入 4496 元，比 1997 年增加 2713.7 元，年均增速高于全省 1.9 个百分点，农民收入显著增加。

第四节　综合治理开发范例

肥东县丰宝示范区

位于肥东县元疃镇元疃居委会，占地面积 86.66 公顷。2004 年 7 月，肥东县丰宝种养殖有限责任公司成立，2008 年，公司所在地丰宝示范区被列为省江淮分水岭综合治理开发示范区。省财政投入 100 万元资金，企业自筹 85 万元，建设 200 个钢架大棚计 4.66 公顷。公司是集食用菌 (蔬菜) 生产、畜牧养殖、水产养殖于一体的农业综合性企业，采取“公司＋农户”的经营形式，以食用菌生产为主，发展食用菌钢架大棚53.33公顷，工厂化连栋温室大棚、生产车间及冷库等5000多平方米，年生产平菇、香菇以及灵芝等各类珍稀食用菌500多万袋，产值5000多万元，成为安徽省内最大的食用菌生产基地之一，辐射带动周边两个村16个村民组500多户农户从事食用菌生产，户均种植食用菌1.2万袋，年收益近2万元。公司所在地丰宝示范区被评定为“农业部蔬菜标准园”创建基地，生产的“丰宝”牌鲜平菇获农业部“绿色食品”认证。食用菌产品主要进入合肥市家乐福、合家福等超市销售。

长丰县向东村优质草莓示范区

位于长丰县义井乡东南部，土地面积273.33公顷，区内共有496户，2930人。2008年，被列为省江淮分水岭综合治理开发示范区，省财政投入70万元资金，群众自筹419万元，建设33.33公顷标准化草莓大棚。示范区实行合作社带农户的运作方式，当年实现亩产草莓2000千克，亩均效益8000元以上。通过项目实施，既增加农民收入，又吸纳当地1200多农民就业，同时还造就一批草莓科技种植能手和种植大户。辐射带动周边4个村、350户农民，发展种植草莓133.33公顷，经济效益相当可观。

第十二篇　政策法规

第一章　政策体系

1986—2008年，是安徽农村改革与发展重要历史时期之一。主要通过制定各项农村政策，逐步建立健全“三农”政策体系。

农村经营体制改革迈向市场化时期（1986—1988） 贯彻落实中央农村改革主要政策，制定全省农村改革和发展配套政策和制度。一是进一步稳定以家庭承包经营为基础、统分结合双层经营体制，保障农民生产经营自主权，鼓励和保护农村专业户。二是建立“产供销、种养加、贸工农”一体化农村综合发展经济制度，对乡镇企业实行信贷、税收优惠，鼓励农民发展采矿和其他开发性事业，乡镇企业迅速崛起，推动小城镇建设和农村二、三产业发展。三是启动和推进农产品流通体制和价格制度的改革，逐步取消农副产品统购派购，对粮、棉等少数重要产品采取计划合同收购，放开包括粮食等农产品市场和价格。四是逐步清理和取消对农民外出务工歧视性规定和不合理限制，使农民获得自由择业权。

农村改革全面向社会主义市场经济体制转轨时期（1989—1998） 在中央农村政策无重大变动情况下，主要是稳定和完善各项政策。一是按照中央和国务院统一部署，于1993年在全省范围内开展土地二轮承包，规定承包期延长30年不变。宣传贯彻土地承包法，保障农民土地承包和依法流转权，稳定农村基本经营制度。二是开展农村税费制度改革试点。1994年，在太和县开展“税费合并、折实征收”试点，1998年，在五河县开展“农村公益事业建设税”试点。

农村综合改革和社会主义新农村建设时期（1999—2008） 重点开展农村税费改革和农村综合改革。党中央、国务院于2004年起，再次连续发出五个“一号文件”，全力推进农村税费改革和农村综合改革。一是按照中央有关战略部署，安徽在全国率先进行农村税费改革试点。实行对种粮农民直接补贴、良种补贴、农机具购置补贴、农资综合补贴、退耕还林补贴等财政支持政策。二是率先开展农村综合改革。2005年初，出台《关于开展农村综合改革试点建立农村基层工作新机制的意见》，确定18个试点县、市。2007年，在全省范围内全面推开农村综合改革试点工作。2007年，全省共安排69亿元专项资金，用于“十二项民生工程”，初步建立农村公共财政制度。2008年，省委、省政府批准马鞍山、芜湖、铜陵、淮北4个市为省级城乡一体化综合配套改革试验区。

第一节　产业化经营政策

贸工农一体化

1986年以后，农村改革和发展取得巨大成就和历史性进步。与此同时，也遇到一些新情况、新问题。如农民和农业生产组织化程度低，农户分散经营与大市场矛盾日益突出；城乡关系、工农关系不协调，农业比较效益低，利益分配不合理；市场法规不配套、不完善，农村经济运行机制不相适应市场经济发展要求等。1992年，安徽省贯彻落实国务院《关于发展高产优质高效农业的决定》，确定以流通为重点，建立贸工农一体化的经营体制。按照市场需要组织生产和加工，形成生产、加工和流通环节紧密相连产业体系，重点发展加工、保鲜、运输和销售，提高市场竞争能力，扩大农村劳动力的就业容量。提倡和鼓励加工企业兴建农产品原料基地，实行加工企业与农产品原料基地直接挂钩，减少中间环节。发展适度规模商品生产基地和区域性支柱产业，鼓励建立贸工农一体化的经济实体或利益共同体，支持办好城乡农贸市场，鼓励农民有组织地参与流通，发展农村第三产业。

扶优扶强

1997年3月，安徽省出台《关于实施农业产业化战略的决定》和《关于安徽省农业产业化“8152”工程实施意见的通知》（皖政办〔1997〕38号），开始组织实施“8152”工程，即发展优质水果、优质黄牛、中药材、优质米和优质油、水产品、林牧产品、茧丝绸、蔬菜等8大主导产业，重点抓好10个农业产业化试点县（市），发展壮大50个省级农业产业化龙头企业，争创20个农业名牌产品。“8152”工程在实施过程中，本着“试验示范、分类指导，扶优扶强、重点突破”原则，对农业产业化基地、龙头、市场三大要素和经营管理、利益分配、宏观调控三大机制进行探索，不断完善运行机制。1998年，安徽省出台《关于组建农业产业化省级龙头企业集团的实施意见》（皖政〔1998〕28号），提出打破行业、部门、地区和所有制界限，以改制为基础，以资本为纽带，以名牌产品为龙头，以重点企业为核心，采取联合、兼并、收购、重组、划转等方式，“并船造舰”，支持强强联合，实现优势互补，形成具有较强竞争力的跨地区、跨行业、跨所有制的企业集团，推动存量资产快速向重点企业集聚、重组，实现增量资产优化配置，提高规模经济效益，提高农业产业化经营水平。从优质粮油、优质黄牛、肉鸡食品、林特产品和种子等五大产业起步，组建五个省级龙头企业集团，到“九五”期末，实现固定资产、年营销收入、年利税等主要指标占农业产业化省级龙头企业50%以上。2002年，“8152”工程全面完成。

强龙工程

2003年，省政府出台《关于进一步加快发展农业产业化经营的实施意见》（皖政〔2003〕52号），2004年又出台《农业产业化十大主导产业发展规划（2003—2007年）》，提出“十五”期间，全省农业产业化经营要以扩大农民就业和增加农民收入为核心，以工业理念抓农业，引导工商资本、民间资本和外资进入农业领域，实行企业化经营、标准化生产、行业化管理。发展目标确立水果、畜牧、优质粮、优质油、水产、茶叶、蔬菜、棉花、中药材、茧丝绸等十大主导产业，建设区域化、优质化、标准化生产基地，形成优势农产品产业带。围绕十大主导产业，培育一批以国家重点龙头企业为支柱，以省级龙头企业为主体，以中小龙头企业为依托，产业关联度大、技术装备水平高、具有较强竞争力龙头企业群。提高农产品加工转化率，发展农产品精深加工，实现农产品多重增值。主要农产品加工转化率（粗加工以上）由20%提高到50%以上。建立健全以生产要素市场、农产品专业批发市场为重点，各种类型、不同层次市场体系和现代电子信息网络。培育和发展农产品行业协会和农民专业合作经济组织，建立健全农业产业化经营的社会化服务体系、政策保障体系、工作指导和协调体系。

2005年，安徽省出台《关于安徽省农业产业化“121”强龙工程的实施意见》（皖农产〔2005〕4号）。针对农业产业化发展瓶颈，重点突破，集中力量，培育一批“大龙头”，全省培育10家年营销收入10亿元以上龙头企业，20家年营销收入5亿元以上龙头企业，100家年营销收入1亿元以上龙头企业。2006年，安徽省出台《关于扶持农业产业化龙头企业加快发展的意见》（皖政〔2006〕96号），提出省财政进一步加大对龙头企业扶持力度，随着财力增长逐步增加农业产业化专项资金，各市、县政府要建立稳定的财政扶持农业产业化龙头企业的投入机制，安排一定的农业产业化专项资金，扶持中小龙头企业发展，增加农业综合开发资金对龙头企业的投入。同时，落实税收优惠政策，对国家级重点龙头企业及国有农口企事业单位、农村涉农服务行业、境外企业或个人来安徽省投资兴办的龙头企业，享受税收优惠政策。扩大金融支持领域，国有商业银行、政策性银行和农村信用社要安排一定比例的信贷资金，专项支持龙头企业。鼓励和支持龙头企业利用资本市场直接融资，完善农业产业化信用担保体系，积极开展农业产业化信用担保工作，推进龙头企业保险工作。推进招商引资和外向经济发展，对外商来安徽省投资兴办农业产业化龙头企业、建立生产基地，在项目审批、土地供应、银行贷款、财政资金安排、良种供应、技术服务、产销对接等方面给予大力支持。鼓励符合条件的龙头企业申报自营进出口权。推进企业技术和管理创新，充分发挥龙头企业在科技创新中的主体作用，促进龙头企业与高等院校、科研院所的产学研结合，在同等条件下对龙头企业申请科技研发经费的项目优先立项。推进龙头企业管理创新。积极开展省名牌农产品、无公害农产品、绿色食品、有机食品等争创活动，鼓励、支持龙头企业申报著名商标、免检产品。通过实施农业产业化“121”强龙工程，农业产业化经营已成为农业和农村经济发展中最具活力增长点。

2007年，全省各类农业产业化经营组织发展到5000多家，全省年销售收入超亿元龙头企业150家、超5亿元40家、超10亿元15家。全省农业产业化十大主导产业产值占农业总产值比重80%以上。各类龙头企业建立生产基地346.66万公顷，各类专业示范村 1420 个，农民人均纯收入 3717 元，高于全省农民人均纯收入 25%。

提升行动

2008 年，安徽省出台《关于实施农业产业化“532”提升行动的意见》（皖政〔2008〕46 号），提出：以培育市场主体为基础，以发展龙头企业为主线，以发展十大主导产业为方向，以推进农业标准化、品牌化和国际化为重点，以完善农业产业化组织制度和利益联结机制为核心，坚持科技先导，突出农业增效、农民增收和农产品竞争力提升，全力推动全省农业产业化快速发展。要按照新型工业化要求高起点培育龙头企业。着力培育一批骨干龙头企业，制定重点扶持政策。协调财政、税务、工商、审计、质监等部门，帮助企业建立财务、生产、技术和人才管理等制度，引导龙头企业尽快建立完善法人治理结构。鼓励龙头企业盘活存量资本，开展跨区域、跨行业、跨所有制联合、兼并和收购。加大招商引资力度，加强软环境建设，采取更加灵活、优惠的政策，吸引国内外大企业来安徽省建基地、搞加工。帮助龙头企业与国内外大企业开展合作，鼓励省外同行业相关企业以参股、控股或买断等方式，联合、兼并、重组省内企业。明确加强农业标准化、品牌化生产和加工基地建设。以十大主导产业为基础，按照优化布局、改善品质的要求，重点发展一批农产品优势产区和优势产业带，培育农产品加工业集群。严格执行国家标准，按照优质、高效、安全、生态的要求组织生产，逐步建立起一套与国际接轨的标准体系。大力发展无公害农产品、绿色和有机食品，进一步完善农产品质量检验检测和认证体系，建立农产品质量安全可追溯制度。切实把品牌建设放在突出位置，积极开展“三品”认证，争创中国驰名商标、中国名牌产品、中国出口名牌和中国名牌农产品等“国字号”品牌，提升品牌影响力。争取农产品原产地保护地理标识，做大做强做响“生态品牌”“原产地品牌”等特色品牌。强化农业产业化科技创新能力，积极构建以龙头企业为主体、产学研相结合的农业科技创新体系和推广应用平台，加快农业科技成果转化，加强与农技推广服务部门的合作，大力推进农民就业培训和“绿色证书”工程。健全现代流通体系。积极创造条件，引导现代物流业进入农业领域，探索与国内外大超市的联合与合作，加快建立现代物流体系。完善农业产业化组织体系和运行机制。发挥龙头企业的带动作用，兴办农民专业合作组织，积极推广“龙头企业＋专业合作组织＋农户”的组织模式。

第二节　市场流通政策

粮食流通政策

取消统购，实行合同定购（1986—1992）　1985 年，针对当时实行粮食统购统销，粮食产量增加，农民出现“卖粮难”问题，安徽省贯彻中央决定，取消粮食统购，实行合同定购。实行合同定购品种是小麦、稻谷、玉米、大豆，定购以外粮食自由购销。合同定购粮食计划由国家确定，安徽省按照国家确定的合同定购计划，合理安排分品种定购数量，逐级下达，通过同农民签订合同予以落实。同时，调整农村粮油购销价格，改变农村粮油购销倒挂的状况。此后，数次调整粮食合同定购任务，逐步缩小计划调节范围，扩大市场调节范围；提高合同定购价格和统销价格，使定购价逐步接近市场价，逐步改变粮食购销价格倒挂状况，增加农民收入，调动农民种粮积极性。1991年，针对当时一些地区出现农民“卖粮难”、粮食部门储粮难、产区和销区之间调销不畅的现象，安徽省出台《关于进一步搞好商品流通若干问题的通知》（皖政〔1991〕82号），提出逐步减少指令性计划管理，扩大市场调节范围。粮食在保证完成国家定购任务前提下，长年放开经营。1991年、1992年，安徽省先后多次对粮食统销价格和定购价格进行调整。这一阶段，粮食流通体制改革主要特征是实行粮食经营和价格“双轨制”。

放开粮食价格和经营（1993—1995）　1993年，根据国家实行积极稳妥地放开粮食价格和经营政策，安徽省实行“保量放价”。即保留粮食定购数量，价格随行就市，继续实行和改进粮食定购“三挂钩”政策，取消国家食油收购计划和食油定量供应政策，取消食油指令性调拨计划。同时，建立粮食收购保护价格制度和粮食风险基金制度，保护价的制定以弥补生产成本并有适当利润，有利于优化品种结构，并考虑国家财政承受能力为原则。省委、省政府出台《关于发展农村市场经济的若干规定》（皖发〔1993〕16号），提出从1993年起，将粮食价格放开后财政减下来的粮食加价，补贴款全部用于建立粮食风险基金，保证不折不扣地执行粮食保护价标准。1993年年末，粮食品种结构不能满足消费需求，粮价上升较快，市场供应一度比较紧张。1994年，安徽省提高粮食定购价格，做好粮食收购工作，掌握粮源，建立健全粮食储备调节体系和粮食吞吐调节机制，建立两条线运行机制，深化粮食企业改革，充分发挥粮食部门主渠道作用。至此，长达40年粮食统购统销制度彻底结束。

“四分开一完善”（1996—2000）　1996年，安徽省按照中央决定，从当年新粮上市起，进一步提高粮食定购价格，当年粮食供给形势明显好转。但粮食系统销售下降，经营性亏损猛增，粮食财务挂账日趋增多，给各级财政、银行造成很大负担。部分粮食企业停止议价粮收购，部分地区出现粮食市场价低于定购价趋势；粮食收购资金被挤占挪用现象严重，调度资金回笼缓慢，影响收购资金周转。针对这些情况，安徽省推行政企分开、储备和经营分开、中央与地方责任分开、新老财务挂账分开和完善粮食价格机制等措施，深化粮食流通体制改革。1997年，为保证农民增产增收、保护农民生产积极性，在粮食丰收情况下，按保护价敞开收购农民余粮，同时加强粮食市场管理，严格执行国家粮食销售价格政策。1998年，中央1号文件明确提出“四分开一完善”（即政企分开、中央与地方责任分开、储备与经营分开、新老粮食财务挂账分开和完善粮食价格机制）改革原则。根据国务院《关于进一步深化粮食流通体制改革的决定》（国发〔1998〕15号）和朱镕基总理来安徽省视察时提出要求，安徽省出台《进一步深化粮食流通体制改革问题的通知》（皖政〔1998〕23号），提出六个方面任务：一是分清各级政府粮食责权，落实粮食省长负责制。二是转换粮食企业经营机制，实行政府粮食行政管理职能与粮食企业经营的分离。三是完善粮食风险基金和储备制度，搞好粮食市场调控。四是建立和完善政府调控下市场形成粮食价格的机制，粮食价格主要由市场供求决定，粮食企业按市场价格经营粮食，定购粮收购价格实行保护价、顺价销售。五是积极培育和规范粮食市场，促进粮食有序流通。六是妥善解决粮食财务挂账，加强资金管理。同时，省政府办公厅转发省财政厅、省物价局、省粮食局等部门关于粮食流通体制改革 4 个配套文件（皖政办〔1998〕25 号），包括《关于筹集省级粮食风险基金的意见》《关于消化国有粮食企业新增财务挂账和不合理占用贷款的意见》《关于完善粮食价格形成机制的意见》《关于国有粮食企业减员分流的意见》。1999 年，针对粮食由长期短缺变成总量大体平衡、丰年有余和粮食生产结构性矛盾日益突出，优质品种相对不足等问题，安徽省坚定不移地贯彻“三项政策、一项改革”，适当调整粮食保护价收购范围，降低粮食收购价格水平，完善粮食超储补贴办法，促进顺价销售。省政府《转发国务院关于进一步完善粮食生产和流通有关政策措施的通知》（皖政〔2000〕26 号），对加强粮食工作领导、落实粮食工作行政首长负责制、推进农业和粮食生产结构战略性调整、抓好农产品优质化工程、大力发展农业产业化经营、保持粮食收购价格基本稳定、落实按保护价敞开收购农民余粮政策、搞活粮食流通、加快粮食销售、加工转化和出口、抓好库存粮食轮换、加强粮食风险基金管理、加快国家粮库建设、推进国有粮食企业改革等提出进一步要求。

全面开放粮食购销市场（2001—2003） 2001 年，在继续坚持按保护价敞开收购农民余粮同时，安徽省全面放开粮食收购市场和价格。先后出台《关于加快国有粮食企业改革的意见》《关于坚决制止粮食购销企业挤占挪用收购资金意见》《关于进一步深化国有粮食购销企业改革的意见》等政策文件，推进国有粮食企业改革。同时出台《粮食补贴方式改革试点实施方案》，在全省范围开展对农民实行直接补贴试点。自 2003 年 6 月 1 日起，在全省扩大粮食补贴方式改革试点，主要内容是放开粮食收购价格，放开粮食购销市场，将原来通过国有粮食购销企业按保护价敞开收购农民余粮间接给农民的补贴，改为直接对农民进行补贴。为确保放开粮食购销市场后粮食市场规范运作，流通渠道畅通，不出现“卖粮难”，保障粮食补贴方式改革试点顺利实施，省政府发出《关于优化粮食市场环境进一步搞活粮食流通的通知》（皖政〔2003〕32 号），提出积极拓宽粮食流通渠道，取消对粮食收购经营者的不合理限制，放开粮食购销市场，保护合法的粮食运输，鼓励各类粮食经营者参与粮食市场竞争；加强对粮食市场的有效监管，取缔无照经营，严厉打击违法经营行为，维护粮食市场秩序，加强粮食市场的日常监管；积极支持和培育粮食交易市场。安徽粮食流通体制改革经验为全国全面放开粮食购销市场提供有益的经验。

粮食流通体制改革（2004—2008） 2004 年，国务院出台《关于进一步深化粮食流通体制改革的意见》（即粮食流通体制改革的总体方案），提出全面放开粮食收购市场。针对当时国有粮食购销企业改革进展不平衡，促进粮食稳定增产和农民持续增收长效机制尚未建立，部分粮食品种市场价格下行压力大等新情况、新问题，省政府办公厅下发《关于加快推进现代粮食流通产业发展的意见》（皖政办〔2007〕74号），通过发展和规范粮食市场主体，建立现代粮食市场体系；推进粮食产业化经营和园区建设，建立现代粮食产业体系；加强粮食基础设施建设，建立现代粮食物流体系；完善粮食安全保障机制，建立粮食宏观调控体系；加强粮食流通监督检查，建立粮食执法保障体系；加强组织领导和政策支持，促进现代粮食流通产业和谐发展等政策措施，深化粮食流通体制改革，加快发展现代粮食流通产业。至此，粮食购销市场和价格已从真正意义上全面放开，标志着安徽省粮食流通体制完全进入社会主义市场经济轨道。

棉花流通政策

取消统购，实行合同订购（1986—1997）　1986年开始，安徽省对于棉花收购开始实行合同定购政策。实行“三不放开”政策，即不放开经营、不放开市场、不放开价格。国家统一经营棉花，并以粮棉比价为依据，统一制定棉花收购价格。每年在棉花播种期间公布收购价格，没有地区性与季节性差价。在国家棉花合同定购任务完成之前，不放开棉花市场；除受国家委托承担棉花收购、加工、储存和调拨供应任务的供销社及其所属棉花经营单位外，其他任何部门、单位和个人不得插手收购，贩卖棉花。1989年，国务院下达《关于做好1990年度棉花收购和调拨工作的通知》，明确棉花由供销合作社统一收购、统一经营，不开放棉花市场，不搞价格双轨制的决定。除供销合作社以外，其他单位和个人一律不得收购、经营棉花。1994年，国务院再次下发《关于做好棉花工作及有关政策问题的通知》，重申棉花流通政策坚持“三不放开”和“两个统一”，即“不放开经营，不放开市场，不放开价格，继续实行国家统一定价，由供销社统一经营”政策。

棉花购销体制改革（1998—2008）　1998年11月，国务院颁布《关于棉花流通体制改革的决定》，明确棉花流通体制改革目标：逐步建立起在国家宏观调控下，主要依靠市场机制实现棉花资源合理配置的新体制。1999年，安徽省出台《安徽省人民政府贯彻国务院关于深化棉花流通体制改革决定的通知》（以下简称《通知》），确定新棉收购价格将主要由市场形成。从1999年棉花年度起，棉花收购价格按照市场形成价格原则，由购销双方协商确定。各级政府、各有关部门要严格执行这一政策，不得直接干预棉花企业新棉购销价格。供销社棉花企业在市场竞争中要继续发挥主渠道作用，按照市场形成价格原则，敞开收购农民交售棉花。同时，根据当前棉花供求形势，要运用价格杠杆等经济手段引导全省棉花生产布局调整，保持沿江和淮北高产棉区基本稳定，调减江淮和其他零星低产棉区棉花种植面积。《通知》明确提出：允许供销社棉花企业、农业部门所属的良种棉加工厂、国有农场以及经资格认定的纺织企业直接收购、加工和经营棉花，其他任何单位和个人一律不得收购、加工棉花。要求棉花经营渠道拓宽后，各地、各部门要严禁新上籽棉加工项目，禁止生产和使用已被取缔的小轧花机、土打包机。棉花收购、经营单位可通过联营、租赁、兼并等形式，充分利用供销社棉花企业现有的设施和加工能力。继续实行省级棉花储备制度。供销社棉花企业和国有农场的棉花收购资金继续由省农业发展银行按照“库贷挂钩、封闭运行、及时还欠”的原则供应，确保棉花收购资金供应。积极培育棉花交易市场，形成以合同订货和直达供货为主要流通方式的棉花交易体系。强化棉花质量管理，强化对棉花生产、收购、加工各个环节的质量管理和监督。棉花经营部门要转变观念，不断增强服务意识、市场意识和竞争意识，切实采取有效措施促进棉花销售。《通知》要求：从 1999 年棉花年度起，棉花企业在经营体制上要实现与供销社彻底分开。要理顺县级棉麻公司与基层收购站和轧花厂的关系，有条件的县要逐步实现棉花收购、加工、经营一体化。要加强棉花企业的内部经营管理，加快实行下岗分流、减员增效的步伐。棉花流通体制改革的一系列政策措施，促进棉花经营渠道逐步拓宽，棉花购销价格放开并基本由市场形成，棉花市场宏观调控进一步增强。对于引导棉花生产，稳定棉花价格，保护农民利益，支持纺织工业发展，发挥出重要作用。

2001 年 7 月，国务院下发《关于进一步深化棉花流通体制改革的意见》，确定“一放、二分、三加强，走产业化经营路子”的改革思路。安徽省政府下发《贯彻国务院关于进一步深化棉花流通体制改革意见的通知》。要求从 2001 年度起，对棉花收购、加工实行新一轮资格认定。凡符合国务院办公厅《关于印发〈棉花收购加工与市场管理暂行办法〉的通知》规定，经省政府认定资格各类企业，均可从事棉花收购、加工。要通过加工资格认定，促进轧花厂布局的调整和技术改造，淘汰落后、过剩的生产能力。鼓励获得收购资格的纺织企业和其他各类企业到省内主产区直接收购或委托代理收购棉花。为保证棉花良种生产，良繁区的良种棉仍由良种棉加工厂收购。各级政府和有关部门对棉花收购不得实行地区封锁，违者要严肃查处。进一步推进供销社改革，实行社企彻底分开。各级供销社要在清产核资、界定产权的基础上，实现与其所属棉花购销、加工企业的彻底分开。2001 年，年度棉花信贷资金继续由农业发展银行按现行办法管理。省内各商业银行要按照信贷资金管理原则，对经省政府认定的各类棉花企业，积极发放棉花收购贷款。棉花企业要加强购销资金管理，增强自身经营能力，提高信誉等级，防止悬空和逃废经营性债务，并积极争取商业银行贷款，做好棉花购销工作。在加强棉花市场管理、棉花购销渠道放开后，各地工商行政管理部门切实加强对棉花购销、加工活动的管理，对未经省政府认定资格，擅自从事棉花收购、加工的予以取缔。各地不得盲目兴建棉花现货交易市场，对已形成的非法棉花交易市场，坚决取缔。大力推进棉花产业化经营，棉花企业通过组建棉花专业合作社等有效形式，加强与棉农的联合，鼓励发展贸工农一体化、产加销一条龙的棉花企业集团。

2004 年，省政府办公厅下发《关于认真做好 2004 年度棉花工作的通知》，重点指出要加强棉花市场管理，各级工商、质监和税务部门要严格棉花市场准入制度，加大执法力度，加强对棉花收购和加工主体的监管。对没有经过资格认定而收购加工棉花的企业，有关部门要坚决依法查处，其收购、加工的棉花，棉花经营企业和棉纺企业不得采购，各级棉花质量监督机构不得公检或接受委托检验，税务部门不得将这类企业认定为增值税一般纳税人。要严厉查处棉花收购加工企业以挂靠、租赁、承包等方式为未取得资格认定的企业从事棉花收购加工提供便利。禁止超越工商登记范围从事棉花收购加工工作，特别要严肃查处以棉制品加工名义进行棉花加工的行为。坚决取缔小轧花机、土打包机等非法加工设备。

棉花质量检验体制改革　2005年开始，安徽省推进棉花质量检验体制改革。基本目标是用5年时间，更新改造棉花加工企业生产设备，规范棉包包型和重量；对成包皮棉实行信息化逐包编码；制定适应仪器化检验的棉花质量标准及相关技术规范；在棉花加工环节实行仪器化、普遍性公证检验；发展棉花专业仓储；建立符合国情、与国际通行做法接轨、科学权威棉花质量检验体制。

鲜活农产品流通政策

开放农副产品市场（1986—1992）　1985年1月，中共中央、国务院颁布《关于进一步活跃农村经济的十项政策》，陆续取消农副产品统购统销制度。国家对农产品统购改为合同定购，由商业部门在播种季节前与农民协商，签订合同。定购农产品一般按“倒三七”比价计价（即三成按原统购价，七成按原超购价）。1986年开始，由于粮棉油等大宗农产品大幅度减产，随后连续几年农业生产出现徘徊不前局面。为保障城市居民粮食等农产品供给，国家对粮食实行定购和市场购销“双轨制”。1986年，省委、省政府颁布《关于进一步搞活商品流通的若干规定》，提出充分发挥国营商业和供销合作商业在城乡流通中的主导作用，注意抓好肉、蛋、菜、棉、麻、糖、农药、化肥等重要品种的合理储备，重要生产资料和紧俏耐用消费品的批发业务只能分别由国营商业、物资部门、供销合作社和生产企业经营，其他单位和个人不得经营。并且提出供销社加强改革，继续实行“一身二任”；一方面承担国家计划的购销和储备任务；另一方面为农民推销产品，供应生产和生活资料，提供生产前和生产后的服务。供销社要把工作重点真正转到为农村商品生产服务的轨道上来，在供销、加工、储运、信息、技术等方面为农民提供多种服务。提倡农民集资带劳与供销社联营，兴办加工、服务业，把供销社同农民的利益更紧密地联系起来，使农民群众真正得到实惠。1987—1988年，城市肉、蛋、奶的供应又趋紧张，部分城市恢复凭票供应。为缓解供需矛盾，实现供给和需求的相对均衡，除合理引导消费外，全省还努力发展生产，逐步提高供给水平。1988年，中央出台《关于发展副食品生产保障城市供应的建议》。1989年，安徽省组织实施“菜篮子工程”，并组织专门班子研究规划，协调整个副食品基地建设。1991年，省政府下发《关于进一步搞好商品流通若干问题的通知》，提出逐步减少指令性计划管理，扩大市场调节范围。农副产品在保证完成国家定购任务的前提下，长年放开经营。凡属放开的农副产品，国营、集体和个体工商户都可从事长途运销、经营批发和零售业务。培育和发展城乡农贸市场，逐步完善供销社经营机制，搞好农业社会化服务。

“菜篮子工程”建设（1993—2008）　20世纪90年代以后，安徽省基本结束“菜篮子”产品长期短缺历史，产品丰富，市场购销两旺。但“菜篮子”产品质量卫生安全存在问题,如种植和养殖过程中农业投入品不合理使用,产地环境污染,包装、储藏、运输等设施落后和管理不善、市场监管不力、产品结构不合理、流通基础设施薄弱、检验检测手段落后等。2002年8月,国务院出台《关于加强新阶段"菜篮子"工作的通知》。安徽省明确提出新阶段"菜篮子"工作任务:以保障长期稳定供给为目标,以提高"菜篮子"产品质量卫生安全水平为核心,加快实现由比较注重数量向更加注重质量、保证卫生和安全转变,让城乡居民真正吃上"放心菜""放心肉";逐步实现由阶段性供求平衡向建立长期稳定的供给机制转变,让城乡居民长期吃上"放心菜""放心肉",促进农业增效、农民增收。明确全省新阶段"菜蓝子"工作要求:一是建立安全的"菜篮子"产品产销经营体制。严格"菜篮子"产品生产经营企业的条件,建立行业管理和企业自律机制。生产经营企业(包括各类市场)要严格按有关标准和技术规范进行生产、加工、包装、运输、储藏(保鲜),确保"菜篮子"产品质量卫生安全。二是加快"菜篮子"产品市场基础设施建设。统筹规划,合理布局,重点加强主产区"菜篮子"产品市场建设;通过改扩建,完善城市"菜篮子"产品骨干批发市场的服务功能。三是积极推进现代营销方式和流通组织形式。扶持并鼓励"菜篮子"产品的配送和连锁经营,建设跨区域、中继性的物流中心。四是严把批发市场和零售市场入口关。要重点对各级市场上的蔬菜、瓜果、畜禽产品、水产品等各类"菜篮子"产品的药物残留进行监测。对有毒有害物质超限量标准的不合格产品不准销售,并由有关部门依法进行查处和源头追溯治理。严禁销售病害病死畜禽产品、水产品以及注水肉、含"瘦肉精"的猪肉。进入市场销售的"菜篮子"产品,应有质量卫生检验或检疫证明。五是规范批发市场和农贸市场秩序。各类经营"菜篮子"产品的批发市场、食品零售店应建立进货检验制度,禁止经销不符合质量卫生安全要求的产品。

鲜活农产品流通体制改革 2001年,省政府下发《关于组织实施农产品流通、品牌和农业产业化三项工程的通知》,明确提出以开拓市场为核心,以建立健全农产品批发市场、生产要素市场以及市场信息体系、流通体系和流通服务保障体系为主要内容,实施农产品流通工程,以流通促生产、促调整、促提高,努力提高安徽省农产品及其加工品在国内外市场的占有率。充分利用安徽的区位优势、资源优势和开放城市、开放港口等有利条件,广开招商引资门路,扩大对外开放,把安徽名优农产品打入国际市场,使安徽省农产品在开拓国内外市场上取得突破性进展。坚持产地市场、销地市场一齐抓,加强市场体系建设。进一步扩大现有市场的规模,在农产品生产地、集中产区、集散地、集中加工区以及人口密集、消费潜力大的地区,集中发展一批基础设施齐全、功能完善、管理规范、牵动性强的农产品批发市场,加快合肥安徽农产品批发市场建设,继续巩固和完善上海皖优农产品贸易中心,并逐步在全国主要大城市采取联营、参股等方式建立安徽省农产品贸易网络,通过组织农产品进超市、举办展销会等多种方式,加强安徽省农产品及其加工品的营销。同时,加强信息服务体系建设,着力开拓无形市场。加快安徽农网"信息入乡"工程建设步伐,向重点乡镇企业、涉农企业、部门、农村经纪人、种养

大户、运销大户和批发市场延伸，尽快建立完善农产品市场信息网络。积极开展农业电子商务服务，加强农产品营销人才和网络人才的培训，充分发挥信息网络对搞活流通的重要作用。大力发展以农民为主体的营销队伍，开辟农产品运销绿色通道。积极发展专业农协、农村经纪人。运销大户等农民营销队伍，开展农村经纪人、运销大户的人才培训工作，着力培育农村高级营销人才，充分发挥农村能人的作用。大力发展“订单农业”“合同农业”，以销定产，搞活流通。要开辟鲜活农产品运销绿色通道，促进鲜活农产品货畅其流。省骨干农业龙头企业运输本企业经营的农产品，以及部分鲜活农产品出现卖难时，经省政府批准在全省范围内开通绿色通道，凭省直有关部门核定发放的绿色通行证，免缴过路、过桥、过隧道费。铁路、航运等部门也要为鲜活农产品运销提供便利，保障通行。随后，省政府办公厅下发《关于开辟农产品运销绿色通道意见的通知》，对开通运销绿色通道的农产品品种、开通时间、享受绿色通行证的龙头企业名单等作出规定。

2003 年，沿淮淮北大部分地区遭受严重洪涝灾害，农业损失很大。为促进农业灾后恢复和农民增收，省政府办公厅转发省农委、省交通厅《关于进一步落实农产品运销绿色通道政策意见》，提出落实农产品运销绿色通道政策新要求。2004 年 9 月，省政府办公厅转发省交通厅等部门关于对鲜活农产品等运输车辆免征路桥通行费有关问题实施意见的通知，对于整车运输鲜活农产品的车辆、整车运输地产化肥的车辆、跨区作业的联合收割机等车辆免收路桥通行费作出规定。

2005 年，商务部确定安徽为全国农村商品流通改革和市场建设试点省，省政府及时出台《关于开展农村商品流通改革和市场建设试点工作的实施意见》，提出以加大财政扶持力度，实行税收优惠政策，加强信贷支持，规范工商管理，扩大经营范围，创建“绿色通道”，优化外部环境为保障措施，推动流通主体创新、流通方式创新、流通政策措施创新和流通管理体制创新，构筑农村消费品流通体系、农业生产资料供应体系、农产品国内销售体系、农产品出口体系和农村市场运行监控服务体系。从 2005 年起，用 3 年时间，初步建立起高效畅通的农村现代商品流通网络，形成城乡协调、以城带乡、城乡互动、功能完善、流通有序、诚信和谐的农村市场体系。

2006 年，省政府出台《关于加快农村现代流通体系建设的若干意见》，提出以发展现代流通业态为指导思想，通过加快发展农村连锁农家店、加强农村连锁配送中心建设、强化农产品批发市场建设、着力培育大型流通企业、大力开拓农产品国内市场、不断扩大农产品对外贸易、积极培育农村市场主体、加快推进农村流通信息化、优化农村流通发展环境，形成统一、开放、竞争、有序的农村现代流通体系。

第三节 社会化服务体系政策

20 世纪 80 年代中期开始，农村经济体制发生根本性变化，农村人民公社体制解体，农户成为生产经营主体，生产单位数量骤增，主要农产品市场陆续放开，主要农业生产资料供应由原来专营变为多渠道供应，农村多种经济成分蓬勃发展。农业产前、产中、产后等环节不再受国家计划严格控制。但同时也出现原来各类农业服务机构其职能和运作方式已不适应体制变革后生产需求。针对这种情况，党中央、国务院出台一系列政策措施，提出大力发展农业社会化服务，加强农业社会化服务体系建设。农业社会化服务，主要包括专业经济技术部门、乡村合作经济组织和其他社会组织为农、林、牧、副、渔各业生产管理提供服务。

改革农业服务机构

1987年，省政府下发《全省农业技术推广工作会议纪要》，提出要坚持改革，加快县农业技术推广中心的建设步伐。明确要求：县农技推广中心隶属于县农业行政部门，实行政事分开，区（片）农技站为县农技推广中心派出机构，人、财、物应归县统管。区农技站已下放到区镇的，要尽快收回；没有下放的，不准再下放。完善推广体系，建立健全乡、村两级服务组织。要大力提倡开展经营服务，把乡（镇）农技服务站办成包括作物栽培、种子、植保、土肥等农业技术和经营管理的综合服务机构。要积极扶持各种形式的民办农技服务组织。各级农技服务组织，要以服务为宗旨，立足服务搞经营，搞好经营促服务。可以实行服务性经营，企业型管理，实行独立核算，经营收入应主要用于加强农业技术推广事业。工商管理、财政、税务等有关部门应予支持，提供优惠。积极推广农业技术，搞好社会化服务。要适应调整农村产业结构的需要，注意推广实用技术和开发技术。要尽快增加经济作物种植、水产养殖及储藏、农产品加工等技术推广内容，重点抓好杂交优势利用、地膜覆盖栽培，高产栽培模式、配方施肥，病虫综合防治、化学除草，低产田改造等项目。1989年，省政府出台《农业技术推广管理办法》，提出农技推广中心的职责是开展技术推广项目的试验和示范，培训乡（镇）农技人员和农民技术员，推广新技术、新品种，开展技术承包和有偿服务等。推广机构可结合农业技术推广，开展良种、苗木、微肥、激素、药械、农机具等有偿服务。

发展农业社会化服务体系

1991年，省委出台《关于加强农业社会化服务体系建设的决定》，明确提出必须在家庭经营的基础上，搞好社会化服务，在千家万户与大市场之间架起一座桥梁，把集体经营的优越性与农民家庭经营的积极性结合起来，促进农业的适度规模经营，逐步提高农业生产的专业化、现代化水平。加强农业社会化服务体系建设要因地制宜。可以由国家经济技术部门牵头，实行种养加结合或贸工农一体化，也可以以供销社和商业部门为依托，实行农商合作；可以通过简政放权强化乡（镇）服务功能，组建系列化、多功能的综合服务组织，也可以根据各自的职责和服务范围，建立和完善专业化的单项服务组织；可以把科技推广作为突破口，实行由政府组织、科技为主、物资配套的“政、技、物”三结合的集团承包，也可以把培育市场作为突破口，大力发展农村集贸市场，逐步形成以专业市场为龙头，以农副产品生产基地为依托的流通服务体系。建立农业社会化服务体系，要以国家经济技术部门为依托，以乡村为重点，以民间为辅助，实行国家、集体、个人一齐上，逐步形成一个多层次多形式的服务网络。坚持以服务为宗旨，走实体化的路子。建立一套以服务为主、服务与经营相结合的服务运行机制，是社会化服务体系建设的关键。为了增强服务组织的自身活力和实力，服务组织在开展社会化服务中可以实行有偿服务，围绕服务适当开展一些经营活动，以形成"围绕服务办实体，办好实体促服务"的良性循环。同时要加强服务组织的自身建设和内部管理。要为建设农业社会化服务体系创造良好的环境，包括完善农业生产资料的经营政策，进一步搞活农副产品流通，对农村服务组织在办照、税收等方面给予照顾，多渠道开辟农村服务组织的资金来源，尊重农村服务组织的自主权等等。

1994年，省委、省政府《关于贯彻中央〈关于当前农业和农村经济发展的若干政策措施〉实施意见》提出：要建立健全农业社会化服务体系。各级政府要把乡（镇）农、林、牧、渔、农经、农机、水利等技术推广和经营管理部门的建设作为农业社会化服务体系的重点来抓。同时还要根据财政收入的增长情况合现确定农业事业经费的增加比例，逐步增加农业技术推广经费。贸工农一体化经营是联结农户与市场，实现农业在家庭经营的基础上向专业化、商品化、社会化转变的有效途径。省直各有关部门要通力协作，对淮北地区的大宗农产品生产、萧县和砀山县的水果生产、江淮之间的优质米和优质油料的生产、金寨县的茧丝绸生产、皖南的茶叶及大宗土特产品生产进行扶持，使这些地区尽快建立起具有区域经济特点的、较为完备的贸工农一体化组织。进一步深化供销社的体制改革，认真总结和推广成功的经验，创造条件使其逐步从政府行政序列中分离出来，办成农民群众的合作经济组织。引导农民办好自我服务组织，建立健全社区性集体经济组织，大力发展农村各类专业技术协会、研究会，培育推销员和经纪人队伍，解决一家一户办不了、办不好的事。

2007年，省政府出台《关于深化改革加强基层农业技术推广体系建设的实施意见》，明确提出基层农业技术推广体系是设立在县乡两级为农民提供种植业、畜牧业、渔业、林业、农业机械、农村能源、水利等科研成果和实用技术服务的组织，要大力促进农业技术社会化服务组织发展。该意见要求：一是放活经营性服务。积极稳妥地将国家基层农业技术推广机构中承担的农资供应、动物疾病诊疗以及产后加工、营销等服务分离出来，按市场化方式运作。鼓励其他经济实体依法进入农业技术服务行业和领域，采取独资、合资、合作、项目融资等方式，参与基层经营性推广服务实体的基础设施投资、建设和运营。积极探索公益性农业技术服务的多种实现形式，对各类经营性农业技术推广服务实体参与公益性推广，可以采取政府订购服务的方式。二是培育多元化服务组织。积极支持农业科研单位、教育机构、涉农企业、农业产业化经营组织、农民合作经济组织、专业协会、中介组织等，围绕政府农业技术推广规划和重点，参与农业技术推广服务。

2008年，省委《关于贯彻〈中共中央关于推进农村改革发展若干重大问题的决定〉

的实施意见》提出，为了提高农业综合生产能力，推进农业大省向农业强省跨越，必须建立新型农业社会化服务体系。要抓紧构建以公共服务机构为依托、合作经济组织为基础、龙头企业为骨干、其他社会力量为补充，公益性服务、经营性服务和自助合作性服务相结合的新型农业社会化服务体系。加强农业公共服务能力建设，三年内在全省普遍健全乡（镇）或区域性农业技术推广、动植物疫病防控、农产品质量监管等公共服务机构，逐步建立村级服务站点。支持供销合作社、农民专业合作社、专业服务公司、专业技术协会、农民经纪人、龙头企业等参与社会化服务。加快建设现代农产品物流体系，深入推进万村千乡市场工程、新网工程、粮食现代物流工程、粮食批发交易市场、鲜活农产品冷链物流系统、连锁农家店和配送中心建设。加强农村市场监管和服务。深入开展农资打假专项整治行动。

第四节　扶贫开发政策

1986—2008年，安徽省农村扶贫开发共经历大规模开发式扶贫、“八七”扶贫攻坚和新阶段扶贫开发三个重要阶段。主要通过制定和实施一系列政策措施，推进农村扶贫开发。

大规模开发式扶贫工作

1986年以后，由于自然条件、工作基础、经济发展等原因，全省仍有几百万人没有摆脱贫困，特别是部分山区和沿淮行、蓄洪区尚有一部分农民生产、生活相当困难。1985年，省委、省政府出台《关于贯彻中共中央、国务院〈关于帮助贫困地区尽快改变面貌的通知〉的意见》，明确提出尽快改变贫困地区面貌的立足点，应当是依靠群众，自力更生，发展生产，而不能单纯依赖国家支援，单纯依靠救济的指导思想。转移扶贫工作重点，明确以重点贫困区域为扶贫对象的工作思路，逐步确定以县为单位的扶贫重点地区，基本覆盖省内绝大部分农村贫困地区和绝大多数农村绝对贫困人口。集中力量重点解决中央列为贫困地区的大别山片的金寨县、岳西县、太湖县、潜山县、霍山县的贫困山区和省确定的沿淮阜南县、颍上县、霍邱县、凤台县、淮南市郊的行、蓄洪区以及寿县、临泉县部分低洼和老灾区的贫困乡。国家用于贫困地区的资金和物资，要重点支持这两大片，不能采取“撒胡椒面”的办法平均使用。根据各贫困地区的不同特点采取不同的生产方针。在山区应以林为主，综合经营，先解决温饱问题；在沿淮行、蓄洪区，要克服单一经营思想，坚持“弃秋夺午”，千方百计提高午季的产量；大力改种和多种经济作物、耐水作物，发展工副业生产，广开门路，增加收入。沿江枞阳县等老灾区重点是搞好防洪排涝，合理调整作物结构和布局，走养殖、种植、捕捞、加工相结合的路子。到1993年，经过8年不懈努力，全省重点贫困县农村居民家庭人均纯收入快速提高，农村绝对贫困人口继续减少，农村贫困发生率逐步下降。

大规模开发式扶贫主要政策措施　各地贫困地区的一切生产经营活动，在坚持土地公有制的前提下,群众可以自主选择经营形式。贫困山区的林业生产,应本着放宽、搞活的原则,根据各地山情、林情、民情,实行多种形式的承包责任制。贫困地区一切可以开发利用的资源,除国家有特殊规定的以外,都应当允许并鼓励农民开发利用。有条件的地方要积极引进外资,以加速开发贫困地区的步伐。贫困地区的农、林、牧、副、土特产品(包括粮食、木、竹),一律由统购、派购改为自由购销。区别不同情况,给予减免农业税、免除开发性企业(林场、畜牧场、电站、采矿业、工厂等)所得税。同时,供应贫困地区的化肥、农药、燃料等农业生产资料,要优先给予安排计划。加快贫困地区的公路建设,争取在三到五年内达到每个乡都有通往县城的公路。充分利用广播、电视、报刊、电报电话通讯,向贫困地区传递经济、技术信息。加强贫困地区农副产品收购工作。切实抓好贫困地区的教育工作,努力提高适龄儿童入学率。积极地、大胆地引进技术、资金和人才,加速资源的开发利用。充实卫生和防疫力量,逐步加强医疗队伍,增加医疗设施,积极组织巡回医疗,帮助贫困地区解决缺医少药的困难。各部门都要加强对贫困地区的支援,把扶贫工作列入自己的重要议事日程,千方百计地加强对贫困地区的扶持。

实施“3358”脱贫计划

1993年,安徽省还有300万人口温饱问题没有完全解决,其中分布在国家、省定贫困县有186万人,脱贫开发进入攻坚阶段。省政府及时下发《关于实施“3358”脱贫计划的通知》(以下简称《通知》),提出“3358”脱贫计划目标:对现有300万贫困人口,3年解决温饱,5年基本脱贫,8年过上宽裕生活。《通知》明确要求:一要以市场为导向,抓好产业结构调整,大力发展“一优两高”农业和创汇性农业。二要大力发展乡镇企业,提高现有企业的效益;支持发展龙头型、劳动密集型企业和短平快的个体、私营企业及股份合作制企业。三要抓好劳务输出。实行脱贫致富激励政策,对脱贫较快的插花贫困县和省定贫困县,不再戴“贫困”帽子,省里分别给予3年和5年扶持政策不变。在规定时限内,脱贫致富目标提前上一个新台阶的,省里给予通报嘉奖。加强扶贫资金和项目管理,扶贫资金的使用突出重点,相对集中,规模开发,确保效益。加快基础设施建设,对贫困乡、村的水、电、路、通信和基本农田建设作出规划,实行政府扶持与集体支持相结合的政策,发动群众投工投劳,把工作落到实处。抓好智力开发和科技扶贫,带动群众脱贫致富。动员社会各界参与脱贫致富活动,帮助贫困地区尽快脱贫致富,坚持各级领导包帮联系脱贫致富制度。

“八七”扶贫攻坚

实施大规模开发式扶贫以后,农村贫困人口不断减少,但贫困类型和成因发生变化。主要体现在贫困人口逐渐集中到山区和丘陵地区,地缘性特征越来越明显。贫困主要是自然条件、基础设施以及社会经济发展落后等原因造成,使得扶贫从体制改革、经济增长带动和项目开发推动两种方式并重转变到主要依靠项目开发推动方式。在地缘性贫困地区,通过有针对性具体项目带动,实施扶贫攻坚战略。把攻坚对象从侧重于一个区域到侧重于一家一户，攻坚目标从以富县为主到以富民为主，攻坚手段从靠大项目带动和重点工程辐射转向以户为扶贫开发单元，实施一批家家能干、户户受益的具体项目和计划。1994年3月，随着《国家八七扶贫攻坚计划》发布，安徽农村扶贫开发进入攻坚阶段。省里明确提出：要集中人力、物力、财力，动员全社会各界的力量，力争在7年左右的时间内，到2000年年底基本解决农村贫困人口的温饱问题。针对农村绝对贫困人口呈现区域性集中分布的特点，在保持以贫困县为扶贫对象不变的前提下，重点加强包括人畜饮水、道路、电力、商品、农产品生产基地以及农贸市场等在内的基础设施建设，开展广泛的成人职业技术教育，以及完善医疗卫生服务和控制人口增长，以市场需求为导向，开发特色资源，实现脱贫目标。2000年年底，全省如期完成“八七”扶贫攻坚任务。

“八七”扶贫攻坚主要成就和经验 主要成就：贫困地区综合经济实力显著增强。到2000年，全省17个国定贫困县国内生产总值比1993年增长1.8倍，工业总产值和农业总产值分别增长64%和188%，财政收入增长2.5倍，农民人均纯收入由587元增加到1545元，增长1.6倍。贫困地区基础设施条件得到明显改善。这一期间，全省对贫困地区累计投入基础设施建设投资总额45亿元。贫困地区各项社会事业快速发展。人口自然增长率由1992年1.58%以下降到2000年1%以下；适龄儿童辍学率下降到1.3%；修建农村卫生院业务用房3.34万平方米；贫困地区农民科学种田水平显著提高，群众文化生活也逐步得到改善，人民精神面貌显著改观，农村基层组织凝聚力和号召力增强，党群关系、干群关系密切，涌现出一批致富能手和带头人。主要经验：坚持发挥政治优势，加大扶贫开发投入。“八七”扶贫攻坚7年期间，中央在安徽省累计投入扶贫资金51.27亿元，省、市配套20多亿元，总计投入资金76.92亿元。坚持依靠人民群众，激发扶贫开发事业活力。各地扶贫开发工作坚持走群众路线，切实依靠群众，充分动员社会各方面力量参与扶贫开发事业。坚持解放思想、实事求是，不断开创扶贫开发工作新局面。全省上下坚持解放思想、实事求是，创造出多种多样扶贫开发方式。如省委组织部、农业银行等单位在阜阳实施“111”信贷扶贫工程，农业银行和农村信用社开展小额信贷脱贫，省妇联开展“妇女连环脱贫”，省扶贫办开展实物扶贫，岳西县、舒城县、霍邱县、绩溪县、临泉县、霍山县、太湖县等地因地制宜开展多种形式的扶贫。坚持艰苦奋斗传统，带领贫困地区农民脱贫致富。7年间，大多数贫困地区干部立志于、倾心于扶贫事业，不贪名利，不图享受，为官一任，造福一方。很多地方县、乡党政领导班子，坚持一把手抓扶贫，扑下身子抓典型，长期艰苦奋斗，对推动本地扶贫开发事业、加快群众脱贫致富步伐起到积极作用。

新阶段扶贫开发

2001年开始，安徽省扶贫开发进入一个新阶段。为有效组织和指导扶贫开发工作，省政府编制发布《安徽省“十五”农村扶贫开发规划》，明确指出：要把解决温饱放在首位，抑制返贫，加强贫困乡村的基础设施建设，改善生态环境，提高农民的生活质量和综合素质，逐步改变贫困地区经济、社会、文化的落后状况。要求必须坚持6条基本方针：一是坚持立足发展、开发式扶贫的方针；二是坚持以人为本和可持续发展的方针；三是坚持统筹规划、综合开发、全面发展的方针；四是坚持因地制宜、突出重点的方针；五是坚持自强不息、自力更生、艰苦奋斗的方针；六是坚持政府主导、社会参与的方针。“十五”期间，全省累计投入扶贫资金25.1亿元、扶贫贷款40.6亿元。贫困地区基础设施建设得到加强，基本生产生活条件和社会公益事业明显改善，贫困人口综合素质提高，农民收入稳步增长，扶贫开发工作重点县综合经济实力明显增强。

新阶段扶贫开发对象、范围、目标　扶贫对象包括尚未解决温饱的126万绝对贫困人口和374万返贫与低收入人口，主要分布在大别山区和皖南山区、库区、沿淮行蓄洪区、沿江部分多灾地区以及江淮分水岭地区。扶持范围一是国家确定的19个扶贫开发工作重点县；二是省根据实际确定的10个扶贫开发工作重点县；三是工作重点县以外的65个扶贫开发工作重点乡（镇）。工作目标包括脱贫目标、基础设施和社会发展目标、扶贫开发工作重点县、乡（镇）目标、工作到村、扶贫到户目标等。

新阶段扶贫开发主要政策措施　一是扎实认真地制定好扶贫开发规划。二是把山区、库区和沿淮行蓄洪区作为扶贫开发的区域重点。三是坚持把扶贫开发落实到贫困村、贫困户。四是改革扶贫方式，提高农民的参与程度。五是多渠道筹集资金，加大扶贫开发投入。六是改进扶贫项目管理，提高扶贫资金的使用效益。七是继续动员社会各界力量参与扶贫开发。八是从贫困地区实际出发，给予必要的政策优惠。

2003年，省政府办公厅下发《关于进一步抓好当前扶贫开发工作的通知》，提出加大灾后扶贫开发工作力度，把扶贫开发与灾后重建紧密结合，制定抑制返贫的有效措施，着力改善贫困灾区基本生产生活条件。同时进一步动员机关、单位参与对口扶贫工作，明确帮扶任务，建立和完善领导扶贫联系点、机关和企事业单位定点帮扶贫困乡村的制度。

2004年，省政府出台《关于实施扶贫开发整村推进工程的意见》，在2225个行政村实施扶贫开发整村推进工程，如期完成既定目标任务。

2006年，省政府出台《安徽省以工代赈管理办法》，提出以工代赈投入集中用于国家扶贫开发工作重点县，适当扶持省扶贫开发工作重点县。以工代赈投入重点建设与贫困地区经济发展和农民脱贫致富有关的农村小型基础设施工程，主要包括县乡村公路、小型农田水利、人畜饮水、基本农田、小流域治理以及按照国家要求安排的其他建设项目。规范和加强以工代赈管理，提高以工代赈资金的使用效益，改善贫困农村生产生活条件和发展环境，帮助贫困农民脱贫致富。2006年，省政府发布《安徽省农村扶贫开发“十一五”规划纲要》（以下简称《规划纲要》），明确提出：以改善贫困地区群众基本生产生活条件、提高劳动力素质、增加农民收入、减少贫困人口为目标，注重创新扶贫方式，因地制宜地实施“整村推进”工程，积极开展以工代赈、劳动力转移培训和产业化扶贫，进一步推进小额信贷扶贫和深山区库区易地扶贫开发，竭力缓解各类返贫现象。《规划纲要》指出：农村扶贫开发主要对象是具有自我发展能力的贫困人口。同时，针对不同贫困类型，采取不同的扶贫方式。对有劳动能力的贫困人口实行开发式扶贫，对缺乏生存条件地区的贫困人口实行搬迁扶贫和劳动力转移培训扶贫，建立贫困家庭子女教育扶贫机制，建立因病致贫家庭卫生扶贫机制。通过建立健全救助保障制度，解决丧失劳动能力的人口贫困问题。《规划纲要》明确提出工作重点是继续对3000个左右重点贫困村因地制宜地实施“整村推进”工程，并与新农村建设紧密结合。要求“整村推进”重点村中心居民点基本实现晴雨通车，群众能够饮用清洁卫生水，适龄儿童、少年能够完成9年义务教育，贫困农民基本参加农村新型合作医疗，贫困农户危房基本改造完毕，农村环境得到进一步改善。平均每个贫困户有1个劳动力接受农业适用技术培训，农业剩余劳动力50%以上通过技能培训转移到非农产业，每个村有一个稳定的增收项目。重点工程是：整村推进工程；劳动力资源开发工程；产业化带动工程；通达、片区综合治理和易地扶贫搬迁工程；扶贫助学助医工程；扶贫带头人工程和扶贫济困工程。

2008年，省政府出台《关于继续实施扶贫开发整村推进工程的意见》，指出扶贫开发首要任务仍然是解决和巩固贫困人口的温饱，同时要把缩小差距和构建和谐社会放到更重要的位置。要求加强组织领导，各重点县政府要高度重视整村推进工程，层层落实责任制；加大资金投入，加大资金和资源整合力度，共同实施整村推进工程。省有关部门要围绕整村推进的工作标准，加大项目建设力度，保证资金投入。加强检查监督，做好对重点村的统计监测工作。明确提出，从2008年至2010年，在20个国家扶贫开发工作重点县和10个省扶贫开发工作重点县，每年安排500个左右重点村，继续实施整村推进工程。

第五节 劳动力流动政策

1986年以后，安徽省农村劳动力流动由少到多，已成为全省农村经济发展中一个重要现象。农村劳动力转移政策取向从有条件允许流动，不断向规范管理、积极应对、公平和融合多目标综合管理转变。特别是2000年以后，农民工问题受到党和政府高度重视，农村劳动力转移政策发生根本性变化，更加重视转移过程中公平、融合问题，特别注重改革城乡分割二元体制。从20世纪90年代初开始，全省对农村劳动力流动逐步实行暂住证管理制度、取消不合理收费、保障农民工权益等一系列政策措施。这一期间，农村劳动力流动政策变化主要有四个阶段。

“允许流动”阶段（1986—1988）

1986年起，安徽省对农村劳动力跨城乡、跨区域转移采取“允许流动”政策。1986年，安徽省颁布《国营企业实行劳动合同制实施细则》，允许国营企业（国有企业）招收农村劳动力。

就地转移阶段（1989—1991）

1989年4月,国家出台《关于进一步做好控制民工盲目外流的通知》和《关于严格控制“农转非”过快增长的通知》,1990年4月,国务院再次下发《关于做好劳动就业工作的通知》,要求对农民工进城务工实行有效控制、严格管理,并建立临时务工许可证和就业登记制度,防止大量农村劳动力盲目进入城市。从1989年开始,安徽省农业劳动力的转移进入一个相对停滞时期。

“规范引导”阶段（1992—2000）

1992年以后,安徽省农村劳动力转移政策发生积极变化,政策指导方向是积极鼓励、规范流动。政府部门颁布各项法令、法规,鼓励和引导农村富余劳动力在宏观调控下有序流动。农村劳动力流动政策已从控制盲目流动,逐步过渡到利用经济、法律、行政手段,将农民流动纳入行政规范管理。从1994年开始,安徽实行统一流动人口就业证和暂住证制度。这一时期主要特点是“外出务工”取代乡镇企业就地转移,成为农村富余劳动力转移主要方式。

保障权益、鼓励转移阶段（2001—2008）

2001年以后,安徽省农村劳动力转移政策发生根本性变化,政策着力点是保障合法权益,鼓励转移。同时,公共政策进入统筹城乡发展和以人为本、公平对待轨道,为农民进城务工创造良好环境。2001年,全省开展清理整顿针对农民工有关收费行为,要求除证书工本费外,各项行政事业性收费一律取消。2002年,安徽省提出要消除不利于城镇化发展的体制和政策障碍,引导农村劳动力合理有序流动。2003年,省委办公厅下发《关于进一步做好全省劳务输出工作的通知》,对简化农民进城务工手续、开展职业技能培训、维护进城务工人员的合法权益、加快劳动力市场建设等作出明确规定。2003年,省政府办公厅下发《关于切实解决拖欠农民工工资问题的通知》。2004年,省政府出台《关于建立长效机制防止拖欠工程款和农民工工资的通知》,对切实维护广大农民工合法权益,维护社会稳定,切实解决拖欠农民工工资问题提出明确要求。2004年,省人大常委会颁布《安徽省劳动合同条例》,对劳动条件、劳动报酬、社会保险、劳动保护等作出明确规定。2005年2月,省政府转发《国务院关于进一步改善农民进城就业环境工作的通知》,并结合安徽实际,做好促进农民就业环境的管理和服务工作、切实维护农民进城就业合法权益、健全完善劳动力市场等方面提出具体要求。全省各市、县结合当地情况,相继出台一批政策和文件。2005年6月,省政府出台《关于做好被征地农民就业和社会保障工作的指导意见》,要求全省17个市都要指定学校接纳农民工子女入学。2006年,省政府下发《关于进一步做好农民工工作的通知》(皖政〔2006〕52号),提出要高度重视农民工工作、努力做好农民工就业服务和培训工作、依法规范农民工劳动管理、解决好农民工参加社会保险问题、切实维护农民工合法权益、努力改善农民工的生产生活条件、切实为农民工提供相关服务、完善落实农民工返乡创业政策。

第六节 山区发展政策

安徽省山区面积约占全省三分之一，人口800万，主要分布在皖西大别山区和皖南山区，区域分布相对集中，多数属于经济欠发达地区。山区发展对全省经济社会发展具有举足轻重影响。1986年以后，安徽省坚持山区扶贫与开发并举指导思想，制定发展目标，通过实施一系列政策措施，推动山区经济社会发展，力争到2000年，26个山区、半山区县有85%以上人口达到小康水平，现有贫困人口人均收入达到500元（1990年不变价格）以上。1994年，省委、省政府出台《关于进一步加快山区经济发展的意见》，明确指出：要按照建立社会主义市场经济体制的总体目标，认真研究新形势下山区经济发展的新特点、新问题，结合山区工作的实际，制定切实有效的措施，齐心协力，真抓实干，加快山区社会经济的全面发展。

山区发展指导思想、主要目标

解放思想，转变观念，克服消极畏难情绪和等靠要、无所作为的思想，贯彻自力更生、艰苦奋斗、勤俭创业的指导方针；坚持以市场为导向，依靠科技进步，发挥资源优势，优化产业结构，千方百计增强县级综合实力；加大改革开放力度，打开山门，放开搞活，积极探索具有山区特色的脱贫致富奔小康发展思路。各级政府扶贫工作的重点要从救济型转向开发型，从资金、物质注入型转向依靠科技进步、提高劳动者素质、促进经济开发的轨道上来。加快山区脱贫致富奔小康步伐。

山区发展主要政策、措施

稳定山区粮食生产，深化粮食购销体制改革。粮食是关系到山区社会经济稳定和人民生活的特殊重要商品。山区发展粮食生产，关键是抓好改造低产田，推广良种良法，提高单位面积产量。进一步深化粮食流通体制改革，建立对山区特困人口粮食补贴制度。从1994年起，5年内对缺乏劳动力、缺乏耕地、收入低的特别困难户，自产粮不足6个月口粮的，由国家给予粮食差价补贴，每个特困人口的供应量按6个月口粮核定，每斤供应粮由国家补贴0.2元差价。各县、乡（镇）在逐户核实补贴人口的基础上，制发供应本，凭本供应，补贴到户。

以市场为导向，在优化结构、提高效益上做文章。坚持不懈抓好造林育林，加快实施“五八”造林绿化规划。充分利用山区特殊的自然条件，发展茶叶、蚕桑、药材、蔬菜，花卉和各种干鲜果等多种经济作物。大力发展乡镇企业，深化产权制度改革，积极推行股份制和股份合作制。

加强农业社会化服务体系建设，提高农业现代化水平。建立健全农业社会化服务体系。各级农业（林业、水利）经济技术部门是农村社会化服务的主导力量，要适应市场经济的需要，转变观念，改变服务，深化改革，搞活内部机制。重视和扶持农民自己兴办的各种民办专业技术协会和各种服务组织，鼓励发展各类购销专业大户，努力培养、造就一支推销员和经纪人队伍。采取得力措施，积极引导，大力扶持，放手发展贸工农一体化经营。

大力发展“山口经济”，加快山区城乡一体化进程。山区小城镇建设，要以县城和若干大的山口集镇为重点，坚持“统一规划，合理布局，综合开发，配套建设”的方针，与培育各种农产品批发市场、兴办工业小区和房地产开发结合起来，增强山口集镇的综合实力和辐射功能，使之成为带动区域发展的中心。提倡和鼓励异地开发。把劳务输出作为贫困山区农民解决温饱、增加收入和开发智力的有效途径。

加大智力开发力度，不断提高劳动者素质。依靠科技进步，开发智力资源，提高劳动者素质是扶贫开发、发展山区经济的治本之举。大中专院校招生、分配要对山区实行政策倾斜，适当降低贫困山区县考生的录取分数线，扩大大学定向招生人数。大力推进农科教结合，建立省级“燎原计划”项目库，每年举办一次大中专学校与山区县的项目洽谈会；推出全省农科教“5234”工程，即抓好5个示范县、20个示范乡、30个示范村、40个“学校＋公司＋农户”示范企业。大范围开展“绿色证书”培训，“九五”末使山区县每20户有1名获得“绿证”的技术骨干。坚持扶贫开发、计划生育两个生产一起抓，抑制山区人口过快增长。

加强基础设施建设，进一步改善山区的基础条件。加大对山区基础建设的倾斜，重点加强山区的公路建设，提高国道、省道的等级。山区小水电资源丰富，要制定规划，突出重点，加快开发。认真贯彻《中华人民共和国水土保持法》，狠抓水土保持综合治理和农田水利基本建设，省农水重点建设经费要向山区倾斜，扶持山区小流域治理、建设“当家田”和“当家塘”，实行人畜饮水困难补助。逐步提高山区的通讯水平，“九五”末力争使60%～80%的行政村通电话。在大力抓好山区群众劳动投入的同时，进一步拓宽渠道，放宽政策，积极争取外来投资，积极争取利用国际金融机构的优惠贷款。

进一步调整、放宽政策，扶持山区经济发展。加快木材经营体制改革，调整木材经营税费。调整水电费价格及返还比例，按照水电、火电同价的原则，逐步理顺水电价格和收益分配关系。皖西几大水库发电基数内返还库区的资金由原定每千瓦时0.011元上调至0.02元；超基数上网电价每千瓦时由0.15元上调至0.245元，其提价部分70%返还库区，30%留电站用于生产建设。认真贯彻落实省政府关于从淠、史、杭灌区所收水费上交部分中40%返还库区，并附加10%的库区扶持金的政策，这项政策1995年后仍继续执行。对贫困山区、库区采取休养生息政策，关于农业特产税的征收，按照省政府有关规定，适当予以照顾。山区茶叶、蚕茧等农业特产收购资金，由农业银行予以重点保证。

切实加强对山区工作的领导。省里由省农村工作领导小组统一协调对山区工作的领导，地方各级党委、政府要总揽全局，增强责任感和紧迫感，经常深入山区调查研究，总结经验，帮助解决山区扶贫开发中的新矛盾、新问题。山区各级领导要把主要精力放在发展山区经济、改变贫困面貌上；山区乡（镇）干部要保持相对稳定，政绩显著的要给予奖励或记功。切实加强各项扶贫资金的管理和使用。加强省、地（市）大中型企业与贫困山区县的对口扶持。

第七节 税费改革政策

1990年以后，随着农产品由供不应求到供过于求历史性转变，全省农村普遍出现“卖粮难”现象，农民收入徘徊不前。而向农民乱收费、乱集资、乱摊派、乱罚款现象层出不穷，致使农民负担有增无减。据有关调查统计，上述负担一般占到上年农民人均纯收入10%，个别地方达到20%。农民负担过重问题，已严重影响农村改革、发展和稳定。为解决这一问题，全省各地开始进行积极探索不同税费改模式。先后在阜阳地区推行“税费合一”制，在五河县实行“农村公益事业建设税”，在来安县、怀远县、濉溪县、望江县开展“税费改革”试点等。这些改革试验为全国进行农村税费改革积累有益的经验。是安徽省率先实行农村家庭承包制后，为中国农村改革作出的又一重要贡献。

全面推进农村税费改革

2000年3月，中共中央、国务院发出《关于进行农村税费改革试点工作的通知》，决定从当年开始，安徽省为全国唯一以省为单位进行税费改革试点。安徽省成立农村税费改革领导小组，由省委书记王太华担任组长。2000年4月23日，国务院正式批准《安徽农村税费改革试点方案》（以下简称《方案》）。《方案》明确提出农村税费改革试点指导思想：按照社会主义市场经济发展和推进农村民主法制建设的要求，从根本上治理对农民的各种乱收费，切实减轻农民负担并保持农村长期稳定，建立规范的农村分配制度；进一步加强农村基层组织建设，巩固农村基层政权；调动和保护农民生产积极性，促进农村社会稳定和农村经济健康发展。《方案》同时明确税费改革主要内容：取消按农民上年纯收入一定比例征收的乡统筹费；取消农村教育集资等专门面向农民征收的行政事业性收费和政府性基金、集资；取消屠宰税；全省用3年时间逐步取消统一规定的劳动积累工和义务工；调整农业税政策，全省农业税最高税率不得超过7%；调整农业特产税政策，实行一个应税品种只在一个环节征税，农业税和特产税不重复征收；改革村提留征收和使用办法，采用农业税附加的方式收取，附加比例最高不超过改革后农业税的20%。为将税费改革方案实施工作落实，全省还相继出台30多项配套改革措施。按照《方案》及有关配套文件要求，各地精心组织，规范操作，重新核定地税面积，建立取消“三乱”和各种达标升级活动的目标责任制，加强税收征管，实行定时、定点、定额征收，调动农民完税积极性。

完善减轻农民负担政策

从2001年起，农村税费改革按照“巩固、完善、规范、配套”思路，围绕“既要明显减轻农民负担，又要保证乡村正常工作和发展的必要经费，特别是保证农村义务教育经费”两大目标，完善有关政策措施，保证农民税赋负担水平的合理与公平。

调整和完善农业税收及征管政策　对在农业税计税土地上生产的季节性经济作物，由征特产税改征农业税；对茶叶、竹木等部分应税品目的特产税税率，分别下调2～3个百分点，并改进部分应税品目的特产税征收办法。2002年，又将茶叶和水果等应税农业特产品税率下调2个百分点，并在水果重点产区砀山县和萧县进行农业特产税改征农业税试点，这项改革措施在全省直接减轻农民负担近亿元。对未承包土地、不属于农业税征收对象、在村内居住1年以上并从事工商业活动的居民，按照权利与义务对等的原则，收取每人每年不超过50元的村内集体公益事业建设资金，纳入"一事一议"筹资款统一管理和使用。为推进税费政策法制化建设，省人大常委会审议通过《安徽省村内兴办集体公益事业筹资筹劳条例》，从2003年1月1日起实施。

改革农村义务教育管理体制　实施"以县为主，分级负责"的农村义务教育管理体制改革，千方百计增加农村义务教育投入。2001年，全省预算内农村义务教育拨款43.1亿元，比2000年增长33.2%。农村初中和小学教师工资的管理一律上收到县，确保教师工资按时足额发放。组织实施农村中小学危房改造工程。至2002年年底，全省已投入资金15.9亿元，改造危房376万平方米。

保障乡（镇）机构和村级组织正常运转　一是精简乡（镇）机构，分流富余人员。从2000年下半年开始，安徽面开展乡（镇）机构改革，村级改革以"减人减支"、强化管理为重点。二是消化历年欠发工资。2002年3月，组织工作组进驻20个有欠发工资的县（市、区），帮助兑现欠发工资。至8月底，各地历年欠发的工资基本消化，且没有发生新的欠发工资现象。三是积极探索化解村级债务的有效途径和办法。省政府制定化解村级债务的意见和具体实施方案，力争在3～5年内取得明显成效。据初步统计，至2002年年底，全省已化解村级债务10亿元，占村级债务20%。

健全农民负担监管机制　安徽省相继制定并实施义务教育、农民建房、计划生育、婚姻登记、水利工程、农机监理和农村用电等涉农收费管理办法以及切实减轻村级订阅报刊负担等政策，基本健全各项涉农收费的制度。对违反农村税费改革政策的行为采取严厉处罚措施。进一步完善农民负担监管制度，明确规定县级党政主要领导是农民负担监管第一责任人，实行严格的责任追究制。进一步落实农民负担监督卡制度，充分发挥人大、政协和舆论等方面的监督作用，着力构建农民负担全方位监督体系。

农村税费改革成效与经验

以"减项、压量、治乱"为主要内容，安徽省农村税费改革基本实现改革试点预期目标，取得有益的成效和经验。第一，有效遏制农村"三乱"现象，大幅度减轻农民负担。2000年，全省取消各种收费项目50项，减少农民税费负担16.9亿元，农民人均负担减至75.5元；2002年，农民人均负担减至68.4元。第二，基本理顺农村分配关系，新的农村税费制度框架基本确立。初步理顺国家、集体和个人之间分配关系，使农村分配方式逐步走上法制化轨道；理顺政府与部门关系，增强财政宏观调控能力；规范农税征管方式，基本实现由简单粗放征收向据实征收转变，由上门催收向主动纳税转变，由行政征收向依法征税转变。第三，扩大村民自治权力和范围，促进农村基层民主政治建设。第四，带动农村各项配套改革，促进农村基层政权精兵简政。第五，改善党群干群关系，维护农村政治社会稳定。第六，为其他地区开展农村税改提供经验借鉴。在安徽农村税费改革试点取得明显成效基础上，国家决定从2003年起在全国全面推开农村税费改革试点工作。2005年，安徽省全面取消农业税。

第八节　土地承包和流转政策

1978年，从安徽省凤阳县小岗村发端的“大包干”责任制，标志着中国农村以家庭承包为基本经营制度的土地承包制建立。在农村改革实践中，安徽省始终坚持以稳定完善农村土地承包关系为核心，对农村土地第二轮承包、农村土地承包经营权流转等政策进行积极探索和实践。

农村土地第二轮承包政策

1993年，农村土地第一轮承包即将到期。省委、省政府出台《贯彻〈中共中央、国务院关于当前农业和农村经济发展的若干政策措施〉实施意见》（以下简称《意见》）。明确指出：在坚持农村土地集体所有的前提下，原定农用土地承包到期以后，再延长30年不变。原承包期结束后，不论调整土地与否，都要由村集体经济组织或村民委员会与农户签订新的土地承包合同，在新承包期内，可以增人不增地，减人不减地。集体所有的荒山、荒地、荒滩、荒水承包期可延长到50年至70年不变；山林、果园、水面等可实行招标承包或租赁经营。《意见》要求：放活土地使用权，建立土地使用权流转机制。土地承包人享有土地使用权，承包期内在不改变土地用途的前提下，经发包方同意，土地使用权可以依法转让、出租、抵押。土地使用权转让、出租或抵押的当事人双方应签订合同，并持承包合同向发包方提出申请和办理登记。凡在本行政村内进行的，由村集体经济组织或村民委员会组织办理登记，报乡土地承包合同管理部门和土地管理部门备案；超出本村范围的，由乡（镇）土地管理部门办理登记，抄送乡（镇）土地承包合同管理部门并报县土地管理部门及县合同仲裁部门备案。解除转让、抵押、租赁关系后，当事人应在15日内到原登记机关办理注销登记。因处理抵押财产而取得土地使用权的，应当办理过户登记。

至1996年夏收前，安徽省土地二轮承包工作基本告一段落，全省95%以上的乡村延长土地承包期30年以上，土地承包合同的签订和经营权证书的发放工作基本到位，并建立市、县及乡（镇）土地承包合同管理办公室和农村土地承包仲裁机构。2000年，农村税费改革开始后，针对土地二轮承包遗留问题，安徽省认真贯彻落实《中华人民共和国农村土地承包法》，加大二轮土地承包扫尾和后续完善工作。2005年10月，省政府办公厅下发《关于进一步落实和完善农村土地承包政策的通知》，对二轮土地承包情况进行全面检查和规范，重新签订土地承包合同，补换发农村土地承包经营权证。至

2006 年 12 月 30 日止，全省农村土地承包合同书发放率为 98.5%，农村土地承包经营权证书发放率为 98.3%。

全省农村土地承包制度改革经验交流会

1994 年 12 月 3—4 日，省政府在临泉县召开全省农村土地承包制度改革经验交流会，研究部署全省农村土地第二轮承包和农村土地承包制度改革工作。会议指出：农村土地第二轮承包和土地承包制度改革必须以县（市、区）为单位，统一组织实施；以强化所有权、明确发包权、稳定承包权、放活使用权为基本内容；具体形式，可因地制宜，不搞一刀切。凡涉及农民实际利益的问题要民主议定，尊重群众的意愿，不能少数人说了算。会议要求：各地必须建立或完善乡、村集体经济组织。这种组织的社区范围、名称，根据群众意愿，由各县（市、区）自定。以乡（镇）、村集体经济组织作为发包方与农户签订承包合同。合同文本可以县或地市为单位统一印制。农业承包合同是承包农户依法使用集体土地的合法证据。同时健全、完善乡（镇）、村二级农业承包合同管理和县、乡仲裁机构，加强农业承包合同管理。耕地承包期一律实行 30 年不变，增人不增地，减人不减地；山场原则上不作调整，其承包期顺延；果园、水面的承包期，因各地情况差别较大，可因地制宜确定；荒山、荒坡、荒滩、荒地、荒水等可以招标发包，也可以拍卖使用权，期限可以是 50 年或 70 年。在土地承包期内，如因人口变动或其他原因需调整土地的，应通过市场途径解决。会议要求：各地可参照临泉县等地的做法，采取多种形式，放活农用土地使用权，逐步建立和完善土地流转机制。农村集体土地流转，凡涉及所有权和使用性质变更的，由国家土地部门管理；本集体经济组织内只涉及使用权变更的，由集体土地所有者和农业承包合同管理部门管理，并报乡（镇）土地管理部门备案。农村土地承包制度改革要与村镇、道路、水利、学校、基本农田保护区等项建设以及计划生育、陈欠清理、农村产业和经济结构调整等项工作相结合，近期内已安排的建设项目需占用的土地，可以预先留出。

土地承包经营权流转政策

2000 年开始，针对当时农业比较效益低、农业劳动力流失多、土地抛荒现象严重等问题，省农委等有关部门积极开展调查研究，在实践中不断探索土地承包经营权流转办法。2005 年，省政府出台《安徽省关于〈中华人民共和国农村土地承包法〉实施办法》，对积极引导农村土地流转作出明确规定：按照自愿、有偿和平等协商的原则，承包方可以依法采取转包、出租、互换、转让或者其他方式进行土地承包经营权流转，任何单位和个人不得强迫或者阻碍。土地承包经营权流转合同由承包方与受让方签订。未经承包方书面委托，发包方和其他任何组织、个人代表承包方与受让方签订的土地承包经营权流转合同无效。土地承包经营权采取转让方式流转的，应当经发包方同意。发包方应当自收到承包方书面申请后 7 日内答复；逾期不答复的，视为同意。土地承包经营权采取转包、出租、互换或者其他方式流转的，双方当事人应当签订书面流转合同，并在 15 日内将流转合同报发包方备案。承包地集中连片流转，涉及多个承包方的，受让方应当与每个承包方签订土地承包经营权流转合同。对跨区域进行土地承包经营权流转实行规模承包经营，受让方申请迁移登记为当地农村常住户口的，由公安机关依法办理。承包方之间可以自愿将承包土地入股发展农业合作生产，但股份合作终止时入股土地应当退回原承包农户。土地承包经营权采取互换、转让方式流转，当事人要求登记的，按照国家有关规定办理。承包土地流转后，因国家重大政策调整导致合同内容显失公平的，经双方协商可以对合同的有关条款作相应的修改。协商不成的，按照土地承包经营纠纷处理。土地流转中没有订立流转合同，原承包户要求收回承包地的，受让方应予返还，双方也可以在协商一致的基础上补签书面流转合同。土地承包经营权流转时，发包方应当应承包方或者受让方要求提供协助，但不得违背承包方的意愿，不得截留、扣缴承包方的流转收益。通过流转取得的土地承包经营权，可以依法再流转。原流转合同另有约定的，从其约定。土地承包经营权的再流转，按照土地承包经营权流转的规定执行。发包方依法收回发包土地的，不影响该土地的流转合同的效力。县级以上地方人民政府农业、林业等行政主管部门和乡（镇）人民政府或者街道办事处应当建立农村土地承包经营权流转信息库，及时公布农村土地承包经营权流转供求信息，并提供业务指导和服务。

农村承包经营权流转操作规范

2008年，安徽省农委下发《关于进一步规范农村土地承包经营权流转的通知》（以下简称《通知》），对农村承包经营权流转制定具体操作规范。《通知》指出，农村土地流转应遵循以下基本原则：一是在坚持农户家庭承包经营制度和稳定农村土地承包关系的基础上，遵循平等协商、依法、自愿、有偿的原则；二是不得改变土地的所有权性质和土地的农业用途；三是流转的期限不得超过法定承包期的剩余期限；四是在同等条件下，流转土地所在地的集体经济组织成员享有优先权。《通知》要求：要全面推行农村土地流转登记、备案和鉴证制度。乡（镇）农村土地承包管理部门要加强指导，对采取转让方式流转土地的，要经发包方同意，发包方自收到申请人书面申请7日内不答复的，视为同意；采取互换、转让方式流转土地承包经营权，当事人要求登记的，按照国家有关规定办理。对采取转包、出租、互换或其他方式流转土地的，双方当事人应当签订书面流转合同，并在15日内将流转合同报发包方备案。土地流转当事人申请鉴证的，有关部门要及时接受合同鉴证。乡（镇）农村土地承包管理部门要向土地流转当事人提供省农业行政主管部门统一制订的土地流转合同文本，指导土地流转双方选择适当的土地流转形式，监督合同签订。《通知》要求：要不断创新农村土地经营形式。对具备条件的，可以积极引导发展适度规模经营。有条件的乡（镇）可以探索成立股份制合作社，在保障农民承包权的基础上，引导农民将土地承包经营权作为股权，自愿联合从事农业合作生产经营，但股份合作终止时入股土地应当退回原承包户。其他承包方式的承包方也可将土地承包经营权量化为股权，入股组成股份公司或者合作社等，从事农业生产经营。可以通过加强“机动地”管理，闲置宅基地开发，大力发展专业化、社会化和产业化，实行“农田保姆”劳务互助等多种形式，促进土地流转进程，扩大适度规模经营，提高土地产出率。各市农业部门要选择1～2个乡（镇），各县（市、区）要选择1～2个村进行农村土地规范化流转试点。试点乡（镇）、村要制订工作方案，建立土地流转的程序和各项工作制度，开展土地规范化流转宣传，提高土地流转的登记率、备案率和鉴证率。

《通知》指出：要加强农村土地流转合同管理。乡（镇）农村土地承包管理部门要全面建立农村土地承包合同档案。对土地流转要建立农村土地流转台帐，及时变更当事人的承包合同、经营权证书和承包合同档案。要实行土地流转动态监测制度，及时掌握土地流转情况，逐步完善农村土地承包和土地流转合同及相关材料的立卷、归档等制度。要切实保障农民土地流转的各项权益。承包方自愿委托发包方或中介组织流转其承包土地的，应当由承包方出具土地流转委托书。委托书应当载明委托的事项、权限和期限等，并有委托人的签名或盖章。没有承包方的书面委托，任何组织和个人无权以任何方式决定流转农户的承包土地。未经农民同意，强行流转土地的，流转关系无效。要依法保护农户自主选择土地流转形式的权利，农户可以自行流转，也可以委托集体经济组织代为流转。要坚决制止各种组织在农户土地承包经营权流转中，采取低价租回土地，高价对外发包，中间盘剥农民利益的流转形式和做法。严禁集体经济组织擅自截留、扣缴农户的流转收益。要妥善处理农村土地流转引发的各类纠纷。要建立明确的工作责任制度和纠纷案件督办制度，乡（镇）和县（市、区）农业行政管理部门要依法处理土地纠纷案件。因土地承包经营发生纠纷的，双方当事人可以通过协商解决，也可以请求村民委员会、乡（镇）人民政府或者街道办事处等调解解决。当事人不愿协商、调解或者协商、调解不成的，可以向农村土地承包仲裁机构申请仲裁，也可以直接向人民法院起诉。

第九节　农村小康建设政策

1993年5月2日，省委、省政府发布《中共安徽省委、安徽省人民政府关于确定农村小康生活标准的意见（附件：安徽省计委关于安徽省农村小康生活标准的说明）》，明确提出安徽省农村小康生活指标体系、量化标准及评价办法。

安徽农村小康生活标准

包括6个方面，5个层次。6个方面即收入分配、物质生活、精神生活、人口素质、生活环境、安全保障。收入水平是实现小康的决定因素，收入差异体现小康社会共同富裕的程度，物质生活是小康的核心内容，精神生活是实现小康的重要标志，人口素质是人的全面发展的必然要求，生活环境是实现人的全面发展的基本条件，社会保障及公共安全则直接关系到人民安居乐业、安康度日。5个层次即安徽省省级农村小康生活标准、安徽省县级农村小康生活标准、安徽省乡（镇）级农村小康生活标准、安徽省村级农村小康生活标准、安徽省农村小康户生活标准。（表12–1–1—表12–1–5）

安徽农村小康生活指标

在收入分配方面:⑴收入水平,用“农民人均纯收入”表示;⑵收入差异,用“基尼系数”表示。在物质生活方面:⑴消费,衡量指标有2个,即“农民人均生活消费支出”和“恩格尔系数”。⑵营养,用“每人每天蛋白质摄入量”表示。⑶衣着,用“人均衣着消费支出”表示。⑷住房,用“钢混、砖木结构住房比重”表示。在精神生活方面:⑴文娱,用“高档机电消费品拥有量”表示。⑵服务,用“人均文化生活服务消费支出占生活消费支出比重”表示。在人口素质方面:⑴健康,用“人口平均预期寿命”表示。⑵知识,用“适龄青年平均受教育程度”表示。在生活环境方面,⑴饮水,用“安全卫生水普及率”表示。⑵用电,用“用电户比重”表示。⑶交通,用“已通公路行政村比重”表示。⑷通讯,用“已通电话行政村比重”表示。在保障安全方面:⑴保障,用“五保户集体供养率”表示。⑵安全,用“万人刑事案件立案件数”“万人治安案件立案件数”表示。安徽省农村小康生活指标量化标准是参照国际、国内有关研究成果,结合安徽实际加以确定的,既注意5个层次的科学性,又注意每个层次指标的合理性。

安徽省省级农村小康生活标准

表 12–1–1

指标名称	单位	小康标准	备注
农民人均纯收入	元	1100 ~ 1200	1990 年不变价格
基尼系数	%	30 ~ 40	贫富差异程度
恩格尔系数	%	≤ 50	食品支出占消费支出比重
蛋白质摄入量	克 / 人日	≥ 75	—
衣着消费支出	元 / 人年	≥ 70	1990 年不变价格
钢混、砖木结构住房比重	%	≥ 80	—
高档机电消费品拥有量	台（件）/百户	≥ 200	指电视机、录音机、洗衣机、电冰箱、摩托车、音响等
人均文化生活服务消费支出占生活消费支出比重	%	≥ 10	—
人口平均预期寿命	岁	≥ 70	—
适龄青年平均受教育程度	年	≥ 9	—
已通公路行政村比重	%	≥ 85	晴雨通车路
已通电话行政村比重	%	≥ 70	—
安全卫生水普及率	%	≥ 90	—
用电户比重	%	≥ 95	—
享受社会保障人口	%	≥ 90	—
万人刑事案件立案件数	件	≤ 5	—

安徽省县级农村小康生活标准

表 12-1-2

指标名称	单位	小康标准	备注
农民人均纯收入	元	1100 ~ 1200	1990 年不变价格
二、三产业收入占纯收入比重	%	60 ~ 65	—
人均纯收入 600 元以下农户比重	%	≤ 5	—
食品支出占消费支出比重	%	≤ 50	即恩格尔系数
钢混、砖木结构住房比重	%	≥ 80	—
高档机电消费品拥有量	台（件）/ 百户	≥ 200	品种同省级
适龄青年平均受教育程度	年	≥ 9	—
通公路行政村比重	%	85 ~ 100	低限为深山区、圩区、晴雨通车路
通电话行政村比重	%	60 ~ 80	低限为深山区、圩区
用电户比重	%	≥ 95	—
安全卫生水普及率	%	≥ 90	—
五保户集体供养率	%	≥ 90	—
13. 计划生育率	%	95	—
万人刑事案件立案件数	件	≤ 5	—
达小康乡（镇）比重	%	≥ 90	—

安徽省乡（镇）级小康生活标准

表 12-1-3

指标名称	单位	小康标准	备注
农民人均纯收入	元	1100 ~ 1200	1990 年不变价格
二、三产业收入占纯收入比重	%	60 ~ 65	—
人均纯收入 600 元以下农户比重	%	≤ 5	—
钢混、砖木结构住房比重	%	≥ 80	—
人均居住面积	平方米	≥ 18	—
适龄青年平均受教育程度	年	≥ 9	—
通公路行政村比重	%	100	晴雨通车路
通电话行政村比重	%	≥ 95	—
用电户比重	%	≥ 95	—
安全卫生水普及率	%	≥ 90	—
五保户集体供养率	%	≥ 95	—
万人刑事案件立案件数	件	≤ 5	—

续表 12-1-3

指标名称	单位	小康标准	备注
计划生育率	%	≥ 95	—
实现小康村比重	%	≥ 90	—

安徽省村级小康生活标准

表 12-1-4

指标名称	单位	小康标准	备注
农民人均纯收入	元	1100 ~ 1200	1990 年不变价格
人均纯收入 600 元以下农户比重	%	≤ 5	—
村办企业税后利润总额	万元	10 ~ 20	—
钢混、砖木结构住房比重	%	≥ 80	—
人均居住面积	平方米	≥ 18	—
高档机电消费品拥有量	台（件）/ 百户	≥ 250	品种同省级
适龄青年平均受教育程度	年	≥ 9	—
通电、通公路、通电话、饮卫生水、有卫生所	—	—	全部达到
计划生育率	%	≥ 95	—
实现小康户比重	%	≥ 90	—

安徽省农村小康户生活标准

表 12-1-5

指标名称	单位	小康标准	备注
人均纯收入	元	1100 ~ 1200	1990 年不变价格
人均居住砖瓦房、楼房面积	平方米	≥ 18	—
拥有电视机、录音机、洗衣机、音响、电冰箱、小型机动车	台（件）/ 种	≥ 3/2	—
适龄子女接受九年义务教育；奉公守法，实行计划生育	—	—	—

第二章　法制建设

农业法制建设包括农业立法、普法、执法和依法行政，是农业部门重要职能，是依法行政重要内容。改革开放以后，农业管理进入既依靠政策调整、又依靠法律调整时期，安徽省农业管理部门在认真贯彻党和国家各项方针政策过程中，通过不断总结和实践，积极提出立法建议，增强立法的针对性和可操作性，农业立法不断加强、成效显著，农业生产和管理基本上做到有法可依。截至2008年年底，经省人大常委会审议通过安徽省地方性农业法规15件，省政府制定规章9件。涉及种植业、畜牧业、渔业、农产品质量安全、农业生态资源管理、农民权益保护等方面，农业领域法律、法规体系基本形成。2006年，省农委被省政府法制办公室评为"政府法制工作先进单位"。

第一节　法律法规

地方性农业法规

1986年以后，随着农村改革深化和国家法制工作全面加速推进，安徽农业立法工作由逐步重视进入到加快发展时期，农业法制建设取得显著成绩，1986—2008年，共制定地方性农业法规15件。1989年8月，省人大常委会审议通过《安徽省实施〈渔业法〉办法》，1996年、2002年和2004年三次修正。1992年2月，省人大常委会审议通过《安徽省实施〈野生动物保护法〉办法》。1993年7月，省人大常委会审议通过《安徽省农业承包合同管理条例》，2005年6月，省人大常委会审议通过《安徽省实施〈农村土地承包法〉办法》，《安徽省农业承包合同管理条例》同时废止。1994年8月，省人大常委会审议通过《安徽省实施〈农业技术推广法〉办法》，1997年修正。1996年7月，省人大常委会审议通过《安徽省基本农田保护条例》，2004年修正。1996年12月，省人大常委会审议通过《安徽省农民负担管理条例》。1997年6月，省人大常委会审议通过《安徽省农作物种子管理条例》，2002年修正。1997年12月，省人大常委会审议通过《安徽省农业机械化促进条例》，2004年、2006年二次修正。1998年8月，省人大常委会审议通过《安徽省农村能源建设与管理条例》，2004年修正。1999年6月，省人大常委会审议通过《安徽省农业生态环境保护条例》，2006年修正。1999年12月，省人大常委会审议通过《安徽省蚕种管理条例》，2004年、2006年和2008年三次修正。到20世纪末，农业发展主要领域健全法律法规制度。进入21世纪后，安徽省农业发展进入新阶段，市场经济体制不断完善，新问题、新矛盾也不断出现。为了深入推进依法行政、依法治农，农业立法步伐也大大加快，基本上每年出台一部涉农地方法规。2001年11月，省人大常委会审议通过《安徽省实施〈动物防疫法〉办法》。2002年11月，省人大常委会审议通过《安徽省村内兴办集体公益事业筹资筹劳条例》。2004年1月，省人大常委会审议通过《安徽省畜产品质量安全管理条例》。（表12-2-1）

政府规章

1986—2008年，安徽省共制定省政府规章9件。1989年1月，省政府发布《安徽省农业技术推广管理办法》，2001年12月废止。1992年9月，省政府发布《安徽省渔业船舶安全管理暂行办法》。1995年4月，省政府发布《安徽省农业承包合同纠纷仲裁暂行办法》。1995年6月，省政府发布《安徽省违反农民承担费用和劳务管理处罚规定》。1996年12月，省政府发布《安徽省农业机械安全监督管理办法》。1997年3月，省政府发布《安徽省农业植物检疫管理办法》。1999年12月，省政府发布《安徽省农药管理办法》，2002年修订。2001年12月，省政府发布《安徽省种畜禽管理办法》，2004年修订。2004年6月，省政府发布《安徽省〈饲料和饲料添加剂管理条例〉实施办法》，2007年废止。（表12-2-2）

第二节　普法规划

“三五”规划

1996年8月，安徽省农业厅制定并印发《开展法制宣传教育的第三个五年规划》（以下简称《规划》），明确提出农业部门“三五”普法指导思想、基本目标、教育对象、方法步骤、保障措施。《规划》指出：各级农业部门紧紧围绕农产品稳定供给和农民收入较快增加的中心，处理好法制宣传教育与各项工作的关系。以邓小平社会主义法制建设理论和社会主义市场经济的法律法规及农业法律法规为重点，从普及教育、重点教育、专业教育三个层次确定学习内容。把学法、用法和依法管理有机地结合起来，促进农业工作的科学化、规范化、法制化。《规划》要求：处级以上领导干部，要认真学习邓小平社会主义民主法制建设理论、社会主义法学基础理论、基本法律法规，熟悉专业法律法规，牢固树立依法决策、依法管理的观念，增强依法治农的法律意识，在学法用法中作出表率。行政管理人员，要学习并熟练掌握与本职工作密切相关的法律法规，善于运用法律手段解决实际问题。逐步建立公务员录用、晋级、资格认证等法律知识水平考核制度，实行规范化管理。行政执法人员，要重点学习、熟练运用与本职工作密切相关的法律法规，增强依法行政观念，提高法律素质，秉公执法，切实做到有法必依，执法必严，违法必究。企业经营组织的管理人员，要着重学习和掌握与本行业密切相关的法律法规，提高依法经营管理水平，厅属企业经营组织要配备专门的法律顾问，使其经营活动和合法权益更好地得到法律保护。

“四五”规划

2001 年 9 月，安徽省农委制定并印发《开展法制宣传教育第四个五年规划》（以下简称《规划》），明确提出农业部门“四五”普法指导思想、目标任务、工作要求、方法步骤、保障措施。《规划》指出：通过本规划的实施，提高干部职工的法律素质，提高农业和农村经济依法管理水平，建立健全农业法制体系，把开展法制宣传教育与农业依法治理有机结合起来，全面推进农业依法治理。《规划》要求：委属各单位要结合实际，有计划、有步骤地深入开展农业法制宣传教育工作。处级以上领导干部、行政管理人员、农业行政执法人员、事业单位工作人员、企业经营管理人员要继续广泛深入地开展学习。健全并坚持执法人员法律知识培训、领导干部法制讲座等法制宣传教育制度。坚持学法和用法相结合，继续推进农业依法治理。法制宣传教育方法，要突出重点，集中学习与自学相结合，讲求实效，普治并举，整体推进。

“五五”规划

2006 年 7 月，安徽省农委制定并印发《全省农委系统法制宣传教育第五个五年规划》（以下简称《规划》），明确提出农业部门“五五”普法目标、原则、主要任务等。《规划》指出：各级农业部门紧密结合民主法制建设的实际，通过开展扎实有效的法制宣传教育和法治实践，促进农业法律法规的贯彻实施，保障农业和农村经济的健康发展；进一步增强公务员和执法人员的法治观念，提高依法行政能力和执法水平；进一步增强广大农民群众的法律意识，提高农民的法律素质；进一步增强农委系统干部职工依法管理各项事务的自觉性，提高依法管理和服务农业、农村、农民的水平。《规划》要求：深入学习宣传宪法和国家基本法律制度，进一步学习宣传宪法，牢固树立宪法权威，增强宪法意识；进一步学习宣传国家基本法律制度，培育民主法制观念；深入开展以“学法律、讲权利、讲义务、讲责任”为主要内容的法制宣传教育，重点学习行政处罚法、行政许可法、公务员法、保密法等法律。促进各级农业部门依法行使权利和履行义务，形成遵守法律、崇尚法律、依法办事的社会风尚。深入学习宣传农业法等农业和农村经济社会发展的相关法律，开展《中华人民共和国农业法》《中华人民共和国畜牧法》《中华人民共和国渔业法》《中华人民共和国农业机械化促进法》《中华人民共和国动物防疫法》《中华人民共和国农村土地承包法》《中华人民共和国农民专业合作社法》《中华人民共和国农产品质量安全法》《中华人民共和国植物检疫条例》《中华人民共和国农业转基因生物安全评价管理办法》《安徽省农村能源建设与管理办法》《安徽省农业生态环境保护条例》等相关法律法规的宣传教育，促进农业和农村经济持续稳定健康发展。深入学习宣传整顿和规范市场经济秩序的法律法规，广泛学习宣传《中华人民共和国种子法》《中华人民共和国农药管理条例》《中华人民共和国兽药管理条例》《中华人民共和国饲料和饲料添加剂管理条例》《中华人民共和国肥料登记管理办法》等，深入开展以打击制售假冒伪劣农资为重点的法制宣传教育，维护正常的市场经济秩序。深入学习宣传维护农村社会和谐稳定的相关法律法规，加强基层和农民守法观念的培养，形成自觉守法的社会风气；加强依法维权、依法信访的宣传教育，引导农民依法表达自己的利益和诉求，依法解决各种矛盾和纠纷。2006 年 9 月，省农委召开“五五”普法活动动员大会，部署普法工作。同时召开委属各单位法制联络员会议，安排具体工作。

第三节　普法宣传教育

法律知识学习和培训

1986 年以后，安徽省农委始终把干部学法用法作为提高干部队伍素质和依法行政水平一项重要工作来抓，采取切实有效措施，努力提高领导干部学法用法积极性和实效性。省农委党组把学习法律知识列为中心组学习重要内容，每年至少集中组织一次以上学习，至少安排一次法制专题讲座，并扩大到全体处级干部和高级职称技术干部。“五五”普法期间，省农委共举办各类法律知识培训班 10 余期，全省农业系统法制工作机构负责人和执法人员都参加 2 次或 2 次以上培训。先后举办《中华人民共和国公务员法》《中华人民共和国农产品质量安全法》《中华人民共和国物权法》《中华人民共和国农民专业合作社法》《中华人民共和国畜牧法》《中华人民共和国动物防疫法》等专题讲座，邀请农业部、省人事厅、省政府法制办、安徽大学等有关方面的领导和专家学者主讲法律知识。2007 年 11 月，组织委属单位共 94 人分别参加省委组织部、省人事厅、省直工委组织的《中华人民共和国公务员法》和公务员依法行政方面知识培训、轮训，其中厅级干部 14 人。2008 年，省农委连续举办 3 期“依法行政”培训班，全省农委系统分管领导、法制工作机构和执法机构负责人共 600 余人参加培训。2008 年年底，省农委又与安徽农业大学联合举办两期《中华人民共和国农民专业合作社法》培训班，全省各级示范合作社近 500 人参加培训。

学习、考试制度

安徽省农委把法律知识学习与政治学习结合起来，每个月集中学习时间不少于一次，干部职工自学时间每年不少于 40 个小时。“五五”普法以来，每年对干部职工进行一次法律知识考试。2006 年年底，对省农委 100 多名涉及执法职能人员进行行政法知识考试；2007 年 10 月，对省农委机关全体公务员和参公管理人员 200 多人进行涉农专业法知识考试，及格率 100%；同年，省农委有 160 人参加全省公务员依法行政知识考试，平均成绩超过 90 分。

送法律进乡村活动

“五五”普法宣传教育期间，安徽省农委每年积极开展法律进乡村活动，组织干部深入乡（镇）农村、田间地头开展法律知识宣传、接受农民咨询和投诉，发放法制宣传材料、农产品质量安全资料等，深受广大农民普遍欢迎。通过开展送法律下乡、“12·4”法制宣传日、“阳光工程法律知识培训”“放心农资下乡进村”、建立“五五”普法联系村等活动，向农村社会广泛宣传涉农法律法规。2006 年以后，全省 80 多万接受阳光工程培训农民不仅学到转移就业一技之长，而且还掌握各种实用法律知识，增强依法保护自身合法权益能力。2007年,省农委组织专门赴“五五”普法联系村,赠送普法书籍,调查指导联系村普法工作。

宣传教育与实践结合

在《中华人民共和国农产品质量安全法》《中华人民共和国畜牧法》《中华人民共和国农民专业合作社法》《中华人民共和国动物防疫法》(修订)等法律法规颁布实施之际,省农委及有关市、县农业部门在新闻单位大力支持和配合下,组织开展宣传月、宣传周等形式多样、内容丰富法制宣传活动。为配合农业法律法规学习宣传,省农委先后组织编写《三农法律法规选编》《农民专业合作社法知识问答》《植物新品种保护相关法律法规汇编》《渔业法律法规汇编》《农民务工读本》等图书,免费发放给农民群众。同时,改变过去单纯执法检查工作方法,把执法检查与法制宣传教育有机结合起来,如在开展农资打假活动时,向相关人员宣传法律知识,把相关法律文本送到他们手里。各市、县农业部门定期或不定期地把农资生产、经营者集中起来进行培训,进行守法经营、诚信经营、规范经营教育,坑农害农案件逐渐减少。在农业行政执法中,省农委积极邀请新闻媒体跟踪报道,以案说法,扩大社会影响,产生震慑作用。2007年,长江禁渔和农村能源执法活动中,省、市、县电视台跟踪报道20多次、广播电台报道10余次。在各类农业执法活动中,《安徽日报》《江淮晨报》《新安晚报》《安徽商报》等媒体进行报道。据不完全统计,2006—2008年,全省农业系统共出动法制宣传车辆340多辆次,印发各类普法宣传资料160多万份,接受法律咨询6万多人次。

第四节　农业执法

1986年以后,安徽省农业行政执法不断加强,行政执法水平逐步提高。已建立包括种子、农药、肥料管理和植物检疫、渔政管理、畜禽防疫检疫、农机监理、农业环境保护等行业执法体系。

农业综合执法试点

根据农业部安排,安徽省从1998年开始在广德县进行农业综合执法试点。2003年安排桐城市、庐江县、界首市、祁门县、滁州市南谯区、霍山县等6个县(市、区)开展试点工作,2004年又增加灵璧县、凤台县、芜湖县、青阳县4个县开展试点工作,2007年和2008年分别安排霍邱县、萧县进行试点。至2008年年底,全省共有13个试点县(市、区)。农业综合执法试点项目对带动全省农业综合执法工作,改善基层农业综合执法条件,提高农业综合执法能力起到积极作用。2008年,全省综合执法机构共查办案件3167件,其中当场处罚1158件,立案查处2009件,直接挽回经济损失1000多万元,蔬菜、畜禽产品、水产品监测合格率分别达到99.37%、99.21%和99.84%。

农业综合执法机构建设

至2008年年底,安徽省已有8个市和64个县(市、区)实行农业(畜牧)行政综合执法。共成立综合执法机构84个，其中市级8个（农委6个、畜牧局2个），县级76个（农委64个、畜牧局12个）。其中经编制部门批准成立61个，农业（畜牧）部门自行成立23个。综合执法机构中有行政单位12个，参公管理单位5个，全额拨款事业单位59个，自收自支单位3个，混编单位5个。全省共有农业执法人员4000人，全部持有农业部或省政府颁发的行政执法证件。全省农业综合执法机构在岗人员1190人，其中公务员103人、参公管理人员81人、事业编制人员948人，大学专科以上765人，法律专业74人。全省农业综合执法机构拥有执法车辆79台，摄像、照相等取证设备136台，电脑159台，速测设备56台套。

农业执法制度建设

1998年10月，农业部第1号令公布《中华人民共和国农业行政执法证件管理办法》。为规范执法行为，2004年4月，农业部制定“六条禁令”。为规范农业行政处罚，2006年4月，农业部第63号令公布《中华人民共和国农业行政处罚程序规定》。2007年1月，省政府第198号令公布《安徽省行政执法责任追究暂行办法》。2006年6月，省农委制定《安徽省农业行政执法十项制度》。十项制度包括：执法责任制、执法人员守则、执法公示制、案件报备制、罚没款物收缴制、案件统计制、文档管理制、案卷评查制、过错责任追究制及执法责任制实施情况考核办法。2007年，省农委又制定《省农委行政许可案卷制作规范》《省农委规范性文件制定规程》《省农委实施行政许可若干规定》《省农委实施行政许可责任追究规定》等规范性文件。

农业执法培训

安徽省农委始终把执法人员素质教育作为全面加强农业行政执法工作重点，每年投入大量经费，加强对执法人员的培训和监管。2008年，省农委根据农业部《中华人民共和国农业行政执法证件管理办法》规定，严把农业行政执法人员入口审查关，对全省新申领农业执法证件300多名执法人员进行执法知识和技能培训，对3913名执法人员证件进行到期验审，其中3526名执法人员经考试考核，执法证件验审合格后继续有效，387名由于工作调整或考核不合格等原因被取消其执法资格。通过培训，强化全体农业执法人员“六条禁令”意识，提升依法行政法律素质和综合执法能力。同时，积极组织部分市、县（市、区）执法机构负责人参加全国农业行政执法人员培训班。

第五节　依法行政

依法行政工作机构和制度

2008年，安徽省农委成立依法行政工作领导小组，省农委主要负责人为组长，分管负责人为副组长，相关职能处（室、局）主要负责人为成员。领导小组下设办公室（挂靠政策法规处），作为专门办事机构。同时，对依法行政各项工作任务进行细化分解，落实到各处（室、局），明确各单位主要负责人为依法行政工作第一责任人，并确定一名联络员,具体承担本单位依法行政工作。每年年初召开全省农业法规工作会议,印发年度《农业法制工作要点》,对农业依法行政各项工作提出明确要求,并将依法行政落实情况列为委属处（室、局）和各市农委年终考核的重要内容。领导小组办公室加强依法行政工作督促检查,保障依法行政工作落实。

行政审批制度改革

安徽省农委认真贯彻执行《中华人民共和国行政许可法》,不断深化行政审批制度改革,加强行政审批后续监管工作。做好行政审批项目清理工作，2006 年 5 月,省农委对实施行政审批项目进行认真清理,取消行政审批 10 项、下放行政审批 14 项,保留行政审批项目 50 项,其中行政许可 41 项、非行政许可 9 项。2008 年 1 月和 7 月,省农委两次组织有关处室,对承办行政审批重点单位进行督查,进一步规范行政审批工作,提高办事效能。做好行政审批项目规范实施工作,2006 年 6 月,省农委编印《安徽省农业行政执法依据汇编》,供各级农业部门在行政执法中查阅。同时,对省农委行政审批项目办理单位在办理程序、办理文书、受理材料、案卷制作等方面提出严格要求,并编制工作流程图,在“安徽农业信息网”上公布,接受社会监督。加强行政审批项目的后续监管,按照“谁审批,谁监管”原则,加大执法检查力度,不定期对农委窗口和委属有关单位办理审批项目情况进行检查,保证行政审批项目有序高效实施,进一步规范行政审批工作。

规范性文件管理

2007 年制定《省农委规范性文件制定规程》,切实加强对规范性文件管理。科学制定规范性文件立项计划。委属单位制定规范性文件,一般都在年初提出立项计划,由法规处汇总后报省农委主任办公会议审定。认真执行规范性文件报送前置审查制度。制定规范性文件须经省农委主任办公会议专题研究后,报送省法制办公室进行合法性审查。严格执行规范性文件备案制度,凡出台规范性文件必须及时报送省法制办公室备案。2007 年,省农委制定《关于对 118 处水域实施禁渔制度的通知》《安徽省主要农作物品种推广应用前审定规范》《关于进一步规范农村土地承包经营权流转的通知》《关于加强全省农村能源环境工程施工企业资质管理的通知》《关于 2008 年实施巢湖封湖禁渔的通知》《安徽省食用菌菌种生产经营许可证核发细则》，2008 年,省农委制定《安徽省农作物种子生产经营许可细则》等 7 个规范性文件,均按照规定程序执行。

执法监督

2008 年,安徽省农委组织开展行政执法责任制考核评比活动,通过市、县(市、区)自查、互查及抽查等方式进行检查考核,加强和完善系统内部层级监督,推动执法规范化工作。每年组织一次案卷评查活动,落实行政审批和行政处罚案卷评查制度。如萧县一宗经营假农药处罚案卷，2008 年被农业部评为全国农业行政处罚优秀案卷。同时,配合监察部门开展行政处罚情况检查监督,确保执法依法科学、严格规范。注重社会监督。省农委在政务网站中建立农业行政执法子网站,将涉农法规,各项行政执法种类、依据、程序、期限、具体执法单位、人员名单及联系电话等相关信息上网公布,接受社会监督。

附件： 1. 地方性法规目录 2. 安徽省政府规章目录

地方性法规目录

12–2–1

序号	名　称	制定机关	生效时间
1	《安徽省实施〈野生动物保护法〉办法》	省人大常委会	1992 年 2 月 29 日
2	《安徽省农业承包合同管理条例》	省人大常委会	1993 年 10 月 1 日
3	《安徽省实施〈农业技术推广法〉办法》	省人大常委会	1995 年 1 月 1 日
4	《安徽省基本农田保护条例》	省人大常委会	1996 年 9 月 1 日
5	《安徽省农民负担管理条例》	省人大常委会	1997 年 2 月 1 日
6	《安徽省农作物种子管理条例》	省人大常委会	1997 年 10 月 1 日
7	《安徽省农村能源建设与管理条例》	省人大常委会	1998 年 10 月 1 日
8	《安徽省农业生态环境保护条例》	省人大常委会	1999 年 8 月 1 日
9	《安徽省实施〈动物防疫法〉办法》	省人大常委会	2002 年 1 月 1 日
10	《安徽省村内兴办集体公益事业筹资筹劳条例》	省人大常委会	2003 年 1 月 1 日
11	《安徽省蚕种管理条例》	省人大常委会	2003 年 3 月 1 日
12	《安徽省畜产品质量安全管理条例》	省人大常委会	2004 年 5 月 1 日
13	《安徽省实施〈渔业法〉办法》	省人大常委会	2005 年 1 月 1 日
14	《安徽省实施〈农村土地承包法〉办法》	省人大常委会	2005 年 10 月 1 日
15	《安徽省农业机械化促进条例》	省人大常委会	2006 年 3 月 1 日

安徽省政府规章目录

12–2–2

序号	名　称	制定机关	生效时间
1	《安徽省农业技术推广管理办法》	省政府	1989 年 1 月 23 日
2	《安徽省渔业船舶安全管理暂行办法》	省政府	1992 年 10 月 11 日
3	《安徽省农业承包合同纠纷仲裁暂行办法》	省政府	1995 年 6 月 2 日
4	《安徽省关于违反农民承担费用和劳务管理的处罚规定》	省政府	1995 年 12 月 6 日
5	《安徽省农业机械安全监督管理办法》	省政府	1997 年 2 月 3 日
6	《安徽省农业植物检疫管理办法》	省政府	1997 年 3 月 27 日
7	《安徽省农药管理办法》	省政府	2000 年 1 月 1 日
8	《安徽省种畜禽管理办法》	省政府	2002 年 1 月 27 日
9	《安徽省〈饲料和饲料添加剂管理条例〉实施办法》	省政府	2004 年 9 月 1 日

第十三篇　新农村建设

2005年10月，党的十六届五中全会通过《中共中央关于制定国民经济和社会发展第十一五规划的建议》，明确提出建设社会主义新农村的重大战略决策。安徽省社会主义新农村建设始于2005年，是年，省委、省政府对全省社会主义新农村建设工作进行调研谋划。

2006年1月，《中共中央、国务院关于推进社会主义新农村建设的若干意见》（中发〔2006〕1号文件）颁布实施。意见明确：建设社会主义新农村，就是统筹城乡发展，实行工业反哺农业、城市支持农村和“多予、少取、放活”的方针，按照“生产发展、生活宽裕、乡风文明、村容整洁、管理民主”的要求，不断发展农村生产力，建设现代农业，促进农村和谐稳定、农民持续增收，全面协调地推进农村社会主义经济建设、政治建设、文化建设、社会建设和党的建设。

2006年3月，省委、省政府《关于贯彻〈中共中央、国务院关于推进社会主义新农村建设的若干意见〉的实施意见》（皖发〔2006〕5号）颁发；同月，省委办公厅、省政府办公厅《关于新农村建设“千村百镇示范工程”实施意见》（皖办发〔2006〕8号）出台，全省择优确定125个镇、1135个村率先进行新农村建设示范引导，力争用3到5年时间，达到“产业发展形成新格局，农民生活实现新提高，乡风民俗倡导新风尚，乡村面貌呈现新变化，乡村治理健全新机制”的目标。在推进全省新农村建设过程中，省委、省政府按照量力而行、规划先行、积极推行、逐步成型的要求，强化措施，稳步推进。2007年，省政府提出面向农村的“八大工程、十件实事”和在城乡实施12项民生工程。2008年，省政府提出在城乡实施18项民生工程，重视研究解决农村村庄环境治理，全省各地加强领导，加大投入，从规划入手，引导示范村镇立足自身优势，兴产业、强基础、促增收、抓民生、倡新风，形成一大批各具特色先进典型。全省新增795个村、77个镇为省级新农村建设示范村镇；全省新农村建设示范村、镇总数为1930个、202个，使示范村镇覆盖面分别达到全省村镇总数的12%和15%。

安徽省推进新农村建设原则：政府支持，农民自主；因地制宜，分类指导；规划先行，统筹发展；实事求是，量力而行；社会参与，整体推进。把发展农村生产作为首要任务，把促进农民增收作为首要目标，充分发挥农民的积极性、主动性和创造性，培养有文化、懂技术、会经营的新型农民，积极建设新家园、新村庄、新农村。

第一章　组织领导

第一节　组织机构及工作职责

组织机构

领导小组　为加强对全省社会主义新农村建设工作的领导，建立推进社会主义新农村建设的工作协调机制，2006年1月18日，省社会主义新农村建设工作领导小组成立，组成人员为：

组　长：王明方　省委副书记

副组长：赵树丛　省政府副省长

成　员：王首萌　省政府副秘书长

刘　莉　省委组织部副部长

刘　奇　省委政研室副主任

张韶春　省发改委副主任

胡平平　省教育厅副厅长

王佛生　省民政厅副厅长

王建国　省财政厅副厅长

李　建　省建设厅副厅长

梅　劲　省交通厅副厅长

毕美家　省农委主任

程中才　省水利厅副厅长

程　鹏　省林业厅副厅长

张光建　省商务厅副厅长

高开焰　省卫生厅厅长

2006年8月21日，省社会主义新农村建设工作领导小组决定，增补部分单位为领导小组成员，分别为：

王志明　省经委副巡视员

任　鸣　省科技厅副厅长

汤达祥　省信息产业厅副厅长

田传江　省文化厅副厅长

高俊文 省人口与计划生育委员会副主任
方 晨 省环保局副局长
吴 行 省广播电影电视局副局长
刘昭玉 省工商局副局长
袁 方 省质量技术监督局副局长
黄 红 省粮食局副局长
钱 斌 省供销社副主任
刘 惠 省妇联副主席
朱 斌 团省委副书记

2007年初,皖〔2007〕1号文件《关于对省委常委担任领导职务的省议事协调机构进行调整的通知》决定,省委常委、副省长赵树丛任省社会主义新农村建设工作领导小组组长。

2008年7月26日,省政府党组成员、省长助理邵国荷任省社会主义新农村建设工作领导小组常务副组长。

领导小组办公室 省社会主义新农村建设工作领导小组办公室(以下简称省新农办)设在省农委,毕美家兼办公室主任。

2008年9月4日,省社会主义新农村建设工作领导小组发出通知,因工作需要,增补省农委主任张华建为省社会主义新农村建设工作领导小组成员,并兼任领导小组办公室主任。毕美家因工作变动,不再兼任领导小组办公室主任。

工作职责

根据《关于印发省社会主义新农村建设工作领导小组及其办公室工作职责和工作制度的通知》(农工〔2006〕1号)文件精神,省社会主义新农村建设工作领导小组主要职责是当好省委、省政府推进社会主义新农村建设的参谋和助手。

领导小组工作职责 统筹协调指导全省新农村建设工作;制定全省新农村建设的工作方针和政策;制定新农村建设"千村百镇"示范工程的政策措施;制定全省新农村建设工作目标考核评价体系并组织实施;承担省委、省政府交办的其他工作。

领导小组办公室工作职责 负责省社会主义新农村建设工作领导小组成员单位的日常联络工作;负责"千村百镇"示范工程村镇选点备案,指导"千村百镇"示范工程工作规划和年度目标的实施;负责新农村建设工作的调查及政策研究工作;负责全省新农村建设的宣传、经验总结、年度工作总结和新农村建设工作的年度目标考核表彰工作;负责承办新农村建设工作简报,开展工作信息交流;承担领导小组交办的其他工作。

领导小组实行定期会议制度 由领导小组组长、副组长和全体成员参加,原则上每季度召开一次会议,专题研究新农村建设和"三农"工作重大问题,特殊情况下可召开临时会议。每次会议形成专题会议纪要,由领导小组办公室整理,以领导小组办公室文件下发。

领导小组办公室实行例会制度　办公室抽调专人办公，领导小组成员单位各明确一名处级干部为联络员，建立联席会议制度，定期碰头交流。

第二节　工作开展

领导小组会议

省社会主义新农村建设工作领导小组分别于2006年2月13日、2006年5月12日和2006年8月3日召开3次领导小组会议，省委副书记、省社会主义新农村建设工作领导小组组长王明方主持会议，副省长、省社会主义新农村建设工作领导小组副组长赵树丛及领导小组成员参加会议。会议听取前一段工作进展情况的汇报，研究部署下一步工作。

2007年4月13日，省委常委、副省长、省社会主义新农村建设工作领导小组组长赵树丛主持召开领导小组会议。省新农办主任毕美家汇报“千村百镇示范工程”实施情况，省委副秘书长刘奇通报省直单位联系帮扶工作开展情况；会议对省新农办2007年工作计划和新农村建设八大工程、十件实事任务分解实施意见进行审议。

2008年7月29日，省委常委、副省长、省社会主义新农村建设工作领导小组组长赵树丛主持召开领导小组会议，省长助理、省社会主义新农村建设工作领导小组常务副组长邵国荷出席会议，省政府副秘书长、省扶贫办主任刘奇、省政府副秘书长程中才、省社会主义新农村建设工作领导小组成员单位负责人参加会议。会议听取省新农办关于2007年以来省直单位联系帮扶工作情况的汇报，省新农办下半年工作计划，对下一步工作进行部署。2008年12月29日，省社会主义新农村建设工作领导小组召开总结表彰大会，肥西县高刘镇连环村等100个示范村被评为安徽省社会主义新农村建设先进村，省电力公司等24个单位被评为安徽省推进社会主义新农村建设联系帮扶工作先进单位，刘辉等148人被评为安徽省社会主义新农村建设先进个人。

现场观摩会

2006年3月14日，省社会主义新农村建设工作领导小组在芜湖市召开全省新农村建设“千村百镇”示范工程工作会议，对实施“千村百镇”示范工程进行全面系统的部署和动员，以此次会议为标志，安徽省“千村百镇”示范工程全面启动。12月6—7日，省社会主义新农村建设工作领导小组在铜陵市、宁国市召开全省新农村建设现场观摩会。省委常委、副省长、省社会主义新农村建设工作领导小组组长赵树丛在会上作重要讲话。

2007年6月28—29日，省社会主义新农村建设工作领导小组在滁州市召开全省新农村建设观摩座谈会。会议主要任务是现场观摩、交流经验、研究深入推进全省新农村建设工作措施。省委常委、副省长、省社会主义新农村建设工作领导小组组长赵树丛作重要讲话。

2008 年 8 月 28—29 日，全省新农村建设暨为民服务全程代理工作会议在亳州市谯城区召开，王明方、赵树丛出席会议并讲话，邵国荷主持会议。

部门推动

2006 年 6 月 19 日，省社会主义新农村建设工作领导小组在合肥市召开省直单位新农村建设联系帮扶工作会议，省委副书记、省社会主义新农村建设工作领导小组组长王明方在会上作重要讲话。6—9 月，全省集中在合肥市举办 8 期乡（镇）正职干部新农村建设专题培训，共有 2392 名乡（镇）正职接受为期 7 天的新农村建设政策培训。10 月上旬，省新农办牵头组织，省发改委、省财政厅、省国土厅、省建设厅、省交通厅、省农委等 6 个单位负责人带队组成调研组，对全省 12 个市的新农村建设情况进行调研。

2007 年 11 月 25 日，省新农办与省委组织部、省直效能办联合召开省直单位帮扶新农村建设经验交流会，省电力公司等 9 个部门交流帮扶经验，省委常委、副省长、省社会主义新农村建设工作领导小组组长赵树丛作重要讲话。

2008 年 9 月 17 日，省农委主任、省新农办主任张华建主持召开省新农办会议，省长助理、省社会主义新农村建设工作领导小组常务副组长邵国荷出席会议。会议研究新农村建设调研方案，先进单位、先进个人、先进村评选表彰方案和新农村建设宣传方案。省社会主义新农村建设工作领导小组成员单位及参与调研活动的有关单位负责人参加会议。9 月中旬，省社会主义新农村建设工作领导小组组织部分成员单位，分 8 个调研组分片开展新农村建设大调研活动，全面了解全省各地新农村建设情况，提出推进新农村建设的新政策、新举措。

第二章 建设规划

第一节 村庄布点规划

村庄布点规划的技术要点

编制村庄布点规划主要是明确村庄的位置、规模、性质、发展方向和发展重点，明确村庄交通、供水、供电、邮电、商业等生产生活设施的配置，规划成果要达到“三图一书”的要求，“三图一书”即村庄分布现状图、村庄布点规划图、基础设施规划图和规划说明书。

编制村庄布点规划的基本要求

安徽省经济社会发展水平、自然条件、民俗风情差异很大，各地从实际出发编制村庄布点规划，不搞“一刀切”，不盲目攀比，力求体现规划前瞻性、指导性和可操作性。村庄布点规划由县（市、区）为责任主体，统一组织乡（镇），委托有资质的单位编制。村庄布点规划纳入县域城镇体系规划，与市县土地利用规划相衔接，与村镇整合相结合，统筹布局。村庄规模科学合理，集聚适度有序，功能综合配套。充分考虑当地资源承载能力、资源禀赋条件和地形地貌，加强分类指导，因地制宜，保护和利用好资源，尊重民风习俗，丰富村落风格。对历史文化遗存较丰富、地形地貌特殊的村庄，通过编制村庄建设规划切实对文化遗存加以保护。按照《安徽省村庄布点规划技术要点》的规定，统一技术要求，保证规划质量。村庄布点规划严按格编制程序，充分尊重民意，广泛征求农业、国土资源、交通、发改、财政、水利、民政、卫生、环保等部门意见。规划成果以适当的方式向村民公开，并经县级村镇规划部门组织审查，按乡（镇）总体规划报批程序审批。市、县人民政府多渠道筹措规划编制资金，不得向农民摊派，增加农民负担。省里采取“以奖代补”的方式对规划编制工作给予适当补助。

村庄布点规划的实施

基本任务　在县（市、区）域城镇体系、乡（镇）总体规划指导下，进一步确定村庄布点，明确村庄个数、位置，匡算规模，并列表说明村庄合并方案。统筹确定各类基础设施和公共设施规划。

规划范围　村庄布点规划以乡（镇）域范围（包括林场、农场）为规划范围，城镇规划建设用地范围内的村庄纳入城镇总体规划统一考虑。

完成情况　2006年4月，凡列入“千村百镇”示范工程的村镇，都已完成村庄布点规划，每个示范村村庄布点规划成果主要有布点规划说明书和布点规划图纸，并报省建设厅备案。

第二节　村庄建设规划

村庄建设规划的技术要求

村庄建设规划是对村庄布点规划确定的村庄住宅、供水、供电、道路、环境卫生以及生产设施做出的具体安排，规划基本成果是达到“四图一书”的要求，即“村庄现状图、村庄规划图、村庄基础设施规划图、村庄整治规划图和规划说明书”，有条件或有必要的地方可以增加村庄景观环境设计、建筑单体选型和村庄鸟瞰图。

村庄建设规划的实施内容

公益性基础设施及公共服务设施　通村公路及桥梁建设，村庄内道路路面硬化，道路排水边沟，必要的路灯及交通标志，农业机械及汽车、自行车（摩托车）的公共停车场、库、棚等；供水设施、供水到户的水塔、泵房或高位水池（水箱）及输配水管网；电力供应的变配电设施、输电线缆架设或埋设；电话线缆、卫视天线等通讯线缆及设备的配置等；太阳能、沼气等能源开发技术及设备的应用；村委会管理用房、村民学习休闲活动用房及室外场地；托儿所、学前班或学校代培点的配置；邮件收发、汇款、储蓄、电报、传真等业务的代理点；医治轻微疾病、开展公共卫生和计划生育的卫生室；商店、超市或便利店的布置。

环境治理设施　生活污水处理设施，雨水收集排放设施；生活垃圾、医疗废弃物的收集、运送及处理设施；公共厕所或户用厕所、集中或分散禽畜饲养场（圈）的环境卫生与粪便处理设施；集中饲养或家庭散养的畜（禽）的管理；清除村庄内外街巷两侧乱搭乱建的违规建筑物、构筑物及其他设施；整治村庄脏、乱、差工作；做好村庄内传统民居、祠堂和庙宇等历史文化建筑的保护与修缮；村庄内巷道、公共活动场地、公用水塘、公共绿地和村庄出入口及周边环境等的整治与美化；对村庄内各类房屋的整治；历史文化资源和自然资源的保护。

防灾减灾设施　防洪堤、截洪沟、泄洪沟、消防蓄水池、山体和坡地的护坡及挡土墙等设施；农房墙体、楼面、顶棚的防火措施，毗连建筑的防火墙及房屋间的防火间距等；危房加固或拆除，旧房改造等；包括隔离救治室在内的突发急性流行性传染病的防控措施。

村庄建设规划完成情况

2006年年底，各地按照省委贯彻中央1号文件《实施意见》（皖发〔2006〕5号文件）要求，市、县（市、区）制定完成新农村建设总体规划，125个示范镇、1135个示范村的建设规划报省建设厅备案。合肥市规划局派出15个规划小组，深入农村，组织实施“规划下乡”。六安市专门成立规划编制工作指导委员会，进行全市乡村规划和50个重点镇规划编制。淮北市、蚌埠市、铜陵市等建立新农村规划专项资金。安庆市完成160个乡（镇）村庄布局规划。阜阳市、巢湖市等市制定村庄规划工作实施意见。宁国市确定全市重点建设生态旅游、效益农业、旧村改造和新村社区4种村庄类型，从浙江大学规划设计院邀请专家编制村庄规划。2008年年底，阜阳市率先在全省完成所有行政村的新农村村庄建设规划。

第三章　千村百镇示范工程

第一节　实施内容和原则

实施内容

2006年年初，省委、省政府决定实施新农村建设“千村百镇示范工程”，在每个县（市、区）选择1个示范镇、10个不同类型的示范村，率先进行示范建设，力争用3～5年时间，打造出一批各具特色的新农村建设示范村镇。示范村镇达到“五新”目标：产业发展形成新格局，农民生产实现新提高，乡风民俗倡导新风尚，乡村面貌呈现新变化，乡村治理健全新机制。通过试点、示范、典型引路，由点及面，全面推进全省新农村建设。千村百镇示范工程建设主要任务是：

促进农民增收　社会主义新农村是让广大农民过上富裕、美好生活的新农村。增加农民收入、提高生活水平，是建设社会主义新农村的出发点和落脚点。

重点建设现代农业　依靠科技，提升单产，稳定提高粮食生产能力，进一步凸现安徽省的粮食生产优势，为农业结构调整和工业园区、县域经济发展提供更大空间；突出做大做强龙头企业，整合资源，培育叫得响的企业品牌，发展壮大一体化“龙型经济”；提升自主创新和成果应用水平，打造农产品优势区域和优势产业带；积极扶持合作经济组织和行业协会，以农业产业化促进现代农业，提高农民组织化程度；建立健全农产品现代流通体系，帮助农民开拓市场，促进产销对接。

强化农村基础设施建设　安徽省农业不稳定的主要原因是旱涝交织，灾害频繁，尤以沿江、沿淮地区较为典型。加强农村基础设施建设，强化农业生产基础是新农村建设的一项重点任务。政府加大对农村基础建设投入力度，充分发挥群众力量搞建设，用好“一事一议”政策，调动农民投资投劳建设美好家园的积极性。

加快发展农村社会事业　加快发展农村公共事业，是广大农民群众的迫切需要，也是建设社会主义新农村的客观要求。普及和巩固农村义务教育，逐步扩大“两免一补”实施范围。在试点的基础上，积极稳妥地推进新型农村合作医疗健康发展，健全农村医疗卫生服务体系。继续加大对农村文化、体育、广播电视等方面的投入，繁荣农村文化事业。进一步完善农村社会救助体系，扩大对农村计划生育家庭实行奖励扶助制度。

进一步深化农村改革　在新农村建设中，安徽省仍面临很多新的困难和问题，需要通过改革逐步解决，尤其是要以农村综合改革为重点，全面推进行政管理体制、金融体

制、流通体制、征地制度等农村各项改革，不断推动农村上层领域的改革，促进农村生产力和生产关系互相适应，和谐发展。

实施原则

选点原则 示范点的选择主要考虑交通便利、规模适中、特色明显、基础较好等因素，选择农民最积极、干部最主动、条件最成熟的村镇作为示范点，分布在全省各地，原则上每个县（市、区）选择1个镇、10个不同类型的示范村，部分县（市、区）积极性高的示范村镇数量略多些。

选准切入点原则 着眼于规划先行。规划着眼于经济、历史、文化因素，统筹村镇基础设施建设，统筹产业布局，统筹社会事业发展，用规划引导新农村建设和发展。找准定位。安徽省新农村建设重点突出3种类型：一是旧村整理型，这也是主导型，主要是在发展生产的基础上，通过“几清、几改”，加快改变原有的旧村旧貌。二是保护型，重点是对古村镇进行改造修复，保护历史文化遗产，打造旅游型村镇。三是新建型，对经济基础较好、毗邻城区的村镇进行整体规划，整体建设。抓住产业发展。重点突出产业布局规划，立足于发展“一乡一业”“一村一品”，做好发展规划，培育主导产业，科学引导生产发展。立足于改善基础设施。在国家政策支持的同时，切实调动农民积极性，发挥在新农村建设中的主体作用，引导农民通过辛勤劳动建设自己美好的家园。立足于推进全民创业。通过政策扶持和舆论引导，形成全民创业的浓厚氛围，为新农村建设提供持久动力。

推进示范工程建设指导原则 始终突出发展现代农业，促进农民增收；坚持因地制宜，不搞一个模式；尊重农民意愿，不增加农民负担；开展评先树优，不搞达标验收；政府引导服务，不搞包办代替。在农村改革发展进入新阶段，新农村建设面临的外部环境和内部条件均发生重大变化的新时期，安徽省积极引导各地把新农村建设放在工业化、城镇化的大背景中来谋划，牢牢把握城乡统筹发展的鲜明时代特征，以产业化提升农业，以工业化致富农民，以城镇化带动农村。同时继续做好对口联系帮扶工作，开展“千企联千村”活动，进一步形成全社会广泛参与、共同推进新农村建设的生动局面。

第二节 示范村镇分布及专项补助资金

示范村镇分布

2006年6月，安徽省启动实施新农村建设“千村百镇示范工程”。采取自下而上的方式，按照县确定、市审批、省备案的程序，全省择优确定示范镇125个、示范村1135个，作为第一批省级示范村镇，面向社会公布，分布在全省所有县（市、区）。2007—2008年，各地因行政区划调整和实行动态管理，在总数不变的前提下，全省有116个示范村进行了调整。覆盖面达到全省农村村镇总数的12%和15%，形成一批不同类型、各具特色的示范典型。主要分布情况是：

合肥市：示范镇13个、示范村97个；
淮北市：示范镇5个、示范村55个；
亳州市：示范镇8个、示范村82个；
宿州市：示范镇10个、示范村100个；
蚌埠市：示范镇10个、示范村107个；
阜阳市：示范镇20个、示范村186个；
淮南市：示范镇9个、示范村106个；
滁州市：示范镇17个、示范村170个；
六安市：示范镇17个、示范村147个；
马鞍山市：示范镇5个、示范村30个；
巢湖市：示范镇12个、示范村102个；
芜湖市：示范镇7个、示范村79个；
宣城市：示范镇17个、示范村174个；
铜陵市：示范镇4个、示范村40个；
池州市：示范镇11个、示范村90个；
安庆市：示范镇21个、示范村200个；
黄山市：示范镇16个、示范村165个。

专项补助资金

2007年7月，安徽省设立省级新农村建设专项补助资金（简称专项补助资金），支持实施新农村建设“千村百镇示范工程”。省财政专项补助资金按每个示范镇30万元、每个示范村20万元的标准，每年一次性分配下达给示范镇、村所在的市、县财政，由县级政府统筹安排用于新农村建设，主要用于支持发展现代农业生产，调整农业结构，改善公益性等基础设施，完善农业社会化服务体系，促进农民增收。新农村建设引导资金实行县级财政报账制专户管理，专项使用，由示范村镇所在市、县政府研究、决策使用，省财政厅、省新农办实行备案制管理。

对千村百镇示范工程实施专项补助，自2007年始，每年省财政安排专项补助资金总量为2.645亿元。据不完全统计，通过实施新农村建设项目，各类示范点共完成村庄道路硬化5.23千米，安装路灯1.12万盏，绿化2.13万平方米，修建小型水利项目722个，改水改厕改电近11.2万户，建村卫生室322个，完成村村通广播工程56个，建成农民书屋450个，修建农村休闲广场1361处，修建村敬老院52个。有1035个示范村镇开展文明村（组）、星级文明户等多种形式的文明创建活动，约有720个示范村建立新农村建设理事会，新成立各类农民专业合作组织160个。

第四章　推进措施

第一节　面上推进

工作机制

安徽省委于2006年1月成立由30个省直部门组成的安徽省社会主义新农村建设工作领导小组，统筹协调、指导推进全省新农村建设工作；并专门设立省新农村建设办公室，从省农委抽调人员集中办公，省新农办工作人员相对固定。全省17个市、105个县（市、区）也都成立相对应领导组和办公室，省、市、县3级均建立或基本建立办事工作制度，省新农办利用省气象局安徽农网提供网络办公平台，建立“安徽新农村网”工作系统，实行无纸化办公。

宣传培训

2006年，省新农办组织编写《建设社会主义新农村简明问答》《建设社会主义新农村十二讲》等宣传书籍，发放到全省120多万名农村党员和近1.5万个行政村；按照省委要求，对全省105个县（市、区）党委或政府主要负责人、近2400名乡（镇）正职进行集中培训。2007年，省新农办在《安徽日报农村版》“新农村建设网”设立专版，开展新农村建设专题宣传。2006—2008年，省新农办每年召开一次全省新农村建设现场观摩会，交流各地经验，加大宣传发动，进行面上推广。

培育主导产业

安徽省农口部门紧密合作，在推进新农村建设过程中，大力发展主导产业，积极建设现代农业，组织开展小麦高产攻关、水稻产业提升、玉米振兴计划等科技丰粮工程，大力推广现代农业，不断提高农业综合生产能力，推进农业产业化经营，实施“532振兴计划”，发展“一村一品”特色块状农业，千方百计促进农业增效、农民增收。

基础设施建设

安徽省各地各部门在推进新农村建设工作，贯彻规划先行方针的前提下，以贯彻落实党的强农惠农政策为牵引，各地着力抓好农村安全饮水、供电设施改造、村村通公路、学校危房改造、推广普及沼气等工程的基础上，突出抓好乡村清洁工程、乡村运输网络、农产品市场流通、信息化和家电下乡等各项建设，农村整体面貌有了可喜变化。

基层组织建设

各部门充分发挥农村基层组织在新农村建设中的领导核心作用，开展“双培双带”

和选派干部进村入户活动，扎实抓好“难点村”综合治理，着眼于培育新型农民，开展形式多样的文化下乡、文明进村入户活动，广泛发动农村干部群众参与乡风文明建设，落实村民自治和管理民主规定，实现新农村建设工作的整体推进。

第二节　示范引导

安徽省各地在实践中选准切入点，进行积极的探索，寻求新农村建设工作经验，示范引导作用逐步显现：把培育主导产业作为切入点；从整治村容村貌入手通过“几清、几改”，改善人居环境；从培训干部入手；把土地整理、复垦作为切入点；把发展生态、旅游农业作为切入点；把村民自治和民主管理作为切入点；把村庄规划作为切入点，重点抓好旧村整理型、保护型和新建型等不同类型村庄建设。

2006 年 6 月 1 日，第一期全省乡（镇）正职新农村建设专题培训在合肥市开班，300 名乡（镇）正职集中学习 7 天时间。此类专题培训班共分 8 期连续举办，全省共有 2392 名乡（镇）正职接受为期 7 天的新农村建设政策培训。

2006—2008 年，安徽省“千村百镇”示范工程全面启动以后，各地按照“生产发展、生活宽裕、乡风文明、村容整洁、管理民主”的总体要求，坚持“规划先行、抓点示范、以点带面、常抓不懈”的工作思路，示范引领、积极引导各地开展新农村建设：

引导现代农业发展，促进农民增收，夯实新农村建设产业基础。稳定发展粮食生产，在全省组织实施小麦高产攻关、水稻产业提升行动和玉米振兴计划等“三大行动”，大力扶持特色经济，培育一村一品、一镇一业，全省涌现出一大批专业特色村、特色镇。加强对农业产业化经营指导，农业产业化加速推进，农民专业合作组织发展迅速。积极拓宽农民增收渠道，千方百计增加农民收入。

引导规划先行，加强基础设施建设，改善农民生产生活条件。坚持把规划作为新农村建设的龙头和先导，开展小城镇总体规划编修与村庄布点规划审查备案，省级新农村示范镇村规划全部完成，一大批不同类型、各具特色的典型村镇相继涌现。加强农村道路、电力、安全饮水、基本农田水利等基础建设，积极推进农村民生工程实施。仅 2008 年，全省新改建农村公路 1.3 万千米，新增有效灌溉面积 2 万公顷，治理水土流失 300 平方千米，解决 300 万农村人口安全饮水问题，全省新增农家店 3000 个，户用沼气 13.8 万户，新建卫生厕所 57.5 万户，兴建村民活动场所 6159 个，农家书屋 3019 个。

引导开展农村环境综合整治和农村土地综合治理，改善农村生态环境和村庄面貌。总结推广各地开展“三清四改”、村容整治等农村环境治理的经验，在全省掀起农村环境综合整治行动。2008 年，省新农办、省卫生厅、省爱卫会联合在阜阳市召开全省农村爱国卫生运动现场会，掀起农村卫生环境整治新高潮。为解决农村住宅布局乱、规模小、占地多、闲散不用等问题，省新农办、省农委、省国土厅等部门探索农村土地整治整村推进办法，开展实施农村荒废土地复垦项目建设，引导投入农村社会事业建设，鼓励基层创新，增强农村改革发展动力。开展新农村建设以后，各地各部门加强农村社会事业发展，农村新型合作医疗实现全覆盖，新型农保项目稳步推开，教育“两免一补”全面落实，农村社区建设稳步推进。农村各项保障事业得到加强，2008年，全省共有186万农民纳入农村低保范围，新改建农村敬老院546所，新增五保老人入院35740人。农村改革稳步推进，积极稳妥地推进农村土地流转，集体林权制度改革全面铺开，农村金融改革、一事一议财政奖补以及为民服务全程代理制度全面推进，城乡统筹发展，全社会合力共建新农村的良性机制初步形成。

引导“千村百镇示范工程”建设，增强各地示范点的带动效应。各地坚持把新农村建设“千村百镇示范工程”作为重要抓手，指导示范村镇在生产发展、农民增收、公共事业、村容整治、基层组织建设等方面进行积极探索。据调查，示范村农民收入高于全省平均水平600多元，87%的示范村通上水泥路，98%的示范村制定村规民约，93%的示范村开展村庄整治活动，23%的示范村实现垃圾集中处理。建有农民科技书屋和农业信息服务站的示范村分别达到76%和64%。省新农办总结各地探索出的好经验、好做法，每年以现场会的形式在面上推广运用。加强新农村示范典型的宣传引导，2008年，从全省100多个先进示范村中评选60个示范村，编辑出版《安徽省新农村建设先进村60例》一书，免费赠送全省所有村、镇和各级党政机关和部门，指导面上推进新农村建设工作。

落实重中之重要求，健全部门联系帮扶和企业结对共建制度，探索城乡统筹发展新机制。各地各部门积极争取财政投入，2006—2008年，各地共争取财政支持三农资金116亿元。省财政从2007年始，每年安排新农村建设专项补助资金2.645亿元，对“千村百镇示范工程”示范村镇实施奖补，每年拉动各地财政和社会投资10亿元，实施新农村建设项目1000多个。2006年，省委、省政府确定省直131个部门（单位）对口联系帮扶131个省级示范村镇新农村建设，得到各部门积极响应和大力支持，各部门尽力而为，出钱出力出思路，帮助示范村镇开展新农村建设建设。仅2008年，省直单位投入到联系帮扶点的资金和物资折款1065万元，安排项目122个，项目资金1.15亿元。2007年开始，全省开展“千企联千村，共建新农村”活动，2000多家企业与1000多个示范村结对共建，各地企业累计投入50多亿元，用于联系示范村开展新农村建设，取得良好的经济效益和社会效益，有力地推动全省新农村建设的稳步发展。

第三节　联系帮扶制度

“千村百镇示范工程”启动实施后，为加强工作指导，形成省直各部门和全社会共同参与社会主义新农村建设的工作机制，促进示范村镇率先达到“五新”目标，省社会主义新农村建设领导小组研究决定，实行省直单位对口联系和帮扶示范村镇制度。

联系帮扶工作任务

宣传党的农村工作方针、政策，重点宣传新农村建设的意义、目标、任务和要求，使联系帮扶的村镇干部群众思想认识进一步提高；指导村镇搞好建设规划并组织实施，选准切入点，组织开展村镇环境整治；协助村镇制定产业发展规划，明确主导产业，培育龙头企业，发展农村合作经济组织，增加农民收入；帮助村镇解决新农村建设中存在的突出问题，建立完善村规民约，成立新农村建设理事会，提高村民自治水平；围绕新农村建设，重点在政策、资金、技术、物资、信息等方面，向联系帮扶的村镇倾斜支持；总结新农村建设工作经验，推广新农村建设先进典型。

联系帮扶工作具体要求

各单位要高度重视联系帮扶新农村建设示范村镇工作，主要领导亲自抓，分管领导具体抓，加强调查研究，创新联系方式，每季度深入基层开展帮扶不少于一次；各单位要根据帮扶村镇的实际情况，确定帮扶重点，充分发挥本单位的优势，采取切实过硬的帮扶措施，千方百计为联系帮扶村镇多办实事；有关单位除按分工联系帮扶一个示范镇和一个示范村外，还要落实本单位对全省面上新农村建设的各项扶持政策，点面结合，上下互动，促进整体推进；各单位每年要将开展联系帮扶情况以书面形式向省社会主义新农村建设领导小组汇报，领导小组不定期开展检查，促进帮扶工作深入开展。

对口联系帮扶示范村镇分布情况

在省委组织部选派办、省新农办共同努力下，2006 年 10 月，全省共落实 131 个省直单位（包括省直党政机关、事业单位、人民团体、驻肥各大学、中央驻皖单位和部分省属企业；下同）对口联系帮扶省级示范村镇建设，各单位共选派 131 名年轻干部到乡（镇）、村任职，主抓新农村建设。省直单位对口联系帮扶示范村镇分布情况如表。

省直单位对口联系帮扶示范村镇一览表

表 13–3–1

示范镇	示范村	联系帮扶单位
肥西县三河镇	肥西县上派镇三岗村	省建设厅
肥西县紫蓬镇	肥西县紫蓬镇永久村	安徽建筑工业学院
肥东县龙塘镇	肥东县路口乡新向阳村	省委政研室
肥东县撮镇镇	肥东县撮镇镇马桥居委会	安徽教育学院
长丰县吴山镇	长丰县水湖镇阮巷村	省教育厅
长丰县岗集镇	长丰县水湖镇丰峡村	安徽中医学院
包河区大圩乡	包河区义城镇大陈村	省人防办
瑶海区磨店乡	瑶海区大兴镇双圩社区	交通银行合肥分行
庐阳区大杨镇	庐阳区三十岗乡崔岗村	省社科院
蜀山区南岗镇	蜀山区井岗镇十八岗村	安徽出入境检验检疫局
濉溪县刘桥镇	濉溪县五沟镇大陈村	省商务厅

续表 13-3-1

示范镇	示范村	联系帮扶单位
烈山区烈山镇	烈山区烈山镇洪庄村	淮北矿业集团
相山区渠沟镇	相山区任圩镇李楼村	安徽煤矿安全监督局
杜集区石台镇	杜集区朔里镇沈集村	安徽煤田地质局
利辛县胡集镇	利辛县巩店镇韩古同村	省经委
蒙城县板桥集镇	蒙城县楚村镇七里村	省公安厅
涡阳县义门镇	涡阳县西阳镇王楼村	省地税局
谯城区古井镇	谯城区位岗镇赵庄村	省食品药品监督局
埇桥区符离镇	埇桥区夹沟镇夏刘寨村	省卫生厅
萧县杨楼镇	萧县白土镇费村	省政府外事办
灵璧县渔沟镇	灵璧县黄湾镇红星村	省委政法委
砀山县李庄镇	砀山县葛集镇白腊园村	省审计厅
泗县大庄镇	泗县泗城镇关庙村	省国土资源厅
怀远县马城镇	怀远县淝南乡姚圩村	省邮政局
五河县沫河口镇	五河县沱湖乡沱湖村	省电力公司
固镇县刘集镇	固镇县王庄镇南屯村	省质量技术监督局
淮上区曹老集镇	淮上区小蚌埠镇双墩村	省政府法制办
龙子湖区长淮卫镇	龙子湖区李楼乡汪圩村	农发行安徽省分行
蚌山区燕山乡	蚌山区雪华乡施徐村	安徽行政学院
禹会区秦集镇	禹会区长青乡石巷村	省文联
—	蚌埠市新城区纪郭村	省社联
太和县倪邱镇	太和县赵庙镇黄门村	省高级人民法院
太和县大新镇	太和县大新镇徐寨村	省高速公路总公司
颍上县汤店镇	颍上县汤店镇王夏村	省计生委
颍上县红星镇	颍上县红星镇红星新村	省能源集团有限公司
颍上县谢桥镇	颍上县谢桥镇小张庄村	省投资集团有限公司
阜南县袁集镇	阜南县赵集镇支庙村	省环保局
临泉县杨桥镇	临泉县单桥镇房庄村	省粮食局
界首市光武镇	界首市芦村镇路洼村	合肥海关
颍州区九龙镇	颍州区三十铺镇大王村	省国家安全厅
颍泉区伍明镇	颍泉区闻集镇大陶村	省总工会
颍东区插花镇	颍东区袁寨镇西康村	省直机关工委
凤台县朱马店镇	凤台县新集镇胡岗新村	省政协办公厅

续表 13-3-1

示范镇	示范村	联系帮扶单位
潘集区潘集镇	潘集区平圩镇平圩村	省检察院
田家庵区曹庵镇	田家庵区安成镇连岗村	省残联
大通区上窑镇	大通区洛河镇朝阳村	华东冶金地质勘查局
谢家集区李郢孜镇	谢家集区孤堆回族乡孤堆村	省民委（宗教局）
毛集实验区毛集镇	毛集实验区焦岗乡曹集村	安徽储备物资管理局
八公山区八公山镇	八公山区山王镇丁山村	淮南矿业集团
霍邱县姚李镇	霍邱县龙潭镇杨楼村	省委宣传部
寿县安丰镇	寿县迎河镇大店村	省委组织部
金安区三十铺镇	金安区木厂镇北三十铺村	省委统战部
金安区毛坦厂镇	金安区毛坦厂镇青山堰村	安徽江淮汽车集团
裕安区固镇镇	裕安区固镇镇佛庵村	省军区
裕安区分路口镇	裕安区分路口镇江堰村	安徽国元控股集团公司
舒城县杭埠镇	舒城县干汊河镇西宕村	省工商局
金寨县梅山镇	金寨县天堂寨镇前畈村	省科技厅
霍山县与儿街镇	霍山县衡山镇永康桥村	省民政厅
叶集试验区三元乡	叶集试验区观山村	省委老干部局
天长市秦栏镇	天长市秦栏镇良玉村	解放军炮兵学院
天长市汊涧镇	天长市汊涧镇西园村	安徽出版集团
来安县汊河镇	来安县舜山乡林桥村	省妇联
来安县水口镇	来安县水口镇水东村	华安证券有限责任公司
全椒县二郎口镇	全椒县武岗镇中心村	省国税局
全椒县古河镇	全椒县古河镇蔡集村	安徽叉车集团公司
定远县张桥镇	定远县二龙乡农科村	省烟草专卖局
凤阳县门台子镇	凤阳县小溪河镇小岗村	省财政厅
明光市女山湖镇	明光市招信镇林庄村	省纪委（监察厅）
南谯区乌衣镇	南谯区腰铺镇范桥村	省委办公厅
—	琅琊区扬子办事处林西村	合肥工业大学
当涂县博望镇	当涂县姑孰镇黄山村	省委党校
当涂县太白镇	当涂县太白镇长江村	马钢集团控投有限公司
花山区霍里镇	花山区黄里村	省委党史研究室
雨山区向山镇	雨山区向阳村	安徽广播电视大学
庐江县汤池镇	庐江县泥河镇五河村	徽商银行

续表 13-3-1

示范镇	示范村	联系帮扶单位
庐江县白山镇	庐江县白山镇同春村	铜陵有色金属集团公司
无为县高沟镇	无为县无城镇竹园村	省扶贫办
无为县二坝镇	无为县二坝镇水楼村	省机械设备成套局
居巢区槐林镇	居巢区苏湾镇包坊村	省司法厅
和县乌江镇	和县历阳镇城西村	省体育局
含山县陶厂镇	含山县环峰镇一统碑村	省广电局
芜湖县六郎镇	芜湖县陶辛镇石桥村	省科协
繁昌县孙村镇	繁昌县荻港镇桃冲村	团省委
南陵县弋江镇	南陵县许镇镇张桥村	工商银行安徽省分行
—	镜湖区荆山街道东社区	省直机关事务管理局
—	鸠江区清水镇同和中心村	安徽农业大学
—	弋江区马塘镇元山村	银监会安徽监管局
—	三山区保定街道联群村	国家开发银行安徽省分行
宣州区水东镇	宣州区黄渡乡乌边村	中国银行安徽省分行
宣州区水阳镇	宣州区水阳镇新珠村	省政府研究室
郎溪县新发镇	郎溪县十字镇十字村	省劳动保障厅
广德县新杭镇	广德县东亭乡高峰村	省农村信用联社
宁国市汪溪镇	宁国市梅林镇梅林村	省国资委
宁国市仙霞镇	宁国市仙霞镇杨山村	安徽海螺集团
泾县榔桥镇	泾县桃花潭镇包村村	省政府办公厅
绩溪县临溪镇	绩溪县瀛洲乡龙川村	省发改委
绩溪县扬溪镇	绩溪县扬溪镇石门村	中国贸促会安徽分会
旌德县庙首镇	旌德县白地镇白地村	省国防工办
铜陵县顺安镇	铜陵县天门镇朱村村	省安全生产监督局
铜陵市郊区大通镇	铜陵郊区灰河乡五洲村	省通信管理局
狮子山区西湖镇	狮子山区西湖镇朝山村	武警安徽省总队
贵池区梅村镇	贵池区涓桥镇前水口村	省中小企业担保中心
贵池区马衙镇	贵池区马衙镇滨河居委会	人行合肥中心支行
青阳县木镇镇	青阳县蓉城镇双溪村	省林业厅
石台县七里镇	石台县丁香镇红桃村	省气象局
东至县大渡口镇	东至县胜利镇城北村	省农科院
东至县龙泉镇	东至县龙泉镇曹村村	证监会安徽监管局

续表 13-3-1

示范镇	示范村	联系帮扶单位
九华山风景区九华乡	九华山风景区柯村	解放军电子工程学院
桐城市范岗镇	桐城市青草镇里仁村	省统计局
枞阳县横埠镇	枞阳县浮山镇浮渡村	省水利厅
怀宁县黄墩镇	怀宁县三桥镇社塘岭村	中国科学技术大学
潜山县源潭镇	潜山县梅城镇潘铺村	省供销社
岳西县主簿镇	岳西县头陀镇虎形村	省农委
岳西县店前镇	岳西县白帽镇江河村	中国人寿保险安徽分公司
太湖县晋熙镇	太湖县徐桥镇桥东村	农业银行安徽省分行
望江县长岭镇	望江县华阳镇大号村	安徽日报报业集团
望江县高士镇	望江县高士镇童岭村	中国人民财产保险安徽分公司
宿松县破凉镇	宿松县高岭乡姚圩村	省人事厅
宜秀区大龙山镇	宜秀区罗岭镇黄梅村	省新闻出版局
迎江区老峰镇	迎江区长风乡长风村	安徽大学
大观区十里铺乡	大观区山口乡联胜村	安徽医科大学
屯溪区阳湖镇	屯溪区屯光镇浯村村	省人大常委会办公厅
徽州区西溪南镇	徽州区岩寺镇临河村	省地方志办公室
黄山区汤口镇	黄山区甘棠镇庄里村	省旅游局
黄山区耿城镇	黄山区耿城镇城澜村	省地震局
歙县深渡镇	歙县徽城镇金山村	省文化厅
歙县郑村镇	歙县郑村镇黎明村	省地质矿产勘查局
休宁县万安镇	休宁县五城镇月潭村	省交通厅
黟县碧阳镇	黟县碧阳镇五里村	省档案局
黟县宏村镇	黟县宏村镇宏村村	建设银行安徽省分行
祁门县闪里镇	祁门县金字牌镇金字牌村	省信息产业厅

对口联系帮扶工作开展情况

2006年6月19日，根据省委、省政府主要领导批示，省社会主义新农村建设工作领导小组在合肥市召开省直单位新农村建设对口联系帮扶工作会议。省委副书记、省社会主义新农村建设工作领导小组组长王明方，省委常委、副省长赵树丛参加会议并作重要讲话。以这次会议为标志，安徽省新农村建设对口联系帮扶工作正式启动。

2006年9月，省社会主义新农村建设工作领导小组决定，从2006年起，在省直主要涉农部门建立以实施重点项目为总抓手的重点项目调度制度，整合资金和项目资源，动员各部门力量参与并加快新农村建设，以帮扶推进千村百镇示范工程；对省直单位新农村建设对口联系帮扶工作实行年度考核。考核结果作为衡量和评价干部政绩列入单位效能建设考核体系。

2006年10月，省新农办召开领导小组成员单位联络员会议，交流对口联系帮扶工作进展情况和重点项目调度执行情况。

2007年4月13日，省社会主义新农村建设工作领导小组召开会议，省委常委、副省长、省社会主义新农村建设工作领导小组组长赵树丛对省直部门联系帮扶工作成效给予充分肯定，号召省直各单位继续按照“联系帮扶工作是分内之事、应尽之责、长久之策”的要求，切实抓好新农村建设联系帮扶工作，努力开创新局面，取得工作新成效。

2007年4月23日，省委书记郭金龙到绩溪县临溪镇孔灵村省级示范村考察新农村建设，对该村先从环境卫生抓起，不搞大拆大建，从群众看得着、摸得着的事做起，发挥各级力量，调动群众积极性推进新农村建设的做法给予充分肯定。

2007年11月，省新农办与省委组织部、省直机关效能建设办公室联合召开省直单位联系帮扶新农村建设工作经验交流会，省人大常委会办公厅、省委宣传部、省电力公司等9个单位作经验介绍，省委常委、副省长、省社会主义新农村建设工作领导小组组长赵树丛作重要讲话。

2008年7月，省新农办在庐江县召开领导小组成员单位联络员会议，交流帮扶推进新农村建设工作情况，研究部署联系帮扶工作。

2008年12月，省社会主义新农村建设工作领导小组对联系帮扶推进新农村建设作出突出贡献的24个先进单位进行表彰，首批获得新农村建设联系帮扶工作先进单位的是：合肥市国土资源局、淮北市水务局、亳州市财政局、宿州市文明办、蚌埠市财政局、阜阳市妇联、淮南市鑫马商贸（集团）有限公司、滁州市委办公室、六安市交通局、马鞍山市地税局、巢湖市交通局、芜湖市农业技术中心、安徽五星养殖集团公司、铜陵市纪律检查委员会、池州市建设委员会、安庆市农业委员会、黄山市农业委员会。

帮扶工作成效

新农村建设联系帮扶工作开展以后，省直部门积极响应省委、省政府号召，在调查研究的基础上，从农民群众最需要的事项做起，卓有成效地开展联系帮扶工作，联系帮扶工作取得实实在在的效果。

2006—2009年省直单位对口联系帮扶工作情况统计表

表13-3-2

年份	参与调研人数（人）	帮扶资金（含实物，单位：元）	扶持项目资金（元）	年度帮扶优秀单位
2006年	2600	3800	22000	省委组织部、省发改委、省财政厅、省农委、省林业厅、省水利厅、省国资委、省国土厅、省建设厅、省交通厅、省民政厅、省卫生厅、省教育厅、省旅游局、省广电局、省电力公司

续表 13-2-2

年份	参与调研人数（人）	帮扶资金（含实物,单位:元）	扶持项目资金（元）	年度帮扶优秀单位
2007 年	2000	3250	16000	省交通厅、省财政厅、省委组织部、省委宣传部、省人大常委会办公厅、省人事厅、省直机关工委、省农委、省经委、省商务厅、省供销社、省发改委、省民政厅、省卫生厅、省质监局、省新闻出版局、省电力公司
2008 年	1600	1065	11500	省交通厅、省商务厅、省卫生厅、省建设厅、省教育厅、省国土厅、省财政厅、省农委、省委组织部、省民政厅、省委宣传部、省人大常委会办公厅、省发改委、省经委、省人事厅、省水利厅、省委办公厅、省政府办公厅、省质监局
2009 年	1189	995	23800	省发改委、省农委、省委组织部、省司法厅、省财政厅、省交通厅、省商务厅、省水利厅、省林业厅、省供销社、省委宣传部、省政协办公厅、省教育厅、省国土资源厅、省建设厅、省新闻出版局、省委办公厅、省经信委、省政府办公厅、省人大常委会办公厅、省直机关工委、省高级人民法院、省人保厅、省文化厅、省人口计生委、省质监局、省食品药品监管局、省物价局、省档案局、省农科院、省电力公司

第四节　村企共建

2007 年 4 月,省新农办会同省农委、省经委、省国资委、省工商联 5 个部门联合倡导开展“千企联千村,共建新农村”行动,向全省发布《安徽省新农村建设千企联千村共建新农村行动方案》。以毛传平、李光敏、赵世来、王庆习等为代表的企业家向全省企业家发出倡议书,倡议充分发挥企业自身优势,积极投身于村企结对共建,帮扶带动农村农民致富奔小康,为建设社会主义新农村、推进城乡统筹协调发展、实现共同富裕贡献力量。倡议发出后,全省众多工商企业、民营企业积极响应,结合实际,发挥企业优势,通过联姻、帮扶等结对形式,为新农村建设注入新的动力和活力。2007 年 7 月,省社会主义新农村建设工作领导小组公布第一批 973 家企业与 842 个村、14 个镇的结对名单。各类企业主动参与,围绕农业开发、基地建设、项目合作、文明创建等与新农村建设示范村镇开展多种形式的结对共建活动。

第五章 建设范例

第一节 示范村建设范例

凤阳县小溪河镇小岗村

基本情况 中国农村改革第一村。“大包干”前，小岗村仅有20户农户、115人的生产队。1993年，小岗生产队与相邻的大严生产队合并成立小岗村。2007年年底，全村共有112户、486人。2008年3月，凤阳县进行村级行政区划调整，小岗村与相邻的石马、严岗村合并，成立新的小岗行政村，在“大包干”后的20多年里，当全国大部分地方的经济蓬勃发展之时，小岗村人依旧沿袭日出而作、日落而息的传统农村生产生活方式，满足于“三十亩地一头‘牛’（农机），老婆孩子热炕头”的习惯。2006年，小岗村人均收入只有5000元，离小康的目标还有差距。小岗村民满怀建设新农村的迫切心理和渴望，在村党支部书记沈浩带领下，小岗村提出大力实施“三步走”战略——开发现代农业、发展旅游业、招商引资发展村级工业。

主要成效与做法 至2008年，小岗村已接通数字电视、有线电视、广播和自来水等生活设施，并修建了村内水泥路。小岗村至101省道和307省道的快速通道全部贯通，从宁洛高速凤阳出口到小岗村仅16千米，交通更为便捷。新建的村卫生服务中心、村级活动场所和信息综合服务中心已投入使用；小岗村第二居民小区的80户村民已入住；占地1.33公顷的农贸市场及首期46套商住房、4000平方米钢架大棚、400个摊位和6000平方米水泥地面建设工程已经完成。至2008年，小岗村重点建设“三园两场”，即双孢菇生产园、优质葡萄示范园、蔬菜产业园以及生猪繁养场和龙虾养殖场初具规模。发展葡萄近600亩，仅此一项，村民人均收入2000多元；先后成立“食用菌专业合作社”“葡萄专业合作社”“蔬菜产销合作社”“村民资金互助合作社”等专业合作社；以“大包干纪念馆”为依托，大力发展旅游业，累计接待游客50000多人，实现门票收入100多万元。占地13.33公顷的小岗村农家乐旅游休闲基地已完成规划和土地平整，配套投资150万元的苗木和两口面积5.33公顷的精养鱼塘挖掘完成；通过招商引资，有4家企业在村里的工业园区落户，村级集体经济实力进一步壮大。推进新农村建设以后，小岗村农民收入一年一个台阶。2006年农民人均纯收入5000元，2007年6000元，开始高出全省平均水平；2008年6600元，高出凤阳县农民人均纯收入2000多元。文明乡风悄然形成。通过开展好婆婆、好媳妇、星级文明户等评选活动和农家乐旅

游入户活动，小岗村民的思想观念发生明显转变。与以往相比，不和谐、不团结的声音少了，早发展、快发展的意识强了，村民对小岗村的未来充满美好的憧憬。

村两委从制度建设入手，规范工作运行程序，先后制定党支部议事规则，村民代表会议议事规则，民主评议干部、党员制度等一系列工作制度。通过深入推行为民服务全程代理、无职党员设岗定责和党员承诺制，充分发挥党员干部作用，初步形成“主要干部抓全面、一般干部管一片、党员包户搞创建”的工作机制。小岗村的各项工作走上制度化、规范化轨道，引领新农村建设的核心力量明显加强。在充分调研论证基础上，小岗村确定“开发现代农业、发展旅游业、招商引资发展村级工业”的三步走发展战略。第一步是调整产业结构，发展现代农业。借助凤阳小岗村现代农业有限责任公司，大力推行规模经营，走农业生产集约化道路，把小岗的农产品做大做强。第二步是发展旅游业。以“大包干纪念馆”为依托，利用“全国十大名村”和“全省乡村旅游示范点”等品牌优势，大力发展红色旅游和农家乐旅游。第三步是着力办好工业园。小岗村通过招商引资办起钢构厂、节能电器公司、小岗面业等工业企业。小岗大学生创业园、外来人员创业园均初具规模，蘑菇加工厂建成投产，规划中的20公顷现代蔬菜产业园区第一期工程项目建设稳步推进。村两委多次组织村党员干部、“大包干”带头人及群众代表到河南省南街村、山西省大寨村等地考察学习，总结外地发展经验，分析小岗落后原因，鼓励村民早发展、快发展。以“双培双带”先锋工程为抓手，依托优质葡萄示范园、双孢菇创业园、蔬菜产业园区三大基地，采取走出去、请进来的方式，大力开展农业实用技术培训。2006—2008年，小岗村多次举办葡萄、双孢菇种植和生猪、龙虾养殖等各类培训班，同时组织种养大户外出参观学习，使很多党员群众掌握一到两门农业实用技术，带领群众发展的能力不断增强。采取政策引导方式，为完成住房改造的农户给予每套住宅补贴2万元，激励群众改善居住条件和村庄整体环境，让村民自觉参与到新农村建设中来。2006年5月，王中华等3名大学生来到小岗村，尝试种植大棚双孢菇，率先开始大学生在小岗的创业，得到县委的高度关注和大力支持，出台政策予以扶持。小岗村不断加大投入力度，改善创业大学生的生活条件和生产条件，使来到小岗创业的大学生能够住得下、留得住、干得赢、早致富。大学生积极发挥创业大学生知识广、头脑活等优势，带动村民共同发展双孢菇产业。通过招商引资，引来山东蔬菜种植能手和营销大户来村投资规模化设施蔬菜种植，首期投资16万元，建成标准蔬菜大棚45座并投入使用。县委还从第二批大学生村官中选调3名村官到小岗任职，为小岗村的班子建设注入新鲜血液。

绩溪县上庄镇宅坦村

基本情况　千年古村——宅坦村，地处绩溪县上庄镇中部。全村辖11个村民组，427户，1723人，村域面积9.21平方千米，人均耕地0.73亩，人均山场3.3亩。2007年农民人均纯收入4072元。安徽最早建于北宋建德年间桂枝书院始建于此，宅坦村保存自明嘉靖以来400多年村务和族谱、祠谱档案，被誉为“中国档案第一村”。2006年以后，宅坦村先后获省“五个好”村党组织、省先进村（居）老龄委、市级文明村、市示范农民专业合作社、市示范农家书屋等称号。

主要做法与成效　宅坦村两委通过外出考察学习、请专家到村指导论证等办法，确定“工业强村、文化兴村、农业稳村”的产业结构调整新思路。发展长毛兔养殖业。村民历来有养长毛兔的传统习惯，村两委引导成立长毛兔养殖合作社和长毛兔养殖生产互助资金会，为兔农增收构建长效机制。全村长毛兔养殖近百户，养殖规模1.2万只。扶持发展优质蚕桑生产。结合“东桑西移”工程，新建33.33公顷优质丰产桑园，全村桑园面积发展到120公顷。蚕桑产业成为农民收入的主要增长点。扩大特色产品种养规模。全县唯一的青梅生产基地已扩大到40多公顷，全县唯一的甲鱼养殖示范场发展到1公顷，同时发展吊瓜生产3.33公顷、中药材5.33公顷、白茶10公顷、竹子13.33公顷、山核桃6.67公顷、白菊花1.33公顷。以文化为平台，做活文化新文章。以能人创办或领办木雕、竹雕、制墨、包装等文化品位高的企业，解决400多村民就业，带动人均增收230元。宅坦村在绩溪县最早发展玩具业，先后吸引县内3家规模玩具企业、1家文化企业迁址该村或在该村开设分厂，带动发展玩具家庭作坊12家，解决200多人就业。农民利用网络经营推销文化特色产品，畅销国内外。新慧玩具公司、黄山玩具公司通过网络专做日本客商生意；竹鑫雕刻厂利用网络将竹雕字画产品卖到韩国、新加坡；旭龙山庄的精品包装文房四宝通过网络营销坐拥国内外客商。宅坦村被确定为省级新农村建设示范村后，及时编制村庄建设规划和产业发展规划。自2006年开始，宅坦村以“二建三保四清五改”为切入点，积极开展村庄环境卫生整治，新农村建设取得阶段性成效。村里成立新农村建设理事会，开展两次环境卫生集中整治，共清理垃圾840方，清淤泥2400方，清路障230处，建成153口沼气池，改厕76座，改圈52个，改厨33户，新设垃圾桶16只，增设垃圾池6个，建设垃圾焚烧炉1座。选聘2名保洁员，建立长效保洁机制，村民自觉维护村容村貌的意识明显增强。

宅坦村两委发挥农民群众主体作用，争取项目，筹集资金，在短短的一年多时间里投入资金230多万元，组织实施宅坦至上庄、西村、山脚、旺川公路、机耕路的新建拓宽与硬化补强，实现乡村、村际、组际道路路路通。组织实施小型农田水利建设、灌溉引水渠疏浚整固等项目，新建团结水库1座，铺设自来水管2000多米，铺设灌溉主渠U型槽4300多米，新修护田坝1700多米，清淤、加固水库及大小塘碣34口，保障80多公顷水田生产浇灌和村民生活用水。改建集村办公室、电教室、图书室、计生室、村史展览室为一体的综合楼，新建卫生室、健身广场、光纤站，实施农村电气化改造、户用沼气建设等20多个项目。。

宅坦村以特有档案、传统徽文化和古朴民俗为载体，积极开展与北京大学、清华大学、华中科技大学等高等院校和社会科学研究机构的学术交流，南京农业大学、上海大学、安徽大学等高校还在宅坦村建立学生教学实践基地。2006年以后，宅坦村共接待包括来自法国、韩国、日本、新加坡等中外专家、学者、学生420多人次来村调研。以宅坦村为背景完成4篇高质量博士论文、1个国家林业改革课题和十几篇有较高研究价值的学术论文。中央电视台东方纪事栏目曾制作《宅坦村记忆》专题节目播出。“文化村长”胡维平著书立说、作客安徽电视台、参加国际徽商研讨会,与专家学者交流。3年多时间,共举办农村实用技术培训班和专家、学者、学生来村调研实习讲座14次,受训农民700多人,发放资料5000多份,培育一大批文化型、技术型、经营型的高素质新型农民。村两委根据农民对文体活动的需求,筹建篮球场、休闲广场、体育场、腰鼓队、龙狮队、洋鼓队、表演队、图书室、电教室、村史展览室、科技活动室、文娱活动室。参与文化娱乐、健身和体育锻炼的村民每天都有上百人次。不定期举办乒乓球、篮球比赛,组织腰鼓队、龙狮队、洋鼓队、表演队出村巡回演出,参加县“丰收怀”“美食节”“安苗节”等活动,使该村形成“节庆有节目,月月有活动,人人均参与”的喜人局面,还开展“十佳好婆媳”、和谐家庭、计生文明户等创建评比活动。健康文明、积极向上的乡风蔚然形成。

宿州市埇桥区夹沟镇夏刘寨村

基本情况　夏刘寨村位于宿州市埇桥区夹沟镇南部,辖6个村民组,650户,2226人,党员71人,可耕地面积343.87公顷。过去,夏刘寨村人均收入不足千元,是远近闻名的贫困村。自2006年推进新农村建设以后,在村党支部的带领下,本着“一抓种、二抓养、三抓创办工厂”的新农村建设发展思路,采取种、养、加并举,科、工、贸一体的经济发展模式,通过三次产业结构调整,实行规模种植,集约经营,农民收入大幅增加。2007年,全村工农业总产值8100万元,村集体收入1000多万元,年增长18.5%;农民人均收入6000元;村内人畜粪便和污水治理率98%;村劳动力培训率99.5%。夏刘寨从贫困村变成远近闻名的小康村,先后获市级小康示范村、中国农村改革典型村、全国绿色小康村、全国文明村镇工作先进村、安徽生态村、省新农村建设先进村等称号。

主要做法与成效　1999年,夏刘寨村党支部书记王化东等村两委一班人大胆改革,创办星原农业科技开发公司,借鉴农场经验,实行规模种植,从一家一户手中集中33.33公顷土地,发展高产优质高效农业。农民人均交出0.0667公顷土地后,不再承担任何税费,还可以在公司打工,得到工资报酬。公司成立后,主动同科研部门联姻,创建宿北小麦良种示范基地、大豆良种繁育基地,发展订单农业。全村333.33公顷耕地全部发展为集约经营、统一耕种的良繁田,并辐射到周边4个行政村,公司土地面积扩大到533.33公顷。生产过程实行供种、机播、管理、收获、销售五统一,农民收入大幅增加。

夏刘寨村三面环山,有近万亩的荒山荒坡。从2002年起,夏刘寨村积极响应国家“退耕还林、绿化荒山”的号召,大力发展干杂果。在林业部门的支持下,仅2003年春季就从山东调入甜杏、板栗、石榴、李子、大枣、侧柏等苗木70余万棵,2005年春季又栽植优质桃树10万多棵,栽植面积近万亩。干杂果成为农民增收支柱产业之一。

2005年以后,夏刘寨村的发展目标转向高效优质经济作物,和区政府签订协议,承包区科技示范园,用于辣椒制种、棉花制种和农业科技示范,发展圆葱20公顷、辣椒制种 6.67 公顷。成立蔬菜专业合作社、农机专业合作社、农民科技协会。

为解决土地由公司统一经营后剩余劳动力问题，夏刘寨村一方面鼓励农民外出务工，另一方面组建建筑公司，由建筑公司统一对外承揽工程，安置就业岗位 170 余个；创办面粉加工厂，日加工小麦 60 吨，吸收当地劳动力 40 余人就业；创办星原轧花厂、星源食品厂；组建宿州市化东农业科技开发有限责任公司，下辖建筑安装、农业开发、食品加工、畜禽养殖、面粉加工 5 个子公司。全村青壮劳动力进厂务工或从事建筑行业，妇女及年龄较大的劳动力、半劳动力在农业公司上班，既安全实惠，又能得到工资报酬。全村 2000 名劳动力人人有事干，个个有工资，平均年收入在 6000 元以上。夏刘寨村对村庄进行科学规划，创建农民新区。按照新区规划，夏刘寨村将发展成为现代农业示范、旅游休闲、民营企业发展集聚区。村里每年拿出 30 万左右的资金用来发展公益事业。已建成环村水泥路、路灯、绿化、自来水等基础设施，建成标准住房 8 排 123 套，水电配套齐全；打深井 4 眼，修水渠 5 条、3100 米，挖水塘 2 口，修桥 5 座，建节制闸 2 座。2007—2008 年以后，用于农业基础设施及公益事业的资金累计 300 多万元。村里建有标准化小学一所，先后投入 10 多万元用于完善教学设施，为师生创造一个良好的教学环境，全村无一例儿童失学现象发生；建有 95 平方米的标准化卫生服务室，确保小病不出村，解决群众看病难的问题；夏刘寨村计划生育管理工作水平一直位居全区前列；成立社会治安领导小组，积极化解各类矛盾纠纷，实行 10 户联防、夜巡夜查等制度。

安庆市宜秀区五横乡杨亭村

基本情况　杨亭村位于安庆市北郊，距市区 25 千米，四面环山，有 33 个村民组，870 户，3210 人，其中劳动力 1700 人，在外务工 1300 多人；耕地 166.67 公顷，山场 1000 公顷，其中村集体山场 180 公顷。杨亭村划入安庆市宜秀区前，在怀宁县属于经济发展条件较差的边远村，就地理位置、人均土地资源占有量来说，是一个“中等村”。杨亭村两委抓住列入全省新农村建设示范村的机遇，积极主动，不畏困难，将竞争机制引入新农村建设。2006—2008 年，连续 3 年被宜秀区委、区政府评为“十强村”和“先进基层党组织”，2007 年被市委、市政府评为农业产业化品牌工程先进单位，为市级“生态示范村”。

主要成效与做法　杨亭村山场资源丰富，村两委精心经营村集体拥有的 180 公顷山场，发展高标准茶园 40 公顷，其中无性系茶园 6.67 公顷，兴办茶叶加工厂。村里筹措资金，改手工制茶为机械制茶，结合原有的野茶品种，在茶叶专家帮助下研制出“龙山野茶”，获市第一届茶博会银奖，申请注册商标，通过国家有机茶认证。由于本地植被好，生产的茶叶年年供不应求，仅茶叶一项就为村里创造 30 万元的纯收入。另外，村里还有 33.33 公顷杉木林。2007 年以后，杨亭村退耕还林、窑场转包等村集体收入每年都在 60 万元以上。

2006—2008 年，杨亭村在“一村一品”产业发展格局的基础上，大力发展休闲观光农业，不断延伸农业产业链，给农民带来收益。对 1000 多公顷山场进行适度开发，以适合旅游为目标，建立名茶制作室，让游客体验从采叶到制成茶一系列工作程序；在水库边建茶楼一座，成立村茶艺表演队，集展示茶制品、茶具、品茗和观茶艺表演于一体，营造品有机绿茶、观秀美山川的茶文化氛围；景点建设中把茶文化与当地名人邓石如、邓稼先、严凤英、陈独秀等有机结合起来，吸引游客前来观光旅游。村里筹集资金15万元对大烟冲水库进行除险加固；结合村村通工程拓宽改造通往中心村庄、老村部、林场的路，全长3千米、宽4米，除国家补助的每千米12万元外，村集体投资28万元，没有向村民集资一分钱。2007年，村里又资助全村10多个自然村修通环庄沙石路20多千米，各自然村全部通了砂石路。

2006年，村里成立新农村建设领导组，在建设过程中引入竞争机制，充分发挥上级主导和村民主体作用。由村党总支书记负总责，下设经济发展、环境整治、基础设施建设3个推进小组。当年4月，村党总支书记杨凯参加市里组织赴江西赣州考察新农村建设活动，回来后即选择自然条件好的张冲组搞整治试点。一开始村民积极性很高，成立理事会，拆了几户占道的柴房、厕所，修建两口沼气池，但部分村民认为是上面要搞，要价越来越高。面对这一情况，乡、村两级权衡再三，觉得张冲这个点搞不起，搞成了也没有多少推广价值，决定将张冲点停下来，研究统一的补助标准，在全村广而告之，谁有积极性就让谁先搞。具体补助标准是：每建一口沼气池除国家补助800元外，村里另补黄沙4吨、石子4吨、水泥3包、瓦工工资50元（折合350元左右），改水冲卫生厕所补200元物资，户户通水泥路每平方米补助1包水泥。标准公布后，张祠组的老队长找上门要求将张祠作为示范点。张祠组组长带领男女老少自己动手，顶着烈日，利用一个月时间将户户通水泥路全面修通，得到全村村民的由衷赞许。后来，张冲等许多村庄效仿张祠的做法，进行“三清一池六改”建设，取得良好效果。

杨亭村两委在党员双向承诺中，提出“邻里纠纷及时调，共建和谐新农村”口号，由党员和村民组长包组包户，负责及时处理群众矛盾纠纷，做到小事不出组，大事不出村。针对青壮劳动力多半外出打工、在家妇女较多的情况，成立新农村建设妇女协会，引导妇女积极参加环境整治，大力开展“讲文明、讲卫生、讲科学、树新风”活动，引领妇女争做“思想道德好，勤劳致富好，科学教子好，文明生活好”的模范，争做“好女儿、好妻子、好母亲、好媳妇、好邻居”五好新女性，对促进精神文明建设起到积极作用。

第二节　省直单位帮扶范例

省农业委员会

自2007年开展对口帮扶岳西县主簿镇和头陀镇虎形村新农村建设以后，省农委党组每年组织机关处室负责人和农技专家，前往岳西县主簿镇和虎形村开展帮扶调研工作，提出适合示范村镇发展现代农业生产的指导意见和帮扶项目，指导帮扶示范村镇开展新农村建设。2006—2009年，共安排支持帮扶项目22个，支持项目资金共345万元。

主要做法与成效 支持岳西县建设高山蔬菜项目。高山蔬菜是对口帮扶示范村镇主导产业，省农委指导示范村镇合理规划，选择对路品种，重点扶持示范点蔬菜基地建设，引进新品种、组织有关专家开展技术培训。支持茭田综合养殖试点，其中头陀镇虎形村、主簿镇余畈村的茭田养鳝、养泥鳅都得到资金支持。支持渔业专项帮扶资金，其中帮扶虎形村、余畈村的项目资金主要用于苗种补助、技术培训等试点工作。组织申报岳西县农村沼气国债项目，新建一批沼气池；将虎形村列为重点建设示范点，积极支持余畈村沼气池建设；继续支持主簿镇余畈村生态家园示范村建设；选派专家指导示范点农村能源建设。扶持岳西县开发生产无公害茶叶，对头陀镇虎形村的茶园技术推广和培训给予资金支持；支持主簿镇农产品进超市，对优质茭白进超市给予费用补助。选派茶叶专家指导主簿镇、虎形村茶园改造。支持岳西县农业科技教育资金用于实施省级新型农民科技培训工程项目，在主簿镇余畈村和头陀镇虎形村开展新型农民科技培训，建立农民科技书屋；帮助抓好阳光工程培训，促进劳务经济发展。支持农民专业合作组织建设。在指导头陀镇虎形村建好茭白、茶叶合作组织的同时，积极引导和帮助虎形村成立蚕桑合作组织。免费为岳西县每个农民专业合作组织提供《农民专业合作社法律知识问答》书籍，指导示范点茭白、猕猴桃等农产品专业市场建设，发展农产品知名品牌。安排头陀镇虎形村蚕桑生产进入省优质茧基地项目，积极争取“东桑西移”项目立项。对农产品进超市和无公害茶叶等项目予以支持。将主簿镇列入省“千村百镇”信息化试点工程，按照“五个一”（一间门面房、一套网络终端设备、一名专兼职信息员、一套信息管理制度、一套信息收集发布制度）的要求，扶持主簿镇信息服务站进行规范化建设。协助主簿镇开展茭白标准化生产，制定茭白生产技术规程，指导标准推广应用。

省直各单位

加强对口帮扶工作领导，积极协调，多方联系，促使省直各单位加大对示范村镇帮扶支持力度，甘当示范村镇与省直单位的桥梁与纽带。省农委多次与省交通厅、省水利厅、省林业厅、省教育厅、省发改委、省体育局等十几家省直单位联系协调，帮助示范村镇在新农村建设整体发展上寻找机会，不断把示范村镇新农村建设向整体协调全面发展推进，实现示范引导的目标。省农委机关还建立联系帮扶工作考核制度，定期召开省农委新农村建设示范村镇协调工作会议，研究部署示范村镇建设推进工作，并按照省农委联系帮扶岳西县新农村建设示范村镇工作方案的要求，加强帮扶项目的督查与考评，及时摸清情况，确保帮扶工作顺利有序地开展。

第三节 千企联千村范例

宁国市五星集团是国家级重点农业产业化龙头企业，是集三黄鸡育种、孵化、饲养、加工销售、饲料加工销售、大米加工销售、养生鹿酒生产销售为一体的科技型农业企业。2008年，企业固定资产3.5亿元，实现销售收入12.6亿元，员工近千人，带动2000多户农民家庭养鸡致富。

蔡家自然村是五星集团帮扶建设的第一个自然村。五星集团投资100多万元，建成近10千米的组组通和户户通水泥路工程，并完成道路绿化；建成村民文化科技中心；广大村民都自愿地将“蔡家村”改成“五星村”。

五星集团积极参与新农村建设，把村企共建试点选定在港口镇山门村的两个村民组，制定《宁国市港口镇山门村五星新农村实施方案》《宁国市港口镇山门村五星新农村建设总体规划》，并与村民委员会签订共建协议，明确村民在新农村建设中的职责、权利和义务，企业在新农村建设中的帮扶办法和实施细则。五星集团董事长毛传平说：“让农民也过上和城市居民一样甚至更好的生活是我长久以来的心愿。随着五星集团的发展壮大，将逐步解决所有村民的养老保障问题，让每一位村民都能老有所养，老有所依。最终实现‘村企共建、企业参与、村民实惠’的新农村建设工作格局，建立‘以企兴村、以村促企、村企共赢’的新机制，发挥农业龙头企业的作用，全面建设文明和谐的社会主义新农村。”五星集团不但为村民购买农村合作医疗保险，还先后为困难家庭送去慰问金近50万元。在鹿业驯养基地兴建供游客参观、住宿、休闲、就餐的住宅、游泳池和钓鱼台。

第四节　安徽省新农村建设千村百镇示范工程示范村镇

示范镇

合肥市（13个）：瑶海区磨店乡，庐阳区大杨镇，蜀山区南岗镇，包河区大圩镇，长丰县岗集镇、吴山镇、卅头镇，肥东县石塘镇、撮镇镇、长临河镇，肥西县三河镇、紫蓬镇、山南镇。

淮北市（5个）：相山区渠沟镇，杜集区石台镇，烈山区烈山镇，濉溪县刘桥镇、五沟镇。

亳州市（8个）：谯城区古井镇、魏岗镇，利辛县胡集镇、王人镇，蒙城县板桥集镇、双涧镇，涡阳县义门镇、高炉镇。

宿州市（10个）：埇桥区符离镇、祁县镇，萧县杨楼镇、张庄寨镇，灵璧县渔沟镇、尤集镇，砀山县李庄镇、葛集镇，泗县大庄镇、草沟镇。

蚌埠市（10个）：淮上区曹老集镇，龙子湖区长淮卫镇，蚌山区燕山乡，禹会区秦集镇，怀远县马城镇、常坟镇，五河县沫河口镇、新集镇，固镇县刘集镇、连城镇。

阜阳市（20个）：颍州区九龙镇、袁集镇、三十里铺镇，颍泉区伍明镇、行流镇，颍东区插花镇、正午镇，太和县倪邱镇、大新镇、双浮镇，阜南县黄冈镇、会龙乡，颍上县迪沟镇、红星镇、谢桥镇、八里河镇，临泉县杨桥镇、谭棚镇，界首市光武镇、陶庙镇。

淮南市（9个）：田家庵区曹庵镇，大通区上窑镇，谢家集区李郢孜镇，八公山区八公山镇，潘集区潘集镇、平圩镇，凤台县朱马店镇、尚塘乡，毛集实验区毛集镇。

滁州市（17个）:南谯区乌衣镇、沙河镇,天长市秦栏镇、汊涧镇、杨村镇,来安县水口镇、汊河镇、半塔镇,全椒县二郎口镇、古河镇、十字镇,定远县炉桥镇、张桥镇,凤阳县临淮关镇、总铺镇,明光市女山湖镇、明西街道。

六安市（17个）:金安区三十铺镇、毛坦厂镇、张店镇,裕安区固镇镇、分路口镇、城南镇,霍邱县姚李镇、长集镇,舒城县杭埠镇、万佛湖镇,寿县安丰镇、炎刘镇,金寨县梅山镇、古牌镇,霍山县与儿街镇、黑石渡镇,叶集试验区三元乡。

马鞍山市（5个）:花山区霍里镇,雨山区向山镇,当涂县博望镇、太白镇、石桥镇。

巢湖市（12个）:居巢区槐林镇、夏阁镇,庐江县汤池镇、白山镇、郭河镇,无为县高沟镇、二坝镇、汤沟镇,和县乌江镇、历阳镇,含山县陶厂镇、林头镇。

芜湖市（7个）:芜湖县六郎镇、方村镇,繁昌县孙村镇、平铺镇,南陵县弋江镇、许镇镇、何湾镇。

宣城市（17个）:宣州区水阳镇、水东镇、狸桥镇,郎溪县新发镇、十字镇,广德县新杭镇、邱村镇,宁国市汪溪街道办事处、仙霞镇、甲路镇,泾县榔桥镇、茂林镇,绩溪县扬溪镇、临溪镇、金沙镇,旌德县庙首镇、白地镇。

铜陵市（4个）:狮子山区西湖镇,郊区大通镇,铜陵县顺安镇、钟鸣镇。

池州市（11个）:贵池区梅村镇、马衙街道、涓桥镇,青阳县木镇镇、庙前镇,石台县仁里镇、七都镇,东至县大渡口镇、龙泉镇、东流镇,九华山风景区九华乡。

安庆市（21个）:开发区老峰镇,大观区十里铺乡,宜秀区大龙山镇,桐城市范岗镇、青草镇,枞阳县横埠镇、官埠桥镇,怀宁县黄墩镇、小市镇,潜山县源潭镇、天柱山镇,岳西县店前镇、主簿镇、中关乡,太湖县晋熙镇、北中镇,望江县长岭镇、高士镇、华阳镇,宿松县破凉镇、复兴镇。

黄山市（16个）:屯溪区阳湖镇,徽州区西溪南镇、呈坎镇,黄山区汤口镇、耿城镇、谭家桥镇,歙县郑村镇、深渡镇、雄村乡,休宁县万安镇、齐云山镇,黟县碧阳镇、宏村镇、西递镇,祁门县闪里镇、历口镇。

示范村

合肥市（98个） 瑶海区（8个）:磨店乡王圩村、张店村、群治村、于湾村,大兴镇伏龙社区、钟油坊社区,工业园区大店社区,龙岗开发区大彭社区。

庐阳区（7个）:三十岗乡崔岗村、东瞿村、堰稍村、风景村、陈龙村,大杨镇十张村、岗西村。

蜀山区（2个）:井岗镇十八岗村、邓店村。

包河区（8个）:大圩镇新民村、慈云村、东林村、沈福村、黄港村、圩西村,义城镇董城村、前杨村。

长丰县（24个）:水湖镇阮巷村、丰峡村、李杨村、裴户村,陶楼乡陶西村、高塘村,双墩镇金坝村、万里社区、罗北村,杜集乡创新村、新街村,庄墓镇枣林新村、庄墓村,岗集镇龙岗村,造甲乡宋岗村,吴山镇牌碑村、车左村,朱巷镇柘塘村、庞孤堆村,杨庙镇大程村、十井村，罗塘乡邵集村，义井乡向东村，下塘镇东郢村。

肥东县（24个）：撮镇镇马桥居委会，白龙镇清水村、同心村，梁园镇邓岗村，马湖乡小陶村，众兴乡华光村、大高村，元疃镇杨祠村、三合村，八斗镇小普村，张集乡河湾村，陈集乡陈集村，响导乡龚集村、南王村，杨店乡杨店村、胜利村，店埠镇光大居委会，古城镇古城居委会、范店村，桥头集镇龙光村、城山村、仙垱村，石塘镇阚东村，包公镇板桥村。

肥西县（25个）：上派镇三岗村，官亭镇张祠村，山南镇小井庄村、光明村、炉墩村，严店乡三联村，铭传乡启明村，小庙镇拐岗村、小庙村，高刘镇连环村、青山村，三河镇跨河村、茶棚村、木兰村、九联村，丰乐镇肖家桥村、河湾村，柿树岗乡新街村、合农村，花岗镇花园村、八里村，高店乡高店村、长东村，紫蓬镇白衣村、燎原村。

淮北市（55个）　烈山区（15个）：烈山镇洪庄村、榴园村、烈山村、吴山口村、土楼村、化家湖村，杨庄办事处杨庄居委会、二郎庙村，宋疃镇马场村、和村、宋疃村，古饶镇新村居委会、赵集村、秦楼村、王店子村。

相山区（10个）：渠沟镇郭王村、钟楼村、张集村、油坊村、河北村、桥头村、土楼村、黄里村，任圩办事处寇湾社区、李桥村。

杜集区（10个）：高岳办事处双楼村、任庄村，矿山集办事处朱北社区、柿元社区，朔里镇官庄村、沈集村，段园镇大庄村、祁村，石台镇童台村、刘庄村。

濉溪县（20个）：濉溪镇房庄村、杜庙村，刘桥镇前吕楼村、周大庄村、后吕楼村、陈集村，铁佛镇北张楼村、周圩村，百善镇张庄村、黄新庄村、前营村，四铺乡颜道口村，孙疃镇陈楼村、刘圩村，五沟镇大陈村、白沙村、孟集村，双堆集镇芦沟村、邹圩村，南坪镇黄沟村。

亳州市（82个）　谯城区（20个）：古井镇杨楼村，位岗镇赵庄村，十河镇大周村，龙杨镇周刘村，双沟镇双东村，十八里镇马营村、洪庄村、蒋李村，大扬镇大扬村，十九里镇沈营村，五马镇吴小阁村、芍花村，张店乡后李楼村、后窑村，城父镇刘楼村，古城镇张桥村，赵桥乡溜集村，谯东镇大寺村、石大营村，淝河镇李小庙村。

利辛县（20个）：巩店镇向阳村，江集镇江集村、纪伦寨村，王人镇辛车村、曹店村，胡集镇陈营村、陈塘村，张村镇柳西村，中町镇曙光村、武楼村，王市镇中王村，城关镇苏店村，孙集镇纪大洼村，旧城镇王集村，马店孜镇双沟村，程家集镇赵桥村，望疃镇玉光村、刘怀寨村，永兴镇诸王村，刘家集乡大管村。

涡阳县（22个）：城东镇王大村，西阳镇王楼村，曹市镇高长营村，陈大镇杨楼村、于楼村，高炉镇陆杨村，石弓镇李楼村、高楼村，龙山镇东山村，花沟镇杨元村，陈大镇孙老家村，楚店镇楚店居委会，新兴镇寺后村，义门镇四桥居委会，高公镇高公居委会，马店集镇吴府村、宋牌坊村，标里镇程岳村，临湖镇宗圩村，牌坊镇高庄村，公吉寺镇马寨村，单集林场单集居委会。

蒙城县（20个）：楚村镇七里村、常兴社区，板桥集镇关庙村，庄周办事处马店村，岳坊镇冯庙村，许坛镇许坛村，小辛集乡李大塘村，双涧镇隋寨村，马集镇鹤庵村，范集经济开发区张集村、韩寨村，三义镇双仙村，篱笆镇篱笆社区，王集乡秦湖村，坛城镇小山村，小涧镇红城村，白杨林场张庄村，乐土镇席郑村、双龙村，立仓镇邹圩村。

宿州市（100个） 埇桥区（20个）：夹沟镇夏刘寨村，西二铺乡沟西村，灰古镇八张村，蒿沟乡药闫村，符离镇符离村、褚庄村，永安镇大许村，祁县镇代安村，曹村镇闵祠村，顺河乡魏庄村，桃园镇光明村，北杨寨乡振北村，支河乡路湖村，大营镇陈李村，朱仙庄镇三铺村，栏杆镇路町村，蕲县镇周王村，芦岭镇芦南村，永镇乡关湖村，西寺坡镇西寺坡村。

萧　县（20个）：白土镇费村，杨楼镇裴庄村，丁里镇郭庄村，圣泉乡柴庄村、穆集村，龙城镇姬村、房庄村、李台村，庄里乡前高村，新庄镇小集子村，永堌镇许岗子村，杜楼镇杜集村、郝新庄村，闫集镇汪楼村，孙圩子乡程蒋山村，刘套镇芈集村，大屯镇南海村，黄口镇杨阁村，酒店乡丁庄村，赵庄镇吴蒋庄村。

灵璧县（20个）：灵城镇庄陈村，虞姬乡虞姬村，杨疃镇邱庙村，尹集镇菠林村，尤集镇尤西村，朝阳镇韩家村，渔沟镇申场村，冯庙镇沟涯村，冯庙镇大陈村，大庙乡王沈村，黄湾镇红星村，浍沟镇彭黄村，向阳乡艳阳村，禅堂乡禅堂村，下楼镇古城村，朱集乡朱集村，娄庄镇黄圩村，大路乡王坊村，韦集镇韦集村，高楼镇卓海村。

砀山县（20个）：砀城镇蒋营村，葛集镇白腊园村、新华村，李庄镇海升新村，唐寨镇文庄村、唐集村，程庄镇柴市村，关帝庙镇熙可社区、汪大楼村，玄庙镇梨花村、古黄新村，官庄镇官庄社区，周寨镇张老家村、周寨村，薛楼板材工业园区神湖村，赵屯镇汪屯村，官庄坝镇岳庄坝村，良梨镇良梨村，朱楼镇邵庄村，曹庄镇曹庄社区。

泗　县（20个）：大庄镇佃庄村、向阳村，泗城镇三湾村，墩集镇汴河新村、石龙岗村，丁湖镇吴圩村，刘圩镇四山村、刘圩村，长沟镇洋城湖村，草沟镇孙巷村，黄圩镇三侯村，山头镇山头村、张店村，大杨乡时圩村、三时村，草庙镇通海村，黑塔镇蒋杨村，瓦房乡瓦房村，大路口乡河平村，屏山乡陈刘村。

蚌埠市（107个） 淮上区（25个）：小蚌埠镇双墩村、王小沟村、吴郢村、徐岗村、卢小庙村，吴小街镇太平岗村、八大集村、西门渡村、九台村，曹老集镇荷花园村、清河村、杨湖村、淝光村、高吴村、周集村，梅桥乡梅桥村、大岗村、苗台村、天宇村、华圩村、裔湾村、吕巷村、淝南村、淝北村、杨楼村。

蚌山区（7个）：雪华乡施徐村，燕山乡金圩村、燕山村、陈梁村、孙家圩子村、定安村、洼张村。

龙子湖区（8个）：长淮卫镇朝阳村、淮光村、淮上村、长淮村、东风村，李楼乡汪圩村、李楼村、八里岗村。

禹会区（7个）：秦集镇花郢村、三尖塘村、禹会村、冯咀村、宋洼村、西宋村，长青乡石巷村。

怀远县（20个）：淝南乡姚圩村、邵楼村，常坟镇集西村、镇北新村，新城区何巷村，马城镇西程村，包集镇路圩村，兰桥乡红光村，唐集镇耿集村，陈集乡陈集村，魏庄镇方坝村，龙亢镇新街村，双桥集镇双桥村，万福镇万福村、镇东村，古城乡潘新村，褚集乡褚集村，徐圩乡韩湖村，荆涂风景区冷水村，荆芡乡张圩村。

五河县（20个）：沱湖乡沱湖村，沫河口镇三铺村、五营村，大新镇府台村，头铺镇八岔村、屈台村，朱顶镇三塘村、梁巷村，东刘集镇小李村，武桥镇朱圩村、界沟村，双忠庙镇陈胡村，小溪镇小溪村，申集镇乔张村，新集镇新集居，刘集镇张集村，小圩镇四陈村，城关镇沟东村，临北乡临北村，浍南镇马场村。

固镇县（20个）：王庄镇南屯村、大蒋村，新马桥镇南庙村、黄庄村，连城镇马铺村，濠城镇刘祠村、东荀村，石湖乡齐湖村、康湖村，城关镇田庄村、龙滩村，仲兴乡余刘村、耿武村，任桥镇吴庙村、李许村，湖沟镇旗王村、单圩村，杨庙乡庙新村、乔店村，刘集镇渡口村。

阜阳市（186个） 颍州区（20个）：九龙镇西刘村、刘竹园村，马寨乡马寨居委会、朱大庄村，西湖镇汤庄村、大田居委会、华佗村，西湖景区办事处白行村、梳妆村，程集镇贾庄村、程集居委会，三合镇三合村、胡庙居委会，王店镇宁小村，三十里铺镇三十里铺居委会、路口村，袁集镇四十铺村、大朱村，颍西街道办事处魏庄村、岳新村。

颍泉区（19个）：宁老庄镇宁老庄村、椿树村、陈集村，行流镇冯杨村、牛寨村、大庙村，伍明镇梁郢村、伍明村、彭庄村，闻集镇闻集村、火营村、张湖村，周棚办事处周棚村、潘寨村、刘堂村，中市办事处中北村、十里铺村、西湖村、李老庄村。

颍东区（19个）：插花镇中心居委会、毛桥村，口孜镇钓台村、后楼村，杨楼孜镇杨楼村、王小庄村，老庙镇公平村、马圩村，枣庄镇枣庄居委会、蒋楼村，向阳街道办事处幸福东路居委会，新华街道办事处吕寨村、辛桥村，袁寨镇西康村、北照村，正午镇田楼居委会、程郢村，新乌江镇李土楼村，冉庙乡兰堂村。

太和县（25个）：原墙镇刘协村，高庙镇姜楼村，三堂镇洪河村，三堂镇站西村，皮条孙镇孙法村，三塔镇三塔村，桑营镇贾李新村，旧县镇旧西社区、张槐村，洪山镇王集村，赵庙镇黄门村，税镇镇张大庄村，阮桥镇栾楼村，马集乡港集村，倪邱镇张路村，双浮镇韩张村、双兴村，李兴镇范庄埠村，大新镇李阁村，郭庙乡张西村，蔡庙镇郭桥村，大庙镇龙台村，肖口镇马寨村，坟台镇陶楼村，苗老集镇集西村。

颍上县（30个）：陈桥镇三王村，迪沟镇五岔村、三河村，古城乡樊马社区居委会，红星镇大谢村、红星村，润河镇洪庄湖村，慎城镇詹家岗村、杨台村，谢桥镇龚集村、小张庄村、刘桥社区，刘集乡刘集村、三优集村，夏桥镇夏桥村，西三十里铺镇三十里铺社区居委会，江店孜镇双集民族村、农科村，八里河镇渔民村、潘冲社区，黄坝乡郭圩村、贾西村，杨湖镇街道社区居委会，耿棚镇耿棚村，十八里铺镇闫邢村，盛堂乡盛堂村，五十铺乡永坡村，六十铺镇桃花店村、六十铺村，建颍乡陈屯村。

阜南县（25个）：柴集镇贾茶棚村，三塔镇张寨村，王家坝镇崔集村，会龙乡卢庄村，赵集镇支庙村，苗集镇大蔡村、幸福村，洪河桥镇钐岗村，田集镇东岳村、赵老村，中岗镇长安村、西街村，地城镇陶寨村，鹿城镇冷庙村，工业园区相树村，张寨镇贾楼村，黄岗镇鞠郢村、黄岗村、李寨村，柳沟镇袁郢村，王化镇王寨村，曹集镇东郢村，许堂乡郤庄村，龙王乡原鹿村，朱寨镇大刘村。

临泉县（26个）：牛庄乡宁大庄村，高塘乡高塘村、杨庙村，老集镇老集村，土陂乡李集村，单桥镇西房庄村，长官镇袁庄村，鲖城镇鲖阳居委会，庙岔镇庞庄村、后韩村，杨桥镇郭寨村，谭棚镇郭大村、白行村、王寨村，白庙镇鲁阁村、卞庄村，瓦店镇瓦店村、肖坡村，吕寨镇吕寨村，韦寨镇卢庄村，宋集镇李小寨村，迎仙镇迎南村，范兴集乡刘庄村，姜寨镇姜寨村，杨小街乡柳大村，黄岭镇冯营村。

界首市（22个）：光武镇金庄村，芦村镇芦村村，邴集镇邴集村、姜楼村，靳寨乡段寨村，大黄镇鸭王村，西城办事处汪庄村、林业局林场新村，颍南办事处王方村，田营镇吴桥村，陶庙镇许寨村、陈平营村、陶楼村，王集镇李油村，泉阳镇集东村，砖集镇刘楼村，戴桥镇扎把集村，舒庄镇大田村，顾集镇顾集村，任寨乡任寨村，东城街道办事处方楼村，新马集镇申湖村。

淮南市（106个） 田家庵区（15个）：安成镇连岗村、王巷村、石头埠村、沿淮村，曹庵镇曹庵村、李桥村、范圩村、老圩村，三和乡岭南村、三和村、四店村、土楼村，史院乡尹祠村、瓦杨村、庞岗村。

大通区（15个）：上窑镇上窑村、方楼村、外窑村，洛河镇朝阳村、王庄村、洛河村、刘郢村，九龙岗镇曹店村、魏嘴村、九龙岗村、方岗村，孔店乡新街村、马厂村、黄山村、大郢村。

谢家集区（15个）：孤堆回族乡孙老郢村、孤堆村，杨公镇胡岗村、前瓦村、大桥村，孙庙乡刘庙村、柯湖村、新庄村，李郢孜镇范圩村、赖山村、新河村，望峰岗镇永青村，唐山镇九里村、砂里岗村、东津村。

八公山区（6个）：八公山镇杨家地村、钱湖村、沈巷村、朱岗村，山王镇丁山村、南塘村。

潘集区（20个）：高皇镇张岗村、胜利村，平圩镇平圩村，夹沟乡新集村、庙前村，古沟回族乡蔡庙村、淤湖村，祁集乡祁圩村、祁集村，架河乡杨集村、前家村，田集乡吴湖村、杨田村，芦集镇代庙村、荣庄村，贺疃乡古岗村、均刘村，泥河镇大郢村、后湖村，潘集镇小圩村。

凤台县（20个）：新集镇胡岗村、罗杨新村，钱庙乡钱庙村、关庄村，刘集乡高潮-杨刘安置新村，关店乡蔡庄村，顾桥镇临淝村，丁集乡张巷村、郭徐村，桂集镇殷岗村、黄庙村，城北乡高山村、芮集新村，古店乡童圩村，杨村乡店集村、港南村，岳张集镇双楼村，大山镇淮丰村，朱马店镇毕湾村，古店乡童圩村。

毛集实验区（15个）：焦岗乡曹集村（洼梁村）、万岗村、胡集村、王郢村，毛集镇梁庵村、康庙村、大桥村、河西村、陆庄村，夏集镇朱岗村、立新村、路岗村、刘圩村、姚李村、王相村。

滁州市（170个）　琅琊区（6个）：扬子街道办事处林西村、团山村、官山村、高郢村，西涧街道办事处陈湾村、城西村。

南谯区（24个）：乌衣镇红山村、白庙村、柯湖村，腰铺镇范桥村、姑塘村、东城村，沙河镇新塘村、邓坝村、三里塘村，章广镇孟洼村、马厂村、元松村，珠龙镇珠龙村、北关村，大柳镇曲亭村、大柳村，施集镇杨饭店村、丰山村、龙蟠村，黄泥岗镇万郢村、祝郢村，大王办事处大王村、石庙村，大柳种羊场。

天长市（25个）：永丰镇民生社区、三元村，冶山镇关塘社区、张巷村，铜城镇沿湖村、铜南村，石梁镇石街社区、十八集社区，杨村镇杨村社区、光华村，新街镇李坡村，汊涧镇漂牌村、汊涧社区，仁和集 镇南尖村、界牌社区，秦栏镇官桥社区、新华社区，大通镇双柳村、便益村，金集镇益民村、芦柴村，天长街道长亭村，郑集镇老山村，张铺镇平安社区，万寿镇忠孝村。

来安县（24个）：舜山镇林桥村、复兴集村、和平村，半塔镇罗庄村、半塔村、红旗村，张山乡桃花村、张山村，新安镇十里村、黄坝村，水口镇水东村、武集村，汊河镇相官村、黄牌村，杨郢乡余庄村，大英镇大英村、广洋村，雷官镇陈官村、埝塘村，施官镇大塘村、贾龙村，独山乡裴集村，三城乡固镇村、河口村。

全椒县（23个）：襄河镇千佛庵村、邱塘村，古河镇蔡集村、古河村，二郎口镇太平村、桃园新村、曹埠村，马厂镇玉屏村、新安村，武岗镇中心村、武岗村，大墅镇大墅村、章辉村，十字镇百子村、华林村、王郢村，六镇镇草庵村、六镇村、白酒村，石沛镇联盟村、大季村，西王镇夏集村、管坝村。

定远县（23个）：定城镇宫集村，炉桥镇马元村，张桥镇杨桥村，池河镇高刘村，藕塘镇冉周村，永康镇东张村，三和集镇练铺村，桑涧镇桑涧村，二龙乡中汤村，吴圩镇耿巷村、高埂村，连江镇东风村，严桥乡兴南村，拂晓乡拂晓村，西卅店镇新建村，界牌集镇德胜村，朱湾镇宋岗村，七里塘乡四家刘村，范岗乡肖巷村，蒋集镇秦集村，大桥镇义和村，仓镇回民村，能仁乡三塘村。

凤阳县（22个）：小溪河镇小岗村、金庄村，刘府镇赵庄社区、陈圩村，总铺镇总铺社区、小王村，红心镇蒋庄村、红心社区，武店镇灵泉村，大溪河镇指王村，板桥镇晏公新村、水平村，府城镇大王府村、齐涧村，殷涧镇沙涧村，大庙镇东陵村、希望村，临淮关镇临淮村，官塘镇凤淮村，枣巷镇张王村，西泉镇宫庄村，黄湾乡韩巷村。

明光市（23个）：明光街道林庄村、映山村，泊岗乡新淮村，潘村镇潘村村，张八岭镇岭北村，古沛镇耿庄村，管店镇小魏村，涧溪镇鲁峰村、蒲塘村，自来桥镇张山村，石坝镇王桥村、津里村、石坝村，苏巷镇王岗村、苏巷村，桥头镇查渡村，三界镇梅郢村，女山湖镇山东村、光明村，明西街道后薛村、梁山村，明南街道仓湖村，明东街道大纪村。

六安市（147个）　金安区（20个）：三十铺镇枣树村、凤凰村，木厂镇北三十铺村，双河镇九十铺村，城北乡北二十铺村，毛坦厂镇青山堰村、李家冲村，施桥镇江堰村，张店镇太平桥村，东河口镇东河口村，中店乡南乡村，孙岗镇孤堰村，横塘岗乡九里冲村，先生店乡钱圩村，椿树镇草庙村，马头镇黄台村，淠东乡童店村，翁墩乡夏岗村，东桥镇段新街村，孙岗镇五十铺村。

裕安区（20个）：江家店镇林寨村，丁集镇六明村，苏埠镇苏南村，固镇镇佛庵村、钱集村，分路口镇江堰村，顺河镇荣楼村，韩摆渡镇陆集村，城南镇四望山村、城南居委会，独山镇独山村，青山乡宋岗村，罗集乡华城村，徐集镇黄巷村，单王乡单王村，新安镇石塘村，狮子岗乡康家埠村，石板冲乡九公冲村，石婆店镇三岔村，西河口乡官塘村。

霍邱县（22个）：龙潭镇杨楼村，长集镇小园村，新店镇十里井村，经济开发区吴集村、环山村、白庙村、长山村，洪集镇桥集村，临淮岗乡双门村，石店镇彭桥村，姚李镇关山村，户胡镇西朱塔村，岔路镇水楼村，曹庙镇甄岗村，周集镇园艺村，城关镇腾桥村，乌龙镇英塘村，宋店乡赵楼村，城西湖乡老滩村，马店镇谢店村，白莲乡牛集村，花园镇社岗村。

寿　县（20个）：寿春镇九龙村，堰口镇大光社区，陶店乡陶店村，安丰镇梧桐村，涧沟镇朱厂村，迎河镇大店村，炎刘镇李桥村，大顺镇余埠村，安丰塘镇井亭村，正阳关镇北台村，板桥镇板桥街道，八公山乡大泉村，双桥镇双桥街道，窑口乡窑口街道，丰庄镇花圩村，保义镇后楼村，小甸镇马集村，刘岗镇刘岗村，众兴镇东岳村，三觉镇余集村。

金寨县（20个）：梅山镇三湾村、新河村，青山镇茅坪村，斑竹园镇斑竹园村，南溪镇吴湾村，古碑镇响塘村，汤家汇镇汤家街道，天堂寨镇前畈村，油坊店乡朱堂村，桃岭乡桐岗村，果子园乡果子园村，铁冲乡铁冲村，双河镇双河村，燕子河镇大峡谷村，麻埠镇齐云村，白塔畈乡山茶花村，槐树湾乡槐树湾村，吴家店镇吴家店村，张冲乡张冲村，沙河乡沙河街道。

霍山县（18个）：衡山镇永康桥村，黑石渡镇新店河村，佛子岭镇通水灌村，下符桥镇三尖铺村，与儿街镇山王河村、大沙埂村，但家庙镇大河厂村，落儿岭镇落儿岭村、古桥畈村，诸佛庵镇桃源河村，漫水河镇万家山村，单龙寺乡迎水庵村，大化坪镇金鸡山村，东西溪乡东溪村，太阳乡双河村，太平畈乡何家坊村，上土市镇古佛堂村，磨子潭镇胡家河村。

舒城县（20个）：城关镇幸福村，干汊河镇西宕村，经济技术开发区金墩村，张母桥镇砂院村，五显镇光阳村，舒茶镇龙王庙村，千人桥镇重阳村，高峰乡东港村，南港镇缸窑村，汤池镇常院村，河棚镇关井村，庐镇乡黄柏村，春秋乡仓房村，阙店乡阙店村，桃溪镇三沟村，柏林乡袁塘村，山七镇谢塝村，棠树乡三拐村，晓天镇和岗村，百神庙镇舒平村。

叶集试验区（7个）：孙岗乡石河村、孙岗村，镇区办事处观山村、新桥村，平岗办事处五楼村，三元乡童桃园村、三元村。

马鞍山市（28个）花山区（5个）：霍里镇黄里村、张庄村、苏李村、凤山村、濮塘村。

雨山区（7个）：向山镇向阳村、南庄村，银塘镇超山村、岱山村、金山村，佳山乡三联村、芦场村。

当涂县（16个）：姑孰镇宗和村、松塘村，博望镇新城村、长峪村，太白镇振兴村，丹阳镇丹东村，护河镇园艺村，塘南镇塘南村，石桥镇团林村、万济村，黄池镇福光村，乌溪镇七房村，大陇乡霍村，江心乡尚锦村，湖阳乡镇庵村，新市镇澄心村。

巢湖市（102个）　居巢区（20个）：苏湾镇包坊村、苏湾居委会，夏阁镇张华村，黄麓镇张疃村、芦溪村，烔炀镇歧阳村，槐林镇大汪村、沐集居委会，坝镇联河村、湖东村，栏杆集镇朱桥村、赵集居委会，散兵镇项山村、散兵居委会，银屏镇白牡山村、三胜村，柘皋镇锦旗村、大塘村，中垾镇小联圩村，庙岗乡清涧村。

庐江县（20个）：泥河镇竹元村，柯坦镇小墩村，白山镇同春村，盛桥镇陡岗村，庐城镇附城社区，汤池镇双墩村、百花村，万山镇程桥村、长冲村，郭河镇乐庄村、三塘村，同大镇古圩村、新渡村，冶父山镇幸福村、马岗村，白湖镇塘串河村，龙桥镇曹河村，矾山镇刘墩村，罗河镇新生村，乐桥镇浮槐村。

无为县（22个）：二坝镇水楼村，石涧镇范庄村，福渡镇石碑村，白茆镇黑沙洲社区，泉塘镇王垴村，牛埠镇新墩村，开城镇羊山村，无城镇马厂村，泥汊镇皂河村，鹤毛乡万年台村，赫店镇曹王村，高沟镇龙庵社区，陡沟镇华龙社区，姚沟镇吴大村，十里乡社令村，洪巷乡卫国村，红庙镇马泽村，昆山乡石门村，蜀山镇新安村，严桥镇响山村，刘渡镇花园村，襄安镇百子村。

和　县（20个）：历阳镇黄墩村、太平村，沈巷镇螺百社区、沈南村，乌江镇黄坝村、石山村，香泉镇晓山村、新建村，石杨镇新农村、绰庙社区，善厚镇旱林村、凤台村，西埠镇聂兴圩村、腰埠村，姥桥镇姥桥社区、联合社区，白桥镇陈桥洲村、后港社区，功桥镇大汤圩村、杨圩村。

含山县（20个）：运漕镇三台村、黄墩村，铜闸镇塔岗村、太湖村，陶厂镇云塘村、卜李村、官塘村，清溪镇巨兴村、兴隆村、马桥村，仙踪镇富民社区、再安村，昭关镇东兴村、同发村，林头镇陈墩村、龙台村、隐龙村，环峰镇城北村、一统碑村、方赵村。

芜湖市（79个）　鸠江区（3个）：官陡街道办事处鲁李村、南阳村、汀孟村。

弋江区（5个）：火龙岗镇新义村、牌坊村、新联村、火龙村、围山村。

三山区（8个）：保定街道办事处联群村、鸭棚村，峨桥镇峨桥村、响水涧村，龙湖街道办事处鲁港村、高埠村，三山街道办事处长坝村、天桥村。

镜湖区（1个）：荆山街道荆东社区。

芜湖县（20个）：湾沚镇十都居民点、旗塘村、蒲塘村，六郎镇永和村、殷港村、永丰村、强桥村，方村镇埭南社区、花园社区、土斗村、天城村，陶辛镇石桥村、东莞村、沙墩村、三官村，红杨镇和平社区、珩瑯村、先进村，花桥镇横岗社区、九十殿村。

繁昌县（20个）：繁阳镇三元村、铁门村、横东村、缸窑村，荻港镇桃冲村、笔架村、庆大村，新港镇裕民村，孙村镇九连村、黄浒居委会、梅冲村、犁山村，平铺镇新林街道、龙岗村、平铺村，峨山镇童坝村、沈弄村、柏树村，新港办事处新东村、草山村。

南陵县（20个）：许镇镇大浦新村、马仁村、华林村、仙坊村，何湾镇丫山村、龙山村、合村、西山村、铁山村，工山镇戴汇村、大工村，籍山镇黄金村、界山村，三里镇峨岭村、双河村，烟墩镇万兴村、红旗村，弋江镇中联村、中洲村，家发镇联三村。

芜湖经济技术开发区（2个）：万春街道办事处同和村。

宣城市（174个） 宣州区（32个）：水东镇南阳村、前进村、东胜村、祈梅村，水阳镇双盈村、朝阳村、新珠村、裘公社区、新建村、杨泗社区，狸桥镇宝塔村、长山村，沈村镇岗桥村、胡村，古泉镇富山村，寒亭镇通津村，孙埠镇正兴村，向阳镇河北村、向阳村，杨柳镇兴安村，新田镇新田村，周王镇扎门村、井边村、绿宝村，溪口镇金龙村，朱桥乡魏村，五星乡永义村，黄渡乡西扎村、乌边村，双桥办事处泥湾社区，敬亭办事处巷口桥村，文昌镇福川村。

郎溪县(23个)：经济开发区钟新村、西郊村，十字镇双铺村、十字村，新发镇官桥村、新发村，涛城镇梅村村、凤河村，梅渚镇大梁村、镇东村，东夏镇大圻村、东夏村，毕桥镇十井村、长何新村，南丰镇南山村、大杨村，凌笪乡钱桥村、方里村，姚村乡潘村村、盛村村，幸福乡王村村、三溪村，飞里乡黄香村。

广德县（25个）：桃州镇山关村、富家村、高湖村，新杭镇横岗村、徐家边村，邱村镇南阳村、施村村、下寺村，誓节镇苏村村、杨杆村，柏垫镇张复村、同心村，杨滩镇独树村、三合村，卢村乡甘溪村、九龙村、唐流村，四合乡焦村村、徐村社区、宏霞村，东亭乡高峰村、东亭村、柳亭村、沙坝村、阳岱山村。

宁国市（24个）：仙霞镇杨山村、孔夫村，中溪镇狮桥村，梅林镇梅林村、沙埠村，南极乡梅村村，汪溪街道办事处殷白村、汪溪村，南山街道办事处独山村，西津街道办事处凤形山村，万家乡大龙村、万家村，港口镇山门村、西村村，竹峰街道办事处桥头铺村，青龙乡龙阁村，霞西镇石柱村，河沥溪街道办事处河沥溪村，天湖街道办事处马村村，宁墩镇宁墩村，甲路镇甲路村，胡乐镇霞乡村，云梯乡千秋村，方塘乡上坦村。

泾　县（26个）：泾川镇城西社区、巧峰村、晏公社区，琴溪镇赤滩村、新元村、琴溪村，蔡村镇月亮湾村、宋村村，昌桥乡昌桥村、新桥村、汪店村，榔桥镇黄田村、涌溪村，汀溪乡上漕村、郭冲村，黄村镇黄村村、景星村，茂林镇唐里村，云岭镇章渡村、汀潭村、靠山村，桃花潭镇查济村、包村村、桃花潭村，丁家桥镇李园村、小岭村。

绩溪县（22个）：华阳镇郎家溪村、高迁村，临溪镇孔灵村、临溪村，瀛洲乡龙川村、仁里村、瀛洲村，扬溪镇石门村、扬溪村，长安镇下五都村、镇头村，板桥头乡蜀马村、尚田村，金沙镇金沙村、38号桥村，上庄镇宅坦村、上庄村，伏岭镇湖村、水村，家朋乡幸福村、家朋村，荆州乡上胡家村。

旌德县（22个）：旌阳镇新桥村、华丰村，版书乡版书村、南关村，俞村乡俞村村、凫阳村，云乐乡刘村村、张村村，蔡家桥镇高溪村、乔亭村，三溪镇三溪村、古城村，兴隆乡大礼村、三峰村，孙村乡玉屏村、孙村，庙首镇东山村、新水村，白地镇白地村、洪川村、汪村、洋川村。

铜陵市（40个） 狮子山区（5个）：西湖镇农林村、朝山村、横塘村、联复村，凤凰山街道新建村。

郊　区（9个）：大通镇福光村、光荣村，桥南办事处白鹤村，灰河乡五洲村、灰河村、东风村、东园村，铜山镇南泉村，安铜办马鞍村。

铜陵县（26个）：顺安镇凤凰山村、东垅村、盛瑶村，钟鸣镇牡东村、九榔村、金龙村、水龙村，天门镇五峰村、朱村村、天门村、新民村，东联乡毛桥村、复兴村、玉楼村，西联乡汀洲村、官上村、兴桥村、棋杆村、老观村，胥坝乡旭光村、长杨村、西江村、群心村，老洲乡成德村、民主村、中心村。

池州市（90个）　东至县（20个）：大渡口镇新桥村、大同村，胜利镇城北村、江心村，东流镇金山村、城东村，张溪镇兰田村，葛公镇葛公村，香隅镇同心村、澧东村，尧渡镇梅城村、查桥村，官港镇北城村，泥溪乡隐东村，龙泉镇曹村村，洋湖镇奠龙村，昭潭镇永丰村，花园乡南安村，木塔乡木苏村，青山乡青山村。

石台县（20个）：七都镇六都村、黄河村、七都村，横渡镇河西村、横渡村，仁里镇缘溪村、同心村，仙寓镇大山村、莲花村、南源村、奇峰村，大演乡新联村、新农村，小河镇东庄村、郑村村、狮山村、龙山村，丁香镇红桃村、新中村，矶滩乡矶滩村。

青阳县（21个）：蓉城镇双溪村、牌楼村，朱备镇朱笔村、江村，杨田镇仙梅村、杨田村，新河镇十里岗村、老山村，陵阳镇南阳村，木镇镇长胜村、黄山村，丁桥镇官埠村、丁桥村，乔木乡金山村、凌塘村，西华乡宋冲村、石安村，庙前镇双石村、高源村，杜村乡龙华村、河东村。

贵池区（23个）：杏花村街道长岗社区，牛头山镇姥山村、木闸居委会，殷汇镇河东村、杨桥村，唐田镇唐田居委会，牌楼镇穿山村，梅街镇梅街村、刘街居委会，梅村镇霄坑村、新村居委会，秋江街道阮桥居委会、高脊岭居委会，马衙街道滨河居委会，梅龙街道园林居委会、观前村，梅龙街道郭港居委会、桐梓山村，涓桥镇桂畈村，里山街道解放社区、里山社区，墩上街道茅坦村，乌沙镇晏塘居委会。

九华山风景区（6个）：九华乡桥庵村、二圣村、老田村、拥华村、戴村村、柯田村。

安庆市（200个）迎江区（3个）：长风乡长风村、将军村，新洲乡青龙村。

大观区（5个）：十里铺乡袁柏村、五里村，海口镇海口村、红星村，山口乡联胜村。

宜秀区（6个）：杨桥镇余墩村、余湾村，五横乡杨亭村，罗岭镇妙山村、黄梅村，白泽湖乡大枫村。

经济开发区（个）：老峰镇长山村、新光村，

桐城市（25个）：青草镇里仁村、梅城村、江岭村，新渡镇姚坂村、土桥村、老梅村，双港镇龙山村、三友村，大关镇台庄村，文昌街道大石坂村，唐湾镇唐湾村、蒋潭村，孔城镇清水塘村、红庙村，大观镇卅铺村，金神镇杨塘村、香铺村，范岗镇范岗居委会、樟枫村、万元村，黄甲镇三新村，吕亭镇双龙村、新店村，嬉子湖镇双店村、珠檀村。

枞阳县（25个）：浮山镇浮渡村，汤沟镇桂坝村、红星村， 山镇护国村、横埠镇左山村，钱桥镇钱桥村，老洲镇老洲村，枞阳镇长河村，经济开发区新楼村、连湖村，义津镇菁

华村，金社乡杨市村，周潭镇大山村、枫林村，麒麟镇麒麟村，会宫乡城山村，义津镇义津村，陈瑶湖镇前河村，横埠镇柳西村，雨坛乡雨坛村，白湖乡龙井村，白梅乡岩前村，铁铜乡中南村，长沙乡长沙村，凤仪乡凤仪村。

怀宁县（25个）：黄墩镇蒋岭村，腊树镇容岭村、四合村，洪铺镇五桥村，石镜乡石镜居委会，马庙镇汪洋村，高河镇谢山村，茶岭镇范塘村，金拱镇人形河居委会，平山镇平山居委会，三桥镇社塘岭村，月山镇小元村，公岭镇宝福村、公岭社区、联合村，石牌镇普济村、邵段村，江镇镇江镇村，雷埠乡白桥村、牛店村，清河乡硖石村，黄龙镇黄龙社区，秀山乡章岭村，凉亭乡磨山村，小市镇受泉村。

潜山县（20个）：梅城镇潘铺村、高集村，王河镇庆丰村，黄铺镇桃铺村、望虎村，天柱山镇茶庄村，水吼镇割肚村，余井镇进士村、岭头居委会，痘姆乡吴塘村，源潭镇双峰居委会、棋盘居委会，槎水镇后冲村，龙潭乡万涧村，黄泥镇龙坦村，五庙乡杨畈村，油坝乡油坝村，塔畈乡塔畈村，官庄镇官庄村，黄柏镇昆仑村。

岳西县（20个）：白帽镇江河村，菖蒲镇水畈村、溪沸村，来榜镇三河村，响肠镇千佛塔村，头陀镇虎形村，主簿镇余畈村，石关乡石关村、马畈村，巍岭乡夹河村，莲云乡长生村，店前镇中心村，冶溪镇司空山村，温泉镇东营村，五河镇叶河村，和平乡太平村，毛尖山乡板舍村，古坊乡前进村，河图镇河图村，姚河乡沈桥村。

太湖县（20个）：晋熙镇刘羊村、阳冲村，徐桥镇桥东村、南庄村，小池镇新华村、中心村，大石乡棠林村，弥陀镇界岭村，北中镇三村村、浮坵村，新仓镇惠民村，城西乡幸福村，江塘乡五星村、大塘村，牛镇镇禅源村，百里镇共和村，刘畈乡乐盛村，天华镇黄镇村，汤泉乡赵河村，寺前镇其林村。

望江县（25个）：华阳镇大号村、宝塔村、计渡村，长岭镇后埠村、银杏村、土永村、新桥村，太慈镇太慈村、六O圩村，高士镇花园村、童岭村、毛安村、武昌村，赛口镇兴龙村、金堤村，鸦滩镇码头村、鸦滩村，凉泉乡湖滨村、泊湖村，杨湾镇余埠村、杨湾村，漳湖镇六合村，雷池乡杨长村、莲花洲村、雷池村。

宿松县（24个）：复兴镇中棚村，洲头乡乌池村，汇口镇程营村、龙谭村，二郎镇茯苓村，北浴乡迎宾村，许岭镇白云村，五里乡黎冲村，隘口乡小圩村，佐坝乡洪岭村、碧岭村，高岭乡枫林村、高岭村，孚玉镇小湾村，下仓镇东洪村，柳坪乡邱山村，程岭乡杨辛村，凉亭镇枫驿村，河塌乡黄畈村，趾凤乡九重城村，陈汉乡独山村，长铺镇马塘村，九姑乡白马村，千岭乡平岗村。

黄山市（165个） 屯溪区（20个）：屯光镇浯村村、南溪南村、富礼村、汉沙村，黎阳镇闵口村、新江村、凤霞村、三门呈村，阳湖镇兖溪村、紫阜村，新潭镇东关村、梅林村、汙山桥村、上资村，弈棋镇徐村村、弈棋村、博村村、朱村村、林塘村、瑶干村。

徽州区（20个）：岩寺镇临河村、富山村、上朱村、瑶村村、信行村，西溪南镇西溪南村、琶村村、竦塘村，潜口镇潜口村、唐模村、东山村、澄塘村、坤沙村，呈坎镇呈坎村、灵山村、荣溪村，洽舍乡洽舍村，杨村乡胡川村，富溪乡富溪村、光明村。

黄山区（25个）：汤口镇山岔村、岗村村，谭家桥镇东黄山村、长罗村，三口镇白果树村、巷联村，新明乡三合村，耿城镇金桥村、城澜村，甘棠镇庄里村、兴村村，龙门乡秀湖村，焦村镇龙源村、汤家村，焦村镇贤村村，永丰乡文祥村、洪田村，新华乡董家湾村，新丰乡盛洪村、新丰村，太平湖镇和平村、朝阳村、南安村，仙源镇龙山村，乌石乡舒溪村。

歙　县（30个）：徽城镇金山村、七川村、范村村、问政村，深渡镇棉溪村、定潭村、漳潭村、绵潭村，郑村镇郑村村、黎明村、棠樾村，富堨镇徐村村、青山村，王村镇王村村，上丰乡蕃村村，雄村乡雄村村、卖花渔村，北岸镇占淇村、北岸村，桂林镇吴川村、新管村、宋村村，许村镇许村村，三阳乡三阳村、慈坑村，昌溪乡昌溪村，溪头镇溪头村，霞坑镇河政村，新溪口乡溪口村，武阳乡方村村。

休宁县（25个）：海阳镇盐铺村、石人村、琅斯村，万安镇车田村、海宁村，蓝田镇隆光村、儒村村，五城镇月潭村、双龙村，溪口镇阳干村、溪口村，齐云山镇岩前村、岩脚村，鹤城乡左右龙村、新安源村（冯四），商山乡雁里村、黄村村，岭南乡溪西村、三溪村，龙田乡桃林村，渭桥乡资村村、上演村，流口镇流口村，山斗乡山斗村、金源村。

黟　县（20个）：西递镇西递村、叶村村、潭口村，宏村镇宏村村、际村、龙江村、金家岭村、塔川村、屏山村、雉山村，碧阳镇五里村、深冲村、横岗村、南屏村，渔亭镇考川村、楠玛村，柯村乡胡门村，洪星乡同川村，宏潭乡竹溪村，美溪乡庙林村。

祁门县（25个）：祁山镇高明村、建丰村、新岭村，凫峰乡凫源村，金字牌镇金字牌村、洪村村，平里镇花桥村，小路口镇晨光村，渚口乡大北村，历口镇环砂村、湘东村、历溪村，新安乡新安村，闪里镇坑口村、闪里村，安凌镇赤岭村、五里拐村，大坦乡辉煌村，塔坊乡响潭村，溶口乡奇岭村，芦溪乡芦溪村，箬坑乡红旗村，古溪乡黄龙村，祁红乡永胜村，柏溪乡白塔村。

第十四篇　农业经济管理

第一章　管理机构

第一节　行政机构

安徽省农牧渔业厅（1983.01—1992.09）

1983年1月进行机构改革，原安徽省农业厅、安徽省水产局、安徽省农机管理局、安徽省社队企业局、安徽省农村资源办公室合并成立安徽省农牧渔业厅。1983年7月4日，省编委皖编字〔83〕第53号文批复安徽省农牧渔业厅内设机构：省农机管理局、省水产局、省社队企业局、省农业局、省畜牧兽医局、政治部、计划财务处、科技教育处、土壤肥料处、老干部处、办公室、引用外资项目办公室、农村能源办公室、纪律检查组，定行政编制175名。原安徽省农业厅植保处改为植物保护总站，撤销原安徽省农业厅种子处建制，保留安徽省种子公司。

1983年9月2日，省委常委会议决定，省农机管理局、省水产局、省社队企业局由处级升格为副厅级机构（省编委〔83〕100号）。1985年3月，省社队企业局从安徽省农牧渔业厅划拨行政编制26名（含军转编制1名），成立安徽省乡镇企业管理局。省农牧渔业厅行政编制150名（省编委皖编字〔85〕136号）。

1985年4月1日，安徽省农牧渔业厅党组研究决定厅处内设机构（科级）和人员编制事业编制。决定成立农业技术推广站，定编5人；增设农业环境保护站，定编3人；设立农业商品生产基地办公室，定编3人；成立农业信息中心，定编8人；增设饲料检验站，定编5人。

1985年7月13日，省编委根据省政府〔85〕第24号会议纪要决定，批复同意成立安徽省土地管理局，为处级机构，隶属安徽省农牧渔业厅领导，定行政编制7名。1986年7月，省编委批复成立《农业志》编辑室。11月，农村能源办公室划归安徽省农村经济委员会。1987年3月，土地管理局升格为副厅级机构，隶属省政府。

主要行政领导任职情况（1985.04—1992.09）：

厅　　长、党组书记：赵杰中（1985.04—1986.05）
汪涉云（1986.05—1987.06）
方有德（1987.09—1992.08）

副厅长、党组副书记：胡继铎（1983.04—1986.01）
李秀芳（1990.02—2000.02）

副 厅 长、党组成员：杨道德（1983.04—1983.10）
李秀芳（1983.04—1990.02）
王国真（1985.03—1987.07）
汪涉云（1985.12—1986.04）
张振波（1987.01—1993.06)
陶久铭（1987.10—1996.06）
党组成员、农机局长：冯悟庸（1983.10—1993.01）

安徽省农村经济委员会（1986.01—1994.03）

1986 年 1 月，省委皖〔1986〕3 号文决定，撤销省委农村政策研究室，成立安徽省农村经济委员会。同时任命主任、党组书记周曰礼，副主任、党组成员刘家瑞、吴昭仁。主要职能：综合协调涉及农村各部门的工作；加强农村经济政策的调查研究，指导农村精神文明建设和农村合作经济的经营管理；抓好农业经济管理干部培训；参与引进外资和技术，开发农业的工作，制定农村经济和农业发展规划等。1986 年 7 月 24 日，省编委对安徽省农村经济委员会内部机构设置和人员编制批复，内设机构：办公室、调查研究处、生产管理处、宣传教育处、人事处，定行政编制 45 名。农村合作经济管理站，为下属县级事业单位，定编 18 名。10 月，省直工委批复，成立安徽省农村经济委员会机关工会和机关党委。同月，省编委批复同意成立中国农业会计函授学校安徽省分校，定事业编制 5 名，为下属科级事业单位。1986 年，安徽省农村能源领导小组办公室、农业引用外资项目综合办公室、农村能源科学研究所划归安徽省农村经济委员会领导。

主要行政领导任职情况（1986.01—1994.03）：
主　　任、党组书记：周曰礼（1986.01—1990.12）
张峰生（1990.12—1994.03，1993 年 3 月任省政府副秘书长兼省农经委主任）
副主任、党组副书记：李济德（1987.11—1990.07）
吴昭仁（1991.01—1994.03）
副 主 任、党组成员：赵杰中（1986.06—1989.05）
刘家瑞（1986.01—1990.02）
吴昭仁（1986.01—1991.01）
胡继铎（1990.05—1992.05）
许正林（1991.04—1994.03）

1994 年 4 月，省政府皖发〔1994〕5 号文决定，安徽省农村经济委员会改为安徽省人民政府农村经济办公室。主要职能：研究制定农村经济政策、法规；开展农村调查研究，参与农村经济体制改革方案的制订，检查督促农村经济法规、政策的贯彻、落实；协调、指导农业产业结构的调整、重大农业系统工程的实施；指导农村合作经济组织建设与发展，指导和协调农业社会化服务体系的建设；负责农村能源开发、推广及综合利用等。内设机构：办公室、政策法规处、农村合作经济指导处、生产科技处、宣传教育处、农村农业办公室、人事处、机关党委。

主要行政领导任职情况（1994.04—2000.03）：

主　　任、党组书记：张峰生（1994.04—1994.12，省政府副秘书长兼）

王立祝（1994.12—2000.03）

副主任、党组副书记：吴昭仁（1994.04—1998.09）

副 主 任、党组成员：许正林（1994.04—1995.06）

邵国荷（1995.05—2000.03）

唐怀民（1996.02—2000.03）

党组成员：陈　进（1995.08—2000.03）

纪检组长：陈　进（1997.10—2000.03）

安徽省农业厅（1992.09—2000.04）

1992 年 9 月 21 日，省编委皖编字〔1992〕第 125 号文批复，安徽省农牧渔业厅更名为安徽省农业厅。

1995 年 8 月，经省编委审核，安徽省农业厅行政编制 107 人，事业编制 438 人（不包括省农机局）。内设机构：办公室、人事处、厅直属机关党委、纪检组、监察室、政策法规处、审计处（1999 年撤销职能划归审计厅）、计划处、财务处、外事外经处、科教处、离退休工作处、农机局、农业局、畜牧局。厅属事业单位有农业技术推广总站、植物保护总站、蚕桑总站、种子管理总站、土壤肥料总站、菜篮子工程办公室、农业环境监测总站、机关服务中心、农业仪器供应站、畜牧技术推广站、兽医工作（动物血防）站、畜禽品种改良站、兽药饲料监察所等。

主要行政领导任职情况（1992.07—2000.04）：

厅　　长、党组书记：郑之宽（1993.03—2000.03）

副厅长、党组副书记：李秀芳（1992.07—1995.09，其间 1992.07—1993.02 临时主持）

王　军（1997.09—2000.03）

副 厅 长、党组成员：张振波（1986.12—1993.06）

陶久铭（1987.10—1996.07）

王　军（1994.01—1997.09）

张华建（1996.04—2000.03）

党组成员、纪检组长：詹福稳（1995.10—2000.03）

党组成员、农机局长：冯悟庸（1983.10—1996.01）

陈　真（1996.01—2004.04）

总农艺师：李瑞林（1992.06—1998.09）

副厅级调研员：刘　放（1992.06—1995.01）

吴良能（1995.08—1998.02）

安徽省农业委员会（2000 年 4 月—）

2000 年 4 月，省编委皖编〔2000〕7 号文决定，根据中共中央、国务院《关于安徽省人民政府机构改革方案的通知》（中委〔2000〕63 号），安徽省农村经济办公室和安徽省农业厅合并，组建安徽省农业委员会，负责全省农业和农村经济工作。安徽省人民政府水产局承担的行政管理职能、省教育委员会承担的农科教统筹协调职能、省农垦事业管理局承担的绿色食品管理职能划入安徽省农业委员会。安徽省乡镇企业局改为安徽省农业委员会管理的副厅级机构。省政府办公厅皖政办〔2000〕70 号文通知：安徽省农业委员会内设办公室、人事处、财务处、政策法规处、发展计划处、市场信息处（省菜篮子工程办公室）、科技教育处、外事外经处、农业产业化指导处（省农业产业化工作指导委员会办公室）、农村经营管理处（省农民负担监督管理领导小组办公室）、农业局、畜牧局（省饲料工作办公室）、渔业局（省渔政渔港监督管理局）、农村能源办公室、离退休工作处、机关党委、纪检组、监察室、江淮分水岭办公室。编制 92 名。2006 年 4 月，增设合作经济指导处、特色农产品处。

主要行政领导（2000.03—2010.12）：

主　　任、党组书记：王立祝（2000.03 ~ 2003.02）

韩柏泉（2003.02—2005.09）

毕美家（2005.09—2008.06）

张华建（2008.08—　　）

副主任、党组副书记：王　军（2000.03—2003.05）

张华建（2003.09—2008.08）（正厅级）

刘永春（2008.12—　　）（正厅级）

副 主 任、党组成员：张华建（2000.03—2003.09）

王文有（2000.03—2006.06）

陈业夫（2000.11—2003.03）（正厅级）

许　伟（2001.04—　　）

刘永春 (2003.04—2008.12)

周世其（2006.12—　　）

纪检组长、党组成员：陈　进（2000.04—2004.12）

项安琪（2005.01—2006.12）

聂　苏（2006.12—　　）

党组成员、省乡企局局长：陈文浩（2000.04—2003.09）

党组成员、人事处长：常启斌（2003.04—2004.02）

党组成员、省农机局局长：周世其（2004.09—2006.12）
　　　　　　　　　　　　项安琪（2006.12—　　）
总农艺师：周世其（2002.06—2004.09）
　　　　　王　华（2005.09—　　）
巡 视 员：郑之宽（2000.03—2002.03）
　　　　　武忠群（2000.03—2002.03）
　　　　　王　军（2003.05—2005.03）
副巡视员：王晓梅（2002.07—　　）
　　　　　陈文浩（2003.09—　　）
省畜牧兽医局局长（副厅级）：董卫星（2008.06—　　）

安徽省水产局（1983.03—2000.04）

1983年省直机构改革，经省委常委会9月2日会议研究决定，并经省编委批复，成立安徽省农牧渔业厅水产局，内设办公室、生产计划处、供销处，下属安徽省水产供销公司和安徽省巢湖开发公司。主要职能：抓好全省渔业生产、水产供销和企业管理工作。隶属安徽省农牧渔业厅领导。为适应经济体制改革，巢湖开发公司1984年7月下放给巢湖行署管理。

1985年3月23日，经省委办公厅政办函〔1985〕53号文批复，安徽省农牧渔业厅水产局更名为安徽省人民政府水产局，隶属关系不变。1986年5月17日，经省编委皖编字〔86〕第111号文批复，安徽省人民政府水产局内设机构为办公室、人事处、渔业生产处、渔政处、计划财务处。增加安徽省水产学校（1985年12月23日成立）、安徽省水产技术推广总站（1986年7月29日成立）为下属单位。

1992年7月6日，省编委批复，将安徽省人民政府水产局由安徽省农牧渔业厅划出，归属安徽省农村经济委员会领导。增设安徽省水产新技术研究所（1992年1月2日成立，1997年11月3日股权转让）、安徽省水产对外经济技术联络中心（1992年1月2日成立）。

1995年3月15日，省政府皖政办〔1995〕18号文对安徽省人民政府水产局职能界定为：省水产局是省政府主管全省水产行业的职能部门。内设机构：办公室、计划财务处、渔政渔港监督管理处、生产处、对外经济技术处、人事教育处、机关党委。行政编制40人，其中局长1名（副厅级）、副局长2名；正处13名（含机关党委专职书记1名）。1996年6月27日，省编委同意成立安徽省鱼病防治中心和安徽省渔业环境监测中心。

2000年省直机构改革，安徽省人民政府水产局降级，改为安徽省农业委员会渔业局，属省农委二级机构，县处级建制。2000年10月，省水产局分党组撤销。

主要行政领导：

主要负责人：李秀芳（1983.10—1985.03）、赵乃刚（1985.03—1997.11）、王文有

（1997.10—2000.03）

分党组书记：李秀芳（1983.10—1985.03）、赵乃刚（1985.03—1997.08）、王文有（1997.10—2000.10）

地市农业管理机构

合肥市

合肥市农业委员会是主管全市农业农村经济和城乡统筹工作的综合部门，为市政府组成部门。

2002年，根据合肥市党政机构改革方案（合发〔2002〕4号），划入合肥市农村经济委员会行政职能、合肥市乡镇企业局行政职能、合肥市农林局的农业行政职能、合肥市菜篮子工程办公室与基地建设方面的行政职能，设置合肥市农业委员会，机关编制为57名。根据职责设13个内设机构，其中副县级内设机构3个，分别为：农业机械管理局、菜篮子工程办公室、乡镇企业局。2007年，根据合肥市政府机构改革方案（合发〔2007〕11号），合肥市农业委员会划出乡镇企业局成建制并入合肥市经济委员会，增设农业局为副县级内设机构。合肥市畜牧水产局是合肥市人民政府主管畜牧业、水产业的直属工作部门。1983年10月，在机构改革中，将合肥市农林局所辖的市畜牧兽医站、市蜀山湖种猪场、蜀山养鸡场（后改为蜀山种鸡场），分别划归合肥市水产局，合肥市水产局改为合肥市畜牧水产局（正处级建制），内设办公室、畜牧科、水产渔政科、财务供销科、政工科（含工会、团委）、纪委6个科室，行政编制30名。1997年5月，根据市编委合编〔1997〕4号文件规定，局机关行政编制为30名；内设处室：办公室、纪委（监察室）、畜牧处、水产渔政处、科技生产处、组织人事处、财务处。2002年，核定公务员职位23个。内设处室：纪检组（监察室）、办公室、财务审计处（总会计师）、政策法规处、畜牧处、水产渔政处、组织人事处（直属党委）。2003年3月，成立合肥市动物防疫监督所和合肥市家畜家禽疫站（将原合肥市家畜有禽检疫站和郊区家畜家禽检疫站整合）；2004年8月，整合合肥市畜牧兽医站、水产技术推广中心站和合肥市家禽检疫站，组建合肥市动物疫病预防控制中心（保留市水产技术推广中心站）。

淮北市

1984年1月，淮北市农林牧渔业局成立。1983年11月，淮北市机构调整，撤销市农委、市农林局、市农机局、市水产局、市社队企业管理局，于1984年1月22日合并成立淮北市农林牧渔业局（淮发〔1984〕19号文）。1984年下半年，乡镇企业系统划出独立成局后，淮北市农林牧渔业局作为市政府管理全市农业的职能部门，主管农、林、牧、渔、农机、农业区划、农经管理、农村能源等工作。1984年，淮北市农林牧渔业局内设机构6个科（室），行政编制37人。1986年2月，淮北市农村能源领导小组办公室改为淮北市农村能源农业生态环境保护领导小组办公室。1987年2月，成立淮北市农业广播学校（淮编办〔87〕001号），与淮北市农业技术培训学校合署办公。

1996年4月,淮北市农业办公室改为淮北市农村经济委员会(淮政办〔1996〕16号),为市政府组成部门。内设办公室、生产科技科(开发性农业办公室)、政策法规科、农村合作经济指导科(农村财务监督科),行政编制16名。淮北市绿化委员会办公室、农业区划办公室挂靠淮北市农村经济委员会。淮北市农林牧渔业局改为淮北市农林局,为市政府组成部门(淮政办〔1996〕20号),内设办公室、劳动人事科、综合信息科、财务科、林业公安科(政策法规科);行政编制26名。淮北市农科教统筹协调领导小组办公室(事业编制)挂靠淮北市农林局。

2002年8月,根据《关于印发淮北市农业委员会职能配置、内设机构和人员编制规定的通知》(淮政办〔2002〕60号),撤销淮北市农村经济委员会、淮北市农林局,组建淮北市农业委员会。淮北市林业局、淮北市乡镇企业局由淮北市农业委员会管理;淮北市农业委员会是主管全市农业和农村经济工作的市政府工作部门,内设办公室、人事教育科、财务科、农村经营管理科、政策法规科、发展计划科(农业区划办公室)、农业产业化指导科(项目办)、市菜篮子工程办公室(市场信息科)、农牧水产局9个职能科室,行政编制30名。2002年9月,淮北市农科教统筹领导小组办公室升格为副县级事业机构,归淮北市农业委员会管理(淮编〔2002〕11号)。2003年5月,淮北市农业广播学校更名为淮北市农业广播电视学校,同时加挂淮北市农民科技教育培训中心牌子(淮编办〔2003〕15号)。2005年7月,淮北市乡镇企业管理局改为淮北市中小企业管理局,划归淮北市经济委员会管理。2007年,根据《关于淮北市畜牧兽医水产管理体制改革方案的批复》(淮编〔2007〕33号),设置淮北市畜牧兽医水产局(市动物卫生监督所)(2008年列入参照公务员法管理),为淮北市农业委员会下属事业单位,副县级建制。设置淮北市动物疫病预防与控制中心(市畜牧兽医技术推广中心)、市水产技术推广中心(市渔政管理站),为下属正科级事业单位。

亳州市

2000年,根据省委、省政府《关于亳州市党政机构设置和人员编制等问题的批复》(皖〔2000〕51号),设置成立亳州市农业委员会,是主管全市农业和农村经济工作的市政府工作部门。行政级别正处级,下设6个科(室),机关行政编制22名。主要职责有:中药材种植规划、标准化基地建设及技术指导;组织实施粮食收购市场准入制度;进一步深化粮食流通体制改革,完善地方粮食储备体系,健全粮食检测预警体系和应急机制,提高粮食供应保障能力。

宿州市

1996年8月9日,宿县地区行署办公室《关于印发宿县地区行署农业局职能配置、内设机构和人员编制方案的通知》(行办发〔1996〕48号),保留宿县地区行署农牧渔业局并更名为宿县地区行署农业局,为行署办事机构。行署农业局是行署主管全区种植业、畜牧业、水产、农村能源建设的职能部门。内设机构人事科、办公室、农业政策法规科、农业科、菜篮子工程办公室、农村能源办公室6个职能科室,行政编制28名。

2002 年 7 月 4 日，宿州市政府以宿政发〔2002〕49 号《关于印发宿州市农业委员会职能设置、内设机构和人员编制规定的通知》，明确宿州市农业委员会是主管农业和农村经济工作的市政府组成部门。划入宿州市农村经济委员会、宿州市农业局、宿州市农科教办公室的行政管理职能。内设畜牧水产局、人事科、办公室、发展计划科、财务科、市场信息科、农业产业化科、农业政策法规科、农村能源办公室、老干部科、农业局，行政编制 41 名。

1992 年 12 月 15 日，宿县地区机构编制委员会《关于成立宿县地区农业技术推广中心的批复》（地编字〔1992〕120 号），同意宿县地区农业局农业科及所属土肥站、植保站、科技管理站、环保监测、园艺站等事业单位合并成立宿县地区农业技术推广中心，为副处级事业单位。1997 年 5 月 9 日，宿县地区行署农业局所属的信息站、财管站、农技站、园艺站、植保站、土肥站、种子管理站、项目办 8 个科级事业单位划归宿县地区农业技术推广中心管理，增设办公室、农业环境保护站，科级建制，为全额拨款事业单位，编制 58 名。2005 年 12 月 13 日，安徽省撤销宿州市农业技术推广中心，其所属的植保站、园艺站、土肥站和农技站划归宿州市农业委员会直接管理（宿编〔2005〕32 号）。1991 年 4 月 11 日，宿县地区农牧渔业局设立宿县地区种子管理站（地农字〔1991〕第 29 号）。2005 年 12 月 13 日，市编委下发《关于组建宿州市农业综合执法办公室及调整部分所属事业单位编制的批复》（宿编〔2005〕32 号），将种子管理站并入宿州市农业综合执法办公室；2008 年 1 月 22 日，市编办下发《关于调整市本级种子管理机构设置的批复》（宿编办〔2008〕7 号），同意将种子管理站从宿州市农业综合执法办公室分离出来，成立宿州市种子管理站（加挂宿州市种子质量监督检验站牌子），为宿州市农业委员会直属全额事业单位。2002 年 11 月 26 日，宿州市农产品质量检测中心成立（宿编字〔2002〕044 号）；2004 年 7 月 1 日，安徽省新马桥原种场由事业体制改为企业（宿编〔2004〕18 号）；2009 年 4 月 10 日，宿州市渔业船舶检验站成立（宿编办〔2009〕18 号），与宿州市水产站、宿州市渔政监督管理站一个机构三块牌子。

蚌埠市

1983 年 9 月，根据蚌埠市编委《关于市直机关内部机构设置的通知》（蚌编字〔83〕16 号），成立蚌埠市农业委员会，内设办公室、生产计划科、组干科、农村能源办公室、农村政策研究室、农业区划办公室，编制 29 名。归口管理市农林牧业局、市水产局、市气象局、市水利局、市乡镇企业局（1996 年起，市农林局、市水产局、市气象局、市水利局、市乡镇企业局不再实行归口管理）。1990 年，安徽省农业广播电视学校蚌埠分校成立（蚌编〔1990〕30 号）。1992 年 7 月，蚌埠市农机管理站由蚌埠市农业委员会管理。1993 年 12 月成立蚌埠市农机安全监理站，为正科级事业单位，隶属市农机管理站（蚌编字〔1993〕55 号）。1996 年 8 月，蚌埠市农业委员会更名为蚌埠市农村经济委员会，编制 30 名（蚌政办〔1996〕94 号）。同年，蚌埠市农机管理站更名为蚌埠市农机管理局，1999 年列入参照公务员管理，副县级单位（蚌人推公〔1999〕1 号）。

2002年1月，根据蚌埠市政府《关于印发蚌埠市农业委员会职能配置、内设机构和人员编制规定的通知》（蚌政办〔2002〕62号），蚌埠市农村经济委员会复名为蚌埠市农业委员会，市农林局、市水产局、市副食品办公室管理职能和人员并入蚌埠市农业委员会，市乡镇企业局改为市农委内设局。内设办公室、人事宣传科、财务科、农村经营管理科（市农民负担监督管理领导小组办公室）、政策法规科、发展计划科（农业区划办）、农业产业化指导科（名事外经科）、市场信息科（市菜篮子工程办公室）、科技教育科（农科教办公室）、农村能源和环保办公室、农业办公室、畜牧水产局办公室（市饲料工程办公室），编制54名。并入机构的市农委直属事业单位整合为蚌埠市畜牧水产推广中心、市农业技术推广中心、市农机管理局、省农业广播电视学校蚌埠分校，均为市农委直属事业单位。2005年6月，根据蚌埠市政府《关于印发蚌埠市农业委员会职能配置、内设机构和人员编制规定的通知》（蚌政办〔2005〕38号），蚌埠市乡镇企业局管理职能划给蚌埠市经济委员会。蚌埠市农业委员会人员编制为46名。2008年，全省畜牧兽医体制改革，根据市编委《关于全市畜牧兽医管理体制改革的通知》（蚌编〔2007〕71号），成立蚌埠市畜牧兽医局，为蚌埠市农业委员会内设副县级行政机构，蚌埠市畜牧水产技术推广中心更名为蚌埠市渔业局，恢复成立蚌埠市畜牧兽医技术推广站、蚌埠市动物卫生监督所。

阜阳市

阜阳市农业委员会　1980年7月，经阜阳行署阜行秘字〔80〕第71号文件批准，撤销阜阳地区革命委员会农林局、水产局，设立阜阳行署农业局、畜牧水产局，分别承担阜阳地区种植业、养殖业的发展和管理行政职能。1983年12月，经阜阳地委《关于地直机关人员编制和科室设置等问题的通知》（阜发字〔83〕第101号）批准，设立阜阳行署农牧渔业局，原农业局、农机管理局、畜牧水产局、社队企业局撤局设站（办），其行政管理职能划入新设立的农牧渔业局，负责阜阳地区的种植、畜牧、水产、农机事业的发展和管理工作，核定编制40人，内设5个科室。1987年8月，设立阜阳行署农村经济委员会，核定编制25人（其中行政编制15名，事业编制10名），内设4个科室，承担阜阳地区农村经济发展和管理工作。1996年1月，阜阳撤地设市，阜阳行署农牧渔业局更名为阜阳市农牧渔业局。1997年机构改革，市编委《关于印发阜阳市农牧渔业局职能配置、内设机构和人员编制方案的通知》（市编委〔1997〕009号），农机管理职能划出，核定编制40人（其中行政编制36人），内设6个科室。

2001年2月，根据市编委《关于市政府有关组成部门更名的通知》（市编委〔2001〕2号），阜阳市农村经济委员会与阜阳市农牧渔业局合并，成立阜阳市农业委员会。2004年5月，市编委《关于印发阜阳市农业委员会职能配置、内设机构和人员编制规定的通知》（市编委〔2004〕48号），核定编制53名，内设11个科室。除承担原农村经济委员会与农牧渔业局的行政管理职能外，又划入阜阳市农业机械化管理局的行政管理职能；原承担的畜牧兽医行政管理职能划给新设立的阜阳市畜牧管理局承担。

同时，阜阳市农业委员会又将新划入的农机化行政管理职能委托给新的市农业机械化管理局承担。

阜阳市畜牧兽医局　1980年6月，阜阳地区行署畜牧水产局成立。1983年10月，阜阳地区行署农牧渔业局成立。1984年2月，阜阳地区畜牧兽医管理站成立，副处级事业单位，编制39人，隶属阜阳地区行署农牧渔业局。1996年2月26日，阜阳市变为省辖市，阜阳地区畜牧兽医管理站和阜阳地区行署农牧渔业局更名为阜阳市畜牧兽医管理站和阜阳市农牧渔业局。1997年6月20日，阜阳市畜牧兽医管理站更名为阜阳市畜牧管理局，副处级事业单位，编制39人，隶属于阜阳市农牧渔业局，2000年以后隶属阜阳市农业委员会（市编委〔1997〕第115号）。2002年8月23日，阜阳市畜牧局成立，隶属市政府，正处级行政单位，编制19名。2005年4月，依据市编委《关于撤销“阜阳市黄牛系列开发办公室”“阜阳市畜牧管理局”“阜阳市黄牛改良中心”，设立“阜阳市畜牧兽医工作站”和“阜阳市动物防疫检疫站”的批复》（市编委〔2005〕24号），成立阜阳市畜牧兽医工作站、阜阳市动物防疫检疫站（阜阳市动物卫生监督所），均为副处级事业单位，隶属于阜阳市畜牧局。2007年10月，阜阳市畜牧局更名为阜阳市畜牧兽医局（阜编办〔2007〕88号）。

淮南市

1976年1月至1983年10月淮南市农业管理机构为淮南市农林局。1982年5月13日和1983年10月24日，市政府先后撤销淮南市农机局和淮南市水产局，将其并入淮南市农林局，更名为淮南市农林牧渔局。1984年1月16日，淮南市林业局成立，淮南市农林牧渔局改名为淮南市农牧渔业局。1995年10月，根据市委、市政府《关于实施淮南市党政机构改革方案的通知》（淮发〔95〕28号），撤销淮南市农牧渔业局和淮南市林业局，组建淮南市农林局，为市政府组成部门，内设10个科室和机关党总支，行政编制63名。主要负责全市农、林、牧、副、渔各业及农业机械等规划计划，业务管理、生产服务、技术指导、行政执法，监督检查和资源管理等工作。

2002年4月，根据《淮南市党政机构改革实施意见》（淮发〔2002〕2号）、《淮南市市直各部门“三定”工作实施意见》（淮编〔2002〕1号）和《关于印发淮南市农业委员会职能配置内设机构和人员编制规定的通知》（淮府办〔2002〕20号），不再保留淮南市农村经济委员会、淮南市农林局、淮南市副食品办公室，组建淮南市农业委员会，为主管农业和农村经济工作的市政府组成部门。淮南市农村经济委员会的行政管理职能、淮南市农林局除林业外的行政管理职能、淮南市副食品办公室的行政管理职能以及淮南市科委农科教统筹协调职能划入淮南市农业委员会，其机关内设12个科室和机关党总支，行政编制44名。

滁州市

1990年3月12日，滁县地区编委《关于行署农经委内设机构和人员编制问题的批复》（地编字〔90〕第23号），内设机构：人事科、生产科、调研科、经管科，编制15名。

下属单位:1990 年 4 月 27 日,滁县地区编委同意成立安徽省农业广播电视学校滁县地区分校，1990 年 11 月 8 日,成立滁县地区黄淮海农业综合开发办公室，1990 年 12 月 30 日,滁县地区农业技术推广站成立，1995 年 1 月 6 日,滁州市编办同意成立滁州市兽医卫生监督检验所。1993 年 8 月 10 日,滁县地区编委同意滁州市农业经济委员会更名为滁州市农村经济委员会（滁编字〔93〕第 22 号)。

2002 年,根据《市委、市政府关于滁州市直党政机构改革方案的实施意见》(滁发〔2002〕15 号),滁州市农村经济委员会、市农业局、市水产局、市畜牧局、市农村能源办公室不再保留,组建滁州市农业委员会,划入滁州市农村经济委员会、市农业局、市水产局、市畜牧局、市农村能源办公室、市蔬菜副食品产销办公室、市农科教办公室等行政职能。2002 年,滁州市农业机械化管理局保留牌子并入滁州市农业委员会，2003 年,改为市政府直属事业单位。2003 年 3 月 23 日,《关于印发〈滁州市农业委员会职能配置、内设机构和人员编制规定〉的通知》(滁政办〔2003〕11 号）明确行政编制 37 名,离退休工作科编制单列 1 名。直属事业单位有市农业技术推广中心、市农村经营管理站、市渔船检验站、市开发性农业办公室（市绿色食品办公室)、市农村能源技术推广服务中心。2006 年 12 月,成立滁州市农产品质量安全检测检验中心。2007 年 8 月 3 日,滁州市农业委员会畜牧局更名为滁州市畜牧兽医局,增挂滁州市动物卫生监督所牌子,保留滁州市饲料工作办公室牌子;在市畜牧兽医站基础上组建滁州市动物疫病预防与控制中心,增挂滁州市畜牧兽医技术推广中心牌子,级别、编制不变。

六安市

1980 年 5 月,六安行署公署改称六安地区行政公署后,所辖机构含有农林办公室、农业局、水产局、农机局等部门。1984 年机构改革后,增设畜牧水产局、地区农机管理站、乡镇企业局等机构,撤去农林办公室、水产局、农机局三部门。1990 年 12 月 6 日,经六安地委、行署研究决定,撤销中共六安地委农村工作部,成立六安地区行政公署农村经济委员会,六安地区行政公署农村经济委员会除延行中共六安地委农村工作部的职能外,负责协调农业、林业、水利、气象、畜牧水产、农村能源、乡镇企业等方面工作(六编字〔1990〕第 79 号文件)。2000 年 3 月,六安撤地设市,六安行署农业局、六安行署农村经济委员会、六安行署畜牧水产局、六安行署乡镇企业局分别改名为六安市农业局、六安市农村经济委员会、六安市畜牧水产局、六安市乡镇企业局。

2002 年 1 月 14 日,根据市委、市政府《关于六安市党政机构改革的实施意见》(六发〔2002〕2 号),六安市农村经济委员会与六安市农业局合并组建六安市农业委员会。六安市农业局管理的水产局、六安市科委管理的农村能源办公室、六安市乡镇企业局随之划归六安市农业委员会,改为内设副县级机构。2002 年 8 月 5 日,市编委对六安市农业委员会职能、机构和人员编制进行调整,划入的职能包括六安市农业经济委员会、市农业局、市乡镇企业局、市水产局、市农村能源办公室的行政管理职能,以及六安市农机局管理的农业机械化生产组织管理和安全监理职能;根据主要工作职责,设 13 个职能科（室、局），核定机关行政编制30名，行政后勤服务单列编制8名。

马鞍山市

1980年3月，市政府撤销马鞍山市农林办公室，成立马鞍山市农业委员会（马政〔1980〕6号）。马鞍山市农业委员会是马鞍山市政府组成部分，负责全市农、林、水等方面的工作。1983年，市政府撤销马鞍山市农业委员会，成立马鞍山市农工部、市农林局、市水利局。

1987年4月，市委《关于市农业经济委员会机构设置方案及实施意见的批复》（马秘〔1987〕25号），撤销马鞍山市农工部、市农林局、市水利局、市乡镇企业局（农口当时总编制129人。其中行政编制48人，事业编制78人，企业编制3人。农口的一部三局内设行政科室11个，共有行政编制、事业编制人员计82名），组建马鞍山市农业经济委员会，负责全市农、林、水、乡镇企业管理等方面的工作。内设三科四办（办为副县级），即：政秘科、计划财务科、调研信息科、农林办公室、畜牧水产办公室、水利办公室、乡镇企业办公室等7个内设机构，核定行政编制、事业编制共60人。1987年7月，根据市编委《关于农经委下属事业单位定编的批复》（马编字〔87〕033号），马鞍山市农业经济委员会下设市农业区划办公室（副县级）、市农村能源办公室、市农村技术推广站、市植物保护植物检测站、市土壤肥料站、市林业工作站、市农机管理站（监理所）、市水产工作站、市畜牧兽医站、市禽畜检疫站、市水利设计室、市机电排灌站、长江修防处等13个事业科室、站所，核定事业单位编制69人。1988年12月，马鞍山市渔政监督管理站成立，为科级事业单位，隶属马鞍山市农业经济委员会领导，定事业编制6名（马编字〔88〕090号）。马鞍山市水产工作站更名为马鞍山市水产技术推广中心站，同时挂马鞍山市渔业苗种管理检疫站牌子，与马鞍山市水产技术推广中心站合署。1989年3月，马鞍山市种子管理站成立，与马鞍山市农技推广站合署；马鞍山市森林病虫防治检疫站、马鞍山市护林防火指挥部办公室成立，与马鞍山市林业工作站合署，三块牌子，一套机构。1991年6月，马鞍山市渔船渔港监督管理站成立，为科级事业单位，核定事业编制5名。1992年3月，撤销马鞍山市农业经济委员会乡镇企业办公室，同时划出乡镇企业管理职能（马编字〔92〕030号）；核减行政编制3名、事业编制4名，内设机构负责人职数2名。1993年8月，马鞍山市兽医卫生监督检验所成立，与马鞍山市畜禽检疫站两块牌子，一套机构，合署办公。1996年4月，市编委《关于印发马鞍山市农村经济委员会职能配置、内设机构和人员编制方案的通知》（马机编〔1996〕027号），马鞍山市农业经济委员会更名为马鞍山市农村经济委员会。马鞍山市农村经济委员会内设办公室（政秘科与计财科合并）、农林办公室（挂马鞍山市绿化委员会办公室和马鞍山市林业公安科牌子）、畜牧水产办公室、水利办公室、政策法规科、科技教育科（挂马鞍山市农科教统筹协调领导小组办公室牌子）、综合管理科等7个内设机构，核定机关行政编制44名。2001年11月，马鞍山市向山区林业派出所（向山区于2001年撤销，调整由马鞍山市农村经济委员会领导，同年，马鞍山市林场也调整由马鞍山市农村经济委员会领导。

2002 年 5 月，市编委《关于印发〈马鞍山市农业委员会职能配置、内设机构和人员编制方案〉的通知》（马机编〔2002〕46 号），将马鞍山市农村经济委员会更名为马鞍山市农业委员会，水利办公室从马鞍山市农业委员会划出单设局，乡镇企业局并入马鞍山市农业委员会；划出水利行业的行政管理职能，划入乡镇企业管理职能。马鞍山市农业委员会内设 9 个职能科（室），其中林业办公室（森林公安科，对外挂林业局牌子）、畜牧水产办公室（对外挂畜牧水产局牌子）、乡镇企业办公室（对外挂乡镇企业局牌子）3 个副县级内设机构和办公室、农业科、计划财务科、政策法规科（市减轻农民负担领导小组办公室）、科技教育科（市农科教统筹协调领导小组办公室）、农业产业化指导科（市农业产业化工作指导委员会办公室）6 个行政科室。核定马鞍山市农业委员会编制 42 名。2005 年 8 月，撤销马鞍山市农业委员会内设的乡镇企业办公室（局），同时撤销指导乡镇企业发展的职能及 5 名编制和人员。乡镇企业办公室（局）又整体建制并入马鞍山市经济委员会（市中小企业局）。马鞍山市农业委员会内设林业办公室（局）、畜牧水产办公室（局）2 个副县级单位和办公室、农业科、计划财务科、政策法规科、科技教育科、农业产业化指导科 6 个行政科室，以及农业市场信息办公室（副县级事业单位）、农机管理站、农村能源办公室等 13 个事业科室、站所。2006 年 8 月，马鞍山农业区划办公室更名为马鞍山市农业市场信息办公室。同月，市编办批复，市场信息办公室增挂马鞍山市农产品质量安全监督检测中心牌子。2008 年 12 月，市编办《关于明确市兽医管理体制改革有关事项的批复》（马机编办〔2008〕24 号），马鞍山市农业委员会畜牧水产办公室（局）加挂马鞍山市畜牧兽医局牌子，编制 5 名，核定市动物卫生监督所编制 7 名，核定市动物疫病预防与控制中心（加挂市畜牧技术推广站牌子）编制 4 名。

芜湖市

2002 年 6 月，芜湖市党政机构改革领导小组芜机改字〔2002〕10 号文件，设置芜湖市农业委员会（加挂芜湖市乡镇企业局牌子）。芜湖市农村经济委员会、市农业局、市乡镇企业局、市水产局、市副食品蔬菜基地办公室的行政职能划入。内设 15 个科室，芜湖市农业委员会机关编制 50 名（含纪检、监察编制 3 名），其中行政编制 32 名，机关后勤行政管理服务人员编制 3 名，单列编制 15 名。2005 年 7 月，依据市编委芜编〔2005〕14 号文，设置芜湖市农业委员会，划出乡镇企业发展的职能。内设 13 个科室，编制 43 名。

1980 年 5 月，依据市编委《关于调整农口各站机构编制的批复》（芜编字〔80〕026 号），芜湖市农机管理站编制 4 人（后增加编制至 16 人）。1996 年 8 月，芜湖市机构改革领导小组芜机改字〔1996〕29 号文件批准，芜湖市农机管理站升格为副县级管理局，更名为芜湖市农机管理局（编制、经费供给方式不变）。2007 年 11 月，按照芜湖市事业单位改革的实施意见精神和事业单位改革机构编制事项通知的要求，设立芜湖市农业机械管理局（加挂芜湖市农机安全监理站牌子），事业编制12名。

宣城市

1980年2月，芜湖专署改为宣城行署，保留农业局。1983年10月，宣城行署水产局和农业局合并成立宣城行署农牧渔业局，设人秘科、农业科、经营管理科、计财科、畜牧水产科、经济作物科（编办字〔83〕08号）。1984年5月，宣城市成立宣城地区乡村能源办公室，1984年5月，宣城地区水产管理技术指导站改名为宣城地区水产管理站。1985年3月，宣城行署农牧渔业局内设的农业科、调研科、畜牧水产科合并，改设办公室。1985年9月，宣城地区农科所定事业编制107名，宣城行署乡村能源领导小组办公室改名为宣城行署农村能源领导小组办公室；同意种子公司与种子管理站为事业单位，原定种子公司企业编制10名改为事业编制。1986年12月，成立宣城地区水产技术推广中心站。1987年4月，成立宣城地区农业环境保护检测站。1988年5月，成立宣城地区行政公署水产局，宣城行署农牧渔业局更名为宣城行署农牧业局。1988年6月，成立宣城地区农业技术推广中心，撤销宣城地区农业技术推广中心站。1992年8月，内设的办公室改名为农业信息科，经营科改名为科教科。1993年5月，成立宣城地区畜牧兽医技术服务中心。1994年，成立宣城地区兽医卫生监督所，宣城地区家畜检疫站更名为宣城地区动物检疫站。1996年4月，根据《关于印发宣城地区行政公署农牧业局职能配置、内设机构和人员编制方案的通知》（行办〔1996〕34号），农牧业局内设人秘科、农业科、科教科、计财科4个职能科，核定行政编制16名；1996年9月核定公务员职位15个（宣人推公字〔1996〕12号）。1997年1月，宣城地区农机管理站更名为宣城地区农机管理局。

2001年撤销宣城市农牧业局，将职能、人员编制和内设科室并入宣城市农业经济委员会，人员编制29名。2002年6月，宣城市农村经济委员会更名为宣城市农业委员会，划入宣城市农村经济委员会的行政管理职能、宣城市农牧业局的行政管理职能、宣城市经济贸易委员会饲料及饲料添加剂的行政管理职能，核定行政编制26名。2007年2月，设立宣城市菜篮子工程办公室，撤销宣城市农村经济委员会内设机构菜篮子办公室。

铜陵市

1980年10月30日，成立铜陵市农业委员会（铜编字〔1980〕54号）。1983年11月9日，铜陵市撤销市农业委员会、市农村水利局、市水产局，重新组建铜陵市农业委员会（铜发〔1983〕115号）。1984年8月8日，将铜陵市农业区划办公室由铜陵市计划委员会划归铜陵市农业委员会领导。1986年2月19日，成立铜陵市乡镇企业办公室，为副县级事业单位，隶属铜陵市农业委员会领导。1987年6月18日，成立铜陵市水产技术推广中心站、铜陵市渔政管理站，与铜陵市水产站合署办公。1987年6月12日，铜陵市副食品产销办公室为市政府县级常设机构，编制4名，其中行政编制2名，从铜陵市农业委员会现有行政编制中划拨，事业编制2名，财务与行政关系均由市政府办公室代管（铜编字〔1987〕36号）。1987年7月14日，市编委将铜陵市农业委员会改为铜陵市农村经济委员会，将市委政研室的农村经济管理站及该站的农经、函校业务划给铜陵市农村经济委员会（铜编〔1987〕53号）。1988年5月30日，撤销市乡镇企业办公室，成立铜陵市乡镇企业局（副县级单位），归口铜陵市农村经济委员会。1990年10月15日，成立铜陵市绿化委员会办公室，设在铜陵市农村经济委员会，与市农村经济委员会林业科合署办公，具体承办市绿化委员会的日常工作，并直接管理农村的绿化工作。1991年4月8日，成立中央农业广播电视学校铜陵市分校，牌子挂在农经站，并保留农广校铜陵市分校领导小组办公室。1996年8月26日，核定铜陵市农村经济委员会行政编制34个（铜人推公字〔1996〕49号）。1997年8月25日，成立铜陵市农业技术推广中心，与市农业科学研究所合署，一个机构两块牌子。1999年4月9日，成立铜陵市水土保持工作站，隶属市农村经济委员会。1999年6月11日，铜陵市菜篮子工程建设管理办公室挂靠市农村经济委员会。2001年7月，成立市防洪工程管理办公室。

2001年12月13日，铜陵市农村经济委员会更名为铜陵市农业委员会，核定行政编制30名（铜发〔2001〕27号）。2006年2月9日，将大通木竹检查站划归市农业委员会管理。2006年4月5日，成立铜陵市森林公安分局与市农业委员会林业科合署。2006年4月5日，将铜陵市渔船渔港监督管理站更名为铜陵市渔船检验处。2007年9月27日，将市农业委员会农牧渔业科更名为农业渔业科，加挂铜陵市畜牧兽医局牌子，撤销铜陵市家畜检疫站和市畜牧兽医站（市动物检疫检验实验室），组建铜陵市动物卫生监督所、市动物疫病预防与控制中心。

2008年6月2日，市委将铜陵市农业委员会（水利局、林业局）有关水资源（含空中水、地下水）、水利工程管理等职能划入新组建的铜陵市水务局。市农业委员会更名为农业委员会（林业绿化局）（铜〔2008〕43号）。

池州市

1980年1月，撤销池州地区，3月设立安庆地区驻池州管理处，1981年8月，改为安庆行署池州办事处。1988年9月，池州地区复建，成立池州地区行政公署，逐步建立健全行署工作机构，成立池州地区行政公署农业、水产局（未设置“三定方案”）。1993年6月，成立池州地区行政公署农村经济委员会。1996年8月，池州地区行政公署农业局、行政公署水产局一个机构两块牌子，为行署工作部门（池编字〔1996〕037号）。内设办公室（政策法规科合署）、政工科（科技教育科合署）、计划财务科、农业科（畜牧科合署）、水产科（渔政科合署）。行署农业局（行署水产局）机关行政编制16名。

2000年，池州地区撤地建市，成立省辖市池州市，池州行政公署相关职能部门整合；同年3月，池州行署农村经济委员会、行署农业局、水产局合并。2001年5月，在池州市农村经济委员会、农业局、水产局基础上组建池州市农业委员会，为市政府正县级工作部门。池州市农村经济委员会、农业局、水产局机关职能、人员及下属事业单位成建制划入池州市农业委员会。2001年7月，确定池州市农业委员会职能配置、内设机构和人员编制方案（池编〔2001〕40号），明确池州市农业委员会为市政府工作部门（正县级），负责管理农业和农村经济，暂定行政编制20名。同时，成立池州市水产局（副县级行政机构），由市农业委员会管理，内设渔政渔港监督管理科，暂定行政编制2名。2002年7月，池州市政府机构调整，池州市乡镇企业局行政管理职能划入池州市农业委员会（池政办〔2002〕35号），内设办公室（人事科，财务室）、政策法规科、科技教育科、市场信息科（发展计划科、菜篮子办公室）、农村经营管理科（市农民负担监督管理领导小组办公室）、农村能源办公室、农业科（外事外经科）、畜牧水产局和乡镇企业局9个职能科室，机关编制25名。

1990年11月，池州市畜牧兽医站与池州地区畜牧技术服务中心合署，池州地区水产技术推广中心站，全民事业单位，隶属池州行署水产局（池编字〔90〕051号）。1997年2月，农业局调整部分下属事业单位机构、编制。撤销池州地区水产技术推广中心站，成立池州地区水产技术推广中心，撤销池州地区畜牧兽医站，成立池州地区畜牧兽医技术推广中心，副县级事业单位，隶属行署水产局（池编字〔97〕03号）。2003年12月，撤销池州市畜牧兽医技术推广中心、市水产技术推广中心，设立市畜牧水产中心，副县级建制，隶属市农业委员会。内设机构6个：办公室、兽医工作站、畜牧技术推广站、渔业生产指导站、渔政渔港监督管理站、兽医监督所。核定全额拨款事业编制15名（池编〔2003〕43号）。2008年9月，组建池州市畜牧兽医局，加挂池州市动物卫生监督所牌子，为市农业委员会管理的副县级行政机构。池州市畜牧水产中心更名为池州市渔业局，与市畜牧兽医局（市动物卫生监督所）合署办公。2009年11月，池州市渔业局列入参照公务员法管理范围（池人发〔2008〕37号）。

1990年11月，池州地区农业机械管理站（含农机安全监理站），副县级事业单位，隶属池州行署农业局。1997年2月，池州地区农业机械管理站更名为池州地区农业机械管理局。2003年12月，确定市农业机械管理局为副县级建制，隶属市农业委员会，内设副科级机构两个，核定全额拨款事业编制10名。2008年12月，池州市农业机械管理局列入参照公务员法管理范围（池人发〔2008〕60号）。

2003年12月，撤销池州市农业科学研究所、市茶叶经济技术研究中心（市茶叶开发总公司）、市种子管理站（市种子公司）、市科苑幼儿园、市粮油作物站、市土壤肥料工作站、市植保植检站、市多种经济作物站、市菜篮子工程办公室，有关职能并入池州市农业技术推广中心。调整后的市农业技术推广中心，副县级建制，隶属市农业委员会。内设办公室、作物栽培站、茶叶站、土肥站、植保站、种子管理站、菜篮子工程办公室7个机构，核定全额拨款事业编制20名。2008年7月，市种子管理机构调整，撤销农技中心内设的种子管理站，设立池州市种子管理站，加挂池州市种子质量监督检验站的牌子，隶属市农业委员会。

1973年5月，成立升金湖水产管理委员会，1980年，划归安庆地区，改称安庆地区升金湖水产管理委员会。1984年，成立升金湖渔政监督管理站。1985年，成立升金湖水上公安派出所，受水管会和东至县公安局双重领导，会、站、所共有正式职工14人。

1990 年 11 月，确定池州地区升金湖渔政监督管理站系全民所有制事业单位，隶属池州行署水产局，定事业编制 10 名（池编字〔90〕051 号）。

安庆市

1988 年前，安庆地区行政公署农业管理机构有行署农村经济委员会、农业局、水产局。1988 年 9 月，安庆区划调整（地市合并），在原安庆行署农经委和安庆行署农业局、水产局的基础上分别成立安庆市农村经济委员会和市农业局、水产局。原县级市安庆市农林牧渔局调整为市郊区农业局，其所属的安庆市家畜检疫站调整为市农业局下属单位，原市农林牧渔局所属的其他企事业单位均划归郊区农业局等单位管理。

2002 年后，根据省委，省政府《关于安庆市党政机构改革方案的通知》（皖〔2002〕29 号）和市委、市政府《关于安庆市机构改革方案的实施意见》（庆办〔2002〕8 号），安庆市农村经济委员会、市农业局、市水产局合并，于 2002 年 4 月组建安庆市农业委员会（正县级）。根据市政府办公室《关于印发〈安庆市农业委员会职能配置、内设机构和人员编制规定〉的通知》（宜政办发〔2002〕18 号），其内设机构为办公室、人事科、财务科、政策法规调研科（执法大队），发展计划科（小康办、外事外经科）、市场信息科（市菜篮子工程办公室）、科技教育科（市农科教统筹协调领导小组办公室），产业化指导科（市农业产业化工作指导委员会办公室、农业资源区划办公室）、农村经济体制与经营管理科（市农民负担监督管理领导小组办公室），农村能源办公室（副县级）、渔业局（副县级）、机关党委、监察室、工会。

黄山市

1983 年 5 月，徽州行署农业局改为徽州行署农牧渔业局。局内设人秘科、农情科、计财科、科教科。1984 年，行署农牧渔业局农情科改为农业综合科。1986 年 3 月，黄山市成立徽州地区农村经济委员会，撤销徽州地委农工部。1986 年，设徽州地区园艺技术指导站。1987 年，增设徽州地区农业环保监测站。1988 年 4 月，徽州行署农牧渔业局改为黄山市农牧渔业局。1988 年 8 月，徽州地区农村经济委员会改为黄山市农村经济委员会。1998 年 4 月《关于印发黄山市农村经济委员会职能配置、内设机构和人员编制方案的通知》（政办〔1998〕5 号），保留黄山市农村经济委员会为市政府组成部门，为市政府综合协调、管理、服务、指导全市农业和农村经济工作的职能部门，内设办公室、调查研究科、经营管理科、生产科技科、农村能源办公室、政治处。机关行政总编制数 23 名。1998 年 4 月，保留黄山市农业局，为市政府组成部门，是市政府综合管理全市种植业、畜牧业、水产业以及饲料工业的职能部门。内设办公室、科教法制科、计划财务科、农业综合科、人事科，总编制数 20 名。同年，组建黄山市畜牧水产局为市政府部门管理机构（副县级），由市农业局管理，内设综合科（市饲料工业办公室）、业务科，机关行政总编制数 7 名。

2002 年 11 月，组建黄山市农业委员会，不再保留黄山市农村经济委员会、农业局、乡镇企业管理局、畜牧水产局。根据《关于印发黄山市农业委员会职能配置内设机构和人员编制规定的通知》（黄政办〔2002〕80号），市农业委员会是主管农业和农村经济工作的市人民政府组成部门，划入黄山市农村经济委员会、农业局、乡镇企业管理局、畜牧水产局的行政管理职能，内设办公室、人事科、计划财务科、政策法规科、综合信息科、科技教育科、农业产业化指导科（农业科）、农村经营管理科、畜牧渔业科（市饲料办公室）、农村能源办公室、乡镇企业办公室（对外称黄山市乡镇企业局、副县级）、纪检（监察）等科室，机关总编制数38名。2004年12月，撤销乡镇企业办公室（黄山市乡镇企业局）。2008年6月，根据《关于撤销市农科教办等单位的通知》（黄编字〔2008〕第9号），撤销黄山市人民政府农科教办公室、市蔬菜副食品产销办公室，其行政管理职能划入市农业委员会；在市农业委员会科技教育科增挂市农科教统筹协调领导组办公室牌子，在市农业委员会综合信息科增挂市蔬菜副食品产销办公室牌子。

县（市、区）农业管理机构

1986—2000年，各县（市、区）设置农村经济委员会。1994年前，各县（市、区）大多数对口设置农牧渔业局，机构改革后改为农业局，部分县（市、区）名称为农林局、少数区设农林水局（办）。部分县（市、区）畜牧水产局单独设立。各县（市、区）农机局多为单独设立。2000年机构改革以后，各县（市、区）农村经济委员会、农业局合并成立农业委员会（少数县区设农林局、农林水局（办））。部分县（市、区）保留畜牧局、水产局或畜牧水产局的独立建制。

第二节　事业单位

安徽省农业技术推广总站

1988年，经省编办批准，在原省农业技术推广站的基础上建立安徽省农业技术推广总站，处级建制，事业编制。1996年，核定职责，县级建制，全额事业编制26名（领导3名、技术20名、形管1名、工勤2名），另核定自收自支8名。

安徽省土壤肥料总站（安徽省土壤肥料测试中心、安徽省农产品质量安全检测中心）

1988年，经省编办批准，同意保留省土壤调查队、省土壤化验室，一个机构两块牌子，科级建制，事业编制30名；1992年，省编办批准，重新组建安徽省土壤肥料总站（安徽省土壤肥料测试中心），一个机构两块牌子，事业编制30名，撤销安徽省农牧渔业厅土肥处、安徽省土壤调查队和省土壤化验室；1996年，经省编办核定职责，县级建制，全额，事业编制30名；2002年，省编办同意安徽省土壤肥料测试中心增挂安徽省农产品质量安全检测中心牌子。

安徽省植物保护总站（安徽省农药检定所、安徽省植物检疫所）

1973年，经省编办核定安徽省植保植检站编制；1983年，安徽省植保植检站更名安徽省植物保护总站；1988年，安徽省植物保护总站和安徽省生物防治实验站、合肥植检站芜湖分站合并为安徽省农业植保总站，挂中华人民共和国合肥植物检疫所、中华人民共和国合肥植物检疫所芜湖分所两块牌子。事业单位，处级建制，编制48名（含芜湖分所6名）；1992年经省编办同意，安徽省植物保护总站挂安徽省农药检定所牌子；1994年，安徽省农业植物保护总站更名安徽省植物保护总站。同时，中华人民共和国合肥植物检疫所职能和8名事业编制上交农业部，中华人民共和国合肥植物检疫所更名安徽省植物检疫所，核定事业编制10名，级别和财政预算维持不变，重新明确职责任务；1996年，经省编办核定职责，名称为安徽省植物保护总站（安徽省农药检定所、安徽省植物检疫所），县级建制，全额，事业编制43名；1997年，编制调出3名，核定全额事业40名；2008年，经省人事厅批准为参公单位。

安徽省种子管理总站（安徽省种子质量监督检验站）

1978年，经省编办批准，在原种子管理站基础上成立安徽省种子公司，事业编制70名（含3个直属仓库21名），对外称公司，对内为省农林局种子处，行政、技术、经管三位一体，设6科3库；1983年，经省编办同意，种子公司维持原建制不变；1988年，经省编办核定，保留种子公司，处级建制，事业编制减至49名；1992年，经省编办同意，安徽省种子管理站挂安徽省种子公司、安徽省种子质量监督检验站的牌子；1996年，安徽省种子管理站（安徽省种子公司、安徽省种子质量监督检验站）更名为安徽省种子管理总站（安徽省种子总公司、安徽省种子质量监督检验站），核定职责，县级建制，全额事业编制47名；2007年，撤销安徽省种子总公司牌子。

安徽省农作物新品种引育中心

1998年，经省编办批准成立，核定职责，自收自支，事业编制10名。

安徽省农业生态环境总站

1988年，经省编办批准成立，县级建制，事业编制15名；1992年，经省编办核定保留，县级建制，核定职责；2002年，经省编办同意，更名为安徽省农业环境总站，核定职责。

安徽省蚕桑服务站（安徽省蚕种质量检验站）

1972年，经省编办批准成立，事业编制7名；1983年，经省编办同意，与合肥蚕种场合并重新组建安徽省蚕桑服务站，县级建制，事业单位，企业管理，未及编制；1988年，经省编办核定保留，县级建制，事业117名（含蚕场106名）。1992年，省编办核定保留；1996年，省编办核定职责，县级建制，全额事业编制11名，自收自支106名；2005年，经省编办批准，更名为安徽省蚕桑服务站（安徽省蚕种质量检验站），全额事业编制11名，同时与合肥蚕种场分离。

安徽省绿色食品管理办公室

1998年，经省编办核定，省农垦局人员编制仍维持在120名以内（含省绿色食品办公室10名编制）；2007年，经省编办批准，安徽省绿色食品办公室更名为安徽省绿色食品管理办公室，确定职责；2008年，省人事厅批准为参公单位。

安徽省菜篮子工程办公室

1990年，经省编办批准，成立安徽省城市蔬菜副食品产销办公室，挂在省政府办公厅第四办公室，不定级别，不增加领导职数，增加 4 个行政编制；根据皖政办〔1995〕64 号文件，菜篮子工程列为行政职能，在省农业局挂省菜篮子工程办公室牌子；1997 年经省编办核定，内部调全额事业编制 6 名；根据皖政办〔2000〕8 号文件，菜篮子工程列为行政职能，在市场信息处挂省菜篮子工程办公室牌子。

安徽省优质农产品基地管理站

1988 年，经省编办批准成立，副县级建制，事业编制 12 名；1992 年，经省编办核定保留；1996 年，省编办核定职责，副县级建制，全额，事业编制 12 名。

安徽省农业科技成果管理办公室

1988 年，省编办同意省农业技术推广总站加挂安徽省农业科技成果管理办公室牌子，编制在农技总站编制内；1992 年，省编办核定保留，核定职责，科级，财政拨款，事业编制 10 名；2001 年增加编制 1 人。

安徽省农业委员会机关服务中心（安徽省农业科技信息中心）

1988 年，经省编办批准成立，事业编制 35 名。1992 年，省编办核定保留，核定农牧渔业厅机关附属单位，事业编制 40 名，招待所 5 名为自收自支，其余财政拨款，核定职责，未及机构规格；1996 年，省编办同意，在原机关幼儿园、医务室、房管所、招待所等基础上组建安徽省农业厅机关服务中心，加挂安徽省农业科技信息中心牌子，核定职责，不定机构规格，自收自支，事业编制 40 名。

安徽省农村能源总站

1996 年，经省编办批准，安徽省农村能源科学研究所与安徽省农村能源技术推广站合并，成立安徽省农村能源技术推广总站，核定职责，县级建制，全额，事业编制 34 名；2007 年，更名为安徽省农村能源总站，不再挂安徽省农村能源技术推广培训中心牌子；2008 年，省人事厅批准为参公单位。

安徽省农业广播电视学校（安徽省农民科技教育中心）

1988 年，省编办核定，保留中央农业广播学校安徽省分校办公室，县级建制，事业编制 8 名；1989 年，经省编办批准，合并中央农业广播学校安徽省分校和中国农业会计函授学校安徽省分校，成立安徽省农业广播电视学校，县级，财政核给经费，事业编制 30 名；1996 年，省编办核定保留，核定职责，县级建制，全额，事业编制 25 名；2006 年，加挂安徽省农民科技教育中心牌子。

安徽省农村合作经济经营管理总站

1986 年，经省编办批准，成立安徽省农村合作经济经营管理站；1996 年，更名为安徽省农村合作经济经营管理总站，核定职责，县级建制，全额，事业编制 26 名；2007 年，省人事厅批准为参公单位。

安徽省农业博物馆（安徽省农业展览馆）

1988 年，省政府函同意成立，由省农业展览馆筹建，未明确性质和编制；1996 年，经省编办核定职责，保留，科级建制，全额，事业编制 5 名；1997 年，增加自收自支编制 3 名。

安徽生物工程学校

1985 年,经省教委同意,筹建安徽水产学校;1986 年,经省编办批准,县级建制,暂定事业编 50 名,筹建完成后正式定编;1992 年,省编办核定,县级事业单位,编制 80 名;1995 年,省编办核定保留,核定职责,县级建制,全额,事业编制 80 名;2003 年,经省教委同意,安徽水产学校更名为安徽生物工程学校。

安徽省渔船检验处

1995 年,省编办核定保留,核定职责,副县级建制,自收自支,事业编制 8 名;2003 年,省编办核定职责,自收自支转全额;2007 年,省人事厅批准为参公单位。

安徽省水产技术推广总站

1986 年,经省编办批准成立,副县级,事业编制 15 名。1995,省编办核定保留,核定职责,副县级建制,全额,事业编制 15 名。

安徽省鱼病中心(安徽省渔业环境监测中心)

1996 年,经省编办批准成立,不定机构规格,自收自支,事业编制 10 名。

安徽省动物卫生监督所

1996 年,省编办核定:动物检疫职能归省兽医站,省畜牧总站挂省动物卫生监督所牌子。2007 年,经省编办批准组建安徽省动物卫生监督所,处级建制,全额,事业编制 15 名。

安徽省动物疫病预防与控制中心(安徽省动物血吸虫病防治站)

1988 年,经省编办批准,省家畜检疫站、省综合化验室、省耕牛血防队合并,成立安徽省畜禽检疫总站,加挂安徽省兽医工作站牌子,副县级建制,事业编制 35 名。1992 年,更名为安徽省兽医工作站(安徽省动物血吸虫病防治站)。1996,省编办核定职责,撤销安徽省动物检疫所(安徽省兽医卫生监督所),其动物检疫职能并入兽医工作站,副县级建制,全额,事业编制 30 名。2007 年,更名为安徽省动物疫病预防与控制中心,保留安徽省动物血吸虫病防治站牌子,正县级建制,全额,事业编制 27 名。

安徽省兽药饲料监察所(安徽省畜产品质量安全检测中心)

1988,经省编办批准,省兽医检验所、省饲料检测中心、省兽药供销社合并成立安徽省兽药饲料监察所,副县级建制,事业编制 25 名。1992 年,省编办核定保留。1996 年,省编办核定职责,副县级建制,全额,事业编制 25 名。2007 年,省编办核定保留,正县级建制,全额,事业编制 25 名,增挂安徽省畜产品质量安全检测中心牌子。

安徽省畜禽遗传资源保护中心

1988 年,经省编办批准,省家禽品种改良站、省家畜品种改良站合并,成立安徽省畜禽品种改良站,副县级建制,事业编制 45 名。1992 年,省编办核定保留。1996 年,省编办核定职责,副县级建制,差额,事业编制 40 名。2007 年,安徽省畜禽品种改良站更名为安徽省畜禽遗传资源保护中心,核定职责,正县级建制,全额,事业编制 25 名。

安徽省畜牧技术推广总站

1996 年,经省编办批准,成立安徽省畜牧技术推广总站(安徽省兽医卫生监督所),

核定职责，县级，全额，事业编制15名。2007年，省编办核定保留，不再挂安徽省兽医卫生监督所牌子，核定职责，县级建制，全额，事业编制15名。

安徽省肉种鸡场

1996年，经省编办批准成立，不定规格，核定职责，自收自支编制20名。

安徽省农业工程设计院

1996年，经省编办批准成立，核定职责，自收自支编制30名。2006年转企改制。

安徽省农业物资科教仪器供应站

1996年，经省编办批准成立，县级，核定职责，自收自支编制33名。

安徽农村通讯编辑部

1999年，经省编办批准成立，核定职责，不定规格，事业编制12名。

第三节 行业组织机构

安徽省种子协会

2001年10月成立，是安徽省各市、县农作物种子管理站、国有、民营、个体、三资种子公司和农业科学院所、农业院校以及农垦、司法等方面种子工作者自愿组成的多学科、跨部门的群众性、非营利性行业组织。旨在团结广大会员，遵守宪法、法律法规和国家方针政策，遵守社会道德风尚，服务种子事业，为实现安徽省种子产业现代化做贡献。主要职能：向政府部门提出种子行业发展战略、计划、规划及产业政策等方面的建议；协调政府部门、种子企业与农户间的横向联系与合作，协调、促进种子市场和基地建设；收集整理行业信息，研究行业发展趋势，为种子生产及本会会员提供有效的政策、法规服务、经营信息服务和技术服务；组织举办各种形式的专业技术报告、研讨会、交易会、经验交流会等。协会有团体和个人会员500多个。多次获得“全国先进民间组织”“安徽省示范行业协会”等称号。

安徽省蔬菜产业协会

2006年5月成立，由全省从事蔬菜产业生产、加工、营销和技术研究的企事业单位，以及全省各地蔬菜产业协会自愿组成，并依法登记成立的社会公益性社团。会员63个，其中常务理事14个、理事和会员49个。协会向广大蔬菜生产者、加工者、经营者提供市场经济信息、先进实用技术及其他服务，提高其组织化程度，规范其生产过程，维护其合法权益，向广大消费者提供不断提高的蔬菜产品和服务质量，维护其合法权益，引导其消费；做好政府部门与蔬菜产业生产者、加工者、经营者等的联系和沟通，充分发挥行业自律、协调和服务、监督功能，维护市场经济秩序，更好参与国际国内市场的竞争，促进蔬菜产业持续健康发展。

安徽省油菜产业协会

2003年10月成立，由全省从事油菜生产管理、技术推广、科研教学、加工贸易等单位及个人自愿组成，是一个跨部门、跨所有制、跨行业的非营利性社会组织。协会联合全省从事油菜宏观决策、政策指导、生产管理、技术推广、科研教学、加工贸易等单位，围绕政府工作目标，加强研究、提供信息、交流经验、扩大合作，选育、引进、筛选、推荐优质油菜新品种，引进和推广油菜籽加工新工艺、新技术，推进企业技术改造和产品升级；组织评选省优和推荐国优油脂产品，提高皖油品牌知名度；积极探索油菜产业化新路子，帮助农民和企业提高效益。

安徽水果协会

2004年12月成立，协会充分发挥中介组织作用，维护会员和行业的合法权益，提供各种市场信息，提供法律方面的咨询与服务组织学术研讨会、举办产品信息发布和组织参加各类展示展销活动，组织水果行业发展研究，市场调研、咨询服务；举办研讨会、座谈会、培训班、水果展示展销会，开展省际、国际水果交流；评选先进企业、企业家，开展优质水果评审活动；进行技术推广、培训、交流；组织开展水果行业发展研究，为安徽省水果产业发展提供指导性意见和建议，为政府制定水果产业发展政策提供依据。

安徽省奶业协会

1984年7月成立，有个人会员560人，单位会员173家。协会主要为全省奶牛养殖、乳品加工及其他相关企业和个人、奶业技术科研院所、奶牛养殖管理部门提供服务，涵盖奶业养殖、生产加工、技术支持、奶牛养殖设备等奶业发展各环节。协会发挥会员与奶业（乳业）行政管理部门之间的桥梁和纽带作用，反映奶业生产、乳品加工等相关从业人员的愿望和要求，维护奶业从业人员的合法权益，宣传贯彻执行党和政府关于发展畜牧业和乳业的方针、政策和法规，并协助制定相关标准；协助奶业（乳业）行政管理部门搞好行业生产和管理，推广普及相关新技术、新设备，全心全意为会员做好服务。

安徽省饲料工业协会

1999年9月成立，是全省性工业行业协会，由安徽省从事饲料产品、饲料原料、饲料机械和饲料资源的生产、科研、开发、经营、使用、检验、教学、管理单位和个人组成的行业性社会组织，是联系政府和全省饲料工业行业企事业单位、社会团体和个人的社会中介组织及自律性行业管理组织，拥有会员406个。协会在政府指导下，遵守国家法律，遵守社会公德，适应市场经济需要，以企业为本，强化行业管理，提高服务质量，全心全意为会员和企业服务，促进饲料饲养业全面发展。协会获得“全国饲料工业科技进步先进集体”“安徽省先进社会团体”“全国先进饲料工业协会”等称号。

安徽省猪业协会

2007年4月成立，由省内养猪骨干企业联合发起成立，荟萃全省猪业生产行业的科研、教学、技术推广和企业优秀人才。注册会员养猪生产企业人员1400人，畜牧兽医管理和技术人员270人，大专院校教学和科研人员90人。协会秉承“服务会员，服务企业，服务政府”的理念，搭建全省养猪行业交流的平台，促进企业与政府之间，企业与科研部门之间，企业与企业之间的沟通与合作。

协会协助政府做好行业管理和研究制订全省猪业发展方针、政策、措施和规划；开展行业自律，制定行规行约；调查猪业基本情况，进行市场测报，掌握国内外情报信息，开展咨询服务；组织推广猪业基本建设、技术改造、生产、经营管理及科学技术等方面先进经验，促进新技术、新产品的开发利用；有计划地培养和培训养猪行业人才，提高全行业职工科学技术和管理水平；参与组织协调有关猪业生产、科研、教学、管理等事宜；发展与国内外省内外行业有联系，组织对外经济合用和技术交流；反映会员意见和要求，维护会员的合法权益。

安徽省家禽业协会

1991年12月成立，是全省与家禽业有关的生产、经营、管理、科研、教学等单位和个人自愿参加的行业性非营利性社会组织，是依法登记的全省性社会团体。协会拥有会员500多个。协会宗旨是遵守宪法、法律、法规和国家有关政策，遵守社会道德风尚，宣传贯彻国家发展养禽业有关的方针政策、对家禽行业实行管理、协调、服务，维护行业和会员的合法权益，组织会员进行经济、技术协作，提高安徽省养禽业的生产经营管理水平，促进家禽业发展。协会职能是行业协调及管理、国内外合作与交流、企业及产品的展览展示、技术及业务培训、产品推荐及质量认证、信息交流与咨询服务等。

安徽动物保健品协会

1995年11月成立，有会员单位127家。协会旨在认真贯彻执行党和国家的方针、政策，遵守国家宪法、法规和政策，遵守社会道德风尚；积极发挥行业管理、指导、服务、协调、维权、自律作用；团结和组织全行业，整合资源、规范行为、开展活动、交流信息、提高素质，促进动物保健品行业的发展，为建设现代畜牧业和社会主义新农村做贡献。协会会员主要是从事动物保健品及相关行业的生产、经营、使用、管理、质量监督、科研、教育、宣传、服务等事业、企业单位及社会团体。

安徽省肉鸽协会

2008年12月成立，是从事肉鸽养殖、加工业、服务业，经销商，宾馆酒店等消费商组织起来的民间组织。协会促进安徽省从事肉鸽养殖加工、销售及科研活动的单位和经济实体的广泛联合，加快科学技术的应用与推广，推动肉鸽行业的可持续发展，维护肉鸽产销研从业者的合法权益，在政府和肉鸽养殖、加工、科研、销售企业及经济实体间起桥梁、纽带作用。促进行业的标准化、规范化、科学化管理，建立与完善行业的诚信体系制度，承担政府委托的职能与业务，向政府提供政策决策咨询与建议。

安徽省渔业协会

2007年6月成立，是由具有法人资格的渔业企业、事业单位和渔业工作者自愿参加的全省性渔业行业联合组织，是依法登记具有法人资格的非营利性社会团体。协会由全省范围内从事渔业生产、渔业科研、水产品运销、水产品加工、饲料加工、渔药、渔需物资供应等各个领域的代表单位（人员）组成，有团体会员140多个，个人会员160多名。协会宣传、贯彻执行国家有关的方针、政策、法律、法规，协助政府搞好行业管理，制定行业规章，规范行业行为，反映会员要求，维护会员和行业的合法权益；组织开展行业公益性事业；沟通渔业生产与科研、教学、推广部门的密切联系，为会员提供经营管理和渔业技术的培训和咨询，并提供相关信息服务；发展同国内外渔业界的民间友好往来、科学技术交流和经济技术合作，为推进安徽省渔业的持续发展服务。

安徽省农机协会

2006 年 12 月成立，是安徽省农机管理、使用者，农机生产、经营企业，农机科研和各类农机合作经营组织志愿组成的跨部门、综合性的地方性非营利性民间组织，有会员 600 多个。协会面向农村、农业和广大农民，普及农机操作及作业技术知识，交流和推广农机作业的先进技术和经验，开展技术培训，提高会员和广大农民机手的专业水平和操作能力；开展农机作业咨询工作，为会员、农机手和农民提供农机作业的市场信息、机具选型、收费标准、作业质量等服务；帮助组建农机作业专业服务队，相互协作，拓宽服务领域，丰富服务内容，创新服务模式，扩大服务规模，培育农机服务大户，培植农机产业化服务群体；组织会员和农民机手开展农机跨区作业服务，实施机械化、规模化连片作业，提高现有农机装备的利用率。

安徽省农业产业化龙头企业协会

2009 年 7 月成立，共有 600 余家会员单位。会员以安徽省国家级、省级农业产业化重点龙头企业为主，协会是由各会员单位按照自愿、民主、平等、互利的原则，结成的区域性、行业性、非营利性质的社团组织。协会以沟通、服务、自律、发展为宗旨，切实落实为企业服务的职能，加强对全省农业产业化工作经验总结、推广，以及龙头企业的宣传推介。协调沟通会员与政府及社会各界的联系，为政府及有关部门提供行业发展、产销政策、立法等方面的建议和科学决策依据；制定并执行行业规范，加强行业自律和会员自律，防止和制止不正当竞争，维护企业合法权益；建立安徽省农业产业化龙头企业协会专家咨询委员会，指导农业产业化龙头企业建立健全科研开发、试验示范、推广培训基地和机构；整合资源，建立健全安徽省农业产业化龙头企业协会信息网络体系，搭建农业产业化龙头企业信息交流平台；承办政府部门及其他社会团体委托办理的事项。

安徽省农村合作经济组织联合会

2006 年 6 月成立，有理事 116 人，会长 1 名，副会长 7 名，秘书长 1 名。联合会宗旨是团结带领会员，遵守国家法律、法规，贯彻党在农村的各项方针政策，以服务“三农”为己任，以联合与合作为纽带，加强政府与合作经济组织之间的联系，扩大合作经济组织之间的交流与合作，维护会员的合法权益，规范会员的自律行为，动员和依靠社会力量，争取各界的广泛支持，促进农村合作经济组织健康发展，为提高农业组织化程度、建设社会主义新农村做出贡献。

安徽省柳编产业协会

2004 年 6 月成立，协会有会员单位 38 家，覆盖霍邱县、阜南县、颍上县、利辛县等 7 个县。协会坚持以服务为宗旨，围绕着指导、协调、交流、培训等职责，发挥纽带和桥梁作用。“霍邱柳编”被批准为国家地理保护产品，入编《国家第三批非物质文化名录》。

安徽省农业信息化协会

2008年5月成立，协会共有会员255个，其中单位会员48个，个人会员197个。协会主要职能：协助政府部门做好农业信息化工作。宣传贯彻国家有关方针、政策和法律法规，反映农业信息化发展需求并提出相关意见和建议，参与农业信息化发展政策、法规、重大工程、行业标准制订和贯彻落实工作，组织会员单位开展农业信息技术、产品研发和推广应用工作。为会员提供服务。开展农业信息学术、技术、工作交流与合作，开展农业信息知识普及教育和技能培训，总结、宣传农业信息化发展典型经验和做法，依法维护会员合法权益。

安徽省可再生能源协会

原安徽省农村能源行业协会，1992年12月成立。协会会员380多人。协会是由从事农村能源领域的技术推广、产品研制和生产、工程施工、市场营销等企、事业单位、社团机构人员自愿组成的行业社团组织。协会宗旨是宣传、贯彻、执行有关可再生能源的法律、法规、产业政策，维护会员单位的合法权益，反映企业的愿望和要求，为发展安徽省可再生能源产业和推进能源、生态、环境建设事业服务。

安徽省农学会

1959年11月成立，是由全省农业科技工作者组成的省级科技社团，有常务理事50名，理事185名，团体会员81个，其中农业科研院所8个，农业院校11个，企业29个，其他会员33个，现有个人会员3800余人。学会坚持“经济建设必须依靠科学技术，科学技术工作必须面向经济建设”和“百花齐放、百家争鸣”的方针，倡导“献身、创新、求实、协作”的科学精神，按照章程和民主办会原则，为农业科技工作者和农业科技团体服务，为安徽农村、农业、农民开展科技服务。学会编辑出版《安徽农学通报》公开刊物。学会先后获全国省级学会之星、全省科协系统先进集体、全省农技协工作先进组织奖、省农委系统为农业服务先进集体等殊荣。

安徽省水产学会

1979年成立，是由水产和水产有关的科技工作者自愿参加的学术性、科普性的非营利性的社会组织，有个人会员815人，团体会员84个。学会发挥跨部门、跨行业、横向联系的特点和知识密集、人才荟萃的优势，开展学术交流活动，普及水产科学技术知识，为安徽渔业做出贡献。学会设立渔业产业经济研究会、水生动物病害防控专业委员会、渔业水域环境专业委员会、健康养殖专业委员会、水产品加工与综合利用专业委员会、科技咨询专业委员会、特种水产养殖专业委员会、水生珍稀动物保护专业委员会等8个专业委员会。

安徽省畜牧兽医学会

前身为中国畜牧兽医学会合肥小组，成立于1953年12月20日，是由全省畜牧兽医科学技术工作者自愿组成的学术性、科普性、行业性、非营利性的具有法人资格的全省性的社会团体。学会有会员1278人。会员分布各地、市、县的畜牧兽医行政、业务机构、农牧场、站、科研、教学单位及商业、食品部门。

安徽省蜂业学会

前身为安徽省养蜂学会，1982年3月成立。2001年4月24日经省民政厅批准，更名为安徽省蜂业学会。1982—1986年，学会配合省畜牧局对皖西大别山区、皖南山区、淮北地区进行中蜂资源调查，并分别写出调查报告，填补安徽省蜜蜂资源资料空白。

安徽省农业经济学会

1980年成立，是由全省从事农村经济管理、科研教育的专家学者及农业生产经营管理人员和单位自愿结成的地方性、学术性、专业性、非营利性民间社会团体组织。省农经学会的宗旨是遵守宪法、法律、法规和国家政策，遵守社会道德风尚，组织团结全省农村经济理论和实际工作者，发展农村经济学科，繁荣农村经济，提高农村经济的社会效益、经济效益和生态效益。

学会组织调动社会力量，开展有关农村经济政策、法规的调查研究和宣传；开展农村经济的科学研究、学术交流、科学普及和专业技术培训；开展国（境）内、外农村经济领域民间交流与合作和农村经济咨询，推荐科研成果，向有关部门提出有关发展农村经济的建议和意见。

安徽省国际农业贸易促进会

1999年12月成立，该会是由农业科技、农业引智、农业企业、涉农外贸等有关业务工作者和广大对国际农业合作交流事业爱好者自愿组成的民间性、非营利性的地方社会团体。协会的宗旨是遵守国家宪法、法律、法规和政策，遵守社会道德风尚，依据国际惯例，发展民间农业国际合作交流，开展农业领域的贸易和经济技术交流活动，利用多种形式开展与世界其他国家经贸活动，促进中外农业贸易和技术的相互了解与合作，促进农业引资引智，加强与涉外部门和学术团体交往，推动安徽省农业对外开放。协会服务范围包括开展国际联络、国际展览、国际会议、国际咨询和培训等活动，以服务贸易带动技术贸易和产品贸易的发展，为政府决策提供参考依据。

安徽省老年科技工作者协会农业分会

2006年6月，经省民政厅批准成立。该会围绕中心、服务大局，团结、凝聚、组织农业行业老科学技术工作者，发挥专业特长，开展建言献策、科普宣传、技术咨询、技术服务、技术转让、服务“三农”等活动，充分发挥老科技工作者的才智，为推动科技进步、经济繁荣、社会和谐发挥作用，做出新贡献。

第二章 投入管理

第一节 财政投入

农业是国民经济的基础，安徽省是农业大省，农业人口占全省人口70%以上，农业总产值占社会总产值40%以上，农业财政投入对农业发展、农民增收和农村稳定非常必要，也是安徽省实现跨越式发展的必然要求。安徽省农业财政投入逐年不断增加，2001年以后一直保持持续、快速的增长势头，项目不断增多，总额不断增大，结构不断调整、优化，对改善农业农村生产生活条件、提高农产品供给水平、有效引导其他主体的农业投入和保障农业可持续发展起到极为重要的作用。2000年以前，安徽省农业以实施农业牵动性项目、畜牧进位工程、种子工程等重大项目为主，2001—2003年以实施农业三项工程为主，即农产品流通工程、农产品品牌工程和农业产业化工程，2004—2007年以实施农业七大体系建设为主，即农产品信息及质量安全体系建设、农业产业化发展体系建设、农业防灾及保护体系建设、农业技术推广与服务体系建设、农业监督管理体系建设、农业科技推广与服务体系建设和优势农产品生产示范基地建设为主，2008年以后，以实施粮食生产三大行动（小麦高产攻关、水稻产业提升、玉米振兴计划）、农业产业化省级龙头企业贷款贴息、农村劳动力转移培训阳光工程、全省农产品生产标准化示范基地建设、农村合作经济组织示范、农产品进超市工程、能繁母猪补贴省级配套及规模养殖小区、高致病禽流感防控及村级动物防疫、江淮分水岭综合治理开发、菜篮子工程、农机富民工程等重大项目。

1986—2008年安徽省财政投入情况一览表

表14-2-1　　部门：安徽省农业委员会

年份	农业财政投入重点项目	投入金额（万元）
1986	合计	264
	农作物良种推广	114
	畜禽保护	150
1987	合计	264
	农作物良种推广	114
	畜禽保护	150

续表 14–2–1

年份	农业财政投入重点项目	投入金额（万元）
1988	合计	469
	农作物良种推广	114
	畜禽保护	155
	畜禽良种推广	200
1989	合计	474
	农作物良种推广	114
	畜禽保护	160
	商品猪生产	200
1990	合计	510
	农作物良种推广	150
	畜禽保护	160
	商品猪生产	200
1991	合计	310
	农作物良种推广	150
	畜禽保护	160
1992	合计	430
	农作物良种推广	150
	畜禽保护	180
	畜禽良种推广	100
1993	合计	430
	农作物良种推广	150
	畜禽保护	180
	畜禽良种推广	100
1994	合计	430
	农作物良种推广	150
	畜禽保护	180
	畜禽良种推广	100
1995	合计	480
	牵动性项目	200
	畜禽良种推广	100
	畜禽防疫	180
1996	合计	630

续表 14–2–1

年份	农业财政投入重点项目	投入金额（万元）
1996	牵动性项目	250
	畜禽良种推广	100
	畜禽防疫	280
1997	合计	1100
	牵动性项目	300
	畜牧进位工程	500
	畜禽防疫	300
1998	合计	1100
	牵动性项目	300
	畜牧进位工程	500
	畜禽防疫	300
1999	合计	1640
	牵动性项目	300
	畜牧进位工程	500
	畜禽防疫	300
	种子工程	540
2000	合计	1640
	牵动性项目	300
	畜牧进位工程	500
	畜禽防疫	300
	种子工程	540
2001	合计	11307
	农产品流通工程	900
	农产品品牌工程	3079
	农业产业化工程	1500
	皖西南世行项目配套	500
	江淮分水岭综合治理开发	1000
	菜篮子工程	500
	农业科技示范基地建设	1796
	农业机械化技术推广	430
	其它项目	1602
2002	合计	11507

续表 14–2–1

年份	农业财政投入重点项目	投入金额（万元）
2002	农产品流通工程	900
	农产品品牌工程	3079
	农业产业化工程	1500
	皖西南世行项目配套	500
	江淮分水岭综合治理开发	1000
	菜篮子工程	500
	农业科技示范基地建设	1796
	农业机械化技术推广	430
	其他项目	1802
2003	合计	11537
	农产品流通工程	900
	农产品品牌工程	3079
	农业产业化工程	1500
	皖西南农业综合开发	500
	江淮分水岭综合治理开发	1000
	菜篮子工程	500
	农业科技示范基地建设	1796
	农业机械化技术推广	430
	其他项目	12177
2004	合计	11921
	种养业良种繁育体系建设	980
	优势农产品生产示范基地建设	1570
	农业资源与生态环境保护体系建设	390
	农业信息与农产品市场体系建设	740
	农业社会化服务与管理体系建设	200
	农业科技创新与应用体系建设	1280
	农业产业化促进体系建设	1650
	农产品质量安全体系建设	350
	动植物保护体系建设	809
	江淮分水岭综合治理开发	1000
	农业科技示范基地建设	1796
	农业机械化技术推广	430

续表 14-2-1

年份	农业财政投入重点项目	投入金额（万元）
2004	其他项目	1176
2005	合计	11786
	农产品信息及质量安全体系建设	890
	农业产业化发展体系建设	1800
	农业防灾及保护体系	925
	农业技术推广与服务体系建设	500
	农业监督管理体系建设	185
	农业科技推广与服务体系	1820
	优势农产品示范生产基地建设	1740
	江淮分水岭综合治理开发	1000
	农业科技示范基地建设	1796
	农业机械化技术推广	430
	其他项目	700
2006	合计	18627.5
	农产品信息及质量安全体系建设	800
	农业产业化发展体系建设	3250
	农业防灾及保护体系	985
	农业技术推广与服务体系建设	625
	农业监督管理体系建设	195
	农业科技推广与服务体系	4540
	优势农业品生产示范基地建设	1755
	高致病性禽流感防控专项资金	2000
	江淮分水岭综合治理开发	1000
	农业科技示范基地建设	1796
	农机富民工程	480
	大型农机具购置补贴	600
	其他项目	1201.5
2007	合计	24312.5
	农产品信息及质量安全体系建设	1160
	农业产业化发展体系建设	3950
	农业防灾及保护体系建设	950
	农业技术推广与服务体系建设	765

续表 14-2-1

年份	农业财政投入重点项目	投入金额（万元）
2007	农业监督管理体系建设	272
	农业科技推广与服务体系建设	5170
	优势农产品生产示范基地建设	1680
	水稻产业提升行动	500
	农村生态家园建设配套资金	1100
	高致病禽流感防控及村级动物防疫专项资金	3120
	农产品进超市工程	400
	江淮分水岭综合治理开发	1000
	农业科技示范基地建设	1796
	农机富民工程	600
	大型农机具购置补贴资金	1000
	其他项目	849.5
2008	合计	29498.5
	全省农产品生产标准化示范基地建设专项资金	520
	农产品质量安全市场准入专项资金	250
	农业信息服务进村入户到企活动专项资金	210
	农业科技成果转化专项经费	180
	新型农民科技培训工程专项资金	300
	农村劳动力转移培训阳光工程专项资金	3000
	全省农民创业带头人专项经费	140
	农业科技入户专项经费	90
	农业产业化省级龙头企业贷款贴息专项资金	4700
	农业产业化示范县示范引导专项资金	200
	农村合作经济组织示范项目经费	350
	无公害茶叶开发生产专项经费	100
	农产品进超市工程	400
	推进一村一品工作扶持资金	100
	小麦高产攻关专项资金	100
	小麦高产攻关项目专项资金	400
	水稻产业提升行动	500
	优质农产品示范基地建设专项资金	490
	动物防疫检疫专项资金	550

续表 14-2-1

年份	农业财政投入重点项目	投入金额（万元）
2008	畜禽良种引进、保护、繁育、推广	110
	优质牛、猪、羊、家禽生产专项资金	400
	猪瘟免疫疫苗省级配套资金	210
	能繁母猪补贴省级配套及规范养殖小区补助经费	2240
	家畜耳标购置经费	300
	高致病禽流感防控及村级动物防疫专项资金	3120
	水产良种引进、繁育、示范、推广专项资金	370
	优质水产品生产示范基地建设专项资金	240
	渔业资源环境保护建设专项资金	100
	江淮分水岭综合治理开发专项资金	1000
	农业专项业务费	215.1
	经常性农产品展销会经费	300
	农村生态家园项目配套资金	1100
	参加全国第六届农民运动会经费	170
	农产品新品种展示基地建设专项资金	100
	省农产品质量检测中心运转经费	100
	农业科技示范基地建设专项资金	1796
	良种繁育试验、鉴定项目专项资金	200
	测土配方施肥和土壤墒情监测专项资金	300
	菜篮子工程	500
	农村能源技术推广专项资金	180
	创建全国绿色食品原料标准化生产基地经费	220
	农机富民工程	835
	大型农机具购置补贴资金	1000
	其他项目	1812.4

第二节 农业补贴

进入 21 世纪，国家逐步加大实施强农惠农政策农业补贴力度，安徽省强化措施，规范操作，认真落实农作物良种补贴、农机具购置补贴等强农惠农补贴政策，取得显著成效。农作物良种补贴自 2003 年开始实施，农机具购置补贴自 2004 年开始实施。

农作物良种补贴

2003 年，安徽省开始实施农作物良种补贴。2003—2008 年，安徽省农作物良种补贴项目,先后涉及小麦、水稻、油菜、棉花和玉米等5大粮油作物。6年累计补贴面积1792.51万公顷,累计补贴资金331874.9万元(其中中央财政投入326864.9万元,省财政投入5010万元)。

补贴标准　小麦10元/亩、油菜(2003—2006年4元/亩,2007年起,油菜提高为10元/亩)、早稻10元/亩、一季稻15元/亩、双季晚稻(2004—2007年7元/亩,2008年15元/亩)、棉花15元/亩、玉米10元/亩。

补贴依据和方式　水稻按照以计税耕地为基础的实际种植面积,采取现金直接补贴方式;小麦采取项目区公开招标采购良种、差价供种的补贴方式;2003—2006年,油菜采取项目区现金直接补贴方式,2007—2008年,油菜按照以计税耕地为基础的实际种植面积,采取现金直接补贴方式;棉花采取项目区现金直接补贴方式;玉米实行项目区现金直接补贴方式。

实施成效　促进农业生产稳定发展:安徽省粮食播种面积连续扩大,特别是小麦、玉米和水稻主体地位更加突出;粮食产量持续创历史,2008年粮食种植面积656.11万公顷、总产达到3023.5万吨,分别比2002年增加110.49万公顷和262万吨,棉花和油料生产保持基本稳定。促进农作物质量稳定提升:通过良种补贴项目实施,调动农民种植优质农产品的积极性,一大批优良品种得到广泛应用。2008年,全省水稻、小麦、油菜优质率分别达到81.5%、71.2%和91%,带动粮食商品等级的提高。促进农民收入增加:良种补贴项目在直接增加农民收入的同时,由于良种良法配套到位,增产增收和提质增效明显。特别是小麦良种补贴招标采购价格适宜,招标品种成交价格比同品种市场零售价格低5%~20%,为农民节省购种成本。

2003年,小麦、油菜良种补贴9.33万公顷,905万元;2004年,水稻、小麦、油菜良种补贴262.33万公顷,50267万元;2005年,水稻、小麦、油菜良种补贴310.87万公顷,57866万元;2006年,水稻、小麦、油菜良种补贴310.6万公顷,58106万元;2007年,水稻、小麦、油菜、棉花良种补贴390.47万公顷,71622万元;2008年,水稻、小麦、油菜、棉花良种补贴396.83万公顷,5952.49万元。

农机具购置补贴

2004年,安徽省开始实施农机具购置补贴。

补贴对象、标准、方式　2004年,国家实施农机具购置补贴,补贴对象是符合购买农业机械的农民(含国有农场职工)和直接从事农业生产的农机服务组织。补贴标准:按不超过机具价格的30%,且单机补贴原则上不超过3万元进行补贴执行。补贴方式:使用中央财政补贴资金的,购机者购机时向供货方提交"中央购机补贴协议",并按扣除补贴金额后的机具差价款交款提货,供货方出具购机发票。供货方凭补贴协议和发票存根定期向省农机局提出结算申请,省农机局核实无误后,出具结算清单,向省财政厅提出结算申请,省财政在接到申请后10个工作日内,予以审核,将补贴资金直接支付给供货方。使用省财政补贴资金的,购机农民凭"省购机补贴协议"、发票和本人身份证,到市或县（市、区）财政局按“一卡通”方式领取补贴资金。安徽省从2004年开始实施，安排资金350万元。其中中央财政150万元，省级财政200万元。2005年，安排资金2100万元，其中中央财政1500万元，省级财政600万元。2006年，安排资金3100万元，其中中央财政2500万元，省级财政600万元。2007年，安排资金10000万元，其中中央财政9000万元，省财政1000万元，通过实施，取得良好效果。

实施成效 （1）补贴效果实。补贴农民购买农业机械，满足农民和农业生产要求，促进农村生产力，推动科技兴农成果的应用。（2）带动作用强。在中央财政和省财政补贴政策的带动下，不仅拉动农民购置农业机械的投入，还带动农民农机新技术新机具示范推广的投入。（3）示范作用大。农机购置补贴政策极大地激发各地农民群众购买农业机械的积极性。2007年年底，全省拥有农机总动力4535万千瓦，比上年增长7%；大中型拖拉机6.67万台，增长39.8%，联合收割机67728台，增长11.3%，水稻插秧机1924台，增长89.7%。

2004—2008年安徽省农机购置补贴情况汇总表

表14-2-2

年份	中央补贴资金（万元）	省财政补贴资金（万元）	补贴种类	补贴农机具数（台/套）	实施县数量（个）	拉动农民投入（万元）	受益农户数（个）	主要补贴机具			
								大中拖（台）	谷物联合收割机（台）	玉米收获机（台）	插秧机（台）
2004	174	200	4类7个品目134个产品	1980	中央3个，省级24个	7123	1732	275	882	0	10
2005	1500	600	7类17个品目	4809	中央30个，省级50个	24273	4296	1642	1927	0	0
2006	2500	600	7类23个品目	4509	中央53个，省级44个	15332	3876	1231	993	0	278
2007	9000	1000	8类29个品目	22910	中央76个，省级23个	38911	20419	3625	1675	89	714
2008	20000	1000	10类37个品目	47170	覆盖全省农业县（区）	67877	44366	4856	2452	373	1763
合计	33174	3400	—	81378	—	153516	74688	11629	7929	462	2765

2004—2008 年安徽省农机购置补贴情况一览表

表 14-2-3

年份	中央补贴资金（万元）	省财政补贴资金（万元）	补贴农机具数（台套）	拉动农民投入（万元）	受益农户数（个）
2004	174	200	1980	7123	1732
2005	1500	600	4809	24273	4296
2006	2500	600	4509	15332	3876
2007	9000	1000	22910	38911	20419
2008	20000	1000	47170	67877	44366
合计	33174	3400	81378	153516	74689

第三节　财政支农项目

优质农产品示范基地建设

2000 年 3 月，省政府批转省农业厅《关于农产品优质化项目的实施意见》，旨在通过发展优质农产品生产，提高农产品的质量档次，提高农产品的市场竞争力和市场占有份额，提高农民种植效益，增加农民收入。

2004 年，财政支农项目以创建农产品优质化示范基地县为核心，通过推进优质良种引进、高产示范区建设、产销衔接等工作，促进双低油菜、高档优质稻米、专用小麦等大宗农产品的优质化进程。优质水稻面积 106.67 万公顷，优质专用小麦面积 76 万公顷，双低油菜面积 88.53 万公顷，主要农产品优质率 53.1%，比项目实施前提高 38.6 个百分点。

2005 年，安徽省重点建设 25 个优质农产品生产示范县，建立 12 个省级新品种试验和展示中心，开展县抓万亩片、乡抓千亩方、村抓百亩点示范活动，成效显著。全省小麦、水稻、油菜优质率分别为 42.7%、51% 和 91%，较“九五”期末提高 28.9、27.7 和 33.6 个百分点。

2006 年，安徽省开展新一轮优质农产品示范县创建活动，建立新品种新技术展示中心，切实抓好茶园产地认证，促进清洁化加工方向转变，大力推进产销衔接，加快全省优质农产品市场化和产业化进程。全省粮食优质化率 56%，油菜优质率 91% 以上。

2007 年，各地加快棉花、油菜、玉米和大豆等优势农产品产业布局建设，开展优质高产示范样板活动，促进优质资源向优势产区集中，形成一批以麦、稻、棉、油优质农产品生产、加工和贸易基地，提高农产品的质量档次和市场竞争力，促进农民增收。粮食综合优质率 65%，较上年提高 9 个百分点。全省农民人均家庭经营纯收入 1821 元，增长 12.6%。

2008 年，优质农产品示范基地建设与粮油作物高产创建活动有机结合，大力推广优质专用品种，优化农作物品种结构。全省水稻、小麦优质率76.2%、71.2%，分别比上年提高8.2和9.9个百分点。粳糯稻、半冬性小麦、耐密型玉米、高蛋白大豆应用比例进一步扩大。积极推广小麦科学播种、水稻旱育秧、玉米合理密植、油菜菌核病防控、大豆科学施肥、花生地膜覆盖栽培和芝麻深沟宽垄机播等技术，提高生产水平。

小麦高产攻关

2005年秋种起，省政府连续5年在9个小麦主产市实施以“依靠科技，主攻单产，全面提高小麦生产水平”为主题的小麦高产攻关活动。

2006年起，省财政每年安排专项活动经费500万元，用于支持小麦高产攻关活动。各地以现有关键技术推广为核心，切实加大政策支持、行动推动、示范引导、服务指导力度，扎实推进小麦高产攻关活动，成效显著。全省小麦单产300千克/亩，比2005年增加44千克/亩，增长17.3%；小麦优质率52.4%，比上年提高12.2个百分点；全省小麦总产1039万吨，比上年增产231万吨，增长29%。

2007年，全省小麦单产317.9千克/亩，比上年提高17.7千克，增长5.9%，小麦优质率61.3%，比上年提高8.9个百分点，小麦总产1111.5万吨，比上年增产72.5万吨，增长7%。

水稻产业提升行动

2006年，省政府在14个水稻主产区启动实施水稻产业提升行动。以现有关键技术集成推广为主要手段，以主攻单产，优化品质，创立名牌，提高效益为主要内容。

2007年起，省财政每年安排500万元专项资金，用于保障活动开展。各地重点落实政策调控（良种补贴与良种挂钩试点、省良种良法配套补贴）、示范带动（建设33.33万公顷核心示范区）、基础性服务（主导品种展示、苗情监测、联系大户）和病虫害防控等工作，促进水稻产量、质量、品牌和效益等目标全面提升。全省水稻平均亩产410千克，比上年增加7.4千克，其中核心示范区平均亩产586千克，较非示范区亩均增产110千克增幅23%；总产1356.5万吨，较上年提高1.8%；水稻优质率68%，较上年提高8个百分点，全省稻农因增产增收、节本增效、订单优质优价和政策性补贴等因素，亩均增收78元。

农业产业化

2001年，省财政安排农业产业化工程资金1500万元，主要用于农业产业化示范县示范项目和农业产业化重点龙头企业扶持项目。扶持农业产业化示范县项目10个，农业产业化龙头企业扶持项目89个，带动农户17800户，农户增收约356万元。

2002年，省财政安排农业产业化工程资金1500万元，主要用于农业产业化示范县示范项目和农业产业化重点龙头企业扶持项目。经过专家评审，确定扶持农业产业化示范县项目10个，农业产业化龙头企业扶持项目79个，带动农户15800户，农户增收约316万元。

2003年，省财政安排农业产业化工程资金1500万元，主要用于农业产业化示范县示范项目、农业产业化重点龙头企业扶持项目和农业产业化龙头企业品牌宣传推介项目。确定扶持农业产业化示范县项目 10 个，农业产业化龙头企业项目 52 个，品牌宣传推介项目 18 个，上海、深圳皖优农产品贸易中心项目 2 个，带动农户 10400 户，农户增收约 208 万元。

2004 年，省财政安排省级龙头企业贷款贴息项目资金 1400 万元。确定扶持农业产业化示范县项目 10 个，农业产业化龙头企业项目 83 个，带动农户 16600 户，农户增收约 332 万元。

2005 年，省财政整合涉农资金 4000 万元，用于省级龙头企业项目贷款贴息。确定扶持农业产业化示范县项目 17 个，农业产业化龙头企业项目 56 个，带动农户 14800 户，农户增收约 350 万元。

2006 年，省财政整合涉农资金 5750 万元。确定扶持农业产业化示范县项目 17 个，农业产业化龙头企业项目 82 个，带动农户 18000 户，农户增收约 380 万元。

2007 年，省财政整合涉农资金 6000 万元。确定扶持农业产业化示范县项目 17 个，农业产业化龙头企业项目 144 个，带动农户 28800 户，农户增收约 576 万元。

农村劳动力转移阳光工程培训

2004 年，国家启动农村劳动力转移阳光工程培训项目，由中央财政、省级财政和市、县财政共同负担，通过发放培训券方式或培训机构降低收费标准方式直接让农民受益。安徽省主要在粮食主产区、劳动力主要输出地区、贫困地区和革命老区开展农村劳动力转移到非农领域就业前的职业技能培训示范项目。当年财政投入补助资金 4000 万元，其中中央财政 1600 万元，省级财政 1600 万元，市、县财政配套 800 万元，人均补助 250 元。

2005 年，财政投入补助资金 6050 万元，其中中央财政 2300 万元，省级财政 2500 万元，市、县财政配套 1250 万元，人均补助继续保持在 250 元。培训农民工 25.77 万人，超额完成了 25 万人的计划任务，实现转移 21.97 万人，转移率达到 85.3%。

2006 年，财政投入补助资金 7800 万元，其中中央财政 3800 万元，省级财政 2500 万元，市、县财政配套 1500 万元，人均补助 260 元。全年实际培训 32.04 万人，完成计划任务 107.9%，转移 28.58 万人，转移率 89.2%。

2007 年，财政投入补助资金 9750 万元，其中中央财政 5250 万元，省级财政 3000 万元，市、县财政配套 1500 万元，人均补助 325 元。全省阳光工程培训 31.62 万人，转移 28.71 万人，转移率 90.8%，超额 1.62 万人、10.8 个百分点完成培训转移任务。

安徽省阳光工程实施取得一定成效：(1) 阳光工程实施提高农民职业技能水平和外出适应能力。广大农民通过参加阳光工程的职业技能培训，近半数学员达到初级以上职业技能水平，就业能力明显增强，大多数参训农民获得 10 个月以上的稳定就业岗位。(2) 促进农民增收。据抽样调查，接受阳光工程培训转移就业的农民月均收入 800 多元，比在家务农的农民收入高约 400 元，比未受训农民工高出约 200 元；(3) 阳光工程实施带动招商引资，提高企业素质，促进经济发展。一些经济发达的市、县，因为阳光工程实施为企业提供充裕的技术劳动力，已成为政府对外招商引资的金字招牌。

农业机械化项目

农机化新机具新技术示范推广　2005年，省财政投入全省农机化新机具新技术示范推广专项资金410万元。成效有：（1）农机化新技术新机具推广应用面积扩大。各地示范推广“两深一精”（即土壤深耕深松、化肥深施、精少量播种）技术294.6万公顷，完成水稻机插（播）秧面积4.16万公顷。农林土特产品加工机械化技术应用范围继续扩大，提升农业生产的能力。（2）粮食生产机械化作业水平进一步提高。全省完成粮食作物机耕、机播、机收累计作业面积866.67万公顷。小麦高产攻关活动机械化作用显现，“两深一精”和机械化收获技术促进小麦增产增收作用明显。（3）农机装备结构优化趋势明显。全省拥有大中型拖拉机达3.6万台，比上年增长38%，联合收割机4.87万台，增长42%，水稻插秧机592台、直播机52台，比上年增长101%。（4）新型服务组织渐成气候。全省农机作业协会总量达到130多个，农机作业及中介服务组织800多个，作业服务专业户20万户，其中资产30万元以上、年作业服务收入10万元以上的农机大户1000多个。（5）农机经营效益有较大增加。2005年全省农机化经营总收入达156亿元，比上年增加9亿元，农机户户均纯收入增加140多元。

农机富民工程　2006年是安徽省实施农机富民工程的第一年，省财政安排专项资金410万元。通过实施农机富民工程取得明显成效：农机装备结构优化进程明显加快。各地大中型、科技含量高、复式作业机械增长迅速。全省拥有大中型拖拉机4.76万台，比上年增长32.3%；联合收割机6.09万台，增长24.8%；水稻插秧机1014台，增长71.3%；谷物烘干机325台，增长31.6%。农机化新技术新机具应用进程加快。各地狠抓示范推广工作，完成“两深一精”机械化技术示范推广314.06万公顷、玉米联合收获1.67万公顷，农林优势特色产品加工机械化等技术应用范围逐步扩大，提升农业生产技术基础。粮食生产机械水平显著提高。全省完成农田机耕作业面积387.52万公顷、机播251.88万公顷、机收396.97万公顷。其中水稻机插（播）秧面积3.69万公顷。新型服务组织成长明显。2006年年底，安徽省农机协会成立，各地农机作业协会150个。农机作业及中介服务组织980多个，农机作业服务专业户20万户，其中资产30万元以上、年作业服务收入10万元以上的农机大户超过1000个。农机化经营效益有较大增加。全省农机化经营总收入200亿元，比上年增加44亿元。

菜篮子工程

2001年，省财政安排菜篮子工程资金500万元，主要用于各市“菜篮子”工作考核“以奖代补”450万元。全省蔬菜、瓜类播种面积79.2万公顷，总产量2060万吨，总产值111.5亿元。

2002年，省财政安排菜篮子工程资金500万元，主要用于无公害蔬菜示范基地县创建工作100万元，蔬菜农残检测补助点建设155万元，科技兴菜120万元，部分市“菜篮子”工作考核“以奖代补”80万元。补助支持各类项目40多个。全省蔬菜、瓜类播种面积81.1万公顷,总产量2263.6万吨,总产值123亿元。全省蔬菜面积超0.67万公顷的县（市、区）27个，22个县（市、区）进入省级无公害蔬菜创建示范县。

2003年,省财政安排菜篮子工程资金500万元,主要用于无公害蔬菜示范基地县创建工作200万元,蔬菜农残检测补助点建设110万元,科技兴菜160万元。补助支持各类项目近50个。全省蔬菜播种面积86万公顷,总产量1988万吨,总产值135.9亿元。全省农民人均种菜收入312元。

2004年,省财政安排菜篮子工程资金500万元,主要用于蔬菜产业化30强奖补300万元,各市菜办工作考核“以奖代补”120万元,科技兴菜30万元,补助支持各类项目30多个。全年蔬菜、瓜类播种83.47万公顷,产量2233.4万吨。农民人均种菜纯收入突破300元,占农民家庭经营收入的五分之一。无公害蔬菜创建县(市、区)34个。

2005年,省财政安排菜篮子工程资金500万元,主要用于蔬菜产业化30强奖补300万元,各市菜办工作考核“以奖代补”120万元,科技兴菜30万元,补助支持各类项目30多个。全省蔬菜、瓜类播种面积84万公顷,总产量2231万吨。蔬菜播种面积超过0.67万公顷的县（市、区）有37个,认定无公害蔬菜基地36个,认证无公害蔬菜品牌35个,无公害蔬菜基地面积11.8万公顷,无公害蔬菜148个。

2006年,省财政安排菜篮子工程资金500万元,主要用于蔬菜产业化30强“以奖代补”262万元,蔬菜农残检测补贴106万元,科技兴菜82万元,补助支持各类项目近50个。全年瓜菜产值突破240亿元,农民人均种菜纯收入达到355元。全省已建0.67万公顷以上的产菜大县42个。

2007年,省财政安排菜篮子工程资金500万元,主要用于蔬菜产业化30强奖补270万元,蔬菜农残检测补贴120万元,科技兴菜50万元,财政项目20万元,补助支持各类项目55个。全年蔬菜、瓜类播种面积90.73万公顷,产量2456万吨。农民人均种菜纯收入370元,增收15元。全年检测蔬菜样本79294个,合格率98.5%。企业年蔬菜加工360万吨,加工率由8%提高到12%,年销售收入20亿元,带动农户21.5万户。

皖优农产品进超市工程项目

2004年,根据省委、省政府《关于贯彻〈中共中央、国务院关于促进农民增加收入若干政策的意见〉的实施意见》,省财政从2004年始每年安排皖优农产品进超市工程资金400万元,用于扶持皖优农产品进超市补助。

2007年,经专家评审,全省确定扶持44个重点项目和11个农产品直销基地,涉及蔬果、水产、粮油、茶叶等40多个系列品种350多种产品,产品主要销往“长三角”“珠三角”及北京等地大中型超市。

畜牧业项目

“九五”期间,安徽省在全省范围内实施畜牧业进位工程,目标是到2000年,新增肉类100万吨以上,占全国总增产目标的十分之一以上;肉蛋总产达到450万吨,力争

500 万吨，在全国的位次确保第十位，力争第八位；培育出一批在全省乃至全国有影响力和效益位次名列前茅的畜牧产业企业（集团）；畜牧业总产值 230 亿元（1990 年不变价），占农业总产值 35% 以上，农民人均年牧业收入 1000 元（当年价）以上。省财政每年安排 500 万元专项资金，1997— 2000 年，全省财政共投入资金 2000 万元，重点扶持畜牧业商品基地建设、良种计划建设、畜牧兽医基础设施建设项目。通过 4 年实施，建设畜牧业商品基地 100 个，扶持种畜禽场 15 个，建设完善畜牧兽医技术服务中心 60 个。2000 年，肉蛋总产 405.2 万吨，比实施前的 1996 年增长 44.0%，在全国的位次由第十位上升到第八位。2004—2007 年，省财政安排 1436 万元，用于标准化优质畜禽生产基地建设，扶持畜禽生产基地（场）126 个。2007 年，畜禽规模养殖比重 40%，比 2003 年提高 15 个百分点，肉蛋奶总产 573.93 万吨，畜牧业总产值 637.36 亿元，占农业总产值 30.8%。

支持渔业发展项目

1986—2000 年，省财政主要扶持农村社队和国有大水面鱼苗鱼种的投入和投放，实施渔业致富工程。2001 年以后，财政资金主要扶持农产品流通、农产品品牌和农业产业化三项工程。渔业项目以所在地自筹为主，省财政支持为辅。2001— 2007 年，省级财政共投入资金 5370 万元，吸引社会投资和外资为补充的多渠道、多层次、多形式、多元化地筹集资金约 30 亿元。渔业基础设施明显改善和加强，现代渔业发展步伐加快，新扩建和改造省级水产原、良种场 19 个，改造和扩建国家级河蟹原种场 1 个，省级水产良种场 19 个、市级水产良种场 50 个。2005—2007 年，全省累计建设无公害水产基地 2.93 万公顷，认证无公害水产品 77 个，绿色水产品 10 个，有机水产品 6 个，部、省、市级标准化生产养殖基地 100 个，面积 10 万公顷，扶持省级水产龙头企业 11 个。

第三章　基本建设管理

第一节　基本建设投入

“七五”“八五”时期，为尽快缓解农业生产条件差、主要农产品有效供给能力不足的突出问题，国家农业投资重点主要是加强粮棉油基地建设，安排安徽省农业基本建设投资分别为1.28亿元、1.77亿元。“九五”初期，中央和省农业投资投向进行调整优化，投资主要投向种子工程、商品粮棉油基地、动植物保护等方面建设。1998年后，国家为有效应对亚洲金融危机，采取增加固定资产投入，扩大国内需求等措施，在保持原有拨款规模和投向的基础上，加大农业投入。“九五”期间，国家安排安徽省农业基本建设投资1.81亿元。“十五”之前，国家对农业的投入主要是以基建拨款项目、贷款项目和财政支农项目的方式。基本建设拨款项目，由各级农业主管部门逐级上报省农业主管部门，其中粮、棉、油基地项目，与同级计委联合上报；财政支农项目，与同级财政部门联合上报，其中支持粮棉生产贴息贷款项目申请由当地农业、财政和银行联合上报；贷款项目，主要是农业发展银行和农业银行贷款，政策性贷款和种子工程项目由计委审批，技改项目由经贸委审批。1998年，贷款投资大幅度减少，主要原因是国家投融资体制改革，农业行政部门不再参与银行贷款投资项目。运作方式转变为银行和企业自主决策，政府对重点技改项目予以贴息扶持。“十五”时期，随着财政收入持续增长，国家大幅增加对农业基本建设的投入，国家安排安徽省农业基本建设投资共7.38亿元。2003年，国家安排安徽省农业基本建设项目投资额首次突破1亿元，并逐年稳定增加。2005年，国家安排安徽省农业基本建设投资1.87亿元，是1986年的17倍。2005年开始，国家对农业项目建设主体由国有事业单位延伸到农业企业和农户，农业基本建设项目拓展到种养业良种工程、植保工程、优粮工程、农村沼气、动物疫病防控体系等生产服务和农民生活设施方面。2006—2008年，中央连续三年发出扶持和促进农业农村经济发展的1号文件，推出一系列优农惠农扶农的政策，继续加大对农业的投入，2006年全省总投资6.86亿元，其中中央投资2.86亿元；2007年全省总投资11.09亿元，其中中央投资3.83亿元；2008年全省中央投入明显加大，达到5.84亿元，比上年增长53%。三年累计投入28.79亿元，其中中央投资12.53亿元，除继续实施以往的项目外，新增农业湿地保护、秸秆固化、生猪良种繁育体系和标准化规模养殖小区建设等项目。

使用政府资金的农业基本建设投资按照统一计划、集中管理、分级实施的管理体制，实行计划管理。2008年前，省农委每年根据国家有关部门下发的项目指南，组织各地逐级对路上报，由省农委统筹后向国家有关部门申请中央农业投资建议计划。针对当时项目管理工作薄弱的状况，1996年，省农委印发《关于进一步加强农业项目计划管理的通知》，提出切实加强计划统一管理、项目规范申报、实施监督管理、投资规划和项目库建设，进一步规范全省农业项目计划管理工作。“十五”期间，为进一步加强项目管理，逐步建立项目专家评审制度。这一时期，省农委开始对种子工程、优质农产品基地、农业综合开发部门专项等重点项目实行专家评估、评审制，项目由专家评议，根据评审意见，组织修改完善，提高申报项目的质量。2005年，省农委出台《安徽省农业基本建设项目管理细则》，对项目谋划、立项程序、项目实施、监督检查、竣工验收作出明确规定，对促进农业项目规范化管理起到重要作用。同年，省农委联合省发改委、省财政厅、省监察厅、省审计厅印发《关于加强农业建设项目监管意见》，构建多部门齐抓共管，合力推进农业建设项目监管长效机制。2003—2008年，全省每年都开展年度农业项目大检查和不定期督查活动，并将有关情况进行通报。农业综合开发部门专项项目严格执行农业综合开发项目有关规定，由农业部门会同同级财政部门共同管理。这一时期，全省农业基本建设也存在投入不足、设施不完善、管护体制不健全、投入渠道不宽、公益性项目主要依靠中央投资等问题，农业基础设施还不能满足现代农业发展的需要。

第二节 基本建设项目

1996年以前，国家支持安徽省农业基本建设项目主要是粮棉油生产基地建设。2004年起，国家开始实施优质粮食产业工程，安徽有31个县（市、区）列入其中。国家投入资金重点支持标准粮田、良种繁育基地、农业服务设施等农业项目建设。这一期间，随着农业基本建设项目的逐步建成和投入使用，有效改善全省农业基础设施，提高农业装备水平，增强农业部门的服务能力，全省农业生产的支撑条件得到进一步加强，农民生活环境得到进一步改善，有力地推动农业综合生产能力不断迈上新台阶，推动农业结构不断优化，推动社会主义新农村建设步伐不断加快。

粮棉油生产基地建设项目

至2008年，国家共投入17559万元，支持粮棉油生产基地建设。其中商品粮基地11475万元、优质棉基地4364万元、商品油基地1720万元。全省建设标准粮田项目3个，建标准粮田0.8万公顷，项目总投资2878万元，其中中央投资1940万元，重点开展标准粮田建设渠道配套，改善农田水利基础设施，增强抗旱防洪能力，实现高产稳产目标。

动物防疫和植保体系建设项目

1996—2008年，中央安排安徽省14269.7万元资金建设动物防疫体系建设，项目总投资37440万元，配备相关仪器设备。至2008年，全省共建成省、县级农业有害生物预警与控制区域站15个，项目总投资4788万元，其中中央投资4025万元，有效提高全省重大病虫害预警、快速反应和有效控制能力。

良种繁育、种子检测建设项目

1996—2008年，总投资20128万元，其中中央投资15379万元，开展良种繁育基地和种子检测体系项目建设，包括新建新马桥国家级原种场，国家救灾备荒种子储备库，东至县省茶树良种繁育场，宿州市省甘薯脱毒种薯繁育中心，省种子质量监测中心，合肥市、铜陵县、黄山市、芜湖市、淮北市建国家农作物品种区域试验站，省农科院水稻、安庆棉花改良分中心，合肥市双低油菜、黄山茶树、芜湖市蔬菜、安徽农垦潘村湖农场优质专用小麦、怀远县、天长市优质弱筋小麦、省高蛋白大豆等良种繁育基地。项目建成后，对保证全省优良品种供应起到重要作用。1996—2008年，国家安排11940万元支持养殖业良种工程建设（其中1960万元用于水产良种工程建设），项目总投资19386万元，用于引进国外优良品种，改良地方品种，建立健全全省畜禽、水产良种繁育体系。

沃土工程项目

工程总投资1125万元（其中中央投资750万元），由省土壤肥料总站（省土肥测试中心）承担，建设省、市土壤农化监测和信息中心，主要是化验室改造、示范区田间工程建设、仪器设备及小型农机具购置，并在合肥市、宣城市、临泉县建设沃土工程综合示范区。

农村沼气建设项目

2002年开始，全省开展大规模农村沼气建设，通过改厨、改厕、改圈等措施，不断改善农村卫生条件和人居环境。至2008年年底，共建设农村户用沼气56万口，项目总投资17.16亿元，其中中央投资3.69亿元；建沼气服务网点1937个，总投资0.54亿元，其中中央投资0.3亿元；建养殖小区和联户沼气199处，总投资1940万元，其中中央投资488万元；建大中型沼气19处，总投资4959.68万元，其中中央投资1920万元。

农产品质量安全检验检测体系建设项目

2007年开始，国家在全国范围内开展农产品质量安全检验检测体系建设，当年批准合肥农产品质量安全监督检验中心和阜阳市颍州区农产品质量安全检验检测站建设项目，总投资2100万元、400万元，其中中央投资1400万元、267万元。2008年，安排安徽省中央扩内需农业项目投资2020万元，其中中央投资1535万元，在长丰县、枞阳县、黄山市黄山区、天长市、颍上县、砀山县、庐江县、六安市金安区、涡阳县、宣城市宣州区等10个县（市、区）建设农产品质量安全检验检测站。

优粮工程项目

2004—2008年，投资128917万元，其中中央投资33715万元（含国债资金7130），建设优质水稻、小麦、大豆等良种繁育基地23个、种子质量监督检测分中心3个、农业有害生物预警与控制区域站14个、标准粮田7.53万公顷和现代农机装备推进项目58个。

渔政渔港建设项目

2001年起，国家不断加大对渔政建设的投入，至2008年累计基本建设投资3441

万元，其中中央资金2108万元，建设巢湖中庙、安庆、芜湖渔港三座，新建巢湖100吨渔政执法船一艘，合肥市80吨级和20～30吨级渔政执法船各一艘，和县、铜陵市、安庆市、马鞍山市50吨级渔政执法船各一艘，宣城市、颍上县、怀远县、枞阳县20～30吨级渔政执法船各一艘，为宿松县、黄山区太平湖、霍邱县城东湖、宣城市南漪湖、明光市女山湖、舒城县万佛湖、歙县新安江、金寨县梅山水库、太湖县徐桥渔港、霍山县佛子岭水库、宁国市港口湾水库、安庆市、马鞍山市、望江县、临泉县、巢湖市购置内陆渔政执法快艇各一艘，为马鞍山市、芜湖市、铜陵市、阜阳市、宿州市、淮南市、望江县、霍邱县渔政渔港监督管理站、巢湖渔业管理局配置渔政执法车各1辆。

农业综合开发农业部专项项目

1999年开始，安徽省实施农业综合开发农业部专项项目。至2008年，项目总投资21259.68万元，其中国家投入7090万元，建设省蔬菜工厂化育苗基地，霍山县斑点叉尾、黄颡鱼苗种基地，望江县“武昌湖”牌清水大闸蟹系列化养殖基地，淮南市江黄颡人工繁殖及产业化示范项目，休宁县有机茶生产示范基地，枞阳媒鸭良种繁育基地，六安市小麦原种基地，滁州市牧草种子基地，凤台县、界首市、阜南县、五河县、定远县、庐江县、亳州市谯城区、金寨县秸秆养牛示范县项目，霍邱县秸秆养羊示范县项目，金寨县、临泉县秸秆养畜示范县项目。

第四章　发展规划

第一节　规划编制

为适应新的形势和任务要求，加强对“十五”期间安徽农业和农村经济发展的指导，从2000年4月开始，按照安徽省、农业部的部署，省农委组织开展《安徽省农业和农村经济发展“十五”计划》编制工作，2001年12月印发到全省各地执行。“十五”期间，省农委除编制综合规划《安徽省农业和农村经济发展“十五”计划》外，还组织编制《安徽省种植业发展“十五”计划及2015年远景目标规划》《安徽省“十五”畜牧业发展规划》《安徽省渔业“十五”计划和2015年远景规划》《安徽省农业机械化“十五”计划和2015年远景规划》《安徽省乡镇企业“十五”发展计划和2015年远景目标规划》等5个行业规划，同时还编制6个重点专题规划：《安徽省“十五”农业和农村经济结构调整规划》《安徽省农业基本投资“十五”计划》《安徽省农业科技发展纲要》《安徽省农业产业化“十五”规划纲要》《安徽省农业对外开放“十五”计划和2015年远景目标规划》《安徽省“十五”国民经济信息化农业信息化规划》，初步形成以综合规划、行业规划、重点专题规划相互衔接的农业和农村经济发展“十五”规划体系。

从2005年开始，省农委启动“十一五”农业方面的规划编制工作，2006年6月出台《安徽省“十一五”农业和农村经济发展规划》，同时还组织编制《安徽省“十一五”种植业发展规划》《安徽省“十一五”畜牧业发展规划》《安徽省“十一五”渔业发展规划》《安徽省“十一五”农业机机械化发展规划》《安徽省“十一五”农业科技发展规划》《安徽省“十一五”农业农村信息化发展规划》《安徽省“十一五”农村合作经济组织发展规划》《安徽省“十一五”农业产业化发展规划》《安徽省“十一五”农村可再生能源发展规划》《安徽省“十一五”绿色食品产业发展规划》《安徽省“十一五”特色农产品发展规划》《安徽省“十一五”蔬菜产业发展规划》《安徽省“十一五”饲料工业发展规划》《安徽省“十一五”农业国际合作发展规划》等15个专项规划，基本涵盖农业领域，进一步完善安徽农业、农村经济发展规划体系。

在计划编制过程中，省农委成立省农委编制工作领导组织，明确由发展计划处牵头，各有关处室负责本行业规划。先期组织人员开展调研工作，规划编制人员起草大纲，交由省农委主任办公会议讨论决定后，再由相关处室提供具体目标、内容，形成规划初稿后，征求专家、基层农业部门、农业企业等意见，并与有关规划进行衔接后，形成修改稿，再由省农委主任办公会议审定，修改完善后，印发各地农业部门执行。

第二节 规划实施

“十五”规划实施

“十五”规划实施期间，安徽省始终坚持农业基础地位不动摇。安徽省成立农村工作领导小组，统一协调重大行动，定期研究解决农业和农村经济发展中的问题。推进省、市、县各级农业主管部门机构改革，理顺关系，明确职责，上下协调，提高工作效率。落实税改、粮改、土地承包等各项政策。

流通、品牌、农业产业化“三项工程” 流通工程重点抓合肥周谷堆等6个大型农产品批发市场建设、农业信息服务进村入户到企活动、鲜活农产品运销与绿色通道管理、市场准入制度试点等，并在农业部6个定点批发市场开展农产品质量快速监测工作。品牌工程重点抓农产品品牌宣传、推介、品牌农产品评定工作。先后对“黄山毛峰”“六安瓜片”两个品牌进行集中广告宣传，重新评审安徽名牌农产品98个。组织名优农产品、绿色食品、有机食品参加各种形式展示展销会。制定农产品质量标准16项，推广农业部门颁布110项无公害农产品标准，启动17个农业标准化综合示范县建设。建立省农产品质量检测中心和部分县农产品质量安全检测站。农业产业化工程重点扶持70个省级龙头企业，支持、引导26个省级龙头企业上规模、上档次，组建黄山毛峰茶业集团、安徽华康油脂集团。农业产业化龙头企业已发展到3300个，其中国家级龙头企业13个，省级龙头企业118个，建立龙头企业联农户生产基地196.67万公顷，带动农户520万户，户均增收910元。农业8大主导产业初具规模。

农业科技创新 以良种、良法为重点，以省引育种中心和科研院所及重点种子企业为依托，引进推广主要农作物新品种40个，全省主要农作物品种良种覆盖率92.5%。组织推广6大农业实用技术。推进农业科技示范园区建设与管理。对省级示范园区进行确认、考核验收，实行动态管理。全省已建立省级农业科技示范园23个、市级72个、县级及县以下607个。抓好农村科技致富带头人培育工作。省、市、县共评选培育农村致富带头人2000名，其中省级108名、市级960名。

外向型农业发展 农业利用外资5700多万美元。规范农业外资项目管理，提高项目工程建设质量。“WFP皖西南农业综合开发”“FAO皖西南农业开发”“日援粮食增产”“世行种子商业化”等项目建设质量优良，进展顺利。各地开展农业招商引资，协议利用外资额3608.7万美元，市级到位3010.3万美元，其中直接利用外资1173.89万美元。

农业发展后劲 落实各类农业基础设施项目46个，总投资2.3亿元。其中中央投资12390万元，组织实施生态农业和农村能源项目，建立省级生态农业示范点11个，在20多个县（市、区）200多个村实施“生态家园富民计划”。全省推广沼液浸种面积1.07

万公顷，增产粮食1万多吨；添加沼液喂猪10万头，节约饲料4.2万吨；沼液养鱼近0.67万公顷，沼渣培育香菇17万吨。推进江淮分水岭地区综合治理开发，省级重点乡镇由55个扩大到100个。实施“把水留住”和“把树种上”工程，新挖大塘834口、中塘2237口，打井628眼；完成造林2.52万公顷；新增生产结构调整示范户2000户。

依法治农　省农委结合税改需要，先后完成3项立法计划，并经省人大常委会通过颁布实施。全省有7个市和70个县（市、区）成立农业综合执法机构。全省组织农业执法人员3万多人次，省、市、县各级开展大规模、大范围集中执法检查活动1500多次，共查处各类农业违法案件8000多起，立案查处案件1200多宗。

“十五”规划实施成效

农业综合生产能力　2005年，安徽省粮、棉、油、肉蛋奶、水产品等总产量分别达到2605.3万吨、31.1万吨、270.7万吨、516.0万吨和177.6万吨，分别比“九五”期末增长5.4%、13.1%、-5.1%、26.1%和11.1%，分别位居全国第六、第六、第三、第八和第九位。其中淡水产品总量位居全国第四位。全省农机总动力3984万千瓦。农业科技贡献率农业支持保护和服务等体系逐步建立。

农业结构　2005年，安徽省优质专用小麦面积80万公顷，优质率40.2%；优质水稻面积116.67万公顷，优质率50.5%；双低油菜93.33万公顷，占全省油菜面积91%。畜牧规模养殖比重达到25%，猪、牛、羊、禽良种率分别达到85%、82%、75%和86%；优质水产品养殖面积23.07万公顷，名优产品占28.4%；畜牧、渔业产值分别占农业总产值33.3%和11.4%。全省基本形成以麦、稻、棉、油菜、花生、蔬菜、优质牛羊肉、优质河蟹等10大优势农产品为主的21个规模化生产区域。

农业产业化　实施“121强龙工程”，安徽省农业产业化省级龙头企业集团发展到13个，国家级龙头企业20家，省级龙头企业155家，其中年营销收入超10亿元农业产业化龙头企业6家，超5亿元14家，超亿元110家。全省龙头企业建立生产基地266.67万公顷，订单农业213.87万公顷，其中粮食订单140万公顷以上，带动农户580万户，户均增收950多元。组团参加境外国际农产品交易会，在上海、北京、广州等地举办安徽名优农产品、绿色食品展示展销交易会，推进名优农产品进超市，开展网上销售，开通鲜活农产品“绿色通道”。

农产品质量安全水平　安徽省引用国家及农业行业标准300多项，审定省级地方标准200多项，创建农业标准化综合示范县18个，带动标准化种植基地71.33万公顷，畜禽养殖4200万只（组），水产养殖6万公顷。省级农产品质量检验检测中心已通过农业部审查认可和国家认监委计量认证。创建5个国家级、34个省级无公害蔬菜基地县，建立36个蔬菜农残速测点，无公害蔬菜面积24万公顷，培育120个无公害蔬菜品牌。全省获农业部认证无公害农产品417个，产地面积20万公顷，产量123万吨；206个企业310个产品获得国家绿色食品标志使用权，检测面积54万公顷，产量99万吨；5万多亩茶园通过有机茶园基地认证。

农村改革　推进农业土地承包、粮食流通、农业税费改革。稳定土地承包关系，开展土地适度流转；放开粮食流通市场；免征农业税，取消特产税，减轻和规范涉农收费；强化农民负担监督管理。省级财政投入增长，国家各项补贴、农业基本建设投入逐年增加，发展后劲增强。

农民收入　2005 年，安徽省农民人均纯收入 2641 元，比 2000 年 1935 元增加 706 元，年均增长 7.3%，实现“十五”农民增收目标。农民增收结构发生变化，工资性收入占到 4 成，财政转移性收入占 5% 以上。

“十一五”规划实施　“十一五”规划实施基本思路：以农民增收为核心。坚持以社会主义新农村建设为主线；坚持以提高农业综合生产能力为重点；坚持以发展农村合作经济组织为基础；坚持以培育农业产业化龙头企业为载体；坚持以深化农村改革为动力。

“十一五”规划实施重点

分类推进建设　组织实施“小麦高产攻关”“水稻提升行动”“玉米增产计划”；拟定渔业“三进工程”，重点抓好良种、规模养殖以及水产品加工等；组织实施“生猪 462”计划，实现 3 年内全省生猪出栏量 4000 万头，规模养殖占 60% 以上，省内加工能力 2000 万头；拟定农业产业化“532”工程计划，组织分类实施。

深化各项改革　推进畜牧兽医体制改革，健全机构，配齐人员，完善体系，保障发展；推动农村服务体系改革，探索现代农业服务形式；深化农村土地承包制度改革，拟定促进土地流转意见并组织实施；推进农业保险、农村金融等改革；落实惠农政策，做好各项补贴政策落实，抓好各类农业基本建设项目实施。更新观念，改进方法，拓宽职能。转变就生产抓生产工作方法，既重视抓生产，又注重开展技术、农资、流通服务。

第三节　优势农产品区域布局

第一期优势农产品区域布局规划

规划制定　2003 年，安徽省正式启动第一期《安徽省优势农产品区域布局规划（2003—2007）》（以下简称《规划》），规划期为 5 年。《规划》以省政府皖政〔2003〕56 号文正式批转，印发到各市、县（市、区）人民政府、省政府各部门、各直属机构组织实施。

品种和布局　《规划》依据农业部《全国优势农产品区域布局规划 2003—2007 年》，结合安徽省农产品资源优势、生产优势、区域优势和发展优势，确定培育专用小麦、水稻、棉花、“双低”油菜、茶叶、花生、蔬菜、猪牛羊禽肉、蜂产品、水产品等 10 种优势农产品，建设优质强筋小麦、优质弱筋小麦、沿江优质水稻、沿江高档棉、淮北中档棉、沿江和江淮“双低”油菜、皖南和大别山区茶叶、淮北优质高油花生、出口蔬菜、棚室反季节无公害蔬菜、生猪、肉牛、肉羊、肉禽、蜂产品、水产品、中药材、梨等 21 个优势产业带。

实施措施　推广良种和成套技术，抓好农业科技示范区建设，增强示范、辐射和带动作用。实行标准化生产和管理，打造产地品牌，建设优质安全农产品生产基地、原材料供应基地和优势农产品出口基地。实行全程质量监控，提高产品质量安全水平，建立健全优势产区农产品质量安全检测体系。加快市场信息服务体系建设，促进产销衔接，提高优质安全农产品市场占有率。培育壮大龙头企业，推进农业产业化经营，引导、鼓励龙头企业发展优势农产品深加工，延伸产业链，提高附加值。建设一批优势农产品重点工程，重点建设优势农产品示范基地和农业生态建设基地，提高农业综合生产能力。

第二期优势农产品区域布局规划

规划年限　2008年，安徽省开始实施第二期《安徽省优势农产品区域布局规划（2008—2015）》（以下简称《规划》）。《规划》依据农业部《全国优势农产品区域布局规划（2008—2015年）》制定，规划期为8年。经省政府同意，省农委以皖农计〔2009〕55号文印发各市农委、畜牧、水产局等相关部门贯彻执行。

指导思想　以科学发展观统领农业和农村经济全局，以增加农民收入为核心，以提高农业综合生产能力为重点，以深化农村改革为动力，以强化科技进步为支撑，以发展优势产能、优势区域、优势产业为重点，大力发展现代农业，发展区域块状经济，促进农业生产布局优化，促进农业发展方式转变，推进优势农产品产业带建设，构建现代农业产业体系，形成全省各具特色、科学合理、区域明显、竞争力强的农业新格局，全面提升全省农业和农村经济发展质量和效益。

总体目标　优势农产品区域布局更加优化，优势农产品质量、效益和竞争力明显提高；优势农产品产业带区域农业功能、农产品基本供给能力、农产品质量安全水平、资源高效利用水平、现代农业产业体系建设、以及促进农民增收的能力得到进一步增强。到2015年，全省重点培育小麦、水稻、棉花、油菜、茶叶、花生、蔬菜、蜂产品、水产品、生猪、肉牛、肉羊、肉禽、玉米、大豆、奶牛16个具有重要战略地位、对农民增收带动作用明显的优势农产品。建设沿江江南和沿淮江淮水稻、淮北中强筋小麦、江淮中弱筋小麦、淮北和江淮玉米、淮北沿淮大豆、淮北和沿江棉花、江淮和沿江“双低”油菜、皖南和大别山茶叶、淮北和江淮花生、名特瓜菜和出口蔬菜、大棚反季节无公害蔬菜，奶牛、淮北肉牛、淮北肉羊、江淮和沿江肉禽、淮北和江淮生猪、皖南蜂产品、沿淮和沿江水产品27个高产、优质、高效、生态、安全的优势农产品产业带。

保障措施　加强领导，提高认识。各级政府在进行有关规划、工作重点安排时，要注重与《规划》衔接，着力推进《规划》实施。加快科技应用，强化科技支撑能力。启动实施基层农技推广服务体系建设工程，创新技术推广服务运行机制，抓好先进实用技术培训，培养一批适应现代农业发展要求的新型农民。强化质量管理，提高产品质量安全水平。建立从田间到市场全过程控制、运转高效、反应迅速的农产品质量安全管理体制，提高优势农产品的质量安全水平。发展农民专业合作组织，提高农民组织化程度。鼓励、引导和扶持以专业合作组织为主体的互助服务，完善农业服务组织。培育壮大龙头企业，提高产品化水平。引导和鼓励龙头企业向优势区域内集聚，通过“公司＋合作组织＋农户”“公司＋基地＋农户”等运行模式，加快优势区域内优势产业链的发展。实施项目带动，强化基础支撑能力。继续加大重大工程项目向优势区域倾斜的力度，全面加强优势区域农业基础设施建设，增强各类优势农产品产出能力和综合生产能力。

第五章　应急管理

第一节　管理工作

1986—2003年,安徽省应急管理机制还没有形成。2004年10月,省政府印发《安徽省人民政府突发公共事件总体应急预案(试行)》。此前,省政府已先后印发《安徽省自然灾害救助应急预案》《安徽省防汛抗旱应急预案》《安徽省重大动物疫情突发事件应急预案》等相关农业应急管理工作专项预案20项。2006年10月,省政府印发《关于切实加强应急管理工作的通知》(皖政〔2006〕84号),对加强应急管理工作、提高处置突发事件能力,提出明确要求。农业应急管理工作按省政府部署,实行规范化、程序化管理。

成立组织

2007年12月,省农委成立应急管理办公室,在省农委办公室加挂安徽省农业委员会应急管理办公室牌子,由省农委副主任刘永春兼任应急办主任,办公室副主任陈荣文兼任应急办副主任和8名工作人员(其中包括办公室、畜牧兽医局、农业局、渔业局、船检局、科教处、环保站、植保站各1名)。各市、县(市、区)农委、畜牧、水产等部门成立相应组织,明确职责和任务。

处置原则

省农委应急管理工作围绕"为农业安全生产设防"的中心任务,根据"以人为本、预防为主、依靠科技、分级管理、整合资源、处置有力"的原则,强化"积极预防、有效应对"两大工作环节,努力形成常态和非常态有机结合、综合和分类分级衔接、防范和处置并重的应急管理工作格局,提高应对自然、事故灾难、公共卫生事件等各类突发公共事件的应急管理水平。

单灾种日常管理和应急管理分别由委属有关单位牵头负责。

具体分工

重大动物疫病突发事件由畜牧局牵头负责;农业重大自然灾害突发事件由种植业局牵头负责;水生动物疫病突发事件由渔业局牵头负责;渔业船舶水上安全突发公共事件由船检处牵头负责;农业转基因生物安全突发事件由科教处牵头负责;农业环境污染、重大有害生物及外来生物入侵突发事件由生态环境站牵头负责;草原火灾突发事件由畜牧推广站牵头负责。建立农业突发事件即发即报制度、月度统计制度、季度分析制度；坚持24小时值班制度，确保突发事件信息联络畅通。建立农业突发事件指挥系统，农业重大自然灾害、水生动物疫病、渔业船舶水上安全、农业转基因生物安全、农业环境污染、农业重大有害生物及外来生物入侵、草原火灾等突发事件，均成立由省农委主要领导或分管领导为指挥长应急指挥机构。

队伍建设

省、市、县三级农业部门根据实际工作需要，对农业重大自然灾害、水生动物疫病、农业转基因生物安全、农业环境污染、农业重大有害生物及外来生物入侵、草原火灾等，相应成立突发事件专业应急队伍。按照“专群结合、以专为主”的原则，加强各类应急队伍建设，基本建成集预防、应急、抢险、救灾、专家组等为一体的应急队伍网络，为有效处置各类突发事件奠定良好的基础。经过较长时间的准备和酝酿，在多方推荐、考察的基础上，省农委应急办初选7名不同领域的应急管理专家，成立专家组，并结合实际，拟定专家组议事规则。同时，加快建立骨干队伍和专业应急队伍，大力发展志愿者队伍。各类队伍各负其责，互为补充，必要时由省农委统一调度，发挥应急工作主体和群防群控的作用。

第二节 体系建设

组织体系建设

在省农委应急管理办公室的统一领导下，2007—2008年，农业、渔业、畜牧兽医、植保等部门先后成立应急办，各相关部门建立信息互通机制，加强横向联系，协同应对突发公共事件，初步建立“统一领导、分级负责、条块结合、属地为主”的应急管理体制，形成覆盖全省农业系统的应急管理工作网络和组织体系。

预案体系建设

预案是应急管理工作的主线和依据，省农委按照“横向到边，纵向到底”的应急预案体系建设要求，大力推进和完善预案体系建设。2004—2008年，省农委先后制定10多部应急预案（包括简本）：

2004年1月30日，安徽省防治重大动物疫病指挥部印发《安徽省高致病性禽流感防治应急预案》（皖防疫〔2004〕05号）；2004年5月18日，省政府办公厅印发《安徽省牲畜口蹄疫应急预案（试行）》（皖政办〔2004〕32号）；2005年8月31日，省政府办公厅印发《安徽省突发重大动物疫情应急预案》（皖政秘〔2005〕41号）；2005年9月9日，印发《水生动物疫病应急预案》（皖农渔〔2005〕261号）；2006年1月3日，印发《关于印发安徽省农业环境污染突发事件应急预案的通知》（皖农环〔2006〕4号）；2006年1月3日，印发《安徽省农业重大有害生物及外来生物入侵突发事件应急预案》（皖农环〔2006〕5号）；2006年1月5日，印发《安徽省渔业船舶水上安全突发事件应急预案》（皖农渔〔2006〕7号）；2006年1月6日，印发《安徽省草原火灾应急预案》

（皖农牧〔2006〕8号），2006年1月6日，印发《安徽省农业重大自然灾害突发事件应急预案》（皖农农〔2006〕19号）；2006年2月24日，印发《安徽省农业转基因生物安全突发事件应急预案》（皖农科〔2006〕39号）；2007年9月10日，安徽省防治重大动物疫病指挥部办公室印发《安徽省高致病性猪蓝耳病突发疫情应急预案》（皖防疫办〔2007〕06号）。

省农委还下发《关于切实加强全省应急管理工作的通知》（皖农办〔2007〕119号），省农委渔业局在巢湖对预案进行大型演练。全省农业预案体系基本形势。

信息报送机制

省农委高度重视突发公共事件信息报送工作，对各类突发公共事件做到早发现、早报告、早预警、早处置。

发展基层应急信息员队伍　加强对基层信息员的培训，确保基层信息有人知，突发事件有人管，善后工作有人做，实现联防联控、群防群控。

畅通信息报送渠道　建立和完善24小时值班制度，并实行领导带班，确保通讯联络畅通。充分整合资源，推进应急平台建设开通农业、气象网等部门网站，初步建立预警、监测信息网络体系。一些部门还建设功能齐全的专业网络，畜牧兽医部门在全省建立省—市—县三级动物疫情网络直报信息体系，网络直报率98.05%，农业部门开通农技110信息台语音提示系统，并在全省建立500多个病虫监测点。

实行突发公共事件月报制度　每月初，各市农业行政主管部门都将上月突发公共事件情况报省农委应急办公室（无情况，实行零报告），包括事件的发生起数、伤亡人数、直接经济损失以及与上年同期比较的变化情况。

实行突发公共事件随报制度　特别重大、重大突发公共事件发生后，市农业有关行政管理部门能做到立即向省农委报告，最迟不超过2小时；较大、一般突发公共事件发生后，有关市农业行政管理部门能及时向省农委报告，最迟不超过4小时。报告原则上采取书面和网络直报形式，紧急情况下采用先通过电话口头报告再书面报告形式。报告坚持实事求是的原则，内容简明、客观、准确，包括时间、地点、信息来源，事件的起因、性质、基本过程，已造成的后果、影响范围，事件的发展趋势、处置情况，拟采取的措施以及下一步工作安排、建议等；对突发公共事件及处置的新进展、可能衍生的新情况及时续报；突发公共事件处置结束后，能做到及时终报。

实行突发公共事件季度分析制度　每年1月、4月、7月、10月的月初，各市农业行政管理部门将本市上季度突发公共事件情况报省农委应急办公室（包括事件的数量、等级、特点、规律、原因、造成的影响和发展趋势的分析、评估，下一季度防范的重点和工作建议，信息的收集、汇总和分析、评估）。省农委应急办汇总各市情况后分别报省政府办公厅及有关部门。

应急处置

动物疫病防控方面，全省建立省、市、县三级突发重大动物疫情监测、报告网络体系、动物卫生监督信息体系，省、市、县（市、区）通过专用网络直接传输农业部，实现动物疫情传输网络化、管理数字化、分析自动化。部分县（市、区）设立乡级疫情观测报告员。根据重大动物疫情防控工作需要，在相邻省际设立24个公路动物卫生监督检查站。省、市、县（市、区）各级政府成立突发重大动物疫情应急指挥部，统一领导和指挥全省突发重大动物疫情应急指挥、决策和处理工作。省应急指挥部由分管副省长担任指挥长，省政府副秘书长和省农委主要负责人任副总指挥，省直有关部门为成员，具体负责全省突发重大动物疫情应急处理的日常管理工作。按照属地管理、分级负责原则，实行政府统一领导、部门分工负责，逐级建立责任制。各级政府对本行政区域内重大动物疫情应急处理负总责，疫情应急处理工作实行属地管理，事发地人民政府负责扑灭本行政区域内突发重大动物疫情；各有关部门按照预案规定，在各自职责范围内做好应急处理有关工作。各级指挥机构加强应急值守，实行领导带班和专人值班制度，配备有专用值班电话、传真，并向社会公开。

第六章　农民负担监督管理

第一节　历史沿革

政策背景

从20世纪50年代初至1956年年底，安徽省土地改革完成，农村土地所有制确立，土地所有权归农民所有。土地收益分配方式为，农民获得大部分劳动产品，部分产品以税收方式上交国家。随后开始实行农业合作化，进行社会主义改造，土地所有制实现由农民个体所有制到社会主义集体所有制转变，分配方式实行按劳动分配和平均分配相结合方式，部分产品由集体统一上缴国家，集体提取一定比例公积金、公益金和劳务。1978年，农村改革实行家庭承包经营，土地收益分配实行"交够国家的，留足集体的，剩下都是自己的"包干方式，即农民完成上交国家税收和集体"三提五统"后，其余产品归自己所有。

从农业合作化到农村改革初期，党和国家对减轻农民负担多次作出规定。1953年2月，中央《关于农业生产互助合作的决议》规定：公积金和公益金所占互助组和生产合作社岁人比例的15%，在收成不好时，可以不收公积金。1956年6月，全国人大常委会通过《高级农业生产合作社示范章程》规定：从扣除消耗以后所留下的收入当中，留出一定比例的公积金和公益金，公积金一般不超过8%，公益金不超过1%。1962年9月，《农村人民公社工作条例修正草案》规定：生产队扣留公积金的数量，由社员大会每年做一定数目的生产性基本建设用工，作为集体经济的劳动积累。这种基本建设用工，一般地应控制在每个社员全年劳动日数的3%左右；公益金扣留多少，由社员认真讨论决定，不能超过可分配总收入的2%～3%。1983年，中共中央1号文件指出：不论办什么事情，凡需动用民力时，都必须坚持量力而行的原则，切不可重复过去一切大办的错误做法。必须十分注意精减人员、节约开支、杜绝浪费，减轻农民负担。1984年，中共中央1号文件指出：制止对农民的不合理摊派，减轻农民的额外负担。1985年，中共中央1号文件指出：凡要农民出钱兴办的事，坚持"定项限额"。任何额外的摊派，农民有权拒绝。1986年，中共中央1号文件指出：为提高农民扩大资金积累的能力，对农民的税收要控制在合理的水平上，并严格要求禁止乱摊派、乱收费。

重要时期

20世纪80年代末，农民负担呈逐年加重趋势，主要是农民收入增长放缓，各项负担增加过快。对此，省委、省政府根据中央部署，要求各级党委、政府把减轻农民负担工作摆到重要位置，采取有力措施，遏制农民负担加重趋势。

1990年初，针对当时向农民乱收费、乱罚款和集资摊派、农民负担日趋加重等问题，国务院发出《关于切实减轻农民负担的通知》，明确提出农民负担控制标准，即以乡为单位人均提留乡统筹控制在上一年人均纯收入的5%以内。1991年12月，国务院颁布《农民承担费用和农务管理条例》，用法规形式规范农民承担费用和劳务项目、标准、使用范围及审批程序等。1993年，中办、国办印发《关于切实减轻农民负担的紧急通知》，取消或暂停上百项涉及农民负担收费项目和达标升级活动。1995年，中央提出“约法三章”，即将中共中央、国务院已经明令取消的项目不准恢复；暂停一切涉及加重农民负担项目的审批；各地区农民承担的提留统筹费不允许突破上年农民纯收入的5%。

1996年，中共中央、国务院作出《关于切实做好减轻农民负担工作的决定》，明确减负治乱13条规定，实行减轻农民负担工作党政主要领导负责制。1996年12月省人大常委会颁布《安徽省农民负担管理条例》，农民负担日趋加重问题得到有效抑制。1997年，省委、省政府发出《关于认真贯彻落实中共中央国务院关于切实做好减轻农民负担工作的决定的通知》。1998年10月，中共十五届三中全会通过《关于农业和农村工作若干重大问题的决定》，明确提出：合理确定负担，一定三年不变。通过全省各级党委政府努力，农民负担加重势头得到一定遏制，农民负担趋于稳定。为从体制和机制上根本解决农民负担问题，安徽省在全国率先进行农村税费改革探索。1998年，在五河县先行开展农村“费改税”试点。1999年，经国家财政部批准，在来安等4个县开展农村税费改革试点工作。

1999年，中共中央、国务院首次召开全国减轻农民负担工作电视电话会议。2000—2002年，国务院连续3年召开全国减负工作电视电话会议，明确提出减轻农民负担“四项制度”。即涉农税收价格收费“公示制”、农村义务教育收费“一费制”、乡村及农村中小学校公费订阅报刊“限额制”、涉及农民负担案（事）件“责任追究制”。减负工作进入由单项治理到综合治理、由工作推动到体制变革时期。按照中央和国务院部署，全省开展专项治理、监督检查、案件查处和责任追究工作。2000年3月，中共中央、国务院下发《关于进行农村税费改革试点工作的通知》，明确“减轻、规范、稳定”农民负担为农村税费改革试点工作的目标，并在安徽省率先进行农村税费改革试点。至此，全省各地全面启动农村税费改革试点。

2000年以后，安徽省先后出台农村中小学收费、农村建房收费、农村婚姻登记收费、农村计划生育收费、农村监理收费、农业生产性水费、农村用电收费等一系列涉农收费政策，规范农村税费管理，有效制止农村“三乱”，从根本上改变过去涉农收费政出多门、项目繁多、管理混乱、负担过重局面。2002年年底，省人大常委会颁布《安徽省村内兴办集体公益事业筹资筹劳条例》，率先进行地方立法，规范“一事一议”管理，推进税费政策法制化建设。至2005年，全省取消农业税，减轻农民负担工作进入巩固税费改革成果、防止农民负担反弹新阶段。

第二节　工作成效

改革农村税费制度

2000年,安徽省全面进行农村税费制度改革,主要内容为"三取消、两调整、一改革",即取消乡统筹费,取消专门面向农民征收的行政事业性收费和政府性基金、集资,取消屠宰税;调整农业税政策,调整农业特产税政策;改革村提留征收和使用办法,村内公益事业建设实行一事一议筹资,并实行上限控制,人均不得超过15元。2001年,针对部分地方存在计税土地面积不实、计税常产偏高和农业特产税负担不合理等问题,安徽省对农业税计税常产实行上限控制,下调部分农业特产品的税率,缩小农业特产税征收范围,进一步调整和完善有关税费政策。2002年,继续减低农业特产品税税率,开展取消农业特产税试点工作。2003年,全面取消农业特产税,与税费改革前相比,共减轻农民农业特产税收负担7亿多元;暂停向农民收缴农业税费改革前历年税费尾欠;全面取消农民劳动积累工和义务工,村内公益事业建设用工实行一事一议筹劳。2004年,全面取消农业税附加,并降低农业税收率2.2个百分点;对农村税费改革以来发生的农业税附加尾欠,一律豁免,不得追缴。此项措施共减轻农民负担14亿元;部分市、县(市、区)和乡镇全面免征农业税。从2005年起,全省全部免征农业税,共减轻农民农业税负担19.2亿元。至2005年,全省农民农业税费改革前人均109.4元政策范围内负担全部减免。

清理整顿涉农收费

重点是减少收费项目、减低收费标准、治理乱收费。2000年,共取消涉农收费项目50项。2001年,清理整顿涉农收费项目774项。2003年,取消涉农收费项目11项。对未办理道路运输经营许可证农用车辆不分用途,一律免征营业税、城市维护建设税、车船使用税、个人所得税和教育费附加。从2004年起,全省免征农机养路费,每年减轻农业负担2.2亿元,同时实行城乡监理费等四项涉农收费标准。实行中小学义务教育"一费制"收费和免费农村义务教育,农民负担大幅减轻。严格农民负担监督管理,乡村基层组织政策外增项加码乱收费现象基本消灭。

实行惠农政策

2003年,安徽省开展以"两开放、一调整"为主要内容粮食补贴方式改革。即在放开粮食收购价格和粮食购销市场同时,将原来通过国有粮食购销企业按保护价敞开收购余粮间接补贴种粮农民办法,调整为由财政直接补贴种粮农民。当年对农民发放补贴资金27项、总额为109亿元,全省农民人均增收210元,户均增收800元。2003年,在肥西县等10个县(市、区)进行新型农村合作医疗试点,2006年,增加到30个县(市、区),2007年,又增加26个县(市、区)。2008年,全省实行新型农村合作医疗,参加新农合农民补助从人均20元提高到人均80元。

案件、信访减少

2004年以后，全省没有发生过一起因农民负担引发死人伤人恶性案件，没有发生过严重群体性事件和造成重大影响案（事）件。因农民负担上访人（次）比税费改革前大幅度减少。特别是农业税取消后，省农民负担监督管理部门每年受理农民来信、来访均不到100批次，仅为税费改革前的3%。

干群关系改善

国家统计局安徽调查总队调查资料显示：农民对农村政策执行情况满意和比较满意的达到99.5%；认为农民负担进一步减轻和持平的达到97%；认为农村干群关系较好，对乡村干部的满意率达到97%以上。随着农村税费改革深化和农民负担监督管理工作加强，农村基层干部作风明显转变，服务意识增强，村务公开到位，民主决策深入民心，干群矛盾缓解，干群关系明显改善。

第三节　主要措施

工作机制

1993年，安徽省农民负担监督管理领导小组成立，由省委、省政府领导担任组长，省直有关单位为成员。同时，全省各市、县均成立农民负担监督管理领导小组，建立统筹协调、分工协作、齐抓共管的工作机制。2001年，省委确定减轻农民负担重点工作责任单位，建立减轻农民负担部门责任制，落实“谁主管、谁负责”专项治理部门责任制，形成减轻农民负担工作合力。1999年起，实施农民负担重点监控制度，对农民负担出现严重问题地区采取措施，实行“一票否决”。2002年，省委、省政府出台《关于违反农村税费改革政策行为的处分规定》等一系列纪律规定，建立违反减轻农民负担政策责任追究制体系。通过建立源头预防、监测预警、监督检查、案件处理、重点监控、目标考核、责任追究、齐抓共管等八大机制，农民负担监督管理工作已初步实现规范化、制度化、长效化。

源头管理和全程监控

农村税费改革以后，除取消农业税，还对涉农收费进行清理，并取消大批涉农收费项目。同时，对涉农收费等政策文件出台，严格按照规定审核把关，杜绝任何加重农民负担政策文件出台。在涉农收费政策文件执行中，实施涉农税收、价格和收费“公示制”，对涉农收费实行全程监控，严防违规行为发生。“一事一议”筹资筹劳是农民负担源头管理重要措施，主要是农民通过民主决策方式，解决村内公益事业建设所需资金、劳务等。为规范实施“一事一议”筹资筹劳，省农民负担监督管理领导小组要求各地做到“五个统一和六个严禁”，即统一明确农民负担监督卡和专用收据格式；统一明确入卡项目；统一筹资筹劳最高限额标准；统一操作程序；统一规定县乡两级农民负担监管部门的审核把关等职责；严禁超出规定范围向农民筹资筹劳；严禁县乡层层下达筹资筹劳任务；严禁强行要求农民以资代劳；严禁将筹资筹劳款统一上交县乡使用；严禁将空白监督卡交付村自行填制；严禁在卡内卡外增项加码，防止将“一事一议”变成随意增加农民负担的口子。

监督检查和查处

安徽省每年组织全省农民负担执法检查，重点检查减轻农民负担政策和惠农政策落实情况。执法检查按照市、县（市、区）、乡自查自纠，省里组织抽查程序严格执行。对检查中发现的问题，发出限期整改通知书。同时，采取抽查、回访、反馈等形式进行督促整改，严防流于形式。全省各级农民负担监管部门开展经常性、不定期检查，及时发现问题，及时进行处理。建立省、市、县（市、区）农民负担检查情况通报制度，及时向各级党委、政府和有关部门进行通报。各级农民负担监督管理部门对农民来信、来电和来访举报反映加重负担问题，认真进行查处。对违反惠农和减轻农民负担政策法规单位和个人，一经查实，严肃按有关政策和法律法规处理，责任追究到位，整改纠正到位。

第七章　农村土地承包管理

第一节　土地承包政策沿革

自1986年后，土地的一轮承包关系总体稳定，至1994年年底，农村土地一轮承包关系基本结束；开始二轮土地延包工作。此前，在1992年，蚌埠市开展“两田制”试点，即将集体土地分为“口粮田”和“责任田”，口粮田是集体经济组织成员内部人人有份；另一部分作为承包田，公开发包。1993年7月10日，省八届人大常委会四次会议通过《安徽省农业承包合同管理条例》。1994年年底，全省农经工作会议在临泉县召开，部署第二轮土地承包工作，至1996年夏收前已基本告一段落，全省95%以上的乡村延长土地承包期30年以上。1995年，省政府发布第63号令《安徽省农业承包合同纠纷仲裁暂行办法》，1996年，重点围绕土地承包合同纠纷仲裁工作抓制度建设；1997年，中共中央办公厅和国务院办公厅下发《关于进一步稳定和完善农村土地承包关系的通知》（中办发〔1997〕16号），强调要认真做好延长土地承包期工作，认真整顿“两田制”，严格控制和管理“机动地”，严格加强对土地承包费的管理。

2002年，《中华人民共和国农村土地承包法》颁布，首次以法律形式赋予农民对承包土地的占用、使用、收益和被征地享有补偿的权利。2007年，《中华人民共和国物权法》颁布实施，进一步明确土地承包经营权是用益物权。同时，2000年，国家开始部署农村税费改革试点，废除“三提五统”，收取农业税和农业税附加税。农业税按当地前3年的平均亩产的7%计征，农业税附加税按农业税的20%计征。2003年，取消农业税附加税；2004年，农业税按当地前3年的平均亩产的4.8%内计征；2005年，安徽省全面取消农业税，附着在土地承包关系上的税费负担彻底解除。中共十七届二中全会进一步作出决定，“赋予农民更加充分而有保障的土地承包经营权，现行土地承包关系要保持稳定并长久不变”，给农民一个长效“定心丸”。

第二节　第二轮土地承包

1993年，在第一轮承包15年即将期满之际，安徽省又率先进行延长土地承包期（即二轮承包）工作。全省的农村二轮土地承包工作在1996年夏收前基本结束。至2008年，全省99%以上的乡村实行土地承包期延长至30年不变的政策；同时，村集体经济组织与农户签订《农村土地承包合同书》,县（市、区）人民政府给农户发放《农村土地承包经营权证书》。全省大约93%的承包户领到土地承包经营权证书。安徽省市、县(市、区）及乡（镇）基本上都建立土地承包合同管理办公室和农村土地承包仲裁机构,组织体系比较健全。

省政府为了加大二轮土地承包扫尾和后续完善工作的力度,于2005年10月以省政府办公厅名义出台并下发《关于进一步落实和完善农村土地承包政策的通知》(皖政办〔2005〕25号),各地按省政府通知要求认真开展二轮土地延包和农村土地承包经营权发证工作。省委常委、省政府副省长赵树丛对发证工作专门作出批示:土地承包是国家的农村经济总政策,是基本的经营制度,要按政策要求,确权、发证。对“一书一证”发放率低的市、县要重点督查,促其尽快把工作做到位。

2006年,省政府下达省农委目标任务中,要求安徽省农村土地承包合同书和土地承包经营权证书（简称“一书一证”）发放率要达到98%以上。为确保完成省政府提出的目标任务,省农委重点做了以下几方面工作:一是起草并下发《关于切实抓好二轮承包完善工作的通知》,要求各级农业部门要切实把这项工作列入重要工作日程,采取有效措施切实抓好。要摸清本地区二轮土地承包的基本情况,把需要完成的任务进行分解,并明确专人负责,限时完成。二是对“一书一证”发放率低的市、县（市、区）下发限期整改通知书和督办通知书,要求对存在的问题引起高度重视,尽快作出部署,集中力量、集中时间,由专人负责,认真进行整改。三是对“一书一证”发放情况实行月报制度,以此督促“一书一证”发放进程。四是专门召开会议,研究“一书一证”发放工作。五是组成督查组,对全省“一书一证”的发放情况进行督查。通过以上工作措施,全省“一书一证”发放工作取得明显成较。至2006年12月30日止,全省农村土地承包合同书发放率98.5%,农村土地承包经营权证书发放率98.3%。较好地完成省政府下达省农委的工作目标任务。安徽省农村土地承包合同书和农村土地承包经营权证书的发放率在全国处于领先水平。2006年在全国会议上作典型经验交流。

第三节　经营权流转

随着农村劳动力就业结构的变化、农机化水平的提高和农村市场经济的发展,土地作为生产要素按照市场规律进行配置,让土地流转市场逐步“活起来”,发展各种形式的适度规模经营是增加农民收入、提高土地效率,推动现代农业发展的有效举措。安徽省一些地方自发出现土地承包经营权流转,部分农民有着实行土地流转和适度规模经营的强烈愿望。

实现规模经营主要形式

安徽省农村土地流转的主要形式和类型有:转包、转让、互换、租赁、入股等。全省土地流出户数为91.9万户,流入户数为65.45万户,在各种流转形式中,农户自发流转占85%。

引导农村土地流转主要做法

安徽省农村土地流转工作起步较早，2000年前后，由于农业的比较效益低，抛荒现象较为普遍，当时为解决这一问题，农业部门积极开展调查研究，提出解决办法。随着农村改革的深入，省农委确保农民享有的承包权长期稳定，通过转包、转让、代耕、租赁、拍卖、入股等多种形式放活经营权，进行土地流转。

法规制度建设 结合安徽省实际，2005年，在《安徽省实施农村土地承包法办法》中，对积极引导农村土地流转制定专门的条款。2007年，省农委出台《关于进一步规范农村土地承包经营权流转的通知》规范性文件，要求要按照依法、自愿、有偿的原则进行农村土地流转，同时，要求一年以内的代耕户也要签订土地流转协议，省农委还专门制作全省统一的土地流转合同格式文本。2009年，根据省政府领导的意见，由省农委起草《关于做好农村土地承包经营权流转工作的意见》，由省政府发文（皖政〔2009〕13号），强调要在坚持农村土地承包关系长久不变的前提下，尊重农民意愿，放活经营权，实现土地流转。在流转过程中，防止急于求成，严禁行政命令、定指标、下任务、设定统一模式强行流转。积极探索创新土地流转的有效形式，鼓励农民实行多种形式的流转，多种形式的适度规模经营，以及土地股份合作制的多种实现形式，“四荒”资源的承包方式，流转合同中的价格约定。支持各类主体发展规模经营，要求土地流转要围绕当地主导产业和特色产品，建立生产基地。对工商企业参与土地流转主要通过“公司＋基地＋农户或公司＋合作经济组织＋农户和订单农业”的方式。对流转20公顷以上的规模经营户在资金扶持和生产管理辅助性用地政策上予以放宽、在提供融资便利、农业保险和户口迁移、社会保险等提供优惠。维护土地流转双方的合法权益，对承包农户权益的维护，对流出全部土地的农民在就业培训、岗位推介以及社会保障等方面给予优惠政策。对惠农补贴归属问题，根据国家政策和农村实际，强调由流转双方协商解决，合同约定，政府不得干预。对土地流转合同签订方式、合同管理、合同双方违约责任和合同期内土地的再流转作出具体规定。加强对农村土地流转管理和服务，强调政府的责任，包括土地登记、确权、发证、纠纷仲裁，土地流转市场的建立，双方权益的维护，并明确了各部门的责任，为土地流转创造宽松的环境。

土地流转的规范管理 土地流转涉及土地所有者、土地经营者、中介组织等多方面的利益，流转必须按规范的操作程序进行。土地流转关系确立后，流转双方要签订流转合同、明确流转的形式、数量、年限、条件及双方的权利、责任、义务等。合同要经过有关部门的鉴证。要全面建立农村土地流转登记制度，使流转管理工作正常化、规范化。

建立土地承包经营权流转市场 省农委选择在舒城县、宿州市埇桥区、宣城市宣州区、濉溪县和太和县等土地流转试点先行建立网上交易市场。在试点县（区）发布土地流转供需信息（在网上发布），探索建立土地承包经营权流转市场。

第四节　经营权登记、纠纷调解与仲裁

土地承包经营权登记

为贯彻落实十七届三中全会精神，搞好农村土地确权、登记、颁证工作。2008年7月，中央农村工作领导小组办公室经过对江西、江苏和安徽的大量考察后，确定由农业部、中农办和世界银行等机构共同发起，联合国粮农组织（FAO）资助，在安徽省肥东县石塘镇火龙村龙三和昂北份两个村民组开展“中国农村土地登记制度试点”。历经半年，试点取得明显成效，并在北京召开的中国农村土地登记制度试点项目总结大会暨完善中国农村土地承包经营权登记制度学术讨论会议上，得到国内外专家、学者及相关部门领导的充分肯定和一致好评。

土地承包经营权纠纷调解仲裁

2006年，为创新农村土地承包纠纷调处机制，有效地化解农村土地承包纠纷，经农业部批复同意（农经发〔2006〕8号），安徽省在祁门、太和、亳州谯城、和县、肥东、固镇、铜陵、凤阳、凤台、舒城、泾县、东至等12个县（区）开展农村土地承包试点工作。通过各试点县（区）的积极探索，大胆实践，开拓创新，扎实工作，试点工作取得明显成效。通过调解、开庭仲裁和流动开庭仲裁农村土地承包纠纷案件620件。其中调解492件已按协议履行；仲裁128件中，有122件已按仲裁裁决自动履行，有6件申请法院强制执行。试点工作的开展，不仅有效地维护当事人的合法权益，同时也为进一步建立完善的农村土地承包纠纷调解处理机制奠定良好基础。

2008年，省农委又选择濉溪县、怀远县、繁昌县、霍邱县、当涂县、定远县、灵璧县、颍上县、宁国市、太湖县、利辛县、黄山市黄山区农委进行土地纠纷仲裁试点。

第八章 对外交流合作

1986年以后，安徽省积极推进农业对外开放，实施外向带动战略，多途径、多形式开展农业国际合作与交流，不断提升农业科技水平和创新能力，农业国际合作领域不断扩大。对外交往国家30多个，先后接待有关国家、地区以及国际粮农机构、金融组织农业专家和项目官员500多人次。与美国、加拿大、德国、法国、比利时、澳大利亚、丹麦、巴西、日本、韩国、以色列、越南、老挝、印度尼西亚等20多个国家有关省（州）建立良好农业合作关系，共签署农业合作协议和备忘录22份。先后从40多个国家和地区引进种植业、畜牧业、渔业等新技术、实用技术3500多项，品种资源20000多份。通过消化吸收和创新，有效扭转农业技术相对落后状况。引导企业“走出去”，境外投资步伐加快。有21家企业在境外投资，从事农业生产开发和农产品贸易经营，涉及南部、西部非洲、欧、亚、美洲等19个国家和地区，建设项目30个。1986—2008年，全省实施各类农业外资项目218个，利用外资金额6.8亿美元。其中直接利用外资项目188个，金额2.4亿美元；间接利用外资项目29个，金额4.4亿美元。项目区覆盖50多个县（市、区），占全省县（市、区）60%以上。实施农业引智项目270项，引进良种160个，推广国际先进栽培技术和加工技术160项，建成引智成果推广示范基地10个。2008年，安徽省开始实施世界银行贷款中国新农村生态家园富民工程项目，总投资4.9亿人民币，其中利用世行贷款2500万美元。2001年以后，全省农产品进出口持续保持2位数增长速度。按WTO统计口径，2008年，全省农产品进出口总额9亿美元，同比增长9.6%。2008年，先后组织省内110多家农业企业参加30多个境内外国际农展和农产品推介活动。

第一节 国际交流合作

友好城市交流

1996年以后，与美国马里兰州、德国下萨克森州、法国孔泰大区、日本高知县、波兰弗罗茨瓦夫省、也门哈达拉毛省、澳大利亚北领地、南非北方省、比利时瓦隆布拉邦省等友好省州广泛开展各类农业人员交流与培训和新品种、新技术引进合作。1990年，安徽省与德国下萨克森州共同投资兴建合肥市中德友谊示范奶牛场。德方提供全套饲料种植与收获机械、奶牛饲养与挤奶设备以及100头德国黑白花良种奶牛，对专业技术和管理人员进行培训。示范奶牛场1990年7月建成，先后接待十几个国家专家参观和交流，同时为国内培训技术和管理人员 2000 多人次。

科技交流

种植业　1992 年，从日本引进水稻旱育稀植技术。该技术节水、节种、增收，平均每亩增产 59 千克，亩均增效 100 元以上。现常年应用面积 100 万公顷，占水稻种植面积 50% 左右。"十五"期间，从日本、美国、以色列、俄罗斯、荷兰等国引进香茄、甜瓜、南瓜、西瓜、黄瓜、四季豆、辣椒、樱桃香茄、厚皮甜瓜、郁金香、康乃馨、非洲菊、小仓兰等蔬菜、花卉品种 70 多个，种植规模 2 万公顷，平均每公顷效益 65000 元以上，比国内同类品种增产 20%，增效 40%。

畜牧业　1993 年，与日本进行和牛育肥生产合作，并在部分乡（镇）小范围内应用推广；1993 年，与法国进行牛细管冻精生产合作，生产冻精 600 多万份，推广改良黄牛 300 多万头；1999 年，从加拿大引进种公牛 16 头；2001 年，从美国引进杜洛克种猪 100 头，并派专人赴美学习交流，向省内外提供优质种猪 5000 多头，改良生猪 800 多万头；2004 年，从德国罗曼公司引进祖代种鸡 5000 套，年提供父母代种鸡 30 万套；2005 年，从澳大利亚引进优质奶用种公牛 5 头，肉用种公牛 4 头。

渔业　2003—2005 年，邀请美国水产专家来皖讲课，推广使用配合饲料养鱼技术，开展库区小体积高密度网箱养鱼示范和推广，其中 2005 年推广小体积网箱养鱼 1800 多只，养殖规模 7000 平方米，涉及农户 600 多户，示范点每立方米单产 100 多千克、产值 500 元、利润 120 元。

农业机械　1995 年以后，共派遣 8 个团组赴美洲、欧洲、东南亚、中东地区及日本、韩国，与当地政府组织、农机生产企业、科研院所和农机行业组织进行多层次、全方位交流，取得显著成效。

人才交流

安徽省农业系统通过多种形式境内外培训和外资项目实施培养农业技术骨干。1986 年，与澳大利亚农业部门联合举办为期 1 个月的 20 人奶牛胚胎移植培训班；1995—2000 年，每年选派 2 ～ 3 名农业技术人员赴日本高知县参加为期 1 年培训和实习；2002 年，派遣 15 名农技人员赴丹麦拉达姆农学院进行为期 18 个月学习培训；2000 年以后，省农委每年举办渔业劳务培训班 10 期，每年派遣渔业劳务出国人员 150 人次，赴新加坡等国家和地区进行海洋渔业捕捞工作。2005 年，为塞拉里昂农业部举办水稻技术培训班，培训该国农业技术人员 12 人。2002—2008 年，共选派 42 名农业专家和技术员赴尼日利亚等国家执行南南合作项目。

利用外资重点项目

世界银行华北平原农业项目　1983—1987 年，安徽省涡阳县、蒙城县、濉溪县实施砂姜黑土综合治理项目。根据贷款协定，世界银行对安徽提供信贷 1350 万个特别提款权（以下简称 SDR），截至 1988 年 6 月，全部提取 1350 万个 SDR，相当于 1460.1 万美元，其中设备占 40.8%，化肥占 30.18%，土方工程占 27.08%，水泵电机占 2.44，咨询服务费占0.22%，安徽省财政配套投资2700万元。项目区413700公顷的砂姜黑土得到根本性治理。1988—1992年，扩大综合治理砂姜黑土11300公顷。

淠史杭—巢湖综合治理项目　1985年10月8日，中国政府与世界银行签订贷款（信贷）协议。1986年3月，国家计委批准执行淠史杭—巢湖综合治理项目。项目初期计划总投资71200万元，其中农业项目工程计划总投资18170万元（含化肥2600万元）。1988年11月，农业项目进行中期调整（省计委〔1989〕106号文件批准），工程总投资调整为17712万元（不含化肥3464万元）。1991年9月，农业项目工程完成投资17428万元，占计划投资98.4%。

世界银行种子商业化项目　1985年，农业部中国种子公司贷给安徽省种子公司种子项目世界银行贷款104.25万特别提款权（以下简称SDR），相当于100万美元。省种子公司于1986年转贷给8个县实施。其中涡阳县、濉溪县各20.85万SDR（相当于20万美元），界首市、灵璧县、全椒县、怀宁县、南陵县、休宁县各10.425万SDR（相当于10万美元）。项目建设内容主要包括：（1）设备、材料和车辆95.28万SDR（相当于91.4万美元）；（2）培训：2.11万SDR（相当于2万美元）；（3）咨询服务：1.25万SDR（相当于1.2万美元）；（4）未分配和不可预见：5.61万SDR（相当于5.4万美元）。项目对种子基础设施建设和良种推广、服务体系建设等方面起到促进作用。

联合国粮农组织援助　1991年夏季，由于连降暴雨，全省出现百年罕见特大洪涝灾害，夏季农作物成灾面积300万公顷，夏粮减产870万吨。7月，省农业厅向农业部申报联合国粮农组织援助项目。8月，农业部与世界粮农组织签订恢复生产紧急援助项目。项目援助安徽省20万美元，主要用于采购小麦良种、化肥、农药和恢复生产。项目由阜阳地区利辛县、阜阳县和六安地区寿县、六安县（今六安市）实施。

联合国粮食计划署WFP5796项目　1996年，中国政府与联合国粮食计划署签署《关于向皖西南山区农业综合开发项目提供粮食援助的实施计划》《关于农村综合开发项目实施协议第1号补充修订协议》。农业部下发农外发〔1996〕1号文件《世界粮食计划署援华项目管理办法》。1997年3月，联合国粮食计划署批准安徽省实施WFP5796项目，无偿援助13927吨小麦。2002年2月，联合国粮食计划署批准实施WFP5796扩展项目，无偿援助6000吨小麦。项目主要用于安徽省西南部大别山区金寨、霍山、岳西、潜山、太湖5县34个乡（镇）贫困人口技能和文化培训。至2004年12月末，完成项目计划任务。累计发放粮食19584吨，完成培训农民和建饮水工程671万工日。项目区有20万农民参与项目建设；95%的妇女接受妇检，10万人身体健康得到增强，12万人掌握一种以上农业生产先进技术。

国际农发基金皖西南开发项目　1997年9月11日，国际农发基金会执行局批准皖西南开发项目，9月15签署贷款协定。项目区位于安徽省西南部大别山区，包括六安市金寨、霍山，安庆市岳西、潜山、太湖5个县。至2003年12月末，项目完成投资50181.94万元，占计划90.4%。其中IFAD共19639.67万元，占计划的76.4%；WFP到位援粮19927吨，折合人民币2986.72万元，占计划的99.9%；政府配套22304.18万元，占计划的102%；农民自筹5151.44万元，占计划的106.7%。项目区共有112915个农户、475450人从中受益，分别占项目区总户数和总人数91.8%、92.5%，其中妇女273860人受益。

联合国粮食计划署WFP 6045项目　1998年，由于持续降雨，全省形成洪涝灾害。73个县（市、区）受灾，占69%；受灾人口2389.41万人，受灾面积199.6万公顷，农业损失93.9亿元。经联合国粮食计划署驻京代表处官员和专家灾区实地考察后，联合国粮食计划署批准对宿松县、怀宁县、望江县、东至县4个重灾县紧急提供援粮计划。项目援助大米40994吨，地方政府配套粮食16582吨，配套资金3699万元，主要用于灾区灾民口粮和灾后重建。项目执行顺利，对灾民生活、灾后重建、恢复生产起到重要作用。

日本政府援助粮食增产项目　1998年，开始实施日援粮食增产项目2期。项目总金额2.99亿日元物资，在凤台县、蒙城县、涡阳县、寿县4县实施。2007年完成项目建设任务。

中国种子商业化项目　1999年，安徽省申请加入中国种子商业化项目。2000年2月，世界银行批准项目中期调整计划，5月批准安徽省为新增项目省。项目总投资11729.6万元，其中利用世行贷款704.6万美元。项目由7个县（市、区）9家种子公司实施。2000年10月，省政府与财政部签订项目转贷协议，7个县（市、区）地方政府与省财政厅签订转贷协议，债务由实施项目种子公司承担，转贷利率为5.5%。2000年11月，项目正式启动。项目完成总投资11305.7万元，占96%；其中配套资金完成5777万元，占98%；世行贷款5528.8万元，占95%。项目进展顺利，新增种子加工线4条，单机2台，新增种子加工能力（水稻）13吨/小时，年加工、库存各类农作物良种18855吨，良种推广面积63.1万公顷。

世界银行肉牛项目　1999年12月12日，世界银行批准安徽省实施世行贷款中国小规模牛发展项目。2000年6月14日项目正式生效，2005年6月30日项目执行结束，经过品种改良、肉牛生产、市场开发以及机构加强等4个方面改革，项目完取得预期经济效益、社会效益和生态效益。

世界银行生态家园项目　2008年12月，世界银行批准安徽省实施利用世行贷款中国新农村生态家园富民工程项目。项目由省农委组织实施，14个县（市、区）承担项目建设任务，项目建设期5年。项目建设主要内容是以沼气为纽带，开展一体化生态农业建设。项目总投资为45350.2万元，其中一体化生态农业系统建设成本为39961.6万元，占项目总成本84.7%；技术推广和服务体系建设成本为2242.3万元；项目管理、监测和评价体系建设成本为3136.3万元；项目价格不可预见费为1813.6万元。项目实施农户共93000户，每年新增纯收入1203万元，经济效益、社会效益、生态效益显著。

韩国政府贷款农业综合开发项目　1996年3月，农业部《关于申请转用韩国政府贷款建设农业综合开发项目的函》（农计函〔1996〕24号），同意蒙城县农机服务公司实施利用韩国政府贷款农业综合开发项目—安徽子项目。项目主要利用韩国政府贷款购置工程机械、农业机械等，通过农机化作业服务，改造中低产田。1996年4月，国家计委批准农业部农业综合开发项目利用韩国政府贷款2000万美元（计外资〔1996〕702号文）。1996年6月，国家计委《关于利用第三批韩国政府贷款备选项目安排意见函》（计外资〔1996〕1046号），正式批准农业部利用韩国政府贷款2000万美元。1996年7月，对外经济贸易部复函（外经贸贷综字〔1996〕第108号文）农业部，同意安徽等10省（市、区）农业综合开发项目利用韩国政府贷款2000万美元。蒙城县利用贷款总额16.9亿韩元，折合144.5万美元（1198万元人民币）。贷款用于购置挖掘机8台，装载机1台，半喂入联合收割机51台，技术服务车1辆及部分配件。购置设备1998年12月全部到位，2005年项目实施完成。

韩国政府贷款建设水稻机械化示范项目　1999年5月，农业部外经中心组织实施利用韩国政府贷款建设水稻机械化示范项目，由湖南、湖北、云南、安徽4省共同承担。2002年，省发改委发布《关于安徽省利用韩国政府贷款建设水稻机械化示范区项目可行性研究报告批复》（计外资〔2002〕804号），该项目正式立项。2005年7月，项目正式实施，安徽省利用韩国政府贷款650万美元。项目在宣城市宣州区、泾县、南陵县、芜湖县、桐城市、舒城县、霍邱县、凤台县、五河县、宿州市、滁州市南谯区11个市、县（市、区）组织实施。共计采购设备402台（套），其中韩国东洋株式会社生产半喂入联合收割机118台，三星物产生产沃尔沃挖掘机35台，浙江柳林机械公司生产全喂入收割机198台，江苏无锡金子农机（中国）有限公司生产的粮食烘干机4台，江苏东洋机械公司生产的插秧机43台，中国第一拖拉机有限公司生产的推土机4台。2005年7月，所采购进口和国产机具全部运达各项目县（市、区），项目按期完成。

对外合作主要合作协议

南南合作　主要工作是执行农业部、商务部、外交部、财政部“南南合作”项目。2005年以后，在全省农业系统共选拔26名农业技术人员赴尼日利亚参加“南南合作”项目。先后派出农业、水利专家和技术员42人，赴尼日利亚、加蓬、埃塞俄比亚、津巴布韦、安哥拉、南太平洋岛国等地执行“南南合作”项目。2006年，在安农大为塞拉里昂举办水稻技术培训班。全省共储备南南合作人员300多名，涉及农技、水利、管理和教育等方面。

安徽省农业厅与美国马里兰州农业部签署《关于加强农业合作与交流的协议书》　1996年2月，省农业厅厅长郑之宽率安徽省农业代表团访问美国马里兰州，与州农业部部长路易斯·瑞利举行会谈。两方同意加强相互间农业、科教、贸易等方面合作。1996年7月两省州正式签署《关于加强农业合作与交流的协议书》。

安徽省农业厅与老挝万象市农林厅签署《农业技术合作备忘录》　1997年1月16—23日，应老挝万象市政府邀请，省农业厅厅长郑之宽率安徽省农业代表团对万象市进行正式友好访问。1997年1月21日，与万象市农林厅进行会谈，双方达成合作共识。1997年1月22日，正式签署《中国安徽省农业厅与老挝万象市农林厅农业技术合作备忘录》。

安徽省农业厅与加拿大魁北克省农业、渔业和食品部、工业、贸易、科学和技术部签署《合作备忘录》 1997年11月，省农业厅厅长郑之宽与加拿大魁北克省农业、渔业和食品部理查德·布尔多先生（Richard Bourdeau），魁北克省工业、贸易、科学和技术部苏珊娜·伊斯女士（Suzanne Ethier）就食品加工、农业机械、技术转让、学术研讨、技术培训等举行会谈，同意双方政府间进一步加强合作，同时签署《合作备忘录》。

安徽省农业厅与美国马里兰州农业部、马里兰大学农业和自然资源学院签署《合作备忘录》 1998年6月，马里兰州农业部部长亨利·弗兹和马里兰州大学农业和自然资源学院院长弗雷茨率农业代表团来安徽省访问和参加农业科技交流活动。访问期间，双方开展蔬菜技术专题讲座、苔干产品试制等活动，并对合肥市郊区、涡阳县、亳州市、和县等地进行实地考察。同年9月，安徽省农业厅与马里兰州农业部、马里兰州大学农业和自然资源学院签订《联合开发苔干等农业项目备忘录》。

安徽省农业厅与印度尼西亚金源集团签署《关于安徽农业专家和技术人员赴东加里曼丹省进行农业开发与示范的协议书》 1999年7月7日，省农业厅厅长郑之宽与印度尼西亚东加里曼丹省金源集团总裁江庆德举行会谈，金源集团在会谈中希望安徽省农业厅派遣农业专家和技术人员赴东加里曼丹省开展农业开发和示范工作，双方达成共识，签署《关于农业技术合作交流意向备忘》。

安徽省农业厅与加拿大阿尔伯特省农业、食品和农村发展部签署《关于加强畜牧合作与交流的协议书》 1999年9月，省政府副秘书长张锋生率安徽省农业项目考察团访问加拿大阿尔伯特省，双方同意今后在农牧业方面加强合作。2000年3月30日，省农业厅副厅长王军率安徽省农业考察团访问阿尔伯特省，双方进一步磋商，达成合作意向。安徽省与加拿大阿尔伯特省农业、食品和农村发展部签署《关于加强畜牧业合作与交流的协议书》。

安徽省农业厅与加拿大艾利特国际集团公司签署《关于畜牧良种及技术交流合作协议书》 2000年3月30日，安徽省农业考察团访问阿尔伯特省期间，省农业厅与加拿大艾利特国际集团公司就畜牧业良种引进、胚胎移植、细管冻精、育种技术交流和培训以及共同投资在加拿大筹建国际畜牧良种基因中心等项目达成协议，并签署《关于畜牧业良种及技术交流合作协议书》。

安徽省农业厅与美国内布拉斯加州农业部签署《关于加强农业合作与交流的协议书》 1999年12月11—12日，美国内布拉斯加州SPF种猪协会托马斯·伊·索恰（THOMAS E.SOCHA）博士、杜洛克曾祖代种猪场场主麦克斯·华多先生（MAX WALDO）、SPF种猪公司亚洲区总裁胡湘士一行对安徽省养猪业进行实地考察，双方在安徽省从内布拉斯加州引进种猪方面达成意向。2000年4月，安徽省农业代表团对内布拉斯加州畜牧业进行实地考察，其间，省农业厅与内布拉斯加州SPF种猪协会就杜洛克种猪及关键设备、育种技术项目等事宜进行交流和协商，并签订《关于加强农业合作与交流的协议书》。

安徽省农业厅与美国孟山都公司签署《关于加强农业生物技术交流与合作的意向书》 2000年4月4日，省农业厅与美国孟山都公司通过相互考察、洽谈，就加强双方在农业生物技术领域交流与合作达成初步意向，并在美国密苏里州圣路易斯市与孟山都公司签署《关于加强农业生物技术交流与合作的意向书》。

安徽省农委与丹麦王国农业部、丹麦王国驻沪总领馆签署《农业合作座谈备忘录》 2000年5月8日，丹麦王国食品、农业和渔业部部长丽特·毕娅戈女士（Ritt Bjerregaard）到上海参加中丹建交庆祝活动。活动期间，丹麦王国22家农业企业与安徽省10家农业企业进行洽谈。其间，丹麦王国农业部长和丹麦驻上海总领事与省农委副主任王军就农业交流与合作进行工作会谈，双方在农业信息交流、技术培训和经贸合作方面初步形成共识，并签署《农业合作座谈备忘录》。

安徽省农委与意大利意中交流中心签署《中意养蜂业合作项目》 2001年3月，省农委与意大利意中交流中心签署《中意养蜂业合作项目》。2001年5月，省农委组团赴意大利，就引进种蜂及配套技术设备引进事宜进行详细洽谈；2001年10月，意中交流中心组织蜂业机构及企业家访问安徽省。

安徽省农委与巴西南马托格罗索州农牧局签署《关于进一步加强农业合作与交流备忘录》 2004年5月28日，应巴西南马托格罗索州政府邀请，省政府副省长赵树丛率安徽省农业经济代表团访问南马托格罗索州。访问期间，双方举行友好会谈，同意今后以平等互利为原则，为农业技术引进、人员交流、科技培训、经贸合作与投资等提供便利条件。省农委副主任张华建与南马托格罗索州生产旅游厅农牧业局局长贝内迪托·马里奥·拉萨罗签署《关于进一步加强农业合作与交流的备忘录》。

安徽省农委与巴布亚新几内亚中央省农业厅签署《关于加强农业合作与交流的备忘录》 2005年5月，应安徽省农委邀请，以巴布亚新几内亚西不列颠省副省长菲利伯特·卡德科（Phillibert Kadiko）为团长及中央省代表大卫·杰拉姆（David Jerram）一行参加2005中国国际徽商大会，并于5月19日访问安徽省农委。张华建副主任与巴方就共同感兴趣问题进行座谈，一致同意加强两省农业合作与交流。5月25日，省农委与巴布亚新几内亚中央省农业厅签署《关于加强农业合作与交流的备忘录》。

安徽省农委与德国下萨克森州国土、食品、农业与消费者保护部签署《关于农业与食品行业合作的联合议定书》 2006年5月，德国下萨克森州国土、食品、农业和消费者保护部部长艾伦访问安徽，5月30日，省农委主任毕美家与艾伦部长签署《关于农业与食品行业合作的联合议定书》。重点是在农产品加工、绿色食品、水果保鲜以及农业机械化等领域开展农业技术人员培训、选派农业专家进行技术指导。2006年9月，省农委副主任刘永春率安徽省农村可再生能源考察团访问下萨克森州，与艾伦部长就《联合议定书》内容进行会谈。2006年11月，省农委派遣农业、畜牧、农机和经营管理等农业科技人员15人，赴下萨克森州执行农业科技项目培训。

安徽省农委与德国汉诺威中国中心签署《关于农业技术交流与农业职业教育合作的框架协议》 2007年3月，省农委农业科教考察团访问下萨克森州，继续落实《联合议定书》农业技术交流和农业职业教育合作相关内容，并与汉诺威中国中心签署《关于农业技术交流与农业职业教育合作的框架协议》。协议确定邀请下萨克森州农业专家来安徽进行农业生态技术、农业机械、动物卫生防疫检疫、农村能源、环境技术、蔬菜技术、农产品加工、质量检测等方面指导和培训；开展农业职业教育合作办学，安徽省选派农业技术人员、农业职业教师和学生赴德国开展培训、实习。

安徽省与比利时瓦隆布拉邦省签署《农业经济技术合作备忘录》 2007年5月，省政府副省长赵树丛率农业考察团访问比利时瓦隆布拉邦省，访问期间与瓦隆布拉邦省阿兰·特律萨尔副省长就两省在农业经济技术方面合作举行会谈，共同签署《农业经济技术合作备忘录》。7月，安徽省就合作备忘录事宜派出专人对瓦隆布拉邦省进行考察。2007年9月24—30日，瓦隆布拉邦省阿兰·特律萨尔副省长来安徽省访问，并参加2007年中国安徽名优农产品交易会，赵树丛副省长会见阿兰·特律萨尔副省长。访问期间，阿兰·特律萨尔副省长实地考察安徽农业和农业企业。

安徽省农委与法国农业合作社联社签订《农业合作备忘录》 2007年12月21日，法国普罗旺斯、阿尔卑斯、蓝色海岸大区农业合作社联社、法国农业与食品加工管理学院和法国法中科技交流委员会考察团来安徽省访问。省农委副主任张华建与考察团举行会谈，并达成一致意见，双方共同签署《农业合作备忘录》。

第二节 皖台交流合作

招商引资

2006年10月19日，安徽省农委在福建省厦门市成功举办安徽农业招商项目推介会。发放《安徽农业招商项目》1000余册。推介会上，安徽省政府副省长赵树丛向客商介绍安徽农业和农村经济发展情况、生态环境、投资环境等。省农委主任毕美家宣传推介安徽省200个重点农业招商项目。国台办研究局局长程金中、皖台农业行业代表、企业界和商界代表、海峡两岸新闻单位记者等150多人应邀参加此次活动。

交流合作

1999年9月，省农业厅厅长郑之宽一行10人赴台湾省考察农会运行体系、农会金融服务及农业企业。

2001年11月，首届“皖台农业经济技术贸易洽谈会”在合肥市举行，80多家台湾单位，100多名台商代表参加。期间台湾与安徽企业签订有机肥合作生产、花卉生产与引种、环境设备处理项目。

2002年10月，台湾“中华农业交流协会”会长简杨柳率台湾农业企业一行20多人来安徽考察畜牧企业、茶园茶厂、粮食加工企业。

2005年7月18—19日，省农委组团参加在上海展览中心举办的“海峡两岸农业合作展览暨台湾农产品展销会”，此次展销会由国务院台湾事务办公室经济局、商务部台港澳司、农业部台湾事务办公室和国家质量监督检验检疫总局动植物检疫监管司联合主办。

2006年10月19—20日，省农委组织8个市、12家企业参加中台办海研中心和中国国民党国政研究基金会在厦门市共同主办的海峡两岸农业合作成果展览暨项目推介会。安徽展厅展示内容以“生态安徽、绿色农业”为主题，选择8家在皖台资企业和4家国家级、省级农业产业化龙头企业，展示两岸农业合作成果。台湾省中农集团主席简杨柳，台湾省中台科技大学食品科学系教授、台湾省茶协会理事长、博士区少梅，台湾省华陆集团董事长刘英明等台湾重要客商参观安徽展区并与参展人员进行交流，商谈合作事宜。

2007年11月，省农委主任毕美家率安徽省农村合作经济组织联合会等一行12人赴台湾省考察农会、渔会、农业合作社（合作农场）和专业协会、农产品加工企业等，与农民联盟、策略联盟、产销班等座谈。

2008年5月28—29日，省农委与台盟中央研究室共同举办的皖台农业合作组织发展论坛在合肥市举行。论坛旨在搭建皖台农业特别是合作组织的交流与合作新平台，进一步推动两岸农业的共同发展。在合肥的台商代表、台湾省云林县汉光果菜生产合作社等台湾农业合作组织和安徽省农业合作组织负责人代表以及台盟中央研究室、农业部经管司、安徽省委统战部、省农委、省委政研室、省政府研究室有关负责人共160多人出席论坛。省委常委、副省长赵树丛致辞，省政协副主席、省委统战部部长沈素琍参加论坛。

2008年6月，台湾省农业产销班一行3人来安徽讲课，对安徽省农村合作经济组织单位会员进行为期2天的培训。介绍台湾省最基层的农民合作经济组织情况及运作特点。

新品种引进

引进台湾省西瓜品种。新红宝推广面积达33.33万公顷、农友新一号推广5.33万公顷、黑美人推广1.33万公顷。引进台湾省毛豆新品种。75毛豆推广面积6万公顷、292毛豆推广18.67万公顷。

第九章　农产品国际贸易

第一节　农产品进出口

农产品进口

进口贸易　2008 年，农产品进口额 3.9 亿美元，与上年基本持平。（表 14-9-1）

主要进口品种　油料、油脂、粮食、饲料、种畜、畜产品、棉花、加工食品等；进口品种 150 个。2007 年以后，农产品进口速度加快，主要是食用油和粮食。食用油当年增长 33%。

2001—2008 年安徽省农产品进口额统计表

表 14-9-1

年　份	2001	2002	2003	2004	2005	2006	2007	2008
农产品进口（万美元）	3673	5031	6616	11676	16194	26014	38900	39000

农产品出口

出口贸易　2008 年，农产品出口额 5.11 亿美元，同比增长 18.3%。（表 14-9-2）

出口市场　日本、欧洲和美国为传统出口市场，占 50% 以上。农产品出口共有 140 个国家和地区。

出口结构　从土特产品为主转向土特产品、畜产品、水产品并重发展，出口品种已达 700 多种。初级原料产品出口下降，精加工产品出口增长。在保持传统优势出口产品基础上，水果罐头、食用菌、水产制品、中药饮片等加工产品出口不断扩大。

出口基地和企业　2005—2008 年，全省共建成 44 个农产品出口示范基地，涉及蔬菜、羽绒、茶叶、水产品、蜂蜜、水果、蚕丝、肉食、中药材、芝麻、花生等 15 个品种。2008 年，44 个出口示范基地出口额 2.88 亿美元，占全省农产品出口总额 40%。全省农产品出口企业 272 家，出口额 100 万美元以上企业 160 家，其中出口额 1000 万美元以上 12 家。民营企业出口占安徽省农产品出口总额 50% 以上。

2001—2008年安徽省农产品出口额统计表

表14-9-2

年份	2001	2002	2003	2004	2005	2006	2007	2008
农产品出口额（亿美元）	2.35	2.47	2.83	2.63	3.3	3.76	4.32	5.11
占全省出口额%	10.2%	9%	9.2%	6.68%	6.42%	3.07%	2.71%	2.5%

第二节　参加国际农展

俄罗斯第5届国际茶叶和咖啡节

2007年5月30日至6月6日，省农委组团参加俄罗斯第5届国际茶叶和咖啡节活动。黄山毛峰、太平猴魁、六安瓜片等名茶生产企业参加展会。展会期间，安徽省通过宣传、展示和推介安徽茶产品，开展与俄罗斯企业交流活动，达成多项合作意向。

2007中国农业（泰国）展览会

2007年5月19—21日，“2007中国农业（泰国）展览会”在泰国曼谷举行，展出面积63平方米。省农委组织合肥、淮南、淮北、阜阳、亳州、滁州、安庆等市农委和9家农产品生产企业参加展会。同时，安徽省应邀在中泰农业合作与发展论坛作主旨发言，并达成多项合作意向和协议。

俄罗斯第9届金秋农业展

2007年10月10—18日，省农委组团参加第9届俄罗斯金秋农业展，展出面积54平方米。淮北、安庆、滁州三市6家农产品企业参加展会。

韩国第26届首尔国际食品展

2008年5月13—22日，省农委组织12家农业产业化龙头企业，参加韩国第26届首尔国际食品展。展会期间设4个展台，展出面积40平方米。展出产品有茶叶、中药材、芝麻油、蔬菜、干果等50个品种，接待200多名专业采购商咨询洽谈，签订销售合同和协议金额1100万美元。

日本东京国际食品调料展

2008年5月13—22日，省农委组织12家农业产业化龙头企业，赴日本参加第13届东京食品配料展。通过参观展览，重点了解国际最先进食品添加剂和食品化学最新技术及产品，广泛接触各类食品加工和技术贸易公司。

波兰第29届波兹南国际食品博览会

2008年9月13—18日，省农委组织5家企业参加波兰第29届波兹南国际食品博览会。通过参展，重点扩大与中欧企业间交流，了解波兰及欧洲市场。

以色列第17届国际农业科技博览会

2009年5月4—9日，应以色列驻上海总领事馆邀请，省农委组织部分农业产业化龙头企业、农民专业合作社负责人 20 人，组成安徽农业代表团，赴以色列参加第 17 届国际农业科技博览会。主要了解世界先进农业技术、洽谈合作项目和参加中以农业科技合作论坛。

塞尔维亚第 76 届国际农业展览会

2009 年 5 月 7—6 日，应塞尔维亚和马其顿农业部邀请，省农委组团随中国农业代表团参加塞尔维亚第 76 届国际农业展览会，同时访问塞尔维亚和马其顿。展会期间，与塞尔维亚农业部、投资署官员和商会以及企业代表举行会谈，举办中国农业及企业介绍会。访问马其顿期间，与马其顿农业部、经济部、投资署、农业商会等部门举行双边会谈和举办农业合作论坛，参观马其顿农产品生产及加工企业。

附　　录

地方性法规

安徽省实施《中华人民共和国渔业法》办法

（1989年8月29日安徽省第七届人民代表大会常务委员会第十二次会议通过
1996年11月27日安徽省第八届人民代表大会常务委员会第二十七次会议第一次修正
2002年4月4日安徽省第九届人民代表大会常务委员会第二十九次会议第二次修正
2004年10月19日安徽省第十届人民代表大会常务委员会第十二次会议第三次修正）

第一章　总　则

第一条　为了加强渔业资源的保护、增殖、开发和合理利用，科学发展人工养殖，保障水产品质量安全，保护渔业生产者的合法权益，促进渔业可持续发展，根据《中华人民共和国渔业法》，结合本省实际，制定本办法。

第二条　本办法适用于在本省行政区域内从事养殖和捕捞水生动物、水生植物等渔业生产活动。

第三条　各级人民政府应当认真贯彻执行国家发展渔业生产的方针，加强对渔业工作的领导，合理规划和开发利用水产资源，鼓励渔业科学研究，加速渔业生产的发展，适应社会主义建设和人民生活的需要。

第四条　各级渔业行政主管部门主管本行政区域内的渔业工作。

公安、水、交通、环保、卫生、林业、工商、国土资源等有关部门应当依据各自职责配合渔业行政主管部门监督检查渔业法律、法规的实施。

第五条　对增殖和保护渔业资源、发展渔业生产、进行渔业科研等方面取得显著成绩的单位和个人，由各级人民政府给予奖励。

第二章　养殖和捕捞

第六条　县级以上地方人民政府应当对水域、滩涂利用进行统一规划，确定可以用于发展渔业养殖的水域、滩涂。

渔业养殖规划由县级以上地方人民政府渔业行政主管部门负责编制，报本级人民政府批准。

渔业养殖规划应当对水生动物的自然产卵场、繁殖场、索饵场及重要洄游通道等予以保护。

生活饮用水地表水源一级环境保护区、已经污染和其他不宜用于养殖的水域，不得规划用于渔业养殖。

第七条　大中型湖泊、水库的人工养殖应当科学确定养殖密度，合理投饵，实行轮养。人工养殖面积应当不超过该水域面积的15%；水生植物覆盖率高的水域，经省人民政府渔业行政主管部门核实后，人工养殖面积可以放宽到30%。

第八条　使用国家规划确定用于养殖业的国有水域、滩涂从事养殖生产的，使用者应当向县级以上地方人民政府渔业行政主管部门提出申请，由本级人民政府按照国家有关规定，核发养殖证。

养殖者不得超过养殖证许可的范围从事养殖生产。

第九条　集体所有的或者国有由集体经济组织使用的水域、滩涂，可以依法实行承包经营，从事养殖生产。在同等条件下，本集体经济组织的成员有优先承包权。

承包养殖水面应签订合同。发包方和承包方应严格履行承包合同。

第十条　养殖水域、滩涂的所有权、使用权受法律保护，任何单位和个人不得侵犯。权属有争议的，按照有关法律规定处理。在争议解决前，任何一方不得破坏养殖生产。

禁止偷捕、抢夺他人养殖的水产品。禁止破坏他人用于养殖的水体和养殖设施。

第十一条　因渔业养殖规划调整或者国家建设需要使用已确定给单位或者个人用于养殖生产的国有水域、滩涂的，应当依法给予经济补偿。具体补偿办法由省人民政府渔业行政主管部门制定，报省人民政府批准。

第十二条　鼓励单位和个人利用现有适宜养 殖的水域、滩涂、采矿 塌陷区、地热资源和工厂余热，发展渔业养殖。

第十三条　水产原种和良种场应当发挥技术、设备等优势，做好苗种的繁殖、培育和供应，开展技术服务工作。

第十四条　各级渔业行政主管部门应当为渔业生产者提供科技、信息和咨询等服务，鼓励和支持养殖新技术的推广应用。发展水产品加工业，推进渔业产业化。

发展水产养殖生产，应当优化养殖品种结构，积极发展名优水产品的苗种繁育和养殖生产，提高经济效益。

第十五条　养殖者应当按规定使用鱼药；不得使用含有毒、有害物质的饵料、饲料。

县级以上渔业行政主管部门和饲料主管部门依照各自职责加强对鱼药、饵料和饲料使用的监督检查。

第十六条　鱼塘建设，应当符合基本农田保护规划，鼓励和支持利用荒滩、荒水、洼地。

第十七条　地方各级人民政府和渔业行政主管部门应当鼓励种植和利用有经济价值的水生植物，采取措施保护天然水域的水生植物和底栖动物。血吸虫病流行区，禁止种植芦苇。

禁止在禁渔区、禁渔期内采捕天然水域中的水生植物和底栖动物，但为防治血吸虫病砍伐芦苇和投药灭螺的除外。防治血吸虫病投药灭螺的，应当在投药10日前公告投药的时间和区域。

第十八条　对捕捞业实行捕捞限额制度。

本省范围内的重要江河、湖泊的捕捞限额总量，由省人民政府渔业行政主管部门提出方案，报省人民政府批准后逐级分解下达。

第十九条　在江河、湖泊等天然水域从事捕捞业的单位和个人，应当向捕捞作业地县级以上地方人民政府渔业行政主管部门申请领取捕捞许可证。渔业行政主管部门应当自收到申请材料之日起20日内审核决定，对符合法律规定条件的，应当依法发放捕捞许可证。

渔业行政主管部门批准发放的捕捞许可证，应当与上级人民政府渔业行政主管部门下达的捕捞限额指标相适应。

第二十条　设置渔具、种植水生植物，不得影响航运和行洪。

第二十一条　在养殖或者增殖水域游钓的，必须征得其经营管理者同意。

第二十二条　渔业船舶所有人或者经营人，必须持有渔政监督管理机构、渔船检验机构核发的有关渔业船舶证书。

渔业船舶应当配备有效的安全设备、设施，做到持证行驶，不得从事经营性客运。

渔业船舶依法经渔船检验机构检验合格，方可使用。

第二十三条　重要渔业水域所在地的县级以上地方人民政府应当加强渔港建设和监督管理，维护渔港的正常秩序。

进出渔港的渔业船舶必须按照有关规定办理进出港签证。

第三章　渔业资源的增殖和保护

第二十四条　渔业受益单位和个人应当按规定交纳渔业资源增殖保护费，用于增殖和保护渔业资源。

第二十五条　天然水域中有重要经济价值水生动物的名录及其采捕标准，禁止使用或者限制使用的捕捞渔具和捕捞方法，渔具的最小网目尺寸等渔业资源保护措施，由省人民政府渔业行政主管部门规定并向社会公布。

禁止捕捞、收购、销售不符合可捕标准的水生动物，禁止传授禁用的捕捞方法。

第二十六条　省人民政府渔业行政主管部门应当根据鱼类的生长规律和生活习性划定禁渔区和禁渔期；县级以上地方人民政府渔业行政主管部门应当在禁渔区或者禁渔期内设置标志，加强管理。

在禁渔区、禁渔期内，不得从事捕捞活动，不得游钓，不得收购、销售非法捕捞的渔获物。

因科研等特殊需要在禁渔区、禁渔期内捕捞的，由省以上人民政府渔业行政主管部门批准。

第二十七条　严禁捕捞、销售国家或者省一、二级水生野生保护动物。误捕的，应当放回原水域；误伤的，应当采取保护措施并及时报告渔业行政主管部门；死亡的，应当报告渔业行政主管部门，由其按管理权限进行处理。

未经省人民政府渔业行政主管部门批准，不得捕捞、收购、销售天然水域中河蟹、鳗鱼等有重要经济价值的水生动物怀卵亲体和苗种。

因科研、养殖等确需捕捞、收购禁捕或者限捕水生动物的，按国家和省有关规定办理审批手续。

第二十八条　在鱼、虾、蟹洄游通道建闸、筑坝，对渔业资源有严重影响的，建设单位应当建造过鱼设施或者采取其他补救措施。在渔业水域新建排灌站，排灌单位应当在排灌水口建拦鱼设施。

沿江沿淮已建闸的湖泊，当地人民政府应当组织渔业、水等有关行政主管部门在不影响农田灌溉和工程安全的情况下，按照鱼类洄游规律适时开闸纳苗，增加湖区渔业资源。

第二十九条　在江河、湖泊等渔业水域进行爆破、勘探、疏浚航道、吸沙或者兴建锚地、水工程和其他设施，作业单位应当事先同有关县级以上地方人民政府渔业行政主管部门协商，采取有效措施，防止或者减少对渔业资源的损害。

第三十条　对兼有调蓄、灌溉等功能的渔业水域，由渔业行政主管部门会同水行政主管部门商定最低保鱼水位线，并建拦鱼设施。因特殊情况确需在最低水位线以下用水的，须经当地人民政府同意。给渔业生产造成损失的，应当给予经济补偿。

第三十一条　单位和个人从事水产苗种生产的，应当经县级以上地方人民政府渔业行政主管部门审批，自育、自用水产苗种的除外。

禁止生产、销售假冒伪劣水产苗种。

引进水生动植物苗种，应当进行检疫和安全性评价，防止有害水生动植物入侵，对渔业水域生态系统造成危害。

第三十二条　各级人民政府应当采取有效措施，保护和改善渔业水域的生态环境。任何单位和个人不得向渔业水域排放不符合国家规定标准的工业废水、倾倒工业废渣和其他废弃物。

禁止在渔业水域沤麻和洗涤有毒器具及其包装物品。禁止在渔港、种苗基地、养殖区和珍贵水生动植物的保护区新建拆船等污染严重的企业。已在上述区域建立的污染严重的企业，应当限期治理；逾期达不到要求的，由作出限期治理决定的地方人民政府责令停产整顿或者迁移。

第三十三条　渔业行政主管部门应当依法做好渔业水域环境的监督管理工作，完善渔业水域环境监测网络。

第四章　渔业的监督管理

第三十四条　渔业的监督管理实行统一领导，分级管理。

本行政区域的渔业，由本行政区域的渔业行政主管部门监督管理；跨行政区域的渔业，由毗邻区域的有关县级以上地方人民政府协商制定管理办法共同管理，或者由上一级人民政府渔业行政主管部门监督管理。管理权属发生争议，由争议双方的上一级人民政府裁决。

渔业生产纠纷实行分级调处。跨行政区域的，由纠纷双方的渔业行政主管部门协商调处，调处不成的，由上一级渔业行政主管部门裁决。

第三十五条　县级以上地方人民政府渔业行政主管部门可以设置渔政监督管理机构或者配备渔政检查人员。根据工作需要，可以在重要渔业水域设立渔船检验机构。

县级以上地方人民政府渔政检查人员和渔船检验人员，应当持执法证件上岗。

第三十六条　渔政监督管理机构的主要职责是：

（一）监督检查渔业法律、法规的执行，查处违法行为；

（二）保护、增殖渔业资源以及珍稀水生野生动植物资源；

（三）保护渔业生态环境，依法查处渔业污染事故；

（四）负责渔业船舶登记，核发渔船牌照、船员证书和捕捞许可证；

（五）维护渔业生产秩序，调查处理渔业生产纠纷和渔船安全事故；

（六）维护渔港水域秩序，对渔港内航行的渔业船舶实施监督管理。

渔船检验机构按照规定的权限，对渔业船舶进行检验。

第三十七条　乡（镇）可根据需要建立群众性的护渔组织或者聘用护渔人员，在县（市）人民政府渔业行政主管部门的业务指导下，依法开展护渔管理工作。

渔业生产者可以依法成立渔业协会，实行自我管理，自我服务，维护自身合法权益。

第五章　法律责任

第三十八条　有下列违法行为的，由渔业行政主管部门或者其所属的渔政监督管理机构，或者公安、工商等部门依据各自职责按照下列规定予以处罚；造成他人损失的，依法承担赔偿责任；构成犯罪的，依法追究刑事责任：

（一）未依法取得捕捞许可证进行捕捞的，没收渔获物和违法所得，并处 2000 元以上 1 万元以下的罚款；情节严重的，可以没收渔具和作业船只；

（二）违反捕捞许可证规定进行捕捞的，没收渔获物和违法所得，可以并处 1000 元以上 5000 元以下的罚款；情节严重的，可以没收渔具、吊销捕捞许可证；

（三）破坏他人养殖水体、养殖设施的，或者偷捕、抢夺他人养殖水产品的，责令改正，可以处 1000 元以上 5000 元以下的罚款；

（四）在禁渔区、禁渔期内或者以机械方式掠夺性采捕天然水域中的水生植物和底栖动物的，责令改正；拒不改正的，处 500 元以上 2000 元以下的罚款；

（五）使用炸鱼、毒鱼、电鱼等破坏渔业资源方法进行捕捞的，没收渔具、渔获物和违法所得，处2000元以上1万元以下的罚款；情节严重的，吊销捕捞许可证；

（六）使用禁用的渔具、捕捞方法和小于最小网目尺寸的网具捕捞或者渔获物中幼鱼超过规定比例的，没收渔获物和违法所得，处500元以上2000元以下的罚款；情节严重的，没收渔具，吊销捕捞许可证；

（七）违反禁渔区、禁渔期的规定进行捕捞的，没收渔获物和违法所得，处1000元以上5000元以下的罚款；

（八）在禁渔区、禁渔期内收购、销售非法捕捞的渔获物的，没收渔获物和违法所得，处500元以上2000元以下的罚款；

（九）未依法取得养殖证或者超越养殖证许可范围在国有水域从事养殖生产的，责令改正，补办养殖证；妨碍航运、行洪的，责令限期拆除养殖设施，可以并处1000元以上5000元以下的罚款；

（十）未经批准生产水产苗种的，责令停止生产，没收苗种和违法所得，并处1000元以上5000元以下的罚款；

（十一）未经经营管理者同意，在其养殖、增殖水域游钓的，责令改正；经劝阻无效的，依法给予治安处罚。

第三十九条　违反本办法规定，在渔业水域进行水下爆破、勘探、疏浚航道、吸沙或者兴建锚地、水工程和其他设施，造成渔业资源损失的，由县级以上地方人民政府责令作业单位按损失价值的1至3倍予以赔偿。

第四十条　违反本办法第十五条第一款规定的，按照《兽药管理条例》、《饲料及饲料添加剂管理条例》的规定进行处罚。

违反本办法第二十二条规定的，按照《中华人民共和国渔业船舶检验条例》、《安徽省渔业船舶安全管理暂行办法》的规定进行处罚。

违反本办法第二十七条第一款规定的，按照《中华人民共和国野生动物保护法》和《安徽省实施〈野生动物保护法〉办法》的规定进行处罚。

违反本办法第三十二条规定，造成渔业水域污染和渔业资源损失的单位和个人，除由县级以上地方人民政府责令其按损失价值的1至3倍赔偿外，并按照《中华人民共和国水污染防治法》及《中华人民共和国水污染防治法实施细则》的有关规定处罚。

第四十一条　渔业行政执法人员玩忽职守、徇私舞弊的，由其所在单位或者上级主管部门给予行政处分；情节严重、构成犯罪的，由司法机关追究刑事责任。

第六章　附　则

第四十二条　本办法自公布之日起施行。

安徽省实施《中华人民共和国野生动物保护法》办法

（1992年2月29日安徽省第七届人民代表大会常务委员会第二十九次会议通过）

第一条　根据《中华人民共和国野生动物保护法》（以下简称《野生动物保护法》），结合本省实际情况，制订本办法。

第二条　在本省行政区域内从事野生动物的保护、猎捕、驯养繁殖、经营开发利用等活动，必须遵守《野生动物保护法》和本办法。

第三条　本办法所称野生动物是指：国家和省重点保护的陆生、水生野生动物以及有益的或者有重要经济、科学研究价值的陆生野生动物。

前款规定以外的水生野生动物的保护、适用《中华人民共和国渔业法》和《安徽省实施〈渔业法〉办法》的规定。

第四条　地方各级人民政府应加强对野生动物资源的管理，制定保护、发展和合理利用野生动物资源的规划和措施。

任何单位和个人都有保护野生动物资源的义务，对侵占或者破坏野生动物资源的行为，有权制止、检举和控告。

保护、管理野生动物所需经费由当地财政和野生动物行政主管部门安排。

第五条　县级以上人民政府林业、渔业行政主管部门分别主管本行政区域内陆生、水生野生动物的管理工作。

野生动物行政主管部门应当设有与工作任务相适应的管理机构或专管人员。

公安、司法、环保、医药、商业、供销、外贸、工商行政管理等有关部门应与野生动物行政主管部门密切配合，共同做好野生动物保护管理工作。

第六条　各级野生动物行政主管部门每五年应组织一次野生动物资源调查，建立健全野生动物资源档案。

第七条　每年四月四日至十日为本省“爱鸟周”；每年十月为本省“保护野生动物宣传月”。

“爱鸟周”和“保护野生动物宣传月”期间，地方各级人民政府应组织有关部门，集中开展保护野生动物的宣传教育活动。

第八条　省重点保护野生动物分为一级保护野生动物和二级保护野生动物。省重点保护野生动物名录及其调整，由省人民政府制定公布，报国务院备案。

省保护的有益的或者有重要经济、科学研究价值的野生动物名录及其调整，由省野生动物行政主管部门制定公布，报省人民政府备案。

第九条　县级以上人民政府应根据实际情况，在野生动物主要生息繁衍的地区和水域，建立自然保护区。

自然保护区的建立和管理，按照国家和省有关规定办理。

第十条　县级以上野生动物行政主管部门应根据需要划定本地区的禁猎区，确定禁猎期和禁止使用的猎捕工具、方法。

因特殊原因需在禁猎区、禁猎期猎捕或使用禁用工具和方法猎捕的，应经县级以上野生动物行政主管部门批准。

第十一条　县级以上野生动物行政主管部门，应采取生物和工程技术措施，保护、改善野生动物的主要生息繁衍地区和水域，防止污染、破坏。

野生动物的生存因自然灾害受到威胁时，当地人民政府应采取抢救措施，减少损失。

第十二条　任何单位或个人发现伤病、受困、迷途的重点保护野生动物，应积极救护，并及时报告、送交当地野生动物行政主管部门，严禁伤害。

第十三条　野生动物行政主管部门对送交或没收受保护的野生动物或其产品，作如下处理：

（一）野生动物活体放归原生存的自然环境或适宜该动物生存的自然环境；

（二）野生动物死体或其产品，按照本办法第二十三条规定申请出售、利用。

第十四条　禁止捕杀国家和省重点保护的野生动物。因科学研究、驯养繁殖、展览或其他特殊情况，需要猎捕国家一级保护野生动物的，必须经省野生动物行政主管部门审核，向国务院野生动物行政主管部门申请特许猎捕证；需要猎捕国家二级和省一级重点保护野生动物的，必须经行署、市野生动物行政主管部门审核，向省野生动物行政主管部门申请特许猎捕证。

猎捕前款规定以外受保护的野生动物，必须向市、县野生动物行政主管部门申请狩猎证或捕捞证。

特许猎捕证、狩猎证、捕捞证的发放和管理办法，由省野生动物行政主管部门制定。

第十五条　外省猎捕者进入本省猎捕，必须凭其原所在地县级以上野生动物行政主管部门开具的证明，按照本办法第十四条规定向本省野生动物行政主管部门申请，经批准后方可猎捕。

第十六条　猎捕者应按特许猎捕证、狩猎证、捕捞证规定的种类、数量、时间、地点、方法猎捕。

第十七条　禁止使用军用武器、气枪、毒药、炸药、地弓、地枪、铁夹、陷阱、火攻等工具和方法猎捕野生动物。

第十八条　地方各级人民政府及其野生动物行政主管部门应当鼓励和支持单位和个人驯养繁殖野生动物。

第十九条　驯养繁殖野生动物，按下列规定，申请领取驯养繁殖许可证：

（一）驯养繁殖国家一级保护野生动物，经省野生动物行政主管部门审核，报国务院野生动物行政主管部门批准；

（二）驯养繁殖国家二级和省一级保护野生动物，由行署、市野生动物行政主管部门审核，报省野生动物行政主管部门批准；

（三）驯养繁殖省二级保护以及其他有益的或者有重要经济、科学研究价值的野生动物，由县级以上野生动物行政主管部门批准。

第二十条　经营野生动物或其产品（包括以驯养繁殖形式进行经营），按照本办法第十九条规定的程序，经批准后申领经营许可证，并向工商行政管理部门申领营业执照。

经批准经营非重点保护野生动物及其产品的单位或个人，应按批准单位核定的年度限额指标，从事经营活动。

第二十一条　驯养繁殖或经营利用野生动物的单位和个人，应建立驯养繁殖、经营利用档案，定期向县、市野生动物行政主管部门报告驯养繁殖或经营利用情况，并接受监督检查。

第二十二条　停止驯养繁殖或经营利用野生动物，应及时报告县、市野生动物行政主管部门和工商行政管理部门，申请注销驯养繁殖许可证、经营许可证和营业执照，并按本办法有关规定处理驯养繁殖或经营利用的野生动物。

第二十三条　禁止非法出售、收购、利用国家和省重点保护的野生动物或其产品。因科学研究、教学、驯养繁殖、开发利用、展览等特殊情况需要出售、收购、利用国家一级保护野生动物或其产品的，必须经省野生动物行政主管部门审核，报国务院野生动物行政主管部门或其授权的单位批准；需要出售、收购、利用国家二级和省一级保护野生动物或其产品的，必须经行署、市野生动物行政主管部门审核，报省野生动物行政主管部门批准；需要出售、收购、利用省二级保护以及其他有益的或者有重要经济、科学研究价值的野生动物，必须经市、县野生动物行政主管部门批准。

第二十四条　进入市场的野生动物及其产品，由野生动物行政主管部门配合工商行政管理部门进行监督管理。

第二十五条　运输、携带、邮寄野生动物或其产品，必须办理准运证。出市、县的，由 市、县野生动物行政主管部门核发准运证；出省的，由省野生动物行政主管部门核发准运证；出国的，按国家有关规定办理。

准运证文本由省野生动物行政主管部门统一印制。

第二十六条　经营利用野生动物或其产品，应当依法缴纳野生动物资源保护管理费。收费标准和办法由省林业、水产、物价、财政部门共同研究制定，报省人民政府批准。

第二十七条　有下列成绩之一的单位和个人，由县以上人民政府或野生动物行政主管部门给予表彰奖励：

（一）积极宣传、认真执行《野生动物保护法》和本办法，成绩突出的；

（二）拯救、保护和按《野生动物保护法》的规定驯养繁殖野生动物，成绩显著的；

（三）开展野生动物科学研究、推广科研成果，进行开发利用，有显著贡献的。

第二十八条 违反《野生动物保护法》和本办法，情节严重、构成犯罪的，由司法机关依法追究刑事责任。

第二十九条 在自然保护区、禁猎区、禁猎期猎捕或使用禁用的工具和方法猎捕野生动物的，没收猎获物、猎捕工具、违法所得和有关证件。有猎获物的，处以相当于猎获物价值5至10倍的罚款；没有猎获物的，处以50元至5000元罚款。

第三十条 未取得特许猎捕证、狩猎证、捕捞证或未按证件规定猎捕野生动物的，没收猎获物、猎捕工具、违法所得和有关证件。有猎获物的，处以相当于猎获物3至7倍的罚款；没有猎获物的，处以50元至2000元罚款。

第三十一条 非法猎捕国家和省重点保护野生动物造成死亡或严重伤害的，除按规定罚款外，还应赔偿损失，赔偿数额不超过罚款数额的二分之一。

赔偿费由县级以上野生动物行政主管部门管理，用于野生动物保护，专款专用。

第三十二条 非法出售、收购、加工、运输、携带、邮寄野生动物或其产品的，没收实物和违法所得，并处以相当于实物价值5至10倍的罚款。

第三十三条 伪造、倒卖、转让特许猎捕证和允许进出口证明书的，处以5000元至50000元罚款。

伪造、倒卖、转让狩猎证、捕捞证、驯养繁殖许可证、经营许可证、准运证的，处以500元至5000元罚款。

第三十四条 本办法规定的各项行政处罚，由县级以上野生动物行政主管部门决定，属于工商行政管理部门管理的，由工商行政管理部门按照本办法和工商行政管理法规进行处罚。

省野生动物行政主管部门根据本办法规定，制定受保护的野生动物具体价值和罚款标准，报省人民政府批准执行。

罚款和没收违法所得按《安徽省罚款和没收财物管理条例》的规定执行。

第三十五条 野生动物行政主管部门和有关部门的工作人员在执行公务时滥用职权、徇私舞弊、玩忽职守的，由其所在单位或上级主管机关给予行政处分，情节严重、构成犯罪的，依法追究刑事责任。

第三十六条 本办法具体应用中的问题，由省野生动物行政主管部门负责解释。

第三十七条 本办法自公布之日起施行。

安徽省实施《中华人民共和国农业技术推广法》办法

（1994 年 8 月 30 日安徽省第八届人民代表大会常务委员会第十二次会议通过
1997 年 11 月 2 日安徽省第八届人民代表大会常务委员会第三十四次会议修正）

第一章　总　则

第一条　为加强农业科研成果和实用技术的推广应用，维护推广者和应用者的合法权益，保障和促进农业的全面发展，实现农业现代化，根据《中华人民共和国农业技术推广法》等法律、法规的有关规定，结合我省实际，制定本办法。

第二条　本办法所称农业技术，是指应用于种植业、林业、畜牧业、渔业的科研成果和实用技术，包括良种繁育、施用肥料、病虫害防治、栽培和养殖技术，农副产品加工、保鲜、贮运技术，农业机械技术和农用航空技术，农田水利、土壤改良与水土保持技术，农村供水、农村能源利用和农业环境保护技术，农业气象技术以及农业经营管理技术等。

本办法所称农业技术推广，是指通过试验、示范、培训、指导以及咨询服务等，把农业技术普及应用于农业生产产前、产中、产后全过程的活动。

第三条　本办法适用于在本省行政区域内从事农业技术推广应用的一切活动。

第四条　各级人民政府（含行署，下同）必须加强对农业技术推广工作的领导，加强农科教结合和科教兴农工作，制定并落实具体政策措施，保证和促进农业技术推广事业的发展，振兴农村经济。

第五条　县级以上人民政府农业、林业、畜牧业、农机、渔业、水利等行政部门（以下统称农业技术推广行政部门），在同级人民政府领导下，按照各自职责，主管本行政区域内有关的农业技术推广工作。

各级农业技术推广机构，负责本辖区内的农业技术推广体系建设和农业技术推广具体工作。

第六条　乡镇农业技术推广机构是国家在基层的事业单位，实行条块结合、双重领导、以条为主的管理体制。其工作计划、推广资金、在编人员由县农业技术推广行政部门安排管理。乡镇人民政府主要负责综合、协调和监督、保障农业技术推广工作。

第二章　推广体系

第七条　农业技术推广，实行农业技术推广机构与农业科研单位、有关学校以及群众性科技组织、农民技术人员、科技示范户相结合的推广体系。

各级人民政府鼓励和支持供销合作社、其他企业事业单位、社会团体以及社会各界的科技人员到农村开展农业技术推广服务活动。

第八条　各级农业技术推广行政部门和乡镇人民政府应当设立农业技术推广机构，村民委员会（或村集体经济组织）和村民小组应当建立农业技术推广服务组织或配备农民技术员，形成农业技术推广网络。

第九条　县（含市、区，下同）以上各级农业技术推广机构的职责是：

（一）参与制订农业技术推广规划、计划和技术标准，并组织实施本地农业技术推广计划，实行目标管理；

（二）选定推广项目和技术，贯彻技术标准，制定技术规程；

（三）承担和组织实施选定的农业技术推广项目和上级下达的农业技术重点推广项目；

（四）试验、示范、推广农业新技术；

（五）参与农业科研成果的鉴定、评奖和实用技术的审定；

（六）宣传、普及农业科技知识，培训农业科技人员，总结推广先进经验；

（七）指导下级农业技术推广机构、群众性科技组织、科技示范户的农业技术推广活动；

（八）引进和推广实用的农业科学技术和农业经营管理技术，引导农民发展高产、优质、高效益的农业；

（九）为农业劳动者从事生产经营活动提供物资、技术、信息、咨询服务；

（十）加强农业技术推广基础设施管理，发挥其效能。

第十条　乡镇农业技术推广机构的主要职责是：

（一）向农业劳动者宣传、示范和推广农业先进技术；

（二）管理、指导村农业技术推广服务组织、农民技术员和科技示范户的科技推广工作；

（三）对村、组农民技术员和科技示范户进行适用技术培训；

（四）开展农业综合技术服务；

（五）传播农业科技和经济信息。

第十一条　村、组农业技术推广服务组织和农民技术人员在乡镇农业技术推广机构的指导下，进行各项农业先进技术的宣传、示范和推广，为农户提供技术服务。

农业科技示范户在农业技术推广服务组织和农业技术推广人员的指导下，通过生产示范，传播实用技术。

第十二条　农业科研单位必须把农业生产中需要解决的技术问题列入课题研究计划，对适合当地生产和经济条件的农业科研成果和农业技术，应积极组织推广利用。

第十三条　教育部门应当把农业技术推广人员的培养和农民技术人员的培训列入教育计划，并根据当地农业产业结构调整和农村经济发展，积极兴办农村职业学校，采取多种形式，广泛培训农村基层干部和农业劳动者，提高其科技文化素质。

普通中等农业学校应当根据国家有关规定，每年从农业技术推广机构中招收在岗农民技术人员入学，实行定向招生，定向分配。

改革农村普通中小学教育，增设农业科技知识课程，为农业生产培养后备人才。

第十四条　科学技术行政部门应当加强对农业技术推广工作的协调指导，把重点农业技术推广项目列入本地科技发展计划，并与农业技术推广行政部门配合实施。

各级科学技术协会及所属学会团体应积极配合农业技术推广机构，开展实用技术培训、科普宣传、成果展览、评比竞赛工作，为农业劳动者从事生产经营活动提供信息、咨询、技术服务。

第十五条　农、林、牧、渔场除做好本场的农业技术推广工作外，应当加强与当地有关农业技术推广行政部门的联系和协作，利用技术优势，面向社会，为农业劳动者开展农业技术推广服务。

第三章　推广和应用

第十六条　向农业劳动者推广的新技术、新成果，必须在推广地区经过试验、示范，并由县以上农业技术推广行政部门组织有关部门和农业专家及优秀的农民技术员成立可行性审定委员会进行审定，审定通过后方可推广。

第十七条　县级以上各级人民政府应当在任期内制定农业技术推广规划和年度计划，落实推广措施。

第十八条　农业技术推广项目由各级农业技术推广机构组织实施，必要时会同有关部门共同实施。农业科研单位、学校研制、引进的新技术、新成果通过审定后，可以通过农业技术推广机构推广，也可以由农业科研单位、学校直接推广。

第十九条　农业劳动者应用农业技术实行自愿的原则。各级农业技术推广机构积极引导和鼓励农业劳动者应用农业新技术、新成果。

第二十条　农业技术推广机构向农业劳动者进行试验、示范、提供技术信息、开展技术指导，实行无偿服务。向科技示范户提供优良品种、配套物资等，实行优先服务。

以技术转让、技术承包等形式提供农业技术的，可实行有偿服务，但当事人各方必须依法订立合同，约定各自的权利和义务。当事人各方的合法收入受法律保护。

第二十一条　各级农业技术推广机构根据农村经济发展的需要，可以兴办技术指导和物资供应相结合等多种形式的经营企业，开展有偿服务，实行独立核算，自负盈亏，并按国家有关规定在税收和信贷方面享受优惠待遇。国家规定并拨专款的农业技术推广项目不得变相转为有偿服务。

经营企业所得的利润，主要用于农业技术推广事业，任何单位和个人不得平调或挪用，不得因此减少农业技术推广事业费。

第二十二条　各级人民政府应当适应社会主义市场经济的需要，大力推行科农贸工一体化，鼓励和支持农业技术推广机构及有关单位、群众性科技组织和科技人员，积极开展农业技术推广社会化服务活动，为其提供必要的服务条件，在示范基地、服务设施、生产资料供应、资金和信贷等方面给予扶持。农业技术推广行政部门应当会同工商行政管理等有关部门加强监督管理，维护农民利益。

第四章　保障措施

第二十三条　各级人民政府必须逐步提高对农业技术推广的投入，在财政预算内应当保障用于农业技术推广的资金（含事业费和重点项目推广经费），并应当使该资金逐年增长。

各级人民政府通过财政拨款以及从农业发展基金中提取一定比例的资金的渠道，筹集农业技术推广专项资金。国家规定的各项用于农业技术进步的资金应保证落实，并及时到位。农业技术推广资金和专项资金由农业技术推广机构实行专款专用，任何单位和个人不得截留和挪用。

第二十四条　乡镇、村集体经济组织从其兴办企业的以工补农、建农资金中提取一定数额，用于本乡镇、本村农业技术推广的投入。

第二十五条　各级农业技术推广机构应有计划地吸收大中专毕业生，充实农业技术推广队伍。

乡镇农业技术推广机构编制人员不足时，可以从农民技术员中招聘，但必须经县级农业技术推广行政部门会同组织人事部门统一组织的考试、考核，择优聘用。聘用后，享受同级国家技术人员待遇。

第二十六条　各级农业技术推广机构的人员必须逐步达到以农业专业技术人员为主。专业技术人员必须具有中等以上的有关专业学历，或者经县以上人民政府有关部门进行专业培训，并经考核达到相应的专业技术水平，取得合格证书。

县、乡镇农业技术推广机构要积极采取措施，培训农民技术员，使其逐步达到初级以上专业技术水平，并按国家有关规定，评定相应的技术职称。

第二十七条　各级人民政府应当保障农业技术推广机构必要的试验示范基地和生产资料，保障办公、培训用房和必要的仪器设备，农业技术推广机构的试验示范基地、生产资料和其他财产不受侵占。已侵占的必须限期纠正。

各级人民政府应当采取措施，保障和改善从事农业技术推广工作的专业科技人员的工作条件和生活条件，保持农业技术推广机构和专业技术人员的稳定。

第二十八条　在农业第一线工作的农业技术人员享受下列待遇：

（一）凡在县城以下（不含县城）和山区县（区）农业技术推广机构从事农业技术推广工作，具有技术员以上专业技术职称，积极工作，完成任务的，可享受岗位浮动工资。具体办法由省人事部门会同有关部门制定。

（二）在乡镇农业技术推广机构工作满二十五年的农业科技人员，成绩显著，经县人民政府推荐，由省人民政府颁发荣誉证书和物质奖励。

（三）在乡镇从事农业技术推广工作的专业技术人员晋升职称时，应当将他们从事农技推广工作的业务技术水平和实绩，作为考核主要内容。

（四）大中专毕业生分配到乡镇农业技术推广机构工作的，直接执行定级工资。

（五）国家规定的其他待遇。

第五章　奖励和处罚

第二十九条　各级人民政府对在农业技术推广工作中取得显著成绩，获得较大经济效益、社会效益和生态效益的单位和个人，应当给予奖励，成绩突出的人员可以破格晋升、提拔。具体办法由省人民政府制定。

第三十条　有下列行为之一的，由各级人民政府或农业技术推广行政部门除责令其限期纠正、赔偿损失外，并视其情节轻重，对直接责任人给予行政处分；触犯刑律的，由司法机关依法追究刑事责任。

（一）强制推广或推广未经审定通过的农业技术，造成损失的；

（二）凭借职权或其他手段，妨碍农业技术推广工作的；

（三）擅自撤并农业技术推广机构的；

（四）未经农业技术推广行政主管部门同意，随意变动农业技术推广机构人员的；

（五）截留、挪用农业技术推广资金的；

（六）侵占、平调农业技术推广机构试验基地、生产资料和其他财产的；

（七）虚报试验、示范结果的；

（八）虚报推广成果、骗取荣誉的；

（九）以农业技术推广服务为名，采取非法手段，牟取暴利的。

第六章　附　则

第三十一条　本办法具体应用中的问题由省农业技术推广行政部门负责解释。

第三十二条　本办法自 1995 年 1 月 1 日起施行。

安徽省农民负担管理条例

（1996年12月31日安徽省第八届人民代表大会常务委员会第二十八次会议通过）

第一章 总 则

第一条 为减轻农民负担，保护农民的合法权益，调动农民生产积极性，促进农村经济发展和社会稳定，根据《中华人民共和国农业法》和《农民承担费用和劳务管理条例》等法律、法规，结合我省实际，制定本条例。

第二条 本条例所称农民负担，是指农民缴纳税金、完成国家农产品定购任务外，依照法律、法规所承担的村（包括村民小组，下同）提留、乡（包括镇，下同）统筹费、劳务（农村义务工和劳动积累工）和法定的其他费用。

向国家缴纳税金，完成国家农产品定购任务，依照前款规定承担的费用和劳务，是农民应尽的义务，必须履行。除此以外要求农民无偿提供任何财力、物力和劳务的，均为非法行为，农民有权拒绝。

第三条 农民负担，应坚持因地制宜、量力而行、取之有度、用之合理的原则，实行总量控制、定项限额、定向使用、财务公开、审计监督的管理办法。

第四条 各级人民政府应加强对农民负担管理工作的领导，实行政府主要领导负责制，定期开展农民负担执法检查，并向同级人民代表大会及其常务委员会报告农民负担情况。

第五条 县级以上地方人民政府农村经济主管部门主管本行政区域内的农民负担管理工作。乡人民政府主管本乡的农民负担管理工作，日常工作由乡农村合作经济经营管理机构具体负责。

计划、财政、税务、审计、监察、物价、政府法制等有关部门按照各自的职责，协同农村经济主管部门做好农民负担管理工作。

第六条 各级农村经济主管部门负责监督检查国家和省有关农民负担法律、法规及方针、政策的执行情况；对本级人民政府有关部门拟出台的涉及农民负担文件提出审核意见；对村提留、乡统筹费和劳务的提取、使用、管理情况进行审计监督；受理有关农民负担问题的举报，处理或协助有关部门处理涉及农民负担的案件；培训农民负担管理人员。

农村经济主管部门履行本条例规定职责时，有权查阅、复制有关资料，要求被查处的单位和个人提供有关情况；责令停止、纠正增加农民负担、损害农民利益的行为，情节严重的，建议本级人民政府或有关部门查处。

第七条 对违反本条例规定，非法增加农民负担的行为，任何单位和个人都有权举报。

第八条　对在农民负担监督管理工作中成绩显著或检举、揭发非法增加农民负担行为有功的单位和个人,由各级人民政府给予表彰或奖励。

第二章　村提留、乡统筹费、劳务的标准和使用范围

第九条　农民向集体经济组织缴纳的村提留和乡统筹费(不含乡、村集体所有制企业缴纳的利润),以乡为单位,以国家统计管理部门批准、农村经济主管部门制定的农村经济收益分配统计报表和计算方法统计的数字为依据,不得超过上一年农民人均纯收入的5%,其中乡统筹费不得超过2．5%。

村际之间上一年农民人均纯收入差距较大的,由乡人民政府提出,经县级人民政府决定,可以村为计算单位,提取村提留、乡统筹费。

第十条　村提留包括公积金、公益金和管理费,用于下列方面:

(一)公积金,用于农田水利基本建设、植树造林、购置生产性固定资产和兴办集体企业。

(二)公益金,用于五保户供养、特别困难户补助、合作医疗保健以及其他集体福利事业。

(三)管理费,用于村干部报酬和管理开支。村干部报酬实行定额补助和误工补贴两种形式,应严格控制补助人数和补贴标准。具体定额补助人数、标准和误工补贴办法,由乡人民政府根据村规模、经济发展水平和实际工作需要制定,报县人民政府批准。

第十一条　乡统筹费用于乡村两级办学、计划生育、优抚、民兵训练、修建乡村道路等民办公助事业。

乡统筹费可以用于五保户供养。五保户供养从乡统筹费中列支的,不得在村提留中重复列支。

第十二条　农村义务工,用于植树造林、防汛、公路建勤、修缮校舍等。按标准工日计算,每个农村劳动力每年承担不超过10个。

因防汛、抢险、抗灾需要增加农村义务工的,由县级以上人民政府统筹安排。

第十三条　劳动积累工,用于农田水利基本建设和植树造林等。按标准工日计算,每个农村劳动力每年承担不超过20个;有条件的地方,经县级以上人民政府批准,可以适当增加,但增加的数量最多不超过5个。劳动积累工应当主要在农闲期间使用。

乡以上人民政府统一组织农田水利建设使用劳动积累工时,应贯彻谁受益、谁负担的原则。确需非受益区劳力支援的,应采取以工换工或以资代劳的办法,签订合同,按期兑现。

第三章　村提留、乡统筹费、劳务的提取和管理

第十四条　村提留、乡统筹费分别按农民承包土地面积和农业人口提取,或按承包土地面积和农业人口各半标准提取。

对乡、村私营企业和个体工商业户，应按税后利润总额的 0. 5%提取村提留和乡统筹费，但不计算在本条例规定的 5%限额之内。

第十五条 对收入水平在本村平均线以下的革命军属、烈属、伤残军人、失去劳动能力的复员退伍军人和特别困难户，经村集体经济组织成员大会或成员代表会议评定，可以减免村提留。

经乡人民政府评定的贫困村和经县民政部门、其他有关部门评定的遭受严重自然灾害造成较大经济损失的村，由村集体经济组织提出申请，经乡农村合作经济经营管理机构审核、乡人民政府同意，提请乡人民代表大会审议通过，可以核减乡统筹费。

第十六条 农村义务工和劳动积累工以出劳为主，不得强行以资代劳，农民自愿以资代劳的，由本人提出申请，报村集体经济组织批准。以资代劳金标准由村集体经济组织成员大会或成员代表会议讨论确定。

男性超过 55 周岁、女性超过 50 周岁的农民，不承担农村义务工和劳动积累工。因病、残不能承担农村义务工、劳动积累工的，经村集体经济组织成员大会或成员代表会议讨论决定，可以减免。

第十七条 村提留由村集体经济组织作出上年度决算方案和本年度预算方案，经村集体经济组织成员大会或成员代表会议讨论通过，2 月底前报乡人民政府备案。

乡统筹费由乡人民政府商乡集体经济组织作出上年度决算方案和本年度预算方案。

农村义务工和劳动积累工，由乡人民政府商村集体经济组织提出用工计划。

第十八条 乡人民政府将上年度乡统筹费决算方案和当年度预算方案（包括用工计划，下同）于 3 月底前提请乡人民代表大会审议通过后，连同本乡范围内的村提留预决算方案，报县农村经济主管部门批准，并张榜公布，接受群众监督。

村提留、乡统筹费上年度有结余的，必须转抵本年度的预算额，不得平调，不得挪用。

非法提取的村提留、乡统筹费和劳务，已经使用而当年无法退还或者没有给予经济补偿的，冲抵下年度负担。

第十九条 经批准的村提留、乡统筹费预算方案，由乡农村合作经济经营管理机构按照本条例第十四条的规定，逐级分解到户，按户填入《农民负担监督卡》，于 4 月底前由村集体经济组织发放到户。

村提留、乡统筹费分夏、秋两季提取，具体提取比例由县农村经济主管部门提出，报县级人民政府批准。不得预收，不得以贷款垫付。

第二十条 村提留、乡统筹费实行全年统算统收制度，由村集体经济组织和乡人民政府组织收取，同时开具《农民承担费用统一收款收据》。农民凭《农民负担监督卡》交款，收取费用数额与《农民负担监督卡》上的数额不一致或不开统一收据的，农民有权拒付。

第二十一条　村提留和以资代劳金归村集体经济组织范围内全体农民所有，由乡农村合作经济经营管理机构管理；乡统筹费归乡集体经济组织范围内全体农民所有，均属集体资金，任何单位和个人不得改变集体资金性质。

村提留、乡统筹费和以资代劳金应专户存储，专款专用，实行报账结算制度。禁止以领代报或以拨代支。

第二十二条　村提留、乡统筹费和劳务的提取、使用、管理情况，应接受审计监督。

第二十三条　严格村级财务管理，建立民主理财制度，以村为单位成立民主理财小组，农民通过查阅账册，提出质疑或参与财务清理等方式，对村集体财务进行监督。

第四章　其他项目的监督管理

第二十四条　农民承担的税金，依照有关法律、法规计征。

对先征后减免的农业税，从确定减免之日起3个月内如数退还给农民，不得截留和挪用。

禁止按户、人口或土地面积平均分摊征收或重复征收农业特产税、耕地占用税、屠宰税、车船使用税、印花税等。

第二十五条　农产品收购单位必须在收购时向出售农产品的农民付清价款，实行户交户结。除法律、法规另有规定外，不得代扣任何费用。

第二十六条　主要农产品收购任务，由省人民政府下达，其他任何单位无权下达或增减。

禁止以要求农民完成主要农产品收购任务为理由，向农民收取违约金、押金、罚款、差价款等。

第二十七条　面向农民的行政事业性收费，项目的设置、标准的制定和调整，须经省财政、物价部门会同农村经济主管部门批准，重要项目须经国务院或省人民政府批准。收费时必须使用省财政部门统一印制的收费票据，并实行收费许可证、收费票据和年度审验、票据稽查制度。

第二十八条　任何单位和个人为农民提供经济、技术、劳务、信息等服务，应遵循自愿原则，不得强行服务，强行收费。

农村电费、水费的收取按国家和省有关规定执行，禁止擅自提高标准或加收其他费用。

第二十九条　向农民集资，应遵循自愿、适度、出资者受益、资金定向使用的原则。集资项目的设置和范围的确定，须经省计划主管部门会同财政、农村经济主管部门批准，重要项目须经国务院或者省人民政府批准。法律、法规另有规定的，从其规定。

第三十条　向农民发行有价证券、报刊、书籍及组织农民参加保险等，除法律、法规另有规定外，应遵循自愿原则，任何单位和个人不得强行摊派。

第三十一条　任何机关和单位在农村设置机构、配备或聘用人员及执行公务、参观学习、购置交通、通信工具、吃喝招待等，所需经费不得向农民摊派。

任何达标升级或变相达标升级活动，严禁要求农民出钱、出物、出工。

第三十二条　禁止非法对农民进行罚款或没收财物。依法罚没的，必须使用省财政主管部门统一印制的票据。

第五章　法律责任

第三十三条　违反本条例规定，制发增加农民负担的文件一律无效，应由上级机关或有关部门对主管人员给予行政处分；已非法收取的款物，如数退还，对主管人员应加重处分。

第三十四条　违反本条例规定，有下列行为之一的，由本级以上农村经济等主管部门或人民政府责令改正，如数退还非法收取的财物或给予经济补偿，并可由其所在单位、上级主管部门或者监察机关对主管人员和其他直接责任人员给予行政处分，对拒不改正或拒不执行处分决定的，可直接向人民法院起诉：

（一）不按规定计算方法统计农民人均纯收入的；

（二）提取的村提留、乡统筹费超过5%限额或超限额分摊劳务的；

（三）在村提留、乡统筹费和劳务项目外另立项目的，或超出村提留、乡统筹费和劳务规定的使用范围而使用的；

（四）擅自增加村干部补助、补贴人数或提高村干部补助、补贴标准的；

（五）不按规定提取、减免村提留、乡统筹费和劳务的；

（六）不按规定确定以资代劳金或强行以资代劳的；

（七）不按规定编制、报批村提留、乡统筹费预决算方案和劳务用工计划的；

（八）上年度结余的村提留、乡统筹费不转抵本年度预算额的；

（九）不按规定填制、发放《农民负担监督卡》的；

（十）预收或者以贷款垫付村提留、乡统筹费的；

（十一）提取村提留、乡统筹费和以资代劳金不使用法定收据或不出具收据的；

（十二）平调村提留、乡统筹费和以资代劳金的，或将村提留、乡统筹费和以资代劳金纳入财政收入的；

（十三）不实行报账结算制度，以领代报或以拨代支的；

（十四）不公布村提留、乡统筹费和劳务的提取、使用、管理情况的；

（十五）村提留、乡统筹费和以资代劳金拒绝接受审计监督的；

（十六）其他违反村提留、乡统筹费、劳务提取、使用和管理行为规定的；

（十七）违反本条例第四章“其他项目的监督管理”规定的。

第三十五条　对检举、揭发、控告和抵制非法增加农民负担行为的单位和个人打击报复的，动用联防队、小分队等组织或使用械具、暴力向农民收取款物的，属于违反《中华人民共和国行政监察条例》的，由行政监察机关依法处理；属于违反《中华人民共和国治安管理处罚条例》的,由公安机关依法处罚;构成犯罪的,由司法机关依法追究刑事责任。

第三十六条　农民违反本条例第二条规定,不履行义务的,由村集体经济组织限期履行;拒不履行的,可依照《安徽省农业承包合同管理条例》申请仲裁,也可申请人民法院强制执行或者直接向人民法院提起诉讼。

第三十七条　农村经济主管部门及其工作人员在执行公务时,玩忽职守、徇私舞弊的,对主要负责人和直接责任人,由其所在单位或有关主管机关责令改正,情节严重的,给予行政处分;构成犯罪的,依法追究刑事责任。

第六章　附　则

第三十八条　本条例具体应用中的问题,由省农村经济主管部门负责解释。

第三十九条　本条例自 1997 年 2 月 1 日起施行。本省有关规定与本条例规定有抵触的,按本条例执行。

安徽省基本农田保护条例

（1996年7月28日安徽省第八届人民代表大会常务委员会第二十五次会议通过
2004年6月26日安徽省第十届人民代表大会常务委员会第十次会议修正）

第一章 总 则

第一条 为了对基本农田实行特殊保护，稳定耕地面积，促进农业生产和国民经济持续、快速、健康发展，根据《中华人民共和国土地管理法》（以下简称《土地管理法》）、《中华人民共和国农业法》和国务院《基本农田保护条例》以及有关法律、法规的规定，结合我省实际，制定本条例。

第二条 本条例适用于我省行政区域内基本农田的划定、保护、建设和管理。

第三条 本条例所称基本农田，是指根据一定时期人口和国民经济对农产品的需求，以及对建设用地的预测而确定的长期不得占用和基本农田保护区规划期内不得占用的耕地。

本条例所称基本农田保护区，是指为对基本农田实行特殊保护而依照法定程序划定的区域。

第四条 地方各级人民政府应当把基本农田保护工作纳入国民经济和社会发展计划，作为领导任期目标责任制的重要内容，由上一级人民政府监督实施，并实行年度考核。

地方各级人民政府定期向同级人民代表大会或其常务委员会报告基本农田保护情况。

第五条 地方各级人民政府对本行政区域内的基本农田全面规划，合理利用，加强管理，严格控制非农业建设占用耕地。逐步增加对基本农田的投入，完善农田水利设施，培肥地力，改善生态环境。

鼓励境内外组织和个人对基本农田的农业开发建设进行投资，其合法权益受法律保护。

第六条 县级以上（含县级，下同）人民政府土地管理部门和农业行政主管部门按照有关法律、法规和本级人民政府规定的职责分工，负责本行政区域内基本农田保护管理工作；其他各有关部门按照各自的职责，协同土地管理部门和农业行政主管部门实施基本农田保护工作。

乡（镇）人民政府负责本行政区域内基本农田保护管理工作。

第七条 地方各级人民政府对在基本农田保护管理工作中取得显著成绩的单位和个人，应当给予奖励。

一切单位和个人都有保护基本农田的义务，并有权对侵占、破坏基本农田以及其他违反本条例的行为进行检举、控告和抵制。

第二章　划　定

第八条　地方各级人民政府应当编制基本农田保护区规划，确定基本农田保护的数量指标和布局安排，报上一级人民政府批准执行，并逐级分解下达。乡（镇）基本农田保护区规划必须把基本农田保护面积落实到地块和农户。

省人民政府对基本农田保护面积实行指标控制。具体保护面积由省人民政府确定，报省人民代表大会常务委员会备案。

第九条　下列耕地应当划入基本农田保护区：

（一）县级以上人民政府确定的粮、棉、油、麻生产基地和名、特、优、稀、新农产品生产基地；

（二）高产、稳产田和有良好水利条件与水土保持设施的耕地以及经过治理、改造和正在实施改造的中、低产田；

（三）城市和独立工矿区蔬菜生产基地和拟建设的蔬菜基地；

（四）农业教学、科研、农业技术推广试验示范用地和农作物良种繁育基地；

（五）根据需要予以保护的耕地。

第十条　划入基本农田保护区的耕地分为三级：

（一）生产条件好、产量高、长期不得占用的耕地，划为一级基本农田；

（二）生产条件较好、产量较高、十年内不得占用的耕地，划为二级基本农田；

（三）五年内不得占用的耕地，划为三级基本农田。

第十一条　基本农田保护区划定后，由县级人民政府的上一级人民政府组织有关部门按照划定基本农田保护区技术规程验收。验收合格的，由县级人民政府予以公告，设立保护标志。

第十二条　县级人民政府土地管理部门和农业行政主管部门应当建立基本农田保护区档案。

乡（镇）人民政府应对划定的基本农田保护区内耕地逐地块登记造册，编制图表，并向县级人民政府土地管理部门报送以下资料，同时抄送同级农业行政主管部门：

（一）基本农田保护区规划报告；

（二）基本农田保护区规划图；

（三）基本农田保护面积汇总表；

（四）基本农田保护面积分解表；

（五）基本农田保护区地块登记表册。

第十三条　划定基本农田保护区时不得擅自改变原承包者的承包经营权。

第三章　保护和管理

第十四条　县级以上地方人民政府应当与下一级人民政府签订基本农田保护责任书，乡镇人民政府应当与农村集体经济组织或者村民委员会签订基本农田保护责任书。

基本农田保护责任书应当包括下列内容：

（一）基本农田的范围、面积、地块；

（二）基本农田的等级；

（三）保护措施；

（四）当事人的权利与义务；

（五）奖励与处罚。

农业承包合同应当载明承包农户对基本农田的保护责任。

第十五条　基本农田保护区内禁止下列行为：

（一）擅自将耕地改为非耕地；

（二）闲置、荒芜耕地；

（三）建窑、建房、建坟；

（四）擅自挖沙、采石、采矿、取土；

（五）排放污染性的废水、废气，堆放固体废弃物；

（六）向基本农田提供不符合国家有关标准的肥料、农药；

（七）毁坏水利排灌设施；

（八）擅自砍伐农田防护林和水土保持林；

（九）破坏或擅自改变基本农田保护区标志；

（十）其他破坏基本农田的行为。

第十六条　在基本农田保护区内不得设立非农业开发区和工业小区。

国家能源、交通、水利等重点建设项目选址确实无法避开基本农田保护区，需要占用基本农田保护区耕地的，必须按国家法律、法规和本条例规定的程序和权限报批。

第十七条　开采地下资源或者从事其他生产建设活动，造成基本农田塌陷、毁坏的单位或个人，必须按照土地复垦有关规定负责整治或支付复垦费用，并对造成的损失给予补偿。

第十八条　国家能源、交通、水利、军事等重要建设项目选址确实无法避开基本农田保护区，需要占用基本农田，涉及农用地转用或者征收土地的，必须经国务院批准。

第十九条　经依法批准占用基本农田保护区耕地的单位或个人，除依照国家有关规定缴纳有关税费外，必须按照“占多少、垦多少”的原则，负责开垦与所占耕地的数量、质量相当的新耕地；没有条件开垦或开垦的耕地不符合要求的，应按下列标准一次性缴纳或补足占用基本农田保护区耕地开垦费：

（一）占用一级基本农田的，为征地补偿、补助费用总额的 2 倍；

（二）占用二级基本农田的，为征地补偿、补助费用总额的1倍；

（三）占用三级基本农田的，为征地补偿、补助费用总额的0.5倍。

占用蔬菜生产基地内的菜地，已按照国家有关规定缴纳新菜地开发建设基金的，不再缴纳占用基本农田保护区耕地开垦费。

第二十条　基本农田保护区耕地开垦费由县级以上人民政府土地管理部门负责征收，解交同级财政专户储存，专款专用，用于新的基本农田的开垦和中低产田改造。开垦费具体征收管理和使用办法由省土地管理部门、农业行政主管部门会同财政部门制定。

第二十一条　基本农田被批准占用的，县级以上人民政府应当适时在本行政区域内调整补充，并在规定期限内组织开垦新耕地。当地确实无条件开垦新耕地的，由上一级人民政府组织异地开垦。调整基本农田应当按照本条例第八条规定程序报批。

第二十二条　非农业建设经批准使用基本农田的单位或个人，超过一年未使用的，由县级以上人民政府土地管理部门按每平方米5元至10元收取土地闲置费；超过两年未使用的，由县级以上人民政府土地管理部门依法收回土地使用权。

承包经营集体所有的基本农田保护区耕地的个人弃耕抛荒的，由农村集体经济组织或村民委员会收回承包经营权。

收取的土地闲置费用于开发新耕地，不得挪作他用。

第二十三条　基本农田保护工作所需经费，由土地管理部门和同级农业行政主管部门提出计划，报同级人民政府批准后由同级财政核拨。

第四章　法律责任

第二十四条　违反本条例规定，有下列行为之一的，依照《土地管理法》、《中华人民共和国土地管理法实施条例》和《安徽省实施〈土地管理法〉办法》的有关规定给予处罚：

（一）未经批准或者采取不正当手段骗取批准，非法占用或超过批准面积占用基本农田保护区内耕地的；

（二）非法批准占用基本农田保护区耕地的；

（三）买卖或者以其他形式非法转让基本农田保护区耕地的。

第二十五条　违反本条例第十五条第一、三、四、十项规定之一的，依照《安徽省实施〈土地管理法〉办法》的规定，责令限期纠正，并按被毁坏基本农田每平方米5元至15元的标准处以罚款。

违反本条例第十五条第五、六、七、八项规定之一的，分别按照环保、森林、水土保持等有关法律、法规的规定处罚。

违反本条例第十五条第九项规定的，责令恢复原状，可以并处300元至500元的罚款。

第二十六条　违反本条例第十六条规定的，对负有直接责任的主管领导和有关责任人，由其所在单位或者上级机关给予行政处分，其所占土地按非法占地处理。

第二十七条　违反本条例规定，未经批准或者采取欺骗手段骗取批准，非法占用基本农田的，依照《中华人民共和国土地管理法》和《中华人民共和国土地管理法实施条例》的有关规定，从重给予处罚。

第二十八条　单位非法占用基本农田保护区耕地开垦费、闲置费的，由县级以上人民 政府指定有关部门责令退赔，可以处以非法占用额一倍至三倍的罚款；对负有直接责任的主管人员和其他直接责任人由其所在单位或上级机关给予行政处分；个人非法占用的，以贪污论处。

第二十九条　本条例规定的行政处罚由县级以上地方人民政府土地管理部门或者由其委托的符合法定条件的组织实施。法律、法规另有规定的，从其规定。

罚款应使用财政部门统一印制的罚没收据，罚没款全额上缴同级财政。

第三十条　当事人对处罚决定不服的，可以依照《行政复议条例》的规定申请复议或依法向当地人民法院起诉。

逾期不申请复议不起诉，又拒不执行处罚决定的，由作出处罚决定的行政机关申请人民法院强制执行。

第三十一条　基本农田保护管理工作人员玩忽职守、滥用职权、徇私舞弊的，由其所在单位或者上级机关给予行政处分；情节严重构成犯罪的，由司法机关依法追究刑事责任。

第三十二条　拒绝、阻碍基本农田保护管理工作人员执行公务的，由公安机关依照《中华人民共和国治安管理处罚条例》的有关规定给予处罚；情节严重构成犯罪的，由司法机关依法追究刑事责任。

第五章　附　则

第三十三条　本条例具体应用中的问题由省土地管理部门负责解释。

第三十四条　本条例自一九九六年九月一日起施行。

安徽省农作物种子管理条例

（1997 年 6 月 7 日安徽省第八届人民代表大会常务委员会第三十一次会议通过
2002 年 5 月 24 日安徽省第九届人民代表大会常务委员会第三十次会议修正）

第一章　总　则

第一条　为加强农作物种子管理，保护和利用种质资源，保证种子质量，规范种子选育、生产、经营和使用行为，维护种子选育者、生产者、经营者和使用者的合法权益，促进农业结构调整和农业生产的发展，根据《中华人民共和国种子法》（以下简称《种子法》）等法律、行政法规，结合本省实际，制定本条例。

第二条　本条例所称农作物种子（以下简称种子），是指农作物的种植材料或者繁殖材料，包括籽粒、果实和根、茎、苗、芽、叶等。

本条例所称主要农作物，是指稻、小麦、玉米、棉花、大豆、油菜、马铃薯以及省人民政府农业行政主管部门确定的其他 1 至 2 种农作物。

第三条　本条例适用于本省行政区域内种子的选育、生产、经营和管理。

第四条 县（市、区，下同）以上人民政府农业行政主管部门主管本行政区域内种子工作，其所属的种子管理机构受委托具体负责种子管理工作。

第五条　省人民政府设立专项资金，用于扶持良种选育、试验和推广。市、县人民政府可以根据需要，设立专项资金。

省人民政府建立种子贮备制度，主要用于发生灾害时的生产需要，保障农业生产安全。种子贮备的具体办法按照国务院的规定执行。

第六条　各级人民政府应当鼓励采用新的科学技术，加快新品种的选育、生产和推广，对在种子工作中成绩显著的单位和个人给予表彰奖励。

第二章　种质资源保存和利用

第七条　省人民政府农业行政主管部门应当加强对农作物种质资源的保护和管理，授权农业科研、教学等单位建立品种资源库和资源档案，做好种质资源搜集、整理、鉴定、登记、保存和利用工作。

第八条　鼓励单位和个人从省外引进种质资源。对引进的种质资源必须进行检疫，并将有关资料及适量种子报省人民政府农业行政主管部门授权的单位鉴定、登记和保存。利用引进的种质资源应当征得引进者的同意。

从境外引进或者向境外提供种质资源，必须按国家有关规定办理。

第三章　品种选育和审定

第九条　各级人民政府鼓励单位、个人选育和开发新品种，在资金、信贷等方面给予扶持。选育新品种应当注重多样性、优质性和安全性。

省人民政府应当建立专业化异地育种基地，加强对异地育种、鉴定工作的统一管理，在基础设施等方面，给予必要的资金扶持。

第十条　主要农作物品种在推广应用前应当通过国家级或者省级审定，申请者可以直接申请省级审定或者国家级审定。省人民政府农业行政主管部门确定的主要农作物品种实行省级审定。

省人民政府农业行政主管部门设立由种子科研、教学、生产、推广、管理、使用等方面的专业人员组成的农作物品种审定委员会，负责本省范围内主要农作物品种的审定工作。

通过省级审定的主要农作物品种，由省农作物品种审定委员会发给证书，并由省人民政府农业行政主管部门予以公告。省农作物品种审定委员会对申报的主要农作物品种，应当在品种试验结束后6个月内完成审定工作。

第十一条　通过国家级或者省级审定的主要农作物品种可以在本省适宜的生态区域推广。经省人民政府农业行政主管部门同意，与本省属于同一生态区域的相邻省审定通过的主要农作物品种可以引种，具体引种管理办法由省人民政府农业行政主管部门制定，并报省人民政府备案。

第十二条　应当审定的农作物品种未经审定通过的，不得发布广告，不得经营、推广。

第十三条　审定通过的主要农作物品种在生产利用过程中，发现有不可克服的弱点，省农作物品种审定委员会应当提出中断或终止推广的意见，报原公布机关通过后发布公告。

第十四条　农作物新品种权受法律保护，实行有偿转让。

第四章　种子生产

第十五条　主要农作物的商品种子生产实行许可制度，具体办法按照《种子法》的规定执行。

第十六条　种子生产者必须执行种子生产技术规程和种苗产地检疫规程。

第十七条　种子生产者应当建立种子生产档案，接受种子管理机构的监督检查。

种子生产档案保存年限按国家规定执行。

第十八条　各级人民政府应当鼓励单位和个人建立相对稳定的良种生产基地，实行专业化生产。

第五章　种子经营

第十九条　种子经营实行许可制度，具体办法按照《种子法》的规定执行。

第二十条　种子经营者专门经营不再分装的包装种子的，或者受具有种子经营许可证的种子经营者书面委托代销其种子的，可以不办理种子经营许可证，但应当在办理或者变更营业执照后15日内，向所在地农业行政主管部门备案。

专门经营不再分装的包装种子的，不得将种子拆包销售。

受委托代销种子的，不得再次委托。

第二十一条　农业行政主管部门依法吊销违法行为人的种子经营许可证后，应当告知工商行政管理部门依法注销或者变更违法行为人的营业执照。

第二十二条　种子经营者应当建立种子经营档案，并接受种子管理机构的监督检查。

种子经营档案包括种子来源、销售去向、质量检测以及加工、包装、贮运等内容。

种子经营档案保存年限按国家规定执行。

第二十三条　发布种子广告，其内容应当符合《种子法》和有关广告的法律、法规规定，并经发布地县以上人民政府农业行政主管部门审查。未经审查通过的，不得发布种子广告。

第六章　种子质量

第二十四条　县以上人民政府农业行政主管部门负责本行政区域内种子质量的监督检查。

农业行政主管部门可以委托种子质量检验机构对种子质量进行检验。

种子质量检验机构应当具备相应的检测条件和能力，并经省以上人民政府质量技术监督行政主管部门和农业行政主管部门考核合格。

第二十五条　种子检疫应当按照有关植物检疫法律、行政法规的规定执行。

第二十六条　种子生产、经营者应当建立种子质量检验制度。生产、经营的商品种子应当达到国家或省规定的种用标准，不得掺杂掺假，以次充好。

第七章　种子行政管理

第二十七条　农业行政主管部门行使下列职权：

（一）对生产、经营、贮运种子的场所进行现场检查；

（二）向被检查的生产者、经营者、贮运者询问有关情况，并要求其提供有关材料；

（三）对涉嫌违法的单位和个人，可以查阅、复制其生产、经营、贮运种子有关的合同、协议、单据、账簿、业务函电和其他资料；

（四）依法先行登记保存涉嫌违法生产、经营、贮运的种子，应在7日内作出处理决定。对需要检验的种子，应当在20日内作出处理决定。

农业行政主管部门不得擅自公开和泄漏被检查者的商业秘密。

第二十八条　种子执法人员应当经省人民政府农业行政主管部门培训，考核合格后发给证书，持证上岗；执行公务时，应当佩带执法标志，出示执法证件，使用省人民政府农业行政主管部门监制的执法文书。

第二十九条　种子管理机构与生产经营单位在人员和财务上必须分开。种子管理工作经费同级财政应给予保障。

农业行政主管部门、种子管理机构及其工作人员不得参与和从事种子生产、经营活动；种子生产经营单位不得参与和从事种子行政管理工作。

第三十条　县以上人民政府农业行政主管部门应当为种子生产者、经营者、使用者提供信息、咨询、培训、良种良法技术等服务，建立健全种子违法行为举报奖励制度，及时查处违法行为，依法维护当事人的合法权益。

第八章　法律责任

第三十一条　违反本条例规定的行为，《种子法》等法律、法规规定给予处罚的，按照其规定给予处罚。

第三十二条　违反本条例第二十三条规定，未经发布地县以上人民政府农业行政主管部门审查通过发布广告的，由工商行政管理部门责令负有责任的广告主、广告经营者、广告发布者停止发布，没收广告费用，并对广告主处广告费用1倍以上5倍以下的罚款。

第三十三条　违反本条例规定，发布虚假广告，欺骗和误导消费者，使购买种子的消费者的合法权益受到损害的，由广告主依法承担民事责任；广告经营者、广告发布者明知或者应知广告虚假仍设计、制作、发布的，应当依法承担连带责任。

第三十四条　农业行政主管部门、种子管理机构及其工作人员有下列行为之一的，对直接负责的主管人员或者其他直接责任人员，依法给予行政处分；构成犯罪的，依法追究刑事责任；给种子生产者、经营者、使用者造成损失的，依法赔偿损失：

（一）不按规定核发种子生产、经营许可证的；

（二）非法干预种子生产者、经营者、使用者自主权的；

（三）参与或者从事种子生产、经营活动的；

（四）擅自公开和泄漏被检查者商业秘密的；

（五）对种子行政违法行为不予处理的。

第三十五条　当事人对行政处罚决定不服的，可依法申请复议或者提起诉讼。逾期不履行处罚决定的，由实施行政处罚的行政机关申请人民法院强制执行。

第九章　附　则

第三十六条　本条例具体应用中的问题由省人民政府农业行政主管部门负责解释。

第三十七条　本条例自一九九七年十月一日起施行。

安徽省农业机械化促进条例

（1997年12月19日安徽省第八届人民代表大会常务委员会第三十五次会议通过
2004年6月26日安徽省第十届人民代表大会常务委员会第十次会议修正
2006年1月14日安徽省第十届人民代表大会常务委员会第二十一次会议修正）

第一章　总　则

第一条　为了促进农业机械化，提高农业综合生产能力，建设现代农业，根据《中华人民共和国农业机械化促进法》《中华人民共和国道路交通安全法》等有关法律、行政法规，结合本省实际，制定本条例。

第二条　本条例所称农业机械化，是指运用先进适用的农业机械装备农业，改善农业生产经营条件，不断提高农业的生产技术水平和经济效益、生态效益的过程。

本条例所称农业机械，是指用于农业生产及其产品初加工等相关农事活动的机械、设备。

第三条　县级以上人民政府应当加强对农业机械化工作的领导，把促进农业机械化纳入国民经济和社会发展计划，逐步提高对农业机械化的资金投入，鼓励和扶持农业机械的科学技术研究和新机具、新技术的推广应用，引导和支持农民和农业生产经营组织使用先进适用的农业机械，促进农业机械化的发展。

第四条　县级以上人民政府农业机械行政主管部门负责本行政区域内农业机械化促进与农业机械管理工作。

县级人民政府农业机械行政主管部门应当引导和扶持乡（镇）建立农业机械服务组织，做好乡（镇）的农业机械推广和服务工作。

工商、质量技术监督、公安、交通、发展改革、财政、科技、价格等有关部门按照各自职责，相互配合，依法做好有关农业机械化促进工作。

第二章　质量保障

第五条　农业机械产品生产者、销售者、维修者应当依法对其生产、销售、维修的农业机械产品质量负责。

农业机械新产品在正式投入生产前，应当按照国家规定进行鉴定；未经鉴定或鉴定不合格的，不得投入生产。

第六条　农业机械生产、维修、作业等应当执行国家标准或行业标准。没有国家标准或行业标准的，省人民政府农业机械行政主管部门应当会同本级标准化行政主管部门，制定农业机械产品质量、维修质量和作业质量等地方标准。对涉及人身安全、农产品质量安全和环境保护的农业机械产品，应当按照有关法律、行政法规的规定制定强制执行的技术规范。

第七条　农业机械生产者应当按照国家、行业和省规定的标准及保障人身安全的要求，在其生产的农业机械产品上设置必要的安全防护装置、警示标志和中文警示说明。

农业机械销售者应当具备相应的经营条件和从业技术人员，建立并执行进货检查验收制度，验明产品合格证明和其他标识。

农业机械生产者、销售者应当按照有关规定承担零配件供应和培训等售后服务责任。

第八条　农业机械产品不符合质量要求的，农业机械生产者、销售者应当负责修理、更换、退货；给农业机械使用者造成损失的，应当依法赔偿。农业机械使用者有权要求农业机械销售者先予赔偿。农业机械销售者赔偿后，属于农业机械生产者责任的，农业机械销售者有权向农业机械生产者追偿。

第九条　农业机械维修者应当具备与维修业务相适应的维修设备和检测仪器，配备具有农业机械维修职业技能的技术人员，并取得县级人民政府农业机械行政主管部门核发的农业机械维修技术合格证后，方可从事农业机械维修活动。

农业机械维修者应当按照国家和省有关农业机械维修技术标准与规范进行维修，并对维修质量负责。维修质量不合格的，维修者应当免费重新修理；造成人身伤害或者财产损失的，维修者应当依法赔偿。

第十条　农业机械作业应当执行国家、行业和省规定的强制性质量标准；国家、行业和省没有规定强制性质量标准的，按照推荐性质量标准和农艺技术要求，遵循公平合理的原则，由双方约定。

第十一条　因农业机械产品销售、维修、作业质量发生争议的，当事人可以协商解决；协商不成的，可以申请农业机械行政主管部门或其他有关部门、组织调解，也可以直接向人民法院提起诉讼。

第十二条　农业机械行政主管部门应当设置监督信箱，公布监督电话，受理举报或者投诉。

省农业机械行政主管部门可以根据农业机械使用者的投诉情况和农业生产的实际需要，组织对在用的特定种类农业机械产品的适用性、安全性、可靠性和售后服务状况进行调查，并公布调查结果。

第三章　技术推广与教育培训

第十三条　县级以上人民政府应当鼓励和支持科研院所和有关企业，按照先进、适用、急需的要求，研究开发节能、环保、安全、低耗的农业机械，推动农业机械科研成果的转化。

对生产企业引进先进技术、利用先进科研成果进行技术创新，生产先进适用农业机械的，地方人民政府应当给予财政支持。

第十四条　县级以上人民政府农业机械行政主管部门应当将经过试验证明具有先进性、适用性的农业机械技术，列入当地农业机械技术推广规划，并组织实施。

推广农业机械技术，应当按照试验、示范、推广的程序进行，并对推广后果承担法律责任。

第十五条　县级以上人民政府应当安排专项资金，用于农业机械的新机具、新技术的推广。农业机械技术推广机构应当为农民和农业生产经营组织无偿提供公益性农业机械技术的推广、培训等服务。

县级以上人民政府可以制定优惠政策，鼓励和支持农业机械生产者、经营者、农业机械服务组织对先进适用的农业机械开展示范服务。

第十六条　根据农业机械生产者或者销售者的委托，农业机械试验鉴定机构可以对农业机械产品进行适用性、安全性和可靠性检测，作出技术评价，并公布检测结果。

第十七条　省人民政府农业机械行政主管部门会同本级财政、发展改革部门，根据促进农业结构调整、保护自然资源与生态环境、推广农业新技术与加快农机具更新的原则，确定、公布省人民政府支持推广的先进适用的农业机械产品目录，并定期调整。

列入前款目录的产品，应当由农业机械生产者自愿提出申请，并通过农业机械试验鉴定机构进行的先进性、适用性、安全性和可靠性鉴定。

第十八条　县级以上人民政府农业机械行政主管部门应当引导、支持农民和农业生产经营组织自主购置先进、适用的农业机械。任何单位和个人不得强迫农民和农业生产经营组织购买其指定的农业机械产品。

第十九条　从事农业机械技术培训的学校应当适应农业机械化事业发展的需要，为农业机械使用、维修、管理等人员提供多种形式的农业机械技术培训。

第二十条　从事拖拉机驾驶培训活动的单位，应当具备与其培训活动相适应的场地、设备、人员等条件，并取得省人民政府农业机械行政主管部门颁发的驾驶培训许可证后，方可开展拖拉机驾驶培训活动。

拖拉机驾驶培训学校、驾驶培训班应当按照国家有关规定，对学员进行相关法律、法规和驾驶技能的培训，保证培训质量。

农业机械行政主管部门及其所属的农业机械安全监督管理机构不得举办或者参与举办拖拉机驾驶培训学校、驾驶培训班。

第四章　社会化服务与扶持措施

第二十一条　县级以上人民政府应当鼓励和扶持农业机械作业联合体、农业机械作业服务协会等农业机械服务组织和农业机械作业经营户，建立和完善农业机械化服务体系。

第二十二条　各级人民政府应当建立农业机械化信息网络,为农民和农业生产经营组织提供农业机械产品供求、作业市场需求、新产品及新技术推广、科研成果和农业机械化管理等信息。

第二十三条　县级以上人民政府农业机械行政主管部门应当及时对农业机械跨行政区域作业实施组织、协调和监督管理,提供技术服务,并接受农业机械作业者的咨询和投诉。

公安、交通等部门应当采取有效措施,为跨区作业者提供通行便利和服务,维护作业秩序,保障作业者的人身和财产安全。

跨行政区域作业的农业机械、运输跨区作业农业机械的车辆,凭省级农业机械行政主管部门核发的跨区作业证免交车辆通行费。

第二十四条　县级以上人民政府应当根据当地农业生产的需要,鼓励农民和农业生产经营组织购买、使用大中型农业机械,实行连片作业,提高作业质量和效率,降低作业成本,促进规模经营。

省人民政府应当逐年增加农业机械购买补贴专项资金,对农民和农业生产经营组织购买国家和地方政府支持推广的先进适用的农业机械给予补贴;市、县级人民政府应当安排农业机械购买补贴专项资金。补贴资金应当专款专用,任何单位和个人不得挪用。

第二十五条　从事农业机械生产作业服务的收入,按照国家规定给予税收优惠。

农民和农业生产经营组织从事农业机械生产作业使用燃油的,享受国家规定的燃油补贴。

第二十六条　除对办理车辆营运证且专门从事经营性运输的拖拉机按规定收取养路费外,对主要从事农田作业和非经营性运输的拖拉机等农业机械免征养路费。

第二十七条　各级人民政府应当增加对农村机耕道路建设和维护的投入,改善农业机械化基础设施,为农业机械作业创造条件。

第五章　安全监督管理

第二十八条　县级以上人民政府农业机械行政主管部门所属的农业机械安全监督管理机构(以下简称农机监理机构)具体负责实施本行政区域内农业机械安全监督管理工作。

第二十九条　单位和个人购置拖拉机、联合收割机,应当向住所地的县(市、区)农机监理机构申请登记。除国家规定的工本费外,登记不得收取其他费用。

农机监理机构应当自受理申请之日起五个工作日内完成登记审查工作,发放登记证书、号牌和行驶证。对申请材料不全或者其他不符合登记条件的,应当一次告知申请人需要补正的内容。

第三十条　对登记后的联合收割机和上道路行驶的拖拉机,应当按照法律和行政法规的规定,进行安全技术检验。对检验合格的,农机监理机构应当发给检验合格标志。联合收割机未经检验或者检验不合格的,不得使用;拖拉机未经检验或者检验不合格的,不得上道路行驶。

第三十一条　任何单位或者个人不得擅自改变拖拉机、联合收割机已登记的结构、构造或者特征。

已登记的拖拉机达到国家强制报废标准的,农机监理机构应当在报废期满二个月前,通知拖拉机所有人办理注销登记。拖拉机所有人应当及时办理,逾期不办理的,农机监理机构应当公告该拖拉机登记证书、号牌、行驶证作废。

第三十二条　拖拉机、联合收割机应当悬挂号牌,放置检验合格标志。号牌应当悬挂在机前、机后指定位置并保持清晰、完整。

拖拉机挂车应当喷涂放大的牌号,字样应当端正并保持清晰。

第三十三条　拖拉机、联合收割机的驾驶员应当经农机监理机构考试合格,并领取驾驶证后,方可驾驶。未取得驾驶证或者驾驶证被依法吊销、暂扣期间,不得驾驶拖拉机、联合收割机。

拖拉机、联合收割机的驾驶证,按照国家规定实行定期审验。

第三十四条　拖拉机、联合收割机驾驶、操作人员应当遵守道路交通安全法律、法规和农业机械安全操作规程。

任何人不得强迫、指使、纵容拖拉机、联合收割机驾驶、操作人员违反安全操作规程,违章作业。

第三十五条　对非登记管理的用于耕作、种植、收获、植保等的农业机械,县级人民政府农业机械行政主管部门应当按照操作人员自愿原则,做好有关技术培训服务工作。对脱粒机、粉碎机、插秧机等容易造成人身伤害的农业机械的操作人员,农机监理机构应当免费进行安全教育,并实施安全监督管理。

第三十六条　农业机械在乡村机耕道路、场院、田间作业、停放时发生事故,农机监理机构在接到事故报告后,应当立即组织处理。

拖拉机、联合收割机发生道路交通事故,驾驶人员应当立即抢救伤者,保护现场,并迅速报告公安机关交通管理部门。

第三十七条　农机监理机构应当按照安全生产、预防为主的方针,加强农业机械安全使用的宣传、教育;在乡村机耕道路、农业机械生产作业等场所开展农业机械安全检查,及时纠正农业机械驾驶、操作违法行为。

农机监理机构执法人员依法执行职务时,应当持有省人民政府统一制发的行政执法证件,文明执法,接受群众监督。任何单位和个人不得拒绝、阻碍农机监理机构执法人员依法执行职务。

第六章　法律责任

第三十八条　违反本条例第九条第一款规定,未取得农业机械维修技术合格证从事农业机械维修活动的，由县级以上地方人民政府农业机械行政主管部门责令停止维修活动，可并处500元以上1000元以下的罚款。

第三十九条　违反本条例第二十条第一款规定，未取得驾驶培训许可证擅自从事拖拉机驾驶培训活动的，由县级以上地方人民政府农业机械行政主管部门责令停止培训活动，没收违法所得，并处以违法所得1倍以上3倍以下的罚款；没有违法所得的，处以2000元以上1万元以下的罚款。

第四十条　违反本条例第二十九条第一款、第三十条、第三十二条第一款规定，在道路外使用未登记、未悬挂号牌的拖拉机，以及使用未经登记、检验或者检验不合格、未悬挂号牌、未放置检验合格标志的联合收割机的，由县级以上农机监理机构责令停止使用，通知当事人补办手续。

违反本条例第二十九条、第三十条、第三十二条第一款规定，在道路上驾驶未经登记、检验或者检验不合格的拖拉机、联合收割机，或者驾驶拖拉机、联合收割机，未悬挂号牌、未放置检验合格标志的，由公安机关交通管理部门扣留拖拉机、联合收割机，通知当事人补办手续。

第四十一条　违反本条例第三十三条规定，未取得驾驶证、未参加驾驶证审验或者驾驶证被依法吊销、暂扣期间，在道路外驾驶拖拉机、联合收割机的，由县级以上农机监理机构处以200元以下的罚款；在道路上驾驶拖拉机、联合收割机的，由公安机关交通管理部门处以200元以上500元以下的罚款。

第四十二条　在道路外驾驶拖拉机、联合收割机的驾驶人员有下列行为之一的，由县级以上农机监理机构按照下列规定处罚：

（一）未随身携带行驶证、驾驶证驾驶拖拉机、联合收割机的，责令停止使用，通知当事人提供相应证件；

（二）伪造、变造或者使用伪造、变造的拖拉机、联合收割机有关证件、标志的，收缴伪造、变造的证件、标志，责令停止使用，可并处200元以下罚款；

（三）饮酒或者服用国家管制的精神药品或者麻醉药品后驾驶、操作拖拉机、联合收割机的，责令停止使用至上述状态消除，可并处200元以下的罚款。

第四十三条　上道路行驶的拖拉机、联合收割机驾驶人员有下列行为之一的，由公安机关交通管理部门按照下列规定处罚：

（一）未随身携带行驶证、驾驶证驾驶拖拉机、联合收割机的，暂扣拖拉机、联合收割机，通知当事人提供相应证件。当事人提供相应证件的，应当及时退还拖拉机、联合收割机；

（二）伪造、变造或者使用伪造、变造的拖拉机、联合收割机有关证件、标志的，收缴伪造、变造的证件、标志，暂扣拖拉机、联合收割机，并处以200元以上500元以下的罚款；当事人补办相应手续的，应当及时退还拖拉机、联合收割机；

（三）饮酒或者服用国家管制的精神药品或者麻醉药品后驾驶拖拉机、联合收割机的，暂扣拖拉机、联合收割机至上述状态消除，可处以200元以上500元以下的罚款。

第四十四条　农业机械行政主管部门、农机监理机构及其工作人员违反本条例规定，有下列行为之一的，由上级主管机关或者监察机关责令限期改正，对直接负责的主管人员和其他直接责任人员给予行政处分；构成犯罪的，依法追究刑事责任：

（一）强制或者变相强制农业机械生产者、销售者对其生产、销售的农业机械产品进行鉴定的；

（二）强迫农民和农业生产经营组织购买其指定的农业机械产品的；

（三）举办或者参与举办拖拉机驾驶培训学校、驾驶培训班的；

（四）截留、挪用有关财政补贴资金的；

（五）对不符合法定条件的拖拉机、联合收割机发放行驶证、号牌、检验合格标志的；

（六）对不符合驾驶许可条件、未经考试或者考试不合格人员发放拖拉机、联合收割机驾驶证的；

（七）有其他滥用职权、徇私舞弊、玩忽职守行为的。

第七章　附　则

第四十五条　本条例中的“道路”是指公路、城市道路和虽在单位管辖范围但允许社会机动车通行的地方，包括广场、公共停车场等用于公众通行的场所。

第四十六条　本条例自2006年3月1日起施行。

安徽省农村能源建设与管理条例

（1998年8月15日安徽省第九届人民代表大会常务委员会第五次会议通过
2004年6月26日安徽省第十届人民代表大会常务委员会第十次会议修正）

第一章 总 则

第一条 为加强农村能源建设与管理，合理开发、利用、节约农村能源，保护和改善生态环境，提高人民生活质量，促进国民经济可持续发展，根据有关法律、法规，结合我省实际，制定本条例。

第二条 本条例所称农村能源是指主要用于农村生活、生产的生物质能（沼气、秸秆、薪柴等）、太阳能、风能、地热、微水能等新能源和可再生能源。

本条例所称农村能源建设是指农村能源的开发利用和农村有关节能技术的推广应用。

本条例所称农村能源产品是指利用、转化农村能源的设备、器具和产品。

第三条 在本省行政区域内从事农村能源建设与管理的单位和个人必须遵守本条例。

第四条 农村能源建设必须坚持因地制宜、多能互补、综合利用、讲求效益和开发与节约并重的方针。

第五条 各级人民政府应当加强对农村能源建设的领导，统筹规划，将其纳入国民经济和社会发展计划，农村能源建设事业经费列入同级财政预算，并制定相应的优惠政策和措施，扶持农村能源事业的发展。

第六条 各级人民政府及其有关部门应当广泛开展开发、利用和节约农村能源的宣传，加强对农民群众的科学用能教育，普及农村能源科学技术知识。

第七条 县级以上人民政府农村能源主管部门主管本行政区域内的农村能源建设与管理工作，所属管理机构具体负责日常管理工作，其主要职责是：

（一）宣传贯彻实施有关农村能源建设与管理的法律、法规；

（二）编报农村能源建设规划、计划并组织实施，负责农村能源统计工作；

（三）组织指导农村能源科技开发、技术推广，开展技术培训、科普宣传和技术服务；

（四）指导与扶持农村能源产业的发展，负责审核农村能源工程技术项目并监督实施；

（五）配合建设、工商行政管理、技术监督等有关部门加强农村能源技术、产品及工程标准、质量的监督管理；

（六）法律、法规规定的其他职责。

第八条　县级以上人民政府建设、经贸、科技、环保、卫生、农业、技术监督、工商行政管理等有关部门,应当按照各自职责,协同做好农村能源建设与管理工作。

乡(镇)人民政府负责本行政区域内农村能源建设与管理工作。

第九条　对在农村能源建设与管理中做出突出成绩的单位和个人,由县级以上人民政府或农村能源主管部门给予表彰奖励。

第二章　开发利用

第十条　各级人民政府应当鼓励和支持科研单位、大专院校和群众性科技组织研究、开发和推广先进适用的农村能源技术;鼓励和支持用能单位和城乡居民应用先进适用的农村能源技术和产品,兴建农村能源开发利用工程。

第十一条　各级人民政府及有关部门应当安排专项资金,用于支持农村能源开发利用示范工程的建设。

第十二条　农村能源的开发利用应当与城乡建设、生态农业、环境保护、卫生防病等相结合,发挥综合效益。

第十三条　各级农村能源管理机构应当组织推广下列农村能源技术:

(一)沼气及其综合利用技术;

(二)太阳能热利用和发电技术;

(三)用于种植、养殖等方面的地热利用技术;

(四)风能利用技术;

(五)单机容量１０千瓦以下的微水能发电技术;

(六)生物质气化、固化、炭化技术;

(七)农村生产、生活节能技术;

(八)其他先进适用的农村能源新技术。

第十四条　在农村适宜发展户用沼气的地区,当地人民政府应将户用沼气池建设纳入村镇建设规划。

在农村血吸虫病重流行区,当地人民政府必须有计划地兴建户用沼气池。

第十五条　城镇建设应当有计划地应用厌氧消化技术,兴建沼气净化工程,并与主体工程同步设计、施工,农村能源管理机构应当及时提供技术指导并参与验收。

第十六条　适用安装太阳能热水器的城镇新建住宅,建设单位应当有计划地将太阳能热水器输水管道的安装与主体工程同步设计、施工。农村能源管理机构应当及时提供技术指导。

第十七条　各级农村能源主管部门应当协同农业、科技、环保等有关部门,加强对农作物秸秆的综合开发利用,示范推广秸秆气化技术。禁止在机场周围、道路两侧和田间地头焚烧农作物秸秆。

第十八条　各级农村能源管理机构应当组织推广先进适用的省柴节煤炉灶以及制

茶、烤烟、砖瓦生产等方面的节能技术。

第十九条　各级农村能源技术推广机构进行农村能源技术试验，提供技术信息，开展技术指导，实行无偿服务；以技术转让、技术承包、工程设计等形式提供农村能源技术，实行有偿服务。

第三章　生产经营

第二十条　农村能源产品的生产经营者，必须对产品质量负责，并做好售后服务。

第二十一条　农村能源产品的生产经营者，须按国家有关规定领取县以上农村能源管理机构核发的全省统一的农村能源产品生产经营许可证和工商行政管理部门核发的营业执照，方可生产经营。

第二十二条　农村能源新产品正式投入生产前，必须按国家有关规定进行鉴定，未经鉴定或者经鉴定不合格的，不得投入生产。

第二十三条　省农村能源管理机构应当协同省技术监督部门，制定本省农村能源产品标准和工程技术标准，并负责组织实施。

第二十四条　农村能源产品的生产必须符合国家、行业或地方标准，没有国家、行业、地方标准的，生产企业应当制定企业标准，并按规定报当地技术监督和农村能源管理机构备案。

第二十五条　禁止生产与销售国家明令淘汰和假冒伪劣的农村能源产品。

第四章　监督管理

第二十六条　农村能源技术推广实行农村能源技术推广机构与科研单位、大专院校以及群众性科技组织、技术人员相结合的推广体系。

县级以上人民政府应当健全完善农村能源技术推广机构，乡（镇）人民政府可设立农村能源技术推广机构，或在农业技术推广机构中确定专业技术人员负责农村能源技术推广工作。

各级人民政府应当采取措施，改善从事农村能源技术推广工作的专业技术人员的工作条件和生活条件，并按国家有关规定，评定相应技术职称，保持专业技术人员队伍的相对稳定。

第二十七条　各级农村能源技术推广机构的专业技术人员，应当具有中等以上（或相当）相关专业学历，或经县级以上人民政府批准的有关部门的专业培训，并经考核达到相应的专业技术水平，取得合格证书。

各级农村能源主管部门和技术推广机构应当有计划地对农村能源技术推广人员进行技术培训，提高业务水平。

第二十八条　兴建下列农村能源利用工程，其技术方案须经县以上农村能源管理机构审核：

（一）单池容积300立方米以上的沼气工程；

（二）日供气量500立方米以上的秸秆气化工程；

（三）集热面积100平方米以上的太阳能供热系统；

（四）10千瓦以上的太阳能光电站或风力发电站。

前款所列农村能源利用工程，涉及行业管理的，应当严格遵守相关的行业管理规定及其专业技术标准。

第二十九条　从事农村能源利用工程设计、施工的单位，须经县以上农村能源管理机构专业技术审核，按规定程序向建设主管部门领取工程设计、施工资质证书后，方可承担设计、施工业务，并保证设计、施工质量，接受工程所在地农村能源管理机构的技术监督。

第三十条　从事农村能源开发利用及农村生产用能的单位，应按农村能源管理机构的要求及时如实提供有关统计资料和数据。

第三十一条　各级农村能源主管部门的执法人员执行职务时，应当出示省人民政府统一制作的行政执法证件。

第五章　法律责任

第三十二条　违反本条例第二十九条规定，承担农村能源利用工程设计、施工的单位，未经农村能源专业技术审核的，由农村能源主管部门责令限期改正，逾期不改的，处以500元以上2000元以下的罚款；未领取资质证书擅自施工的，由建设行政主管部门依法处罚。

农村能源利用工程未达到设计、施工标准或质量要求的，承担设计、施工的单位应当采取补救措施，给用户造成损失的，应予以赔偿。

第三十三条　擅自向用能单位和个人推广未经推广地区试验证明具有先进性和适用性的农村能源技术的，由当地人民政府或农村能源主管部门责令其停止推广；给用能单位和个人造成损失的，应当赔偿损失；对直接负责的主管人员和其他责任人员可由其所在单位或上级主管部门给予行政处分。

第三十四条　违反本条例第二十条、第二十二条、第二十四条、第二十五条规定的，由农村能源主管部门配合技术监督、工商行政管理等部门，依照《中华人民共和国产品质量法》、《中华人民共和国消费者权益保护法》等有关法律、法规的规定处罚。

第三十五条　违反本条例第二十一条规定，从事农村能源产品生产经营者，未领取生产经营许可证的，由农村能源主管部门责令其限期补办，逾期不办的，处以违法所得额一倍以上三倍以下的罚款；未领取营业执照的，由工商行政管理部门依法处罚。

第三十六条　拒绝、阻碍农村能源主管部门执法人员依法执行职务的，由公安机关依照《中华人民共和国治安管理处罚条例》的规定处罚；构成犯罪的，由司法机关依法追究刑事责任。

第三十七条　农村能源主管部门的执法人员玩忽职守，滥用职权，徇私舞弊的，由其所在单位或上级主管部门给予行政处分;构成犯罪的,由司法机关依法追究刑事责任。

第三十八条　当事人对行政处罚决定不服的,可以依法申请行政复议,或者提起行政诉讼。逾期不履行行政处罚决定的,由作出行政处罚决定的行政机关申请人民法院强制执行。

第六章　附　则

第三十九条　本条例具体应用中的问题,由省人民政府农村能源主管部门负责解释。

第四十条　本条例自 1998 年 10 月 1 日起施行。

安徽省农业生态环境保护条例

（1999年6月6日安徽省第九届人民代表大会常务委员会第十次会议通过
2006年6月29日安徽省第十届人民代表大会常务委员会第二十四次会议修正）

第一章　总　则

第一条　为合理开发利用农业资源，保护和改善农业生态环境，提高农产品的产量、质量和安全性，保障人体健康，促进农业可持续发展，根据《中华人民共和国农业法》、《中华人民共和国环境保护法》等法律、法规，结合本省实际，制定本条例。

第二条　本条例所称农业生态环境，是指农业生物赖以生存和繁衍的各种天然和人工改造的环境要素的总体，包括土壤、水体、大气和生物等。

前款所称农业生物，是指农作物、家畜家禽和养殖的水生动植物等。

第三条　在本省行政区域内从事与农业生态环境有关的生产、生活、经营、科研等活动的单位和个人，必须遵守本条例。

第四条　农业生态环境是生态环境的基础。农业生态环境保护坚持统一规划、预防为主、防治结合的原则。实行谁污染谁治理、谁开发谁保护、谁利用谁补偿、谁破坏谁恢复。

第五条　各级人民政府应当加强领导，将农业生态环境保护纳入国民经济和社会发展计划，采取有效措施，使农业生态环境保护同经济建设和社会发展相协调，实现生态平衡。

各级人民政府应当深入广泛宣传、普及农业生态环境保护知识，提高全民的农业生态环境保护意识，鼓励和支持农业生态环境保护科学技术的研究、开发和推广。

第六条　各级人民政府应当积极筹集农业生态环境保护和建设专项资金，根据当地的社会经济发展需要和农业生态环境资源状况，逐步增加投入。

第七条　县级以上人民政府环境保护行政主管部门对本行政区域内的环境保护工作实施统一监督管理。

县级以上人民政府的农业行政主管部门，依照国家有关法律、法规的规定，对农业生态环境保护工作实施监督管理。

县级以上人民政府林业、渔业、土地、水利、地矿、乡镇企业等行政主管部门，按照职责分工，密切配合，共同做好农业生态环境保护工作。

第八条　任何单位和个人都有保护农业生态环境的义务，有权对污染和破坏农业生态环境的行为进行检举。

在农业生态环境保护工作中做出显著成绩的单位和个人，由县级以上人民政府给予表彰和奖励。

第二章　保护与改善

第九条　各级人民政府应当根据当地农业资源和农业生态环境状况，制定农业生态环境保护规划，加强农业生态环境建设，因地制宜发展高效生态农业，设立生态农业试验区、示范区，逐步改善农业生态环境质量。

第十条　县级以上人民政府根据需要，优先在城镇生活饮用水源地、重点治污的江河湖泊流域和名、特、优、新、稀农产品集中产区及农业商品基地、城市副食品生产基地、出口农产品生产基地、良种繁育基地等地方建立农业生态环境保护区。

农业生态环境保护区内不得建设污染农业生态环境的设施；确需建设的，其污染物排放不得超过规定标准。已经建成的设施，其污染物超过规定排放标准的，由县级以上人民政府责令排污单位限期治理。

第十一条　省农业行政主管部门负责无公害农产品和绿色食品生产的监督管理工作，鼓励、支持生产单位和个人按照国家标准生产绿色食品。

无公害农产品的生产技术规范由省农业行政主管部门组织制定，并对无公害农产品进行审定，颁发证书和标志。

第十二条　县级以上人民政府农业行政主管部门应当指导农业生产者科学合理使用化肥、微生物肥料和植物生长调节剂，推广配方施肥技术；鼓励种植绿肥，增施有机肥，递减化肥用量，保护和培肥地力。

禁止生产、销售和使用未经国家或者省登记的化肥、微生物肥料和植物生长调节剂。

第十三条　推广病虫草害综合防治技术，鼓励农业生产者使用高效、低毒、低残留农药和生物农药。

禁止生产、销售和使用国家明令禁止生产或者撤销登记的农药。对国家禁止使用和限制使用的农药，县级以上人民政府农业行政主管部门应当予以公布和宣传，并严加监督管理。

使用农药应当遵守国家有关农药安全使用的规定，剧毒、高毒、高残留农药不得用于蔬菜、瓜果、茶叶、中草药和直接食用的其他农产品。

第十四条　鼓励农业生产者使用易降解的农用薄膜。使用不易降解的农用薄膜，应当及时清除、回收残膜。

第十五条　加强研究和开发农作物秸秆综合利用技术。大力推广多种形式的秸秆综合利用成果。不得露天焚烧或向水体弃置农作物秸秆。

第十六条　农业、林业、渔业等行政主管部门应当加强保护生物物种资源，保护生物的多样性。

第十七条　禁止非法猎捕、收购、运输和销售农作物害虫天敌（人工饲养的除外），并保护其栖息、繁殖场所。

第十八条　县级以上人民政府林业、农业、水利等行政主管部门应当因地制宜组织种植乔木、灌木和草，增加绿色植被，涵养水源。

从事农田基本建设、森林采伐、造林整地、采矿、取土、挖沙、筑路等活动的单位和个人必须依照有关法律、法规的规定，采取措施，保护植被，防止破坏水系、水土流失和地质灾害。

第十九条　农业行政主管部门应当积极协同农村能源行政主管部门推广农村能源利用技术，指导农业生产者开发利用沼气、太阳能等生态能源，减少污染，保护农业生态环境。

第三章　污染防治

第二十条　产生农业生态环境污染的单位和个人，必须采取有效措施，防治废水、废气、废渣、粉尘、恶臭气体、放射性物质等对农业生态环境的污染和危害。

第二十一条　各级人民政府应当组织农业生产者依法合理开发利用农业资源，改造中低产田，开展小流域治理，防治水土流失、土壤沙化、盐碱化、潜育化和贫瘠化。禁止掠夺性经营和其他破坏耕地质量的行为。

第二十二条　各级人民政府应当加强对耕地的保护，鼓励农业生产者改善耕地质量，提高土壤自净功能。

向农业生产者提供肥料或者经过处理用作肥料的城市垃圾、污泥必须符合国家有关的质量标准和污染物控制标准。不符合标准的，不得使用。

第二十三条　向农田灌溉渠道或者渔业水体排放工业废水或者城市污水的，必须保证最近的灌溉取水点或者渔业水体的水质符合农田灌溉水质标准或者渔业水质标准。

禁止向水体中倾倒垃圾、废渣、油类、有毒废液和含病原体废水；禁止在水体中浸泡或者清洗装贮油类、有毒有害污染物的器具、包装物品和车辆。

第二十四条　有关环境监测机构应当加强对农田灌溉水质和渔业水体的监测，发现水质不符合农田灌溉水质标准和渔业水质标准的，应当及时报告本级人民政府，并通报农业行政主管部门和渔业行政主管部门，由县级以上人民政府责令排污单位限期治理。

第二十五条　不得擅自在农业用地上堆放导致污染或者改变土地用途的固体废弃物。确需堆放的，必须征得土地所有者和使用者同意，按其指定范围堆放，并采取防扬散、防流失、防渗漏、防自燃等措施。

禁止在基本农田保护区和农田灌溉水源附近堆放固体废弃物。

第二十六条　在桑蚕集中产区从事磷肥、硫酸、砖瓦、水汛等生产的单位和个人，在桑蚕发育敏感期应当采取有效措施，严格限制氟、硫等有害物质的排放。桑蚕发育敏感期由县级以上人民政府农业行政主管部门会同环境保护行政主管部门报同级人民政府核准并公布。

第二十七条　专业从事畜禽饲养和农畜产品加工的单位和个人,应当对粪便、废水和其他废弃物进行综合利用和无害化处理,避免对农业生态环境的污染。

第二十八条　因受污染,农业生物不能正常生长或生产的农产品危害人体健康的区域,应划为农业用地污染整治区,并限期治理。

农业用地污染整治区的划定及治理办法,由县级以上人民政府环境保护行政主管部门会同农业行政主管部门拟定,报同级人民政府批准。

第二十九条　因发生事故或者其他原因排放污染物,造成或者可能造成农业生态环境污染事故的单位或个人,应当采取紧急措施,排除或者减轻污染危害,及时通报可能受到危害的单位和个人,并向当地环境保护、农业行政主管部门和有关部门报告,接受调查处理。

第四章　监督管理

第三十条　省环境保护行政主管部门根据保护农业生态环境的需要,制定地方农业生态环境标准。

第三十一条　凡对农业生态环境有影响的建设项目,建设单位提交的环境影响报告书应有农业生态环境影响评价和对策的内容。环境保护行政主管部门在审批环境影响报告书时,应当征求同级农业行政主管部门和其他有关部门的意见。

第三十二条　县级以上人民政府环境保护行政主管部门应当会同农业和其他有关行政主管部门对农业生态环境质量进行监测与评价,定期提出农业生态环境质量报告书。

农业行政主管部门的农业生态环境监测机构,对基本农田保护区和绿色食品、无公害农产品生产基地的环境质量进行监测与评价。

第三十三条　县级以上人民政府农业行政主管部门应当加强对耕地使用和养护的监督管理,组织对耕地质量状况的监测,并制定相应的耕地保养规划。

第三十四条　县级以上人民政府农业行政主管部门应当加强对生产过程中的农产品质量的监督管理。经检测农药残留等有害物质超过标准的农产品,禁止销售或者限制其用途。

第三十五条　县级以上人民政府环境保护、农业、林业、渔业等行政主管部门依法对管辖范围内的农业生态环境污染和破坏的情况进行现场检查。被检查单位和个人应当如实反映情况,提供必要的资料。

发生农业生态环境污染和破坏事故的,由县级以上人民政府农业行政主管部门协同环境保护行政主管部门调查处理。法律、法规另有规定的,从其规定。

第三十六条　跨行政区域的农业生态环境污染和破坏的防治工作,由有关地方人民政府协商解决，或者由共同的上一级人民政府作出决定。

第五章　法律责任

第三十七条　有下列行为之一的，由县级以上人民政府农业行政主管部门按照下列规定进行处罚：

（一）违反本条例第十三条规定，向农业生产者提供国家明令禁止生产或者撤销登记农药的，没收违法所得，并处违法所得1倍以上5倍以下罚款。不按照国家有关农药安全使用的规定使用农药的，责令改正；造成危害后果的，给予警告，可以并处30000元以下的罚款；

（二）违反本条例第十四条规定，不及时清除、回收难降解残膜的，责令限期清除；逾期不清除，由县级以上人民政府农业行政主管部门组织清除，所需费用由使用者承担。

（三）违反本条例第二十二条规定，向农业生产者提供不符合国家有关标准的肥料或者城市垃圾、污泥的，给予警告，或者处以2000元以上10000元以下的罚款。

第三十八条　违反本条例第十五条规定的，由县级以上人民政府环境保护行政主管部门提出警告，责令改正。法律、法规另有规定的，从其规定。

第三十九条　违反本条例第十七条规定，猎捕、收购、运输和销售农作物害虫天敌的，由县级以上人民政府林业、工商行政主管部门没收实物和违法所得，并可处以相当于实物价值5倍以上１０倍以下的罚款。

第四十条　对污染和破坏农业生态环境负有直接责任的单位和个人，应当排除危害、治理恢复；造成损失的，赔偿损失。

第四十一条　违反本条例规定，造成重大农业生态环境污染和破坏事故，导致公私财产重大损失或人身伤亡等严重后果的，对直接责任人依法追究刑事责任。

第四十二条　执法人员滥用职权、玩忽职守、徇私舞弊的，由其所在单位或上级主管部门依法给予行政处分；构成犯罪的，依法追究刑事责任。

第六章　附　则

第四十三条　本条例自1999年8月1日起施行。

安徽省蚕种管理条例

（1999年12月15日安徽省第九届人民代表大会常务委员会第十三次会议通过
2004年6月26日安徽省第十届人民代表大会常务委员会第十次会议第一次修正
2006年6月29日安徽省第十届人民代表大会常务委员会第二十四次会议第二次修正
2008年8月22日安徽省第十一届人民代表大会常务委员会第四次会议修正）

第一章　总　则

第一条　为了规范蚕种生产经营行为，保障蚕种质量，保护和合理利用蚕遗传资源，维护蚕种选育者、生产经营者和使用者的合法权益，促进蚕桑业持续健康发展，根据《中华人民共和国畜牧法》和有关法律、行政法规，结合本省实际，制定本条例。

第二条　本条例适用于本省行政区域内从事蚕遗传资源保护、新品种选育和推广、蚕种生产经营和管理等活动。

第三条　县级以上人民政府农业行政主管部门负责本行政区域内蚕种管理工作，具体工作可委托蚕种管理机构实施。

财政、物价、工商、质监、商务等有关部门按照各自职责，相互配合，依法做好有关蚕种管理工作。

第四条　各级人民政府应当制定优惠政策和措施，鼓励采用先进科学技术，根据市场需求，加快新蚕品种的选育、生产、推广和使用，对在蚕种工作中做出显著成绩的单位和个人，给予表彰和奖励。

第五条　蚕种生产者、经营者依法成立的行业协会，应当为成员提供信息、技术、营销、培训等服务。

第二章　蚕遗传资源保护

第六条　依法保护蚕遗传资源。

鼓励和支持有关单位、个人依法开展蚕遗传资源保护工作。

第七条　省人民政府农业行政主管部门应当根据全国蚕遗传资源保护和利用规划及本行政区域内蚕遗传资源状况，组织有关单位进行蚕遗传资源的收集、整理、鉴定、保存和利用等工作，负责制定和公布本省蚕遗传资源保护名录，并报国务院农业行政主管部门备案。

第八条　省人民政府农业行政主管部门确定的蚕遗传资源保育单位，承担蚕遗传资源保护任务。未经省人民政府农业行政主管部门批准，蚕遗传资源保育单位不得擅自处理受保护的蚕遗传资源。

蚕遗传资源保育单位应当按照省人民政府农业行政主管部门的规定，采集新增的蚕遗传材料。有关单位和个人应当提供新增加的蚕遗传材料，并有权获得适当的经济补偿。

第九条　鼓励单位和个人从本行政区域外引进蚕遗传资源。

引进的蚕遗传资源经检疫无疫病的，方可利用。

第十条　进出口蚕遗传资源的，应当按照国家蚕遗传资源管理规定办理。

第三章　蚕品种选育

第十一条　县级以上人民政府农业行政主管部门应当根据国家统一规划，扶持蚕品种选育和优良品种推广使用，支持企业、院校、科研机构、行业协会和技术推广单位开展蚕品种选育、改良工作，建立蚕良种繁育体系。

第十二条　选育出的新蚕品种在推广前，应当通过国家级或者省级审定。未经审定或者审定未通过的新蚕品种，不得生产、经营、推广。

省人民政府农业行政主管部门应当设立由专业人员组成的蚕品种审定委员会，负责本省蚕遗传资源的鉴定、评估和新蚕品种的审定。审定或者鉴定所需的试验、检测等费用，由申请者承担。

经省蚕品种审定委员会审定通过的新蚕品种，由省人民政府农业行政主管部门颁发证书，并予以公告。

第十三条　通过本省审定的新蚕品种，可以在本省行政区域内推广。省人民政府农业行政主管部门应当定期公布适宜本省饲养的蚕品种，并组织市、县人民政府农业行政主管部门提供相应的技术指导和服务。

第十四条　经省蚕品种审定委员会审定通过的新蚕品种在推广过程中发现有不可克服的弱点的，省蚕品种审定委员会应当及时提出中断或者终止推广的建议，由省人民政府农业行政主管部门做出决定，并发布公告。

第四章　蚕种生产经营

第十五条　蚕种生产、经营实行许可证制度。

从事蚕种生产、经营的单位和个人，应当取得蚕种生产、经营许可证，并持蚕种生产、经营许可证依法办理工商登记，取得营业执照后，方可从事生产、经营活动。

第十六条　申请蚕种生产许可证，应当具备下列条件：

（一）符合国家与区域蚕业发展规划要求；

（二）具有与蚕种生产能力相适应的种用桑园或者稳定安全的原蚕饲育区；

（三）具有与蚕种生产相适应的资金、生产和质量检验等设施；

（四）具有与蚕种生产相适应的专业技术人员；

（五）具备有效控制蚕微粒子病的质量保证措施；

（六）一代杂交种年生产能力5万张以上；

（七）法律、行政法规规定的其他条件。

申请蚕种冷藏、浸酸生产许可证，应当具备与冷藏能力相适应的冷藏库房、浸酸设备仪器、场地和相关专业技术人员。

第十七条　申请蚕种经营许可证，应当具备下列条件：

（一）具有与蚕种经营规模相适应的资金、蚕种催青室等场所和保藏、检验等设施；

（二）具有与蚕种经营规模相适应的专业技术人员；

（三）经营的蚕种应当是通过审定的品种；

（四）法律、行政法规规定的其他条件。

第十八条　申请蚕种生产、经营许可证，应当向所在地县级以上人民政府农业行政主管部门提出申请。受理申请的县级以上人民政府农业行政主管部门应当自收到申请材料之日起15个工作日内完成审核，并将审核意见与申请材料一并报省人民政府农业行政主管部门审批。

省人民政府农业行政主管部门应当自收到审核材料之日起15个工作日内依法决定是否发给蚕种生产、经营许可证；不予许可的，应当作出书面决定，并说明理由。

第十九条　蚕种生产、经营许可证有效期为3年。期满仍需继续生产、经营蚕种的，应当在有效期满前30日按照原申请程序办理审批手续。

在蚕种生产、经营许可证有效期内变更许可事项的，应当及时办理变更手续。

禁止伪造、变造、转让、租借蚕种生产、经营许可证。

第二十条　蚕种生产者、经营者不得违反蚕种生产、经营许可证规定的事项从事蚕种生产、经营。

蚕种生产者、经营者应当保证蚕种质量符合规定标准。

第二十一条　蚕种冷库应当按照技术要求冷藏蚕种。

有下列情形之一的蚕种，不得进、出蚕种冷库：

（一）无蚕种生产、经营许可证生产、经营的蚕种；

（二）未附具检疫合格证、质量合格证及标签的蚕种。

第二十二条　销售的蚕种应当经检疫、检验合格，并附具蚕种检疫合格证、质量合格证和标签。

蚕种标签上应当注明生产者名称、生产地址、品种名称、期别、批次、执行标准、卵量和生产许可证编号等。

第二十三条　禁止销售未经检疫、检验或者检疫、检验不合格的蚕种，禁止使用虚假的蚕种标签。

禁止微粒子病疫区蚕种向非疫区销售，疫区由省人民政府农业行政主管部门根据国家规定标准划定并公布。

第二十四条　蚕种生产者、经营者应当建立蚕种生产、经营档案，并至少保存2年。

蚕种生产档案应当注明品种名称、亲本来源、繁殖地点、生产日期、生产数量、检疫检验结果、销售去向、技术负责人等内容。蚕种经营档案应当注明品种名称、数量、来源、贮藏地点、质量状况、销售去向等内容。

第二十五条　各级人民政府应当加强蚕种生产的生态环境保护。

县级人民政府应当根据实际需要划定蚕种生产保护区。保护区内不得排放对蚕种生产有危害的氟、硫等污染物。

第二十六条　县级以上人民政府应当在其财政预算内安排蚕种良种补贴、贴息补助等资金,支持良种繁育和推广。

蚕种补贴、补助资金应当专款专用,任何单位和个人不得截留或者挪用。

第五章　蚕种质量管理

第二十七条　县级以上人民政府应当组织农业行政主管部门和其他有关主管部门加强本行政区域内蚕种质量监督管理工作。省人民政府农业行政主管部门应当制定蚕种质量监督抽查计划并组织实施。

蚕种质量监督抽查所需费用列入本级财政预算,不得向被抽查者收取任何费用。

第二十八条　蚕种应当进行检疫。蚕种检疫由省人民政府农业行政主管部门确定的蚕种检验机构实施,并依法出具检疫报告,核发检疫合格证。检疫按照国家有关规定收取费用。

检疫不合格的蚕种,由蚕种生产者、经营者在县级以上人民政府农业行政主管部门的监督下销毁。

第二十九条　蚕种检验机构及其工作人员,对送检的样本应当按照蚕种质量标准和蚕种检验规程在规定时间内完成检疫。

送检的样本应当符合抽样要求,不得弄虚作假。

第三十条　蚕种生产基地爆发蚕病虫害、遭受较大面积污染和农药中毒或者严重影响蚕种供应等情形的,蚕种生产者、经营者应当及时报告所在地县级以上人民政府农业行政主管部门,并采取相应措施。

市、县人民政府农业行政主管部门接到报告后,应当及时采取控制疫区、组织种源等措施,并报告省人民政府农业行政主管部门。

第三十一条　由于不可抗力,需要使用质量低于国家标准、行业标准或者地方标准蚕种的,应当由所在地县级以上人民政府农业行政主管部门报经本级人民政府批准。蚕种经营者应当向使用者说明蚕种质量状况。农业行政主管部门应当提供相应的技术指导和服务。

第六章　法律责任

第三十二条　违反本条例第八条第一款规定,擅自处理受保护的蚕遗传资源,造成蚕遗传资源损失的,由省人民政府农业行政主管部门处以 1 万元以上 5 万元以下的罚款。

第三十三条　违反本条例第十二条第一款规定，销售、推广未经审定的新蚕品种的，由县级以上人民政府农业行政主管部门责令停止违法行为，没收蚕种和违法所得；违法所得在5万元以上的，并处违法所得1倍以上3倍以下的罚款；没有违法所得或者违法所得不足5万元的，并处5000元以上3万元以下的罚款。

第三十四条　违反本条例第十五条第二款、第十九条第三款、第二十条第一款规定，无蚕种生产、经营许可证或者违反蚕种生产、经营许可证规定的事项生产、经营蚕种，或者转让、租借蚕种生产、经营许可证的，由县级以上人民政府农业行政主管部门责令停止违法行为，没收违法所得；违法所得在3万元以上的，并处违法所得1倍以上3倍以下的罚款；没有违法所得或者违法所得不足3万元的，并处3000元以上2万元以下的罚款。违反蚕种生产、经营许可证规定的事项生产、经营蚕种或者转让、租借蚕种生产、经营许可证，情节严重的，并由省人民政府农业行政主管部门吊销蚕种生产、经营许可证。

第三十五条　违反本条例第二十一条第二款规定，无蚕种生产、经营许可证生产、经营的蚕种进、出蚕种冷库的，由县级以上人民政府农业行政主管部门责令停止违法行为，没收蚕种和违法所得，并处违法所得1倍以上3倍以下的罚款；未附具检疫合格证、质量合格证及标签的蚕种进、出蚕种冷库的，由县级以上人民政府农业行政主管部门责令改正。

第三十六条　违反本条例第二十二条第一款规定，销售的蚕种未附具蚕种检疫合格证、质量合格证的，由县级以上人民政府农业行政主管部门责令改正，没收违法所得，可以处500元以上2000元以下的罚款。

第三十七条　违反本条例第二十九条第二款规定，对送检样本弄虚作假的，由省人民政府农业行政主管部门处以2000元以上1万元以下的罚款。

第三十八条　违反本条例规定，有下列行为之一的，对直接负责的主管人员和其他直接责任人员，由其主管部门依法给予处分：

（一）为不符合法定条件的单位、个人核发蚕种生产许可证或者经营许可证的；

（二）为未经检疫或者检疫不合格蚕种核发检疫合格证的；

（三）未按照规定监督销毁蚕种的；

（四）对生产、经营中出现可能影响蚕种供应的情形，未及时采取相应措施的；

（五）截留、挪用蚕种补贴、补助资金的；

（六）在蚕种管理工作中有其他滥用职权、徇私舞弊、玩忽职守行为的。

第七章　附　则

第三十九条　本条例所称蚕种是指桑蚕种，包括原原母种、原原种、原种和一代杂交种。

本条例所称蚕种生产，包括蚕种繁育、冷藏和浸酸。

第四十条　本条例下列用语的含义是：

（一）原原母种，是指供生产原原种和品种循环继代的蚕种；

（二）原原种，是指供生产原种用的蚕种；

（三）原种，是指供生产一代杂交种用的蚕种；

（四）一代杂交种，是指用原蚕按规定组合杂交繁育的蚕种。

第四十一条　本条例自 2009 年 1 月 1 日起施行。

安徽省实施《中华人民共和国动物防疫法》办法

（2001年11月22日安徽省第九届人民代表大会常务委员会第二十六次会议通过）

第一章 总 则

第一条 为了加强对动物防疫工作的管理，预防、控制和扑灭动物疫病，促进养殖业可持续发展，提供安全优质的畜禽产品，保护人体健康，根据《中华人民共和国动物防疫法》（以下简称《动物防疫法》）和有关法律、行政法规，结合本省实际，制定本办法。

第二条 本办法适用于本省行政区域内的动物防疫活动。

第三条 本办法所称动物，是指家畜家禽和人工饲养、合法捕获的其他动物。

本办法所称动物产品，是指动物的生皮、原毛、精液、胚胎、种蛋以及未经加工的肉、脂、脏器、血液、绒、骨、角、头、蹄等。

第四条 各级人民政府应当加强对动物防疫工作的领导。

县级以上人民政府实行动物防疫责任制；逐步加强投入，加强防疫监督队伍的建设，健全防疫监督体系，完善防疫监督手段，提高防疫监督工作水平。

乡、镇人民政府负责组织做好本行政区域内动物疫病的预防和监控等工作。

第五条 县级以上人民政府畜牧兽医行政管理部门主管本行政区域内的动物防疫工作。

县级以上人民政府所属动物防疫监督机构实施动物防疫和动物防疫监督。

第二章 动物疫病的预防

第六条 省畜牧兽医行政管理部门应当制定本省动物疫病预防规划，报省人民政府批准后组织实施。

县级以上人民政府畜牧兽医行政管理部门应当根据本行政区域内动物疫情和保护养殖业生产和人体健康的需要，及时制定并公布动物疫病预防办法。

动物防疫监督机构应当加强对动物疫病预防的宣传教育和技术制定、技术培训、咨询服务，并组织实施动物疫病免疫计划。

第七条 省人民政府根据本省行政区域内动物疫情，依法确定本省重点管理的动物疫病，具体病种名录由省畜牧兽医行政管理部门公布。

第八条 对严重危害养殖业生产和人体健康的动物疫病实行计划免疫制度，实施强制免疫。

动物防疫监督机构应当在同级人民政府的组织领导下，依照国务院畜牧兽医行政管理部门公布的动物疫病病种名录实施强制免疫。

实施强制免疫以外的动物疫病预防，由县级以上人民政府畜牧兽医行政管理部门制订计划，报同级人民政府批准后实施。

第九条　对动物疫病的预防，依照国家规定实行免疫证明或者免疫标记管理制度。

第十条　饲养、经营动物或者生产、经营动物产品的单位和个人，应当按照当地动物防疫监督机构制度的动物疫病预防计划，依法做好动物疫病的免疫、预防工作，并接受动物防疫机构的监测、监督。

饲养、经营动物或者生产、经营动物产品的单位和个人应当提供安全优质的畜禽产品，不得使用对人体有害的饲料、添加剂和药品。

第十一条　动物防疫监督机构应当适量储备预防和扑灭动物疫病所需的药品、生物制品和有关物资，所需经费列入同级财政预算。

第十二条　省动物防疫监督机构统一组织订购计划免疫所需的生物制品，市、县、区动物防疫监督机构负责本行政区域内生物制品的供应。

除国家在本省确定的生物制品生产单位按照规定销售外，其他任何单位和个人不得非法销售和对外提供计划免疫所需的生物制品。

第三章　动物疫病的控制和扑灭

第十三条　县级以上人民政府畜牧兽医行政管理部门应当依法制度本行政区域内控制和扑灭动物疫病的预案，并报同级人民政府批准。

第十四条　动物防疫监督机构应当对本行政区域内动物疫情实行监测，并将监测结果按照国家有关规定逐级上报。其他任何单位或者个人发现动物疫情，应当及时向当地人民政府动物防疫监督机构或人民政府报告。

出入境检验检疫机构和军队动物防疫监督机构发现动物疫情，应当及时向所在地畜牧兽医行政管理部门通报。

第十五条　本省行政区域内的动物疫情，由省畜牧兽医行政管理部门依法及时公布，其他单位或者个人不得发布。

第十六条　发生下列动物疫情时，县级以上人民政府畜牧兽医行政管理部门应当立即派人到现场，划定疫点、疫区、受威胁区，采集病料，调查疫源，及时报请同级人民政府依法决定对疫区实行封锁；人民政府应当及时发布封锁令，并通报毗邻地区和有关部门：

（一）发生一类动物疫病；

（二）二类、三类动物疫病呈暴发性流行；

（三）新发生的动物疫病；

（四）已经消灭但又重新发生的动物疫病。

第十七条　为了控制动物疫病，在封锁的疫区内应当采取下列措施：

（一）对疫点内染疫、疑似染疫和病死的动物，由县级以上人民政府组织畜牧兽医、卫生、公安、工商等有关部门和当地乡、镇人民政府进行扑杀、销毁或作其他无害化处理；

（二）对疫点内的动物饲养用具、圈（厩）舍、活动场地、运载工具以及动物饲料、垫料、粪便等受污染的物品，由动物防疫监督机构组织进行无害化处理；

（三）对疫区内疑似染疫的动物进行隔离，确诊后根据动物疫病种类，进行治疗或扑杀；对易感染的饲养动物，应当采取紧急免疫接种、消毒等措施，实行圈养或者指定地点放养，役用动物限制在疫区内使用；

（四）禁止动物和动物产品进出疫区；出入疫区的交通要道应当设立临时性防疫消毒点，并根据扑灭动物疫病的需要，对出入人员、运输工具及有关物品进行消毒；

（五）停止与疫情有关的动物和动物产品的交易。

第十八条　受威胁区的人民政府应当组织有关单位和个人采取预防性措施，防止动物疫病传入；动物防疫监督机构和乡、镇人民政府应当监视疫情动态。

第十九条　封锁的疫区内动物疫病扑灭后，经县级以上人民政府畜牧兽医行政管理部门检查确认后，报原决定封锁的人民政府解除封锁，并通报毗邻的地区和有关部门。

第二十条　控制和扑灭重大动物疫情，由县级以上人民政府安排相应的专项经费。

因扑杀动物给饲养者造成重大损失的，按国家有关规定给予补偿。

第四章　动物和动物产品的检疫

第二十一条　动物防疫监督机构依法对动物和动物产品实施检疫，并按照国务院财政、物价行政管理部门的规定收取检疫费用，不得加收其他费用，也不得重复收费。

动物和动物产品的检疫实行报检制度。动物防疫监督机构应在乡、镇设置报检点，并公布报检电话。

第二十二条　动物防疫监督机构依法设动物检疫员。动物检疫员经市以上畜牧兽医行政管理部门培训、考核合格，取得相应的资格证书后，方可上岗实施检疫。

动物检疫员应当按照检疫规程实施检疫，并对检疫结果负责。

动物检疫依法履行检疫职责时，有关单位或者个人不得拒绝、阻挠。

第二十三条　动物、动物产品在运输、出售前，货主应当按照下列规定的期限向当地动物防疫监督机构申报检疫：

（一）种用动物在运输、出售的 7 日前申报；

（二）非种用动物及动物产品在运输、出售的 3 日前申报。

动物防疫监督机构应当在接到检疫申报后及时派人到现场实施检疫，并在运输、出售前作出检验结论。

第二十四条　经检疫合格的动物、动物产品，由动物防疫监督机构出具检疫证明，动物产品同时加盖或者加封动物防疫监督机构使用的验讫标志。经检疫不合格的，由货主在动物检疫员监督下作无害化处理;无法作无害化处理的,予以销毁。

动物凭检疫证明出售、运输、参加展览、演出和比赛。动物产品凭检疫证明、验讫标志出售和运输。

禁止伪造、涂改、转让、买卖检疫证、章、标志。

第二十五条　对生猪等动物实行定点屠宰、集中检疫,其种类和区域范围由省人民政府规定。

进入肉类加工厂和屠宰场（厂、点）的生猪等动物,应当具有检疫证明,经动物检疫员验证后方可屠宰。屠宰后的生猪等动物产品,经动物防疫监督机构检疫合格,出具检疫证明、加盖验讫印章后方可出场（厂、点）。

第二十六条　单位自宰自用生猪、牛、羊的,应当报检,动物检疫员应当及时到现场实施检疫。

第二十七条　从事动物、动物产品经营的单位和个人,应当经营检疫合格的动物、动物产品。

禁止经营性收售、贮藏、加工、运输病死或者死因不明的动物、动物产品。

第二十八条　国内地引进种用动物及其精液、胚胎、种蛋的,应当先到输入地动物防疫监督机构办理审批手续后,经输出地动物防疫监督机构检疫合格并出具检疫证明,方可引进。引进的种用动物应当按照国家有关规定在输入地动物防疫监督机构的监测、监督下隔离观察饲养,经检疫合格后方可投入使用。

第五章　动物防疫监督

第二十九条　动物防疫监督机构应当加强内部执法监督,建立上级对下级动物防疫监督机构和执法人员的督察、考核等管理制度。

第三十条　动物防疫监督机构在执行监测、监督任务时,除采取《动物防疫法》第四十一条规定的措施外,还可以查阅、复制、拍摄、摘录与动物防疫监测、监督有关的资料。

第三十一条　动物防疫监督机构中从事动物防疫监督检查的工作人员（以下简称动物防疫监督员）,应当具有中等以上兽医专业学历、从事动物防疫工作 5 年以上的工作经历和独立从事动物防疫监督检查工作的能力。

动物防疫监督员经省畜牧兽基行政管理部门考核合格、取得动物防疫监督检查证后,方可从事动物防疫监督检查工作。

动物防疫监督员依法执行公务时,应当佩戴标志,出示证件,按照法定程序履行职责。有关单位或者个人应当予以协助和配合,不得拒绝、阻挠。

第三十二条　动物饲养场、肉类加工厂、屠宰场（点）及其他从事动物产品加工、贮藏、销售的,应当符合国务院畜牧兽医行政管理部门规定的动物防疫条件,并取得县级以上人民政府畜牧兽医行政管理部门核发的动物防疫合格证,接受动物防疫监督机构的监督检查。

第三十三条　从事动物诊疗活动的，应当取得动物诊疗许可证。

动物诊疗许可证的发放和管理办法，由省畜牧兽医行政管理部门根据国家有关规定制定并公布。

第六章　法律责任

第三十四条　违反本办法第十二条第二款规定，销售、提供计划免疫所需的生物制品的，由动物防疫监督机构责令停止违法行为，收回已出售的生物制品和未售出的生物制品。

动物防疫监督机构组织供应的生物制品不合格给用户造成损失的，应当依法承担赔偿责任。

第三十五条　违反本办法第十五条规定，无权发布动物疫情的单位和个人发布动物疫情的，由动物防疫监督机构责令改正。

第三十六条　违反本办法规定，货主在动物、动物产品出售前未按规定报检的，由动物防疫监督机构责令改正，没收违法所得；对未售出的动物、动物产品，强制补检。单位自宰自用未报检的，由动物防疫监督机构责令改正，拒不改正的，强制补检。

违反本办法规定，货主在动物、动物产品运输前未按规定报检的，由动物防疫监督机构给予警告，责令改正；情节严重的，可以对托运人和承运人分别处以运输费用3倍以下的罚款。

第三十七条　违反本办法第二十七条规定，经营检疫不合格的动物、动物产品或者经营性收售、贮藏、加工、运输病死或者死因不明的动物、动物产品的，由动物防疫监督机构责令停止经营，收回已售出的动物、动物产品，没收违法所得和未售出的动物、动物产品；情节严重的，可以并处违法所得5倍以下的罚款。

第三十八条　违反本办法第三十二条规定，不符合动物防疫条件从事动物产品加工、贮藏、销售的由动物防疫监督机构给予警告、责令改正；拒不改正的，可以处10000元以上30000元以下罚款。

第三十九条　违反本办法第三十三条第一款规定，未取得动物诊疗许可证从事动物诊疗活动的，由动物防疫监督机构责令停业、没收药物与医疗器械及违法所得。

第四十条　违反本办法规定或者拒绝、阻碍动物防疫监督工作人员依法执行公务的，依法给予治安管理处罚；构成犯罪的，依法追究刑事责任。

第四十一条　动物防疫监督工作人员滥用职权、玩忽职守、徇私舞弊，有下列行为之一的，依法给予行政处分；构成犯罪的，依法追究刑事责任：

（一）隐瞒或延误动物疫情报告的；

（二）擅自发布动物疫情的；

（三）未按照国家和省规定的检疫规程进行检疫，造成误检的；

（四）不按时出具或者出具虚假检疫证明的；

（五）超过国家规定的收费标准收取费用的；

（六）未及时发放或者发放过期失效、伪劣防疫药品的。

第七章　附　则

第四十二条 本办法自 2002 年 1 月 1 日起施行。

安徽省村内兴办集体公益事业筹资筹劳条例

（2002年11月30日安徽省第九届人民代表大会常务委员会第三十四次会议通过）

第一章　总　则

第一条　为了规范村内兴办集体公益事业筹集资金和劳务行为，减轻农民负担，保护农民的合法权益，根据有关法律，结合本省实际，制定本条例。

第二条　本省行政区域内村民筹集资金和劳务（以下简称筹资筹劳）兴办村内集体公益事业，适用本条例。

第三条　筹资筹劳应当遵循村民自愿、村民受益、量力而行、上限控制、民主决定、程序规范、使用公开的原则，实行一事一议。

第四条　县级以上地方人民政府农业行政主管部门负责本行政区域内筹资筹劳监督管理的工作。

乡（镇）人民政府负责本行政区域内筹资筹劳的指导和监督工作，乡（镇）农村经营管理机构负责有关具体工作。

第二章　筹资筹劳

第五条　筹资筹劳所筹资金和劳务，用于本村范围内农田水利基本建设、植树造林、修建和维护村级道路等集体公益事业，并符合村民会议或者村民代表会议决定的使用事项。

中小学危房改造、大中型水利基础设施修建和维护、国家有关部门和地方各级人民政府安排的公路建设、农业综合开发等，不列入所筹资金和劳务的使用范围。

第六条　所筹资金由本村村民承担，每人每年筹资额实行上限控制。筹资限额按省人民政府规定执行；确需调整的，由省人民政府农业行政主管部门提出意见，报省人民政府批准后公布。

村内兴办农田水利基本建设的，可以按承包土地面积筹资，具体分摊办法由村民会议或者村民代表会议讨论决定，但人均不得超过上限控制标准。

第七条　红军老战士、无劳动能力的残疾人不承担出资义务。

生活特别困难的农村革命烈士家属、因公牺牲或者病故军人家属、革命伤残军人、复员军人、带病回乡退伍军人，经村民会议或者村民代表会议讨论决定，不承担出资义务。

其他生活特别困难的村民，由本人提出申请，经村民会议或者村民代表会议讨论通过，可以减免出资。

第八条　所筹劳务由本村18周岁至55周岁男性劳动力和18周岁至50周岁女性劳动力承担,每个劳动力每年承担劳务的数量实行上限控制。筹劳限额按省人民政府规定执行;确需调整的,由省人民政府农业行政主管部门提出意见,报省人民政府批准后公布。

第九条　现役军人、革命伤残军人、在校学生、孕妇以及分娩未满1年的妇女和完全丧失劳动能力的村民,不承担出劳义务。

因疾病、伤残或者其他原因部分丧失劳动能力的村民,由本人提出申请,经村民会议或者村民代表会议讨论通过,可以减免出劳任务。

第十条　筹资筹劳事项,由村民委员会年初提出预案,张榜公布。预案可由村民代表逐户征求村民意见,村民委员会根据村民的意见将筹资筹劳事项、预算、分摊办法、减免措施等提交村民会议或者村民代表会议讨论决定。

第十一条　村民会议应当有本村18周岁以上村民的过半数参加,或者有本村三分之二以上户的代表参加。人数较多、居住分散的村,可以村民小组为单位或者分片召开。村民会议所作决定应当经到会人员的过半数通过。

村民代表会议应当有依法产生的村民代表五分之四以上人员参加,村民代表会议所作决定应当经全体村民代表三分之二以上通过。

召开村民代表会议讨论筹资筹劳事项时,村务公开监督小组成员应当列席会议。

第十二条　村民委员会可以将当年若干筹资筹劳事项一并提请村民会议或者村民代表会议讨论并逐项进行表决。

村民会议或者村民代表会议讨论决定的事项不得与宪法、法律、法规和国家的政策相抵触。

村民委员会应当建立健全村民会议或者村民代表会议讨论决定筹资筹劳事项的会议记录制度。

第十三条　凡未承包土地、不属于农业税或者农业特产税及其附加的征收对象、在村内居住1年以上并从事工商业活动的居民,应当缴纳村内集体公益事业建设资金,具体标准由村民会议或者村民代表会议在规定的限额内讨论决定。村内集体公益事业建设资金纳入筹资款统一管理和使用。

前款规定范围内的未成年人、在校学生、现役军人、残疾人及完全丧失劳动能力的居民不承担前款规定的出资义务。

本条规定的限额按省人民政府规定执行。

第十四条　村民应当履行村民会议或者村民代表会议通过的筹资筹劳决定。

第十五条　村民委员会在召集村民会议或者村民代表会议讨论筹资筹劳事项时,应当报告上年度所筹资金和劳务的使用情况。

上年度所筹资金结余部分经村民会议或者村民代表会议讨论决定可以结转下年度使用,继续用于兴办集体公益事业。

村民会议或者村民代表会议决定集体公益事业建设项目实行招标的，村民委员会应当执行。

第三章 监督管理

第十六条 村民会议或者村民代表会议通过的筹资筹劳决定，村民委员会应当自通过之日起5日内将筹资筹劳决定、方案和会议记录报乡（镇）农村经营管理机构审核，由乡（镇）人民政府批准并报县级人民政府农业行政主管部门备案。

第十七条 乡（镇）农村经营管理机构应当将村民会议依法通过的筹资筹劳的事项、标准、数额在省人民政府农业行政主管部门统一监制的农民负担监督卡上登记。

村民委员会应当将农民负担监督卡发放到户，并张榜公布筹资筹劳的事项、标准、数额。

村民委员会应当按照农民负担监督卡上登记的筹资筹劳的事项、标准、数额，收取资金，安排出劳。

第十八条 村民委员会应当向出资人或者出劳人开具由省人民政府农业行政主管部门统一印制的出资或者出劳凭据。

第十九条 禁止强迫村民以资代劳。

村民因外出务工等原因，无法出劳的，可以请人代为出劳或者以资代劳。村民自愿以资代劳的，应当由本人或者其亲属向村民委员会书面提出。

以资代劳工价标准，由县级人民政府农业行政主管部门根据当地经济发展水平制定，并在年初公布。

第二十条 村内兴办集体公益事业所筹资金，属于本村村民集体所有，应纳入村级财务统一管理，单独设立账户、单独核算。

任何单位和个人不得平调、截留、挪用村内兴办集体公益事业所筹资金。

村民委员会应当建立出工台账管理制度。

第二十一条 村应当成立村务公开监督小组。村民委员会成员和村财务人员不得兼任村务公开监督小组成员。

村务公开监督小组负责本村所筹资金和劳务使用情况以及集体公益事业建设项目质量的监督。所筹资金和劳务使用情况经村务公开监督小组审核、乡（镇）农村经营管理机构审计后，由村民委员会张榜公布，接受村民监督。

第二十二条 筹资筹劳应当实行一事一议，不得成为固定筹集项目。所筹资金不得用于村内招待费等其他开支，不得用于偿还乡村债务，不得提前筹集下年度资金；所筹劳务不得跨年度使用。

禁止任何单位和个人以检查、评比、考核、达标等形式，要求村民出资出劳。

第二十三条 除遇有特大防洪、抢险、抗旱、森林灭火等紧急任务，经县级以上地方人民政府批准，可以临时调用农村劳动力外，任何地方和部门均不得无偿调用农村劳动力。

第二十四条　对违反本条例规定的筹资筹劳,村民有权拒绝,并向乡（镇）人民政府或者县级以上地方人民政府农业行政主管部门举报。

接到举报的乡（镇）人民政府或者县级以上地方人民政府农业行政主管部门应当及时调查处理,并在法定时间内书面答复举报人。

第四章　法律责任

第二十五条　违反本条例规定,以检查、评比、考核、达标等形式要求村民出资出劳的,或者对违法筹资筹劳行为的监督失职、渎职的,由本级人民政府或者上级人民政府农业行政主管部门责令限期改正;对负有直接责任的主管人员和其他直接责任人员依法给予行政处分。

第二十六条　乡（镇）人民政府及农村经营管理机构违反本条例规定有下列行为之一的,由县级人民政府责令改正,并对负有直接责任的主管人员和其他直接责任人员依法给予行政处分:

（一）强迫村民委员会筹资筹劳的;

（二）平调、截留、挪用所筹资金或者改变筹资用途的;

（三）无偿调用农村劳动力或强迫村民以资代劳的;

（四）对筹资筹劳监督失职、渎职的。

第二十七条　村民委员会及其成员弄虚作假、违反议事程序、超限额筹资筹劳以及其他未按本条例规定筹集、使用资金和劳务的,所作决定无效,由乡（镇）人民政府或者县级以上地方人民政府农业行政主管部门按照下列规定处理:

（一）违法筹集的资金,责令限期退还村民;

（二）违法筹集的劳务,责令限期按照县级人民政府农业行政主管部门公布的以资代劳工价标准给予出劳人相应的补偿;

（三）强迫村民以资代劳的,责令将所筹资金限期退还村民。

村民委员会成员或者其他有关人员贪污、挪用所筹资金,应当予以追缴;构成犯罪的,依法追究刑事责任。

本村五分之一以上有选举权的村民联名,可以对负有责任的村民委员会成员提出罢免要求。罢免程序按照《安徽省实施〈中华人民共和国村民委员会组织法〉办法》执行。

第二十八条　村民违反本条例规定拒绝承担出资出劳义务的,村民委员会应当进行批评教育,责令其改正。

第五章　附　则

第二十九条　本条例自 2003 年 1 月 1 日起施行。

安徽省畜产品质量安全管理条例

（2004 年 1 月 7 日安徽省第十届人民代表大会常务委员会第七次会议通过）

第一章 总 则

第一条 为了规范畜产品质量安全管理，保障人体健康和生命安全，促进畜牧业发展，根据有关法律、行政法规，结合本省实际，制定本条例。

第二条 本条例适用于本省行政区域内畜产品质量安全管理活动。

本条例所称畜产品，是指人工饲养并用于食用的畜禽以及未经加工或者经初加工的肉、蛋、奶等畜禽产品。

第三条 畜产品应当符合涉及人体健康和生命安全的强制性标准。

对畜产品的饲养、加工、运输、销售实行质量安全监控，建立畜产品质量安全认证制度、畜产品市场准入制度和质量安全追溯制度。

第四条 县级以上人民政府应当加强畜产品质量安全管理工作的领导与协调，健全动物防疫监督管理体系，保证畜产品质量安全管理必需的资金。乡、镇人民政府按照规定的职责做好畜产品质量安全管理工作。

畜牧兽医、商务、工商、卫生、质量技术监督等有关行政管理部门应当按照各自职责，共同做好畜产品质量安全管理工作。

第五条 各级人民政府及有关部门应当加强畜产品质量安全知识的宣传，提高生产者、经营者、消费者的畜产品质量安全意识。

鼓励畜产品质量安全的社会公众监督和舆论监督，维护消费者的合法权益。

第二章 饲养和加工

第六条 畜禽饲养场应当按照国家规定的标准和技术规范饲养畜禽。养殖专业户应当逐步实行标准化饲养。农村散养户应当按照畜产品质量安全要求饲养畜禽。

畜牧兽医技术服务组织、专业协会等，应当通过技术服务，推广畜禽优良品种，促进健康养殖，提高畜产品质量。

第七条 畜禽饲养场的选址、设计应当符合国家规定的环境保护和动物防疫条件。

第八条 兽药、饲料和饲料添加剂等投入品的使用应当符合《兽药管理条例》、《饲料和饲料添加剂管理条例》等规定。

第九条 畜禽饲养场、养殖专业户应当加强畜禽卫生管理，对畜禽饲养场所、器具定期清洗、消毒，对畜禽粪便、废水及其他废弃物应及时清运或进行资源化、无害化处理，保证畜禽饲养场所的环境卫生符合国家规定的标准。

禁止向畜禽饲养场所排放有毒有害物或者倾倒、填埋废弃物。

第十条　对严重危害畜牧业生产和人体健康的动物疫病，按照国家规定实行计划免疫制度，由动物防疫人员实施强制免疫，出具免疫证明，并对强制免疫的猪、牛、羊佩带免疫耳标。

猪、牛、羊的免疫耳标由省动物防疫监督机构统一组织定点生产。任何单位和个人不得非法生产、销售和使用。

第十一条　畜禽饲养场应当建立畜禽饲养档案，养殖专业户应当设有畜禽饲养记录，如实记载兽药、饲料和饲料添加剂使用、强制免疫等饲养管理及疫病防治情况。

第十二条　畜禽饲养场、养殖专业户在畜禽出售前，应当依法向所在地动物防疫监督机构申报检疫。经检疫合格的畜禽，由动物防疫监督机构出具检疫证明方可出售。

农村散养户出售自养的畜禽应当接受检疫。

第十三条　饲养畜禽禁止下列行为：

（一）使用盐酸克伦特罗（瘦肉精）、氯霉素等食品动物禁用的药品及其他化合物；

（二）超限量使用兽药、饲料添加剂或违反畜禽休药期用药；

（三）给未经强制免疫的猪、牛、羊佩带免疫耳标；

（四）使用危害人体健康或者在畜禽体内产生有害残留的清洗、消毒物品；

（五）国家规定的其他禁止行为。

第十四条　畜禽屠宰场（厂、点）和肉类加工企业应当具备国家规定的卫生条件和动物防疫条件，并按照操作规程和技术要求屠宰、加工。

第十五条　畜禽屠宰场（厂、点）和肉类加工企业应当在畜禽进场时查验检疫证明。

畜禽屠宰场（厂、点）和肉类加工企业应当建立畜禽产品品质检验制度。品质检验应当与屠宰、加工同步进行。

畜禽产品经动物防疫监督机构检疫，出具检疫证明、加盖或者加封验讫标志后方可出场。

第十六条　经营性屠宰、加工活动中禁止下列行为：

（一）屠宰、加工病死、毒死或死因不明的畜禽；

（二）屠宰、加工无检疫证明的畜禽；

（三）注水或注入其他物质；

（四）使用有毒有害物质屠宰、加工畜产品；

（五）国家规定的其他禁止行为。

第三章　运输和经营

第十七条　畜禽凭检疫证明、畜禽产品凭检疫证明和验讫标志方可运输和销售，其中猪、牛、羊应当佩带免疫耳标。

第十八条　畜产品的运载工具、垫料、包装物、容器应当符合国家规定的卫生条件和动物防疫条件，不得将畜产品与有毒有害物品混装运输。

长途运输鲜、冻畜禽产品应当具备保质、保鲜条件。

第十九条　染疫、病死或死因不明的畜禽在运输途中不准宰杀、销售、抛弃。该类畜禽及其排泄物、垫料、包装物，应当在动物防疫监督机构监督下进行无害化处理。

第二十条　畜产品批发市场、农贸市场等市场举办者，应当依法与进入本市场的畜产品经营者签订质量安全协议，并建立质量安全信用管理制度，引导经营者合法、诚信经营。

市场举办者应当查验畜产品检疫证明，没有检疫证明的，不得允许其进入市场交易；发现进入本市场经营的畜产品不符合本条例规定的，应当立即报告工商行政管理部门。

第二十一条　市场举办者应当在工商行政管理部门监督下在场内显著位置设置公示牌。各有关行政管理部门会同工商行政管理部门将本市场内畜产品质量情况和有违法行为的经营者名单在公示牌上公示。

第二十二条　各级人民政府及有关行政管理部门应当采取必要措施逐步在畜产品批发市场、农贸市场配置畜产品质量安全检测设施，配备检测人员，建立检测规程，为消费者、经营者提供畜产品质量安全检测服务。

畜产品批发市场、农贸市场的举办者可以配置必要的畜产品质量安全检测设施，配备检测人员，为消费者、经营者提供畜产品质量安全检测服务。

第二十三条　畜产品经营者应当遵守下列规定：

（一）购入畜产品应当查验畜产品检疫证明、验讫标志；

（二）销售畜产品应当将检疫证明摆放在显著位置；

（三）建立畜产品购销台账，载明所经营畜产品的来源、数量和其他有关情况；

（四）接受有关行政管理部门对所经营的畜产品质量安全进行检查和检测。

第二十四条　禁止经营下列畜产品：

（一）无检疫证明、验讫标志的；

（二）染疫、病死、毒死或者死因不明的；

（三）含有国家规定的食品动物禁用药品及其他化合物的；

（四）药物残留或者有毒有害物质含量超过国家标准的；

（五）注水或者注入其他物质的；

（六）使用有毒有害物质屠宰、加工的；

（七）国家规定禁止经营的其他畜产品。

第四章　监督管理

第二十五条　县级以上人民政府应当组织有关行政管理部门建立畜产品质量安全管理责任制度，完善畜产品质量安全认证制度、追溯制度和畜产品市场准入制度，并负责监督实施。

第二十六条　县级以上畜牧兽医行政管理部门主管动物防疫工作，负责兽药、饲料和饲料添加剂等投入品管理，制定畜产品兽药残留等监控计划并组织实施。

县级以上商务行政管理部门负责畜禽定点屠宰活动的监督管理。

县级以上工商行政管理部门负责畜产品经营活动和定点屠宰以外的屠宰、加工活动的监督管理。

县级以上卫生行政管理部门负责畜禽产品加工、销售企业卫生条件的审查，并对畜禽产品的卫生进行监督管理。

县级以上质量技术监督行政管理部门负责有关畜产品的质量标准工作，加强畜产品的质量技术监督管理。

县级以上环境保护等其他有关行政管理部门在各自的职责范围内做好畜产品的安全管理监督工作。

第二十七条　县级以上畜牧兽医、商务、工商、卫生、质量技术监督等行政管理部门应当加强执法队伍建设，提高执法人员素质和执法水平。执法人员在监督检查时，应当出示执法证件，遵守执法程序。

第二十八条　畜产品质量安全实行以抽查为主要方式的监督检查制度。

县级以上人民政府应当组织有关行政管理部门制定畜产品质量安全监督检查计划，并监督实施。畜产品质量安全监督检查结果，应当及时向社会公布。

第二十九条　对染疫、病死、死因不明的畜禽以及其他不符合涉及人体健康和生命安全的强制性标准的畜产品，必须进行无害化处理，无法进行无害化处理的应当及时销毁。

第三十条　消费者有权要求畜产品经营者出示畜产品检疫证明、验讫标志。

任何单位和个人有权就畜产品质量安全问题向畜牧兽医、商务、工商、卫生、质量技术监督等有关行政管理部门举报和投诉。

第三十一条　对畜产品质量安全问题的举报和投诉实行首问负责制。行政管理部门接到举报、投诉应当受理，对属于职责范围内的举报、投诉，应当立即派人赶赴现场，及时调查处理，并在结案后3日内将处理结果告知举报、投诉人；对不属于职责范围的，应当立即移送有管辖权的行政管理部门调查处理，并告知举报、投诉人。

接受移送的行政管理部门应当在接到移送的举报、投诉后2日内告知举报、投诉人，并在结案后3日内将处理结果告知举报、投诉人和移送部门。

第五章　法律责任

第三十二条　畜牧兽医、商务、工商、卫生、质量技术监督等行政管理部门及其工作人员有下列情形之一的，对直接负责的主管人员和其他直接责任人员，依法给予行政处分；构成犯罪的，依法追究刑事责任；给当事人造成损失的，依法给予赔偿：

（一）未按照国家规定对畜产品质量安全进行监督检查的；

（二）对饲养、加工、运输、销售过程中的违法行为未依法制止或应予处罚而未给予处罚的；

（三）对畜产品质量安全的举报投诉，未依法处理并答复的；

（四）其他滥用职权、玩忽职守、徇私舞弊的行为。

第三十三条　有下列情形之一的，由动物防疫监督机构按照以下规定给予处罚：

（一）非法生产、销售猪、牛、羊免疫耳标的，没收违法所得和免疫耳标，并处 2000 元以上 5000 元以下的罚款；违法所得超过 5000 元的，并处违法所得 1 倍以上 3 倍以下的罚款；

（二）非法使用猪、牛、羊免疫耳标的，没收免疫耳标，并处每头（只）50 元以上 100 元以下的罚款；

（三）畜禽饲养场、养殖专业户未按照规定建立畜禽饲养档案或记录的，责令限期改正；逾期未改正的，处以 200 元以上 1000 元以下的罚款；

（四）畜禽屠宰场（厂、点）和肉类加工企业、畜产品市场举办者未按照规定履行查验义务的，责令改正，并处 3000 元以上 5000 元以下的罚款；

（五）运输和销售的猪、牛、羊未佩戴免疫耳标的，对运输者或销售者处以每头（只）50 元的罚款。

第三十四条　有下列情形之一的，由工商或者质量技术监督行政管理部门按照以下规定给予处罚：

（一）定点屠宰以外的屠宰、加工活动中对畜产品注水或注入其他物质，或者经营该类畜产品的，没收该类畜产品和违法所得，并处违法经营额 1 倍以上 5 倍以下的罚款；

（二）使用有毒有害物质屠宰、加工畜产品，或者经营该类畜产品的，没收该类畜产品和加工工具，并处 500 元以上 1000 元以下的罚款。

第三十五条　使用盐酸克仑特罗（瘦肉精）等禁止在饲料和动物饮用水中使用的药品或者含有该类药品的饲料养殖供人食用的动物，或者销售明知是使用该类药品或者含有该类药品的饲料养殖的供人食用的动物的，依法追究刑事责任。

违反本条例规定的其他行为，法律、法规已规定给予处罚的，从其规定。

第六章　附　则

第三十六条　合法捕获、经人工饲养并用于食用的野生动物及其产品的质量安全管理，参照本条例执行。

第三十七条　本条例自 2004 年 5 月 1 日起施行。

安徽省实施《中华人民共和国农村土地承包法》办法

（2005 年 6 月 17 日安徽省第十届人民代表大会常务委员会第十七次会议通过）

第一章　总　则

第一条　根据《中华人民共和国农村土地承包法》,结合本省实际,制定本办法。

第二条　本办法所称农村土地,是指农民集体所有和国家所有依法由农民集体使用的耕地、林地、草地、养殖水面和荒山、荒沟、荒丘、荒滩,以及其他依法用于农业的土地。

第三条　农村土地承包采取农村集体经济组织内部的家庭承包方式,不宜采取家庭承包方式的荒山、荒沟、荒丘、荒滩等农村土地,可以采取招标、拍卖、公开协商等方式承包。

农村土地承包后,土地的所有权性质不变。承包地不得买卖。

第四条　县级以上地方人民政府应当加强对农村土地承包及承包合同管理工作的领导,维护土地承包双方当事人的合法权益。

第五条　县级以上地方人民政府农业、林业等行政主管部门依照各自职责,负责本行政区域内农村土地承包及承包合同管理。

乡（镇）人民政府和辖区内有农村土地的街道办事处负责本行政区域内农村土地承包及承包合同管理。具体管理工作由农村土地承包管理机构承担。

第六条　农村土地承包及承包合同的管理工作经费列入同级财政预算,不得向农民收取。

第二章　土地承包经营权的确立

第七条　农民集体所有和国家所有依法由农民集体使用的耕地、林地、草地等,依法由各该农村集体经济组织或者村民委员会、村民小组发包。

第八条　符合下列条件之一的本村人员,为本集体经济组织成员:

（一）本村出生且户口未迁出的;

（二）与本村村民结婚且户口迁入本村的;

（三）本村村民依法办理子女收养手续且其所收养子女户口已迁入本村的;

（四）刑满释放后户口迁回本村的;

（五）其他将户口依法迁入本村的。

第九条　在统一组织家庭承包时,农村集体经济组织成员不分年龄、性别、民族、劳动能力等,享有平等的土地承包经营权,有权依法承包本集体经济组织发包的农村土地或者自愿放弃承包土地。自愿放弃承包土地权利的,应当在土地承包方案公布后十五日内书面通知发包方。

以放弃土地承包权为条件将户口迁入本村的,不参加家庭承包。

第十条　统一组织家庭承包时,原户口在本村的下列人员,依法享有农村土地承包经营权:

（一）解放军、武警部队的现役义务兵和符合国家有关规定的士官;

（二）高等院校、中等专业学校在校学生;

（三）正在服刑的人员。

第十一条　耕地的承包期为三十年。草地的承包期为三十年至五十年。林地的承包期为三十年至七十年;特殊林木的林地承包期,经国务院林业行政主管部门批准可以延长。荒山、荒沟、荒丘、荒滩的承包期不得超过五十年。

第十二条　发包方应当和承包方签订书面承包合同。承包合同一式三份,发包方和承包方各执一份,另一份由发包方在承包合同签订之日起三十日内报乡（镇）人民政府或者街道办事处备案。

没有签订书面承包合同的,应当自本办法实施之日起三个月内补签;家庭承包合同约定的承包期短于三十年的,其承包期视为三十年。

第十三条　以家庭承包方式承包农村土地的,由乡(镇)人民政府或街道办事处统一报县级人民政府办理土地承包经营权证书。具体办理程序和期限按照国家规定执行。

发包方应当及时将土地承包经营权证书发给承包方。任何单位或者个人不得扣押,不得代承包方保管。

第十四条　土地承包经营权证或者林权证等证书损毁、遗失的,承包方应当及时申请换发或者补发。颁发、换发、补发土地承包经营权证或者林权证等证书,除按国家规定收取证书工本费外,不得收取其他费用。

第十五条　发包方、乡（镇）人民政府或者街道办事处和县级人民政府农业、林业等行政主管部门应当依照各自职责,负责承包合同、土地承包经营权证或者林权证等证书的登记、建档和查询等工作。

承包方有权查询与承包合同有关的材料,发包方或者有关单位应当给予方便,不得拒绝。

第十六条　承包期内,有下列情形之一的,应当变更承包合同和土地承包经营权证或者林权证等证书:

（一）承包方提出书面申请,自愿交回部分承包地的;

（二）承包方的部分承包地被依法征收的;

（三）承包方的部分承包地被乡（镇）村公共设施、公益事业建设依法占用的;

（四）承包方的部分承包地通过转让方式流转的;

（五）承包方的承包地通过互换方式流转的;

（六）土地调整后，承包方的承包地面积变化的；

（七）法律、法规规定的其他情形。

第十七条　承包期内，有下列情形之一的，应当解除承包合同，并注销土地承包经营权证或者林权证等证书：

（一）承包方提出书面申请，自愿交回全部承包地的；

（二）承包方的全部承包地被依法征收的；

（三）承包方的全部承包地被乡（镇）村公共设施、公益事业建设依法占用的；

（四）承包方的全部承包地通过转让方式流转的。

承包方全家迁入设区的市，转为非农业户口的，应当自当季农作物收获后三十日内将承包的耕地或者草地交回发包方，同时解除承包合同，注销土地承包经营权证；逾期不交的，由发包方收回。

承包耕地或草地的承包方家庭成员全部死亡、承包林地的承包方家庭成员全部死亡并无继承人的，应当及时注销其土地承包经营权证或者林权证，并由发包方收回其承包地。

第十八条　承包期内，承包方家庭分户的，由家庭内部自行决定土地承包经营权的分割。家庭内部就土地承包经营权分割达成协议的，发包方应当尊重其协议；达不成协议的，按照承包合同纠纷处理。

因离婚产生的分户，双方当事人的土地承包经营权按照离婚协议、农村土地承包仲裁机构的仲裁裁决或者人民法院的裁判处理。

当事人因分户要求分立土地承包经营权的，发包方应当与其分别签订承包合同，并按照国家规定办理土地承包经营权证书或林权证书。

第十九条　不宜采取家庭承包方式的其他农村土地，其承包方案应当经村民会议或者村民代表会议三分之二以上成员的同意，并书面公布，公布时间不得少于十五日。

承包方案应当包括承包土地的名称、坐落、面积、用途、承包方式、承包主体、承包期限、起止日期以及其他应当注明的事项。采取公开协商方式承包的，其承包方案还应当包括承包底价。

第二十条　承包方应当依法保护和合理利用所承包的耕地，不得在耕地上从事挖砂、取土、建房、烧窑、采矿等破坏耕作层或者改变土地农业用途的活动。

第三章　土地承包经营权的保护

第二十一条　承包方依法取得的土地承包经营权受法律保护，任何单位和个人不得侵犯承包方依法使用承包地、自主组织生产经营、处置产品和取得承包收益的权利。

村规民约中侵犯村民土地承包经营权益的规定无效。

第二十二条　承包地的相邻各方，应当按照有利生产、团结互助、公平合理的精神，处理截水、排水、通行、通风、采光等方面的相邻关系。

在承包地内种植林木等给相邻方造成经济损失的，应依法予以补偿。

第二十三条　承包期内，发包方不得收回承包地。

承包期内，承包方家庭成员中有外出务工、升学、服兵役或者服刑、死亡的，发包方不得收回其承包地。

承包期内，妇女结婚，在新居住地未取得承包地的，发包方不得收回其原承包地；妇女离婚或者丧偶，仍在原居住地生活或者不在原居住地生活但在新居住地未取得承包地的，发包方不得收回其原承包地。

因结婚男方到女方家落户的，适用前款规定。

第二十四条　承包期内，发包方不得调整承包地。但因自然灾害严重损毁承包地等特殊情形，个别农户人均承包耕地或者草地的面积不足本集体经济组织人均承包耕地或者草地面积二分之一的，可以依法对该个别农户的承包地进行调整，不得打乱重分。

第二十五条　下列土地应当用于调整承包地或者承包给新增人口：

（一）集体经济组织依法预留的机动地；

（二）发包方依法收回的；

（三）承包方依法自愿交回的；

（四）通过依法开垦、复垦等方式增加的。

前款所列土地应当每年公布一次。

第二十六条　前条所列土地在未用于调整承包地之前，可以采取招标、拍卖、公开协商等方式发包，发包期不得超过三年。发包的收益应当用于本集体经济组织的公益事业，其使用情况应当每年向本集体经济组织成员公布一次，并接受监督。

承包地被依法征收或占用，承包户放弃经济补偿，要求继续承包土地的，可以在前条所列土地中调整解决。

第二十七条　对承包地进行调整，应当按照下列程序进行：

（一）需要调整承包地的农户向发包方提出书面申请；

（二）发包方提出调整方案，并依法经本集体经济组织成员的村民会议或者村民代表会议三分之二以上成员的同意；

（三）发包方将讨论通过的调整方案报乡（镇）人民政府或者街道办事处和县级人民政府农业、林业等行政主管部门批准；

（四）发包方组织实施调整方案。

第二十八条　承包期内，外出农户回乡要求继续耕作其承包地的，其承包地应予返还。抛荒承包地已由集体经济组织委托他人耕作的，外出农户在收回承包地时，应当给予代耕方适当的经济补偿。

第二十九条　征收、征用农村集体所有的土地，应当依法办理征收、征用手续，并依法对承包方予以补偿安置。

国土资源行政主管部门拟订的征地补偿标准和安置方案，应当听取被征地的农村集体经济组织和农民的意见。被征地的农村集体经济组织和农民对征地补偿安置方案有权要求举行听证。征地工作完成后，国土资源行政主管部门应当将征收、征用承包地的情况告知县级人民政府农村土地承包管理部门。

征地补偿费用依法应当支付给被征地的承包方部分，应当直接发放给被征地的承包方，并予以公布，任何单位和个人不得截留、拖欠。农业、国土资源、民政等部门按照各自职责，对征地补偿费用的支付、分配和使用情况进行监督。

第三十条　县级以上地方人民政府应当建立征地后失去生活保障的农民的就业和社会保障制度，具体办法由省人民政府规定。

县级以上地方人民政府应当采取安排就业、组织劳务输出、移民安置等办法解决被征地农民的生产生活问题，并对被征地农民免费进行职业技能培训，提供就业指导服务，为被征地农民创业提供优惠政策。

被征地农民转为城市居民且符合城市居民最低生活保障条件的，应当纳入城市居民最低生活保障范围；符合参加企业职工基本养老和城镇基本医疗、失业保险条件的，应当纳入企业职工基本养老和城镇基本医疗、失业保险的范围。

第三十一条　乡（镇）村公共设施、公益事业建设需要占用承包地的，应当经本集体经济组织成员的村民会议或者村民代表会议三分之二以上成员同意后，依法办理有关批准手续，并对承包方依法给予补偿。

因实施村镇规划需要调整农户宅基地，经依法批准使用本集体经济组织农户承包地的，集体经济组织应当在本办法第二十五条所列土地中调整解决，或者通过承包户之间互换承包地的方式解决。

第四章　土地承包经营权的流转

第三十二条　按照自愿、有偿和平等协商的原则，承包方可以依法采取转包、出租、互换、转让或者其他方式进行土地承包经营权流转，任何单位和个人不得强迫或者阻碍。

土地承包经营权流转合同由承包方与受让方签订。未经承包方书面委托，发包方和其他任何组织、个人代表承包方与受让方签订的土地承包经营权流转合同无效。

第三十三条　土地承包经营权采取转让方式流转的，应当经发包方同意。发包方应当自收到承包方书面申请后七日内答复；逾期不答复的，视为同意。

土地承包经营权采取转包、出租、互换或者其他方式流转的，双方当事人应当签订书面流转合同，并在十五日内将流转合同报发包方备案。

第三十四条　承包地集中连片流转，涉及多个承包方的，受让方应当与每个承包方签订土地承包经营权流转合同。

对跨区域进行土地承包经营权流转实行规模承包经营，受让方申请迁移登记为当地农村常住户口的，由公安机关依法办理。

第三十五条　承包方之间可以自愿将承包土地入股发展农业合作生产，但股份合作终止时入股土地应当退回原承包农户。

第三十六条　土地承包经营权采取互换、转让方式流转，当事人要求登记的，按照国家有关规定办理。

第三十七条　承包土地流转后，因国家重大政策调整导致合同内容显失公平的，经双方协商可以对合同的有关条款作相应的修改。协商不成的，按照土地承包经营纠纷处理。

土地流转中没有订立流转合同，原承包户要求收回承包地的，受让方应予返还，双方也可以在协商一致的基础上补签书面流转合同。

第三十八条　土地承包经营权流转时，发包方应当应承包方或者受让方要求提供协助，但不得违背承包方的意愿，不得截留、扣缴承包方的流转收益。

第三十九条 通过流转取得的土地承包经营权，可以依法再流转。原流转合同另有约定的，从其约定。

土地承包经营权的再流转，按照土地承包经营权流转的规定执行。

第四十条　发包方依法收回发包土地的，不影响该土地的流转合同的效力。

第四十一条　县级以上地方人民政府农业、林业等行政主管部门和乡（镇）人民政府或者街道办事处应当建立农村土地承包经营权流转信息库，及时公布农村土地承包经营权流转供求信息，并提供业务指导和服务。

第五章　争议的解决和法律责任

第四十二条　因土地承包经营发生纠纷的，双方当事人可以通过协商解决，也可以请求村民委员会、乡（镇）人民政府或者街道办事处等调解解决。

当事人不愿协商、调解或者协商、调解不成的，可以向农村土地承包仲裁机构申请仲裁，也可以直接向人民法院起诉。

第四十三条　县、乡（镇）和辖区内有农村土地的街道办事处设立农村土地承包仲裁委员会。农村土地承包仲裁委员会接受农业行政主管部门业务指导。

农村土地承包仲裁委员会的仲裁员由具有仲裁资格的人员兼任，仲裁员资格由省农业行政主管部门认定。

第四十四条　因土地承包经营发生纠纷，当事人申请仲裁的，由发包方所在地农村土地承包仲裁机构管辖。当事人可以向乡、镇、街道办事处仲裁委员会申请仲裁，也可以直接向县仲裁委员会申请仲裁。

第四十五条　农村土地承包仲裁机构应当自收到仲裁申请书之日起五日内进行审查，对符合受理条件的，作出予以受理的决定，并书面通知当事人；对不符合条件的，应当作出不予受理的决定，书面通知申请人，并说明理由。

第四十六条　农村土地承包仲裁机构对其受理的案件，应当自受理之日起三十日内调解完毕。经调解达成协议的，应当制作调解书。调解书与裁决书具有同等法律效力。

调解书应当写明仲裁请求和当事人协议的结果。调解书由仲裁员签名，加盖仲裁机构印章，七日内送达双方当事人。调解书经双方当事人签收后，即发生法律效力。

调解未达成协议或者调解达成协议后，当事人一方在签收前反悔的，农村土地承包仲裁机构应当在十五日内作出仲裁裁决。

第四十七条　仲裁裁决书应当写明仲裁请求、争议事实、裁决理由、裁决结果、仲裁费用的负担和裁决日期。裁决书由仲裁员签名，加盖仲裁机构印章。

当事人对农村土地承包仲裁机构的仲裁裁决不服的，可以自收到裁决书之日起三十日内向人民法院起诉。逾期不起诉的，裁决书发生法律效力。一方当事人不履行的，对方当事人可以申请人民法院强制执行。

第四十八条　农村土地承包仲裁委员会组成、仲裁员任职条件等事项，按照国家和省有关规定执行。

第四十九条　当事人不履行合同义务或者履行义务不符合约定的，应当依法承担违约责任。

第五十条　买卖农村土地，非法征收、征用、占用农村土地，或者贪污、挪用土地补偿费用，构成犯罪的，依法追究刑事责任；造成他人损害的，应当承担损害赔偿等责任。

第五十一条　国家机关及其工作人员有下列行为之一的，由上级机关或者所在单位责令改正；情节严重的，对直接负责的主管人员和其他直接责任人员给予行政处分；给当事人造成损失的，依法承担赔偿责任；构成犯罪的，依法追究刑事责任：

（一）利用职权干涉土地承包或者干涉承包方依法享有的生产经营自主权的；

（二）利用职权强迫、阻碍承包方进行土地承包经营权流转的；

（三）不依法登记、颁发土地承包经营权证或者林权证等证书的；

（四）不依法处理有关土地承包的投诉、举报的；

（五）侵害农民土地承包经营权的其他行为。

第六章　附　则

第五十二条　本办法自 2005 年 10 月 1 日起施行。1993 年 7 月 10 日安徽省第八届人民代表大会常务委员会第四次会议通过的《安徽省农业承包合同管理条例》同时废止。

省政府规章

安徽省农业技术推广管理办法

（1989年1月22日安徽省人民政府令第1号发布 2001年12月28日废止）

第一条 为加快农业技术推广，促进农业生产，根据国家有关规定，制定本办法。

第二条 农业技术推广工作由农业行政部门主管。各级人民政府应加强领导，协调、解决推广工作中的问题。

第三条 省设农业技术推广总站，其职责是：负责全省农技推广体系的建设和管理，组织实施国家重点农技推广项目；编制并组织实施全省农技推广计划；培训地、市、县农技人员；为基层农技推广机构提供技术、信息服务；开展调查、研究，总结、推广各地经验。

第四条 地、市设农业技术推广站，负责管理、指导本地区的农业技术推广工作。

第五条 县（市）设农业技术推广中心，由粮油作物、经济作物、植保、土肥站，农业技术推广所（农科所）和培训学校（班）等组成。其职责是：编制、实施本地农技推广计划；开展技术推广项目的试验和示范；培训乡、镇农技人员和农民技术员；推广新技术、新品种；开展技术承包和有偿服务等。

区农业技术推广站是县（市）农业技术推广中心的派出机构，负责全区的农业技术推广工作，指导、扶持乡、镇农技服务站。区农技站的人、财、物由县农技推广中心管理。不设区的县可根据工作需要，按自然经济区设置片站，具体由各县自定。

第六条 乡、镇和有条件的村可建立集体所有制的农业技术服务站，进行各项农业先进技术的试验、示范、宣传和推广，扶持科技示范户，开展技术承包和技术服务。

未建立农技服务站的村应有农民技术员，负责指导农业技术的应用。

第七条 个人或个人合伙可以举办多种形式的农业技术推广服务组织，实行有偿服务。

第八条 各级农业技术推广机构对适合当地需要的科研成果和新技术，应有计划地推广。推广重大科技项目，应经过充分论证，并经上一级农业技术推广机构同意。

第九条 农技推广机构可结合农业技术推广，开展良种、苗木、微肥、激素、药械、农机具等的有偿服务。

基层农技推广单位（县以下，不含县）结合有偿技术服务所用少量化肥、农药、农膜，由县专营批发部门或基层供销合作社按计划供应。允许有偿转让给农户，但不准进行商业经营或者倒买倒卖。有些农药小品种，基层供销合作社可委托基层农业技术推广单位代销。

第十条　全民所有制的农技推广机构开展有偿技术服务的收入，主要用于发展农技推广事业。有偿服务的收入暂不抵减事业费。

第十一条　鼓励农技人员进行技术承包或兼职。由农技推广机构组织的技术承包，其承包收入百分之四十归所在单位，百分之六十归承包人员。业余搞承包的，收入全部归承包人。农技人员停薪留职搞承包的，应向原单位交纳承包收入的百分之五作为社会公益金，其余归承包人。

第十二条　在县城以下（不含县城）从事农业技术推广工作，具有技术员以上职称，或高等和中等农业院校毕业尚未取得技术职称的农业技术人员，积极工作，完成任务的，其工资按照技术级差向上浮动一级，连续工作五年以后，转为固定级别，并从第六年起再向上浮动一级。正常升级不受影响。自愿到农村工作一年以上的科技人员，从到达工作地点之日起，与当地农业科技人员一样享受工资浮动、生活补贴，劳动福利等待遇，由原单位执行，工资、户口、粮油关系不变。

第十三条　农民技术员可按规定评定和晋升技术职称。有一定专业知识、工作成绩突出的农民技术员，可聘任为合同制技术干部，享受国家技术干部待遇。

第十四条　在科技攻关、试验示范、推广新成果新技术等方面有突出贡献的农业技术推广干部，应给予表扬和奖励。有重大贡献的应予重奖，并可晋级晋职。

第十五条　本办法自发布之日起施行，由省农牧渔业厅负责解释。

安徽省渔业船舶安全管理暂行办法

（1992年9月28日安徽省人民政府水产局发布
1997年12月19日省政府第99号令修正）

第一章 总 则

第一条 为加强我省渔业船舶安全管理，保障渔业船舶、设施和人民生命财产的安全，根据《中华人民共和国渔业法》、《中华人民共和国内河交通安全管理条例》、《中华人民共和国渔港水域交通安全管理条例》等法律、法规和国家有关规定，制定本办法。

第二条 凡在我省境内水域航行、停泊、作业的渔业船舶的安全管理，通用本办法。

第三条 各级渔船渔港监督管理机构是负责对渔业船舶安全实施监督管理的主管机关（以下简称渔监机关）。

省渔船检验机构及其派出的渔船检验站是国家在地方设立的渔业船舶技术监督检验机构，负责渔业船舶的检验发证工作。

第二章 船舶及其所有者、经营者和人员

第四条 渔业船舶必须具备下列条件，方可在核定航区内航行、作业：

（一）经渔船检验机构检验和渔监机关登记，持有《内陆水域渔业船舶证书》、《内陆水域渔业船舶登记证书》；

（二）按规定配有技术船员、驾长和其他船员；

（三）按规定配备号灯、号型、救生、消防等安全航行设备。

从事捕捞的渔业船舶必须持有捕捞许可证件。

渔业船舶临时从事运输，还应持有交通部门颁发的临时运输许可证。

第五条 机动渔船的船长、轮机长、驾驶员、轮机员、应经过考试，持有合格职务证书。

非机动船的驾长，应经过考核，持有合格证书。

其他船员应经过渔监机关的安全教育和技术培训，持有合格证书。

第六条 渔业船舶证书、登记证书、职务证书和渔船牌照等，不得涂改、伪造、转借、出租或买卖。

第七条 渔业船舶必须按照国家和我省的有关规定，分别向渔船检验机构和渔监机关缴纳渔船检验费、渔船渔港管理费及其他规费。

第八条 渔业船舶的所有者和经营者对其所有的或者所经营的船舶安全负责，并应当做到下列各项：

（一）加强对船舶的安全技术管理，使之处于适航状况或保持良好的技术状况；

（二）配备的船员必须符合国家和我省的有关规定，不得任用无合格职务证书或者无合格证件的人员担任船长、轮机长、驾驶员、轮机员、驾长；

（三）加强对船员的安全教育和技术培训，不得强令所属船员违章操作；

（四）根据船舶的技术性能、船员条件、航区规定和水文气象条件等，合理使用、调度船舶；

（五）接受渔监机关的监督检查和管理。

第三章　航行、停泊和作业

第九条　船舶进出渔港，应向渔监机关办理进出港签证手续，并接受渔监机关的安全检查。

第十条 渔业船舶在核定航区内航行，所采用的航速应足以保障自身的安全和不危及其他船舶的安全。

第十一条　渔业船舶不得超过核定的航区航行，不得超载航行，不得在大风、暴雨、浓雾和山洪中冒险航行。

第十二条　禁止渔业船舶私自搭客。

第十三条　渔业船舶停泊，不得妨碍其他船舶的正常航行和危及设施、堤防的安全。

停泊渔船必须留有能够保证船舶安全的船员值班。

第十四条　渔业船舶在渔港装卸易燃、易爆、有毒等危险货物，必须遵守国家关于危险货物管理的规定，并事先向渔监机关提出申请，经批准后在指定的地点装卸。

第十五条　渔业船舶的船员有保护航道、设施安全的义务。发现下列情况，应迅速向渔监机关或港航监督机关报告：

（一）航道变迁；

（二）有碍航行安全的物体；

（三）助航标志的损坏、失常、移位或者灭失；

（四）有碍航行安全的其他情况。

第十六条　渔业船舶有下列情况之一者，渔监机关有权责令其离港，或者令其停航、停止作业、驶向指定地点：

（一）违反国家有关法律、法规或者港航规章；

（二）不适航或者不适拖者；

（三）发生交通事故后，手续未清者；

（四）未按规定标写船名、配备船牌者；

（五）未向主管机关或有关部门交付应承担的费用，也未提供适当的担保者；

（六）有碍交通安全的情况。

第十七条　在渔港或渔港水域内严禁设置网具及其他有碍航行的物体，严禁倾倒垃圾、废渣、废油和排放污水。

未经渔监机关批准，不得在渔港水域内从事捕捞、养殖等生产活动。

第十八条　对渔港水域内的沉没物、漂流物等，渔监机关应限其所有者或经营者在规定期限内打捞清除。逾期不清除的，渔监机关可组织打捞清除，所需费用由沉没物、漂流物的所有者或经营者承担。

第十九条　建造、修理渔业船舶和为渔业船舶生产的主要船用产品、材料，应经省渔船检验机构检验认可。

第四章　救助和交通事故的调查处理

第二十条　渔业船舶遇险，应采取一切有效措施进行自救，并迅速将发生事故的时间、地点、受损情况、救助要求、事故原因等，向就近的渔监机关（或港航监督机关）及该船舶所有者、经营者报告。

第二十一条　事故现场附近的船舶、排筏、设施或人员，收到求救信号后，应全力救助，并将救助情况及时报告就近的渔监机关或港航监督机关。

第二十二条　发生碰撞事故的渔业船舶，在不危及自身安全的情况下，应当全力救助，不得擅自离开事故现场。

第二十三条　渔监机关接到求救报告后，必须立即组织救助，事故现场附近的船舶、排筏、设施和人员，应当服从指挥。

第二十四条　渔业船舶之间发生的交通事故，按下列规定组织调查：

（一）特大事故（死亡十人以上或直接经济损失十万元以上的），由行署、市人民政府和省渔监机关组织，省公安、水产部门参加，并邀请检察机关参加。性质特别严重，有重大影响的，由省人民政府组织调查。

（二）重大事故（死亡三至九人或直接经济损失五万元以上不足十万元的），由县（市）人民政府和地（市）渔监机关组织，地（市）公安、水产等部门参加，并邀请检察机关参加。

（三）大事故（死亡一至二人或直接经济损失一万以上不足五万元的）和直接经济损失不足一万元的事故，由乡镇人民政府和县（市）渔监机关组织，县（市）公安、水产等部门参加。

渔业船舶与其他船舶、排筏、设施发生的交通事故，由有关人民政府、港航监督机关、渔监机关共同组织有关部门参加调查。

第二十五条　事故调查应查明事故原因，分清责任，提出处理意见。事故结论和处理意见按下列规定报人民政府审批：

（一）特大事故由省人民政府审批；

（二）重大事故由行署、市人民政府审批；

（三）其他事故报县（市）人民政府审批。

第二十六条　各级渔监机关查处渔业船舶交通事故和有关违法违章案件确需的费用补助，向同级财政部门申请核拨。

第二十七条　渔业船舶因交通事故引起的民事纠纷，当事人可向渔监机关申请调解；调解不成的，可向人民法院起诉，当事人也可直接向人民法院提起诉讼。

涉外案件的当事人，可根据协议提请仲裁机构仲裁。

第五章　奖励与处罚

第二十八条　对渔业船舶安全生产、监督管理、水上救助以及检举、查处违法违章案件、防止重大事故发生的单位和人员，由人民政府、渔监机关和主管单位给予表彰、奖励。

第二十九条　有下行为列为之一渔业船舶，渔监机关应对船舶所有者或经营者给予处罚：

（一）无船舶证书、无登记证书或船员无合格证件的，每缺少一种证书，处以200元以上1000元以下的罚款；

（二）违反本办法第十七条规定的，处以50元以上100元以下的罚款；

（三）发现航道变迁，有碍航行安全的物体以及助航设施损坏、失常等情况不报告的，处以50元以上100元以下的罚款，

（四）对有碍航行安全的沉没物、漂流物，未按限定时间打捞、消除或擅自打捞的，处以500元以上1000元以下的罚款。

第三十条　有下列行为之一的，渔监机关应根据其情节处以警告、50元以上100元以下罚款；船舶所有者、经营者确有过错的，可对其处以100元以上500元以下的罚款：

（一）不按规定配备职务船员或任用职务船员与证书所载职务、船舶种类、等级、航线范围等不相符的；

（二）未按规定配备号灯、号型、救生、消防等安全航行设备或配备的安全设备不合格的；

（三）按规定必须参加保险而不办理投保或无投保文书的。

第三十一条　涂改、伪造、转借、出租或买卖船舶证书、登记证书、职务证书、渔船牌照或者故意使用失效的船舶证书、登记证书的，渔监机关可以处以100元以上2000元以下的罚款。

第三十二条　渔监机关处以罚款，必须使用省财政厅印制的罚没收据；作出的《渔业行政处罚决定书》应及时送达当事人。罚款上交同级财政。

第三十三条　当事人对渔监机关的处罚不服，可以在接到处罚通知书之日起十五日内向上一级渔监机关申请复议；当事人对复议决定不服的，可在接到复议决定之日起十五日内向人民法院起诉，也可直接向人民法院起诉。期满不起诉又不履行决定的，由

渔监机关申请人民法院强制执行。

第三十四条　当事人违反治安管理处罚条例，由公安机关依法予以处罚；构成犯罪的，由司法机关依法追究刑事责任。

第三十五条　渔监、渔检工作人员玩忽职守、徇私舞弊的，由其主管机关给予行政处分；构成犯罪的，依法追究刑事责任。

第六章　附　则

第三十六条 短期参加渔业生产的非渔业船舶的安全管理，参照本办法执行。

第三十七条 本办法由省人民政府水产局负责解释。

第三十八条 本办法自一九九二年十月十一日起施行。

安徽省农业承包合同纠纷仲裁暂行办法

（1995 年 4 月 11 日省人民政府第 67 次常务会议审议通过，
1995 年 6 月 2 日省人民政府第 63 号令发布施行）

第一章　总则

第一条　为保证公正、及时仲裁农业承包合同纠纷，维护当事人的合法权益，根据《中华人民共和国仲裁法》第七十七条规定和《安徽省农业承包合同管理条例》，制定本办法。

第二条　本办法适用于我省行政区域内发生的农业承包合同纠纷。

本办法所称农业承包合同，是指农村集体经济组织或村民委员会发包集体生产资料，与承包者之间明确相互权利义务关系而订立的协议。

第三条　农业承包合同发生纠纷，当事人可以申请仲裁，也可以依法向人民法院起诉。

第四条　农业承包合同纠纷仲裁，应当根据事实，符合法律规定，公平合理。

第五条　农业承包合同纠纷仲裁，实行一次裁决和复议制度。

第六条　农业承包合同纠纷申请仲裁的期限为一年，自当事人知道或者应当知道其权利被侵害之日起计算。

第二章　仲裁组织

第七条　省、地、市、县（区）农村经济行政主管部门和乡（镇）农村合作经济经营管理机构设立农业承包合同仲裁委员会（以下简称仲裁委员会）。仲裁委员会由主任一人、副主任两人、委员若干人组成。

设立仲裁委员会按下列规定审批：乡、镇仲裁委员会由地市农村经济行政主管部门审批；省、地、市、县（区）仲裁委员会由省农村经济行政主管部门审批。

上级仲裁委员会负责指导下级仲裁委员会的仲裁业务。

第八条　仲裁委员会设仲裁员若干名。仲裁员由具有仲裁能力的在职农村经济管理工作人员担任。根据办案需要，可以聘请兼职仲裁员。裁决案件时，兼职仲裁员与仲裁员享有同等的权利。

仲裁员和兼职仲裁员必须公正廉明，依法办事，并对案件的仲裁承担责任。

仲裁员和兼职仲裁员考核办法由省农村经济行政主管部门制定。

第三章　管辖

第九条　当事人属同一乡（镇）的农业承包合同纠纷，由乡（镇）仲裁委员会管辖。

当事人跨行政区域的，由上级仲裁委员会管辖。

第十条　管辖权发生争议，由争议方的仲裁委员会协商解决；协商不成的，报共同的上级仲裁委员会指定管辖。

第十一条　上级仲裁机关有权办理下级仲裁机关管辖的案件，也可以把自己管辖的案件交下级仲裁机关办理。

下级仲裁机关管辖的案件，认为需要由上级仲裁机关办理的，可以报请上级仲裁机关办理。

第四章　仲裁程序

第十二条　当事人申请仲裁应当符合下列条件：

（一）有仲裁协议；

（二）有具体的仲裁请求和事实、理由；

（三）属于仲裁委员会的受理范围。

第十三条　当事人可以委托一至两人代表参与案件仲裁。代理人必须向仲裁委员会提交授权委托书，写明委托的事项和权限。

第十四条　仲裁委员会应当在收到仲裁申请书之日起十五日内作出是否受理的决定，认为符合受理条件的，应当受理，并通知当事人；认为不符合受理条件的，应当书面通知当事人不予受理，并说明理由。

第十五条　仲裁委员会审理农业承包合同纠纷案件，须成立仲裁庭。仲裁庭由首席仲裁员一人和仲裁员（或兼职仲裁员）二人组成。首席仲裁员由仲裁委员会主任指定；仲裁员（或兼职仲裁员）由申请方和被申请方各选定一人，双方或一方不愿或不能选定的，由仲裁委员会主任指定。

简单的农业承包合同纠纷案件，可以由仲裁委员会主任指定一名仲裁员独立审理。

第十六条　仲裁委员会立案受理仲裁申请后，应当在七日内将申请书副本和受理通知书送达被申请人，通知其在十五日内提交答辩书和有关证据。

被申请人不提交答辩书的，不影响案件的仲裁。

因特殊需要，仲裁委员会有权现场受理并裁决纠纷案件。

第十七条　一方当事人因另一方当事人的行为或者其他原因，可能使裁决不能执行或者难以执行的，可以依法申请财产保全。

当事人依法申请财产保全的，仲裁委员会应当将当事人的申请依照民事诉讼法的有关规定提交人民法院。

申请有错误的，申请人应当赔偿被申请人因财产保全所遭受的损失。

第十八条　因农业承包合同纠纷停止生产活动的，仲裁委员会受理后，可以裁定先行恢复生产，然后解决纠纷。

第十九条　仲裁庭开庭审理农业承包合同纠纷案件，应事先将开庭的时间、地点以书面形式通知当事人。当事人经两次通知无故缺席的,可作缺席仲裁。

第二十条　仲裁委员会对其受理的案件遵循先调解、后仲裁的原则。调解达成协议的案件,应当制作调解书。调解未达成协议或者调解书送达前,当事人一方反悔的,应当仲裁。

第二十一条　当事人认为仲裁员或兼职仲裁员与本案有利害关系可能影响公正仲裁的,有权申请回避。仲裁员的回避由仲裁委员会决定。

第二十二条　仲裁庭有权向有关单位和个人调查取证,调查取证应由两名以上工作人员进行。被调查的单位或个人有义务予以协助,并对所提供的证据的真实性承担责任。

仲裁庭对案件中的有关事项可以委托有关单位进行技术鉴定,也可到当事人约定的鉴定部门鉴定。

第二十三条　仲裁庭必须按照程序开庭审理案件,认真听取当事人的陈述和辩论,并可就争议的事实出示有关证据,制作庭审笔录。当事人或其代理人、证人应当在庭审笔录上签字。

第二十四条　裁决按照多数仲裁员的意见作出,少数仲裁员的不同意见应当记入笔录。仲裁庭不能形成多数意见时,裁决按照首席仲裁员的意见作出。

第二十五条　仲裁庭裁决后应作出仲裁决定书。裁决书应当写明仲裁请求、争议事实、裁决理由、裁决结果、仲裁费用的负担和裁决日期。仲裁决定书由仲裁员签名,加盖仲裁委员会印章。对裁决持不同意见的仲裁员,可以签名,也可以不签名。

第二十六条　仲裁委员会应在仲裁决定书作出后七日内将仲裁决定书送达当事人。当事人应当在送达回证上签名或盖章,其签收日期为送达日期。

当事人拒绝接受裁决书或当事人不在或下落不明的,仲裁委员会应参照民事诉讼法有关规定送达。

第五章　复议与监督

第二十七条　当事人对仲裁决定不服的,可在仲裁决定书送达之日起十五日内,向上一级仲裁委员会申请复议或依法向人民法院起诉;逾期不申请复议又不起诉的,仲裁决定即生效。

第二十八条　上一级仲裁委员会复议案件可以书面审理,也可以开庭审理。

第二十九条　仲裁委员会审理复议案件,按照下列情形分别处理:

（一）原裁决认定事实清楚,适用法律正确的,维持原裁决;

（二）原裁决认定事实清楚,适用法律错误的,依法重新作出裁决;

（三）原裁决认定事实的主要证据不足的,撤销原裁决,依法重新作出仲裁决定,或退原仲裁委员会重新裁决。

第三十条　上一级仲裁委员会应当在收到复议申请书之日起两个月内作出仲裁复

议决定。

第三十一条　当事人对已送达的调解书和发生法律效力的仲裁决定书、复议决定书，应当在规定的期限内履行。一方逾期不履行的，另一方可依法申请人民法院强制执行。

第三十二条　仲裁委员会主任对本委员会发生法律效力的裁决，发现确有错误，需要重新审理的，可以提交仲裁委员会讨论决定。

上级仲裁委员地发现下级仲裁委员会发生法律效力的裁决确有错误，可以指令原仲裁委员会重新审理。

第六章　附则

第三十三条　案件处理终结后，仲裁员应当将案件审理中形成的材料装订归档，妥善保管。

第三十四条　仲裁委员会受理案件，按规定收取仲裁费。仲裁费收取办法由省农村经济行政主管部门提出，报省财政、物价部门审核同意。

第三十五条　本办法由省农村经济行政主管部门负责解释。

第三十六条　本办法自发布之日起施行。

安徽省关于违反农民承担费用和劳务管理的处罚规定

（1995年12月6日省人民政府发布）

第一条　为了贯彻执行国务院《农民承担费用和劳务管理条例》(以下简称《条例》)和《安徽省农民承担费用和劳务管理实施办法》(以下简称《实施办法》),结合本省实际,制定本规定。

第二条　国家机关、企业、事业单位、社会团体及其工作人员,违反《条例》和《实施办法》,加重农民负担的,依照本规定给予行政处分和行政处罚。

第三条　下列行为属于违反村提留、乡统筹费,劳务标准的行为:

(一)虚报上一年农民人均纯收入,加大农民负担;

(二)提取村提留和乡统筹费超过上一年农民人均纯收入5%限额;

(三)将其他非法收费项目列入村提留和乡统筹范围;

(四)未经县以上人民政府批准,随意增加农民承担的劳务,超过规定限额,或强行以资代劳;

(五)五保户供养已在乡统筹费中列支又在村提留中重复列支。

第四条　下列行为属于改变村提留、乡统筹费使用范围的行为:

(一)混淆、改变村提留、乡统筹等性质或用途;

(二)坐支、截留、挪用村提留、乡统筹费;

(三)平调村提留、乡统筹费。

第五条　下列行为属于违反村提留、乡统筹费提取和劳务管理的行为:

(一)改变村提留和乡统筹费预算方案审批程序;

(二)对农民上交的村提留和乡统筹费,不实行分项核算、分户立账;

(三)按照国家规定应给予减免村提留和乡统筹费而不予减免;

(四)用贷款垫付村提留和乡统筹费,将贷款利息分摊给农民。

第六条　擅自向农民收取各种费用,或者擅自扩大收费范围和提高收费标准向农民收取费用的,是向农民乱收费行为。

第七条　不按照规定的批准权限,擅自向农民集资或者巧立名目变相向农民集资的,是乱集资行为。

第八条　违反农民自愿原则,在增设机构,配备人员,提供经济、技术、文化、卫生、劳务、信息服务以及保险、发售有价证券、放映电影和执行公务等活动中,强行向农民和集体经济组织摊派的,是乱摊派行为。

第九条　违反法律、法规规定,擅自向农民罚款,或提高罚款标准或不使用财政部门监制的票据收取罚款的，是乱罚款行为。

第十条　有第三条至第九条所列行为之一的，县级以上农民负担监督管理部门有权责令其限期改正，退还多收、多罚、乱收、乱罚的款物。对有关单位主管领导和直接责任人，可处以100元至500元罚款。超收的村提留、乡统筹费和超过规定的义务工等，当年无法退回的，可在下年扣减。

监察机关或责任人所在单位及有关主管部门对上述加重农民负担行为的责任人，给予记大过以下处分；情节严重的，给予记大过以上处分。

第十一条　以非法强制手段收取农民承担的费用，损害农民利益，造成严重后果的，监察机关或责任人所在单位及有关主管部门给予责任人记过以上直至撤职处分。

第十二条　对农民反映违反《条例》、《实施办法》以及侵犯农民合法利益等问题，责任部门不调查、不处理，造成严重后果的，监察机关或责任人所在单位及有关主管部门给予直接责任人记大过以上直至撤职处分，并追究有关单位领导人的责任。

第十三条　国家机关工作人员对检举、控告、揭发和抵制违反《条例》、《实施办法》行为的人进行打击报复的，监察机关或责任人所在单位及有关主管部门给予责任人记大过以上直至撤职处分；情节特别严重的，给予开除处分。

第十四条　截留、贪污、挪用、私分、挥霍农民交纳的税费、村提留、乡统筹费、罚款和集资的财物，尚未构成犯罪的，按照《国务院关于违反财政法规处罚的暂行规定》、《国家行政机关工作人员贪污贿赂行政处分暂行规定》处理。

第十五条　违反《条例》、《实施办法》，有其他加重农民负担行为的，农民负担监督管理部门应及时制止并责令其限期改正；监察机关或责任人所在单位及有关主管部门视情节轻重，给予行政处分。

第十六条　违反《条例》、《实施办法》，有下列情形之一的单位和个人，由县级以上农民负担监督管理部门责令其退还非法收取的款物，对单位负责人和直接人处以500元至1000元罚款；监督机关或责任人所在单位及有关主管部门对责任人从重或加重处分：

（一）领导人员强制下属人员违反规定的；

（二）隐瞒、截留收费和不按批准的用途使用收费、集资款，数额较大，情节恶劣的；

（三）利用职务和工作之便，假公济私，谋取非法利益的；

（四）屡查屡犯，或者有数种违法行为的；

（五）阻挠、抗拒检查、审计或拒不纠正错误的；

（六）违反《条例》、《实施办法》，造成严重后果的。

第十七条　违反《条例》、《实施办法》，有下列情形之一的，可以从轻、减轻或免予处分：

（一）数额较小，情节轻微的；

（二）主动交代违法行为，并及时纠正的；

(三)揭发、检举其他违反《条例》、《实施办法》行为,情况属实的。

第十八条　监察机关及有关主管部门对违反《条例》行为的责任人给予行政处分的同时,可视情对责任人所在单位通报批评。

第十九条　违反《条例》《实施办法》,依法应予治安处罚的,由公安机关依法处罚;构成犯罪的,由司法机关依法追究其刑事责任。

第二十条　本规定所称"以上"、"以下"均包括本数(级)。

第二十一条　本规定适用中的问题由省监察厅商省农村经济工作办公室解释。

第二十二条　本规定自发布之日起施行。

安徽省农业机械安全监督管理办法

（1996年12月30日安徽省人民政府第117次常务会议通过，
1997年2月3日安徽省人民政府令第79号发布施行）

第一章 总 则

第一条 为加强农业机械安全监督管理，预防和减少事故，保障公民生命财产安全，促进农业生产的发展，根据《中华人民共和国农业法》等法律、法规规定，结合本省实际，制定本办法。

第二条 本办法所称农业机械，是指用于农业生产及其产品初加工等相关农事活动的机械、设备。

第三条 本省行政区域内拥有、使用农业机械的单位和个人，必须遵守本办法。

第四条 县级以上人民政府农业机械主管部门及其所属的农业机械安全监督管理机构（以下简称农机监理机构）负责本行政区域内的农业机械安全监督管理工作。

第五条 农机监理人员执行公务，应当着装整齐，佩带执法标志，出示执法证件。

第二章 安全管理

第六条 农业机械应保持良好的技术状况，机容整洁，安全装置齐全有效。

第七条 单位和个人购置拖拉机、联合收割机，应当向住所地的县（市、区）农机监理机构申请登记。

农机监理机构应当自受理申请之日起五个工作日内完成登记审查工作，发放登记证书、号牌和行驶证。对申请材料不全或者其他不符合条件的，应当一次告知申请人需要补正的内容。

第八条 对登记后的联合收割机和上道路行驶的拖拉机，应当按照法律和行政法规的规定，进行安全技术检验。对检验合格的，农机监理机构应当发给检验合格标志。联合收割机未经检验或者检验不合格的，不得使用；拖拉机未经检验或者检验不合格的，不得上道路行驶。

第九条 登记后的联合收割机、拖拉机其所有权变更的，应当到县级农业监理机构办理变更登记。

第十条 农业机械结构或者性能变更的，应当到县级农机监理机构办理变更登记。

第十一条 封存、报废农业机械，应到县农机监理机构办理有关手续。

封存、报废的农业机械，不得继续使用。

第十二条 联合收割机、拖拉机的驾驶人员，必须符合下列条件，并经县以上农机监理机构考核合格，领取驾驶证，方可驾驶农业机械：

（一）年满十八周岁；

（二）身体状况符合驾驶农业机械要求；

（三）能够掌握驾驶农业操作技术知识。

第十三条　联合收割机、拖拉机驾驶人员应当遵守道路交通安全法律、法规和农业机械安全操作规程。

任何人不得强迫、指使、纵容联合收割机、拖拉机驾驶、操作人员违反安全操作规程，违章作业。

第十四条　对非登记管理的农业机械，县级以上人民政府农业机械主管部门应当按照操作人员自愿原则，做好有关技术培训服务工作。对容易造成人身伤害的农业机械的操作人员，农机监理机构应当免费进行安全教育，并实施安全监督管理。

第三章　事故处理

第十五条　农业机械事故是指农业机械在村镇、场院、田间行驶、作业或停放过程中，发生碰撞、碾压、倾覆、燃烧、爆炸、冻裂等造成人身伤亡和财产损失的事故。

第十六条　农业机械事故按其性质分为破坏事故、责任事故和意外事故。

破坏事故，由公安机关依法处理；责任事故和意外事故，由县以上农机监理机构处理。

第十七条　县以上农机监理机构负责农业机械事故的鉴定，不具备鉴定条件的，可委托国家法定技术检验、鉴定部门或聘请3名以上具有相应技术职称的专业技术人员进行鉴定。

第十八条　农业机械责任事故按其损害程度分为：

（一）轻微事故：一次造成轻伤1至2人，或者直接经济损失不足500元的事故；

（二）一般事故：一次造成重伤1至2人，或者轻伤3至9人，或者直接经济损失500元以上不足2000元的事故；

（三）重大事故：一次造成死亡1至2人，或者重伤3至9人，或者轻伤10人以上，或者直接经济损失2000元以上不足10000元的事故；

（四）特大事故；一次造成死亡3人以上，或者重伤10人以上，或者直接经济损失10000元以上的事故。

第十九条　农机监理机构根据需要，有权暂时扣留肇事农业机械和当事人的有关证照。

第二十条　县农机监理机构负责处理本行政区域内发生的农业机械事故。发生特大事故、涉外农机事故，应当及时报告设区的市和省农机监理机构，由设区的市农机监理机构负责处理，省农机监理机构参与事故的调查处理。

第二十一条　农机监理机构在查明事故原因后，应当依法认定当事人有无责任及责任大小。

当事人有违章行为，其违章行为与农业机械事故有因果关系的，应负事故责任；当事人没有违章行为或者虽有违章行为，但违章行为与农业机械事故无因果关系的，不负事故责任。

第二十二条　事故责任分为全部责任、主要责任、同等责任、次要责任。

第二十三条　当事人逃逸或故意破坏，伪造现场，毁灭证据，使农业机械事故责任无法认定的，应负全部责任。

当事人一方有条件报案而未报案，或未及时报案，使农业机械事故责任无法认定的，应负全部责任。

当事人各方有条件报案，而均未报案，使农业机械事故责任无法认定的，应负同等责任。

第二十四条　当事人对农业机械事故责任认定不服的，可以在接到责任认定书之日起 15 日内，向上一级农机监理机构申请重新认定；上一级农机监理机构应在接到重新认定申请书之日起 30 日内，作出终局决定。

第二十五条　农业机械责任事故造成他人身体损害和财产损失的，事故责任者应当承担相应的赔偿责任。

第二十六条　损害赔偿项目包括：医疗费、误工费、住院伙食补助费、护理费、残疾补偿费、残疾用具费、丧葬费、死亡补偿费、被扶养人口生活费、交通费、住宿费和财产直接损失。

损害赔偿标准参照国务院颁布的《道路交通事故处理办法》规定的标准执行。

实际赔偿项目和损害赔偿标准应按事故及事故处理具体情况确定，并一次性结算费用。

第二十七条　损害赔偿费由事故责任者按下列比例承担：

（一）负全部责任的，承担 100%；

（二）负主要责任的，承担 80%；

（三）负同等责任的，平均承担；

（四）负次要责任的，承担 20%。

第二十八条　在事故责任尚未分清或肇事者逃逸的情况下，伤者医疗费与死者丧葬费，由农机监理机构核实后，指定当事人、当事人近亲属或当事人所在单位垫付，结案后由事故责任者按责承担。参加保险的农业机械，承保人应在规定的幅度内先行预付。

第二十九条　农机监理机构处理农业机械事故，在查明农业机械事故原因、认定农业机械事故责任、确定农业机械事故损失后 30 日内，可召集当事人和有关人员就损害赔偿进行调解。经调解达成协议的，由农机监理机构制作调解书，并加盖印章，调解书应自达成调解协议之日起 7 日内送达当事人。调解不成或者调解书送达后不履行的，当事人可向人民法院提起诉讼。

第三十条　农机监理机构处理重大事故以上的农业机械事故，可以向事故责任者收取事故处理费。收费办法由省人民政府农业机械主管部门会同省物价、财政部门制定。

第四章　罚　则

第三十一条　农业机械所有违反本办法第七条、第八条、第九条、第十条、第十一条规定的，由县以上农机监理机构责令其改正，给予警告，可并处200元以下罚款。

第三十二条　农业机械驾驶、操作人员违反本办法第十三条规定的，由县以上农机监理机构责令其改正，给予警告，可并处100元以下罚款。

第三十三条　造成农业机械责任事故，尚未构成犯罪的，县以上农机监理机构应当根据事故的大小和责任轻重，给予警告，可并处200元以下罚款。

第三十四条　当事人不服县以上农机监理机构作出的处罚决定，可依法申请复议或提起诉讼。

当事人逾期不申请复议或者不向人民法院起诉，又不履行处罚决定的，由作出处罚决定的农机监理机构申请人民法院强制执行。

第五章　附　则

第三十五条　上道路行驶的专门从事运输和既从事农田作业又从事运输的拖拉机安全技术检验、驾驶员考核、核发道路行驶牌证等项工作，由省公安机关委托省人民政府农业机械主管部门负责，各级农机监理机构具体实施。

第三十六条　省人民政府农业机械主管部门可根据本办法制定实施细则。

第三十七条　本办法适用中的问题由省人民政府农业机械主管部门负责解释。

第三十八条　本办法自发布之日起施行。1993年7月21日下发的《安徽省农业机械安全管理及事故处理办法（试行）》同时废止。

安徽省农业植物检疫管理办法

（1997 年 3 月 7 日省人民政府第 124 次常务会议通过，1997 年 3 月 27 日省人民政府令第 84 号发布施行）

第一章　总则

第一条　为了防止为害植物的危险性病、虫、杂草的传播、滋生和蔓延，保护农业生产安全和人民身体健康，促进农业发展，根据国务院《植物检疫条例》，结合本省实际，制定本办法。

第二条　本办法适用于本省农业植物检疫。

森林植物检疫和进出口植物检疫不适用本办法。

第三条　省农业主管部门主管全省农业植物检疫工作，县级以上农业主管部门主管本地区的农业植物检疫工作。农业主管部门所属的植物检疫机构，具体负责检疫工作。

林业、交通、铁路、邮电、民航、口岸、海关等部门应当配合植物检疫机构做好检疫工作。

第四条　农业植物检疫范围包括粮、棉、油、麻、桑、茶、糖、菜、烟、果、药材、花卉、牧草、绿肥等植物、植物的各部分（包括种子、块根、块茎、球茎、鳞茎、接穗、砧木、试管苗、细胞繁殖体等繁殖材料，以下统称植物），以及来源于植物，未经加工或虽经加工但仍有可能传播疫情的植物产品。

前款规定的果、药材、花卉，法律、法规以及省政府规章规定由林业主管部门实施森林植物检疫的，从其规定。

第五条　植物检疫机构依据国务院农业主管部门统一制定的植物检疫对象和应施检疫的植物、植物产品名单以及省农业主管部门制定的补充名单实施检疫。

第六条　植物检疫机构代表国家执行检疫任务，有权派遣检疫人员进入车站、机场、邮局、港口、仓库、集贸市场及其他场所实施检疫。

第二章　植物检疫对象的调查、控制和消灭

第七条　植物检疫机构对植物检疫对象每隔 3 至 5 年调查一次，重点对象应每年调查一次，并按规定编制疫情资料逐级上报。

第八条　局部地区发生植物检疫对象的，应划为疫区；发生植物检疫对象的地区已比较普遍的，应将其中未发生地区划为保护区。

疫区和保护区的划定，由省农业主管部门提出，报省人民政府批准，并报国务院农业主管部门备案。

第九条　划定疫区和保护区应同时制定相应的封锁、消灭和保护措施，防止植物检疫对象的传播、滋生和蔓延。

第十条　在疫情发生地区，植物检疫机构根据需要可以参加交通、林业等部门设置的检查站开展检疫工作。交通、林业等部门应予以配合。

发生重大疫情时，当地人民政府应组织有关部门成立临时防治机构；经省人民政府批准，可以设置临时植物检疫检查站，开展植物检疫工作。

第十一条　对新发现的危险性病、虫、杂草，发现单位和个人应立即报告植物检疫机构。经鉴定属于植物检疫对象的，应立即报告农业主管部门。农业主管部门应采取紧急防治措施，予以控制、消灭，并逐级上报国务院农业主管部门。

第十二条　疫区在植物检疫对象基本消灭或传播、滋生、蔓延得到有效控制后，应按照疫区划定的程序办理撤销手续。

第十三条　疫情调查和采取消灭植物检疫对象措施所需的紧急防治费和补助费，由各级财政在年度植物保护费或国有农场生产费中安排。特大疫情的防治费，可依照《植物检疫条例》申请国家财政给予补助。

第三章　检疫管理

第一节　一般规定

第十四条　植物、植物产品，应当按照《植物检疫条例》和本办法的规定，由植物检疫机构实施检疫。植物检疫机构不得对植物、植物产品重复检疫，重复收费。本办法第二十七条另有规定的除外。

第十五条　检疫过程中发现植物检疫对象的，应当立即采取措施予以控制、消灭，防止传播、滋生和蔓延。

第十六条　植物检疫机构按照国家有关规定收取植物检疫费。

植物检疫费按照预算外资金进行管理。

第十七条　植物检疫证书和其他检疫单证由省植物检疫机构统一印制，地、市植物检疫机构统一发放。

第二节　产地检疫

第十八条　植物检疫机构应根据需要对列入应施检疫名单的植物、植物产品实施产地检疫。

种子、苗木和其他繁殖材料应按植物检疫操作规程实施产地检疫，合格的发给产地植物检疫合格证。种子、苗木和其他繁殖材料的繁育单位和个人应在无植物检疫对象地区建立繁育基地。新建种子、苗木和其他繁殖材料繁育基地的选址，应征求植物检疫机构的意见。

第十九条　种子、苗木和其他繁殖材料，必须经过植物检疫机构检疫并领取植物检疫证后方可用于试验、示范和推广。

第二十条　农林院校和试验研究单位对植物检疫对象的研究，应在疫区进行。因教学、科研确需在非疫区进行的，属于国务院农业主管部门规定的植物检疫对象，须经国务院农业主管部门批准；属于省农业主管部门规定的植物检疫对象，须经省农业主管部门批准。

第三节　调运检疫

第二十一条　调运植物、植物产品有下列情形之一的，必须实施检疫：

（一）列入全国和省应施检疫名单的植物、植物产品，且运出发生疫情的县级行政区域的；

（二）不论是否列入应施检疫的植物、植物产品名单的种子、苗木和其他繁殖材料，运出县级行政区域的。

对可能受检疫对象污染的包装材料、运输工具、场地、仓库等也应实施检疫。

第二十二条　已经实施产地检疫并领取产地植物检疫合格证的种子、苗木和其他繁殖材料，调运时凭产地植物检疫合格证换发调运植物检疫证书。不得重复检疫。

第二十三条　本办法第二十一条第一款规定的植物、植物产品由外省调入本省的，调入单位和个人必须征得所在地植物检疫机构的同意，领取植物检疫要求书，并取得外省植物检疫机构按照检疫要求书实施检疫的植物检疫证书后，方可调入。

本办法第二十一条第一款规定的植物、植物产品由本省调入外省的，调出地植物检疫机构凭调出单位和个人提供的调入地植物检疫机构出具的植物检疫要求书受理报检，实施检疫，合格的发给植物检疫证书。

第二十四条　省内调运本办法第二十一条第一款规定的植物、植物产品，调入单位和个人必须征得所在地植物检疫机构同意，领取植物检疫要求书，并取得调出地植物检疫机构按照检疫要求书实施检疫的植物检疫证书后，方可调入。

第二十五条　违反本办法第二十三、二十四条规定，调运植物、植物产品未领取植物检疫证书的，植物检疫机构可以封存调运的植物、植物产品，并按照本办法第三十七条的规定进行处罚。

第二十六条　调运过程中发现有植物检疫对象的植物、植物产品，托运人必须按照植物检疫机构的要求在指定的地点进行除害处理，合格后植物检疫机构应当发给植物检疫证书；无法进行除害处理的，应当停止调运。

第二十七条　调运本办法第二十一条第一款规定的植物、植物产品，调入地植物检疫机构应当查验植物检疫证书并有权进行复检。复检中发现植物检疫对象的，托运人应及时进行除害处理，所需费用由原植物检疫机构承担。

第二十八条　可能被植物检疫对象污染的包装材料、运输工具、场地、仓库等，由植物检疫机构实施检疫。已被污染的，托运人应按植物检疫机构的要求进行除害处理。

第二十九条　因实施检疫需要的车辆停留、货物搬运、开拆、取样、储存、除害处理等费用，由托运人负责。本办法第二十七条另有规定的除外。

第三十条　交通、铁路、邮电、民航等部门以及其他从事运输的单位和个人，承运或收寄本办法第二十一条第一款规定的植物、植物产品，必须凭植物检疫证书方可办理。发现承运或收寄的植物、植物产品的种类、品种、数量与植物检疫证书不符或植物检疫证书属伪造的，不予受理，并及时通知植物检疫机构。

第四节　境外引种检疫

第三十一条　境外引进（包括接受、交换）种子、苗木和其他繁殖材料，引进单位（包括代理进口单位，下同）必须在与外方签订合同前提出申请，报省植物检疫机构批准。

第三十二条　引进种子、苗木和其他繁殖材料，应当按照《中华人民共和国进出境动植物检疫法》的规定，由口岸动植物检疫机关实施检疫。

第三十三条　境外引进种子、苗木和其他繁殖材料，必须符合下列检疫要求：

（一）引进单位必须在合同中订明中国法定的检疫要求，并订明由输出国家或地区政府植物检疫机构出具植物检疫证书，证明符合中国的检疫要求。

（二）引进单位在申请引种前应当安排好试种计划，引进后必须在植物检疫机构指定的地点进行隔离试种。隔离试种时间，一年生作物不得少于一个生育周期，多年生作物不得少于两年。

（三）隔离试种期内，经植物检疫机构证明无植物检疫对象的，可分散种植；有植物检疫对象或者其他危险性病、虫、杂草的，应按植物检疫机构的要求进行除害处理。

进口原粮不得作为种子使用。

第三十四条　植物检疫机构应做好境外引种的试种监管工作。实施监管按国家规定收取监管费。

第四章　奖励与处罚

第三十五条　有下列行为之一的单位和个人，由各级人民政府和农业主管部门给予表彰奖励：

（一）宣传、执行植物检疫法律、法规、规章成绩显著的；

（二）开展植物检疫对象和危险性病、虫、杂草调查成绩突出的；

（三）预防、控制、消灭植物检疫对象方面有显著成绩的；

（四）在植物检疫技术研究、应用方面成绩突出的；

（五）同违反植物检疫法律、法规、规章行为作斗争，事迹突出的。

第三十六条　有下列行为之一的单位和个人，属非经营活动行为的，由植物检疫机构处1000元以下的罚款；属经营活动行为的，没收违法所得，可并处1000元以上10000元以下的罚款：

（一）违反本办法第十八条第二款、第十九条规定生产和试验、示范、推广的种子、苗木和其他繁殖材料未领取植物检疫证书的，或者违反本办法第二十条规定未经批准在植物检疫对象的非疫区进行植物检疫对象研究的；

（二）违反本办法第二十三、二十四条规定调运植物、植物产品未领取植物检疫证书的；

（三）在报检过程中弄虚作假，谎报受检植物、植物产品种类、品种和数量，且拒不改正的；

（四）擅自开拆检讫的植物、植物产品包装，调换植物、植物产品，或者擅自改变植物、植物产品用途的；

（五）违反本办法第三十一条规定未经批准从境外引进种子、苗木和其他繁殖材料或者不按本办法第三十三条规定进行隔离试种的；

（六）伪造、涂改、买卖、转让植物检疫单证、印章、标志、封识的；

（七）违反本办法第二十八条规定，不按照植物检疫机构要求处理被污染的包装材料、运输工具、场地、仓库的；

（八）违反本办法规定，引起疫情扩散的。

违反前款规定的行为，造成损失的，应当负责赔偿；构成犯罪的，依法追究刑事责任。

第三十七条　违反本办法第二十三、二十四条规定，调运植物、植物产品未领取植物检疫证书的单位和个人，除按照本办法第三十六条规定给予经济处罚外，还可由植物检疫机构责令改变调运的植物、植物产品的用途，或者没收、销毁调运的植物、植物产品。

第三十八条　受检单位和个人阻挠、妨碍植物检疫人员依法执行检疫任务，违反治安管理规定的，由公安机关依照《中华人民共和国治安管理处罚条例》进行处罚；构成犯罪的，依法追究刑事责任。

第三十九条　植物检疫人员和交通运输、邮电等部门有关工作人员在植物检疫和植物、植物产品运输、邮寄工作中，徇私舞弊、玩忽职守、包庇违法犯罪行为的，依法给予行政处分；构成犯罪的，依法追究刑事责任。

第四十条　当事人对行政处罚决定不服的，可依法申请复议、提起诉讼。当事人逾期不申请复议、不起诉又不履行行政处罚决定的，由作出行政处罚决定的机关依法强制执行或者申请人民法院强制执行。

第五章　附　则

第四十一条　本办法由省农业主管部门负责解释。

第四十二条　本办法自发布之日起施行。1985 年省人民政府发布的《安徽省农业植物检疫实施办法》和 1986 年省人民政府批准、省农业厅发布的《对违反农业植物检疫法规的经济罚款办法》同时废止。

安徽省农药管理办法

（1999 年 12 月 21 日省人民政府第 42 次常务会议通过
1999 年 12 月 29 日省政府令第 122 号颁布
2002 年 3 月 12 日省政府令第 143 号修正）

第一章　总　则

第一条　为了保证农药质量，保护农业、林业生产和生态环境，维护人畜安全，根据国务院《农药管理条例》（以下简称《条例》），结合本省实际，制定本办法。

第二条　在本省行政区域内经营和使用农药的，应当遵守本办法。

农药生产的监督管理，按照《条例》的规定执行。

第三条　鼓励研制、生产和使用安全、高效、经济、有益环境保护的农药。

第四条　县级以上地方人民政府农业行政主管部门负责本行政区域内农药监督管理工作。

县级以上地方人民政府有关部门在各自的职责范围内负责有关的农药监督管理工作。

第二章　农药登记

第五条　农药研制者、生产者在农药产品生产前应当向省人民政府农业行政主管部门申请办理农药登记。省人民政府农业行政主管部门应当对申请登记的农药进行初审，初审合格的，报请国务院农业行政主管部门审批、核发农药登记证或者农药临时登记证。

农药登记证和农药临时登记证有效期限届满，需要继续生产的，应当在有效期限届满前 1 个月内按照前款规定的程序申请续展登记。

第六条　农药登记分为田间试验、临时登记和正式登记三个阶段。田间试验阶段的农药不得销售；临时登记阶段的农药可以在规定的范围内进行田间试验示范、试销；经正式登记取得农药登记证的农药，方可生产、销售。

农药研制者、生产者申请农药登记时进行的农药田间试验，由国务院农业行政主管部门所属的农药检定机构指定的单位承担。申请者自行安排的试验结果，不得作为农药登记的依据。

第七条　经正式登记和临时登记的农药，在登记有效期限内改变剂型、含量或者使用范围、使用方法的，在变更登记前，应当向省人民政府农业行政主管部门所属的农药检定机构申请田间试验。

第八条　生产农药与肥料混合产品的，应当按照本办法的规定办理农药登记。

第九条　生产企业分装已登记的农药产品的，应当持农药生产许可证或者农药生产批准文件、原农药生产者同意分装的委托书、农药产品标签或者说明书等材料和农药样品，按照本办法第五条规定的程序申请办理分装农药登记。

第三章　农药经营

第十条　农药经营单位应当具备《条例》第十九条规定的条件，依法向工商行政主管部门申请领取营业执照后，方可经营农药。

第十一条　超过产品质量保证期限的农药产品，经省级以上人民政府农业行政主管部门所属的农药检定机构检验，符合标准的，可以在规定期限内销售；但是，必须注明“过期农药”字样，并附具使用方法和用量。未经检验或者经检验不符合标准的，不得销售。

第十二条　禁止经营无农药登记证或者农药临时登记证、无农药生产许可证或者农药生产批准文件、无产品质量标准和产品质量合格证以及检验不合格的农药。禁止经营国家禁用或者撤销登记的农药。禁止经营产品包装上未附标签或者标签残缺不清的农药。

第四章　农药使用

第十三条　县级以上地方人民政府农业行政主管部门应当做好农业病、虫、草、鼠害的预测工作，制定科学用药规划，组织推广使用安全、高效、经济、有益环境保护的农药。

第十四条　县级以上地方人民政府农业行政主管部门应当加强对安全、合理使用农药的指导，防止农药污染环境和农药中毒事故的发生。

第十五条　使用农药应当遵守国家有关农药安全、合理使用的规定，按照农药中文标签或者中文说明书规定的用药量、用药次数、用药方法和安全间隔期施药，防止污染农副产品。

剧毒、高毒农药不得用于防治卫生害虫，不得用于蔬菜、瓜果、茶叶和中草药材。

第十六条　使用农药应当注意保护环境、有益生物和珍稀物种。

严禁用农药毒鱼、虾、鸟、兽等。因农药中毒而死亡的鱼、虾、鸟、兽等应当予以销毁，不得销售。

第十七条　农药使用后的包装物和容器，应当按照规定回收，不得随意丢弃。

严禁在饮用水源处清洗施药器械。

第十八条　禁止使用国家禁用或者撤销登记的农药产品。

第五章　监督与业务

第十九条　县级以上地方人民政府农业行政主管部门应当依法对本行政区域内经

营和使用的农药进行监督、检查，有关单位和个人不得拒绝或者阻碍。

农业行政主管部门对农药经营单位提供的技术资料应当负责保密。

第二十条　县级以上地方人民政府农业行政主管部门应当根据预防为主、综合防治的植保方针，开展对农药经营人员、使用人员的培训活动，提高其安全、合理使用农药的技术水平。

第二十一条　县级以上地方人民政府农业行政主管部门对本行政区域内首次推广使用的农药产品，应当组织进行大田试验、示范。未经大田试验、示范的农药，不得推广使用。

第二十二条　省人民政府农业行政主管部门应当组织林业、卫生、环境保护、技术监督、粮食等有关行政主管部门和供销合作社推荐的农药技术专家，对已登记的农药产品化学作用和农药对人、畜、农作物、生态环境安全及应用效果等进行评价，并定期发布评价结果。

第二十三条　经登记的农药，在登记有效期内使用时对农业、林业、人畜安全、生态环境有严重危害的，县级以上地方人民政府农业行政主管部门应当逐级报请国务院农业行政主管部门依法宣布限制使用或者撤销登记。

第二十四条　处理假农药、劣质农药、过期报废农药以及禁用农药，经营单位应当在县级以上地方人民政府农业行政主管部门的监督下，按照环境保护法律、法规的规定进行，防止污染环境。

第二十五条　县级以上地方人民政府农业行政主管部门和其他有关部门应当按照各自职责，逐步建立健全对农副产品中农药残留量的检测制度，并公布检测结果。

第二十六条　省人民政府农业、工商行政主管部门应当按照《中华人民共和国广告法》和国务院农业、工商行政主管部门发布的《农药广告审查办法》的规定，对农药广告的审查、发布进行管理。未经省人民政府农业行政主管部门审查批准的农药广告，不得发布。

第六章　罚　则

第二十七条　违反本办法规定，未取得农药登记证或者农药临时登记证分装农药的，由县级以上地方人民政府农业行政主管部门责令停止违法行为，没收违法所得，并处违法所得 1 倍以上 10 倍以下的罚款；没有违法所得的，并处 10 万元以下的罚款。

第二十八条　违反国家农药安全使用的规定，有下列行为之一的，根据造成的危害后果，由县级以上地方人民政府农业行政主管部门给予警告，可以并处 3 万元以下的罚款：

（一）剧毒、高毒农药用于防治卫生害虫和蔬菜、瓜果、茶叶、中草药材的；

（二）使用农药毒鱼、虾、鸟、兽的。

第二十九条　违反本办法规定，发生农药中毒、环境污染、农田药害和丧失药效事故的，由县级以上地方人民政府有关行政主管部门依法处理；造成经济损失的，责任者应当依法承担赔偿责任。

第三十条　违反本办法规定的其他行为，《条例》规定给予处罚的，按照其规定处罚。

第七章　附　则

第三十一条　本办法自 2000 年 1 月 1 日起施行。

安徽省种畜禽管理办法

（2001年12月26日安徽省人民政府第97次常务会议通过，省政府令第140号发布
2004年8月10日省政府令第175号修正）

第一章　总则

第一条　为了加强畜禽品种资源保护、培育和种畜禽生产经营管理，提高种畜禽质量，促进畜牧业发展，依据国务院《种畜禽管理条例》和有关法律、法规，结合本省实际，制定本办法。

第二条　在本省行政区域内从事畜禽品种资源保护、培育和种畜禽生产经营的单位和个人，应当遵守本办法。

农户自繁自用种畜禽的，不适用本办法。

第三条　本办法所称种畜禽，是指种用的家畜家禽，包括家养的猪、牛、羊、马、驴、驼、兔、犬、鸡、鸭、鹅、鸽、鹌鹑等和其他人工繁殖的经济动物及其卵、精液、胚胎等遗传材料。

第四条　地方各级人民政府应当鼓励和扶持培育、引进、繁殖、推广、使用畜禽良种，完善畜禽良种繁育体系，扩大畜禽良种覆盖面，推进畜禽品种改良，提高畜禽品种质量。

第五条　县级以上地方人民政府畜牧行政主管部门主管本行政区域内种畜禽管理工作。

第二章　畜禽品种资源保护

第六条　省人民政府对本省畜禽品种资源实行保护，保护品种目录和保护办法由省人民政府畜牧业行政主管部门制定、公布，并报国务院畜牧行政主管部门备案。

第七条　省人民政府畜牧行政主管部门应当有计划地建立畜禽品种资源保护区、保种群（场）、基因库和测定站，对本省重要的畜禽品种资源实行特别保护。

第八条　县级以上地方人民政府畜牧行政主管部门应当定期对畜禽品种资源进行普查、鉴定和监测，提出保护措施，报本级人民政府批准后组织实施。

县级以上地方人民政府畜牧行政主管部门可以确定具备条件的单位或者个人承担保护畜禽品种资源的任务，并支付相应的补偿费用。承担畜禽品种资源保护任务的单位或者个人，应当按照规定实施保护。

第九条　从国外引进或者向国外输出种畜禽的，应当向省人民政府畜牧行政主管部门提出申请。省人民政府畜牧行政主管部门应当自接到申请之日起11日内审核

完毕，符合条件的，报国务院畜牧行政主管部门审批；不符合条件的，不予受理，并说明理由。

第三章　畜禽品种培育和审定

第十条　省人民政府畜牧行政主管部门应当根据畜禽品种资源分布，自然条件和经济发展需要，制定本省畜禽良种繁育体系规划，并负责组织实施。

市、县人民政府畜牧行政主管部门应当根据本省畜禽良种繁育体系规划，制定并组织实施本行政区域内畜禽品种改良计划，建立健全畜禽良种繁育体系。

第十一条　县级以上地方人民政府畜牧行政主管部门应当根据本省畜禽良种繁育体系规划，组织有关科研、教学和生产单位开展畜禽新品种的培育。

鼓励集体和个人培育畜禽新品种。

第十二条　本省畜禽品种的认可与新品种的鉴定命名，应当经省畜禽品种审定委员会评审后，由省人民政府畜牧行政主管部门批准、公布，并报国务院畜牧行政主管部门备案。

省畜禽品种审定委员会对畜禽品种的审定，按照国务院畜牧行政主管部门的有关规定执行。

第十三条　经批准公布的畜禽品种，方可经营、推广、报奖和广告。

经批准公布的畜禽品种，培育单位或者个人依法享有优先经营和推广的权利。

第十四条　畜禽品种在生产、推广过程中存在不可克服的缺陷的，省畜禽品种审定委员会应当提出停止生产、推广的建议，并按照批准权限报省人民政府畜牧行政主管部门或者国务院畜牧行政主管部门批准、公告。

第十五条　畜禽良种登记和生产性能测定，由省人民政府畜牧行政主管部门或者其委托的单位负责，具体办法由省人民政府畜牧行政主管部门制定，并报省人民政府备案。

第十六条　省人民政府畜牧行政主管部门应当定期公布鼓励使用、允许使用和限制使用的畜禽品种目录。

第四章　种畜禽生产经营

第十七条　从事种畜禽生产经营的单位和个人，应当向县级以上人民政府畜牧行政主管部门申领种畜禽生产经营许可证（以下简称许可证），凭许可证向所在地工商行政主管部门办理登记注册，领取营业执照后方可营业。

第十八条　原种（纯系）场、曾祖代场、种公牛站、国家重点种畜禽场和生产经营胚胎或者其他遗传材料的单位和个人申领许可证，应当具备国务院畜牧行政主管部门规定的条件。

本条前款规定以外的其他种畜禽场申领许可证，应当具备下列条件：

（一）符合本省良种繁育体系规划的布局要求；

（二）生产经营的种畜禽符合质量标准；

（三）有相应的育种场所和设备；

（四）有中级以上技术职称并熟悉种畜禽生产业务的畜牧兽医技术人员；

（五）符合动物防疫要求，取得动物防疫合格证。

从事种畜禽销售、种蛋孵化以及种公畜配种的单位和个人申领许可证，应当具有固定的经营场所和熟悉种畜禽生产业务的专业人员，符合动物防疫要求，经营的种畜禽由种畜禽场生产，使用的种公畜由父母代以上种畜场生产。

第十九条　许可证按照下列规定核发：

（一）原种（纯系）场、曾祖代场、种公牛站、国家重点种畜禽场和生产经营胚胎或者其他遗传材料的，由省人民政府畜牧行政主管部门审核后，报国务院畜牧行政主管部门核发；

（二）祖代场、省级重点种畜禽场，由省人民政府畜牧行政主管部门核发；

（三）畜禽父母代场，由设区的市人民政府畜牧行政主管部门核发；

（四）从事种畜禽销售、种蛋孵化以及种公畜配种的，由县级人民政府畜牧行政主管部门核发。

许可证的具体管理办法由省人民政府畜牧行政主管部门根据国家有关规定制定、公布，并报省人民政府备案。

第二十条　从事种畜禽生产经营的单位和个人，应当遵守下列规定：

（一）按照规定的畜禽品种、品系、代别和利用年限进行生产经营；

（二）用于生产冷冻精液、胚胎和其他遗传材料的种畜禽，应当经过良种登记，其质量达到一级以上等级标准；

（三）遵守种畜禽繁育、生产的技术规程，建立生产和育种档案；

（四）销售的种畜禽，应当达到种畜禽的国家标准、行业标准或者地方标准，并附有种畜禽场出具的种畜禽合格证、种畜系谱以及动物防疫监督机构出具的检疫证明；

（五）依法建立健全动物防疫制度。

第二十一条　从事种畜禽生产经营的单位和个人发布有关种畜禽的广告，应当提交许可证；没有许可证的，不得发布有关种畜禽的广告。广告经营者、广告发布者应当凭许可证代理、制作和发布有关种畜禽的广告。

第五章　法律责任

第二十二条　违反本办法规定的其他行为，国务院《种畜禽管理条例》规定给予处罚的，按照其规定处罚。

第二十三条　县级以上地方人民政府畜牧行政主管部门的工作人员，在种畜禽管理工作中玩忽职守、滥用职权、徇私舞弊的，依法给予行政处分；构成犯罪的，依法追究刑事责任。

第六章　附则

第二十四条　本办法应用中的具体问题，由省人民政府畜牧行政主管部门负责解释。

第二十五条　本办法自2002年3月1日起施行。

安徽省《饲料和饲料添加剂管理条例》实施办法

（2004年6月21日省人民政府第14次常务会议通过，
省人民政府令第171号发布，自2004年9月1日起施行）

第一条 根据国务院《饲料和饲料添加剂管理条例》（以下简称《条例》），结合本省实际，制定本办法。

第二条 在本省行政区域内生产、经营、使用饲料、饲料添加剂的单位和个人，应当遵守《条例》和本办法。

第三条 省人民政府农业行政主管部门负责本省行政区域内饲料、饲料添加剂的管理工作。

市、县人民政府确定的管理饲料、饲料添加剂的部门（以下简称饲料管理部门），负责本行政区域内饲料、饲料添加剂的管理工作。

工商、质量技术监督等行政主管部门应当依照各自职责，做好饲料和饲料添加剂的管理工作。

第四条 各级人民政府应当支持饲料产业发展，鼓励研制、生产、推广、使用安全高效和不污染环境的饲料、饲料添加剂。

饲料管理部门应当根据国家产业政策，统筹规划、协调发展饲料产业，建立健全饲料科研和技术推广服务体系，及时提供信息和技术服务。

第五条 设立饲料、饲料添加剂生产企业，应当符合《条例》第九条规定的条件。

设立饲料、饲料添加剂生产企业，应当向省人民政府农业行政主管部门提出书面申请。省人民政府农业行政主管部门应当自受理申请之日起20日内提出审查意见，对生产单一饲料、浓缩饲料、配合饲料、精料补充料的企业，经审查符合条件的，颁发审查合格证明；对生产饲料添加剂、添加剂预混合饲料的企业，经审查符合条件的，报国务院农业行政主管部门颁发生产许可证。

对申请设立生产饲料、饲料添加剂的企业，经审查不符合条件的，省人民政府农业行政主管部门应当书面通知申请人，并说明理由。

第六条 申请设立饲料、饲料添加剂生产企业，依照本办法第五条规定，取得省人民政府农业行政主管部门颁发的审查合格证明或者国务院农业行政主管部门颁发的生产许可证后，方可向所在地工商行政主管部门申请办理企业登记手续。

第七条 饲料添加剂、添加剂预混合饲料生产企业，应当在取得国务院农业行政主管部门颁发的生产许可证后，向省人民政府农业行政主管部门申请核发饲料添加剂、添加剂预混合饲料产品批准文号。

省人民政府农业行政主管部门应当自收到申请之日起10日内进行审查，并核发饲料添加剂、添加剂预混合饲料产品批准文号。

第八条　饲料、饲料添加剂生产企业应当按照国家标准、行业标准或者地方标准进行生产。

没有国家标准、行业标准或者地方标准的，饲料、饲料添加剂生产企业应当制定企业标准，作为组织生产的依据，并报省人民政府质量技术监督行政主管部门和农业行政主管部门备案．鼓励饲料、饲料添加剂生产企业制定严于国家标准、行业标准或者地方标准的企业标准，在企业内部适用。

第九条　饲料、饲料添加剂生产企业应当依照国家和省颁布的饲料和饲料添加剂原料标准，对生产中使用的饲料和饲料添加剂原料进行检验，经检验不合格的，不得使用。

第十条　饲料、饲料添加剂生产企业应当建立健全生产记录和产品留样观察制度。

饲料、饲料添加剂的生产记录应当完整准确。饲料添加剂、添加剂预混合饲料的生产记录至少保存1年，其他饲料的生产记录至少保存6个月。产品留样时间应当与产品保质期相同。

第十一条　饲料、饲料添加剂的包装物上应当附具产品标签。产品标签标明的内容，应当符合《条例》第十五条的规定。

饲料、饲料添加剂所含成分的种类、名称，应当与产品标签上标明的成分的种类、名称相一致。

第十二条　经营饲料、饲料添加剂，应当具备《条例》第十六条规定的条件，并自领取营业执照之日起15日内，向所在地市、县人民政府饲料管理部门备案。

第十三条　饲料、饲料添加剂的经营者应当建立产品销售记录。产品销售记录应当记载销售的饲料、饲料添加剂的产品名称、生产日期、保质期、购货单位、购货数量、购货日期等有关内容。产品销售记录至少保存1年。

第十四条　禁止生产、经营下列饲料、饲料添加剂：

（一）无产品质量标准或者不符合产品质量标准的；

（二）无产品质量合格证或者无产品标签的；

（三）国家明令停用、禁用或者淘汰的以及未经国务院农业行政主管部门审定公布的；

（四）以非饲料、饲料添加剂冒充饲料、饲料添加剂或者以此种饲料、饲料添加剂冒充他种饲料、饲料添加剂的；

（五）所含成分的种类、名称与产品标签上注明的成分的种类、名称不符的；

（六）已失效、霉变或者超过保质期的；

（七）法律、法规、规章规定禁止生产、经营的其他饲料、饲料添加剂。

第十五条　使用饲料添加剂应当遵守国务院农业行政主管部门制定的安全使用规范。对加入药物饲料添加剂的饲料，有停药期要求的，应当按照规定的期限停用。

第十六条　饲料、饲料添加剂的使用者，发现使用的饲料、饲料添加剂对饲养动物、人体健康和环境有害的，应当立即停止使用，并及时向所在地市、县人民政府饲料管理部门报告。

第十七条　经营、发布饲料、饲料添加剂广告，应当内容真实，不 得夸大饲料、饲料添加剂的效用；广告中使用的数据、统计资料、调查结果等应当准确，并注明出处。

第十八条　从事饲料、饲料添加剂质量检验的机构，应当具备相应的检测条件和能力，经省级以上人民政府质量技术监督行政主管部门或者农业行政主管部门考核合格，方可承担饲料、饲料添加剂的产品质量检验工作，并对其作出的检验结论承担法律责任。

第十九条　县级以上地方人民政府饲料管理部门根据国家饲料、饲料添加剂质量监督抽查工作规划，组织对本行政区域内的饲料、饲料添加剂进行监督抽查，但不得重复抽查。饲料管理部门根据监督抽查的需要，在对饲料、饲料添加剂产品进行检验时，应当按照国家标准规定的抽样方法抽取样品，并不得向被检查者收取检验费用。监督抽查的结果由组织抽 查的饲料管理部门会同同级质量技术监督行政主管部门向社会公布。

第二十条　县级以上地方人民政府饲料管理部门在执行监督检查任务时，有权进入饲料、饲料添加剂生产、经营、使用等场所，询问当事人或者有关人员，查阅、复制有关的 合同、发票、账簿以及其他有关资料，对涉嫌违法生产、经营或者使用的饲料和饲料添加剂产品依法采取登记保存等措施。

饲料管理部门执法人员在执行监督检查任务时，应当出示行政执法证件；对不出示行政执法证件的，被检查者有权拒绝接受检查。

第二十一条　违反本办法规定，未取得省人民政府农业行政主管部门颁发的审查合格证明，生产单一饲料、浓缩饲料、配合饲料、精料补充料的，由省人民政府农业行政主管部门按照国务院《无照经营查处取缔办法》的规定予以处罚。

第二十二条　饲料、饲料添加剂的经营者，领取营业执照后，未按照本办法的规定办理备案手续的，由县级以上地方人民政府饲料管理部门责令限期办理备案 手续。

第二十三条　县级以上地方人民政府饲料管理部门对经检查不合格的饲料、饲料添加剂产品及其生产者、经营者、使用者，应当按照《条例》的有关规定处理。

第二十四条　国家机关工作人员在饲料、饲料添加剂监督管理工作中，有下列情形之一的，由所在单位或者上级主管部门责令限期纠正，依法给予行政处分；构成犯罪的，依 法追究刑事责任：

（一）违反规定批准或者审查同意饲料和饲料添加剂管理事项的；

（二）对违反饲料和饲料添加剂管理规定的行为，不依法进行调查处理的；

（三）在监督管理活动中违反规定收费或者侵占、私分财物的；

（四）有其他滥用职权、徇私舞弊、玩忽职守情形的。

第二十五条　本办法自2004年9月1日起施行。1998年4月7日省人民政府发布的《安徽省饲料管理办法》同时废止。

省委、省政府文件

关于组织实施安徽省渔业致富工程的决定

皖政〔1994〕9号

1994年2月9日

我省水域、水产资源丰富，为充分利用这一优势，省政府决定，把开发水产业作为发展农村经济、改变农村面貌的一大工程来抓。为此，省政府制定了“安徽省渔业致富工程”，在全省组织实施。到2000年，全省水产品产量达90万吨，争取100万吨，总产值80亿元(1990年不变价，含二、三产业，下同)，农村人均渔业纯收入80～100元，人均水产品占有量14公斤。其中1997年水产品总产量60万吨，争取65万吨，产值50亿元。

一、加大改革力度，动员社会力量开发水产业

实行国家、集体、联合体、个体、私营、独资、合资多种经济成分一起上的方针，坚持“谁投资、谁开发、谁经营、谁受益”。允许水面有偿转让、承包、转包、租赁。对低产水面、荒水、荒滩，可实行招标、抵押开发，或拍卖使用权。提倡异地承包开发，大力推行股份合作制和贸工渔一体化经营，走产业化、区域化、一体化、市场化的发展路子，逐步形成多渠道、多形式、多元化、全方位开发水产业的局。

二、加强渔业基础建设，增强发展后劲

到2000年，全省要建成120万亩连片精养鱼池，平均亩产超过400公斤。其中1994年达到45万亩，1997年达到80万亩。建设沿江高效渔业示范带，建立1个国家级河蟹原种场、1个国家级家鱼原种场和一批名特优水产良种场。抓好大中水域的深度开发，增殖保护渔业资源，维护水域生态平衡，实行分割精养。沿江、沿淮主要湖泊要建立一批渔业增殖站。到2000年，网箱养鱼要发到5000亩，小面积围网精养5万亩。大力发展保鲜、加工业，加水产专业和批发市场建设。

三、依靠科技进步，实施科教兴渔

大力抓好“111”水产科技示范工程，即：100个乡，乡均产量2000吨，产值1000万元；1000个村．村均产量200吨，产值100万元；1000名10万元以上资产的致富带头人。

经批准，允许科技人员留职停薪，领办、创办、承包、租赁国、集体、私营企业，时间一至三年，期满后根据需要，可续办手续。技、渔政人员必须持证上岗，加强培训和考核。

四、增加渔业投入，扶持渔业开发

各级人民政府、各有关部门都要按“安徽省渔业致富工程”要求，在财政投入、发放贷款以及安排“一优二高”农业示范区、黄淮海开发、扶贫开发、农业综合开发等项

目时，向水产业倾斜。

要根据国家税法有关规定，对渔业生产在农业特产税征收上给予优惠和扶持，对符合国务院国发〔1993〕14号和省政府皖政（1993）23号文件规定的生产和开发项目实行减免政策。征收的农业特产税，据当地财力可按一定比例用于发展水产业。对从事水等开发经营的“三资”企业，由企业提出申请，按国家有税收优惠。

五、强化渔业执法，保护水产资源和渔业生态环境

每年九月为全省的《渔业法》宣传月。各级公安、司法部门要配水产主管部门加强渔政管理，保护渔业生产者的合法权益。重点渔业水域经省公安厅批准，可设置公安派出机构。进一步加强渔业水域环境监测和管理。

六、提高认识，切实加强对水产业的领导

各级人民政府和各有关部门要像抓造林绿化和乡镇企业一样抓水产开发。渔业发展目标要列为干部岗位责任制考核指标，水面较多的县要成立“渔业致富工程”领导小组。在工作方法上要突出重点同，以点带面。全省确定一批渔业重点发展县，省政府授权省水产局与渔业重点县签订责任合同，严格检查评比和奖惩制度。各级领导要定期研究解决渔业发展中的问题，认真抓好渔业致富工程的实施，推动全省农村经济迈上新台阶。

附件：《安徽省渔业致富工程》

附件：

安徽省渔业致富工程

安徽省是全国主要淡水渔业省之一，总水面1580万亩，水蚓面积广阔，鱼、蟹、虾、鳖等水生动植物种质资源良好。水产业市场行情好，投资效益高，易于形成初步积累，可以直接增加农民收入有利于实施食物结构改革，顺应世界范围掀起的“蓝色革命”潮流加快水产开发是一项强农富民的战略举措。为此，特制定我省渔业致富工程。

一、我省渔业发展现状

改革开放以来，我省渔业经济发展迅速，水产品产量、产值大幅度增长。1993年，全省水产品产量36.4万吨，比1978年的5.3万吨增长了5.9倍。渔业在农业总产值中的比重（按统计口径）差4.2%，比1978年的0.6%增长了6倍。1988年以后，受国家银括紧缩，特大洪涝、干旱灾害等多方面因素影响，我省渔业发展速度一度减缓，现已走出困境。

全省渔业科技教育推广体系开始逐步建立。拥有各类技术人才1000余人，具备了一定的技术力量。基础建设初具规模。全省连片精养鱼塘从4万亩增加至30万亩，有苗种生产基地1 400多个，具有年产100亿尾鱼苗的生产能力；已建成的和正在建设的国家级水产原种场、良种场，以其位临长江的地理优势开展原种、良种生产；全省建成水产冷库50座，冷藏能力4423吨／次，具有初步的冷藏、加工、出口创汇能力。科技含量明显加大，“一优两高”渔业开始起步。1992年，全省网箱养鱼1300亩，围拦网养鱼43万亩。名特优新水产增养殖出现较快的增长趋势，河蟹增养殖产量占全国总产量三分之二，银鱼移植、河蚌育珠、甲鱼、牛蛙、鳜鱼等养殖不断升温，发展迅猛。

但是，我省渔业与先进省份相比仍有较大差距。据八十年代末的“四低四荒”调查，全省低产水面超过400万亩，约占养殖水面的70%，渔业生产未能从根本上走出低谷，各项养殖单产指标也均低于全国平均水平。1992年我省养殖单产39.2公斤（全国平均水平89.5公斤），同时发展速度也明显低于全国平均水平。从1990年起，我省在全国淡水渔业中的位置从长期以来的第五位退为第六位，形势十分严峻。

尽快将渔业资源优势转化为经济优势已成为当务之急。全省已养水面尤其是占养殖水面70%的低产水面有待进一步开发；湖泊、水库、河沟等大中水域的深度开发也具有较好的前景；宜渔荒水、低洼荒圩也可开发发展渔业生产。我省水产加工业尚处于萌芽状态，水产市场尚未发育，开发水产品加工，发展水产市场，以及应用高新技术推动水产增养殖、加工、贮运、保鲜等发展的潜都很大。

二、我省渔业发展的指导思想

我省渔业发展的指导思想是：深化改革，扩大开放，坚持以市场为导向，以效益为中心，依靠高新科技和先进的经营管理，多渠道、多元化、全社会、全方位开发利用水产资源，发展优质高产高效渔业，依法治渔兴渔，走产业化、市场化、区域化、一体化的路子，实现我省渔业经济、生态和社会效益的协调发展，致富农民，壮大农村经济。

为此，各地要拓宽思路，加大改革力度，动员社会力量开发水产业，实行国家、集体、个体、私营、独资、合资多元经济一齐上，要从实际出发，进行区域化布局、专业化生产、企业化开发、一体化经管理管理，因地制宜开发水产增养殖业、游牧式渔业、水产加工工业、旅游渔业，发展水产市场以及相关的第三产业。

三、发展目标

以全省1993年水产品总产量36.4万吨，产值17.7亿元(1990年不变价，下同)为基数，根据我省到本世纪末（20世纪）实现小康目标的基本要求和我省渔业实际，计划到2000年的主要经济指标是：

全省水产品总产量90—100万吨，年递增率为14.7%；渔业总产值80亿元，其中渔业第一产业产值50亿元，年递增率约16%，渔业第二产业产值10亿元，第三产业产值约20亿元。各主要要年份渔业产量和产值指标：1995年全省水产品总产量46万吨，年均递增12.4%，产值22.6亿元，年递增13%；1997年全省水产品总产量60万吨，年递增13.3%，争取65万吨，产值50亿。

——人均渔业纯收入：从目前的15—20元，达到80一100元；

——人均水产品占有量从目前的6.2公斤，达到14公斤；

——人均水产蛋白摄入量从目前的2.3克／日，达到大于5克／日，实现全国食物结构发展指标；

——科技进步在渔业经济增长中的比重从目前的30%，达到40—45%；

——水产业加工产量(含果蔬、禽蛋等)30万吨，其中水产品加工量15万吨，加工总产值10亿元；

——渔业第三产业产值占渔业经济总产值80亿元的30%左右。

四、战略部署

(一)建设连片精养鱼池120万亩

加速利用荒滩、荒水、低洼荒圩建设连片精养鱼池，是改变我省渔业基础薄弱，实现渔业“一优两高”的最重要的举措之一。为此，要求全省连片精养鱼池规模从目前的30万亩，到2000年发展为100—120万亩，平均亩产400公斤以上。其中1995年达到60万亩，1997年达到80万亩。同时，对现有的专业鱼池要分期分批逐年改造，达到规范的标准。

(二)深度开发大中水面渔业

1、至2000年，全省常年的和季节性禁渔区，从目前的80万亩扩大到100万亩。禁渔期由一般的2、3个月延长到6个月左右。在沿江、沿淮主要湖泊建立4—6个渔业增殖站，增加苗种的放流量，使大中水域的渔业捕捞产量，由1992年的8.7万吨，提高到15万吨。

2、加快发展大中型水域的分割精养。各地要因地制宜地推广网箱和小面积围网精养，全面提高大中水域的渔业生产力。计划到2000年；网箱养鱼由目前的1000亩增加到5000亩，要求亩产达到7500公斤以上，10亩以下的小面积围网精养，由1000亩增加到5万亩，亩产500公斤以上，拦网养鱼要稳定面积，提高单产。

矿区塌陷水面是发展渔业的良好水域，要因水制宜，实行综合开发。

3、切实做好渔业资源和水域环境监测工作。省拟建立渔业资源及环境监测总站，并增加一批沿江、沿淮的监测站、点，以加强对主要经济鱼类和珍稀水生动物资源变动及渔业水域污染情况的监测、监督和管理。

4、随着我省渔业的发展，渔业船舶的数量要增加，吨位和性能要提高。为适应渔业船舶作业及其管理上的需要，拟在长江、淮河、新安江和巢湖等大型江河湖泊分期建设一批渔港。

（三）发展保鲜、加工，加快鱼市建设

1、加强水产品贮藏、运输、加工等方面的基础建设，冷藏能力。目前的4423吨／次，1995年发展到6000吨／次，1997年达10000吨／次，2000年达20000吨／次。

2、发展保鲜、冰鲜运输，逐步发展微冻运输，提高鲜活鱼均衡上市比例。1995年鲜活鱼均衡上市比例达到15%，1997年提高到20%，2000年发展到30%。

3、大力发展生鲜冷冻小包装产品、方便食品，同时引进技术、设备和管理经验，开发鱼糜制品、鱼皮制革、水产品制药、营养食品，真空包装食品等，增加渔业附加值。

4、加快建设合肥、芜湖、安庆、蚌埠四大鱼市，并在沿江、沿淮重点渔区建设一批水产专业批发市场，以内外贸易促进水产商品的基地建设，发展运输业、仓储业、加工业、科技教育以及相关第三产业，使之形成以城市为中心的渔业经济区。

（四）完善水产种苗、饲料加工、鱼病防治配套建

1、抓好名特优水产苗种基地建设。全省建设沿江高效渔业示范带，建立1个国家级河蟹原种场、1个国家级家鱼原种场和一批名特优水产良种场；对目前年产鱼苗1亿尾以上的渔场实行技术改造，到2000年，全省主要养殖品种的鱼苗生产能力200亿尾，其中名特优新苗种生产能力占苗种总量的10—15%，各地市建1—3个名特优水产养殖繁育示范基地，重点县（市）要有地方特色的拳头品种和示范点。

2、大力推广配合饲料，提高饲料的质量和加工能力，提高饲料利用率。积极开展甲鱼、河蟹、鳜鱼等名优水产品的人工配合饲料的研究与引进工作，使之与养殖生产同步发展。同时，广开饲料来源，推广种青养鱼，降低生产成本。

3、省、地、县水产技术推广机构，都要建立鱼病防治中心，乡级推广站要把鱼病的防治工作列为中心任务。同时，要积极开展新鱼药、新技术的研究和推广，不断提高鱼病防治水平。

五、主要政策措施

（一）加强渔业行业行政管理

当前，在调整优化农村产业结构、实施渔业致富工程中，特别要加强对水产行业的宏观指导，各地水产行政机构必须保持相对稳定，水产队伍要不断发展。水产行业行政管理、渔业执法、技术推构的经费应当由各级财政负担，不能随意搞“脱钩”。

各级水产行政主管部门要加强调查研究和信息反馈，强化行业规划和宏观调控，做好渔业致富工程各类项目的审核工作，为政府当好参谋。

（二）强化渔业行政执法

依法治渔是渔业致富工程的基本保证，从1993年起，每年九月为全省《渔业法》宣传月，加强渔业法制宣传，修订和完善《安徽省实施（渔业法）办法》，进一步制定主要经济品种的苗种管理法，结合实施国家《渔业法》、《农业法》、《农业技术推广法》和渔港监督渔船检验等有关法律法规，严格依法加强渔业监督管理。加强渔政、渔船、渔港监督管理网络建设。条件具备的乡镇，按有关规定，经批准授权后，成立渔政管理机构。

进一步加强渔业水域环境的监测管理，禁止向渔业水域排放处理的工业废水、生活污水和农药等有害废弃物，依法协同有门处理污染事件；严格执行渔业许可证制度，大中型渔业水域实行禁渔期、禁渔区制度，控制捕捞强度，严厉打击炸、电、毒各类破坏渔业资源的不法行为；依法征收渔业资源增殖保护费。开展渔港监督、渔船检验工作。

重点水域成立渔政监督管理机构。经省公安厅批准，分批设立派出机构。各级公安、司法部门要配合水产主管部门加强渔政，专管与群管结合，严厉打击偷、盗、哄抢水产品的违法行为，保护国家、集体、私营和三资企业渔业经营者的财产、种苗、产品等权益，保障渔业大发展的正常生产秩序。

（三）建立健全水产技术推广体系

为贯彻《农业拔术推广法》，加速推广水产新技术、新品种，要建立省、地（市）、县（市、区）、乡（镇）四级水产社会化服务体系，乡镇可以根据水产业的特点，建立融技术推广与渔政管理为一体的组织。有条件的还可创办服务性的流通实体。

（四）科技兴渔，推广水产高新技术

根据我省实际，主要推广河蟹半咸水人工繁殖技术、常规网箱、机械化网箱和高密度小体积网箱养鱼技术、小面积围网精养技术、工厂化养鱼技术、集约化养鳖技术、池塘高产高效综合养鱼技术、主要病害防治技术以及多种模式的生态渔业技术。

重点发展河蟹、银鱼、淡水虾、珍珠、甲鱼、鳜鱼等名特优新水产品种的增养殖。到2000年，河蟹产量达1万吨，虾3000吨，甲鱼2000吨，同时引进、推广全雄罗非鱼、建鲤、高背鲫、沟鲶、南方大口鲶、加州鲈、条鲈、淡水自鲳、革胡子鲶、甲鱼、牛蛙、美国青蛙等优新养殖品种，到2000年名特优新水产品产量，从现在的4万吨发展到20万吨，约占水产品总量的20%。

各地推广部门要发挥优势，因地制宜建立示范性点服务实体，重点实施“lll”水产科技示范工程，即抓好100个乡，乡均产量2000吨，产值1000万元；1000个村，村均水产品产量200吨，产值100万元；1000个资产10万元以上的科技致富带头人，以高产高效的典型，促进高新科技的推广。

（五）发展职业教育，提高渔业队伍的整体素质

开展多形式、多层次的教育、培训工作，计划到1997年，完成对全省渔政人员的分级分期培训；渔监、渔船检验执法人员必须经过考核，持证上岗；各级推广机构包括乡镇级水产站考员，要切实保证以专业技术人员为主，经考试或考核后方能聘用；分期分批培训财会、统计和企业管理人员。

安徽水产学校计划到2000年累计培训水产养殖、加工、渔业建经济管理等专业合格的水产中专毕业生1200名，并将每年培训100人次包括个体专业夫户在内的各类水产专业人员。

引进吸收国内外各类专业人才，到2000年，使全省水产行业研究生占2%，本科生占18%，大专生占30%，中专生占50%，达到专业队伍壮大，人才结构合理。

（六）加大开放力度，深化配套改革

加快水面进入市场的进程，放活水面使用权，允许有偿转让、专出租、转包水面，对低产水面、荒水、荒滩实行招标、抵押开发、也可拍卖使用权。对建设连片精养鱼池和配套完善工程设施的渔业水面，承包期可延长到30年以上，坚持“谁投资、谁开发、谁经营”的原则，保护经营者的合法权益。

极推行股份合作制，鼓励以水面、资金、技术、劳动力等生产要开发水产业，鼓励城市的厂矿企业、商贸公司、机关团体等、控股等多种形式参与发展水产业。

大力发展个体、私营经济。鼓励个体经济、私营渔业企业发展养殖、加工、流通各个环节的规模经济，积极推行公司化管理，为个私营经济的平等竞争创造条件。

大力创办“三资”企业，引进资金、设备、先进技术、管理经验等嫁接“改造”老企业，使全省水产“三资”企业从现有的6家发展到50家以上。

（七）增加投入，加强渔业发展的基础建设

实现我省渔业大发展，必须增加相应的资金和物质投入。2000到年全省要增加近70万吨水产品产量，必须增加约28亿元资金投入。投入的主体是群众。要依靠群众自筹、发展个体、私营渔业、股份合作制集资、企业自我积累、引进外资、银行信贷等多渠道是。同时，国家也将适当增加对水产业的扶持，国家的投入主要用于关系渔业发展全局的基础性、公益性建设。“八五”、“九五”期间，各级政府在安排“一优两高”农业示范区、黄淮海开发、扶贫开发，农业综合开发项目中，要对水产业倾斜。

根据各级负责安排各级投入的原则，1994–1997年，全省将安排一批省级重点渔业项目。省财政将在1994一1997年每年安排500万元，重点用于支持发展精养鱼塘，也可拿出一部分用于奖励完成任务好的渔业重点县和成绩显著的乡镇水产推广站，并将已用于农村水产开发的支农周转金，收回再贷，继续支持农村商品鱼基地建设，扩大苗

种生产和河蟹、甲鱼、珍珠等名特优水产品养殖。省计委将在每年的以工代赈中，安排一定的投资规模，用于扶持省级水产公益性、基础性项目建设和区域性、示范性的项目建设。

各地也要采取多种方式，自力更生筹措开发资金。

（八）加强对渔业发展的组织领导

各地要把渔业发展目标列为各级领导干部任期到实处，建立领导抓渔业致富点的制度。各级政府主管负责人和水产主管部门负责人都要亲自抓渔业致富点，形成制度并坚持下去。各有关部门要积极配合，协作攻关，从资金、物资、技术等方面给予大力支持。

全省确定一批渔业重点县，到1997年渔业重点县水产品产量达到2万吨，产值1亿元，农村人均渔业收入80—100元，省政府委托省水产局与渔业重点县签订的责任合同，要严格进行检查评比，实施奖惩。

设立省渔业发展咨询委员会。委员会由有关专家组成，主要任务是：对我省渔业工作进行调查研究，提出建议，开展咨询服务，为我省渔业致富工程顺利实施提供决策参考。

建立激励机制，鼓励先进。省政府将从1994年起，实行以奖代补的办法，奖励渔业发展速度快、效益好、精神文明建设好的先进单位，推动全省水产业的开发。

安徽省人民政府办公厅
关于进一步加快发展畜牧水产业的若干意见

皖政办〔2003〕12号

2003年3月24日

为大力推进我省农业和农村经济结构战略性调整，有效增加农民收入，加快全面建设小康社会的进程，省委、省政府决定进一步加快发展畜牧水产业，自2003年至2007年5年，力争实现肉蛋奶总产600万吨，水产品200万吨，畜牧水产业产值达到农业总产值的45%以上，农民人均养殖业纯收入达到500元以上，切实把畜牧水产业发展成一个大产业。经省政府同意，现提出以下意见。

一、明确发展思路，加快结构调整。根据结构调整的要求，畜牧水产业发展的思路是：扩大规模、优化结构、提高质量、打造品牌。稳定发展生猪、禽蛋和大宗水产品生产，加快发展牛羊肉和优质禽肉、水产品生产，突出发展奶业、蜂业和特色渔业；积极发展规模化养殖，大力发展无公害、绿色和有机畜禽水产品生产，着力培育优势产业带，精心打造特色品牌。力争建成标准化、规模化、优质安全畜禽水产品生产、出口基地县20个，创立名牌产品20个以上。

二、做大、做强产业化龙头企业。按照“扶优、扶强”的原则，积极扶持各类龙头企业上规模、上水平，促进形成一批规模大、起点高、带动力强的畜牧水产业龙头企业。推进畜牧水产业产、加、销一体化。鼓励企业进行技术改造、技术创新，重质量、创名牌、守信用，提高产品质量和档次，提高企业核心竞争力。省重点选择20家骨干企业，发挥政府资金引导作用，运用市场机制，增加投入。各地要采取相应措施，对本地畜牧水产业龙头企业给予积极支持。鼓励各类畜禽水产品加工销售企业参与国际市场竞争，赋予有条件的企业进出口经营权，并优先按规定实行出口退税。对优秀龙头企业优先推荐上市。

三、积极培育新的市场主体和中介组织。鼓励农民和其他经营者以资本、技术、管理和劳动自愿联合，组成企业性质的畜牧水产业合作社，鼓励组建各类畜牧水产业协会，发展中介组织，并依法进行登记，获得法人资格；鼓励其开展多种形式的畜牧水产业产前、产中、产后的社会化服务事业，参与反倾销、应诉等贸易争端处理。加强对农民经纪人、运销大户和养殖大户的培训和扶持，充分发挥农村致富带头人的示范带动作用。

四、加快科技进步和技术创新。围绕畜牧水产良种良法特别是疫病综合防治和重要经济性状研究开发等重大技术问题，组织科研教学机构、龙头企业等集中力量联合攻关。加强技术培训和推广示范，提高技术服务水平，加快科技成果转化，努力探索和建立市场经济条件下养殖业技术推广新机制。加快技术创新步伐，积极推广标准化、无公害和绿色食品生产、动物生物工程以及保鲜、精深加工等先进技术。积极鼓励各类龙头企业和组织参与科技服务，支持社会资金创办、联办、投资畜牧水产中高等职业教育。

鼓励基层科技人员投身产业化经营，通过科研开发、技术服务、承包、咨询、转让等形式取得合法收入。各级政府要保证畜牧水产科研、教学和推广必需的经费和基础设施投入。

五、积极开拓市场，搞活流通。积极实施市场多元化战略，明确主销方向，大力开拓畜禽水产品国内外市场。注意研究运用世贸组织规则，提高开拓国际市场的竞争力。围绕产业区域布局，鼓励和支持社会力量采用多种方式建设专业批发交易市场。鼓励采用连锁经营、物流配送、网上销售、订单销售等现代流通方式推销畜禽产品。加大产品宣传和营销力度，加强市场信息服务，建立健全畜牧水产业信息收集、整理和发布体系。把畜牧水产业规模户、龙头企业和中介组织纳入农业信息化工作重点，进一步搞活畜禽水产品流通。

大宗鲜活畜禽水产品集中销售季节出现卖难时，经省政府批准，可开辟临时绿色通道。公安、交通、农机等部门对运输这类产品车辆要给予优先通行，尽量提供方便，除特殊情况外，不得扣押鲜活畜禽水产品的运输工具。

六、健全保障体系，实现可持续发展。加强畜禽水产品良种繁育、疫病防治、饲料生产、安全监（检）测、标准化和执法监督等六大体系建设。按照引进与保护、开发并举的方针，加快品种更新步伐，引进国内外优良畜禽水产新品种，加强地方特色品种和渔业水域生态环境保护、开发。建立健全主要畜禽水产良种的繁育体系，良种化率达到90%；按照“依法防检、放开诊疗、强化监督、规范服务”的改革思路，全面推行基层动物防疫体制改革，提高综合防治水平，逐步将畜禽水产品主产区建成无规定动物疫病区；大力开发饲料资源，加强饲料工业管理，确保饲料安全；加大监（检）测体系建设力度，基本建成省、市、县三级动物疫病、饲料、畜禽水产品安全及其环境监（检）测网络；建立健全畜牧水产业质量标准体系，加快推广应用步伐，推进与国际标准接轨；建立健全动物防疫、兽（渔）药、饲料、种畜禽、草种、渔政及渔船渔港执法体系，加强队伍和基础设施建设，加大监督检查力度，实施依法行政、公正执法。

七、增加投入，加大政策扶持力度。要按照建立公共财政原则，调整和优化财政支农结构。财政预算、支农资金新增部分用于畜牧水产业的比重要有较大幅度提高，重点用于良种繁育、动物防疫基础设施和畜禽水产品安全监（检）测体系建设，并将动物防疫经费列入财政预算，为各项目标任务的完成提供保障。要建立投入激励机制，创造良好的外部环境，加大畜牧水产业招商引资力度，鼓励引导信贷资金、社会资本和外商资本等投入畜牧水产业开发建设。金融部门要增加畜牧水产业的贷款，扩大对经营状况好的畜牧水产企业的授信。农村信用社要重点支持家庭养殖、农村致富带头人和中介服务组织，特别是依附于产业化龙头企业的养殖基地农户；大力推广联保贷款、质押贷款、小额信用贷款等有效方式，加大对农户贷款的力度；对养殖周期较长的项目可适当放宽贷款期限。支持开展养殖业保险试点，取得经验逐步推广。

规范生猪定点屠宰管理，严格审批条件，依法使用检疫票据，杜绝“一票制”。税费收取实行“二税”（所得税、增值税）、“三费”（检疫费、加工费、工商管理费），对每头生猪定点屠宰税费总额实行上限控制，最高不得超过 55 元，由当地政府具体组织落实。

对退耕还草还渔，承包“四荒”资源从事养殖业者，自有收入时起免征农业特产税 1 至 3 年。农业科研推广机构和农业院校进行畜禽水产品良种科学试验所取得的农业特产品收入，在试验期间免征农业特产税。税务部门要积极改进税收征管服务，大力扶持畜牧水产业的发展。对为农户提供产前、产中、产后技术服务的畜牧兽医站、水产站，以及专业协会、专业合作社、中介组织及各类事业单位等所取得的收入，免征企业所得税。对新办的从事畜禽水产品销售的商贸企业，自开业之日起，报经主管税务机关批准，可减征或免征企业所得税一年。对从事畜禽水产品加工的企业，投资于符合国家产业政策的技术改造项目，其项目所需国产设备投资的 40% 可从企业技术改造项目购置的设备当年比前一年新增的企业所得税中抵扣。对增值税一般纳税人龙头企业向农业生产者和小规模纳税人购进的符合有关规定的畜禽水产品，可凭税务机关批准使用的收购凭证或普通发票上注明的价款按 13% 的扣除率计算进项税；各地要制定优惠政策，鼓励龙头企业采取“公司＋农户”经营方法，帮助农民代购代销畜禽水产品。

八、加强领导，形成合力。各级政府要进一步提高认识，把加快发展畜牧水产业作为调整农业和农村经济结构，增加农民收入，推进全面建设小康社会进程的重要措施来抓，切实加强组织领导。各地要结合实际，认真组织实施畜牧业富民计划和渔业增收计划，把畜牧水产业列入各级政府经济发展计划和考核内容，建立促进畜牧水产业发展的考核指标体系，确保各项扶持发展政策落到实处。各有关部门要各司其职，各负其责，相互协作，密切配合，切实做好各项服务工作。

安徽省人民政府办公厅
关于进一步加快绿色食品产业发展的意见

皖政办〔2004〕82 号

近年来，在各级政府和有关部门的共同努力下，我省绿色食品产业发展较快，对提高农产品质量安全水平，保护农业生态环境，推动农业可持续发展，增加农民收入有很大的促进作用。为进一步加快绿色食品产业发展，促进农业增效、农民增收和农村经济快速发展，经省政府同意，特提出如下意见：

一、充分认识加快绿色食品产业发展的重要性

绿色食品是通过在种植、养殖、加工过程中执行规定的技术标准和操作规程，限制或者禁止使用化学合成物及其他有毒有害生产资料，实施“从农田到餐桌”全过程质量控制，从而大幅度提高质量安全水平的农产品及其加工品。加快绿色食品产业发展，有利于推进农业、农村经济结构战略性调整，提高农产品综合竞争力，扩大农产品出口；有利于保护生态环境，实现农业的可持续发展。各地、各有关部门要充分认识进一步加快绿色食品产业发展的重要意义，采取得力措施，切实解决总量规模小、发展速度慢、覆盖面窄、产业化经营水平低等问题，不断促进绿色食品生产上规模、上水平。

二、明确指导思想、目标任务和发展原则

当前和今后一个时期，加快绿色食品产业发展的指导思想是：坚持以市场为导向，以农业增效、农民增收为核心，以促进农业产业结构战略性调整和提高农产品质量安全水平为目标，以科技进步为动力，依托生态和资源优势，加快建设一批绿色食品生产基地，扶持和壮大一批龙头企业，初步形成区域布局合理、特色突出、各有侧重的绿色食品产业体系，不断扩大绿色食品生产规模和水平。

目标任务是：到 2005 年，绿色食品原料类产品种植面积达到 1000 万亩，认证产品总数突破 300 个，绿色食品实物开发总量达到 170 万吨，总产值 80 亿元，出口创汇 1 亿美元。到 2010 年，绿色食品原料类产品种植面积达到 2000 万亩，认证产品总数达到 600 个，绿色食品实物开发总量达到 500 万吨，总产值 200 亿元，出口创汇 3 亿美元。

加快绿色食品发展，要把握以下原则：一是坚持以质量为核心。在绿色食品开发过程中要严格执行生产标准和技术规范，确保产品质量，以质量促发展。二是坚持政府引导与市场运作相结合。各级政府要着力创造有利于绿色食品产业发展的政策和舆论环境，规范市场秩序，不断提高绿色食品市场竞争力；要以需求为导向，大力发展适销对路、市场占有率高的绿色食品。三是坚持技术进步和创新。要在环境保护、生产加工、标准化建设等方面加快研究创新，不断采用新技术、新工艺，提高产品品质和档次。四

是坚持因地制宜、充分发挥区域比较优势。要根据当地生态环境、动植物品种资源和技术条件，统筹规划，选择重点，集中布局，突出当地资源优势和产品特色。

三、坚持科学规划，加快基地建设

各地要围绕优势农产品区域规划布局，重点建设一批绿色食品原料和产品基地。生态农业建设县、优势农产品产业带、农业标准化建设示范区，要成为绿色食品开发的重点。要实行标准化管理、专业化生产、一体化经营，形成具有市场竞争力的规模优势。要加强绿色食品基地生态环境建设，积极开展绿色食品产地环境监测，严格控制工业“三废”和城市生活垃圾对农业生态环境的污染。规范绿色食品原料生产基地管理，严格执行绿色食品种植（养殖）生产操作规程，建立全程质量控制体系。引导生产企业积极开展质量管理体系认证，提高企业质量管理水平。优先选用高产、优质、抗病虫、适应性强的品种，加强安全高效肥料、农药、兽药、饲料添加剂、食品添加剂等绿色食品生产资料的开发、推广和使用工作，保障绿色食品质量安全。

四、培育龙头企业，加快产品开发

重点引导和发挥产业化龙头企业发展绿色食品的示范带动作用，吸引上规模、管理运作规范的食品加工、商贸企业参与绿色食品的开发和经营，进一步完善以绿色食品品牌为纽带，以龙头企业为主体，以原料基地为依托，以农户参与为基础的一体化组织形式，强化企业、基地和农户间的利益联结机制。依托资源优势，加快名特优产品、精深加工品、出口产品的开发，重点加快果蔬、畜禽、蛋奶、水产品等具有比较优势产品的开发。要充分发挥高校和科研院所的科研、技术、信息优势，加强绿色食品生产新技术的研究，尽快推出一批符合绿色食品生产要求、与我省现有经济水平和自然条件相适应的生产加工新技术、新产品，不断提高科技含量，逐步实现产品的升级换代。

五、加大产业宣传，加速市场开拓

加大绿色食品宣传力度，普及绿色食品科普知识，让广大人民群众了解绿色食品的基本概念及其生产、加工、销售的基本要求，实现绿色食品生产、加工、销售等各个环节的社会参与和监督。要加强绿色食品流通和市场培育工作，培植龙头企业，运用现代营销手段，探索各种营销模式，尽快建立绿色食品市场营销网络；支持企业与商家建立直销模式，组织绿色食品生产企业与大型商场、超市、宾馆、酒店对接，减少流通环节，降低营销成本；发展物流配送、连锁经营等新型营销模式，在大中城市组建配送中心，将产品向各大超市和连锁店配送；通过会展形式，以展促销，以销促展，推动绿色食品流通。

六、加强指导、扶持、协调和监督，促进绿色食品持续健康发展

各级政府要将绿色食品开发纳入农业和农村经济发展全局统筹安排，及时协调解决发展中存在的问题。农业、工商、质量技术监督、卫生、环境保护等部门要落实责任，加强配合，形成合力，切实做好指导、服务工作。要加大产品质量监督管理力度，指导基地和企业严格按照绿色食品标准和规程进行生产；正确使用绿色食品标志及防伪标签，认真履行标志使用协议；加强获得绿色食品标志使用权产品的后续质量跟踪监督管理，

严把质量关；规范市场管理，对超范围、超期限使用绿色食品标志以及假冒绿色食品标志等违法行为，坚决依法查处，保护绿色食品生产者、经营者和消费者的合法权益，维护绿色食品的良好形象。要建立多元化的投入机制，加大政府对绿色食品产业的投入，积极支持绿色食品生产技术研究、产品开发和推广示范。要不断优化投资环境，加大招商引资力度，鼓励引导信贷资金、社会资金和外资投入绿色食品生产、加工和流通。要重视和加强绿色食品管理机构的建设，进一步明确职能，充实力量，在工作条件、业务经费等方面予以保障。要加强培训，不断提高技术管理人员素质，推进绿色食品开发工作的持续健康发展。

安徽省人民政府办公厅
关于进一步加强农业标准化工作的通知

皖政办〔2004〕72号

2004年9月23日

为进一步贯彻《国务院办公厅关于进一步做好农业标准化工作的通知》(国办发〔2003〕97号),充分发挥农业标准化在促进农业增效和农民增收中的重要作用,经省政府同意,现就加强我省农业标准化工作通知如下:

一、充分认识加强农业标准化工作的重大意义。农业标准化是促进结构调整和发展农业产业化的重要技术基础,是规范农业生产、保障消费安全的有效措施,是现代农业的重要标志。加强农业标准化工作对于提高农产品质量安全水平、推进农产品质量认证、实施农产品市场准入、调处农产品贸易纠纷、保障人民消费安全具有重要作用。各级各有关部门要提高认识,以市场为导向,以提高农产品质量安全水平为核心,以国际和国家质量标准为主导,加快建立健全具有安徽特色的农业标准体系,加大农业标准推广应用力度,促进农业增效、农民增收和农村经济的快速发展。

二、建立和完善农业标准体系。制(修)订省级农业地方标准300项。积极利用国内外最新农业科技成果,在已有的国家标准、行业标准和地方标准基础上,坚持引用、修订与制订相结合的原则,加快制(修)订无公害农产品生产技术规程、名特优农产品及出口农产品质量标准、生产技术规程和相关物流标准。

三、加大农业标准示范推广力度。建立一支2000人左右,具备专业技术知识和标准化知识的农业标准推广队伍。建设农业标准化示范区80个,其中国家级示范区30个。重点围绕全省十大优势农产品产区的21个生产、加工、供应基地建设抓好农业标准的实施,并与农业科技示范园、菜篮子产品生产基地和出口农产品生产基地建设有机结合起来,全面提升农产品标准化水平。大力推广"龙头企业+基地+科技(标准)+农户"的运作模式,以标准指导和规范农民的种植(养殖)行为,把农业生产、经营的全过程纳入标准化管理轨道。推进名特优农产品的标准化生产,主要基地名特优农产品标准化生产覆盖率达到80%以上,充分发挥其示范作用。各地要结合实际,广泛建立本级农业标准化示范基地,形成多层次的示范网络。

四、强化农产品质量安全标准的实施与监督。围绕治理农产品污染,确保农产品消费安全,重点建设省级和区域性农产品监测中心,加快建设主要农产品批发市场、集中产地和龙头企业质量安全监测网络,加强对农产品、农业投入品、产地环境的监控,强化对农药、兽药使用的监督管理。

五、加强农产品流通领域的标准化工作。培育50个实行标准化、规范化管理的农产品批发市场，突出抓好20个重点农产品批发市场，大力推行《农产品批发市场管理技术规范》（GB/T 19575-2004）和农业部《农产品批发市场建设与管理指南（试行）》，加强农产品批发市场进货、储运、安全检验监测、分销、信息管理等过程的标准化、规范化管理，实施农产品质量安全、质量规格等级、计量、包装标识等标准，进一步完善农产品流通领域的标准体系和监测体系。重点跟踪监测广大消费者普遍关注的蔬菜等鲜活农产品及粮、油等大宗农产品的质量安全水平，在20个重点农产品批发市场实行市场准入试点，并逐步扩大到超市、专卖店，确保销售农产品的质量安全达标率在95%以上。

六、发挥农业产业化龙头企业的示范带动作用。重点培育50个农产品生产、加工、营销示范企业，大力推进农业产业化龙头企业和农产品出口企业的质量管理和标准体系认证工作，积极引导其参与农业标准化基地建设，通过企业连基地、基地带农户，实现农产品质量安全源头控制，促进农产品加工与流通。

七、切实加强对农业标准化工作的组织领导。各级政府要将农业标准化工作列入重要议事日程，及时研究解决推进农业标准化过程中的重大问题，真正做到认识到位、领导到位、经费到位、措施到位。各有关部门要各司其职，齐抓共管，加强组织实施、督促检查和贯彻落实工作。各级质量技术监督部门要会同农业部门协调处理农业标准化工作中的问题，组织制订、修订农业标准。各级农业部门要把实施农业标准化作为推进新阶段农业和农村经济发展的一项基础性工作来抓，努力促进农业增效和农民增收。

各地要逐步加大对农业标准化建设的投入力度，积极鼓励和动员农业产业化龙头企业、专业合作经济组织和种养大户增加对农业标准化的投入。要坚持政府推动与市场运作相结合，逐步建立政府投入为导向、企业投入为主体、社会投入为补充的多元化投入机制。要充分发挥新闻媒体的舆论宣传作用，采取多种形式，切实搞好农业标准化的宣传教育和知识普及，增强广大农民和生产经营者使用标准的自觉性。要结合农业技术推广和跨世纪农民培训工程，大力开展农业标准化技术培训，尽快培养一支既懂农业技术，又懂农业标准化的推广服务队伍。

中共安徽省委办公厅　安徽省人民政府办公厅关于加快发展农村专业合作组织的意见

皖办发〔2004〕33号

2007年10月17日

为适应农业市场化、产业化和国际化的新形势，提高农民进入市场的组织化程度，推动农业和农村经济结构战略性调整，促进农业增效和农民增收，经省委、省政府同意，现就加快发展农村专业合作组织提出如下意见。

一、充分认识加快发展农村专业合作组织的重要性

农村专业合作组织是由从事某一专业或同类产品生产经营的农民，为了维护和实现其共同利益，按照自愿、互利原则建立起来的一种新型合作经济组织。农村专业合作组织对内不以营利为目的，积极创造条件，为成员提供无偿或低偿服务；对外积极参与市场竞争，通过把握市场信息、延伸产业链等措施，提高产品质量，增强产品竞争力。发展农村专业合作组织，有利于提高农民的组织化程度，引导和带领农民进入市场，实现千家万户小生产与千变万化大市场的有效对接，增强竞争力和抵御风险的能力；有利于推动农户与龙头企业的联合与合作，优化资金、技术、人才等生产要素配置，促进农业科技进步和产业化经营。近年来，我省农村专业合作组织发展加快，在组织农民、服务农民、促进农民致富方面发挥了积极作用。各地、各有关部门要进一步深化对发展农村专业合作组织重要性的认识，加大引导和扶持力度，促进农村各类专业合作组织健康发展。

二、发展农村专业合作组织的指导思想和原则

发展农村专业合作组织的指导思想是：以“三个代表”重要思想和党的十六大精神为指导，认真贯彻落实十六届三中全会和《中共中央、国务院关于促进农民增加收入若干政策的意见》(中发〔2004〕1号)，结合我省“861”行动计划，以保护农民利益、增加农民收入为目标，围绕当地主导产业和优势产品，积极兴办各种类型的农村专业合作组织。力争通过2至3年的努力，全省县(市、区，下同)以上各主导产业都成立农村专业合作组织，从而不断提高农民的组织化程度和规模化生产水平，促进农业和农村经济持续快速健康发展。

发展农村专业合作组织应坚持以下原则：

1、以家庭承包经营为基础的原则。发展农村专业合作组织，不改变农村土地承包关系，尊重和维护农民家庭和个人的独立财产权。

2、民办、民管、民受益的原则。充分尊重农民主体地位，尊重农民意愿，坚持入退自

由。组织内部成员享有平等权利，实行民主选举、民主决策、民主管理和民主监督。不断拓宽服务领域，实行风险共担、利益共享，保护农民合法权益。

3、边发展、边规范的原则。正确处理发展与规范的关系，只要能为农民生产经营提供服务，带动农户发展生产，帮助农民解决实际困难，不论采取何种形式和方式进行合作，都允许兴办，并给予扶持和帮助。先发展，后规范，边发展，边规范。

4、市场运作与政府扶持相结合的原则。发展农村专业合作组织要按照市场规律办事，依照市场机制运作，同时各级政府要加强引导，搞好服务，给予政策扶持。

三、积极引导农村专业合作组织快速发展

1、采取多种形式发展农村专业合作组织。发展农村专业合作组织要根据农民的要求和市场需求，依托当地主导产业、优势资源和特色产品，打破地域、行业和所有制界限，因地制宜，采取"一会（社）一策"的办法，多形式、多层次、多领域发展。在兴办主体上坚持多元化，鼓励农民自办、合伙办，特别是鼓励农村能人大户、经纪人牵头兴办，同时也鼓励国家经济技术部门、事业单位和企业与农民联办。在组建方式上坚持多样化，可以是松散型的，也可以是利益紧密型的；可以发展专业协会，也可以发展专业合作社和股份制专业合作组织。在经营范围上坚持宽领域，可以发展生产服务型的，也可以发展产加销结合型的。

2、建立符合农村专业合作组织运行特点的规章制度。要认真总结成功经验，探索客观规律，从建章立制入手，对已创办的农村专业合作组织加强分类指导，促进规范发展。帮助合作组织制定好章程，建立民主管理、利益分配、财务管理监督等制度和议事规则，处理好各种利益关系，规范管理行为。通过民主选举的方式，真正把具有经营管理能力、公道正派、有奉献精神的能人选为合作组织的负责人

3、推动农村专业合作组织向更高层次发展。加强宣传和培训，引导农村专业合作组织积极适应市场，不断拓展经营领域，提升服务档次，实行农产品生产、加工、运销、保鲜和储藏一条龙服务，使农民得到更多的实惠。根据市场竞争的需要和专业合作组织的成熟程度，及时引导合作组织兴办经济实体，向规模化、专业化、产业化方向发展，并在更大范围和更高层次上进行新的联合与合作，不断增强实力，提高竞争力，更好地为成员提供优质服务。

四、加大发展农村专业合作组织的政策扶持力度。

1、方便登记注册。凡具有规范名称、组织章程和固定场所，有一定数量的成员和注册资金的群体，均可依法登记成立农村专业合作组织。其中具备企业法人条件，对外开展经营活动的，到工商行政管理机关办理登记注册手续；具备社会团体法人或者民办非企业单位条件的，到民政部门登记。有关部门应不断改进登记办法，减少收费，积极为各类农民专业合作经济组织登记注册提供方便。

2、依法落实税收减免政策。对已登记成立的农村专业合作组织为农户提供农业生产产前、产中、产后技术或劳务服务所取得的收入，暂免征收企业所得税；从事农业机械

作业、排灌、植保、家畜配种和疾病防治项目服务以及相关技术培训所取得的收入,免征营业税;销售自产农产品及通过分等分级、整理包装、加贴品牌商标等简单加工的自产农产品,以优惠价向本组织成员供应的农膜、化肥、农药、饲料、种子、种苗、畜禽疫苗等农用生产资料,免征增值税。

3、加大资金扶持。各级财政每年都要安排专项资金,扶持农村专业合作组织进行标准化生产、无公害基地建设、农产品市场营销及引进新品种、新技术和开展试验、示范、培训等。省财政安排专项资金,重点扶持有一定规模、服务功能完善、分配机制合理、影响和带动作用明显的农村专业合作组织。农业综合开发、农业产业化和扶贫资金,要增加对农村专业合作组织建设项目的投入。对于专业合作组织从事生产经营、科技推广、技术改造的项目,经过论证筛选,可以纳入各级政府财政预算和发展计划,统筹考虑扶持。农业银行和农村信用社要把扶持农村专业合作组织作为信贷支农的重点,对实力强、资信好的农村专业合作组织授予一定的信贷额度。对参加农村专业合作组织的农户可适当放宽小额贷款额度。允许农村专业合作组织依法以不动产、动产抵押贷款。对农村专业合作组织用于农产品仓储、保鲜等设施建设,以及农产品加工、专业市场建设等方面的贷款,各级财政可给予贴息扶持。有条件的地方,可通过财政扶持的办法建立专项担保资金,扩大对农村专业合作组织的贷款规模。

4、创造宽松环境。农村专业合作组织根据自身发展的需要,在国家没有禁止或限制性规定的领域内,可以自主选择农产品和农业生产资料经营范围。整车运销自产鲜活农产品,包括经过分级、整理、包装的鲜活农产品,享受“绿色通道”政策,免征除高速公路之外的车辆通行费。创办养殖小区,从事农产品收购、运销和初加工等需要使用土地的,优先安排用地指标。涉及占用农用地的,依法办理农用地转用审批手续。从事种养业和农产品初级加工用电的,执行非普通工业用电电价。支持农村专业合作组织到城镇开办自营商店,或采取产销直挂(包括进超市)的方式销售自产农产品和初加工农产品。鼓励农村专业合作组织注册商品商标、申报无公害农产品和绿色食品质量认证以及原产地地域保护。鼓励各类人才兴办农村专业合作组织。鼓励行政事业单位人员领办或参与创办农村专业合作组织。

五、加强对发展农村专业合作组织的组织领导

发展农村专业合作组织是一项系统工程,各级党委、政府及有关部门要加强组织领导,把这项工作列入重要议事日程。各级农业行政部门作为业务主管部门,要认真制定发展规划,加强指导协调和督促检查,做好服务工作,促进政策措施落实。科技、民政、财政、人事、交通、工商、税务、供销、金融等部门都要采取切实措施,支持农村专业合作组织发展。各地要抓点带面,积极培育示范性农村专业合作组织。省重点培育50个示范性农村专业合作组织,各市都要选择1个县和若干个农村专业合作组织开展试点示范。加强对合作经济知识的宣传普及工作,引导广大农民积极参加农村专业合作组织。对具有一定规模的农村专业合作组织,应及时批准设立党的基层组织,积极吸纳会员中

的先进分子入党，发挥党组织的战斗堡垒和党员的先锋模范作用。切实保护农村专业合作组织的合法权益，严禁任何单位和个人巧立名目，对农村专业合作组织吃拿卡要，乱摊派、乱收费、乱集资。

安徽省人民政府关于开展小麦高产攻关活动的意见

皖政办〔2005〕45号

2005年9月8日

根据省政府部署，从2005年秋种起，连续5年在合肥、淮北、亳州、宿州、蚌埠、阜阳、淮南、滁州、六安9个小麦主产市，开展以“依靠科技，主攻单产，全面提高小麦生产水平”为内容的高产攻关活动。为此，提出如下意见：

一、开展小麦高产攻关活动的必要性

我省是全国小麦优势产区，小麦品种的生产能力、投入水平、现有技术均达到了较高水平，但小麦单产水平较低，生产方式粗放，直接影响粮食产量增加和农民收入增长，同时制约了农业结构调整。开展小麦高产攻关活动，既是保障国家粮食安全、提高农业综合生产能力、促进农民增收的需要，也是转变农业增长方式、加快农业结构调整、实现农业奋力崛起的重要举措。各地、各部门要统一思想，提高认识，特别是小麦主产市要下大力气，采取有效措施，扎实推进小麦高产攻关活动，促进粮食增产、农业增效、农民增收。

二、主要目标和预期效益

从2005年秋种至2010年，在全省9个小麦主产市及所属主产县（区），开展小麦高产攻关活动。力争通过5年时间，实现以下目标及预期效益：

单产目标：全省小麦平均单产在基期（2003—2005年3年平均）535斤基础上提高150斤以上。其中，淮北中北部地区小麦单产力争整体突破750斤，并建设10个亩产超过800斤的重点示范县；沿淮地区平均亩产达到700斤，江淮地区平均亩产达到600斤。

增产目标：通过主攻单产，全省小麦增产50亿斤。

质量目标：全省小麦优质率提高到80%。

技术推广目标：全省小麦良种覆盖率达到95%，亩均播种量降低到20斤以下，测土配方施肥面积达到80%，病虫害综合防治面积达到90%以上。

预期效益：化肥利用率提高5个百分点，病虫害防效提高10个百分点，亩均播种量降低10斤以上，每亩综合节本30元以上，每亩增产150斤，每亩节本增效120元，新增经济效益30亿元以上。

三、主要内容

（一）推广四项技术。一是推广优质高产品种。主推品种更新换代一次，商品种子覆盖率达到70%，种子自给率提高到95%，良种良法配套率80%以上。半冬性、弱冬性、春性品种形成合理布局，强筋、中筋、弱筋等专用小麦形成区域优势。二是推广科学播种。改变播期不当、播量过大、生产风险过高的传统技术格局。重点把握好播期、控制好播量。小麦适期、适量播种均达到90%以上。将因播种技术不当造成的生产风险率降低到10%以内。三是推广测土配方施肥。全面推行按测土配方卡施肥，改变盲目施肥，过量施肥现象，实现测土配方专用肥覆盖面达到50%。建成具备测土、配方、生产、供应、施肥技术指导一条龙服务示范县5个。四是推广病虫草害综合防治技术。建立健全病虫监测预报及重大病虫害防治应急反应机制和科学用药监管机制。全面推广综合防治技术，提升防治水平和效果，病虫害造成损失控制在5%以内。

（二）建立核心示范区。在9个小麦主产市建立总规模300万亩的核心示范区，实行统一技术规程、统一品种、统一机播、统一田管、统一机械收获，实现单产水平900—1000斤、良种良法等关键技术到位率100%。其中，按淮北、沿淮、江淮三大区域和强筋、中筋、弱筋三类品质类型，由省每年重点扶持10个核心示范县、50个百亩以上种粮示范大户；小麦主产市、县要把核心示范片覆盖到每个行政村。示范县和示范片实行滚动发展，以辐射带动全省小麦生产水平提高。

（三）强化四项基础服务。一是强化"三情"监测。采取定地点、定时间、定专家、定期会商"四定"办法，对小麦全生育期开展苗情、土壤墒情和病虫情"三情"监测。省将建立30个小麦"三情"综合监测点，分别进行"三情"和小麦灌浆速度监测工作。各小麦主产市、县也要建立相应的"三情"监测点。二是强化新品种、新技术试验。省将建立5个小麦新品种、新技术引进试验展示区，对引进和通过审定的新品种进行适应性试验，探索良种良法配套和综合组装。生产规模和生态多样的小麦主产市要建立新品种、新技术试验展示区，为大面积生产提供技术储备和更新基础。三是强化小麦良种繁殖基地建设。按照小麦高产攻关对品种的要求，引导农场和良种场加强株行圃—株系圃—原种圃—良种繁殖田建设，建立健全小麦良种繁殖体系，实现年繁殖小麦良种40万亩，确保大田生产用种需求。四是强化技术服务建设。加强培训、监测、技术信息处理与传播等基础设施建设，充分发挥现有各级农技推广人员及相关科研教学人员作用。

四、保障措施

（一）强化协调服务。省建立由相关部门负责同志和专家组成的小麦高产攻关活动专家组，负责全省小麦高产攻关活动的重大决策、组织协调和管理；下设协调小组和技术指导小组，技术指导小组由科研、教学、推广系统知名专家教授组成，主要承担全省小麦高产攻关活动中的技术咨询、培训和小麦高产配套技术试验与鉴定、攻关示范片测产与验收。各小麦主产市、县要建立相应机构，加强对小麦高产攻关活动的组织协调。

（二）建立考核机制。建立以单产、质量、效益、技术推广和攻关规模为主要内容的小麦高产攻关考核指标体系。每年对9个小麦主产市进行一次考核，成效显著的予以表彰奖励，调动基层和农民开展小麦高产攻关活动的积极性。

（三）确保资金投入。省财政每年安排小麦高产攻关活动专项经费，用于服务能力建设、关键技术推广和良种良法示范户补贴。各小麦主产市、县也要安排专项经费,保障活动顺利开展。

(四)加强组织领导。小麦主产区各级政府要把小麦高产攻关活动作为一项重要工作,纳入政府议事日程,切实加强组织领导。要结合实际,制定具体实施方案,并认真组织实施。要及时研究解决小麦高产攻关活动中的重大问题,协调落实好小麦良种补贴等惠农政策。各有关部门要各司其职,各负其责,密切配合,确保小麦高产攻关各项目标任务顺利完成。农业部门要加强小麦高产攻关的协调指导;水利部门要切实搞好农田水利基础设施建设;农机部门要强化农机装备,进一步提高机械作业质量;粮食部门要加强产销衔接,大力推进小麦产业化经营。气象、科研、教学等部门要围绕小麦高产攻关,主动发挥作用,搞好相关服务。

附件:1. 2006年全省小麦高产攻关目标任务分解表
2. 2010年全省小麦高产攻关目标任务分解表
3. 安徽省小麦高产攻关专家组名单

附件 1

2006 年全省小麦高产攻关目标任务分解表

市别	基期(2003—2005 平均)			单产指标（斤／亩）	总产指标（亿斤）	质量指标	效益指标	示范片规模指标（万亩）	技术推广指标(%)		
	面积（万亩）	单产（斤／亩）	总产（亿斤）			优质率(%)	新增经济效益（亿元）		良种覆盖率	测土配方施肥率	病虫害综防率
合肥市	49	422	2	500	2.2	30	0.2	3	95	20	50
淮北市	139	670	9.4	700	10.6	60	1.6	18	95	20	50
亳州市	499	700	34.8	700	35	55	4.1	75	95	20	50
宿州市	489	634	31	680	34	55	4.2	50	95	20	50
蚌埠市	286	573	16.4	660	19.2	45	3	40	95	20	50
阜阳市	650	613	39.8	680	43.6	50	5.2	55	95	20	50
淮南市	123	553	6.8	630	7.6	45	1.1	14	95	20	50
滁州市	275	473	13	560	15.2	40	2.4	25	95	20	50
六安市	197	404	8	480	9.6	40	1.7	20	95	20	50
全省	2772	535	148.2	600	168	50	23.5	300	95	20	50

附件 2

2010 年全省小麦高产攻关目标任务分解表

市别	基期(2003–2005 年平均)			单产指标(斤/亩)	总产指标(亿斤)	质量指标	效益指标	示范片规模指标(万亩)	技术推广指标		
	面积(万亩)	单产(斤/亩)	总产(亿斤)			优质率(%)	新增经济效益(亿元)		良种覆盖率(%)	测土配肥率(%)	病虫害综防率(%)
合肥市	49	422	2	600	2.4	70	0.2	3	95	80	90
淮北市	139	670	9.4	800	12	85	2.5	18	95	85	90
亳州市	499	700	34.8	800	40	85	6.5	50	95	85	90
宿州市	489	634	31	750	37.6	80	6.8	50	95	85	90
蚌埠市	286	573	16.4	700	20.4	75	4	40	95	80	90
阜阳市	650	613	39.8	730	46.8	80	7.5	75	95	85	90
淮南市	123	553	6.8	700	8.4	75	1.7	14	95	80	90
滁州市	275	473	13	600	16.2	75	3.1	30	95	80	90
六安市	197	404	8	600	11.2	75	2.7	20	95	80	90
全省	2772	535	148.2	700	195	80	35	300	95	80	90

附件 3

安徽省小麦高产攻关专家组名单

组　长:赵树丛（省人民政府副省长）
副组长:胡承霖（安徽农业大学教授）
　　　　王首萌（省人民政府副秘书长）
　　　　韩柏泉（省农委主任）
成　员:张华建（省农委副主任、高级农艺师）
　　　　张广寿（省财政厅副厅长、高级会计师）
　　　　王友贞（省水科院农水所所长、教授级高工、博士）
　　　　褚绪轩（省粮食局行业管理处处长、高级工程师）
　　　　周世其（省农机局局长、研究员）
　　　　汪　健（省统计局农业处处长、高级统计师）
　　　　张爱民（省气象局气象科学研究所所长、研究员）
　　　　马传喜（安徽农业大学教授、博导）
　　　　张平治（安徽省农科院作物所研究员、博士）

专家组会议由组长负责召集,日常工作由办事组安排落实。

中共安徽省委办公厅　安徽省人民政府办公厅关于印发《关于加强高技能人才队伍建设的意见》和《关于加强农村实用人才队伍建设的意见》的通知

皖办发〔2005〕21号

2005年9月13日

关于加强高技能人才队伍建设的意见

为贯彻落实《中共安徽省委、安徽省人民政府关于贯彻〈中共中央、国务院关于进一步加强人才工作的决定〉的实施意见》（皖发〔2004〕14号）精神，现就加强高技能人才队伍建设提出如下意见。

一、加强高技能人才队伍建设的重要意义、指导思想和目标任务

1. 加强高技能人才队伍建设的重要意义。高技能人才是熟练掌握专门技术，具有精湛操作技能，在生产一线解决生产、技术难题的能手，是推动技术创新和实现科技成果转化不可缺少的重要力量，是人才队伍的重要组成部分。加强高技能人才队伍建设，培养一大批熟练掌握先进技术、技能的高技能人才，是落实人才强省战略、实施“861”行动计划、推进新型工业化的迫切需要，是加速经济结构战略性调整、提高产业竞争力的客观要求，也是推进东向发展、加速融入长三角、促进奋力崛起的必然选择。各地、各部门必须从全局和战略的高度，充分认识加强高技能人才队伍建设的重要性，切实把高技能人才队伍建设作为一项重要而紧迫的战略任务抓紧抓好。

2. 加强高技能人才队伍建设的指导思想：坚持以邓小平理论和“三个代表”重要思想为指导，全面贯彻科学发展观和科学人才观，以促进经济社会和人的全面发展为目的，以市场需求为导向，以服务企业为宗旨，加快制度和政策创新，建立健全高技能人才培养机制，加强高技能人才培养基地建设，为抢抓机遇、乘势而上、奋力崛起和全面建设小康社会提供强有力的高技能人才支持和保证。

3. 加强高技能人才队伍建设的目标任务：实施“新技师培养计划”，通过企业岗位培训、学校教育培养、个人自学提高等方式，到2006年底重点在先进制造业、现代服务业等行业中培养新技师1万名，并带动各层次技能人才梯次发展。力争到2007年底，使我省高级以上技能型人才在技术技能岗位型从业人员中的比例由目前的35%提高到10%，支柱产业和高新技术行业这一比例达到13%以上。

二、采取有效措施大力培养高技能人才

4. 加强高技能人才培养基地建设。加快职业教育结构调整，整合和充分利用现有各种职业教育资源。在全省重点建设高技能人才培养基地40个，以培养技能人才为主的高水平骨干示范学校100所。每个市及有关重点行业要办好1至2所规模适度、设施完善、特色鲜明的高级技工学校或技师学院。加快技师学院建设步伐，由政府部门举办并经省政府批准正式设置的技师学院，其机构编制按有关程序办理。

5. 充分发挥企业培养高技能人才的主体作用。企业是技能人才培养的责任主体，要建立职工培训制度，强化自主培训功能，依法履行职工培训义务。根据实际需要举办职业学校和职业培训机构，加强对职工特别是一线职工的培训。采取措施鼓励职工学习技术，岗位成才。职工经企业安排参加培训期间，应享受在岗人员同等工资福利待遇。按国家规定提取职工教育经费并足额用于职工培训，其中用于技术工人培训的应不少于职工教育经费的50%。企业技术改造和项目引进，都应按规定比例安排资金用于职工技术培训。各级劳动保障、国有资产监管、财政、审计、税务等部门要依法加强对企业职工教育经费提取使用情况的监督。

6. 通过技能竞赛培养高技能人才。鼓励和支持行业、企业开展各种形式的职业技能竞赛和群众性技术比武活动，营造比学技术、争当能手的良好氛围，不断培养、选拔急需的各种高技能人才。在各类竞赛中名列前茅的选手，可按有关规定授予技术能手称号、直接晋升职业资格等级或破格参加技师、高级技师考评。

7. 实施“青工技能振兴计划”。发挥各级共青团组织的政治和组织优势，动员与组织青年职工参加技能培训，培养青年高技能人才。通过组织技能竞赛、评选表彰青年岗位能手等措施，激励、引导青年立足本职岗位学技成才。

三、建立健全高技能人才评价体系和激励机制

8. 加快高技能人才评价体系建设，建立健全以职业能力为导向，以工作业绩为重点，注重职业道德和职业知识水平的技能人才评价体系。在评价内容上，坚持职业能力与工作业绩相结合；在评价标准上，坚持国家标准与岗位要求相结合；在评价机制上，坚持专业评价与企业认可相结合；在评价实施上，坚持行政督导与技术支持相结合。完善职业资格证书制度，大力推进职业技能鉴定社会化管理。

9. 推进技师考评制度改革。社会通用性强的职业（工种）的技师考评，按照“统一标准、自主申报、社会考核、企业聘任”的原则，采取鉴定机构考核与专家评审相结合的考评办法，实行社会化鉴定。企业生产一线技术复杂和操作性强的职业（工种）技师考评，可采取企业内能力考核与业绩评定相结合的考评办法。能力考核强调解决实际问题，业绩评定突出实际贡献。鼓励取得专业技术资格人员参加技师考评。

10. 加大对高技能人才表彰奖励力度。建立和完善高技能人才评选表彰制度，形成以政府奖励为导向，用人单位和社会力量奖励为主体的高技能人才奖励体系。每两年评选表彰一次“安徽省有突出贡献的高技能人才”和“安徽省技术能手”。各地也要建立相应的高技能人才奖励制度，奖励对当地经济和社会发展做出突出贡献的高技能

人才。

11. 引导企业建立完善职工凭职业技能、业绩贡献得到使用、晋升和确定收入分配的激励机制。建立完善科学合理的高技能人才薪酬制度，取得国家职业资格被聘任的技师、高级技师，其工资福利待遇原则上不低于本单位中级、高级专业技术职务人员。各地发布工资指导线、工资指导价位时，对高技能岗位的指导与调控应予以适当倾斜。鼓励企业建立年金等补充保险制度，并向高技能人才倾斜。经企业职代会通过，企业在聘技师、高级技师年金标准可适当高于本企业平均水平。企业在聘的技师、高级技师，若单位工作需要，经本人同意，并报当地劳动保障部门备案，在达到法定退休年龄后，可适当延期退休，但延长时间不得超过5年。

12. 推行企业技师、高级技师聘任制度，充分发挥高技能人才在解决技术难题、完成精品工程项目和带徒传艺等方面的重要作用。鼓励企业在关键岗位设立首席技师、技能专家等职位，充分发挥其技能带头作用。建立高技能人才信息库和高技能人才同业交流平台，为高技能人才合理流动创造良好条件。

四、加强对高技能人才队伍建设的组织领导

13. 建立统筹协调的领导体制。各级党委、政府要将高技能人才队伍建设工作放到重要位置，纳入当地国民经济和社会发展中长期规划，纳入人才队伍建设总体规划。建立高技能人才工作联席会议制度，加强宏观指导和组织协调，定期研究解决高技能人才工作中的重要问题。

14. 加大对高技能人才队伍建设的投入。各级政府要安排专门资金用于高技能人才队伍建设。省人才开发专项资金安排适当经费用于高技能人才的培养、开发、奖励工作。各级城市教育费附加用于职业教育的部分，按一定比例用于技工学校教育，具体比例由各级人民政府根据当地实际确定，并适当向技工学校教育倾斜。

15. 加强对高技能人才队伍建设的宣传。要大力宣传高技能人才队伍建设的有关政策，宣传高技能人才的重要作用和突出贡献，宣传他们的成才与创业之路，努力在全社会营造崇尚技能、尊重技能人才的良好社会氛围，引导更多的劳动者走技能成才之路。

16. 认真抓好政策措施的贯彻落实。各市要按照本意见精神，结合本地实际，制定具体实施意见。劳动和社会保障、人事、教育、国有资产监管、发展与改革、财政、中小企业管理、工会、共青团、妇联等部门和单位，要结合本部门、本单位实际，采取切实有效措施推动高技能人才队伍建设。

关于加强农村实用人才队伍建设的意见

为贯彻落实《中共安徽省委、安徽省人民政府关于贯彻〈中共中央、国务院关于进一步加强人才工作的决定〉的实施意见》（皖发〔2004〕14号）精神，现就加强我省农村实用人才队伍建设提出如下意见。

一、充分认识加强农村实用人才队伍建设的重要意义，明确指导思想和主要任务

1. 农村实用人才是我省人才队伍的重要组成部分，大力培养、吸引、使用农村实用人才，是发展农业和农村经济，全面建设小康社会的必然要求。改革开放以来，我省农村实用人才队伍建设工作取得了显著成效，促进了农业农村经济结构战略性调整，推动了农村工业化、城镇化和农业产业化发展。但从总体上看，我省农村实用人才总量不足，整体素质不高，特别是乡村农技推广力量薄弱，加强农村实用人才队伍建设的任务迫切而繁重。各级党委、政府要从实践“三个代表”重要思想、落实科学发展观的高度，充分认识加强农村实用人才队伍建设的重要性和紧迫性，采取有力措施，扎实推进工作，努力开创我省农村实用人才工作新局面。

2. 我省农村实用人才队伍建设的指导思想是：以邓小平理论和“三个代表”重要思想为指导，牢固树立和认真落实科学发展观和科学人才观，加大农村实用人才培养力度，优化政策环境，完善符合市场规律和农村实用人才成长规律的人才管理体制和运行机制，建立健全农村实用人才服务体系，努力建设一支有觉悟、懂科技、善创业，与我省农村经济社会发展相适应的农村实用人才队伍，为抢抓机遇、乘势而上、奋力崛起和全面建设小康社会提供强有力的农村实用人才保证。

3. 我省农村实用人才队伍建设的主要任务是：以提高广大农民增收致富能力为核心，每年重点培养一批农业技术推广人员、农村专业合作组织和农业产业化龙头企业经营管理人员、农村经纪人和农村致富带头人，重点培训一大批以初高中毕业生为主体的农村劳动力，不断壮大乡村科技人员、经营管理人才、种养加能手、能工巧匠队伍。到2007年，乡村科技人员总量保持在5万人左右，获得农民专业技术职称和农业职业资格证书人员达到6万人，获得绿色证书人员达到110万人，获得农业部认证的农村信息员达到6000名；培养种植业、养殖业、加工业等方面致富带头人和农业产业化经营管理人才5万名，其中农业产业化经营管理人才达到1.7万名；培养农民企业家、农村营销专才3万名；培训具有一技之长的农民工100万名。

二、采取积极措施，扎实推进农村实用人才队伍建设

4. 加大实施“双培双带”先锋工程力度，增强“双培”对象带领群众共同致富能力。把农村实用人才队伍建设和“双培双带”先锋工程有机结合起来，从2005年起，在全省推行“百千万”行动计划：用3年左右的时间，在全省培育“双培双带”示范乡镇100个、“双带”示范基地1000个，培养“双带”能力强、奉献精神强、公道正派的

党员、干部1万名。

5. 加大农村致富带头人、农业产业化龙头企业负责人等农村实用人才的培养力度。加强对农村致富带头人的实用技术和新技术培训，鼓励和支持他们参与农业科技示范园（场）建设。建立地方行政领导、农业技术推广人员与农村致富带头人定期联系制度，帮助解决农村致富带头人生产中的各种难题。每年举办1至2期农业产业化龙头企业负责人培训班，重点培训市场营销、外经外贸、企业管理等知识。组织农业产业化龙头企业负责人到省外、国外考察学习先进的管理经验、加工技术和营销策略。加强政策、项目、技术和资金支持，鼓励农村致富带头人创办农业产业化龙头企业、领办农村专业合作组织。积极鼓励和支持学有所长的优秀外出务工人员回乡创业，优先吸纳他们参加技能培训，引导他们成长为带动一片、富裕一方的农村致富带头人、农村营销大户、农民企业家和农村经纪人。积极实施星火科技培训计划，努力提高农民整体素质和科技致富能力。

6. 加大农村专业合作组织经营管理人员和农村经纪人培养力度。在市场准入、税收、价格、投资、信贷、外贸等方面制定优惠政策，进一步促进农村专业合作组织经营管理人员和农村经纪人队伍发展壮大。规范农村经纪人的行为，促进农村经纪人经营规模化、活动组织化、手段现代化、功能综合化、市场多元化、服务信息化。

7. 加大农村富余劳动力转移培训力度。鼓励和支持各类教育培训机构按照“政府推动、学校主办、部门监管、农民受益”的原则，以市场需求为导向，大力开展农村职业技能培训。认真落实中央、省、市、县财政配套补助资金，多渠道、多层次、多形式地加大对农村劳动力职业技能培训的投入。充分发挥“安徽农村劳动力转移培训阳光网”的功能，为全省劳动力转移培训提供政策发布、信息交流、远程培训、舆论宣传等服务。

8. 加大职业资格证书制度在农业领域的推行和农民专业技术职称评审力度。积极推行农业行业部分职业就业准入制度，强化农业职业技能培训的基础作用。加强农业行业职业技能鉴定队伍建设，扩大农业职业资格证书覆盖面，提升农业职业资格证书的社会认可程度，促进农业职业资格证书制度与职业培训制度、就业制度和劳动管理制度的衔接。积极做好农民专业技术职称评审工作，制定激励措施，鼓励农民申报技术职称。引导用人单位建立培训、鉴定、考核与使用、待遇相结合的激励机　制，充分发挥农业职业资格证书在用人、任职、待遇中的激励作用。

9. 加强农村实用人才信息库建设，建立健全农村实用人才信息服务网络。建立全省中级以上职称的农业技术推广人员档案。完善农村实用人才信息发布制度，建立农村实用人才供求预测预报制度。“安徽农业信息网”建立安徽农村实用人才信息专栏，与“安徽人才网”联网开展网上培训认证工作，构建人才资源共享信息平台。

三、落实责任，切实加强对农村实用人才队伍建设工作的领导

10. 加强组织领导。各级党委、政府要将农村实用人才队伍建设作为农村工作和人才工作的重点之一，纳入农村综合改革试点范围，切实加强领导和统筹协调。结合当地

的资源优势、经济结构、产业发展的要求，摸清农村实用人才队伍的总量、结构与分布情况，制定科学合理的农村实用人才队伍建设规划。各地要按照本意见精神，结合本地实际，制定具体措施，认真加以落实。农业主管部门要主动牵头组织实施，有关部门要积极配合。

11. 加大经费投入。省人才开发专项资金安排适当经费用于农村实用人才的培养、开发、奖励工作。各级财政部门要在年度预算中安排专门经费，在项目和配套资金等方面加大支持力度。拓宽融资渠道，建立健全政府、社会、用人单位和个人多元人才投入机制。

12. 加强对农村实用人才队伍建设工作的表彰和宣传。坚持精神奖励和物质奖励相结合，定期表彰在农业和农村经济发展中做出突出贡献的农村实用人才和农村实用人才工作先进单位、先进个人，大力宣传他们的先进典型事迹，努力在全社会营造尊重、爱护、激励农村实用人才的良好氛围。

中共安徽省委　安徽省人民政府
关于贯彻《中共中央、国务院关于推进
社会主义新农村建设的若干意见》的实施意见

皖发〔2006〕5号

2006年3月7日

为贯彻落实《中共中央、国务院关于推进社会主义新农村建设的若干意见》(中发〔2006〕1号),现结合我省实际,提出以下实施意见。

一、坚持以科学发展观为统领,扎实推进社会主义新农村建设

(1)建设社会主义新农村是推进安徽跨越式发展、实现奋力崛起的迫切需要。党中央、国务院准确把握我国改革发展的阶段性特征,在科学发展观的引领下,明确提出建设社会主义新农村这一重大历史任务,这是加强“三农”工作、更好地推进全面建设小康社会进程和现代化建设的战略举措,是新阶段“三农”工作指导思想的集成和发展。建设社会主义新农村是安徽发展又一次重大历史机遇,各级党委和政府要从建设中国特色社会主义事业的全局出发,深刻认识建设社会主义新农村的重要性、紧迫性和长期性,切实担负起历史重任,不断开创改革发展的新局面,努力实现由农业大省向农业强省的跨越。

(2)围绕社会主义新农村建设认真做好“三农”工作。要以邓小平理论和“三个代表”重要思想为指导,牢固树立和全面落实科学发展观,统筹城乡经济社会发展,实行工业反哺农业、城市支持农村和“多予少取放活”的方针,按照“生产发展、生活宽裕、乡风文明、村容整洁、管理民主”的要求,以培育和发展农村先进生产力为中心,以促进农民增收为核心,以农村综合改革为动力,协调推进农村经济建设、政治建设、文化建设、社会建设和党的建设,使建设社会主义新农村成为惠及当代、泽被后世的民心工程。

(3)科学谋划,准确把握,务求实效。推进社会主义新农村建设必须坚持科学发展观,切实把握好以下五项原则:坚持把培育和发展农村先进生产力放在优先位置,优化农村生产要素配置,运用外部资源和力量,增强农业农村经济实力;坚持农村基本经营制度,尊重农民主体地位,不断创新农村体制机制;坚持以人为本,着力解决农民生产生活中最迫切的实际问题,为农民提供“平等机会”,让农民得到更多实惠;坚持科学规划,实行因地制宜、分类指导,有步骤有计划有重点地逐步推进;坚持发挥各方面积极性,依靠农民辛勤劳动,加大国家扶持力度,动员全社会力量广泛参与。在工作中要注意做到“五要五不”,即要注重实效,不搞形式主义;要量力而行,不盲目攀比;要民主商议,不强迫命令;要突出特色,不强求一律;要引导扶持,不包办代替。

二、统筹城乡经济社会发展

（4）推进公共财政向农村覆盖。建立财政支农资金稳定增长机制，为新农村建设提供强劲的资金支持。各级财政支出、预算内固定资产投资，要按照存量适度调整、增量重点倾斜的原则，不断增加对“三农”的投入。2006年，各级财政支农资金增量要高于上年，国债和预算内资金用于农村建设的比重要高于上年，其中直接用于改善农村生产生活条件的资金要高于上年。认真落实提高耕地占用税税率政策，新增税收主要用于新农村建设。积极推进财政支农资金整合，逐步实行统筹分配使用，切实提高资金使用效益。完善土地出让金和新增建设用地有偿使用费征收、使用管理办法，土地出让金用于农业土地开发的部分和新增建设用地有偿使用费安排的土地开发整理项目，要确保将小型农田水利设施建设作为重要内容。

（5）统筹城乡产业。坚持社会主义市场经济的改革方向，推进城乡产业对接，促进城乡资源要素的合理流动和优化配置。将城市基础设施向农村延伸，逐步建立城乡基础设施共同发展机制。建立城乡统一的流通体系，构建城乡双向、顺畅的流通网络。统筹城乡土地利用，优化建设用地结构和布局，结合农村居民点用地整理，开展城镇建设用地增加与农村建设用地减少相挂钩试点。统筹城乡信息化建设，整合各类信息资源为“三农”服务，重点抓好农业农村综合信息服务平台建设。

（6）强化城市对农村的支持。各市尤其是带县较少的市要通盘制定城乡发展规划，加大市级财政性建设资金对农村建设的投入，组织城市有关单位和企业帮扶农村。加大城市人才、智力资源对农村的支持力度，组织城市科技、教育、医疗等方面人员下乡服务，建立农业、林业、科技、教育、卫生等部门中高级专业技术人员定期到农村服务制度。从今年开始，城市医生在晋升主治医师或副主任医师职称之前，必须到农村卫生机构服务一年。加大选拔高校毕业生到农村基层支农、支教、支医、扶贫的工作力度。认真实施“一村一名大学生计划”。

（7）建立促进城乡统筹发展的工作机制。各级党委和政府要树立和坚持城乡统筹发展的正确导向，在指导思想、发展战略、政策取向、规划布局和资源配置等方面，统筹安排城乡建设，构建平等和谐、良性互动的新型工农城乡关系，建立以工促农、以城带乡的长效机制，促进城乡协调发展、共同繁荣。宏观管理、公共服务等部门要积极转变职能，主动把新农村建设纳入经济社会发展全局中通盘筹划部署。

三、推进现代农业建设

（8）加快农业科技进步。抓好关键技术攻关和高新技术研发，狠抓农业科技自主创新，提高农业科技整体实力。开展现代农业科技行动，争取在五年内把全省农作物主推品种全面更新一次，使主要农作物的优质品种覆盖率达到55%以上，自育品种在省内市场占有率达到40%以上。省财政要确保农业科研投入达到法定增长要求，安排专项资金支持小麦高产攻关，逐步扩大重大农业技术推广项目专项补贴规模。继续抓好粮食丰产科技示范工程、农村科技信息化工程和星火科技富民工程。认真组织实施“农机富民工程”，进一步提高农业机械化水平。

（9）大力推进农业产业化经营。强力推进“121强龙工程”，利用国家农产品示范工程专项资金、省财政农业产业资金、加快皖北地区发展资金、工业“三高”引导资金、中小企业发展资金和农业综合开发资金等，着力扶持一批竞争力和带动力较强的龙头企业。用足用好国家重点支持粮食主产区发展农产品加工业的政策，大力扶持粮油产业化龙头企业。培育林业龙头企业，推进林业产业化。优先支持农业产业化龙头企业发行企业债券。根据国家有关政策规定，对从事种植业、养殖业和农林产品初加工的农业产业化国家重点龙头企业，暂免企业所得税。积极发展各类专业合作经济组织，提高农业组织化程度，争取五年内使全省农民专业合作组织总数翻一番。筹备成立安徽省农村合作经济组织联合会。

（10）推进现代农业服务体系建设。深入开展农村商品流通改革和市场建设试点，发展农村现代流通业，构筑农村消费品流通体系、农业生产资料供应体系、农产品国内销售体系、农产品出口体系、农村市场运行监控服务体系。用三年时间建设和发展乡村日用消费品连锁店8000个，农资连锁店6000个，消费品和农资配送中心215个，标准化农产品批发市场50个，绿色批发市场30个，农产品出口示范基地30个。加强农产品贸易摩擦预警研究，开展农产品对外贸易知识培训，促进农产品出口稳定增长。加快农业林业减灾防灾体系、动植物病虫害防控体系、农产品质量安全体系建设，完善突发疫情应急机制。

（11）提高粮食综合生产能力。认真实施国家优质粮食产业工程，开展水稻产业提升行动，搞好小麦、水稻、大豆良种繁育基地、农业有害生物预警与控制区域站、标准粮田和农机装备推进项目建设。严格执行重点粮食品种最低收购价政策，保持合理的粮价水平。加强农业生产资料价格调控。充分发挥国有粮食企业市场主渠道作用，发展大宗农产品期货市场和“订单农业”，力争五年内全省粮油订单面积达到3000万亩以上。完善粮食主产县奖励政策，稳定粮食直接补贴、良种补贴和农机具购置补贴政策。

（12）实施农业东向发展。利用我省农业优势，推进产品东进、资金东引、产业东接。建立与东部省市农产品产销协调长效机制，积极开拓以上海为中心的长三角市场。采取更加灵活的政策，引导东部资金投向我省新农村建设。积极融入长三角地区的产业分工体系，打造与东部地区互动发展的农产品加工生产基地、生态农业基地、旅游休闲基地和技能型人才输出基地。提高农业对外开放水平，利用中国国际徽商大会（香港）以及各种行业招商、点对点招商活动，加大农业招商引资力度。

四、千方百计增加农民收入

（13）加速农业结构优化升级。积极发展特色农业、绿色食品和循环农业，继续抓好优势农产品产业带建设，扩大无公害农产品生产加工基地建设，加快转变农业增长方式。增加优质专用农产品生产，培育市场知名品牌。抓紧实施畜禽水产良种工程，积极发展规模养殖小区。建设优质高效林产品原料基地，发展木竹和经济林果等林产品精深加工，实施苗木花卉产业化发展工程、沿江沿淮林纸一体化工程、林业“百千万”增绿增效工程。推进“农家乐”旅游示范点建设，大力发展农业旅游和乡村旅游。积极发展节地、节水、节肥、节药、节种的节约型农业。以资源循环为重点，推进循环农业发展，加快秸秆综合利用项目建设。

（14）发展壮大县域经济。抓住国内产业转移加速、需求升级机遇，大力推进县域工业化、城镇化，支持毗邻苏浙地区县（市）率先发展，不断拓展农民发展空间，努力实现县域经济发展的新突破。各级财政可安排专项资金，通过贷款贴息或无偿资助方式，向县域中小企业技术改造等项目倾斜。加快县城和重点中心镇建设。提高县乡财政保障能力，减轻县乡财政债务负担，增强县级自身“反哺”能力。

（15）大力推进全民创业行动。取消一切限制农民创业的政策规定，革除一切束缚农民创业的体制弊端，激发农民自主创业的潜能，营造鼓励农民干事业、帮助农民干成事业的社会氛围和创业环境。进一步清理、修订和废止限制农村个私经济发展的部门规章和规范性文件，依法放宽涉农企业市场准入条件，支持一个自然人或一个法人成立有限责任公司，创办涉农个体工商户、独资企业、合伙企业不受注册资本限制。简化农村个体工商户登记手续，对农村经纪人实行“低门槛准入”政策。

（16）拓展农村富余劳动力进城务工经商渠道。加快建立有利于逐步改变城乡二元结构的体制，逐步形成城乡统一的劳动力市场，建立健全城乡就业公共服务网络。加强跨地区就业管理服务，为外出务工农民免费提供法律政策咨询、就业信息、就业指导和职业介绍。进一步清理和取消各种针对务工农民流动和进城就业的歧视性规定和不合理限制，保障务工农民的合法权益。严格执行最低工资制度，切实解决务工农民工资偏低和拖欠问题。

（17）培养有文化、懂技术、会经营的新型农民。通过科技直通车、农业卫星网络、农科教空中课堂等形式，扩大农民培训覆盖面。加大“阳光工程”实施力度，扩大对农村劳动力转移培训支持规模。支持企业和中介机构开展定向或订单培训，提高受训农民转移就业率。建立政府扶助、面向市场、多元办学的农民职业教育培训机制，改善培训条件，提高政府补助标准。

（18）加大扶贫开发力度。以实施整村推进为中心，着力改善贫困地区基本生产生活条件，加大对扶贫龙头企业的扶持力度，促进贫困地区农民增收。争取在五年内使已经规划的3000个重点村，初步具备自我脱贫的能力。“十一五”期间，每年投入财政扶贫资金（包括以工代赈资金）2.5亿元，改善重点村的基本生产生活条件；每年投入财政发展资金3000万元，支持贫困地区农民转移培训。

五、加强基础设施建设和人居环境治理

（19）加强农田水利和耕地质量建设。加强农田水利建设，改善农村生产条件，着力提高农业生产的稳定性。整治中小河道、加固病险水库、更新改造排涝泵站，逐步提高防洪排涝标准。发展节水灌溉，把大型灌区续建配套和节水改造作为农业固定资产投资的重点。开展江淮丘陵区和部分山区灌区水源建设。抓好基本农田示范区建设。

土地出让金纯收入的20%要用于农业土地开发，农业综合开发财政资金的70%要用于支持标准农田建设。全面开展测土配方施肥，加强耕地质量建设。

（20）加强生态建设。加强农业生态示范园建设，组织实施“农村小康环保行动计划”，实现人与自然和谐发展。加强林业生态体系建设，五年内全省林木覆盖率提高并稳定在33%以上，集镇绿化覆盖率提高到25%以上，平原地区、丘陵地区和山区村庄绿化覆盖率分别提高到60%、45%和25%以上。省财政建立山区县生态环境保护专项转移支付制度，重点支持山区生态环境保护；安排农业综合开发林业生态示范项目资金，重点支持长江防护林建设；安排省级森林生态效益补偿资金，健全森林生态效益补偿机制。加强水土保持工作，建立全省水土流失监测网络和水土保持生态环境监管体系。坚持不懈推进江淮分水岭地区综合治理开发。

（21）加快乡村基础设施建设。继续开展农村饮水安全工程建设，“十一五”期间再解决400万农村人口饮水安全问题。实施村村通油（水泥）路工程，在五年内新改建通村路6万公里，建设农村公路客运站点1.1万个，实施农村渡口改桥梁工程项目500个。发展山区小水电建设，五年内完成10个水电农村电气化县建设。

（22）编制村镇规划和实施人居环境治理。编制完善乡镇规划，今年内完成村庄布点规划编制工作，五年内完成所有行政村村庄规划编制工作。修订完善国有农场规划。加强对宅基地建设的规划和管理，免费向农户提供具有多种特色的房型设计图纸。切实解决住宅与畜禽圈舍混杂问题，搞好农村污水、垃圾治理，改善农村环境卫生和村容村貌，努力提高农民生活质量。抓好农村改厕工作，力争五年内使农村卫生厕所普及率达到60%以上。大力普及沼气，推广清洁能源，用五年时间建设农村户用沼气池130万个。

六、大力发展农村社会事业

（23）加快发展农村教育事业。增加对农村教育的投入，开展农村义务教育经费投入保障新机制试点。普及和巩固农村九年制义务教育，到2007年对农村义务教育阶段中小学学生全部免除学杂费，对贫困家庭学生免费提供教科书并补助寄宿生生活费。加强农村教师队伍建设。进一步改善农村办学条件，修订完善农村中小学布局规划，有计划分步骤推行学校标准化建设。

（24）积极发展农村卫生事业。逐步扩大新型农村合作医疗试点，五年内基本覆盖农村全体居民。健全农村三级公共卫生和基本医疗卫生服务体系，实行乡镇卫生院“以县为主”管理体制，完善村级卫生组织，加强乡村医疗人员培训。强化以乡镇卫生院为重点的农村卫生基础设施建设。加大农村地方病、传染病和人畜共患疾病的防治力度。进一步加强农村人口和计划生育工作。

（25）繁荣农村文化事业。引导文化工作者深入乡村，开展多种形式、生动活泼的文化活动，满足农民群众多层次、多方面的精神文化需求。加强县文化馆、图书馆和乡镇文化站、村文化室等公共文化设施建设，继续实施广播电视“村村通”和农村电影放映工程，发展文化信息资源共享工程农村基层服务点，鼓励农民兴办文化产业，构建农村公共文化服务体系。努力增加对文化事业的投入，同时广开资金筹措渠道，逐步形成政府与企业、社会团体相结合的资金投入机制，实现农村文化事业投入的良性循环。

（26）建立农村社会保障制度。逐步加大财政对农村社会保障制度建设的投入。建立与农村发展水平相适应的农村养老保险制度，有条件的地区和群体可先行纳入社会养老保险体系。扩大对农村计划生育家庭实行奖励扶助制度试点范围。落实军烈属优抚政策和各项救灾救济政策。保障农村困难群众的基本生活，探索建立农村最低生活保障制度，进一步完善农村五保户供养、特困户救助、灾民补助等社会救助体系。

（27）推进文明乡风建设。加强精神文明建设，保持农村社会稳定，努力营造安定和谐的社会环境。认真实施公民道德建设工程，引导广大干部群众，特别是青少年树立社会主义荣辱观，弘扬以爱国主义为核心的民族精神和以改革创新为核心的时代精神。组织城市文明单位对口帮扶农村开展文明单位建设。引导农民崇尚科学、抵制迷信、移风易俗、破除陋习，提倡科学健康的生活方式，塑造文明向上的农村新风貌。加强农村社会建设和管理，积极开展和谐家庭、和谐村组、和谐村镇创建活动。正确处理新形势下的人民内部矛盾，妥善化解农村各种矛盾纠纷。加强农村社会治安综合治理，开展平安乡村建设，依法打击各种犯罪和“黄赌毒”等社会丑恶现象。

七、全面推行农村综合改革

（28）深入推进“三项改革”。扩大实施农村综合改革试点，巩固农村税费改革成果，继续深化乡镇机构、农村义务教育和县乡财政管理体制改革。深入推进乡镇机构改革，创新乡镇事业单位运行机制，扎实稳妥地精简机构和人员，确保乡镇机构人员编制只减不增。深化义务教育体制改革，进一步完善各级政府责任明确、财政分级投入、经费稳定增长、管理以县为主的农村义务教育管理体制，深化农村学校人事和财务等制度改革。深化“省直管县”财政管理体制和“乡财县管”改革，规范县乡财政行为，完善财政补贴农民资金管理和支付方式。

（29）建立农村基层工作新机制。全面推行“一个转变、三个建立、一个改进”（即转变乡镇政府职能，建立农村基层管理新体制，建立农村公共产品供给新机制，建立“三农”社会化服务新体系，改进农村工作考核评价办法），完善新农村建设的体制机制环境，全面增强农村发展的活力。按照强化服务能力和严格依法办事的要求，强化乡镇政府社会管理和公共服务职能，把乡镇工作重点转到对农户和各类经济主体进行示范引导、提供政策服务以及营造发展环境上来，努力建设服务型、法治型政府。推动基层干部以良好的精神状态、高效务实的工作效率和适应新任务要求的方式方法，积极投身于社会主义新农村建设。坚持并完善乡村为民服务全程代理制。

（30）统筹推进农村其他改革。稳定和完善农村基本经营体制，健全土地承包经营权流转机制。加快推进农村金融改革，着力构建功能完善、分工合理、产权明晰、监管有力的农村金融体系，建立多元投融资机制，推进金融服务“三农”。省农发行要调整职能定位,优化信贷结构,积极支持新农村建设。省国家开发银行要支持农村基础设施建设和农业资源开发。省农行等商业银行和其他金融机构,要积极增加对“三农”的信贷投放。巩固和发展农村信用社改革试点成果,进一步完善治理结构和运行机制,在全省农村信用社实施“金融服务计划”,充分发挥农村信用社支持“三农”的作用。支持在县域内设立多种所有制社区金融机构,培育小额信贷组织,发展农户资金互助组织。积极落实安徽省与中国农业银行、中国农业发展银行、国家开发银行、国家进出口银行的信贷协议。稳步推进农业政策性保险试点,筹建国元农业保险公司。深化粮食流通体制改革,发挥市场在配置粮源、活跃粮食流通方面的积极作用,完善主产区与主销区粮食经营合作关系。推进征地制度改革,完善对被征地农民的合理补偿机制。全面开展农民集体所有建设用地使用权流转,建立公平合理的土地收益分配机制。加快林业产权制度改革,稳步推进国有林场改革。深化小型水利工程产权制度改革,推行用水户协会参与农村供水和灌溉排水工程管理。深化国有农场税费改革,逐步剥离办社会职能,充分发挥国有农场示范作用。

八、加强农村基层党组织建设和民主法制建设

(31)搞好农村保持共产党员先进性教育活动。紧紧围绕建设社会主义新农村这个主题,有针对性地开展正面教育,切实解决基层党组织和党员队伍中存在的突出问题、解决影响改革发展稳定的主要问题、解决群众最关心的重点问题,把共产党员先进性体现在新农村建设中,确保教育活动取得实效。

(32)加强农村基层党组织建设。制定并实施农村基层党组织建设五年规划,深化农村党的建设“三级联创”活动,加强村“两委”班子和党员队伍建设,加强党风廉政建设,不断增强基层党组织的创造力、凝聚力和战斗力。进一步推进“双培双带”先锋工程,扩大农村党员干部现代远程教育试点,提高党员干部团结带领农民群众建设社会主义新农村的能力。开展选派第三批优秀年轻干部到村任职工作。

(33)加强民主法制建设。健全农村民主选举、民主决策、民主管理、民主监督等制度,进一步推进和完善党务、政务、村务公开和民主议事制度。健全村党组织领导的充满生机和活力的村民自治机制,争取在五年内使全省80%以上的行政村达到村民自治示范村标准。完善村内公益事业“一事一议”制度,支持农民自主开展新农村建设。广泛开展基本法律知识的宣传教育,使农民群众增强法制观念、增强依法行使权利的能力和履行义务的自觉性。

九、加强领导,分类指导,广泛动员,精心组织

(34)切实加强领导。各级党委、政府要坚决落实把“三农”工作作为全党工作和政府全部工作重中之重的要求,下更大的决心、拿出更多的投入、进行更扎实的努力,把建设社会主义新农村的重大历史任务落到实处。各级领导干部要深入农村调查研究,广泛听取基层干部和农民群众的意见和建议,努力把握农业和农村发展的规律和特点,使建设新农村的各项措施切实符合实际、符合农民意愿。要切实加强对县乡村干部的

培训，使他们提高认识、坚定信心、明确思路、增强本领。各部门要服从大局、积极配合、加强协作，支持基层大胆实践，做社会主义新农村建设的促进派。

（35）加强分类指导和示范引导。对带县少的市、经济重镇和广大农业地区进行分类指导，在时空上把握好建设节奏，鼓励各地创造性地开展工作，放手让各地走出具有本地特色的新农村建设路子。组织实施“千村百镇示范工程”，从农民积极、干部主动、条件比较成熟的村镇抓起，选择1000个左右不同类型的行政村和100个左右的镇，率先进行示范建设，争取用三到五年时间，将其打造成各具特色的新农村建设示范村镇。

（36）充分调动农民群众的积极性、主动性和创造性。坚持把广大农民群众的根本利益作为建设社会主义新农村的出发点和落脚点，充分尊重农民意愿，尊重农民群众的首创精神，从农民群众最紧迫的实际问题入手，为农民群众多办好事、实事。鼓励农民群众发扬自力更生、艰苦奋斗的精神，通过自己的辛勤劳动建设美好家园。支持农民对直接受益的公共设施建设投工投劳，各级政府可以通过补助资金、补助原材料或“以奖代补”等方式给予鼓励。

（37）组织全社会共同行动。动员全社会力量关心、支持和参与新农村建设，建立全社会参与建设的激励机制，鼓励党政机关、人民团体、企事业单位和社会知名人士、志愿者对乡村进行结对帮扶，加强先进典型的宣传和舆论引导，努力为新农村建设创造坚实的社会基础和有利的外部环境。

（38）确保新农村建设取得良好开局。2006年是建设社会主义新农村的开局之年，各地要从现在做起，立足当前、立即行动、抓紧规划、狠抓落实。在党委政府的统一领导下，尽快建立起推进新农村建设的工作协调机制，明确职责分工，加大统筹协调力度，形成工作合力。按照规划先行的要求，各市、县（市、区）都要立即着手制定本地新农村建设总体规划和分阶段实施方案，区分轻重缓急，突出建设重点，有序推进各项建设工作。各级财政要切实肩负起支持社会主义新农村建设的职责，大幅度增加支农投入，着力提高财政对农村公共产品、公共服务及公益性事业的保障能力，通过财政投入的导向作用，引导和带动社会各种力量积极参与新农村建设。2006年，省级财政预算安排社会主义新农村建设方面的项目支出31.1亿元，比上年增长20%，占省级项目支出的36.3%，比上年提高1.53个百分点。当前是我国农村政策最好的时期，是农村发展空间最大的时期，也是团结群众、调动农民积极性最有利的时期。我们要紧密团结在以胡锦涛同志为总书记的党中央周围，以科学发展观为统领，发扬安徽人民改革为先的优良传统，在社会主义新农村建设中再创辉煌，为加快安徽奋力崛起而努力奋斗。

中共安徽省委办公厅　安徽省人民政府办公厅关于新农村建设“千村百镇示范工程”实施意见

皖办发〔2006〕8号

2006年3月7日

为扎实稳步推进社会主义新农村建设，省委、省政府决定，从2006年开始，在全省开展实施新农村建设“千村百镇示范工程”。现提出如下实施意见。

一、总体要求

按照“生产发展、生活宽裕、乡风文明、村容整洁、管理民主”的总体要求，坚持从农民积极、干部主动、条件比较成熟的村镇抓起，在全省选择1000个左右的村和100个左右的镇开展试点示范。原则上每个县（市、区，下同）选择1个示范镇、10个不同类型的示范村。力争用三到五年时间，达到“产业发展形成新格局，农民生活实现新提高，乡风民俗倡导新风尚，乡村面貌呈现新变化，乡村治理健全新机制”的目标，创造鲜活典型，带动和推进全省新农村建设扎实稳步健康发展。

二、基本原则

1、政府支持，农民自主。农民是新农村建设的主体，又是最大受益者。既要加大政府的支持力度，集中力量，强力推动，又要充分尊重农民意愿，调动农民积极性，通过辛勤劳动建设美好家园。

2、因地制宜，分类指导。因村制宜，因镇制宜，突出重点，创造性开展各项建设。坚持先易后难，分步实施，边试点，边示范。

3、规划先行，统筹发展。按照科学性、特色性和整体性要求，认真制定村镇示范工程建设规划，严格组织实施，以规划统筹各项建设，促进合理布局，指导科学发展。

4、实事求是，量力而行。立足实际，充分考虑农民的承受能力，从群众要求最迫切的事情入手，制定切实可行的目标和措施，把阶段性目标和长远目标有机结合起来。

5、社会参与，整体推进。建立健全激励机制，动员社会力量广泛参与。坚持经济建设、政治建设、文化建设、社会建设和党的建设协调发展，生产和生活条件同步改善，建设和管理同步加强，示范工程与各项富民创建工作相衔接。

三、建设重点

1、培育特色经济，发展现代农业。这是新农村建设实施此项示范工程的首要任务。调整农业结构，培育壮大主导产业，发展具有优势和特色的农产品，建设现代农业示范基地，推进“一镇一品”、“一村一品”。实施科技进村入户工程，开展测土配方施肥，综合防治动植物病虫害，推广良种良法，发展生态农业、循环农业。开展小型农田水利工程建设，加强基本农田保护，建设高标准农田，推进农业机械化，提高农业综合生产能力。着力培育龙头企业，引导农民发展各类专业合作经济组织，壮大农村经纪人队伍，提高农业产业化水平。加快发展二、三产业，促进农村富余劳动力转移，发挥城镇经济对农村的辐射、带动和集聚作用。

2、加强基础设施建设，改善生产生活条件。合理布局村镇路网，村村通公路，主、次干道实行沥青或混凝土铺装，宅间道路达到消防安全要求，完善村镇候车和客运设施。推广无塔式供水，采取打手压井、建小型自来水厂和引山泉水等形式，确保群众饮水安全卫生。改善供电、通讯、邮政、广播电视等服务设施，建立农业综合信息服务平台，兴办农业生产资料、日用消费品连锁店，建立健全“社区服务中心”，满足农民生产和生活需要。

3、推进人居环境建设，改变村容镇貌。按照符合规划、量力而行、尊重民意、突出特色的原则，搞好民居建设，重点推广生态型、节能型和风俗型住宅，皖南山区要注重保持徽派建筑特征。加强环境卫生综合治理，开展“三清”（清垃圾、清污泥、清路障），拆除违章建筑，完善生活垃圾、污水收集和处理设施，保持庭院清洁卫生，街巷整洁干净。以建设环状林带，开展四旁绿化，发展“三小”（小花园、小果园、小竹园），加快村镇绿化。普及户用沼气，推广清洁能源，带动农村“四改”（改厕、改圈、改灶、改院）。推广科学养殖模式，实行住宅与圈舍分离。有条件的镇，可利用水面、山坡、荒地，建设公共休闲娱乐场所。

4、发展公共事业，培育新型农民。普及和巩固九年制义务教育，加快中小学危房改造和寄宿制学校建设，实施素质教育和现代远程教育，充分利用各类教育资源，提高村镇各类学校教学和管理水平。扩大新型农村合作医疗覆盖面，建立医疗救助制度，加强村镇卫生和计划生育设施建设，改善医疗卫生条件。推进村镇文化和体育设施建设，扩大公共活动场所，积极开展文体活动。逐步建立多元化的农村养老保险制度和与经济发展相适应的村民最低生活保障制度，完善贫困户、五保户、军烈属救助制度。建设“农民科技书屋”、“科技橱窗”，扩大“绿色证书”、“阳光工程”和新型农民培训范围，提高农民群众素质和就业能力。

5、加强组织建设，推进民主管理。积极推进农村综合改革，转变政府职能，建立基层工作新机制，提高社会管理和公共服务水平。巩固和扩大保持共产党员先进性教育活动成果，健全和完善党组织领导的充满生机和活力的村民自治机制，加强村“两委”班子和党员队伍建设，坚持民主选举、民主决策、民主管理、民主监督。依法制定村规民约，进一步推进党务、政务和村务公开。加强农民思想道德和民主法制教育，开展创建文明村、文明户、和谐家庭活动，推进移风易俗，树立文明婚丧新风尚。加强农村社会治安综合治理，开展平安乡村建设，创造安全祥和社会环境。

四、保障措施

1、加强组织领导。各级党委、政府要把实施“千村百镇示范工程”作为推进社会主义新农村建设的重要抓手，明确目标，把握重点，精心部署，全力推动。省新农村建设工作领导小组负责“千村百镇示范工程”的组织实施工作。各市、县要成立相应的领导机构，建立上下协调联动的工作网络。要建立党委政府统一领导、有关部门各负其责、社会力量积极参与的合力机制。各级各部门主要领导同志要靠前指挥，各市、县党委要切实负起组织者、主导者和推动者的责任。

2、加大支持力度。调整国民收入分配格局，按照“三个高于”的要求，增加对新农村建设的投入。各级政府都要建立社会主义新农村建设专项资金，用于示范工程建设，整合涉农项目资金和社会资源，重点用于新农村建设。各有关部门在制定发展规划、开展工作试点、安排建设投资和事业经费时，应更多地向示范工程倾斜。要建立社会广泛参与的激励机制，引导党政机关、人民团体、企事业单位和社会知名人士、志愿者与示范村镇开展结对帮扶。要采取多种形式，加强对示范村镇干部群众的培训。省直各有关部门都要联系一个镇和一个村。从全省各级机关和事业单位选拔一批德才兼备、熟悉农村工作的优秀干部，安排到村镇挂职或任职，主抓示范工程建设。

3、加强规划指导。要抓紧做好示范村镇的选点和规划编制工作。示范村镇由各县确定，市里审批，报省备案。示范村镇确定后，及时安排有资质的单位，按照立足当前、适度超前的原则，上半年编制完成示范村镇的新农村建设规划。在规划制定的过程中，要广泛征求群众意见，以人为本，科学确定建设标准。要通过规划的实施，合理安排生产建设布局，引导工业向园区集聚、人口向城镇集中、劳动力向二三产业转移。指导村镇因地制宜开展建设，不毁古建筑，不大拆大建，保持生态环境和自然风貌。

4、加强宣传引导。采取多种形式，做好宣传工作，使示范工程建设的目的意义、目标要求和主要内容家喻户晓、深入人心。新闻媒体要加大宣传力度，及时报道各地的好典型、好经验。

5、加强监督考核。各地要结合实际，把示范工程建设的各项目标任务，分解落实到有关领导和责任人。围绕示范工程建设，制定科学、切实可行的目标管理和考核体系，纳入各级各部门的年度目标责任考评，加强督查，严格奖惩。对各个示范村镇的建设工作，所在市、县新农村建设工作领导小组要加强检查指导，及时帮助解决遇到的困难和问题。

安徽省人民政府办公厅转发省农委关于实施水稻产业提升行动意见的通知

皖政办〔2006〕18号

2006年3月16日

为贯彻落实全国和全省农村工作会议精神，进一步挖掘我省水稻产业发展潜力，从2006—2010年，连续5年在全省水稻主产区实施水稻产业提升行动。为此，提出如下意见：

一、实施水稻产业提升行动的必要性

安徽是全国水稻优势产区，发展水稻产业既有生产优势和种植效益，也有市场需求和国家政策支持，但是，我省目前水稻单产水平低，良种良法不配套，品质档次不高，结构不合理，加工企业规模小、层次低，精深加工能力不强，直接影响了粮食总产的增加、质量的提高和农民收入的增长。实施水稻产业提升行动，提高水稻单产和质量，既是保障国家粮食安全、提高粮食综合生产能力和市场竞争力、促进农民持续增收的迫切需要，也是转变农业增长方式、加快农业结构调整、实现农业奋力崛起的重要举措。各地、各部门要统一思想，提高认识，采取有效措施，下大力气实施好水稻产业提升行动，促进粮食增产、农业增效、农民增收。

二、水稻产业提升行动的主要内容和主要目标

主要内容：稳定面积，依靠科技，主攻单产，优化品质，创立名牌，提高效益，全面提升市场竞争力，做大做强水稻产业。

主要目标：

单产目标：全省水稻平均单产在基期（2001—2005年5年平均）410公斤的基础上，提高50公斤，每年单产增长2个百分点（高于全国1倍）；总产增加150万吨。

质量目标：总体质量提高一个档次，达到商品标准的优质率提高30个百分点，质量安全水平达到无公害生产标准，其中，部分中晚稻和山区一季稻达到绿色食品或有机食品标准。

品牌目标：通过发展产业化经营，提高稻米加工水平和档次。以现有品牌整合为基础，培育5—10个有市场竞争力的知名品牌。

效益目标：通过生产环节增产增效、提质增效、节本增效和加工增值增效，实现亩增效益100元以上，新增经济效益30亿元以上。

三、保障措施

（一）技术保障。重点推广六项关键技术，即大力推广以优质专用品种和超级稻为主的优质品种，全面推广测土配方施肥技术，主攻以水稻旱育稀植技术为代表的培育壮秧技术，加快推广以抛秧、直播稻、免耕为代表的轻型栽培技术，配套推广以防高温热

害、节水灌溉为代表的避灾节本技术，大力推广以病虫草害综合防治为重点的精确管理技术。力争良种覆盖率达95%，生产基地品种专用化；关键技术到位率和入户率达80%以上。同时，加强配套技术的攻关研究与示范，搞好品种选育及引进品种的筛选，强化新品种、新技术展示中心建设，为大面积生产用种和良种良法配套提供技术支撑。

（二）产业集聚保障。大力发展水稻产业化经营：一是优化区域布局。大力推进沿江早籼和优质晚粳稻、江淮优质中籼稻、沿淮优质粳稻、山区绿色和有机稻四大稻米产业带建设，促进优质稻向产业带集中。二是推进专业化生产。主攻核心示范区建设，重点抓好10个水稻生产大县，100个种稻大户，1万个科技示范户，建立500万亩核心示范区。通过典型示范，带动面上水稻专业化生产。三是扶持龙头企业。加大招商引资力度，推进全民创业，发展壮大稻米产加销龙头企业，选择10个基础好的稻米产业化龙头企业直接参与优质稻订单生产和生产基地建设，提高产业化经营水平。四是发展专业合作经济组织。采取政策引导、资金扶持、人才培养、项目开发等方式，大力培育和发展稻米合作经济组织和行业协会，促进分散生产经营向统一品种、统一播栽、统一田管、统一收脱、统一销售加工方向转变，提高水稻生产的规模化和组织化程度。推动家庭经营户、专业合作经济组织和行业协会、龙头企业的有效对接，提高稻谷产品订单收购率和品种一致性。

（三）政策服务保障。一是落实惠农政策。落实粮食直补、良种补贴、农机补贴、粮食最低收购价等政策措施，积极探索水稻良种补贴与主导品种和主推技术挂钩的运行机制，进一步调动农民种植优质粮的积极性。二是抓好标准化生产。完善品种退出机制，加大一村一品、一乡（镇）一品的实施力度，切实解决品种多、乱、杂问题；加强种子、化肥、农药等主要生产投入品的市场监管，加强生态安全农药、化肥品种的推介，抓紧抓好无公害、绿色、有机等水稻基地认证工作，加快水稻质量安全提升速度。三是加强农田基本建设。加强稻田灌排等基础设施建设，搞好中低产稻田改造，加大对种稻良田的保护和地力培育力度，建设高标准基本农田；搞好小流域综合治理，防范稻田污染，增强稻田综合生产能力和可持续发展能力。四是提高服务水平。加强水稻生产技术培训、市场监测、技术信息宣传，搞好苗情、病虫情、土壤肥力和稻米质量监测；扶持育秧服务公司、配方施肥公司、植保专业服务队、农机服务队等专业化服务组织发展，引导农资企业进一步为农民提供配套技术服务。

（四）组织保障。各级政府要把水稻产业提升行动作为一项重要工作，纳入议事日程，切实加强领导。省成立水稻产业提升行动领导组和专家组，负责决策、指导、组织协调和管理。水稻主产区各级政府也要成立相应机构。要结合实际，制定具体行动方案，从今春起认真组织实施。各级财政要加大资金投入，相关部门要认真履行职能，各负其责，密切配合，主动发挥作用，切实做好服务工作。省农委牵头制定以水稻单产水平、质量水平、品牌水平和产业化水平、技术推广水平、工作绩效为主要内容的水稻产业提升行动绩效考评办法，加强跟踪检查和动态监测，对成效显著的种粮大户、科技示范户和市、县予以表彰奖励，调动基层和农民参与水稻产业提升行动的积极性和创造性。

附件：全省水稻产业提升行动主要目标分解表

附件：

全省水稻产业提升行动主要目标分解表

	基期（2001—2005年平均）			单产指标（斤／亩）		总产指标（亿斤）		质量指标		技术推广指标				核心示范区规模指标（万亩）		效益指标	
	播种面积（万亩）	单产（公斤／亩）	产量（亿斤）					高档优质米比例（%）		良种覆盖率（%）		关键技术到位率（%）				新增经济效益（亿元）	
				2006	2010	2006	2010	2006	2010	2006	2010	2006	2010	2006	2010	2006	2010
阜阳市	65.9	421.0	5.5	430	470	5.7	6.2	65	85	95	95	60	80	10	10	0.1	0.7
蚌埠市	119.1	490.0	11.7	500	540	11.9	12.9	65	85	95	95	60	80	20	20	0.2	1.2
淮南市	106.0	469.8	10.0	480	520	10.2	11.0	65	85	95	95	60	80	20	20	0.2	1.1
六安市	550.6	404.5	44.5	415	460	45.7	50.7	65	80	95	95	60	80	80	80	1.1	5.5
合肥市	258.1	436.7	22.5	445	490	23.0	25.3	60	80	95	95	60	80	40	40	0.5	2.6
滁州市	416.4	444.7	37.0	455	500	37.9	41.6	60	85	95	95	60	80	80	80	0.8	4.2
巢湖市	342.3	447.4	30.6	455	490	31.1	33.5	60	80	95	95	60	80	55	55	0.7	3.4
安庆市	467.3	385.4	36.0	395	430	36.9	40.2	60	80	95	95	60	80	80	80	0.9	4.7
芜湖市	146.5	444.2	13.0	455	480	13.3	14.1	60	80	95	95	60	80	25	25	0.3	1.5
池州市	145.3	392.4	11.4	400	440	11.6	12.8	60	80	95	95	60	80	25	25	0.3	1.5
宣城市	233.3	422.1	19.7	430	460	20.1	21.5	60	80	95	95	60	80	40	40	0.5	2.3
马鞍山市	70.4	479.0	6.7	490	530	6.9	7.5	60	85	95	95	60	80	10	10	0.1	0.7
铜陵市	29.8	419.1	2.5	430	470	2.6	2.8	60	85	95	95	60	80	5	5	0.1	0.3
黄山市	73.5	396.6	5.8	405	440	6.0	6.5	60	80	95	95	60	80	10	10	0.1	0.7
全省	3044.8	410.2	249.8	420	460	263	286	60	80	95	95	60	80	500	500	6.0	30

安徽省人民政府办公厅关于加快奶牛业发展的意见

皖政办〔2007〕42号

2007年6月29日

为满足乳品加工企业迅速增长的奶源需求，切实增加农民收入，经省政府同意，现就实施奶牛业跨越式发展计划，加快我省奶牛业发展提出如下意见：

一、明确奶牛业跨越式发展目标

按照统一规划、集中布局的总体要求，近三年内，以合肥、马鞍山、淮南市为奶牛业发展的核心区，滁州、六安、蚌埠、淮北、亳州、芜湖市为示范区，阜阳、宿州、巢湖市为辐射带动区，并兼顾其他地区，实现全省奶牛业的跨越式发展。到2010年，全省奶牛数量由2006年的5.2万头增加到20万头，力争25万头，牛奶产量由2006年的12.8万吨增加到80万吨，力争100万吨，基本满足乳品加工企业的奶源需求。

二、大力发展规模化饲养

各地要将规模化饲养小区、饲养场（所）建设纳入新农村建设规划，大力发展150头以上的规模奶牛场、托牛所和300头以上的奶牛饲养小区，全省规模化饲养比重由目前的60%提高到2010年的80%以上。按照标准化饲养、科学化管理和机械化挤奶的要求，加快奶牛饲养小区建设，实行科学设计、规范建设、集中挤奶，在规模较大区域设立中心奶站。鼓励在饲养小区、饲养场（所）内充分利用牛粪、垫料等废弃物，发展循环经济。坚持生产发展和环境保护相统一，采取有效措施，全面有效控制奶牛业面源污染。

三、千方百计提高奶牛质量

大力支持通过国内、外引进迅速扩大高产奶牛群体。积极购买高产、优质奶牛冻精，积极利用胚胎移植、性别控制等高新技术增加后备奶牛。充分利用我省黄牛资源，开展杂交优势利用，逐步推广乳肉兼用型牛。开展奶牛强制免疫和疫病检测，省级动物防疫部门组织市县每年对结核杆菌病和布氏杆菌病进行定期检测，对“两病”呈阳性反应和口蹄疫病牛坚决予以扑杀，并给予补助，确保奶牛活体质量和牛奶品质安全。

四、加强饲草基地建设

按照1头奶牛1.5亩的标准规划饲草用地，大力开发坡地、荒地、滩涂地、林隙地、农闲田种草养牛。全面推广高产、优质牧草品种和多种种植模式，强化技术指导及病虫害防治。充分利用我省大量秸秆资源，推广秸秆青贮、微贮、氨化和软化加工等技术。鼓励开展土地流转，引导专业化生产，发展规模种草。到2010年，建设饲草基地40个，面积20万亩。

五、积极开展招商引资

各级政府要把招商引资作为奶牛业发展的重点工作，采取“请进来、走出去”的办法，紧紧抓住经济发达地区特别是长三角地区养殖业大转移的机遇，利用我省区位优势，大力宣传、推介我省养殖业发展潜力和优惠政策。鼓励省外奶牛养殖企业采取合资、合作、独资、寄养、收购、兼并、参股、控股等多种方式，参与省内企业嫁接、改造和重组。大力引进奶牛饲养和繁殖技术人才，为实施奶牛业跨越式发展计划提供人才保障。各有关部门要转变职能，在项目审批、土地供应、银行贷款、产业对接等方面简化手续，积极支持，努力实现奶牛业招商引资工作的新突破。

六、建立和完善服务体系

积极发展中介组织。在奶牛集中区域鼓励和引导发展中介组织，建立饲养主体——中介组织——加工企业的联接机制，通过中介组织提高饲养主体组织化程度。积极倡导中介组织开展饲料供应、牧草种植、疫病防治、繁殖配种、技术培训、鲜奶销售、信息发布特别是价格信息等服务，建立和完善奶牛业发展的社会化服务体系和机制。

成立专家委员会或专家组。省和奶牛发展核心区以及示范区分别成立专家委员会和专家组，负责对新建饲养小区、饲养场（所）进行指导，对引进、购进或迁入牛群进行鉴定和评估，对牧草品种和面积进行核定。所作鉴定、评估、核定结论，需经县级以上人民政府畜牧行政主管部门审核，并报本级人民政府确认。

建立信息和培训体系。建立奶牛信息数据收集和处理系统，健全标识，强化管理，发布国内外奶业信息。将奶牛养殖培训列入新型农民培训项目。在奶牛集中区域建立培训和示范基地，承担奶牛饲养、疫病防治、配种等技术培训任务，发挥示范带动作用。

七、加大政策扶持力度

省级财政每年从农业产业化资金中安排专项支持奶牛业发展，重点对规模饲养和新增加的良种奶牛给予适当补贴。对存栏能力150头以上的新建奶牛场，300头以上的新建标准化饲养小区、托牛所，省级分别给予10万和15万元补贴，对集中饲养区域建设的中心奶站给予适当补贴，对新建（扩建）存栏能力500头以上的标准化饲养小区、饲养场（所），除享受以上补贴外，优先申报沼气工程。对从省外购进或迁入、符合标准的奶牛，凡集中饲养30头以上的，省级给予每头1000元补贴。对从国外引进的高产奶牛，省级给予每头1500元补贴。购置秸秆加工、牧草收割（切割、打捆）、草料饲喂、挤奶设备、储奶设备等机械可享受农机补贴政策。各市、县要积极安排资金，大力支持奶牛业跨越式发展。省级扶贫、农业综合开发、江淮分水岭综合治理等资金要积极支持奶牛业发展。

省级安排专项资金用于贷款贴息。国有商业银行、政策性银行和农村合作金融机构要加大信贷支持力度，特别是农业发展银行、农业银行和农村合作金融机构要结合服务“三农”，创新贷款方式，积极开展奶牛业抵押贷款。农村合作金融机构按抵押成年奶牛价值60%左右规模放贷，并在小额贷款额度上给予上限支持，在贷款时限上给予放宽。鼓励担保公司开展担保养牛，鼓励保险公司开展奶牛保险，鼓励中介组织联保贷款养牛。乳品加工企业要积极为饲养主体提供担保服务，进行资本联接，增强饲养主体抵御市场风险、疫病风险和自然灾害的能力。

饲养奶牛用地及相应建设的牛舍及附属设施等按农业用地管理。村（组）自办或与其他企业联办乳品加工、鲜奶贮存等使用本村（组）集体经济组织土地，可依法办理农村集体建设用地手续。各地在省下达的土地利用计划指标内，要优先安排乳品加工企业用地，并在国有土地出让收入中提取一定比例用于支持奶牛业发展。各地因出让乳品加工用地而获得的国有土地出让收益，应优先用于奶牛业发展。奶牛饲养环节用电执行农业用电价格。对符合绿色通道相关规定的、整车运送鲜奶和活牛的皖籍车辆，通过开放式收费站点免征通行费，通过国家“五纵两横”绿色通道网络中我省境内的高速公路，减免30%通行费。

八、切实加强组织领导

省级建立联席会议制度，由分管副省长召集，省农业、发展改革、财政、国土、金融等部门参加，负责研究解决奶牛业发展中的重大问题。核心区和示范区所在市要成立由政府、加工企业、中介组织和饲养主体组成的协调小组，负责奶牛业和乳品加工业发展的综合协调，确保饲养、加工环节都能获得合理利润。要建立考核奖励制度，对组织领导有力、工作业绩突出、环境治理达标的组织和个人给予表彰和奖励。物价、工商、质监部门要坚决打击坑害饲养主体，压级、压价和随意变更收奶标准等行为。省农委要会同有关部门尽快制定奶牛业政策性补贴实施方案。

安徽省人民政府关于实施农业产业化“532”提升行动的意见

皖政〔2008〕46号

2008年5月9日

今年是实施农业产业化“532”提升行动的第一年，开好头，起好步，对于顺利实现提升行动确立的目标任务至关重要。为此，提出如下实施意见：

一、指导思想和目标任务

（一）指导思想。以培育市场主体为基础，以发展龙头企业为主线，以发展十大主导产业为方向，以推进农业标准化、品牌化和国际化为重点，以完善农业产业化组织制度和利益联结机制为核心，坚持科技先导，突出农业增效、农民增收和农产品竞争力提升，全力推动全省农业产业化快速发展。

（二）目标任务。2012年，全省农产品加工业产值达3000亿元，农产品加工业产值与农业总产值之比达到全国平均水平；实现年销售收入超100亿元的龙头企业1家，超50亿元的4家，超20亿元的20家，超10亿元的30家，超亿元的400家；粮食等主要农产品加工转化率达80%以上；绿色食品、有机食品达1900个；农民专业合作组织发展到10000个。

今年，全省农产品加工业产值要达1700亿元以上，农产品加工业产值与农业总产值之比达1:1；实现年销售收入超50亿元的龙头企业1家，超20亿元的5家，超10亿元的20家，超亿元的200家；粮食等主要农产品加工转化率达60%；绿色食品、有机食品达960个；农民专业合作组织发展到5500个。

二、工作重点

（一）按照新型工业化要求高起点培育龙头企业

1、着力培育一批骨干龙头企业。对有望达到50亿元、100亿元的龙头企业，建立“一企一策”的政企联系制度，促其迅速成长为全国同行业的排头兵企业；对有望达到5亿元、10亿元的龙头企业，进一步研究制定企业原料基地建设、检验检测设备购置、农户培训、品牌提升、科技创新等方面的扶持政策。协调财政、税务、工商、审计、质监等部门，帮助企业建立财务、生产、技术和人才管理等制度，引导龙头企业尽快建立完善法人治理结构。鼓励龙头企业盘活存量资本，开展跨区域、跨行业、跨所有制联合、兼并和收购。今年将对省级龙头企业进行考核调整，筛选一批优秀企业进入省级龙头企业队伍。

2、加大招商引资力度。加强软环境建设，采取更加灵活、优惠的政策，吸引国内外大企业来我省建基地、搞加工。帮助龙头企业与国内外大企业开展合作，鼓励省外同行业相关企业以参股、控股或买断等方式，联合、兼并、重组省内企业。今年，将分期分批组织龙头企业赴国外参加农产品展示展销、贸易洽谈和招商等活动。

3、加强对龙头企业家的培训。每年集中安排1—2次培训活动，着力提升企业家的综合素质和经营管理水平。今年，重点对省级以上龙头企业负责人进行集中培训。各市每年也要组织1—2次针对龙头企业家的培训活动。

（二）加强农业标准化、品牌化生产和加工基地建设

1、建立高标准的农产品生产和加工基地。以十大主导产业为基础，按照优化布局、改善品质的要求，重点发展一批农产品优势产区和优势产业带，培育农产品加工业集群。从今年开始，全省重点发展优质小麦、水稻、玉米、油菜、饲草、奶牛、生猪、家禽、肉牛、水产、茶叶、蔬菜、茧丝绸、水果、棉花、中药材、炒货、林特产品等生产和加工基地。各地也要选择若干优势产业作为主导产业，围绕市场搞加工，围绕加工建基地，突出特色，扩大规模，提高档次，形成“特色＋规模＋档次”的经营格局。

2、推行农业标准化生产。严格执行国家标准，鼓励采用国际标准，按照优质、高效、安全、生态的要求组织生产，逐步建立起一套与国际接轨的标准体系。大力发展无公害农产品、绿色和有机食品，进一步完善农产品质量检验检测和认证体系，建立农产品质量安全可追溯制度。

3、推进品牌化建设。切实把品牌建设放在突出位置，积极开展“三品”认证，争创中国驰名商标、中国名牌产品、中国出口名牌和中国名牌农产品等“国字号”品牌，提升品牌影响力。争取农产品原产地保护地理标识，做大做强做响“生态品牌”、“原产地品牌”等特色品牌。今年，将认定和整合一批安徽名牌农产品，在此基础上，争创5个国家级名牌农产品。

（三）强化农业产业化科技创新能力。积极构建以龙头企业为主体、产学研相结合的农业科技创新体系和推广应用平台，鼓励和支持龙头企业与高等院校、科研院所合作共建研发机构，对关键技术进行联合攻关，开发具有自主知识产权的专用新品种、新技术。引导龙头企业加大技术改造和新产品、新技术研发投入，推动各类研发中心、企业技术中心和检验检测中心建设。加快农业科技成果转化，加强与农技推广服务部门的合作，大力推进农民就业培训和“绿色证书”工程。从今年开始，重点开展农业动植物新品种选育、畜禽和水产品规模化健康养殖和重大疫病防控、主要粮食作物丰产高效技术集成研究与示范、农产品精深加工技术研究与示范、农业可持续发展关键技术研究以及区域综合示范等。

（四）健全现代流通体系。积极创造条件，引导现代物流业进入农业领域，探索与国内外大超市的联合与合作，加快建立现代物流体系。以长三角地区为重点，积极发展连锁经营、直供直销、网上交易，逐步建立联通全省、辐射全国的农产品连锁配送体系和电子商务网络。继续办好安徽名优农产品、绿色食品（上海）交易会和中国国际农产品交易会。

（五）完善农业产业化组织体系和运行机制。发挥龙头企业的带动作用，兴办农民专业合作组织，积极推广“龙头企业＋专业合作组织＋农户”的组织模式。鼓励农民专业合作组织通过多种形式参股龙头企业，利用龙头企业人才、资金、技术、市场资源优势，引导农民专业合作组织跨区域联合与合作，增强服务功能，拓展发展空间。支持龙头企业通过建立风险基金、保护价收购、吸收基地农户参股等形式，将加工、销售、运储等环节的利润适当返还农民。组织实施“农民专业合作组织示范创建工程”和培育特色产业“百村示范千村带动行动”。从今年开始，重点培育100个省级示范农民专业合作社和100个“一村一品”示范村，开展大规模的订单培训、定向培训，提高农民转移就业能力。

三、加大支持力度

（一)加大财政支持力度。继续加大对农业产业化龙头企业的财政扶持力度。今年，省财政安排预算和整合省财政厅、省发展改革委、省粮食局等部门资金共6500万元，重点支持“532”提升行动发展规划确立的重点项目，今后随财政收入增长而逐年增加。各级财政也要加大投入，重点支持能带动当地主导产业发展的项目。

（二）加大投资支持力度。整合各类农业投入资金，引导工商资本、民间资本、金融资本和外资等进入农业领域，加大对农业产业化主导产业、重点企业、重点项目的投资支持力度。今年，整合农业综合开发资金25亿元，重点支持国家级和省级龙头企业发展；将“532”提升行动重点工程项目打捆纳入省“861”行动计划，在资金、政策等方面给予重点扶持。

（三）加大金融支持力度。继续加强与农业银行、农业发展银行的战略合作。大力发展以县、区为重点的信贷担保、信托、典当拍卖、抵押质押、融资租赁等金融组织，积极争取扩大村镇银行试点，探索设立贷款公司和农村资金互助社等新型农村金融机构。建立以县、区为重点的中小企业信用担保体系和信贷风险补偿机制，鼓励和支持龙头企业为基地农户提供贷款担保。

（四）加大龙头企业上市融资力度。加强政府、证券中介机构和龙头企业间的沟通与联系，引导龙头企业提高对资本市场特别是中小企业板和创业板的认识，将具备上市条件的龙头企业纳入重点培育计划，并提供相应的帮助和指导。鼓励、支持有条件的龙头企业选择到境外上市，进一步拓宽上市和融资渠道。从今年开始，省农委、省政府金融办、省证监局等部门将筛选10家左右重点龙头企业进行上市辅导，今明两年力争培育2个以上企业上市。

（五）加大政策扶持力度。进一步落实国家和省出台的农业产业化优惠政策，借鉴其他省市的做法，研究制定对龙头企业生产经营过程中的有关税赋减免等优惠政策。同时，围绕实施农业产业化“532”提升行动，针对当前我省农业产业化发展中存在的一些突出问题，不断研究新情况，制订新政策，解决新问题。

四、切实加强组织协调与领导

（一）进一步加强组织协调。省发展改革委、省农委、省财政厅、省商务厅、省粮食局、省药监局、省供销社要充分发挥牵头部门作用，迅速将“532”提升行动发展规划分解到各产业。省工商、税务、国土资源、交通、科技、质监、供电等部门要各司其职，紧密配合，继续支持农业产业化发展。通过齐抓共管，在政策落实、税费减免、用水用电、市场准入、产品认证和监测、标准化生产基地建设、品牌推介等方面做好指导和协调工作。各级政府和各有关部门要按照省里的统一部署和要求，上下联动，把推进农业产业化经营与发展县域经济结合起来，与实施工业强省战略结合起来，形成整体推进“532”提升行动的强大合力。省里将适时对十大主导产业任务分解落实的各归口单位和市、县实行分层次考核。

（二）抓紧完善十大主导产业发展规划。十大主导产业牵头部门要根据我省“十一五”发展总体规划和农业产业化“532”提升行动发展规划的要求，加快修改完善十大主导产业发展规划。各市政府要按照省农业产业化“532”提升行动发展规划和十大主导产业发展规划的要求，尽快制订相应的农业产业化发展规划。

（三）建立动态监测和统计制度。建立健全农业产业化经营统计指标体系，及时准确地做好统计分析工作。完善监测制度，加强对省级以上重点龙头企业的动态管理和农业产业化项目资金的监督管理，对重点龙头企业运行情况和项目使用情况进行监测评估。从今年开始，重点做好纳入省“861”计划重点项目的统计工作。

编纂始末

《安徽省志·农业志（1986—2008）》（以下简称《农业志》）由安徽省农业委员会承担编纂任务。《农业志》的编纂工作，从2010年3月正式启动开始，到2018年3月完成。编纂过程大体经历5个阶段：

一是筹备阶段。2010年3月成立《农业志》编纂委员会，确定了主编和副主编人选，下设编纂办公室，先后抽调了4名工作人员负责编纂统稿和协调工作。3—7月，拟定了《农业志》修编大纲，并报省地方志办公室审定，按照审定后的大纲篇目，分篇落实统稿牵头单位和各章节的撰稿人员，并对全体编写人员进行培训。

二是搜集资料阶段。2010年8月至2011年7月，各牵头单位及编写人员广泛收集、核查资料，确保资料的真实性、准确性、完整性。共搜集到资料约700万字。

三是撰稿阶段。2011年8月—2012年12月，编写人员对有关材料进行整理、筛选、提炼。截至2012年底，经过三上三下的修改和完善，完成了《农业志》（初稿），共十六篇、150万字。

四是总纂阶段。进入2013年，为加快《农业志》编纂进度，确保按质按量完成任务，4月21日第十二次委主任办公会议研究决定外聘专家傅盛智作为《农业志》总撰。5月初，为了使《农业志》更加准确反映过去20多年安徽省现代农业发展脉络，我们对《农业志》（初稿）篇章目录结构进行了调整，将原稿的十六篇调减为十四篇，并根据新的篇章目录进一步修改补充内容、收集图片资料和重要文献。7月中旬，形成《农业志》（内审稿）。

五是审稿阶段。2013年7月下旬至8月中旬，在外聘专家指导下，各单位对《农业志》（内审稿）进行了内审，经修改完善、委领导审核确认及外聘专家编撰，形成《农业志》（评议稿）。10月下旬，委主任办公会对《农业志》（评议稿）进行了审核。11月下旬召开《农业志》评议会，省地方志办公室主任朱文根、副主任刘成典、省志处处长吴良琴以及省档案局资料征集处处长张敏、省人大法工委办公室主任纪荣荣、省林业厅原副厅长张玉良、省水利志编辑室主任陈继田、省气象协会秘书长褚万江等特邀专家到会指导。根据专家意见，《农业志》编辑室突出重点细致修改，全面校阅加以订正。2014年8月，志稿修改完毕，形成送审稿交省志办审稿并同步交方志出版社审稿，2017年5月，省志办审稿人员吴良琴、孙平将审稿意见进行反馈，5月，收到方志出版社意见，根据两方面意见，编辑室进行修改后进印刷厂排版校对。根据地方志条例规定，志书出版前对志稿审查验收。2018 年 3 月 23 日,省地方志办公室召开了《农业志》会审会,省地方志办公室主任郭德成、副主任吴静、省农业委员会副主任朱永东、省农业委员会办公室主任卫功奎、省志处处长吴良琴、信息处调研员孙平、《农业志》编辑程中平参加会审验收。根据会上提出的意见,《农业志》编辑室对志稿进行最后一次修改完善,并于 4 月上旬送省地方志办公室付印出版。

在农业志编纂期间,安徽省地方志办公室的领导和专家先后多次到我委开展指导,安徽省农科院、安徽省人力资源和社会保障厅、安徽省气象局、安徽省水利厅、安徽省财政厅、安徽省档案馆等单位为我们提供了大量珍贵资料,安徽大学外语系傅悦对本志目录进行翻译。值此《农业志》编纂工作胜利完成之际,谨向所有关心、支持以及参与编纂工作的单位和个人致以衷心的感谢。

由于年代久远,《农业志》收录的大量珍贵照片资料没有注明作者,在此表示歉意。

由于编者水平有限,又缺乏修志的实践经验,《农业志》在编纂中的不足、疏漏与错误之处实属难免,敬请读者谅解和批评指正。

《安徽省志·农业志》编辑室

2018 年 4 月